제5판
기본이론 과정

박문각 감정평가사

기본서

2차

감정평가 및 보상법규

강정훈 · 박혜준 공편저

감정평가
및 보상법규
바이블
동영상강의
www.pmg.co.kr

본 「감정평가 및 보상법규 기본서」 교재는 2022년 8월 4일 개정·시행되는 공익사업을 위한 토지 등의 취득 및 보상에 관한 법률(법률 제18828호)(이하 토지보상법)을 반영하였습니다. 최근 토지보상법 개정 내용은 다음과 같습니다.

현행 토지보상법은 공익사업지구에 거주하던 원주민의 재정착을 지원하고 손실보상금이 부동산 시장으로 유입되지 않도록 하기 위하여 사업시행자가 공익사업에 편입되는 토지의 소유자에 대한 손실보상을 현금 대신 조성한 토지로 보상할 수 있도록 하고 있으나, 최근 이러한 대토보상 등을 받기 위하여 신도시 개발사업이 시행되기 전 미공개 정보를 이용하여 사업후보지에 토지나 주택을 구입하는 등 투기행위가 있다는 의혹이 제기되면서, 이러한 투기행위를 방지하기 위해 대토보상의 기준 등을 강화할 필요성이 제기되었습니다. 이에 공익사업을 위한 관계법령에 따른 고시 등이 있은 날 당시 국토교통부, 사업시행자, 공익사업 관련 허가·인가·승인 등 기관, 관계법령에 따른 협의·의견청취 등의 대상자였던 중앙행정기관, 지방자치단체, 공공기관 등에 종사하거나 종사하였던 날부터 10년이 경과하지 아니한 자는 토지로 손실보상을 받을 수 있는 대상에서 제외하고, 대토보상 대상자 선정 시 공익사업지구 내 거주한 자로서 토지보유기간이 오래된 자 순으로 보상하도록 하는 한편, 전매금지 규정을 위반하거나 토지 관련 위법행위를 한 자에 대해서는 대토보상이나 이주자 택지·주택공급 대상에서 제외하도록 하고, 대토보상권의 전매금지 위반행위에 대한 양벌규정을 마련하였습니다. 또한 빈집정비사업이 원활하게 시행될 수 있도록 빈집정비사업을 토지보상법에 따른 공익사업으로 추가하는 한편, 토지 등에 대한 수용·사용이 남용되는 것을 방지하기 위하여 국토교통부장관으로 하여금 별표에 규정된 공익사업의 공공성과 수용의 필요성 등을 5년마다 재검토하여 폐지 등 필요한 조치를 하게 하려고 개정하였습니다.
부동산 가격공시에 관한 법률(법률 제17459호)은 2020년 12월 10일 개정·시행된 내용을 반영하였습니다. 감정평가 및 감정평가사에 관한 법률(법률 제18309호)도 2022년 7월 21일 개정·시행된 내용을 반영하였습니다.

주요 개정내용은 다음과 같습니다.
감정평가는 부동산, 동산, 산업재산권 등 자산에 대한 경제적 가치를 판정하는 업무로서 자산의 거래, 담보설정, 경매 등 다양한 분야에서 활용되고 있으며, 공정하고 객관적인 가치평가가 필수적입니다. 그러나, 감정평가를 의뢰하면서 이해관계에 따라 고가 또는 저가평가를 종용하거나 감정평가에 대한 보수를 제대로 지급하는 않는 일부 의뢰인들의 행태로 인해 공정한 감정평가가 저해되거나 감정평가 시장질서가 훼손되는 문제가 나타나고 있습니다. 이에 감정평가의 시장질서를 확립하고 공정하고 객관적인 감정평가가 이루어지도록 하기 위해 의뢰인의 불공정 행위를 제한하는 한편, 공정한 감정평가에 대한 감정평가사의 책무를 명시하고, 감정평가의 신뢰를 제고하기 위한 감정평가서 표본조사에 대한 법적 근거를 마련하면서 징계이력을 공개하도록 하는 등 감정평가사의 책임과 의무도 강화하려는 것입니다. 또한, 감정평가산업의 환경변화에 대응하여 감정평가의 구체적인 원칙과 기준을 연구·보급할 수 있는 기관 또는 단체의 운영 근거를 마련하고, 전자적인 형태의 감정평가서 발급을 허용하는 등 감정평가분야의 낡은 규제도 개선하려는 것입니다.
또한 2016년 12월 국회를 통과하여 제정된 「감정평가 및 감정평가사에 관한 법률」(시행 2016.9.1.)과 「부동산 가격공시에 관한 법률」(시행 2016.9.1.) 그리고 2020년 3월 개정된 내용 중 오랫동안 사용되어 오던

"감정평가업자"를 "감정평가법인등"으로 개정한 내용이 주목할 만하고, 부동산 가격공시의 투명성과 공정성을 위해 인근지역과의 형평성, 특수성 및 예측가능성 등 제반사정을 종합적으로 고려하여 공시하고, 각종 부동산가격공시위원회 회의록을 공개하여 부동산 공시가격의 신뢰성을 강화하였다.

가장 최근에 2022년 8월 공익사업을 위한 토지 등의 취득 및 보상에 관한 법률, 부동산 가격공시에 관한 법률과 감정평가 및 감정평가사에 관한 법률 등 개정·시행되는 3법 개정 내용과 2022년 5월까지 발표된 대법원 판례정보, 학계 논문 등을 도표화하여 모두 수록하고 있어 그 내용의 정확도와 신뢰성이 타의 추정을 불허할 것으로 생각합니다.

"끝날 때까지 끝난 것이 아니다."라는 말처럼
감정평가사 시험이든, 인생 공부이든
그 승부가 마무리되기 전까지는 최선을 다해서
"길을 외줄기 남도 삼백리" 자세로
올곧게 한줄기 소신으로
공부에 임해야 할 것입니다.

「감정평가 및 보상법규」는 재산권에 대한 갈등을 규범화 해 놓은 것으로써 공용수용에 따른 재산권 다툼과 국민의 공정한 세금을 담보하기 위한 시시비비를 가리고, 억울함이 없도록 하는 취지의 법령입니다. 초심자라면 말할 것도 없고, 감정평가사 시험에 응시하는 사람도 이해관계의 갈등의 중심에 서서 부동산 최고 전문가로서 고독한 결단의 순간에 본 교재의 보상법규 규범은 여러분들에게 큰 혜안을 주는 길잡이가 될 것입니다.

「감정평가 및 보상법규 기본서」 완성의 길은 법규범으로서, 시시비비의 결과로서의 대법원 판례가 아니라 재산권을 가진 국민의 마음을 풀어주고, 응어리를 없애주는 중요한 교두보 역할을 할 뿐만 아니라 국가나 공적주체인 사업시행자가 국민의 재산권을 다루는 등대지기 역할을 하는 것이라고 생각합니다.

본 교재는 위와 같은 보상법규 현장에서 사람과 규범, 재산권과 규범, 갈등 해결에 대한 규범을 아주 기초적인 것부터 쉽게 명확하게 설명하고 있으며, 특히 규범이 주는 애매함을 대법원 판례를 통해서 현장 해결능력을 키워주도록 구성하였습니다. 감정평가사 시험을 준비하는 분들 뿐만 아니라 감정평가 및 보상법규 관련 업무를 하는 분들에게 있어서 감정평가 및 보상법규 바이블이 되고자 출간 되었습니다. 그동안 본 교재의 출판에 많은 힘을 실어주신 박용 회장님과 노일구 부장님 등 출판사 관계자분들께 진심으로 감사인사 드립니다. 보상법규 자료수집과 정리에 많은 도움을 준 엄세민 감정평가사에게 고마움을 전합니다. 본 「감정평가 및 보상법규 기본서」 교재에 대하여 많은 독려와 아울러 질책을 부탁드립니다. 감사합니다.

공편저 강정훈·박혜준

감정평가사 **시험안내**

🔲 감정평가사란?

감정평가란 토지 등의 경제적 가치를 판정하여 그 결과를 가액으로 표시하는 것을 말한다. 감정평가사(Certified Appraiser)는 부동산·동산을 포함하여 토지, 건물 등의 유무형의 재산에 대한 경제적 가치를 판정하여 그 결과를 가액으로 표시하는 전문직업인으로 국토교통부에서 주관, 산업인력관리공단에서 시행하는 감정평가사시험에 합격한 사람으로 일정기간의 수습과정을 거친 후 공인되는 직업이다.

🔲 시험과목 및 시험시간

가. 시험과목(감정평가 및 감정평가사에 관한 법률 시행령 제9조)

시험구분	시험과목
제1차 시험	❶ 「민법」 중 총칙, 물권에 관한 규정 ❷ 경제학원론 ❸ 부동산학원론 ❹ 감정평가관계법규(「국토의 계획 및 이용에 관한 법률」, 「건축법」, 「공간정보의 구축 및 관리 등에 관한 법률」 중 지적에 관한 규정, 「국유재산법」, 「도시 및 주거환경정비법」, 「부동산등기법」, 「감정평가 및 감정평가사에 관한 법률」, 「부동산 가격공시에 관한 법률」 및 「동산·채권 등의 담보에 관한 법률」) ❺ 회계학 ❻ 영어(영어시험성적 제출로 대체)
제2차 시험	❶ 감정평가실무 ❷ 감정평가이론 ❸ 감정평가 및 보상법규(「감정평가 및 감정평가사에 관한 법률」, 「공익사업을 위한 토지 등의 취득 및 보상에 관한 법률」, 「부동산 가격공시에 관한 법률」)

나. 과목별 시험시간

시험구분	교시	시험과목	입실완료	시험시간	시험방법
제1차 시험	1교시	❶ 민법(총칙, 물권) ❷ 경제학원론 ❸ 부동산학원론	09:00	09:30~11:30(120분)	객관식 5지 택일형
	2교시	❹ 감정평가관계법규 ❺ 회계학	11:50	12:00~13:20(80분)	

	1교시	❶ 감정평가실무	09:00	09:30~11:10(100분)	과목별
제2차 시험	중식시간 11:10 ~ 12:10(60분)				4문항
	2교시	❷ 감정평가이론	12:10	12:30~14:10(100분)	(주관식)
	휴식시간 14:10 ~ 14:30(20분)				
	3교시	❸ 감정평가 및 보상법규	14:30	14:40~16:20(100분)	

※ 시험과 관련하여 법률·회계처리기준 등을 적용하여 정답을 구하여야 하는 문제는 시험시행일 현재 시행 중인 법률·회계처리기준 등을 적용하여 그 정답을 구하여야 함

※ 회계학 과목의 경우 한국채택국제회계기준(K-IFRS)만 적용하여 출제

다. 출제영역 : 큐넷 감정평가사 홈페이지(www.Q-net.or.kr/site/value) 자료실 게재

응시자격 및 결격사유

가. 응시자격 : 없음

※ 단, 최종 합격자 발표일 기준, 감정평가 및 감정평가사에 관한 법률 제12조의 결격사유에 해당하는 사람 또는 같은 법 제16조 제1항에 따른 처분을 받은 날부터 5년이 지나지 아니한 사람은 시험에 응시할 수 없음

나. 결격사유(감정평가 및 감정평가사에 관한 법률 제12조, 2022.1.21. 시행)

다음 각 호의 어느 하나에 해당하는 사람

1. 파산선고를 받은 사람으로서 복권되지 아니한 사람
2. 금고 이상의 실형을 선고받고 그 집행이 종료(집행이 종료된 것으로 보는 경우를 포함한다)되거나 그 집행이 면제된 날부터 3년이 지나지 아니한 사람
3. 금고 이상의 형의 집행유예를 받고 그 유예기간이 만료된 날부터 1년이 지나지 아니한 사람
4. 금고 이상의 형의 선고유예를 받고 그 선고유예기간 중에 있는 사람
5. 제13조에 따라 감정평가사 자격이 취소된 후 3년이 지나지 아니한 사람
6. 제39조 제1항 제11호 및 제12호에 따라 자격이 취소된 후 5년이 지나지 아니한 사람

감정평가사 **시험안내**

합격자 결정

가. 합격자 결정(감정평가 및 감정평가사에 관한 법률 시행령 제10조)

- 제1차 시험

  영어 과목을 제외한 나머지 시험과목에서 과목당 100점을 만점으로 하여 모든 과목 40점 이상이고, 전 과목 평균 60점 이상인 사람

- 제2차 시험

  – 과목당 100점을 만점으로 하여 모든 과목 40점 이상, 전 과목 평균 60점 이상을 득점한 사람

  – 최소합격인원에 미달하는 경우 최소합격인원의 범위에서 모든 과목 40점 이상을 득점한 사람 중에서 전 과목 평균점수가 높은 순으로 합격자를 결정

  ※ 동점자로 인하여 최소합격인원을 초과하는 경우에는 동점자 모두를 합격자로 결정. 이 경우 동점자의 점수는 소수점 이하 둘째 자리까지만 계산하며, 반올림은 하지 아니함

나. 제2차 시험 최소합격인원 결정(감정평가 및 감정평가사에 관한 법률 시행령 제10조)

※ 이하 생략(공고문 참조)

제1차 시험 면제

가. 2021년도 제32회 감정평가사 제1차 시험 합격자(2022년도 시험에 한함, 별도의 서류 제출 없이 인터넷 원서접수, 제1차 시험 '재응시자'로 선택하여 접수)

나. 감정평가 및 감정평가사에 관한 법률 시행령 제14조에서 정한 다음 기관에서 제2차 시험 시행일 현재 5년 이상 감정평가와 관련된 업무에 종사한 사람

  ※ 제출 서류에 다음 **법정기관, 면제대상 기관, 면제대상 업무**가 모두 명확히 명시된 경력에 한하여 인정 가능(예 국세청 재산세과에서 실제 기준시가 조사 · 결정 업무를 수행하였으나 제출한 서류상 확인 불가한 경우 인정 불가)

  1. 감정평가법인
  2. 감정평가사사무소
  3. 한국감정평가사협회
  4. 한국부동산원법에 따른 한국부동산원
  5. 국유재산 관리 기관

6. 감정평가업무 지도 · 감독 기관

7. 개별공시지가, 개별주택가격, 공동주택가격 결정 · 공시업무를 수행 또는 지도 · 감독 기관

8. 토지가격비준표, 주택가격비준표 및 비주거용 부동산가격비준표 작성업무 수행 기관

9. 과세시가표준액 조사 · 결정업무 수행 또는 지도 · 감독 기관

공인어학성적

가. 제1차 시험 영어 과목은 영어시험성적으로 대체

- 기준점수(감정평가 및 감정평가사에 관한 법률 시행령 별표 2)

시험명	토플		토익	텝스	지텔프	플렉스	토셀	아이엘츠
	PBT	IBT						
일반응시자	530	71	700	340	65 (level-2)	625	640 (Advanced)	4.5 (Overall Band Score)
청각장애인	352	–	350	204	43 (level-2)	375	145 (Advanced)	–

- 제1차 시험 응시원서 접수마감일부터 역산하여 2년이 되는 날 이후에 실시된 시험으로, 제1차 시험 원서 접수 마감일까지 성적발표 및 성적표가 교부된 경우에 한해 인정함

- 이하 생략(공고문 참조)

CONTENTS
이 책의 **차례**

▶ PART **01** 공익사업을 위한 토지 등의 취득 등

CHAPTER **01** 총칙(공용수용)

제1절 공용수용 ·········· 18
01 공용수용의 개념 ··········· 18
02 공공적 사용수용(사적 공용수용) ······ 19

제2절 공용수용과 공공성 ·········· 23
01 공용수용과 공공성 ············· 23

제3절 공용수용의 당사자 ········· 37
01 서 ·················· 37
02 수용권의 주체 ············· 37
03 수용권의 객체(피수용자) ········· 39

제4절 공용수용의 목적물 ········· 43
01 공용수용의 목적물 ··········· 43
02 확장수용 ················ 49

제5절 토지보상법의 연혁 ········· 71
01 서 ·················· 71
02 「토지수용법」의 연혁 ·········· 72
03 「공공용지의 취득 및 손실보상에 관한
　　특례법」의 연혁 ············ 72
04 토지보상법의 개정 연혁 ········· 73

CHAPTER **02** 공익사업의 준비

제1절 공익사업준비 ············ 75
01 서 ·················· 75
02 법적 성질 ··············· 75

03 타인토지에의 출입 ··········· 76
04 장해물의 제거 등 ··········· 78
05 권리구제 ················ 79
06 기본문제 ················ 80

제2절 토지보상법 제9조에 의한 손실보상 등
·················· 84
01 적용대상 ················ 84
02 보상절차 ················ 86
03 손실보상금만의 재결에 대한 불복 ······ 86

CHAPTER **03** 협의에 의한 취득 및 사용

제1절 협의 취득을 위한 과정 ······· 87
01 서 ·················· 87
02 토지조서 및 물건조서의 작성 ······· 87
03 보상계획의 열람 등 ·········· 89

제2절 보상액 산정 및 협의 계약의 체결 ··· 90
01 보상액의 산정 ············· 90
02 협의 및 계약의 체결 ·········· 93

CHAPTER **04** 공용수용에 의한 취득

제1절 공용수용절차 ············ 97
01 사업인정 ················ 97
02 토지조서 및 물건조서의 작성 ······ 159
03 사업인정고시 후 협의 취득 ······· 162
04 협의성립확인 ············· 171

05 재결신청과 재결신청청구권 ·························· 180
06 재결 ·· 200
07 화해 ·· 265
08 비교문제 정리 ·· 267

제2절 공용수용의 효과 ································· 281
01 보상금 지급 또는 공탁 ···································· 281
02 토지·물건의 인도 등 거부시
   실효성 확보수단 ·· 288
03 위험부담의 이전 ·· 307
04 담보물권자의 물상대위 ···································· 308
05 환매권 ·· 312

CHAPTER 05 **공용사용의 절차 및 효과**

제1절 공용사용의 보통절차 및 효과 ············ 358
01 서 ·· 358
02 공용사용의 법적 근거 ······································ 358
03 공용사용의 종류 ·· 358
04 공용사용의 절차 ·· 358
05 공용사용의 효과 ·· 359

제2절 공용사용의 약식절차와 효과 ·············· 360
01 서 ·· 360
02 천재지변시의 토지의 사용 ······························ 360
03 시급한 토지 사용에 대한 허가 ························ 361
04 약식절차의 비교 ·· 363
05 기출문제 ·· 363

CHAPTER 06 **보상협의회 및 보상전문기관**

제1절 보상협의회 ······································· 364
01 개설 ·· 364
02 보상협의회의 종류 및 성격 ···························· 365
03 보상협의회의 설치 ·· 365
04 보상협의회의 구성 및 운영 ···························· 365
05 보상협의회의 권한 ·· 366

제2절 보상전문기관 ··································· 366
01 서 ·· 366
02 보상전문기관의 법적 지위 ······························ 367
03 보상전문기관의 설치 및 구성 ·························· 367
04 보상전문기관의 업무범위 ································ 368
05 관련문제 ·· 369
06 결어 ·· 369

CONTENTS
이 책의 **차례**

▶ PART **02** **공익사업을 위한 토지 등의 보상 (손실보상)**

CHAPTER 01 우리나라 헌법 제23조

제1절 재산권의 존속보장과 가치보장

 ·· 372
01 존속보장 ································ 372
02 가치보장 ································ 372
03 존속보장과 가치보장의 관계 ············ 372

제2절 헌법 제23조 제3항의 불가분조항 여부

 ·· 373
01 불가분조항 의의 및 기능 ·············· 373
02 우리헌법상 인정 여부에 대한 논의 ········ 373

제3절 경계이론과 분리이론 ·············· 374
01 개요 ···································· 374
02 경계이론[수용이론, 문턱이론] ·········· 374
03 분리이론[단절이론] ···················· 375

CHAPTER 02 행정상 손실보상

제1절 손실보상의 개관 ················ 378
01 손실보상의 의의 ······················ 378
02 손실보상의 근거 ······················ 379

제2절 손실보상의 요건 ················ 381
01 우리나라 헌법 제23조의 구조
 [경계이론과 분리이론] ················ 381
02 손실보상의 요건 ······················ 381

제3절 헌법 제23조 제3항의 보상규정 논의

 ·· 386
01 문제점 ································ 386
02 학설 ·································· 386
03 판례 ·································· 387
04 소결 ·································· 390
05 현행법령의 검토 ······················ 391
06 손실보상과 관련된 논의 보충 ·········· 391
07 기출문제 ······························ 400

제4절 손실보상의 기준 ················ 402
01 헌법상 손실보상기준 ·················· 402
02 토지보상법상의 손실보상의 기준 ········ 404
03 헌법상 손실보상기준과 토지보상법상의
 기준과의 관계 ······················ 409
04 공용제한으로 인한 손실보상기준 ········ 422

제5절 손실보상의 내용 ················ 424
01 재산권 보상 ·························· 424
02 생활보상 ······························ 425
03 공익사업시행지구 밖의 보상[간접보상]
 ·· 494

제6절 손실보상의 원칙 및 손실보상의 방법

 ·· 534
01 토지보상법상 손실보상의 원칙 ·········· 534
02 손실보상의 방법 ······················ 540
03 대토보상 ······························ 545

제7절 손실보상의 불복방법 ·········· 553

01 토지보상법상의 불복방법 ·········· 553

02 개별법상의 불복방법 ·········· 555

03 행정상 손실보상청구권의 법적 성질 ·········· 555

제8절 손실보상의 흠결과 보충 ·········· 557

01 수용유사침해 법리와 이론적 수용가능성
·········· 557

02 수용적 침해이론과 이론적 수용가능성 ·········· 558

03 희생보상이론 ·········· 560

04 공법상 결과제거청구권 ·········· 561

제9절 공익사업 손실보상제도의 문제점과
    개선방안 ·········· 563

01 공익사업 손실보상제도의 문제점 ·········· 563

02 공익사업 손실보상제도의 개선 방안 ·········· 565

03 결론 ·········· 570

04 기출문제 ·········· 571

05 기본문제 ·········· 572

CHAPTER 03 토지보상법상의 손실보상의
              구체적 내용(손실보상각론)

제1절 토지보상 ·········· 581

01 토지보상 일반 ·········· 581

02 공법상 제한 받는 토지의 보상평가 ·········· 591

03 미지급용지의 평가 ·········· 599

04 무허가건축물 등의 부지의 평가 ·········· 603

05 불법형질변경토지의 평가 ·········· 605

06 도로부지의 보상 ·········· 609

07 지하공간의 사용에 대한 보상 ·········· 621

제2절 건축물 보상 ·········· 624

01 건축물에 대한 보상 ·········· 626

02 무허가건축물이 보상대상인지 여부 ·········· 631

제3절 부대적 손실보상 ·········· 633

01 서 ·········· 633

02 법적 성격 ·········· 633

03 보상기준 ·········· 633

04 보상의 구체적 내용 ·········· 634

05 문제점 및 개선방안 ·········· 634

제4절 영업손실보상 ·········· 635

01 서 ·········· 637

02 법적 근거 ·········· 637

03 영업손실의 보상 ·········· 637

04 영업손실보상 권리구제 ·········· 641

05 관련문제 ·········· 642

제5절 농업손실보상 ·········· 645

01 서 ·········· 647

02 농업손실보상의 성격 ·········· 647

03 보상의 대상 ·········· 647

04 보상방법 및 내용 ·········· 649

05 농업손실보상 불복 ·········· 650

06 지목이 '임야'이나 '농지'로 이용 중인
   토지에 대한 보상기준 ·········· 651

07 기출문제 ·········· 655

CONTENTS
이 책의 **차례**

▶ PART **03** 부동산 가격공시

CHAPTER 01 표준지공시지가

제1절 부동산가격공시제도와 감정평가제도
································ 658
01 감정평가제도의 연혁 ························· 658
02 공시지가제도의 주요 변천 ················· 665

제2절 표준지공시지가 ························ 668
01 개설 ··· 668
02 표준지공시지가의 의의 및 법적 성질 ···· 668
03 표준지공시지가의 공시절차 ··············· 671
04 표준지공시지가의 효력 및 적용 ·········· 674

제3절 표준지공시지가 불복 ················· 676

CHAPTER 02 개별공시지가

제1절 개별공시지가 일반 ····················· 685
01 서 ··· 685
02 개별공시지가의 법적 성질 ················· 685
03 개별공시지가의 공시절차 ·················· 687
04 개별공시지가의 효력 및 적용 ············· 691
05 개별공시지가에 대한 불복 ················· 692

제2절 토지가격비준표 ······················· 700
01 서 ··· 700
02 토지가격비준표의 법적 성질 ·············· 701
03 토지가격비준표의 작성 및 활용 ·········· 703
04 토지가격비준표의 하자와 권리구제 ······· 703

05 토지가격비준표의 문제점 및 개선방안 ········· 704

제3절 개별공시지가 검증제도 ··············· 704
01 서 ··· 705
02 개별공시지가 검증의 법적 성질 ·········· 705
03 검증의 내용 ····································· 705
04 개별공시지가 검증의 문제점 및 개선방안 ···· 706

제4절 개별공시지가 정정제도 ··············· 707
01 서 ··· 707
02 개별공시지가의 직권정정제도 ············ 707
03 입법적 평가 ····································· 708
04 관련문제(정정신청에 대한 행정청의
   거부행위에 대한 불복가능성) ············· 708
05 기출문제 ··· 709
06 기본문제 ··· 713

CHAPTER 03 주택가격공시제도

**제1절 표준주택가격의 공시와
       개별주택가격의 공시** ················ 718
01 서 ··· 718
02 표준주택가격의 공시 ························ 718
03 개별주택가격의 공시 ························ 720

제2절 공동주택가격의 공시 ················· 722
01 공동주택가격의 공시 ························ 722
02 공동주택가격의 효력 및 불복 ············· 723

제3절 주택가격공시제도의 공시절차와 효과 등
·· 723
01 부동산가격의 평가체계 및 보유세제 개편
·· 724
02 주택가격공시절차 ························· 724
03 공동주택 조사·산정절차 ·············· 725
04 주택가격공시제도의 효과 및 문제점 ········· 726

CHAPTER 04 비주거용 부동산가격의 공시
01 의의등 ······································· 727
02 비주거용 표준부동산가격의 조사·산정 및
공시 등 ····································· 727

03 비주거용 개별부동산가격의 결정 및 공시 ····· 731
04 비주거용 집합부동산가격의 가격공시 ······· 736
05 비주거용 부동산가격공시의 효력 ············· 740
06 비주거용 부동산가격공시의 불복 ············· 741
07 기출문제 ····································· 741

CHAPTER 05 부동산가격공시위원회
01 중앙부동산가격공시위원회 ··············· 742
02 시·군·구 부동산가격공시위원회 ··········· 744

CHAPTER 06 부동산가격공시제도 보칙 ····· 745

▶ PART 04 감정평가 및 감정평가사

CHAPTER 01 감정평가

제1절 총칙 ······································ 748
01 총칙 및 정의 ······························· 748
02 감정평가 기준, 직무, 감정평가 의뢰 ········· 749
03 감정평가서, 감정평가서의 심사 ············· 750
04 감정평가 타당성조사 ······················· 750
05 감정평가 정보체계의 구축·운용 등 ········· 751

CHAPTER 02 감정평가사

제1절 감정평가사 업무 및 자격 ·········· 753
01 감정평가사 자격제도 ····················· 754
02 감정평가법인등의 업무 ··················· 754
03 감정평가사의 자격 및 결격사유, 시험 ······· 755
04 감정평가사 자격의 취소 ··················· 757
05 자격등록 및 갱신등록 ····················· 763

CONTENTS
이 책의 **차례**

제2절 감정평가사의 징계 ·············· 767

01 서 ··· 768

02 징계사유, 징계의 종류 및 징계의 공고 ··· 768

03 법적 성질 ································ 770

04 징계절차 ································· 771

05 징계의 효과 ······························ 775

06 위법성과 권리구제 ······················ 775

CHAPTER **03** 감정평가법인등

제1절 감정평가법인등 일반 ·············· 781

01 서 ··· 781

02 사무소 개설 등 ························· 781

03 감정평가법인 설립 등 ··················· 783

04 감정평가법인등의 법적 지위 ············ 786

05 감정평가법인등의 업무 ················· 798

제2절 감정평가법인등의 손해배상책임 ····· 800

01 서 ··· 800

02 감정평가 법률관계의 법적 성질 ········· 800

03 감정평가사법 제28조와
   민법 제750조와의 관계 ·················· 801

04 손해배상책임의 성립요건 ··············· 803

05 손해배상책임의 내용 ··················· 807

06 관련문제 ································· 808

제3절 한국감정평가사협회 ·············· 809

01 법정단체화 ······························ 809

02 감정평가사 회원의 관리 및 교육·연수 등
   ··· 809

CHAPTER **04** 감정평가관리 · 징계위원회

제1절 감정평가관리·징계위원회의

　　　구성과 운영 ························· 811

01 서 ··· 811

02 감정평가관리·징계위원회의 성격 ········ 811

03 감정평가관리·징계위원회의 구성 ········ 811

제2절 징계절차 및 징계의 종류 등 ········ 814

01 징계절차 ································· 814

02 징계의 종류 ······························ 815

03 징계의결의 하자 ························· 817

04 여론(조사위원회의 필요성) ············· 817

CHAPTER **05** 과징금(변형된 과징금)

01 서 ··· 820

02 법적 성질 ································ 820

03 절차 및 내용 ···························· 820

04 권리구제 ································· 821

05 기출문제 ································· 822

06 기본문제 ································· 826

▶ **부록**

CHAPTER 01 공익사업을 위한 토지 등의 취득
및 보상에 관한 법령 주요내용 해설

01 보상절차의 체계화·일원화 ···················· 849
02 공익사업 범위의 합리적 조정 ·················· 851
03 개발이익배제의 원칙 ······························· 851
04 보상액의 산정절차 ································· 852
05 보상전문기관 지정 및 위탁수수료 ············ 853
06 보상협의회의 설치 및 구성 ···················· 854
07 행정소송에 있어 이의재결 임의주의 채택 ····· 855
08 환매제도의 일원화 ································· 856
09 행정대집행 제도개선 및 벌칙 규정의 정비 ···· 857
10 보상기준 및 평가방법의 개선 ·················· 858
11 기타 개선사항 ···································· 861
12 시행령·시행규칙의 적용례 및 경과조치 ······· 862

CHAPTER 02 감정평가 및 보상법규 기출문제
자료집(제32회~제1회)

제32회 [2021] ·································· 866
제31회 [2020] ·································· 869
제30회 [2019] ·································· 872
제29회 [2018] ·································· 874
제28회 [2017] ·································· 877
제27회 [2016] ·································· 880
제26회 [2015] ·································· 882
제25회 [2014] ·································· 884
제24회 [2013] ·································· 885

제23회 [2012] ·································· 886
제22회 [2011] ·································· 887
제21회 [2010] ·································· 888
제20회 [2009] ·································· 889
제19회 [2008] ·································· 890
제18회 [2007] ·································· 891
제17회 [2006] ·································· 892
제16회 [2005] ·································· 893
제15회 [2004] ·································· 893
제14회 [2003] ·································· 894
제13회 [2002] ·································· 895
제12회 [2001] ·································· 896
제11회 [2000] ·································· 897
제10회 [1999] ·································· 898
제09회 [1998] ·································· 899
제08회 [1997] ·································· 899
제07회 [1996] ·································· 900
제06회 [1995] ·································· 900
제05회 [1994] ·································· 901
제04회 [1993] ·································· 901
제03회 [1992] ·································· 902
제02회 [1991] ·································· 902
제01회 [1990] ·································· 903

CHAPTER 03 감정평가 및 보상법규 기출문제
분석표(제1회~제32회) ············· 904

▶ **참고문헌** ······································· 908

제5판
기본이론 과정

박문각
감정평가사

기본서

(2차)

감정평가 및 보상법규

PART

01

공익사업을 위한
토지 등의 취득 등

Chapter 01	총칙(공용수용)
Chapter 02	공익사업의 준비
Chapter 03	협의에 의한 취득 및 사용
Chapter 04	공용수용에 의한 취득
Chapter 05	공용사용의 절차 및 효과
Chapter 06	보상협의회 및 보상전문기관

총칙[공용수용]

제1절 공용수용

01 공용수용의 개념

1. 공용수용의 의의

공용수용이란 특정한 공익사업을 위하여 보상을 전제로 타인의 특정한 재산권을 법률의 힘에 의하여 강제로 취득하는 것을 말한다. 공용수용은 학문상의 개념이며 물적 공용부담의 일종이다. 물적 공용부담이란, 재산권(권리)에 대하여 일정한 공공복리를 증진하기 위하여 일정한 제한, 수용 또는 교환의 제약을 가하는 것을 말한다. 이러한 물적 공용부담으로는 공용수용, 공용사용, 공용제한, 공용환지, 공용환권이 있다.

2. 공용수용의 원칙 및 취지[1]

공익사업 기타 복리행정상의 목적을 위하여 타인의 토지 등이 필요한 경우에는, 매매 및 기타 민사상의 방법에 의하여 취득하는 것이 원칙이다. 다만, 사법적 수단에 의하여 토지 등 재산권의 취득이 불가능한 경우에 공익사업의 신속하고 효율적인 수행을 도모하기 위하여 재산권을 강제로 취득하는 것이다.

3. 공용수용의 목적과 제도

(1) 공용수용의 목적

공용수용의 목적은 토지 등의 특정한 재산권을 공익사업 기타 복리목적에 제공함으로써 공익사업의 효율적인 수행을 통하여 공공복리의 증진과 사유재산권의 적정한 보호를 도모하는 것을 목적으로 한다(토지보상법 제1조).

(2) 공용수용제도[2]

공용수용제도는 공익사업을 위해 권리자의 의사에 관계없이 토지소유권 등을 강제적으로 취득하는 길을 열어두기 위해 마련된 제도이다.

---

1) 박균성, 행정법 강의
2) 류해웅·허강무, 신수용보상법론, 2016, 26쪽

공용수용제도는 사유재산제의 보장과 표리관계를 이루는 것으로서 본질적으로 사권과 공공이익의 조화를 도모하기 위한 제도이다. 공용수용이 권리의 강제적 취득이라 하더라도 사유재산제를 헌법상 보장하고 있는 이상 보상 없이 몰수하는 것은 허용되지 않기 때문이다.

이러한 공용수용제도는 주로 토지의 강제취득을 목적으로 하는 토지수용제도를 중심으로 발전해 왔다.

4. 공용수용과 공공성(공공필요)

공공성은 공용수용에 있어 매우 중요함으로 절을 달리하여 설명한다.(제2절 공공성과 공익성)

02 공공적 사용수용(사적 공용수용)

1. 서

종래 공용수용은 헌법상 사유재산권 보장의 예외적 조치인바, 허용에 있어 엄격한 요건이 요구된다. 따라서 공익목적의 토지취득은 공적주체에게 한정되는 것이 일반적이었으나, 현대 복리국가의 대두로 인한 공익사업의 증대와 공용수용의 법리변화로 인하여 사적주체에게까지 수용권을 부여하는 공공적 사용수용의 법리가 인정되기에 이르렀다. 공공적 사용수용의 법리로 인하여 사유재산권 보장의 침해의 개연성이 더욱 높아지는바, 공공필요를 엄격히 심사해야 하며, 계속적 공익실현 보장책이 필요하다.

2. 공공적 사용수용의 의의(사적 공용수용)

(1) 의의

공공적 사용수용이란 특정한 공익사업 기타 복리목적을 위하여 사적주체가 사인의 특정한 재산권을 법률의 힘에 의해 강제적으로 취득하는 것이다. 판례는 사용수용을 인정하고 있다.

> 판례
>
> ▶ 관련판례(대판 1971.10.22. 71다1716)
> 공익사업인가의 여부는 그 사업 자체의 성질로 보아 그 사업의 공공성과 독점성을 인정할 수 있는가의 여부로써 정할 것이고, 그 사업주체에 따라 정할 성질이 아니다.

(2) 필요성

공익상의 필요, 공익사업의 증대, 민간활력의 도입, 공행정의 민간화 등에서 그 필요성을 찾을 수 있다. 다만, 영리추구를 주목적으로 하는 사기업이 사업시행자인 경우에는 공공성의 엄격한 판단이 요구되며, 공공복리를 계속적으로 실현하기 위한 제도적 장치가 필요하다.

(3) 법적 성격

행위측면으로는 공행정의 민간화라는 점에서 일종의 대리행위로 볼 수 있고, 수용권 측면에서는 토지보상법상 사업인정 또는 개별법상 사업인정의제에 의해, 그 효과로서 공용수용권이 설정되므로 수용권 주체에 관한 학설상 사업시행자수용권설로 보는 견해가 유력하다.

(4) 법적 근거

헌법 제23조 제3항에 의거 법률유보원칙이 적용된다. 개별법상 근거로는 토지보상법 제4조 제5호(국가·지방자치단체·공공기관·지방공기업 또는 국가나 지방자치단체가 지정한 자가 임대나 양도의 목적으로 시행하는 주택건설 또는 택지 및 산업단지 조성에 관한 사업)가 있고, 그밖에 사회기반시설에 대한 민간투자법(이하 '민간투자법')과 지역균형개발 및 지방 중소기업육성 등에 관한 법률 등이 있다.

(5) 유형

우리나라에서는 확립된 판례나 축적된 학설이 없다. 독일의 예를 중심으로 살펴보면 독일에서는 개인이나 사기업이라 하더라도 이윤의 추구와 함께 공익사업을 수행한다는 사실이 객관적으로 담보될 수 있는 한 사인을 위한 공용침해는 가능하다는 견해가 일반적이다. 독일은 생존배려형 사기업과 경제적 사기업[3]으로 구별하여 사용수용의 가능성을 판단한다.

생존배려형 사기업의 경우에는 원칙적으로 그들을 위한 공용침해가 허용되고, 경제적 사기업의 경우에는 예외적으로 엄격한 요건 하에서만 허용된다고 본다. 왜냐하면 경제적 사기업은 이윤추구가 주목적이고, 지역발전이나 고용증대 등의 공적 이익은 부수적인 효과로 보기 때문이다.

3. 공공적 사용수용과 공공성

(1) 사용수용의 요건

① 공공필요, ② 재산권에 대한 공권력, ③ 법률의 근거, ④ 정당한 보상으로써 공용수용의 요건과 동일하나 사용수용에서는 사기업의 사익추구로 인하여 공공성이 특히 중요하다. 이윤추구가 목적인 사기업은 사업의 계속성이 보장되지 않고 중간에 어떠한 이유로 사업이 중단될 가능성이 존재하기 때문이다.

(2) 대상사업과 공공성

사인이 행하는 대상사업에 대하여 공공성 반영과정은 ① 토지보상법 제4조 규정에 의한 수용적격사업이나, 국토교통부장관이 사업인정 시 반영되고, ② 기타 개별법에서 사업인정이 의제되는 실시계획승인 등에 의해 공공성을 판단한다. 그때 그 기준으로 공공성은 광의의 비례원칙에 의하여 제 이익형량이 선행되어야 하고, 사기업이라는 특성상 일정기간 이상 계속 수행될 것이 요구된다.

---

3) 생존배려형 사기업은 전기·가스·상하수도 등과 같이 국민의 생존을 배려하는 급부행정작용에 준하는 활동을 담당하는 기업을 말한다. 사적 이윤추구와 함께 공익사업을 수행하며 이들을 위한 공용침해는 원칙적으로 허용된다. 경제적 사기업은 전적으로 이윤추구를 목적으로 하는 기업으로 영리만을 추구한 결과 특정지역의 실업문제가 완화되고 지역경제의 개선을 가져와 간접적·부수적 결과로서 공공복리 증진을 가져오기 때문에 경제적 사기업에 의한 공용침해 가능성이 문제된다.

4. 계속적 공익실현의 보장수단

(1) 보장책의 필요성

통상적으로 국가나 공공단체에 의한 공용수용의 경우에는 공익사업의 계속적 수행을 위한 보장책의 문제는 발생하지 않는다. 국가 등의 공행정주체는 공적 과제의 실현, 즉 공익실현을 사명으로 하고 있으므로 공익사업의 계속적 실현이 보장되어 있기 때문이다. 그런데 경제적 사기업은 이윤추구가 목적인바 언제든지 중도에 포기할 가능성이 있으므로 보장책이 필요하게 된다.

(2) 보장책의 법적 근거

① 헌법적 근거

공익사업의 계속성을 담보하기 위한 법적·제도적 장치에 대한 요청은 헌법 제23조 제3항에 근거하고 있다. 만약 보장 없이 공용수용을 허용한다면 공공필요가 결여된 공용침해로서 헌법상 재산권 보장원칙에 정면으로 반하는 결과가 될 것이다.

② 보장책에 대한 법률유보

보장책에 대한 요구가 헌법규정으로부터 직접 도출되는 것이므로 법률적 근거를 요하지 않는다는 견해가 있으나, 우리 헌법은 "법률로써 하되"라고 규정하고 있으므로 보장책 없는 공용침해 법률은 위헌·위법하다 할 것이다.

(3) 보장수단

① 환매권(법 제91조)과 사업인정 실효(제23조, 제24조)

환매권은 토지보상법에서 공익사업의 계속성을 담보하기 위한 수단으로 규정되어 있는 것으로서 가장 일반적인 것이다. 그러나 환매권은 시간적인 제한이 있으며, 환매권 행사시 공행정주체의 개입 없이 환매권자에 의해서만 행사된다는 점에서 공익사업의 계속성 보장책으로는 미흡하다는 지적이 있다. 또한 토지보상법에서는 재결신청기간의 경과와 사업의 폐지·변경으로 인한 사업인정의 실효제도를 규정하여 수용법 관계의 조속한 확정을 바라는 피수용자를 보호하고 간접적으로 공익사업의 계속성을 보장한다.

② 입법적 통제

민간투자법에서는 사업시행자에 대한 감독·명령과 처분, 위반 시 벌칙 등을 규정하고 있다. 그러나 민간자본유치 촉진에 역점을 둔 까닭에 공익사업의 계속성 담보에 대한 배려가 미흡하다. 일반적 개괄조항에 대한 구체적인 보장책 수단으로는 행정입법, 행정행위, 부관 등이 입법론적으로 요망된다.

③ 사법적 통제

공익사업의 계속성 보장책이 헌법 제23조 제3항의 공공필요의 요건을 충족하지 못할 경우에는 위헌·위법한 재산권 침해라 할 것이다. 이 경우 행정쟁송의 제기를 하고, 해당 법률의 위헌법률심사를 신청하거나 보충성 원칙을 충족한 경우 헌법소원이 가능할 것이다.

(4) 보장내용

보장책은 공익사업의 종류와 내용, 구체적인 상황에 따라 결정되어야 하므로 일반화는 어렵지만 일정한 기간 계속된 기업운영, 기업의 가용능력을 최대한 발휘하여 운영할 것, 지역 내 주민의 일정수 이상을 고용할 것 등이 내용으로 될 수 있을 것이다.

5. 부대사업과 사용수용

(1) 문제의 소재

부대사업이란 사업시행자가 민간투자사업과 연계하여 시행하는 주택건설사업·택지개발사업을 말한다. 민간투자법 제21조에서는 사업시행자의 투자비 보전 및 정상적인 운영을 도모하기 위하여 부대사업을 해당 민간투자사업과 연계하여 시행하게 할 수 있다고 규정하고 있다. 이와 같은 부대사업권을 부여하는 것은 사회기반시설의 설치사업 자체의 채산성을 보전하게 한다는 일종의 수익성 보장을 위한 장치인바 공공성과 관련하여 인정 여부가 문제된다.

(2) 부대사업에 사용수용 인정 여부

① 관련규정의 검토

민간투자법 제20조는 실시계획 고시를 사업인정으로 의제하고 있으며 동법 제21조는 부대사업을 시행할 수 있고 부대사업의 내용을 실시계획 고시에 포함하고 있어 실시계획 고시에 의해 사업인정이 의제되어 부대사업에까지 수용규정이 인정되는지가 문제된다.

② 인정 여부 및 개선방안

실시계획 고시에 부대사업까지 포함시킨 것은 원활한 사업추진을 도모하기 위한 것으로 이해해야지 부대사업은 사적 이윤 동기에 의한 행위에 불과한바, 실시계획 고시에 의해 사업인정이 의제된다고 하더라도 부대사업을 위한 수용까지 허용된다고 보는 것은 우리 국민의 정서에 비추어 타당하지 않다고 판단된다.

결국 부대사업에 대한 수용권 부여 여부는 부대사업 자체의 공공성을 비교 형량하여 결정해야 하는바, 부대사업은 사익추구 경향이 강하기 때문에 수용권을 인정하기 어려울 것이다. 결국 이러한 문제는 관련규정의 불명확성에 기인한 것으로 수용이 가능한 사업과 그렇지 못한 사업을 구별할 수 있도록 법률에서 관계규정을 명확하게 할 필요가 있다고 사료된다.

6. 결

사용수용은 비록 수용의 주체가 사인이라 하더라도 공익사업을 위해 허용되는 것으로서 공공성의 전제가 강력히 요구되고 있다. 그럼에도 불구하고 최근 공익사업의 수요가 확대됨에 따라 사적 이윤을 어느 정도 보장하면서, 사용수용을 허용할 수 있어야 한다는 주장이 확대되고 있으나, 사용수용은 수용에 대한 국민의 정서를 고려할 때 공익과 사익을 비교 형량하여 공공성을 중심으로 엄격하게 판단해야 한다. 또한 보다 적극적인 공익성 확보를 위해 계획단계부터 국민의 절차 참여보장이 요구된다 할 것이다.

7. 기출문제

> ≫ 기출문제(제19회 3번)
>
> 사적(私的) 공용수용의 의의 및 요건에 대하여 설명하시오. 20점

제2절 공용수용과 공공성

01 공용수용과 공공성

1. 서

공용수용이란 특정한 공익사업을 위하여 보상을 전제로 타인의 특정한 재산권을 법률의 힘에 의하여 강제로 취득하는 것을 말한다. 이는 헌법상 재산권 보장원칙에 대한 중대한 예외이므로 ① 사업 내용의 공공성, ② 법률에 근거한 수용권의 발동과 법률에 의한 수용절차의 규제, ③ 수용으로 인한 재산상 손실에 대한 보상 등 엄격한 제약 하에서 이루어진다. 이러한 요건 중 공공성은 공용수용의 실질적 허용요건이자 본질적 제약요건으로서 그 중요성이 인정된다.

2. 공공성

(1) 의의

재산권에 대한 공권적 침해는 "공공필요"에 의해서만 행해질 수 있는바, 공공필요(공공성)는 공용침해의 실질적 허용요건이자 본질적 제약요소이다. 그런데 공공성은 대표적인 불확정 개념으로서, 시대적 상황과 국가정책의 목표에 따라 가변적이기 때문에 획일적인 개념 정립이 불가능하며, 특히 최근에는 복리행정의 추구로 인하여 그 범위가 확대되는 추세에 있기에 구체적인 판단을 요한다.

(2) 공공성의 판단

공공성 개념의 추상성은 명확한 공공성의 판단근거를 요구하며 이는 헌법 제37조 제2항 비례의 원칙의 단계적 심사를 통해 구체화된다.

공공성의 판단기준으로서 비례의 원칙은 행정목적 실현을 위한 수단과 해당 목적 사이에는 합리적인 비례관계가 유지되어야 한다는 것으로 헌법 제37조 제2항에 근거를 두고 있다. 내용으로는 선택된 수단은 목적달성에 적합하여야 한다는 ① 적합성의 원칙, 적합한 수단들 중 최소 침해의 수단을 선택해야 한다는 ② 필요성의 원칙, 행정목적 달성을 위해 필요한 수단이라 하더라도 이로 인해 달성되는 공익이 침해되는 사익보다 우월해야 한다는 ③ 상당성의 원칙이 있으며, 이들의 단계적 심사를 통해 판단한다.

> 판례

▶ 관련판례(헌재 2014.10.30, 2011헌바129)

헌법 제23조 제3항에서 규정하고 있는 '공공필요'는 "국민의 재산권을 그 의사에 반하여 강제적으로라도 취득해야 할 공익적 필요성"으로서, '공공필요'의 개념은 '공익성'과 '필요성'이라는 요소로 구성되어 있는바, '공익성'의 정도를 판단함에 있어서는 공용수용을 허용하고 있는 개별법의 입법목적, 사업내용, 사업이 입법목적에 이바지하는 정도는 물론, 특히 그 사업이 대중을 상대로 하는 영업인 경우에는 그 사업 시설에 대한 대중의 이용·접근가능성도 아울러 고려하여야 한다. 그리고 '필요성'이 인정되기 위해서는 공용수용을 통하여 달성하려는 공익과 그로 인하여 재산권을 침해당하는 사인의 이익 사이의 형량에서 사인의 재산권침해를 정당화할 정도의 공익의 우월성이 인정되어야 하며, 사업시행자가 사인인 경우에는 그 사업 시행으로 획득할 수 있는 공익이 현저히 해태되지 않도록 보장하는 제도적 규율도 갖추어져 있어야 한다.

(3) 공공성 개념의 확대화 경향

현대 복리행정의 이념, 사회국가의 요청에 의하여 과거에 공공성이 인정되지 아니한 부분에 대하여도 공공성을 넓게 인정하는 경향이 있다. 즉, 전통적인 공공성의 개념에는 ① 영리목적사업, ② 특정 소수인을 위한 사업, ③ 사회·경제·문화상 직접 필요하지 않은 사업, ④ 사업주체가 수용목적물을 직접 사용하지 않는 사업 등에는 공공성이 인정되지 않았으나, 현대 복리국가의 요청에 따른 행정수요의 변화에 따라 영리목적의 사업이나 사인을 위한 사업에도 공공성을 인정하고 있다.

3. 공용수용과 공공성

(1) 공용수용과 공공성의 관계

헌법 제23조 제3항이 예정한 공용수용의 요건으로는 공공필요, 법률의 근거 및 정당한 보상을 들 수 있다. 이러한 공용수용의 요건으로서 공공필요는 공용수용의 실질적 허용요건으로서 공공성을 결한 수용은 위법한 수용이 된다. 또한 공공성이 인정되어 공용수용이 이루어지고 있다고 하더라도 차후 공공성을 상실하는 경우 역시 공용수용의 위법성을 구성하게 되는바, 공공성은 공용수용의 본질적인 제약요건이기도 하다.

> ➲ 헌법 제23조
> ① 모든 국민의 재산권은 보장된다. 그 내용과 한계는 법률로 정한다.
> ② 재산권의 행사는 공공복리에 적합하도록 하여야 한다.
> ③ 공공필요에 의한 재산권의 수용·사용 또는 제한 및 그에 대한 보상은 법률로써 하되, 정당한 보상을 지급하여야 한다.

(2) 입법에 의한 공공성 확보

① 수용적격사업과 공공성

수용적격사업이란 수용의 주체가 수용할 수 있는 적격을 갖는 공익사업을 말한다. 수용적격을 갖는 공익사업은 먼저 토지보상법과 개별법률을 제정할 때 입법자에게 그 판단이 맡겨지고, 해당 사업을 실시하기 위해 사업인정을 받을 때 처분청이 공익사업에 해당하는가의 여부를 최종적으로 판단하여 결정하게 된다. 입법자와 처분청은 해당 사업이 수용적격을 갖는 공익사업에 해당하는가의 여부를 판단할 때 공익성을 가치기준으로 삼는다. 공익성은 토지보상법에서 공공의 필요(공공성)가 구체화된 개념이다.

② 수용적격사업의 설정방법

입법 시 수용적격사업을 정하는 방법에는 개별입법주의, 제한적 열거주의 그리고 포괄주의로 구분할 수 있으며, 개별입법주의가 권리자 보호에 이바지할 수 있는 반면 포괄입법주의는 사회의 기술발전에 부응하여 탄력적으로 사업촉진을 가능하게 한다는 장점을 지닌다.

(ㄱ) 개별입법주의 : 행정청에게 판단의 여지를 부여함이 없이 개개의 사업이 토지를 수용하고 또는 사용할 가치가 있을 만큼 공공성을 지니고 있는가를 개별적으로 심사하여 입법하는 것이다.

(ㄴ) 제한적 열거주의 : 법률상 수용대상 사업의 범위를 한정하고, 그 범위 내에서 사업의 수용적격성 유무를 행정청에게 판단하게 하는 것이다.

(ㄷ) 포괄주의 : 수용대상 사업에 대해 법률로 그 범위를 한정하지 않고 이를 포괄적으로 행정청에게 맡겨 구체적인 사업에 대해 수용 여부를 판단하게 하는 것이다.

③ 토지보상법 제4조의 검토

우리 토지보상법은 제한적 열거주의를 채택하여 제4조에 수용적격사업을 열거하고 있다. 최초 수용적격을 갖는 공익사업이 사권보호의 견지에서 제한적으로 인정되었으나, 최근에는 공공성 및 공익성의 요건이 완화·확대됨으로써 다른 사람에게 분양할 공업단지나 주택단지 등으로까지 확대되고 있는 경향을 보이고 있다.

> ✍ 법 제4조(공익사업)
> 이 법에 따라 토지 등을 취득하거나 사용할 수 있는 사업은 다음 각 호의 어느 하나에 해당하는 사업이어야 한다.
> 1. 국방·군사에 관한 사업
> 2. 관계 법률에 따라 허가·인가·승인·지정 등을 받아 공익을 목적으로 시행하는 철도·도로·공항·항만·주차장·공영차고지·화물터미널·궤도(軌道)·하천·제방·댐·운하·수도·하수도·하수종말처리·폐수처리·사방(砂防)·방풍(防風)·방화(防火)·방조(防潮)·방수(防水)·저수지·용수로·배수로·석유비축·송유·폐기물처리·전기·전기통신·방송·가스 및 기상 관측에 관한 사업
> 3. 국가나 지방자치단체가 설치하는 청사·공장·연구소·시험소·보건시설·문화시설·공원·수목원·광장·운동장·시장·묘지·화장장·도축장 또는 그 밖의 공공용 시설에 관한 사업
> 4. 관계 법률에 따라 허가·인가·승인·지정 등을 받아 공익을 목적으로 시행하는 학교·도서관·박물관 및 미술관 건립에 관한 사업
> 5. 국가, 지방자치단체, 「공공기관의 운영에 관한 법률」 제4조에 따른 공공기관, 「지방공기업법」에 따른 지방공기업 또는 국가나 지방자치단체가 지정한 자가 임대나 양도의 목적으로 시행하는 주택 건설 또는 택지 및 산업단지 조성에 관한 사업
> 6. 제1호부터 제5호까지의 사업을 시행하기 위하여 필요한 통로, 교량, 전선로, 재료적치장 또는 그 밖의 부속시설에 관한 사업

7. 제1호부터 제5호까지의 사업을 시행하기 위하여 필요한 주택, 공장 등의 이주단지 조성에 관한 사업

8. 그 밖에 별표에 규정된 법률에 따라 토지 등을 수용하거나 사용할 수 있는 사업

제4조의2(토지 등의 수용·사용에 관한 특례의 제한)

① 이 법에 따라 토지 등을 수용하거나 사용할 수 있는 사업은 제4조 또는 별표에 규정된 법률에 따르지 아니하고는 정할 수 없다.

② 별표는 이 법 외의 다른 법률로 개정할 수 없다.

③ 국토교통부장관은 제4조 제8호에 따른 사업의 공공성, 수용의 필요성 등을 5년마다 재검토하여 폐지, 변경 또는 유지 등을 위한 조치를 하여야 한다. 〈신설 2021.4.13.〉

제4조의3(공익사업 신설 등에 대한 개선요구 등)

① 제49조에 따른 중앙토지수용위원회는 제4조 제8호에 따른 사업의 신설, 변경 및 폐지, 그 밖에 필요한 사항에 관하여 심의를 거쳐 관계 중앙행정기관의 장에게 개선을 요구하거나 의견을 제출할 수 있다.

② 제1항에 따라 개선요구나 의견제출을 받은 관계 중앙행정기관의 장은 정당한 사유가 없으면 이를 반영하여야 한다.

③ 제49조에 따른 중앙토지수용위원회는 제1항에 따른 개선요구·의견제출을 위하여 필요한 경우 관계 기관 소속 직원 또는 관계 전문기관이나 전문가로 하여금 위원회에 출석하여 그 의견을 진술하게 하거나 필요한 자료를 제출하게 할 수 있다.

▶ 공익사업을 위한 토지 등의 취득 및 보상에 관한 법률 일부를 다음과 같이 개정한다.
[시행 2021.7.6.] [법률 제17868호, 2021.1.5, 일부개정]

별표 제11호를 다음과 같이 한다.

11. 「공공주택 특별법」 제2조 제3호 가목에 따른 공공주택지구조성사업 및 같은 호 나목에 따른 공공주택건설사업

별표에 제111호를 다음과 같이 신설한다.

111. 「해양산업클러스터의 지정 및 육성 등에 관한 특별법」에 따른 해양산업클러스터 개발사업

부칙

제1조(시행일)

이 법은 공포한 날부터 시행한다. 다만, 별표 제111호의 개정규정은 공포 후 6개월이 경과한 날부터 시행한다.

제2조(공공주택건설사업에 관한 적용례)

별표 제11호의 개정규정은 이 법 시행 후 최초로 주택건설사업계획의 승인고시가 있는 경우부터 적용한다.

부칙 〈법률 제18828호, 2022.2.3.〉

제1조(시행일)

이 법은 공포 후 6개월이 경과한 날부터 시행한다.

제2조(토지로 보상받을 수 있는 자에 관한 적용례)

① 제63조 제1항의 개정규정은 이 법 시행 후 최초로 제15조(제26조 제1항에 따라 준용되는 경우를 포함한다)에 따라 보상계획을 공고하거나 토지소유자 및 관계인에게 보상계획을 통지하는 경우부터 적용한다.

② 제63조 제3항의 개정규정은 이 법 시행 당시 보상계약을 체결하였으나 보상대상 토지가 확정되지 아니한 경우부터 적용한다.

제3조(이주대책에 관한 적용례)
제78조 제5항의 개정규정은 이 법 시행 당시 이주대책의 실시에 따른 주택지 또는 주택을 공급받기로 결정되었으나 공급대상 주택지 또는 주택이 확정되지 아니한 경우부터 적용한다.

Check Point!

토지보상법 제4조 개정의 의의[2016년 4월 29일 토지보상법연구회 봄 발표회 – 김원보 감정평가사님 (前 한국감정평가사협회장) – 사업인정 별표 111개 사업(개정시행 2021.7.6.)]

1. 무분별한 공익사업의 확대 제한
종전 토지보상법 제4조 제8호를 개정하여 다른 법률에 의한 공익사업을 별표에 규정된 법률에 의한 공익사업으로 한정하고, 제4조의2를 신설하여 제1항에서 공익사업은 제4조 또는 별표에 규정된 법률에 따르지 아니하고는 정할 수 없도록 하였으며, 제2항에서 별표는 토지보상법 외의 다른 법률로는 개정할 수 없도록 하여 사실상 공익사업이 무분별하게 확대되는 것을 막을 수 있게 되었다.

2. 사업인정 의제절차의 개선
토지보상법 제21조 제2항 및 제3항을 신설하여 개별법률에서 사업인정으로 의제되는 처분을 할 경우 중앙토지수용위원회 및 사업에 이해관계가 있는 자의 의견을 듣도록 하여, 개별법률에서 의견청취절차를 규정하고 있지 않은 경우에도 토지보상법에 의해 의견청취절차를 거치도록 하여 국민의 권리보호에 충실을 기할 수 있게 되었다.

3. 공익성 순위의 결정의 개선
환매의 경우 별표에 따른 사업도 그 성격이 토지보상법 제4조 제1호부터 제5호까지에 규정된 공익사업에 해당하는 경우에는 공익사업의 변환을 인정함으로써 공익성 순위를 명확하게 하였다.

④ **현행법제의 문제점 및 개선**
우리의 토지보상법은 토지를 수용 또는 사용할 수 있는 사업을 형식적으로는 제한적 열거주의를 채택하면서 그 실질에 있어서는 포괄주의를 채택하고 있다 해도 과언이 아니다. 그것은 공익사업이 구체적인 사업을 대상으로 하지 않고 포괄적으로 열거하고 있기 때문이다. 또한 공익사업에 대한 규정방식이 제한적 열거주의를 채택하기 때문에 개별법률에서 수용 또는 사용할 수 있는 사업과 대부분 중복되고 있다. 이로 말미암아 사업인정권자가 사업인정을 행할 때 공익성의 판단에 보다 많은 자의가 개입될 소지가 있다. 따라서 정부는 이러한 문제점을 개선하기 위해 2015년 12월 29일 토지보상법 제4조를 개정하고, 제4조의2를 신설하여 사업인정의제사업 110개를 별표를 통해 열거하여 무분별한 사업의 확대를 제한하고, 사업인정의제절차를 개선하였으며, 공익성 순위에 대한 결정을 개선하였다. 또한 2018.12.31. 토지보상법 제4조의3을 신설하여 공익사업의 신설, 변경 및 폐지 등에 관하여 중앙토지수용위원회가 개선요구 등을 할 수 있도록 보완하였다. 최근 토지보상법 제4조 별표[시행 2021.7.6.]에 제11호에 추가적으로 「공공주택 특별법」 제2조 제3호 나목에 따른 공공주택건설사업, 제107의2호로 「항만 재개발 및 주변지역 발전에 관한 법률」에 따른 항만재개발사업, 제111호

「해양산업클러스터의 지정 및 육성 등에 관한 특별법」에 따른 해양산업클러스터 개발사업이 추가되어 공익사업이 확대되었다.

4. 토지보상법의 공공성 확보

(1) 토지보상법의 공익성 확보

공용수용제도는 토지보상법을 중심으로 발전해왔고 토지보상법은 공용수용의 일반법적 지위에 있다. 이러한 토지보상법은 공공성을 공익성이라는 개념으로 구체화하였다.

토지보상법이 공익성이라는 구체화된 개념을 적용하는 것은 재산권이라는 사익에 대비하여 공공복리의 증진이라는 공익을 구별하기 위한 것으로 보인다. 또한 토지보상법은 특정 공익사업의 수행이라는 특징이 있기 때문에 공공성보다는 구체적인 개념인 공익성을 기준으로 한 것으로 보여진다. 이러한 공익성을 확보하기 위하여 입법적으로 사업인정제도와 환매권 등을 규정하고 있으며 판례는 이에 더하여 계속적인 공익성이 필요하다는 입장이다.

(2) 사업인정에 의한 공익성 확보

① 사업인정의 의의 및 법적 성질

사업인정은 특정 사업이 토지보상법 제4조에 열거하고 있는 공익사업에 해당함을 인정하고, 사업시행자에게 일정한 절차의 이행을 조건으로 수용권을 설정하는 설권적 형성행위이다. 또한, 해당 사업이 수용을 인정할 만한 공익적 가치가 있는지의 여부를 구체적으로 판단하여야 하고 이에는 재량의 개입이 필연적인바, 재량행위에 해당한다.

② 사업인정권자

(ㄱ) 원칙적인 사업인정권자 : 사업인정권은 국토교통부장관에게 있다. 국토교통부장관은 사업인정의 제 절차를 거친 후 사업인정 여부에 관한 판단을 하고, 사업인정이 필요하다고 판단할 때 사업인정을 하게 된다.

(ㄴ) 개별법에 의한 사업인정의 의제 : 공익사업에 대하여는 원칙적으로 사업인정의 절차가 요구되지만, 개별법상 공익사업에 대하여는 해당 사업의 실시계획인가 등에 의해 사업인정이 의제되고 있다. 대개의 공익사업이 개별법률에 근거하여 실시되고 있는 실정을 감안할 때 토지보상법의 사업인정은 원칙적이고 상징적인 조항에 불과하다 해도 과언이 아니다.

③ 사업인정에 의한 공익성 확보

사업인정은 토지를 수용 또는 사용하기 위한 전제 절차이고, 이에 대한 결정을 하기 위해서는 해당 사업이 공공성 내지는 공익성을 지니고 있는가를 판단하지 않으면 안 된다. 그러나 공공성(공익성)은 추상적 개념에 불과하여 법률로 정할 수 없기 때문에 행정청으로 하여금 개별·구체적으로 이를 판단하게 하도록 하기 위해 이 제도를 두고 있다. 공용수용이 공익사업을 위해 불가결하다 하더라도 사인의 재산권을 강제적으로 취득하는 것이기 때문에 이를 위한 국가권력의 발동에 신중을 기하지 않으면 안 되기 때문이다.

④ 현행법제의 문제점

(ㄱ) 토지보상법은 사업인정권을 국토교통부장관에게만 부여하고 있어 사업인정권한의 배분

이 이루어지고 있지 않다. 지방화시대를 맞이하여 사업인정권한은 사업시행자, 사업시행지의 범위 및 사업의 성질 등에 따라 국토교통부장관과 도지사가 분담하도록 하는 것이 바람직하다고 본다.

(ㄴ) 또한, 개별법상 공익사업은 주무부장관이나 시·도지사 등에 의한 실시계획인가를 사업인정에 갈음하도록 함으로써 절차를 간소화하고 있으며, 사업인정권자도 실제 다원화되어 있다고 할 수 있다. 그러나 이러한 개별법 규정들은 형식적으로는 개별공익사업의 특성을 반영하여 토지보상법상의 사업인정절차의 예외를 인정하자는 취지로 마련된 것이지만, 사업인정과정에 이해관계인 등의 참여를 배제하여 실제로는 이해관계인들이 알지 못하는 사이에 사업이 확정되는 등 공익사업주체의 편의만을 도모하는 편법적인 제도로 평가되고 있다. 따라서 이러한 사업인정의제제도에 따라 실무상 토지보상법상의 사업인정제도는 주요 공익사업에 있어서는 전혀 그 기능을 하지 못하는 문제점을 안고 있다.

이에 대해서 사업인정의 의제제도를 계속 존치시키는 것이 바람직한 것인가는 재고할 필요가 있다는 지적과 상기 문제를 해결하기 위해서는 사업의 계획과정에 지역주민의 참가 등이 적극적으로 이루어져 사전적 권리구제가 이루어질 수 있도록 하여야 한다는 지적이 있다.

(3) 중앙토지수용위원회의 공익성 검토[4]

① 공익성 협의제도

국토교통부장관이 사업인정을 하려거나 관계 행정청이 사업 인정이 의제되는 지구지정·사업계획승인 등을 하려는 경우 미리 중앙토지수용위원회와 협의하여야 한다(토지보상법 제21조 제1항, 제2항). 사업인정 또는 사업인정이 의제되는 지구지정·사업계획 승인 등을 하려는 인허가권자는 토지보상법 공익성 협의를 중앙토지수용위원회에 요청하여 공익성을 평가받고 공익성 보완 등을 거쳐 위원회의결을 받는다. 공익성 협의의견서는 사업시행자가 수용재결을 신청할 때 관할토지수용위원회에 제출하여야 하며, 이러한 공익성 협의절차의 하자는 절차적 위법을 구성함으로 실질적으로 공익성 검토를 강화하려는 제도이다.

② 공익성 검토(판단)기준

공익성 판단기준은 형식적 심사와 실질적 심사로 구분하여 판단한다. 공익성 판단의 형식적 심사는 토지보상법 제4조상 토지수용이 가능한 사업인지 여부, 의견 수렴 및 사업시행절차의 준수여부 등 형식적 요건을 판단한다. 토지수용사업에 해당하지 않는 경우에는 사업인정 신청을 반려하고, 의견수렴절차와 사업시행절차를 이행하지 않은 경우에는 보완요구 또는 각하하게 된다. 공익성 판단의 실질적 심사는 헌법상 공공필요의 요건에 따라 토지수용사업의 공공성과 토지수용의 필요성으로 구분하여 공익성에 대한 실질적 내용을 판단한다. 사업의 공공성 심사는 ① 사업시행의 공공성, ② 사업의 공공기여도, ③ 사업시행자의 유형, ④ 사업재원의 공공성, ⑤ 사업수행능력, ⑥ 목적 및 상위계획 부합여부, ⑦ 공익의 지속성, ⑧ 시설의 대중성을 심사한다. 사업의 필요성 심사는 ① 피해의 최소성, ② 방법의 적절성, ③ 사업의 시급성을 평가하여 판단한다.

---

4) 국토교통부 중앙토지수용위원회, 토지수용 업무편람, 2021

③ 중앙토지수용위원회의 형식적 심사

(가) 수용사업의 적격성
- 협의를 요청된 사업이 토지보상법 제4조 각 호에서 열거한 공익사업에 해당하는지 검토
  - 사업인정 사업의 경우에는 법 제4조 제1호부터 제8호에 해당하는지를 검토
  - 사업인정의제 사업의 경우에는 법 제8호에 해당하는지를 검토
- 토지보상법 제4조에 해당하지 않으면, 인허가권자에게 협의요청을 반려

(나) 사전절차의 적법성
  ㉠ 사업시행절차의 준수 여부
  - 협의가 요청된 사업이 근거 법률의 목적, 상위 계획 및 시행 절차 등에 부합하는지 여부를 검토 (시행령 제11조의2 제1호)
    - 법령 또는 상위계획에 비추어 볼 때 사업지구 지정 및 고시가 적법한지 여부
    - 개발계획 또는 사업 기본계획 등의 수립 여부
    - 토지 및 물건에 관한 세목고시 여부
    - 환경영향평가법 시행령 별표 2, 별표 3, 별표 4에 해당하는 (전략)환경영향평가 협의 여부
    - 도시교통정비촉진법 시행령 별표에 해당하는 사업의 경우에 교통영향평가 심의 여부
    - 자연재해대책법 시행령 별표 1에 해당하는 사업의 경우에 재해영향평가 협의 여부
  ㉡ 의견수렴 절차의 이행 여부
  - 토지보상법상 의견수렴절차의 이행 여부(토지보상법 제21조 및 시행령 제11조) 검토
    - 사업 인정신청서 및 관례 서류의 사본 등의 공고, 열람(령 제11조 제2항 및 3항)
    - 토지소유자 및 관계인 등에 대한 통지 및 의견서 제출(령 제11조 제4항 및 제5항)
    - 열람기간 동안 제출된 의견서를 인허가권자에게 송부 등(령 제11조 제6항)
  - 개별법상 의견수렴절차의 이행 여부(토지보상법 제21조 제3항 및 령 제11조)

④ 중앙토지수용위원회의 실질적 심사

(가) 사업의 공공성
  ㉠ 시행목적의 공공성
  - 사업의 명칭 또는 유형을 형식적으로 판단할 것이 아니라 사업의 내용을 확인하여 주된 시설의 유형을 실질적으로 검토
    - 주된 시설의 유형은 공용시설, 공공용시설, 주택 및 산업단지 등 복합시설, 기타 그 밖의 시설로 구분하여 검토
    - 주된 시설에 해당하는지 여부는 사업시행자의 목적과 의도를 기준으로 판단
    - 복합사업의 경우에는 사업의 목적과 사업시행자의 의도, 수익창출 구조 등을 종합적으로 고려하여 주된 시설여부를 결정
  ㉡ 사업의 공공기여도
  - 공공시설의 설치 정도에 따라 공공기여도를 차별적으로 판단하여야 하며, 영리시설을 포함하는 경우 기부채납 등 공공귀속의 정도를 검토
    - 공공에 기여하는 시설·용지의 양적 크기에 따라 공공성을 평가하고, 시행 목적의 공공성을 보완

© 사업시행자의 유형

- 사업시행자는 국가, 지방자치단체, 공공기관 및 사인을 포함하나, 수용권의 근원은 국가고권에 해당하기 때문에 사업시행자의 유형에 따라 차별적 검토가 요구됨
  - 사업시행자의 유형은 국가와 지방자치단체, 공공기관, 민간으로 구분하여 사업시행자의 공공성을 검토

② 사업재원의 공공성

- 사업에 소요되는 재원 중 정부재정 투입비율을 고려[5]
  - 사업시행자가 국가 또는 지방자치단체, 공공기관이라고 하더라도 민간 투자에 따라 민간이 사업이익의 전부 또는 일부를 얻는지 여부를 검토

⑩ 사업시행자의 사업수행능력

- 사업시행자의 사업재원 확보수준을 검토하여야 함
  - 사업시행자의 자본조달계획을 확인하고, 사업시행에 필요한 재정능력을 검토
  - 사업시행자가 민간(SPC 등 포함)인 경우에는 유사한 개발사업 수행실적을 추가적으로 검토

ⓗ 근거법률의 목적 및 상위계획의 부합성

- 근거 법률의 목적
  - 사업을 통해 설치하려는 시설의 내용을 확인하고, 주된 시설이 사업시행의 근거가 되는 법률상 달성하려는 목적에 부합하는지를 검토(령 제11조의2 제1호)
- 상위계획의 적합성
  - 사업을 시행하는 데 근거가 되는 상위계획 수립 여부를 확인하고, 해당 사업이 상위계획의 범위 내에서 추진되는지 여부를 검토(령 제11조의2 제1호)

ⓐ 공익의 지속성

- 공공시설 귀속주체의 지속성
  - 사업을 통해 설치하는 공공시설 소유권의 귀속주체를 국가 · 지자체, 공공기관, 기타 사업시행자로 구분하여 검토
- 공공시설의 관리주체의 지속성
  - 사업을 통해 설치하는 공공시설의 관리주체를 국가 · 지자체, 공공기관, 기타 사업시행자로 구분하여 검토

ⓞ 시설의 대중성

- 시설의 개방성
  - 사업을 통해 설치하는 시설을 불특정 다수가 이용할 수 있는지 여부를 검토 접근의 용이성
  - 사업을 통해 설치하는 시설을 무료로 이용할 수 있는지 여부를 검토

(나) 수용의 필요성

㉠ 피해의 최소성

- 사익침해의 최소화
  - 공익을 목적으로 국민의 재산권을 강제로 수용하더라도 공익 및 사익침해를 최소화할 수 있는 방법을 선택
  - 사업시행으로 인해 강제로 이주해야 하는 이주대상가구 규모를 사업유형별로 사업면적 대비 이주대상가구 최소기준에 따라 사익침해 여부를 검토

---

5) 공공기관의 경우 자기자본을 투입하는 경우에는 정부재정 투입비율과 별도로 가점 요소로 검토

- 택지, 산단 등 면적사업: 10,000㎡ 당 2.43명 초과 여부
- 도로, 철도 등 선형사업: 10,000㎡ 당 0.66명 초과 여부
- 기타 시설사업 등: 10,000㎡ 당 0.23명 초과 여부
  - 이주대책을 수립한 경우 이주대책의 내용을 검토
- 공익침해의 최소화
  - 사업구역으로 편입되는 보전지역 면적 비율과, 사회·경제·환경적 피해발생 가능성을 검토
    - 보전산지, 농업진흥지역, 생태·경관보전지역, 문화재보호구역, 상수원보호구역, 개발제한구역 등 보전지역의 면적 비율을 검토
    - 보전산지, 농업진흥지역, 생태·경관보전지역, 문화재보호구역, 상수원보호구역, 개발제한구역 등 보전지역의 면적 비율을 검토
    - 재난 및 안전관리기본법상 국가기반시설 포함 여부 검토
    - 관계기관의 의견, 주민의견 및 환장교통·재해 등 영향평가 등을 종합하여 사회·경제·환경적 피해발생 가능성을 검토

ⓛ 방법의 적절성
- 토지권원의 확보비율
  - 사업구역 내 토지 등의 취득 및 사용에 대한 동의 비율을 검토
    - 사업인정 전 토지 등 취득을 위한 노력 정도를 고려하여 토지 등의 취득 및 사용에 대한 토지확보율을 검토
    - 사업시행에 대한 보안, 토지 등 소유자 불명 등 사업인정 전 토지확보가 어려운 사업구역 내 특수상황 등을 검토
- 분쟁발생 여부
  - 사업시행에 따른 관련 소송발생 여부를 검토하고, 민원해결을 위한 노력을 고려

ⓒ 사업의 시급성
- 공익실현을 위해 사업을 적시에 추진해야 하는 현저하고 긴급한 상황인지 여부에 대해 검토
  - 사업을 시급히 추진해야 하는 상황을 개별적으로 유형화하여 검토
    - 국가안보, 생명 및 신체 등 위해발생, 교통, 통신 등 사회적 기초인프라 구축, 기타 주거, 산업, 경제, 고용 등 사회적 편익 증진 등
  - 정부의 국정과제를 실현하기 위해 추진하는 사업의 경우 사업의 특수성을 고려

(4) 계속적 공익실현의 보장

① 개요(보장책의 필요성)

통상적으로 국가나 공공단체에 의한 공용수용의 경우에는 공익사업의 계속적 수행을 위한 보장책의 문제는 발생하지 않는다. 국가 등의 공행정주체는 공적 과제의 실현, 즉 공익실현을 사명으로 하고 있으므로 공익사업의 계속적 실현이 보장되어 있기 때문이다. 그러나 경제적 사기업은 이윤추구가 목적인바 언제든지 중도에 포기할 가능성이 있으므로 보장책이 필요하게 된다.

② 보장책의 법적 근거

(ㄱ) 헌법적 근거 : 공익사업의 계속성을 담보하기 위한 법적·제도적 장치에 대한 요청은 헌법 제23조 제3항에 근거하고 있다. 만약 보장 없이 공용수용을 허용한다면 공공필요가 결여된 공용침해로서 헌법상 재산권 보장원칙에 정면으로 반하는 결과가 될 것이다.

(ㄴ) 개별법상 근거 필요 여부 : 보장책에 대한 요구가 헌법규정으로부터 직접 도출되는 것이므로 법률적 근거를 요하지 않는다는 견해가 있으나, 우리 헌법은 "법률로써 하되"라고 규정하고 있으므로 공용침해의 근거법률에 보장책에 대한 내용을 함께 규정하여야 할 의무를 입법자에게 부여하고 있다고 보는 견해도 있다.

③ 토지보상법상 보장수단

(ㄱ) **환매권**(법 제91조) : 환매권이란 공용수용의 목적물이 해당 사업에 불필요하게 되었거나 현실적으로 사업에 이용되고 있지 아니한 경우 환매권자가 일정한 대가를 지불하고 소유권을 되찾을 수 있는 권리를 말한다. 환매권은 토지보상법에서 공익사업의 계속성을 담보하기 위한 수단으로 규정되어 있는 것으로서 가장 일반적인 것이다.

(ㄴ) **사업인정의 실효**(법 제23조, 제24조) : 재결신청기간의 경과에 따른 사업인정 실효와 사업의 폐지·변경으로 인한 사업인정의 효력상실제도를 규정하여 수용법 관계의 조속한 확정을 바라는 피수용자를 보호하고 간접적으로 공익사업의 계속성을 보장한다.

④ 기타 개별법상 보장수단

민간투자법에서는 사업시행자에 대한 감독·명령과 처분, 위반시 벌칙 등을 규정하고 있으며, 행정행위의 부관, 공법상의 계약의 형식으로도 공익실현의무가 부과될 수 있다.

5. 결어

공용수용은 헌법상 재산권 보장의 예외적 조치로서 공공성이 인정되는 경우에만 인정될 수 있다. 반면, 공공성의 개념은 현대 복리국가 이념 추구에 따라 확대되고 있는바, 이는 개인의 재산권에 대한 침해의 개연성을 높인다. 따라서 엄격한 공공성의 판단이 공용수용에 있어 선행되어야 할 것이다.

공공필요의 판단기준 〈비례의 원칙, 과잉금지의 원칙〉

대판 2005.11.10, 2003두7507 〈의정부 북부 역사 건설사업〉

판시사항 〈공공의 필요의 입증책임, 공용수용의 목적물의 범위〉

[1] 공용수용에 있어서 공익사업을 위한 필요에 대한 증명책임의 소재(=사업시행자)
[2] 공용수용의 목적물의 범위 〈필요최소한의 면적〉

판결이유

[2] 비례의 원칙 내지 과잉금지의 원칙 위배의 상고이유에 대하여 공용수용은 공익사업을 위하여 타인의 특정한 재산권을 법률의 힘에 의하여 강제적으로 취득하는 것이므로 수용할 목적물의 범위는 원칙적으로 사업을 위하여 필요한 최소한도에 그쳐야 한다(대판 1987.9.8, 87누395, 대판 1994.1.11, 93누8108). 이 사건 토지 전부를 수용한 것이 비례의 원칙이나 과잉금지의 원칙에 위배된다고도 할 수 없다.

대판 2005.4.29, 2004두14670 〈전기사업법이 아닌 토지보상법의 공중사용〉

판시사항 〈사업인정의 대상, 결정기준, 이미 시행된 공익사업의 유지가 사업인정요건인지 여부〉

[1] 전기사업자가 전선로를 설치하기 위하여 다른 사람의 토지 위의 공중사용을 할 필요가 있는 경우, 전기사업법상의 공중사용이 아닌 토지보상의 공중사용을 대상으로 한 사업인정처분을 할 수 있는지 여부(적극)
[2] 토지보상법 제20조에 의한 사업인정처분이 이미 시행된 공익사업의 유지를 위한 것이라는 이유만으로 당연히 위법한 것인지 여부(소극)
[4] 행정주체가 토지보상법의 규정에 의한 사업인정처분을 함에 있어서의 결정기준

판결요지

[2] 토지보상법 제20조는 공익사업의 수행을 위하여 필요한 때, 즉 공공의 필요가 있을 때 사업인정처분을 할 수 있다고 되어 있을 뿐 장래에 시행할 공익사업만을 대상으로 한정한다거나 이미 시행된 공익사업의 유지를 그 대상에서 제외하고 있지 않은 점, 당해 공익사업이 적법한 절차를 거치지 아니한 채 시행되었다 하여 그 시행된 공익사업의 결과를 원상회복한 후 다시 사업인정처분을 거쳐 같은 공익사업을 시행하도록 하는 것은 해당 토지소유자에게 비슷한 영향을 미치면서도 사회적으로 불필요한 비용이 소요되고, 그 과정에서 당해 사업에 의하여 제공되었던 공익적 기능이 저해되는 사태를 초래하게 되어 사회·경제적인 측면에서 반드시 합리적이라고 할 수 없으며, 이미 시행된 공익사업의 유지를 위한 사업인정처분의 허용 여부는 사업인정처분의 요건인 공공의 필요, 즉 공익사업의 시행으로 인한 공익과 재산권 보장에 의한 사익 사이의 이익형량을 통한 재량권의 한계 문제로서 통제될 수 있는 점 등에 비추어보면, 사업인 정처분이 이미 실행된 공익사업의 유지를 위한 것이라는 이유만으로 당연히 위법하다고 할 수 없다.
[4] 토지보상법의 규정에 의한 사업인정처분은 단순한 확인행위가 아니라 형성행위이므로, 당해 사업이 외형상 토지 등을 수용 또는 사용할 수 있는 사업에 해당된다 하더라도 행정주체로서는 그 사업이 공용수용을 할 만한 공익성이 있는지의 여부와 공익성이 있는 경우에도 그 사업의 내용과 방법에 대하여 사업인정처분에 관련된 자들의 이익을 공익과 사익 간에서는 물론, 공익 상호간 및 사익 상호간에도 정당하게 비교·교량하여야 하고, 그 비교·교량은 비례의 원칙에 적합하도록 하여야 한다.

이유

[4] 보호되는 원고들의 재산권 보장이라는 사익에 비하여 저해되는 공익 등의 정도가 훨씬 크다고 할 것이므로, 이 사건 사업인정처분이 과잉금지의 원칙에 반하여 재량권을 남용·일탈한 것이라고 할 수 없다고 판단하였다.

대판 2011.1.27, 2009두1051 창원시 골프장사건

판시사항 〈사업인정의 요건, 공익성이 결여된 사업인정에 터잡은 수용권 행사 여부〉

[1] 사업인정기관이 공익사업을 위한 토지 등의 취득 및 보상에 관한 법률상의 사업인정을 하기 위한 요건
[2] 사업시행자가 사업인정을 받은 후 그 사업이 공용수용을 할 만한 공익성을 상실하거나 사업인정에 관련된 자들의 이익이 현저히 비례의 원칙에 어긋나게 된 경우 또는 사업시행자가 해당 공익사업을 수행할 의사나 능력을 상실한 경우, 그 사업인정에 터잡아 수용권을 행사할 수 있는지 여부(소극)

판결요지

[1] 사업인정이란 공익사업을 토지 등을 수용 또는 사용할 사업으로 결정하는 것으로서 공익사업의 시행자에게 그 후 일정한 절차를 거칠 것을 조건으로 일정한 내용의 수용권을 설정하여 주는 형성행위이므로, 해당 사업이 외형상 토지 등을 수용 또는 사용할 수 있는 사업에 해당한다고 하더라도 사업인정기관으로서는 그 사업이 공용수용을 할 만한 공익성이 있는지의 여부와 공익성이 있는 경우에도 그 사업의 내용과 방법에 관하여 사업인정에 관련된 자들의 이익을 공익과 사익 사이에서는 물론, 공익 상호간 및 사익 상호간에도 정당하게 비교·교량하여야 하고, 그 비교·교량은 비례의 원칙에 적합하도록 하여야 한다. 그뿐만 아니라 해당 공익사업을 수행하여 공익을 실현할 의사나 능력이 없는 자에게 타인의 재산권을 공권력적·강제적으로 박탈할 수 있는 수용권을 설정하여 줄 수는 없으므로, 사업시행자에게 **해당 공익사업을 수행할 의사와 능력이 있어야 한다**는 것도 사업인정의 한 요건이라고 보아야 한다.
[2] 공용수용은 헌법상의 재산권 보장의 요청상 불가피한 최소한에 그쳐야 한다는 헌법 제23조의 근본취지에 비추어 볼 때, 사업시행자가 사업인정을 받은 후 그 사업이 공용수용을 할 만한 공익성을 상실하거나 사업인정에 관련된 자들의 이익이 현저히 비례의 원칙에 어긋나게 된 경우 또는 사업시행자가 해당 공익사업을 수행할 의사나 능력을 상실하였음에도 여전히 그 사업인정에 기하여 수용권을 행사하는 것은 수용권의 공익목적에 반하는 수용권의 남용에 해당하여 허용되지 않는다.

〈수용권 남용〉에 대하여 그 이유를 본다.

헌법 제23조의 근본취지는 우리 헌법이 사유재산제도의 보장이라는 기조 위에서 원칙적으로 모든 국민의 구체적 재산권의 자유로운 이용·수익·처분을 보장하면서 공공필요에 의한 재산권의 수용·사용 또는 제한은 헌법이 규정하는 요건을 갖춘 경우에만 예외적으로 허용한다는 것으로 해석된다. 이와 같은 우리 헌법의 재산권 보장에 관한 규정의 근본취지에 비추어 볼 때, 공공필요에 의한 재산권의 공권력적, 강제적 박탈을 의미하는 공용수용은 헌법상의 재산권 보장의 요청상 불가피한 최소한에 그쳐야 한다.
사업인정이라 함은 공익사업을 … 형성행위이므로, 해당 사업 이외 형상토지 등을 수용 또는 사용할 수 있는 사업에 해당한다고 하더라도 사업인정기관으로서는 그 사업이 공용수용을 할 만한 공익성이 있는지의 여부와 공익성이 있는 경우에도 그 사업의 내용과 방법에 관하여 사업인정에 관련된 자들의 이익을 공익과 사익 사이에서는 물론, 공익 상호간 및 사익 상호간에도 정당하게 비교·교량하여야 하고, 그 비교·교량은 비례의 원칙에 적합하도록 하여야 한다(대판 2005.4.29, 2004두14670). 그뿐만 아니라 해당 공익사업을 수행하여 공익을 실현할 의사나 능력이 없는 자에게 타인의 재산권을 공권력적·강제적으로 박탈할 수 있는 수용권을 설정하여 줄 수는 없으므로, 사업시행자에게 해당 공익사업을 수행할 의사와 능력이 있어야 한다는 것도 사업인정의 한 요건이라고 보아야 한다.
그리고 앞서 본 바와 같이 공용수용은 헌법상의 재산권 보장의 요청상 불가피한 최소한에 그쳐야 한다는 헌법 제23조의 근본취지에 비추어 볼 때, 사업시행자가 사업인정을 받은 후 그 사업이 공용수용을 할 만한 공익성을 상실하거나 사업인정에 관련된 자들의 이익이 현저히 비례의 원칙에 어긋나게 된 경우 또는 사업

시행자가 해당 공익사업을 수행할 의사나 능력을 상실하였음에도 여전히 그 사업인정에 기하여 수용권을 행사하는 것은 수용권의 공익목적에 반하는 수용권의 남용에 해당하여 허용되지 않는다고 할 것이다.

사건의 사실개요

이 사건 골프연습장은

1. 창원시 두대동 민간자본 유치를 통한 도시공원 내 체육시설

2. **사업시행자 지정 당시 부담설정 (미이행)**

    사업시행지역의 타인 소유의 토지는 이를 매입하거나 사용승낙을 받을 것을 조건으로 하였는데, 사업시행지 일대 원고 소유 토지 6필지에 관하여 임대차계약을 체결하고 원고로부터 사용승낙서를 받기는 하였으나, 실제 보증금과 차임은 전혀 지급하지 않은 채 이 사건 수용재결에 이르기까지 이 사건 토지 등을 일방적으로 점유, 사용하여 온 사실

3. **사업시행자 지정 취소**

    이 사건 골프연습장이 창원국가산업단지 내에 위치하여 그 조성사업이 산업입지 및 개발에 관한 법률에 의거 창원시장이 아닌 경상남도지사의 승인을 받아야 한다는 점이 밝혀져 위 사업시행자 지정이 취소

4. 그 후 경상남도지사는 창원국가산업단지 개발계획에 주요기반시설 중 하나인 체육시설로서 창원시장이 추진한 사업내용과 동일하게 '창원시에 체육시설(골프연습장)을 설치하는 내용'을 추가하여 실시계획을 승인하였는데, 그 승인조건에 이 사건 골프장 부지 등으로 사용되는 타인 소유의 토지를 매입하거나 사용승낙을 받도록 하는 내용 등을 부가하지 않은 사실

5. 이에 원고는 이 사건 토지 등의 인도와 그 지상 골프연습장 건물 등의 철거 및 차임 상당 부당이득의 지급을 구하는 소를 제기하여 그 승소판결을 받아 그 판결이 확정

6. 소외 1은 판결에 따른 의무를 이행하지 않은 채 당시 공사 중이던 골프연습장 건물의 건축 등을 강행한 사실

7. 그러자 원고는 다시 소외 1을 상대로 건물 등 철거청구소송을 제기하였는데, 소외 1은 피고(토지수용위원회)에게 이 사건 토지에 관한 수용재결을 신청하여 수용재결을 받은 사실

8. 소외 1 또는 그가 대표이사로 있던 소외 2 주식회사는 이 사건 사업지역 안팎에 있는 여러 필지의 토지들을 소유하였는데, 그 중 일부는 2004.7.7. 담보권 실행을 위한 경매절차가 개시되어 2005.5.30. 피고 보조참가인(이하 '보조참가인'이라고만 한다)에게 매각되었고, 나머지 토지들은 2005.5.19. 담보권 실행을 위한 경매절차가 개시되어 2006.1.26. 소외 3에게 매각되었으며, 위 골프연습장 건물도 2004.8.17. 강제 경매절차가 개시되어 2006.2.1. 보조참가인의 대표이사이던 소외 4에게 매각된 사실, 위와 같이 경매된 토지들에 관하여 특히 2004.10.15. 이후 다수의 가압류 및 압류가 이어지기도 한 사실

9. 소외 1은 이 사건 토지의 수용에 필요한 보상금 등 제반 비용도 보조참가인으로부터 조달하였고, 이에 이 사건 토지에 관하여 2005.5.10. 소외 1 명의로 소유권이전등기가 마쳐지자마자 보조참가인 명의로 소유권이전청구권 가등기가 마쳐졌다가 2007.7.18. 그 가등기에 기한 본등기가 마쳐진 사실

10. 현재 이 사건 골프연습장은 일부 철거된 채 영업을 하지 못하고 있는 상태인 사실

11. 한편 이 사건 토지는 학교법인인 원고의 기본재산으로서 주변에 원고 운영의 학교들이 소재하고 있어 장차 학교부지 등 교육목적으로 사용될 수 있을 것으로 보이는 사실 등을 알 수 있다.

12. 앞서 본 법리와 사실관계에 비추어 보면, 소외 1은 <u>사업인정을 받은 이후 재정상황이 더욱 악화되어 이 사건 수용재결 당시 이미 이 사건 사업을 수행할 능력을 상실한 상태에 있었다고 볼 여지가 있고, 그렇다면 소외 1이 이 사건 각 토지에 관한 수용재결을 신청하여 그 재결을 받은 것은 수용권의 남용에 해당한다고 볼 여지가 있다.</u>

| 제3절 | **공용수용의 당사자** |

01 서

공익사업을 수행하기 위하여 토지 등을 취득하는 경우에 형성되는 법률관계에 있어서 그 당사자는 공익사업에 필요한 토지 등을 취득하는 사업시행자와 토지 등을 양도하거나 박탈당하는 토지소유자 및 관계인으로 구분된다.

협의취득의 경우에는 사업시행자와 토지소유자 및 관계인은 계약의 당사자(양수인과 양도인)로서 지위를 갖게 된다. 반면, 수용에 의한 취득의 경우 사업시행자와 토지소유자 및 관계인은 수용권의 주체와 수용권의 객체라는 법적 지위가 형성된다. 사업시행자는 공익사업 시행의 주체로서 수용권에 의해 목적물을 취득하는 수용권자가 되고, 토지소유자 및 관계인은 수용의 목적물인 재산권의 주체, 즉 피수용자의 법적 지위를 갖게 된다.

02 수용권의 주체

1. 수용권의 주체에 관한 학설

(1) 문제점

토지보상법에서는 수용의 효과를 야기하는 자(토지수용위원회)와 향유하는 자(사업시행자)를 구분하고 있다. 사업시행자가 국가인 경우에는 수용권자에 관하여 의문이 없으나, 국가 이외의 공공단체 또는 사인인 경우에 수용권자가 누구인가에 대하여 견해가 대립한다.

(2) 학설

① 국가수용권설

공용수용의 본질을 국가에 의한 재산권의 박탈이라고 보는 견해로 수용권을 공용수용의 효과를 발생케하는 능력이라고 본다. 수용권은 국가만이 가질 수 있으며, 사업주체는 수용청구권을 갖는다고 본다.

② 사업시행자수용권설

공용수용의 본질을 공익사업을 위한 재산권의 강제적 취득이라고 보는 견해로 수용권을 공용수용의 효과를 향유할 수 있는 능력이라고 본다. 사업시행자가 재산권 취득의 효과를 향유하는 자이므로 사업시행자를 수용권의 주체라고 본다.

③ 국가위탁권설

수용권은 국가에 귀속되는 국가적 공권인데, 국가는 사업인정을 통해 국가적 공권인 수용권을 사업시행자에게 위탁한 것으로 보는 견해이다.

(3) 판례

대법원은 사업인정의 설권적 형성행위성을 인정하여 사업시행자수용권설의 입장에 있다고 할 수 있다.

> 판례

▶ 관련판례(대판 1994.11.11, 93누19375)
  토지수용법 제14조의 규정에 의한 사업인정은 그후 일정한 절차를 거칠 것을 조건으로 하여 일정한 내용의 수용권을 설정해 주는 행정처분의 성격을 띠는 것으로서 그 사업인정을 받음으로써 …생략…

(4) 검토

생각건대, 공용수용의 본질은 특정한 공익사업을 위하여 재산권을 강제적으로 취득하는 데 있고, 수용권이란 수용의 효과를 향유할 수 있는 능력으로 보는 것이 타당하므로 수용권의 주체는 사업시행자로 보는 것이 타당하다.

2. 수용권자의 법적 지위(권리와 의무)

(1) 권리

타인토지출입권(제9조), 수용권(제19조), 사업인정 신청권(제20조), 토지 및 물건조사권(제27조), 협의성립시 협의성립확인 신청권(제29조), 협의불성립시 재결신청권(제28조), 재결에 불복하는 경우 행정쟁송권(제83조 내지 제85조), 토지소유권의 원시취득권(제45조), 대행청구권(제44조), 대집행신청권(제89조) 등이 있다.

(2) 의무

손실보상의무(제61조), 피수용자의 재결신청에 응할 의무(제30조), 피수용자의 고의·과실 없이 수용목적물이 멸실된 경우 위험부담(제46조), 수용의 법정절차 준수의무 등이 있다.

(3) 권리·의무의 승계

수용절차의 지연 및 중단을 방지하고 공익사업의 원활한 수행 및 피수용자의 권리보호를 위하여 수용권자의 권리와 의무는 사업을 승계한 자에게 이전된다(제5조).

3. 권리구제

(1) 사업인정에 대한 불복

사업시행자는 토지보상법 제20조에 따라 사업인정신청을 하였으나, 국토교통부장관이 거부하거나 부작위한 경우 의무이행심판, 거부처분취소소송, 부작위위법확인소송을 제기할 수 있다. 다만, 토지보상법상 사업인정에 대한 불복방법을 규정하고 있지 아니하는바, 행정심판법 제3조 및 행정소송법 제8조 제1항에 따라 일반 행정쟁송법이 적용된다.

(2) 재결에 대한 불복

사업시행자는 토지보상법 제83조 내지 제85조에 따라 제34조 규정에 의한 재결 또는 이의신청에 대한 재결에 대하여 행정소송을 제기할 수 있다. 이때 행정소송이 보상금 증감에 관한 소송인 경우에는 사업시행자는 토지소유자 또는 관계인을 피고로 하여 소송을 제기한다.

03 수용권의 객체(피수용자)

> ◑ 법 제2조(정의)
> 4. "토지소유자"란 공익사업에 필요한 토지의 소유자를 말한다.
> 5. "관계인"이란 사업시행자가 취득하거나 사용할 토지에 관하여 지상권·지역권·전세권·저당권·사용대차 또는 임대차에 따른 권리 또는 그 밖에 토지에 관한 소유권 외의 권리를 가진 자나 그 토지에 있는 물건에 관하여 소유권이나 그 밖의 권리를 가진 자를 말한다. 다만, 제22조에 따른 사업인정의 고시가 된 후에 권리를 취득한 자는 기존의 권리를 승계한 자를 제외하고는 관계인에 포함되지 아니한다.

1. 피수용자의 범위

(1) 토지소유자

토지소유자란 공익사업에 필요한 토지의 소유자를 말한다.

(2) 관계인

① 의의

관계인이란 사업시행자가 취득 또는 사용할 토지에 관하여 지상권 등 토지에 관한 소유권 외의 권리를 가진 자 또는 그 토지에 있는 물건에 관하여 소유권 그 밖의 권리를 가진 자를 말한다. 다만, 제22조의 규정에 따른 사업인정의 고시가 있은 후에 권리를 취득한 자는 기존의 권리를 승계한 자를 제외하고는 관계인에 포함되지 아니한다. 사업인정은 피수용자의 범위를 결정하는 시간적 제한의 기준이 된다.

② 관계인의 범위

수용목적물에 관하여 권리를 가진 자는 수용절차에 참가하여 자신의 권리를 보호받을 수 있도록 함이 타당하기 때문에 관계인의 범위는 가능한 넓게 보는 것이 타당하다 할 것이다. 판례도 이러한 입장에서 ① 소유권 이전등기 전 매수인, ② 가등기권리자, ③ 압류·가압류권자 등은 관계인에 해당한다고 하였으며, 가처분권리자는 관계인이 되지 못한다고 판시하였다.

2. 피수용자의 법적 지위

(1) 권리

토지조서 및 물건조서의 작성시 이의부기를 통한 의견제출권(제15조), 사업인정 및 재결 시 문서열람권 및 의견진술권(제21조, 제31조), 재결신청청구권(제30조), 잔여지 등의 매수 또는 수용청구권(제74조), 그 밖의 토지에 대한 보상청구권(제79조), 사업인정의 실효 및 사업의 폐지·변경으로 인한 손실보상청구권(제23조, 제24조), 환매권(제91조), 행정쟁송제기권(제83조 내지 제85조) 등이 있다.

(2) 피수용자의 의무

토지보상법은 피수용자의 의무로 사업시행자의 토지출입에 따른 인용의무(제11조), 토지 등의 보전의무(제25조), 수용목적물의 인도 또는 이전의무(제43조) 등을 규정하고 있다.

(3) 권리·의무의 승계

사업시행자의 권리·의무는 그 사업을 승계한 자에게 이전하며, 이 법에 의하여 행한 절차 그 밖의 행위는 사업시행자·토지소유자 및 관계인의 승계인에게도 그 효력이 미친다.

3. 권리구제

(1) 사업인정에 대한 불복

사업인정은 복효적 행정행위로서 피수용자인 토지소유자 및 관계인에게는 침익적 행정행위가 된다. 토지보상법에는 사업인정처분에 대한 불복방법을 규정하고 있지 않아 일반 행정쟁송법에 따라 다툴 수 있다.

(2) 재결에 대한 불복

피수용자는 토지보상법 제83조 내지 제85조에 따라 재결 및 이의신청에 대한 재결에 대하여 다툴 수 있다. 재결에 불복한 때에는 재결서를 받은 날부터 90일 이내에, 이의신청을 거쳤을 때에는 이의신청에 대한 재결서를 받은 날부터 60일 이내에 각각 행정소송을 제기할 수 있다. 토지보상법은 행정소송이 보상금 증감(增減)에 관한 소송인 경우 공익사업의 효율적 수행을 위해 중앙토지수용위원회를 피고에서 제외하고 사업시행자를 피고로 소송을 제기하도록 규정하고 있다.

> **판례**
>
> 기타 토지에 정착한 물건에 대한 소유권 그 밖의 권리를 가진 관계인에 수거·철거권 등 실질적 처분권을 가진 자가 포함 여부 – 공탁금출급청구권 확인
>
> ↻ 대판 2019.4.11, 2018다277419
>
> > 공익사업을 위한 토지 등의 취득 및 보상에 관한 법률상 보상 대상이 되는 '기타 토지에 정착한 물건에 대한 소유권 그 밖의 권리를 가진 관계인'에 수거·철거권 등 실질적 처분권을 가진 자가 포함되는지 여부

【사건의 개요】

가. 국토교통부장관은 철도건설사업 시행을 위하여 원고가 공유하는 토지의 일부를 위 사업에 편입하였다.

나. 피고는 원고 소유의 이 사건 건물 중 선로부지에 편입되는 부분만을 협의 취득하려 하였으나, 원고가 나머지 부분만으로 공장을 운영할 수 없다고 주장하며 건물 전체를 협의 취득할 것을 요구하였다.

다. 피고는 2010.8.24. 사업에 편입되는 토지를 수용하고 이 사건 건물 등 지장물을 이전하게 한다는 중앙토지수용위원회의 수용재결에 따라 원고를 피공탁자로 하여 토지의 수용보상금과 이 사건 건물 등에 관한 가격 및 이전보상금 합계 385,610,860원(그 중 이 사건 건물 전부 등에 관한 가격 및 이전보상금은 233,084,000원이다)을 공탁하였고, 원고는 이를 출급하였다.

라. 피고는 철도건설사업 계획선에 저촉되는 부분만 철거하였고, 원고가 나머지 건물 부분을 계속 사용하면서 공장을 운영하였다.

마. 한편 위와 같이 수용재결이 완료된 후에 이 사건 건물 일대가 재개발정비사업 부지로 편입되자 재송2주택 재개발정비사업조합(이하 '소외 조합'이라 한다)은 이 사건 건물 등에 관한 수용보상금을 지급하려 했는데 수용보상금 일부의 귀속을 둘러싸고 원고와 피고 사이에 다툼이 생겼다. 소외 조합은 원고를 상대로 이 사건 건물의 인도를 구하는 소를 제기하여 소송계속 중 원고로부터 이 사건 건물을 인도받아 스스로 철거함으로써 재개발사업의 장기화로 인하여 발생하는 비용을 절감하고 재개발사업을 신속하게 진행하기 위하여 원고와 이 사건 건물 등에 대한 보상금을 확정하는 방법 및 보상금을 지급받음과 동시에 이 사건 건물을 인도하기로 하는 내용 등에 대해 합의를 하였다. 그 후 조합이 지급하여야 할 보상금과 이전비를 696,984,955원으로 정하여 소외 조합은 이 사건 건물을 인도받음과 동시에 원고에게 538,265,125원을 지급하고, 나머지 158,719,830원은 그 귀속에 다툼이 있어 공탁하기로 하는 내용의 조정이 성립되었다. 소외 조합은 그 조정에 따라 피공탁자를 원고 또는 피고로 하여 이 사건 건물과 기계 설치이전비용으로 합계 158,719,830원(=건축물 74,119,830원 + 기계 설치이전비 84,600,000원)을 공탁하였다.

【판시사항】

[1] 공익사업을 위한 토지 등의 취득 및 보상에 관한 법률상 보상 대상이 되는 '기타 토지에 정착한 물건에 대한 소유권 그 밖의 권리를 가진 관계인'에 수거·철거권 등 실질적 처분권을 가진 자가 포함되는지 여부(적극)

[2] 사업시행에 방해되는 지장물에 관하여 공익사업을 위한 토지 등의 취득 및 보상에 관한 법률 제75조 제1항 단서 제2호에 따라 이전비용에 못 미치는 물건 가격을 보상한 경우, 사업시행자가 지장물의 소유권을 취득하거나 지장물의 소유자에 대하여 철거 및 토지의 인도를 요구할 수는 없고 단지 자신의 비용으로 이를 직접 제거할 수 있을 권한과 부담을 가질 뿐인지 여부(원칙적 적극) 및 이 경우 지장물의 소유자는 사업시행자의 지장물 제거와 그 과정에서 발생하는 물건의 가치 상실을 수인하여야 할 지위에 있는지 여부(원칙적 적극)

[3] 철도건설사업 시행자인 갑 공단이 을 소유의 건물 등 지장물에 관하여 중앙토지수용위원회의 수용재결에 따라 건물 등의 가격 및 이전보상금을 공탁한 다음 을이 공탁금을 출급하자 위 건물의 일부를 철거하였고, 을은 위 건물 중 철거되지 않은 나머지 부분을 계속 사용하고 있었는데, 그 후 병 재개발정비사업조합이 위 건물을 다시 수용하면서 수용보상금 중 위 건물 등에 관한 설치이전비용 상당액을 병 조합과 을 사이에 성립한 조정에 따라 피공탁자를 갑 공단 또는 을로 하여 채권자불확지 공탁을 한 사안에서, 병 조합에 대한 지장물 보상청구권은 을이 아니라 위 건물에 대한

가격보상 완료 후 이를 인도받아 철거한 권리를 보유한 갑 공단에 귀속된다고 보아야 하는데도, 이와 달리 위 건물의 소유권이 을에게 있다는 이유만으로 공탁금출급청구권이 을에게 귀속된다고 본 원심판단에는 법리오해의 잘못이 있다고 한 사례

【판결요지】

[1] 공익사업을 위한 토지 등의 취득 및 보상에 관한 법률상 보상 대상이 되는 '기타 토지에 정착한 물건에 대한 소유권 그 밖의 권리를 가진 관계인'에는 수거·철거권 등 실질적 처분권을 가진 자도 포함된다.

[2] 사업시행자가 사업시행에 방해가 되는 지장물에 관하여 공익사업을 위한 토지 등의 취득 및 보상에 관한 법률 제75조 제1항 단서 제2호에 따라 이전에 소요되는 실제 비용에 못 미치는 물건의 가격으로 보상한 경우, 사업시행자가 당해 물건을 취득하는 제3호와 달리 수용의 절차를 거치지 아니한 이상 사업시행자가 그 보상만으로 당해 물건의 소유권까지 취득한다고 보기는 어렵겠으나, 다른 한편으로 사업시행자는 그 지장물의 소유자가 같은 법 시행규칙 제33조 제4항 단서에 따라 스스로의 비용으로 철거하겠다고 하는 등의 특별한 사정이 없는 한 지장물의 소유자에 대하여 그 철거 및 토지의 인도를 요구할 수 없고 자신의 비용으로 직접 이를 제거할 수 있을 뿐이며, 이러한 경우 지장물의 소유자로서도 사업시행에 방해가 되지 않는 상당한 기한 내에 위 시행규칙 제33조 제4항 단서에 따라 스스로 위 지장물 또는 그 구성부분을 이전해 가지 않은 이상 사업시행자의 지장물 제거와 그 과정에서 발생하는 물건의 가치 상실을 수인하여야 할 지위에 있다고 봄이 상당하다. 그리고 사업시행자는 사업시행구역 내 위치한 지장물에 대하여 스스로의 비용으로 이를 제거할 수 있는 권한과 부담을 동시에 갖게 된다.

[3] 철도건설사업 시행자인 갑 공단이 을 소유의 건물 등 지장물에 관하여 중앙토지수용위원회의 수용재결에 따라 건물 등의 가격 및 이전보상금을 공탁한 다음 을이 공탁금을 출급하자 위 건물의 일부를 철거하였고, 을은 위 건물 중 철거되지 않은 나머지 부분을 계속 사용하고 있었는데, 그 후 병 재개발정비사업조합이 위 건물을 다시 수용하면서 수용보상금 중 위 건물 등에 관한 설치이전비용 상당액을 병 조합과 을 사이에 성립한 조정에 따라 피공탁자를 갑 공단 또는 을로 하여 채권자불확지 공탁을 한 사안에서, 갑 공단은 수용재결에 따라 위 건물에 관한 이전보상금을 지급함으로써 위 건물을 철거·제거할 권한을 가지게 되었으므로 공익사업을 위한 토지 등의 취득 및 보상에 관한 법률상 보상 대상이 되는 '기타 토지에 정착한 물건에 대한 소유권 그 밖의 권리를 가진 관계인'에 해당하고, 을은 갑 공단으로부터 공익사업의 시행을 위하여 지장물 가격보상을 받음으로써 사업시행자인 갑 공단의 위 건물 철거·제거를 수인할 지위에 있을 뿐이므로, 병 조합에 대한 지장물 보상청구권은 을이 아니라 위 건물에 대한 가격보상 완료 후 이를 인도받아 철거할 권리를 보유한 갑 공단에 귀속된다고 보아야 하는데도, 위 건물의 소유권이 을에게 있다는 이유만으로 공탁금출급청구권이 을에게 귀속된다고 본 원심판단에는 법리오해의 잘못이 있다고 한 사례

4. 기출문제

> ≫ 기출문제(제2회 1번)
> 피수용자의 법적 지위에 관하여 설명하여라. 50점

| 제4절 | 공용수용의 목적물 |

01 공용수용의 목적물

1. 서

공용수용은 특정한 공익사업을 위하여 타인의 특정한 재산권을 법률의 힘에 의하여 강제적으로 취득하는 것이다. 따라서 수용의 목적물은 타인의 특정한 재산권이다. 그러나 수용목적물은 모든 재산권이 되는 것은 아니고 어떤 특정한 목적물이 아니면 해당 공익사업의 시행이 불가능하거나 지극히 곤란한 비대체적인 성질을 갖는 특정한 재산권에 한하여 수용의 목적물이 될 수 있다. 또한 수용할 목적물의 범위는 해당 공익사업을 위하여 필요한 최소한도에 그쳐야 한다. 그 한도를 넘는 부분은 수용대상이 아니므로 그 부분에 대한 수용은 위법하다. 다만, 예외적으로 형평의 원리에 의한 공·사익의 조절과 피수용자의 권리보호 및 공익사업의 원활한 진행을 위해 목적물의 확장이 인정된다.

2. 목적물의 종류 및 확정

(1) 목적물의 종류

토지보상법 제3조에는 토지 및 이에 관한 소유권 외의 권리 등을 규정하고 있으며 각 개별법은 다양한 목적물을 예정하고 있다.

> 🔖 **법 제3조(적용대상)**
> 사업시행자가 다음 각 호에 해당하는 토지·물건 및 권리를 취득하거나 사용하는 경우에는 이 법을 적용한다.
> 1. 토지 및 이에 관한 소유권 외의 권리
> 2. 토지와 함께 공익사업을 위하여 필요한 입목(立木), 건물, 그 밖에 토지에 정착된 물건 및 이에 관한 소유권 외의 권리
> 3. 광업권·어업권·양식업권 또는 물의 사용에 관한 권리
> 4. 토지에 속한 흙·돌·모래 또는 자갈에 관한 권리

(2) 목적물의 확정

수용목적물의 범위는 공익사업의 원활한 시행과 피수용자의 권리보호 측면에서 공용수용의 첫 번째 단계인 사업인정절차(세목고시)에서 확정된다. 따라서 목적물의 범위에 대한 다툼은 결국 사업인정의 다툼으로 이어진다.

3. 목적물의 제한

(1) 개요

공용수용의 목적물이 될 수 있다고 하여 그에 따른 수용이 무제한으로 인정되는 것은 아니다. 헌법상의 재산권 보장, 비례원칙, 평등원칙 등은 수용의 목적물의 결정에 있어 제약원리가 되며,

공용수용은 원칙적으로 그것을 행하려는 공익사업을 위하여 필요한 최소한도에 그쳐야 하고, 또한 물건 그 자체의 성질로 보아 수용이 불능이거나 제한되는 경우가 있다.

(2) 일반적 제한(수용제도 본질상의 제한)

공용수용의 목적물은 헌법상 기본권인 재산권 보호 측면에서 필요최소한도 내에서 이루어져야 하며, 비대체적이어야 한다. 이때 필요최소한도의 판단은 해당 사업으로 얻어지는 공익과 이로 인해 침해되는 사익 간의 이익형량을 통해 이루어지는바, 비례원칙이 적용된다.

판례도 필요한도를 넘는 수용은 위법하며, 초과 수용된 부분이 적법한 수용대상과 불가분적 관계에 있는 경우에는 그에 대한 이의재결의 전부를 취소할 수밖에 없다고 판시하였다.

> **판례**
>
> ▶ 관련판례(대판 1994.1.11. 93누8108)
> 공용수용은 공익사업을 위하여 타인의 특정한 재산권을 법률의 힘에 의하여 강제적으로 취득하는 것이므로 수용할 목적물의 범위는 원칙적으로 사업을 위하여 필요한 최소한도에 그쳐야 하므로 그 한도를 넘는 부분은 수용대상이 아니므로 그 부분에 대한 수용은 위법하고, 초과수용된 부분이 적법한 수용대상과 불가분적 관계에 있는 경우에는 그에 대한 이의재결 전부를 취소할 수밖에 없다.

(3) 수용목적물의 성질에 따른 제한

토지는 현재의 소유자, 토지의 형질, 사용방법에 불구하고 모두 공용수용의 목적물이 될 수 있지만, 목적물 자체의 성질상 불가능하거나 제한되는 경우가 있다. ① 치외법권이 인정되는 자의 토지, ② 국・공유재산(일반재산 제외), ③ 공익사업에 이용되고 있는 토지, ④ 사업시행자 소유의 토지 등은 성질상 수용의 목적물이 되지 못한다(공물의 수용가능성은 후술함).

(4) 토지의 세목고시에 따른 제한

수용목적물은 사업인정의 고시 중 토지세목에 포함된 물건에 한한다. 따라서 토지세목고시에 포함되지 않는 물건은 확장수용의 경우를 제외하고는 수용목적물이 되지 못한다.

4. 목적물의 확장

(1) 개요

공용수용의 목적물은 공익사업에 필요한 최소한도의 범위에 국한하여야 함이 원칙이다. 그러나 예외적으로 필요한도를 넘어서 취득하는 것이 형평의 원칙에 합치되고, 또한 공공복리의 증진이라는 사업목적의 원활한 수행과 피수용자의 재산권 보호・조절을 위하여 필요한 경우가 있다. 이러한 목적물의 확장의 필요성은 토지의 개별취득주의에 국한하였던 종래의 수용개념의 변천을 의미한다고 볼 수 있으며, 목적물의 확장의 경우로는 확장수용 및 지대수용제도가 있다.

(2) **확장수용**

① **의의**

확장수용이란 특정한 공익사업을 위하여 필요한 범위를 넘어서 수용하는 것을 말한다. 확장수용은 토지가 공익사업에 직접 필요한 것이 아니라 피수용자의 이익을 도모하기 위한 손실보상의 필요에 의한 것이며, 피수용자 또는 사업시행자의 청구에 의한다는 점에서 본래의 수용과 구별된다.

② **확장수용의 법적 성질**

(ㄱ) **문제점** : 확장수용은 일반적으로 피수용자의 청구에 의하고, 권리구제의 보충적 필요에 의한다는 점에서 그 법적 성질에 대해 견해의 대립이 있으며, 확장수용청구권의 법적 성질, 적용법규, 쟁송형태 등이 달라지는 데 실익이 있다.

(ㄴ) **학설**

㉠ **사법상 매매설** : 확장수용이 일반적으로 피수용자의 청구에 의하여 사업시행자가 특정한 재산권을 취득하는 것이고, 사업시행자의 재산권 취득은 피수용자와의 합의를 바탕으로 하는 것이기 때문에 수용이 아니라 사법상 매매라고 한다.

㉡ **공법상 특별행위설** : 확장수용은 일반적으로 피수용자의 청구에 의하여 이루어지고 해당 공익사업의 필요한도를 넘는다는 점에서 수용이 아니라 일종의 특별한 공법행위라고 본다.

㉢ **공용수용설** : 확장수용이 공용수용에 있어서 하나의 특수한 예이기는 하나, 그 본질에 있어서는 일반의 공용수용과 다를 바 없다는 점에서 공용수용이라 한다.

(ㄷ) **판례**

> **판례**
>
> ▶ **관련판례**(대판 1993.11.12, 93누11159)
> 잔여지수용청구권이 그 요건을 구비한 때에는 토지수용위원회의 특별한 조치를 기다릴 것 없이 청구에 의하여 수용의 효과가 발생하므로 이는 형성권의 성질을 갖는다.

(ㄹ) **검토** : 확장수용은 청구에 의한다는 점에서 공용수용과는 다르나, 공용수용에서 파생되는 법률관계의 합리적 조정을 위한 것이라는 점, 사업시행자의 일방적인 권리취득행위로 그 본질에 있어 공용수용과 다를 바 없으므로 공용수용으로 보는 것이 타당하다.

③ **확장수용의 내용**(후술)

(3) **지대수용**

① **의의**

지대수용이란 공익사업에 직접 필요한 토지 이외에 이와 관련한 사업의 시행을 위한 건축, 토지의 조성·정리에 필요한 때에 그 토지에 인접한 부근 일대의 토지를 수용하는 것을 말한다. 지대수용은 공공성이 강하지 못하다는 점에서 일반 공용수용과 구별되고, 공익사업의 시행을 위하여 필요한 부근의 토지에 대한 수용이라는 점에서 직접적으로 필요하지는 않으나 손실보상의 수단으로 인정되는 확장수용과는 구별된다.

② 지대수용의 목적

㉠ 사업지 공사의 진행 : 인근지대를 수용하여 사업에 필요한 자재 적치장, 창고부지 등으로 활용하고, 사업지의 조성 및 정리가 완료된 후에 타인에게 매각 또는 대여하여 조성 및 정리에 소요된 비용의 일부를 충당한다.

㉡ 지가상승의 귀속 : 해당 사업으로 지가가 오를 것으로 예상되는 부근 일대를 광범위하게 수용하여 지가상승으로 발생하는 이익을 특정인에게 귀속시키지 않고 사업시행자에게 귀속시키도록 하여 공익을 위해 사용하도록 하는 목적으로도 행하여진다.

③ 지대수용의 인정 여부

우리나라의 법제하에서 지대수용을 인정하고 있는지에 대하여는 다음과 같이 긍정설과 부정설의 논란이 있다.

㉠ 학설

㉠ 긍정설 : 이 견해는 토지보상법 제4조 제6호의 "사업을 시행하기 위하여 필요한 통로·교량·전선로·재료 적치장 그 밖의 부속시설에 관한 사업"을 위하여 토지를 수용하는 경우와 국토의 계획 및 이용에 관한 법률 제95조 제2항의 "사업시행을 위해 특히 필요하다고 인정되면 도시·군계획시설에 인접한 토지·건축물 또는 그 토지에 정착한 물건이나 토지·건축물 또는 그 토지에 정착된 물건에 관한 소유권 외의 권리를 일시 사용할 수 있다."라는 규정이 있음을 이유로 우리 법제가 지대수용을 인정하고 있다고 한다.

㉡ 부정설 : 이 견해는 토지보상법 제4조 제6호는 사업을 시행하기 위하여 필요한 것으로 필요한 범위를 초과한 것이 아니라는 점, 국토의 계획 및 이용에 관한 법률 제95조의 규정도 일시사용에 관한 것이라는 점에서 우리나라의 법제가 지대수용을 인정하고 있지 않다고 한다.

㉡ 검토 : 토지보상법 제4조 제6호에 의한 사업을 위한 수용은 공익사업의 시행을 위하여 필요한 것으로 필요한 범위를 초과한 것이 아니며, 국토의 계획 및 이용에 관한 법률 제95조에 의한 것은 도시·군계획시설사업의 시행에 필요한 일시사용에 관한 것이므로 위의 규정을 공익사업에 직접 필요로 하지 아니한 수용인 지대수용을 인정하는 근거로 보는 것은 타당하지 아니하다.

④ 관련 문제(지대수용의 활용)

지대수용은 국민의 재산권을 과도하게 침해한다는 점이 있으나, 특정인이 누릴 개발이익을 사업시행자가 어느 정도 환수할 수 있다는 장점을 지닌다. 재산권에 대한 침해이므로 법률의 근거 없이 인정될 수는 없다. 그러나 외국의 경우처럼 국토개발계획과 관련하여 광범위한 토지를 일괄취득하는 지대수용제도가 활용될 필요성은 인정된다. 특히, 지대수용이 정착되게 되면 인근지역의 개발이익의 환수기능을 할 수 있으므로 오래 묵은 숙제를 해결할 수도 있을 것이다.

5. 기본문제

공용수용행정에서 공적주체인 사업시행자가 행하는 강제적인 수용절차를 진행할 수 있는 핵심적인 명분은 공공필요이다. 그렇다면 공공필요와 수용목적물의 관계는 어떠한지 설명하시오. **20점**

Ⅰ. 논의의 쟁점

헌법 제23조 제3항은 공용수용의 요건으로 공공필요를 요구하고 있다. 공공필요는 공용수용을 시작할 수 있게 해주는 요건이면서 공공필요는 또한 소멸되지 않고 지속될 것이 요구된다. 공용수용의 목적물은 결국 공익사업을 위해 필요한 토지 등을 말하는 것으로 공공필요와 수용목적물은 밀접한 관련을 가지고 있다.

Ⅱ. 공공필요와 수용목적물의 의의

1. 공공필요의 의의

(1) 개념 및 확대화 경향

공공필요는 대표적 불확정 개념으로 시대와 사회에 따라 달라지는 개념이다. 종래에는 그 범위가 매우 제한적이었으나 현대 복리국가이념의 등장으로 행정의 기능이 확대됨에 따라 공공필요의 개념 또한 확대되고 있는 추세이다.

(2) 공공필요의 판단기준

공공필요는 불확정 개념이기 때문에 이의 자의적 해석을 방지하기 위하여 광의의 비례원칙을 기준으로 판정한다. 광의의 비례원칙의 세부 원칙으로 ① 목적물을 수용할 만한 사업인가를 판단하는 적합성 원칙, ② 그러한 사업이라고 하더라도 침해를 최소화할 수 있는 범위 내일 것을 요구하는 필요성 원칙, ③ 적합성, 필요성이 충족된다고 하여도 공익과 사익의 구체적 이익형량을 통해서 판단할 때 공익이 커야한다는 상당성 원칙이 충족되어야 한다.

(3) 공공필요의 소멸

공공필요가 있는 경우에 한하여 공익사업은 수용적격사업으로 인정되며, 해당 공익사업이 지속되는 동안 공공필요도 지속적으로 계속되어야 한다. 해당 공익사업이 지속되는 도중에 공공필요가 소멸한 경우에는 공익보다 사익 침해가 큰 상황이므로 사익을 위한 조치를 강구하여야만 한다. 공용수용의 일반법적 지위에 있는 공익사업을 위한 토지 등의 취득 및 보상에 관한 법률(이하 토지보상법)에서는 공용수용절차 도중에 공공필요가 소멸된 경우에 사업인정의 효력이 소멸되도록 규정하고 있고, 공용수용절차 종료 후에 공공필요가 소멸된 경우에는 환매권을 인정하고 있다.

2. 수용목적물의 의의

수용목적물이란 공용수용의 객체로서 토지보상법 제3조에서는 ① 토지 및 토지에 관한 소유권 외의 권리, ② 토지와 함께 공익사업을 위하여 필요한 입목, 건물 그 밖에 토지에 정착된 물건 및 이에 관한 소유권 외의 권리, ③ 광업권·어업권·양식업권 또는 물의 사용에 관한 권리, ④ 토지에 속한 흙·돌·모래 또는 자갈에 관한 권리 등을 목적물로 규정하고 있다. 또한 각 개별법에서는 무체재산권까지도 수용목적물로 인정하고 있다.

Ⅲ. 공공필요와 수용목적물의 관계

1. 공공필요 개념 확장에 따른 수용목적물 범위의 확대화 경향

종래에는 수용목적물로 비대체적인 토지소유권에 한정되었으나, 공공필요의 개념 확장에 따라 수용목적물도 확대되어 왔으며 현재에는 일체의 재산적 가치 있는 권리는 모두 수용목적물이 될 수 있다.

2. 수용목적물 범위제한

수용목적물이 사유재산권인 경우에는 사업을 통한 공익과 침해되는 사익의 이익형량을 통해서 공공필요가 판단되고 공공필요가 인정되는 범위만큼 수용목적물인 사유재산권의 범위가 결정된다. 수용목적물이 사유재산권인 경우에는 광의의 비례원칙 중 최소침해의 원칙이 중시되며, 수용목적물은 국민의 재산권 침해를 최소화하기 위해서 가능한 비대체적인 것으로 한정되어야 한다.

3. 공공필요의 상충

수용목적물이 공물인 경우에는 기존 공익사업과 신규 공익사업 사이에서 공공필요가 상충하게 된다. 토지보상법 제19조 제2항에서는 공익사업에 수용 또는 사용되고 있는 토지 등은 특별히 필요한 경우가 아니면 이를 다른 공익사업을 위하여 수용 또는 사용할 수 없다고 규정하고 있다.

수용목적물이 공물인 경우에는 광의의 비례원칙 중 상당성의 원칙이 중시되며, 신규 공익사업을 통해 달성되는 공익이 보다 큰 경우에만 수용목적물로 인정할 수 있다. 토지보상법 제19조 제2항 특별히 필요한 경우라 함은 이러한 상당성의 원칙을 반영한 것으로 해석할 수 있다.

4. 공공필요가 결여된 수용목적물

(1) 공용수용 개시단계에서부터 공공필요가 없었던 경우

공용수용은 사업인정을 시작으로 진행된다. 사업인정이란 해당 공익사업이 목적물을 수용·사용할 만한 적격사업인가를 판정하여 사업시행자에게 수용권을 설정하여 주는 행위이다.

따라서 사업인정을 하면서 공공필요의 판단을 그르친 경우에는 사업인정의 실체적 하자를 구성하게 된다. 수용목적물에 대한 권리를 가진 자는 하자 있는 사업인정에 대하여 불복하여 다툴 수 있다. 다만, 사업인정에 불가쟁력이 발생한 경우에는 사업인정의 하자를 이유로 재결단계에서는 그 위법을 이유로 다툴 수 없다는 것이 판례의 태도이다.

(2) 공용수용절차 종료 후에 공공필요가 상실된 경우

공용수용절차가 종료된 이후에 해당 공익사업이 폐지되거나 변경되어 공공필요가 상실된 경우에 수용목적물은 더 이상 공익사업에 제공될 필요가 없다. 따라서 원래의 소유자에게 되돌려 주는 것이 공평의 원칙에 합당할 것이다. 토지보상법은 이러한 경우에 환매권을 행사할 수 있도록 규정하여 원래의 소유자에게 수용목적물을 되돌려 줄 수 있도록 하고 있다.

Ⅳ. 결론

공용수용행정에 있어서 결국 공공필요와 목적물의 관계는 필수불가결한 연관성을 지니게 됨을 알 수 있다. 아무리 공공필요가 있다고 하더라도 목적물과의 관련성이 없는 공용수용은 허용되지도 않고, 목적물이 아무리 사업목적에 필요한 것이라 하더라도 공공필요의 대전제하에 수용이 이루어져야 할 것이다. 이는 헌법이 천명한 정당한 보상과도 깊은 관련성이 있음을 감정평가사는 인식하고 공용수용행정에 참여해야 할 것이다.

┌─────────────────────────┐
│ **확장수용 전체흐름도**   │
└─────────────────────────┘
─ 1. 확장수용의 의의 및 취지
─ 2. 확장수용의 법적 성질
  └ 학설 / 판례 / 검토
─ 3. 확장수용의 종류
  ├ (1) 완전수용
  ├ (2) 잔여지수용
  ├ (3) 이전수용
  │ ├ 의의 및 이전비 보상원칙
  │ └ 예외적 가격보상
  └ (4) 잔여건축물의 수용
─ 4. 확장수용에 대한 권리구제
  ├ (1) 문제점
  ├ (2) 이의신청
  ├ (3) 행정소송
  │ ├ 취소소송
  │ └ 보상금증감청구소송
  └ (4) 민사소송의 가능성

02 확장수용

1. 확장수용의 내용

(1) 잔여지수용(법 제74조)

> 🔹 **법 제74조(잔여지 등의 매수 및 수용청구)**
> ① 동일한 소유자에게 속하는 일단의 토지의 일부가 협의에 의하여 매수되거나 수용됨으로 인하여 잔여지를 종래의 목적에 사용하는 것이 현저히 곤란할 때에는 해당 토지소유자는 사업시행자에게 잔여지를 매수하여 줄 것을 청구할 수 있으며, 사업인정 이후에는 관할 토지수용위원회에 수용을 청구할 수 있다. 이 경우 수용의 청구는 매수에 관한 협의가 성립되지 아니한 경우에만 할 수 있으며, 사업완료일까지 하여야 한다. 〈개정 2021.8.10.〉
> ② 제1항에 따라 매수 또는 수용의 청구가 있는 잔여지 및 잔여지에 있는 물건에 관하여 권리를 가진 자는 사업시행자나 관할 토지수용위원회에 그 권리의 존속을 청구할 수 있다.
> ③ 제1항에 따른 토지의 취득에 관하여는 제73조 제3항을 준용한다.
> ④ 잔여지 및 잔여지에 있는 물건에 대한 구체적인 보상액 산정 및 평가방법 등에 대하여는 제70조, 제75조, 제76조, 제77조, 제78조 제4항, 같은 조 제6항 및 제7항을 준용한다. 〈개정 2022.2.3.〉

① **의의 및 근거**

　　잔여지수용이란 동일한 소유자에 속하는 일단의 토지의 일부가 취득됨으로 인하여 잔여지를 종래의 목적에 사용하는 것이 현저히 곤란한 경우 토지소유자의 청구에 의해 일단의 토지의 전부를 매수하거나 수용하는 것을 말하는 것으로, 토지보상법 제74조에 근거를 두고 있다.

② **잔여지수용청구권의 법적 성질**

　　잔여지수용의 성질에 대해 사법상 매매설, 공법상 특별행위설, 공용수용설이 주장되고 있으나, 통설은 공용수용설이다. 따라서 잔여지수용청구권은 공권에 해당하며, 판례에 의하면 "잔여지수용청구권이 그 요건을 구비한 때에는 토지수용위원회의 특별한 조치를 기다릴 것 없이 청구에 의하여 수용의 효과가 발생하므로 형성권적 성질을 가진다."라고 판시한 바 있다. 여기서 "형성권적 성질을 가진다" 함은 요건을 구비한 잔여지수용청구가 있으면 토지수용위원회는 반드시 이를 수용하여야 한다는 취지에 불과하고, 토지수용위원회가 그 요건의 구비 여부를 심사할 수 없다는 취지는 아니라고 할 것이다.

③ 잔여지수용의 요건

(ㄱ) 동일한 소유자의 토지일 것, (ㄴ) 일단의 토지 중 일부가 편입될 것, (ㄷ) 잔여지를 종래의 목적에 사용하는 것이 현저히 곤란할 것 등의 요건을 구비하여야 한다. 잔여지의 판단기준으로 토지보상법 시행령 제39조에서는 (ㄱ) 대지로서 면적 등의 사유로 인하여 건축물을 건축할 수 없거나 현저히 곤란한 경우, (ㄴ) 농지로서 농기계의 진입과 회전이 곤란할 정도로 폭이 좁고 길게 남거나 부정형 등의 사유로 인하여 영농이 현저히 곤란한 경우, (ㄷ) 공익사업의 시행으로 인하여 교통이 두절되어 사용 또는 경작이 불가능하게 된 경우 등을 규정하고 있다.

> ↪ 시행령 제39조(잔여지의 판단)
>
> ① 법 제74조 제1항에 따라 잔여지가 다음 각 호의 어느 하나에 해당하는 경우에는 해당 토지소유자는 사업시행자 또는 관할 토지수용위원회에 잔여지를 매수하거나 수용하여 줄 것을 청구할 수 있다.
>   1. 대지로서 면적이 너무 작거나 부정형(不定形) 등의 사유로 건축물을 건축할 수 없거나 건축물의 건축이 현저히 곤란한 경우
>   2. 농지로서 농기계의 진입과 회전이 곤란할 정도로 폭이 좁고 길게 남거나 부정형 등의 사유로 영농이 현저히 곤란한 경우
>   3. 공익사업의 시행으로 교통이 두절되어 사용이나 경작이 불가능하게 된 경우
>   4. 제1호부터 제3호까지에서 규정한 사항과 유사한 정도로 잔여지를 종래의 목적대로 사용하는 것이 현저히 곤란하다고 인정되는 경우
> ② 잔여지가 제1항 각 호의 어느 하나에 해당하는지를 판단할 때에는 다음 각 호의 사항을 종합적으로 고려하여야 한다.
>   1. 잔여지의 위치·형상·이용상황 및 용도지역
>   2. 공익사업 편입토지의 면적 및 잔여지의 면적

> ⌐ 판례 ⌐
>
> ▶ 관련판례(대판 2005.1.28, 2002두4679)
> 구 토지수용법(1999.2.8. 법률 제5909호로 개정되기 전의 것) 제48조 제1항에서 규정한 '종래의 목적'이라 함은 수용재결 당시에 당해 잔여지가 현실적으로 사용되고 있는 구체적인 용도를 의미하고, '사용하는 것이 현저히 곤란한 때'라고 함은 물리적으로 사용하는 것이 곤란하게 된 경우는 물론 사회적, 경제적으로 사용하는 것이 곤란하게 된 경우, 즉 절대적으로 이용 불가능한 경우만이 아니라 이용은 가능하나 많은 비용이 소요되는 경우를 포함한다.

④ 절차

잔여지를 종래의 목적에 사용하는 것이 현저히 곤란한 때에는 해당 토지소유자는 사업시행자에게 잔여지를 매수하여 줄 것을 청구할 수 있으며, 사업인정 이후에는 관할 토지수용위원회에 수용을 청구할 수 있다. 이 경우 수용의 청구는 매수에 관한 협의가 성립되지 아니한 경우에 한하되, 그 사업의 공사완료일까지 하여야 한다.

⑤ 효과

(ㄱ) **잔여지의 원시취득** : 일반적으로 사업시행자는 수용목적물을 원시취득하며, 목적물에 존재하던 전세권, 저당권 등 모든 권리는 소멸한다. 수용 청구된 잔여지에 대하여서도 사업시행자는 원시취득하게 된다.

(ㄴ) **관계인의 권리보호** : 매수 또는 수용청구가 있는 잔여지 및 잔여지에 있는 물건에 관하여 권리를 가진 자는 사업시행자나 관할 토지수용위원회에 그 권리의 존속을 청구할 수 있다(제74조 제2항). 이때 토지수용위원회의 재결로 인정된 관계인의 권리는 소멸하지 않고 존속하게 된다(제45조 제3항).

(ㄷ) **사업인정의 의제** : 사업인정고시가 된 후 사업시행자가 잔여지를 매수하는 경우 그 잔여지에 대하여는 법 제20조에 따른 사업인정 및 법 제22조에 따른 사업인정고시가 된 것으로 본다(제74조 제3항).

(ㄹ) **손실보상** : 잔여지 및 잔여지에 있는 물건에 대한 구체적인 보상액 산정 및 평가방법 등에 대하여는 법 제70조, 제75조, 제76조, 제77조, 제78조 제4항, 같은 조 제6항 및 제7항을 준용한다(제74조 제4항).

⑥ 기출문제

> **기출문제(제13회 4번)**
> 공익사업 시행시 잔여지 및 잔여건물 보상에 관하여 설명하시오. 20점

판례

▶ **최근 잔여지에 대한 권리구제방법에 대한 대법원 판례(보상금증감청구소송)**
대판 2010.8.19, 2008두822 [토지수용이의재결처분취소 등]
[판시사항]
[1] (구)'공익사업을 위한 토지 등의 취득 및 보상에 관한 법률' 제74조 제1항에 의한 잔여지수용청구를 받아들이지 않은 토지수용위원회의 재결에 대하여 토지소유자가 불복하여 제기하는 소송의 성질 및 그 상대방
[2] (구)'공익사업을 위한 토지 등의 취득 및 보상에 관한 법률' 제74조 제1항의 잔여지수용청구권 행사기간의 법적 성질(= 제척기간) 및 잔여지수용청구 의사표시의 상대방(= 관할 토지수용위원회)
[3] 토지소유자가 자신의 토지에 숙박시설을 신축하기 위해 부지를 조성하던 중 그 토지의 일부가 익산-장수 간 고속도로 건설공사에 편입되자 사업시행자에게 부지조성비용 등의 보상을 청구한 사안에서, 부지조성비용이 별도의 보상대상으로 인정되지 않는다면 토지소유자에게 잔여지

의 가격 감소로 인한 손실보상을 구하는 취지인지 여부에 관하여 의견을 진술할 기회를 부여하고 그 당부를 심리·판단하였어야 함에도, 이러한 조치를 취하지 않은 원심판결에 석명의무를 다하지 않아 심리를 제대로 하지 않은 위법이 있다고 한 사례

[판결요지]

[1] (구)'공익사업을 위한 토지 등의 취득 및 보상에 관한 법률'(2007.10.17. 법률 제8665호로 개정되기 전의 것) 제74조 제1항에 규정되어 있는 잔여지수용청구권은 손실보상의 일환으로 토지소유자에게 부여되는 권리로서 그 요건을 구비한 때에는 잔여지를 수용하는 토지수용위원회의 재결이 없더라도 그 청구에 의하여 수용의 효과가 발생하는 형성권적 성질을 가지므로, 잔여지수용청구를 받아들이지 않은 토지수용위원회의 재결에 대하여 토지소유자가 불복하여 제기하는 소송은 위 법 제85조 제2항에 규정되어 있는 '보상금의 증감에 관한 소송'에 해당하여 사업시행자를 피고로 하여야 한다.

[2] (구)'공익사업을 위한 토지 등의 취득 및 보상에 관한 법률'(2007.10.17. 법률 제8665호로 개정되기 전의 것) 제74조 제1항에 의하면, 잔여지수용청구는 사업시행자와 사이에 매수에 관한 협의가 성립되지 아니한 경우 일단의 토지의 일부에 대한 관할 토지수용위원회의 수용재결이 있기 전까지 관할 토지수용위원회에 하여야 하고, 잔여지수용청구권의 행사기간은 제척기간으로서, 토지소유자가 그 행사기간 내에 잔여지수용청구권을 행사하지 아니하면 그 권리가 소멸한다. 또한 위 조항의 문언 내용 등에 비추어 볼 때, 잔여지수용청구의 의사표시는 관할 토지수용위원회에 하여야 하는 것으로서, 관할 토지수용위원회가 사업시행자에게 잔여지수용청구의 의사표시를 수령할 권한을 부여하였다고 인정할 만한 사정이 없는 한, 사업시행자에게 한 잔여지매수청구의 의사표시를 관할 토지수용위원회에 한 잔여지수용청구의 의사표시로 볼 수는 없다.

[3] 토지소유자가 자신의 토지에 숙박시설을 신축하기 위해 부지를 조성하던 중 그 토지의 일부가 익산-장수 간 고속도로 건설공사에 편입되자 사업시행자에게 부지조성비용 등의 보상을 청구한 사안에서, 잔여지에 지출된 부지조성비용은 그 토지의 가치를 증대시킨 한도 내에서 잔여지의 감소로 인한 손실보상액을 산정할 때 반영되는 것일 뿐, 별도의 보상대상이 아니므로, 잔여지에 지출된 부지조성비용이 별도의 보상대상으로 인정되지 않는다면 토지소유자에게 잔여지의 가격 감소로 인한 손실보상을 구하는 취지인지 여부에 관하여 의견을 진술할 기회를 부여하고 그 당부를 심리·판단하였어야 함에도, 이러한 조치를 취하지 않은 원심판결에 석명의무를 다하지 않아 심리를 제대로 하지 않은 위법이 있다고 한 사례

판례

▶ 잔여지손실보상금에 대한 지연손해금 지급의무의 발생시기
  대판 2018.3.13. 2017두68370 [잔여지가치하락손실보상금청구]
  공익사업을 위한 토지 등의 취득 및 보상에 관한 법률이 잔여지손실보상금 지급의무의 이행기를 정하지 않았고, 그 이행기를 편입토지의 권리변동일이라고 해석하여야 할 체계적, 목적론적 근거를 찾기도 어려우므로, 잔여지손실보상금 지급의무는 이행기의 정함이 없는 채무로 보는 것이 타당하다. 따라서 잔여지손실보상금 지급의무의 경우 잔여지의 손실이 현실적으로 발생한 이후로서 잔여지 소유자가 사업시행자에게 이행청구를 한 다음 날부터 그 지연손해금 지급의무가 발생한다.

판례

▶ '공익사업을 위한 토지 등의 취득 및 보상에 관한 법률' 제73조에 따라 토지 일부의 취득 또는 사용으로 잔여지 손실에 대하여 보상하는 경우, 보상하여야 하는 손실의 범위

대판 2011.2.24, 2010두23149 [토지보상금증액]

공익사업을 위한 토지 등의 취득 및 보상에 관한 법률(2007.10.17. 법률 제8665호로 개정되기 전의 것, 이하 '공익사업법'이라 한다) 제73조에 의하면, 동일한 토지소유자에 속하는 일단의 토지의 일부가 취득 또는 사용됨으로 인하여 잔여지의 가격이 감소하거나 그 밖의 손실이 있는 때 등에는 토지소유자는 그로 인한 잔여지손실보상청구를 할 수 있고, 이 경우 보상하여야 할 손실에는 토지 일부의 취득 또는 사용으로 인하여 그 획지조건이나 접근조건 등의 가격형성요인이 변동됨에 따라 발생하는 손실뿐만 아니라 그 취득 또는 사용 목적사업의 시행으로 설치되는 시설의 형태·구조·사용 등에 기인하여 발생하는 손실과 수용재결 당시의 현실적 이용상황의 변경 외 장래의 이용가능성이나 거래의 용이성 등에 의한 사용가치 및 교환가치상의 하락 모두가 포함된다(대판 1998.9.8, 97누10680, 대판 2000.12.22, 99두10315 참조). 원심은, 그 판시와 같은 사정을 들어 이 사건 토지의 수용으로 인하여 이 사건 잔여지의 가격이 감소하였거나 손실이 있다고 볼 수 없다고 판단하여 원고의 잔여지손실보상청구를 기각하였다. 그러나 원심의 위와 같은 판단은 다음과 같은 이유로 수긍하기 어렵다.

사실심의 증거에 의하면, 이 사건 토지와 용인시 기흥구 영덕동 산 101-2 도로(42번 국도의 일부를 구성한다) 사이에 자리 잡고 있는 영덕동 산 101-5, 6 임야는 원고의 전신인 한보건설 주식회사(1993.4.20. 주식회사 한보로 상호변경되었음)의 소유이던 산 101-1, 3 임야의 일부였으나, 1990년경 분할된 뒤 한국토지공사가 1996.10.14. 주식회사 한보로부터 협의취득한 후 2000.3.31. 대한민국에 이전한 토지인 점, 위 산 101-5, 6 임야의 경계는 직선으로 구획되어 있을 뿐 아니라 그 모양을 보더라도 위 산 101-2 도로의 일부와 함께 42번 국도의 일부 또는 그 부속지로 사용될 목적하에 분할 및 협의취득 등이 이루어졌다고 보이는 점, 피고의 도시관리계획시설사업으로 인하여 이 사건 잔여지와 42번 국도 사이에 진출입 램프가 설치됨으로써 양자 사이의 통행이 현저히 곤란해졌다고 보이는 점 등의 사정을 알 수 있다.

이러한 사정을 앞서 본 법리에 비추어 살펴보면, 위 산 101-5, 6 임야가 타인 소유라는 이유만으로 이 사건 토지 및 잔여지가 피고의 도시관리계획시설사업 전부터 42번 국도 등 공로에의 통행이 전혀 불가능한 토지라고 단정하기는 어려운 반면, 피고의 도시관리계획시설사업으로 인하여 이 사건 잔여지는 42번 국도 등 공로에의 통행이 대단히 힘들어졌다고 할 수 있으므로, 이 사건 잔여지는 교통의 편리성이나 장래의 이용가능성 등에 있어 종전보다 열세에 처해져 있다고 할 수 있고, 위와 같은 열세가 인정되는 이상 이 사건 잔여지의 가격감소를 인정하는 취지의 제1심 법원 감정인 소외인의 감정결과를 쉽사리 배척할 것은 아니다.

그럼에도 위 산 101-2 도로 및 산 101-5, 6 임야의 분할 및 취득경위, 현황 등에 관한 충분한 심리 없이 그 판시와 같은 사정만을 들어 소외인의 감정 결과를 배척하는 등 원고의 잔여지손실보상청구를 기각한 원심의 조치에는 공익사업법 제73조의 잔여지손실보상요건 등에 관한 법리를 오해하거나 그로써 필요한 심리를 다하지 아니한 잘못이 있고, 이러한 위법은 판결에 영향을 미쳤음이 분명하다. 이를 지적하는 상고이유의 주장은 이유 있다.

▌접도구역으로 지정된 토지의 소유자가 손실보상을 청구할 수 있는지 여부(「도로법」 제99조 제1항 등 관련)
법제처 유권해석을 중심으로(안건번호 18-0083 회신일자 2018-06-21)

1. 핵심쟁점

최근 접도구역으로 지정된 토지의 소유자가 토지의 처분이나 제한으로 인한 손실을 이유로 손실보상을 청구
할 수 있는지에 관련한 법제처의 해석 내용이 있어 해당 내용을 중심으로 쟁점을 살펴보기로 한다.

2. 질의요지

「도로법」 제40조 제1항에 따라 접도구역(接道區域)으로 지정된 토지의 소유자는 같은 법 제99조 제1항에
따라 같은 법 제40조 제3항의 행위 제한으로 인한 손실의 보상을 청구할 수 있는지?

> ◐ 도로법 제40조(접도구역의 지정 및 관리)
> ① 도로관리청은 도로 구조의 파손 방지, 미관(美觀)의 훼손 또는 교통에 대한 위험 방지를 위하여
> 필요하면 소관 도로의 경계선에서 20미터(고속국도의 경우 50미터)를 초과하지 아니하는 범위
> 에서 대통령령으로 정하는 바에 따라 접도구역(接道區域)을 지정할 수 있다.
> ② 도로관리청은 제1항에 따라 접도구역을 지정하면 지체 없이 이를 고시하고, 국토교통부령으로
> 정하는 바에 따라 그 접도구역을 관리하여야 한다.
> ③ 누구든지 접도구역에서는 다음 각 호의 행위를 하여서는 아니 된다. 다만, 도로 구조의 파손,
> 미관의 훼손 또는 교통에 대한 위험을 가져오지 아니하는 범위에서 하는 행위로서 대통령령으
> 로 정하는 행위는 그러하지 아니하다.
> 　1. 토지의 형질을 변경하는 행위
> 　2. 건축물, 그 밖의 공작물을 신축·개축 또는 증축하는 행위
> ④ 도로관리청은 도로 구조나 교통안전에 대한 위험을 예방하기 위하여 필요하면 접도구역에 있는
> 토지, 나무, 시설, 건축물, 그 밖의 공작물(이하 "시설 등"이라 한다)의 소유자나 점유자에게 상당
> 한 기간을 정하여 다음 각 호의 조치를 하게 할 수 있다.
> 　1. 시설 등이 시야에 장애를 주는 경우에는 그 장애물을 제거할 것
> 　2. 시설 등이 붕괴하여 도로에 위해(危害)를 끼치거나 끼칠 우려가 있으면 그 위해를 제거하거나
> 　　위해 방지시설을 설치할 것
> 　3. 도로에 토사 등이 쌓이거나 쌓일 우려가 있으면 그 토사 등을 제거하거나 토사가 쌓이는 것을
> 　　방지할 수 있는 시설을 설치할 것
> 　4. 시설 등으로 인하여 도로의 배수시설에 장애가 발생하거나 발생할 우려가 있으면 그 장애를
> 　　제거하거나 장애의 발생을 방지할 수 있는 시설을 설치할 것

3. 법제처 답변

이 사안의 경우 접도구역으로 지정된 토지의 소유자는 손실의 보상을 청구할 수 있습니다.

> ◐ 도로법 제41조(접도구역에 있는 토지의 매수청구)
> ① 접도구역에 있는 토지가 다음 각 호의 어느 하나에 해당하는 경우 해당 토지의 소유자는 도로관
> 리청에 해당 토지의 매수를 청구할 수 있다.
> 　1. 접도구역에 있는 토지를 종래의 용도대로 사용할 수 없어 그 효용이 현저하게 감소한 경우
> 　2. 접도구역의 지정으로 해당 토지의 사용 및 수익이 사실상 불가능한 경우

② 제1항 각 호의 어느 하나에 해당하는 토지(이하 "매수대상토지"라 한다)의 매수를 청구할 수 있는 소유자는 다음 각 호의 어느 하나에 해당하는 자이어야 한다.

1. 접도구역이 지정될 당시부터 해당 토지를 계속 소유한 자
2. 토지의 사용·수익이 불가능하게 되기 전에 해당 토지를 취득하여 계속 소유한 자
3. 제1호 또는 제2호에 해당하는 자로부터 해당 토지를 상속받아 계속 소유한 자

③ 상급도로의 접도구역과 하급도로의 접도구역이 중첩된 경우 매수대상토지의 소유자는 상급도로 관리청에 제1항에 따른 매수청구를 하여야 한다.

④ 도로관리청은 제1항에 따라 매수청구를 받은 경우 해당 토지가 효용의 감소 등 대통령령으로 정한 기준에 해당되면 이를 매수하여야 한다.

4. 법제처 회답 이유

「도로법」 제40조 제1항에 따라 토지가 접도구역으로 지정·고시되면 같은 조 제3항에 따라 토지의 형질 변경이나 건축행위가 금지되고 이에 따라 해당 토지의 소유자는 토지의 사용가치 및 교환가치가 하락하는 손실을 입게 되는데, 이러한 손실은 도로관리청이 해당 토지를 접도구역으로 지정·고시한 조치에 기인한 것[6]

한편 접도구역에 있는 토지에 대해서는 「도로법」 제41조 제1항에서 해당 토지를 종래의 용도대로 사용할 수 없어 그 효용이 현저하게 감소한 경우(제1호) 등 토지소유자가 수인해야 하는 사회적 제약의 한계를 넘는 재산권 제한에 한정하여 매수청구권을 별도로 보장하고 있고, 같은 법 제83조 제2항(재해발생 시 토지 일시사용 등), 제97조 제2항(공익을 위한 허가취소 등) 및 제98조 제2항(감독관청의 명령에 따른 처분)과는 달리 같은 법 제40조에서는 같은 법 제99조를 준용하도록 하는 규정을 별도로 두고 있지 않은 점에 비추어 볼 때 접도구역 지정으로 인한 손실에 대해서는 같은 법 제99조 제1항에 따른 손실보상규정이 적용되지 않는다는 의견이 있습니다.

그러나 ① 「도로법」 제41조에서 매수청구제도를 도입한 취지는 당시 도로법령에서는 손실보상의 기준·방법 등을 구체적으로 규정하고 있지 않아 접도구역에서의 행위제한으로 인한 손실을 손실보상규정에 따라 보상받는 것이 현실적으로 곤란하기 때문에 이를 보완하기 위해 매수청구제도를 도입한 것일 뿐 접도구역 내 토지소유자에게 매수청구권만을 인정하고 손실보상 청구권은 인정하지 않으려는 취지는 아니라는 점[7]

> ### 🔖 도로법 제99조(공용부담으로 인한 손실보상)
> ① 이 법에 따른 처분이나 제한으로 손실을 입은 자가 있으면 국토교통부장관이 행한 처분이나 제한으로 인한 손실은 국가가 보상하고, 행정청이 한 처분이나 제한으로 인한 손실은 그 행정청이 속해 있는 지방자치단체가 보상하여야 한다.
> ② 제1항에 따른 손실의 보상에 관하여는 국토교통부장관 또는 행정청이 그 손실을 입은 자와 협의하여야 한다.
> ③ 국토교통부장관 또는 행정청은 제2항에 따른 협의가 성립되지 아니하거나 협의를 할 수 없는 경우에는 대통령령으로 정하는 바에 따라 관할 토지수용위원회에 재결을 신청할 수 있다.
> ④ 제1항부터 제3항까지의 규정에서 정한 것 외에 공용부담으로 인한 손실보상에 관하여는 「공익사업을 위한 토지 등의 취득 및 보상에 관한 법률」을 준용한다.

---

6) 대판 2017.7.11, 2017두40860 참조로서 「도로법」 제99조 제1항에 따른 손실보상의 요건인 "「도로법」에 따른 처분이나 제한으로 인한 손실"에 해당하므로, 접도구역으로 지정된 토지의 소유자는 같은 법 제99조 제1항에 따른 손실보상을 청구할 수 있습니다.

7) 2004.1.20. 법률 제7103호로 개정된 「도로법」 국회 심사보고서 참조 ② 「도로법」 제99조 제1항은 "같은 법에 따른 처분이나 제한으로 인한 손실"에 대한 포괄적인 손실보상규정이므로 별도의 준용 규정을 두지 않더라도 그 적용이 배제된다고 볼 수 없는 점을 고려하면 그러한 의견은 타당하지 않습니다.

5. 접도구역 주요 쟁점

① 도로법 제99조 제1항의 적용 여부, 즉 "처분이나 제한으로 손실을 입은 자"의 범위에 "접도구역 지정에 따른 행위제한"이 포함되는지 여부

② 접도구역으로 지정된 토지의 소유자가 손실보상 청구 가능 여부

6. 참고자료

※ 법제처의 법령해석(18-0083, 2018.6.21)에서 인용하고 있는 대판 2017.7.11, 2017두40860은 접도구역의 지정에 따른 손실이 잔여지손실보상의 대상이 아니라는 취지일 뿐 도로법 제99조의 적용대상이 아니라는 취지는 아님.

> 판례

▶ 대판 2017.7.11, 2017두40860 [잔여지가치하락손실보상금청구]

[판시사항]

공익사업의 사업시행자가 동일한 소유자에게 속하는 일단의 토지 중 일부를 취득하거나 사용하고 남은 잔여지에 현실적 이용상황 변경 또는 사용가치 및 교환가치의 하락 등이 발생하였으나 그 손실이 토지의 일부가 공익사업에 취득되거나 사용됨으로 인하여 발생한 것이 아닌 경우, 공익사업을 위한 토지 등의 취득 및 보상에 관한 법률 제73조 제1항 본문에 따른 잔여지 손실보상 대상에 해당하는지 여부(원칙적 소극)

[판결요지]

공익사업을 위한 토지 등의 취득 및 보상에 관한 법률(이하 '토지보상법'이라고 한다) 제73조 제1항 본문은 "사업시행자는 동일한 소유자에게 속하는 일단의 토지의 일부가 취득되거나 사용됨으로 인하여 잔여지의 가격이 감소하거나 그 밖의 손실이 있을 때 또는 잔여지에 통로·도랑·담장 등의 신설이나 그 밖의 공사가 필요할 때에는 국토교통부령으로 정하는 바에 따라 그 손실이나 공사의 비용을 보상하여야 한다."라고 규정하고 있다.

여기서 특정한 공익사업의 사업시행자가 보상하여야 하는 손실은, 동일한 소유자에게 속하는 일단의 토지 중 일부를 사업시행자가 그 공익사업을 위하여 취득하거나 사용함으로 인하여 잔여지에 발생하는 것임을 전제로 한다. 따라서 이러한 잔여지에 대하여 현실적 이용상황 변경 또는 사용가치 및 교환가치의 하락 등이 발생하였더라도, 그 손실이 토지의 일부가 공익사업에 취득되거나 사용됨으로 인하여 발생하는 것이 아니라면 특별한 사정이 없는 한 토지보상법 제73조 제1항 본문에 따른 잔여지 손실보상 대상에 해당한다고 볼 수 없다.

[참조조문]

공익사업을 위한 토지 등의 취득 및 보상에 관한 법률 제73조 제1항

[전 문]

[원고, 상고인] 별지 원고 명단 기재와 같다.

[피고, 피상고인] 한국도로공사

[원심판결] 서울고법 2017.3.17, 2016누60494

[주 문]

상고를 모두 기각한다. 상고비용은 원고들이 부담한다.

[이 유]

상고이유(상고이유서 제출기간이 지난 후에 제출된 상고이유보충서의 기재는 상고이유를 보충하는 범위 내에서)를 판단한다.

1. 상고이유 제1점에 대하여

가. 공익사업을 위한 토지 등의 취득 및 보상에 관한 법률(이하 '토지보상법'이라고 한다) 제73조 제1항 본문은 "사업시행자는 동일한 소유자에게 속하는 일단의 토지의 일부가 취득되거나 사용됨으로 인하여 잔여지의 가격이 감소하거나 그 밖의 손실이 있을 때 또는 잔여지에 통로·도랑·담장 등의 신설이나 그 밖의 공사가 필요할 때에는 국토교통부령으로 정하는 바에 따라 그 손실이나 공사의 비용을 보상하여야 한다."라고 규정하고 있다. 여기서 특정한 공익사업의 사업시행자가 보상하여야 하는 손실은, 동일한 소유자에게 속하는 일단의 토지 중 일부를 사업시행자가 그 공익사업을 위하여 취득하거나 사용함으로 인하여 잔여지에 발생하는 것임을 전제로 한다. 따라서 이러한 잔여지에 대하여 현실적 이용상황 변경 또는 사용가치 및 교환가치의 하락 등이 발생하였더라도, 그 손실이 토지의 일부가 공익사업에 취득되거나 사용됨으로 인하여 발생하는 것이 아니라면 특별한 사정이 없는 한 토지보상법 제73조 제1항 본문에 따른 잔여지 손실보상 대상에 해당한다고 볼 수 없다.

나. 원심판결 및 원심이 일부 인용한 1심판결 이유에 의하면, 다음과 같은 사실을 알 수 있다.

(1) 피고는 평택 시흥 간 고속도로 민간투자사업(이하 '이 사건 공익사업'이라고 한다)의 용지보상 업무를 맡은 사업시행자로서, 2008.11.4.부터 2011.6.21.까지 화성시(주소 생략) 일대에 위치한 원고들(원고 13이 소송계속 중인 2016.2.4. 사망하여 그 공동상속인들이 소송을 수계하였으나 편의상 그 사망 전후를 불문하고 '원고들'이라고 한다) 소유의 각 일단의 토지 중 일부를 분할하여 협의 취득하였다(이하 일단의 토지 중 일부 협의 취득되고 남은 부분을 통틀어 '이 사건 잔여지'라고 한다). 이 사건 잔여지는 위 고속도로 '○○IC' 남동쪽에 위치해 있고, 부근이 전, 답 등 농경지와 마을야산이 주를 이루는 농경지대이며, 지목과 실제 이용상황이 '전', '답', '임야' 등이다.

(2) 국토해양부장관은 2011.9.5. 위 고속도로 양측의 도로구역 경계선으로부터 20m까지 부분을 접도구역으로 지정·고시하였다. 다만 그 후 2015.7.29. 도로구역 경계선으로부터 10m까지로 축소·변경되었다.

(3) 2013.3.25. 이 사건 공익사업이 완료되었고, 원고들은 2014.3.14. 피고에게 이 사건 잔여지의 가격감소 손실에 대한 보상을 청구하였다. 피고가 2014.3.24. 보상협의를 거부하자, 원고들이 2014.5.8. 중앙토지수용위원회에 재결을 신청하였으나, 중앙토지수용위원회는 2015.5.21. 이 사건 잔여지의 가격감소를 인정할 수 없다는 이유로 원고들의 재결신청을 기각하였다.

(4) 원고들은 피고를 상대로 토지보상법 제73조 제1항에 따라 이 사건 잔여지의 손실보상을 청구하는 이 사건 소송을 제기하였으나, ① 토지의 면적 축소나 변경으로 인한 효율성 감소, 전출입 곤란 등으로 인한 획지조건 악화, 자동차 소음으로 인한 환경조건 악화로 인하여 이 사건 잔여지의 가치 하락이 발생하였다는 점에 대하여는 원고들이 제출한 증거들만으로는 이를 인정하기에 부족하고 달리 이를 인정할 증거가 없다는 이유로 기각되고, ② 접도구역 지정으로 인한 손실에 대하여는, 이 사건 공익사업에 따른 토지의 일부 편입으로 인하여 발생한 손실이 아니라 국토교통부장관의 접도구역 지정이라는 별도의 행정행위에 따라 발생한 손실에 해당하므로 피고가 보상하여야 하는 손실에 해당되지 않는다는 이유로 기각되었다.

다. 이 중 접도구역 지정으로 인한 손실을 토지보상법 제73조 제1항에 따라 청구할 수 있는지를 앞서 본 사실관계와 법리 및 아래에서 거시하는 관련 법령을 토대로 살펴본다.

(1) (구)도로법(2014.1.14. 법률 제12248호로 전부 개정되기 전의 것, 이하 '(구)도로법'이

라고 한다) 제49조 제1항은 "관리청은 도로 구조의 손궤 방지, 미관보존 또는 교통에 대한 위험을 방지하기 위하여 도로경계선으로부터 20m를 초과하지 아니하는 범위에서 대통령령으로 정하는 바에 따라 접도구역(접도구역)으로 지정할 수 있다."라고 규정하고, 제3항은 "접도구역에서는 다음 각 호의 행위를 하여서는 아니 된다. 다만 대통령령으로 정하는 행위는 그러하지 아니하다."라고 하면서 제1호에서 "토지의 형질을 변경하는 행위", 제2호에서 "건축물이나 그 밖의 공작물을 신축·개축 또는 증축하는 행위"를 규정하고 있다. 나아가 (구)도로법 제53조 제1항은 '접도구역이 지정되는 경우 그 지정으로 인하여 접도구역에 있는 토지를 종래의 용도로 사용할 수 없어 그 효용이 현저하게 감소한 토지 또는 해당 토지의 사용 및 수익이 사실상 불가능한 토지의 경우 그 소유자가 일정한 요건에 해당하는 때에는 도로의 관리청에 그 토지에 대한 매수를 청구할 수 있다.'라는 취지의 규정을 두고 있고, 제92조는 제1항에서 "이 법에 따른 처분이나 제한으로 손실을 입은 자가 있으면 국토교통부장관이 행한 처분이나 제한으로 인한 손실은 국고에서 보상하고, 그 밖의 행정청이 한 처분이나 제한으로 인한 손실은 그 행정청이 속하여 있는 지방자치단체에서 보상하여야 한다."라고 규정하면서, 제2항 및 제3항에서 손실의 보상에 관한 협의와 재결신청에 관하여 각 규정하고 있다.

(2) 이러한 관련 법령의 문언·체계 및 취지를 살펴보면, 원고들이 주장하는 이 사건 잔여지의 손실, 즉 토지의 일부가 접도구역으로 지정·고시됨으로써 일정한 형질변경이나 건축행위가 금지되어 장래의 이용가능성이나 거래의 용이성 등에 비추어 사용가치 및 교환가치가 하락하는 손실은, 고속도로를 건설하는 이 사건 공익사업에 원고들 소유의 일단의 토지 중 일부가 취득되거나 사용됨으로 인하여 발생한 것이 아니라, 그와 별도로 국토교통부장관이 이 사건 잔여지 일부를 접도구역으로 지정·고시한 조치에 기인한 것이므로, 원칙적으로 토지보상법 제73조 제1항에 따른 잔여지 손실보상의 대상에 해당하지 아니한다.

(3) 원심이 같은 취지에서, 원고들이 주장하는 접도구역 지정으로 인한 가치하락은 토지보상법 제73조 제1항에서 정한 잔여지 가격감소 손실에 해당하지 않는다고 판단한 것은 정당하다. 거기에 토지보상법 제73조가 정하는 잔여지 가격감소 손실보상에 관한 법리를 오해한 잘못이 없다.

2. 상고이유 제2점에 대하여

(구)도로법에 근거하여 손실보상을 구하기 위해서는 같은 법이 정한 협의, 재결 등의 절차에 따라 그 행정주체를 상대로 청구하여야 한다. 이와 다른 취지의 상고이유 주장은 받아들일 수 없다.

3. 결론

그러므로 상고를 모두 기각하고, 상고비용은 패소자들이 부담하도록 하여, 관여 대법관의 일치된 의견으로 주문과 같이 판결한다.

(출처 : 대판 2017.7.11, 2017두40860[잔여지가치하락손실보상금청구])

(2) 완전수용(법 제72조)

> 🔖 법 제72조(사용하는 토지의 매수청구 등)
>
> 사업인정고시가 된 후 다음 각 호의 어느 하나에 해당할 때에는 해당 토지소유자는 사업시행자에게
> 해당 토지의 매수를 청구하거나 관할 토지수용위원회에 그 토지의 수용을 청구할 수 있다. 이 경우
> 관계인은 사업시행자나 관할 토지수용위원회에 그 권리의 존속(存續)을 청구할 수 있다.
> 1. 토지를 사용하는 기간이 3년 이상인 경우
> 2. 토지의 사용으로 인하여 토지의 형질이 변경되는 경우
> 3. 사용하려는 토지에 그 토지소유자의 건축물이 있는 경우

① 의의 및 근거

완전수용이란 토지를 사용함으로써 족하지만 토지소유자가 받게 되는 토지이용의 현저한 장
애 내지 제한에 따른 수용보상을 가능하게 하기 위해 마련된 제도이다. 따라서 완전수용은
사용에 갈음하는 수용이라고도 하며, 토지보상법 제72조에 근거를 두고 있다.

② 내용

완전수용은 (ㄱ) 토지의 사용기간이 3년 이상인 경우, (ㄴ) 토지의 사용으로 인하여 토지의 형질이
변경되는 경우, (ㄷ) 사용하고자 하는 토지에 그 토지소유자의 건축물이 있는 때를 요건으로 한다.
완전수용의 청구권은 토지소유자만이 가지며, 사업시행자나 관계인은 갖지 못한다. 따라서
토지소유자만이 위의 요건에 해당하는 토지가 존재할 때 그 토지의 수용을 청구할 수 있다.
이 경우 완전수용의 청구가 있는 토지에 대한 권리를 가진 관계인 및 잔여지에 있는 물건에
관하여 권리를 가진 관계인은 사업시행자 또는 토지수용위원회에 그 권리의 존속을 청구할
수 있다.

[판례평석]

사용토지의 수용청구와 소송형식(대판 2015.4.9, 2014두46669)

(출처 : 한국토지보상법연구회 제16집 숙명여대 법학과 정남철 교수님 판례평석 일부 발췌)

(1) 사실관계

토지소유자인 원고 甲은 피고 X시 지방토지수용위원회에 X시 Y구 구청장 乙이 사업인정고시가
된 후 3년 이상 이 사건 토지를 사용하였다고 주장하면서 토지보상법 제72조 제1호를 근거로 이
사건 토지의 수용을 청구하였다. 그러나 피고는 토지보상법 제72조 제1호의 요건에 해당하지 않음
을 이유로 원고의 수용청구를 각하하는 재결을 내렸다. 이에 갑은 X시 지방토지수용위원회를 상대
로 위 각하재결의 취소를 구하는 소를 제기하였다.

(2) 판결요지

원심은 이 사건 소가 적법하다고 판단하고 본안판단에 나갔으나, 상고심인 대법원은 이를 파기하
였다. 즉, 상고심은 토지보상법 제72조 제1호에서 정한 수용청구권은 토지보상법 제74조 제1항이
정한 잔여지수용청구권과 같이 손실보상의 일환으로 토지소유자에게 부여되는 권리로서 그 청구에
의하여 수용효과가 생기는 형성권의 성질을 가진 것으로 파악하였다. 그러한 이유에서 상고심은

토지소유자의 토지수용청구를 받아들이지 아니한 토지수용위원회의 재결에 대하여 토지소유자가 불복하여 제기하는 소송은 토지보상법 제85조 제2항에 규정되어 있는 보상금의 증감에 관한 소송에 해당한다고 판단하였다. 따라서 피고는 토지수용위원회가 아니라 사업시행인 X시 Y구 구청장인 乙을 피고로 하여야 한다고 보고, X시 지방토지수용위원회의 각하재결의 취소를 구하는 소는 부적법하다고 판시하였다.

(3) 평석

이 판결에서는 토지보상법 제72조 제1항에 규정된 사용하는 토지의 수용청구권을 잔여지수용청구권과 마찬가지로 형성권의 성질을 가진 것으로 파악하고 있다. 나아가 이를 전제로 사용하는 토지의 수용청구를 받아들이지 아니한 토지수용위원회의 재결에 대해 토지소유자가 불복하는 소송을 토지보상법 제85조 제2항에 규정된 보상금증감청구소송으로 보고 있다. 이러한 소송유형도 물론 가능하지만, X시 지방토지수용위원회의 재결에 대한 취소소송을 불허하는 상고심의 입장은 바람직하지 않다. 행정소송법에는 소송형식이 제한되어 있어 권리구제에 흠결이 생길 여지가 없지 않다. 그럼에도 불구하고 상고심은 소송형식에 있어서 매우 엄격한 태도를 보이고 있다. 하급심이나 법률전문가도 소송형식에 관한 문제를 정확히 판단하기 쉽지 않다는 점에서 이러한 대법원의 입장은 재고될 필요가 있다. 또한 토지보상법 제72조 제1항에 규정된 수용청구권은 잔여지수용청구권과 반드시 동일한 구조로 보기 어렵다. 잔여지수용청구권은 이미 동일한 소유자에게 속하는 일단의 토지의 일부가 협의에 의하여 매수되거나 수용된 경우에 토지수용위원회에 대하여 종래의 목적에 사용하는 것이 현저히 곤란한 잔여지의 수용을 청구하는 것이다. 이와 관련하여 판례는 이를 받아들이지 아니한 토지수용위원회의 재결(각하재결)에 대해 보상금증감소송으로 다툴 수 있다고 보고 있다.[8] 그러나 이러한 경우에도 보상금증감소송의 방식이 소송경제적 측면에서 당사자에게 유리한 측면도 있다. 예컨대 잔여지수용청구의 각하재결에 대해 취소판결을 얻더라도 토지수용위원회의 손실보상금이 기대보다 현저히 낮은 경우에는 다시 보상금증감소송을 제기해야 하기 때문이다. 이러한 경우에는 곧바로 각하재결의 위법을 판단하면서 보상금의 증액을 요구하는 소송을 제기하는 것이 소송경제의 관점에서 효율적이다. 그러나 토지수용위원회의 각하재결에 대해 취소소송을 제기하는 것 자체가 불가능한 것은 아니다.[9] 또한 취소판결의 기속력에 의해 토지수용위원회가 적정하게 보상금을 산정하는 경우에는 다시 소송을 제기할 이유는 없다. 따라서 토지의 수용청구권을 형성권으로 보더라도 이러한 소송형식을 보상금증감소송으로만 다툴 수 있다고 제한적으로 해석하는 것은 타당하지 않다. 이 사안에서도 X시 지방토지수용위원회의 각하재결에 대해서는 취소소송으로 다툴 수 있고, 취소판결 후 그 기속력에 의해 X시 지방토지수용위원회가 손실보상금을 적정하게 산정할 수 있음은 물론이다. 그러나 이 경우에 보상금을 낮게 책정하는 때에는 보상금의 증감을 다투는 소송을 제기할 수도 있다. 이 사건에서 보여준 대법원의 입장은 3심까지 가는 동안 많은 시간과 비용을 소모한 원고에게 재정적으로나 심리적인 부담을 가중시키는 결과를 초래하였다. 이러한 형식적인 논리에서 벗어나 국민의 권리를 보호할 수 있는 바람직한 판례의 변화를 기대해 본다.

---

8) 대판 2010.8.19, 2008두822
9) 정남철 교수는 잔여지수용청구의 경우에도 – 비록 활용가능성이 높지는 않지만 – 항고소송의 제기가능성을 배제할 수 없다는 주장을 한 바 있다. 예컨대 중앙토지수용위원회의 이의재결에서 잔여지수용청구의 요건이나 절차 등의 위반을 이유로 기각재결을 내리는 경우에는 재결주의에 따라 이의재결에 대한 취소소송이나 무효확인소송을 제기하지 못할 이유가 없다. 상세는 拙稿, "잔여지수용청구의 소송법적 쟁점", 특별법연구 제9권(대법원 특별소송실무연구회 편), 207면; 拙著, 行政救濟의 基本原理, 제1전정판, 320면.

(3) 이전수용(법 제75조)

> 🔖 **법 제75조(건축물 등 물건에 대한 보상)**
>
> ① 건축물·입목·공작물과 그 밖에 토지에 정착한 물건(이하 "건축물 등"이라 한다)에 대하여는 이전에 필요한 비용(이하 "이전비"라 한다)으로 보상하여야 한다. 다만, 다음 각 호의 어느 하나에 해당하는 경우에는 해당 물건의 가격으로 보상하여야 한다.
>   1. 건축물 등을 이전하기 어렵거나 그 이전으로 인하여 건축물 등을 종래의 목적대로 사용할 수 없게 된 경우
>   2. 건축물 등의 이전비가 그 물건의 가격을 넘는 경우
>   3. 사업시행자가 공익사업에 직접 사용할 목적으로 취득하는 경우

① 의의 및 근거

수용·사용할 토지의 정착물 또는 공익사업에 공용되는 사업시행자 소유의 토지에 정착한 타인의 입목, 건축물, 물건 등은 이전비를 보상하고 이전하는 것이 원칙이다. 그러나 물건의 성질상 이전이 불가능하거나, 이전비가 그 정착물의 가격을 초과하는 수도 있다. 이와 같이 토지상의 정착물을 이전할 수 없거나 경제적으로 이전의 실익이 없는 경우에 그 소유자 또는 사업시행자의 청구에 의하여 정착물을 이전에 갈음하여 수용하는 것을 이전수용이라고 한다. "이전에 갈음하는 수용"이라고도 하며, 토지보상법 제75조에 근거를 두고 있다.

② 내용

사업시행자는 사업예정지 안에 있는 물건이 (ㄱ) 이전이 어렵거나 그 이전으로 인하여 건축물 등을 종래의 목적대로 사용할 수 없게 된 경우, (ㄴ) 이전비가 그 물건의 가격을 넘는 경우에는 관할 토지수용위원회에 그 물건의 수용재결을 신청할 수 있다(제75조 제5항). 종래 토지수용법에서는 전자의 경우 해당 물건의 소유자가 수용청구권을 행사할 수 있고, 후자의 경우에는 사업시행자가 수용청구권을 행사할 수 있도록 규정하고 있었으나, 토지보상법에서는 두 경우 모두 사업시행자가 청구할 수 있도록 규정하고 있다. 다만, 토지소유자의 청구절차가 삭제되어 확장수용으로 보지 않는 견해도 있다(석종현).

2. 확장수용과 권리구제

(1) 개설

확장수용청구권은 그 법적 성질이 공권이며, 현행 토지보상법의 체계상 확장수용은 토지수용위원회의 재결에 의해 이루어진다. 따라서 확장수용에 대한 불복은 토지보상법 제83조, 제84조, 제85조 규정의 적용을 받는다.

확장수용의 요건 충족시 토지소유자는 사업시행자에게 매수청구를 하고(이전수용은 매수청구권 없음), 협의 불성립 시 토지소유자는 사업의 공사완료일까지 토지수용위원회에 수용을 청구할 수 있다. 토지수용위원회가 수용청구를 거부한 경우 이에 대한 불복으로 이의신청을 거쳐 행정소송을 제기할 수 있다. 이때 항고소송을 제기하지 아니하고 보상금증감청구소송을 제기할 수 있는지 여부에 대하여 논란이 있다.

(2) 이의신청

확장수용의 재결이나 확장수용의 거부에 이의가 있는 자는 토지보상법 제83조에 의거 재결서 정본을 받은 날부터 30일 이내에 이의신청을 할 수 있다. 행정소송법 제18조 및 토지보상법 제83조의 규정상 이의신청은 임의적 절차로 해석된다. 따라서 이의신청을 거치지 않고 바로 행정 소송의 제기가 가능하다.

(3) 확장수용에 대한 행정소송의 형태(보상금증감청구소송의 가능성)

① 문제점

토지보상법 제85조는 재결에 대한 불복을 항고소송과 보상금증감청구소송으로 이원화하고 있다. 확장수용청구 거부시에 그 거부재결에 대하여 취소소송을 제기하여야 하는지, 아니면 보상금 증감에 관한 소송을 제기하여야 하는지에 대해 견해가 대립한다. 이는 보상금증감청구소 송의 범위가 보상금액의 다과만으로 한정되는지 손실보상의 범위까지 포함하는지와 관련된다.

② 학설

(ㄱ) **취소소송설** : 토지보상법 제85조 "행정소송이 보상금 증감에 관한 소송인 경우"의 문언을 충실하게 해석하여 보상금증감청구소송의 범위는 "보상대상의 평가"만을 의미한다고 한다. 이 견해에 의하면 확장수용은 손실보상의 범위와 관련되는 문제이므로 확장수용에 대한 권리구제수단으로 보상금증감청구소송을 제기할 수 없다고 보며, 항고소송만 가능하다고 본다.

(ㄴ) **보상금증감청구소송설** : 손실보상의 범위와 보상금액은 밀접한 관련성을 가지고 있고, 확장수용은 토지소유자의 청구에 의하게 되므로 궁극적으로는 보상액의 증감에 관한 문제라는 점, 보상금증감청구소송의 인정취지가 보상금에 관한 다툼을 신속히 종결하려는 것이 므로 이런 취지를 고려하여 보상금증감청구소송을 제기할 수 있다고 보는 견해이다.

(ㄷ) **손실보상금청구소송설** : 이 견해는 확장수용청구권이 형성권이어서 청구권의 행사에 의해 수용의 효과가 발생하여 손실보상청구권이 존재한다는 점을 논거로 일반 당사자소송을 제 기하여야 한다는 견해이다.

③ 판례

┌─ 판례 ─

▶ 관련판례(대판 1995.9.15. 93누20627)
토지수용에 따른 보상은 수용 대상 토지별로 하는 것이 아니라 피보상자 개인별로 행하여지는 것이 고, 잔여지수용청구권은 토지소유자에게 손실보상책의 일환으로 부여된 권리이어서 이는 수용할 토지의 범위와 그 보상액을 결정할 수 있는 토지수용위원회에 대하여 토지수용의 보상가액을 다투는 방법에 의하여도 행사할 수 있다.

▶ 관련판례(대판 1999.10.12. 99두7517)
동일한 토지소유자에 속하는 일단의 토지의 일부가 수용됨으로 인하여 잔여지의 가격이 감소된 경 우에, 토지소유자가 잔여지를 포함시키지 않은 수용재결처분이 위법하다고 주장하면서 그 취소를 구하는 이의신청을 하여 이의신청을 기각하는 이의재결을 받은 뒤, 중앙토지수용위원회를 상대로 이의재결의 취소를 청구하는 소송을 제기, 그 소가 진행되던 도중에 기업자를 피고로 추가하여 이의재결 취소청구의 소를 잔여지의 가격감소로 인한 손실보상청구의 소로 변경하였다면, 이의재결 취소청구의 소가 당초에 제소기간을 준수하여 적법하게 제기된 이상, 뒤의 소변경은 제소기간이 경과된 후에 이루어졌어도 부적법하지 아니하다.

▶ **관련판례(대판 2001.6.1, 2001다16333)**
토지수용법상 잔여지가 공유인 경우에도 각 공유자는 그 소유지분에 대하여 각별로 잔여지수용청구를 할 수 있으나, 잔여지에 대한 수용청구를 하려면 우선 기업자에게 잔여지매수에 관한 협의를 요청하여 협의가 성립되지 아니한 경우에 (구)토지수용법 제36조의 규정에 의한 열람기간 내에 관할 토지수용위원회에 잔여지를 포함한 일단의 토지 전부의 수용을 청구할 수 있고, 그 수용재결 및 이의재결에 불복이 있으면 재결청과 기업자를 공동피고로 하여 그 이의재결의 취소 및 보상금의 증액을 구하는 행정소송을 제기하여야 하며 곧바로 기업자를 상대로 하여 민사소송으로 잔여지에 대한 보상금의 지급을 구할 수는 없다.

▶ **관련판례(대판 2010.8.19, 2008두822)**
(구)'공익사업을 위한 토지 등의 취득 및 보상에 관한 법률'(2007.10.17. 법률 제8665호로 개정되기 전의 것) 제74조 제1항에 규정되어 있는 잔여지수용청구권은 손실보상의 일환으로 토지소유자에게 부여되는 권리로서 그 요건을 구비한 때에는 잔여지를 수용하는 토지수용위원회의 재결이 없더라도 그 청구에 의하여 수용의 효과가 발생하는 형성권적 성질을 가지므로, 잔여지수용청구를 받아들이지 않은 토지수용위원회의 재결에 대하여 토지소유자가 불복하여 제기하는 소송은 위 법 제85조 제2항에 규정되어 있는 '보상금의 증감에 관한 소송'에 해당하여 사업시행자를 피고로 하여야 한다.

▶ **관련판례(대판 2015.4.9, 2014두46669)**
공익사업을 위한 토지 등의 취득 및 보상에 관한 법률(이하 '토지보상법'이라고 한다) 제72조의 문언, 연혁 및 취지 등에 비추어 보면, 위 규정이 정한 수용청구권은 토지보상법 제74조 제1항이 정한 잔여지수용청구권과 같이 손실보상의 일환으로 토지소유자에게 부여되는 권리로서 그 청구에 의하여 수용효과가 생기는 형성권의 성질을 지니므로, 토지소유자의 토지수용청구를 받아들이지 아니한 토지수용위원회의 재결에 대하여 토지소유자가 불복하여 제기하는 소송은 토지보상법 제85조 제2항에 규정되어 있는 '보상금의 증감에 관한 소송'에 해당하고, 피고는 토지수용위원회가 아니라 사업시행자로 하여야 한다.

④ 검토

실질적인 분쟁의 당사자를 소송의 당사자로 하여 소송을 원만히 수행하려는 보상금증감청구소송의 제도적 취지, 보상의 범위에 따라 보상금액이 달라지는 사정 등을 고려하여 보상금증감청구소송이 보상의 범위까지 포함한다고 보는 보상금증감청구소송설이 타당하다고 판단된다.

⑷ **기출문제**

> **기출문제(제23회 2번)(잔여지수용)**

한국수자원공사는 「한국수자원공사법」 제9조 및 제10조에 근거하여 수도권(首都圈) 광역상수도사업 실시계획을 수립하여 국토교통부장관의 승인을 얻은 후, 1필지인 甲의 토지 8,000㎡ 중 6,530㎡를 협의취득하였다. 협의취득 후 甲의 잔여지는 A지역 495㎡, B지역 490㎡, 그리고 C지역 485㎡로 산재(散在)하고 있다. **30점**

⑴ 甲은 위 잔여지의 토지가격의 감소를 이유로 손실보상을 청구하려고 한다. 이 경우 잔여지의 가격감소에 대한 甲의 권리구제방법을 설명하시오. **15점**

⑵ 호텔을 건립하기 위해 부지를 조성하고 있던 甲은 자신의 잔여지를 더 이상 종래의 사용목적대로 사용할 수 없게 되자 사업시행자와 매수에 관한 협의를 하였으나, 협의가 성립되지 아니하였다. 이에 甲은 관할 토지수용위원회에 잔여지의 수용을 청구하였지만, 관할 토지수용위원회는 이를 받아들이지 않았다. 이 경우 잔여지수용청구의 요건과 甲이 제기할 수 있는 행정소송의 형식을 설명하시오. **15점**

> **기출문제(제27회 2번)(완전수용 – 각하재결)**

甲은 2015.3.16. 乙로부터 A광역시 B구 소재 도로로 사용되고 있는 토지 200㎡(이하 '이 사건 토지'라 함)를 매수한 후 자신의 명의로 소유권이전등기를 하였다. 한편, 甲은 A광역시 지방토지수용위원회에 "사업시행자인 B구청장이 도로개설공사를 시행하면서 사업인정고시가 된 2010.4.6. 이후 3년 이상 이 사건 토지를 사용하였다"고 주장하면서 「공익사업을 위한 토지 등의 취득 및 보상에 관한 법률」(이하 '토지보상법'이라 함) 제72조 제1호를 근거로 이 사건 토지의 수용을 청구하였다. 이에 대해 A광역시 지방토지수용위원회는 "사업인정고시가 된 날로부터 1년 이내에 B구청장이 재결신청을 하지 아니하여 사업인정은 그 효력을 상실하였으므로 甲은 토지보상법 제72조 제1호를 근거로 이 사건 토지의 수용을 청구할 수 없다"며 甲의 수용청구를 각하하는 재결을 하였다. 다음 물음에 답하시오. **30점**

⑴ A광역시 지방토지수용위원회의 각하재결에 대하여 행정소송을 제기하기 전에 강구할 수 있는 甲의 권리구제수단에 관하여 설명하시오. **10점**

⑵ 甲이 A광역시 지방토지수용위원회의 각하재결에 대하여 행정소송을 제기할 경우 그 소송의 형태와 피고적격에 관하여 설명하시오. **20점**

> 🔖 **공익사업을 위한 토지 등의 취득 및 보상에 관한 법률**
>
> **제23조(사업인정의 실효)**
> ① 사업시행자가 제22조 제1항에 따른 사업인정의 고시(이하 "사업인정고시"라 한다)가 된 날부터 1년 이내에 제28조 제1항에 따른 재결신청을 하지 아니한 경우에는 사업인정고시가 된 날부터 1년이 되는 날의 다음 날에 사업인정은 그 효력을 상실한다.
> ② 〈이하 생략〉
>
> **제72조(사용하는 토지의 매수청구 등)**
> 사업인정고시가 된 후 다음 각 호의 어느 하나에 해당할 때에는 해당 토지소유자는 사업시행자에게 해당 토지의 매수를 청구하거나 관할 토지수용위원회에 그 토지의 수용을 청구할 수 있다. 이 경우 관계인은 사업시행자나 관할 토지수용위원회에 그 권리의 존속(存續)을 청구할 수 있다.
> 1. 토지를 사용하는 기간이 3년 이상인 경우
> 2. 〈이하 생략〉

잔여지 최근 논문분석 흐름

잔여지 감가보상에 관한 판례분석

서경규, 2019, 부동산 연구

초록

- 목적
  ① 관련법규의 미비로 활발하게 시행되지 못했다.
  ② 판례분석을 통해 잔여지 감가보상의 현황을 파악
  ③ 제도개선 및 감정평가실무의 시사점을 도출

- 제도개선의 시사점
  ① 재결단계에서부터 잔여지 매수청구를 원하더라도 잔여지 감가보상을 예비적으로 청구할 것
  ② 잔여지 소유자의 권리구제 강화를 위해 사업시행자에게 공사완료일 통지를 의무화할 것
  ③ 토지보상법에 대해 보상에 관한 일반법으로서의 기능을 강화할 것
  ④ 감가보상의 범위에 관해 구체적인 입법으로 보완할 것
  ⑤ 사업시행이익과의 상계 필요

- 감정평가실무에 관한 시사점
  ① 잔여지 감가보상의 감정평가시 형상과 면적의 변화를 분석할 것
  ② 일단지 판정에 유의할 것
  ③ 사업손실의 판정을 위해 공사 관련 도면을 확인할 것
  ④ 광평수 토지가 잔여지인 경우 일부 면적에 대한 감가 여부를 검토할 것

Ⅰ. 서론

1. 연구의 배경과 목적
2. 연구의 범위와 방법

II. 제도 및 이론 고찰

  1. 잔여지 감가보상의 의의

  2. 잔여지 감가보상의 연혁

  3. 선행연구의 검토

III. 판례분석

  1. 기초통계

  2. 소송일반의 판례분석

    (1) 현황

    (2) 소송요건에 관한 판례

    (3) 보상범위에 관한 판례

    (4) 판례분석의 종합

  3. 인용판례의 분석

    (1) 현황

    (2) 판결이유

      1) 택지(택지후보지)

      2) 농지

      3) 산지

    (3) 인용률

  4. 기각판례의 분석

    (1) 현황

    (2) 판결이유

IV. 시사점

  1. 제도개선에 관한 사항

    (1) 소송요건 관련

    (2) 보상범위 관련

  2. 감정평가실무에 관한 사항

    (1) 판결이유 분석

    (2) 감가율 분석

V. 결론

잔여지 매수 및 감가보상 등의 처리기준(안)

서경규, 감정평가학회 학술세미나 자료

잔여지 보상실무에 있어서 권리구제 측면의 문제점 및 개선방안

철도 및 도로 보상을 중심으로, 류창용, 2017, 토지보상연구

(5) 기본문제

동일한 토지소유자에게 속하는 일단의 토지의 일부가 협의매수되거나 수용됨으로 인하여 잔여지를 종래의 목적에 사용하는 것이 현저히 곤란한 경우, 그 토지소유자가 자기의 재산권 보호를 위하여 취할 수 있는 방법은 무엇이며, 어떠한 쟁송절차에 의해 권리구제를 받을 수 있는 것인지에 대하여 설명하시오. 25점

Ⅰ. 서

공용수용에 있어 수용목적물의 범위를 정하는 것은 필요한 최소한도에 그쳐야 함이 원칙이다. 다만 예외적으로 수용당사자 간의 이해관계를 조정하고 사업의 원활한 진행을 위해 수용목적물의 범위를 확장하는 것도 필요하다.

한편 잔여지수용은 목적물의 필요한 범위를 초과하는 수용으로 그 효과도 수용과 같다고 할 수 있다. 그러나 이는 피수용자에 대한 권리구제의 보충적 필요에 의한 것이며 피수용자에 대한 이익을 보장하기 위한 것이므로 본래의 수용개념과는 사실상 구분되며 손실보상의 성격이 강하다. 따라서 잔여지수용은 보상액과 관련이 있으므로 불복수단으로 보상금증감청구소송을 제기할 수 있는지가 문제된다.

Ⅱ. 잔여지수용

1. 의의 및 근거

잔여지수용은 동일한 토지소유자에 속하는 일단의 토지의 일부가 협의매수되거나 수용됨으로 인하여 잔여지를 종래의 목적에 사용하는 것이 현저히 곤란한 때 토지소유자의 청구에 의해 사업시행자가 해당 토지의 전부를 매수하거나 수용하는 것을 말하며 법 제74조에 근거한다.

2. 법적 성질

(1) 확장수용

당사자의 협의에 의한 확대취득에 대해서는 사업인정 전의 경우 사법상 계약, 사업인정 후의 경우에는 공법상 계약으로 보나 수용재결에 의한 확장수용에 대해서는 사업시행자의 청구에 의한다는 점에서 사법상 매매로 보는 견해와 공익사업의 필요한 범위를 초과한다는 점에서 수용이라기보다는 특별한 공법행위로 보는 견해도 있으나 수용과정에서 파생된 법률관계의 합리적 조정수단으로서의 기능과 사업인정 의제 등을 고려할 때 공용수용의 본질과 다를 바 없다는 견해가 타당하다.

(2) 확장수용청구권

협의매수청구권의 경우에는 협의행위를 사법상 계약으로 본다면 사권으로, 공법상 계약으로 본다면 공권으로 볼 수 있으며 확장수용청구권은 확장수용을 공용수용의 성질을 가진다고 봄이 타당하므로 수용재결을 통해 목적물을 확장해 달라는 청구권은 공권으로 볼 수 있을 것이다.

한편, 대법원은 잔여지수용청구권이 그 요건을 구비한 때에는 토지수용위원회의 특별한 조치를 기다릴 것 없이 청구에 의하여 수용의 효과가 발생하므로 이는 형성권적 성질을 갖는다고 본다.

3. 내용

(1) 매수청구

동일한 토지소유자에 속하는 일단의 토지의 일부가 협의에 의하여 매수되거나 수용됨으로 인하여 잔여지를 종래의 목적에 사용하는 것이 현저히 곤란한 때에는 해당 토지소유자는 사업시행자에게 일단의 토지의 전부를 매수하여 줄 것을 청구할 수 있다.

(2) 수용청구

토지소유자는 사업인정 이후에는 매수에 관한 협의가 성립되지 아니한 경우 그 일단의 토지의 일부에
대한 관할 토지수용위원회의 수용재결이 있기 전까지 수용을 청구할 수 있다. 이 경우 수용의 청구는
매수에 관한 협의가 성립되지 아니한 경우에 한하되, 그 사업의 공사완료일까지 하여야 한다.

III. 잔여지수용에 대한 불복

1. 이의신청

법 제34조 재결에 대하여 이의가 있는 경우 이의를 제기할 수 있으며 이는 행정심판의 성격을 갖는다.
이때 재결청은 이의가 있는 경우 그 재결의 전부 또는 일부를 취소하거나 보상액을 변경할 수 있다.

2. 취소소송

법 제34조는 재결에 불복할 때에는 재결서를 받은 날부터 90일 이내에, 이의신청을 거친 때에는 이의
재결서를 받은 날부터 60일 이내에 취소소송을 제기할 수 있도록 하고 있으므로 잔여지를 포함시키지
않은 수용재결의 위법을 취소소송을 통해 다툴 수 있을 것이다.

3. 보상금증감청구소송

토지보상법은 잔여지 관련 재결에 대하여 다투고자 하는 경우 명확한 소송의 형태를 규정하고 있지
않아 보상금증감청구소송을 제기할 수 있는지에 대해 논의가 있다. 보상금증감청구소송을 제기할 수
있느냐에 대한 것은 결국 보상금증감청구소송의 심리범위의 문제로 이해되므로 이에 대한 견해대립의
내용과 판례의 태도를 살펴보기로 한다.

(1) 학설

잔여지수용청구에 대한 불복방법으로 보상금증감청구소송을 부정하는 견해는 보상금증감청구소송
은 보상금액을 다투는 것이기 때문에 보상대상의 평가만을 심리한다는 것이다. 그런데 확장수용은
보상범위의 문제이므로 보상금증감청구소송은 제기할 수 없다고 본다.

반면, 이를 긍정하는 견해는 보상액은 결국 보상의 범위에 따라 달라지므로 보상범위와는 밀접한
관계에 있다는 점, 잔여지수용청구는 손실보상책의 증액을 위한 수단의 하나라는 점, 확장수용은
피수용자에 대한 손실보상의 일환으로 인정되는 제도라는 점에서 보상금증감청구소송에는 손실보
상의 범위에 관한 다툼까지 포함된다고 본다.

(2) 판례

① 토지수용에 따른 보상은 수용대상 토지별로 하는 것이 아니라 피보상자 개인별로 행하여지는
것이고 잔여지수용청구권은 토지소유자에게 손실보상책의 일환으로 부여한 권리이어서 이는 수용할
토지의 범위와 그 보상액을 결정할 수 있는 토지수용위원회에 대하여 토지수용의 보상가액을 다투는
방법에 의하여도 행사할 수 있다고 판시하고 있다(대판 1995.9.15, 93누20267).

② 동일한 토지소유자에 속하는 일단의 토지의 일부가 수용됨으로 인하여 잔여지의 가격이 감소된
경우에, 토지소유자가 잔여지를 포함시키지 않은 수용재결처분이 위법하다고 주장하면서 그 취소
를 구하는 이의신청을 하여 이의신청을 기각하는 이의재결을 받은 뒤, 중앙토지수용위원회를
상대로 이의재결의 취소를 청구하는 소송을 제기, 그 소가 진행되던 도중에 기업자를 피고로
추가하여 이의재결 취소청구의 소를 잔여지의 가격감소로 인한 손실보상청구의 소로 변경하였다
면, 이의재결 취소청구의 소가 당초에 제소기간을 준수하여 적법하게 제기된 이상, 뒤의 소변경은
제소기간이 경과된 후에 이루어졌어도 부적법하지 아니하다(대판 1999.10.12, 99두7517).

③ (구)'공익사업을 위한 토지 등의 취득 및 보상에 관한 법률'(2007.10.17. 법률 제8665호로 개정되기 전의 것) 제74조 제1항에 규정되어 있는 잔여지수용청구권은 손실보상의 일환으로 토지소유자에게 부여되는 권리로서 그 요건을 구비한 때에는 잔여지를 수용하는 토지수용위원회의 재결이 없더라도 그 청구에 의하여 수용의 효과가 발생하는 형성권적 성질을 가지므로, 잔여지수용청구를 받아들이지 않은 토지수용위원회의 재결에 대하여 토지소유자가 불복하여 제기하는 소송은 위 법 제85조 제2항에 규정되어 있는 '보상금의 증감에 관한 소송'에 해당하여 사업시행자를 피고로 하여야 한다(대판 2010.8.19, 2008두822).

(3) 검토

보상금증감청구소송을 단순히 보상금액만을 대상으로 하는 것이 아닌 손실보상의 전체적인 범위를 포함한다고 보아야 하는 것과 법이 잔여지수용청구권의 행사시기를 수용재결 전(개정 법률에서는 공사완료일까지)까지로 하여 토지수용에 대한 재결과 함께 하나의 재결사항으로 취급하고 있다는 점을 고려해 볼 때 보상금증감청구소송이 적용가능하다고 본다. 또한 최근의 대법원 판례에서는 명확히 보상금증감청구소송에 의하도록 판시하고 있다(기업자 → 사업시행자로 개정됨).

4. 민사소송의 제기 가능성

잔여지수용청구에 대한 불복방법으로 민사소송을 제기할 수 있는가에 대하여는 그 법적 성질을 공권으로 볼 때 민사소송의 가능성은 부정됨이 타당하고 대법원 역시 수용재결 및 이의재결에 불복이 있으면 재결청과 사업시행자를 공동피고로 하여 그 이의재결의 취소 및 보상금의 증액을 구하는 행정소송을 제기하여야 하며 곧바로 사업시행자를 상대로 하여 민사소송으로 잔여지에 대한 보상금의 지급을 구할 수 없다(대판 2001.6.1, 2001다16333)고 하여 이를 부정하고 있다.

Ⅳ. 결

잔여지수용은 그 취지가 공익사업의 원활한 수행과 피수용자의 권리구제, 즉 손실보상의 일환으로 인정한 제도인 만큼 그 불복방법에 대한 결정은 단순한 논리에 의할 것이 아니라 어떠한 방법이 피수용자의 권리구제를 도모하는 것인가를 가장 중점적으로 검토하여야 할 것이다. 최근의 대법원 판례의 해석으로 볼 때 보상금증감청구소송이 권리구제로 타당성이 인정된다고 할 것이다.

3. 공물의 수용가능성

> ⊃ 법 제19조(토지 등의 수용 또는 사용)
> ① 사업시행자는 공익사업의 수행을 위하여 필요하면 이 법에서 정하는 바에 따라 토지 등을 수용하거나 사용할 수 있다.
> ② 공익사업에 수용되거나 사용되고 있는 토지 등은 특별히 필요한 경우가 아니면 다른 공익사업을 위하여 수용하거나 사용할 수 없다.

(1) 문제점

공물이란, 국가·지방자치단체 등의 행정주체에 의하여 직접적으로 행정목적에 공용된 개개의 유체물을 말한다(협의설). 공물이 수용의 대상이 되는가에 대하여 견해가 나뉘며, 토지보상법 제19조 제2항은 특별히 필요한 경우에는 수용할 수 있다고 하고 있는바, 논의의 중점은 수용의 가부가 아니라 별도의 공용폐지가 요구되는가의 문제이다.

(2) 학설

① 부정설은 공물을 수용에 의하여 다른 행정목적에 제공하는 것은 해당 공물의 본래의 목적에 배치되므로, 공물 그 자체를 직접 공용수용의 목적으로 할 수 없고 공용폐지가 선행되어야 한다고 한다.

② 긍정설은 원칙적으로 허용되지 아니하나, 보다 중요한 공익사업에 제공할 필요가 있는 경우에는 공물로서의 토지도 예외적으로 수용의 목적물이 될 수 있다고 보는 것이 토지보상법 제19조 제2항의 취지에 부합된다고 본다. 이러한 관점에서는 공물도 일정한 경우에는 그 공용폐지가 선행되지 않고도 수용의 목적물이 될 수 있다고 본다.

(3) 판례

헌법재판소는 공물의 수용가능성을 인정한 것으로 보이고, 대법원 판례에서도 광평대군 묘역 관련된 판례에서 공물의 수용가능성을 인정하고 있다.

> 판례

▶ 관련판례(헌재 2000.10.25, 2000헌바32)
토지수용법 제5조는 이른바 공익 또는 수용권의 충돌문제를 해결하기 위한 것으로서, 수용적격사업이 경합하여 충돌하는 공익의 조정을 목적으로 한 규정이다. 즉, 현재 공익사업에 이용되고 있는 토지는 가능하면 그 용도를 유지하도록 하기 위하여 수용의 목적물이 될 수 없도록 하는 것이 그 공익사업의 목적을 달성하기 위하여 합리적이라는 이유로, 보다 더 중요한 공익사업을 위하여 특별한 필요가 있는 경우에 한하여 예외적으로 수용의 목적물이 될 수 있다고 규정한 것이고, 토지 등을 수용할 수 있는 요건 또는 그 한계를 정한 것이 아니다. 그런데 이 사건 토지가 수용재결 당시 공익사업에 이용되고 있었음을 인정할 만한 아무런 자료가 없는 이 사건에 있어 위 법률조항은 해당 소송사건의 재판에 적용되는 것이라 할 수 없으므로, 이 사건 심판청구는 재판의 전제성을 갖추지 못한 것이다.

▶ 관련판례(대판 1996.4.26, 95누13241)
택지개발촉진법 제12조 제2항에 의하면 택지개발계획의 승인·고시가 있은 때에는 토지수용법 제14조 및 제16조의 규정에 의한 사업인정 및 사업인정의 고시가 있은 것으로 보도록 규정되어 있는바, 이와 같은 택지개발계획의 승인은 해당 사업이 택지개발촉진법상의 택지개발사업에 해당함을 인정하여 시행자가 그 후 일정한 절차를 거칠 것을 조건으로 하여 일정한 내용의 수용권을 설정해 주는 행정처분의 성격을 갖는 것이라 할 것이고, 그 승인고시의 효과는 수용할 목적물의 범위를 확정하고 수용권으로 하여금 목적물에 관한 현재 및 장래의 권리자에게 대항할 수 있는 일종의 공법상 권리로서의 효력을 발생시킨다고 할 것이므로 토지소유자로서는 선행처분인 건설부장관의 택지개발계획

승인단계에서 그 제척사유를 들어 쟁송하여야 하고, 그 제소기간이 도과한 후 수용재결이나 이의재결 단계에 있어서는 위 택지개발계획 승인처분에 명백하고 중대한 하자가 있어 당연무효라고 볼 특단의 사정이 없는 이상 그 위법 부당함을 이유로 재결의 취소를 구할 수는 없다 고 할 것이다(대판 1986.8.19, 86누256, 대판 1987.9.8, 87누395, 대판 1994.5.24, 93누24230 등 참조). 그리고 토지수용법은 같은 법 제5조의 규정에 의한 제한 이외에는 수용의 대상이 되는 토지에 관하여 아무런 제한을 하지 아니하고 있을 뿐만 아니라, 토지수용법 제5조, 문화재보호법 제20조 제4호, 제58조 제1항, 부칙 제3조 제2항 등의 규정을 종합하면 (구)문화재보호법(1982.12.31. 법률 제3644호로 전문 개정되기 전의 것) 제54조의2 제1항에 의하여 지방문화재로 지정된 토지가 수용의 대상이 될 수 없다고 볼 수는 없다 할 것이다.

(4) 검토

생각건대, 해당 문제는 이론상의 문제가 아니라 실정법상의 근거규정을 살펴보고 법률해석을 통해 판단해야 할 것이다. 따라서 특별한 필요가 있는 경우 공물도 수용이 가능할 것이고 이에 대한 판단은 공익간 이익형량에 대한 비례원칙이 적용될 것이다. 광평대군 묘역 관련하여 대법원 판례는 (구)토지수용법은 같은 법 제5조의 규정에 의한 제한 이외에는 수용의 대상이 되는 토지에 관하여 아무런 제한을 하지 아니하고 있을 뿐만 아니라, (구)토지수용법 제5조, 문화재보호법 제20조 제4호, 제58조 제1항, 부칙 제3조 제2항 등의 규정을 종합하면 (구)문화재보호법(1982. 12.31. 법률 제3644호로 전문 개정되기 전의 것) 제54조의2 제1항에 의하여 지방문화재로 지정된 토지가 수용의 대상이 될 수 없다고 볼 수는 없다고 하여 수용이 가능하다고 보고 있다.

(5) 기출문제

> ≫ 기출문제(제31회 1번 물음3)
> 丙이 소유하고 있는 토지(이하 '이 사건 C토지'라 한다)는 문화재보호법 상 보호구역으로 지정된 토지로서 이 사건 시설 조성사업의 시행을 위한 사업구역 내에 위치하고 있다. 甲은 공물인 이 사건 C토지를 이 사건 시설 조성사업의 시행을 위하여 수용할 수 있는가? 15점

제5절 토지보상법의 연혁

01 서

「공익사업을 위한 토지 등 취득 및 보상에 관한 법률」(토지보상법)은 헌법 제23조 제3항에서 명시한 것을 토지수용의 분야에 구체화 하는 법률이다.
종래 「토지수용법」과 「공공용지의 취득 및 손실보상에 관한 특례법」으로 이원화되어 있었던 공익사업 용지의 취득과 손실보상에 관한 제도에 관하여 논란의 소지가 계속 발생하자, 2003.1.1 부터

토지보상법이라는 하나의 법령으로 통합하게 되었다. 이로써 토지수용에 있어 사실상 기본법의 표준이 마련되었으며, 손실보상에 관한 절차와 기준을 체계화하고 각종 불합리한 제도를 개선하여 국민의 재산권을 충실히 보호함과 아울러 공익사업의 효율적인 추진을 도모할 수 있다는 점에서 토지보상법의 제정의의를 갖는다고 할 것이다.[10]

이러한 토지보상법의 연혁을 이해하는 것은 토지보상에 관한 법적인 쟁점과 체계를 이해하는데 도움이 된다. 특히 교재에서 다루는 일부의 중요 판례는 과거 이원화된 보상법체계하에서 다루어진 것이어서 이를 공부하는데 필요하다.

02 「토지수용법」의 연혁

토지보상에 관한 근대법령은 1911년 4월 17일에 제정된 조선총독부령 제3호에 의한 「토지수용령」에서 찾을 수 있다. 그러나 대한민국이 수립된 이후에도 토지수용은 제헌헌법 제100조의 규정에 의하여 「토지수용령」을 의용하게 된다.[11]

1962년 1월 1일 「토지수용법」이 제정되면서 「토지수용령」을 폐지하고 공용수용에 대한 근거법령을 마련하였다. 토지수용법은 공익사업에 필요한 토지의 수용과 사용에 관한 사항을 규정하여 공공복리의 증진과 사유재산권과의 조절을 도모할 목적으로 제정되었다.

토지수용법은 제정 이래 6차례의 개정을 거쳐 2003.1.1일 토지보상법의 제정으로 폐지되었다.

03 「공공용지의 취득 및 손실보상에 관한 특례법」의 연혁

과거 공익사업에 필요한 토지는 대부분이 대부분이 민사법에 의한 협의매수에 의하여 취득되고 있었으나 이에 관한 일반적인 법적 준칙이 없이 사업의 종류 또는 시행청별로 보상대상이나 기준이 상이하여 적정보상이 이루어지지 아니하였다. 이로 인하여 민원의 대상이 되어 왔으며 보상청구절차가 복잡하고 때로는 보상비보다 보상금 청구에 필요한 서류의 작성경비가 과대하게 되는 경우가 있을 뿐만 아니라 등기미정리토지 또는 소유권자불명의 토지는 토지수용에 의하지 아니하고는 취득이 곤란하게 되는 등의 많은 문제점이 발생하였다. 이러한 문제점을 해결하기 위하여 정부는 1975년 12월 31일과 「공공용지의 취득 및 손실보상에 관한 특례법」을 제정하였고 1976년 7월 1일부터 시행되었다.

「공공용지의 취득 및 손실보상에 관한 특례법」은 3번의 개정을 거쳐 거쳐 2003.1.1일 토지보상법의 제정으로 폐지되었다.

---

10) 양승혜 변호사, 토지보상에 대한 연혁적 고찰, 토지보상법연구 제19집, 한국토지보상법연구회, 2019
11) 법체처 근대법령, https://www.law.go.kr/lsSc.do?menuId=1&subMenuId=19&tabMenuId=105&query=%ED%86%A0%E C%A7%80%EC%88%98%EC%9A%A9#undefined(검색일: 2020.12.4.)

04 토지보상법의 개정 연혁

「토지수용법」과 「공공용지의 취득 및 손실보상에 관한 특례법」으로 이원화되어 있었던 공익사업 용지의 취득과 손실보상에 관한 제도는 2003.1.1부터 「공익사업을 위한 토지 등 취득 및 보상에 관한 법률」(약칭: 토지보상법)이라는 하나의 법령으로 통합하게 되었다.

토지보상법은 2002.2.4. 법률 제6656호로 제정 공포된 이후, 2002.12에는 하위 법령이 마련되어 2003.1.1.부터 시행되었다. 그 간 수차례 토지보상법 중 유의미한 개정에 관하여 정리하면 다음과 같다.

1. 과거 중요 토지보상법의 개정[12]

(1) 제5차 개정 (2006.3.24)

투기가 우려되는 지역 내에서 택지개발사업, 산업단지개발사업 등을 시행하는 정부투자 기관과 공공단체가 토지를 수용하는 경우 부재부동산소유자에 대한 보상금 중 일정 금액을 초과하는 부분은 당해 사업시행자가 발행하는 채권으로 지급하도록 의무화하였다.

(2) 제9차 개정 (2008.4.18.)

공익사업으로 조성된 토지로 보상하는 대토보상 제도 도입, 잔여 건축물 감가보상 및 매수청구 제도 도입, 공장에 대한 이주대책의 수립, 보상협의회 설치 의무화하였다.

(3) 제13차 개정 (2010.4.5.)

토지로 보상받기로 한 보상계약 체결일부터 1년이 지나면 토지소유자는 이를 현금으로 전환하여 보상하여 줄 것을 요청할 수 있도록 하였고, 대집행 시 인권침해를 방지하기 위하여 국가 또는 지방자치단체는 의무를 이행하여야 할 자의 보호를 위하여 노력하도록 하며, 공익사업으로 취득한 토지가 다시 택지개발사업지구에 편입되는 경우 환매권 행사를 유보하도록 하였다.

(4) 제16차 개정 (2012.12.2.)

사업시행자 외에 토지소유자 및 해당 토지를 관할하는 시 도지사도 감정평가업자를 추천하도록 개선하였으며, 현재 지방토지수용위원회의 위원 수를 20인 이내로 확대하였다.

(5) 제19차 개정 (2015.1.6.)

사업시행자가 토지소유자 등의 동의 없이 토지에 출입하여 장애물을 제거하는 경우와 토지소유자 등이 수용 또는 사용대상인 토지나 물건에 대하여 수용 또는 사용의 개시일까지 사업시행자에게 인도하거나 이전하지 아니하는 경우에 대하여 징역형을 신설하고 벌금형은 현행보다 높게 책정하였다.

---

12) 양승혜 변호사, 토지보상에 대한 연혁적 고찰, 토지보상법연구 제19집, 한국토지보상법연구회, 2019, 〈표1〉보완

2. 최근 토지보상법의 중요 개정

(1) 제20차 개정 (2015.12.29.)

토지보상법 별표에 따르지 아니하고는 개별법률에 따라 토지 등을 수용·사용하는 사업을 규정할 수 없도록 하였고, 다른 법률에 따라 사업인정이 의제되는 경우에도 이해관계인 등의 의견청취를 의무화하였다.[13]

민법 개정에 따라 토지수용위원회 위원의 결격사유 중 금치산자 및 한정치산자를 각각 피성년후견인 및 피한정후견인으로 개정하였다.

(2) 제21차 개정 (2017.3.21.)

제57조의2(벌칙 적용에서 공무원 의제)를 신설하여 「형법」과 그 밖의 법률에 따른 벌칙을 적용함에 있어 토지수용위원회 위원 중 공무원이 아닌 위원을 공무원으로 의제함으로써 해당 직무수행의 공정성과 책임성을 확보하였다.

(3) 제22차 개정 (2019.7.1.)[14]

공익사업 신설 등에 대한 개선요구 등의 근거를 마련하고, 사업인정 또는 사업인정이 의제되는 지구지정·사업계획승인 등에 대한 중앙토지수용위원회의 사전 협의절차 이행, 협의 시 검토기준 명시, 기간연장·서류 보완요구 등 근거를 마련하는 한편, 사업인정 또는 사업인정이 의제되는 지구지정·사업계획 승인 등에 있어 중앙토지수용위원회와 사전에 협의절차를 이행하도록 하고, 토지수용위원회의 재결에 불복하는 경우 행정소송 제소기간을 확대하려 하였다.

(4) 제23차 개정 (2020.10.8.)

공익사업에 편입되는 토지의 소유자에 대한 손실보상을 현금이 아닌 공익사업의 시행으로 조성한 토지로 보상하는 대토보상 제도가 편법적인 신탁방식을 통해 왜곡되는 것을 방지하기 위하여 대토보상 계약 체결일부터 1년이 지나 현금으로 전환하여 보상받을 권리도 전매금지 대상임을 명문화하는 한편, 대토보상 제도가 도입취지에 맞게 운영될 수 있도록 대토보상을 받을 권리의 전매금지를 위반한 자에 대한 처벌 규정을 신설하였다.

(5) 제24차 개정 (2021.8.10.)

공익사업의 폐지·변경 등으로 인해 취득한 토지의 전부 또는 일부가 필요 없게 된 경우 토지소유자는 공익사업이 폐지·변경된 날 또는 사업완료일로부터 10년 이내에 환매권을 행사할 수 있도록 하였다.

---

13) 본서 제4장 제1절 1 사업인정 중 김원보, 2015, 사업인정 관련 토지보상법의 개정내용과 과제 참고
14) 본서 제4장 제1절 1 사업인정 중 사업인정과 토지보상법 개정의 의의 및 내용 참고

CHAPTER 02 공익사업의 준비

01 서

공익사업의 준비란 사업시행자가 공익사업의 시행을 위해 행하는 준비행위로서, 타인이 점유하는 토지에 출입하여 측량·조사를 하거나 장해물을 제거하는 등의 일련의 행위를 말한다. 공익사업의 준비는 공익사업에 제공하게 될 목적물의 적합성을 검증하기 위한 것으로서 공익사업의 원활한 준비를 기하고 사업시행자가 스스로 목적물의 적합성 여부를 판단하도록 배려하려는 데 그 취지가 있다.

02 법적 성질

1. 출입허가의 법적 성질

(1) 강학상 특허인지

① 타인토지에 출입할 수 있는 자연적 자유를 회복시켜 준다는 점에서 허가로 보는 견해, ② 타인토지출입은 자연적 자유가 아니라고 보아 억제적 금지의 해제인 예외적 승인으로 보는 견해, ③ 출입허가는 사용권을 형성하므로 특허라고 보는 견해가 있다. 생각건대, 출입허가는 사업인정을 받기 전에 일시적으로 해당 토지를 사용할 수 있는 권리가 부여된다는 점에서 특허의 성질을 갖는다고 본다.

(2) 재량행위인지

토지보상법 제9조에서는 "허가를 받아야 한다."고 규정하고 있어 법문언의 표현이 불분명하다. 따라서 행위의 성질 및 기본권과의 관련성을 고려하여 판단해야 한다. 출입허가는 자연적 자유를 회복하여 기본권을 실현하는 의미의 학문상 허가가 아닌 새로운 권리의 설정 측면인 특허의 성질을 갖는다고 보면 출입허가는 재량행위로 평가된다(재량행위).

2. 타인토지출입의 법적 성질(사용제한, 일시적 사용, 행정조사, 권력적 사실행위)

타인토지출입은 공용제한 중 사용제한이며 일시적 사용으로 볼 수 있다. 사업시행자가 타인토지에 출입하여 측량·조사하는 행위는 일정한 법적 효과의 발생을 목적으로 하는 것이 아니라, 행정작용을 적정하게 실행함에 있어 필요로 하는 자료·정보 등을 수집하기 위하여 행하는 일체의 조사활동으로 행정조사이면서, 권력적 사실행위에 해당한다.

3. 장해물 제거 등 허가의 법적 성질

(1) 강학상 특허인지

장해물을 제거하고 토지를 시굴할 수 있는 권리를 형성하는 것이며, 이는 유해한 행위를 내용으로 하는 것이 아니라는 점에서 특허로 보는 것이 타당하다.

(2) 재량행위인지

토지보상법은 장해물의 제거 등을 위한 허가를 하기 전에 반드시 토지소유자 및 점유자의 의견을 듣도록 규정하고 있다. 이는 단순한 출입에 비하여 침익성이 크기 때문이며, 시장 등은 의견청취를 통해서 허가를 하지 아니할 수 있다고 본다. 따라서 재량행위로 봄이 타당하다.

4. 장해물 제거 등의 법적 성질

장해물을 제거하거나 토지를 시굴하는 행위는 제거나 시굴을 위해서 토지를 사용하는 개념이 아니고 그러한 행위의 수인의무를 부과하는 것이다. 따라서 장해물의 제거 등의 행위는 공용제한 중 부담제한으로서 사업제한에 해당한다.

03 타인토지에의 출입

> ➲ 법 제9조(사업 준비를 위한 출입의 허가 등)
> ① 사업시행자는 공익사업을 준비하기 위하여 타인이 점유하는 토지에 출입하여 측량하거나 조사할 수 있다.
> ② 사업시행자(특별자치도, 시·군 또는 자치구가 사업시행자인 경우는 제외한다)는 제1항에 따라 측량이나 조사를 하려면 사업의 종류와 출입할 토지의 구역 및 기간을 정하여 특별자치도지사, 시장·군수 또는 구청장(자치구의 구청장을 말한다)의 허가를 받아야 한다. 다만, 사업시행자가 국가일 때에는 그 사업을 시행할 관계 중앙행정기관의 장이 특별자치도지사, 시장·군수 또는 구청장에게 통지하고, 사업시행자가 특별시·광역시 또는 도일 때에는 특별시장·광역시장 또는 도지사가 시장·군수 또는 구청장에게 통지하여야 한다.
> ③ 특별자치도지사, 시장·군수 또는 구청장은 다음 각 호의 어느 하나에 해당할 때에는 사업시행자, 사업의 종류와 출입할 토지의 구역 및 기간을 공고하고 이를 토지점유자에게 통지하여야 한다.
>   1. 제2항 본문에 따라 허가를 한 경우
>   2. 제2항 단서에 따라 통지를 받은 경우
>   3. 특별자치도, 시·군 또는 구(자치구를 말한다)가 사업시행자인 경우로서 제1항에 따라 타인이 점유하는 토지에 출입하여 측량이나 조사를 하려는 경우
> ④ 사업시행자는 제1항에 따라 타인이 점유하는 토지에 출입하여 측량·조사함으로써 발생하는 손실을 보상하여야 한다.
> ⑤ 제4항에 따른 손실의 보상은 손실이 있음을 안 날부터 1년이 지났거나 손실이 발생한 날부터 3년이 지난 후에는 청구할 수 없다.
> ⑥ 제4항에 따른 손실의 보상은 사업시행자와 손실을 입은 자가 협의하여 결정한다.

⑦ 제6항에 따른 협의가 성립되지 아니하면 사업시행자나 손실을 입은 자는 대통령령으로 정하는 바에 따라 제51조에 따른 관할 토지수용위원회(이하 "관할 토지수용위원회"라 한다)에 재결을 신청할 수 있다.

1. 의의 및 근거

토지보상법 제9조 이하에서는 공익사업의 시행을 위한 준비절차로서 타인의 토지에 출입하여 측량·조사를 행하거나 장해물의 제거 등의 행위를 할 수 있도록 규정하고 있다.

2. 절차(허가 – 통지 – 출입)

(1) 출입허가

사업시행자는 시장 등의 허가를 받아 타인의 토지에 출입할 수 있으며, 사업시행자가 국가 등인 경우에는 통지하고 출입할 수 있다. 출입허가를 하거나 통지를 받은 경우 시장 등은 사업시행자, 사업의 종류와 출입할 토지의 구역 및 기간을 공고하고 이를 토지점유자에게 통지하여야 한다.

(2) 출입의 통지

타인이 점유하는 토지에 출입하고자 하는 자는 출입하고자 하는 날의 5일 전까지 그 일시 및 장소를 시장 등에게 통지하여야 하며, 통지를 받은 때 또는 시장 등이 사업시행자인 경우에 타인이 점유하는 토지에 출입하려는 때에는 지체 없이 이를 공고하고 그 토지점유자에게 통지하여야 한다.

(3) 출입(제한과 의무)

일출 전이나 일몰 후에는 토지점유자의 승낙 없이 그 주거나 경계표·담 등으로 둘러싸인 토지에 출입할 수 없으며, 출입하고자 하는 때에는 증표 등을 휴대하여야 한다.

3. 효과

(1) 사업시행자는 출입허가로 타인토지출입권이 발생하고, 타인이 점유하는 토지에 출입하여 측량·조사함으로써 발생하는 손실을 보상하여야 한다. 또한, 사용기간 만료 시 반환 및 원상회복의무를 부담한다.

(2) 토지소유자는 손실보상청구권이 발생하며, 이때 보상은 손실이 있은 것을 안 날로부터 1년 또는 손실이 발생한 날부터 3년 이내에 청구하여야 한다. 또한 인용의무가 발생하며, 위반 시 200만원 이하의 벌금형이 규정되어 있다.

04 장해물의 제거 등

> **법 제12조(장해물의 제거 등)**
> ① 사업시행자는 제9조에 따라 타인이 점유하는 토지에 출입하여 측량 또는 조사를 할 때 장해물을 제거하거나 토지를 파는 행위(이하 "장해물 제거 등"이라 한다)를 하여야 할 부득이한 사유가 있는 경우에는 그 소유자 및 점유자의 동의를 받아야 한다. 다만, 그 소유자 및 점유자의 동의를 받지 못하였을 때에는 사업시행자(특별자치도, 시·군 또는 구가 사업시행자인 경우는 제외한다)는 특별자치도지사, 시장·군수 또는 구청장의 허가를 받아 장해물 제거 등을 할 수 있으며, 특별자치도, 시·군 또는 구가 사업시행자인 경우에 특별자치도지사, 시장·군수 또는 구청장은 허가 없이 장해물 제거 등을 할 수 있다.
> ② 특별자치도지사, 시장·군수 또는 구청장은 제1항 단서에 따라 허가를 하거나 장해물 제거 등을 하려면 미리 그 소유자 및 점유자의 의견을 들어야 한다.
> ③ 제1항에 따라 장해물 제거 등을 하려는 자는 장해물 제거 등을 하려는 날의 3일 전까지 그 소유자 및 점유자에게 통지하여야 한다.
> ④ 사업시행자는 제1항에 따라 장해물 제거 등을 함으로써 발생하는 손실을 보상하여야 한다.
> ⑤ 제4항에 따른 손실보상에 관하여는 제9조 제5항부터 제7항까지의 규정을 준용한다.

1. 의의 및 근거

사업시행자는 타인토지에 출입하여 측량 또는 조사를 함에 있어서 장해물의 제거 등을 하여야 할 부득이한 사유가 있는 경우에는 그 소유자 및 점유자의 동의를 얻어야 한다. 동의를 얻지 못한 때에는 사업시행자는 시장 등의 허가를 받아 장해물의 제거 등을 할 수 있다. 동 규정은 토지보상법 제12조에 근거를 두고 있다.

2. 절차

(1) 제거 등 허가

사업시행자는 장해물의 제거 등을 하여야 할 부득이한 사유가 있는 경우에는 그 소유자 및 점유자의 동의를 얻거나 시장 등의 허가를 받아야 한다. 시장 등이 허가를 하려는 때 또는 장해물의 제거 등을 하려는 때에는 미리 그 소유자 및 점유자의 의견을 들어야 한다.

(2) 통지

장해물의 제거 등을 하고자 하는 자는 장해물의 제거 등을 하고자 하는 날의 3일 전까지 그 소유자 및 점유자에게 통지하여야 한다.

(3) 제거(제한과 의무)

사업시행자는 장해물의 제거 등을 하고자 하는 때에는 증표를 휴대하여야 하며, 동의 또는 허가 없이 장해물의 제거 등을 행한 자는 200만원 이하의 벌금에 처한다.

3. 효과

(1) 수인의무 및 장해물의 제거 등을 할 수 있는 권리

장해물의 제거 등은 사실행위로서 법적인 효과가 발생하지 않는다. 그러나 장해물 제거 등의 허가를 통해서 소유자 및 점유자에게 그를 수인하여야 할 의무가 발생한다고 본다. 이에 상응하는 것으로 사업시행자에게는 장해물의 제거 등을 할 수 있는 권리가 발생된다고 볼 것이다.

(2) 손실보상청구권 발생

사업시행자는 장해물의 제거 등을 함으로써 발생하는 손실을 보상하여야 한다. 손실보상은 손실이 있은 것을 안 날부터 1년, 발생한 날부터 3년 이내에 청구하여야 한다.

05 권리구제

1. 피수용자 입장

(1) 사전적 권리구제

① 토지보상법상 통지 등

토지보상법에서는 시장 등이 출입허가를 하거나, 출입의 통지를 받은 경우 그 내용을 토지점유자에게 통지하도록 하고 있으며, 장해물의 제거 등의 허가를 하고자 하는 경우에는 미리 의견을 듣도록 규정하고 있다. 출입 전 통지제도는 사전적 권리구제제도로서 의미를 가지나 출입허가나 출입의 통지를 받은 후 행하는 사후통지로서 토지점유자 등의 권리보호 측면에서 미흡한 점이 있다 하겠다.

② 예방적 금지소송 및 가처분

권력적 사실행위는 단기간에 종료되는 것이 일반적이므로 이를 방지하기 위한 가장 좋은 방법은 권력적 사실행위가 실행되기 이전에 사전에 이를 하지 못하도록 차단하는 것이다. 이에 대해서는 예방적 금지소송 및 가처분이 그 역할을 수행하나 아직 현행법상으로는 규정이 없다. 인정 여부에 대해 견해가 대립하나 판례는 인정하고 있지 않다. 다만, 행정소송법 개정안에서는 위 제도를 규정하고 있다.

(2) 위법한 행정조사에 대한 권리구제(사후적 권리구제)

① 행정쟁송

(ㄱ) 대상적격 : 권력적 사실행위가 행정쟁송의 대상인 처분에 해당하는지 여부가 문제된다. 사실행위임을 강조하여 부정하는 견해가 있으나 일반적으로 처분성을 인정한다. 처분의 개념에 관한 쟁송법적 개념설에 의하면, 공권력의 행사 또는 그 밖에 이에 준하는 행정작용으로 보며, 실체법적 개념설에 의하면 사실행위에 결합된 수인하명을 대상으로 소송을 제기할 수 있다고 본다.

(ㄴ) 협의의 소익(집행정지신청의 필요) : 권력적 사실행위의 경우 대부분 단시간에 그 집행이 종료되어 버려 항고쟁송에서 대체로 협의의 소익이 부정된다. 따라서 이를 방지하기 위해

　　　　집행정지 신청을 적극적으로 활용할 필요성이 있다.

② 국가배상과 결과제거청구

　　위법한 행정조사로 인하여 신체 또는 재산상의 손해를 입은 경우 국가배상법에 따른 손해배상청구가 가능하며, 위법한 행정조사의 결과로 위법한 상태가 지속되는 경우 상대방은 결과제거청구권을 행사할 수 있다.

(3) **적법한 행정조사에 대한 구제**(사후적 권리구제)

① 손실보상에 관한 토지보상법의 규정

　　사업시행자는 타인토지에 출입하여 측량·조사함으로써 발생한 손실을 보상하여야 하고(제9조 제4항), 손실은 입은 자는 안 날부터 1년, 발생한 날부터 3년 이내에 청구하여야 한다(제9조 제5항). 보상은 사업시행자와 손실을 입은 자가 협의하여 결정하되(제9조 제6항), 협의 불성립시 양 당사자는 관할 토지수용위원회에 재결을 신청할 수 있다(제9조 제7항).

② 보상금결정 재결에 대한 다툼

　　손실보상청구권을 공법적 원인에 의한 공권으로 보고, 보상금결정 재결의 처분성을 인정하면 수용재결에 대한 불복방법과 같이 이의신청(제83조)을 거친 후 보상금증감청구소송(제85조)을 제기하여 불복할 수 있다.

(4) **기타**(정당방위의 가능성)

　　피수용자는 수인의무가 있으므로 원칙상 거부할 수 없으나, 정당한 사유가 있다면 거부할 수 있을 것이다. 이때 정당한 사유의 명문규정은 없으나, 사업시행자가 출입의 허가를 받지 아니하였을 때, 시, 군, 구청장의 공고 및 통지가 없을 때, 증표를 휴대하지 않았을 때 등을 들 수 있다.

2. 사업시행자 입장

(1) 허가신청을 거부한 경우

　　출입허가 신청에 대한 거부는 처분성이 인정되는바, 거부처분에 대한 권리구제수단으로서 의무이행심판, 거부처분취소소송, 의무이행소송, 집행정지, 가처분 등의 논의가 가능하다.

(2) 허가신청에 대해 부작위한 경우

　　부작위에 대해서는 의무이행심판, 부작위위법확인소송, 의무이행소송, 가처분 등의 논의가 가능하다.

06 기본문제

> 사업시행자는 공익사업 시행을 위해 종로구청장의 허가를 득한 후 타인토지를 출입하여 측량·조사하였으나, 토지소유자 甲의 측량조사 방해로 실력을 행사하여 강제조사를 하였다. 이 경우 토지소유자 甲의 권리구제 방안에 대해 논의하시오. **25점**

Ⅰ. 문제의 제기

본 사안은 사업시행자가 공익사업을 시행하기에 앞서 사업의 준비단계인 타인토지출입을 통한 측량·조사행위를 하였으나 토지소유자의 방해로 인해 실력행사가 이루어진 상태로 토지소유자 甲의 권리구제 방안에 대한 검토이다.

본 사안의 해결은 위해서는 먼저 사업시행자가 득한 타인토지출입에 대한 허가 및 그 출입의 측량·조사행위의 법적 성질에 대한 검토와 토지소유자가 측량·조사를 거부할 경우 사업시행자가 실력행사를 통해 행정조사를 행할 수 있는지 여부의 검토가 이루어져야 한다.

마지막으로 위법한 실력행사를 통한 행정조사가 후행 단계에 이루어질 사업인정에 어떠한 영향을 미칠 것인지에 대한 검토가 이루어져야 한다.

Ⅱ. 관련 행정작용의 법적 성질

1. 타인토지출입에 대한 허가

타인토지출입에 대한 시·군·구청장의 허가행위는 ① 시장 등의 허가를 통해 일반적·상대적 금지인 타인토지출입을 적법하게 행할 수 있다는 점에서 학문상 허가와 같다고 보는 견해가 있으며, ② 타인토지출입 등은 개인이 잠재적으로 갖고 있는 자연적 자유라 할 수 없어 일반적 허가와는 다른 예외적 승인으로 보기도 하며, ③ 출입허가가 특정인에 대하여 타인의 토지를 출입할 수 있는 권리를 설정해 주는 행위로서 공용사용권을 부여하는 특허에 해당된다고 보는 견해 등 다양하나 일반적으로 불가능한 타인토지출입을 적법하게 행할 수 있다는 점에서 허가로 보는 것이 타당하며, 어느 견해에 의하더라도 출입에 대한 시장 등의 허가는 법률행위적 행정행위에 해당되어 행정쟁송 제기가 가능하다는 점에서 큰 무리는 없을 것으로 판단된다.

2. 타인토지출입행위

일반적으로 타인토지출입행위는 특정한 공익사업을 수행하는 과정에서 그 사업시행자가 타인소유의 토지 기타 물건의 재산권에 대하여 공법상의 사용권을 설정하고, 그 사용기간 중에 그를 방해하는 권리행사를 금지하는 것으로서 공용제한 중 사용제한에 해당하며 그 중에서도 일시적 사용에 해당한다고 볼 수 있다. 또한 행정기관이 행정작용을 실행함에 있어 필요로 하는 자료, 정보 등을 수집하기 위하여 행하는 권력적 조사활동으로서 행정조사이며 권력적 사실행위에 해당한다.

3. 사업인정

사업인정은 토지보상법상 해당 사업을 수용 또는 사용할 수 있는 사업으로 결정하는 것이며 행정청이 제반 관계이익의 비교형량을 통하여 사업시행자에게 일정한 절차를 거칠 것을 조건으로 수용권을 설정해 주는 행위라 볼 수 있으므로 형성적 행정행위라 볼 것이다. 또한 사업인정 과정에서 의견청취, 협의 등의 절차를 통해 관계 이익형량의 과정을 거쳐 그 가부를 결정하므로 재량행위라 볼 것이다.

Ⅲ. 종로구청장의 측량·조사행위의 위법성

1. 문제의 제기

토지보상법 제9조 및 제11조는 사업시행자가 적법하게 허가를 받아 타인토지에 출입하여 측량·조사할 수 있도록 하고 있으며 토지점유자에게는 정당한 사유 없이 방해하지 못하도록 규정하고 있다. 또한 토지점유자가 제11조의 수인의무를 위반하는 경우에 행정형벌, 즉 제97조에 근거한 200만원 이하의 벌금을 부과할 수 있다.

문제는 토지소유자가 측량·조사를 거부하는 경우 사업시행자가 직접 실력을 행사하여 강제조사를 할 수 있는지에 대해 토지보상법상 근거가 없으므로 실력행사가 가능한지가 문제된다.

2. 실력행사의 허용 여부에 관한 논의

(1) 부정설

토지보상법은 타인토지에 출입하여 측량·조사할 수 있도록 규정하고 있고 수인의무 위반 시 제재규정만을 마련하여 간접적으로 확보하려는 것이지 강제적으로 실력행사를 인정하는 것이 아니며 의무자의 보호를 위하여서도 강제적 실력행사는 부정된다고 한다.

(2) 긍정설

토지보상법에서 토지소유자가 수인의무를 위반한 경우에 위법의 효과로 제재규정을 두고 있다는 것은 토지소유자가 조사를 방해하는 위법행위를 하는 경우에 강제적 실력행사를 할 수 있게 한 취지가 있다고 보아 실력행사가 가능하다고 본다.

(3) 개별적 판단설

원칙적으로는 실력에 의한 강제조사는 허용되지 않는다고 보나 행정조사의 필요성이 급박하고, 조사를 강행하지 않을 경우 공공의 이익을 해할 위험이 큰 경우, 다른 수단이 없는 경우에는 예외적으로 강제조사가 허용된다고 본다.

(4) 검토

토지보상법에서 벌칙규정을 두고 있어도 이를 근거로 강제적 실력행사가 가능하다는 취지라고 볼 수는 없으며 토지소유자의 권리보호 차원에서도 인정되어서는 안 될 것이다.

3. 사안의 경우

사업시행자의 실력행사는 가능하다고 보기 힘들고 이 경우 사안에서 사업시행자의 행위는 위법한 것으로 판단된다. 다만, 그 위법의 정도는 중대명백설에 의거 판단할 때 내용상 중대성은 있으나 외관은 명백한 것이 아니므로 취소정도의 하자로 볼 것이다.

Ⅳ. 권리구제 방안

1. 타인토지출입에 대한 권리구제

(1) 시·군·구청장의 허가행위에 대한 불복

출입을 허용한 종로구청장의 허가는 행정쟁송법상 처분에 해당하는바, 독립하여 다툴 수 있다. 그러나 이러한 허가의 위법성을 주장하여 허가를 취소한다고 하더라도 사업시행자의 타인토지출입행위는 이미 이루어진 상태이므로 토지소유자에게는 실효적인 방법이 되지 못하고, 법원에 소송을 제기하더라도 협의의 소익이 없다 하여 각하될 것이므로 상기 방안은 해결책으로서 무의미하다 할 것이다.

(2) 타인토지출입행위에 대한 불복

타인토지출입행위는 그 법적 성질이 권력적 사실행위로서 행정쟁송법상 처분에 해당하여 독립된 쟁송의 대상이 된다. 하지만 타인토지출입행위 역시 이미 완성되었으므로 토지소유자가 행정쟁송을 제기한다 하더라도 해당 처분이 존재하지 않으므로 법원은 협의의 소익이 없다고 하여 각하판결을 하게 될 것이므로 큰 실익이 없다 할 것이다.

(3) 손실보상

토지보상법은 타인토지출입으로 인한 손실에 대하여 손실보상을 할 수 있도록 규정하고 있다. 이때 토지소유자는 손실이 있음을 안 날로부터 1년과 손실이 발생한 날로부터 3년 이내에 손실보상을 청구하여야 하며, 손실보상의 절차는 사업시행자와 협의하고 협의가 결렬되면 관할 토지수용위원회에 보상금결정만의 재결을 신청하게 된다.

다만, 문제는 실력행사가 위법하다고 본다면 적법한 침해에 대한 손실보상은 불가하다고 볼 것이며 손실보상 규정이 있다 하여 사업시행자의 실력행사를 통한 타인토지출입행위가 손실을 발생시켰다고 볼 수 있는 것인지는 의문이 있다. 즉, 사업시행자의 조사행위에 대해 토지소유자는 수인해야 할 의무가 있음에도 불구하고 이를 거부하여 사업시행자가 실력행사를 통해 조사하였다 하여 실질적인 손실이 발생했다고 보기는 어려울 수 있다는 점이다.

(4) 손해배상

토지보상법의 손실보상규정과 별도로 사업시행자의 조사행위가 위법성이 인정되고, 고의성이 있으므로 국가배상의 요건을 충족한다고 볼 수 있다. 따라서 토지소유자는 항고소송을 제기함이 없이 곧바로 민사법원에 국가배상청구소송을 제기할 수 있고, 민사법원에서 해당 행정작용의 위법성 확인을 선결문제로 다룰 수 있다.

2. 위법한 출입행위로 인한 측량·조사행위와 사업인정

(1) 문제의 제기

사업시행자의 위법한 조사행위가 사업인정에 어떠한 영향을 미치는지 문제될 수 있는데 이는 행정청이 행정행위를 함에 있어서 행정조사 등의 사전단계를 거칠 경우 위법한 행정조사가 사후 이루어지는 행정행위를 위법하게 하는지의 논의로 이루어질 수 있다.

(2) 위법한 행정조사가 후행 행정행위에 영향을 미치는지 여부

적극설의 경우 절차의 적법성 보장의 원칙에 비추어 해당 조사가 위법한 경우 이를 기초한 행정행위는 위법하며 행정조사가 후행 행정행위의 필수적 절차가 아니라 예비적인 작용이라 하여도 마찬가지로 본다. 소극설의 경우 법령에서 특히 행정행위의 전제조건으로 규정되어 있는 경우를 제외하고는 일응 별개의 제도로 볼 수 있는 것이므로 행정조사의 위법이 바로 행정행위를 위법하게 만들지는 않는다고 본다. 절충설의 경우 행정조사와 행정처분은 하나의 과정을 구성하는 것이므로 적정절차의 관점에서 행정조사에 중대한 위법사유가 있는 때에는 이를 기초로 한 행정행위는 위법하다고 본다.

생각건대, 행정조사가 위법한 경우에는 해당 행정행위의 위법성을 인정하는 것이 타당하며 이는 절차상 하자가 있는 경우로 볼 수 있을 것이다. 따라서 절차상 하자의 독자적 위법성을 인정하는 한 그 위법의 정도가 중대명백한지 여부에 따라서 후행 행정행위의 위법 여부를 가려야 할 것이다.

(3) 사안의 경우

본 사안의 경우 사업인정이 이루어졌는지에 대한 언급이 없으나 이미 사업인정이 이루어졌다면 타인토지출입의 위법은 사업인정의 효력에 영향을 미친다고 볼 수 있다. 따라서 그 위법성의 정도가 취소사유에 이른다면 사업인정에 대한 취소소송을 제기하여 사업인정의 위법을 인용받을 수 있게 된다. 다만, 사업인정이 발령되기 전이라면 현행법상으로는 예방적 부작위소송을 제기할 수 없으므로 소제기는 불가능한 상태이다. 다만, 문제는 위에서 살펴본 행정행위에 앞서 행한 위법한 행정조사가 후행 단계의 행정행위를 위법하게 만드는가에 대한 논의는 선행해서 이루어진 행정조사는 행정행위를 행하기 위한 조사이며 해당 행정행위를 행하는 주체에 의해 이루어진다는 점이다. 즉,

양 행위의 주체가 동일하다는 전제가 있을 것이다. 그러나 해당 사안의 경우에는 공익사업 준비단계에서 이루어진 타인토지출입행위는 사업시행자가 종로구청장의 허가를 득하여 이루어졌으나 사업인정이라는 행정행위는 국토교통부장관에 의해서 행해진 것이며 앞의 타인토지출입행위로 인한 측량·조사행위는 사업인정을 위한 자료수집과정이라고 보기에는 무리가 있으므로 상기 논의가 큰 실익이 있는지는 의문이다.

Ⅴ. 사례의 해결

상기의 과정을 통해 살펴보았을 때 타인토지출입을 허용한 종로구청장의 허가나 출입행위 자체에 대한 소 제기는 당사자에게 권리구제수단으로서의 실효성이 없으며 결국 손해배상을 생각해 보아야 한다. 다만, 소 제기받은 민사법원에서 해당 행정작용에 대한 위법 여부에 대한 판단이 있어야 하며 이는 선결문제로 다루어져야 할 것이다.

제2절 토지보상법 제9조에 의한 손실보상 등

01 적용대상

1. 타인토지출입으로 인한 경우(제9조, 제12조, 제27조)

> ☑ 법 제9조(사업의 준비를 위한 출입의 허가 등)
> ④ 사업시행자는 제1항에 따라 타인이 점유하는 토지에 출입하여 측량·조사함으로써 발생하는 손실을 보상하여야 한다.
> ⑤ 제4항에 따른 손실의 보상은 손실이 있음을 안 날부터 1년이 지났거나 손실이 발생한 날부터 3년이 지난 후에는 청구할 수 없다.
> ⑥ 제4항에 따른 손실의 보상은 사업시행자와 손실을 입은 자가 협의하여 결정한다.
>
> ☑ 법 제12조(장해물 제거 등)
> ④ 사업시행자는 제1항에 따라 장해물 제거 등을 함으로써 발생하는 손실을 보상하여야 한다.
> ⑤ 제4항에 따른 손실보상에 관하여는 제9조 제5항부터 제7항까지의 규정을 준용한다.
>
> ☑ 법 제27조(토지 및 물건에 관한 조사권 등)
> ④ 사업시행자는 제1항에 따라 타인이 점유하는 토지에 출입하여 측량·조사함으로써 발생하는 손실(감정평가법인등이 제1항 제2호에 따른 감정평가를 위하여 측량·조사함으로써 발생하는 손실을 포함한다)을 보상하여야 한다.
> ⑤ 제4항에 따른 손실보상에 관하여는 제9조 제5항부터 제7항까지의 규정을 준용한다.

2. 실효로 인한 경우(제23조, 제24조, 제42조)

> ↪ **법 제23조(사업인정의 실효)**
> ② 사업시행자는 제1항에 따라 사업인정이 실효됨으로 인하여 토지소유자나 관계인이 입은 손실을 보상하여야 한다.
> ③ 제2항에 따른 손실보상에 관하여는 제9조 제5항부터 제7항까지의 규정을 준용한다.
>
> ↪ **법 제24조(사업의 폐지 및 변경)**
> ⑦ 사업시행자는 제1항에 따라 사업의 전부 또는 일부를 폐지·변경함으로 인하여 토지소유자 또는 관계인이 입은 손실을 보상하여야 한다.
> ⑧ 제7항에 따른 손실보상에 관하여는 제9조 제5항부터 제7항까지의 규정을 준용한다.
>
> ↪ **법 제42조(재결의 실효)**
> ② 사업시행자는 제1항에 따라 재결의 효력이 상실됨으로 인하여 토지소유자 또는 관계인이 입은 손실을 보상하여야 한다.
> ③ 제2항에 따른 손실보상에 관하여는 제9조 제5항부터 제7항까지의 규정을 준용한다.

3. 약식사용절차(제38조) ** 제39조는 제41조에 별도의 규정 있음.

> ↪ **법 제38조(천재·지변시의 토지의 사용)**
> ④ 사업시행자는 제1항에 따라 타인의 토지를 사용함으로써 발생하는 손실을 보상하여야 한다.
> ⑤ 제4항에 따른 손실보상에 관하여는 제9조 제5항부터 제7항까지의 규정을 준용한다.
>
> ↪ **법 제41조(시급을 요하는 토지의 사용에 대한 보상)**
> ① 제39조에 따라 토지를 사용하는 경우 토지수용위원회의 재결이 있기 전에 토지소유자나 관계인이 청구할 때에는 사업시행자는 자기가 산정한 보상금을 토지소유자나 관계인에게 지급하여야 한다.
> ② 토지소유자나 관계인은 사업시행자가 토지수용위원회의 재결에 따른 보상금의 지급시기까지 보상금을 지급하지 아니하면 제39조에 따라 제공된 담보의 전부 또는 일부를 취득한다.

4. 간접보상의 경우(제79조) ** 제80조에 별도 협의·재결 규정 있음.

> ↪ **법 제79조(그 밖의 토지에 관한 비용보상 등)**
> ① 사업시행자는 공익사업의 시행으로 인하여 취득하거나 사용하는 토지(잔여지를 포함한다) 외의 토지에 통로·도랑·담장 등의 신설이나 그 밖의 공사가 필요할 때에는 그 비용의 전부 또는 일부를 보상하여야 한다. 다만, 그 토지에 대한 공사의 비용이 그 토지의 가격보다 큰 경우에는 사업시행자는 그 토지를 매수할 수 있다.
> ② 공익사업이 시행되는 지역 밖에 있는 토지 등이 공익사업의 시행으로 인하여 본래의 기능을 다할 수 없게 되는 경우에는 국토교통부령으로 정하는 바에 따라 그 손실을 보상하여야 한다.

> ⤵ 법 제80조(손실보상의 협의·재결)
> ① 제79조 제1항 및 제2항에 따른 비용 또는 손실이나 토지의 취득에 대한 보상은 사업시행자와
>   손실을 입은 자가 협의하여 결정한다.
> ② 제1항에 따른 협의가 성립되지 아니하였을 때에는 사업시행자나 손실을 입은 자는 대통령령으로
>   정하는 바에 따라 관할 토지수용위원회에 재결을 신청할 수 있다.

02 보상절차

> ⤵ 법 제9조(사업의 준비를 위한 출입의 허가 등)
> ⑤ 제4항에 따른 손실의 보상은 손실이 있음을 안 날부터 1년이 지났거나 손실이 발생한 날부터 3년이
>   지난 후에는 청구할 수 없다.
> ⑥ 제4항에 따른 손실의 보상은 사업시행자와 손실을 입은 자가 협의하여 결정한다.
> ⑦ 제6항에 따른 협의가 성립되지 아니하면 사업시행자나 손실을 입은 자는 대통령령으로 정하는 바에
>   따라 제51조에 따른 관할 토지수용위원회(이하 "관할 토지수용위원회"라 한다)에 재결을 신청할 수
>   있다.

03 손실보상금만의 재결에 대한 불복

1. 보상재결의 처분성을 인정하지 않는 경우

처분성을 인정하지 아니하는 경우에는 손실보상청구권의 법적 성질에 따라서 사권으로 보는 입장
에서는 민사소송을 제기할 수 있고, 공권으로 보는 입장에서는 당사자소송을 제기할 수 있다.

2. 처분성을 인정하는 경우

처분성을 인정하는 경우에는 토지보상법에서 정한 절차대로 이의신청과 행정소송을 제기할 수 있다고
본다. 국토의 계획 및 이용에 관한 법률 제131조에 따르면 타인토지출입 등으로 인하여 손실을
입은 자는 협의하되, 협의불성립 시 재결을 신청할 수 있도록 하고 있으며, 관할 토지수용위원회의
재결에 대해서는 토지보상법 제83조부터 제87조까지의 규정을 준용하도록 규정하고 있다.

CHAPTER 03 협의에 의한 취득 및 사용

제1절 협의 취득을 위한 과정

01 서

협의에 의한 공익사업용지의 취득은 공익사업에 필요한 토지 등을 사업시행자가 토지소유자 등과 협의에 의하여 토지 등을 취득하는 것으로서 통상적으로 토지보상법상 사업인정 전 토지 등의 취득이 이에 해당된다. 이는 종전의 공특법상의 취득방식에 그 근원을 두고 있는 것으로 사법상 계약을 목적으로 하는 행위라 할 수 있다.

공익사업에 필요한 토지 등은 비록 강제수용에 의하여 취득할 수 있다고 하더라도 사업시행자가 토지소유자 등을 상대방으로 협의에 의하여 취득하는 것이 바람직하다. 이러한 협의에 의하여 사업상의 계약이 성립되면 계약내용대로 그 효과가 발생할 것이나, 그 공익적 성격으로 인하여 목적물·손실보상·보상액 산정기준·채권보상·환매권 등에 있어서 수용에 의한 취득 시의 효과와 동일한 효과가 발생하게 된다.

02 토지조서 및 물건조서의 작성(제14조)

> ▶ 법 제14조(토지조서 및 물건조서의 작성)
> ① 사업시행자는 공익사업의 수행을 위하여 제20조에 따른 사업인정 전에 협의에 의한 토지 등의 취득 또는 사용이 필요할 때에는 토지조서와 물건조서를 작성하여 서명 또는 날인을 하고 토지소유자와 관계인의 서명 또는 날인을 받아야 한다. 다만, 다음 각 호의 어느 하나에 해당하는 경우에는 그러하지 아니하다. 이 경우 사업시행자는 해당 토지조서와 물건조서에 그 사유를 적어야 한다.
> 　1. 토지소유자 및 관계인이 정당한 사유 없이 서명 또는 날인을 거부하는 경우
> 　2. 토지소유자 및 관계인을 알 수 없거나 그 주소·거소를 알 수 없는 등의 사유로 서명 또는 날인을 받을 수 없는 경우
> ② 토지와 물건의 소재지, 토지소유자 및 관계인 등 토지조서 및 물건조서의 기재사항과 그 작성에 필요한 사항은 대통령령으로 정한다.

1. 의의 및 취지

(1) 의의

토지조서 및 물건조서라 함은 공익사업을 위하여 필요로 하는 토지와 그 토지상에 있는 물건의 현황 및 권리자 등의 내용을 조사하여 사업시행자가 일정한 절차를 거쳐 작성한 문서이다. 토지조서 및 물건조서 작성이란 사업의 준비단계에서 사업시행지에 출입하여 수집한 자료를 바탕으

로 협의에 의하여 취득할 토지·물건의 내용과 토지소유자 및 관계인의 범위를 확정하고 이를 문서로 작성하는 행위를 말한다.

(2) **취지**(분쟁예방, 신속한 절차)

토지조서 및 물건조서 작성은 목적물의 내용을 구체적으로 확인하는 절차로, 사업시행자와 토지소유자 및 관계인에게 미리 토지나 물건에 대하여 필요한 사항을 확인하도록 하여 당사자 간 분쟁의 소지를 미리 예방하고 앞으로의 절차를 신속히 진행시키기 위한 것이다.

2. 토지조서 및 물건조서의 작성절차

(1) **용지도 작성**

사업시행자는 공익사업의 계획이 확정되었을 때에는 「공간정보의 구축 및 관리 등에 관한 법률」에 따른 지적도 또는 임야도에 대상 물건인 토지를 표시한 용지도(用地圖)와 토지 등에 관한 공부(公簿)의 조사 결과 및 현장조사 결과를 적은 기본조사서를 작성해야 한다(시행령 제7조 제1항).

(2) **조서작성 및 서명날인**

사업시행자는 작성된 용지도와 기본조사서를 기본으로 하여 토지조서 및 물건조서를 작성하여 서명 또는 날인을 하고, 토지소유자와 관계인의 서명 또는 날인을 받아야 한다.

(3) **서명날인 거부 및 불능시**

토지소유자 및 관계인이 정당한 사유 없이 서명 또는 날인을 거부하는 경우 또는 토지소유자 및 관계인을 알 수 없거나 그 주소·거소를 알 수 없는 등의 사유로 서명 또는 날인을 받을 수 없는 경우에는 사업시행자는 해당 토지조서 및 물건조서에 그 사유를 적어야 한다.

토지보상법에서는 보상의 대상이 되는 정확한 토지 및 물건조서의 작성을 위하여 사업시행자가 작성하여 서명·날인하고 토지소유자와 관계인의 확인을 위하여 서명·날인하도록 하였으며, 서명의 거부 또는 불능 시 해당 조서에 그 사유를 기재하도록 하여 최종적으로 수용재결에서 다툴 수 있도록 하였다. 또한 보상계획의 열람시 조서에 대해 서면으로 이의를 제기할 수 있도록 하고 형식화된 입회공무원 날인제도를 폐지하여 불필요한 절차를 단순화시켰다.

3. 조서작성의 시기

사업인정 전의 토지조서 및 물건조서는 사업시행자가 공익사업의 수행을 위한 토지 등을 사업인정 전에 협의취득 또는 사용하고자 필요한 때에만 작성한다. 따라서 사업인정 후에 공익사업의 수행상 필요한 토지 등을 취득 또는 사용하고자 할 때에는 반드시 사업인정 전에 토지조서 및 물건조서를 작성하여야 하는 것은 아니다.

03 보상계획의 열람 등(법 제15조)

> ↩ 법 제15조(보상계획의 열람 등)
> ① 사업시행자는 제14조에 따라 토지조서와 물건조서를 작성하였을 때에는 공익사업의 개요, 토지조서 및 물건조서의 내용과 보상의 시기・방법 및 절차 등이 포함된 보상계획을 전국을 보급지역으로 하는 일간신문에 공고하고, 토지소유자 및 관계인에게 각각 통지하여야 하며, 제2항 단서에 따라 열람을 의뢰하는 사업시행자를 제외하고는 특별자치도지사, 시장・군수 또는 구청장에게도 통지하여야 한다. 다만, 토지소유자와 관계인이 20인 이하인 경우에는 공고를 생략할 수 있다.
> ② 사업시행자는 제1항에 따른 공고나 통지를 하였을 때에는 그 내용을 14일 이상 일반인이 열람할 수 있도록 하여야 한다. 다만, 사업지역이 둘 이상의 시・군 또는 구에 걸쳐 있거나 사업시행자가 행정청이 아닌 경우에는 해당 특별자치도지사, 시장・군수 또는 구청장에게도 그 사본을 송부하여 열람을 의뢰하여야 한다.
> ③ 제1항에 따라 공고되거나 통지된 토지조서 및 물건조서의 내용에 대하여 이의(異議)가 있는 토지소유자 또는 관계인은 제2항에 따른 열람기간 이내에 사업시행자에게 서면으로 이의를 제기할 수 있다. 다만, 사업시행자가 고의 또는 과실로 토지소유자 또는 관계인에게 보상계획을 통지하지 아니한 경우 해당 토지소유자 또는 관계인은 제16조에 따른 협의가 완료되기 전까지 서면으로 이의를 제기할 수 있다.
> ④ 사업시행자는 해당 토지조서 및 물건조서에 제3항에 따라 제기된 이의를 부기(附記)하고 그 이의가 이유 있다고 인정할 때에는 적절한 조치를 하여야 한다.

1. 보상계획의 공고 및 통지(제15조 제1항)

사업시행자는 토지조서와 물건조서를 작성하였을 때에는 공익사업의 개요, 토지조서 및 물건조서의 내용과 보상의 시기・방법 및 절차 등이 포함된 보상계획을 전국을 보급지역으로 하는 일간신문에 공고하고, 토지소유자 및 관계인에게 각각 통지하여야 하며, 열람을 의뢰하는 사업시행자를 제외하고는 특별자치도지사, 시장・군수 또는 구청장에게도 통지하여야 한다. 다만, 토지소유자 및 관계인이 20인 이하인 경우에는 공고를 생략할 수 있다.

2. 보상계획의 열람(제15조 제2항)

사업시행자는 보상계획의 공고나 통지를 하였을 때에는 그 내용을 14일 이상 일반인이 열람할 수 있도록 하여야 한다. 다만, 사업지역이 둘 이상의 시・군 또는 구에 걸쳐 있거나 사업시행자가 행정청이 아닌 경우에는 해당 특별자치도지사, 시장・군수 또는 구청장에게도 그 사본을 송부하여 열람을 의뢰하여야 한다.

3. 조서에 대한 이의(제15조 제3항, 제4항)

공고되거나 통지된 토지조서 및 물건조서의 내용에 대하여 이의가 있는 토지소유자 또는 관계인은 열람기간 이내에 사업시행자에게 서면으로 이의를 제기할 수 있다. 다만, 사업시행자가 고의 또는 과실로 토지소유자 또는 관계인에게 보상계획을 통지하지 아니한 경우 해당 토지소유자 또는 관계인은 제16조에 따른 협의가 완료되기 전까지 서면으로 이의를 제기할 수 있다(제15조 제3항). 사업시행자는 해당 토지조서 및 물건조서에 제기된 이의를 부기(附記)하고 그 이의가 이유 있다고 인정할 때에는 적절한 조치를 하여야 한다(제15조 제4항).

제2절 보상액 산정 및 협의 계약의 체결

01 보상액의 산정(법 제68조)

> 🔖 법 제68조(보상액의 산정)
> ① 사업시행자는 토지 등에 대한 보상액을 산정하려는 경우에는 감정평가법인등 3인(제2항에 따라 시·도지사와 토지소유자가 모두 감정평가법인등을 추천하지 아니하거나 시·도지사 또는 토지소유자 어느 한쪽이 감정평가법인등을 추천하지 아니하는 경우에는 2인)을 선정하여 토지 등의 평가를 의뢰하여야 한다. 다만, 사업시행자가 국토교통부령으로 정하는 기준에 따라 직접 보상액을 산정할 수 있을 때에는 그러하지 아니하다.
> ② 제1항 본문에 따라 사업시행자가 감정평가법인등을 선정할 때 해당 토지를 관할하는 시·도지사와 토지소유자는 대통령령으로 정하는 바에 따라 감정평가법인등을 각 1인씩 추천할 수 있다. 이 경우 사업시행자는 추천된 감정평가법인등을 포함하여 선정하여야 한다.
> ③ 제1항 및 제2항에 따른 평가 의뢰의 절차 및 방법, 보상액의 산정기준 등에 관하여 필요한 사항은 국토교통부령으로 정한다.

1. 감정평가법인등의 선정

(1) 사업시행자의 의뢰(제68조 제1항)

사업시행자는 토지 등에 대한 보상액을 산정하려는 경우에는 감정평가법인등 3인(제2항에 따라 시·도지사와 토지소유자가 모두 감정평가법인등을 추천하지 아니하거나 시·도지사 또는 토지소유자 어느 한쪽이 감정평가법인등을 추천하지 아니하는 경우에는 2인)을 선정하여 토지 등의 평가를 의뢰하여야 한다. 다만, 사업시행자가 국토교통부령으로 정하는 기준에 따라 직접 보상액을 산정할 수 있을 때에는 그러하지 아니하다.

(2) 토지소유자의 추천(제68조 제2항)

① 사업시행자가 감정평가법인등을 선정할 때 해당 토지를 관할하는 시·도지사와 토지소유자는 대통령령으로 정하는 바에 따라 감정평가법인등을 각 1인씩 추천할 수 있다. 이 경우 사업시행자는 추천된 감정평가법인등을 포함하여 선정하여야 한다.

② 시·도지사와 토지소유자는 보상계획의 열람기간 만료일부터 30일 이내에 사업시행자에게 감정평가법인등을 추천할 수 있다(시행령 제28조 제2항). 감정평가법인등을 추천하려는 토지

소유자는 보상대상 토지면적의 2분의 1 이상에 해당하는 토지소유자와 보상대상 토지의 토지소유자 총수의 과반수의 동의를 받은 사실을 증명하는 서류를 첨부하여 사업시행자에게 감정평가법인등을 추천해야 한다. 이 경우 토지소유자는 감정평가법인등 1인에 대해서만 동의할 수 있다(시행령 제28조 제4항).

2. 재평가

> **시행규칙 제17조(재평가 등)**
> ① 사업시행자는 제16조 제4항의 규정에 의하여 제출된 보상평가서를 검토한 결과 그 평가가 관계법령에 위반하여 평가되었거나 합리적 근거 없이 비교 대상이 되는 표준지의 공시지가와 현저하게 차이가 나는 등 부당하게 평가되었다고 인정하는 경우에는 당해 감정평가법인등에게 그 사유를 명시하여 다시 평가할 것을 요구하여야 한다. 이 경우 사업시행자는 필요하면 국토교통부장관이 보상평가에 관한 전문성이 있는 것으로 인정하여 고시하는 기관에 해당 평가가 위법 또는 부당하게 이루어졌는지에 대한 검토를 의뢰할 수 있다. 〈개정 2022.1.21.〉
> ② 사업시행자는 다음 각 호의 어느 하나에 해당하는 경우에는 다른 2인 이상의 감정평가법인등에게 대상물건의 평가를 다시 의뢰하여야 한다. 〈개정 2022.1.21.〉
>   1. 제1항 전단의 사유에 해당하는 경우로서 당해 감정평가법인등에게 평가를 요구할 수 없는 특별한 사유가 있는 경우
>   2. 대상물건의 평가액 중 최고평가액이 최저평가액의 110퍼센트를 초과하는 경우. 대상물건이 지장물인 경우 최고평가액과 최저평가액의 비교는 소유자별로 지장물 전체 평가액의 합계액을 기준으로 한다.
>   3. 평가를 한 후 1년이 경과할 때까지 보상계약이 체결되지 아니한 경우
> ③ 사업시행자는 제2항에 따른 재평가를 하여야 하는 경우로서 종전의 평가가 영 제28조에 따라 시·도지사와 토지소유자가 추천한 감정평가법인등을 선정하여 행하여진 경우에는 시·도지사와 토지소유자(보상계약을 체결하지 아니한 토지소유자를 말한다. 이하 이 항에서 같다)에게 영 제28조에 따라 다른 감정평가법인등을 추천하여 줄 것을 통지하여야 한다. 이 경우 시·도지사와 토지소유자가 통지를 받은 날부터 30일 이내에 추천하지 아니한 경우에는 추천이 없는 것으로 본다. 〈개정 2022.1.21.〉
> ④ 제1항 및 제2항의 규정에 의하여 평가를 행한 경우 보상액의 산정은 각 감정평가법인등이 다시 평가한 평가액의 산술평균치를 기준으로 한다. 〈개정 2022.1.21.〉
> ⑤ 제2항 제2호에 해당하는 경우 사업시행자는 평가내역 및 당해 감정평가법인등을 국토교통부장관에게 통지하여야 하며, 국토교통부장관은 당해 감정평가가 관계법령이 정하는 바에 따라 적법하게 행하여졌는지 여부를 조사하여야 한다. 〈개정 2022.1.21.〉

(1) 해당 감정평가법인등에게 재평가를 요구하는 경우

사업시행자는 보상평가서를 검토한 결과 그 평가가 관계법령에 위반하여 평가되었거나 합리적 근거 없이 비교 대상이 되는 표준지의 공시지가와 현저하게 차이가 나는 등 부당하게 평가되었다고 인정하는 경우에는 해당 감정평가법인등에게 그 사유를 명시하여 다시 평가할 것을 요구하여야 한다(시행규칙 제17조 제1항).

(2) 다른 2인 이상의 감정평가법인등에게 재평가를 요구하는 경우

① 재평가의 요구(시행규칙 제17조 제2항)

사업시행자는 다음에 해당하는 경우에는 다른 2인 이상의 감정평가법인등에게 대상물건의 평가를 다시 의뢰하여야 한다.

(ㄱ) 평가가 관계법령에 위반하여 평가되었거나 합리적 근거 없이 비교 대상이 되는 표준지의 공시지가와 현저하게 차이가 나는 등 부당하게 평가되었다고 인정하는 경우로서 해당 감정평가법인등에게 평가를 요구할 수 없는 특별한 사유가 있는 경우

(ㄴ) 대상물건의 평가액 중 최고평가액이 최저평가액의 110퍼센트를 초과하는 경우. 대상물건이 지장물인 경우 최고평가액과 최저평가액의 비교는 소유자별로 지장물 전체 평가액의 합계액을 기준으로 한다.

(ㄷ) 평가를 한 후 1년이 경과할 때까지 보상계약이 체결되지 아니한 경우

② 토지소유자에게 통지(시행규칙 제17조 제3항)

사업시행자는 다른 2인 이상의 감정평가법인등에게 재평가를 하여야 하는 경우로서 종전의 평가가 시·도지사와 토지소유자가 추천한 감정평가법인등을 선정하여 행하여진 경우에는 시·도지사와 토지소유자에게 다른 감정평가법인등을 추천하여 줄 것을 통지하여야 한다. 이 경우 시·도지사와 토지소유자가 통지를 받은 날부터 30일 이내에 추천하지 아니한 경우에는 추천이 없는 것으로 본다.

③ 국토교통부장관에게 통지(시행규칙 제17조 제5항)

최고평가액이 최저평가액의 110퍼센트를 초과하는 경우 사업시행자는 평가내역 및 해당 감정평가법인등을 국토교통부장관에게 통지하여야 하며, 국토교통부장관은 해당 감정평가가 관계법령이 정하는 바에 따라 적법하게 행하여졌는지 여부를 조사하여야 한다.

3. 보상액의 결정

(1) 산술평균치로 결정(시행규칙 제16조 제6항)

보상액의 산정은 각 감정평가법인등이 평가한 평가액의 산술평균치를 기준으로 한다.

(2) 재평가를 거친 경우(시행규칙 제17조 제4항)

재평가를 거친 경우 보상액의 산정은 각 감정평가법인등이 다시 평가한 평가액의 산술평균치를 기준으로 한다. 종전의 (구)공특법에 의한 보상액의 산정은 평가 후 1년이 경과하여 재평가를 거친 경우에 재평가액이 당초의 평가액보다 낮을 때에는 당초의 평가액으로 보상액을 산정하도록 하였으나, 현행 토지보상법에서는 보상금액의 크기와는 상관없이 재평가된 금액으로 보상액을 산정하도록 하고 있다. 따라서 재평가액이 낮은 경우에도 그 금액으로 보상액을 산정하게 된다.

02 협의 및 계약의 체결

> ↪ **법 제16조(협의)**
> 사업시행자는 토지 등에 대한 보상에 관하여 토지소유자 및 관계인과 성실하게 협의하여야 하며, 협의의 절차 및 방법 등 협의에 필요한 사항은 대통령령으로 정한다.
>
> ↪ **법 제17조(계약의 체결)**
> 사업시행자는 제16조에 따른 협의가 성립되었을 때에는 토지소유자 및 관계인과 계약을 체결하여야 한다.

1. 협의의 의의 및 취지

협의란 공익사업에 필요한 토지 등을 공용수용절차에 의하지 아니하고, 사업시행자가 토지소유자 및 관계인과의 합의에 의하여 수용목적물의 권리를 취득하는 것을 말한다. 이는 임의적 합의를 바탕으로 하는 협의절차를 통해 최소 침해의 원칙을 구현하고 토지소유자 및 관계인에게 해당 공익사업의 취지를 이해시켜 신속하게 사업을 수행하고자 함에 취지가 있다.

2. 협의의 법적 성질

(1) 논의실익

협의의 법적 성질을 논함은 분쟁을 해결할 때 그 쟁송형태를 민사소송에 의할 것인지, 공법상 당사자소송에 의할 것인지를 결정하고 적용법규를 달리함에 의미를 지닌다.

(2) 학설

① 공법상 계약설

사업인정 이전의 협의는 비록 사업인정 이후의 협의와 성질상 차이가 있다고 하더라도 차후에 수용 등의 강제절차가 예정되어 있고, 그 공익적 성격으로 인하여 목적물·손실보상·보상액 산정기준·환매권 등에 있어서 수용에 의한 취득시의 효과와 동일한 효과가 발생한다는 점에서 공법상 계약의 성질을 갖는다고 한다.

② 사법상 계약설

토지보상법상 사업인정 이전의 협의는 (구)공특법에 의한 협의와 동일하게 공익사업에 필요한 토지 등을 사업인정을 통한 공용수용절차에 의하지 아니하고 협의에 의하여 사업시행자가 취득하는 것으로, 그 법적 성질은 사법상의 매매계약과 다를 것이 없다고 한다.

(3) 판례

(구)공특법에 의한 협의취득은 토지수용법상의 수용과 달리 사법상의 매매에 해당한다고 하여 사법상 계약으로 보고 있다. 생각건대, 사업인정 전 협의의 경우 협의의 원인이 된 공익사업의 성격상 공법적 성격을 가지는 것을 부인할 수는 없으나, 대등한 지위에서 사경제주체로서 토지 등을 매매하는 행위와 다를 바 없다고 보이는바, 사법상 계약으로 보는 것이 타당하다고 본다.

▶ **관련판례(대판 1998.5.22, 98다2242)**

공공용지의 취득 및 손실보상에 관한 특례법에 의한 협의취득 또는 보상합의는 공공기관이 사경제
주체로서 행하는 사법상 매매 내지 사법상 계약의 실질을 가지는 것으로서, 당사자 간의 합의로 같
은 법 소정의 손실보상의 기준에 의하지 아니한 매매대금을 정할 수도 있으며, 또한 같은 법이 정하
는 기준에 따르지 아니하고 손실보상액에 관한 합의를 하였다고 하더라도 그 합의가 착오 등을 이유
로 취소되지 않는 한 유효하다.

⑷ 검토

생각건대, 사업인정 전 협의의 경우 협의의 원인이 된 공익사업의 성격상 공법적 성격을 가지는
것을 부인할 수는 없으나, 대등한 지위에서 사경제주체로서 토지 등을 매매하는 행위와 다를 바
없다고 보이는바, 사법상 계약으로 보는 것이 타당하다고 본다.

3. 협의의 내용 및 절차

⑴ 협의의 내용

사업시행자가 협의할 사항은 해당 공익사업에 제공될 토지 등의 취득을 위한 합의의 내용, 즉
협의에 의해 취득할 토지 등의 구체적 대상과 범위, 보상액과 보상의 시기·방법이 주안점이 된다.

⑵ 협의의 절차

➲ 시행령 제8조(협의의 절차 및 방법 등)

① 사업시행자는 법 제16조의 규정에 의한 협의를 하고자 하는 때에는 국토교통부령이 정하는 보상
협의요청서에 다음 각호의 사항을 기재하여 토지소유자 및 관계인에게 통지하여야 한다. 다만,
토지소유자 및 관계인을 알 수 없거나 그 주소·거소 그 밖에 통지할 장소를 알 수 없는 때에는
제2항의 규정에 의한 공고로써 통지에 갈음할 수 있다.
1. 협의기간·협의장소 및 협의방법
2. 보상의 시기·방법·절차 및 금액
3. 계약체결에 필요한 구비서류
② 제1항 각 호 외의 부분 단서에 따른 공고는 사업시행자가 공고할 서류를 토지 등의 소재지를 관할
하는 시장(행정시의 시장을 포함한다)·군수 또는 구청장(자치구가 아닌 구의 구청장을 포함한
다)에게 송부하여 해당 시(행정시를 포함한다)·군 또는 구(자치구가 아닌 구를 포함한다)의 게시
판 및 홈페이지와 사업시행자의 홈페이지에 14일 이상 게시하는 방법으로 한다.
③ 제1항 제1호의 규정에 의한 협의기간은 특별한 사유가 없는 한 30일 이상으로 하여야 한다.
④ 법 제17조의 규정에 의하여 체결되는 계약의 내용에는 계약의 해지 또는 변경에 관한 사항과 이에
따르는 보상액의 환수 및 원상복구 등에 관한 사항이 포함되어야 한다.
⑤ 사업시행자는 제1항 제1호의 규정에 의한 협의기간 내에 협의가 성립되지 아니한 경우에는 국토
교통부령이 정하는 협의경위서에 다음 각호의 사항을 기재하여 토지소유자 및 관계인의 서명 또
는 날인을 받아야 한다. 다만, 토지소유자 및 관계인이 정당한 사유없이 서명 또는 날인을 거부하
거나 토지소유자 및 관계인을 알 수 없거나 그 주소·거소 그 밖에 통지할 장소를 알 수 없는

등의 사유로 인하여 서명 또는 날인을 할 수 없는 경우에는 서명 또는 날인을 받지 아니하되, 사업시행자는 해당 협의경위서에 그 사유를 기재하여야 한다.
1. 협의의 일시·장소 및 방법
2. 대상토지의 소재지·지번·지목 및 면적과 토지에 있는 물건의 종류·구조 및 수량
3. 토지소유자 및 관계인의 성명 또는 명칭 및 주소
4. 토지소유자 및 관계인의 구체적인 주장 내용과 이에 대한 사업시행자의 의견
5. 그 밖에 협의와 관련된 사항

① **협의의 요청**(시행령 제8조)

사업시행자는 협의를 하고자 하는 때에는 보상협의요청서에 (ㄱ) 협의기간·협의장소 및 협의방법, (ㄴ) 보상의 시기·방법·절차 및 금액, (ㄷ) 계약체결에 필요한 구비서류 등에 관한 사항을 적어 토지소유자 및 관계인에게 통지하여야 한다. 다만, 토지소유자 및 관계인을 알 수 없거나 그 주소·거소 또는 그 밖에 통지할 장소를 알 수 없는 때에는 공고로 통지를 갈음할 수 있다(제8조 제1항). 협의기간은 특별한 사유가 없으면 30일 이상으로 하여야 한다(제8조 제3항).

② **협의성립의 경우 계약체결**

사업시행자는 협의가 성립되었을 때에는 토지소유자 및 관계인과 계약을 체결하여야 한다(법 제17조). 체결되는 계약의 내용에는 계약의 해지 또는 변경에 관한 사항과 이에 따르는 보상액의 환수 및 원상복구 등에 관한 사항이 포함되어야 한다(시행령 제8조 제4항).

③ **협의불성립의 경우 협의경위서 작성**(시행령 제8조 제5항)

(ㄱ) 사업시행자는 협의기간에 협의가 성립되지 아니한 경우에는 협의경위서를 작성하여 토지소유자 및 관계인의 서명 또는 날인을 받아야 한다. 다만, 사업시행자는 토지소유자 및 관계인이 정당한 사유 없이 서명 또는 날인을 거부하거나 토지소유자 및 관계인을 알 수 없거나 그 주소·거소 그 밖에 통지할 장소를 알 수 없는 등의 사유로 서명 또는 날인을 받을 수 없는 경우에는 서명 또는 날인을 받지 아니하되, 해당 협의경위서에 그 사유를 기재하여야 한다.

(ㄴ) 협의경위서의 기재사항은 다음과 같다. ㉠ 협의의 일시·장소 및 방법, ㉡ 대상토지의 소재지·지번·지목 및 면적과 토지에 있는 물건의 종류·구조 및 수량, ㉢ 토지소유자 및 관계인의 성명 또는 명칭 및 주소, ㉣ 토지소유자 및 관계인의 구체적인 주장 내용과 이에 대한 사업시행자의 의견, ㉤ 그 밖에 협의와 관련된 사항

4. 협의의 효과

협의에 의하여 계약이 체결되면, 사업시행자는 보상금을 토지소유자 및 관계인에게 지급하고 공익사업에 필요한 토지 등을 취득하게 된다. 이 경우 취득은 승계취득으로서 등기를 요하게 된다. 또한 토지소유자는 협의취득일 이후 일정한 요건이 충족되면 환매권을 행사하여 토지소유권을 회복할 수 있는 권리가 있다.

※ 사업인정 전 협의가 필요적 전치절차인지 여부

(1) 관련규정

> **법 제16조(협의)**
>
> 사업시행자는 토지 등에 대한 보상에 관하여 토지소유자 및 관계인과 성실하게 협의하여야 하며, 협의의 절차 및 방법 등 협의에 필요한 사항은 대통령령으로 정한다.
>
> **법 제26조(협의 등 절차의 준용)**
>
> ① 제20조에 따른 사업인정을 받은 사업시행자는 토지조서 및 물건조서의 작성, 보상계획의 공고·통지 및 열람, 보상액의 산정과 토지소유자 및 관계인과의 협의 절차를 거쳐야 한다. 이 경우 제14조부터 제16조까지 및 제68조를 준용한다.
>
> ② 사업인정 이전에 제14조부터 제16조까지 및 제68조에 따른 절차를 거쳤으나 협의가 성립되지 아니하고 제20조에 따른 사업인정을 받은 사업으로서 토지조서 및 물건조서의 내용에 변동이 없을 때에는 제1항에도 불구하고 제14조부터 제16조까지의 절차를 거치지 아니할 수 있다. 다만, 사업시행자나 토지소유자 및 관계인이 제16조에 따른 협의를 요구할 때에는 협의하여야 한다.
>
> **법 제28조(재결의 신청)**
>
> ① 제26조에 따른 협의가 성립되지 아니하거나 협의를 할 수 없을 때(제26조 제2항 단서에 따른 협의 요구가 없을 때를 포함한다)에는 사업시행자는 사업인정고시가 된 날부터 1년 이내에 대통령령으로 정하는 바에 따라 관할 토지수용위원회에 재결을 신청할 수 있다.
>
> ② 제1항에 따라 재결을 신청하는 자는 국토교통부령으로 정하는 바에 따라 수수료를 내야 한다.

(2) 검토

① 토지보상법 제16조 "성실히 협의하여야 한다."라고 규정하여 문리해석상 일견 반드시 협의를 거쳐야 하는 강제성을 내포한 것으로 보인다. 그러나 동조의 규정 형식상 곧바로 강제성을 내포한 것으로 판단하는 것은 다소 무리가 있어 보이며, 따라서 관계규정의 해석 등을 통하여 동조에 의한 협의의 필요적 전치절차인지의 여부를 판단하여야 할 것이다.

② 먼저 이러한 사업인정 전 협의는 사업인정 후 협의와의 관계에서 파악할 수 있다. 동법 제26조 제1항은 "~협의절차를 거쳐야 한다."라고 규정하고 있고, 동조 제2항에서는 "~협의를 거치지 아니할 수 있다"고 규정하고 있다. 동 규정을 문리적으로 해석할 경우 사업인정 후 협의는 원칙적으로 거쳐야 하나, 다만 일정한 경우 협의를 거치지 않아도 된다고 해석된다.

이처럼 토지보상법 제16조와 제26조 사이의 관계에서 위와 같은 해석이 가능하다고 볼 경우 제16조에 의한 협의는 비록 규정상 "협의하여야 한다."라고 강제성을 띄는 것처럼 보이지만, 해석상 임의적이며 선택적인 것으로 볼 수 있다.

③ 또 동법 제16조에 의한 협의와 동법 제28조 재결의 신청과의 관계에서 협의의 성격을 파악할 수 있는바, 동법 제28조는 재결 전에는 반드시 제16조에 의한 협의 또는 제26조에 의한 협의를 거쳐야 하는 것을 내용으로 하고 있다. 물론 경우에 따라서 사업시행자는 양자의 협의를 다 거칠 수 있다.

④ 결과적으로 사업인정 전과 후의 협의는 각각 임의성을 지니고 있다고 보여지나, 재결 전에 반드시 최소 한차례의 협의는 거쳐야 하는 선택적이면서 필수적인 제도로 볼 수 있다.

CHAPTER 04 공용수용에 의한 취득

제1절 공용수용절차

01 사업인정

1. 사업인정 일반

(1) 서

① 의의

사업인정이라 함은 공용수용의 제1단계 절차로서 형식적으로는 해당 사업이 토지보상법 제4조 각 호에 해당함을 판단하고, 실질적으로는 관계 제 이익의 정당한 형량과정을 거쳐 일정한 절차의 이행을 조건으로 수용권을 설정하는 국토교통부장관의 행정작용을 말한다.

② 취지

공공성은 대표적 불확정 개념으로 역사적 가변성을 지니는바, 행정청이 이를 개별적 구체적으로 판단하는 절차를 법정화함으로써 피수용자의 권리를 보호하고 수용행정의 적정화를 기함에 취지가 있다. 이는 공용수용의 본격적인 절차 전에 재산권자의 사전적인 권리구제장치의 역할을 한다.

토지보상법 개정 신설 규정의 의미

- 제4조의2(토지 등의 수용 · 사용에 관한 특례의 제한)
  - ① 이 법에 따라 토지 등을 수용하거나 사용할 수 있는 사업은 제4조 또는 별표에 규정된 법률에 따르지 아니하고는 정할 수 없다.
  - ② 별표는 이 법 외의 다른 법률로 개정할 수 없다.
- 제4조의3(공익사업 신설 등에 대한 개선요구 등)
  - ① 제49조에 따른 중앙토지수용위원회는 제4조 제8호에 따른 사업의 신설, 변경 및 폐지, 그 밖에 필요한 사항에 관하여 심의를 거쳐 관계 중앙행정기관의 장에게 개선을 요구하거나 의견을 제출할 수 있다.
  - ② 제1항에 따라 개선요구나 의견제출을 받은 관계 중앙행정기관의 장은 정당한 사유가 없으면 이를 반영하여야 한다.
  - ③ 제49조에 따른 중앙토지수용위원회는 제1항에 따른 개선요구 · 의견제출을 위하여 필요한 경우 관계 기관 소속 직원 또는 관계 전문기관이나 전문가로 하여금 위원회에 출석하여 그 의견을 진술하게 하거나 필요한 자료를 제출하게 할 수 있다.
    - \<의미\>
    - 사업인정시 중앙토지수용위원회와 사전 협의를 하도록 함으로써 사업인정(의제)제도를 보완하였다.
    - 공공의 필요성 등 사업인정의 요건을 명문화
      - 법 제21조 제3항 및 시행령 제11조의2
    - 실무적이고 실질적인 사업인정제도
- 제21조 제3항 및 시행령 제11조의2
  - 사업인정에 이해관계가 있는 자에 대한 의견수렴절차 이행 여부
  - 허가 · 인가 · 승인대상 사업의 공공성, 수용의 필요성
  - 시행령 제11조의2
    - 1. 해당 공익사업이 근거 법률의 목적, 상위계획 및 시행절차 등에 부합하는지 여부
    - 2. 사업시행자의 재원 및 해당 공익사업의 근거 법률에 따른 법적 지위 확보 등 사업수행능력 여부

(2) 사업인정의 법적 성질

> **법 제20조(사업인정)**
> ① 사업시행자는 제19조에 따라 토지 등을 수용하거나 사용하려면 대통령령으로 정하는 바에 따라 국토교통부장관의 사업인정을 받아야 한다.
> ② 제1항에 따른 사업인정을 신청하려는 자는 국토교통부령으로 정하는 수수료를 내야 한다.

① 강학상 특허인지

(ㄱ) 학설 : 사업인정은 단순히 특정 사업이 공용수용을 할 수 있는 공익사업에 해당되는지 여부를 판단·결정하는 확인행위에 불과하다고 보는 확인행위설, 사업인정은 적극적으로 사업시행자에게 일정한 절차의 이행을 조건으로 수용권을 설정하는 형성행위라고 보는 설권적 형성행위설이 있다.

(ㄴ) 판례 : 대법원은 설권적 형성행위설의 입장이다.

> **판례**
>
> ▶ 관련판례(대판 1994.11.11, 93누19375)
> 토지수용법 제14조의 규정에 의한 사업인정은 그 후 일정한 절차를 거칠 것을 조건으로 하여 일정한 내용의 수용권을 설정해 주는 행정처분의 성격을 띠는 것으로서 그 사업인정을 받음으로써 수용할 목적물의 범위가 확정되고 수용권으로 하여금 목적물에 관한 현재 및 장래의 권리자에게 대항할 수 있는 일종의 **공법상의 권리로서의 효력**을 발생시킨다.
>
> ▶ 관련판례(대판 2005.4.29, 2004두14670)
> 공익사업을 위한 토지 등의 취득 및 보상에 관한 법률의 규정에 의한 사업인정처분이라 함은 공익사업을 토지 등을 수용 또는 사용할 사업으로 결정하는 것으로서(동법 제2조 제7호) 단순한 확인행위가 아니라 형성행위이므로, 해당 사업이 외형상 토지 등을 수용 또는 사용할 수 있는 사업에 해당된다 하더라도 행정주체로서는 그 사업이 공용수용을 할 만한 공익성이 있는지의 여부와 공익성이 있는 경우에도 그 사업의 내용과 방법에 대하여 사업인정처분에 관련된 자들의 이익을 공익과 사익 간에서는 물론, 공익 상호간 및 사익 상호간에도 정당하게 비교·교량하여야 하고, 그 비교·교량은 비례의 원칙에 적합하도록 하여야 한다.
>
> ▶ 관련판례(대판 2019.12.12, 2019두47629)
> [1] 공익사업을 위한 토지 등의 취득 및 보상에 관한 법률 제20조 제1항, 제22조 제3항은 사업시행자가 토지 등을 수용하거나 사용하려면 국토교통부장관의 사업인정을 받아야 하고, 사업인정은 고시한 날부터 효력이 발생한다고 규정하고 있다. 이러한 사업인정은 수용권을 설정해 주는 행정처분으로서, 이에 따라 수용할 목적물의 범위가 확정되고, 수용권자가 목적물에 대한 현재 및 장래의 권리자에게 대항할 수 있는 공법상 권한이 생긴다.
> [2] 산업입지 및 개발에 관한 법률(이하 '산업입지법'이라 한다)도 산업단지지정권자가 "수용·사용할 토지·건축물 또는 그 밖의 물건이나 권리가 있는 경우에는 그 세부 목록"이 포함된 산업단지개발계획을 수립하여 산업단지를 지정·고시한 때에는 공익사업을 위한 토지 등의 취득 및 보상에 관한 법률(이하 '토지보상법'이라 한다)상 사업인정 및 그 고시가 있는 것으로 본다고 규정함으로써, 산업단지 지정에 따른 사업인정을 통해 수용 및 손실보상의 대상이 되는 목적물의 범위를 구체적으로 확정한 다음 이를 고시하고 관계 서류를 일반인이 열람할 수 있도록 함으

로써 토지소유자 및 관계인이 산업단지개발사업의 시행과 그로 인해 산업단지 예정지 안에 있는 물건이나 권리를 해당 공익사업의 시행을 위하여 수용당하거나 사업예정지 밖으로 이전하여야 한다는 점을 알 수 있도록 하고 있다.

따라서 산업입지법에 따른 산업단지개발사업의 경우에도 토지보상법에 의한 공익사업의 경우와 마찬가지로 토지보상법에 의한 사업인정고시일로 의제되는 산업단지 지정 고시일을 토지소유자 및 관계인에 대한 손실보상 여부 판단의 기준시점으로 보아야 한다.

   (ㄷ) **검토** : 사업인정은 특정사업이 토지보상법 제4조의 공익사업에 해당하는가를 단순히 확인하는 것이 아니라 그 사업의 공익성 여부를 모든 사정을 참작하여 구체적으로 판단하여 수용권을 설정해주는 것으로 설권적 형성행위로 보는 것이 타당하다.

② **재량행위인지**

   (ㄱ) **문제점** : 토지보상법 제20조에서는 "사업시행자는 토지 등을 수용하고자 하는 경우에는 국토교통부장관의 사업인정을 받아야 한다."라고 규정하고 있어 법 문언상 명확치가 아니하며, 사업인정을 설권적 형성행위로 보는지 확인행위로 보는지에 따라 차이가 있다.

   (ㄴ) **학설** : ㉠ 확인행위설에 의하면, 사업인정은 특정한 사업이 일정한 요건을 갖추고 있는지의 여부를 형식적으로 판단하는 것이므로 기속행위에 해당한다고 보며, ㉡ 설권적 형성행위설에 의하면, 사업인정은 사업시행자에게 일정한 내용의 수용권을 부여하는 행위이기 때문에 재량행위로 본다.

   (ㄷ) **판례** : 대법원은 사업인정을 재량행위로 보고 있다.

판례

▶ **관련판례(대판 1992.11.13, 92누596)**
사업인정은 단순한 확인행위가 아니라 형성행위이고 해당 사업이 비록 토지를 수용할 수 있는 사업에 해당된다 하더라도 행정청으로서는 그 사업이 공용수용을 할 만한 공익성이 있는지의 여부를 모든 사정을 참작하여 구체적으로 판단하여야 하는 것이므로 사업인정의 여부는 행정청의 재량에 속한다.

   (ㄹ) **검토** : 토지보상법 제20조에서는 "사업인정을 받아야 한다."고 규정하고 있어 법문언의 표현이 불분명하다. 따라서 행위의 성질 및 기본권과의 관련성을 고려하여 판단해야 한다. 사업인정은 자연적 자유를 회복하여 기본권을 실현하는 의미의 학문상 허가가 아닌 새로운 권리의 설정 측면인 특허의 성질을 가지므로 재량행위에 해당한다.

③ **제3자효 행정행위**

사업인정은 해당 사업이 수용할 수 있는 사업임을 결정하는 행위로 차후에 수용재결을 통해서 피수용자의 토지 등의 권리를 사업시행자에게 넘겨주는 효과를 발생시키기 위한 첫 단계 행위이다. 따라서 사업인정의 상대방인 사업시행자에게 수익적 효과의 발생과 더불어 공용수용 법률관계의 타방인 피수용자에게 침익적 효과가 동시에 발생하므로 제3자효 행정행위에 해당한다.

사업인정의 요건

1. 사업인정의 대상이 되는 공익사업

- 개괄주의vs열거주의
  - 2015.12.29. 토지보상법은 법 제4조의2를 신설하였다. 따라서 열거주의를 취하고 있다고 판단된다.
- 제4조의2(토지 등의 수용·사용에 관한 특례의 제한)
  - ① 이 법에 따라 토지 등을 수용하거나 사용할 수 있는 사업은 제4조 또는 별표에 규정된 법률에 따르지 아니하고는 정할 수 없다.
  - ② 별표는 이 법 외의 다른 법률로 개정할 수 없다.
- 판례
  - '공익사업을 위해서 필요한 때'
    - 장래에 시행할 공익사업을 위하여 필요할 때뿐만 아니라 이미 시행된 공익사업의 유지를 위하여 필요한 때를 포함한다고 보아야 한다.(2004두14670)
      - 이미 설치된 송전선로를 유지하기 위하여 선로 아래의 다른 사람의 토지 위의 공중의 사용을 대상으로 사업인정을 할 수 있다
  - 사업주체
    - 어떤 사업이 공익사업인가의 여부는 그 사업 자체의 성질로 보아 그 사업의 공공성과 독점성을 인정할 수 있는가의 여부로써 정할 것이고, 그 사업주체에 따라 정할 성질이 아니다.(71다1716)

2. 공공필요성

- 광의의 비례원칙 적용례
- <판례> 토지보상법 제4조 각 호에 해당하는 사업이 자동적으로 토지수용을 할 수 있는 사업이 되는 것은 아니며 공공필요성을 인정받아 사업인정을 받아야 한다.(92누596)
- 공익성의 판단기준
  - 법령목적, 상위계획, 지침, 절차 등에 부합 여부 (2011두3746)
  - 영업이 수반되는 경우 대중성·개방성이 있는 지 여부 (2011헌바129)
  - 구체적이고 합리적인 계획인지 여부 (92누596)
  - 수용방식으로 사업을 진행할 필요성 여부 (2008헌바166)
  - 수용대상 및 범위가 적정한지 여부 (87누395)
  - 사업 후 지속적 공익관리 가능 여부 (2002두14670)
- (1) 공익사업의 공공성(공익성)
  - 법률에서 규정된 사업이라고 하여 당연히 공공성이 인정되는 것은 아니다. 사업의 공공성은 개별적으로 판단되어야 한다.
  - 공익성의 범위와 관련하여 [행정권 행사의 근거가 되는 공익 vs 공익사업의 공익]
    - <1설 김성수> 공익성을 재산권의 존속보장을 위하여 행정권 행사의 근거가 되는 공익보다 엄격한 개념으로 보아야 한다는 견해(김성수)가 있다.
    - <2설 박균성> 공익사업의 실현 및 토지자원의 유한성을 고려하여 행정권 행사의 근거가 되는 공익보다 넓게 인정되어야 한다는 견해가 있다.
  - 현대 공익사업의 공공성은 국가안전보장, 질서유지, 공공복리와 함께 국가 또는 지역 경제상의 이익도 포함한다고 보아야 한다는 점에 2설이 타당하다.
- (2) 최소침해성(2003두7507)
  - 공익사업을 위한 방안이 수개인 경우에 국민의 권익과 공익을 가장 적게 침해하는 방안을 채택하여야 한다.
  - 최소침해성을 사업시행지를 최소한도의 범위 내로 한정하여야 한다는 견해가 있다.
- (3) 비례성(정당한 이익형량)
  - 공익사업으로 인하여 달성되는 공익이 침해되는 이익보다 우월하여야 한다.
  - 1) 이익형량의 요소인 공익과 사익
  - 2) 비례성(상당성, 협의의 비례의 원칙)

3. 사업시행자의 공익사업을 수행할 의사와 능력

- 2009두1051

김원보, (전)한국감정평가사협회장, 2015, 국토교통부 용역 논문 요약

사업인정 관련 토지보상법의 개정내용과 과제

- 국문초록
  - 국민의 재산권의 보장
  - 사업인정 의제 시 중앙토지수용위원회의 의견 청취
- Ⅰ. 시작하며
  - 우리나라의 현행 수용·보상제도는 공익사업을 먼저 규정하고 해당 공익사업에 대한 개별적 공익성 검증을 통하여 수용권을 설정하는 사업인정을 한다.
  - 사업인정과 관련되는 문제점
    - 1. 사업인정의 전제가 되는 공익사업의 범위가 명확하지 못하다.
    - 2. 사업인정절차가 공익성을 검증하는 데 충분하지 않다.
- Ⅱ. 공익사업 범위의 개선
  - 1. 현행규정
    - (1) 토지보상법상의 공익사업
      - 공익사업의 정의 : 법 제2조 제2호
        - 제4조 각 호의 어느 하나에 해당하는 사업을 말한다.
      - 구체적인 공익사업
        - 구체적인 공익사업에 대해서는 토지보상법 제4조에서 규정하고 있다.
        - 제7호 별표에 규정된 법률
    - (2) 다른 법률에 의한 공익사업
      - 1) 다른 법률에 의한 공익사업의 내용
        - 토지보상법 외의 110개의 개별법률에서 공익사업을 별도로 규정
        - 제4조 제7호 별표에 규정된 법률
      - 2) 사업인정의제를 규정하고 있지 않은 법률
        - 공간정보의 구축 및 관리에 관한 법률 등 약 17개 법률, 토지보상법상의 사업인정을 따로 득해야 한다.
      - 3) 사업인정의제를 규정하지 않고 다른 법률을 준용하는 법률
        - 공공토지의 비축에 관한 법률
        - 자동차관리법
      - 4) 사업인정이 아닌 별도의 처분으로 규정한 법률
        - 농어업재해대책법
        - 해저광물자원 개발법
  - 2. 공익사업의 규정방법
    - 공익사업은 전형적인 불확정개념이므로 공익사업 여부를 판단할 수 있는 기준의 제시가 중요하다.
    - (1) 열거주의
      - 공익사업의 판단을 입법자에게 전적으로 맡기는 방법으로 법률로 공익사업을 직접 규정한다.
      - 법률유보의 원칙에 충실하다는 장점이 있는 반면, 사회적·경제적 필요에 의한 공익사업의 탄력적인 대응이 어렵다는 단점이 있다.
    - (2) 예시주의
      - 입법자는 법률에서 공익사업을 포괄적으로 규정하고 각 개별 사업별로 행정부가 별도로 공익사업 여부를 결정하는 방법을 말한다.
      - 사회적·경제적 필요에 의한 공익사업의 탄력적인 대응이 가능하다는 장점이 있는 반면에, 법률유보의 원칙의 약화에 따른 국민의 재산권 보장이 훼손될 수 있다는 단점이 있다.
  - 3. 현행 규정의 문제점
    - (1) 공익사업의 불명확
      - 토지보상법 제4조에서는 공익사업을 8가지 유형으로 구분하고 있으나, 적용범위가 불명확하여 사실상 공익사업 판단의 기준으로 적용하기 어렵다.
      - 1) 불명확한 원인
        - 공익성 개념의 확대
        - 시점상의 문제
      - 2) 불명확으로 인한 문제점
        - 취득 가능성 판단의 곤란, 사업인정 가능성 판단의 곤란, 보상절차 및 방법의 적용
    - (2) 공익성 순위의 불명확
    - (3) 개별법률의 규정
      - 포괄적 규정, 법률간의 상충
- Ⅲ. 사업인정절차의 개선
  - 1. 개요
    - (1) 사업인정의 의의
      - 사업인정은 해당 사업으로 인해 얻어지는 공익과 그로 인해 상실되는 사익을 비교형량하여, 달성되는 공익이 상실되는 사익에 대해 최소한 동일하거나 그 이상일 경우 사유재산에 대한 최소침해의 원칙에 따라 제한적으로 사유재산을 수용 또는 사용할 수 있는 권한을 부여하는 형성행위이며 처분이다.

    (2) 사업인정의 법적 성격

      1) 설권적 형성행위설

        <93누19375>

          토지수용법 제14조의 규정에 의한 **사업인정**은 그 후 일정한 절차를 거칠 것을 조건으로 하여 일정한 내용의 수용권을 설정해 주는 행정처분의 성격을 띠는 것으로서 그 사업인정을 받음으로써 수용할 목적물의 범위가 확정되고 수용권으로 하여금 목적물에 관한 현재 및 장래의 권리자에게 대항할 수 있는 일종의 공법상의 권리로서의 효력을 발생시킨다.

      2) 확인행위설

    (3) 공익사업과 사업인정

      공익사업의 판단기준으로 열거주의를 채택하든 예시주의를 채택하든 수용·사용을 위해서는 별도의 사업인정을 받아야 하며, 열거주의를 채택하고 있다고 하여 사업인정절차가 생략되는 것은 아니다.

2. 사업인정절차

  (1) 토지보상법

  (2) 개별법률에서의 사업인정의제

    1) 사업인정의제의 개념

      사업인정의제란 개별법률들이 개별적으로 정하고 있는 일정한 절차, 즉 인·허가절차상 개발계획승인, 실시계획승인, 조성계획승인 등이 있을 경우 이를 토지보상법의 사업인정이 있는 것으로 보도록 하는 것을 말한다.

      사업인정의제제도는 해당 사업을 규정하고 있는 법률에 따른 인허가권자의 절차적 승인 등이 있는 경우 이를 사업인정에 갈음하도록 함으로써 절차를 간소화하기 위하여 도입되었다.

    2) 사업인정의제에 따른 특례의 유형

      절차의 생략

      세목고시를 규정하지 않은 경우

      재결신청기간

  (3) 사업인정의제제도의 문제점

    사업인정의제를 규정하고 있는 개별법률에서 이해관계인의 의견청취절차를 두지 않아 토지소유자는 자기 토지가 공익사업에 편입되는지 조차 알지 못하여 사업인정절차에 참여할 수 없다.

    사업인정에 대하여 행정쟁송을 제기할 기회마저 잃게 된다.

    재결신청 기간을 사업시행기간으로 정함으로써 공익사업이 사업시행자의 사정으로 인해 상당기간 길어지고, 토지 등의 소유자가 받는 재산권의 제한기간 역시 길어지는 문제점이 있다.

3. 사업인정의 기준

  (1) 토지보상법의 규정

    사업인정시 제출하여야 할 서류

    관계기관의 협의 및 이해관계자의 의견청취 등

    사업인정을 위한 기준에 대해서는 별도로 규정하고 있지 않다.

  (2) 외국의 사업인정기준

    미국, 일본

Ⅳ. 토지보상법 개정 내용 및 과제

1. 개정 내용

  법 제4조 제8호

    '그 밖에 다른 법률에 따라'　　'그 밖에 별표에 규정된 법률에 따라'

  법 제4조의2 토지 등의 수용·사용에 관한 특례의 제한 <신설>

    ① 이 법에 따라 토지 등을 수용하거나 사용할 수 있는 사업은 제4조 또는 별표에 규정된 법률에 따르지 아니하고는 정할 수 없다.

    ② 별표는 이 법 외의 다른 법률로 개정할 수 없다.

  법 제21조 의견청취 ②③ 신설 <요약>

    ② 별표 인가·허가·승인권자 등은 사업인정의제 등을 하려는 경우 중앙토지수용위원회 및 이해관계자의 의견청취 듣기

    ③ 중앙토지수용위원회는 (인허가권자) 의견제출 요청에 따른 30일 이내에 의견제출(회답)

      (중앙토지수용위원회) 의견 미제출시 의견이 없는 것으로 본다.

  법 제91조 ⑥ 환매권 제한

    제5호 사업 추가

2. 토지보상법 개정의 의의

  (1) 무분별한 공익사업의 확대 제한

    법 제4조 제8호 개정 및 법 제4조의2 신설

  (2) 사업인정의제절차의 개선

    법 제21조 제2항 및 제3항 신설

    국민의 권리보호에 충실

  (3) 공익성 순위의 결정의 개선

    법 제91조 제6항

3. 앞으로의 과제

  (1) 완전한 열거주의로의 개정

  (2) 개별법률의 문제 해소

  (3) 사업인정기준의 설정

  (4) 사업인정절차의 개선

  (5) 중앙토지수용위원회의 조직 강화

    이번 토지보상법 개정의 실효성을 확보하기 위해서

(3) 사업인정의 요건

① 개설(주체)

토지보상법상 사업인정의 권한은 국토교통부장관이 갖는다. 사업인정이 의제되는 경우에는 주된 행위의 인허가권자에게 권한이 있다고 볼 수 있다.

② 공익사업에 해당될 것

> ▶ 법 제4조(공익사업)
>
> 이 법에 따라 토지 등을 취득하거나 사용할 수 있는 사업은 다음 각 호의 어느 하나에 해당하는 사업이어야 한다.
>
> 1. 국방·군사에 관한 사업
> 2. 관계법률에 따라 허가·인가·승인·지정 등을 받아 공익을 목적으로 시행하는 철도·도로·공항·항만·주차장·공영차고지·화물터미널·궤도(軌道)·하천·제방·댐·운하·수도·하수도·하수종말처리·폐수처리·사방(砂防)·방풍(防風)·방화(防火)·방조(防潮)·방수(防水)·저수지·용수로·배수로·석유비축·송유·폐기물처리·전기·전기통신·방송·가스 및 기상 관측에 관한 사업
> 3. 국가나 지방자치단체가 설치하는 청사·공장·연구소·시험소·보건시설·문화시설·공원·수목원·광장·운동장·시장·묘지·화장장·도축장 또는 그 밖의 공공용 시설에 관한 사업
> 4. 관계법률에 따라 허가·인가·승인·지정 등을 받아 공익을 목적으로 시행하는 학교·도서관·박물관 및 미술관 건립에 관한 사업
> 5. 국가, 지방자치단체, 「공공기관의 운영에 관한 법률」 제4조에 따른 공공기관, 「지방공기업법」에 따른 지방공기업 또는 국가나 지방자치단체가 지정한 자가 임대나 양도의 목적으로 시행하는 주택 건설 또는 택지 및 산업단지 조성에 관한 사업
> 6. 제1호부터 제5호까지의 사업을 시행하기 위하여 필요한 통로, 교량, 전선로, 재료적치장 또는 그 밖의 부속시설에 관한 사업
> 7. 제1호부터 제5호까지의 사업을 시행하기 위하여 필요한 주택, 공장 등의 이주단지 조성에 관한 사업
> 8. 그 밖에 별표에 규정된 법률에 따라 토지 등을 수용하거나 사용할 수 있는 사업
>
> ▶ 법 제4조의2(토지 등의 수용·사용에 관한 특례의 제한)
>
> ① 이 법에 따라 토지 등을 수용하거나 사용할 수 있는 사업은 제4조 또는 별표에 규정된 법률에 따르지 아니하고는 정할 수 없다.
> ② 별표는 이 법 외의 다른 법률로 개정할 수 없다.
> ③ 국토교통부장관은 제4조 제8호에 따른 사업의 공공성, 수용의 필요성 등을 5년마다 재검토하여 폐지, 변경 또는 유지 등을 위한 조치를 하여야 한다. 〈신설 2021.4.13.〉
>
> ▶ 법 제4조의3(공익사업 신설 등에 대한 개선요구 등)
>
> ① 제49조에 따른 중앙토지수용위원회는 제4조 제8호에 따른 사업의 신설, 변경 및 폐지, 그 밖에 필요한 사항에 관하여 심의를 거쳐 관계 중앙행정기관의 장에게 개선을 요구하거나 의견을 제출할 수 있다.
> ② 제1항에 따라 개선요구나 의견제출을 받은 관계 중앙행정기관의 장은 정당한 사유가 없으면 이를 반영하여야 한다.
> ③ 제49조에 따른 중앙토지수용위원회는 제1항에 따른 개선요구·의견제출을 위하여 필요한 경우 관계 기관 소속 직원 또는 관계 전문기관이나 전문가로 하여금 위원회에 출석하여 그 의견을 진술하게 하거나 필요한 자료를 제출하게 할 수 있다.

③ 공공필요(공공성) 및 비례의 원칙에 의한 공공성 판단

(ㄱ) 공익사업의 공익성(공공필요 내지 공공성)

판례

▶ 관련판례(대판 2011.1.27, 2009두1051)
해당 사업이 외형상 토지 등을 수용 또는 사용할 수 있는 사업에 해당한다고 하더라도 사업인정기관으로서는 그 사업이 공용수용을 할 만한 공익성이 있어야 한다.

▶ 관련판례(헌재 2014.10.30, 2011헌바129)
'공익성'의 정도를 판단함에 있어서는 공용수용을 허용하고 있는 개별법의 입법목적, 사업내용, 사업이 입법목적에 이바지하는 정도는 물론, 특히 그 사업이 대중을 상대로 하는 영업인 경우에는 그 사업 시설에 대한 대중의 이용·접근가능성도 아울러 고려하여야 한다. 그리고 '필요성'이 인정되기 위해서는 공용수용을 통하여 달성하려는 공익과 그로 인하여 재산권을 침해당하는 사인의 이익 사이의 형량에서 사인의 재산권침해를 정당화할 정도의 공익의 우월성이 인정되어야 하며, 사업시행자가 사인인 경우에는 그 사업 시행으로 획득할 수 있는 공익이 현저히 해태되지 않도록 보장하는 제도적 규율도 갖추어져 있어야 한다.

― 토지보상법상 공익사업의 공익성 판단기준 : 한국토지보상법 연구회 2016년 4월 29일 봄 발표회 ― 정명운(한국법제연구원)

■ 사업인정에 있어서의 공익성 판단기준

현행 토지보상법 제19조 및 제20조에서 사업시행자가 공익사업을 하고자 하는 때에는 국토교통부장관의 사업인정을 받아야 한다고 규정하고 있다. 이에 따르면 사업수용적격성은 사업승인권자에 의해서 판단되는 셈이며, 사업시행자에 대해서는 수용의 목적물을 강제 취득할 권리가 주어진다. 토지수용이 그 성질상 한 개인의 재산권을 강제적으로 박탈하는 것을 감안하면, 공익사업에서의 공공성을 어떻게 논의할 수 있겠느냐는 점이 중요하다.

※ 대판 2005.4.29, 2004두14670 [사업인정처분취소]
해당 사업이 외형상 토지 등을 수용 또는 사용할 수 있는 사업에 해당된다 하더라도 행정주체로서는 그 사업이 공용수용을 할 만한 공익성이 있는지의 여부와 공익성이 있는 경우에도 그 사업의 내용과 방법에 대하여 사업인정처분에 관련된 자들의 이익을 공익과 사익 간에서는 물론, 공익 상호간 및 사익 상호간에도 정당하게 비교·교량하여야 하고, 그 비교·교량은 비례의 원칙에 적합하도록 하여야 할 것이다.

※ 대판 1996.11.29, 96누8567 [도시관리계획시설결정처분무효확인등]
행정계획이라 함은 행정에 관한 전문적·기술적 판단을 기초로 하여 도시의 건설·정비·개량 등과 같은 특정한 행정목표를 달성하기 위하여 서로 관련되는 행정수단을 종합·조정함으로써 장래의 일정한 시점에 있어서 일정한 질서를 실현하기 위한 활동기준으로 설정된 것으로서, (구)도시계획법 등 관계법령에는 추상적인 행정목표와 절차만이 규정되어 있을 뿐 행정계획의 내용에 대하여는 별다른 규정을 두고 있지 아니하므로 행정주체는 구체적인 행정계획을 입안·결정함에 있어서 비교적 광범위한 형성의 자유를 가진다고 할 것이지만, 행정주체가 가지는 이와 같은 형성의 자유는 무제한적인 것이 아니라 그 행정계획에 관련되는 자들의 이익을 공익과 사익 사이에서는 물론이고 공익 상호간과 사익 상호간에도 정당하게 비교교량하여야 한다는 제한이 있는 것이고, 따라서 행정주체가 행정계획을 입안·결정함에 있어서 이익형량을 전혀 행하지 아니하거나 이익형량의 고려 대상에 마땅히 포함시켜야 할 사항을 누락한 경우 또는 이익형량을 하였으나 정당성·객관성이 결여된 경우에는 그 행정계획결정은 재량권을 일탈·남용한 것으로서 위법한 것으로 보아야 할 것이다.

위의 두 가지 판례를 살펴보면 사업인정에 있어서 이익형량은 행정기관에 의무화된다. 사업인정에서 얻는 이익과 잃는 이익이 같은 공적 이익인 경우에 양자의 우열을 비교형량에 의해서 판단할 수 있는 가의 문제이다.

동일한 공적 이익에 충돌이 생기는 경우에 있어서는 잃는 공적 이익에 대한 침해의 정도에 따라 판단할 수 있다고 생각한다. 환언하면 동일한 공적 이익의 충돌에 있어서는 사업의 실시, 혹은 그 달성에 의해서 얻는 이익과 잃는 그것을 비교하지 않고, 사업의 내용·규모 및 방법과 그것이 잃는 공적 이익에 미치는 영향을 종합적으로 형량한 뒤 사라질 공적 이익이 사회통념상 간과할 수 있는지를 판단하지 않으면 안되는 것이다. 그렇다면 잃는 공적 이익과 마찬가지로 사업인정에 의해서 얻을 수 있는 공적 이익도 사회통념상 허용되어야 한다. 이런 의미에서 공익사업에서의 공공성은 사회통념상 허용할 이익을 의미하게 되는 것이다.

(ㄴ) **비례의 원칙에 의한 공공 필요 판단**(최소침해의 원칙) : 공익사업을 위한 방안이 수개인 경우에 국민의 권익과 공익을 가장 적게 침해하는 방안을 채택할 필요가 있다. 다만, 사업인정을 함에 있어 필요한 최소한도의 범위 내로 사업시행지를 한정해야 한다는 의미의 필요성(최소침해성)을 사업인정의 요건으로 드는 견해가 있고, 사업인정요건은 아니며 사업인정의 한계에 속하는 문제라는 견해도 있다.

> **판례**

▶ **관련판례(대판 2005.11.10, 2003두7507)[15]**
경원선 의정부–동안 간 복선전철 건설사업(이하 '이 사건 건설사업'이라 한다)은 선로와 정거장 및 역사 등을 건설하는 (구)공공철도건설 촉진법 제2조 제2호, 제3조 제1항 제2호 소정의 공공철도의 건설·개량사업으로서 (구)토지수용법 제3조 제2호의 법률에 의하여 시설하는 철도사업인 공익사업에 해당하므로 사업시행자는 (구)공공철도건설 촉진법 제5조 제1항, (구)토지수용법 제2조 제1항에 의하여 그 사업지 내의 토지를 수용할 수 있는 점, 이 사건 의정부북부정거장의 교통량과 교통환경 등에 비추어 의정부북부역사 앞에 보행광장과 택시베이(Taxi-bay)를 설치할 필요성이 있는 점, 그런데 이 사건 건설사업은 기존 경원선과 교외선 부지를 모두 선로의 부지로 사용하는 것을 내용으로 하는 점, 기존 출입구가 있는 역사 동쪽 부분은 기존 도로가 좁을 뿐 아니라 상가가 밀집하여 있는 반면 역사 서쪽 부분의 이 사건 토지는 밭으로 경작되고 있고 주택가의 이면도로에 접해 있으므로 수용에 따른 사회적 비용이 적게 소요될 뿐 아니라, 이 사건 토지부분에 보행광장과 택시베이를 별도로 설치하게 되면 역사에 진출입하는 교통량을 분산시킴으로써 교통환경을 개선할 수 있는 점 등을 알 수 있는바, 사정이 이와 같다면, 의정부북부역사 동쪽에 주출입문을 설치하는 것보다는 서쪽에 주출입문을 설치하고 그 앞에 위치한 이 사건 토지에 보행광장과 택시베이를 설치하는 것이 이 사건 건설사업의 목적을 달성하기 위한 유효·적절하고 또한 가능한 한 최소침해를 가져오는 방법이라고 할 것이다. 의정부북부역사의 주출입구 방향이 잘못 결정되었다는 원고의 주장은 결국 이 사건 토지를 수용할 필요성이 없다는 취지의 주장에 다름 아니고, 원심이 이 사건 토지가 의정부북부역사의 주출입구 전면부지로서 보행광장 및 택시베이 등 교통편의시설 설치를 위하여 수용할 필요가 있다고 판단하였으므로 원고의 주장에 대한 판단누락은 없다고 할 것이다.

---

15) 이해를 돕기 위해 판시사항과 사실관계를 모두 적시한다.

비례의 원칙 내지 과잉금지의 원칙 위배의 상고이유에 대하여 공용수용은 공익사업을 위하여 타인의 특정한 재산권을 법률의 힘에 의하여 강제적으로 취득하는 것이므로 수용할 목적물의 범위는 원칙적으로 사업을 위하여 필요한 최소한도에 그쳐야 한다.

기록에 의하면, 의정부북부역사의 교통량과 교통환경에 적합한 보행광장과 택시베이를 설치하기 위해서는 이 사건 토지의 면적 정도의 토지가 필요한 점, 피고 한국철도시설공단은 원고 소유의 의정부시 가능동 197-99 전 354㎡를 분할하여 같은 동 197-102 전 275㎡만을 수용하고 나머지 79㎡는 수용하지 아니한 점 등을 알 수 있는바, 사정이 이와 같다면, 이 사건 토지는 이 사건 보행광장과 택시베이를 설치하기 위하여 필요한 최소한의 면적이라고 할 것이므로 이 사건 토지 전부를 수용한 것이 비례의 원칙 내지 과잉금지의 원칙에 위배된다고 할 수 없다.

판례

▶ 관련판례(대판 2011.1.27. 2009두1051)
공익성이 있는 경우에도 그 사업의 내용과 방법에 관하여 사업인정에 관련된 자들의 이익을 공익과 사익 사이에서는 물론, 공익 상호간 및 사익 상호간에도 정당하게 비교·교량하여야 하고, 그 비교·교량은 비례의 원칙에 적합하도록 하여야 한다.

▶ 관련판례(대판 2005.11.10. 2003두7507)
공용수용은 공익사업을 위하여 특정의 재산권을 법률에 의하여 강제적으로 취득하는 것을 내용으로 하므로 그 공익사업을 위한 필요가 있어야 하고, 그 필요가 있는지에 대하여는 수용에 따른 상대방의 재산권 침해를 정당화할 만한 공익의 존재가 쌍방의 이익의 비교형량의 결과로 입증되어야 하며, 그 입증책임은 사업시행자에게 있다.

④ 사업시행자의 공익사업 수행능력과 의사가 있을 것

해당 공익사업을 수행하여 공익을 실현할 의사나 능력이 없는 자에게 타인의 재산권을 강제적으로 박탈할 수 있는 수용권을 설정하여 줄 수는 없으므로, 사업시행자에게 해당 공익사업을 수행할 의사와 능력이 있어야 한다는 것도 사업인정의 한 요건이라고 보아야 한다.

판례

▶ 관련판례(대판 2011.1.27. 2009두1051)
[1] 사업인정이란 공익사업을 토지 등을 수용 또는 사용할 사업으로 결정하는 것으로서 공익사업의 시행자에게 그 후 일정한 절차를 거칠 것을 조건으로 일정한 내용의 수용권을 설정하여 주는 형성행위이므로, 해당 사업이 외형상 토지 등을 수용 또는 사용할 수 있는 사업에 해당한다고 하더라도 사업인정기관으로서는 그 사업이 공용수용을 할 만한 공익성이 있는지의 여부와 공익성이 있는 경우에도 그 사업의 내용과 방법에 관하여 사업인정에 관련된 자들의 이익을 공익과 사익 사이에서는 물론, 공익 상호간 및 사익 상호간에도 정당하게 비교·교량하여야 하고, 그 비교·교량은 비례의 원칙에 적합하도록 하여야 한다. 그뿐만 아니라 해당 공익사업을 수행하여 공익을 실현할 의사나 능력이 없는 자에게 타인의 재산권을 공권력적·강제적으로 박탈할 수 있는 수용권을 설정하여 줄 수는 없으므로, 사업시행자에게 해당 공익사업을 수행할 의사와 능력이 있어야 한다는 것도 사업인정의 한 요건이라고 보아야 한다.

[2] 공용수용은 헌법상의 재산권 보장의 요청상 불가피한 최소한에 그쳐야 한다는 헌법 제23조의 근본취지에 비추어 볼 때, 사업시행자가 사업인정을 받은 후 그 사업이 공용수용을 할 만한 공익성을 상실하거나 사업인정에 관련된 자들의 이익이 현저히 비례의 원칙에 어긋나게 된 경우 또는 사업시행자가 해당 공익사업을 수행할 의사나 능력을 상실하였음에도 여전히 그 사업인정에 기하여 수용권을 행사하는 것은 수용권의 공익목적에 반하는 수용권의 남용에 해당하여 허용되지 않는다.

Check Point!

┃ 일본 토지수용법에서 사업인정의 요건

사업인정청은 신청된 사업이 다음의 각호의 4가지 모든 요건에 해당될 때에만 사업인정을 행할 수 있다.

1. 사업이 법 제3조(공익사업) 각호의 1에 규정한 사업일 것

2. 사업시행자가 해당 사업을 수행할 충분한 의사와 능력을 가진 자일 것

3. 사업이 토지의 적정하고도 합리적인 이용에 기여하는 것일 것

   해당 토지가 그 사업에 이용됨으로써 얻게 되는 공공의 이익과 해당 토지가 그 사업에 이용됨으로써 잃게 되는 사적 내지 공공의 이익을 비교형량하여 전자가 후자에 우월하다고 인정되어야 한다. 이는 해당 사업계획의 내용, 그 사업에 의해서 얻게 되는 **공공의 이익**, 수용토지의 현재 이용상황, 그 토지가 갖는 사적 내지 공공적 가치 등에 대해서 **종합적인 판단**에 의해서 인정되어야 한다.

4. 사업이 **토지를 수용 또는 사용할 공익상 필요가 있는 것일 것**

   해당 사업에 대하여 제1호에서 제3호까지의 요건판단에서 고려된 사항 이외의 사항에 대해서 광범위하게 ① 수용·사용이라는 취득수단을 취할 필요성, ② 그 필요성이 공익목적에 합치 여부의 관점에서 판단을 추가하여야 한다는 의미로서, 사업을 조기에 시행할 필요성이 인정되어야 하고, 수용토지의 범위는 그 사업계획에 필요한 범위 내이고 합리적이라고 인정되어야 한다(공익적합성).

이재훈, 2016, 토지보상연구 발췌정리(한국토지보상법연구회자료)

사업인정의제사업에 대한 중앙토지수용위원회 의견청취절차와 공익성 판단

국문초록

- 2015년 12월 29일 '사업인정의제사업'에 대하여 인허가 전에 중앙토지수용위원회로부터 사전에 의견청취절차를 거치도록 하였다.
- '공익성 판단기준' 수립
- 중앙토지수용위원회가 수립한 '공익성 판단기준'의 수립배경과 내용,
  - 공익성 검토절차와 관련된 법적 쟁점
  - 공익성 검토절차의 실효성을 높이기 위한 방안

I. 들어가며

- 토지 등 재산권의 강제수용을 정당화하는 '공공의 필요성'의 요건은 토지보상법 제4조 공익사업으로 구체화되며, 구체적으로는 사업인정을 거쳐 판단하게 된다.

II. 토지보상법상 사업인정절차와 사업인정의제

- 토지보상법상 사업인정 : 법 제20조 제1항
- 사업인정의제 : 토지보상법 제4조 제8호, 별표 110개 열거, 이 중 92개의 법률이 해당 인허가고시에 사업인정의제의 효력을 부여하는 조항을 두고 있다.
- 우려되는 점은 각 개별법에 설치되어 있는 이러한 사업인정의제 조항의 존재로, 인허가권자의 인허가만 있으면 별다른 공익성 검토 없이 토지수용권이 부여될 수 있다는 점이다.

III. 사업인정의제사업에 대한 의견청취절차 도입

- 2015년 12월 29일 토지보상법 제20조 제1항을 신설하여 '사업인정의제사업'에 대하여 인허가 전에 중앙토지수용위원회로부터 사전에 의견청취절차를 거치도록 하였다.
- 수용권의 부여에 있어 토지보상법의 독점적이고 전속적 권한을 강화하였다.
- 한편, 법문만 놓고 보면, 사업인정이 의제되는 사업의 인허가에 있어 미리 중앙토지수용위원회의 의견을 듣는다고만 규정할 뿐, 무엇을 검토해야 하는지에 대하여는 구체적인 언급이 없다.
- 중앙토지수용위원회에 대한 의견청취는 곧, 실질적 사업인정의 판단행위인 '공익성 검토'와 다름 없다.
- 이러한 점에 비추어, 중앙토지수용위원회는 그간 인허가단계에서 누락되어 온 것으로 보이는 '공공필요'의 존재 여부를 토지보상법 제21조 제2항에 따라 검토하고, 그 결과를 해당 인허가권자에게 제출함으로써 **사업인정에 대한 공익성 검토를 강화**하려는 것이다.

IV. 사업인정의제사업에 대한 중앙토지수용위원회 의견청취절차 운영현황과 공익성 판단기준

가. 의견청취 운영현황

나. 공익성 판단기준 법사목공개필지

한국토지공법학회의 연구용역 결과를 토대로 중앙토지수용위원회는 아래와 같은 공익성 검토기준을 수립하였다. 크게 **법상 전제, 사업주체(사업시행자의 의사와 능력), 입법목적의 부합성, 공익우월성, 사업계획의 합리성, 수용의 필요성, 공익의 지속성의 요건**으로 나눌 수 있고, 각 요건마다 판단기준을 10개로 세분하였다. 공익성 판단기준은 헌재의 결정, 대법원 판례, 일본의 사례를 참고하여 수립한 것이다.

1. 법상 전제   법 제4조 각호 및 별표상 규정된 사업에 해당하는 가?
2. 사업시행자의 (정당하고 적극적인) 의사와 (사업을 수행할 충분한)능력을 구비하였는가?
3. 입법목적의 부합성   법령의 목적, 상위계획·지침, 절차 등에 부합하였는가?
4. 공익 우월성   사업으로 얻게 되는 공익 > 잃게 되는 공익
5. 사업계획의 합리성
6. 수용의 필요성
7. 공익의 지속성

V. 공익성 검토절차와 관련된 법적 쟁점

가. 의견제출의 법적 성격 및 그 효과

'공익성 검토'는 중앙토지수용위원회가 자체적으로 이름 붙인 것으로, 법조문의 내용만으로 보면 이해관계자의 의견제출에 지나지 않는다.

따라서 인허가권자는 중앙토지수용위원회의 의견에 구속되지 않는다는 것이 타당한 해석으로 생각된다. 다만, 의견청취의 구속력과는 별개로, 토지보상법 제21조 제2항은 중앙토지수용위원회 및 이해관계인의 의견청취를 의무화하고 있기 때문에, 의견청취를 누락한 인허가고시는 절차적 위법을 구성할 것으로 생각되고, 그 위법의 정도는 중대하지는 않지만 명백한 사유이므로 취소사유에 해당한다고 판단된다.

나. 하자치유의 문제

<Case> 인허가권자가 중앙토지수용위원회의 의견청취절차를 누락하고 인허가고시를 한 경우

이 문제와 관련하여 아직 판례가 없다.

다만, 중앙토지수용위원회는 리스크 최소화라는 측면 및 적어도 이 문제가 소송으로 제기되었을 경우 피고가 될 인허가권자에게 필요한 항변사유를 제공하는 차원에서, 인허가고시 이후라도 의견청취절차를 거치는 것이 바람직하다는 취지로 안내하고 있는 실정이다.

이와 관련하여 대법원은 국민의 권익을 침해하지 않는 범위 내에서 행정행위의 무용한 반복을 피하고, 당사자의 법적 안정성을 위해 일정한 경우 예외적으로 하자의 치유를 인정하고 있다.

다. 인허가권자의 조건 등 부가 여부

<Case1> 중앙토지수용위원회가 조건 등을 부가할 것을 제시한 경우 인허가권자가 이러한 조건을 붙여 인허가를 할 수 있는지 문제된다.

학설 : 재량행위에는 법에 근거가 없는 경우에도 부관을 붙일 수 있다고 한다.

<Case2> 인허가권자가 사업인정의제의 효력만을 배제하는 인허가를 할 수 있는지 문제된다.

법률효과의 일부배제로써 '사업인정의제'효력만을 배제하는 인허가   <My Op.> 의미 없는......

조건을 부가(또는 철회권 유보)하면서 인허가를 하는 간접적인 방법

VI. 공익성 검토절차의 실효성 제고문제

(가) 이처럼, 공익성 검토의견에 법적 구속력이 인정되지 않고, 의견청취 누락으로 해당 인허가고시가 무효라고 볼 수 없다는 점 때문에, 공익성 검토절차의 실효성이 의문에 남겨진다.

중앙토지수용위원회의 의견이 단순한 참고사항에 불과하다는 점에 착안하여, 의견청취절차를 의도적으로 누락하거나 회신된 의견을 무시하고 인허가고시를 한 후 수용재결을 신청할 가능성도 배제할 수 없다.

(나) 실무적 방안들

<수용권 남용이론 2009두 1051>

중앙토지수용위원회의 의견을 의도적으로 무시하고 수용재결을 신청한 경우, 공익성이 없음을 이유로 해당 수용재결신청을 기각하는 방법이다.

VII. 나가며

공익성 검토기준이 추상적이고 포괄적이다. 사례집적도 충분하지 않아 인허가권자와 사업시행자의 예측가능성이 낮다는 지적이 여기저기서 나오고 있다. 또한 토지수용 범위의 적정성 문제는 사업계획의 합리성 문제와 불가분으로 연결되어 있는데, 과연 중앙토지수용위원회가 사업계획의 합리성까지 들여다 볼 능력이 있는지도 의문스럽다는 비판이 제기되기도 한다.

아울러 개발사업의 경우 입안에서 결정까지 다양한 전문가 및 관련 위원회의 자문과 내부검토를 거치게 되는데, 이러한 과정을 거친 개발사업의 내용에 대하여 토지수용기관인 중앙토지수용위원회가 반대하는 의견을 낼 수 있는지, 나아가 그러한 의견을 내는 것이 바람직한지도 논의의 대상이다.

토지는 중요한 생산수단이고 그 안에서 개인이 삶을 설계하고 영위해 나가기 때문에 단순히 돈으로 보상할 수 없는 부분도 많다. 그렇기 때문에 재산권 보장은 '가치보장'이 아니라 '존속보장'에 무게를 두어야 한다.

즉, 토지재산권의 보장은 '정당한 손실보상'의 문제 이전에 '수용의 필요성 내지 정당성'의 문제에서 시작되어야 한다.

※ <참고> 중앙토지수용위원회 공익성 판단 의견제시 사례

협의취득 강화!!

사업인정과 토지보상법 개정의 의의 및 내용

가. 중앙토지수용위원회가 공익사업의 신설, 변경 및 폐지 등에 관하여 개선요구 등을 할 수 있도록 하고, 중앙토지수용위원회의 개선요구 등에 대한 관계 행정기관의 반영의무를 규정하며, 중앙토지수용위원회는 개선요구 등을 위하여 관계 기관 소속 직원 또는 관계 전문가 등에게 의견진술이나 자료제출을 요구할 수 있도록 함(제4조의3 신설).

법 제4조의3(공익사업 신설 등에 대한 개선요구 등)

① 제49조에 따른 중앙토지수용위원회는 제4조 제8호에 따른 사업의 신설, 변경 및 폐지, 그 밖에 필요한 사항에 관하여 심의를 거쳐 관계 중앙행정기관의 장에게 개선을 요구하거나 의견을 제출할 수 있다.

② 제1항에 따라 개선요구나 의견제출을 받은 관계 중앙행정기관의 장은 정당한 사유가 없으면 이를 반영하여야 한다.

③ 제49조에 따른 중앙토지수용위원회는 제1항에 따른 개선요구·의견제출을 위하여 필요한 경우 관계 기관 소속 직원 또는 관계 전문기관이나 전문가로 하여금 위원회에 출석하여 그 의견을 진술하게 하거나 필요한 자료를 제출하게 할 수 있다.

영 제2조(개선요구 등에 관한 처리 결과의 확인)

법 제49조에 따른 중앙토지수용위원회(이하 "중앙토지수용위원회"라 한다)는 관계 중앙행정기관의 장에게 법 제4조의3 제1항에 따라 개선을 요구하거나 의견을 제출한 사항의 처리결과를 확인하기 위해 관련 자료의 제출을 요청할 수 있다.

다. 국토교통부장관이나 허가·인가·승인권자가 사업인정 또는 사업인정이 의제되는 지구지정·사업계획 승인 등에 있어 중앙토지수용위원회와 사전에 협의절차를 이행할 것을 규정함(제21조 제1항 및 제2항).

법 제21조(협의 및 의견청취 등)

① 국토교통부장관은 사업인정을 하려면 관계 중앙행정기관의 장 및 시·도지사 및 제49조에 따른 중앙토지수용위원회와 협의하여야 하며, 대통령령으로 정하는 바에 따라 미리 사업인정에 이해관계가 있는 자의 의견을 들어야 한다.

② 별표에 규정된 법률에 따라 사업인정이 있는 것으로 의제되는 공익사업의 허가·인가·승인권자 등은 사업인정이 의제되는 지구지정·사업계획승인 등을 하려는 경우 제1항에 따라 제49조에 따른 중앙토지수용위원회와 협의하여야 하며, 대통령령으로 정하는 바에 따라 사업인정에 이해관계가 있는 자의 의견을 들어야 한다.

③ ④ → **개정이유 라.**

⑤ 제49조에 따른 중앙토지수용위원회는 제1항 또는 제2항에 따라 협의를 요청받은 날부터 30일 이내에 의견을 제시하여야 한다. 다만, 그 기간 내에 의견을 제시하기 어려운 경우에는 한 차례만 30일의 범위에서 그 기간을 연장할 수 있다.

⑥ 제49조에 따른 중앙토지수용위원회는 제3항의 사항을 검토한 결과 자료 등을 보완할 필요가 있는 경우에는 해당 허가·인가·승인권자에게 14일 이내의 기간을 정하여 보완을 요청할 수 있다. 이 경우 그 기간은 제5항의 기간에 산입하지 아니한다.

⑦ 제49조에 따른 중앙토지수용위원회가 제5항에서 정한 기간 내에 의견을 제시하지 아니하는 경우에는 협의가 완료된 것으로 본다.

⑧ 그 밖에 제1항 또는 제2항의 협의에 관하여 필요한 사항은 국토교통부령으로 정한다.

영 제11조(의견청취 등)

① 법 제21조 제1항에 따라 국토교통부장관으로부터 사업인정에 관한 협의를 요청받은 관계 중앙행정기관의 장 또는 시·도지사는 특별한 사유가 없으면 협의를 요청받은 날부터 7일 이내에 국토교통부장관에게 의견을 제시하여야 한다.

② 국토교통부장관 또는 법 별표에 규정된 법률에 따라 사업인정이 있는 것으로 의제되는 공익사업의 허가·인가·승인권자 등은 법 제21조 제1항 및 제2항에 따라 사업인정에 관하여 이해관계가 있는 자의 의견을 들으려는 경우에는 사업인정신청서 및 관계 서류의 사본을 토지 등의 소재지를 관할하는 시장·군수 또는 구청장에게 송부하여야 한다.

③ 시장·군수 또는 구청장은 제2항에 따라 송부된 서류를 받았을 때에는 지체 없이 다음 각 호의 사항을 시·군 또는 구의 게시판에 공고하고, 공고한 날부터 14일 이상 그 서류를 일반인이 열람할 수 있도록 하여야 한다.
  1. 사업시행자의 성명 또는 명칭 및 주소
  2. 사업의 종류 및 명칭
  3. 사업예정지

④ 시장·군수 또는 구청장은 제3항에 따른 공고를 한 경우에는 그 공고의 내용과 의견이 있으면 의견서를 제출할 수 있다는 뜻을 토지소유자 및 관계인에게 통지하여야 한다. 다만, 통지받을 자를 알 수 없거나 그 주소·거소 또는 그 밖에 통지할 장소를 알 수 없을 때에는 그러하지 아니하다.

⑤ 토지소유자 및 관계인, 그 밖에 사업인정에 관하여 이해관계가 있는 자는 제3항에 따른 열람기간에 해당 시장·군수 또는 구청장에게 의견서를 제출할 수 있다.

⑥ 시장·군수 또는 구청장은 제3항에 따른 열람기간이 끝나면 제5항에 따라 제출된 의견서를 지체 없이 국토교통부장관 또는 법 별표에 규정된 법률에 따라 사업인정이 있는 것으로 의제되는 공익사업의 허가·인가·승인권자 등에게 송부하여야 하며, 제출된 의견서가 없는 경우에는 그 사실을 통지하여야 한다.

규칙 제9조의3(재협의 요청)

① 국토교통부장관 또는 법 별표에 규정된 법률에 따라 사업인정이 있는 것으로 의제되는 공익사업의 허가·인가·승인권자 등은 법 제21조 제1항 또는 제2항에 따라 중앙토지수용위원회가 사업인정 등에 동의하지 않은 경우에는 이를 보완하여 다시 협의를 요청할 수 있다.

② 제1항에 따른 재협의에 대해서는 법 제21조 제3항부터 제8항까지의 규정에 따른다.

규칙 제9조의4(협의 후 자료 제출 요청)

중앙토지수용위원회는 법 별표에 규정된 법률에 따라 사업인정이 있는 것으로 의제되는 공익사업의 허가·인가·승인권자 등에게 법 제21조 제2항에 따라 협의를 완료한 지구지정·사업계획승인 등에 관한 다음 각 호의 자료제출을 요청할 수 있다.

1. 사업인정이 의제되는 지구지정·사업계획승인 등의 여부
2. 협의 조건의 이행여부
3. 해당 공익사업에 대한 재결 신청현황

영 제11조의3(사업인정의 통지 등)

① 국토교통부장관은 법 제22조 제1항에 따라 사업시행자에게 사업인정을 통지하는 경우 법 제21조 제1항에 따른 중앙토지수용위원회와의 협의 결과와 중앙토지수용위원회의 의견서를 함께 통지해야 한다.

② 법 별표에 규정된 법률에 따라 사업인정이 있는 것으로 의제되는 공익사업의 허가·인가·승인권자 등은 사업인정이 의제되는 지구지정·사업계획승인 등을 할 때 법 제21조 제2항에 따른 중앙토지수용위원회와의 협의 결과와 중앙토지수용위원회의 의견서를 함께 통지해야 한다.

> 라. 사업인정 등에 대한 협의 시, 대상사업에 대한 검토기준으로 사업인정에 이해관계가 있는 자에 대한 의견수렴절차, 허가·인가·승인대상 사업의 공공성, 수용의 필요성, 그 밖에 대통령령으로 정하는 사항을 명시함(제21조 제3항).

법 제21조(협의 및 의견청취 등)

③ 제49조에 따른 중앙토지수용위원회는 제1항 또는 제2항에 따라 협의를 요청받은 경우 사업인정에 이해관계가 있는 자에 대한 의견수렴절차 이행 여부, 허가·인가·승인대상 사업의 공공성, 수용의 필요성, 그 밖에 대통령령으로 정하는 사항을 검토하여야 한다.

④ 제49조에 따른 중앙토지수용위원회는 제3항의 검토를 위하여 필요한 경우 관계 전문기관이나 전문가에게 현지조사를 의뢰하거나 그 의견을 들을 수 있고, 관계 행정기관의 장에게 관련 자료의 제출을 요청할 수 있다.

영 제11조의2(검토사항)

법 제21조 제3항에서 "대통령령으로 정하는 사항"이란 다음 각 호의 사항을 말한다.
1. 해당 공익사업이 근거 법률의 목적, 상위 계획 및 시행 절차 등에 부합하는지 여부
2. 사업시행자의 재원 및 해당 공익사업의 근거 법률에 따른 법적 지위 확보 등 사업수행능력 여부

> 사업인정의 검토사항[요건] 〈법 제21조 제3항 및 시행령 11조의2〉
> 1. 사업의 공공성
>   공익성 판단기준 〈중앙토지수용위원회〉
> 2. 수용의 필요성
> 3. 의견 수렴절차 이행 여부
> 4. 해당 공익사업의 근거 법률의 목적, 상위계획 및 시행절차 등에 부합하는지 여부
> 5. 사업시행자의 재원 및 해당 공익사업의 근거 법률에 따른 법적 지위 확보 등 사업수행능력 여부

법 제24조의2(사업의 완료)

① 사업이 완료된 경우 사업시행자는 지체 없이 사업시행자의 성명이나 명칭, 사업의 종류, 사업지역, 사업인정고시일 및 취득한 토지의 세목을 사업지역을 관할하는 시·도지사에게 신고하여야 한다.

② 시·도지사는 제1항에 따른 신고를 받으면 사업시행자의 성명이나 명칭, 사업의 종류, 사업지역 및 사업인정고시일을 관보에 고시하여야 한다.

③ 시·도지사는 제1항에 따른 신고가 없는 경우에도 사업이 완료된 것을 알았을 때에는 미리 사업시행자의 의견을 듣고 제2항에 따른 고시를 하여야 한다.

④ 별표에 규정된 법률에 따라 제20조에 따른 사업인정이 있는 것으로 의제되는 사업이 해당 법률에서 정하는 바에 따라 해당 사업의 준공·완료·사용개시 등이 고시·공고된 경우에는 제2항에 따른 고시가 있는 것으로 본다.

[본조신설 2021.8.10.]

판례

▶ 대판 2019.2.28, 2017두71031 [사업인정고시취소] 〈풍납토성 보존을 위한 사업인정 사건〉

※ 해당 판례의 주요 쟁점
1. 사업인정의 요건
2. 사업인정 등 처분에 대하여 재량권 일탈·남용 여부
3. 토지보상법에 따라 국가지정문화재 등을 수용할 수 있는지 여부
4. 사업시행자의 공익사업 수행능력과 의사가 사업인정의 요건인지 여부

[판시사항]
[1] 사업인정의 법적 성격 및 사업인정기관이 공익사업을 위한 토지 등의 취득 및 보상에 관한 법률상의 사업인정을 하기 위한 요건

[2] 문화재의 보존을 위한 사업인정 등 처분에 대하여 재량권 일탈·남용 여부를 심사하는 방법 및 이때 구체적으로 고려할 사항

[3] 국가지정문화재에 대하여 관리단체로 지정된 지방자치단체의 장이 문화재보호법 제83조 제1항 및 공익사업을 위한 토지 등의 취득 및 보상에 관한 법률에 따라 국가지정문화재나 그 보호구역에 있는 토지 등을 수용할 수 있는지 여부(적극)

[4] 사업시행자에게 해당 공익사업을 수행할 의사와 능력이 있어야 한다는 것이 사업인정의 한 요건인지 여부(적극)

[판결요지]
[1] 사업인정이란 공익사업을 토지 등을 수용 또는 사용할 사업으로 결정하는 것으로서 공익사업의 시행자에게 그 후 일정한 절차를 거칠 것을 조건으로 일정한 내용의 수용권을 설정하여 주는 형성행위이다. 그러므로 해당 사업이 외형상 토지 등을 수용 또는 사용할 수 있는 사업에 해당하더라도 사업인정기관으로서는 그 사업이 공용수용을 할 만한 공익성이 있는지 여부와 공익성이 있는 경우에도 그 사업의 내용과 방법에 관하여 사업인정에 관련된 자들의 이익을 공익과 사익 사이에서는 물론, 공익 상호 간 및 사익 상호 간에도 정당하게 비교·교량하여야 하고, 비교·교량은 비례의 원칙에 적합하도록 하여야 한다.

[2] 문화재보호법은 관할 행정청에 문화재 보호를 위하여 일정한 행위의 금지나 제한, 시설의 설치나 장애물의 제거, 문화재 보존에 필요한 긴급한 조치 등 수용권보다 덜 침익적인 방법을 선택할 권한도 부여하고 있기는 하다. 그러나 문화재란 인위적이거나 자연적으로 형성된 국가적·

민족적 또는 세계적 유산으로서 역사적·예술적·학술적 또는 경관적 가치가 큰 것을 말하는데
(문화재보호법 제2조 제1항), 문화재의 보존·관리 및 활용은 원형 유지를 기본원칙으로 한다
(문화재보호법 제3조). 그리고 문화재는 한번 훼손되면 회복이 곤란한 경우가 많을 뿐 아니라,
회복이 가능하더라도 막대한 비용과 시간이 소요되는 특성이 있다. 이러한 문화재의 보존을 위
한 사업인정 등 처분에 대하여 재량권 일탈·남용 여부를 심사할 때에는, 위와 같은 문화재보호
법의 내용 및 취지, 문화재의 특성, 사업인정 등 처분으로 인한 국민의 재산권 침해 정도 등을
종합하여 신중하게 판단하여야 한다. 구체적으로는 ① 우리 헌법이 "국가는 전통문화의 계승·
발전과 민족문화의 창달에 노력하여야 한다."라고 규정하여(제9조), 국가에 전통문화 계승 등을
위하여 노력할 의무를 부여하고 있는 점, ② 문화재보호법은 이러한 헌법 이념에 근거하여 문
화재의 보존·관리를 위한 국가와 지방자치단체의 책무를 구체적으로 정하는 한편, 국민에게도
문화재의 보존·관리를 위하여 국가와 지방자치단체의 시책에 적극 협조하도록 규정하고 있는 점
(제4조), ③ 행정청이 문화재의 역사적·예술적·학술적 또는 경관적 가치와 원형의 보존이라는
목표를 추구하기 위하여 문화재보호법 등 관계 법령이 정하는 바에 따라 내린 전문적·기술적
판단은 특별히 다른 사정이 없는 한 이를 최대한 존중할 필요가 있는 점 등을 고려하여야 한다.

[3] 문화재보호법 제83조 제1항은 "문화재청장이나 지방자치단체의 장은 문화재의 보존·관리를
위하여 필요하면 지정문화재나 그 보호구역에 있는 토지, 건물, 입목(立木), 죽(竹), 그 밖의 공
작물을 공익사업을 위한 토지 등의 취득 및 보상에 관한 법률(이하 '토지보상법'이라 한다)에
따라 수용(收用)하거나 사용할 수 있다."라고 규정하고 있다. 한편 국가는 문화재의 보존·관리
및 활용을 위한 종합적인 시책을 수립·추진하여야 하고, 지방자치단체는 국가의 시책과 지역
적 특색을 고려하여 문화재의 보존·관리 및 활용을 위한 시책을 수립·추진하여야 하며(문화
재보호법 제4조), 문화재청장은 국가지정문화재 관리를 위하여 지방자치단체 등을 관리단체로
지정할 수 있고(문화재보호법 제34조), 지방자치단체의 장은 국가지정문화재와 역사문화환경
보존지역의 관리·보호를 위하여 필요하다고 인정하면 일정한 행위의 금지나 제한, 시설의 설
치나 장애물의 제거, 문화재 보존에 필요한 긴급한 조치 등을 명할 수 있다(문화재보호법 제42
조 제1항). 이와 같이 문화재보호법은 지방자치단체 또는 지방자치단체의 장에게 시·도지정문
화재뿐 아니라 국가지정문화재에 대하여도 일정한 권한 또는 책무를 부여하고 있고, 문화재보
호법에 해당 문화재의 지정권자만이 토지 등을 수용할 수 있다는 등의 제한을 두고 있지 않으므
로, 국가지정문화재에 대하여 관리단체로 지정된 지방자치단체의 장은 문화재보호법 제83조 제
1항 및 토지보상법에 따라 국가지정문화재나 그 보호구역에 있는 토지 등을 수용할 수 있다.

[4] 공익사업을 수행하여 공익을 실현할 의사나 능력이 없는 자에게 타인의 재산권을 공권력적·강
제적으로 박탈할 수 있는 수용권을 설정하여 줄 수는 없으므로, 사업시행자에게 해당 공익사업
을 수행할 의사와 능력이 있어야 한다는 것도 사업인정의 한 요건이라고 보아야 한다.

[참조조문]
[1] 공익사업을 위한 토지 등의 취득 및 보상에 관한 법률 제20조
[2] 헌법 제9조, 문화재보호법 제2조 제1항, 제3조, 제4조
[3] 문화재보호법 제4조, 제34조, 제42조 제1항, 제83조 제1항
[4] 공익사업을 위한 토지 등의 취득 및 보상에 관한 법률 제20조

[참조판례]
[1][4] 대판 2011.1.27, 2009두1051
[1] 대판 1995.12.5, 95누4889
   대판 2005.4.29, 2004두14670

[2] 대판 2000.10.27, 99두264

    대판 2005.1.28, 2004두10661

[전 문]

[원고, 상고인] 주식회사 삼표산업

[피고, 피상고인] 국토교통부장관

[피고보조참가인] 문화재청장 외 2인

[원심판결] 대전고법 2017.11.2, 2017누10454

[주 문]

상고를 기각한다. 상고비용은 보조참가로 인한 부분을 포함하여 원고가 부담한다.

[이 유]

1. 이 사건 사업인정의 공익성, 필요성, 비례의 원칙 위반 여부

    가. 사업인정이란 공익사업을 토지 등을 수용 또는 사용할 사업으로 결정하는 것으로서 공익사업의 시행자에게 그 후 일정한 절차를 거칠 것을 조건으로 일정한 내용의 수용권을 설정하여 주는 형성행위이다. 그러므로 해당 사업이 외형상 토지 등을 수용 또는 사용할 수 있는 사업에 해당한다고 하더라도 사업인정기관으로서는 그 사업이 공용수용을 할 만한 공익성이 있는지 여부와 공익성이 있는 경우에도 그 사업의 내용과 방법에 관하여 사업인정에 관련된 자들의 이익을 공익과 사익 사이에서는 물론, 공익 상호 간 및 사익 상호 간에도 정당하게 비교·교량하여야 하고, 그 비교·교량은 비례의 원칙에 적합하도록 하여야 한다(대판 1995.12.5, 95누4889, 대판 2005.4.29, 2004두14670 등 참조). 문화재보호법은 관할 행정청에 문화재 보호를 위하여 일정한 행위의 금지나 제한, 시설의 설치나 장애물의 제거, 문화재 보존에 필요한 긴급한 조치 등 수용권보다 덜 침익적인 방법을 선택할 권한도 부여하고 있기는 하다. 그러나 문화재란 인위적이거나 자연적으로 형성된 국가적·민족적 또는 세계적 유산으로서 역사적·예술적·학술적 또는 경관적 가치가 큰 것을 말하는데(문화재보호법 제2조 제1항), 문화재의 보존·관리 및 활용은 원형 유지를 기본원칙으로 한다(문화재보호법 제3조). 그리고 문화재는 한번 훼손되면 회복이 곤란한 경우가 많을 뿐 아니라, 회복이 가능하더라도 막대한 비용과 시간이 소요되는 특성이 있다(대법원 2005.1.28, 2004두10661 참조). 이러한 문화재의 보존을 위한 사업인정 등 처분에 대하여 재량권 일탈·남용 여부를 심사할 때에는, 위와 같은 문화재보호법의 내용 및 취지, 문화재의 특성, 사업인정 등 처분으로 인한 국민의 재산권 침해 정도 등을 종합하여 신중하게 판단하여야 한다. 구체적으로는 ① 우리 헌법이 "국가는 전통문화의 계승·발전과 민족문화의 창달에 노력하여야 한다."라고 규정하여(제9조), 국가에 전통문화 계승 등을 위하여 노력할 의무를 부여하고 있는 점, ② 문화재보호법은 이러한 헌법 이념에 근거하여 문화재의 보존·관리를 위한 국가와 지방자치단체의 책무를 구체적으로 정하는 한편, 국민에게도 문화재의 보존·관리를 위하여 국가와 지방자치단체의 시책에 적극 협조하도록 규정하고 있는 점(제4조), ③ 행정청이 문화재의 역사적·예술적·학술적 또는 경관적 가치와 원형의 보존이라는 목표를 추구하기 위하여 문화재보호법 등 관계 법령이 정하는 바에 따라 내린 전문적·기술적 판단은 특별히 다른 사정이 없는 한 이를 최대한 존중할 필요가 있는 점(대판 2000.10.27, 99두264 등 참조) 등을 고려하여야 한다.

    나. 원심은, 다음과 같은 사정들을 종합하면, ① 풍납토성의 역사적 가치에 비추어 이를 복원·정비하기 위한 이 사건 사업은 그 공익성이 당연히 인정될 뿐 아니라, ② 이 사건 수용대상 부지는 풍납토성 성벽의 부지 또는 그 성벽에 바로 인접한 부지로서, 이를 수용하여 성벽

또는 해자시설을 복원·정비하는 것은 풍납토성의 보존·관리를 위하여 필요하며, ③ 공·사익 상호 간의 비교형량 또한 비례원칙에 적합하다고 판단하였다.

(1) 헌법 제9조, 문화재보호법 제1조, 제4조 등을 고려하면, 문화재보호법에서 정한 '문화재 보존·관리 및 활용'을 위한 사업은 헌법적 요청에 의한 국가의 의무를 실현하기 위한 것으로서 정당한 공익에 해당한다.

(2) 풍납토성은 백제 한성기 왕궁을 수비하기 위한 토성으로 추정되는 유적지로, 한국에서 발견된 최고(最古)의 왕성 유적으로서 백제 한성기의 역사를 보여주는 유적 중에서 가장 중요한 것으로 평가되고 있다. 풍납토성은 현재 서성벽 일부 구간과 동·남·북성벽 합계 2.7km 가량이 잔존한 상태로, 고구려 국내성, 경주의 월성, 평양의 낙랑토성보다 훨씬 크고 웅장하다고 평가되고 있고, 수차례의 발굴조사 결과 1,000여 기가 넘는 유구와 수만 점의 유물이 출토되었다.

(3) 발굴조사결과 보고서에 의하면 이 사건 수용대상부지 중 원고의 사옥부지에는 성벽 또는 해자 시설이 존재하였을 것으로 추정되고, 설령 그렇지 않더라도 성벽 또는 해자 시설에 매우 근접한 위치일 것으로 추정되며, 성벽 또는 해자 시설의 복원·정비를 위해서는 이와 근접한 주변 지역 역시 수용대상이 될 수밖에 없다.

(4) 문화재청과 참가인 서울특별시 및 서울특별시 송파구는 2017.1.경까지 풍납토성 사적으로 지정된 구역(총면적 379,984.3㎡) 중 276,686㎡를 약 5,502억원에 매입하였다. 향후 매입하기로 예정된 핵심권역인 Ⅱ권역 내 토지 등의 보상을 위해서 약 1조원이 투입될 것으로 예상하는데, 이 사건 수용대상부지 중 원고의 공장부지는 풍납토성 성벽 부인 Ⅱ-1지구로서 풍납토성 전체 복원·정비사업의 핵심권역에 속한다.

(5) 서성벽의 존재가 강하게 추정되므로, '철저한 고증을 통한 서성벽의 복원·정비'라는 이 사건 사업의 목적은 결국 풍납토성을 그 원형에 가깝게 복원하는 것으로서, 원형 유지의 원칙에 부합한다.

(6) 이 사건 사업은 풍납토성 복원·정비 및 활용을 궁극적 목적으로 하는 것이고, 발굴조사는 풍납토성을 복원·정비하기 위해 선행되어야 할 기본적인 업무이다.

(7) 유실된 성벽 구간의 부분적인 복원 및 정비도 그 자체로 의미 있는 사업이므로, 서성벽 전체의 완전한 복원이 가능한 경우에 한하여 이 사건 사업의 시행이 가능하다고 볼 수는 없다.

(8) 공장 운영 중단에 따른 불이익은 영업보상 등으로 어느 정도 구제될 수 있는 점 등에 비추어 보면, 이 사건 사업인정고시로 이 사건 수용대상부지가 수용됨으로써 원고 등에게 발생하는 사익 침해의 정도가 문화재 등의 가치 보호라는 공익에 비추어 크다고 보기 어렵다.

(9) 풍납토성의 형태 등에 비추어 수용의 필요성이 적은 부분은 여러 토지에 걸쳐 남북 방향으로 길고 좁게 이어진 형상일 수밖에 없는데, 잔여지로서 활용도가 높지 않아 이 부분만을 수용대상에서 제외하는 것이 원고에게 이익이라고 볼 수도 없다.

다. 앞에서 본 법리에 비추어 원심판결이유를 살펴보면, 원심의 이러한 판단은 정당하고, 거기에 사업인정의 공익성, 필요성, 비례의 원칙 등 재량권 일탈·남용에 관한 법리를 오해한 잘못이 없다.

2. 지방자치단체의 장인 참가인 송파구청장이 문화재보호법 제83조 제1항에 따라 국가지정문화재를 수용할 수 있는 사업시행자가 될 수 있는지 여부

문화재보호법 제83조 제1항은 "문화재청장이나 지방자치단체의 장은 문화재의 보존·관리를 위

하여 필요하면 지정문화재나 그 보호구역에 있는 토지, 건물, 입목(立木), 죽(竹), 그 밖의 공작물을 「공익사업을 위한 토지 등의 취득 및 보상에 관한 법률(이하 '토지보상법'이라 한다)」에 따라 수용(收用)하거나 사용할 수 있다."라고 규정하고 있다.

한편 국가는 문화재의 보존·관리 및 활용을 위한 종합적인 시책을 수립·추진하여야 하고, 지방자치단체는 국가의 시책과 지역적 특색을 고려하여 문화재의 보존·관리 및 활용을 위한 시책을 수립·추진하여야 하며(문화재보호법 제4조), 문화재청장은 국가지정문화재 관리를 위하여 지방자치단체 등을 관리단체로 지정할 수 있고(문화재보호법 제34조), 지방자치단체의 장은 국가지정문화재와 그 역사문화환경 보존지역의 관리·보호를 위하여 필요하다고 인정하면 일정한 행위의 금지나 제한, 시설의 설치나 장애물의 제거, 문화재 보존에 필요한 긴급한 조치 등을 명할 수 있다(문화재보호법 제42조 제1항).

이와 같이 문화재보호법은 지방자치단체 또는 지방자치단체의 장에게 시·도지정문화재뿐 아니라 국가지정문화재에 대하여도 일정한 권한 또는 책무를 부여하고 있고, 문화재보호법에 해당 문화재의 지정권자만이 토지 등을 수용할 수 있다는 등의 제한을 두고 있지 않으므로, 국가지정문화재에 대하여 관리단체로 지정된 지방자치단체의 장은 문화재보호법 제83조 제1항 및 토지보상법에 따라 국가지정문화재나 그 보호구역에 있는 토지 등을 수용할 수 있다. 원심이, 풍납토성이 국가지정문화재라 하더라도 관리단체인 참가인 송파구청장이 이 사건 수용대상부지를 수용할 수 있다고 판단한 것은 위 법리에 따른 것으로서, 거기에 문화재보호법 제83조 제1항의 수용 주체에 관한 법리를 오해한 잘못이 없다.

3. 참가인 송파구청장의 공익사업 수행 의사와 능력이 인정되는지

가. 공익사업을 수행하여 공익을 실현할 의사나 능력이 없는 자에게 타인의 재산권을 공권력적·강제적으로 박탈할 수 있는 수용권을 설정하여 줄 수는 없으므로, 사업시행자에게 해당 공익사업을 수행할 의사와 능력이 있어야 한다는 것도 사업인정의 한 요건이라고 보아야 한다(대판 2011.1.27, 2009두1051 참조).

나. 원심은, 이 사건 사업을 위한 사업비는 모두 조달 가능한 것으로 보이고, 사업비 조달 방식도 적법하며, 토지수용보상금도 관계 법령에서 정한 보조금 및 지방비의 용도에 포함되므로, 참가인 송파구청장이 이 사건 사업비를 송파구의 자체 예산으로 조달하지 않는다는 사정만으로 참가인 송파구청장에게 사업 수행 의사나 능력이 없다고 볼 수 없다고 판단하였다. 관련 법리 및 기록에 비추어 살펴보면, 원심의 이러한 판단은 정당하고, 거기에 공익사업을 시행할 의사 또는 능력에 관한 법리를 오해한 잘못이 없다.

4. 사적 지정처분의 하자 승계 여부

원심은, 이 사건 각 사적 지정처분과 이 사건 사업인정고시는 서로 독립하여 별개의 법률효과를 목적으로 하고, 사적 지정처분의 불가쟁력이나 구속력이 원고에게 수인한도를 넘는 가혹함을 가져오고 그 결과가 예측불가능한 것이라고 인정하기에 부족하며, 원고가 주장하는 각 사적 지정처분의 하자가 당연무효사유에 해당한다고 볼 만한 사정도 없어 그 주장하는 사적 지정처분의 하자가 이 사건 사업인정고시에 승계되는 것도 아니라는 취지로 판단하였다. 관련 법리에 비추어 원심판결 이유를 살펴보면, 원심의 이러한 판단은 정당하고, 거기에 하자 승계 등에 관한 법리를 오해한 잘못이 없다.

5. 결론

그러므로 상고를 기각하고, 상고비용은 보조참가로 인한 부분을 포함하여 패소자가 부담하도록 하여, 관여 대법관의 일치된 의견으로 주문과 같이 판결한다.

(출처 : 대판 2019.2.28, 2017두71031[사업인정고시취소])

풍납토성 사업인정고시 사건의 원심판결(대전고법 2017.11.2, 2017누10454)의 주요 요지

① 사적 지정처분의 하자가 있는지 여부

원고의 참가인 문화재청장은 사전 유구조사 등을 실시하여 이 사건 공장부지에 풍납토성의 성벽이나 성곽 등의 존재를 확인한 후 사적 지정처분을 하여야 함에도 불구하고, 사전 유구조사 등 문화재보호 법에서 정한 절차를 준수하지 아니하고 이 사건 공장부지를 사적으로 지정하였으므로, 2차 및 3차 추가 사적 지정처분은 위법하다. 위 각 사적 지정처분과 이 사건 사업인정고시는 선행처분과 후행처분의 관계에 있는바, 위 각 사적 지정처분의 하자로 인하여 후행처분인 이 사건 사업인정고시 또한 위법하다는 주장에 대하여, 원심은 "사적 지정처분은 문화재보호법에서 정한 사적 지정절차를 모두 준수하였으며, 이 사건 공장부지에 대하여 사전 유구조사를 거치지 않았다는 사정만으로는 위 각 사적 지정처분을 위법하다고 할 수 없으며, 설령 2차 및 3차 추가 사적 지정처분에 절차적 하자가 있어 위법하다 하더라도 위 각 사적 지정처분과 이 사건 사업인정고시는 서로 독립하여 별개의 법률효과를 목적으로 하는 것으로 하자가 승계된다고 보기 어렵다"고 판단함.

② 이 사건 사업인정고시에 사업시행자를 잘못 지정한 하자가 있는지 여부

원고의 문화재보호법 제83조 제1항에 의하면 국가지정문화재를 수용하는 사업은 국가지정문화재 지정권자인 참가인 문화재청장만이 시행할 적격이 있으므로, 참가인 송파구청장은 국가지정문화재인 이 사건 공장부지를 수용하는 이 사건 사업의 시행자가 될 수 없다. 따라서 이 사건 사업인정고시는 사업시행자를 잘못 지정한 하자가 있으며, 이 사건 사업인정고시는 사업시행자와 협의취득 주체가 상이하여 법률에 근거한 사업시행자에 의하여 공익사업이 수행되어야 한다는 원칙에 위배되는 것으로서, 사업시행자인 참가인 송파구청장에게는 사업비 조달 등과 관련하여 사업수행의사와 수행능력이 없어 하자가 있다는 주장에 대하여, 원심은 "법상 국가지정문화재에 대하여 지방자치단체의 장이 사업시행자로서 토지를 수용하는 것이 불가능하다고는 보이지 아니하고, 달리 이러한 수용이 금지된다고 볼 아무런 법률상 근거가 없으므로, 풍납토성이 국가지정문화재라 하더라도 문화재보호법 제34조 제1항 소정의 관리단체인 참가인 송파구청장은 같은 법 제83조 제1항에 의하여 그 보존·관리를 위해 필요한 경우 고유의 권한으로 토지보상법에 따라 토지를 수용할 수 있다고 할 것이며, 참가인 송파구청장이 이 사건 사업비를 송파구의 자체 예산으로 조달하지 않는다는 사정만으로 참가인 송파구청장에게 사업수행의사나 능력이 없다고 볼 수 없다"고 판단함.

③ 사업시행방식의 하자가 있는지 여부

원고의 이 사건 사업은 풍납토성 지역 전체의 복원·정비사업의 일부분에 불과하여 사업인정의 대상 적격이 없으며, 원고의 이 사건 공장부지만을 사업대상지로 삼아 이 사건 공장을 이전시킬 목적에서 비롯된 '표적수용'의 성격을 띠고 있는바, 이 사건 사업인정고시는 위법하고, 참가인 송파구청장과 참가인 서울특별시는 이 사건 공장부지에 대하여 연차적으로 토지를 협의취득하고 협의취득된 토지에 관하여 임대료를 부과하는 방식으로 보상을 진행하였는바, 이는 토지보상법에서 정한 일괄보상 및 사전보상의 원칙에 위배되는 것으로서 위법하다고 주장에 대하여, 원심은 "풍납토성의 구조 및 지역특성을 고려하여 이를 여러 권역으로 나누어 순차적으로 사업을 진행하는 것이 위법하다고 할 수 없고, 이 사건 수용대상부지에 대한 이 사건 사업인정고시가 특정 토지 소유자를 축출하기 위한 '표적수용'이라고 볼 근거가 없으며, 토지보상법 제65조는 '사업시행자는 동일한 사업지역에 보상시기를 달리하는 동일인 소유의 토지 등이 여러 개 있는 경우 토지소유자나 관계인이 요구할 때에는 한꺼번에 보상금을

지급하도록 하여야 한다'고 규정하고 있는바, 원고가 참가인 송파구청장에 대하여 이 사건 공장부지 전체 필지에 대하여 일괄적으로 협의취득 또는 강제수용을 요구하였음을 인정할 아무런 증거가 없으며 오히려 이 사건 공장부지에 대한 협의취득 절차가 순차적으로 진행되어 온 점에 비추어 보면 이 사건 공장부지에 대한 협의취득 또는 수용의 방식이 위 토지보상법 규정에서 정한 일괄보상원칙에 위배된다고 할 수 없다."고 판단함.

④ 사업목적 및 필요성의 부존재 및 비례의 원칙 위반 여부

원고의 이 사건 사업은 사업목적 및 필요성이 존재하지 않으며, 이 사건 사업인정고시는 사업으로 인하여 달성될 수 있는 공익과 침해되는 사익 간의 비교형량이 현저하게 불균형하여 비례의 원칙에 반하므로 위법하다는 주장에 대하여, 원심은 "풍납토성의 역사적 가치에 비추어 이를 복원·정비하는 사업은 그 공익성이 당연히 인정될 뿐 아니라, 이 사건 수용대상부지는 풍납토성 성벽의 부지 또는 그 성벽에 바로 인접한 부지로서 이를 수용하여 성벽 또는 해자시설을 복원·정비하는 것은 풍납토성의 보존·관리를 위하여 필요하며, 공·사익 상호간의 비교형량 또한 비례원칙에 적합하다."고 판단함.

(4) 사업인정의 절차

① 사업인정의 신청(시행령 제10조)

사업인정을 받으려는 자는 국토교통부령으로 정하는 사업인정신청서에 신청사유 등을 적어 특별시장·광역시장·도지사 또는 특별자치도지사를 거쳐 국토교통부장관에게 제출하여야 한다. 다만, 사업시행자가 국가인 경우에는 해당 사업을 시행할 관계 중앙행정기관의 장이 직접 사업인정신청서를 국토교통부장관에게 제출할 수 있다.

> **↳ 시행령 제10조(사업인정의 신청)**
> ① 법 제20조 제1항에 따른 사업인정(이하 "사업인정"이라 한다)을 받으려는 자는 국토교통부령으로 정하는 사업인정신청서(이하 "사업인정신청서"라 한다)에 다음 각 호의 사항을 적어 특별시장·광역시장·도지사 또는 특별자치도지사(이하 "시·도지사"라 한다)를 거쳐 국토교통부장관에게 제출하여야 한다. 다만, 사업시행자가 국가인 경우에는 해당 사업을 시행할 관계 중앙행정기관의 장이 직접 사업인정신청서를 국토교통부장관에게 제출할 수 있다.
> 　1. 사업시행자의 성명 또는 명칭 및 주소
> 　2. 사업의 종류 및 명칭
> 　3. 사업예정지
> 　4. 사업인정을 신청하는 사유
> ② 사업인정신청서에는 다음 각호의 서류 및 도면을 첨부하여야 한다.
> 　1. 사업계획서
> 　2. 사업예정지 및 사업계획을 표시한 도면
> 　3. 사업예정지 안에 법 제19조 제2항에 따른 토지 등이 있는 경우에는 그 토지 등에 관한 조서·도면 및 해당 토지 등의 관리자의 의견서
> 　4. 사업예정지 안에 있는 토지의 이용이 다른 법령에 따라 제한된 경우에는 해당 법령의 시행에 관하여 권한있는 행정기관의 장의 의견서
> 　5. 사업의 시행에 관하여 행정기관의 면허 또는 인가 그 밖의 처분이 필요한 경우에는 그 처분사실을 증명하는 서류 또는 해당 행정기관의 장의 의견서

6. 토지소유자 또는 관계인과의 협의내용을 적은 서류(협의를 한 경우로 한한다)
7. 수용 또는 사용할 토지의 세목(토지 외의 물건 또는 권리를 수용하거나 사용할 경우에는 해당 물건 또는 권리가 소재하고 있는 토지의 세목을 말한다)을 적은 서류
8. 해당 공익사업의 공공성, 수용의 필요성 등에 대해 중앙토지수용위원회가 정하는 바에 따라 작성한 사업시행자의 의견서

② 의견청취 등

(ㄱ) **토지보상법령의 태도** : 국토교통부장관은 사업인정을 하려면 관계 중앙행정기관의 장 및 특별시장·광역시장·도지사·특별자치도지사(이하 "시·도지사"라 한다) 및 제49조에 따른 중앙토지수용위원회와 협의하여야 하며, 대통령령으로 정하는 바에 따라 미리 사업인정에 이해관계가 있는 자의 의견을 들어야 한다. 이는 원고적격과 관련하여 이해관계인의 범위에 대하여 시행령 제11조 제5항에서 "토지소유자 및 관계인 그 밖에 사업인정에 관하여 이해관계가 있는 자"로 규정하고 있어 사업인정에 대한 행정소송을 제기할 이해관계인의 범위에 피수용자가 포함됨에는 문제가 없으나, 인근 주민이 포함되는지 문제된다.

> **법 제21조(협의 및 의견청취 등)**
>
> ① 국토교통부장관은 사업인정을 하려면 관계 중앙행정기관의 장 및 특별시장·광역시장·도지사·특별자치도지사(이하 "시·도지사"라 한다) 및 제49조에 따른 중앙토지수용위원회와 협의하여야 하며, 대통령령으로 정하는 바에 따라 미리 사업인정에 이해관계가 있는 자의 의견을 들어야 한다.
>
> ② 별표에 규정된 법률에 따라 사업인정이 있는 것으로 의제되는 공익사업의 허가·인가·승인권자 등은 사업인정이 의제되는 지구지정·사업계획승인 등을 하려는 경우 제1항에 따라 제49조에 따른 중앙토지수용위원회와 협의하여야 하며, 대통령령으로 정하는 바에 따라 사업인정에 이해관계가 있는 자의 의견을 들어야 한다.
>
> ③ 제49조에 따른 중앙토지수용위원회는 제1항 또는 제2항에 따라 협의를 요청받은 경우 사업인정에 이해관계가 있는 자에 대한 의견 수렴 절차 이행 여부, 허가·인가·승인대상 사업의 공공성, 수용의 필요성, 그 밖에 대통령령으로 정하는 사항을 검토하여야 한다.
>
> ④ 제49조에 따른 중앙토지수용위원회는 제3항의 검토를 위하여 필요한 경우 관계 전문기관이나 전문가에게 현지조사를 의뢰하거나 그 의견을 들을 수 있고, 관계 행정기관의 장에게 관련 자료의 제출을 요청할 수 있다.
>
> ⑤ 제49조에 따른 중앙토지수용위원회는 제1항 또는 제2항에 따라 협의를 요청받은 날부터 30일 이내에 의견을 제시하여야 한다. 다만, 그 기간 내에 의견을 제시하기 어려운 경우에는 한 차례만 30일의 범위에서 그 기간을 연장할 수 있다.
>
> ⑥ 제49조에 따른 중앙토지수용위원회는 제3항의 사항을 검토한 결과 자료 등을 보완할 필요가 있는 경우에는 해당 허가·인가·승인권자에게 14일 이내의 기간을 정하여 보완을 요청할 수 있다. 이 경우 그 기간은 제5항의 기간에 산입하지 아니한다.
>
> ⑦ 제49조에 따른 중앙토지수용위원회가 제5항에서 정한 기간 내에 의견을 제시하지 아니하는 경우에는 협의가 완료된 것으로 본다.
>
> ⑧ 그 밖에 제1항 또는 제2항의 협의에 관하여 필요한 사항은 국토교통부령으로 정한다.

시행령 제11조(의견청취 등)

① 법 제21조 제1항에 따라 국토교통부장관으로부터 사업인정에 관한 협의를 요청받은 관계 중앙행 정기관의 장 또는 시·도지사는 특별한 사유가 없으면 협의를 요청받은 날부터 7일 이내에 국토 교통부장관에게 의견을 제시하여야 한다.

② 국토교통부장관 또는 법 별표에 규정된 법률에 따라 사업인정이 있는 것으로 의제되는 공익사업 의 허가·인가·승인권자 등은 법 제21조 제1항 및 제2항에 따라 사업인정에 관하여 이해관계가 있는 자의 의견을 들으려는 경우에는 사업인정신청서(법 별표에 규정된 법률에 따라 사업인정이 있는 것으로 의제되는 공익사업의 경우에는 허가·인가·승인 등 신청서를 말한다) 및 관계 서류 의 사본을 토지 등의 소재지를 관할하는 시장(행정시의 시장을 포함한다. 이하 이 조에서 같다)· 군수 또는 구청장(자치구가 아닌 구의 구청장을 포함한다. 이하 이 조에서 같다)에게 송부(전자문 서에 의한 송부를 포함한다. 이하 이 조에서 같다)하여야 한다.

③ 시장·군수 또는 구청장은 제2항에 따라 송부된 서류를 받았을 때에는 지체없이 다음 각 호의 사항을 시(행정시를 포함한다)·군 또는 구(자치구가 아닌 구를 포함한다)의 게시판에 공고하고, 공고한 날부터 14일 이상 그 서류를 일반인이 열람할 수 있도록 하여야 한다.
  1. 사업시행자의 성명 또는 명칭 및 주소
  2. 사업의 종류 및 명칭
  3. 사업예정지

④ 시장·군수 또는 구청장은 제3항에 따른 공고를 한 경우에는 그 공고의 내용과 의견이 있으면 의견서를 제출할 수 있다는 뜻을 토지소유자 및 관계인에게 통지(토지소유자 및 관계인이 원하는 경우에는 전자문서에 의한 통지를 포함한다)하여야 한다. 다만, 통지를 받을 자를 알 수 없거나 그 주소·거소 또는 그 밖에 통지할 장소를 알 수 없을 때에는 그러하지 아니하다.

⑤ 토지소유자 및 관계인 그 밖에 사업인정에 관하여 이해관계가 있는 자는 제3항에 따른 열람기간 내에 해당 시장·군수 또는 구청장에게 의견서를 제출(전자문서에 의한 제출을 포함한다)할 수 있다.

⑥ 시장·군수 또는 구청장은 제3항에 따른 열람기간이 끝나면 제5항에 따라 제출된 의견서를 지체 없이 국토교통부장관 또는 법 별표에 규정된 법률에 따라 사업인정이 있는 것으로 의제되는 공익 사업의 허가·인가·승인권자 등에게 송부하여야 하며, 제출된 의견서가 없는 경우에는 그 사실 을 통지(전자문서에 의한 통지를 포함한다)하여야 한다.

(ㄴ) 판례

판례

▶ **관련판례(대판 2000.10.13, 99두653)**
건설부장관이 택지개발예정지구를 지정함에 있어 미리 관계 중앙행정기관의 장과 협의를 하라고 규정 한 의미는 그의 자문을 구하라는 것이지 그 의견을 따라 처분을 하라는 의미는 아니라 할 것이므로 이러한 협의를 거치지 아니하였다고 하더라도 이는 위 지정처분을 취소할 수 있는 원인이 되는 하자 정도에 불과하고 위 지정처분이 당연무효가 되는 하자에 해당하는 것은 아니다.

▶ **관련판례(대판 2006.6.30, 2005두14363)**
국방·군사시설 사업에 관한 법률 및 (구)산림법에서 보전임지를 다른 용도로 이용하기 위한 사업 에 대하여 승인 등 처분을 하기 전에 미리 산림청장과 협의를 하라고 규정한 의미는 그의 자문을 구하라 는 것이지 그 의견을 따라 처분을 하라는 의미는 아니라 할 것이므로, 이러한 협의를 거치지 아니하 였다고 하더라도 이는 해당 승인처분을 취소할 수 있는 원인이 되는 하자 정도에 불과하고 그 승인처분이 당연무효가 되는 하자에 해당하는 것은 아니다.

③ 사업인정의 고시

㉠ 토지보상법령의 태도

> ↪ **법 제22조(사업인정의 고시)**
> ① 국토교통부장관은 제20조에 따른 사업인정을 하였을 때에는 지체 없이 그 뜻을 사업시행자, 토지소유자 및 관계인, 관계 시·도지사에게 통지하고 사업시행자의 성명이나 명칭, 사업의 종류, 사업지역 및 수용하거나 사용할 토지의 세목을 관보에 고시하여야 한다.
> ② 제1항에 따라 사업인정의 사실을 통지받은 시·도지사(특별자치도지사는 제외한다)는 관계 시장·군수 및 구청장에게 이를 통지하여야 한다.
> ③ 사업인정은 제1항에 따라 고시한 날부터 그 효력이 발생한다.

㉡ 사업인정 고시의 법적 성질

㉠ 학설 : 사업인정고시의 법적 성질에 대해 ⓐ 사업인정고시는 특정한 사실을 알리는 행위로서 사업인정과는 분리하여 준법률행위적 행정행위 중 통지로 보는 견해, ⓑ 사업인정과 사업인정고시를 통일적으로 파악하여 특허로 보는 견해가 있다.

㉡ 판례

┌ **판례**

▶ **관련판례(대판 2000.10.13, 2000두5142)**

(구)토지수용법 제16조 제1항에서는 건설부장관이 사업인정을 하는 때에는 지체 없이 그 뜻을 기업자·토지소유자·관계인 및 관계도지사에게 통보하고 기업자의 성명 또는 명칭, 사업의 종류, 기업지 및 수용 또는 사용할 토지의 세목을 관보에 공시하여야 한다고 규정하고 있는바, 가령 건설부장관이 위와 같은 절차를 누락한 경우 이는 절차상의 위법으로서 수용재결단계 전의 사업인정단계에서 다툴 수 있는 취소사유에 해당하기는 하나, 더 나아가 그 사업인정 자체를 무효로 할 중대하고 명백한 하자라고 보기는 어렵고, 따라서 이러한 위법을 들어 수용재결처분의 취소를 구하거나 무효확인을 구할 수는 없다.

▶ **관련판례(대판 1993.8.13, 93누2148)**

가. 택지개발촉진법 제8조 제2항, 제9조 제3항 소정의 택지개발계획의 공람절차를 거치지 아니하였다거나 수용할 토지의 세목을 고시하고 토지소유자에게 이를 통지하는 절차를 취하지 아니하였다는 등의 하자들은 이의재결에 대한 소송에서 그 재결의 취소를 구하는 사유가 될 뿐 당연무효의 사유는 아니다.

나. 기업자가 토지수용법 제23조 소정의 토지조서 및 물건조서를 작성함에 있어서 토지소유자를 입회시켜서 이에 서명날인을 하게 하지 아니하였다는 사유만으로는 이의재결이 위법하다 하여 그 취소의 사유로 삼을 수는 없으니, 그러한 사유가 이의재결의 무효원인이 될 수 없다.

다. 원지적도가 없는 상태에서 토지조서 및 물건조서를 작성하였다거나, 건설부장관이 토지수용법 제16조의 규정에 따라 토지수용사업승인을 한 후 그 뜻을 토지소유자 등에게 통지하지 아니하였다거나, 기업자가 토지소유자와 협의를 거치지 아니한 채 토지의 수용을 위한 재결을 신청하였다는 등의 하자들 역시 절차상 위법으로서 이의재결의 취소를 구할 수 있는 사유가 될지언정 당연무효의 사유라고 할 수는 없다.

㉢ 검토 : 생각건대, 사업인정고시는 사업인정의 효력발생요건이므로 독립된 행정행위로 보는 것은 무리가 있다. 또한 사업인정고시에 하자가 있으면 사업인정 행위 자체의 위

법성을 구성한다. 즉, 사업인정고시를 하지 않은 경우에는 사업인정은 무효이고, 사업인정고시에 단순위법이 존재하면 사업인정은 취소할 수 있는 상태에 있게 된다. 따라서 법적 성질의 논의는 불복과 관련하여 실익이 있는 것이므로 사업인정고시를 사업인정과 분리하여 법적 성질을 검토하지 말고 통일적으로 특허로 파악함이 타당하다.

(5) 사업인정고시의 효과

① 개요

사업인정은 그 고시가 있는 날로부터 즉시 효력이 발생한다. 행정행위의 일반적 효력인 구속력, 공정력, 확정력, 강제력 등이 발생하며 구속력의 내용으로 토지보상법의 규정에 의거 아래의 효과가 발생한다.

② 수용권의 설정

사업인정은 국토교통부장관이 사업시행자에게 일정한 절차의 이행을 조건으로 수용권을 설정하여 주는 형성행위이다. 따라서 사업인정고시가 있게 되면 사업시행자는 토지세목고시에서 정한 일정한 범위의 수용목적물을 취득할 수 있는 수용권을 취득하게 된다.

그러나 수용권의 내용이 완성되는 시기는 사업인정이 아니고 이후에 협의에서 정한 날 또는 수용재결에서 정한 수용의 개시일이다. 따라서 사업시행자는 수용목적물을 완전하게 취득할 때까지 토지소유자 및 관계인에게 수용목적물의 보존을 요구할 수 있는 공법상 권리를 수용권의 한 내용으로서 갖게 된다.

③ 수용목적물의 범위 확정

토지세목고시에 의하여 수용 또는 사용할 토지의 범위가 구체적으로 확정된다. 수용목적물이 사업인정고시를 통해서 확정되면 고시되지 않은 토지는 수용할 수 없다. 따라서 토지세목고시에 없는 토지에 대한 수용재결은 무효이다. 잔여지수용의 경우에도 "사업인정고시 이후에 잔여지를 취득하는 경우에는 그 잔여지에 대하여는 사업인정고시가 있는 것으로 본다."라고 하여 토지세목고시가 있어야만 수용할 수 있다는 원칙을 지키고 있다.

> **판례**
>
> ▶ 관련판례(대판 1994.11.11, 93누19375)
> 토지수용법 제14조의 규정에 의한 사업인정은 그 후 일정한 절차를 거칠 것을 조건으로 하여 일정한 내용의 수용권을 설정해 주는 행정처분의 성격을 띠는 것으로서 그 사업인정을 받음으로써 수용할 목적물의 범위가 확정되고 수용권으로 하여금 목적물에 관한 현재 및 장래의 권리자에게 대항할 수 있는 일종의 공법상의 권리로서의 효력을 발생시킨다.
>
> ▶ 관련판례(대판 2014.11.13, 2013두19738 · 19745)
> 건축법상 건축허가를 받았더라도 허가받은 건축행위에 착수하지 아니하고 있는 사이에 토지보상법상 사업인정고시가 된 경우 고시된 토지에 건축물을 건축하려는 자는 토지보상법 제25조에 정한 허가를 따로 받아야 하고, 그 허가 없이 건축된 건축물에 관하여는 토지보상법상 손실보상을 청구할 수 없다고 할 것이다.

④ 관계인의 범위 확정

수용목적물의 범위가 확정되면 그 권리자인 토지소유자 및 관계인의 범위도 확정된다. 사업인정은 관계인의 범위에 관한 시간적 제한이 되는데 사업인정고시가 있은 후에 권리를 취득한 자는 기존의 권리를 승계한 자를 제외하고는 관계인에 포함되지 아니한다고 한다.

⑤ 토지 등의 보전의무

> **법 제25조(토지 등의 보전)**
> ① 사업인정고시가 된 후에는 누구든지 고시된 토지에 대하여 사업에 지장을 줄 우려가 있는 형질의 변경이나 제3조 제2호 또는 제4호에 규정된 물건을 손괴하거나 수거하는 행위를 하지 못한다.
> ② 사업인정고시가 된 후에 고시된 토지에 건축물의 건축·대수선, 공작물(工作物)의 설치 또는 물건의 부가(附加)·증치(增置)를 하려는 자는 특별자치도지사, 시장·군수 또는 구청장의 허가를 받아야 한다. 이 경우 특별자치도지사, 시장·군수 또는 구청장은 미리 사업시행자의 의견을 들어야 한다.
> ③ 제2항을 위반하여 건축물의 건축·대수선, 공작물의 설치 또는 물건의 부가·증치를 한 토지소유자 또는 관계인은 해당 건축물·공작물 또는 물건을 원상으로 회복하여야 하며 이에 관한 손실의 보상을 청구할 수 없다.

⑥ 토지·물건조사권(법 제27조)

사업인정고시 이후에는 별도의 시장 등의 허가 없이도 법의 규정에 의거, 타인토지에 출입하여 측량·조사를 할 수 있는 토지 및 물건에 관한 조사권을 취득하게 된다.

> **법 제27조(토지 및 물건에 관한 조사권 등)**
> ① 사업인정의 고시가 된 후에는 사업시행자 또는 제68조에 따라 감정평가를 의뢰받은 감정평가법인등(「감정평가 및 감정평가사에 관한 법률」에 따른 감정평가법인등을 말한다. 이하 "감정평가법인등"이라 한다)는 다음 각 호에 해당하는 경우에는 제9조에도 불구하고 해당 토지나 물건에 출입하여 측량하거나 조사할 수 있다. 이 경우 사업시행자는 해당 토지나 물건에 출입하려는 날의 5일 전까지 그 일시 및 장소를 토지점유자에게 통지하여야 한다.
> 1. 사업시행자가 사업의 준비나 토지조서 및 물건조서를 작성하기 위하여 필요한 경우
> 2. 감정평가법인등이 감정평가를 의뢰받은 토지 등의 감정평가를 위하여 필요한 경우
> ② 〈이하 생략〉

⑦ 보상액 산정시기의 고정

공용수용에 따른 보상액은 사업인정 당시의 공시지가를 기준으로 하여, 그때부터 재결시까지의 시점수정을 하여 산정하므로, 사업인정고시일은 보상액을 고정시키는 효과를 가지게 된다.

⑧ 기타

사업인정 후 협의가 결렬된 경우에는 사업시행자에게 재결신청권, 피수용자에게 재결신청청구권이 인정된다.

⑨ 판례

> 판례

> ▶ 관련판례(대판 2014.11.13, 2013두19738)
>   건축법상 건축허가를 받았더라도 허가받은 건축행위에 착수하지 아니하고 있는 사이에 토지보상법
>   상 사업인정고시가 된 경우 고시된 토지에 건축물을 건축하려는 자는 토지보상법 제25조에 정한
>   허가를 따로 받아야 하고, 그 허가 없이 건축된 건축물에 관하여는 토지보상법상 손실보상을 청구할
>   수 없다고 할 것이다.
>
> ▶ 관련판례(대판 2013.2.15, 2012두22096)
>   (구)공익사업법상 손실보상 및 사업인정고시 후 토지 등의 보전에 관한 위 각 규정의 내용에 비추어
>   보면, 사업인정고시 전에 공익사업시행지구 내 토지에 설치한 공작물 등 지장물은 원칙적으로 손실
>   보상의 대상이 된다고 보아야 한다. 그러나 손실보상은 공공필요에 의한 행정작용에 의하여 사인에게
>   발생한 특별한 희생에 대한 전보라는 점을 고려할 때, (구)공익사업법 제15조 제1항에 따른 사업시행
>   자의 보상계획공고 등으로 공익사업의 시행과 보상 대상 토지의 범위 등이 객관적으로 확정된 후
>   해당 토지에 지장물을 설치하는 경우에 그 공익사업의 내용, 해당 토지의 성질, 규모 및 보상계획공고
>   등 이전의 이용실태, 설치되는 지장물의 종류, 용도, 규모 및 그 설치시기 등에 비추어 그 지장물이
>   해당 토지의 통상의 이용과 관계없거나 이용 범위를 벗어나는 것으로 손실보상만을 목적으로 설치
>   되었음이 명백하다면, 그 지장물은 예외적으로 손실보상의 대상에 해당하지 아니한다고 보아야 한다.

(6) 사업인정의 실효

① 개요

실효라 함은 행정청의 의사에 의하지 않고, 객관적인 사실 발생에 의하여 행정행위가 효력을
상실하는 것을 의미한다. 토지보상법상의 사업인정의 실효는 공공성의 계속적 담보를 통한
피수용자의 보호 및 법률관계의 안정을 위한 제도이다.

② 재결신청기간의 경과로 인한 실효(법 제23조)

> ▶ 법 제23조(사업인정의 실효)
>   ① 사업시행자가 제22조 제1항에 따른 사업인정의 고시(이하 "사업인정고시"라 한다)가 된 날부터
>   1년 이내에 제28조 제1항에 따른 재결신청을 하지 아니한 경우에는 사업인정고시가 된 날부터
>   1년이 되는 날의 다음 날에 사업인정은 그 효력을 상실한다.
>   ② 사업시행자는 제1항에 따라 사업인정이 실효됨으로 인하여 토지소유자나 관계인이 입은 손실을
>   보상하여야 한다.
>   ③ 제2항에 따른 손실보상에 관하여는 제9조 제5항부터 제7항까지의 규정을 준용한다.

(ㄱ) 의의 및 취지 : 사업시행자가 사업인정의 고시가 있은 날부터 1년 이내에 재결신청을 하지
아니한 때에는 사업인정고시가 있은 날부터 1년이 되는 날의 다음 날에 사업인정은 그
효력을 상실한다. 이는 토지수용절차의 불안정 상태를 장기간 방치하지 않기 위함이다.

(ㄴ) **법적 성질** : 재결신청기간의 경과로 인하여 사업인정의 효력이 소멸되는 것은 성립 당시 하자 없는 사업인정이 법정부관의 성취로 인하여 행정청의 의사와는 무관하게 소멸되는 것으로 강학상 실효에 해당한다.

(ㄷ) **절차 및 효과** : 실효는 사업인정고시일로부터 1년이 되는 다음 날 자동적으로 사업인정의 효력이 상실하는 것이므로 실효의 절차는 따로 없다. 사업인정을 받은 토지·물건 중 재결을 신청하지 않은 부분에 대하여 사업인정의 효력이 상실한다.

(ㄹ) **손실보상**(법 제9조 제5항 내지 제7항 준용)

　(ㄱ) **법적 성질** : 사업인정 실효로 인한 손실보상은 사업시행자가 법정된 일정한 절차를 거쳐야 하는 의무를 이행하지 않음으로 인한 전보이므로 그 실질은 위법작용에 대한 손해배상의 성격을 갖는다고 할 수 있다. 그러나 피수용자가 국가배상요건 충족을 입증하여야 하는 어려움이 있으므로 이를 해결하기 위해서 토지보상법에서 보상규정을 둔 것이다.

　(ㄴ) **내용** : 사업시행자는 사업인정이 실효됨으로 인하여 토지소유자 또는 관계인이 입은 손실을 보상하여야 한다. 이때, 손실보상은 손실이 있는 것을 안 날부터 1년, 발생한 날부터 3년 이내에 청구하여야 하며, 사업시행자와 손실을 입은 자가 협의하여 결정하되, 협의불성립시 사업시행자나 손실을 입은 자는 토지수용위원회에 재결을 신청할 수 있다.

　(ㄷ) **보상재결에 대한 불복**

　　(a) **학설** : 보상금결정재결의 처분성이 인정되면 수용재결의 불복절차와 동일하게 이의신청과 보상금증감청구소송을 거친다고 보는 견해와 보상금증감청구소송을 거친다고 보는 견해가 있다. 그러나, 처분성이 부정된다면 손실보상청구권을 공권으로 보면 당사자소송, 사권으로 보면 민사소송에 의한다는 견해가 있다.

　　(b) **검토** : 입법의 해석을 통해 토지보상법에 의한 불복절차를 따르는 것이 타당하다.

③ **사업의 폐지·변경으로 인한 효력 상실**

> ↪ **법 제24조(사업의 폐지 및 변경)**
> ① 사업인정고시가 된 후 사업의 전부 또는 일부를 폐지하거나 변경함으로 인하여 토지등의 전부 또는 일부를 수용하거나 사용할 필요가 없게 되었을 때에는 사업시행자는 지체 없이 사업지역을 관할하는 시·도지사에게 신고하고, 토지소유자 및 관계인에게 이를 통지하여야 한다.
> ② 시·도지사는 제1항에 따른 신고를 받으면 사업의 전부 또는 일부가 폐지되거나 변경된 내용을 관보에 고시하여야 한다.
> ③ 시·도지사는 제1항에 따른 신고가 없는 경우에도 사업시행자가 사업의 전부 또는 일부를 폐지하거나 변경함으로 인하여 토지를 수용하거나 사용할 필요가 없게 된 것을 알았을 때에는 미리 사업시행자의 의견을 듣고 제2항에 따른 고시를 하여야 한다.
> ④ 시·도지사는 제2항 및 제3항에 따른 고시를 하였을 때에는 지체 없이 그 사실을 국토교통부장관에게 보고하여야 한다.
> ⑤ 별표에 규정된 법률에 따라 제20조에 따른 사업인정이 있는 것으로 의제되는 사업이 해당 법률에서 정하는 바에 따라 해당 사업의 전부 또는 일부가 폐지되거나 변경된 내용이 고시·공고된 경우에는 제2항에 따른 고시가 있는 것으로 본다. 〈신설 2021.8.10.〉

⑥ 제2항 및 제3항에 따른 고시가 된 날부터 그 고시된 내용에 따라 사업인정의 전부 또는 일부는 그 효력을 상실한다. 〈개정 2021.8.10.〉

⑦ 사업시행자는 제1항에 따라 사업의 전부 또는 일부를 폐지·변경함으로 인하여 토지소유자 또는 관계인이 입은 손실을 보상하여야 한다. 〈개정 2021.8.10.〉

⑧ 제7항에 따른 손실보상에 관하여는 제9조 제5항부터 제7항까지의 규정을 준용한다. 〈개정 2021.8.10.〉

(ㄱ) **의의 및 취지** : 사업인정고시가 된 후 사업의 전부 또는 일부를 폐지하거나 변경함으로 인하여 토지 등의 전부 또는 일부를 수용하거나 사용할 필요가 없게 된 경우에, 시·도지사는 사업시행자의 신고 또는 직권으로 이를 고시하여야 한다. 그 고시된 내용에 따라 사업인정의 전부 또는 일부는 효력을 상실한다. 이는 계속적 공익실현을 담보하기 위한 것이다.

(ㄴ) **법적 성질** : 폐지 및 변경에 관한 고시는 행정기관인 시·도지사의 행위이며, 사업인정이라는 행정행위의 전부 또는 일부의 효력을 상실시키는 취소의 의미를 갖는 행정행위이다. 이때 강학상 취소인지 철회인지 문제되나, 사업인정의 성립 당시 하자가 없었다는 점, 장래에 대하여만 효력이 인정된다는 점을 볼 때 새로운 사정의 발생을 이유로 행정행위의 효력을 소멸시키는 강학상 철회라 할 것이다. 다만 사업의 폐지 및 변경은 사업시행자의 의사가 있는 경우에 한해 시·도지사가 철회하는 것이므로 동법 제24조는 강학상 철회의 법적 근거가 될 수 없다고 할 것이다.

(ㄷ) **절차**

　(ㄱ) **사업시행자의 신고 및 통지** : 사업인정고시가 된 후 사업의 전부 또는 일부를 폐지하거나 변경함으로 인하여 토지 등의 전부 또는 일부를 수용하거나 사용할 필요가 없게 되었을 때에는 사업시행자는 지체 없이 사업지역을 관할하는 시·도지사에게 신고하고, 토지소유자 및 관계인에게 이를 통지하여야 한다.

　(ㄴ) **시·도지사의 고시 및 보고** : 시·도지사는 사업시행자의 신고가 있는 경우 사업의 전부 또는 일부의 폐지나 변경이 있는 것을 관보에 고시하여야 하며, 신고가 없는 경우에도 사업시행자가 사업의 전부 또는 일부를 폐지하거나 변경함으로 인하여 토지를 수용하거나 사용할 필요가 없게 된 것을 알았을 때에는 미리 사업시행자의 의견을 듣고 고시를 하여야 한다. 고시를 하였을 때에는 지체 없이 그 사실을 국토교통부장관에게 보고하여야 한다.

(ㄹ) **고시의 효과** : 고시가 된 날부터 그 고시된 내용에 따라 사업인정의 전부 또는 일부는 그 효력을 상실한다.

(ㅁ) **손실보상**

　(ㄱ) **법적 성격** : 행정계획의 가변성으로 사인에게 계획보장청구권이 인정되지 않는다고 보는 것이 일반적이므로, 사업의 폐지·변경에 대해 피수용자에게 해당 사업의 존속을 청구할 수 있는 권리는 인정되지 않는다. 그러나 신뢰보호의 원칙을 기초로 피수용자에게 손실보상청구권이 인정될 수 있을 것이며 이를 입법화한 것으로 보인다.

ⓒ **내용** : 사업시행자는 사업의 전부 또는 일부를 폐지·변경함으로 인하여 토지소유자 또는 관계인이 입은 손실을 보상하여야 한다. 이때, 손실보상은 손실이 있는 것을 안 날부터 1년, 발생한 날부터 3년 이내에 청구하여야 하며, 사업시행자와 손실을 입은 자가 협의하여 결정하되, 협의 불성립시 사업시행자나 손실을 입은 자는 토지수용위 원회에 재결을 신청할 수 있다.

ⓒ **보상재결에 대한 불복**

ⓐ **학설** : 보상금결정재결의 처분성이 인정되면 수용재결의 불복절차와 동일하게 이의 신청과 보상금증감청구소송을 거친다고 보는 견해와 보상금증감청구소송을 거친 다고 보는 견해가 있다. 그러나, 처분성이 부정된다면 손실보상청구권을 공권으로 보면 당사자소송, 사권으로 보면 민사소송에 의한다는 견해가 있다.

ⓑ **검토** : 입법의 해석을 통해 토지보상법에 의한 불복절차를 따르는 것이 타당하다고 보여진다.

(7) 사업의 완료(법 제24조의2)

① 사업이 완료된 경우 사업시행자는 지체 없이 사업시행자의 성명이나 명칭, 사업의 종류, 사업 지역, 사업인정고시일 및 취득한 토지의 세목을 사업지역을 관할하는 시·도지사에게 신고하 여야 한다.

② 시·도지사는 신고를 받으면 사업시행자의 성명이나 명칭, 사업의 종류, 사업지역 및 사업인정 고시일을 관보에 고시하여야 한다.

③ 시·도지사는 신고가 없는 경우에도 사업이 완료된 것을 알았을 때에는 미리 사업시행자의 의견을 듣고 고시를 하여야 한다.

④ 법률에 따라 사업인정이 있는 것으로 의제되는 사업이 해당 법률에서 정하는 바에 따라 해당 사업의 준공·완료·사용개시 등이 고시·공고된 경우에는 고시가 있는 것으로 본다.

2. 사업인정과 권리구제

(1) 피수용자의 경우

① **사전적 권리구제수단**

㉠ **의견청취 등** : 토지보상법 제21조에서는 국토교통부장관은 사업인정을 하려면 관계 중앙 행정기관의 장 및 시·도지사와 협의하여야 하며(협의 결여 시 절차하자), 미리 중앙토지수용 위원회 및 사업인정에 관하여 이해관계가 있는 자의 의견을 들어야 한다고 규정하고 있다.

> **판례**
>
> ▶ **관련판례**(대판 2000.10.13, 99두653)
> 건설부장관이 택지개발예정지구를 지정함에 있어 미리 관계 중앙행정기관의 장과 협의를 하라고 규정한 의미는 그의 자문을 구하라는 것이지 그 의견을 따라 처분을 하라는 의미는 아니라 할 것이므로 이 러한 협의를 거치지 아니하였다고 하더라도 이는 위 지정처분을 취소할 수 있는 원인이 되는 하자 정도 에 불과하고 위 지정처분이 당연무효가 되는 하자에 해당하는 것은 아니다.

> ▶ 관련판례(대판 2006.6.30, 2005두14363)
> 국방·군사시설사업에 관한 법률 및 (구)산림법에서 보전임지를 다른 용도로 이용하기 위한 사업에
> 대하여 승인 등 처분을 하기 전에 미리 산림청장과 협의를 하라고 규정한 의미는 그의 자문을 구하
> 라는 것이지 그 의견을 따라 처분을 하라는 의미는 아니라 할 것이므로, 이러한 협의를 거치지 아니
> 하였다고 하더라도 이는 해당 승인처분을 취소할 수 있는 원인이 되는 하자 정도에 불과하고 그
> 승인처분이 당연무효가 되는 하자에 해당하는 것은 아니라고 봄이 상당하다.

(ㄴ) **예방적 금지소송과 가처분** : 예방적 금지소송이란, 행정청의 공권력 행사에 의해 국민의
권익이 침해될 것이 예상되는 경우에 미리 그 예상되는 침익적 처분을 저지하는 것을 목
적으로 하여 제기하는 소송을 말한다. 사업인정이 발령되기 전에 이를 저지하는 소송으로
예방적 금지소송 및 이의 실효성 확보를 위해 가처분이 그 역할을 수행하나 아직 현행법
상으로는 규정이 없다. 인정 여부에 대해 견해가 대립하나 판례는 인정하고 있지 않다.
다만, 행정소송법 개정안에서는 위 제도를 규정하고 있다.

② **위법한 사업인정에 대한 사후적 권리구제수단**

(ㄱ) **행정쟁송** : 사업인정의 불복에 대해 토지보상법에 아무런 규정이 없으므로, 행정심판법 제3조
제1항 및 행정소송법 제8조 제1항에 의거 일반법인 행정심판법과 행정소송법이 적용된다.
사업인정의 하자를 이유로 수용재결을 다툴 수 있는지 여부가 문제되나, 판례는 사업인정과
수용재결은 서로 독립하여 별개의 효과를 목적으로 함을 이유로 하자승계를 부정한다.

판례

> ▶ 관련판례(대판 2000.10.13, 2000두5142)
> (구)토지수용법 제16조 제1항에서는 건설부장관이 사업인정을 하는 때에는 지체 없이 그 뜻을 기업
> 자·토지소유자·관계인 및 관계도지사에게 통보하고 기업자의 성명 또는 명칭, 사업의 종류, 기업
> 지 및 수용 또는 사용할 토지의 세목을 관보에 공시하여야 한다고 규정하고 있는바, 가령 건설부장관이
> 위와 같은 절차를 누락한 경우 이는 절차상의 위법으로서 수용재결단계 전의 사업인정단계에서 다툴 수 있는
> 취소사유에 해당하기는 하나, 더 나아가 그 사업인정 자체를 무효로 할 중대하고 명백한 하자라고 보기는
> 어렵고, 따라서 이러한 위법을 들어 수용재결처분의 취소를 구하거나 무효확인을 구할 수는 없다.
>
> ▶ 관련판례(대판 1988.12.27, 87누1141)
> 도시계획사업허가의 공고 시에 토지세목의 고시를 누락한 것은 절차상의 위법으로서 취소사유에 불과하고
> 그 하자가 중대하고 명백하여 사업인정 자체가 무효라고는 할 수 없으므로 이러한 위법을 선행처분인
> 사업인정단계에서 다투지 아니하였다면 그 쟁송기간이 이미 도과한 후인 수용재결단계에 있어서는 그
> 처분의 불가쟁력에 의하여 위 도시계획사업허가의 위와 같은 위법 부당함을 들어 수용재결처분의 취소를
> 구할 수는 없다.

(ㄴ) **국가배상** : 토지보상법에는 규정이 없으나 위법한 사업인정으로 인해 손해를 입은 자는 국가배
상법에 따라 국가배상이 가능할 것이다. 한편 국가배상소송은 실무상 민사소송으로 취급하게
된다. 그러므로 민사법원이 사업인정의 위법 여부를 심리할 수 있는지 여부가 문제되나,
통설과 판례에 의하면 공정력은 유효성 추정력에 불과하므로 심리할 수 있다고 본다.

③ 적법한 사업인정에 대한 사후적 권리구제수단

적법한 사업인정으로 인해 손실이 발생한 경우 손실보상에 대해 토지보상법상 규정이 없어, 요건을 충족하는 경우 보상규정 흠결의 문제로 다루어질 것이다. 다만, 토지보상법 제23조, 제24조에서 사업인정의 실효 등으로 인한 손실보상을 규정하고 있다.

(2) **사업시행자의 경우**

① 거부한 경우

(ㄱ) **의무이행심판**(행정심판법 제5조 제3호) : 의무이행심판이란, 행정청의 위법 또는 부당한 거부처분이나 부작위에 대하여 일정한 처분을 하도록 하는 심판을 말한다. 사업인정 신청에 대해 국토교통부장관이 거부하는 경우 의무이행심판을 제기할 수 있다.

(ㄴ) **거부처분취소소송** : 사업인정에 대한 거부는 공권력 행사의 거부로서, 토지보상법상 신청 권이 인정되고, 사업시행자의 권리·이익에 직접적인 영향을 미치므로 처분성이 인정된다. 따라서 사업인정 거부에 대한 취소소송의 제기가 가능하다.

(ㄷ) **의무이행소송 인정 여부** : 의무이행소송이란, 행정청의 거부처분 또는 부작위에 대하여 법상의 작위의무의 이행을 청구하는 소송을 말한다. 현행 행정소송법은 우회적인 구제수단인 거부처분의 취소소송과 부작위위법확인소송만을 인정하고 있고 의무이행소송에 대해서는 명시적인 규정을 두고 있지 않아 그 인정 여부에 대해 견해가 대립하며, 판례는 부정설의 입장이다.

(ㄹ) **가구제** : 가구제란, 소송에서 본안판결의 실효성을 확보하기 위해 본안판결을 받기 전에 당사자의 권익을 잠정적으로 보호해 주는 제도를 말한다. 현행 행정소송법에서는 집행정지제도만 규정하고 있어 수익적 처분에 대한 거부나 부작위에 대해서는 적용할 수 없는 한계가 있다. 이러한 집행정지제도의 기능적 한계를 극복하기 위하여 행정소송법 제8조 제2항을 근거로 민사집행법상 가처분을 준용할 수 있는지 여부가 문제되나, 판례는 부정설의 입장이다.

(ㅁ) **국가배상** : 토지보상법에는 규정이 없으나 위법한 사업인정 거부로 인해 손해를 입은 자는 국가배상법에 따라 국가배상이 가능할 것이다. 한편, 국가배상소송은 실무상 민사소송으로 취급하게 된다. 그러므로 민사법원이 사업인정의 위법 여부를 심리할 수 있는지 여부가 문제되나, 통설과 판례에 의하면 공정력은 유효성 추정력에 불과하므로 심리할 수 있다고 본다.

② 부작위한 경우

(ㄱ) **의무이행심판**(행정심판법 제5조 제3호) : 의무이행심판이란, 당사자의 신청에 대한 행정청의 위법 또는 부당한 거부처분이나 부작위에 대하여 일정한 처분을 하도록 하는 심판을 말한다. 사업인정신청에 대해 국토교통부장관이 부작위하는 경우 의무이행심판을 제기할 수 있다.

(ㄴ) **부작위위법확인소송**(행정소송법 제4조 제3호) : 부작위위법확인소송이란, 행정청의 부작위가 위법하다는 것을 확인하는 소송을 말한다. 이때 부작위란, 행정청이 당사자의 신청에 대하여 상당한 기간 내에 일정한 처분을 하여야 할 법률상 의무가 있음에도 불구하고 이를 하지 아니하는 것을 말한다. 사업인정신청에 대해 부작위하고 있는 경우 동 소송의 제기가 가능하다.

  ⓒ **의무이행소송** : 의무이행소송이란, 행정청의 거부처분 또는 부작위에 대하여 법상의 작위 의무의 이행을 청구하는 소송을 말한다. 현행 행정소송법은 우회적인 구제수단인 거부처 분의 취소소송과 부작위위법확인소송만을 인정하고 있고 의무이행소송에 대해서는 명시적인 규정을 두고 있지 않아 그 인정 여부에 대해 견해가 대립하며, 판례는 부정하고 있다.

  ⓔ **가구제** : 가구제란, 소송에서 본안판결의 실효성을 확보하기 위해 본안판결을 받기 전에 당사자의 권익을 잠정적으로 보호해 주는 제도를 말한다. 현행 행정소송법에서는 집행정 지제도만 규정하고 있어 수익적 처분에 대한 거부나 부작위에 대해서는 적용할 수 없는 한계가 있다. 이러한 집행정지제도의 기능적 한계를 극복하기 위하여 행정소송법 제8조 제2항을 근거로 민사집행법상 가처분을 준용할 수 있는지 여부가 문제되나, 판례는 가처 분은 부정하고 있다.

  ⓜ **국가배상** : 토지보상법에는 규정이 없으나 위법한 사업인정 거부로 인해 손해를 입은 자는 국가배상법에 따라 국가배상이 가능할 것이다. 한편 국가배상소송은 실무상 민사소송으로 취급하게 된다. 그러므로 민사법원이 사업인정의 위법 여부를 심리할 수 있는지 여부가 문제 되나, 통설과 판례에 의하면 공정력은 유효성 추정력에 불과하므로 심리할 수 있다고 본다.

(3) **제3자의 권리구제**

 사업인정에 대한 직접 상대방은 사업시행자라 할 수 있고, 사업인정에 대한 제3자란 토지수용자 와 관계인, 간접손실을 받을 자, 사업시행지구 밖의 인근 주민이 될 수 있다. 이는 원고적격과 관련하여 문제된다.

> **판례**
>
> ▶ 관련판례(대판 1973.7.30, 72누137)
> 토지수용법상의 사업인정의 고시가 있으면 그 이해관계인은 그 위법을 다툴 법률상 이익이 있어 그 취소를 구할 소송요건을 구비하고 있다고 해석함이 상당하다.
>
> ▶ 관련판례(대판 2006.3.16, 2006두330) 全合
> 공유수면매립면허처분과 농지개량사업 시행인가처분의 근거 법규 또는 관련 법규가 되는 (구)공유 수면매립법, (구)농촌근대화촉진법, (구)환경보전법, (구)환경보전법 시행령, (구)환경정책기본법, (구)환경정책기본법 시행령의 각 관련 규정의 취지는, 공유수면매립과 농지개량사업시행으로 인하 여 직접적이고 중대한 환경피해를 입으리라고 예상되는 환경영향평가 대상지역 안의 주민들이 전과 비교하여 수인한도를 넘는 환경침해를 받지 아니하고 쾌적한 환경에서 생활할 수 있는 개별적 이익 까지도 이를 보호하려는 데에 있다고 할 것이므로, 위 주민들이 공유수면매립면허처분 등과 관련하 여 갖고 있는 위와 같은 환경상의 이익은 주민 개개인에 대하여 개별적으로 보호되는 직접적·구체적 이익 으로서 그들에 대하여는 특단의 사정이 없는 한 환경상의 이익에 대한 침해 또는 침해우려가 있는 것으로 사실상 추정되어 공유수면매립면허처분 등의 무효확인을 구할 원고적격이 인정된다고 할 것이다. 한편, 환경영향평가 대상지역 밖의 주민이라 할지라도 공유수면매립면허처분 등으로 인하여 그 처분 전과 비교하여 수인한도를 넘는 환경피해를 받거나 받을 우려가 있는 경우에는, 공유수면매립면허 처분 등으로 인하여 환경상 이익에 대한 침해 또는 침해우려가 있다는 것을 입증함으로써 그 처분 등의 무효확인을 구할 원고적격을 인정받을 수 있다고 할 것이다.

(4) 사업인정에 대한 불복기간

① 학설

제1설은 사업인정 고시일에 사업인정이 있었음을 알았다고 보고 불복기간을 산정해야 한다고 보며, 제2설은 토지소유자 및 관계인에게 사업인정을 통지하도록 하고 있는 점에 비추어 통지를 받아 실제로 안 날로부터 불복기간을 산정해야 한다고 본다.

② 검토

고시는 고시의 효력발생일에 이해관계인이 고시된 내용을 알았던 것으로 보는 통지방법이고, 사업인정을 조속히 확정할 필요가 있는바, 제1설이 타당하다.

(5) 사업인정과 재결의 관계

① 사업인정의 구속력

토지수용위원회는 행정쟁송에 의하여 사업인정이 취소되지 않는 한 그 기능상 사업인정 자체를 무의미하게 하는, 즉 사업의 시행이 불가능하게 되는 것과 같은 재결을 행할 수는 없다.

> **판례**
>
> ▶ 관련판례(대판 2007.1.11, 2004두8538)
> (구)토지수용법은 수용·사용의 일차 단계인 사업인정에 속하는 부분은 사업의 공익성 판단으로 사업인정기관에 일임하고 그 이후의 구체적인 수용·사용의 결정은 토지수용위원회에 맡기고 있는바, 이와 같은 토지수용절차의 2분화 및 사업인정의 성격과 토지수용위원회의 재결사항을 열거하고 있는 같은 법 제29조 제2항의 규정 내용에 비추어 볼 때, 토지수용위원회는 행정쟁송에 의하여 사업인정이 취소되지 않는 한 그 기능상 사업인정 자체를 무의미하게 하는, 즉 사업의 시행이 불가능하게 되는 것과 같은 재결을 행할 수는 없다.

② 수용권 남용[16]

> **판례**
>
> ▶ 관련판례(대판 2011.1.27, 2009두1051) [토지수용재결처분취소]
> 공용수용은 헌법상의 재산권 보장의 요청상 불가피한 최소한에 그쳐야 한다는 헌법 제23조의 근본취지에 비추어 볼 때, 사업시행자가 사업인정을 받은 후 그 사업이 공용수용을 할 만한 공익성을 상실하거나 사업인정에 관련된 자들의 이익이 현저히 비례의 원칙에 어긋나게 된 경우 또는 사업시행자가 해당 공익사업을 수행할 의사나 능력을 상실하였음에도 여전히 그 사업인정에 기하여 수용권을 행사하는 것은 수용권의 공익목적에 반하는 수용권의 남용에 해당하여 허용되지 않는다.

---

16) 대판 2011.1.27, 2009두1051은 토지수용재결처분취소소송이다. 대판 2007.1.11, 2004두8538과 배치되는 판시내용이 아님을 주의해야 한다. 대판 2007.1.11, 2004두8538은 <u>적법한 사업인정에 의한 수용재결은 구속력</u>이 있다는 것이다. 대판 2011.1.27, 2009두1051은 <u>사업인정을 받은 이후</u> 재정상황이 더욱 악화되어 이 사건 수용재결 당시 이미 이 사건 사업을 수행할 능력을 상실한 상태에 있었다고 볼 여지가 있고, 그렇다면 이 사건 <u>각 토지에 관한 수용재결을 신청하여 그 재결을 받은 것은 수용권의 남용</u>에 해당된다는 것이다.

③ 사업인정과 수용재결의 하자승계

   (ㄱ) 학설 : 부정설은 사업인정과 수용재결은 별개의 법적효과를 가져오는 별개의 행위이므로 사업인정의 위법은 수용재결에 승계되지 않는다고 한다. 긍정설은 수용재결은 사업인정이 있음을 전제로 하고 이와 결합하여 구체적인 법적효과를 발생시키므로 사업인정의 위법을 수용재결에 대한 쟁송에서 주장할 수 있다고 본다.

   (ㄴ) 판례 : 대법원은 부정설의 입장에 있다.

판례

▶ 관련판례(대판 2000.10.13, 2000두5142)

(구)토지수용법 제16조 제1항에서는 건설부장관이 사업인정을 하는 때에는 지체 없이 그 뜻을 기업자·토지소유자·관계인 및 관계도지사에게 통보하고 기업자의 성명 또는 명칭, 사업의 종류, 기업지 및 수용 또는 사용할 토지의 세목을 관보에 공시하여야 한다고 규정하고 있는바, 가령 건설부장관이 위와 같은 절차를 누락한 경우 이는 절차상의 위법으로서 수용재결단계 전의 사업인정단계에서 다툴 수 있는 취소사유에 해당하기는 하나, 더 나아가 그 사업인정 자체를 무효로 할 중대하고 명백한 하자라고 보기는 어렵고, 따라서 이러한 위법을 들어 수용재결처분의 취소를 구하거나 무효확인을 구할 수는 없다.

▶ 관련판례(대판 1988.12.27, 87누1141)

도시계획사업허가의 공고 시에 토지세목의 고시를 누락한 것은 절차상의 위법으로서 취소사유에 불과하고 그 하자가 중대하고 명백하여 사업인정 자체가 무효라고는 할 수 없으므로 이러한 위법을 선행처분인 사업인정단계에서 다투지 아니하였다면 그 쟁송기간이 이미 도과한 후인 수용재결단계에 있어서는 그 처분의 불가쟁력에 의하여 위 도시계획사업허가의 위와 같은 위법 부당함을 들어 수용재결처분의 취소를 구할 수는 없다.

   (ㄷ) 검토 : 비록 판례는 별개의 법률효과를 지향하기 때문에 하자의 승계를 부정하지만, 공용수용 행정이라는 전체적인 관점에서 사업인정과 수용재결은 궁극적으로 동일한 법적 효과를 가져 오는 것으로 볼 수 있으므로 하자승계를 긍정함도 일면 타당하다고 생각된다.

④ 수용재결에 대한 취소쟁송의 제기와 사업인정에 대한 취소소송의 소의 이익

사업인정과 수용재결은 행위의 요건과 효과가 다르므로 각 소송에서 주장되는 위법사유가 다를 것이다. 따라서 수용재결에 대한 취소소송이 제기되었다고 하더라도 사업인정의 취소를 구할 소의 이익은 소멸하지 않는다.

⑤ 기타

사업인정이 취소되면 수용재결은 효력을 상실한다. 그러나, 수용재결이 취소되었다고 하여 사업인정이 취소되어야 하는 것은 아니다. 사업인정에 대한 취소소송과 수용재결에 대한 취소소송은 관련청구소송으로 병합하여 제기할 수 있다(행정소송법 제10조).

⑥ 관련 대법원 판례 진화 : 제주도 사업인정 무효와 재결 무효 판례

> 판례

▶ 대판 2015.3.20, 2011두3746 [토지수용재결처분취소등]

[판시사항]

[1] 행정청이 도시계획시설인 유원지를 설치하는 도시계획시설사업에 관한 실시계획을 인가하기 위한 요건

[2] 도시계획시설사업에 관한 실시계획의 인가요건을 갖추지 못한 인가처분의 경우, 그 하자가 중대한지 여부(적극)

[판결요지]

[1] (구)국토의 계획 및 이용에 관한 법률(2005.12.7. 법률 제7707호로 개정되기 전의 것, 이하 '국토계획법'이라 한다) 제2조 제6호 (나)목, 제43조 제2항, (구)국토의 계획 및 이용에 관한 법률 시행령(2005.12.28. 대통령령 제19206호로 개정되기 전의 것) 제2조 제1항 제2호, 제3항, (구)도시계획시설의 결정·구조 및 설치기준에 관한 규칙(2005.12.14. 건설교통부령 제480호로 개정되기 전의 것) 제56조 등의 각 규정 형식과 내용, 그리고 도시계획시설사업에 관한 실시계획의 인가처분은 특정 도시계획시설사업을 구체화하여 현실적으로 실현하기 위한 것인 점 등을 종합하여 보면, 행정청이 도시계획시설인 유원지를 설치하는 도시계획시설사업에 관한 실시계획을 인가하려면, 실시계획에서 설치하고자 하는 시설이 국토계획법령상 유원지의 개념인 '주로 주민의 복지향상에 기여하기 위하여 설치하는 오락과 휴양을 위한 시설'에 해당하고, 실시계획이 국토계획법령이 정한 도시계획시설(유원지)의 결정·구조 및 설치의 기준에 적합하여야 한다.

[2] (구)국토의 계획 및 이용에 관한 법률(2005.12.7. 법률 제7707호로 개정되기 전의 것) 제88조 제2항, 제95조, 제96조의 규정 내용에다가 도시계획시설사업은 도시 형성이나 주민 생활에 필수적인 기반시설 중 도시관리계획으로 체계적인 배치가 결정된 시설을 설치하는 사업으로서 공공복리와 밀접한 관련이 있는 점, 도시계획시설사업에 관한 실시계획의 인가처분은 특정 도시계획시설사업을 현실적으로 실현하기 위한 것으로서 사업에 필요한 토지 등의 수용 및 사용권 부여의 요건이 되는 점 등을 종합하면, 실시계획의 인가 요건을 갖추지 못한 인가처분은 공공성을 가지는 도시계획시설사업의 시행을 위하여 필요한 수용 등의 특별한 권한을 부여하는 데 정당성을 갖추지 못한 것으로서 법규의 중요한 부분을 위반한 중대한 하자가 있다.

⑦ 관련 대법원 판례 진화 : 사업인정과 수용재결 연계 판례

> 판례

▶ 대판 2017.7.11, 2016두35120 [사업시행계획인가처분취소]

[판결요지]

[1] 국토계획법상 도시계획시설사업에서 사업시행자 지정은 특정인에게 도시계획시설사업을 시행할 수 있는 권한을 부여하는 처분이고, 사업시행자 지정 내용의 고시는 사업시행자 지정처분을 전제로 하여 그 내용을 불특정 다수인에게 알리는 행위이다. 위 사업시행자 지정과 그 고시는 명확하게 구분되는 것으로, 사업시행자 지정 처분이 '고시'의 방법으로 행하여질 수 있음은 별론으로 하고 그 처분이 반드시 '고시'의 방법으로만 성립하거나 효력이 생긴다고 볼 수 없다.

[2] 일반적으로 행정처분이 주체·내용·절차와 형식이라는 내부적 성립요건과 외부에 대한 표시라는 외부적 성립요건을 모두 갖춘 경우에는 행정처분이 존재한다고 할 수 있다. 행정처분의

외부적 성립은 행정의사가 외부에 표시되어 행정청이 자유롭게 취소·철회할 수 없는 구속을 받게 되는 시점을 확정하는 의미를 가지므로, 어떠한 처분의 외부적 성립 여부는 행정청에 의해 행정의사가 공식적인 방법으로 외부에 표시되었는지를 기준으로 판단하여야 한다.

[4] 선행처분과 후행처분이 서로 독립하여 별개의 법률효과를 목적으로 하는 때에도 선행처분이 당연무효이면 선행처분의 하자를 이유로 후행처분의 효력을 다툴 수 있다. 도시계획시설사업의 시행자가 작성한 실시계획을 인가하는 처분은 도시계획시설사업 시행자에게 도시계획시설사업의 공사를 허가하고 수용권을 부여하는 처분으로서 선행처분인 도시계획시설사업 시행자 지정처분이 처분 요건을 충족하지 못하여 당연무효인 경우에는 사업시행자 지정 처분이 유효함을 전제로 이루어진 후행처분인 실시계획 인가처분도 무효라고 보아야 한다.

[5] 사인인 사업시행자가 도시·군계획시설사업의 대상인 토지를 사업시행기간 중에 제3자에게 매각하고 제3자로 하여금 해당 시설을 설치하도록 하는 내용이 포함된 실시계획은 국토계획법상 도시·군계획시설사업의 기본원칙에 반하여 허용되지 않고, 특별한 사정이 없는 한 그와 같은 실시계획을 인가하는 처분은 그 하자가 중대하다고 보아야 한다.

(6) 기출문제

>> 기출문제(제1회 1번)
「공익사업을 위한 토지 등의 취득 및 보상에 관한 법률」상 사업인정을 설명하고 권리구제에 대해 언급하시오. 50점

>> 기출문제(제10회 1번)
식량자원화시대에 즈음하여, A회사는 비료공장을 건설하고자 공장부지를 매입하려고 하였으나, 여의치 않아 국토교통부장관에게 신청하여 사업인정을 받았다. 그 후 「공익사업을 위한 토지 등의 취득 및 보상에 관한 법률」상의 협의가 성립되지 못하였고, 중앙토지수용위원회의 재결에 의하여 수용이 행하여졌다. 피수용자인 甲은 사기업을 위한 해당 토지의 수용은 위법하다고 주장하고, 비록 적법하다고 하더라도 보상금이 충분하지 못하다는 이유로 이의신청을 하였지만, 중앙토지수용위원회는 기각재결을 하였다. 이에 甲은 행정소송을 제기하고자 한다. 40점
(1) 사기업인 A회사의 비료공장건설사업에 대한 사업인정의 적법 여부 및 그것이 위법하다고 인정되는 경우의 권익구제방법을 논술하시오. 10점
(2) 甲이 보상금 증액을 청구하는 소송을 제기하는 경우, 그 소송의 형태와 성질 등의 내용을 논술하시오. 30점

>> 기출문제(제12회 3번)
「공익사업을 위한 토지 등의 취득 및 보상에 관한 법률」상 사업인정의 법적 성질과 권리구제에 대하여 논하시오. 30점

>> 기출문제(제13회 1번)
택지조성사업을 하고자 하는 사업시행자 甲은 국토교통부장관에게 사업인정을 신청하였다. 甲의 사업인정신청에 대해 국토교통부장관은 택지조성사업 면적의 50%를 택지 이외의 다른 목적을 가진 공익사업용지로 조성하여 기부채납할 것을 조건으로 사업인정을 하였다. 이에 甲은 해당 부관의 내용이 너무 과다하여 수익성을 도저히 맞출 수 없다고 판단하고 취소소송을 제기하려 한다. 어떠한 해결가능성이 존재하는지 검토하시오. 40점

≫ 기출문제(제15회 1번)

사업시행자 X는 A시 지역에 공익사업을 시행하기 위하여 사업인정을 신청하였고, 이에 국토교통부장관으로부터 사업인정을 받았다. 한편 이 공익사업의 시행에 부정적이던 토지소유자 Y는 국토교통부장관이 사업인정 시 「공익사업을 위한 토지 등의 취득 및 보상에 관한 법률」 제21조에 의거 관계 도지사와 협의를 거쳐야 함에도 이를 거치지 않은 사실을 알게 되었다. Y는 이러한 협의를 결한 사업인정의 위법성을 이유로 관할법원에 사업인정의 취소소송을 제기하였다. Y의 주장은 인용가능한가? 40점

≫ 기출문제(제17회 1번)

甲은 세계풍물 야외전시장을 포함하는 미술품 전시시설을 건립하고자 한다. 甲은 자신이 계획하고 있는 시설이 「공익사업을 위한 토지 등의 취득 및 보상에 관한 법률」(이하 "토지보상법"이라 한다) 제4조 제4호의 "미술관"에 해당하는지에 관하여 국토교통부장관에게 서면으로 질의하였다. 이에 대하여 국토교통부장관은 甲의 시설이 토지보상법 제4조 제4호에 열거된 "미술관"에 속한다고 서면으로 통보하였다. 그 후 甲은 국토교통부장관에게 사업인정을 신청하였다.

(1) 이 경우 국토교통부장관은 사업인정을 해주어야 하는가? 20점

(2) 국토교통부장관은 甲에게 사업인정을 해준 후 2006년 2월 1일 사업시행지 내의 토지소유자인 乙 등과 협의가 되지 않자 관할 토지수용위원회에 수용재결을 신청하였고, 2006년 8월 1일 관할 토지수용위원회는 乙 등 소유의 토지를 수용한다는 내용의 수용재결을 하였다. 관할 토지수용위원회의 재결서를 받은 乙은 상기 미술관의 건립으로 인하여 문화재적 가치가 있는 乙 등 조상 산소의 석물·사당의 상실이 예견됨에도 불구하고 이러한 고려가 전혀 없이 이루어진 위법한 사업인정이라고 주장하면서 위 수용재결에 대한 취소소송을 제기하였다. 乙은 권리구제를 받을 수 있는가? 20점

≫ 기출문제(제23회 4번)

「공익사업을 위한 토지 등의 취득 및 보상에 관한 법률」상 사업인정고시의 효과에 대하여 설명하시오. 10점

≫ 기출문제(제27회 3번)(사업인정과 수용재결의 하자의 승계)

국방부장관은 국방·군사에 관한 사업을 위하여 국토교통부장관으로부터 甲 소유의 토지를 포함한 200필지의 토지 600,000㎡에 관하여 「공익사업을 위한 토지 등의 취득 및 보상에 관한 법률」 제20조에 따른 사업인정을 받았다. 그러나 국토교통부장관은 사업인정을 하면서 동법 제21조에 규정된 이해관계인의 의견을 청취하는 절차를 거치지 않았다. 한편, 국방부장관은 甲과 손실보상 등에 관하여 협의하였으나 협의가 성립되지 않았다. 국방부장관은 재결을 신청하였고 중앙토지수용위원회는 수용재결을 하였다. 甲은 수용재결에 대한 취소소송에서 사업인정의 절차상 하자를 이유로 수용재결의 위법성을 주장할 수 있는가? (단, 국토교통부장관의 사업인정에 대한 취소소송의 제소기간은 도과하였음) 20점

≫ 기출문제(제28회 1번)(절차의 하자, 하자의 승계, 사업인정의 의제 및 사업인정의 요건, 수용권 남용)

甲은 A시의 관할구역 내 X토지를 소유하고 있다. A시는 그동안 조선업의 지속적인 발전으로 다수의 인구가 거주하였으나 최근 세계적인 불황으로 인구가 급격히 감소하고 있다. 국토교통부장관은 A시를 국제관광특구로 발전시킬 목적으로 「기업도시개발 특별법」이 정하는 바에 따라 X토지가 포함된 일단의 토지를 기업도시개발구역으로 지정하고, 개발사업시행자인 乙이 작성한 기업도시개

발계획(동법 제14조 제2항에 따른 X토지 그밖의 수용대상이 되는 토지의 세부목록 포함. 이하 같다)을 승인·고시하였다. 乙은 협의 취득에 관한 제반절차를 준수하여 X토지에 대한 협의취득 절차를 시도하였으나 甲이 응하지 않았다. 이에 乙은 X토지에 대한 수용재결을 신청하였고 중앙토지수용위원회는 그 신청에 따른 수용재결을 하였다. 다음 물음에 답하시오.

(1) 甲은 기업도시개발계획승인에 대한 취소소송의 제소기간이 도과한 상태에서 「공익사업을 위한 토지 등의 취득 및 보상에 관한 법률」 제21조 제2항에 따른 중앙토지수용위원회 및 이해관계자의 의견청취절차를 전혀 시행하지 않은 채 기업도시개발계획승인이 발급된 것이 위법함을 이유로 수용재결취소소송을 제기 하려고 한다. 甲의 소송상 청구가 인용될 수 있는 가능성에 관하여 설명하시오. (단 소송요건은 충족된 것으로 본다.) 20점

(2) 甲은 수용재결취소소송을 제기하면서, 乙이 기업도시개발계획승인 이후에 재정상황이 악화되어 수용재결 당시에 이르러 기업도시개발사업을 수행할 능력을 상실한 상태가 되었음에도 불구하고 수용재결을 한 위법이 있다고 주장한다. 甲의 소송상 청구가 인용될 수 있는 가능성에 관하여 설명하시오. (단, 소송요건은 충족된 것으로 본다.) 10점

(7) 기본문제

1 「공익사업을 위한 토지 등의 취득 및 보상에 관한 법률」 제20조부터 제22조까지 사업인정의 절차 등을 명시하고 있다. 이는 공익사업을 수행함에 있어서 절차적 정당성이 매우 중요하기 때문이다. 그러나 각 개별법령에서는 이러한 절차를 거치지 아니하는 사업인정의제제도를 두고 있는 실정이다. 사업인정의제제도의 법적 문제를 검토하시오. 10점

I. 사업인정의 의의 및 의제제도

1. 사업인정의 의의 및 성질
사업인정은 사업시행자가 일정한 절차를 거칠 것을 조건으로 수용권을 설정하는 형성적 행정행위로서 피수용자의 보전의무 등 국민의 권리·의무에 직접적인 영향을 미친다는 점에서 처분성이 인정된다. 또한 사업시행자에게는 수익적인 반면 피수용자에게는 부담적인 행정행위이므로 제3자효 행정행위라 할 것이다.

2. 사업인정의제제도
개별공익사업의 특성을 반영하여 공익사업을 위한 토지 등의 취득 및 보상에 관한 법률(이하 토지보상법)상 사업인정절차의 예외를 인정하는 것으로 개별법상 공익사업은 주무부장관이나 시·도지사 등에 의한 실시계획인가를 사업인정에 갈음하도록 하여 절차를 간소화하고 있다. 이는 토지보상법이 사업인정권을 국토교통부장관에게만 부여하고 있어 사업인정권한의 배분이 이루어지고 있지 않은 문제에 대해 사업인정권자는 현실적으로 다원화되어 있다고 할 수 있다.

II. 사업인정의제제도의 법적 문제점

1. 공공성 판단의 문제
사업인정은 토지를 수용 또는 사용하기 위한 전제절차이고, 이에 대한 결정을 하기 위해서는 해당 사업이 공공성 내지는 공익성을 지니고 있는가를 판단하지 않으면 안 된다. 그러나 개별법상 사업인정의제는 이러한 공공성 판단이 미흡하다는 문제가 있다.

2. 이해관계인 등의 절차참여 배제(일부 개정법률로 보완)

   토지보상법 제21조는 사업인정 시 이해관계인의 의견을 청취하도록 규정하고 있으나, 개별법상 사업인정을 의제하는 실시계획의 인가 등에서는 이해관계인의 의견을 듣는 절차를 두고 있지 아니한 경우가 있다. 최근 토지보상법 제21조 제2항과 제3항이 신설되어 별표(110개 법률)에 규정된 법률에 따라 사업인정이 의제되는 경우에는 중앙토지수용위원회 및 사업인정에 이해관계가 있는 자의 의견을 듣도록 정비되었다.

3. 토지세목고시절차 부재로 인한 문제

   사업인정을 의제하는 개별법에서는 토지세목고시 등을 생략하여 절차를 간소화하고 있는 경우가 있으며, 이는 사업인정단계에서 토지소유자는 자신의 토지가 공익사업에 편입되는지조차도 알지 못하여 사업인정절차에 참여할 수 없고, 또한 사업인정에 대하여 행정쟁송을 제기할 기회마저 잃게 되는 문제를 야기하고 있다.

4. 재결신청기간 규정(법 제23조)의 배제로 인한 문제

   토지보상법상의 사업인정 효력기간인 1년은 사문화되었고 사업시행자는 개별법의 규정에 의거 사업시행기간 내에는 언제나 재결신청을 할 수 있게 된다. 이에 따라 사업인정 후 재결신청이 지연되어 피수용자는 형질변경금지 등의 재산권 행사에 많은 불이익이 있게 된다.

5. 기타

   사업인정의제는 사업인정권한이 없는 시·도지사 또는 다른 행정청이 승인하거나 승인권자가 직접 시행하는 사업에 대해서까지 사업인정을 받은 것으로 보도록 규정하여 수용권 주체의 정당성에 의문이 있을 수 있으며, 재결청을 대부분 중앙토지수용위원회로 하고 있기에 지역에 따른 수용절차의 번잡이나 비용의 증가를 피하기 어려운 문제점 등이 있을 수 있다.

Ⅲ. 개선방안

1. 단기적 개선방안

   사업의 홍보 등을 통해 사업의 계획과정에 지역주민의 참가가 적극적으로 이루어져 사전적 권리구제가 이루어질 수 있도록 하여야 할 것이다.

2. 장기적 개선방안

   사업인정의제제도는 공익사업주체의 편의만을 도모하는 편법적인 제도로 토지보상법상의 사업인정제도가 주요 공익사업에 있어서는 전혀 그 기능을 하지 못하게 되는 문제가 발생하므로 개별법상 의제조항을 삭제하고 토지보상법에 의한 제 절차 및 내용에 의하여 사업인정을 할 수 있도록 입법적으로 개선하여야 한다. 최근 토지보상법 제21조 제2항에서는 별표에 규정된 법률에 따라 사업인정이 의제되는 경우 의견청취규정을 두고 있으나 전체 법률로 확대되어야 할 것이다.

Ⅳ. 결

공용수용절차에 있어서 사업인정은 피수용자의 이해관계를 충분히 반영함으로써 절차적 정당성을 확보함과 아울러 국민들과 공익사업의 타당성을 공유하는 중요한 과정이기도 하다. 비록 강제적인 절차로 진행할 수밖에 없는 불가피한 조치이지만, 공사익 형량의 과정은 반드시 행해져야 하고, 사업인정 의제제도는 원천적으로 이를 봉쇄하는 조치로써 매우 엄격하게 이루어져야 할 것이다. 공익사업과 관련 총괄청을 두어 사전 타당성 검토와 사후 재평가의 과정을 거치는 피드백과정을 통해 투명하고 공정한 공익사업이 실행되어야 할 것이다. 토지보상법 제21조 개정법률에서는 별표의 법률에 따라 사업인정의제시 의견청취규정을 두었으나 이를 강제하는 실효규정이 없어 그 한계가 있다.

2 정부는 광역도시권 형성을 위해 행정도시를 건설함에 있어서 사업시행자 甲은 행정도시 일대 교통량이 증가함에 따라 대규모 도로를 개통하기 위하여 국토교통부장관에게 사업인정을 신청하였고 이에 국토교통부장관은 사업인정을 해주었다. **40점**

(1) 정부의 광역도시권 개발호재로 행정도시 일대의 부동산가격이 폭등하는 시점에서 사업인정 지역에 인근한 주민 乙은 도로 확충을 통한 공익보다는 자신의 재산권 침해나 자연환경 침해가 크다는 이유로 해당 사업인정의 취소를 구하는 쟁송을 제기하였다. 이러한 인근 주민 乙이 제기한 취소소송은 적법한지를 논하고, 적법하다면 인용가능성은 있는지에 대해서 논술하시오(관계법령에서 도로사업의 사업인정시 환경영향평가법령상의 환경영향평가를 받도록 규정하고 있다).

(2) 만약 인근 주민 乙이 유능한 변호사 한석봉을 선임하여 행정심판을 제기하여서 인용재결(취소재결)을 받은 경우 사업시행자가 이에 취소소송을 제기하려는 경우 인용재결이 소송의 대상이 될 수 있는지를 논술하시오.

I. 논점의 정리

(1) 본 사안은 정부의 광역도시권 형성을 위한 행정도시건설과 관련 대규모 공익사업인 도로사업에 대한 사업인정과 관련하여 인근 주민 乙과 사업시행자 甲이 제기한 취소소송에 대한 문제이다.

(2) 설문 (1)에서 인근 주민 乙이 제기한 취소소송의 적법성과 관련하여 특히 인근 주민 乙에게 법률상 이익이 인정되어 원고적격이 있는지를 검토한 후, 소송요건을 충족한 경우 본안의 위법성 판단과 관련하여 해당 사업인정이 비례의 원칙에 위반되는지를 판단하여 재량권 남용 여부를 통해 취소소송의 인용가능성을 살펴보아야 한다.

(3) 설문 (2)에서는 인근 주민이 제기한 사업인정에 대한 행정심판이 인용된 경우 사업시행자가 이에 취소소송을 제기하려는 경우 인용재결이 소송의 대상이 될 수 있는지를 원처분주의와 재결주의 논의를 통해 검토해야 한다.

II. 해당 행정작용의 법적 성질

1. 사업인정의 의의·취지 및 근거

사업인정은 수용의 제1단계 절차로서 형식적으로는 해당 사업이 토지수용법 제4조 각 호에 해당됨을, 실질적으로는 관계 제 이익의 정당한 형량을 통한 공익성을 판단하는 것으로서, 공익성이 대표적 불확정 개념인바, 이를 개별적·구체적으로 판단, 수용행정의 적정화를 기하는 데 그 취지가 있다. 이는 토지보상법 제20조를 근거로 한다.

2. 사업인정의 법적 성질

(1) 처분성

처분이라 함은 행정청이 행하는 구체적 사실에 관한 법집행으로서의 공권력의 행사 또는 그 거부와 그 밖에 이에 준하는 행정작용(행정소송법 제2조 제1호)이다.

사안은 국토교통부장관이 사업시행자에게 수용권을 설정하고 피수용자에게 일정한 의무를 부과하여 국민의 권리, 의무에 직접적인 영향을 미친다는 점에서 처분에 해당할 것이며 판례 역시 사업인정의 처분성을 인정하였다.

(2) 재량행위성

재량행위라 함은 행정청이 요건의 판단 및 효과의 결정에 있어서 일정한 독자적 판단권이 인정되는 행정행위이다. 사안의 사업인정은 국토교통부장관이 사업시행자에게 수용권을 부여함에 있어서 공사익의 이익형량을 종합·구체적으로 판단한다는 점에서 재량행위라 할 것이다. 판례도 공익성 여부를 구체적으로 판단하는 행정청의 재량으로 판시한 바 있다.

(3) 제3자효 행정행위

사업인정은 사업시행자에게 수용권 설정이라는 수익적 효과를 발생시키면서 더불어 공용수용 법률관계의 타방인 피수용자 등에게 보존의무 등 침익적 효과가 동시에 발생하므로 제3자효 행정행위에 해당된다.

III. 설문 (1)의 검토

1. 인근 주민 乙의 원고적격 여부

(1) 의의 및 취지

원고적격이란 구체적인 소송에서 원고로서 소송을 수행하여 본안판결을 받을 수 있는 자격을 말한다. 이는 모든 사람에 의한 소제기를 제한함으로써 소송의 남용을 방지하고, 권리보호가 필요로 되는 당사자를 한정하여 권리구제의 실효성을 기하기 위함이다.

(2) 법률상 이익의 의미에 대한 해석

① **행정소송법의 태도** : 행정소송법 제12조는 취소소송은 처분 등의 취소를 구할 법률상 이익이 있는 자가 제기할 수 있다고 하여 원고적격으로서 법률상 이익을 요구하고 있는바, 특히 처분의 직접 상대방이 아닌 제3자에게 이러한 법률상 이익이 인정되는지 여부가 문제된다.

② **학설**

  (ㄱ) 권리구제설은 취소소송의 기능을 위법한 처분에 대한 침해된 권리의 회복에 있다고 보는 견해로 이는 권리가 침해된 자만이 법률상 이익을 가진다.

  (ㄴ) 법률상 보호이익구제설은 취소소송의 기능을 법률이 개인의 이익을 위하여 보호하고 있는 이익을 침해한 위법한 처분에 대하여 이를 방어하기 위한 수단으로 보는 견해로 이는 전통적 의미의 권리뿐 아니라, 관련법에 의해 보호되는 이익도 법률상 이익이 된다.

  (ㄷ) 보호할 가치 있는 이익구제설은 처분의 위법을 주장하는 자가 갖는 이익이 소송법상으로 보호할 가치가 있는 이익이면 취소소송을 제기할 수 있는 것으로 본다.

  (ㄹ) 적법성보장설은 취소소송의 기능을 개인의 주관적인 권리구제보다는 객관적으로 행정처분의 적법성 유지기능에서 찾는 견해로 이때에는 원고의 범위가 넓어진다.

③ **판례** : 이와 관련하여 대법원은 "법률상 직접적이고 구체적인 이익이 있는 자만이 제기할 이익이 있고 사실상이며 간접적인 관계를 가진다는 데 지나지 않는 사람은 이를 제기할 이익이 없다" 하여 법률상 보호이익구제설을 취하고 있다.

④ **검토** : 권리구제설은 실체법상 권리가 침해된 경우에만 원고적격을 인정하여 원고적격의 범위가 좁다는 비판이 있고, 보호가치 있는 이익구제설은 침해된 이익의 성질에 비추어 원고적격을 인정하려는 것이라는 점에서 국민의 권리구제 측면상 바람직하나 보호가치이익인가의 여부가 소송법적으로 결정하여 객관적 기준이 결여되는 문제가 있고, 적법성 보장설은 현행 행정소송법의 취소소송을 주관적 쟁송으로 볼 때 객관적 소송화한다는 문제가 있다.

따라서 현행 행정소송법상의 문언과 국민의 재판청구권 보장 차원에서 법률상 보호이익구제설이 타당하다고 사료된다.

(3) 법률의 범위에 관하여(보호규범이론)

행정소송법 제12조의 법률상 이익의 문헌해석에 대하여 법률상 보호이익구제설에 따라 이를 법률상 보호되는 이익이라고 볼 경우, 그 판단근거인 법률의 범위를 어떻게 이해하는가에 의하여 법률상 보호되는 이익의 인정 여부가 달라질 수 있다.

① **견해의 대립 및 판례의 태도** : 법률에 의해 보호되는 이익을 판단함에 있어 종래에는 법률의 범위를 처분의 직접적인 근거법률에만 한정하였으나, 오늘날 공권의 확대화 경향에 의해 관계법률까지 확대하고 있으며 일부견해는 헌법상 기본권 원리까지 포함되는 것으로 그 폭을 넓히고 있다. 이와 관련해 대법원은 종전에 비해 관계법률의 취지를 목적론적으로 이해하고 또한 처분의 직접적인 근거규정뿐 아니라 처분시 준용되는 규정을 근거법률에 포함시키고, 처분의 실체법적 근거법률 이외에 처분을 함에 있어서 적용되는 절차법 규정의 취지에 비추어 원고의 법률상 이익을 인정하는 등 보호규범의 범위를 확대하는 경향을 보이고 있다. 한편, 해당 사업이 환경영향평가 대상에 해당되고 해당 처분의 근거법률에서 환경영향평가를 받도록 규정한 경우 환경영향평가법령도 해당 처분의 근거 내지 관계법률로 보아 보호규범의 범위를 확대하고 있는 것이다. 다만, 아직까지 대법원은 처분의 근거 내지 관계법률 이외에 헌법상 기본권 규정까지는 법률상 이익의 해석을 위해 고려하고 있지 않는 것으로 보인다.

② **검토** : 생각건대, 법률상 이익의 존재 여부는 처분의 직접적인 근거법률과 관계법률뿐만 아니라 더 나아가 이러한 법규정만으로도 법률상 이익이 인정되기 어려운 경우에는 오늘날 환경의 이익, 소비자의 권리 등이 중시되고 있는바 헌법상 기본권 규정으로부터 법률상 이익이 도출될 수 있다고 보아야 할 것이다. 이러한 법률의 목적 내지 취지가 공익보호뿐만 아니라 제3자의 사익도 보호하고 있는 것으로 해석될 경우에는 법률상 이익이 인정된다고 보아야 할 것이다.

(4) 사안의 적용(인근 주민 乙의 사익보호성 여부)

사안에서 인근 주민 乙의 법률상 이익 인정 여부는 근거법률의 해석을 통해 판단해야 한다. 먼저 처분의 직접적인 근거법률인 토지보상법에서 사업인정시 이해관계인의 의견청취를 하도록 규정한 것은 사업인정과 관계된 이해관계인의 사익을 보호하려는 취지로 해석되고 동법 시행규칙 제59조 내지 제65조의 공익사업지구 밖의 손실에 대한 보상에 관한 규정에서도 인근 주민의 사익보호성을 도출할 수 있을 것이다. 또한 해당 도로사업은 환경영향평가대상사업으로 환경영향평가법도 보호규범으로 볼 수 있고 환경영향평가대상지역 내의 주민 乙의 환경상 이익은 이러한 법률에 의해 보호되는 이익으로 볼 수 있을 것이다. 따라서 인근 주민 乙은 해당 사업인정을 다툴 법률상 이익이 인정될 수 있을 것이므로 해당 취소소송은 적법하다 할 것이다.

2. 행정작용의 위법성 검토

(1) 문제의 소재

위에서 살펴본 바와 같이 사안에서의 사업인정처분은 재량행위이므로, 그 위법성 검토를 위하여는 재량권의 남용이 있는지 여부를 살펴볼 필요가 있다. 이를 위해서는 공·사익의 형량과정상 비례의 원칙 위반 여부가 검토되어져야 할 것이다.

(2) 비례의 원칙 위반 여부

① 의의 및 근거 : 비례의 원칙이란 행정이 달성하고자 하는 목적과 수단 사이에는 정당한 비례 관계가 존재하여야 한다는 것으로, 실질적 법치주의의 원칙으로 파악되며, 헌법 제37조 제2항의 기본권 제한의 원리를 그 근거로 볼 수 있다.

② 비례의 원칙 내용(판단기준) : 비례의 원칙은 적합성·필요성·상당성의 원칙을 그 내용으로 하며, 각 내용은 서로 단계적 심사과정을 거치게 된다. 적합성의 원칙은 선택된 수단이 행정의 목적 달성에 적합해야 한다는 것, 필요성의 원칙은 적합한 수단이 여러 가지인 경우에 국민의 권리를 최소한으로 침해하는 수단을 선택해야 한다는 원칙, 상당성의 원칙은 적합성, 필요성이 충족되더라도 침해되는 사익과 달성되는 공익에는 적절한 비례관계가 있어야 한다는 것이다.

③ 사안의 경우 : 사안에서 수용할 토지가 도로개통에 적합한 토지라면 적합성 원칙은 충족될 수 있고, 도로를 개통하기 위해서는 수용(취득)이 불가피하므로 필요성의 원칙을 충족한 것으로 볼 수 있다. 그러나 도로 확충을 통한 공익이 개인의 재산권 침해라는 사익이나 환경보호라는 공익보다 적은 경우라면, 상당성의 원칙에 위반되는 것이라고 판단될 수 있다. 따라서 해당 사업인정은 비례의 원칙 중 상당성의 원칙을 충족하지 못하고 있는 것으로 볼 수 있다. 결국 해당 사업인정은 비례의 원칙을 위반한 재량행사가 되어 재량의 남용으로 위법이 인정된다 할 것이다.

(3) 위법성의 정도

무효와 취소의 판단기준은 견해의 대립이 있으나, 중대명백설에 의하여 판단(통설·판례)한다. 사안의 사업인정처분에 대해서는 위법성은 인정되지만, 그 위법성의 정도는 공·사익의 형량과 정의 하자를 일반인이 명백히 알 수 있는 것으로 인정할 수 없다. 따라서 중대하고 명백한 하자로 볼 수 없는바, 취소사유로 평가할 수 있다.

3. 사안의 적용

사안에서 사업인정은 처분성이 인정되어 대상적격을 충족하며, 인근 주민 乙은 법률상 이익이 있다고 보여져 원고적격이 인정될 수 있을 것이다. 또한 다른 소송요건도 충족된 것으로 보여 해당 취소소송은 적법하다고 보여진다. 또한 본안에서 사업인정은 비례성 원칙에 반하여 위법한 처분으로 위법성의 정도는 취소사유로 보여 乙의 청구는 인용이 가능할 것이다.

Ⅳ. 설문 (2)의 검토

1. 문제의 소재

설문에서 인근 주민 乙이 제기한 행정심판이 인용된 경우 사업시행자 甲은 인용재결을 대상으로 취소소송을 제기할 수 있는지 문제된다.

먼저 원처분주의와 재결주의에 대해 살펴본 후 해당 인용재결이 재결 자체의 고유한 위법인지를 검토해야 할 것이다.

2. 원처분주의와 재결주의

(1) 논의 배경

행정심판의 재결에 불복하여 취소소송을 제기하는 경우에 원처분과 재결은 모두 항고소송의 대상이 될 수 있으나, 판결의 모순저촉 방지와 소송경제상 소송의 대상을 제한할 필요가 있다. 이에 대한 입법주의의 문제가 원처분주의와 재결주의 논의인 것이다.

(2) 개념

원처분주의란 원처분과 재결 모두에 대하여 소를 제기할 수 있으나 원처분의 위법은 원처분 취소소송에서만 주장할 수 있고 재결취소의 소송에서는 원처분의 위법이 아닌 재결 자체의 고유한 위법에 대하여서만 주장할 수 있도록 하는 제도를 말한다.

반면에 재결주의란 원처분에 대하여는 소송을 제기할 수 없고 재결에 대하여서만 소송을 제기할 수 있도록 하되 재결 자체의 고유한 위법뿐만 아니라 원처분의 위법도 재결취소소송에서 주장할 수 있게 하는 제도를 말한다.

(3) 행정소송법 제19조의 태도

현행 행정소송법은 원처분주의를 채택하고 있다. 즉, 행정소송법 제19조는 "취소소송은 처분 등을 대상으로 한다. 다만, 재결취소소송의 경우에는 재결 자체에 고유한 위법이 있음을 이유로 하는 경우에 한한다"라고 규정하고 있다.

(4) 최근 대법원 판례(대판 2010.1.28, 2008두1504[수용재결취소 등])

공익사업을 위한 토지 등의 취득 및 보상에 관한 법률 제85조 제1항 전문의 문언 내용과 같은 법 제83조, 제85조가 중앙토지수용위원회에 대한 이의신청을 임의적 절차로 규정하고 있는 점, 행정소송법 제19조 단서가 행정심판에 대한 재결은 재결 자체에 고유한 위법이 있음을 이유로 하는 경우에 한하여 취소소송의 대상으로 삼을 수 있도록 규정하고 있는 점 등을 종합하여 보면, 수용재결에 불복하여 취소소송을 제기하는 때에는 이의신청을 거친 경우에도 수용재결을 한 중앙토지수용위원회 또는 지방토지수용위원회를 피고로 하여 수용재결의 취소를 구하여야 하고, 다만 이의신청에 대한 재결 자체에 고유한 위법이 있음을 이유로 하는 경우에는 그 이의재결을 한 중앙토지수용위원회를 피고로 하여 이의재결의 취소를 구할 수 있다고 보아야 한다.

3. 원처분주의에서 재결소송

(1) 의의

재결을 분쟁대상으로 하는 항고소송을 말하며 원처분주의에서 재결 자체에 고유한 위법이 있음을 이유로 하는 경우에 한다. 이는 원처분을 다툴 필요가 없거나 다툴 수 없는 자도 재결로 인해 다툴 필요가 생겨날 수 있을 것인데 그러한 자 등을 위한 인정의 필요성이 있다.

(2) 재결소송의 사유(고유한 위법의 내용)

주로 재결의 주체·절차·형식의 위법을 의미하고, 내용상 하자에 대해서는 부정하는 견해도 있으나, 처분이 아니거나 원고적격이 없음에도 본안판단을 한 경우 등 재결의 고유한 위법이 인정될 수 있는바, 포함하는 것이 통설·판례의 입장이다. 제3자효 행정행위와 같이 제3자가 재결에 의해 비로소 권리가 침해된 경우 당연히 재결을 대상으로 소송제기가 가능하고(판례), 일설은 형식상으로는 재결이지만 실질적으로 제3자에게는 최초의 처분의 성질을 갖는 것으로 본다.

(3) 재결소송의 대상인 재결

인용재결로서 형성재결인 취소재결의 경우 그 자체가 소의 대상이 되며, 명령재결인 취소명령재결의 경우 재결에 따른 처분이 소송의 대상인지 문제되나 판례는 재결 및 재결에 따른 처분 모두 소의 대상이 될 수 있다는 입장이다.

4. 재결 자체에 고유한 위법이 없음에도 소를 제기한 경우

재결 차제에 고유한 위법이 없음에도 소를 제기한 경우 행정소송법 제19조 단서가 소극적 소송요 건을 정한 것으로 보아 각하하여야 한다는 견해가 있으나 판례는 기각해야 한다고 본다. 재결 자체 의 위법 여부는 본안판단사항이기 때문에 타당시된다.

5. 사안의 적용

사안에서 재결청이 행정청인 국토교통부장관이 내린 사업인정을 취소한 재결은 해당 취소재결의 형성력에 의하여 별도의 행정처분을 기다릴 것이 없이 당연히 취소·소멸하였다고 보아야 한다. 따라서 해당 형성재결로 비로소 권익을 침해받는 사업시행자 甲은 그 인용재결에 대하여 다툴 필요 가 있고, 그 인용재결은 원처분과 내용을 달리 하는 것이므로 그 인용재결의 취소를 구하는 것은 원처분에는 없는 재결의 고유한 하자를 주장하는 셈이어서 항고소송의 대상이 된다 할 것이다. 최 근에 나온 대법원 판례에서는 관할 토지수용위원회에서 한 원 수용재결을 대상으로 행정소송을 제 기하여야 한다고 보고 있는바 원처분주의를 취하고 있다.

V. 사례의 해결

(1) 설문(1)에서 사업인정지역의 인근 주민 乙은 근거법률에 의해 보호되는 사익이 인정되어 법률상 이익이 있다고 보여 해당 취소소송은 적법하다. 또한 해당 사업인정은 비례성 원칙에 반하여 재량 권을 남용한 위법성 인정되고 위법성의 정도는 취소사유로 보여 해당 소송은 인용이 될 것이다.

(2) 설문(2)에서 인근 주민 乙이 제기한 행정심판에 의해 사업인정이 취소된 경우 사업시행자 甲 은 해당 인용재결이 재결 자체의 고유한 위법이 있는 경우에 해당된다고 보이므로 인용재결 을 소송의 대상으로 하여야 할 것이다.

---

3 용산참사를 계기로 정부에서는 세입자의 주거복지안정을 추진하기로 하고 한국토지주택공사 甲은 이를 이행키 위해 A지역에 임대주택 공급을 위한 사업인정신청을 하였다. 이에 대하여 국토교통부 장관은 인근 지하철역사로의 신규도로개설을 조건으로 사업인정을 하였다. 그러나 甲은 A지역은 도로체계가 잘 정비되어 있어 해당 임대주택건설로 인해 교통체증이 유발될 우려가 거의 없고, 도로 설치가 해당 임대주택 입주자의 주거생활에 이바지하는 것으로 기대할 수도 없다고 주장하며, 도로개설을 고의로 회피하였다. 이에 국토교통부장관은 신규도로개설이 될 경우 역세권의 상권이 활성화되어 A지역 주민의 복리가 증진될 수 있다고 주장하며 도로개설의 조건 불이행을 이유로 甲의 사업인정을 취소하였다. 40점

(1) 국토교통부장관의 사업인정의 취소는 적법한가?

(2) 한국토지주택공사 甲이 도로개설공사조건에 대한 취소소송을 제기한 경우 그 인용가능 성은?

Ⅰ. 논점의 정리

설문에서는 국토교통부장관이 조건 불이행을 이유로 한국토지주택공사 甲의 사업인정을 취소하고 있는바, 사안의 해결을 위하여는

(1) 사업인정과 사업인정의 취소, 조건 등 관련 행정작용의 법적 성질을 규명하고,

(2) 사업인정의 취소처분의 적법 여부와 관련하여서는 해당 사업인정의 취소가 철회라면, 철회의 법적 근거가 요구되는지, 요구되지 않는다면 철회의 사유가 존재하는지, 철회권 제한법리에 적용되는지를 부관의 적법 여부를 중심으로 검토하여야 하며,

(3) 도로공사조건에 대하여 취소소송을 제기한 경우 부관에 대한 독립쟁송의 제기가 가능한지, 가능하다면 부관만의 독립취소가 가능한지 여부를 검토하여야 할 것이다.

Ⅱ. 관련 행정작용의 검토

1. 사업인정의 의의 및 법적 성질

(1) 의의 및 성격

사업인정이라 함은 일정한 절차를 거칠 것을 조건으로 하여 국토교통부장관이 사업시행자에게 수용권을 설정하는 행위로서, 토지보상법이 공공복리의 증진을 목적으로 하며(법 제1조), 국토교통부장관이 공익성을 판단하여 사업시행자에게 수용권을 설정하여 준다는 점에 비추어 강학상 특허라 판단된다. 또한 사업인정은 그 상대방에게 이익을 주는 행위이므로 수익적 행정행위이다.

(2) 재량행위인지

기속행위와 재량행위의 구별에 관하여 학설과 판례는 근거문언을 우선하고 근거문언이 불분명할 경우 해당 행위의 성질과 헌법상 기본권 등을 고려하여 판단한다.

사안의 경우 근거문언인 토지보상법 제20조로는 불분명하나, 사업인정은 강학상 특허로서 공공복리의 증진을 목적으로 하는바, 국토교통부장관에게 공익성 판단에 대한 재량을 부여한 것으로 볼 수 있다.

2. 사업인정의 취소

(1) 강학상 철회인지

철회라 함은 성립 당시 하자 없이 유효하게 성립한 행정행위를 사후에 발생한 사유에 의해서 행정기관이 장래에 향해서 그 효력을 소멸시키는 행정행위를 말한다. 사안의 경우 발령 당시 사업인정은 법령에 따른 적법한 것이었고, 그 이후 조건 불이행이라는 사유에 의해 취소를 하였는바, 이는 강학상 철회라 할 수 있다.

(2) 재량행위인지

사안에서 사업인정의 취소는 공익적 사정을 이유로 한 것이고, 강학상 철회로서의 성질을 지니는바 재량행위라 할 수 있다.

3. 도로공사조건

(1) 부관의 의의

부관에 대하여 ① 종래의 견해는 "행정행위의 부관은 행정행위의 일반적 효과를 제한하기 위하여 주된 의사표시에 붙여진 종된 의사표시"라 보았으나, ② 새로운 견해는 "행정행위의 효과를 제한 또는 보충, 새로운 의무를 부가하기 위하여 행정기관에 의하여 주된 행정행위에 부가되는 종된 규율"이라 보고 있다.

(2) 부담인지

부담이란 주된 행정행위에 부수하여 그 행정행위의 상대방에 대하여 작위, 부작위, 급부, 수인 의무를 부과하는 부관으로서, 독립하여 처분성이 인정된다. 사안에서의 사업인정은 도로개설 이전에 이미 효력을 발생시키는 것으로 보여지는바, 도로개설조건은 주된 행정행위에 부가하여 작위의무를 부과하는 부담이라 할 수 있다.

III. 국토교통부장관의 사업인정의 취소가 적법한지 여부 : 설문 (1)

1. 문제점

국토교통부장관이 한국토지주택공사 甲에 대하여 한 사업인정의 취소는 수익적 행정행위의 철회로서 사례에서 기타 절차에 대한 언급이 없는바, 주체 및 절차, 형식상의 요건은 충족되었다 본다. 내용상 요건과 관련하여 우선 법적 근거의 요부와 철회사유의 존부 그리고 철회권의 제한사유의 존부를 검토하여야 한다.

2. 철회의 법적 근거 요부

(1) 문제점

토지보상법에서는 설문의 경우에 적용할 철회에 관한 규정이 없고, 일반법 역시 없는바, 철회의 법적 근거는 학설과 판례에서 정리되어야 할 사항이라 할 수 있다.

(2) 학설

① 철회에 일일이 법률의 근거를 요한다고 하면 중대한 공익상의 요청이 있는 경우에 철회할 수 없다는 결론이 나오는바, 이는 합리적이 아니라 하여 명시적 근거 없이도 철회가 가능하다는 견해와 ② 수익적 행정행위의 철회는 침익적이므로 헌법 제37조 제2항에 비추어 법률의 근거가 필요하다는 견해가 대립하고 있다.

(3) 판례

처분 당시에 그 행정처분에 별다른 하자가 없었고 또 그 처분 후에 이를 취소할 별도의 법적 근거가 없다 하더라도 원래의 처분을 그대로 존속시킬 필요가 없게 된 사정변경이 생겼거나 또는 중대한 공익상의 필요가 발생한 경우에는 별개의 행정행위로 이를 철회하거나 변경할 수 있다고 보아야 한다.

(4) 검토

법치주의원리를 철저히 주장하면 근거필요성을 취할 수밖에 없다. 그러나 행정법규의 불완전성, 행정의 탄력성 등 행정의 현실을 고려한다면 실제상 근거불요설을 택하지 않을 수 없다. 다만, 근거불요설을 택한다고 하더라도, 원래의 처분인 사업인정의 근거법률에 의한 한계 내에서 이루어져야 한다고 보여진다.

3. 철회의 사유가 있는지

(1) 문제점

사안의 경우 '부관 불이행'을 이유로 사업인정의 철회가 행하여졌으므로, 철회의 사유가 있는지 여부는 해당 부관의 유효성 여부를 검토함으로써 가릴 수 있다.

(2) 부관의 가능성

부관의 가능성에 대하여는 준법률행위적 행정행위와 기속행위에 대하여 부관의 부가가 가능한지 견해의 대립이 있으나, 사안에서의 주된 행정행위인 사업인정의 경우 강학상 특허이며 재량행위인 바 어느 견해에 의하든 부관의 부가가 가능하다.

(3) 부관의 한계 및 위법성의 정도

① 일반적 한계 : 부관의 부가가 가능한 경우에도 부관은 (ㄱ) 법령에 위배되지 않는 한도에서, (ㄴ) 내용이 가능한 명확하고, 실행 가능한 것이어야 하고, (ㄷ) 주된 행정행위의 본질적 목적에 위배해서는 붙일 수 없으며, (ㄹ) 법의 일반원칙, 특히 부당결부금지의 원칙에 위배하여 붙일 수 없다. 사안의 경우 부당결부금지원칙 위반 여부가 문제된다.

② 부당결부금지원칙의 의의 및 요건 : 행정작용을 함에 있어서 이와 실질적인 관련이 없는 상대방의 반대급부를 조건으로 하여서는 안된다는 원칙으로서, (ㄱ) 공권력의 행사가 상대방의 반대급부와 결부되어 있을 것, (ㄴ) 공권력의 행사와 반대급부 사이에 실질적 관련성이 없을 것을 요건으로 한다.

③ 부당결부금지원칙 위반 여부 및 위법성의 정도 : 사안에서의 사업인정은 도로공사라는 반대급부가 결부되어 있는바, 이들 사이에 실질적 관련성이 있는지 문제된다.

(ㄱ) 해당 임대주택건설로 교통체증이 유발될 우려가 없는바, 원인적 관련성을 인정하기 곤란하며, (ㄴ) 임대주택건설에 대한 사업인정은 주거생활의 안정을 목적으로 하는 데 반해, 도로개설의 부가는 역세권의 상권 활성화를 통한 복리증진을 목적으로 하는바, 목적적 관련성의 존재 여부 역시 불명확하다고 하겠다. 이에 사안에서의 조건의 부가는 부당결부금지원칙에 반하는 위법성이 인정되며, 위법의 정도는 내용상 중대하나 외견상 일견 명백하지 않은바 취소사유라 판단된다. 따라서 사안의 부관은 권한 있는 기관에 의해 취소되기 전까지는 "유효"한바, 철회의 사유는 존재한다고 할 수 있다.

4. 철회권 제한법리의 적용 여부

(1) 문제점(철회권 제한법리)

수익적 행정행위에 철회사유가 있는 경우에도 행정청은 자유로이 철회권을 행사할 수 없고 일정한 제한을 받게 된다. 따라서 행정행위의 철회는 법률적합성의 원칙에 따른 요청과 신뢰보호의 원칙에 따른 요청을 구체적으로 이익형량하여 결정된다. 결국 비례의 원칙, 신뢰보호의 원칙, 실권의 법리 등에 적용되어 철회권이 제한되는지 문제이다.

(2) 사안의 경우

사안의 경우 부관으로 부과된 의무를 이행하지 않은 것이 철회의 원인이 되고 있는바, 甲은 신뢰보호를 주장할 수 없다. 왜냐하면 철회사유가 甲의 잘못된 행위에 기인하였고, 甲이 그 의무를 이행하지 않으면 철회될 수 있다는 가능성을 알고 있기 때문이다. 따라서 사안에서의 사업인정의 철회는 적법성이 인정된다고 하겠다.

5. 사안의 경우

사안에 있어서 국토교통부장관은 원처분의 근거 한계 내에서 철회권을 발동하고 있으며, 위법하기는 하나 취소사유에 불과하기에 철회사유 또한 존재하고, 철회권 제한법리에 있어서도 특별한 문제가 없다고 보여지는바, 사업인정의 취소(강학상 철회)는 적법하다 할 것이다.

Ⅳ. 甲의 도로공사조건 취소소송이 인용가능한지 : 설문(2)

1. 문제점

한국토지주택공사 甲은 위법한 국토교통부장관의 도로개설 부담에 대해 다투고자 한다. 주된 행정행위의 종속성이라는 부관의 성질을 고려할 때 부관만의 독립쟁송과 독립취소가 가능한지 문제된다.

2. 도로공사조건에 대한 독립쟁송가능성

(1) 학설

① 제1설은 부담은 독립하여 행정쟁송의 대상이 되나, 부담 이외의 부관의 경우 부종성을 이유로 독립하여 쟁송의 대상이 될 수 없다고 한다. 이 경우 부담에 관한 취소소송은 진정일부취소소송에 해당한다.

② 제2설은 소의 이익이 있는 한 처분성 연계와 관계없이 모든 부관에 대해 독립쟁송이 가능하다는 견해이다. 이 쟁송의 형태는 부진정일부취소소송에 해당한다.

③ 제3설은 부관의 독립쟁송가능성을 독립취소가능성과 연계시켜서, 처분성 유무와 관계없이 주된 행정행위와 분리가능성이 있는 독자적인 부관의 경우 독립쟁송을 인정한다. 이 경우 처분성이 있으면 진정일부취소소송에, 처분성이 없으면 부진정일부취소소송에 해당한다.

(2) 판례의 태도

부관 그 자체만을 독립된 쟁송의 대상으로 할 수 없는 것이 원칙이나 부담은 그 자체로서 행정소송의 대상이 될 수 있다고 판시하여 부관 중 부담만이 독립적으로 쟁송의 대상으로 할 수 있다는 다수설과 같은 견해를 취하고 있다.

(3) 검토

생각건대, 부담은 행정행위의 성격을 가지고 있으므로 그 자체로 취소소송의 대상이 될 수 있다고 보아야 할 것이다(진정일부취소소송). 반면 기한, 조건이나 철회권 유보 등은 그 자체로 처분의 성격을 갖지 않으므로 독립하여 취소소송을 제기할 수는 없고, 다만 부관부행정행위 전체를 그 대상으로 하여, 그 중 위법한 부관에 대해서만 취소를 구하는 부진정일부취소소송을 제기하면 될 것이다.

(4) 사안의 경우

사안의 경우 부관은 부담으로 처분성이 인정되며, 어느 학설을 취하더라도 부담의 독립쟁송은 인정되므로 甲은 도로개설 부담만의 취소를 구할 수 있다. 이때 쟁송형태는 진정일부취소소송에 해당한다.

3. 도로공사조건에 대한 독립취소가능성

(1) 학설

① 기속행위에 부가된 부관은 그 부관만을 취소시킬 수 있으나, 재량행위의 경우에는 부관을 부가하지 않고는 행정청이 해당 행위를 하지 않았을 것으로 판단되는 경우에는 부관만의 취소는 인정되지 않는다는 견해이다.

② 부관이 주된 행정행위의 중요요소이면 전체를 취소하여야 하지 부관만을 취소할 수 없고, 중요요소가 아닌 경우에는 부관부분만을 취소가 가능하다는 견해이다.

③ 중요요소인지 아닌지, 기속행위인지 재량행위인지 구별하지 않고 부관에 하자가 있으면 법원은 부관부분만을 취소할 수 있다는 견해이다. 다만, 이로 인해 행정행위가 위법하게 될 때에는 행정기관이 주된 행정행위를 철회하거나 새로운 적법한 부관을 부가할 수 있다고 한다.

(2) 판례

판례는 "도로점용허가의 점용기간은 행정행위의 본질적인 요소에 해당하고, 부관인 점용기간에 위법사유가 있다면 도로점용허가처분 전부가 위법하게 되므로 이 사건 도로점용허가도 위법하다"고 판시하였다.

(3) 검토

생각건대, 행정청이 부관을 부가하지 않고는 행정청이 해당 행위를 하지 않았을 것으로 판단되는 경우에는 부관만의 취소는 인정되지 않는다고 보아야 한다. 즉, 부관이 행정행위의 본질적인 요소인 경우에는 부관만의 취소는 인정되지 않는다고 보여진다.

(4) 사안의 경우(중요요소인지)

본 사안에 있어서 부담은 본 행정행위인 사업인정과 중요요소에 해당되는지가 문제된다. 이때 중요한 요소인지의 판단에 있어서는 행정청의 주관적인 의사를 기준으로 해서는 안되고, 객관적인 측면, 즉 부관과 본체인 행정행위의 실질적·내용적 관련성을 고려하여야 한다. 그러므로 직접적인 원인 및 목적에 맞지 않는 부담으로써 이는 중요요소가 아니라고 보여지는바 부관만의 취소가 가능하다 할 것이다.

V. 사안의 해결

(1) 해당 사안에서 사업인정에 부가된 도로공사조건은 강학상 부담에 해당되며,

(2) 사업인정의 취소는 강학상 철회로서 원처분의 법적 근거 한계 내에서 행하여졌으며, 그 사유로서 부관의 불이행이 있고, 철회권 제한법리에 의해 제한되지 않으므로 적법하다. 이와 관련 도로공사조건은 부당결부금지원칙의 위반으로서 위법하나 그 하자의 정도가 취소인바, 유효성이 인정되어 그 불이행은 철회의 전제가 된다.

(3) 한국토지주택공사 甲이 제기한 도로공사조건취소소송은 '부담'에 대한 취소소송의 제기인바, 처분성이 인정되어 독립쟁송가능성이 있고, 해당 조건이 주된 행정행위인 사용허가의 중요한 요소가 아니라고 판단되므로, 독립취소가능성이 있다고 볼 수 있다.

(4) 따라서 법원은 도로공사조건만의 취소판결을 내릴 수 있고, 사업인정은 조건 없는 행정행위로 존속하게 될 것이다.

---

4 한석봉법인 甲은 국토교통부장관에게 사업인정을 신청하였으나, 사업인정을 위한 법적 요건을 다 갖추었음에도 불구하고 한석봉법인 甲이 공익사업을 실시하려고 신청한 지역을, 성북구청장이 공원지역으로 용도변경할 것을 추진하고 있다는 이유로 사업인정을 거부하였다. 성북구청장이 해당 지역을 공원구역으로 변경하기 위하여 도시관리계획변경을 추진하고 있는 것은 사실이다. 한석봉법인 甲이 이에 불복하여 행정소송을 제기하자, 국토교통부장관은 소송 도중에 한석봉법인 甲이 신청한 공익시설은 공원구역에서 건축가능한 건물이 아니라는 이유 및 도심의 환경보전이라는 거부사유를 추가하였다. 이러한 국토교통부장관의 주장은 허용될 수 있는가?
30점 (소제기는 적법함을 전제함)

Ⅰ. 논점의 정리

(1) 행정청이 거부처분을 하면서 제시했던 사유와 다른 사유를 취소소송의 심리 도중에 새로이 제시하는 경우 법원이 그 새로운 사유를 인정하여 판결할 수 있는지의 문제로 이를 논함은 이것이 가능하다면 추가된 거부사유에 따른 거부처분의 위법성을 판단하여야 하기 때문이다. 따라서 이하에서는 처분사유의 추가 또는 변경의 가능성 및 허용 가능하다면 그 범위 및 한계에 대하여 검토한다.

(2) 또한 처분사유의 추가변경을 논하기에 앞서 그 전제 문제로서 사업인정의 법적 성질이 재량행위인지 여부를 논하도록 한다.

Ⅱ. 관련 행정작용의 법적 성질

사업인정이란 국토교통부장관이 공익사업을 토지 등을 수용·사용할 사업으로 결정하는 것으로, 처분에 해당하며, 사업인정은 공공복리의 효율적 증진을 목적으로 하며, 공익성 여부를 모든 사정을 참작하여 구체적으로 판단하는 작용인바(판례) 재량행위로 봄이 타당하며, 따라서 사업인정의 거부 역시 재량행위로 판단된다.

Ⅲ. 처분사유의 추가·변경 가능성

1. 의의 및 구별개념

이는 소송계속 중에 그 대상이 된 처분을 실제적으로 지지하기 위하여 처분의 이유로 제시된 법적 또는 사실적 근거를 변경하는 것을 의미한다. 이는 행정절차의 하자치유가 이유제시 의무불이행으로 인한 형식적 하자의 치유인데 반해, 처분 근거의 추가·변경은 이유제시 의무는 행한 상태에서 제시된 근거가 내용적으로 해당 처분을 지지하지 못하는 경우에 이를 변경하고자 하는 것이다.

2. 허용 가능성

(1) 문제의 소재

이를 인정치 않으면 원고가 승소하더라도 행정청이 다른 사유를 근거로 한 처분을 하게 되고 이에 대해 다시 원고는 소송을 제기하여야 하는바 분쟁의 일회적 해결요청에 반하는 반면, 이를 무한정 인정하면 원고의 공격방어방법에 지장을 초래하는바 양자를 어떻게 조화시킬 것인지가 문제시된다.

(2) 학설 및 판례

학설은 긍정설, 부정설, 제한적 긍정설 등이 있으며, 처분의 상대방 보호와 소송경제의 요청을 고려할 때 일정한 한계 내에서 허용할 수 있는 것이 일반적인 입장으로 보여진다. 판례 역시 "기본적 사실관계의 동일성"이 인정되는 한도 내에서 인정하고 있다.

(3) 검토

행정의 법률적합성 보장 내지는 분쟁의 일회적 해결이라는 요청과, 원고의 신뢰 및 방어권 보장이라는 양 요청의 조화 관점에서 볼 때 일정한 범위 내에서 허용하는 것이 타당하다고 판단된다.

3. 처분 근거의 추가·변경의 허용범위에 대한 구체적 검토

(1) 처분사유의 기본적 사실관계의 동일성 유지

판례는 이를 처분사유를 법률적으로 평가하기 이전에 구체적인 사실에 착안하여 그 기초가 되는 사회적 사실관계가 기본적인 점에서 동일한지 여부에 따라 결정해야 한다고 한다. 그리고 이 동일성은 시간적, 장소적 접근성, 행위의 태양, 결과 등을 종합적으로 판단하여야 한다고 한다.

(2) 처분사유의 추가·변경의 시적 범위

처분의 위법성 판단시점은 처분시를 기준으로 하는 것이 통설 및 판례의 태도이며, 따라서 처분사유의 추가·변경은 처분시에 객관적으로 존재하였던 사유이어야 한다.

(3) **재량행위에서 처분사유의 추가·변경의 허용 가능성**

재량행위의 경우에는 처분의 근거 변경은 항상 처분의 동일성을 해하기 때문에 허용할 수 없다는 견해가 있으나, 처분사유의 추가·변경이 행정행위가 본질적으로 변경되지 않았음을 전제로 하는 것이며, 그리고 원고에게 불의의 타격을 주지 않는 범위 내에서 분쟁의 일회적 해결을 도모하기 위한 것인바, 재량행위라도 기본적 사실관계의 동일성이 인정되어 원고의 권리방어에 지장이 없는 한 허용되어야 할 것이다.

4. 사안의 경우

(1) 허용 가능성

사안에서 거부처분 당시 성북구청장이 해당 지역을 공원구역으로 용도변경할 것을 추진하고 있다는 이유와 소송도중 甲이 신청한 공익시설이 공원구역에서 건축가능한 건물이 아니며 도심의 환경보전이라는 거부사유는 기본적 사실관계에 있어 동일성을 인정하기 어렵다 판단된다. 따라서 처분사유의 추가 변경이 불가능한바, 국토교통부장관의 주장은 허용될 수 없다고 보여진다.

(2) **처분사유의 추가·변경의 결과**

처분사유의 추가·변경이 허용되지 않는, 즉 기본적 사실관계의 동일성이 없는 처분사유의 변경은 당초의 처분을 유지시키지 않고 다른 처분을 발하는 것이어서 처분의 변경을 초래하므로, 이 경우 원고가 새로운 상황에 대비할 수 있도록 처분변경으로 인한 소의 변경이 허용되어야 한다(행정소송법 제22조).

Ⅳ. 사례의 해결

(1) 사업인정은 공익성 여부를 모든 사정을 참작하여 구체적으로 판단하여 사업시행자에게 수용권을 부여하는 설권적 행위로서 재량행위라 할 것이며 그에 따른 거부처분도 동일한 성격을 갖는다.
(2) 국토교통부장관은 소송도중 거부사유를 추가한바, 학설 및 판례에 의한 경우 제한적 긍정설이 타당시되며, 재량행위에 있어서도 적용이 가능하다고 볼 때, 당초의 처분사유와 기본적 사실관계의 동일성이 인정되어야 하나 이를 인정하기 어려우므로 처분사유의 추가·변경이 허용될 수 없다고 판단되어, 국토교통부장관의 주장은 허용될 수 없다고 보여진다.

5 용산참사 이후 국토교통부장관 丙은 영세민의 주거안정을 위하여 경기도의 일부지역에 임대주택을 건설할 사업자를 물색하고 있었다. 이에 甲과 乙이 주택건설사업의 승인을 신청하였다. 이에 국토교통부장관이 甲과 乙의 신청서를 검토하여 보니 양자의 기술 및 공급능력이 거의 대등함을 발견하고 사업인정은 자신의 재량에 해당된다고 보아 합리적인 이유 없이 甲보다 나중에 사업인정을 신청한 乙을 사업시행자로 결정하고 甲에 대한 사업인정을 거부하였다. 이후 甲은 비공식적인 경로를 통하여 주택건설사업의 사업인정에 있어서 신청자들의 공급 및 기술능력이 대등한 경우에는 신청의 선착순에 따라 결정하도록 하여야 한다는 내용의 국토교통부장관의 훈령이 있음을 알게 되었다 (국토교통부장관은 이전의 주택건설사업의 사업인정에 있어 이러한 훈령에 의해 선착순에 따라 결정해온 바 있다). **40점**

(1) 국토교통부장관의 사업인정 거부에 대해 사업시행자 甲이 취소소송을 제기한 경우 해당 소는 적법한지를 논하시오.

(2) 甲이 자신의 신청에 대한 거부가 위법하다고 주장하면서 행정소송을 제기한 경우 甲의 청구의 인용 여부에 대하여 논하시오(훈령은 단순히 행정규칙이라고 전제).

Ⅰ. 논점의 정리

사안은 주택건설사업의 사업인정신청을 거부당한 사업시행자 甲이 해당 주택건설사업의 사업인정에 대해 제기한 행정소송의 적법성과 인용가능성에 대한 문제이다.

(1) 설문 (1)에서 甲이 제기하는 행정소송의 적법성을 판단하기 위해서는 먼저 대상적격과 관련하여 사업인정에 대한 거부가 처분성이 인정되는지 여부를 검토해야 하고, 원고적격과 관련하여 사업시행자 甲에게 법률상 이익이 있는지 특히, 재량영역에서 甲에 무하자재량행사청구권을 인정할 수 있는지를 통해 소송요건의 충족 여부를 살펴보아야 한다.

(2) 설문 (2)에서는 이러한 소송요건을 충족한 경우 본안에서 거부처분의 위법성을 검토해야 하며, 이 경우 그 판단의 전제로서 행정규칙의 법적 성질을 규명하여 그 법규성 여부를 검토하고, 법규성이 인정되지 않는 경우 자기구속의 법리를 통한 위법성의 도출이 가능한지 판단한다.

Ⅱ. 해당 행정작용의 법적 성질

1. 처분성 여부

사업인정은 사업시행자가 일정한 절차를 거칠 것을 조건으로 수용권을 설정하는 강학상 특허로서 피수용자의 보전의무 등 국민의 권리·의무에 직접적인 영향을 미친다는 점에서 처분성이 인정된다.

2. 재량행위성 여부

재량행위란 요건의 판단 및 효과의 결정에 행정청의 독자적 판단권이 인정되는 것으로서 사업인정은 관계 제 이익의 형량과정에서의 판단의 개입이 필연적인바, 재량행위라 할 것이다. 판례 역시 사업인정은 단순한 확인행위가 아니라 형성행위로서 그 사업이 공용수용을 할 만한 공익성이 있는지 여부를 구체적으로 판단하는 재량행위라 보고 있다.

Ⅲ. 설문 (1)의 검토

1. 문제의 소재

취소소송은 위법한 처분 등에 대하여 침해를 받은 국민의 권리를 구제하기 위해 인정되는 것으로,

행정법관계의 특수성과 남소방지를 위해 대상적격, 원고적격, 제소기간의 제한, 피고적격 등 일정한 소제기 요건의 제한을 두고 있다. 사안의 경우 거부행위의 처분성 인정 여부, 甲에게 원고적격이 인정되는지 여부가 문제된다.

2. 사업인정 '거부'의 처분성

행정소송법상 처분이란 '행정청이 행하는 구체적 사실에 관한 법집행으로 공권력 행사 또는 거부와 그 밖에 이에 준하는 행정작용'으로 정의하고 있는바, 부작위와 달리 거부에 대한 개념이 명확하지 않아 학설과 판례의 검토가 필요하다.

(1) 거부행위가 처분이 되기 위한 요건

① 신청인의 권리의무에 직접 관계가 있는 공권력 행사의 거부일 것 : 행정청의 거부가 작위인 처분과 동일시 할 수 있기 위해서는 그 거부가 우선 공권력 행사의 거부이어야 한다. 따라서 잡종재산의 매각, 임대기간 연장요청, 협의취득한 공익사업용지에 대한 환매요구 등 사경제적 행위의 요청에 대한 거부는 이에 해당하지 않는다. 또한 그 거부가 국민의 권리의무에 직접적으로 영향을 미치는 것이어야 한다. 지적도나 측량성과도, 토지대장, 건축허가대장, 가옥대장, 임야대장 등 행정청의 행정사무의 편의와 사실증명의 자료를 삼기 위한 장부에의 기재요구의 거부 등은 신청인의 권리의무에 직접 영향을 미치는 것이 아니어서 취소소송의 대상이 될 수 없다. 또한 건축법상의 각종 신고나 국세기본법상 국세환급금결정 신청 등 자족적인 사인의 공법행위에 대한 거부결정도 이에 해당하지 않는다.

② 법규상・조리상 신청권
(ㄱ) 판례 : 판례는 일관되게 항고소송의 대상이 되는 거부처분이 되기 위해서는 법규상・조리상의 신청권이 인정되어야 한다고 본다. 따라서 이러한 신청권이 없는 자의 신청에 대한 거부는 신청인의 권리나 이익에 어떤 영향을 주는 것이 아니므로 이를 행정처분이라 볼 수 없다고 본다.
(ㄴ) 학설(판례의 비판) : 이에 대하여 다수설은 판례가 소송의 대상적격과 원고적격의 문제를 분리하지 않고 있다고 비판하면서, 신청권의 문제를 원고적격의 문제로 본다. 또한 일부 견해는 이러한 신청권의 문제는 소송요건의 문제가 아니라 소를 이유 있게 만드는 본안요건의 문제로 본다.
(ㄷ) 신청권의 존부판단 : 판례는 이러한 비판에도 불구하고 일관되게 신청권을 처분성의 요건으로 인정하면서, 그 존부의 판단을 관계법규의 해석을 통해 일반국민에게 그러한 신청권이 있다고 인정되는 것인지를 살펴 추상적으로 결정된다고 보고, 이러한 응답받을 권리를 넘어서 신청의 인용이라는 만족적 결과를 얻을 권리를 의미하는 것은 아니라고 판단하였다.
(ㄹ) 검토 : 생각건대, 부작위나 거부처분은 처분의무를 전제하므로 신청권이 없는 신청에 대한 거부나 부작위의 대상적격을 인정하지 않는 판례의 태도가 타당하다. 또한 원고적격은 개별 당사자의 주관적 사정에 좌우되는 것임에 비해, 처분성의 문제는 관계법규의 해석을 통한 행정청의 의무와 그 위반을 검토하는 것인바 논의의 차원을 달리 하는 것으로 판단된다.

(2) 사업인정거부의 처분성

토지보상법 제20조는 사업인정의 신청을 전제하고 있고, 시행령 제10조는 신청에 관련된 규정을 두고 있는바, 甲에게는 법규해석상 추상적 신청권이 인정된다. 따라서 이러한 甲에 대한 거부는 처분성이 인정된다.

3. 甲의 원고적격 인정 여부

사업인정이 비록 재량행위에 해당하더라도 오늘날 하자 없는 재량행사를 청구할 권리가 인정되므로, 이러한 한도 내에서 하자 없는 재량을 행사할 의무는 법치국가의 당연한 요청이라 볼 수 있고, 토지보상법은 공익뿐만 아니라 사업시행자의 이익도 보호하고 있다고 판단되므로 형식적 공권의 침해로 원고적격이 인정될 수 있다. 또한 행정소송법 제12조의 법률의 의미를 근거법규 및 관계법규 나아가 헌법상 기본권까지 확대하는 견해에 의할 경우, 헌법상 직업의 자유 및 영업의 자유를 침해하는 것으로 원고적격이 인정될 수 있다(김향기 교수).

Ⅳ. 설문 (2)의 검토(사업인정거부처분의 위법성 검토)

1. 문제의 소재

甲의 청구가 인용되기 위하여는 국토교통부장관의 거부처분의 위법성이 인정되어야 하는데 특히 훈령에 위반한 사업인정거부의 위법성과 관련하여 행정규칙인 훈령의 법규성 여부와 법규성이 부정될 경우 다른 위법성 사유로서 행정의 자기구속의 법리에 위반되는지를 검토해야 할 것이다.

2. 행정행위의 요건

행정행위가 적법하게 성립하기 위하여는 주체, 절차, 형식, 내용상의 요건을 충족시켜야 한다. 사안에서 국토교통부장관은 사업인정에 대한 거부권을 행사할 수 있는 권한 있는 자로써 주체상 하자는 없으며 설문에서 명확한 절차 및 형식의 준수 여부를 설시하지 않았는바, 별다른 절차 및 형식상 하자는 없는 것으로 보인다.

3. 훈령위반으로 인한 위법성

(1) 논의의 배경

행정규칙이 외부적으로도 법규성을 지니는지, 즉 대외적 구속력을 가지는지가 문제되는데, 이는 행정규칙에 위반한 수명자의 행정처분이 대외적으로 위법하게 되는지와 관련된다.

(2) 학설

① 비법규성설은 행정규칙은 행정조직 내부에서 그 조직작용에 대해 규율하기 위한 것이므로 대내적 구속력만 있을 뿐 대외적으로 국민에 대한 구속력이나 법원에 대한 구속력이 인정되지 않는다.

② 법규성설은 행정부나 입법부의 위임과는 관계없이 시원적인 행정입법권을 가지며 시원적인 행정입법권의 행사를 통해 대외적인 구속력을 갖는 행정규칙을 제정할 수 있고, 이러한 행정규칙은 국민과 법원을 구속하는 대외적인 효력을 가진다.

③ 준법규성설은 재량행위의 영역에서 재량준칙에 의한 행정처분이 반복되면서 일정한 관행이 형성된 경우에 그러한 관행과 다른 처분이 이루어졌다면 헌법상 평등원칙을 위반한 위법한 재량권 행사가 되고, 그 결과 재량준칙은 국민이나 법원에 대해서도 평등원칙을 매개로 간접적으로 법적 효력을 갖게 되며 따라서 준법규성을 인정할 수 있다는 견해이다.

(3) 판례

① 〈대법원〉은 원칙적으로 재량준칙 등 행정규칙의 법규성을 부인하고 있다.

② 〈헌법재판소〉는 재량준칙이 일정한 관행이 형성된 경우에는 그 규칙에 따라야 할 자기구속을 당하게 되는 경우에는 대외적인 구속력을 가진다고 결정하였다.

(4) 소결 및 사안의 적용

법규성설은 행정부가 시원적인 행정입법권을 가진다고 주장하는바, 이는 법률에 의한 법규창조
력을 내용으로 하는 법치행정의 원리에 정면으로 배치되는 것으로 타당하지 않다. 또한 준법규
성설의 경우 행정의 자기구속의 원칙이 적용되는 사안에서는 행정규칙이 대외적 효력을 가진다
고 하지만 자기구속의 원칙이 적용되는 경우에는 헌법상 평등원칙이라는 법규에 따라야 되는
경우이지 행정규칙에 따라야 하는 경우가 아니다. 따라서 비법규성설이 타당하며 비법규성설에
의하면 국토교통부장관 丙의 거부처분은 훈령위반에 불과하여 위법하다고 단정할 수 없다. 따라
서 행정처분의 위법성 여부는 법규를 기준으로 판단하여야 하며 특히 사안의 경우에는 재량준칙
의 적용에 있어 행정의 자기구속의 법리에 위반되는지를 검토하여야 할 것이다.

4. 행정의 자기구속법리 위반 여부

(1) 의의 및 법적 근거

평등의 원칙이 구체적으로 적용되어 나타나는 원칙으로 행정기관이 행정결정에 있어서 동종의
사안에 대하여 이전에 제3자에게 행한 결정과 동일한 결정을 상대방에게 하도록 스스로 구속당
하는 원칙을 말한다. 이는 헌법상 평등원칙으로부터 파생된 것으로 학설과 판례에 의해 승인된
행정법의 일반원리로 이해할 수 있다.

(2) 인정요건

① 재량행위 영역 : 이 원칙은 행정청이 그 처분의 내용에 관한 재량권이 인정되는 영역에서 그
의미를 가진다. 즉, 행정청이 독자적 판단권이 있음에도 불구하고 그 재량권의 행사에 관한
관행이 형성되어 있는 경우에는 스스로 그 관행에 구속되는 것이기 때문이다.

② 행정선례의 존재 : 이 원칙은 행정기관의 일정한 선행작용을 전제로 한다. 즉, 당사자에게
발령한 행정작용이 평등원칙에 위반된다는 것을 그 개념상 전제로 하므로 이러한 평가를 가
능하게 하는 선행 행정작용이 필요하게 된다.

③ 동종 사안일 것(불평등한 후행 행정작용의 존재) : 자기구속의 법리가 적용되기 위해서는 동
종의 사안에 대하여 이전에 제3자에게 행한 결정과 동일한 결정을 상대방에게 하도록 하는
것이다. 이 원칙은 선행 행정작용과 비교하여 불평등한 내용의 행정작용이 발령되는 것을
전제로 한다. 이때의 불평등성의 판단기준은 합리적 차별사유의 유무에 존재한다. 따라서
합리적 차별사유 없이 선행 행정작용의 내용과 상이한 행정작용을 발령하는 때에는 선행 행
정작용의 발령을 통하여 발생된 행정의 자기구속에 반하는 문제가 존재하게 되는 것이다.

(3) 한계

① 특수한 사정변경이 있는 경우로서 선행하는 행정관행을 번복할 정도의 특수한 사정이 있는
경우, 자기구속의 법리는 적용되지 않을 수 있다. 또한, ② 자기구속의 법리는 법률에 적합한
행정관행만이 구속력을 갖는 것이다. 따라서 "불법에는 평등 없다."는 법언에 따라 불법을 반복
해 줄 것을 청구할 수 있는 권리는 도출되지 않는다.

(4) 사안의 적용

① 자기구속의 법리 위배 여부 : 먼저 해당 주택건설사업에 대한 사업인정은 국토교통부장관의
독자적 판단권이 인정되는 재량행위에 해당된다. 또한 사안의 경우 국토교통부장관은 이전
의 행정작용을 통하여 내부지침인 훈령에 따른 사업인정을 하여 왔음을 알 수 있고(선행 행
정작용의 존재), 이러한 훈령에 반하는 사업인정의 거부행위를 하고 있다(불평등한 내용의
후행 행정작용의 존재). 따라서 자기구속원칙의 요건을 충족하고 있다.

② **한계검토 및 위법의 정도** : 사안의 경우, 특수한 사정의 변경이 있거나 불법적 평등의 적용을 요구하는 것이 아닌바 자기구속법리의 한계 내에 있다고 판단된다. 따라서 甲은 자기구속의 법리를 위반한 丙의 사업인정거부는 위법하다고 판단되며, 그 위법성의 정도는 행정법 일반원칙 위반으로서 취소사유라고 볼 수 있다.

V. 사례해결

(1) 설문에 있어서 해당 사업인정에 대한 거부의 처분성이 인정되고, 사업시행자 甲은 거부처분으로서 침해되는 법률상 이익이 있는바 원고적격을 인정할 수 있을 것이다.

(2) 해당 훈령에 위반한 사업인정의 거부처분은 행정규칙의 대외적 구속력 인정 여부에 따라 달라지며 비법규성설에 따를 때 훈령은 법규성을 부정하는 행정규칙이다.

(3) 그러나 대외적 구속력이 인정되지 않는다고 하더라도 행정상 자기구속의 법리에 위배되는 위법한 처분으로 사업시행자 甲의 청구는 인용될 수 있을 것이다.

---

6 정부는 서민들의 주거안정을 위하여 현재의 국민임대주택을 보금자리주택으로 명칭을 변경하고 "보금자리주택특별법"을 제정하여 2018년 6월 시행하기에 이르렀다. 이에 국토교통부장관 乙은 서울시 외곽과 경기도 하남시의 관할구역에 걸쳐있는 지역에 보금자리주택을 설치하기로 하고, 생활기반시설로써 상하수도시설을 설치하기로 결정하였다. 이에 따라 사업시행자 甲은 위 사업을 시행하고자 국토교통부장관에게 사업인정을 신청하였고, 이에 따라 국토교통부장관 乙은 사업인정을 행하였으며, 이를 근거로 사업시행자 甲은 조서를 작성하고 협의절차를 이행하고 있는 상태이다. 그러나 국토교통부장관 乙은 해당 지역에 다른 공익사업인 폐기물처리시설을 건설하여야 할 공익적 요청이 강하게 제기되어 이에 대한 계획을 세우고 이를 이유로 甲의 사업인정을 취소하였다(청문 및 이유제시 등의 행정절차는 관련법에 의거 적법하게 거친 상태라고 봄). 이에 甲은 이러한 사업인정의 취소는 위법하다고 보아 이의 취소를 구하고자 취소소송을 제기하였다. 甲의 주장의 타당성을 논술하시오. **40점**

I. 논점의 정리

사안은 보금자리주택건설을 위한 생활기반시설인 상하수도 설치를 위하여 적법하게 발령된 사업인정에 대하여, 국토교통부장관 乙이 새로운 사정을 이유로 한 취소처분에 대하여 다투고자 하는 것으로,

(1) 해당 사업인정과 사업인정의 취소의 법적 성질을 살펴서 사업인정의 취소가 강학상 취소인지 철회인지 살피고,

(2) 취소소송의 적법성을 간략히 검토한 후, 해당 취소처분의 위법성 주장사유로서 철회권 제한법리를 검토한다.

II. 관련 행정작용의 법적 성질

1. 사업인정의 의의 및 취지

사업인정이란 공익사업을 토지 등을 수용·사용할 사업으로 결정하는 것으로 관계 제 이익의 형량을 거쳐 일정절차를 거칠 것을 조건으로 수용권을 설정하는 국토교통부장관의 행정작용을 말한다. 또한, 사업인정은 당사자에게 있어 수익적 행정행위에 해당하여 그 철회시 제한법리의 한계를 받는다.

2. 사업인정의 철회

(1) 사업인정의 취소가 강학상 철회인지 여부

행정행위의 철회란 적법하게 성립한 행정행위의 효력을 행정청이 후발적인 사유에 기하여 본래의 행정행위의 효력을 장래를 향하여 상실시키는 독립된 행정행위를 의미한다. 사안의 경우, 성립 당시 하자 없이 발령된 사업인정을 폐기물처리시설 건설이라는 후발적 사정을 이유로 취소한 것으로 이는 강학상 철회에 해당한다.

(2) 처분성 및 재량행위성

철회는 행정청의 개별·구체적 규율로서 외부적 효력을 갖는 공법상 단독행위로서 강학상 행정행위에 해당하고 이는 국민의 권리의무에 직접 영향을 미치는 처분이라고 볼 수 있으며, 철회의 법적 근거가 명문에 규정되어 있지 않고, 침익적 성격과 기본권 관련성으로 볼 때 재량행위로 볼 수 있다.

III. 취소소송의 적법성

1. 취소소송의 요건

취소소송이 적법하게 제기되기 위해서는 처분성이 인정되고, 원고적격이 있는 자에 의해 소송의 제기기간 내에 원칙상 처분청을 피고로 관할 행정법원에 소송을 제기하여야 한다.

2. 사안의 검토

해당 철회는 침익적 처분으로서 甲은 취소 또는 무효확인을 구할 법률상 이익이 있는 자에 해당한다. 기타의 요건은 충족되는 것으로 판단한다.

IV. 사업인정 철회의 위법성

1. 문제점

행정행위의 철회는 직권취소와 달리 변화된 법적 및 사실상태에 따른 행정의 공익목적을 실현하는 것을 그 취지로 한다. 따라서 이러한 행정행위의 철회를 무제한적으로 행사할 수 있는 것이 아니라 수익적 행정행위의 철회의 경우 일정한 요건과 한계 내에서만 인정될 수 있다. 따라서 이러한 철회권의 제한법리에 위배되는 경우 위법성이 인정된다.

2. 철회권자

행정행위의 철회는 처분청만이 할 수 있으며, 감독청은 법률에 근거가 있는 경우에만 할 수 있다. 하자의 시정을 목적으로 하는 직권취소의 경우에는 감독청의 취소권에 대하여 다툼이 있으나 새로운 상황에 적응을 목적으로 하는 철회의 경우에는 원칙적으로 처분청만이 철회할 수 있다는 것이 일반적 견해이다. 사안의 경우, 국토교통부장관은 사업인정의 처분청으로서 철회권을 가진다고 볼 수 있다.

3. 철회의 절차

행정행위의 철회는 부담적 행정행위에 해당하므로 사전통지, 의견청취, 이유제시 등의 절차를 준수하여야 한다. 사안의 경우 절차적 위법사유는 없는 것으로 판단된다.

4. 법적 근거

부담적 행정행위의 철회는 상대방에게 수익적 효과를 주기 때문에 법적 근거가 불요하다는 것이 일반적 견해이나, 수익적 행정행위의 철회에 있어서 법적 근거가 필요한지 여부에 대해 다툼이 있다.

(1) **적극설(근거필요설)**

법치행정의 실현과 기본권 보장의 견지에서, 아무런 하자 없이 유효하게 성립된 행정행위를 사후에 공익 또는 사정변경을 들어 그 효력을 소멸시키는 행정행위의 철회는, 별도의 독립된 처분이므로 그 처분을 위한 별도의 법적 근거가 필요하다고 보는 견해이다(최근의 다수설).

(2) **소극설(근거불요설)**

항상 변동하는 행정현실에 대처함으로써 공익을 실현하여야 한다는 행정의 합목적성에 비추어 행정행위의 철회는 반드시 법률의 근거를 요하지 않는다고 보는 견해이다(종래 다수설).

(3) **판례 및 검토**

판례는 "행정행위를 한 처분청은 처분 당시에 그 행정처분에 별다른 하자가 없었고 또 처분 후에 이를 취소할 별도의 법적 근거가 없다 하더라도 원래의 처분을 그대로 존속시킬 필요가 없게 된 사정변경이 생겼거나 또는 중대한 공익상의 필요가 발생한 경우에는 별개의 행정행위로 이를 철회하거나 변경할 수 있다"라고 판시하여 사정변경 등 철회사유가 있는 예외적인 경우에는 법적 근거가 없더라도 철회가 가능하다고 판시하고 있다. 생각건대, 적극설도 기본권의 보호측면에서 타당성이 있으나, 탄력있는 행정목적의 수행을 위해 모든 철회사유를 입법하기는 힘들다고 판단되므로 소극설이 타당하다.

5. **철회의 사유**

(1) **법령에 규정된 철회사유**

하천법 제65조 제1항은 하천의 관리청이 각 호의 1(하천의 수량의 부족 또는 하천의 상황의 변경으로 인하여 필요한 경우, 하천공사를 하기 위하여 필요한 경우 등)에 해당하는 경우에는 하천법 또는 이 법에 의한 허가 또는 승인을 받은 자에 대하여 이러한 허가나 승인의 철회 등의 처분을 할 수 있다고 규정하고 있다. 따라서 비교적 불확정 개념으로 철회의 요건이 규정되기는 하였으나 이러한 사유에 의하여 행정행위가 철회될 수 있다. 다만, 철회권의 제한법리는 이러한 경우에도 적용된다.

(2) **상대방의 귀책사유(의무위반 및 부담불이행)에 대한 제재로서의 철회**

일반적으로 법령에 규정된 의무 또는 행정행위로 부과된 의무를 위반한 경우 면허, 허가 등을 철회하는 경우가 많다. 실제 개별법령상 의무위반의 경우 영업정지나 취소를 규정하고 있는 경우가 보통이다.

(3) **철회권 유보**

행정행위의 부관으로 일정한 철회사유의 존재시 행정행위를 철회할 수 있다고 철회권을 유보한 경우에 이러한 사유가 발생하면 행정행위를 철회할 수 있다. 그러나 철회사유 없이 철회권 유보만 된 경우에는 다른 철회사유가 존재하여야 한다.

(4) **근거법령의 변경**

행정처분의 근거법령이 개정되어 해당 처분이 새 법령상의 요건을 갖추지 못하게 된 경우 행정청이 공익적 관점에서 수익적 행정처분을 철회하는 경우가 있다. 그러나 이 경우 그 수익적 행정처분의 존속을 신뢰한 상대방의 신뢰는 보호되어야 할 것이므로 공익과 신뢰보호를 이익형량하여 철회의 적법성을 판단하여야 한다.

(5) **사정변경 및 중대한 공익상의 필요**

행정처분 후 사정이 변경되어 해당 처분을 유지하는 것이 공익을 해하는 경우에는 해당 행정처

분을 철회할 수 있다. 예컨대, 주점영업허가를 한 후에 그 인근에 학교가 세워진 경우, 도로용도
폐지처분에 따른 도로점용허가의 철회 등을 들 수 있다.

(6) 사안의 검토

甲에 대한 사업인정취소는 폐기물처리시설 건설이라는 새로운 공익적 요청에 따른 것인바, 이는
새로운 사정의 발생에 따른 철회사유로 볼 수 있다. 폐기물처리시설의 건설은 중대한 공익상의
필요라고 볼 수 있다.

6. 철회의 한계(철회권의 제한법리)

(1) 비례의 원칙

철회권 행사는 공익실현에 적합하여야 하며, 필요한 한도 내에서 행해져야 하며, 실현하고자 하
는 공익이 철회를 통하여 개인이 입는 손실보다 커야 한다. 사안에서는 甲의 사업인정을 철회하
는 방법 외에는 다른 수단이 없다고 보여지며, 또한 폐기물처리시설 건설에 대한 공익이 상하수
도의 설치에 따른 이익보다 우월함을 알 수 있다. 이에 따라 국토교통부장관의 철회는 비례의
원칙에 위배되지 않는다.

(2) 실권의 법리

철회사유가 발생한 경우에도 장기간 철회권을 행사하지 않는 경우에, 실권의 법리에 따라 행정청은
그 행정행위를 더 이상 철회할 수 없을 것이다. 사안에서는 실권의 법리도 적용될 여지가 없다.

(3) 신뢰보호의 원칙

철회권의 행사에 있어서 개인의 신뢰가 보호되어야 한다. 철회권의 유보, 부담의 불이행, 법에
서 정한 사실의 발생 등에서는 상대방은 사전에 철회의 가능성을 충분하게 예견하고 있기 때문
에 이에 대해서는 신뢰보호의 원칙이 적용되지 않는다. 그러나 새로운 사정의 발생, 법령의 개
정, 중대한 공익의 필요성 등의 경우 공익보다 침해되는 개인의 신뢰이익이 큰 경우는 철회가
제한될 수 있다. 사안의 경우, 철회에 의하여 실현되는 공익이 철회를 통하여 甲이 입는 불이익
보다는 크기 때문에 신뢰보호의 원칙에 위배되지 않는다. 다만, 甲은 사업인정의 존속을 신뢰하
였고 그 신뢰가 보호가치가 있기 때문에 자신이 입은 재산상의 손실을 당사자소송을 통하여 구
제받을 수 있다.

7. 사업인정 철회의 위법성 검토

① 사업인정의 철회는 국토교통부장관에 의해 발령되었고, ② 철회의 법적 근거는 없으나 새로운
공익상 필요에 의한 철회사유에 해당하며, ③ 수익적 행정행위의 철회에 대한 한계로서 실권의 법
리, 신뢰보호원칙, 비례원칙에 위반되는 사정 또한 보이지 않으므로 甲의 청구는 기각될 것이다.

V. 사례의 해결

(1) 사업인정의 취소는 공익적 요청에 따른 사정변경이라는 후발적 사유의 발생으로 인하여 국토교
통부장관이 장래를 향하여 효력을 소멸시키는 강학상 철회에 해당한다.

(2) 소송 제기요건에 있어서 처분성, 원고적격 등의 요건을 충족시키는 적법한 소송이라고 보여진다.

(3) 사업인정은 수익적 행정행위로써 그 철회권의 한계가 인정되나 사안에 있어 그 한계를 넘는 위
법이 있다고 판단되지 않는바, 甲의 청구는 인용될 수 없다고 할 것이다.

(4) 그러나 甲은 철회로 인하여 발생한 손실에 대하여 신뢰보호에 기한 손실보상을 통한 권리구제를
모색할 수 있다고 판단된다.

02 토지조서 및 물건조서의 작성

> **법 제14조(토지조서 및 물건조서의 작성)**
> ① 사업시행자는 공익사업의 수행을 위하여 제20조에 따른 사업인정 전에 협의에 의한 토지 등의 취득 또는 사용이 필요할 때에는 토지조서와 물건조서를 작성하여 서명 또는 날인을 하고 토지소유자와 관계인의 서명 또는 날인을 받아야 한다. 다만, 다음 각 호의 어느 하나에 해당하는 경우에는 그러하지 아니하다. 이 경우 사업시행자는 해당 토지조서와 물건조서에 그 사유를 적어야 한다.
> 1. 토지소유자 및 관계인이 정당한 사유 없이 서명 또는 날인을 거부하는 경우
> 2. 토지소유자 및 관계인을 알 수 없거나 그 주소·거소를 알 수 없는 등의 사유로 서명 또는 날인을 받을 수 없는 경우
> ② 토지와 물건의 소재지, 토지소유자 및 관계인 등 토지조서 및 물건조서의 기재사항과 그 작성에 필요한 사항은 대통령령으로 정한다.
>
> **법 제27조(토지 및 물건에 관한 조사권 등)**
> ① 사업인정의 고시가 된 후에는 사업시행자 또는 제68조에 따라 감정평가를 의뢰받은 감정평가법인등(「감정평가 및 감정평가사에 관한 법률」에 따른 감정평가법인등을 말한다. 이하 "감정평가법인등"이라 한다)는 다음 각 호에 해당하는 경우에는 제9조에도 불구하고 해당 토지나 물건에 출입하여 측량하거나 조사할 수 있다. 이 경우 사업시행자는 해당 토지나 물건에 출입하려는 날의 5일 전까지 그 일시 및 장소를 토지점유자에게 통지하여야 한다.
> 1. 사업시행자가 사업의 준비나 토지조서 및 물건조서를 작성하기 위하여 필요한 경우
> 2. 감정평가법인등이 감정평가를 의뢰받은 토지 등의 감정평가를 위하여 필요한 경우
> ② 제1항에 따른 출입·측량·조사에 관하여는 제10조 제3항, 제11조 및 제13조를 준용한다.
> ③ 사업인정고시가 된 후에는 제26조 제1항에서 준용되는 제15조 제3항에 따라 토지소유자나 관계인이 토지조서 및 물건조서의 내용에 대하여 이의를 제기하는 경우를 제외하고는 제26조 제1항에서 준용되는 제14조에 따라 작성된 토지조서 및 물건조서의 내용에 대하여 이의를 제기할 수 없다. 다만, 토지조서 및 물건조서의 내용이 진실과 다르다는 것을 입증할 때에는 그러하지 아니하다.
> ④ 사업시행자는 제1항에 따라 타인이 점유하는 토지에 출입하여 측량·조사함으로써 발생하는 손실(감정평가법인등이 제1항 제2호에 따른 감정평가를 위하여 측량·조사함으로써 발생하는 손실을 포함한다)을 보상하여야 한다.
> ⑤ 제4항에 따른 손실보상에 관하여는 제9조 제5항부터 제7항까지의 규정을 준용한다.

1. 서

토지조서 및 물건조서란 공익사업을 위하여 수용 또는 사용을 필요로 하는 토지와 그 토지상에 있는 물건의 내용을 사업시행자가 일정한 절차를 거쳐 작성하는 문서를 말한다. 토지조서 및 물건조서의 작성은 공용수용의 제2단계 절차로서, 수용 또는 사용할 토지 및 물건의 내용을 확정하는 절차라고 할 수 있다. 조서작성은 수용목적물의 내용을 구체적으로 확인하는 절차인바, ① 사업시행자와 피수용자 사이에 토지 및 물건의 상황에 대한 분쟁을 미연에 방지하고, ② 토지수용위원회의 심리·재결을 용이하게 하여 절차 진행을 원활하게 하는 데 취지가 있다.

▶ **관련판례(대판 1993.9.10, 93누5543)**

토지조서는 재결절차의 개시 전에 기업자로 하여금 미리 토지에 대하여 필요한 사항을 확인하게 하고, 또한 토지소유자와 관계인에게도 이를 확인하게 하여 토지의 상황을 명백히 함으로써 조서에 개재된 사항에 대하여는 일응 진실성의 추정을 인정하여(토지수용법 제24조), 토지의 상황에 관한 당사자 사이의 차후 분쟁을 예방하며 토지수용위원회의 심리와 재결 등의 절차를 용이하게 하고 신속·원활을 기하려는 데 그 작성의 목적이 있는 것이다.

2. 법적 성질

(1) 타인토지출입의 법적 성질

타인토지출입조사행위는 법률이 정한 바에 따라 목적물의 사실상태 및 권리존부, 소재를 파악하는 것으로 권력적 사실행위이며, 행정조사이자 일시적 사용제한에 해당한다.

(2) 조서작성행위의 법적 성질

토지조서 및 물건조서의 작성행위는 토지 및 물건조서의 내용에 대한 사실적 효과를 발생시킨다는 점에서 비권력적 사실행위이다.

3. 조서작성의 절차

(1) 토지 및 물건에 관한 조사권(법 제27조 제1항)

사업인정의 고시가 된 후 사업시행자는 사업의 준비나 토지조서 및 물건조서를 작성하기 위하여 필요한 경우, 감정평가법인등이 감정평가를 의뢰받은 토지 등의 감정평가를 위하여 필요한 경우 해당 토지나 물건에 출입하여 측량하거나 조사할 수 있다. 이 경우 사업시행자는 해당 토지나 물건에 출입하려는 날의 5일 전까지 그 일시 및 장소를 토지점유자에게 통지하여야 한다.

(2) 토지조서 및 물건조서의 작성

사업시행자는 토지조서 및 물건조서를 작성하여 서명 또는 날인을 하고 토지소유자와 관계인의 서명 또는 날인을 받아야 한다. 토지소유자 및 관계인이 서명을 하지 아니하거나 할 수 없는 경우에 사업시행자는 해당 조서에 그 사유를 적어야 한다. 조서작성의 시기에 대해서는 별도의 규정이 없으나, 토지조서 및 물건조서가 재결의 기초가 된다는 점을 고려하면 사업인정고시일부터 재결신청 전까지 작성하여야 할 것이다. 종래에는 토지소유자가 서명날인을 거부하면, 공무원을 입회시켜 서명날인하게 하였으나, 주민의 민원을 의식한 공무원의 비협조로 인하여 공익사업의 추진을 지연시키는 문제가 있었다. 이에 토지보상법에서는 입회공무원 날인제도를 폐지하였다.

4. 토지조서 및 물건조서의 효력

(1) 진실의 추정력(법 제27조 제3항)

토지조서 및 물건조서는 조서작성 당시의 토지 및 물건의 현상을 증명하고, 토지수용위원회의 재결이나 분쟁에서의 증거방법이기 때문에 조서의 내용은 별도의 입증이 없어도 일응 진정한 것으로 추정된다. 따라서 피수용자가 이의를 제기한 경우를 제외하고는 그 조서의 내용에 관해 증거력을 다투지 못한다. 다만, 기재사항이 진실에 반함을 입증하는 경우에는 예외로 한다.

(2) 하자 있는 조서의 효력

① 조서의 하자

내용상 하자로는 물적 상태, 권리관계에 대한 오기, 틀린 계산 등의 사실과 다른 기재가 있을 수 있고, 절차상의 하자로서 서명·날인의 누락이나 누락사유 기재의 누락 등의 하자가 존재할 수 있다.

② 내용상 하자 있는 조서의 효력

진실의 추정력으로 이의제기 없이 서명·날인한 경우에는 조서의 기재가 진실에 반하는 것을 입증하기 전에는 그 효력을 부인할 수 없다. 조서는 당사자 사이의 분쟁이 생긴 경우의 증거방법이기 때문에 조서의 기재사항은 별도의 입증을 기다릴 것 없이 일응 진정한 것으로 추정되는 데 그치게 된다. 따라서 이는 반증에 의해 그 기재사항에 대한 증거력을 다투고 이를 번복할 수 있는 것이다. 그러므로 이 경우의 입증책임은 토지소유자나 관계인에게 있는 것이다.

③ 절차상 하자 있는 조서의 효력

절차상 하자 있는 조서는 조서의 기재에 대한 증명력에 관하여 추정력이 인정되지 아니한다. 따라서 이의제기 없이도 이의를 제기할 수 있다. 다만, 피수용자의 추인이 있는 경우에는 적법하다.

(3) 하자 있는 조서가 재결에 미치는 효력

조서작성행위는 비권력적 사실행위이며, 쟁송법상 처분이 아니므로 이를 독립하여 다툴 수 없다. 다만, 조서작성의 하자를 이유로 재결단계에서 다툴 수 있는지 여부가 문제된다. 판례는 조서작성의 절차상의 하자는 기재에 대한 증명력에 관하여 추정력이 인정되지 않는다는 것일 뿐, 수용재결 또는 이의재결의 효력에 영향을 미치는 것은 아니라고 한다. 따라서 소유자 입회, 서명·날인이 없었다는 이유로 이의재결의 취소사유로 삼을 수 없다고 한다. 생각건대, ① 조서가 토지수용위원회의 심리상 중요하기는 하나 유일한 증거방법이 아니고(피수용자의 의견청취, 징구, 직접조사 등의 다양한 방법이 있다), ② 조서의 기재 내용에 토지수용위원회의 사실인정을 구속하는 법률상의 힘이 부여되는 것이 아니기 때문에 재결에 영향이 없는 것으로 봄이 타당하다.

> **판례**
>
> ▶ **관련판례(대판 1993.9.10, 93누5543)**
> 토지수용을 함에 있어 토지소유자 등에게 입회를 요구하지 아니하고 작성한 토지조서는 절차상의 하자를 지니게 되는 것으로서 토지조서로서의 효력이 부인되어 조서의 기재에 대한 증명력에 관하여 추정력이 인정되지 아니하는 것일 뿐, 토지조서의 작성에 하자가 있다 하여 그것이 곧 수용재결이나 그에 대한 이의재결의 효력에 영향을 미치는 것은 아니라 할 것이므로 토지조서에 실제 현황에 관한 기재가 되어 있지 아니하다거나 실측평면도가 첨부되어 있지 아니하다거나 토지소유자의 입회나 서명날인이 없었다든지 하는 사유만으로는 이의재결이 위법하다 하여 그 취소를 구할 사유로 삼을 수 없다.

5. 권리구제

(1) 사전적 권리구제

조서작성 시 토지소유자 등과 사업시행자의 의견이 일치하지 아니하는 경우에는 피수용자는 이의를 부기하고 서명·날인할 수 있으며, 이에 이의부기된 내용은 수용재결에 의하여 판단하게 된다.

(2) 행정쟁송

조서작성행위는 처분성이 부정되므로 행정쟁송으로 다툴 수는 없다. 그러나 조서작성을 위한 타인토지출입행위는 처분성이 인정되는 권력적 사실행위이므로 항고쟁송의 대상이 될 수 있으나 타인토지출입행위가 짧은 시간에 완성되어지는 것이므로 협의의 소익이 없어 각하될 가능성이 높다. 따라서 집행정지신청이 필요하다.

(3) 손실보상

사업시행자는 타인이 점유하는 토지에 출입하여 측량·조사함으로써 발생하는 손실(감정평가법인 등이 감정평가를 위하여 측량·조사함으로써 발생하는 손실 포함)을 보상하여야 한다. 이 경우 손실의 보상은 손실이 있은 것을 안 날부터 1년, 발생한 날부터 3년 이내에 청구하여야 하며, 손실보상의 절차는 사업시행자와 손실을 입은 자가 협의하여 결정한다. 협의가 성립되지 아니한 때에는 사업시행자 또는 손실을 입은 자는 관할 토지수용위원회에 재결을 신청할 수 있다.

(4) 손해배상

사업시행자가 고의·과실로 위법하게 출입하여 측량·조사하는 과정에서 손해가 발행하였다면, 피수용자는 손해배상을 청구할 수 있다.

03 사업인정고시 후 협의 취득

> ♦ 법 제26조(협의 등 절차의 준용)
> ① 제20조에 따른 사업인정을 받은 사업시행자는 토지조서 및 물건조서의 작성, 보상계획의 공고·통지 및 열람, 보상액의 산정과 토지소유자 및 관계인과의 협의절차를 거쳐야 한다. 이 경우 제14조부터 제16조까지 및 제68조를 준용한다.
> ② 사업인정 이전에 제14조부터 제16조까지 및 제68조에 따른 절차를 거쳤으나 협의가 성립되지 아니하고 제20조에 따른 사업인정을 받은 사업으로서 토지조서 및 물건조서의 내용에 변동이 없을 때에는 제1항에도 불구하고 제14조부터 제16조까지의 절차를 거치지 아니할 수 있다. 다만, 사업시행자나 토지소유자 및 관계인이 제16조에 따른 협의를 요구할 때에는 협의하여야 한다.

1. 서

(1) 의의

협의란, 사업인정의 고시가 있은 후에 사업시행자가 수용목적물을 취득하거나 소멸시키기 위하여 피수용자와 합의하는 것으로 공용수용의 제3단계 절차이다.

(2) 취지

사업시행자는 수용재결에 의해 목적물을 강제적으로 취득할 수 있지만, 이는 번잡한 절차를 거쳐야 하고 토지소유자 등과의 감정대립의 문제도 생길 여지가 있다. 따라서 임의적 합의를 바탕으로 하는 협의절차를 통해 최소 침해의 원칙을 구현하고 토지소유자 및 관계인에게 해당 공익사업의 취지를 이해시켜 신속하게 사업을 수행하고자 함에 취지가 있다.

(3) 필수절차인지 여부

토지보상법은 "사업시행자는 토지 등에 대한 보상에 관하여 토지소유자 및 관계인과 성실하게 협의하여야 한다."(제26조 제1항, 제16조)고 규정하면서, "사업인정 이전에 협의절차를 거쳤으나 협의가 성립되지 아니한 경우로써, 토지 및 물건조서의 내용에 변동이 없는 때에는 협의절차를 생략할 수 있다."(제26조 제2항)고 규정하고 있어, 원칙상 필수적 절차이지만 일정한 조건하에서 생략이 가능하도록 하였다.

2. 협의의 법적 성질

(1) 문제점

공법상 계약인지 사법상 계약인지 논의가 있으며, 실익은 협의에 관한 분쟁이 발생하였을 경우에 적용법규, 소송형태가 달라지는 데 있다. 협의성립 확인을 받은 경우에는 재결로 간주되므로 논의의 대상은 확인받지 않은 협의의 경우이다.

(2) 학설

① 사법상 계약설

협의는 사업시행자가 토지소유자 및 관계인과 법적으로 대등한 지위에서 토지 등에 관한 권리를 취득하기 위하여 행하는 임의적 합의이고, 수용권의 행사는 아니므로 사법상의 매매계약과 성질상 동일한 것으로 보는 견해이다. 이는 국가수용권설을 취하는 입장에서 주장한다.

② 공법상 계약설

협의는 사업시행자가 국가적 공권의 주체로서 토지 등의 권리를 취득하기 위하여 토지소유자 및 관계인에 대하여 기득의 수용권을 실행하는 방법의 하나이며, 협의가 성립되지 않으면 재결에 의하게 된다는 점에서 수용계약이라고 할 수 있는 공법상 계약이라고 보는 견해이다. 이는 사업시행자수용권설을 취하는 입장에서 주장한다.

(3) 판례

대법원은 수용권의 주체에 관하여 사업시행자수용권설의 입장에 있지만 사업인정 이후의 협의 그 자체는 사법상 법률행위에 불과하다고 판시하여 사법상 계약설의 입장이다.

판례

▶ **관련판례(대판 1992.10.27, 91누3871)**
도시계획사업의 시행자가 그 사업에 필요한 토지를 협의 취득하는 행위는 사경제주체로서 행하는 사법상의 법률행위에 지나지 않으며 공권력의 주체로서 우월한 지위에서 행하는 공법상의 행정처분이 아니므로 행정소송의 대상이 되지 않는다.

▶ **관련판례(대판 1978.11.14, 78다1528)**
토지수용에 있어서 기업자와 토지소유자의 협의성립에 대한 관할 토지수용위원회의 확인을 받지 아니한 것이면 그 토지를 원시적으로 취득한 것으로는 볼 수 없고 원래의 소유자로부터 승계취득을 한 것이라고 해석할 수밖에 없다.

▶ **관련판례(대판 2013.8.22, 2012다3517)**
공익사업을 위한 토지 등의 취득 및 보상에 관한 법률(이하 '공익사업법'이라고 한다)에 의한 보상합의는 공공기관이 사경제주체로서 행하는 사법상 계약의 실질을 가지는 것으로서, 당사자 간의 합의로 같은 법 소정의 손실보상의 기준에 의하지 아니한 손실보상금을 정할 수 있으며, 이와 같이 같은 법이 정하는 기준에 따르지 아니하고 손실보상액에 관한 합의를 하였다고 하더라도 그 합의가 착오 등을 이유로 적법하게 취소되지 않는 한 유효하다. 따라서 공익사업법에 의한 보상을 하면서 손실보상금에 관한 당사자 간의 합의가 성립하면 그 합의 내용대로 구속력이 있고, 손실보상금에 관한 합의 내용이 공익사업법에서 정하는 손실보상 기준에 맞지 않는다고 하더라도 합의가 적법하게 취소되는 등의 특별한 사정이 없는 한 추가로 공익사업법상 기준에 따른 손실보상금 청구를 할 수는 없다.

(4) **검토**

협의는 수용권의 주체인 사업시행자가 사실상의 공권력의 담당자로서 우월적인 지위에서 공익을 실현하는 공용수용절차의 하나이므로 공법상 계약으로 볼 수 있다. 따라서 사업인정 이후의 협의에 대하여는 공법이 적용되며, 그에 대한 분쟁은 공법상 당사자소송으로 하는 것이 타당하다.

3. 협의의 방법과 절차 등

(1) **협의방법**

사업시행자는 토지 등에 대한 보상에 관하여 토지소유자 및 관계인과 성실하게 협의하여야 한다(법 제16조). 성실한 협의란 사업의 목적·계획 등을 성의 있고 진실하게 설명하여 이해할 수 있도록 하는 것을 말한다.

(2) **협의의 당사자**

협의는 사업시행자가 토지소유자 및 관계인 등 피수용자 전원을 대상으로 하되, 개별적으로 하여야 한다. 따라서 토지소유자와 협의가 있었다고 하여 관계인과의 협의를 생략할 수 없고, 공유자 1인의 협의가 있었다고 하여 다른 공유자와의 협의를 생략할 수도 없다. 그리고 사업시행자가 과실로 인하여 토지소유자나 관계인을 알지 못하고, 그의 참여 없이 수용절차가 이루어진 것은 위법이나 그 사유만으로 수용재결이 당연무효라고 할 수 없다.

> **판례**

> ▶ **관련판례(대판 1971.5.24, 70다1459)**
> 기업자의 과실 없이 토지소유자 및 관계인을 알 수 없는 때에는 그들과 협의를 하지 아니하고, 그들의 성명 및 주소를 재결신청서에 기재하지 아니하여 그들로 하여금 수용절차에 참가케 아니한 채 재결에 이르렀다 하여 위법이라고 할 수 없고, 가사 기업자의 과실로 인하여 토지소유자나 관계인을 알지 못하여 그들로 하여금 참가케 하지 아니하고 수용재결을 하여 그 절차가 위법이라 하여도 그것이 그 사유만 가지고는 당연무효라고 할 수 없으므로 수용재결의 상대방인 토지소유자가 사망자라는 이유만으로는 그 수용재결이 당연무효라고 할 수 없다.

(3) 협의의 통지 및 공고

협의를 하고자 하는 때에는 보상협의요청서에 ① 협의기간·협의장소 및 협의방법, ② 보상의 시기·방법·절차 및 금액, ③ 계약체결에 필요한 구비서류 등의 사항을 적어 토지소유자 및 관계인에게 통지하여야 한다. 다만, 토지소유자 및 관계인을 알 수 없거나 그 주소·거소 그 밖에 통지할 장소를 알 수 없을 때에는 공고로 통지를 갈음할 수 있다(시행령 제8조 제1항).

(4) 협의기간

협의기간은 특별한 사유가 없으면 30일 이상으로 하여야 한다(시행령 제8조 제3항). 협의할 수 있는 최대기간에 대하여 의문이 있을 수 있는데 사업인정고시일로부터 재결신청까지 1년을 넘길 수 없으므로 협의의 최대기간 역시 사업인정고시일로부터 1년 이내에 하여야 할 것이다.

(5) 협의의 내용(범위)

협의의 범위는 토지조서 및 물건조서의 작성범위 내이어야 한다. 일정한 절차에 따라 작성된 토지 및 물건조서는 진실성의 추정을 받는 효력이 있으므로 그 범위를 넘어서는 원칙적으로 협의를 할 수 없다. 따라서 협의는 ① 수용 또는 사용할 토지의 구역 및 사용방법, ② 손실보상, ③ 수용 또는 사용의 개시일과 기간, ④ 그 밖에 이 법 및 다른 법률에서 규정한 사항 등에 대하여 행하여야 한다(법 제50조).

4. 협의의 효과

(1) 협의성립의 효과

협의가 성립하면 공용수용의 절차는 종결되고, 수용의 효과가 발생한다. 즉, 사업시행자는 수용 또는 사용의 개시일까지 보상금을 지급 또는 공탁하고, 피수용자는 그 시기까지 해당 토지·물건을 인도하거나 이전함으로써, 사업시행자는 목적물에 대한 권리를 취득하고 피수용자는 그 권리를 상실한다.

이때, 사업시행자가 토지·물건을 취득하는 형태가 원시취득인지 승계취득인지 문제되나, 협의는 계약이므로 그것이 공법상 계약이라 하더라도 승계취득으로 봄이 타당하다. 따라서 협의취득의 경우에는 종전의 소유자의 권리 위에 존재하던 부담·제한은 모두 사업시행자에게 그대로 승계된다.

> **판례**
>
> ▶ **관련판례**(대판 1994.6.28, 94누2732)
>
> 토지수용법 제25조 제1항에 의한 협의단계에서 기업자와 토지소유자 사이에 협의가 성립되어 그를 원인으로 기업자 앞으로 소유권이전등기가 경료되었다 하더라도 그 협의에 대하여 같은 법 제25조의2 제1항에 의한 토지수용위원회의 확인을 받지 아니한 이상, 재결에 의한 수용의 경우와는 달리 그 토지를 원시취득한 것으로 볼 수 없고, 원래의 소유자로부터 승계취득한 것이라고 볼 수밖에 없다 할 것인바, 수용재결처분은 그 후의 토지승계인들에 대하여도 효력이 미치는 것이므로, 수용재결처분이 있은 뒤, 다른 개발사업을 위하여 토지수용위원회의 확인절차를 거치지 않은 수용협의와 그에 기한 소유권이전등기로 소유권을 승계취득한 자가 있다 하더라도 수용재결처분은 하등 영향을 받지 아니한다.

(2) 협의불성립의 효과

협의가 불성립한 경우 사업시행자는 토지수용위원회에 재결신청을 할 수 있는 권리가 인정되고, 이에 상응하여 피수용자에게 재결신청의 청구권이 인정된다. 이를 위하여 사업시행자는 협의경위서를 작성하여 토지소유자 및 관계인의 서명 또는 날인을 받아야 한다. 다만, 토지소유자 및 관계인이 정당한 사유 없이 서명 또는 날인을 거부하거나 서명 또는 날인을 할 수 없는 경우에는 서명 또는 날인을 받지 아니하되, 사업시행자는 해당 협의경위서에 그 사유를 기재하여야 한다.

5. 협의에 대한 다툼

협의성립 후 협의성립 확인 전에 계약체결상의 하자로서 착오를 이유로 협의의 법률관계의 효력을 부인할 수 있다 할 것이다. 공법상 계약설에 의하면 공법상 당사자소송을 제기하여야 하고, 사법상 계약설에 의하면 민사소송을 제기하여 다툴 수 있다. 공법상 계약설에 따르는 경우에는 개별법상 명문규정이 없는 경우 계약에 관한 사법의 규정이 적용될 것이나, 공공적 특성 때문에 공법원리에 의하여 제한을 받는다.

6. 협의성립 확인(후술함)

7. 관련문제

(1) 위험부담의 이전

① 문제점

민법에 의하면 계약당사자 모두 귀책사유 없이 목적물이 멸실된 경우 채무자가 위험부담을 지게 된다(민법 제537조). 이때의 채무자는 물건을 기준으로 판단한다. 그러나 토지보상법 제46조는 이와 같은 민법상의 채무자 위험부담주의와 달리 재결 후에 사업시행자가 위험부담을 지도록 규정하고 있다. 따라서 토지보상법 제46조의 규정이 협의성립 후 목적물이 멸실된 경우에도 적용될 수 있는지 문제된다.

> 📌 **민법 제537조(채무자위험부담주의)**
> 쌍무계약의 당사자 일방의 채무가 당사자 쌍방의 책임없는 사유로 이행할 수 없게 된 때에는 채무자는 상대방의 이행을 청구하지 못한다.

> 📌 **토지보상법 제46조(위험부담)**
> 토지수용위원회의 재결이 있은 후 수용하거나 사용할 토지나 물건이 토지소유자 또는 관계인의 고의나 과실 없이 멸실되거나 훼손된 경우 그로 인한 손실은 사업시행자가 부담한다.

② **귀책사유가 없는 경우 민사 판례로 인정되는 위험부담**

토지보상법 제46조상의 위험부담의 이전 규정의 취지는 피수용자의 권익보장을 위하여 인정된 제도로 협의성립 후 귀책사유 없이 목적물이 멸실된 경우에도 적용되는 것이 타당하다고 생각된다. 판례도 토지를 매수하고 지상임목에 대하여 적절한 보상을 하기로 특약하였다면 보상금이 지급되기 전에 그 입목이 멸실된 경우에도 보상을 하여야 한다고 판시한 바 있다.

> **판례**
>
> ▶ **관련판례(대판 1977.12.27, 76다1472)**
> 댐 건설로 인한 수몰지역 내의 토지를 매수하고 지상임목에 대하여 적절한 보상을 하기로 특약하였다면 보상금이 지급되기 전에 그 입목이 홍수로 멸실되었다고 하더라도 매수 또는 보상하기로 한 자는 이행불능을 이유로 위 보상약정을 해제할 수 없다.

(2) 사업시행자가 보상금을 지급하지 않는 경우(재결실효 규정의 준용 여부)

① **문제점**

협의가 성립하여 계약을 체결하였으나, 사업시행자가 계약의 내용에 따라서 손실보상의무를 이행하지 아니하는 경우 피수용자의 보호가 문제된다. 이에 대하여 토지보상법 제42조(재결실효) 규정을 준용하자는 견해와 준용할 수 없다는 견해가 있다.

② **재결실효의 규정이 준용되는지 여부**

협의가 성립된 경우에는 이를 재결과 달리 취급할 이유가 없다고 보면서 재결실효 규정의 적용을 인정하자는 견해가 있으나, 현행 토지보상법상 협의의 실효에 관한 명문의 규정이 없으므로 재결실효 규정을 적용할 수 없다고 본다.

따라서 피수용자는 사업시행자가 손실보상의무를 이행하지 아니하는 경우에는 계약의 불이행에 대한 손해배상의 청구, 이행강제, 계약해제 등을 주장할 수 있다고 본다. 협의는 공법상 계약으로 보는 것이 타당하므로 공법상 당사자소송에 의하면 될 것이다. 다만, 판례에 의하면 민사소송으로 해결한다.

(3) 인도·이전의무를 이행하지 아니하는 경우(대행·대집행규정의 준용 여부)

① **문제점**

협의는 공법상 계약이므로 사업시행자는 공법상 당사자소송에 의하여 피수용자의 의무이행을 강제할 수 있다. 다만, 판례는 협의를 사법상의 법률행위로 보고 있으므로, 민사소송을 통해서 집행력 있는 확정판결을 받고 이를 기초로 강제집행을 할 수 있다고 한다.

그러나 토지보상법은 피수용자의 의무불이행이 있는 경우에 대행과 대집행을 규정하고 있으므로 협의성립 후 피수용자의 의무불이행이 있는 경우에도 적용될 수 있는지에 대하여 논란이 있다.

② 대행규정의 적용 여부

협의에 의한 의무를 피수용자가 고의 또는 과실 없이 이행할 수 없는 경우에는 대행규정이 적용될 수 있을 것이다. 그러나 이는 의무불이행에 고의 또는 과실이 없는 경우에만 해당되는 것으로 피수용자가 의무를 이행할 의사가 없는 경우에는 적용여지가 없다.

③ 대집행규정의 적용 여부

협의성립에 따른 피수용자의 의무를 상기의 대집행규정을 통하여 강제로 실현할 수 있는가의 문제에 대하여 다음의 두 가지 사항이 해결되어야 한다. ① 대집행은 대체적 작위의무만을 대상으로 하는데 토지·물건의 인도·이전의무가 대집행의 대상이 될 수 있어야 한다. ② 공법상의 계약의무를 행정상 실효성 확보수단으로 해결할 수 있어야 한다. 이러한 두 가지 사항을 검토하여 볼 때, 토지·물건의 인도는 대집행의 대상이 될 수 없고, 실효성 확보수단은 국민에게 침익적인 행정작용인바, 그 발동에는 법률유보의 원칙에 의거 명확한 법률의 근거가 없으면 불가능하다. 따라서 공법상 계약인 협의를 통하여 발생한 의무를 실효성 확보수단에 의하여 실현할 수 없다고 본다. 따라서 대집행규정의 적용은 불가하다고 봄이 타당하다.

> **판례**
>
> ▶ 관련판례(대판 2006.10.13, 2006두7096)
> 행정대집행법상 대집행의 대상이 되는 대체적 작위의무는 공법상 의무이어야 할 것인데, (구)공공용지의 취득 및 손실보상에 관한 특례법에 따른 토지 등의 협의취득은 공익사업에 필요한 토지 등을 그 소유자와의 협의에 의하여 취득하는 것으로서 공공기관이 사경제주체로서 행하는 사법상 매매 내지 사법상 계약의 실질을 가지는 것이므로, 그 협의취득 시 건물소유자가 매매대상 건물에 대한 철거의무를 부담하겠다는 취지의 약정을 하였다고 하더라도 이러한 철거의무는 공법상의 의무가 될 수 없고, 이 경우에도 행정대집행법을 준용하여 대집행을 허용하는 별도의 규정이 없는 한 위와 같은 철거의무는 행정대집행법에 의한 대집행의 대상이 되지 않는다.

공법상 계약에 따른 의무를 일방 당사자가 이행하지 않는 경우에는 다른 당사자는 정식재판을 통하여 집행권원을 취득하여 법원의 도움으로 강제집행을 할 수 있다. 다만, 예외적으로 별도의 명문규정이 있는 경우에는 행정청은 법원의 판결 없이도 자력으로 강제집행할 수 있을 것이다(정하중).

8. 기본문제

서울특별시는 지하철 9호선 당산역과 강남역 제2공구에 대하여 지하철도 공사를 목적으로 해당 공사구간에 위치한 甲 등 500세대의 주민들 토지를 필요로 하게 되었다. 그러나 주민들은 보상금이 적다는 이유로 계속해서 협의에 응하지 않고 보상대책위를 꾸려서 증액보상의 시위만 하고 있다. 서울특별시는 더 이상 공사가 지체될 경우 출퇴근 교통대란을 우려하여 이 공사구간지역에 대해서 국토교통부장관에게 사업인정을 받은 후 甲 등과 손실보상금액을 놓고 장시간 다시 협의를 한 끝에 ㎡당 10,000,000원에 보상금을 지급하기로 하였고, 500세대 전원이 아무런 이의를 부기하지 않고 서명날인을 하였다. 그러나 3주일이 지난 후 서울특별시가 보상금을 지급하려고 하자 甲 등은 보상금액에 관하여 착오가 있음을 이유로 하여 협의를 다투고자 한다. 서울특별시는 어떠한 대책을 세울 수 있는지를 「공익사업을 위한 토지 등의 취득 및 보상에 관한 법률」의 제 규정을 토대로 논술하시오. **30점**

I. 논점의 정리

공법상 계약은 공법상의 효과발생을 의도한다는 점 외에는 사법상 계약과 본질적으로 다르지 않다. 행정주체는 공법상 계약을 체결하는 경우 별도의 법률규정이 존재하지 않는 한 특별한 제한을 받지 않게 되어 비교적 자유롭게 행정목적을 수행할 수 있다는 장점이 있다. 그러나 공법상 계약은 계약체결상의 하자를 이유로 당사자가 사후에 다툴 수 있다는 점에서 효과발생이 불안정적인 문제점도 내포하고 있다.

사안에서 甲 등은 사업시행자인 서울시와 보상금에 관한 협의를 종료하였으나, 사후에 이를 다투고자 한다. 따라서 사안에서는 행정작용 목적을 수행하는 협의를 체결한 후에 이를 다투는 경우 서울특별시의 대책에 대해 살펴본다.

II. 행정작용의 검토

1. 보상금의 협의

(1) 협의절차의 의의 및 취지

수용절차상 협의는 사업인정고시 후 수용목적물에 대한 권리를 취득·소멸시키기 위한 당사자 간 합의로서 최소침해와 당사자의 자유성을 반영한 해결책으로 볼 수 있다.

(2) 공법상 계약 여부

공법상 계약이란 일반적으로 공법상의 효과발생을 목적으로 하여 복수의 대등한 당사자 간에 반대방향의 의사의 합치를 위하여 성립되는 공법행위를 말한다. 이는 공법상 효과를 발생한다는 점에서 사법상 매매와 차이가 있다. 사업인정 후 협의가 공법상 계약인지에 대해 통설은 공법상 계약으로 보나 판례는 당사자 간 대등한 지위에서 행하는 임의적 합의로서 사법상 매매로 본다. 협의에 의해 공법적 효과가 발생하는 점과 사업시행자가 사업인정 후 행정주체로서의 지위를 갖는 점으로 비추어 공법상 계약으로 봄이 타당하다.

(3) 공법상 계약의 성질

① **실체법적 특성**: 공법상 계약의 체결, 내용의 변경이나 해지에 관한 일반법은 없으므로 원칙적으로 민법규정에 따르게 된다. 또한 특별한 규정이 없는 한 문서에 의해야 한다.

② 절차법적 특성 : 계약상의 의무불이행 시에 재판을 통해 이행을 강제할 수 있을 뿐, 명문규정이 없는 한 판결 없이 강제집행을 할 수 없다. 쟁송은 공법상 당사자소송에 의한다.

2. 협의성립확인제도

공법상 계약에 대하여 현행법은 별도의 행정절차를 마련하고 있지 않다. 공법상 계약 자체가 공법상 효과의 발생을 제외하고는 사법상 계약과 큰 차이를 갖지 못하기 때문에 행정절차를 통하여 계약사항에 대하여 개입하는 것은 바람직하지 못한 면이 있게 된다. 그러나 협의의 성립으로 수용절차가 종료되어 수용의 효과가 발생하므로 이러한 수용효과를 안정적으로 보장하기 위한 보장책이 필요하며, 토지보상법은 협의성립확인절차를 별도로 두고 있다. 이러한 확인은 토지보상법에 의한 재결로 보며 사업시행자, 토지소유자 및 관계인은 확인된 협의의 성립이나 내용을 다투지 못하는 효력이 발생한다(토지보상법 제29조 제4항).

Ⅲ. 당사자의 권리구제방법

1. 문제의 소재

사안에서 甲 등은 협의대상인 보상금액의 액수에 대하여 착오를 주장하고 있으며, 이러한 착오를 이유로 한 취소가 공법상 계약에서 인정될 수 있는지 문제된다.

2. 협의상의 하자

(1) 공법상 계약의 하자유형

① 학설 : 공법상 계약에 존재할 수 있는 하자의 유형에 대하여 견해가 나뉜다. (ㄱ) 공법상 계약이 공정력이 인정되는 행정행위가 아니므로 취소는 인정될 수 없다는 견해와, (ㄴ) 공법상 계약도 당사자 사이의 의사의 합치라는 점에서 계약법상의 취소개념을 부인할 수 없다고 보는 견해로 구분된다.

② 검토 : 공법상 계약도 그 기본적인 성질은 사법상 계약과 동일하므로, 성질이 허용하는 한 민법상 계약의 법리가 적용된다고 보아야 한다. 따라서 의사표시상의 하자유형은 공법상 계약상의 의사표시의 하자에서도 인정되어야 할 것이다. 따라서 공법상 계약에서도 취소의 하자유형이 인정되어야 할 것이다.

(2) 협의성립확인 이전의 하자

협의성립확인절차가 종료되면 그 효과로서 당사자는 더 이상 협의의 내용을 다투지 못한다. 사안의 경우 확인 이전의 단계이므로 甲 등은 협의의 중요부분을 구성하고 있는 보상금액의 착오를 이유로 협의내용을 다툴 수 있게 된다.

3. 서울시의 대응방법

甲 등이 협의내용을 다투게 되면 서울시는 이에 대해 보상금액을 공탁하고 협의내용의 이행을 청구할 수 있다. 그러나 당사자인 甲 등이 이러한 이행에 응할 의사를 보이고 있지 않으므로 결국은 공법상 당사자소송의 방법을 통하여 해결하여야 할 것이다.

IV. 사례의 해결

(1) 설문의 사업인정 후 협의는 서울시와 甲이 공법적 효과인 수용의 완성을 위한 의사의 합치로서 공법상 계약에 해당한다.

(2) 공법상 계약은 확인절차를 규정하고 있는 경우가 많으며, 토지보상법 역시 협의성립의 확인절차를 규정하고 있으나 사안은 확인 이전의 단계로서 甲이 보상금의 착오를 이유로 다툼이 가능하다.

(3) 착오의 하자유형에 대해서 학설의 대립이 있으나, 무효로 보는 견해에 의하면 甲의 의사표시 하자는 무효이지만, 취소도 가능하다고 보는 견해에 따르면 취소사유에 해당한다고 볼 수 있다.

(4) 서울시는 보상금액을 공탁하고 협의의 이행을 청구할 수 있으나, 이에 응하지 않는다면 공법상 당사자소송을 제기하여야 할 것이다.

04 협의성립확인

> **법 제29조(협의성립의 확인)**
> ① 사업시행자와 토지소유자 및 관계인 간에 제26조에 따른 절차를 거쳐 협의가 성립되었을 때에는 사업시행자는 제28조 제1항에 따른 재결신청기간 이내에 해당 토지소유자 및 관계인의 동의를 받아 대통령령으로 정하는 바에 따라 관할 토지수용위원회에 협의성립의 확인을 신청할 수 있다.
> ② 제1항에 따른 협의성립의 확인에 관하여는 제28조 제2항, 제31조, 제32조, 제34조, 제35조, 제52조 제7항, 제53조 제4항, 제57조 및 제58조를 준용한다.
> ③ 사업시행자가 협의가 성립된 토지의 소재지·지번·지목 및 면적 등 대통령령으로 정하는 사항에 대하여 「공증인법」에 따른 공증을 받아 제1항에 따른 협의성립의 확인을 신청하였을 때에는 관할 토지수용위원회가 이를 수리함으로써 협의성립이 확인된 것으로 본다.
> ④ 제1항 및 제3항에 따른 확인은 이 법에 따른 재결로 보며, 사업시행자, 토지소유자 및 관계인은 그 확인된 협의의 성립이나 내용을 다툴 수 없다.

> **판례**
>
> ▶ 협의성립확인신청수리처분취소 사건 : 대판 2018.12.13, 2016두51719 [협의성립확인신청수리처분취소]
>
> [판시사항]
> 공익사업을 위한 토지 등의 취득 및 보상에 관한 법률 제29조 제3항에 따른 협의성립의 확인신청에 필요한 동의의 주체인 토지소유자는 협의 대상이 되는 '토지의 진정한 소유자'를 의미하는지 여부(적극) / 사업시행자가 진정한 토지소유자의 동의를 받지 못한 채 등기부상 소유명의자의 동의만을 얻은 후 관련 사항에 대한 공증을 받아 위 제29조 제3항에 따라 협의성립의 확인을 신청하였으나 토지수용위원회가 신청을 수리한 경우, 수리행위가 위법한지 여부(원칙적 적극) / 이와 같은 동의에 흠결이 있는 경우 진정한 토지소유자 확정에서 사업시행자의 과실 유무를 불문하고 수리행위가 위법한지 여부(적극) 및 이때 진정한 토지소유자가 수리행위의 위법함을 이유로 항고소송으로 취소를 구할 수 있는지 여부(적극)

[판결요지]

공익사업을 위한 토지 등의 취득 및 보상에 관한 법률(이하 '토지보상법'이라 한다) 제29조에서 정한 협의성립 확인제도는 수용과 손실보상을 신속하게 실현시키기 위하여 도입되었다. 토지보상법 제29조는 이를 위한 전제조건으로 협의성립의 확인을 신청하기 위해서는 협의취득 내지 보상협의가 성립한 데에서 더 나아가 확인신청에 대하여도 토지소유자 등이 동의할 것을 추가적 요건으로 정하고 있다. 특히 토지보상법 제29조 제3항은, 공증을 받아 협의성립의 확인을 신청하는 경우에 공증에 의하여 협의 당사자의 자발적 합의를 전제로 한 협의의 진정 성립이 객관적으로 인정되었다고 보아, 토지보상법상 재결절차에 따르는 공고 및 열람, 토지소유자 등의 의견진술 등의 절차 없이 관할 토지수용위원회의 수리만으로 협의성립이 확인된 것으로 간주함으로써, 사업시행자의 원활한 공익사업 수행, 토지수용위원회의 업무 간소화, 토지소유자 등의 간편하고 신속한 이익실현을 도모하고 있다.

한편 토지보상법상 수용은 일정한 요건하에 그 소유권을 사업시행자에게 귀속시키는 행정처분으로서 이로 인한 효과는 소유자가 누구인지와 무관하게 사업시행자가 그 소유권을 취득하게 하는 원시취득이다. 반면, 토지보상법상 '협의취득'의 성격은 사법상 매매계약이므로 그 이행으로 인한 사업시행자의 소유권 취득도 승계취득이다. 그런데 토지보상법 제29조 제3항에 따른 신청이 수리됨으로써 협의성립의 확인이 있었던 것으로 간주되면, 토지보상법 제29조 제4항에 따라 그에 관한 재결이 있었던 것으로 재차 의제되고, 그에 따라 사업시행자는 사법상 매매의 효력만을 갖는 협의취득과는 달리 확인대상 토지를 수용재결의 경우와 동일하게 원시취득하는 효과를 누리게 된다.

이처럼 간이한 절차만을 거치는 협의성립의 확인에, 원시취득의 강력한 효력을 부여함과 동시에 사법상 매매계약과 달리 협의 당사자들이 사후적으로 그 성립과 내용을 다툴 수 없게 한 법적 정당성의 원천은 사업시행자와 토지소유자 등이 진정한 합의를 하였다는 데에 있다. 여기에 공증에 의한 협의성립 확인제도의 체계와 입법취지, 그 요건 및 효과까지 보태어 보면, 토지보상법 제29조 제3항에 따른 협의성립의 확인신청에 필요한 동의의 주체인 토지소유자는 협의대상이 되는 '토지의 진정한 소유자'를 의미한다. 따라서 사업시행자가 진정한 토지소유자의 동의를 받지 못한 채 단순히 등기부상 소유명의자의 동의만을 얻은 후 관련 사항에 대한 공증을 받아 토지보상법 제29조 제3항에 따라 협의성립의 확인을 신청하였음에도 토지수용위원회가 신청을 수리하였다면, 수리행위는 다른 특별한 사정이 없는 한 토지보상법이 정한 소유자의 동의 요건을 갖추지 못한 것으로서 위법하다. 진정한 토지소유자의 동의가 없었던 이상, 진정한 토지소유자를 확정하는 데 사업시행자의 과실이 있었는지 여부와 무관하게 그 동의의 흠결은 위 수리행위의 위법사유가 된다. 이에 따라 진정한 토지소유자는 수리행위가 위법함을 주장하여 항고소송으로 취소를 구할 수 있다.

[참조조문]

공익사업을 위한 토지 등의 취득 및 보상에 관한 법률 제29조

[참조판례]

대법원 2012.2.23, 2010다96164

[전 문]

[원고, 상고인] 원고

[피고, 피상고인] 중앙토지수용위원회

[피고보조참가인] 대한민국

[원심판결] 서울고법 2016.8.30, 2016누41981

[주 문]

원심판결을 파기하고, 사건을 서울고등법원에 환송한다.

[이 유]

상고이유를 판단한다.

1. 공익사업을 위한 토지 등의 취득 및 보상에 관한 법률(이하 '토지보상법'이라 한다) 제29조 제1항에 따르면, 토지소유자 및 관계인(이하 '토지소유자 등'이라 한다)과 사업시행자 사이에 보상협의가 성립되었을 때 사업시행자는 해당 토지소유자 등의 '동의'를 받아 관할 토지수용위원회에 협의성립의 확인을 신청할 수 있다. 또한 같은 조 제3항에 따르면 사업시행자는 토지의 소재지·지번·지목 및 면적 등 대통령령으로 정하는 사항에 대하여 공증인법에 따른 공증을 받아 제1항에 따른 협의성립의 확인을 신청할 수도 있는데, 이 경우 관할 토지수용위원회가 이를 수리함으로써 협의성립이 확인된 것으로 간주된다. 같은 조 제4항에 따르면, 이와 같은 협의성립의 확인은 토지보상법에 따른 재결로 보며, 사업시행자와 토지소유자 등은 그 확인된 협의의 성립이나 내용을 다툴 수 없게 된다.

2. 이러한 협의성립 확인제도는 수용과 손실보상을 신속하게 실현시키기 위하여 도입되었다. 토지보상법 제29조는 이를 위한 전제조건으로 협의성립의 확인을 신청하기 위해서는 협의취득 내지 보상협의가 성립한 데에서 더 나아가 확인신청에 대하여도 토지소유자 등이 동의할 것을 추가적 요건으로 정하고 있다. 특히 토지보상법 제29조 제3항은, 공증을 받아 협의성립의 확인을 신청하는 경우에 공증에 의하여 협의 당사자의 자발적 합의를 전제로 한 협의의 진정 성립이 객관적으로 인정되었다고 보아, 토지보상법상 재결절차에 따르는 공고 및 열람, 토지소유자 등의 의견 진술 등의 절차 없이 관할 토지수용위원회의 수리만으로 협의성립이 확인된 것으로 간주함으로써, 사업시행자의 원활한 공익사업 수행, 토지수용위원회의 업무 간소화, 토지소유자 등의 간편하고 신속한 이익실현을 도모하고 있다.

한편 토지보상법상 수용은 일정한 요건하에 그 소유권을 사업시행자에게 귀속시키는 행정처분으로서 이로 인한 효과는 소유자가 누구인지와 무관하게 사업시행자가 그 소유권을 취득하게 하는 원시취득이다. 반면, 토지보상법상 '협의취득'의 성격은 사법상 매매계약이므로 그 이행으로 인한 사업시행자의 소유권 취득도 승계취득이다(대판 2012.2.23, 2010다96164 등 참조). 그런데 토지보상법 제29조 제3항에 따른 신청이 수리됨으로써 협의성립의 확인이 있었던 것으로 간주되면, 토지보상법 제29조 제4항에 따라 그에 관한 재결이 있었던 것으로 재차 의제되고, 그에 따라 사업시행자는 사법상 매매의 효력만을 갖는 협의취득과는 달리 그 확인대상 토지를 수용재결의 경우와 동일하게 원시취득하는 효과를 누리게 된다.

이처럼 간이한 절차만을 거치는 협의성립의 확인에, 원시취득의 강력한 효력을 부여함과 동시에 사법상 매매계약과 달리 협의 당사자들이 사후적으로 그 성립과 내용을 다툴 수 없게 한 법적 정당성의 원천은 사업시행자와 토지소유자 등이 진정한 합의를 하였다는 데에 있다. 여기에 공증에 의한 협의성립 확인제도의 체계와 입법취지, 그 요건 및 효과까지 보태어 보면, 토지보상법 제29조 제3항에 따른 협의성립의 확인신청에 필요한 동의의 주체인 토지소유자는 협의대상이 되는 '토지의 진정한 소유자'를 의미한다고 보아야 한다. 따라서 사업시행자가 진정한 토지소유자의 동의를 받지 못한 채 단순히 등기부상 소유명의자의 동의만을 얻은 후 관련 사항에 대한 공증을 받아 토지보상법 제29조 제3항에 따라 협의성립의 확인을 신청하였음에도 토지수용위원회가 그 신청을 수리하였다면, 그 수리행위는 다른 특별한 사정이 없는 한 토지보상법이 정한 소유자의 동의요건을 갖추지 못한 것으로서 위법하다. 진정한 토지소유자의 동의가 없었던 이상, 진정한 토지소유자를 확정하는 데 사업시행자의 과실이 있었는지 여부와 무관하게 그 동의의 흠결은 위 수리행위의 위법사유가 된다. 이에 따라 진정한 토지소유자는 그 수리행위가 위법함을 주장하여 항고소송으로 취소를 구할 수 있다.

3. 가. 원심은 그 채택증거를 종합하여 아래와 같은 사실을 인정하였다.

(1) 특수전사령부 및 제3공수특전여단 이전사업의 사업부지에 속하는 이천시 (주소 생략) 전 1,319㎡(이하 '이 사건 토지'라 한다)에 관하여는 2009.8.6. 사업시행자인 한국토지주택공사와 그 소유권보존등기 명의인인 피고보조참가인(이하 '참가인'이라 한다) 사이에 토지보상법에 따른 토지취득에 관한 협의가 성립되었다.

(2) 한국토지주택공사는 토지보상법 제29조 제3항에 따라 이 사건 토지의 등기부상 소유명의인인 참가인의 동의를 받고 한국토지주택공사와 참가인 사이의 매매계약서, 협의성립확인신청 동의서, 토지조서 및 보상금지급서류 등에 공증을 받아 피고에게 이 사건 토지에 관한 협의성립의 확인을 신청하였고 피고는 2015.3.26. 이를 수리하였다(이하 '이 사건 처분'이라 한다).

(3) 한편 이 사건 토지에 관한 농지분배 관련 서류들, 즉 분배대상 농지를 확인하는 농지분배부, 상환에 필요한 사항을 기재하는 상환대장, 농지를 국가에 매수당한 지주가 보상을 받는 과정에서 작성된 보상신청서, 지주신고서, 지가사정조서에는 '서울특별시 ○○동' 또는 '서울특별시 중구 ○○동 △△'에 주소를 둔 소외인이 그 소유자로 기재되어 있고, 한자부책식 구 토지대장에는 '서울특별시 □□□가'에 주소를 둔 소외인이 이 사건 토지를 사정받았다고 기재되어 있다. 원고의 부(부)인 소외인의 본적지는 '서울특별시 중구 □□□□가 ◇◇'이고, 소외인은 '서울특별시 중구 ○○동 △△'에서 사망하였다.

나. 나아가 원심은, 위 인정 사실에 의하면 원고가 이 사건 토지의 진정한 소유자였다고 할 수 있지만, 한국토지주택공사가 참가인을 이 사건 토지의 진정한 소유자로 보고 협의성립의 확인을 신청한 데에 과실이 있다고 보기 어렵다는 이유를 들어 이 사건 처분은 적법하다고 판단하였다.

4. 그러나 원심이 확정한 위와 같은 사실관계를 앞서 본 법리에 비추어 보면, 한국토지주택공사는 이 사건 토지의 진정한 소유자인 원고의 동의를 받지 아니한 채 협의성립의 확인을 신청하였으므로, 이 사건 처분은 한국토지주택공사의 과실 유무를 불문하고 협의성립 확인의 요건을 갖추지 못한 하자가 있어 위법하다.

그런데도 이와 다른 전제에서 이 사건 처분이 적법하다고 본 원심판단에는 토지보상법 제29조 제3항에 따른 협의성립의 확인에 관한 법리를 오해하여 판결에 영향을 미친 잘못이 있다. 이 점을 지적하는 상고이유 주장은 이유 있다.

5. 그러므로 나머지 상고이유에 대한 판단을 생략한 채 원심판결을 파기하고, 사건을 다시 심리·판단하도록 원심법원에 환송하기로 하여, 관여 대법관의 일치된 의견으로 주문과 같이 판결한다.

1. 서(의의 및 취지)

협의성립확인이란 사업시행자와 피수용자 사이에 협의가 성립한 이후에 사업시행자가 재결신청기간 내에 피수용자의 동의를 얻어 관할 토지수용위원회에 협의성립확인을 받음으로써 재결로 간주하는 제도를 말한다. 이는 당사자의 합의에 수용재결의 효력을 부여하여 수용재결절차에 의하지 않고 수용목적을 달성할 수 있도록 함으로써, 계약의 불이행에 따른 분쟁을 예방하고 공익사업의 원활한 진행을 도모하기 위함이다.

2. 협의성립확인의 법적 성질

(1) 학설

특정한 사실 또는 법률관계에 의문이 있는 경우 공권적으로 그 존부나 정부를 판단하는 행위라는 점에서 확인행위로 보는 견해와, 의문 또는 다툼이 없는 특정한 사실 또는 법률관계의 존부를 공적 권위로서 이를 증명하는 행위인 공증으로 보는 견해가 있다.

(2) 검토

생각건대, 협의성립확인은 수용당사자의 불안정한 지위를 확고히 하여 원활한 사업수행을 목적으로 하는 점 등에 미루어 볼 때 강학상 확인행위로 보는 것이 타당하다. 따라서 확인행위는 준사법적 행위로서 이해관계인의 참여 등 엄격한 절차에 따라 행해지며 재판행위와 실질적으로 유사하므로 불가변력, 즉 실질적 확정력이 발생한다.

3. 협의성립확인의 요건 및 절차

(1) 협의성립확인의 신청요건

당사자 사이에 협의가 성립한 후에 수용재결의 신청기간 내에 토지소유자 및 관계인의 동의를 얻어 관할 토지수용위원회에 협의성립확인을 신청하여야 한다(법 제29조 제1항).

(2) 협의성립확인의 절차

① 일반적 확인절차(법 제29조 제2항)

토지보상법 제29조 제2항에서 협의성립확인에 관하여 재결절차에 관한 사항을 준용하고 있다. 따라서 (ㄱ) 사업시행자가 관할 토지수용위원회에 확인신청을 하고, (ㄴ) 확인신청 내용의 공고·열람·의견제출, (ㄷ) 토지수용위원회의 심리, (ㄹ) 확인의 절차로 진행된다.

② 공증에 의한 확인절차(법 제29조 제3항)

사업시행자가 공증인법에 의한 공증을 받아 관할 토지수용위원회에 협의성립의 확인을 신청한 때에는 관할 토지수용위원회가 이를 수리함으로써 협의성립이 확인된 것으로 본다.

4. 협의성립확인의 효력

(1) 수용재결로 간주(법 제29조 제4항)

당사자 사이에 협의가 성립하여 체결된 계약의 내용, 즉 수용목적물의 범위, 보상의 시기, 손실보상액 등을 관할 토지수용위원회가 결정한 것과 동일한 효력을 발생한다. 따라서 이때의 목적물에 대한 권리의 취득은 원시취득이 된다.

(2) 협의에 대한 차단효 발생

사업시행자와 토지소유자 및 관계인은 확인된 협의의 성립이나 내용을 다툴 수 없다. 이는 양 당사자가 협의하고, 독립된 제3의 기관인 토지수용위원회가 확인을 한 것이라면 공익사업의 신속한 수행을 위해서 당사자의 다른 주장은 인용할 수 없다는 일종의 차단효를 법정한 것이다.

(3) 확인의 실효 여부

협의성립확인은 재결로 간주하므로 협의성립확인을 받은 후에도 협의에서 정한 보상의 개시일까지 손실보상을 하지 아니하면 수용재결의 실효규정이 적용되어 해당 확인행위의 효력은 상실된다고 볼 것이다. 이때 협의의 효력도 상실되는지 논란이 있으나 협의는 계약이므로 계약불이행의 문제가 발생할 뿐 곧바로 협의의 효력이 상실된다고 볼 수는 없다.

5. 권리구제

(1) 협의성립확인에 대한 불복

확인행위는 재결로 간주되므로 재결에 대한 불복과 동일한 절차를 거치게 될 것이다. 즉, 관할 토지수용위원회의 확인에 대하여 이의가 있는 자는 토지보상법의 이의신청과 행정소송을 통해 불복하게 된다.

(2) 협의 자체에 대한 다툼

협의성립 자체나 그 내용은 협의성립확인의 차단효 때문에 다툴 수 없으므로, 행정쟁송을 통하여 해당 확인의 효력을 소멸시킨 후에 협의 자체에 대하여 다툴 수 있다. 이때 협의의 성질을 공법상 계약으로 보면 공법상 당사자소송에 의하게 된다.

6. 문제점 및 개선방안

(1) 문제점

협의성립확인이 있으면, 확정력이 발생하는데도 불구하고 공증에 의한 확인절차의 경우에는 피수용자가 의견을 제출할 기회도 부여받지 못하게 되는 문제점이 있다. 그리고 일반적으로 피수용자는 협의성립확인의 효과를 잘 이해하지 못하는 경우가 많을 것인데 재결로서의 효과가 발생한다는 사실을 명확히 인식하지 않고 동의하게 될 수 있다.

(2) 개선방안

따라서 공증에 의한 확인절차에도 피수용자의 절차적 참여를 보장할 수 있는 방안이 모색되어야 하며, 사업시행자가 피수용자에게 협의성립확인에 대한 동의를 요구할 때 확인의 효과를 고지하는 사전고지제도를 도입할 필요성이 있다.

7. 기본문제

「공익사업을 위한 토지 등의 취득 및 보상에 관한 법률」(이하 토지보상법)은 사업인정 후 당사자의 협의가 성립된 경우 장차 사업진행에 있어서 분쟁을 예방하고 사업의 원활한 진행을 위해 이 절차를 규정해 놓고 있다. 상기 절차의 내용과 개선사항을 언급하시오. 25점

Ⅰ. 서(논점의 정리)

공용수용이란 공익사업을 위해 타인의 특정한 재산권을 법률의 힘에 의해 강제적으로 취득하는 것을 말하며 이는 헌법이 보장하는 재산권 보장의 예외적 조치인바, 엄격한 절차가 요구되며 법은 그 절차를 법정하고 있다. 이하에서는 사업인정 후 협의가 성립한 경우의 내용을 규정한 협의성립확인(법 제29조)에 대하여 알아보고, 이에 대한 문제점과 해결책에 대하여 살펴보도록 하겠다.

Ⅱ. 협의성립확인

1. 의의 및 근거

사업인정 후 협의가 성립된 경우 사업시행자가 일정한 절차를 거쳐 관할 토지수용위원회의 확인을 받는 것으로 이는 법 제29조에 근거하여 일반적 확인방법과 공증에 의한 방법이 있다.

2. 취지

토지보상법에서 협의성립확인을 규정하고 있는 취지는 이를 재결(제29조 제4항)로 간주하여 당사자 간에 협의성립의 내용을 다툴 수 없도록 함으로써 장차 분쟁의 예방 및 사업의 원활한 수행을 도모할 수 있고 당사자 간의 합의에 의하여 번잡한 절차를 피할 수 있다는 점에 있다.

3. 법적 성질

확인은 특정한 사실 또는 법률관계에 대해 의문이 있는 경우 공권적으로 그 존부 또는 정부를 판단하는 행위로서 기존의 사실 또는 법률관계를 유권적으로 확정하는 행위인 확인행위로 보는 입장과 의문 또는 다툼이 없는 특정한 사실 또는 법률관계의 존부를 공적 권위로서 이를 증명하는 행위로서 공증으로 보는 입장 등 견해가 대립되나, 협의성립의 확인을 재결로 간주하는 입장에서 공법상 계약이 처분으로 전환되어 당사자에게 구체적 권리·의무가 발생하므로 형성적 행정행위의 성격을 가진다고 하겠다.

4. 성립

(1) 요건

① 당사자 간 협의가 성립된 후, ② 사업시행자는 피수용자의 동의를 얻어, ③ 수용재결 신청 기간 내에, ④ 법령이 요구하는 제반자료를 일정한 서식에 따라 작성하여 신청한다.

(2) 절차

① **일반적 절차**(제29조 제1항) : 재결절차를 준용하는 것으로 사업시행자는 수용재결 신청기간 내에 피수용자의 동의를 얻어 관할 토지수용위원회에 확인을 신청하여야 하며(제29조 제1항), 토지수용위원회는 지체 없이 이를 공고하고 14일 이상 열람하여 열람기간 중에 의견진술 기회를 주어야 한다(제31조).
열람기간이 경과한 때에는 지체 없이 심리하고(제32조), 14일 이내에 확인하여야 한다. 이는 협의성립확인의 행위는 기속행위인바 토지수용위원회가 이를 거부하는 경우 토지수용위원회의 거부에 대해 쟁송제기가 가능하다.

② **공증에 의한 절차**(제29조 제3항) : 사업시행자가 협의성립확인 신청서에 공증인의 공증을 받아 관할 토지수용위원회에 확인을 신청한 때에는 관할 토지수용위원회가 이를 수리함으로써 협의성립이 확인된 것으로 본다. 여기서 관할 토지수용위원회의 '수리행위'는 타인의 행위를 유효한 것으로 수령하는 인식표시인 점에서 사실행위와 다르며 수리가 있으면 협의성립확인의 효과가 발생한다.

5. 효과

적법한 협의성립의 확인이 이루어지면 ① 수용의 개시일에 목적물의 원시취득, ② 손실보상, ③ 환매권, ④ 목적물에 대한 인도·이전의무 및 대행·대집행청구권, ⑤ 위험부담의 이전, ⑥ 담보물권자의 물상대위, ⑦ 사용기간 만료 시 반환 및 원상회복 의무, ⑧ 확인 자체에 대한 행정쟁송권 등 재결과 동일한 효과가 발생한다.

III. 문제점 및 개선사항

1. 절차 측면

협의성립확인은 사업시행자가 협의성립확인 신청서에 공증인의 공증을 받아 관할 토지수용위원회에 확인을 신청한 때에는 관할 토지수용위원회가 이를 수리함으로써 협의성립이 확인된 것으로 보도록 하고 있다. 여기서 관할 토지수용위원회의 '수리행위'는 타인의 행위를 유효한 것으로 수령하는 인식표시인 점에서 사실행위와 다르며 수리가 있으면 협의성립확인의 효과가 발생한다.

그러나 확인 역시 재결절차와 동일한 방법으로 신청하도록 규정하고 있음에도 불구하고 굳이 이와 같이 공증을 받아 신청할 수 있도록 하는 것은 사업시행자의 편의성만 중시한 방안이라 판단되므로 재결절차와 동일하게 공고 및 열람 등의 절차를 거치도록 수정되어야 할 것이다.

2. 불복 측면

적법한 협의성립확인이 이루어지면 ① 수용의 개시일에 목적물의 원시취득, ② 손실보상, ③ 환매권, ④ 목적물에 대한 인도·이전의무 및 대행·대집행청구권, ⑤ 위험부담의 이전, ⑥ 담보물권자의 물상대위, ⑦ 사용기간 만료 시 반환 및 원상회복 의무, ⑧ 확인 자체에 대한 행정쟁송권 등 재결과 동일한 효과가 발생한다. 즉, 협의성립의 확인은 재결로 간주되며 공법상 계약이 처분으로 전환되어 당사자에게 구체적 권리·의무가 발생하므로 형성적 행정행위의 성격을 가진다고 하겠다. 이러한 협의성립확인의 성질에도 불구하고 토지보상법은 이에 대한 불복방법의 언급이 없다. 적어도 그 효력이 재결과 동일하므로 법 제83조 내지 제85조를 적용하도록 명시하여야 할 것이다.

IV. 결

협의성립확인은 당사자들의 합의에 의해 공익사업을 위한 용지를 취득하였음에도 불구하고 사업의 원활한 진행과 장차의 분쟁을 방지하기 위해 재결과 동일한 절차를 거치도록 하는 것이다. 따라서 사업시행의 편의와 원활에 기여하는 만큼 피수용자 보호를 위한 규정이 명확하게 제시되어야 할 것이다.

대판 2007.1.11, 2004두8538[토지수용이의재결처분취소]

판시사항〈재결신청기간, 이의재결의 기능과 범위〉

[2] 도시계획시설사업의 시행자가 실시계획에서 정한 사업시행기간 내에 토지에 대한 수용재결 신청을 한 경우, 토지수용위원회가 사업시행기간이 경과한 이후에도 위 신청에 따른 수용재결을 할 수 있는지 여부(적극)

[3] 도시계획시설사업의 시행자가 실시계획에서 정한 사업시행기간 내에 토지에 대한 수용재결 신청을 하였으나 그 신청을 기각하는 내용의 이의재결이 이루어져 그 취소를 구하던 중 사업시행기간이 경과한 경우, 이의재결의 취소를 구할 소의 이익이 있는지 여부(적극)

[4] 토지수용위원회가 그 사업인정이 취소되지 아니한 사업의 시행을 불가능하게 하는 내용의 재결을 행할 수 있는지 여부(소극)

판결요지

[2] 국토의 계획 및 이용에 관한 법률 제96조(토지보상법의 준용), 토집보상법 제42조(사업인정의 실효) 등 관계규정을 종합하면, 도시계획시설사업의 시행자는 늦어도 인가·고시된 도시계획시설사업 실시계획에서 정한 사업시행기간 내에 사법상의 계약에 의하여 도시계획시설사업에 필요한 타인 소유의 토지를 양수하거나 수용재결의 신청을 하여야 하고, 도시계획시설사업의 시행자가 그 사업시행기간 내(재결신청기간인 사업인정고시 후 1년 이내)에 토지에 대한 수용재결 신청을 하였다면 그 신청은 사업시행기간이 경과하였다 하더라도 여전히 유효하므로, 토지수용위원회는 사업시행기간이 경과한 이후에도 위 신청에 따른 수용재결을 할 수 있다.

[3] 도시계획시설사업의 시행자가 도시계획시설사업의 실시계획에서 정한 사업시행기간 내에 토지에 대한 수용재결 신청을 하였다면, 그 신청을 기각하는 내용의 이의재결의 취소를 구하던 중 그 사업시행기간이 경과하였다 하더라도, 이의재결이 취소되면 도시계획시설사업 시행자의 신청에 따른 수용재결이 이루어질 수 있어 원상회복이 가능하므로 위 사업시행자로서는 이의재결의 취소를 구할 소의 이익이 있다.

[4] 구 토지수용법은 수용·사용의 일차 단계인 사업인정에 속하는 부분은 사업의 공익성 판단으로 사업인정 기관에 일임하고 그 이후의 구체적인 수용·사용의 결정은 토지수용위원회에 맡기고 있는바, 이와 같은 토지수용절차의 2분화 및 사업인정의 성격과 토지수용위원회의 재결사항을 열거하고 있는 같은 현재 법 제50조 제2항의 규정 내용에 비추어 볼 때, 토지수용위원회는 행정쟁송에 의하여 사업인정이 취소되지 않는 한 그 기능상 사업인정 자체를 무의미하게 하는, 즉 사업의 시행이 불가능하게 되는 것과 같은 재결을 행할 수는 없다(대판 1994.11.11, 93누19375).

이유

[4] 이 사건 토지에 대한 수용의 필요성이 약하다고 볼 측면이 있었다고 하더라도 행정쟁송 또는 행정청의 처분으로 인하여 이 사건 사업실시계획인가가 취소되지 않고 있었던 이상 인천광역시 지방토지수용위원회로서는 이 사건 사업실시계획인가를 무의미하게 하고 이 사건 수용목적사업인 폐기물처리시설의 집단화를 불가능하게 하는 처분, 즉 원고의 이 사건 토지수용신청 자체를 기각하는 내용의 재결은 할 수 없다 할 것이므로 결국, 인천광역시 지방토지수용위원회의 이 사건 수용신청을 기각하는 내용의 재결 및 그와 같은 내용의 피고의 이 사건 이의재결은 모두 위법하다고 판단하였다.

나아가 원심은, 이 사건 사업은 원고를 비롯한 5개 업체가 공동으로 시행함이 타당함에도 인천광역시장이 그 중 원고만을 사업시행자로 지정하였으므로 실시계획인가 자체가 당연무효라는 취지의 피고 보조참가인들의 주장에 대하여, 그러한 사정만으로는 실시계획인가에 중대하고도 객관적으로 명백한 흠이 있다고는 할 수 없다는 이유로 위 주장을 배척하였다.

05 재결신청과 재결신청청구권

1. 재결신청[17]

> 🔙 **법 제28조(재결의 신청)**
> ① 제26조에 따른 협의가 성립되지 아니하거나 협의를 할 수 없을 때(제26조 제2항 단서에 따른 협의
> 요구가 없을 때를 포함한다)에는 사업시행자는 사업인정고시가 된 날부터 1년 이내에 대통령령으로
> 정하는 바에 따라 관할 토지수용위원회에 재결을 신청할 수 있다.
> ② 제1항에 따라 재결을 신청하는 자는 국토교통부령으로 정하는 바에 따라 수수료를 내야 한다.

(1) 의의 및 취지

재결신청이란 수용권이 부여된 사업시행자가 이 권리에 의하여 토지수용위원회에 수용 또는 사용의 재결을 구하는 절차를 말한다. 신속하고 원활한 공익사업을 위하여 사업시행자가 피수용자의 의사에 반하여 수용절차를 취하는 절차이다.

(2) 재결신청의 요건

① 사업시행자

재결은 사업시행자가 신청하여야 한다. 재결신청권이 사업시행자에게만 인정되고 피수용자에게는 인정되지 않는다. 다만, 예외적으로 수용절차와는 별도로 타인 토지에 출입에 의한 손실(법 제9조 제4항), 수용대상 토지 이외 토지의 공사로 인한 손실(법 제79조 제1항) 등에 따른 보상청구권을 행사하는 경우에는 토지소유자 및 관계인에게도 재결신청권이 인정된다.

② 협의의 불성립 또는 불능

재결신청은 협의가 성립되지 아니한 경우에 행사하는 것이다. 따라서 협의 절차를 거친 후에 협의가 성립되지 않거나 협의를 할 수 없을 때에 가능하다. 대법원은 협의 등을 거치지지 아니한 채 재결을 신청한 경우 절차상 위법으로써 취소사유라는 입장이다.

> **판례**
>
> ▶ 관련판례(대판 1993.8.13, 93누2148, 대판 1991.11.12, 91다27617, 대판 1989.3.28, 88다카14106)
> 토지수용법이 제25조의3의 각 항으로 토지소유자 및 관계인에게 재결신청의 청구권을 부여한 이유는,
> 시행자는 사업인정의 고시 후 1년 이내(재개발사업은 그 사업의 시행기간 내)에는 언제든지 재결을 신청
> 할 수 있는 반면에 토지소유자 및 관계인은 재결신청권이 없으므로, 수용을 둘러싼 **법률관계의 조속한
> 확정**을 바라는 토지소유자 및 관계인의 이익을 보호하고 수용당사자 간의 **공평**을 기하기 위한 것이다.

③ 재결신청기간

재결신청은 사업인정고시가 있는 날로부터 1년 이내에 하여야 한다. 다만, 개별법령에서 재결신청을 사업기간 내에 할 수 있도록 하는 특례규정이 있다. 대법원은 재결신청이 기각된

---

17) 류해웅, 신수용보상법론

경우 재결신청기간의 제한규정에 저촉되는지 아니하는 한 다시 재결신청을 할 수 있다는 입장이다.

> 판례
>
> ▶ 관련판례(대판 2007.1.11, 2004두8538)
> 사업시행자가 그 사업시행기간 내에 토지에 대한 수용재결신청을 하였다면 그 신청은 사업시행기간이 경과하였다 하더라도 여전히 유효하므로 토지수용위원회는 사업시행기간이 경과한 이후에도 수용재결을 할 수 있다. 재결신청은 협의가 사업시행자의 과실로 불성립된 것이 아니라면 재결신청이 기각되었다고 하더라도 사업시행자는 재결신청기간의 제한 규정에 저촉되지 아니하는 한 다시 재결신청을 할 수 있다.

④ 관할 토지수용위원회

재결신청은 관할 토지수용위원회에 하여야 한다.

(3) 재결신청권자를 사업시행자로 한정한 재결신청의 한계[18]

① 재결의 신청권자를 사업시행자로 한정한 이유

토지 수용법의 전체적인 구조상으로 볼 때 피수용자에게 재결신청을 인정할 수 없다. 피수용자에게 재결신청권을 부여한다면 당해 (사업시행자의) 공익사업의 계획상 지장이 우려된다. 사업인정 고시 후 사정변경 등으로 토지 등의 취득이 필요 없게 되는 경우도 있다. 재결의 효과로서 발생하는 목적물 취득권과 보상의무가 사업시행자에게 있는데, 피수용자에게 재결신청권을 인정하게 되면 권리의 행사나 의무를 강요하는 결과가 된다.

② 문제점 및 대안

재결신청권자를 사업시행자로 한정한 것은 수용의 편의를 위한 것으로 볼 수 있다. 그 해결방법으로는 입법론적으로 재결의 신청권을 사업시행자와 토지소유자 및 관계인에게 모두 인정하는 것이 타당하다고 본다. 다분히 쟁송적 성격을 가진 재결절차의 본질을 고려한다면 그 절차의 개시권한을 사업시행자에게만 부여할 합리적인 근거를 상정하기 어렵기 때문이다.

2. 재결신청청구권

> ↪ 법 제30조(재결신청의 청구)
> ① 사업인정고시가 된 후 협의가 성립되지 아니하였을 때에는 토지소유자와 관계인은 대통령령으로 정하는 바에 따라 서면으로 사업시행자에게 재결을 신청할 것을 청구할 수 있다.
> ② 사업시행자는 제1항에 따른 청구를 받았을 때에는 그 청구를 받은 날부터 60일 이내에 대통령령으로 정하는 바에 따라 관할 토지수용위원회에 재결을 신청하여야 한다. 이 경우 수수료에 관하여는 제28조 제2항을 준용한다.

---

18) 정기상, 수용절차상 재결신청청구제도에 관한 연구, 인권과 정의 428호 39-57, 대한변호사협회, 2012

③ 사업시행자가 제2항에 따른 기간을 넘겨서 재결을 신청하였을 때에는 그 지연된 기간에 대하여 「소송촉진 등에 관한 특례법」 제3조에 따른 법정이율을 적용하여 산정한 금액을 관할 토지수용위원회에서 재결한 보상금에 가산(加算)하여 지급하여야 한다.

🔁 **시행령 제14조(재결신청의 청구 등)**

① 토지소유자 및 관계인은 법 제30조 제1항에 따라 재결신청을 청구하려는 경우에는 제8조 제1항 제1호에 따른 협의기간이 지난 후 국토교통부령으로 정하는 바에 따라 다음 각 호의 사항을 적은 재결신청청구서를 사업시행자에게 제출하여야 한다.
1. 사업시행자의 성명 또는 명칭
2. 공익사업의 종류 및 명칭
3. 토지소유자 및 관계인의 성명 또는 명칭 및 주소
4. 대상토지의 소재지·지번·지목 및 면적과 토지에 있는 물건의 종류·구조 및 수량
5. 협의가 성립되지 아니한 사유
② 법 제30조 제3항에 따라 가산하여 지급하여야 하는 금액은 관할 토지수용위원회가 재결서에 적어야 하며, 사업시행자는 수용 또는 사용의 개시일까지 보상금과 함께 이를 지급하여야 한다.

(1) 서

① 의의 및 취지

재결신청청구권이란 협의불성립의 경우 토지소유자 및 관계인이 사업시행자에게 재결신청을 조속히 할 것을 청구하는 권리를 말한다. 토지보상법이 토지소유자 등에게 재결신청의 청구권을 부여한 이유는 수용을 둘러싼 법률관계의 조속한 안정과 재결신청의 지연으로 인한 피수용자의 불이익을 배제하기 위한 것으로서, 사업시행자와의 형평의 원리에 입각한 제도이다.

> **판례**
>
> ▶ 관련판례(대판 1997.10.24, 97다31175)
> 토지수용법이 제25조의3의 각 항으로 토지소유자 및 관계인에게 재결신청의 청구권을 부여한 이유는, 시행자는 사업인정의 고시 후 1년 이내(재개발사업은 그 사업의 시행기간 내)에는 언제든지 재결을 신청할 수 있는 반면에 토지소유자 및 관계인은 재결신청권이 없으므로, 수용을 둘러싼 법률관계의 조속한 확정을 바라는 토지소유자 및 관계인의 이익을 보호하고 수용당사자 간의 공평을 기하기 위한 것이다.

② 사업시행자의 재결신청권의 타당성

사업시행자에게만 재결신청권을 주어 피수용자의 형평성 관점에서 문제가 될 수 있다. 원활한 공익사업 진행을 보장한다는 점, 재결신청청구제도(아래 판례)가 있다는 점, 사업인정실효제도가 있다는 점 등을 미루어 볼 때 사업시행자의 재결신청권은 일응 타당성이 있다고 볼 수 있다. 하지만 사업시행자에게만 재결신청권이 주어진 것은 여전히 피수용자에게만 불리한 점이 많다. 후술하는 바와 같이 사업시행자가 보상제외 대상이라고 하여 재결신청을 하지 않는 경우 등을 들 수 있을 것이다. 피수용자의 권리구제를 위해 입법적인 보완이 필요해 보인다.

> **판례**
>
> ▶ 관련판례(대판 1993.8.27, 93누9064)
> 토지수용법이 토지소유자 등에게 재결신청의 청구권을 부여한 이유는, 협의가 성립되지 아니한 경우 시행자는 사업인정의 고시 후 1년 이내(도시계획사업은 그 사업의 시행기간 내)에는 언제든지 재결을 신청할 수 있는 반면 토지소유자는 재결신청권이 없으므로, 수용을 둘러싼 법률관계의 조속한 확정을 바라는 토지소유자 등의 이익을 보호함과 동시에 수용당사자 간의 공평을 기하기 위한 것이라고 해석되는 점, 같은 법 제25조의3 제3항의 가산금제도의 취지는 위 청구권의 실효를 확보하자는 것이라고 해석되는 점을 참작하여 볼 때, 도시계획사업 시행자가 사업실시계획인가의 고시 후 상당한 기간이 경과하도록 협의대상 토지소유자에게 협의기간을 통지하지 아니하였다면 토지소유자로서는 토지수용법 제25조의3 제1항에 따라 재결신청의 청구를 할 수 있다

(2) 재결신청청구권의 성립요건

① 당사자

청구권자는 토지소유자 및 관계인이며, 피청구권자는 토지수용위원회에 재결을 신청할 수 있는 사업시행자가 됨이 원칙이며, 수행업무의 대행자가 있는 경우에는 그 업무대행자에게 신청하여도 된다.

> **판례**
>
> ▶ 관련판례(대판 1995.10.13, 94누7232)
> 기업자를 대신하여 협의절차의 업무를 대행하고 있는 자가 따로 있는 경우에는 특별한 사정이 없는 한 재결신청의 청구서를 그 업무대행자에게도 제출할 수 있다.

② 청구의 기간

(ㄱ) 원칙

원칙적으로 사업인정고시 후에 사업시행자가 협의기간으로 통지한 기간이 경과하였음에도 불구하고 협의가 성립되지 못한 경우에 재결을 신청할 것을 청구할 수 있다(시행령 제14조 제1항). 따라서 청구의 기간은 협의기간 만료일부터 재결을 신청할 수 있는 기간만료일까지이다.

(ㄴ) 예외(대법원 판례)

사업인정 후 상당한 기간이 지나도록 협의기간의 통지가 없는 경우 및 협의기간 만료 전이라도 협의불성립이 명백한 경우 재결신청청구가 가능하다고 보는 것이 판례의 입장이다.

판례

▶ 관련판례(대판 1993.8.27, 93누9064)

토지수용법이 토지소유자 등에게 재결신청의 청구권을 부여한 이유는, 협의가 성립되지 아니한 경우 시행자는 사업인정의 고시 후 1년 이내(도시계획사업은 그 사업의 시행기간 내)에는 언제든지 재결을 신청할 수 있는 반면 토지소유자는 재결신청권이 없으므로, 수용을 둘러싼 법률관계의 조속한 확정을 바라는 토지소유자 등의 이익을 보호함과 동시에 수용당사자 간의 공평을 기하기 위한 것이라고 해석되는 점, 같은 법 제25조의3 제3항의 가산금제도의 취지는 위 청구권의 실효를 확보하자는 것이라고 해석되는 점을 참작하여 볼 때, 도시계획사업 시행자가 사업실시계획인가의 고시 후 상당한 기간이 경과하도록 협의대상 토지소유자에게 협의기간을 통지하지 아니하였다면 토지소유자로서는 토지수용법 제25조의3 제1항에 따라 재결신청의 청구를 할 수 있다.

▶ 관련판례(대판 1993.7.13, 93누2902)

수용에 관한 협의기간이 정하여져 있더라도 협의의 성립가능성이 없음이 명백해졌을 때와 같은 경우에는 군이 협의기간이 종료될 때까지 기다리게 하여야 할 필요성도 없는 것이므로 협의기간 종료 전이라도 기업자나 그 업무대행자에 대하여 재결신청의 청구를 할 수 있는 것으로 보아야 하며, 다만 그와 같은 경우 토지수용법 제25조의3 제2항에 의한 2월의 기간은 협의기간 만료일로부터 기산하여야 한다.

▶ 관련판례(대판 2012.12.27, 2010두9457)

[1] (구)공익사업을 위한 토지 등의 취득 및 보상에 관한 법률 제84조 제1항, 제85조, 제30조 등 관계법령의 내용, 형식 및 취지를 종합하면, (구)공익사업법 제30조 제3항에서 정한 지연가산금은, 사업시행자가 재결신청의 청구를 받은 때로부터 60일을 경과하여 재결신청을 한 경우 관할 토지수용위원회에서 재결한 보상금(이하 '재결보상금'이라고 한다)에 가산하여 토지소유자 및 관계인에게 지급하도록 함으로써, 사업시행자로 하여금 (구)공익사업법이 규정하고 있는 기간 이내에 재결신청을 하도록 간접강제함과 동시에 재결신청이 지연된 데에 따른 토지소유자 및 관계인의 손해를 보전하는 성격을 갖는 금원으로, 재결보상금에 부수하여 (구)공익사업법상 인정되는 공법상 청구권이다. 그러므로 제소기간 내에 재결보상금의 증감에 대한 소송을 제기한 이상, 지연가산금은 (구)공익사업법 제85조에서 정한 제소기간에 구애받지 않고 그 소송절차에서 청구취지 변경 등을 통해 청구할 수 있다고 보는 것이 타당하다.

[2] 공익사업을 위한 토지 등의 취득 및 보상에 관한 법률 시행령 제8조 제1항, 제14조 제1항의 내용, 형식 및 취지를 비롯하여, 토지소유자 및 관계인이 협의기간 종료 전에 사업시행자에게 재결신청의 청구를 한 경우 (구)공익사업을 위한 토지 등의 취득 및 보상에 관한 법률 제30조 제2항에서 정한 60일의 기간은 협의기간 만료일로부터 기산하여야 하는 점, 사업인정고시가 있게 되면 토지소유자 및 관계인에 대하여 (구)공익사업법 제25조에서 정한 토지 등의 보전의무가 발생하고, 사업시행자에게는 (구)공익사업법 제27조에서 정한 토지 및 물건에 관한 조사권이 주어지게 되는 이상, 협의기간 연장을 허용하게 되면 토지소유자 및 관계인에게 위와 같은 실질적인 불이익도 연장될 우려가 있는 점, 협의기간 내에 협의가 성립되지 아니하여 토지소유자 및 관계인이 재결신청의 청구까지 한 마당에 사업시행자의 협의기간 연장을 허용하는 것은 사업시행자가 일방적으로 재결신청을 지연할 수 있도록 하는 부당한 결과를 가져올 수 있는 점 등을 종합해보면, 사업시행자가 보상협의요청서에 기재한 협의기간을 토지소유자 및 관계인에게 통지하고, 토지소유자 및 관계인이 그 협의기간이 종료하기 전에 재결신청의 청구를 한 경우에는 사업시행자가 협의기간이 종료하기 전에 협의기간을 연장하였다고 하더라도 (구)공익사업법 제30조 제2항에서 정한 60일의 기간은 당초의 협의기간 만료일로부터 기산하여야 한다고 보는 것이 타당하다.

③ 청구의 형식

재결신청의 청구는 엄격한 형식을 요하지 아니하는 서면행위로 일정한 사항을 기재한 재결신청청구서의 제출은 사업시행자에게 직접 제출하거나 우편법 시행규칙에 따른 증명취급의 방법으로 한다.

> **판례**
>
> ▶ 관련판례(대판 1995.10.13, 94누7232)
> 재결신청의 청구는 엄격한 형식을 요하지 아니하는 서면행위이고, 따라서 토지소유자 등이 서면에 의하여 재결청구의 의사를 명백히 표시한 이상 같은 법 시행령 제16조의2 제1항 각 호의 사항 중 일부를 누락하였다고 하더라도 위 청구의 효력을 부인할 것은 아니고, 또한 기업자를 대신하여 협의절차의 업무를 대행하고 있는 자가 따로 있는 경우에는 특별한 사정이 없는 한 재결신청의 청구서를 그 업무대행자에게도 제출할 수 있다.

④ 재결신청청구사유

㉠ 토지보상법 제30조 제1항 태도

사업인정고시가 된 후 협의가 성립되지 아니하였을 때에는 토지소유자와 관계인은 대통령령으로 정하는 바에 따라 서면으로 사업시행자에게 재결을 신청할 것을 청구할 수 있다.

㉡ 대법원 판례의 태도

사업인정 후 상당한 기간이 지나도록 협의기간의 통지가 없는 경우 및 협의기간 만료 전이라도 협의불성립이 명백한 경우 재결신청청구가 가능하다고 보는 것이 판례의 입장이다.

> **판례**
>
> ▶ 관련판례(대판 2011.7.14, 2011두2309)
> [보상제외처분취소 등] 재결신청을 청구할 수 있는 경우를 사업시행자와 토지소유자 및 관계인 사이에 '협의가 성립하지 아니한 때'로 정하고 있을 뿐 손실보상대상에 관한 이견으로 협의가 성립하지 아니한 경우를 제외하는 등 그 사유를 제한하고 있지 않은 점, ~~ '협의가 성립되지 아니한 때'에는 사업시행자가 토지소유자 등과 공익사업법 제26조에서 정한 협의절차를 거쳤으나 보상액 등에 관하여 협의가 성립하지 아니한 경우는 물론 토지소유자 등이 손실보상대상에 해당한다고 주장하며 보상을 요구하는데도 사업시행자가 손실보상대상에 해당하지 아니한다며 보상대상에서 이를 제외한 채 협의를 하지 않아 결국 협의가 성립하지 않은 경우도 포함된다고 보아야 한다.

(3) 재결신청청구의 효과

① 사업시행자의 재결신청의무(법 제30조 제2항)

사업시행자는 재결신청의 청구가 있은 날부터 60일 이내에 재결을 신청하여야 한다. 다만, 협의기간 내라도 협의성립의 가능성이 없음이 명백하여 재결신청의 청구를 한 경우에는 협의기간만료일부터 기산한다.

② 재결신청 해태 시 지연가산금 지급의무(법 제30조 제3항)

사업시행자가 피수용자로부터 재결신청의 청구를 받은 날로부터 60일을 경과하여 재결을 신청한 때에는 그 경과한 기간에 대하여 소송촉진 등에 관한 특례법에 의한 법정이율을 적용하여 산정한 금액을 관할 토지수용위원회에서 재결한 보상금에 가산하여 지급하여야 한다.

(4) 권리구제

① 사업시행자가 재결신청을 거부하거나 부작위하는 경우

(ㄱ) 항고쟁송

종전 대법원은 명시적으로 사업시행자의 재결신청거부나 부작위에 대해서 처분성을 언급하지는 않았지만, 재결신청거부에 대한 처분성을 전제로 하여 재결신청거부가 위법하다고 판시하였다. 최근 대판 2019.8.29, 2018두57865에서는 재결신청청구의 거부에 대해서는 거부처분취소소송이나 부작위에 대하여 부작위위법확인소송으로 다툴 수 있다는 해석을 내놓아서 한층 재결신청청구거부에 대한 논의가 뜨거워지고 있다.

판례

재결신청청구거부에 대하여 거부처분취소소송으로 다툼 가능

> 토지소유자나 관계인의 재결신청 청구에도 사업시행자가 재결신청을 하지 않을 때 토지소유자나 관계인은 사업시행자를 상대로 거부처분취소소송 또는 부작위 위법확인소송의 방법으로 다툴 수 있음.

▶ 대판 2019.8.29, 2018두57865

1. 재결신청청구거부에 대하여 거부처분취소소송으로 다툴 수 있음.

종전의 대법원 민사 판례는 피수용자의 재결신청청구거부에 대하여 민사소송의 방법으로도 소구할 수 없다고 판시하였다. 그러나 최근 토지의 소유자가 토지상의 지장물에 대하여 재결신청을 청구하였으나, 그 중 일부에 대해서는 사업시행자가 손실보상대상에 해당하지 않아 재결신청대상이 아니라는 이유로 수용재결 신청을 거부하면서 보상협의를 하지 않은 사안에서, 위 처분이 위법하다고 판시하였고, 고등법원의 행정사건 판례에서는 재결신청청구거부에 대하여 거부처분취소소송으로 다툴 수 있다고 판시하여 그동안 재결신청청구거부에 대한 처분성 논란과 권리구제의 혼선이 있었다. 그러나 2018두57865 판결이 판시됨으로써 피수용자의 재결신청청구에 대하여 사업시행자(행정청을 전제함)의 거부에 대해서는 거부처분취소소송으로 다툴 수 있다고 해석할 수 있겠다.

2. 수용절차를 진행하지 않은 경우 재결신청청구거부에 대한 회신

문화재보호법상 문화재청장이 토지조서 및 물건조서를 작성하는 등 위 토지에 대하여 토지보상법에 따른 수용절차를 개시한 바 없으므로, 피수용자에게 문화재청장으로 하여금 관할 토지수용위원회에 재결을 신청할 것을 청구할 법규상의 신청권이 인정된다고 할 수 없어, 위 회신은 항고소송의 대상이 되는 거부처분에 해당하지 않는다고 판시하고 있는데, 2018두57865 판결과 달리 수용절차를 개시한 바 없다는 점에 차이가 있다.

【사건의 개요】

국토교통부장관이 피고에 대하여 이 사건 사업의 실시계획을 승인·고시하였고 이후 연장된 이 사건 사업의 시행기간은 '2012.12.31.까지'임을 알 수 있으므로, 원고의 피고에 대한 재결신청 청구는 실시계획 승인권자가 정한 사업시행기간인 2012.12.31.까지는 하여야 한다. 그러나 원고가 2017.10.11.에 이르러서야 피고에게 이 사건 각 토지의 농업손실을 보상받기 위하여 재결신청 청구를 하였다. 피고가 2018.1.5. 원고에 대하여 '이미 사업시행기간이 만료되었다.'라는 이유로 이 사건 거부처분을 한 것은 적법하다고 보아야 한다.

【판시사항】

[1] 공익사업으로 농업의 손실을 입게 된 자가 공익사업을 위한 토지 등의 취득 및 보상에 관한 법률 제34조, 제50조 등에 규정된 재결절차를 거치지 않은 채 곧바로 사업시행자를 상대로 손실보상을 청구할 수 있는지 여부(소극)

[2] 편입토지 보상, 지장물 보상, 영업·농업 보상에 관하여 토지소유자나 관계인이 사업시행자에게 재결신청을 청구했음에도 사업시행자가 재결신청을 하지 않을 경우, 토지소유자나 관계인의 불복 방법 및 이때 사업시행자에게 재결신청을 할 의무가 있는지가 소송요건 심사단계에서 고려할 요소인지 여부(소극)

[3] 한국수자원공사법에 따른 사업을 수행하기 위한 토지 등의 수용 또는 사용으로 손실을 입게 된 토지소유자나 관계인이 공익사업을 위한 토지 등의 취득 및 보상에 관한 법률 제30조에 따라 한국수자원공사에 재결신청을 청구하는 경우, 위 사업의 실시계획을 승인할 때 정한 사업시행기간 내에 해야 하는지 여부(적극)

【판결요지】

[1] 공익사업을 위한 토지 등의 취득 및 보상에 관한 법률(이하 '토지보상법'이라 한다) 제26조, 제28조, 제30조, 제34조, 제50조, 제61조, 제83조 내지 제85조의 규정 내용 및 입법 취지 등을 종합하면, 공익사업으로 농업의 손실을 입게 된 자가 사업시행자로부터 토지보상법 제77조 제2항에 따라 농업손실에 대한 보상을 받기 위해서는 토지보상법 제34조, 제50조 등에 규정된 재결절차를 거친 다음 그 재결에 대하여 불복이 있는 때에 비로소 토지보상법 제83조 내지 제85조에 따라 권리구제를 받을 수 있을 뿐, 이러한 재결절차를 거치지 않은 채 곧바로 사업시행자를 상대로 손실보상을 청구하는 것은 허용되지 않는다.

[2] <u>공익사업을 위한 토지 등의 취득 및 보상에 관한 법률 제28조, 제30조에 따르면, 편입토지 보상, 지장물 보상, 영업·농업 보상에 관해서는 사업시행자만이 재결을 신청할 수 있고 토지소유자와 관계인은 사업시행자에게 재결신청을 청구하도록 규정하고 있으므로, 토지소유자나 관계인의 재결신청 청구에도 사업시행자가 재결신청을 하지 않을 때 토지소유자나 관계인은 사업시행자를 상대로 거부처분취소소송 또는 부작위위법확인소송의 방법으로 다투어야 한다.</u> 구체적인 사안에서 토지소유자나 관계인의 재결신청 청구가 적법하여 사업시행자가 재결신청을 할 의무가 있는지는 본안에서 사업시행자의 거부처분이나 부작위가 적법한가를 판단하는 단계에서 고려할 요소이지, 소송요건 심사단계에서 고려할 요소가 아니다.

[3] 한국수자원공사법에 따르면, 한국수자원공사는 수자원을 종합적으로 개발·관리하여 생활용수 등의 공급을 원활하게 하고 수질을 개선함으로써 국민생활의 향상과 공공복리의 증진에 이바지함을 목적으로 설립된 공법인으로서(제1조, 제2조), 사업을 수행하기 위하여 필요한 경우에는 공익사업을 위한 토지 등의 취득 및 보상에 관한 법률(이하 '토지보상법'이라 한다) 제3조에 따른 토지 등을 수용 또는 사용할 수 있고, 토지 등의 수용 또는 사용에 관하여 한국수자원공사법에 특별한 규정이 있는 경우 외에는 토지보상법을 적용한다(제24조 제1항, 제7항). 한국수자원공사법 제10조에 따른 실시계획의 승인·고시가 있으면 토지보상법 제20조 제1항 및 제22조에 따른 사업인정 및 사업인정의 고시가 있은

것으로 보고, 이 경우 재결신청은 토지보상법 제23조 제1항 및 제28조 제1항에도 불구하고 실시계획을 승인할 때 정한 사업의 시행기간 내에 하여야 한다(제24조 제2항).

위와 같은 관련 규정들의 내용과 체계, 입법취지 등을 종합하면, 한국수자원공사가 한국수자원공사법에 따른 사업을 수행하기 위하여 토지 등을 수용 또는 사용하고자 하는 경우에 재결신청은 실시계획을 승인할 때 정한 사업의 시행기간 내에 하여야 하므로, 토지소유자나 관계인이 토지보상법 제30조에 의하여 한국수자원공사에 하는 재결신청의 청구도 위 사업시행기간 내에 하여야 한다.

【참조조문】

[1] 공익사업을 위한 토지 등의 취득 및 보상에 관한 법률 제26조, 제28조, 제30조, 제34조, 제50조, 제61조, 제77조 제2항, 제83조, 제84조, 제85조

[2] 공익사업을 위한 토지 등의 취득 및 보상에 관한 법률 제28조, 제30조

[3] 한국수자원공사법 제1조, 제2조, 제24조 제1항, 제2항, 제7항, 공익사업을 위한 토지 등의 취득 및 보상에 관한 법률 제30조

【참조판례】

[1] 대판 2011.10.13, 2009다43461

[2] 대판 2011.7.14, 2011두2309

[3] 대판 1996.4.23, 95누15551

【전 문】

【원고, 피상고인】 원고

【피고, 상고인】 한국수자원공사

【원심판결】 서울고법 2018.8.28, 2018누49293

【주 문】

원심판결을 파기하고, 사건을 서울고등법원에 환송한다.

【이 유】

상고이유를 판단한다.

1. 상고이유 제1점에 대하여

가. (1) 항고소송의 대상인 '처분'이란 "행정청이 행하는 구체적 사실에 관한 법집행으로서의 공권력의 행사 또는 그 거부와 그 밖에 이에 준하는 행정작용"을 말한다(행정소송법 제2조 제1항 제1호). 행정청의 어떤 행위가 항고소송의 대상이 될 수 있는지는 추상적・일반적으로 결정할 수 없고, 관련 법령의 내용과 취지, 그 행위의 주체・내용・형식・절차, 그 행위와 상대방 등 이해관계인이 입는 불이익과의 실질적 견련성, 그리고 법치행정의 원리와 당해 행위에 관련한 행정청 및 이해관계인의 태도 등을 참작하여 개별적으로 결정하여야 한다(대판 2010.11.18, 2008두167 全合 등 참조). 또한 구체적인 사안에서 행정청에 신청에 따른 처분을 할 권한이 있는지는 본안에서 당해 처분이 적법한가를 판단하는 단계에서 고려할 요소이지, 소송요건 심사단계에서 고려할 요소가 아니다.

(2) 공익사업을 위한 토지 등의 취득 및 보상에 관한 법률(이하 '토지보상법'이라고 한다) 제26조, 제28조, 제30조, 제34조, 제50조, 제61조, 제83조 내지 제85조의 규정 내용

및 입법 취지 등을 종합하면, 공익사업으로 인하여 농업의 손실을 입게 된 자가 사업 시행자로부터 토지보상법 제77조 제2항에 따라 농업손실에 대한 보상을 받기 위해서는 토지보상법 제34조, 제50조 등에 규정된 재결절차를 거친 다음 그 재결에 대하여 불복이 있는 때에 비로소 토지보상법 제83조 내지 제85조에 따라 권리구제를 받을 수 있을 뿐, 이러한 재결절차를 거치지 않은 채 곧바로 사업시행자를 상대로 손실보상을 청구하는 것은 허용되지 않는다(대판 2011.10.13, 2009다43461 참조).

(3) 토지보상법 제28조, 제30조에 의하면, 편입토지 보상, 지장물 보상, 영업・농업 보상에 관해서는 사업시행자만이 재결을 신청할 수 있고 토지소유자와 관계인은 사업시행자에게 재결신청을 청구하도록 규정하고 있으므로, 토지소유자나 관계인의 재결신청 청구에도 불구하고 사업시행자가 재결신청을 하지 않을 때 토지소유자나 관계인은 사업시행자를 상대로 거부처분 취소소송 또는 부작위 위법확인소송의 방법으로 다투어야 한다(대판 2011.7.14, 2011두2309 등 참조). 구체적인 사안에서 토지소유자나 관계인의 재결신청 청구가 적법하여 사업시행자가 재결신청을 할 의무가 있는지는 본안에서 사업시행자의 거부처분이나 부작위가 적법한가를 판단하는 단계에서 고려할 요소이지, 소송요건 심사단계에서 고려할 요소가 아니다.

나. 원심은, 원고가 2017.10.11. 피고에게 이 사건 각 토지의 농업손실을 보상받기 위하여 재결신청 청구를 하자, 피고가 2018.1.5. 원고에 대하여 '이미 사업시행기간이 만료되어 피고에게는 재결신청 권한이 없다.'라는 이유로 이 사건 거부회신을 한 것은 항고소송의 대상인 처분에 해당한다고 판단한 다음, 피고가 든 위 거부사유가 정당한지에 관하여 본안판단을 하였다. 이러한 원심판단은 앞서 본 법리에 기초한 것으로, 거기에 상고이유 주장과 같이 처분성에 관한 법리를 오해하는 등의 잘못이 없다(이하 이 사건 거부회신을 '이 사건 거부처분'이라고 한다).

2. 상고이유 제2점에 대하여

가. (1) 한국수자원공사법에 의하면, 한국수자원공사는 수자원을 종합적으로 개발・관리하여 생활용수 등의 공급을 원활하게 하고 수질을 개선함으로써 국민생활의 향상과 공공복리의 증진에 이바지함을 목적으로 설립된 공법인으로서(제1조, 제2조), 사업을 수행하기 위하여 필요한 경우에는 토지보상법 제3조에 따른 토지 등을 수용 또는 사용할 수 있고, 토지 등의 수용 또는 사용에 관하여 한국수자원공사법에 특별한 규정이 있는 경우 외에는 토지보상법을 적용한다(제24조 제1항, 제7항). 한국수자원공사법 제10조에 따른 실시계획의 승인・고시가 있으면 토지보상법 제20조 제1항 및 제22조에 따른 사업인정 및 사업인정의 고시가 있은 것으로 보고, 이 경우 재결신청은 토지보상법 제23조 제1항 및 제28조 제1항에도 불구하고 실시계획을 승인할 때 정한 사업의 시행기간 내에 하여야 한다(제24조 제2항).

(2) 위와 같은 관련 규정들의 내용과 체계, 입법 취지 등을 종합하면, 한국수자원공사가 한국수자원공사법에 따른 사업을 수행하기 위하여 토지 등을 수용 또는 사용하고자 하는 경우에 재결신청은 실시계획을 승인할 때 정한 사업의 시행기간 내에 하여야 하므로, 토지소유자나 관계인이 토지보상법 제30조에 의하여 한국수자원공사에 하는 재결신청의 청구도 위 사업시행기간 내에 하여야 한다고 봄이 타당하다(대판 1996.4.23, 95누15551 참조).

나. 원심이 인용한 제1심판결 이유에 의하면, 국토해양부장관이 피고에 대하여 이 사건 사업의 실시계획을 승인·고시하였고 이후 연장된 이 사건 사업의 시행기간은 '2012.12.까지'임을 알 수 있으므로, 원고의 피고에 대한 재결신청 청구는 실시계획 승인권자가 정한 사업시행기간인 2012.12.31.까지는 하여야 한다. 그러나 원고가 2017.10.11.에 이르러서야 피고에게 이 사건 각 토지의 농업손실을 보상받기 위하여 재결신청 청구를 하였으므로, 원고의 재결신청 청구는 부적법하며, 피고가 2018.1.5. 원고에 대하여 '이미 사업시행기간이 만료되었다.'라는 이유로 이 사건 거부처분을 한 것은 적법하다고 보아야 한다.

다. 그런데도 원심은, 원고가 손실보상청구권을 행사할 수 있는 기간 내에는 언제라도 재결신청의 청구를 할 수 있다거나 농업손실 보상을 위한 재결신청에는 한국수자원공사법 제24조 제2항에서 정한 재결신청 기한의 제한이 적용되지 않는다고 보아 이 사건 거부처분이 위법하다고 판단하였다. 이러한 원심판단에는 한국수자원공사법에 따른 재결신청의 청구 기한에 관한 법리를 오해하여 판결에 영향을 미친 잘못이 있다. 이를 지적하는 이 부분 상고이유 주장은 이유 있다.

3. 결론

그러므로 원심판결을 파기하고, 사건을 다시 심리·판단하도록 원심법원에 환송하기로 하여, 관여 대법관의 일치된 의견으로 주문과 같이 판결한다.

(출처 : 대판 2019.8.29, 2018두57865[수용재결신청청구거부처분취소])

■ 재결신청청구 거부 관련한 대법원 판례와 고등법원 판례등 모음

1. 대판 2011.7.14, 2011두2309 − 지장물 보상제외처분에 대한 재결신청청구 판례 [보상제외처분취소등]

【판시사항】

[1] 공익사업을 위한 토지 등의 취득 및 보상에 관한 법률 제30조 제1항에서 정한 '협의가 성립되지 아니한 때'에, 토지소유자 등이 손실보상대상에 해당한다고 주장하며 보상을 요구하는데도 사업시행자가 손실보상대상에 해당하지 않는다며 보상대상에서 이를 제외한 채 협의를 하지 않아 결국 협의가 성립하지 않은 경우도 포함되는지 여부(적극)

[2] 도로건설 사업구역에 포함된 토지의 소유자가 토지상의 지장물에 대하여 재결신청을 청구하였으나, 그 중 일부에 대해서는 사업시행자가 손실보상대상에 해당하지 않아 재결신청대상이 아니라는 이유로 수용재결 신청을 거부하면서 보상협의를 하지 않은 사안에서, 위 처분이 위법하다고 본 원심판단을 수긍한 사례

【판결요지】

[1] 공익사업을 위한 토지 등의 취득 및 보상에 관한 법률(이하 '공익사업법'이라 한다) 제30조 제1항은 재결신청을 청구할 수 있는 경우를 사업시행자와 토지소유자 및 관계인 사이에 '협의가 성립하지 아니한 때'로 정하고 있을 뿐 손실보상대상에 관한 이견으로 협의가 성립하지 아니한 경우를 제외하는 등 그 사유를 제한하고 있지 않은 점, 위 조항이 토지소유자 등에게 재결신청청구권을 부여한 취지는 공익사업에 필요한 토지 등을 수용에 의하여 취득하거나 사용할 때 손실보상에 관한 법률관계를 조속히 확정함으로써 공익사업을 효율적으로 수행하고 토지소유자 등의 재산권을 적정하게 보호하기

위한 것인데, 손실보상대상에 관한 이견으로 손실보상협의가 성립하지 아니한 경우에 도 재결을 통해 손실보상에 관한 법률관계를 조속히 확정할 필요가 있는 점 등에 비추 어 볼 때, '협의가 성립되지 아니한 때'에는 사업시행자가 토지소유자 등과 공익사업법 제26조에서 정한 협의절차를 거쳤으나 보상액 등에 관하여 협의가 성립하지 아니한 경우는 물론 토지소유자 등이 손실보상대상에 해당한다고 주장하며 보상을 요구하는 데도 사업시행자가 손실보상대상에 해당하지 아니한다며 보상대상에서 이를 제외한 채 협의를 하지 않아 결국 협의가 성립하지 않은 경우도 포함된다고 보아야 한다.

[2] 아산~천안 간 도로건설 사업구역에 포함된 토지의 소유자가 토지상의 지장물에 대하 여 재결신청을 청구하였으나, 그 중 일부에 대해서는 사업시행자가 손실보상대상에 해 당하지 않아 재결신청대상이 아니라는 이유로 수용재결 신청을 거부하면서 보상협의 를 하지 않은 사안에서, 사업시행자가 수용재결 신청을 거부하거나 보상협의를 하지 않으면서도 아무런 조치를 취하지 않은 것은 공익사업을 위한 토지 등의 취득 및 보상 에 관한 법률에서 정한 재결신청청구제도의 취지에 반하여 위법하다고 본 원심판단을 수긍한 사례

【참조조문】

[1] 공익사업을 위한 토지 등의 취득 및 보상에 관한 법률 제30조 제1항
[2] 공익사업을 위한 토지 등의 취득 및 보상에 관한 법률 제30조 제1항

2. 대판 1997.11.14, 97다13016 [손해배상(기)] – 재결신청거부 시 민사판례

【판시사항】

[1] 기업자가 토지소유자 등의 재결신청의 청구를 거부하는 경우, 민사소송의 방법으로 그 절차 이행을 구할 수 있는지 여부(소극)
[2] 공유수면매립사업의 시행으로 인하여 손실을 입은 자의 경우 관할 토지수용위원회에 직접 재정신청을 할 수 있는지 여부(적극)

【판결요지】

[1] 토지수용법이 토지소유자 등에게 재결신청의 청구권을 부여한 이유는 협의가 성립되 지 아니하는 경우 기업자는 사업인정의 고시가 있은 날로부터 1년 이내(전원개발사업 은 그 사업의 시행기간 내)에는 언제든지 재결신청을 할 수 있는 반면에, 토지소유자는 재결신청권이 없으므로, 수용을 둘러싼 법률관계의 조속한 확정을 바라는 토지소유자 등의 이익을 보호함과 동시에 수용 당사자 사이의 공평을 기하기 위한 것이라고 해석 되는 점, 위 청구권의 실효를 확보하기 위하여 가산금 제도를 두어 간접적으로 이를 강제하고 있는 점(토지수용법 제25조의3 제3항), 기업자가 위 신청기간 내에 재결신청 을 하지 아니한 때에는 사업인정은 그 기간만료일의 익일부터 당연히 효력을 상실하 고, 그로 인하여 토지소유자 등이 입은 손실을 보상하여야 하는 점(같은 법 제17조, 제55조 제1항) 등을 종합해 보면, 기업자가 토지소유자 등의 재결신청의 청구를 거부 한다고 하여 이를 이유로 민사소송의 방법으로 그 절차 이행을 구할 수는 없다.
[2] 공유수면매립사업의 시행으로 인한 손실보상의 경우에는 사업시행자나 손실을 입은 자 쌍방이 공유수면매립법 및 그 시행령이 규정하고 있는 절차에 따라 관할 토지수용

위원회에 직접 재정신청을 할 수 있으므로 사업시행자를 상대로 재정신청을 하도록 청구하는 소를 제기할 이익이 없을 뿐만 아니라, 손실을 입은 자가 사업시행자를 상대로 재정신청을 하도록 청구할 수 있는 법률상의 근거가 없으므로 이를 소로서 구할 자격도 없다.

【참조조문】
[1] 토지수용법 제25조, 제25조의3
[2] 공유수면매립법 제16조, 공유수면매립법 시행령 제26조

【참조판례】
[2] 대판 1997.10.10. 96다3838

3. 사업시행자가 재결신청청구를 거부한 경우의 고등법원의 행정사건 판례

서울고등법원 제4행정부 판결사건 2009누11647 보상금

고등법원 판단

공익사업을 위한 토지 등의 취득 및 보상에 관한 법률(이하, '공익사업법'이라고 한다) 제26조, 제28조, 제30조, 제34조, 제83조, 제84조, 제85조에 의하면 공익사업시행구역 내 토지의 소유자 및 관계인이 사업시행자로부터 토지 등의 수용 또는 사용으로 인한 손실보상을 받기 위해서는 사업시행자와 사이에 협의절차를 거쳐야 하고, 협의가 성립되지 않거나 협의를 할 수 없는 때에는 사업시행자가 관할 토지수용위원회에 수용재결을 신청하기를 기다려 수용재결을 거쳐야 하며, 그 수용재결에 대하여 이의가 있을 때에는 수용재결서를 받은 날부터 90일 이내에 행정소송을 제기하거나 또는 중앙토지수용위원회에 이의신청을 하여 이의재결을 거칠 수 있고, 그 이의재결에 대하여도 불복이 있을 때에는 그 이의재결서를 받은 날부터 60일 이내에 행정소송을 제기할 수 있다.

위 각 조문의 취지에 의하면, 토지소유자 등은 재결을 거치지 않고서는 직접 당사자소송의 방법으로 사업시행자에게 보상금의 지급을 청구할 수는 없다고 할 것이고, 그 결과 관계법령에 의한 보상대상이 됨에도 불구하고 사업시행자가 그 대상이 되지 않는다고 판단하여 재결신청 자체를 거부할 경우 토지소유자등은 손실보상을 받을 길이 전혀 없게 되는바, 이와 같은 경우를 대비하여 공익사업법 제30조 제1항은 '사업인정고시가 있은 후 협의가 성립하지 아니한 때에는 토지소유자 및 관계인은 대통령령이 정하는 바에 따라 서면으로 사업시행자에게 재결의 신청을 할 것을 청구할 수 있다.'고 규정하고 있고, 같은 조 제2항은 '사업시행자는 제1항의 규정에 의한 청구를 받은 때에는 그 청구가 있은 날로부터 60일 이내에 대통령령이 정하는 바에 따라 관할 토지수용위원회에 재결을 신청하여야 한다.'라고 규정하고 있는 것이므로, 당사자 간에 보상에 관한 협의가 성립되지 아니하여 토지소유자 등이 사업시행자에게 재결신청 청구를 할 경우 사업시행자로서는 그 신청취지가 주장 자체로서 이유 없음이 명백하지 아니하는 한 일단 관할 토지수용위원회에 재결신청을 하여 그 재결 결과에 따라 보상 여부에 관한 업무를 처리하여야 하는 것이지, 사업시행자가 보상대상이 되지 않는다고 스스로 판단하여 재결신청 자체를 거부할 수는 없다고 보아야 할 것이다.

그렇다면 위와 같은 이유로 원고들의 재결신청청구를 거부한 피고의 이 사건 처분은 위법하므로 취소되어야 한다.

결론

따라서 원고들의 이 사건 청구를 인용하기로 하여 주문과 같이 판결한다.

4. 문화재보호법상 재결신청 청구거부(수용절차를 진행한 바 없음)

대판 2014.7.10, 2012두22966 [재결신청거부처분취소]

【판시사항】

[1] 행정청이 국민의 신청에 대하여 한 거부행위가 항고소송의 대상이 되는 행정처분이 되기 위한 요건

[2] 문화재구역 내 토지 소유자 갑이 문화재청장에게 구 공익사업을 위한 토지 등의 취득 및 보상에 관한 법률 제30조 제1항에 의한 재결신청 청구를 하였으나, 문화재청장은 위 법 제30조 제2항에 따른 관할 토지수용위원회에 대한 재결신청 의무를 부담하지 않는다는 이유로 거부 회신을 받은 사안에서, 위 회신은 항고소송의 대상이 되는 거부처분에 해당하지 않는다고 한 사례

【판결요지】

[1] 행정청이 국민의 신청에 대하여 한 거부행위가 항고소송의 대상이 되는 행정처분으로 되려면, 행정청의 행위를 요구할 법규상 또는 조리상의 신청권이 국민에게 있어야 하고, 이러한 신청권의 근거 없이 한 국민의 신청을 행정청이 받아들이지 아니한 경우에는 거부로 인하여 신청인의 권리나 법적 이익에 어떤 영향을 주는 것이 아니므로 이를 항고소송의 대상이 되는 행정처분이라 할 수 없다.

[2] 문화재구역 내 토지 소유자 갑이 문화재청장에게 구 공익사업을 위한 토지 등의 취득 및 보상에 관한 법률(2011.8.4. 법률 제11017호로 개정되기 전의 것, 이하 '구 공익사업법'이라 한다) 제30조 제1항에 의한 재결신청 청구를 하였으나, 문화재청장은 구 공익사업법 제30조 제2항에 따른 관할 토지수용위원회에 대한 재결신청 의무를 부담하지 않는다는 이유로 거부 회신을 받은 사안에서, 문화재보호법 제83조 제2항 및 구 공익사업법 제30조 제1항은 문화재청장이 문화재의 보존·관리를 위하여 필요하다고 인정하여 지정문화재나 보호구역에 있는 토지 등을 구 공익사업법에 따라 수용하거나 사용하는 경우에 비로소 적용되는데, 문화재청장이 토지조서 및 물건조서를 작성하는 등 위 토지에 대하여 구 공익사업법에 따른 수용절차를 개시한 바 없으므로, 갑에게 문화재청장으로 하여금 관할 토지수용위원회에 재결을 신청할 것을 청구할 법규상의 신청권이 인정된다고 할 수 없어, 위 회신은 항고소송의 대상이 되는 거부처분에 해당하지 않는다고 한 사례

(ㄴ) 검토

사견으로는 토지보상법 제30조에서 재결신청청구권을 부여하고 있는 이상 당사자에게는 법규상 청구권이 존재하는 것이고, 법리적으로 볼 때 법규상·조리상 신청권이 있는 경우에도 공권으로서 행사할 수 있는 마당에, 토지보상법에서 재결신청청구권을 부여한 이상 이는 피수용자에게 부여한 공권으로서, 만약 행정청(사업시행자의 지위가 행정청인 경우)의 재결신청청구권에 대한 거부는 거부처분취소소송 등 행정소송으로 권리구제가 가능하다고 보는 것이 법리적 해석으로 합당하다고 생각된다.

② 지연가산금에 대한 다툼

지연가산금은 토지수용위원회가 수용재결에서 정하는 손실보상과는 다른 "법정 지연손해배상금"의 성격을 갖는 것이다. 따라서 토지수용위원회가 정하는 손실보상과는 다른 절차에 의하여야 하는 것처럼 해석될 수 있다. 그러나 가산금은 관할 토지수용위원회가 재결서에 기재하며, 사업시행자는 수용개시일까지 보상금과 함께 이를 지급하여야 하므로 지연가산금에 대한 불복이 있는 경우에도 수용보상금의 불복수단과 동일하게 할 수 있다. 판례도 같은 입장이다.

> **판례**
>
> ▶ 관련판례(대판 1997.10.24, 97다31175)
> 토지수용법 제25조의3 제3항이 정한 지연가산금은 수용보상금에 대한 법정 지연손해금의 성격을 갖는 것이므로 이에 대한 불복은 수용보상금에 대한 불복절차에 의함이 상당할 뿐 아니라, 토지수용법 시행령 제16조의3은 "법 제25조의3 제3항의 규정에 의하여 가산하여 지급할 금액은 관할 토지수용위원회가 재결서에 기재하여야 하며, 기업자는 수용시기까지 보상금과 함께 이를 지급하여야 한다."라고 하여 지연가산금은 수용보상금과 함께 수용재결로 정하도록 규정하고 있으므로, 지연가산금에 대한 불복은 수용보상금의 증액에 관한 소에 의하여야 한다.
>
> ▶ 관련판례(대판 2020.8.20, 2019두34630)
> 공익사업을 위한 토지 등의 취득 및 보상에 관한 법률 제30조 제3항에 따른 재결신청 지연가산금은 사업시행자가 정해진 기간 내에 재결신청을 하지 않고 지연한 데 대한 제재와 토지소유자 등의 손해에 대한 보전이라는 성격을 아울러 가진다. 따라서 토지소유자 등이 적법하게 재결신청청구를 하였다고 볼 수 없거나 사업시행자가 재결신청을 지연하였다고 볼 수 없는 특별한 사정이 있는 경우에는 그 해당 기간 동안은 지연가산금이 발생하지 않는다.

┌─ 판례 ───┐

재결신청청구에 따른 지연가산금 – 공탁된 수용보상금에 대한 가산금 청구의소

토지보상법 제87조의 '보상금'에는 토지보상법 제30조 제3항에 따른 지연가산금도 포함된다고 보아,
수용재결에서 인정된 지연가산금에 관하여 재결서 정본을 받은 날부터 판결일까지의 기간에 대하여 소송
촉진 등에 관한 특례법 제3조에 따른 법정이율을 적용하여 산정한 가산금을 지급할 의무가 있는지 여부

▶ 대판 2019.1.17, 2018두54675

【판시사항】

갑 등 토지소유자들이 주택재개발정비사업 시행자에게 수용재결신청을 청구한 날로부터 60일이 지
난 후에 사업시행자가 지방토지수용위원회에 수용재결을 신청하였고, 지방토지수용위원회가 공익
사업을 위한 토지 등의 취득 및 보상에 관한 법률 제30조 제3항에 따른 지연가산금을 재결보상금에
가산하여 지급하기로 하는 내용의 수용재결을 하자, 사업시행자가 지연가산금 전액의 감액을 구하
는 손실보상금감액 청구를 하였으나 청구기각 판결이 확정된 사안에서, 공익사업을 위한 토지 등의
취득 및 보상에 관한 법률 제87조의 '보상금'에는 같은 법 제30조 제3항에 따른 지연가산금도 포함
된다고 보아, 수용재결에서 인정된 가산금에 관하여 재결서 정본을 받은 날부터 판결일까지의 기간
에 대하여 소송촉진 등에 관한 특례법 제3조에 따른 법정이율을 적용하여 산정한 가산금을 지급할
의무가 있다고 본 원심판단을 수긍한 사례

└───┘

(5) 재결실효 및 재결신청의 실효와 사업인정의 효력

재결의 효력이 상실되면 재결신청 역시 그 효력을 상실하게 되고 사업인정의 고시가 있은 날로부
터 1년 이내에 재결신청을 하지 않는 것이 되었다면 사업인정도 효력을 상실하게 된다.

┌─ 판례 ───┐

▶ 관련판례(대판 1987.3.10, 84누158)

재결의 효력이 상실되면 재결신청 역시 그 효력을 상실하게 되는 것이므로 그로 인하여 토지수용법 제
17조 소정의 사업인정의 고시가 있은 날로부터 1년 이내에 재결신청을 하지 않는 것으로 되었다면 사업인
정도 역시 효력을 상실하여 결국 그 수용절차 일체가 백지상태로 환원된다.

└───┘

(6) 문제점

토지보상법 제30조의 재결신청청구권은 토지소유자가 사업시행자에 대하여 행사할 수 있는 권
리로 규정되어 있을 뿐이고, 사업시행자가 동 청구를 받고 60일이 경과하여도 토지수용위원회에
재결을 신청하지 아니할 경우에는 사업시행자에게 단지 그 경과된 기간에 한하여 소송촉진 등에
관한 특례법에서 정하고 있는 법정이율을 적용하여 산정한 금액을 보상금에 가산할 금전적 의무
만을 부과하고 있다는 점에서 토지수용에 따른 문제를 조속히 해결하고자 하는 토지소유자의 권
리보호에 미흡한 제도라 할 것이다. 따라서 이 재결신청청구권의 효력을 사업시행자에 대한 요
구권에 한정하지 아니하고 직접 토지수용위원회에 재결신청이 이루어지는 효력을 부여하는
정도로 강화될 필요가 있다고 생각한다(김해룡).

(7) 기본문제

경기도는 남북공동선언에 힘입어 남북교류협력사업이 증대할 것으로 예상하고 파주시 도라산역 일대에
화물터미널을 설치하기로 계획하고 2017년 5월 16일에 사업인정을 받았다. 이와 관련하여 다음 물음에
답하시오. 40점

(1) 토지소유자 및 관계인에게 인정되는 재결신청청구권에 대하여 설명하시오. 10점

(2) 최근 북한에서 로켓발사를 통한 군사도발가능성이 높아지고 있어, 경기도가 개성공단 철수조치 등 남북
긴장이 고조되는 사정 등을 고려하여 사업추진 시기를 늦출 필요성이 있다고 판단하고 사업인정고시
후 상당한 기간이 경과하도록 협의기간을 통지하지 아니하고 있다면, 토지소유자 甲은 재결신청의 청구
를 할 수 있는지를 논하시오. 10점

(3) 경기도가 보상계획을 공고·열람한 후에 甲에게 협의기간을 2017년 8월 1일부터 2017년 8월 31일까지
로 하여 보상협의요청서를 보내왔다. 이 때 당사자 간에 협의가 성립할 가능성이 없음이 명백한 경우
甲은 협의기간 만료 전에도 재결신청의 청구를 할 수 있는지, 만약 할 수 있다면 경기도는 언제까지
재결을 신청하여야 하는지를 논하시오. 10점

(4) 경기도가 甲의 재결신청의 청구를 거부하는 경우 甲은 소송의 방법으로 그 절차의 이행을 구할 수
있는지를 논하시오. 10점

❖ (물음 1) 재결신청청구권

Ⅰ. 재결신청청구권의 의의 및 취지

재결신청청구권은 사업인정 후 협의불성립의 경우에 피수용자가 사업시행자에게 재결신청을 조속히
할 것을 요청할 수 있는 권리를 말한다. 공익사업을 위한 토지 등의 취득 및 보상에 관한 법률(이하
토지보상법) 제30조에서 재결신청의 청구에 대하여 규정을 두고 있다.

사업시행자는 사업인정고시 후 1년 이내에 언제든지 재결을 신청할 수 있는 반면에 토지소유자 및
관계인은 재결신청권이 없으므로, 수용을 둘러싼 법률관계의 조속한 확정을 바라는 토지소유자 및 관
계인의 이익을 보호하고 수용당사자 간의 공평을 기하기 위한 것이다.

Ⅱ. 재결신청청구권의 행사

1. 당사자

청구권자는 토지소유자 및 관계인이며, 피청구권자는 토지수용위원회에 재결을 신청할 수 있는 사업
시행자가 됨이 원칙이며, 수행업무의 대행자가 있는 경우에는 그 업무대행자에게 신청하여도 된다.
판례도 동지이다(대판 1995.10.13, 94누7232).

2. 청구의 기간

토지보상법에 따르면 원칙적으로 사업인정고시 후에 사업시행자가 협의기간으로 통지한 기간이 경과
하였음에도 불구하고 협의가 성립되지 못한 경우에 재결을 신청할 것을 청구할 수 있다(토지보상법
시행령 제14조 제1항). 따라서 청구의 기간은 협의기간 만료일로부터 재결신청할 수 있는 기간만료일
까지이다.

3. 청구의 내용 및 형식

청구권의 내용은 사업시행자에게 재결신청을 할 것을 청구하는 것이다. 청구형식은 일정한 사항을 기재한 재결신청청구서의 제출은 사업시행자에게 직접 제출하거나 우편법 시행규칙에 따른 증명취급의 방법으로 한다.

Ⅲ. 재결신청청구의 효과

피수용자가 사업시행자에게 재결신청의 청구를 한 때에는 사업시행자는 재결신청을 할 의무를 부담하며, 해당 의무를 해태한 경우에는 지연가산금을 지급하여야 한다.

사업시행자는 그 청구가 있은 날로부터 60일 이내에 재결을 신청하여야 한다. 따라서 원칙적으로 60일의 기산일은 청구가 있은 날로부터 기산한다. 사업시행자가 청구가 있은 날로부터 60일이 경과하여 재결신청을 한 때에는 그 경과한 기간에 대하여 법정이율을 적용한 지연가산금을 지급하여야 한다.

❖ (물음 2) 협의기간의 통지가 없는 경우

Ⅰ. 논점의 정리

사업시행자가 사업인정고시가 있은 후에 상당한 기간이 경과하도록 협의기간의 통지가 없어 조속히 법률관계의 안정을 바라는 피수용자의 지위가 불안해지는 경우에 재결신청의 청구를 할 수 있는가 여부가 문제된다.

Ⅱ. 재결신청의 청구가능성

1. 판례의 태도

판례는 도시관리계획사업시행자가 사업실시계획인가의 고시 후 상당한 기간이 경과하도록 협의대상 토지소유자에게 협의기간을 통지하지 아니하였다면 토지소유자로서는 (구)토지수용법 제25조의3 제1항에 따라 재결신청의 청구를 할 수 있다고 판시하였다.

2. 검토

재결신청의 청구권은 수용법률관계의 조속한 확정을 바라는 피수용자의 권익을 보호하고, 당사자 간 공평을 기하기 위해서 인정되는 점을 고려할 때 사업인정고시 후 상당한 기간이 경과하도록 협의기간의 통지 자체가 없는 경우에 피수용자는 재결신청의 청구를 할 수 있다고 봄이 타당하다.

Ⅲ. 사례의 해결

甲은 경기도에 대하여 재결신청의 청구를 할 수 있고, 경기도는 청구를 받은 때부터 60일 이내에 재결 신청을 하여야 한다.

❖ (물음 3) 협의가 성립할 가능성이 없음이 명백한 경우

Ⅰ. 논점의 정리

사안은 협의의 통지가 있어 협의하였으나 협의성립 가능성이 없음이 명백한 경우이다. 이 때 피수용자가 협의기간이 만료되기 이전에도 재결신청의 청구를 할 수 있는지, 할 수 있다면 경기도는 언제까지 재결신청을 하여야 하는가의 문제이다.

II. 재결신청의 청구가능성

1. 판례의 태도

판례는 수용에 관한 협의기간이 정해져 있는 경우라도 협의의 성립가능성이 없음이 명백해졌을 때와 같은 경우에는 군이 협의기간이 종료될 때까지 기다리게 하여야 할 필요성이 없는 것이므로 협의기간 종료 전이라도 사업시행자나 그 업무대행자에 대하여 재결신청의 청구를 할 수 있는 것으로 보아야 한다고 판시하였다.

2. 검토

토지보상법 제30조 제1항은 대통령령이 정하는 바에 따라 재결신청할 것을 청구할 수 있다고 규정하고 있고, 동법 시행령 제14조 제1항은 협의기간이 경과한 후에 청구할 수 있다고 규정하고 있다. 따라서 이러한 법령의 규정에 의하면 피수용자는 협의기간이 종료되어야 재결신청의 청구를 할 수 있는 것이 된다. 그러나 재결신청의 청구권이 피수용자의 권익을 보호하기 위한 제도임을 고려할 때 협의불성립이 명확하다면 재결신청의 청구를 할 수 있다고 봄이 타당하며 판례의 태도가 옳다고 본다.

III. 60일의 기산점

1. 판례의 태도

판례는 협의기간이 종료하기 전이라도 협의성립 가능성이 없음이 명백하다면 재결신청의 청구를 할 수 있다고 하면서도 그러한 경우에 사업시행자가 가산금 지급의무를 부담하게 되는 60일의 기간은 협의기간 만료일로부터 기산하여야 한다고 판시하였다.

[대판 1993.7.13, 93다2902] 수용에 관한 협의기간이 정하여져 있더라도 협의의 성립가능성이 없음이 명백해졌을 때와 같은 경우에는 군이 협의기간이 종료될 때까지 기다리게 하여야 할 필요성도 없는 것이므로 협의기간 종료 전이라도 사업시행자나 그 업무대행자에 대하여 재결신청의 청구를 할 수 있는 것으로 보아야 하며, 다만 그와 같은 경우 토지수용법 제25조의3 제2항에 의한 2월의 기간은 협의기간 만료일로부터 기산하여야 한다.

2. 검토

토지보상법 제30조 제2항에 따르면 사업시행자는 청구가 있은 날부터 60일 이내에 재결신청을 하여야 한다고 규정하고 있다. 따라서 판례와 같이 협의기간 종료 전에 재결신청의 청구는 할 수 있지만, 60일의 기간은 협의기간이 종료된 때부터 기산한다는 태도는 타당하다고 볼 수 없다.

IV. 사례의 해결

甲은 협의기간 만료일인 2017년 8월 31일 이전이라도 협의성립 가능성이 없음이 명백한 때에는 사업시행자인 경기도에 대하여 재결신청할 것을 청구할 수 있다. 또한 지연가산금을 부담하게 되는 기간인 60일은 청구일로부터 기산한다고 보는 것이 타당하다. 다만, 판례의 태도에 따르면 동 기간은 협의기간 만료일이 지난 2017년 9월 1일부터 기산하게 된다.

❖ (물음 4) 사업시행자가 재결신청의 청구를 거부하는 경우

I. 논점의 정리

피수용자의 재결신청청구권의 실효성을 보장하기 위해서 지연가산금 규정을 두고 있으나, 사업시행자가 그럼에도 불구하고 재결신청을 여전히 해태하는 경우 소송을 통하여 그 절차의 이행을 촉구할 수 있는가 하는 점이 문제된다.

II. 소송을 통한 이행강제 가능 여부

1. 판례의 태도

① 재결신청청구거부에 대하여 거부처분취소소송으로 다툴 수 있음(대판 2019.8.29, 2018두57865)

종전의 대법원 민사 판례는 피수용자의 재결신청청구거부에 대하여 민사소송의 방법으로도 소구할 수 없다고 판시하였다. 그러나 최근 토지의 소유자가 토지상의 지장물에 대하여 재결신청을 청구하였으나, 그 중 일부에 대해서는 사업시행자가 손실보상대상에 해당하지 않아 재결신청대상이 아니라는 이유로 수용재결 신청을 거부하면서 보상협의를 하지 않은 사안에서, 위 처분이 위법하다고 판시하였고, 고등법원의 행정사건 판례에서는 재결신청청구거부에 대하여 거부처분취소소송으로 다툴 수 있다고 판시하여 그동안 재결신청청구거부에 대한 처분성 논란과 권리구제의 혼선이 있었다. 그러나 2018두57865 판결이 판시됨으로써 피수용자의 재결신청청구에 대하여 사업시행자(행정청을 전제함)의 거부에 대해서는 거부처분취소소송으로 다툴 수 있다고 해석할 수 있겠다.

② 수용절차를 진행하지 않은 경우 재결신청청구거부에 대한 회신(대판 2014.7.10, 2012두22966)

문화재보호법상 문화재청장이 토지조서 및 물건조서를 작성하는 등 위 토지에 대하여 토지보상법에 따른 수용절차를 개시한 바 없으므로, 피수용자에게 문화재청장으로 하여금 관할 토지수용위원회에 재결을 신청할 것을 청구할 법규상의 신청권이 인정된다고 할 수 없어, 위 회신은 항고소송의 대상이 되는 거부처분에 해당하지 않는다고 판시하고 있는데, 2018두57865 판결과 달리 수용절차를 개시한 바 없다는 점에 차이가 있다.

2. 검토

최근의 대법원 판례를 검토해 볼 때 사업시행자(행정청을 전제)가 재결신청청구를 거부하는 경우에는 거부처분취소소송으로 다툴 수 있겠다. 다만 여기서 사업시행자가 행정청의 지위를 갖고 공권력 행사로서의 거부를 하는 것인지, 이 거부가 국민의 권리·의무와 직접적인 관련성이 있는 것인지, 법규상 조리상 신청권이 존재하는 것인지 여부에 대해서는 구체적인 검토를 해 보아야 할 것이다.

III. 사례의 해결

甲의 재결신청의 청구에 대하여 경기도가 거부하게 되면 최근 대법원 판례 2018두57865 판결에 따라 행정청의 지위를 갖는 사업시행자라면 거부처분취소소송으로 다툴 수 있다고 판단된다. 이러한 재결신청청구거부에 대한 거부처분취소소송은 지장물 보상제외 거부처분에 대하여 취소판결을 한 2011두2309판결에서 법리를 보여주다가 2018두57865 판결에서 본격적인 권익보호의 입장으로 대법원이 선회한 것으로 보인다. 경기도는 또한 보상지연에 따른 지연가산금 지급의무도 부담하고, 사업시행자의 거부에 대한 취소소송을 통해 당사자의 권익구제도 상당부분이 보호될 것으로 생각된다.

06 재결

1. 재결

(1) 서

① 의의

재결이란 사업인정의 고시가 있은 후 협의불성립 또는 불능의 경우에 사업시행자의 신청에 의해 관할 토지수용위원회가 행하는 공용수용의 종국적 절차로서, 사업시행자가 보상금을 지급·공탁할 것을 전제로 토지 등의 권리를 취득하고 피수용자는 그 권리를 상실하게 하는 것을 내용으로 하는 형성적 행정행위이다.

② 취지

재결은 당사자 사이에 협의가 성립되지 아니한 경우에 공익실현을 위하여 강제적인 권력행사를 통해서 공용수용의 목적을 달성하기 위한 수단이다. 그러나 침해되는 사익의 중대성을 감안하여 엄격한 형식과 절차규정을 두어 공용수용의 최종단계에서 공익과 사익의 조화를 이루기 위한 제도로서의 의미를 가지고 있다.

(2) 법적 성질

① 개설

재결은 합의제 행정관청인 토지수용위원회가 행하는 구체적인 사실에 관한 법집행으로서의 권력적 단독행위인 공법행위로 행정행위이며, 쟁송법상 처분에 해당한다. 재결의 법적 성질에 대해서는 형성적 행정행위인지, 기속행위인지, 제3자효 행정행위인지 여부 등에 대해 논의가 있다.

② 형성적 행정행위인지 여부

(ㄱ) **사업시행자수용권설의 입장** : 사업시행자는 사업인정을 통해서 수용권을 부여받은 것이며, 사업시행자의 재결신청은 이미 가지고 있는 수용권에 의거해 그 내용의 확정을 구하는 행위이고, 재결은 수용권 자체의 행사가 아니라 사업시행자에게 부여된 수용권의 구체적인 내용을 결정하고 그 실행을 완성시키는 형성적 행정행위라고 본다. 즉, 재결은 사업시행자에게 보상금을 지급하는 것을 조건으로 그 토지에 관한 권리를 취득하게 하고, 피수용자에게는 그 권리를 상실하게 하는 효과를 발생하는 형성행위라고 본다.

(ㄴ) **국가수용권설의 입장** : 국가는 사업인정을 통해 수용청구권을 부여하는 것이고, 사업시행자의 재결신청은 수용청구권의 행사이며, 재결은 국가가 가지는 수용권의 행사로서 피수용자의 권리를 박탈하여 사업시행자에게 이전하여 주는 행위로 보며, 형성행위의 성질을 갖는다고 본다.

(ㄷ) 판례

> **관련판례**(대판 1993.4.27, 92누15789)
> 토지수용에 관한 토지수용위원회의 수용재결은 구체적으로 일정한 법률효과의 발생을 목적으로 하는 점에서 일반의 행정처분과 다를 바 없으므로 수용재결처분이 무효인 경우에는 재결 자체에 대한 무효확인을 소구할 수 있다.

(ㄹ) **검토** : 권리는 일정한 이익을 향유하기 위하여 법이 인정한 힘이므로 수용권은 수용의 효과를 향유하는 사업시행자에게 있다고 본다. 따라서 재결은 수용권 자체의 행사가 아니라 사업시행자에게 부여된 수용권의 구체적인 내용을 결정하고 그 실행을 완성시키는 형성적 행정행위이며, 민사소송에 있어서의 형성판결과 같은 성질을 갖는다. 다만, 여기서의 형성적이라는 말의 의미는 권리를 설정하여 주는 특허의 개념이 아니고 권리관계의 변동을 뜻하는 것이다. 이와 관련하여 재결이 형성행위라는 것은 재결의 효과로서 손실보상청구권이 형성되므로 판결의 종류 중에서 형성판결과 유사하다는 뜻으로 사용된다고 보는 견해도 있다. 어느 견해에 의하더라도 사업시행자와 토지소유자 및 관계인에게 일정한 법률효과를 발생시키는 쟁송법상 처분에 해당한다.

③ **기속행위 및 손실보상금의 재량성**
사업시행자가 재결신청을 하면 관할 토지수용위원회는 서류의 미비 등 형식적 요건이 결여되지 아니하는 한 반드시 재결을 해야 한다고 본다. 공익사업을 위하여 수용목적물의 강제적 취득의 필요성은 사업인정단계에서 판단한 것이므로 수용재결단계에서 관할 토지수용위원회가 수용재결을 할 것인지 여부에 대하여 재량권을 행사하여 수용재결을 기각하고 공익사업의 시행을 어렵게 할 수는 없다고 할 것이다. 즉, 수용목적물의 범위에 관하여는 기속행위성이 있다고 보아야 한다. 다만, 손실보상금에 관하여는 토지수용위원회가 증액재결을 할 수 있다는 점에서 재량행위성을 갖는다.

④ **제3자효 행정행위**
수용재결은 사업시행자의 신청에 의한다는 점에서 수용재결의 상대방인 사업시행자 입장에서는 수익적 행정행위라 할 것이다. 그러나 수용재결을 통하여 수용법률관계 타방 당사자인 피수용자에게는 권리를 박탈하는 부담적 효과가 동시에 발생하므로 복효적 행정행위 중 제3자효 행정행위에 해당한다.

⑤ **기타의 성질**
토지수용위원회가 독립된 판단작용을 준사법작용과 유사하게 하는 점에서 당사자 심판의 성격도 가진다고 볼 수 있다. 따라서 시심적 쟁송, 형성재결의 성질을 갖는다고 볼 수 있다. 또한 토지수용위원회가 수용당사자를 위해 대신 수용관련 사항을 판단하므로 공법상 대리의 성격도 갖는다고 볼 수 있다.

(3) 수용재결의 성립

① 주체

재결기관은 관할 토지수용위원회로서 공평, 중립적인 제3자의 입장에서 양 당사자의 이해관계를 조정하는 준사법적 기능을 수행하는 합의제 행정관청이다. 국토교통부 산하에 중앙토지수용위원회를 두고, 특별시·광역시·도·특별자치도에 지방토지수용위원회를 설치한다. 토지의 수용·사용에 관한 재결은 원칙상 지방토지수용위원회가 담당하고 중앙토지수용위원회는 복심기관의 기능을 하지만, (ㄱ) 국가 또는 시·도가 사업시행자인 사업, (ㄴ) 수용 또는 사용할 토지가 2 이상의 시·도에 걸쳐 있는 사업의 경우에는 중앙토지수용위원회가 재결기관이 된다. 토지수용위원회는 독립된 합의제행정청이다.

② 내용

(ㄱ) 재결의 내용

> **➲ 법 제50조(재결사항)**
> ① 토지수용위원회의 재결사항은 다음 각 호와 같다.
>   1. 수용하거나 사용할 토지의 구역 및 사용방법
>   2. 손실보상
>   3. 수용 또는 사용의 개시일과 기간
>   4. 그 밖에 이 법 및 다른 법률에서 규정한 사항
> ② 토지수용위원회는 사업시행자, 토지소유자 또는 관계인이 신청한 범위에서 재결하여야 한다. 다만, 제1항 제2호의 손실보상의 경우에는 증액재결(增額裁決)을 할 수 있다.

(ㄴ) 재결의 범위(법 제50조 제2항) : 재결에는 불고불리의 원칙이 적용되어 토지수용위원회는 사업시행자·토지소유자 또는 관계인이 신청한 범위 안에서 재결하여야 한다.

> **판례**
>
> ▶ **관련판례**(대판 1994.11.11, 93누19375)
> 토지수용법은 수용·사용의 일차 단계인 사업인정에 속하는 부분은 사업의 공익성 판단으로 사업인정기관에 일임하고, 그 이후의 구체적인 수용·사용의 결정은 토지수용위원회에 맡기고 있는바, 이와 같은 토지수용절차의 2분화 및 사업인정의 성격과 토지수용위원회의 재결사항을 열거하고 있는 같은 법 제29조 제2항의 규정 내용에 비추어 볼 때, 토지수용위원회는 행정쟁송에 의하여 사업인정이 취소되지 않는 한 그 기능상 사업인정 자체를 무의미하게 하는, 즉 사업의 시행이 불가능하게 되는 것과 같은 재결을 행할 수는 없다.

③ 절차

(ㄱ) 재결의 신청

> 🔁 법 제28조(재결의 신청)
> ① 제26조에 따른 협의가 성립되지 아니하거나 협의를 할 수 없을 때(제26조 제2항 단서에 따른 협의 요구가 없을 때를 포함한다)에는 사업시행자는 사업인정고시가 된 날부터 1년 이내에 대통령령으로 정하는 바에 따라 관할 토지수용위원회에 재결을 신청할 수 있다.
> ② 〈이하 생략〉

(ㄴ) 공고·열람 및 의견진술

> 🔁 법 제31조(열람)
> ① 제49조에 따른 중앙토지수용위원회 또는 지방토지수용위원회(이하 "토지수용위원회"라 한다)는 제28조 제1항에 따라 재결신청서를 접수하였을 때에는 대통령령으로 정하는 바에 따라 지체 없이 이를 공고하고, 공고한 날부터 14일 이상 관계 서류의 사본을 일반인이 열람할 수 있도록 하여야 한다.
> ② 토지수용위원회가 제1항에 따른 공고를 하였을 때에는 관계 서류의 열람기간 중에 토지소유자 또는 관계인은 의견을 제시할 수 있다.

(ㄷ) 심리

> 🔁 법 제32조(심리)
> ① 토지수용위원회는 제31조 제1항에 따른 열람기간이 지났을 때에는 지체 없이 해당 신청에 대한 조사 및 심리를 하여야 한다.
> ② 토지수용위원회는 심리를 할 때 필요하다고 인정하면 사업시행자, 토지소유자 및 관계인을 출석시켜 그 의견을 진술하게 할 수 있다.
> ③ 토지수용위원회는 제2항에 따라 사업시행자, 토지소유자 및 관계인을 출석하게 하는 경우에는 사업시행자, 토지소유자 및 관계인에게 미리 그 심리의 일시 및 장소를 통지하여야 한다.

(ㄹ) 화해의 권고 : 필수적 요건으로서의 협의와는 달리 임의적 절차에 해당한다.

> 🔁 법 제33조(화해의 권고)
> ① 토지수용위원회는 그 재결이 있기 전에는 그 위원 3명으로 구성되는 소위원회로 하여금 사업시행자, 토지소유자 및 관계인에게 화해를 권고하게 할 수 있다. 이 경우 소위원회는 위원장이 지명하거나 위원회에서 선임한 위원으로 구성하며, 그 밖에 그 구성에 필요한 사항은 대통령령으로 정한다.
> ② 제1항에 따른 화해가 성립되었을 때에는 해당 토지수용위원회는 화해조서를 작성하여 화해에 참여한 위원, 사업시행자, 토지소유자 및 관계인이 서명 또는 날인을 하도록 하여야 한다.

③ 제2항에 따라 화해조서에 서명 또는 날인이 된 경우에는 당사자 간에 화해조서와 동일한 내용의 합의가 성립된 것으로 본다.

(ㅁ) 재결

> **법 제34조(재결)**
> ① 토지수용위원회의 재결은 서면으로 한다.
> ② 제1항에 따른 재결서에는 주문 및 그 이유와 재결일을 적고, 위원장 및 회의에 참석한 위원이 기명날인한 후 그 정본(正本)을 사업시행자, 토지소유자 및 관계인에게 송달하여야 한다.

> **법 제35조(재결기간)**
> 토지수용위원회는 제32조에 따른 심리를 시작한 날부터 14일 이내에 재결을 하여야 한다. 다만, 특별한 사유가 있을 때에는 14일의 범위에서 한 차례만 연장할 수 있다.

> **법 제50조(재결사항)**
> ① 토지수용위원회의 재결사항은 다음 각 호와 같다.
>   1. 수용하거나 사용할 토지의 구역 및 사용방법
>   2. 손실보상
>   3. 수용 또는 사용의 개시일과 기간
>   4. 그 밖에 이 법 및 다른 법률에서 규정한 사항
> ② 토지수용위원회는 사업시행자, 토지소유자 또는 관계인이 신청한 범위에서 재결하여야 한다. 다만, 제1항 제2호의 손실보상의 경우에는 증액재결(增額裁決)을 할 수 있다.

④ 형식

> **법 제34조(재결)**
> ① 토지수용위원회의 재결은 서면으로 한다.
> ② 제1항에 따른 재결서에는 주문 및 그 이유와 재결일을 적고, 위원장 및 회의에 참석한 위원이 기명날인한 후 그 정본(正本)을 사업시행자, 토지소유자 및 관계인에게 송달하여야 한다.

(4) 재결의 경정과 유탈

① 재결의 경정

> **법 제36조(재결의 경정)**
> ① 재결에 계산상 또는 기재상의 잘못이나 그 밖에 이와 비슷한 잘못이 있는 것이 명백할 때에는 토지수용위원회는 직권으로 또는 당사자의 신청에 의하여 경정재결(更正裁決)을 할 수 있다.
> ② 경정재결은 원재결서(原裁決書)의 원본과 정본에 부기하여야 한다. 다만, 정본에 부기할 수 없을 때에는 경정재결의 정본을 작성하여 당사자에게 송달하여야 한다.

② 재결의 유탈

> ⮎ 법 제37조(재결의 유탈)
> 토지수용위원회가 신청의 일부에 대한 재결을 빠뜨린 경우에 그 빠뜨린 부분의 신청은 계속하여 그 토지수용위원회에 계속(係屬)된다.

(5) 재결의 효과

① 행정처분의 일반적 효력

재결은 행정행위로서 구속력, 공정력, 확정력, 강제력 등이 발생한다. 특히 준사법적 행위로서 재결청의 직권에 의한 취소 또는 변경이 제한되는 불가변력이 발생한다.

② 토지보상법상 효과(구속력의 구체적 내용)

㉠ 효과발생의 시기

㉠ 재결일 기준 : 보상금의 지급·공탁의무, 토지·물건의 인도이전의무, 위험부담의 이전 등은 재결일을 기준으로 발생한다.

㉡ 수용개시일 기준 : 권리변동과 대집행, 환매권은 수용개시일에 발생한다.

㉡ 재결의 효과 : 손실보상청구권에 대해서 토지보상법상 명문의 규정은 없지만 재결의 효과로서 피수용자인 토지소유자 및 관계인은 손실보상청구권을 취득한다. 한편, 판례는 하자 있는 재결과 관련된 부당이득반환청구를 구할 수는 없다고 한다. 이는 선결문제와 관련된 판례이다.

> ⮎ 법 제40조(보상금의 지급 또는 공탁)
> ① 사업시행자는 제38조 또는 제39조에 따른 사용의 경우를 제외하고는 수용 또는 사용의 개시일(토지수용위원회가 재결로써 결정한 수용 또는 사용을 시작하는 날을 말한다)까지 관할 토지수용위원회가 재결한 보상금을 지급하여야 한다.
>
> ⮎ 법 제43조(토지 또는 물건의 인도 등)
> 토지소유자 및 관계인과 그 밖에 토지소유자나 관계인에 포함되지 아니하는 자로서 수용하거나 사용할 토지나 그 토지에 있는 물건에 관한 권리를 가진 자는 수용 또는 사용의 개시일까지 그 토지나 물건을 사업시행자에게 인도하거나 이전하여야 한다.
>
> ⮎ 법 제44조(인도 또는 이전의 대행)
> ① 특별자치도지사, 시장·군수 또는 구청장은 다음 각 호의 어느 하나에 해당할 때에는 사업시행자의 청구에 의하여 토지나 물건의 인도 또는 이전을 대행하여야 한다.
>   1. 토지나 물건을 인도하거나 이전하여야 할 자가 고의나 과실 없이 그 의무를 이행할 수 없을 때
>   2. 사업시행자가 과실 없이 토지나 물건을 인도하거나 이전하여야 할 의무가 있는 자를 알 수 없을 때
> ② 제1항에 따라 특별자치도지사, 시장·군수 또는 구청장이 토지나 물건의 인도 또는 이전을 대행하는 경우 그로 인한 비용은 그 의무자가 부담한다.

법 제45조(권리의 취득·소멸 및 제한)

① 사업시행자는 수용의 개시일에 토지나 물건의 소유권을 취득하며, 그 토지나 물건에 관한 다른 권리는 이와 동시에 소멸한다.

② 사업시행자는 사용의 개시일에 토지나 물건의 사용권을 취득하며, 그 토지나 물건에 관한 다른 권리는 사용 기간 중에는 행사하지 못한다.

③ 토지수용위원회의 재결로 인정된 권리는 제1항 및 제2항에도 불구하고 소멸되거나 그 행사가 정지되지 아니한다.

법 제46조(위험부담)

토지수용위원회의 재결이 있은 후 수용하거나 사용할 토지나 물건이 토지소유자 또는 관계인의 고의나 과실 없이 멸실되거나 훼손된 경우 그로 인한 손실은 사업시행자가 부담한다.

법 제47조(담보물권과 보상금)

담보물권의 목적물이 수용되거나 사용된 경우 그 담보물권은 그 목적물의 수용 또는 사용으로 인하여 채무자가 받을 보상금에 대하여 행사할 수 있다. 다만, 그 보상금이 채무자에게 지급되기 전에 압류하여야 한다.

법 제48조(반환 및 원상회복의 의무)

① 사업시행자는 토지나 물건의 사용기간이 끝났을 때나 사업의 폐지·변경 또는 그 밖의 사유로 사용할 필요가 없게 되었을 때에는 지체 없이 그 토지나 물건을 그 토지나 물건의 소유자 또는 그 승계인에게 반환하여야 한다.

② 제1항의 경우에 사업시행자는 토지소유자가 원상회복을 청구하면 미리 그 손실을 보상한 경우를 제외하고는 그 토지를 원상으로 회복하여 반환하여야 한다.

법 제91조(환매권)

① 공익사업의 폐지·변경 또는 그 밖의 사유로 취득한 토지의 전부 또는 일부가 필요 없게 된 경우 토지의 협의취득일 또는 수용의 개시일(이하 이 조에서 "취득일"이라 한다) 당시의 토지소유자 또는 그 포괄승계인(이하 "환매권자"라 한다)은 다음 각 호의 구분에 따른 날부터 10년 이내에 그 토지에 대하여 받은 보상금에 상당하는 금액을 사업시행자에게 지급하고 그 토지를 환매할 수 있다. 〈개정 2021.8.10.〉

1. 사업의 폐지·변경으로 취득한 토지의 전부 또는 일부가 필요 없게 된 경우 : 관계 법률에 따라 사업이 폐지·변경된 날 또는 제24조에 따른 사업의 폐지·변경 고시가 있는 날

2. 그 밖의 사유로 취득한 토지의 전부 또는 일부가 필요 없게 된 경우: 사업완료일

② 취득일부터 5년 이내에 취득한 토지의 전부를 해당 사업에 이용하지 아니하였을 때에는 제1항을 준용한다. 이 경우 환매권은 취득일부터 6년 이내에 행사하여야 한다.

③ 〈이하 생략〉

■ 관할 토지수용위원회의 각하재결 가능성 예시 사례[19]

1. 산업단지사업 중에 1공구와 2공구 사업을 별개의 사업으로 보았을 때 각각 사업공구 구역의 50% 이상 토지를 확보해야 재결신청을 할 수 있는지 여부

〈토지정책과-5519 질의회신〉에 의하면 공익사업의 확장이나 변경 등으로 토지가 추가로 편입되어 변경고시를 하는 경우, 사업인정변경고시라는 형식만으로 기존 공익사업과 동일한 공익사업으로 볼 수 없다고 하면서도 개별적인 사례에 대해서는 승인 등을 하는 승인권자가 승인법령의 취지 및 사업현황 등을 검토하여 판단할 사항으로 보아야 한다고 하였다. 당해 산업단지 공익사업에서는 1공구 공익사업과 3공구 공익사업은 약 5년의 시차를 두고 각각 사업인정고시가 되었으며, 약 10km 정도 위치가 떨어져 있고 토지이용계획상 계획용도가 차이가 큰 점 등으로 보았을 때 실질적으로는 다른 별개의 사업이라고 볼 수 있는 여지가 있다. 그러한 경우 산업입지법 제22조 제4항 "재결의 신청은 개발구역 토지면적의 100분의 50 이상에 해당하는 토지를 확보한 후에 할 수 있다"에서 개발구역 토지면적의 100분의 50 이상을 판단할 때 1공구 공익사업과 2공구 공익사업은 별도로 재결신청의 요건을 갖는 것으로 보아야 한다.(두 개의 공익사업이 변경고시는 되었으나, 별개 공익사업이라고 전제함)

2. 흠결이 있는 토지소유자 추천 감정평가법인등에게 의뢰하여 평가한 보상액으로 협의요청을 한 것이 유효한지 여부

토지보상법 제68조 및 동법 시행령 제28조에서는 토지소유자가 토지면적의 1/2 이상과 토지소유자 총수의 과반수 이상의 동의를 받은 사실을 증명하는 서류를 첨부하여 사업시행자에게 감정평가법인등을 추천할 수 있다고만 되어있고 별도의 추천서 양식 또는 증명서류의 종류 등에 대한 세부적인 규정은 없다. 다만, 당해 사건에서는 사업시행자가 보상계획 공고 시 토지소유자들에게 대리인의 서명이 불가하고 신분증 사본을 첨부하여야 한다고 통지하였다.

이에 사업시행자가 보상계획공고 열람기간 만료일(2021년 06월 06일)부터 30일 이내에 소유자 추천으로 본인 서명과 신분증 사본의 첨부하여 소유자 추천 감정평가법인등을 선정할 수 있는데, 제출된 일부 서류들을 보면 본인 서명도 제대로 되어 있지 않고, 신분증 사본 첨부 등 증명하는 서류 제출에 미비점이 상당부분 보이고 있다. 특히 보상대상토지 면적의 1/2 이상과 소유자 총수의 과반의 동의를 받아야 함에도 전체 300명 중 156명 추천서에 흠결이 발견되고 있는바 이는 적법한 소유자 추천이라고 할 수 없고, 토지보상법 제68조 및 동법 시행령 제28조를 위반하여 보상절차를 진행한 위법이 있다고 보인다.

제출된 감정평가법인등 추천 관계서류의 예시를 검토해보면 사업시행자가 요구한 신분증 사본 등을 첨부하지 않는 것은 차제하더라도 추천하는 감정평가법인등이 명시되어 있지 않거나 위임장이 없이 대리인이 서명하는 등 토지소유자의 진정한 의사가 있다고 판단하기는 어려운 상황이다. 최근 대법원 판례(대판 2018.12.13, 2016두51719)에서 진정한 소유자의 동의를 받지 아니하고 협의성립확인의 공증을 받아 관할토지수용위원회에 수리사건에서 이는 진정한 소유자의 의사를 반영하지 않은 바 위법하여 취소해야 한다고 판시하고 있다. 따라서 요건을 갖추지 못한 감정평가법인등에게 의뢰하여 산정한 감정평가액은 ① 토지보상법에서 정한 절차를 준수할 것, ② 정당한 보상액을 제시할 것이라는 성실한 협의의 요건을 불충족하는 것으로 보아 사업시행자의 재결신청을 각하하고 다시 성실하게 협의하여 재결신청을 하게 하여야 할 것으로 판단된다.

3. 사업시행자의 약속사항 2공구 공익사업 50% 이상 협의취득 후 재결신청 약속 불이행과 산업입지법상 협의 50% 취득 미이행

해당 공익사업에 편입되는 피수용자 수(300명)가 상당하고, 공익사업의 최소 침해원칙을 관철하기 위해서 사업시행자에게 50% 이상 협의취득하도록 사업승인권자가 민원에 대한 회신으로 통보한 사실이

---

19) 가상의 사례를 통하여 관할 토지수용위원회에서 각하재결을 하는 경우의 수를 살펴본다.

있다. 산업입지 및 개발에 관한 법률(이하 산업입지법) 제22조 제3항에서도 사업시행자가 재결신청을 하기 위해서는 개발구역 토지면적의 100분 50 이상에 해당되는 토지를 확보(토지소유권을 취득하거나 토지소유자로부터 사용동의를 받은 것을 말한다)한 후에 할 수 있다고 규정하고 있다. 제출된 자료들을 검토할 때 사업시행자는 사업승인권자와의 50% 협의 취득 약속사항을 이행하지 아니하고, 산업입지법에 따른 50% 협의 취득도 단순히 감정평가법인등 추천 소유자의 50% 동의를 받았다고 해서 이를 협의취득이라고 할 수 없고, 실제 소유권을 50% 이상 이전하거나 피수용자들의 조건부 동의를 받아야 유효한 것인데 이를 이행하지 않은 책임이 있다.

4. 행정절차상 신의성실의 원칙과 투명성 원칙 등의 위배 해당

행정절차법 제4조와 동법 제5조는 다음과 같이 규정하고 있습니다.

제4조(신의성실 및 신뢰보호)
① 행정청은 직무를 수행할 때 신의(信義)에 따라 성실히 하여야 한다.
② 행정청은 법령 등의 해석 또는 행정청의 관행이 일반적으로 국민들에게 받아들여졌을 때에는 공익 또는 제3자의 정당한 이익을 현저히 해칠 우려가 있는 경우를 제외하고는 새로운 해석 또는 관행에 따라 소급하여 불리하게 처리하여서는 아니 된다.

제5조(투명성)
① 행정청이 행하는 행정작용은 그 내용이 구체적이고 명확하여야 한다.
② 행정작용의 근거가 되는 법령 등의 내용이 명확하지 아니한 경우 상대방은 해당 행정청에 그 해석을 요청할 수 있으며, 해당 행정청은 특별한 사유가 없으면 그 요청에 따라야 한다.
③ 행정청은 상대방에게 행정작용과 관련된 정보를 충분히 제공하여야 한다.

행정절차법 제4조 제1항에서는 행정청[20]은 직무를 수행할 때 신의에 따라 성실히 하여야 한다고 규정하고 있는데, 사업시행자가 50% 협의취득 약속이행을 하지 않았을 뿐만 아니라 사업인정을 받은 사업시행자는 공무수탁사인으로 행정청의 지위를 갖는바 국민들에게 투명하고 공정한 행정을 하여야 함에도 불구하고 제출된 자료를 보아서는 감정평가법인등의 소유자 추천과정과 실제 추천으로 인한 행위 자체도 공정하고 투명하게 진행되지 않았는바, 행정절차법 제4조와 동법 제5조의 신의성실의 원칙과 투명성의 원칙을 위배한 것으로 보여진다.

5. 성실한 협의를 진행한 후에 재결절차 진행 불이행

토지보상법 제16조 및 동법 제26조와 토지보상법 시행령 제8조 제3항은 협의기간은 특별한 사유가 없으면 30일 이상 협의하여야 하며, 성실한 협의를 하여야 한다고 규정하고 있다. 여기서 성실한 협의란 피수용자의 재산권 침해가 최소한이 되도록 보상평가업무의 성실성도 포함되는데 해당 사업시행자는 제출된 자료에 의하면 소유자의 감정평가법인등 추천 업무도 매우 부적합하게 진행하고 있고, 산업입지법에서나 사업승인권자에서 50% 이상 협의취득하라고 하였으나 적법한 협의취득과정도 없이 사업시행자는 소유자 추천 서류가 과반이 넘었으니까 성실한 협의를 진행했다고 주장하는 것은 타당하지 않다. 토지보상법 시행령 제8조 제5항에 따라 협의기간 중 협의가 성립되지 않으면 협의경

---

20) 행정절차법 제2조(정의) 이 법에서 사용하는 용어의 뜻은 다음과 같다.
  1. "행정청"이란 다음 각 목의 자를 말한다.
    가. 행정에 관한 의사를 결정하여 표시하는 국가 또는 지방자치단체의 기관
    나. 그 밖에 법령 또는 자치법규(이하 "법령 등"이라 한다)에 따라 행정권한을 가지고 있거나 위임 또는 위탁받은 공공단체 또는 그 기관이나 사인(私人)

위서에 토지소유자 및 관계인의 서명 또는 날인을 받거나, 최소한 협의경위서를 작성하도록 규정하고 있다. 그런데 제출된 재결신청서류에는 피수용자들과 성실한 협의를 진행한 상황이라든지 협의가 성립되지 않은 구체적인 사유가 존재하지 않음으로 이는 토지보상법 제28조 제1항 및 동법 시행령 제12조 제2항 제2호 협의 경위서가 누락되어 있는바, 이는 적법절차에 의한 협의를 진행한 것으로 볼 수 없고, 재결신청서에는 협의경위서가 반드시 첨부되도록 하고 있는데 성실한 협의를 진행하였음을 입증하는 협의경위서도 구체적으로 없는 바 이는 토지보상법 제28조 및 동법 시행령 제12조를 위반한 위법한 재결신청이라고 판단된다.

6. 수용재결 판단에 대한 종합의견

산업단지 1공구와 2공구는 약 5년의 시차를 두고 각각 변경고시로 사업인정고시가 되었으며, 약 10km정도 위치가 떨어져있고 토지이용계획상 계획용도가 차이가 큰 점 등으로 보았을 때 실질적으로는 다른 별개의 사업으로 판단된다(별개의 공익사업으로 전제 재결신청 판단하도록 함).

그리고 토지보상법 제68조 제1항 및 동법 시행령 제28조 토지소유자의 감정평가법인등 추천 요건을 갖추지 못했음에도 불구하고 위법한 복수평가를 하였는 바, 이를 토지보상법상 복수평가의 원칙과 보상법률주의를 위배한 위법이 있다. 또한 성실한 협의를 진행하여 협의과정의 공정성과 투명성을 위해 협의경위서를 재결신청시에 필수서류로 제출토록 하고 있는데 해당 사업시행자는 성실한 협의를 입증할 수 있는 적법한 자료를 제출하지 못한 위법이 있다. 토지보상법 제28조의 사업시행자의 재결신청권은 공익사업을 위한 재결절차에서 피수용자의 최소침해의 원칙을 관철하고 적법한 절차를 진행하여 향후 발생할 수 있는 법률적 분쟁을 최소화함을 물론 수용을 둘러싼 법률관계의 조속한 확정을 위해 강제수용할 수 있는 절차를 둔 것이다. 그런데 사업시행자의 불성실한 토지보상절차는 피수용자의 재산권을 침해할 뿐만 아니라 행정절차의 절차적 정당성도 확보하지 못한 상황으로 이를 관할 토지수용위원회에서 수용할 경우 이는 수용권 남용에 해당된다고 할 것이다.

또한 해당 사업시행자는 사업승인권자와 50% 협의 약속을 불이행하여 행정절차법상 신의성실의 원칙을 위배하였고, 또한 산업입지법 제22조 제4항의 개발구역 토지면적의 50% 이상 확보한 후 재결신청하도록 하고 있는데 이를 이행하지 않은 위법이 있다.

따라서 사업시행자의 재결신청은 토지보상법 제68조 제1항 및 동법 제28조 제2항과 제4항의 필수적이고 의무적인 절차를 제대로 준수하지 않았고, 토지보상법 시행령 제12조 제2항 제2호 협의경위서가 제대로 첨부되지 않은 바 재결신청 요건을 갖추지 않은 것으로 판단되어 수용재결 신청을 각하하는 것이 타당하다고 판단된다.

판례

관할 토지수용위원회에서 사용재결하는 경우 그 내용

관할 토지수용위원회가 토지에 관하여 사용재결을 하는 경우, 재결서에 사용할 토지의 위치와 면적, 권리자, 손실보상액, 사용개시일 외에 사용방법, 사용기간을 구체적으로 특정하여야 하는지 여부

▶ 대판 2019.6.13, 2018두42641

【판시사항】

[1] 관할 토지수용위원회가 토지에 관하여 사용재결을 하는 경우, 재결서에 사용할 토지의 위치와

면적, 권리자, 손실보상액, 사용개시일 외에 사용방법, 사용기간을 구체적으로 특정하여야 하는지 여부(적극)

[2] 지방토지수용위원회가 갑 소유의 토지 중 일부는 수용하고 일부는 사용하는 재결을 하면서 재결 서에는 수용대상토지 외에 사용대상토지에 관해서도 '수용'한다고만 기재한 사안에서, 위 재결 중 사용대상토지에 관한 부분은 공익사업을 위한 토지 등의 취득 및 보상에 관한 법률 제50조 제1항에서 정한 사용재결의 기재사항에 관한 요건을 갖추지 못한 흠이 있음에도 사용재결로서 적법하다고 본 원심판단에 법리를 오해한 잘못이 있다고 한 사례

【판결요지】

[1] 공익사업을 위한 토지 등의 취득 및 보상에 관한 법령이 재결을 서면으로 하도록 하고, '사용할 토지의 구역, 사용의 방법과 기간'을 재결사항의 하나로 규정한 취지는, 재결에 의하여 설정되 는 사용권의 내용을 구체적으로 특정함으로써 재결 내용의 명확성을 확보하고 재결로 인하여 제한받는 권리의 구체적인 내용이나 범위 등에 관한 다툼을 방지하기 위한 것이다. 따라서 관할 토지수용위원회가 토지에 관하여 사용재결을 하는 경우에는 재결서에 사용할 토지의 위치와 면적, 권리자, 손실보상액, 사용개시일 외에도 사용방법, 사용기간을 구체적으로 특정하여야 한다.

[2] 지방토지수용위원회가 갑 소유의 토지 중 일부는 수용하고 일부는 사용하는 재결을 하면서 재 결서에는 수용대상토지 외에 사용대상토지에 관해서도 '수용'한다고만 기재한 사안에서, 사용대 상토지에 관하여는 공익사업을 위한 토지 등의 취득 및 보상에 관한 법률(이하 '토지보상법'이라 한다)에 따라 사업시행자에게 사용권을 부여함으로써 송전선의 선하부지로 사용할 수 있도록 하기 위한 절차가 진행되어 온 점, 재결서의 주문과 이유에는 재결에 의하여 지방토지수용위원 회에 설정하여 주고자 하는 사용권이 '구분지상권'이라거나 사용권이 설정될 토지의 구역 및 사 용방법, 사용기간 등을 특정할 수 있는 내용이 전혀 기재되어 있지 않아 재결서만으로는 토지소 유자인 갑이 자신의 토지 중 어느 부분에 어떠한 내용의 사용제한을 언제까지 받아야 하는지를 특정할 수 없고, 재결로 인하여 토지소유자인 갑이 제한받는 권리의 구체적인 내용이나 범위 등을 알 수 없어 이에 관한 다툼을 방지하기도 어려운 점 등을 종합하면, 위 재결 중 사용대상토 지에 관한 부분은 토지보상법 제50조 제1항에서 정한 사용재결의 기재사항에 관한 요건을 갖추 지 못한 흠이 있음에도 사용재결로서 적법하다고 본 원심판단에 법리를 오해한 잘못이 있다고 한 사례

【참조조문】

[1] 공익사업을 위한 토지 등의 취득 및 보상에 관한 법률 제28조 제1항, 제34조 제1항, 제50조 제1항, 공익사업을 위한 토지 등의 취득 및 보상에 관한 법률 시행령 제12조 제1항

[2] 공익사업을 위한 토지 등의 취득 및 보상에 관한 법률 제28조 제1항, 제34조 제1항, 제50조 제1항, 공익사업을 위한 토지 등의 취득 및 보상에 관한 법률 시행령 제12조 제1항

【전 문】

【원고, 상고인】 원고

【피고, 피상고인】 경기도지방토지수용위원회

【원심판결】 서울고법 2018.4.13, 2017누72920

【주 문】

원심판결 중 분할 전 하남시 (주소 1 생략) 임야 46,756㎡ 중 3,603㎡에 관한 부분을 파기하고,

이 부분 사건을 서울고등법원에 환송한다. 나머지 상고를 기각한다.

【이 유】

상고이유를 판단한다.

1. 이 사건 재결이 환경영향평가를 거치지 아니한 채 이루어진 것이어서 위법하다는 상고이유에 대하여

 가. 원심은, 관계법령에 의하면 환경영향평가는 일정한 규모의 도시계획시설사업에 관한 사업인정 전에 이루어져야 하므로 원고는 결국 이 사건 사업인정의 하자를 다투는 것으로 보아야 하는데, 사업인정처분의 위법은 사업인정단계에서 다투어야 하고 이미 그 쟁송기간이 도과한 수용재결단계에서는 사업인정처분이 당연무효라고 볼 만한 특단의 사정이 없는 한 그 위법을 이유로 재결의 취소를 구할 수 없으며(대판 2008.4.11, 2007두9907 등 참조), 이 사건 사업인정이 당연무효라거나 행정쟁송에 의하여 취소되었다고 볼 만한 증거도 없으므로, 이 사건 재결이 위법하다고 보기는 어렵다고 판단하였다.

 나. 원심판결 이유를 관련 법리와 기록에 비추어 살펴보면, 원심의 이러한 판단에 환경영향평가에 관한 법리를 오해하는 등의 잘못이 없다.

2. 원고 소유 토지를 수용하지 않고 사업시행자 소유 토지에 송전탑을 설치할 수 있으므로 이 사건 재결이 위법하다는 상고이유에 대하여

 원심은, 원고가 주장하는 송전탑 설치 방법에 있어서의 잘못은 재결 자체의 고유한 위법이라고 보기 어렵다는 이유로 이 사건 재결이 적법하다고 판단하였다. 원심판결 이유를 관련 법리와 기록에 비추어 살펴보면, 원심의 이러한 판단에 재결의 위법성에 관한 법리를 오해하는 등의 잘못이 없다.

3. 송전선의 통과로 인하여 선하부지에 대한 원고의 소유권이 침해되었고, 주문과 이유에 '수용'이라고만 기재되어 있는 이 사건 재결은 소유권 침해를 용인하고 있으므로 위법하다는 상고이유에 대하여

 가. 공익사업을 위한 토지 등의 취득 및 보상에 관한 법률(이하 '토지보상법'이라고 한다) 제28조 제1항의 위임에 따른 같은 법 시행령 제12조 제1항에 의하면, 사업시행자는 재결을 신청하는 경우 국토교통부령으로 정하는 재결신청서에 공익사업의 종류 및 명칭(제1호), 사업인정의 근거 및 고시일(제2호), 수용하거나 사용할 토지의 소재지·지번·지목 및 면적(제3호), 토지를 사용하려는 경우에는 그 사용의 방법 및 기간(제5호), 토지소유자 등의 성명 또는 명칭 및 주소(제6호), 보상액 및 그 명세(제7호), 수용 또는 사용의 개시예정일(제8호) 등을 적어 관할 토지수용위원회에 제출하여야 한다. 또한, 토지보상법 제34조 제1항에 의하면, 토지수용위원회의 재결은 서면으로 하여야 하고, 같은 법 제50조 제1항에 의하면 토지수용위원회의 재결사항은 수용하거나 사용할 토지의 구역 및 사용방법(제1호), 손실보상(제2호), 수용 또는 사용의 개시일과 기간(제3호), 그 밖에 토지보상법 및 다른 법률에서 규정한 사항(제4호)이다.

 이와 같이 토지보상법령이 재결을 서면으로 하도록 하고, '사용할 토지의 구역, 사용의 방법과 기간'을 재결사항의 하나로 규정한 취지는, 재결에 의하여 설정되는 사용권의 내용을 구체적으로 특정함으로써 재결 내용의 명확성을 확보하고 재결로 인하여 제한받는 권리의 구체적인 내용이나 범위 등에 관한 다툼을 방지하기 위한 것이다. 따라서 관할 토지수용위원회가 토지에 관하여 사용재결을 하는 경우에는 그 재결서에 사용할 토지의 위치와 면적, 권리자, 손실보상액, 사용개시일 외에도 사용방법, 사용기간을 구체적으로 특정하여야 한다.

나. 원심판결 이유와 원심이 적법하게 채택한 증거에 의하면, 다음과 같은 사정을 알 수 있다.

(1) 피고는 2017.2.27. 원고 소유의 분할 전 하남시 (주소 1 생략) 임야 46,756㎡(이하 '이 사건 토지'라 한다) 중 1,558㎡ 부분[이 부분은 나중에 (주소 2 생략)로 분할된 후 수용되었다. 이하 '이 사건 수용대상토지'라 한다]과 이 사건 토지 중 3,603㎡ 부분(이하 '이 사건 사용대상토지'라 한다)에 관하여 이 사건 재결을 하였다.

(2) 이 사건 재결의 주문에는 '이 사건 사업을 위하여 원고 소유의 별지 기재 토지를 수용하도록 하고, 별지 기재 물건을 이전하게 하며, 손실보상금은 628,449,600원으로 한다. 수용개시일은 2017.4.13.으로 한다.'라고만 기재되어 있고, 이유에는 '이 사건 사업에 편입되는 별지 기재 토지 등의 취득을 위하여 소유자와 협의를 하였으나, 보상금 저렴 등의 사유로 협의가 성립되지 아니하여 재결신청에 이르렀다. 본 건 재결신청은 위 규정에 의한 적법한 재결신청으로 사업시행자는 별지 기재 토지 등을 수용할 수 있는 권한이 인정된다.'라고 기재되어 있다.

(3) 이 사건 재결서의 별지 목록(토지)에는 이 사건 수용대상토지에 관한 보상금액을 324,843,000원 (단가 208,500원), 이 사건 사용대상토지에 관한 보상금액을 202,488,600원(단가 56,200원) 으로 정한다는 내용과 그 각 면적만이 기재되어 있을 뿐이다.

다. 위와 같은 사실관계를 앞서 본 법리에 비추어 살펴본다.

이 사건 재결서에는 이 사건 수용대상토지 외에 이 사건 사용대상토지에 관해서도 '수용'한다고만 기재되어 있다. 그러나 기록에 의하여 알 수 있는 이 사건 사업인정고시 및 토지조서의 내용, 감정평가법인의 감정평가액의 산출근거 및 결정의견 등에 의하면, 이 사건 사용대상토지에 관하여는 토지보상법에 따라 이 사건 사업의 사업시행자에게 사용권을 부여함으로써 송전선의 선하부지로 사용할 수 있도록 하기 위한 절차가 진행되어 왔음을 알 수 있다.

더욱이 이 사건 재결서의 주문과 이유에는 이 사건 재결에 의하여 피고에게 설정하여 주고자 하는 사용권이 피고의 주장과 같은 '구분지상권'이라거나 사용권이 설정될 토지의 구역 및 사용방법, 사용기간 등을 특정할 수 있는 내용이 전혀 기재되어 있지 않다. 따라서 이 사건 재결서만으로는 토지소유자인 원고가 이 사건 토지 중 어느 부분에 어떠한 내용의 사용제한을 언제까지 받아야 하는지를 특정할 수 없고, 이 사건 재결로 인하여 토지소유자인 원고가 제한받는 권리의 구체적인 내용이나 범위 등을 알 수 없어 이에 관한 다툼을 방지하기도 어렵다. 따라서 이 사건 재결 중 이 사건 사용대상토지에 관한 부분은 토지보상법 제50조 제1항이 규정하는 사용재결의 기재사항에 관한 요건을 갖추지 못한 흠이 있다고 보아야 한다.

그런데도 원심은 그 판시와 같은 사정만으로 이 사건 재결 중 이 사건 사용대상토지에 관한 부분이 사용재결로서 적법하다고 판단하였다. 이러한 원심판단은 사용대상토지의 특정과 토지보상법 제50조 제1항이 규정하는 사용재결의 기재사항에 관한 법리를 오해하여 판결에 영향을 미친 잘못이 있다. 이를 지적하는 이 부분 상고이유의 주장은 이유 있다.

4. 그러므로 원심판결 중 이 사건 사용대상토지에 관한 부분을 파기하고, 이 부분 사건을 다시 심리·판단하도록 원심법원에 환송하며, 나머지 상고는 기각하기로 하여, 관여 대법관의 일치된 의견으로 주문과 같이 판결한다.

▶ **관련판례**(대판 2001.1.16, 98다58511)

토지수용법에 의한 **수용재결의 효과**로서 수용에 의한 **기업자의 토지소유권취득**은 토지소유자와 수용자와의 법률행위에 의하여 승계취득하는 것이 아니라, 법률의 규정에 의하여 원시취득하는 것이므로, 토지소유자가 토지수용법 제63조의 규정에 의하여 부담하는 토지의 인도의무에는 수용목적물에 숨은 하자가 있는 경우에도 하자담보책임이 포함되지 아니하여 토지소유자는 수용시기까지 수용대상토지를 현존 상태 그대로 기업자에게 인도할 의무가 있을 뿐이다.

수용재결이 있은 후에 수용대상토지에 숨은 하자가 발견되는 때에는 불복기간이 경과되지 아니한 경우라면 공평의 견지에서 기업자는 그 하자를 이유로 재결에 대한 이의를 거쳐 손실보상금의 감액을 내세워 행정소송을 제기할 수 있다고 보는 것이 상당하나, 이러한 불복절차를 취하지 않음으로써 그 재결에 대하여 더 이상 다툴 수 없게 된 경우에는 기업자는 그 재결이 당연무효이거나 취소되지 않는 한 재결에서 정한 손실보상금의 산정에 있어서 위 하자가 반영되지 않았다는 이유로 민사소송절차로 토지소유자에게 부당이득의 반환을 구할 수는 없다.

(6) **재결의 실효**(법 제42조)

① 의의 및 취지

재결의 실효란 유효하게 성립한 재결에 대하여 행정청의 의사에 의하지 아니하고, 객관적인 사실의 발생에 의해 당연히 그 효력이 상실되는 것을 말한다. 토지보상법 제42조에서는 수용개시일까지 보상금을 지급 또는 공탁하지 아니한 경우 재결이 실효되도록 규정하고 있으며, 이는 사전보상의 원칙을 이행하기 위함이다.

② 실효사유

(ㄱ) **사업시행자가 보상금을 지급·공탁하지 아니하는 경우** : 사업시행자가 수용 또는 사용의 개시일까지 관할 토지수용위원회가 재결한 보상금을 지급 또는 공탁하지 아니한 때에는 해당 토지수용위원회의 재결은 그 효력을 상실한다. 다만, 중앙토지수용위원회의 이의재결에서 정한 보상금을 지급·공탁하지 아니한다 하여 재결이 실효되는 것은 아니다.

▶ **관련판례**(대판 1993.8.24, 92누9548)

수용시기까지 보상금의 지급이나 적법한 공탁이 없었다면 수용재결은 토지수용법 제65조에서 말하는 기업자가 수용시기까지 재결보상금을 지급 또는 공탁하지 아니한 때에 해당하여 그 효력을 상실하였다고 할 것이고, 실효된 수용재결을 유효한 것으로 보고서 한 이의재결 또한 위법하여 당연무효라고 할 것이다.

▶ **관련판례**(대판 1992.3.10, 91누8081)

토지수용법상의 이의재결절차는 수용재결에 대한 불복절차이면서 수용재결과는 확정의 효력 등을 달리하는 별개의 절차이므로 기업자가 이의재결에서 증액된 보상금을 일정한 기한 내에 지급 또는 공탁하지 아니하였다 하더라도 그 때문에 이의재결 자체가 당연히 실효된다고는 할 수 없다.

ⓛ 사업인정이 취소 또는 변경되는 경우 : 재결 이후 수용·사용의 개시일 이전에 사업인정이
취소 또는 변경되면, 그 고시 결과에 따라 재결의 효력은 상실된다. 그러나 보상금의 지급 또는
공탁이 있은 후에는 이미 수용의 효과가 발생하는 것이므로 재결의 효력에는 영향이 없다.

③ 권리구제

(ㄱ) 손실보상 : 사업시행자는 재결이 실효됨으로 인하여 토지소유자 또는 관계인이 입은 손실을
보상하여야 한다. 손실의 보상은 손실이 있은 것을 안 날부터 1년, 발생한 날부터 3년
이내에 청구하여야 하며, 보상액은 사업시행자와 손실을 입은 자가 협의하여 결정하되,
협의 불성립 시 사업시행자나 손실을 입은 자는 관할 토지수용위원회에 재결을 신청할
수 있다.

(ㄴ) 항고쟁송 : 실효 여부에 대하여 다툼이 있는 경우에는 실효확인소송을 제기할 수 있다.

④ 관련문제

재결의 실효가 있으면, 재결신청 또한 효력을 상실하게 된다. 따라서 사업인정의 효력에는
영향이 없으나 토지보상법에 의한 재결신청기간을 지나서 재결신청을 하지 않은 것이 되었다
면, 사업인정도 그 효력을 상실하여 결국 그 수용절차 일체가 백지화가 된다. 판례는 재결이
실효되면 이를 기초로 한 이의재결은 위법하지만 절대적 무효는 아니므로 이의재결의 취소
또는 무효 등 확인을 구할 이익이 있다고 판시하였다.

판례

▶ 관련판례(대판 1987.3.10, 84누158)
재결의 효력이 상실되면 재결신청 역시 그 효력을 상실하게 되는 것이므로 그로 인하여 토지수용법
제17조 소정의 사업인정의 고시가 있은 날로부터 1년 이내에 재결신청을 하지 않는 것으로 되었다
면 사업인정도 역시 효력을 상실하여 결국 그 수용절차 일체가 백지상태로 환원된다.

▶ 관련판례(대판 1990.6.12, 89다카24346)
토지수용법 제65조의 규정에 의하면 기업자가 수용시기까지 관할 토지수용위원회가 재결한 보상금
을 지불 또는 공탁하지 아니하였을 때에는 그 재결은 효력을 상실하는 것이므로, 기업자가 수용시기
후에 보상금을 지급하더라도 그 토지의 소유권을 취득하는 것이 아니다.

▶ 관련판례(대판 1982.7.27, 82누75)
지방토지수용위원회의 재결이 토지수용법 제65조에 의하여 실효되면 동 재결을 기초로 한 중앙토
지수용위원회의 재결처분은 위법하지만 절대적 무효는 아니라 할 것이므로 이의취소 또는 무효확인
을 구할 이익이 있다.

2. 재결에 대한 불복

(1) 서

강제취득절차로서 수용재결이 위법·부당한 경우에는 피수용자는 행정심판과 행정소송을 제기하여 다툴 수 있음은 당연하다. 그러나 토지보상법은 공익사업의 원활한 수행과 피수용자의 권리구제의 신속을 도모하기 위해 법 제83조 내지 제85조에서 이의신청과 행정소송에 관한 명시적인 규정을 두어 일반법인 행정쟁송법에 대한 특례를 규정하고 있다. 따라서 토지보상법에 규정이 없는 사항에 대해서는 행정심판법 제3조 제1항 및 행정소송법 제8조 제1항에 의거 일반법인 행정심판법 및 행정소송법이 적용된다.

(2) 재결의 위법성

재결의 주체, 내용, 절차, 형식상의 하자가 있는 경우에 재결은 위법할 수 있다. **주체상 하자와** 관련하여 관할 토지수용위원회가 아닌 토지수용위원회가 재결을 한 경우가 있다. **절차상 하자와** 관련하여 재결의 신청, 공고·열람 및 의견진술, 화해권고(임의사항), 재결 등의 절차를 거치지 않은 경우 위법한 재결이 될 수 있다.

내용상 하자와 관련하여, 토지수용위원회의 재결사항은 수용 또는 사용할 토지의 구역 및 사용방법, 손실의 보상, 수용 또는 사용의 개시일과 기간, 그 밖에 이 법 및 다른 법률에서 규정하고 있다. 이는 **수용재결과 보상재결로 구분할 수 있다.** 이에 따라 **권리구제방법도 수용재결 자체에 대한 다툼과 보상금액에 대한 다툼으로 구분된다.** 수용재결 자체에 대한 하자는 신청주장된 범위 이외의 재결을 한 경우가 있다. 보상재결에 대한 하자는 보상금액이 정당보상액과의 차이가 있는 경우를 들 수 있다. 최근 대법원은 수용권 남용을 재결의 하자의 한 예로 판시하고 있다.

> **판례**
>
> ▶ 관련판례(대판 2011.1.27, 2009두1051) [토지수용재결처분취소]
> 공용수용은 헌법상의 재산권 보장의 요청상 불가피한 최소한에 그쳐야 한다는 헌법 제23조의 근본취지에 비추어 볼 때, 사업시행자가 사업인정을 받은 후 그 사업이 공용수용을 할 만한 공익성을 상실하거나 사업인정에 관련된 자들의 이익이 현저히 비례의 원칙에 어긋나게 된 경우 또는 사업시행자가 해당 공익사업을 수행할 의사나 능력을 상실하였음에도 여전히 그 사업인정에 기하여 수용권을 행사하는 것은 수용권의 공익목적에 반하는 수용권의 남용에 해당하여 허용되지 않는다.

(3) 이의신청

> **법 제83조(이의의 신청)**
> ① 중앙토지수용위원회의 제34조에 따른 재결에 이의가 있는 자는 중앙토지수용위원회에 이의를 신청할 수 있다.
> ② 지방토지수용위원회의 제34조에 따른 재결에 이의가 있는 자는 해당 지방토지수용위원회를 거쳐 중앙토지수용위원회에 이의를 신청할 수 있다.
> ③ 제1항 및 제2항에 따른 이의의 신청은 재결서의 정본을 받은 날부터 30일 이내에 하여야 한다.

① 의의 및 성격

이의신청이란 관할 토지수용위원회의 위법·부당한 재결에 의해 권익을 침해당한 자가 중앙토지수용위원회에 그 취소 또는 변경을 구하는 것이다. 이는 토지보상법에 특례를 규정하고 있는 **특별법상 행정심판**으로 볼 수 있다. 따라서 토지보상법에 의하는 것 이외에는 행정심판법 제4조 제2항에 의해 행정심판법이 준용된다.

> ➲ 행정심판법 제4조(특별행정심판 등)
> ① 사안(事案)의 전문성과 특수성을 살리기 위하여 특히 필요한 경우 외에는 이 법에 따른 행정심판을 갈음하는 특별한 행정불복절차(이하 "특별행정심판"이라 한다)나 이 법에 따른 행정심판절차에 대한 특례를 다른 법률로 정할 수 없다.
> ② 다른 법률에서 특별행정심판이나 이 법에 따른 행정심판절차에 대한 특례를 정한 경우에도 그 법률에서 규정하지 아니한 사항에 관하여는 이 법에서 정하는 바에 따른다.
> ③ 관계 행정기관의 장이 특별행정심판 또는 이 법에 따른 행정심판절차에 대한 특례를 신설하거나 변경하는 법령을 제정·개정할 때에는 미리 중앙행정심판위원회와 협의하여야 한다.

② 이의신청의 청구요건

(ㄱ) **이의신청의 대상** : 전술한 바와 같이 **수용**(사용)**결정 자체를 다투는 경우**와 **보상금결정을 다투는 경우**가 있다. 이 경우 각각 수용결정(수용·사용의 목적물 범위, 수용·사용의 개시일)과 보상금 결정(보상액의 증감)이 이의신청의 대상이 된다.

(ㄴ) **이의신청의 당사자** : 토지소유자 또는 관계인, 이해관계인 및 사업시행자가 이의신청을 제기할 수 있다. 피청구인은 지방토지수용위원회나 중앙토지수용위원회가 된다.

(ㄷ) **청구기간**

㉠ **토지보상법 및 판례의 태도** : 재결서 정본을 받은 날로부터 30일 이내에 중앙토지수용위원회에 서면으로 신청해야 하며, 처분청을 경유하여야 한다. 제소기간을 단축한 것은 수용행정의 특수성과 전문성을 살리기 위한 것으로 합헌적 규정이며, 이의신청이 있는 경우 중앙토지수용위원회는 심리, 재결할 의무를 부담하며 사업의 진행 및 토지의 수용 또는 사용을 정지시키지 아니한다(법 제88조).

> 판례
> ▶ **관련판례**(대판 1992.8.18, 91누9312)
> 수용재결(원재결)에 대한 이의신청기간과 이의재결에 대한 행정소송제기기간을 그 일반법인 행정심판법 제27조 제1항의 행정심판청구기간(90일)과 행정소송법 제20조 제1항의 행정소송의 제소기간(90일)보다 짧게 규정한 것은 토지수용과 관련한 공익사업을 신속히 수행하여야 할 그 특수성과 전문성을 살리기 위한 필요에서 된 것으로 이해되므로 이를 행정심판법 제43조, 제42조에 어긋나거나 헌법 제27조에 어긋나는 위헌규정이라 할 수 없다.

ⓛ 재결서 정본이 송달되지 아니한 경우 이의신청의 청구기간

 ⓐ **문제점** : 수용재결의 재결서가 피수용자에게 적법하게 송달되지 않은 경우에 이의 신청기간이 언제부터 진행되는지 문제된다.

 ⓑ **학설** : 행정심판법 또는 행정소송법을 적용하여 재결이 있은 날로부터 180일 또는 1년의 기간이 적용된다고 보는 견해가 있다.[21]

 ⓒ **판례**

> 판례
>
> ▶ 관련판례(대판 1995.6.13, 94누9085)
> 수용재결서가 수용시기 이전에 피수용자에게 적법하게 송달되지 아니하였다고 하여 수용절차가 당연무효가 된다고 할 수는 없고, 다만 그 수용재결서의 정본이 적법하게 송달된 날로부터 수용재결에 대한 이의신청기간이 진행된다.

 ⓓ **검토** : 법적안정성 측면에서는 학설이 타당할 수 있으나, 수용재결서가 토지소유자 등에게 통지되는 점, 국민의 권리구제 등을 고려할 때 판례의 태도가 타당하다.

③ **이의신청제기의 효과**

행정소송법 제23조와 달리 토지보상법 제88조에서 집행부정지 원칙만 규정하고 있어 그 해석상 문제될 수 있다. 그러나, 행정심판법과 행정소송법(취소소송 제기효과 참조)을 배제하는 규정으로는 보기 어렵다고 할 것이다.

> ▶ 토지보상법 제88조(처분효력의 부정지)
> 제83조에 따른 이의의 신청이나 제85조에 따른 행정소송의 제기는 사업의 진행 및 토지의 수용 또는 사용을 정지시키지 아니한다.
>
> ▶ 행정심판법 제30조(집행정지)
> ① 심판청구는 처분의 효력이나 그 집행 또는 절차의 속행(續行)에 영향을 주지 아니한다.
> ② 위원회는 처분, 처분의 집행 또는 절차의 속행 때문에 중대한 손해가 생기는 것을 예방할 필요성이 긴급하다고 인정할 때에는 직권으로 또는 당사자의 신청에 의하여 처분의 효력, 처분의 집행 또는 절차의 속행의 전부 또는 일부의 정지(이하 "집행정지"라 한다)를 결정할 수 있다. 다만, 처분의 효력정지는 처분의 집행 또는 절차의 속행을 정지함으로써 그 목적을 달성할 수 있을 때에는 허용되지 아니한다.
> ③ 집행정지는 공공복리에 중대한 영향을 미칠 우려가 있을 때에는 허용되지 아니한다.
> ④ 〈이하 생략〉

④ **이의재결**

이의신청에 대한 **심리는 비공개주의, 서면주의, 직권주의를 원칙**으로 하며, 중앙토지수용위원회는 재결이 위법 또는 부당하다고 인정하는 때에는 그 재결의 전부 또는 일부를 취소하거나 **보상액을 변경**할 수 있다.

---

21) 김향기, 행정법사례연습, 2012, 889

⑤ 이의재결의 효력

> ↪ 법 제84조(이의신청에 대한 재결)
> ① 중앙토지수용위원회는 제83조에 따른 이의신청을 받은 경우 제34조에 따른 재결이 위법하거나
>   부당하다고 인정할 때에는 그 재결의 전부 또는 일부를 취소하거나 보상액을 변경할 수 있다.
> ② 제1항에 따라 보상금이 늘어난 경우 사업시행자는 재결의 취소 또는 변경의 재결서 정본을 받은
>   날부터 30일 이내에 보상금을 받을 자에게 그 늘어난 보상금을 지급하여야 한다. 다만, 제40조
>   제2항 제1호·제2호 또는 제4호에 해당할 때에는 그 금액을 공탁할 수 있다.
>
> ↪ 법 제86조(이의신청에 대한 재결의 효력)
> ① 제85조 제1항에 따른 기간 이내에 소송이 제기되지 아니하거나 그 밖의 사유로 이의신청에 대한
>   재결이 확정된 때에는「민사소송법」상의 확정판결이 있는 것으로 보며, 재결서 정본은 집행력 있
>   는 판결의 정본과 동일한 효력을 가진다.
> ② 사업시행자, 토지소유자 또는 관계인은 이의신청에 대한 재결이 확정되었을 때에는 관할 토지수
>   용위원회에 대통령령으로 정하는 바에 따라 재결확정증명서의 발급을 청구할 수 있다.

(4) 재결에 대한 취소소송

① 의의

취소소송이란, 행정청의 위법한 처분 등의 취소 또는 변경을 구하는 소송을 말한다. 공용수
용에 있어서는 관할 토지수용위원회의 재결 또는 중앙토지수용위원회의 이의재결이 위법함
을 전제로 하여 그 재결의 취소 또는 변경을 구하는 소송을 말한다. 토지보상법이 정하는 특
례사항 이외에는 행정소송법이 적용된다.

② 취소소송의 제기요건

(구)토지수용법에서는 소송의 대상과 관련하여 재결주의를 규정한 것인지에 대해 논란이 있
었으나, 개정 토지보상법 제85조 제1항은 "제34조의 규정에 의한 재결에 대하여 불복이 있
는 때에는 재결서를 받은 날부터 90일 이내에, 이의신청을 거친 때에는 이의재결서를 받은
날부터 60일 이내~"라고 규정하여 논란의 여지없이 원처분주의로 개정되었다. 최근 판례도
원처분주의를 반영하고 있다.

> ↪ 법 제85조(행정소송의 제기)
> ① 사업시행자, 토지소유자 또는 관계인은 제34조에 따른 재결에 불복할 때에는 재결서를 받은 날부
>   터 90일 이내에, 이의신청을 거쳤을 때에는 이의신청에 대한 재결서를 받은 날부터 60일 이내에
>   각각 행정소송을 제기할 수 있다. 이 경우 사업시행자는 행정소송을 제기하기 전에 제84조에 따
>   라 늘어난 보상금을 공탁하여야 하며, 보상금을 받을 자는 공탁된 보상금을 소송이 종결될 때까지
>   수령할 수 없다.
> ② 제1항에 따라 제기하려는 행정소송이 보상금의 증감(增減)에 관한 소송인 경우 그 소송을 제기하
>   는 자가 토지소유자 또는 관계인일 때에는 사업시행자를, 사업시행자일 때에는 토지소유자 또는
>   관계인을 각각 피고로 한다.

> 판례

▶ 관련판례(대판 1991.2.12, 90누288)
토지수용법 제73조 내지 제75조의2의 규정을 종합하면 토지수용에 관한 행정소송에 있어서는 중앙
토지수용위원회의 이의신청에 대한 재결에 대하여 불복이 있을 때에 제기할 수 있고 수용재결은
행정소송의 대상으로 삼을 수 없다 할 것이므로 그 행정소송에서는 이의 재결 자체의 고유한 위법사
유뿐 아니라 이의신청사유로 삼지 않은 수용재결의 하자도 주장할 수 있다.

▶ 관련판례(대판 2010.1.28, 2008두1504)
공익사업을 위한 토지 등의 취득 및 보상에 관한 법률 제85조 제1항 전문의 문언 내용과 같은 법
제83조, 제85조가 중앙토지수용위원회에 대한 이의신청을 임의적 절차로 규정하고 있는 점, 행정
소송법 제19조 단서가 행정심판에 대한 재결은 재결 자체에 고유한 위법이 있음을 이유로 하는 경
우에 한하여 취소소송의 대상으로 삼을 수 있도록 규정하고 있는 점 등을 종합하여 보면, 수용재결에
**불복하여 취소소송을 제기하는 때에는 이의신청을 거친 경우에도 수용재결을 한 중앙토지수용위원회 또
는 지방토지수용위원회를 피고로 하여 수용재결의 취소를 구하여야 하고**, 다만 이의신청에 대한 재
결 자체에 고유한 위법이 있음을 이유로 하는 경우에는 그 이의재결을 한 중앙토지수용위원회를
피고로 하여 이의재결의 취소를 구할 수 있다고 보아야 한다.

③ 취소소송의 제기효과

전술한(이의신청 제기효과) 바와 같다.

> ❷ 토지보상법 제88조(처분효력의 부정지)
제83조에 따른 이의의 신청이나 제85조에 따른 행정소송의 제기는 사업의 진행 및 토지의 수용 또는
사용을 정지시키지 아니한다.

> ❷ 행정소송법 제23조(집행정지)
① 취소소송의 제기는 처분 등의 효력이나 그 집행 또는 절차의 속행에 영향을 주지 아니한다.
② 취소소송이 제기된 경우에 처분 등이나 그 집행 또는 절차의 속행으로 인하여 생길 회복하기 어려
운 손해를 예방하기 위하여 긴급한 필요가 있다고 인정할 때에는 본안이 계속되고 있는 법원은
당사자의 신청 또는 직권에 의하여 처분 등의 효력이나 그 집행 또는 절차의 속행의 전부 또는
일부의 정지(이하 "집행정지"라 한다)를 결정할 수 있다. 다만, 처분의 효력정지는 처분 등의 집행
또는 절차의 속행을 정지함으로써 목적을 달성할 수 있는 경우에는 허용되지 아니한다.
③ 집행정지는 공공복리에 중대한 영향을 미칠 우려가 있을 때에는 허용되지 아니한다.
④ 제2항의 규정에 의한 집행정지의 결정을 신청함에 있어서는 그 이유에 대한 소명이 있어야 한다.
⑤ 제2항의 규정에 의한 집행정지의 결정 또는 기각의 결정에 대하여는 즉시항고할 수 있다. 이 경우
집행정지의 결정에 대한 즉시항고에는 결정의 집행을 정지하는 효력이 없다.
⑥ 제30조 제1항의 규정은 제2항의 규정에 의한 집행정지의 결정에 이를 준용한다.

④ 심리 및 판결

심리의 내용은 **요건심리와 본안심리**로 구분되며, 심리의 방식은 행정소송법의 심리규정이 그
대로 적용된다. 판결은 **각하, 기각, 인용, 사정판결**이 가능하며, 위법성의 판단시점 및 판결의
효력은 행정소송법이 그대로 적용된다. 토지보상법 제87조에서는 "사업시행자가 제기한 소

송이 각하·기각 또는 취하된 경우 사업시행자는 재결서 정본을 받은 날 또는 이의신청을 거친 경우에는 이의재결서 정본을 받은 날부터 판결일 또는 취하일까지 기간에 대하여 소송촉진 등에 관한 특례법 제3조의 규정에 의한 법정이율을 적용하여 산정한 금액을 보상금에 가산하여 지급하여야 한다.”고 규정하고 있다.

> 🔷 **법 제87조(법정이율에 의한 가산지급)**
> 사업시행자는 제85조 제1항에 따라 사업시행자가 제기한 행정소송이 각하·기각 또는 취하된 경우 다음 각 호의 어느 하나에 해당하는 날부터 판결일 또는 취하일까지의 기간에 대하여 「소송촉진 등에 관한 특례법」 제3조에 따른 법정이율을 적용하여 산정한 금액을 보상금에 가산하여 지급하여야 한다.
> 1. 재결이 있은 후 소송을 제기하였을 때에는 재결서 정본을 받은 날
> 2. 이의신청에 대한 재결이 있은 후 소송을 제기하였을 때에는 그 재결서 정본을 받은 날

⑤ 사업인정과 수용재결의 하자승계

후술하는 바와 같이 사업인정과 수용재결의 하자승계에 대해 대법원은 부정적인 입장이다.

> **판례**
>
> ▶ **관련판례(대판 1992.3.13, 91누4324)**
> 사업인정처분 자체의 위법은 사업인정단계에서 다투어야 하고 이미 그 쟁송기간이 도과한 수용재결단계에서는 사업인정처분이 당연무효라고 볼 만한 특단의 사정이 없는 한 그 위법을 이유로 재결의 취소를 구할 수는 없다.
>
> ▶ **관련판례(대판 2009.11.26, 2009두11607)**
> 도시계획사업허가의 공고시에 토지세목의 고시를 누락하거나 사업인정을 함에 있어 수용 또는 사용할 토지의 세목을 공시하는 절차를 누락한 경우, 이는 절차상의 위법으로서 수용재결단계 전의 사업인정단계에서 다툴 수 있는 취소사유에 해당하기는 하나 더 나아가 그 사업인정 자체를 무효로 할 중대하고 명백한 하자라고 보기는 어렵고, 따라서 이러한 위법을 들어 수용재결처분의 취소를 구하거나 무효확인을 구할 수는 없다.

⑥ 토지 및 물건조서작성의 하자와 수용재결의 관계

> **판례**
>
> ▶ **관련판례(대판 2005.9.30, 2003두12349)**
> 기업자가 토지수용법 제23조 소정의 토지조서 및 물건조서를 작성함에 있어서 **토지소유자를 입회시켜** 이에 서명날인을 하게 하지 아니하였다 하더라도 그러한 사유만으로는 그 토지에 대한 수용재결 및 이의재결까지 무효가 된다고 할 수 없고, 기업자가 토지소유자에게 성의있고 진실하게 설명하여 이해할 수 있도록 협의요청을 하지 아니하였다거나, 협의경위서를 작성함에 있어서 토지소유자의 서명날인을 받지 아니하였다는 하자 역시 절차상의 위법으로서 수용재결 및 이의재결에 대한 당연무효의 사유가 된다고 할 수도 없다.

⑦ 사업인정 무효와 재결의 무효 관련 판례 - 토지수용재결처분취소 등

판례

▶ 관련판례(대판 2015.3.20, 2011두3746) - 제주도 사업인정 무효/재결 무효
[토지수용재결처분취소등]
[판시사항]
[1] 행정청이 도시계획시설인 유원지를 설치하는 도시계획시설사업에 관한 실시계획을 인가하기
위한 요건
[2] 도시계획시설사업에 관한 실시계획의 인가 요건을 갖추지 못한 인가처분의 경우, 그 하자가 중
대한지 여부(적극)
[판결요지]
[1] (구)국토의 계획 및 이용에 관한 법률(2005.12.7. 법률 제7707호로 개정되기 전의 것, 이하
'국토계획법'이라 한다) 제2조 제6호 (나)목, 제43조 제2항, (구)국토의 계획 및 이용에 관한 법
률 시행령(2005.12.28. 대통령령 제19206호로 개정되기 전의 것) 제2조 제1항 제2호, 제3항,
(구)도시계획시설의 결정·구조 및 설치기준에 관한 규칙(2005.12.14. 건설교통부령 제480호
로 개정되기 전의 것) 제56조 등의 각 규정 형식과 내용, 그리고 도시계획시설사업에 관한 실시
계획의 인가처분은 특정 도시계획시설사업을 구체화하여 현실적으로 실현하기 위한 것인 점 등
을 종합하여 보면, 행정청이 도시계획시설인 유원지를 설치하는 도시계획시설사업에 관한 실시
계획을 인가하려면, 실시계획에서 설치하고자 하는 시설이 국토계획법령상 유원지의 개념인 '주로
주민의 복지향상에 기여하기 위하여 설치하는 오락과 휴양을 위한 시설'에 해당하고, 실시계획이 국
토계획법령이 정한 도시계획시설(유원지)의 결정·구조 및 설치의 기준에 적합하여야 한다.
[2] (구)국토의 계획 및 이용에 관한 법률(2005.12.7. 법률 제7707호로 개정되기 전의 것) 제88조
제2항, 제95조, 제96조의 규정 내용에다가 도시계획시설사업은 도시 형성이나 주민 생활에 필
수적인 기반시설 중 도시관리계획으로 체계적인 배치가 결정된 시설을 설치하는 사업으로서 공
공복리와 밀접한 관련이 있는 점, 도시계획시설사업에 관한 실시계획의 인가처분은 특정 도시
계획시설사업을 현실적으로 실현하기 위한 것으로서 사업에 필요한 토지 등의 수용 및 사용권
부여의 요건이 되는 점 등을 종합하면, 실시계획의 인가요건을 갖추지 못한 인가처분은 공공성
을 가지는 도시계획시설사업의 시행을 위하여 필요한 수용 등의 특별한 권한을 부여하는 데 정
당성을 갖추지 못한 것으로서 법규의 중요한 부분을 위반한 중대한 하자가 있다.

(5) 재결에 대한 무효등확인소송

① 의의

무효등확인소송이란 처분 등의 효력 유무 또는 존재 여부를 확인하는 소송이다. 무효인 처분
도 처분의 외관이 존재하여 집행될 수 있으므로 무효임을 공적으로 확인받을 필요가 있는바
여기에 무효등확인소송이 인정되는 실익이 있다.

② 취소소송에 관한 사항의 적용

소송을 제기할 수 있는 자는 사업시행자와 토지소유자 및 관계인이며, 재결청이 피고가 된다.
관할법원은 원칙적으로 피고의 소재지를 관할하는 행정법원이 된다. 소송이 각하, 기각 또는
취하된 경우에는 재결이 확정되고 사업시행자가 소송을 제기한 경우로서 소송이 각하, 기각
또는 취하된 경우에는 가산금을 지급하여야 한다.

③ 이의신청전치 및 제소기간의 적용배제

무효등확인소송에서는 개별법에서 이의신청전치를 규정하고 있는 경우에도 적용이 없고, 제소기간의 제한도 적용이 없다. 재결의 위법사유가 중대·명백한 것인 때에는 법원이 심사하기 전에 중앙토지수용위원회가 심리·판단할 필요가 없다고 할 것이기 때문이다. 그리고 무효인 재결은 처음부터 효력이 없는 것이므로, 법률관계의 조속한 확정의 요청에 기한 제소기간의 제한규정도 적용이 없다고 볼 것이다.

판례

▶ 관련판례[대판 2017.4.13, 2016두64241] - [수용재결무효확인]

[1] 공익사업을 위한 토지 등의 취득 및 보상에 관한 법률(이하 '토지보상법'이라 한다)은 사업시행자로 하여금 우선 협의취득 절차를 거치도록 하고, 협의가 성립되지 않거나 협의를 할 수 없을 때에 수용재결취득 절차를 밟도록 예정하고 있기는 하다. 그렇지만 일단 토지수용위원회가 수용재결을 하였더라도 사업시행자로서는 수용 또는 사용의 개시일까지 토지수용위원회가 재결한 보상금을 지급 또는 공탁하지 아니함으로써 재결의 효력을 상실시킬 수 있는 점, 토지소유자등은 수용재결에 대하여 이의를 신청하거나 행정소송을 제기하여 보상금의 적정 여부를 다툴 수 있는데, 그 절차에서 사업시행자와 보상금액에 관하여 임의로 합의할 수 있는 점, 공익사업의 효율적인 수행을 통하여 공공복리를 증진시키고, 재산권을 적정하게 보호하려는 토지보상법의 입법 목적(제1조)에 비추어 보더라도 수용재결이 있은 후에 사법상 계약의 실질을 가지는 협의취득 절차를 금지해야 할 별다른 필요성을 찾기 어려운 점 등을 종합해 보면, 토지수용위원회의 수용재결이 있은 후라고 하더라도 토지소유자 등과 사업시행자가 다시 협의하여 토지 등의 취득이나 사용 및 그에 대한 보상에 관하여 임의로 계약을 체결할 수 있다고 보아야 한다.

[2] 중앙토지수용위원회가 지방국토관리청장이 시행하는 공익사업을 위하여 甲 소유의 토지에 대하여 수용재결을 한 후, 甲과 사업시행자가 '공공용지의 취득협의서'를 작성하고 협의취득을 원인으로 소유권이전등기를 마쳤는데, 甲이 '사업시행자가 수용개시일까지 수용재결보상금 전액을 지급·공탁하지 않아 수용재결이 실효되었다'고 주장하며 수용재결의 무효확인을 구하는 소송을 제기한 사안에서, 甲과 사업시행자가 수용재결이 있은 후 토지에 관하여 보상금액을 새로 정하여 취득협의서를 작성하였고, 이를 기초로 소유권이전등기까지 마친 점 등을 종합해 보면, 甲과 사업시행자가 수용재결과는 별도로 '토지의 소유권을 이전한다는 점과 그 대가인 보상금의 액수'를 합의하는 계약을 새로 체결하였다고 볼 여지가 충분하고, 만약 이러한 별도의 협의취득 절차에 따라 토지에 관하여 소유권이전등기가 마쳐진 것이라면 설령 甲이 수용재결의 무효확인 판결을 받더라도 토지의 소유권을 회복시키는 것이 불가능하고, 나아가 무효확인으로써 회복할 수 있는 다른 권리나 이익이 남아 있다고도 볼 수 없다고 한 사례

해당 공익사업에 대한 재결의 경위와 당사자의 주장에 대하여 박스 안에 1심 행정법원 사건을 정리하였고, 이하 구체적인 사실관계를 적시하고 있다.

---

1. 재결의 경위

   가. 사업의 개요
   - 명칭 : 광주-원주 고속도로 민간투자사업(2공구 1차)(이하 '이 사건 사업'이라 한다)
   - 고시 : 2010.3.4. 국토교통부 고시 제2010-129호, 2010.5.3. 같은 고시 제2010-262호
   - 사업시행자 : 원주지방국토관리청장(이하 '이 사건 사업시행자'라 한다)

   나. 중앙토지수용위원회의 2013.1.18.자 수용재결(이하 '이 사건 수용재결'이라 한다)
   - 수용대상 : 원고 소유의 별지 1 목록 기재 각 토지(이하 포괄하여 '이 사건 각 토지'라 하고, 개별 토지는 각 지번으로 지칭한다)
   - 수용개시일 : 2013.3.13.
   - 이 사건 각 토지에 대한 손실보상금 : 합계 976,261,750원

2. 피수용자의 주장(원고 : 피수용자, 피고 : 중앙토지수용위원회)

   이 사건 수용재결에 따른 손실보상금 합계 976,261,750원은 이 사건 각 토지의 가액에서 이 사건 각 토지 중 (지번 1, 지번 2, 지번 3) 토지에 대하여 설정된 구분지상권의 평가가격이 이미 공제된 금액이라 할 것인데, 이 사건 사업시행자는 위 손실보상금에서 임의로 위 구분지상권의 지료를 공제하여 피수용자에게 위 손실보상금 중 일부인 943,846,800원만을 지급하고 수용개시일까지 나머지 32,414,950원을 지급하지 아니하였으므로, 공익사업을 위한 토지 등의 취득 및 보상에 관한 법률 제42조에 따라 이 사건 수용재결은 실효되었음이 명백하다.

3. 피고의 본안전항변에 대한 판단

   피고는, 손실보상금의 지급 및 공탁은 피고의 수용재결 이후 사업시행자의 의무에 해당하는 것이므로, 보상금의 일부 미지급을 이유로 수용재결의 무효 또는 실효확인을 구하는 소는 사업시행자를 상대로 하여야 하고, 따라서 원고의 이 사건 소는 당사자적격이 없는 자를 상대로 한 것이거나 소의 이익이 없어 부적법하다고 항변한다.

   그러나, 수용재결은 항고소송의 대상이 되는 행정처분에 해당하고, 항고소송에 해당하는 처분 등의 무효확인소송은 그 처분 등을 행한 행정청을 상대로 제기하여야 하는 것인바, 손실보상금의 지급 또는 공탁이 사업시행자의 의무라고 하더라도 원고가 그 미지급으로 인해 수용재결이 실효되었음을 이유로 이 사건 수용재결의 무효확인을 구하고 있는 이상, 피고는 이 사건 수용재결을 한 행정청으로서 이 사건 소의 상대방이 된다고 할 것이므로 피고의 위 항변은 이유 없다.

4. 이 사건 수용재결의 효력에 대한 판단

   가. 인정사실
   (1) 이 사건 각 토지 중 (지번 1, 지번 2, 지번 3) 토지에 대하여는 한국전력공사가 "전기공작물(철탑 및 송전선)의 건설과 소유"를 목적으로 하여 2012.1.4. 구분지상권설정 등기를 경료하였는데, 해당 면적은 각각 65㎡, 55㎡, 652㎡이고, 한국전력공사는 위 구분지상권설정 당시 소유자인 원고에게 지료 합계 32,414,950원(위 각 토지에 대하여 각각 3,357,250원, 2,260,500원, 26,797,200원)을 일시금으로 지급하였다(이하 포괄하여 '이 사건 구분지상권'이라 한다).

(2) 이 사건 사업시행자와 한국전력공사는 이 사건 각 토지의 수용에도 불구하고 이 사건 구분지상권을 존속시키기로 합의하였다.

(3) 이 사건 사업시행자는 2013.2.18. 원고에게 이 사건 수용재결에서 정한 이 사건 각 토지에 대한 손실보상금 합계 976,261,750원에서 이 사건 구분지상권의 지료 합계 32,414,950원을 공제한 943,846,800원을 지급하였다.

(출처 : 서울행정법원 2016.5.20, 2015구합78557[수용재결무효확인])

대판 2017.4.13, 2016두64241 [수용재결무효확인]의 사건의 전말은 다음과 같다.

(1) 원주지방국토관리청장(이하 '이 사건 사업시행자'라고 한다)이 시행하는 이 사건 공익사업을 위하여 2013.1.18. 원고 소유인 경기도 광주시 임야 3,505㎡ 등 5필지(이하 '이 사건 토지'라고 한다)를 수용하고, 그 손실보상금은 합계 976,261,750원으로 하며, 수용개시일은 2013.3.13.로 한다는 내용의 수용재결(이하 '이 사건 수용재결'이라고 한다)을 하였다.

(2) 당시 이 사건 사업시행자는 이 사건 수용재결의 보상금액에 관하여 감액청구소송을 제기할지를 검토하고 있었다. 한편 원고는 '50억원이 넘는 대출금채무로 인해 매일 300만원에 달하는 지연손해금 채무가 발생하고 있다'라고 언급하면서, 이 사건 사업시행자에게 하루라도 빨리 이 사건 토지의 손실보상금을 지급해 주고, 나아가 이 사건 토지에 인접한 잔여지 6필지(이하 '이 사건 잔여지'라고 한다)도 매수해 줄 것을 요청하였다.

(3) 이러한 상황에서 원고와 이 사건 사업시행자는 2013.2.18. 이 사건 토지에 관하여 보상금액을 943,846,800원으로, 이 사건 잔여지에 관하여 보상금액을 693,573,430원으로 정한 각 '공공용지의 취득협의서'를 작성하였고, 원고가 이 사건 사업시행자에게 위 각 금액을 청구하는 내용의 각 보상금청구서 및 같은 금액을 영수한다는 내용의 각 영수증을 작성·교부하였으며, 2013.2.21. 이 사건 토지 및 잔여지에 관하여 '2013.2.18. 공공용지의 협의취득'을 원인으로 참가인 명의의 소유권이전등기가 마쳐졌다. 한편 이 사건 토지에 관한 위 보상금청구서에는 이의를 유보한다는 취지와 함께 "보상금액이 너무 억울하여 이의 유보를 기재하고 향후 조치를 취하려 한다."는 내용이 기재되어 있다.

위와 같은 상황에서 피수용자는 수용재결이 나온 다음에 협의를 진행하여 사업시행자에게 소유권을 넘기면서 잔여지 보상도 받았다. 그런데 수용재결에서 수용의 개시일에 보상금지급을 공탁하지 않았다는 이유로 수용재결무효확인소송을 제기하였다. 다음의 물음에 답하시오. 40점

(1) 수용재결의 의의 및 법적 성질을 설명하시오. 10점

(2) 수용재결의 실효와 재결신청 효력과의 관계에 대하여 설명하시오. 10점

(3) 수용재결에서 정한 수용의 개시일에 당사자가 협의의 형태로 소유권을 이전하고 보상금을 지급하였을 뿐만 아니라 잔여지까지 보상을 마친 경우에 피수용자는 수용재결무효확인 주장을 하고 있다. 다음에 구체적인 내용을 설명하고 검토하시오. 20점

① 사업인정 전후의 협의의 성립으로 소유권 취득을 설명하시오.

② 수용의 개시일에 소유권 취득에 대해 설명하시오.

③ 수용재결 이후에 협의로 취득할 수 있는지 여부를 검토하시오.

④ 수용재결무효확인을 구할 실익이 있는지 여부를 검토하시오.

❖ 설문1에 대하여

Ⅰ. 수용재결의 의의 및 취지

Ⅱ. 수용재결의 법적 성질

  1. 형성적 행정행위 여부

  2. 기속행위·재량행위 여부

  3. 제3자효 행정행위 및 공법상 대리의 성격

Ⅲ. 소결

❖ 설문2에 대하여

Ⅰ. 수용재결의 실효의 의의 및 취지

Ⅱ. 수용재결의 사유

Ⅲ. 수용재결 실효와 재결신청 효력의 관계

  1. 문제점

  2. 견해 대립

  3. 대법원 판례

Ⅳ. 이의재결 증액보상금 미지급 시 이의재결의 실효

❖ 설문3에 대하여

Ⅰ. 사업인정 전후의 협의 성립으로 소유권 취득

Ⅱ. 수용의 개시일에 소유권 등 취득

Ⅲ. 수용재결 이후에 협의로 취득할 수 있는지 여부

Ⅳ. 수용재결무효확인을 구할 실익이 있는지 여부

❖ **설문1에 대하여**

Ⅰ. 수용재결의 의의 및 취지

수용재결은 사업인정고시 후 협의불성립·불능의 경우 사업시행자의 재결신청에 의해 관할 토지수용위원회가 행하는 수용 또는 사용결정의 최종적 판단절차이다(제34조, 제50조). 강제적 권력행사를 통해 공익을 실현하고, 엄격한 절차와 형식을 통해 공익과 사익을 조절하기 위한 제도로서 취지가 있다.

Ⅱ. 수용재결의 법적 성질

1. 형성적 행정행위 여부

  (1) 문제점

    수용권자를 누구로 보는지 견해에 따라 재결의 형성적 행정행위 여부가 달라진다. 어느 견해로 보더라도 강학상 행정행위이자 행정쟁송법상 처분으로서 항고쟁송의 대상이 된다.

  (2) 학설

    ① 〈국가수용권설〉 수용권의 주체는 국가이므로, 재결은 국가가 수용권을 행사하여 피수용자의 권리를 박탈하여 사업시행자에게 이전해 주는 행위로 본다.

    ② 〈사업시행자수용권설〉 수용권의 주체는 사업시행자이므로, 재결은 사업시행자에게 부여된 수용권의 구체적 내용을 확정하고, 사업시행자와 피수용자 간의 권리취득 및 상실을 결정하는 형성적 행정행위라고 한다. 이 견해가 다수설이다.

  (3) 판례

    대법원은 재결은 일정한 법적 효과를 가져오는 처분으로서 행정행위의 성질을 갖는다고 하였다(대판 1993.1.9, 91누8050; 대판 1993.4.27, 92누15789).

(4) 검토

생각건대 사업시행자수용권설의 입장이 타당한 바, 재결은 수용권의 구체적 내용을 결정하고 권리취득 및 상실을 결정하는 형성적 행정행위로 봄이 타당하다.

2. 기속행위·재량행위 여부

사업시행자가 재결신청을 하면 관할 토지수용위원회는 형식적 요건이 미비되지 않는 한 재결을 해야 하므로, 재결의 발령 자체는 기속행위로 볼 수 있다. 그러나 토지보상법 제50조 제2항 단서에 따르면 손실보상금에 관하여 증액재결을 할 수 있고, 사업인정단계에서 확정된 모든 토지를 수용할 의무를 부담하는 것은 아니고, 재결단계에서 공공성의 판단, 사업시행자의 사업수행의 의사나 능력을 판단하는 점에 비추어 재결의 내용에 있어서는 재량행위로 볼 수 있다.

> 공용수용은 헌법상의 재산권 보장의 요청상 불가피한 최소한에 그쳐야 한다는 헌법 제23조의 근본취지에 비추어 볼 때, 사업시행자가 사업인정을 받은 후 그 사업이 공용수용을 할 만한 공익성을 상실하거나 사업인정에 관련된 자들의 이익이 현저히 비례의 원칙에 어긋나게 된 경우 또는 사업시행자가 해당 공익사업을 수행할 의사나 능력을 상실하였음에도 여전히 그 사업인정에 기하여 수용권을 행사하는 것은 수용권의 공익목적에 반하는 수용권의 남용에 대항하여 허용되지 않는다(대판 2011.1.27, 2009두1051).

3. 제3자효 행정행위 및 공법상 대리의 성격

수용재결은 사업시행자에게는 재산권 취득의 수익적 효과를 피수용자에게는 재산권 박탈의 침익적 효과를 부여하므로, 제3자효 행정행위이다. 또한 관할 토지수용위원회가 독립적 판단작용을 하므로, 준사법작용과 유사한 당사자심판의 성격, 시심적 쟁송의 성질을 갖고, 수용권자와 피수용권자를 대신하여 수용재결의 사항을 판단하므로 공법상 대리의 성격도 갖고 있다.

III. 소결

수용재결은 관할 토지수용위원회가 수용결정을 종국적 판단하는 것으로서, 형성적 행정행위이며, 제3자효 행정행위성과 공법상 대리의 성격을 지닌 것이다. 이는 결과적으로 공익사업에 있어서 공사익 형량의 마지막 단계라고 할 것이다.

❖ 설문2에 대하여

I. 수용재결의 실효의 의의 및 취지

수용재결의 실효란 유효하게 성립한 재결효력이 객관적 사실의 발생에 따라 상실되는 것을 말한다(제42조). 재결실효제도는 사전보상원칙을 이행하기 위함이다.

II. 수용재결의 사유

사업시행자가 수용 또는 사용의 개시일까지 관할 토지수용위원회가 재결한 보상금을 지급하거나 공탁하지 아니하였을 때에는 해당 토지수용위원회의 재결은 효력을 상실한다(제42조 제1항). 재결 이후 사용 또는 수용의 개시일 전에 사업인정이 취소 또는 변경되었을 경우 그 고시 결과에 따라 재결의 효력은 상실된다.

III. 수용재결 실효와 재결신청 효력의 관계

1. 문제점

재결의 효력이 상실된 경우 재결신청의 효력이 어떻게 되느냐에 대하여 견해가 나뉘어져 있다.

2. 견해 대립

재결신청의 효력이 유효하다는 견해는 보상금을 지급하거나 공탁하지 않으면 토지보상법 제42조 규정에서 재결의 효력만을 상실시킬 뿐 재결신청의 효력까지를 상실시키는 것은 아니므로 유효하다고 한다. 그러나 재결과 그 기초가 되는 재결신청은 운명을 같이 하여야 하므로, 보상금을 지급하거나 공탁하지 않아 재결의 효력이 상실되면 그 효력이 상실되어야 한다는 견해가 있다.

3. 대법원 판례

토지수용의 내용이 공익사업을 위해서 기업자에게 타인의 재산권을 강제적으로 취득시키는 효과를 나타내는 데 있다고 하더라도 이는 그 보상금의 지급을 조건으로 하고 있는 것인 만큼 토지수용법 제65조의 규정내용 역시 기업자가 그 재결된 보상금을 그 수용시기까지 지급 또는 공탁하지 않은 이상 위 수용위원회의 재결은 물론 재결의 전제가 되는 재결신청도 아울러 그 효력을 상실하는 것이라고 해석함이 상당하고, 재결의 효력이 상실되면 재결신청 역시 그 효력을 상실하게 되는 것이므로 그로 인하여 토지수용법 제17조 소정의 사업인정의 고시가 있은 날부터 1년 이내에 재결신청을 하지 않는 것으로 되었다면 사업인정도 역시 효력을 상실하여 결국 그 수용절차 일체가 백지상태로 환원된다고 판시하였다(대판 1987.3.1, 84누158).

IV. 이의재결 증액보상금 미지급 시 이의재결의 실효

사업시행자가 수용 또는 사용의 개시일까지 관할 토지수용위원회가 재결한 보상금을 지급하거나 공탁하지 아니하였을 때에는 해당 토지수용위원회의 재결은 효력을 상실한다. 이 경우 재결은 무효로 되어 수용의 목적물을 취득할 수 없게 된다(대판 1995.9.15, 93다48458). 그러나 이의재결에서 증액된 보상금을 지급·공탁하지 않았다 하여 이의재결이 당연히 실효되는 것은 아니라 한다(대판 1989.6.27, 88누3956).

❖ 설문3에 대하여

I. 사업인정 전후의 협의의 성립으로 소유권 취득

사업시행자는 사업인정 전이나 그 후에 토지조서 및 물건조서의 작성, 보상계획의 열람 등 일정한 절차를 거친 후 토지 등에 대한 보상에 관하여 토지소유자 및 관계인과 협의한 다음 그 협의가 성립되었을 때 계약을 체결할 수 있다(제14조 내지 제17조, 제26조, 이하 '협의취득'이라 한다). 이때의 보상합의는 공공기관이 사경제주체로서 행하는 사법상 계약의 실질을 가지는 것으로서, 당사자 간의 합의로 토지보상법이 정한 손실보상기준에 의하지 아니한 손실보상금을 정할 수 있고, 이처럼 법이 정하는 기준에 따르지 아니하고 손실보상액에 관한 합의를 하였다고 하더라도 그 합의가 착오 등을 이유로 적법하게 취소되지 않는 한 유효하므로(대판 2013.8.22, 2012다3517 참조), 사업시행자는 그 합의에서 정한 바에 따라 토지 등을 취득 또는 사용할 수 있다.

II. 수용의 개시일에 소유권 등 취득

둘째로, 사업시행자는 위와 같은 협의가 성립되지 아니하거나 협의를 할 수 없을 때에는 사업인정 고시가 된 날부터 1년 이내에 대통령령으로 정하는 바에 따라 관할 토지수용위원회에 재결을 신청할 수 있고(제28조 제1항), 이때 토지수용위원회는 '1. 수용하거나 사용할 토지의 구역 및 사용방법, 2. 손실보상, 3. 수용 또는 사용의 개시일과 기간' 등에 관하여 재결하며(제50조 제1항), 사업시행자가 수용 또는 사용의 개시일까지 관할 토지수용위원회가 재결한 보상금을 지급하거나 공탁하지 아니 하여 재결이 효력을 상실하지 않는 이상(제42조 제1항), 사업시행자는 수용이나 사용의 개시일에 토지나 물건의 소유권 또는 사용권을 취득한다(제45조 제1항, 제2항, 이하 '수용재결취득'이라 한다).

III. 수용재결 이후에 협의로 취득할 수 있는지 여부

이처럼 토지보상법은 사업시행자로 하여금 우선 협의취득절차를 거치도록 하고, 그 협의가 성립되 지 않거나 협의를 할 수 없을 때에 수용재결취득절차를 밟도록 예정하고 있기는 하다. 그렇지만 ① 일단 토지수용위원회가 수용재결을 하였더라도 사업시행자로서는 수용 또는 사용의 개시일까 지 토지수용위원회가 재결한 보상금을 지급 또는 공탁하지 아니함으로써 그 재결의 효력을 상실시 킬 수 있는 점, ② 토지소유자 등은 수용재결에 대하여 이의를 신청하거나 행정소송을 제기하여 보상금의 적정 여부를 다툴 수 있는데, 그 절차에서 사업시행자와 보상금액에 관하여 임의로 합의 할 수 있는 점, ③ 공익사업의 효율적인 수행을 통하여 공공복리를 증진시키고, 재산권을 적정하게 보호하려는 토지보상법의 입법목적(제1조)에 비추어 보더라도 수용재결이 있은 후에 사법상 계약 의 실질을 가지는 협의취득절차를 금지해야 할 별다른 필요성을 찾기 어려운 점 등을 종합해 보면, 토지수용위원회의 수용재결이 있은 후라고 하더라도 토지소유자 등과 사업시행자가 다시 협의하여 토지 등의 취득이나 사용 및 그에 대한 보상에 관하여 임의로 계약을 체결할 수 있다고 보아야 한다.

IV. 수용재결무효확인을 구할 실익이 있는지 여부

앞서 본 법리에다가 위 사실관계로부터 알 수 있는 다음과 같은 사정들, 즉 ① 원고와 이 사건 사 업시행자는 이 사건 수용재결이 있은 후 이 사건 토지에 관하여 보상금액을 새로 정하여 취득협의 서를 작성하였고, 이를 기초로 참가인 앞으로 소유권이전등기까지 마친 점, ② 원고가 위와 같이 새로 협의한 보상금액을 청구하면서 이 사건 토지에 관한 보상금청구서에 이의를 유보한다는 취지 를 기재하였으나, 위 보상금청구서는 원고가 단독으로 작성한 서면임에 반하여, 원고와 이 사건 사업시행자가 공동으로 작성한 취득협의서에는 이의를 유보한다는 취지의 내용은 없는 점, ③ 원 고와 이 사건 사업시행자가 2013.2.18. 이 사건 토지 및 잔여지에 관하여 동시에 협의취득계약을 체결함으로써, 원고로서는 이 사건 토지의 보상금액을 수용개시일보다 일찍 수령하여 상당한 액수 의 금융기관대출 지연손해금 채무가 발생하는 것을 피할 수 있었고, 이 사건 잔여지에 관해서도 수용재결절차를 거치지 아니한 채 손실보상을 받는 이익을 얻게 되었으며, 이 사건 사업시행자로서 도 이 사건 토지를 이 사건 수용재결의 보상금액보다 일부 감액된 금액으로 취득하는 등, 상호 포 괄적으로 이익을 절충하여 합의한 결과로 보이는 점 등을 종합해 보면, 원고와 이 사건 사업시행자 가 이 사건 수용재결과는 별도로 '이 사건 토지의 소유권을 이전한다는 점과 그 대가인 보상금의 액수'를 합의하는 계약을 새로 체결하였다고 볼 여지가 충분하고, 만약 이러한 별도의 협의취득절차 에 따라 이 사건 토지에 관하여 참가인 앞으로 소유권이전등기가 마쳐진 것이라면 설령 원고가 이 사건 수용재결의 무효확인판결을 받더라도 원고로서는 이 사건 토지의 소유권을 회복시키는 것이 불가능하고, 나아가 그 무효확인으로써 회복할 수 있는 다른 권리나 이익이 남아 있다고도 볼 수 없다. 그럼에도 원심은, 이 사건 소가 부적법하다는 취지의 참가인 주장을 그 판시와 같은 사정만을 들어 배척하고, 나아가 본안에 관하여 판단한 제1심판결을 인용하였으니, 이러한 원심판결에는 수용재결 후 별도의 협의취득에 따라 토지 등의 소유권이 이전된 경우 수용재결의 무효확인을 구할 소의 이익에 관한 법리를 오해한 나머지 필요한 심리를 다하지 아니하여 판결에 영향을 미친 잘못이 있다. 이 점을 지적하는 상고이유 주장은 이유 있다.

(6) 보상금증감청구소송

> **➡ 법 제85조(행정소송의 제기)**
> ② 제1항의 규정에 따라 제기하려는 행정소송이 보상금의 증감(增減)에 관한 소송인 경우 그 소송을 제기하는 자가 토지소유자 또는 관계인일 때에는 사업시행자를, 사업시행자일 때에는 토지소유자 또는 관계인을 각각 피고로 한다.

① 의의 및 취지

보상금증감청구소송은 보상금에 대한 직접적인 이해당사자인 사업시행자와 토지소유자 및 관계인이 보상금의 증감을 소송의 제기를 통해 직접 다툴 수 있도록 하는 당사자소송이다. 이는 종래의 취소소송을 통한 권리구제의 우회를 시정하여 분쟁의 일회적 해결을 도모하고자 함에 그 제도적 취지가 있다.

② 소송의 성질

(ㄱ) **형식적 당사자소송** : 형식적 당사자소송이란 행정청의 처분 등을 원인으로 하는 법률관계에 관한 소송으로 실질적으로 처분 등의 효력을 다투면서 처분청을 피고로 하지 않고 법률관계의 일방 당사자를 피고로 하여 제기하는 소송을 말한다. 보상금증감청구소송은 수용재결을 원인으로 한 법률관계에 관한 소송으로서 실질적으로는 수용재결의 내용을 다투면서도 그 법률관계의 한쪽 당사자를 피고로 하는 소송이므로 전형적인 형식적 당사자소송에 해당한다. (구)토지수용법에서는 이를 전형적인 형식적 당사자소송으로 보기에는 무리가 있어 논란이 되었지만, 토지보상법에서는 재결청을 피고에서 제외함으로써 이를 해결하였다.

> 판례
>
> ▶ **관련판례(대판 1991.11.26, 91누285)**
> 토지수용법 제75조의2 제2항의 규정은 그 제1항에 의하여 이의재결에 대하여 불복하는 행정소송을 제기하는 경우, 이것이 보상금의 **증감**에 관한 소송인 때에는 이의재결에서 정한 보상금이 증액 변경될 것을 전제로 하여 기업자를 상대로 보상금의 지급을 구하는 **공법상의 당사자소송**을 규정한 것으로 볼 것이다.

ⓛ 형성소송인지 확인·급부소송인지 : 이는 구체적 손실보상청구권의 발생근거를 어떻게 볼 것인가의 문제로서 헌법 제23조 제3항의 법적 효력에 관한 해석 및 토지수용위원회의 재결의 처분성 문제와 관련이 있다.

㉠ 형성소송설 : 보상금의 결정은 재결에 의해 행해지는 것이므로 구체적 보상청구권은 재결에 의해 형성되는 것이고, 보상금증감청구소송에서 법원이 재결을 취소하고 정당한 보상액을 확정하는 것도 구체적인 손실보상청구권을 형성하는 것으로 보아야 하므로 보상금증감청구소송은 형성소송이라고 보는 견해이다.

㉡ 확인·급부소송설 : 확인·급부소송설은 수용 등의 보상원인이 있으면 손실보상청구권은 실체법규에 보상에 관한 규정이 있는가 없는가에 관계없이 헌법규정에 의하여 당연히 발생한다고 해석하고, 재결의 손실보상 부분은 그것을 확인하는 데 지나지 않기 때문에 행정소송에 있어서 당사자는 재결의 취소 또는 변경을 구할 필요 없이 바로 보상액의 증액분에 대한 지급청구 또는 과불분에 대한 반환청구를 구하면 된다고 한다. 따라서 실체법상 그 실현에 관한 절차규정이 없는 경우 통상의 소송절차에 의하여 그 실현을 구할 수 있고, 보상에 관한 절차규정이 있는 경우 이는 청구권 그 자체의 창설·형성을 위한 절차가 아니라 그 액수의 확인·급부를 구하는 수단이라는 것이다.

㉢ 검토 : 손실보상금증액청구소송은 보상액을 확인하고 그 이행을 명하는 점에서 이행소송(급부소송) 또는 확인·급부소송의 성질을 가지고, 감액청구소송인 경우에는 보상액을 확인하는 점에서 확인소송의 성질을 갖는다고 보아야 할 것이다.

③ 소송의 제기요건

㈀ 소송의 대상

㉠ 문제점 : 토지보상법 제85조 제2항에서 규정하고 있는 소송은 토지수용위원회가 행한 재결 가운데 보상금의 증감에 관한 것만을 대상으로 한다. 그러나 이의재결로 형성된 보상금에 불복하여 보상금증감청구소송을 제기하는 경우 소송의 대상을 무엇으로 하여야 하는지가 문제된다.

㉡ 학설

ⓐ 수용재결대상설은 이의신청을 거쳐 보상금증감청구소송을 제기하는 경우 원처분주의에 따라 이의재결이 아니라 원처분인 수용재결(이의재결에서 일부 인용된 경우 이의재결에 의해 수정된 수정재결)이 소송의 대상이 된다고 보는 견해이다.

ⓑ 보상금에 관한 법률관계대상설은 보상금증감청구소송에서는 수용재결이 직접 다퉈지는 것이 아니라 보상금에 관한 법률관계가 주된 다툼의 대상이 되고, 원처분주의와 재결주의의 논의는 불필요한 것으로 보는 견해이다.

㉢ 판례 : 판례는 잔여지수용청구에 대한 토지수용위원회의 결정에 대한 불복방법에 관해 재결의 취소 및 보상금 증액을 구하는 행정소송을 제기해야 하는 것으로 보고 있다. 하지만, 현행법에서는 상기 판례가 그대로 타당하다고 할 수 없다. 현재 실무상 수용재결의 취소도 보상금청구소송의 주된 대상은 보상금의 증감으로 보고 있는 것으로 보인다.

판례

▶ **관련판례**(대판 2004.9.24, 2002다68713)

(구)토지수용법 제48조 제1항은 공익사업을 위해 기업자에 의한 토지의 강제취득에 따라 남게 된 일단의 토지의 일부를 종래의 목적에 사용하는 것이 현저히 곤란한 경우에는 해당 토지소유자에게 형성권으로서 잔여지수용청구권을 인정하고 있고, 이에 따라 잔여지에 대한 수용청구를 하려면 우선 기업자에게 잔여지매수에 관한 협의를 요청하여 협의가 성립되지 아니한 경우에 한하여 그 일단의 토지의 일부수용에 대한 토지수용위원회의 재결이 있기 전까지 관할 토지수용위원회에 잔여지를 포함한 일단의 토지 전부의 수용을 청구할 수 있고, 그 수용재결 및 이의재결에 불복이 있으면 재결청과 기업자를 공동피고로 하여 그 이의재결의 취소 및 보상금의 증액을 구하는 행정소송을 제기하여야 하며, 곧바로 기업자를 상대로 하여 민사소송으로 잔여지에 대한 보상금의 지급을 구할 수는 없다.

▶ **관련판례**(대판 2010.8.19, 2008두822)

(구)'공익사업을 위한 토지 등의 취득 및 보상에 관한 법률'(2007.10.17. 법률 제8665호로 개정되기 전의 것) 제74조 제1항에 규정되어 있는 잔여지수용청구권은 손실보상의 일환으로 토지소유자에게 부여되는 권리로서 그 요건을 구비한 때에는 잔여지를 수용하는 토지수용위원회의 재결이 없더라도 그 청구에 의하여 수용의 효과가 발생하는 형성권적 성질을 가지므로, 잔여지수용청구를 받아들이지 않은 토지수용위원회의 재결에 대하여 토지소유자가 불복하여 제기하는 소송은 위 법 제85조 제2항에 규정되어 있는 '보상금의 증감에 관한 소송'에 해당하여 사업시행자를 피고로 하여야 한다.

   ② **검토** : 생각건대, 보상금증감청구소송은 취소소송과 달리 그 소송대상을 원처분주의 또는 재결주의로 해석할 것이 아니라, 관할 토지수용위원회 또는 중앙토지수용위원회가 행한 재결로 형성된 법률관계인 보상금 증감에 관한 것으로 보는 것이 타당하다고 본다. 즉, 보상금에 관한 법률관계대상설이 타당하다.

(ㄴ) **당사자적격** : 손실보상금에 관한 법률관계의 당사자인 피수용자와 사업시행자에게 당사자적격이 인정된다. 즉, 보상금증액청구소송에서는 피수용자가 원고이고, 사업시행자가 피고가 된다. 반면에 보상금감액청구소송에서는 사업시행자가 원고이고, 피수용자가 피고가 된다.

(ㄷ) **제소기간** : 당사자소송은 원칙적으로 제소기간의 제한이 없으나, 토지보상법 제85조 제1항 취소소송의 제소기간을 보상금증감청구소송에 적용하고 있다. 즉, 보상금증감청구소송의 제소기간은 재결서를 받은 날부터 90일 이내에, 이의신청을 거친 때에는 이의신청에 대한 재결서를 받은 날부터 60일 이내이다.

(ㄹ) **보상금의 공탁**(이의재결에서 증액된 보상금 공탁)

   ㉠ **토지보상법 제85조 등의 태도** : 대법원은 사업시행자가 행정소송 제기 전의 보상금을 공탁(이의재결에서 증액된 보상금을 공탁)해야 하는 것을 소송요건으로 보고 있다.

> **법 제85조(행정소송의 제기)**
> ① 사업시행자, 토지소유자 또는 관계인은 제34조에 따른 재결에 불복할 때에는 재결서를 받은 날부터 90일 이내에, 이의신청을 거쳤을 때에는 이의신청에 대한 재결서를 받은 날부터 60일 이내에 각각 행정소송을 제기할 수 있다. 이 경우 사업시행자는 행정소송을 제기하기 전에 제84조에 따라 늘어난 보상금을 공탁하여야 하며, 보상금을 받을 자는 공탁된 보상금을 소송이 종결될 때까지 수령할 수 없다.

　　ⓛ **판례**(공탁 제소요건의 하자치유)

> **판례**
> ▶ 관련판례(대판 2008.2.15, 2006두9832)
> 공익사업을 위한 토지 등의 취득 및 보상에 관한 법률 제85조 제1항의 규정 및 관련 규정들의 내용, 사업시행자가 행정소송 제기시 증액된 보상금을 공탁하도록 한 위 제85조 제1항 단서 규정의 입법취지, 그 규정에 의해 보호되는 보상금을 받을 자의 이익과 그로 인해 제한받게 되는 사업시행자의 재판청구권과의 균형 등을 종합적으로 고려하여 보면, 사업시행자가 재결에 불복하여 이의신청을 거쳐 행정소송을 제기하는 경우에는 원칙적으로 행정소송 제기 전에 이의재결에서 증액된 보상금을 공탁하여야 하지만, 제소 당시 그와 같은 요건을 구비하지 못하였다 하여도 사실심 변론종결 당시까지 그 요건을 갖추었다면 그 흠결의 하자는 치유되었다고 본다.

　　(ㅁ) **재판관할** : 형식적 당사자소송의 제1심 관할법원은 피고의 소재지를 관할하는 행정법원이다. 그러나 국가 또는 공공단체가 피고인 경우에는 관계행정청의 소재지를 피고의 소재지로 보며, 토지의 수용에 있어서는 그 토지의 소재지를 관할하는 행정법원에 소송을 제기할 수 있다.

④ 심리 및 판결

　(ㄱ) 심리의 범위

　　ⓐ **일반적인 심리범위** : 손실보상금의 증감, 손실보상의 방법(금전보상, 채권보상 등), 보상항목의 인정(잔여지보상 등의 손실보상의 인정 여부), 이전 곤란한 물건의 수용보상, 보상면적 등을 심리한다.

> **판례**
> ▶ 관련판례(대판 2019.11.28, 2018두227)
> 어떤 보상항목이 공익사업을 위한 토지 등의 취득 및 보상에 관한 법령상 손실보상대상에 해당함에도 관할 토지수용위원회가 사실을 오인하거나 법리를 오해함으로써 손실보상대상에 해당하지 않는다고 잘못된 내용의 재결을 한 경우에는, 피보상자는 관할 토지수용위원회를 상대로 그 재결에 대한 취소소송을 제기할 것이 아니라, 사업시행자를 상대로 공익사업을 위한 토지 등의 취득 및 보상에 관한 법률 제85조 제2항에 따른 보상금증감소송을 제기하여야 한다.

ⓛ 잔여지(확장)수용청구의 경우

(a) **문제점** : 보상금의 증감에 관한 소송이 구체적으로 어느 범위까지 다툴 수 있는가에 대하여 논란이 있다. 즉, 확장수용청구의 경우가 보상금증감청구소송의 심리범위에 해당될 것인지 문제된다.

(b) **학설**

ⓐ **긍정설** : 확장수용청구는 토지수용위원회의 재결사항 가운데 토지 등의 수용 또는 사용에 영향을 미친다. 따라서 단순한 손실의 문제라고 말할 수 없는 점도 있지만 그 실질은 피수용자의 이익을 고려한 손실보상이고, 수용위원회의 재결사항을 부정한다기보다는 그 내용을 부가하는 청구이기 때문에 재결취소의 소로 하기보다도 손실보상에 관한 소로서 구성하는 것이 타당하다고 한다. 또한 손실의 범위와 보상의 금액은 밀접한 관련을 지닌다. 보상금증감청구소송은 보상금에 관한 다툼을 신속히 종결하려는 것뿐만 아니라 실질적 당사자인 사업시행자나 소유자 등을 소송당사자로 하게 하여 소송을 원만히 수행하도록 하는 데 있다. 따라서 손실의 범위에 따라 보상금의 액수에 증감이 있을 수 있으므로 보상금의 증감에 관한 소송 속에 보상의 원인인 손실의 범위결정에 관한 다툼까지도 포함하는 것이라고 해석하고 있다.

ⓑ **부정설** : 잔여지수용은 재결에 의해 수용하는 토지의 구역이고 수용 시에 특히 인정한 경우를 제외하고 잔여지상의 제3자 권리가 소멸되며, 재결은 보상금 등의 지불이 일정 시까지 행해지지 않을 때 실효되는 점 등에 비추어 볼 때 본래 수용과 같아 단순한 보상의 문제로 할 수 없다고 한다. 따라서 보상의 원인이 되는 확장수용은 손실보상에 관한 소에 의할 것이 아니라 수용위원회의 재결을 다투는 방법에 의하는 것이 타당하다고 한다.

(c) **판례** : 대법원에서는 긍정설의 입장으로 보인다.

판례

▶ **관련판례(대판 2010.8.19, 2008두822)**

[1] (구)'공익사업을 위한 토지 등의 취득 및 보상에 관한 법률' 제74조 제1항에 규정되어 있는 잔여지수용청구권은 손실보상의 일환으로 토지소유자에게 부여되는 권리로서 그 요건을 구비한 때에는 잔여지를 수용하는 토지수용위원회의 재결이 없더라도 그 청구에 의하여 수용의 효과가 발생하는 형성권적 성질을 가지므로, 잔여지수용청구를 받아들이지 않은 토지수용위원회의 재결에 대하여 토지소유자가 불복하여 제기하는 소송은 위 법 제85조 제2항에 규정되어 있는 '보상금의 증감에 관한 소송'에 해당하여 사업시행자를 피고로 하여야 한다.

[2] (구) '공익사업을 위한 토지 등의 취득 및 보상에 관한 법률'(2007.10.17. 법률 제8665호로 개정되기 전의 것) 제74조 제1항에 의하면, 잔여지수용청구는 사업시행자와 사이에 매수에 관한 협의가 성립되지 아니한 경우 일단의 토지의 일부에 대한 관할 토지수용위원회의 수용재결이 있기 전까지 관할 토지수용위원회에 하여야 하고, 잔여지수용청구권의 행사기간은 제척기간으로서,

토지소유자가 그 행사기간 내에 잔여지수용청구권을 행사하지 아니하면 그 권리가 소멸한다. 또한 위 조항의 문언 내용 등에 비추어 볼 때, 잔여지수용청구의 의사표시는 관할 토지수용위원회에 하여야 하는 것으로서, 관할 토지수용위원회가 사업시행자에게 잔여지수용청구의 의사표시를 수령할 권한을 부여하였다고 인정할 만한 사정이 없는 한, 사업시행자에게 한 잔여지매수청구의 의사표시를 관할 토지수용위원회에 한 잔여지수용청구의 의사표시로 볼 수는 없다.

[3] 토지소유자가 자신의 토지에 숙박시설을 신축하기 위해 부지를 조성하던 중 그 토지의 일부가 익산-장수 간 고속도로 건설공사에 편입되자 사업시행자에게 부지조성비용 등의 보상을 청구한 사안에서, 잔여지에 지출된 부지조성비용은 그 토지의 가치를 증대시킨 한도 내에서 잔여지의 감소로 인한 손실보상액을 산정할 때 반영되는 것일 뿐, 별도의 보상대상이 아니므로, 잔여지에 지출된 부지조성비용이 별도의 보상대상으로 인정되지 않는다면 토지소유자에게 잔여지의 가격 감소로 인한 손실보상을 구하는 취지인지 여부에 관하여 의견을 진술할 기회를 부여하고 그 당부를 심리·판단하였어야 함에도, 이러한 조치를 취하지 않은 원심판결에 석명의무를 다하지 않아 심리를 제대로 하지 않은 위법이 있다고 한 사례

(d) **검토** : 토지보상법 제85조 등의 입법취지상 보상금증감청구소송은 보상금액뿐만 아니라 보상의 원인인 손실의 범위결정에 관한 다툼도 포함한다고 보아 확장수용청구도 그 심리의 범위에 포함한다는 것이 타당하다.

(ㄴ) **보상액의 항목 상호간 유용문제** : 손실보상금액에 관한 항목간 유용이 허용되는지가 의문일 수 있다. 항목간 유용이 허용되면 각 항목별로 비교한 손실보상금액을 합산하여 결정하는 것이 아니고 항목별 보상금액의 총합을 상호 비교하여 결정하게 된다. 대법원도 행정소송의 대상이 된 물건 중 일부 항목에 관한 보상액은 과소하고 다른 항목의 보상액은 과다한 경우에는 그 항목 상호간의 유용을 허용하여 과다부분과 과소부분을 합산하여 보상금액을 결정하여야 한다고 판시한 바 있다.

판례

▶ **관련판례(대판 2018.5.15, 2017두41221)**
이와 같이 보상금증감청구소송에서 보상항목 유용을 허용하는 취지와 피보상자의 보상금증액청구소송을 통해 감액청구권을 실현하려는 기대에서 별도의 보상금감액청구소송을 제기하지 않았다가 그 제소기간이 지난 후에 특정 보상항목을 심판범위에서 제외해 달라는 피보상자의 일방적 의사표시에 의해 사업시행자가 입게 되는 불이익 등을 고려하면, 사업시행자가 위와 같은 사유로 그에 대한 제소기간 내에 별도의 보상금감액청구소송을 제기하지 않았는데, 피보상자가 법원에서 실시한 감정평가액이 재결절차의 그것보다 적게 나오자 그 보상항목을 법원의 심판범위에서 제외하여 달라는 소송상 의사표시를 하는 경우에는, 사업시행자는 그에 대응하여 법원이 피보상자에게 불리하게 나온 보상항목들에 관한 법원의 감정결과가 정당하다고 인정하는 경우 이를 적용하여 과다하게 산정된 금액을 보상금액에서 공제하는 등으로 과다부분과 과소부분을 합산하여 당초 불복신청된 보상항목들 전부에 관하여 정당한 보상금액을 산정하여 달라는 소송상 의사표시를 할 수 있다고 봄이 타당하다.

    ⓒ **입증책임** : 당사자소송에 있어서 입증책임은 민사소송법상의 일반원칙에 의하여 분배된다고 보는 것이 일반적이다. 통설·판례는 법률요건분배설을 취하고 있다. 판례는 손실보상 증액청구의 소에 있어서 그 이의재결에서 정한 손실보상금액보다 정당한 손실보상금액이 더 많다는 점에 대한 입증책임은 원고에게 있다고 한다.

    ⓔ **지연이자의 발생범위** : 보상금증감청구소송에서 정한 보상액과 재결에서 정한 보상액과의 차액의 지연이자에 대해 판례는 "사업시행자의 손실보상 지급의무는 수용시기로부터 발생하고 행정소송에서 정한 보상액과의 차액 역시 손실보상의 일부이므로, 이 차액이 수용의 시기에 지급되지 않은 이상 이에 대하여 지연손해금이 발생한다."고 한다.

    ⓜ **법원의 판결** : 보상금증감청구소송에서 법원은 스스로 보상금의 증감을 결정할 수 있다. 법원이 직접 보상금을 결정할 수 있도록 한 것은 신속한 권리구제를 도모하기 위함이다. 증액판결의 경우 주문에서 수용재결을 취소하거나 수용재결의 위법성을 판단하지 않고 재결에서 정한 보상액을 초과하는 부분만의 지급을 명하는 판결을 한다. 감액판결의 경우에는 보상금을 확인하는 판결을 한다.

⑤ **표준지공시지가 결정과 보상액재결**(보상금증감청구소송)**의 하자승계**

판례

▶ **관련판례**(대판 2008.8.21, 2007두13845)

표준지공시지가결정은 이를 기초로 한 수용재결 등과는 별개의 독립된 처분으로서 서로 독립하여 별개의 법률효과를 목적으로 하지만, 표준지공시지가는 이를 인근 토지의 소유자나 기타 이해관계인에게 개별적으로 고지하도록 되어 있는 것이 아니어서 인근 토지의 소유자 등이 표준지공시지가결정 내용을 알고 있었다고 전제하기가 곤란할 뿐만 아니라, 결정된 표준지공시지가가 공시될 당시 보상금 산정의 기준이 되는 표준지의 인근 토지를 함께 공시하는 것이 아니어서 인근 토지의 소유자는 보상금 산정의 기준이 되는 표준지가 어느 토지인지를 알 수 없으므로, 인근 토지의 소유자가 표준지의 공시지가가 확정되기 전에 이를 다투는 것은 불가능하다. 더욱이 장차 어떠한 수용재결 등 구체적인 불이익이 현실적으로 나타나게 되었을 경우에 비로소 권리구제의 길을 찾는 것이 우리 국민의 권리의식임을 감안하여 볼 때, 인근 토지의 소유자 등으로 하여금 결정된 표준지공시지가를 기초로 하여 장차 토지보상 등이 이루어질 것에 대비하여 항상 토지의 가격을 주시하고 표준지공시지가결정이 잘못된 경우 정해진 시정절차를 통하여 이를 시정하도록 요구하는 것은 부당하게 높은 주의의무를 지우는 것이고, 위법한 표준지공시지가결정에 대하여 그 정해진 시정절차를 통하여 시정하도록 요구하지 않았다는 이유로 위법한 표준지공시지가를 기초로 한 수용재결 등 후행 행정처분에서 표준지공시지가결정의 위법을 주장할 수 없도록 하는 것은 수인한도를 넘는 불이익을 강요하는 것으로서 국민의 재산권과 재판받을 권리를 보장한 헌법의 이념에도 부합하는 것이 아니다. 따라서 표준지공시지가결정이 위법한 경우에는 그 자체를 행정소송의 대상이 되는 행정처분으로 보아 그 위법 여부를 다툴 수 있음은 물론, 수용보상금의 증액을 구하는 소송에서도 선행처분으로서 그 수용대상 토지가격산정의 기초가 된 비교표준지공시지가결정의 위법을 독립한 사유로 주장할 수 있다.

---

⑥ 수용재결 취소소송과의 보상금증감청구소송의 병합 여부

구법과 달리 현행 민사소송법 제70조에서 주관적 예비적 병합을 인정하고 있으므로 수용재결에 대한 취소소송을 주위적으로 보상액증감청구소송을 예비적으로 병합할 수 있다.

> 판례
>
> ▶ 관련판례(대판 1996.3.22, 95누5509)
> 소의 주관적 예비적 청구의 병합에 있어서 예비적 당사자 특히 예비적 피고에 대한 청구의 당부에 관한 판단은 제1차적 피고에 대한 청구의 판단결과에 따라 결정되므로 예비적 피고의 소송상의 지위가 현저하게 불안정하고 또 불이익하게 되어 이를 허용할 수 없으므로 예비적 피고에 대한 청구는 이를 바로 각하하여야 한다.

(7) 사업인정과 재결의 관계

① 사업인정의 구속력

> 판례
>
> ▶ 관련판례(대판 2007.1.11, 2004두8538)
> (구)토지수용법은 수용·사용의 일차 단계인 사업인정에 속하는 부분은 사업의 공익성 판단으로 사업인정기관에 일임하고 그 이후의 구체적인 수용·사용의 결정은 토지수용위원회에 맡기고 있는바, 이와 같은 토지수용절차의 2분화 및 사업인정의 성격과 토지수용위원회의 재결사항을 열거하고 있는 같은 법 제29조 제2항의 규정 내용에 비추어 볼 때, 토지수용위원회는 행정쟁송에 의하여 사업인정이 취소되지 않는 한 그 기능상 사업인정 자체를 무의미하게 하는, 즉 사업의 시행이 불가능하게 되는 것과 같은 재결을 행할 수는 없다.

② 수용권 남용[22]

> 판례
>
> ▶ 관련판례(대판 2011.1.27, 2009두1051) [토지수용재결처분취소]
> 공용수용은 헌법상의 재산권 보장의 요청상 불가피한 최소한에 그쳐야 한다는 헌법 제23조의 근본 취지에 비추어 볼 때, 사업시행자가 사업인정을 받은 후 그 사업이 공용수용을 할 만한 공익성을 상실하거나 사업인정에 관련된 자들의 이익이 현저히 비례의 원칙에 어긋나게 된 경우 또는 사업시행자가 해당 공익사업을 수행할 의사나 능력을 상실하였음에도 여전히 그 사업인정에 기하여 수용권을 행사하는 것은 수용권의 공익목적에 반하는 수용권의 남용에 해당하여 허용되지 않는다.

③ 하자승계
  (ㄱ) 학설 : 부정설은 사업인정과 수용재결은 별개의 법적효과를 가져오는 별개의 행위이므로

---

22) 2009두1051 판결은 토지수용재결처분취소소송이다. 2004두8538 판결과 배치되는 판시내용이 아님을 주의해야 한다. 2004두8538 판결은 적법한 사업인정에 의한 수용재결은 구속력이 있다는 것이다. 2009두1051 판결은 사업인정을 받은 이후 재정 상황이 더욱 악화되어 이 사건 수용재결 당시 이미 이 사건 사업을 수행할 능력을 상실한 상태에 있었다고 볼 여지가 있고, 그렇다면 이 사건 각 토지에 관한 수용재결을 신청하여 그 재결을 받은 것은 수용권의 남용에 해당된다는 것이다.

사업인정의 위법은 수용재결에 승계되지 않는다고 한다. 긍정설은 수용재결은 사업인정이 있음을 전제로 하고 이와 결합하여 구체적인 법적효과를 발생시키므로 사업인정의 위법을 수용재결에 대한 쟁송에서 주장할 수 있다고 본다.

(ㄴ) 판례 : 대법원은 부정설의 입장에 있다.

판례

▶ 관련판례(대판 2000.10.13, 2000두5142)
(구)토지수용법 제16조 제1항에서는 건설부장관이 사업인정을 하는 때에는 지체 없이 그 뜻을 기업자·토지소유자·관계인 및 관계도지사에게 통보하고 기업자의 성명 또는 명칭, 사업의 종류, 기업지 및 수용 또는 사용할 토지의 세목을 관보에 공시하여야 한다고 규정하고 있는바, 가령 건설부장관이위와 같은 절차를 누락한 경우 이는 절차상의 위법으로서 수용재결단계 전의 사업인정단계에서 다툴 수 있는취소사유에 해당하기는 하나, 더 나아가 그 사업인정 자체를 무효로 할 중대하고 명백한 하자라고 보기는어렵고, 따라서 이러한 위법을 들어 수용재결처분의 취소를 구하거나 무효확인을 구할 수는 없다.

▶ 관련판례(대판 1988.12.27, 87누1141)
도시계획사업허가의 공고시에 토지세목의 고시를 누락한 것은 절차상의 위법으로서 취소사유에 불과하고그 하자가 중대하고 명백하여 사업인정 자체가 무효라고는 할 수 없으므로 이러한 위법을 선행처분인 사업인정단계에서 다투지 아니하였다면 그 쟁송기간이 이미 도과한 후인 수용재결단계에 있어서는그 처분의 불가쟁력에 의하여 위 도시계획사업허가의 위와 같은 위법부당함을 들어 수용재결처분의 취소를 구할 수는 없다.

▶ 관련판례(대판 1996.4.26, 95누13241)
택지개발촉진법 제12조 제2항에 의하면 택지개발계획의 승인·고시가 있은 때에는 토지수용법 제14조 및 제16조의 규정에 의한 사업인정 및 사업인정의 고시가 있은 것으로 보도록 규정되어 있는바, 이와 같은 택지개발계획의 승인은 해당 사업이 택지개발촉진법상의 택지개발사업에 해당함을인정하여 시행자가 그 후 일정한 절차를 거칠 것을 조건으로 하여 일정한 내용의 수용권을 설정해주는 행정처분의 성격을 갖는 것이고, 그 승인고시의 효과는 수용할 목적물의 범위를 확정하고 수용권으로 하여금 목적물에 관한 현재 및 장래의 권리자에게 대항할 수 있는 일종의 공법상 권리로서의효력을 발생시킨다고 할 것이므로 토지소유자로서는 선행처분인 건설부장관의 택지개발계획 승인단계에서 그 제척사유를 들어 쟁송하여야 하고, 그 제소기간이 도과한 후 수용재결이나 이의재결단계에 있어서는 위 택지개발계획 승인처분에 명백하고 중대한 하자가 있어 당연무효라고 볼 특단의 사정이 없는 이상 그 위법부당함을 이유로 재결의 취소를 구할 수는 없다.

(ㄷ) **검토** : 판례는 양자는 별개의 법률효과를 목적을 갖는다고 보고 있다. 하지만 사업인정과수용재결은 궁극적으로 동일한 법적 효과를 가져 온다고 볼 수 있는바 하자승계를 긍정함이 타당하다고 생각된다.

④ **수용재결에 대한 취소쟁송의 제기와 사업인정에 대한 취소소송의 소의 이익**
사업인정과 수용재결은 행위의 요건과 효과가 다르므로 각 소송에서 주장되는 위법사유가다를 것이다. 따라서 수용재결에 대한 취소소송이 제기되었다고 하더라도 사업인정의 취소를구할 소의 이익은 소멸하지 않는다.

⑤ 기타

사업인정이 취소되면 수용재결은 효력을 상실한다. 그러나, 수용재결이 취소되었다고 하여 사업인정이 취소되어야 하는 것은 아니다. 사업인정에 대한 취소소송과 수용재결에 대한 취소소송은 관련청구소송으로 병합할 수 있다(행정소송법 제10조).

사정판결 <법 제28조>

- 1. 의의
  - 원고의 청구가 이유가 있다고 인정하는 경우에도
  - 처분 등을 취소하는 것이 현저히 공공복리에 적합하지 아니하다고 인정하는 때에는
  - 법원이 원고의 청구를 **기각**할 수 있는 판결제도를 말한다.
  - **사정판결은 법치주의의 예외로 엄격한 요건하에 제한적으로 인정되어야 한다.**
- 2. 인정근거
  - 위법한 처분 등에 수반하여 형성되는 **기성사실을 존중할 필요**가 있기 때문에 인정된다.
- 3. 요건
  - **(1) 원고의 청구가 이유 있을 것**
    - 처분이 위법한 경우
  - **(2) 처분 등을 취소하는 것이 현저히 공공복리에 적합하지 않을 것**
    - 공공복리란 급부행정뿐만 아니라 질서행정을 포함하는 넓은 개념
    - 공익성 판단은 변론종결시
  - **(3) 당사자의 항변이 없이도 사정판결이 가능한지 여부**
    - <판례>는 행정소송법 제26조를 근거로 당사자의 명백한 주장이 없는 경우에도 기록에 나타난 여러 사정을 기초로 직권으로 사정판결할 수 있다고 본다.
- 4. 효과
  - 주문에서 처분의 위법성 명시
    - 사정판결은 원고의 청구를 기각하는 판결이지만 처분이 위법하다는 점에 대해서는 기판력이 발생한다.

(8) 기출문제

> 기출문제(제3회 1번)
>
> 토지수용의 재결에 대한 불복을 논하시오. 50점

> 기출문제(제5회 1번)
>
> 토지수용의 효과를 논하시오. 50점

> 기출문제(제7회 1번)
>
> 무효인 재결과 취소할 수 있는 재결을 예시하여 설명하고, 양자의 구별실익을 논급하시오. 50점

> 기출문제(제11회 1번)
>
> 토지소유자인 甲은 중앙토지수용위원회의 수용재결에 불복하여 이의신청을 제기하였으나 기각되었다. 이에 따라 甲은 행정소송으로서 취소소송을 제기하고자 한다.
>
> (1) 이때 甲은 무엇을 대상으로 하여 행정소송을 제기할 수 있는가와 관련하여 판례의 태도를 설명하고 이를 논평하시오. 30점
>
> (2) 甲이 행정소송을 제기하는 경우에 이것이 토지에 대한 수용효력에 영향을 미치는가를 설명하시오. 10점

≫ 기출문제(제11회 4번)

공익사업 시행시 사업인정을 받은 토지상의 지상권자가 지상권의 손실보상을 청구하는 경우 그 지상권의 소멸절차를 설명하시오. 10점

≫ 기출문제(제16회 1번)

사업시행자인 甲은 사업인정을 받은 후에 토지소유자 乙과 협의절차를 거쳤으나, 협의가 성립되지 아니하여 중앙토지수용위원회에 재결을 신청하였다. 그러나 丙이 乙명의의 토지에 대한 명의신탁을 이유로 재결신청에 대해 이의를 제기하자, 중앙토지수용위원회는 상당한 기간이 경과한 후에도 재결처분을 하지 않고 있다. 甲이 취할 수 있는 행정쟁송수단에 대해 설명하시오. 40점

≫ 기출문제(제21회 1번)

국토교통부장관은 전국을 철도로 90분 이내에 연결하기 위한 기본계획을 수립하였다. 이 계획에 기초하여 C공단의 C이사장은 A지역과 B지역을 연결하는 철도건설사업에 대하여 「공익사업을 위한 토지 등의 취득 및 보상에 관한 법률」(이하 '토지보상법') 제20조에 따른 국토교통부장관의 사업인정을 받았다. P는 B-3공구지역에 임야 3,000제곱미터를 소유하고 장뇌삼을 경작하고 있으며, 터널은 P소유 임야의 한 가운데를 통과한다. C공단의 C이사장은 국토교통부장관이 제정한 K지침에 따라 P에 대하여 "구분지상권"에 해당하는 보상으로 900만원(제곱미터당 3,000원 기준)의 보상금을 책정하고 협의를 요구하였다. P는 장뇌삼 경작임야에 터널이 건설되고 기차가 지나다닐 경우 농사가 불가능하다고 판단하여 C이사장의 협의를 거부하였다. 40점

(1) P는 본인 소유 토지의 전체를 C이사장이 수용하여야 한다고 주장한다. 보상에 관한 C이사장의 결정과 P의 주장 내용의 정당성을 판단하시오. 20점

(2) 토지보상법상 P가 주장할 수 있는 권리와 이를 관철시키기 위한 토지보상법상의 권리구제수단에 관하여 논술하시오. 20점

≫ 기출문제(제24회 1번)

甲은 S시에 600㎡의 토지를 소유하고 있다. S시장 乙은 2002년 5월 「국토의 계획 및 이용에 관한 법률」에 의거하여 수립한 도시·군계획으로 甲의 토지가 포함된 일대에 대하여 공원구역으로 지정하였다가 2006년 5월 민원에 따라 甲의 토지를 주거지역으로 변경지정하였다. 乙은 2010년 3월 정부의 녹색도시조성 시책에 부응하여 도시근린공원을 조성하고자 甲의 토지에 대하여 녹지지역으로 재지정하였다. 다음 물음에 답하시오. 40점

(1) 甲은 乙이 2010년 3월 그의 토지에 대하여 녹지지역으로 재지정한 것은 신뢰보호의 원칙에 위배될 뿐만 아니라 해당 토지 일대의 이용상황을 고려하지 아니한 결정이었다고 주장하며, 녹지지역 지정을 해제할 것을 요구하고자 한다. 甲의 주장이 법적으로 관철될 수 있는가에 대하여 논하시오. 20점

(2) 乙은 공원조성사업을 추진하기 위하여 甲의 토지를 수용하였는데, 보상금산정시 녹지지역을 기준으로 감정평가한 금액을 적용하였다. 그 적법성 여부를 논하시오. 20점

≫ 기출문제(제25회 1번)

S시의 시장 A는 K구의 D지역(주거지역)을 「도시 및 주거환경정비법」(이하 "도정법"이라 함)상 정비구역으로 지정·고시하였다. 그러자 이 지역의 주민들은 조합을 설립하여 주택재개발사업을

추진하기 위해 도정법에서 정한 절차에 따라 조합설립추진위원회를 구성하였고, 동 추진위원회는 도정법 제16조의 규정에 의거하여 D지역의 일정한 토지 등 소유자의 동의, 정관, 공사비 등 정비 사업에 드는 비용과 관련된 자료 등을 첨부하여 A로부터 X조합설립인가를 받아 등기하였다. X조 합은 조합총회를 개최하고 법 소정의 소유자 동의 등을 얻어 지정개발자로서 Y를 사업시행자로 지정하였다. 다음 물음에 답하시오. **40점**

(1) D지역의 토지소유자 중 甲이 "추진위원회가 주민의 동의를 얻어 X조합을 설립하는 과정에서 '건설되는 건축물의 설계의 개요' 등에 관한 항목 내용의 기재가 누락되었음에도 이를 유효한 동의로 처리하여 조합설립행위에 하자가 있다."고 주장하며 행정소송으로 다투려고 한다. 이 경우 조합설립인가의 법적 성질을 검토한 다음, 이에 기초하여 쟁송의 형태에 대해 설명하시오. **20점**

(2) Y는 정비사업을 실시함에 있어 이 사업에 반대하는 토지 등 소유자 乙 등의 토지와 주택을 취득하기 위하여 「공익사업을 위한 토지 등의 취득 및 보상에 관한 법률」에 의거한 乙 등과 협의가 성립되지 않아 지방토지수용위원회의 수용재결을 거쳤는데, 이 수용재결에 불복하여 Y 가 중앙토지수용위원회에 이의재결을 신청하여 인용재결을 받았다. 이 경우 乙 등이 이 재결 에 대해 항고소송을 제기한다면 소송의 대상은 무엇인가? **20점**

》 기출문제(제26회 3번)

甲은 C시 소재 전(田) 700㎡(이하 '이 사건 토지'라고 한다)의 소유자로서, 여관 신축을 위하여 부 지를 조성하였는데, 진입로 개설비용 3억원, 옹벽공사비용 9천만원, 토목설계비용 2천만원, 토지형 질변경비용 1천만원을 각 지출하였다. 그런데 건축허가를 받기 전에 국토교통부장관이 시행하는 고속도로건설공사에 대한 사업인정이 2014년 7월 15일 고시되어 이 사건 토지 중 500㎡(이하 '이 사건 수용대상토지'라고 한다)가 공익사업시행지구에 편입되었고, 2015년 7월 17일 관할 토지 수용위원회에서 수용재결이 있었다. 그 결과 이 사건 토지에서 이 사건 수용대상토지를 제외한 나 머지 200㎡(이하 '이 사건 나머지 토지'라고 한다)는 더 이상 여관 신축의 용도로는 사용할 수 없게 되어 그 부지조성비용은 이 사건 나머지 토지의 정상적인 용도에 비추어 보았을 때에는 쓸모없는 지출이 되고 말았다. 이에 甲은 이 사건 나머지 토지에 들인 부지조성비용에 관하여 손실보상의 지급을 청구하고자 한다. 다음 물음에 답하시오. **20점**

(1) 위 청구권의 법적 근거에 관하여 설명하시오. **10점**

(2) 甲은 다른 절차를 거치지 않고 바로 국가를 상대로 손실보상을 청구하는 소송을 제기할 수 있는가? **10점**

》 기출문제(제30회 2번)

甲은 골프장을 보유·운영해왔는데, 그 전체 부지 1,000,000㎡ 중 100,000㎡가 도로건설사업부 지로 편입되었고, 골프장은 계속 운영되고 있다. 위 사업부지로 편입된 부지 위에는 오수처리시설 이 있었는데, 수용재결에서는 그 이전에 필요한 비용으로 1억원의 보상금을 산정하였다. 다음 물음 에 답하시오. **30점**

(1) 甲은 골프장 잔여시설이 종전과 동일하게 운영되려면 위 오수처리시설을 대체하는 새로운 시설의 설치가 필요하다고 보아 그 설치에 드는 비용 1억 5천만원을 보상받아야 한다고 주장한다. 甲의 주장은 법적으로 타당한가? 10점

(2) 甲은 골프장 잔여시설의 지가 및 건물가격 하락분에 대하여 보상을 청구하려고 한다. 이때 甲이 제기할 수 있는 소송에 관하여 설명하시오.. 20점

》 기출문제(제32회 1번)

국국토교통부장관은 2013.11.18 사업시행자를 'A공사'로, 사업시행지를 'X시' 일대 8,958,000㎡로, 사업시행기간을 '2013.11.부터 2017.12.까지'로 하는 'OO공구사업'에 대해서 「공익사업을 위한 토지 등의 취득 및 보상에 관한 법률」에 따른 사업인정을 고시하였고, 사업시행기간은 이후 '2020.12.까지'로 연장되었다. 甲은 ㉮토지 78,373㎡와 ㉯토지 2,334㎡를 소유하고 있는데, ㉮토지의 전부와 ㉯토지의 일부가 사업시행지에 포함되어 있다. 종래 甲은 ㉮토지에서 하우스 딸기농사를 지어 왔고, ㉯토지에서는 농작물직거래판매장을 운영하여 왔다. 甲과 A공사는 사업시행지 내의 토지에 대해 「공익사업을 위한 토지 등의 취득 및 보상에 관한 법률」에 따른 협의매수를 하기위한 협의를 시작하였다. 다음 물음에 답하시오. (아래의 물음은 각 별개의 상황임) 40점

(1) 협의 과정에서 일부 지장물에 관하여 협의가 이루어지지 않아 甲이 A공사에게 재결신청을 청구했으나 A공사가 재결신청을 하지 않는 경우, 甲측의 불복방법에 관하여 검토하시오. 15점

(2) ㉮토지에 대하여 협의가 성립되지 않았고, A공사의 수용재결신청에 의하여 ㉮토지가 수용되었다. 甲은 ㉮토지가 수용되었음을 이유로 A공사를 상대로 「공익사업을 위한 토지 등의 취득 및 보상에 관한 법률」에 따른 재결절차를 거치지 않은 채 곧바로 농업손실보상을 청구할 수 있는지를 검토하시오. 10점

(3) 협의가 성립되지 않아 사업시행지 내의 ㉯토지가 수용되었다. 그 후 甲은 ㉯토지의 잔여지에 대해서 2020.11.12. 잔여지수용청구를 하였다. 잔여지수용청구권의 법적 성질과 甲의 잔여지수용청구가 인정될 수 있는지를 검토하시오. 15점

> **공익사업을 위한 토지 등의 취득 및 보상에 관한 법률**
>
> **법 제73조(잔여지의 손실과 공사비 보상)**
>
> ① 사업시행자는 동일한 소유자에게 속하는 일단의 토지의 일부가 취득되거나 사용됨으로 인하여 잔여지의 가격이 감소하거나 그 밖의 손실이 있을 때 또는 잔여지에 통로·도랑·담장 등의 신설이나 그 밖의 공사가 필요할 때에는 국토교통부령으로 정하는 바에 따라 그 손실이나 공사의 비용을 보상하여야 한다. 다만, 잔여지의 가격 감소분과 잔여지에 대한 공사의 비용을 합한 금액이 잔여지의 가격보다 큰 경우에는 사업시행자는 그 잔여지를 매수할 수 있다.
>
> ②~⑤ 생략
>
> **법 제75조의2(잔여 건축물의 손실에 대한 보상 등)**
>
> ① 사업시행자는 동일한 소유자에게 속하는 일단의 건축물의 일부가 취득되거나 사용됨으로 인하여 잔여 건축물의 가격이 감소하거나 그 밖의 손실이 있을 때에는 국토교통부령으로 정하는 바에 따라 그 손실을 보상하여야 한다. 다만, 잔여 건축물의 가격 감소분과 보수비(건축물의 나머지 부분을 종래의 목적대로 사용할 수 있도록 그 유용성을 동일하게 유지하는 데에 일반적으로 필요하다고 볼 수 있는 공사에 사용되는 비용을 말한다. 다만, 「건축법」 등 관계법령에 따라 요구되는 시설 개선에 필요한 비용은 포함하지 아니한다)를 합한 금액이 잔여 건축물의 가격보다 큰 경우에는 사업시행자는 그 잔여 건축물을 매수할 수 있다.
>
> ②~⑤ 생략

(9) 기본문제

1 창원시장은 1995년 11월경 창원시 두대동 일원을 포함한 도시공원 내 체육시설(골프연습장) 설치 사업시행자 신청을 위한 공고를 하였으며, 그에 따라 사업시행자 甲은 1996.1.24. 창원시장으로부터 이 사건 토지 일원에 골프연습장을 설치하기 위하여 도시공원 내 체육시설 사업시행자로 지정받고, 그 지정조건에 따라 1998.6.28. 학교법인 乙로부터 이 사건 토지에 대한 사용승낙을 받는 한편, 학교법인 乙과 사이에 이 사건 토지를 포함한 10필지의 토지에 대하여 임대차보증금을 36,000,000원, 월 차임을 3,300,000원, 임대차기간을 1998.6.24.부터 2003.6.23.까지로 하는 임대차계약을 체결하였다.

그 후 甲은 이 사건 토지 일원에 이 사건 골프연습장 설치사업을 추진하여 왔는데, 1999년 1월경 창원시장은 1996.1.24.자 甲에 대한 사업시행자 지정이 도시계획법 규정에 의하여 무효라는 이유로 경상남도지사로부터 다시 사업시행자 지정을 받아야 한다고 甲에게 통보하였고, 甲은 그 통보를 취소해 줄 것을 요청하였으나 창원시장은 1999.3.31. 위 사업시행자 지정은 경상남도지사의 승인사항이라는 이유로 이를 받아들이지 아니하였다. 그래서 甲은 부득이 앞서 본 바와 같이 다시 경상남도지사로부터 1999.6.11. 이 사건 사업인정을 받았다. 그 후 2005.6.23.까지 수차례 사업부지면적의 조정과 사업기간의 연장을 위한 이 사건 사업인정 변경승인을 받았다. 경상남도지사는 1999.5.6.자 창원개발계획사업 변경고시에서 주요기반시설계획의 하나인 체육시설에 이 사건 골프연습장을 추가하면서 그 위치를 두대동 일원, 면적을 12,609㎡으로만 표시하고 자세한 토지세목은 첨부하지 아니하였으나, 1999.6.17.자 사업인정고시에는 그 토지세목을 첨부하였으며, 그 후 甲의 요청에 따라 2004.11.18. 재차 이 사건 사업인정에 따른 토지세목을 고시하였는데, 그 세목에는 이 사건 토지를 포함한 13필지의 토지가 포함되어 있다. 甲은 당초 학교법인 乙과 이 사건 토지에 관한 임대차계약을 체결한 후, 임대차목적물에 포함된 창원시 두대동 토지의 소유명의인이 학교법인 乙이 아니라는 이유로 차임조정에 관한 분쟁이 발생한 데다가 그 무렵 자금사정이 악화되어 차임지급을 연체하게 되자, 학교법인 乙이 해당 사건 토지 인도 및 그 지상건물 철거소송을 제기하였고, 이에 대하여 甲은 이 사건 토지에 대한 협의매수를 시도하다가 여의치 않자 2004.11. 26. 중앙토지수용위원회에 대하여 이 사건 토지에 대한 수용재결을 신청하여 중앙토지수용위원회의 재결이 이루어지게 되었다.

甲은 이 사건 골프연습장 조성사업의 시행을 위하여, 이 사건 토지를 포함한 인근의 토지에 지하 1층, 지상 2층, 건평 600평 규모의 사무실, 식당, 휴게실 건물과 철탑 및 그물로 구성된 골프연습장, 6개의 숏홀을 설치하였다. 그러나 경기상황이 좋지 않아 해당 토지와 건물들 중 일부는 2004.7.7. 담보권 실행을 위한 경매절차가 개시되어 2005.5.30. A에게 매각되었고, 나머지 토지들은 2005.5. 19. 담보권 실행을 위한 경매절차가 개시되어 2006.1.26. B에게 매각되었으며, 위 골프연습장 건물도 2004.8.17. 강제경매절차가 개시되어 2006.2.1. C에게 매각되었다. 위와 같이 경매된 토지들에 관하여 특히 2004.10.15. 이후 다수의 가압류 및 압류가 이어졌으며 甲은 이 사건 토지의 수용에 필요한 보상금 등 제반 비용도 A와 B로부터 조달하였고, 이에 이 사건 토지에 관하여 2005.5.10. 甲 명의로 소유권이전등기가 마쳐지자마자 C 명의로 소유권이전청구권 가등기가 마쳐졌다가 2007.7.18. 그 가등기에 기한 본등기가 마쳐졌다. 현재 이 사건 골프연습장은 일부 철거된 채 영업을 하지 못하고 있는 상태이며 사업인정을 받은 이후 재정상황이 더욱 악화되어 이 사건 수용재결 당시 이미 이 사건 사업을 수행할 능력을 상실한 상태에 있었다고 볼 여지가 있는 상황이다. 한편 이 사건 토지는 학교법인인 乙의 기본재산으로서 주변에 학교법인 운영의 학교들이 소재하고 있어 장차 학교부지 등 교육목적으로 사용될 수 있을 것으로 보이는 사실 등을 알 수 있다. 다음 물음에 답하시오. **40점**

(1) 사업시행자 甲은 많은 악조건에서도 사업인정을 받아 공익사업을 추진하고자 하였다. 그러나 위 사실관계를 볼 때 사업시행자 甲이 임대차로 확보한 토지에 대하여 학교법인 乙이 해당 사건 토지 인도 및 그 지상건물 철거소송을 제기하였고, 이에 대하여 甲은 이 사건 토지에 대한 협의매수를 시도하다가 여의치 않자 2004.11.26. 중앙토지수용위원회에 대하여 이 사건 토지에 대한 수용재결을 신청하여 중앙토지수용위원회의 재결까지 받았다. 사업인정기관이 공익사업을 위한 토지 등의 취득 및 보상에 관한 법률상의 사업인정을 하기 위한 요건이 무엇이며, 사업시행자가 사업인정을 받은 후 그 사업이 공용수용을 할 만한 공익성을 상실하거나 사업인정에 관련된 자들의 이익이 현저히 비례의 원칙에 어긋나게 된 경우 또는 사업시행자가 해당 공익사업을 수행할 의사나 능력을 상실한 경우, 그 사업인정에 터잡아 수용권을 행사할 수 있는지 여부에 대하여 논하시오. **20점**

(2) 해당 사업의 토지를 소유하고 있는 학교법인 乙은 억울한 나머지 중앙토지수용위원회의 수용재결에 대하여 이의신청을 하였고, 그 이의신청의 결과인 이의재결을 받았다. 현실적으로 해당 토지소유자인 학교법인 乙은 해당 수용사건 토지가 지적불부합지로서 토지 자체의 특정이 어려워 토지수용 자체가 불가능하다는 이유로 이 사건 토지를 수용한 중앙토지수용위원회의 수용재결과 이의재결의 취소를 모두 구하고자 한다. 학교법인 乙 등 토지소유자가 수용재결에 불복하여 이의신청을 거친 후 취소소송을 제기하는 경우 피고적격 및 소송대상은 무엇인지 논하시오. **20점**

❖ 설문1에 대하여

Ⅰ. 논점의 정리

Ⅱ. 사업인정기관이 공익사업을 위한 토지 등의 취득 및 보상에 관한 법률상의 사업인정을 하기 위한 요건

   1. 공용수용은 헌법상의 재산권 보장의 요청상 불가피한 최소침해성

   2. 공용수용에서 사업인정의 의의 및 취지

   3. 사업인정을 해주기 위한 요건

   4. 해당 사안이 사업인정을 해주어야 하는지 여부

Ⅲ. 수용권 남용에 해당되는지 여부

   1. 공익사업 수행능력과 의사가 없는 경우 수용권 설정

   2. 공익성이 상실된 사업에까지 수용권을 유지하는 것에 대한 수용권 남용

Ⅳ. 결

❖ 설문2에 대하여

Ⅰ. 논점의 정리

Ⅱ. 원처분주의와 재결주의 논의

   1. 논의의 전제

   2. 원처분주의

   3. 재결주의

   4. 우리 행정소송법제의 경우

   5. 원처분주의 위반의 효과

Ⅲ. 해당 취소소송에서 피고적격 및 소송대상

   1. 종전 토지수용법제하에서 재결주의 판례

   2. 현행 토지보상법 규정과 원처분주의 판례

   3. 해당 취소소송에서 피고적격 및 소송대상

Ⅳ. 결

   1. 토지보상법 제85조의 제정 입법취지

   2. 해당 취소소송의 대상 및 피고적격에 대한 평가

---

2 甲 자원산업주식회사는 당초 서울 영등포구 문래동에서 폐기물수집처리업을 하다가 1994.8.경 관할관청으로부터 폐기물집하장 변경허가 등을 받고 이 사건 각 토지가 있는 서울 양천구 신월동에서 폐기물처리업을 하기 시작하였는데, 위 변경허가 당시 미관지구라는 이유로 관할관청의 지시에 따라 경인고속도로변으로부터 6m 정도의 간격을 두고 펜스를 설치함으로써, 지목이 잡종지인 이 사건 각 토지는 위 펜스로 나누어져서 이 사건 도로 부분(사실상 사도인지 아닌지는 불분명한 상황임. 이하에서는 이 사건 도로로 칭하되 이 사건 도로는 아래의 사실관계와 같이 신월동 1번지, 2번지, 4번지, 5번지 등은 농로 등과 모두 연접되어 있는 것으로 추정됨)은 위 펜스 밖에 위치하게 되었다. 이 사건 도로 부분의 동쪽으로는 위 도로 부분에 이어 신월정수장 앞쪽으로 경인고속도로를 따라 비포장의 농로가 있었고 이 농로는 신월동 1번지 도로와 연결되어 있었으나, 위 농로는 폐기물 운반차량이 통행하기 곤란할 정도로 좁았을 뿐만 아니라 甲 자원산업주식회사는 관할관청과의 협의 등에 따라 위 농로를 폐기물운반차량 통행로로 사용하지 않았다. 또 1995년이나 1996년경에는 인근 주민들이 위 농로와 신월동 1번지 도로의 연결지점에 말뚝을 박아서 소형차량조차도 위 농로로 통행할 수 없게 되었다.(자기의 편익을 위하여 스스로 설치한 도로인지 여부에 대한 판단 실마리)

서울특별시(사업시행자)는, 위 농로가 지나는 양천구 신월동 2번지 답 231㎡에 대해서는 그 현황이 사실상의 사도가 아니라 잡종지임을 전제로 감정평가를 하고 그에 따라 손실보상을 하였다. 甲 자원산업주식회사는 당초부터 이 사건 각 토지 중 위 신월정수장이 있는 동쪽이 아니라 서쪽에

있는 신월동 3번지 토지에 정문을 설치하여 서쪽의 고강교 및 미도아파트쪽 도로로 출입하였고, 그로 인하여 미도아파트 주민들이 민원을 제기하기도 하였으나 이후 그 민원을 해결함으로써 서쪽 도로로 문제없이 차량이 출입하게 되었는바, 甲 자원산업주식회사가 이 사건 도로 부분을 폐기물운 반차량 통로로 이용할 필요는 거의 없었다. 별개로 乙 자원산업주식회사라는 폐기물처리업체가 2003년경 이 사건 각 토지 바로 동쪽에 위치한 신월동 4번지 토지에 입주하여 甲 자원산업주식회 사의 묵인 하에 이 사건 도로부분 중 일부와 그에 연접한 신월동 5번지 도로를 차량 통행로로 사용해 왔으나, 그 외 불특정 다수의 일반 차량이 이 사건 도로부분을 통행하거나 甲 자원산업주식 회사가 이를 허용하였다는 자료는 없다. 甲 자원산업주식회사는 이 사건 도로부분을 차량 주차용이 나 재활용품의 임시 적치장소, 그 외 펜스 중간에 난 쪽문을 통해 甲 자원산업주식회사 소속 차량이 우회하는 길 등으로 이용해 왔다.(타인의 통행을 제한할 수 없는 도로인지 여부에 대한 판단 실마리) 甲 자원산업주식회사 소유의 이 사건 도로 일대가 서울특별시를 사업시행자로 하는 「공익사업을 위한 토지 등의 취득 및 보상에 관한 법률」상 공익사업에 편입되는 것을 전제로 다음 물음에 답하시오. **40점**

(1) 50억 수용재결에 의한 토지보상액에 대해 불복하고자 하는 甲 자원산업주식회사는 행정쟁송상 권리구제수단을 설명하시오. **20점**

(2) 공익사업을 위한 토지 등의 취득 및 보상에 관한 법률 시행규칙 제26조 제1항 제2호에 의하여 '사실상의 사도'의 부지로 보고 인근 토지 평가액의 3분의 1 이내로 보상액을 평가하기 위한 요건에 대해서 설명하시오. **5점**

(3) 공익사업을 위한 토지 등의 취득 및 보상에 관한 법률 시행규칙 제26조 제2항 제1호에서 규정한 '도로개설 당시의 토지소유자가 자기 토지의 편익을 위하여 스스로 설치한 도로'에 해당하는지 판단하는 기준에 대하여 설명하시오. **5점**

(4) 공익사업을 위한 토지 등의 취득 및 보상에 관한 법률 시행규칙 제26조 제2항 제2호가 규정한 '토지소유자가 그 의사에 의하여 타인의 통행을 제한할 수 없는 도로'의 의미 및 그에 해당하는지 판단하는 기준에 대하여 설명하시오. **5점**

(5) 위 지문의 이 사건 도로에 대한 사실관계를 토대로 설문3과 설문4에 대하여 '도로개설 당시의 토지소유자가 자기 토지의 편익을 위하여 스스로 설치한 도로'인지, '토지소유자가 그 의사에 의하여 타인의 통행을 제한할 수 없는 도로'인지 구체적으로 검토하시오. **5점**

❖ **(설문1)에 대하여**

Ⅰ. **논점의 정리**

해당 사안은 사업인정기관이 공익사업을 위한 토지 등의 취득 및 보상에 관한 법률상의 사업인정을 하기 위한 요건이 무엇이며, 사업시행자가 사업인정을 받은 후 그 사업이 공용수용을 할 만한 공익 성을 상실하거나 사업인정에 관련된 자들의 이익이 현저히 비례의 원칙에 어긋나게 된 경우 또는 사업시행자가 해당 공익사업을 수행할 의사나 능력을 상실한 경우, 그 사업인정에 터잡아 수용권을 행사할 수 있는지 여부에 대한 고찰을 묻는 문제이다. 이를 해결하기 위해 사업인정기관이 공익사 업을 위한 토지 등의 취득 및 보상에 관한 법률상의 사업인정을 하기 위한 요건을 검토하고, 수용 권 남용에 해당되는지 여부에 대하여 비례의 원칙에 입각하여 문제를 해결하고자 한다.

Ⅱ. 사업인정기관이 공익사업을 위한 토지 등의 취득 및 보상에 관한 법률상의 사업인정을 하기 위한 요건

1. 공용수용은 헌법상의 재산권 보장의 요청상 불가피한 최소침해성

헌법 제23조는 "① 모든 국민의 재산권은 보장된다. 그 내용과 한계는 법률로 정한다. ② 재산권의 행사는 공공복리에 적합하도록 하여야 한다. ③ 공공필요에 의한 재산권의 수용·사용 또는 제한 및 그에 대한 보상은 법률로써 하되, 정당한 보상을 지급하여야 한다."라고 규정하고 있다. 이 규정의 근본취지는 우리 헌법이 사유재산제도의 보장이라는 기조 위에서 원칙적으로 모든 국민의 구체적 재산권의 자유로운 이용·수익·처분을 보장하면서 공공필요에 의한 재산권의 수용·사용 또는 제한은 헌법이 규정하는 요건을 갖춘 경우에만 예외적으로 허용한다는 것으로 해석된다. 이와 같은 우리 헌법의 재산권 보장에 관한 규정의 근본취지에 비추어 볼 때, 공공필요에 의한 재산권의 공권력적, 강제적 박탈을 의미하는 공용수용은 헌법상의 재산권 보장의 요청상 불가피한 최소한에 그쳐야 한다.

2. 공용수용에서 사업인정의 의의 및 취지

공익사업을 위한 토지 등의 취득 및 보상에 관한 법률(이하 토지보상법)상 사업인정이라 함은 공익사업을 토지 등을 수용 또는 사용할 사업으로 결정하는 것으로서 공익사업의 시행자에게 그 후 일정한 절차를 거칠 것을 조건으로 일정한 내용의 수용권을 설정하여 주는 형성행위이므로, 해당 사업이 외형상 토지 등을 수용 또는 사용할 수 있는 사업에 해당한다고 하더라도 사업인정기관으로서는 그 사업이 공용수용을 할 만한 공익성이 있는지의 여부와 공익성이 있는 경우에도 그 사업의 내용과 방법에 관하여 사업인정에 관련된 자들의 이익을 공익과 사익 사이에서는 물론, 공익 상호 간 및 사익 상호 간에도 정당하게 비교·교량하여야 하고, 그 비교·교량은 비례의 원칙에 적합하도록 하여야 한다.

3. 사업인정을 해주기 위한 요건

일본 토지수용법에서 사업인정의 요건은 다음과 같다. 사업인정청은 신청된 사업이 다음의 각호의 4가지 모든 요건에 해당될 때에만 사업인정을 행할 수 있다.

① 사업이 법 제3조(공익사업) 각호의 1에 규정한 사업일 것

② 사업시행자가 해당사업을 수행할 충분한 의사와 능력을 가진 자일 것

③ 사업이 토지의 적정하고도 합리적인 이용에 기여하는 것일 것

당해 토지가 그 사업에 이용됨으로써 얻게 되는 공공의 이익과 당해 토지가 그 사업에 이용됨으로써 잃게 되는 사적 내지 공공의 이익을 비교형량하여 전자가 후자에 우월하다고 인정되어야 한다. 이는 해당 사업계획의 내용, 그 사업에 의해서 얻게 되는 공공의 이익, 수용토지의 현재 이용상황, 그 토지가 갖는 사적 내지 공공적 가치 등에 대해서 종합적인 판단에 의해서 인정되어야 한다.

④ 사업이 토지를 수용 또는 사용할 공익상 필요가 있는 것일 것

당해 사업에 대하여 제1호에서 제3호까지의 요건판단에서 고려된 사항 이외의 사항에 대해서 광범위하게 ⓐ 수용·사용이라는 취득수단을 취할 필요성, ⓑ 그 필요성이 공익목적에 합치 여부의 관점에서 판단을 추가하여야 한다는 의미로서, 사업을 조기에 시행할 필요성이 인정되어야 하고, 수용토지의 범위는 그 사업계획에 필요한 범위 내이고 합리적이라고 인정되어야 한다(공익적합성).

우리나라 토지보상법제와 판례를 통한 사업인정의 요건은 다음과 같다.

① 토지보상법 제4조에 해당하는 공익사업이여야 한다.

② 공공필요(공공성)가 인정되어야 한다.

③ 비례의 원칙에 의한 공공성 판단이 선행되어야 한다.

④ 사업시행자의 공익사업 수행능력과 의사(대판 2011.1.27, 2009두1051)가 있어야 한다.

4. 해당 사안이 사업인정을 해주어야 하는지 여부

위 일본의 토지수용법상 사업인정을 해주기 위한 요건뿐만 아니라 이를 수용한 우리나라의 경우에도 사업인정의 요건이 매우 중시되고 있다. 해당 공익사업을 수행하여 공익을 실현할 의사나 능력이 없는 자에게 타인의 재산권을 공권력적·강제적으로 박탈할 수 있는 수용권을 설정하여 줄 수는 없으므로, 사업시행자에게 해당 공익사업을 수행할 의사와 능력이 있어야 한다는 것도 사업인정의 한 요건이라고 보아야 한다(대판 2011.1.27, 2009두1051)고 대법원은 판시하고 있다.

따라서 사안에서 해당 사업시행자는 재정상황의 악화되어 이 사업을 수행할 능력이 없고, 또한 강제경매절차가 진행되었으며, 현재 골프연습장은 일부 철거된 채 영업을 하지 못하고 있는 상태이고, 학교법인 입장에서 주변에 학교들이 존재하고 있어 학교부지 등 교육목적으로 사용될 수 있는 것으로 보아 해당 사업에 경우에는 사업시행자가 공익사업을 행할 의사와 능력이 부족한 것으로 판단된다.

III. 수용권 남용에 해당되는지 여부

1. 공익사업 수행능력과 의사가 없는 경우 수용권 설정

최근에 사업시행자의 공익사업의 포기사태가 많은 상황에서 사업시행자의 공익사업의 수행능력과 그 의지는 매우 현실성이 있는 논지라 할 것이다.

해당 공익사업을 수행하여 공익을 실현할 의사나 능력이 없는 자에게 타인의 재산권을 공권력적·강제적으로 박탈할 수 있는 수용권을 설정하여 줄 수는 없으므로, 사업시행자에게 해당 공익사업을 수행할 의사와 능력이 있어야 한다는 것도 사업인정의 한 요건이라고 보아야 한다고 적시한 것은 오히려 당연한 귀결이라 할 것이다. 지금까지 공적 본위의 행정재판에서 국민 전체적인 시각에서 해당 문제를 접근한 것은 그동안 국민들의 권리의식이 많이 고양되었다는 보여주는 역설이라고 할 것이다.

2. 공익성이 상실된 사업에까지 수용권을 유지하는 것에 대한 수용권 남용

판례에서 주지한 바와 같이 공용수용은 헌법상의 재산권 보장의 요청상 불가피한 최소한에 그쳐야 하고, 헌법 제23조의 근본취지에 비추어 볼 때도 사업시행자가 사업인정을 받은 후 그 사업이 공용수용을 할 만한 공익성을 상실하거나 사업인정에 관련된 자들의 이익이 현저히 비례의 원칙에 어긋나게 된 경우 또는 사업시행자가 해당 공익사업을 수행할 의사나 능력을 상실하였음에도 여전히 그 사업인정에 기하여 수용권을 행사하는 것은 수용권의 공익목적에 반하는 수용권의 남용에 해당하여 허용되지 않는다고 본 것은 수용권 자체가 국민의 재산권에 미치는 영향을 고려해 볼 때 더 이상의 공익성이 소멸된다면 수용권을 유지할 필요도 없을 뿐만 아니라 그 수용권 자체가 수용지역 토지소유자 등에게는 심리적인 압박요인이기도 한 측면을 고려할 때 법익의 균형성 관점에서도 이에서 벗어날 수 있도록 한 재판부의 결단은 매우 시사하는 바가 크다고 할 것이다. 수용권은 국민 모두에 공익이라는 관점에서 유지되어야 하고, 그 수용권의 행사로 말미암아 다수 국민의 공공복리가 증대되는 관점으로 생각하여 보아도 공익성이 상실된 사업에까지 수용권을 유지하는 것은 공적 주체에게 지나친 행정력의 배려로 밖에는 생각할 수 없는바, 이에 대한 수용권 남용을 적시한 것은 높이 평가되는 부분이라고 할 것이다.

Ⅳ. 결

토지보상법의 규정에 의한 사업인정처분이라 함은 공익사업을 토지 등을 수용 또는 사용할 사업으로 결정하는 것으로서(법 제2조 제7호) 단순한 확인행위가 아니라 형성행위이므로, 해당 사업이 외형상 토지 등을 수용 또는 사용할 수 있는 사업에 해당된다 하더라도 행정주체로서는 그 사업이 공용수용 을 할 만한 공익성이 있는지의 여부와 공익성이 있는 경우에도 그 사업의 내용과 방법에 대하여 사업 인정처분에 관련된 자들의 이익을 공익과 사익간에서는 물론, 공익 상호 간 및 사익 상호 간에도 정 당하게 비교·교량하여야 하고, 그 비교·교량은 비례의 원칙에 적합하도록 하여야 할 것이다.(출처 : 대판 2005.4.29, 2004두14670[사업인정처분취소]) 즉, 공용수용은 헌법상의 재산권 보장의 요청 상 불가피한 최소한에 그쳐야 한다는 헌법 제23조의 근본취지에 비추어 볼 때, 사업시행자가 사업인 정을 받은 후 그 사업이 공용수용을 할 만한 공익성을 상실하거나 사업인정에 관련된 자들의 이익이 현저히 비례의 원칙에 어긋나게 된 경우 또는 사업시행자가 해당 공익사업을 수행할 의사나 능력을 상실하였음에도 여전히 그 사업인정에 기하여 수용권을 행사하는 것은 수용권의 공익목적에 반하는 수용권의 남용에 해당하여 허용되지 않는다고 할 것이다. 따라서 사업시행자 갑에게 행한 사업인정 은 사업인정의 요건을 충족하지 않은 것으로써 수용권 남용에 해당된다고 판단된다.

❖ (설문2)에 대하여

Ⅰ. 논점의 정리

해당 사안은 종전의 (구)토지수용법 제75조의2에서 제1항에서 "이의신청의 재결에 대하여 불복이 있을 때에는 재결서가 송달된 날부터 1월 이내에 행정소송을 제기할 수 있다. 다만, 사업시행자는 행정소송을 제기하기 전에 제75조 제1항의 규정에 의하여 이의신청에 대한 재결에서 정한 보상금 을 공탁하여야 한다. 이 경우, 토지소유자 등은 공탁된 보상금을 소송종결시까지 수령할 수 없다." 라고 규정함으로써 재결주의를 취한 듯한 규정을 두고 있었다.

그러나 통합 법안이 되면서 토지보상법 제85조에서 제1항에서 "사업시행자, 토지소유자 또는 관계 인은 제34조에 따른 재결에 불복할 때에는 재결서를 받은 날부터 90일 이내에, 이의신청을 거쳤을 때에는 이의신청에 대한 재결서를 받은 날부터 60일 이내에 각각 행정소송을 제기할 수 있다. 이 경우 사업시행자는 행정소송을 제기하기 전에 제84조에 따라 늘어난 보상금을 공탁하여야 하며, 보상금을 받을 자는 공탁된 보상금을 소송이 종결될 때까지 수령할 수 없다."라고 규정함으로써 원처분주의 취하고 있는 바, 이하에서 원처분주의와 재결주의를 논하고, 토지보상법령과 판례를 검토하여 사안을 해결코자 한다.

Ⅱ. 원처분주의와 재결주의 논의

1. 논의의 전제

원처분과 재결은 모두 공권력 작용인 행정행위로서 항고소송의 대상이 될 수 있다(행정소송법 제 19조, 제2조 제1항 제1호). 그러나 판결의 모순·저촉이나 소송경제를 고려하여 소송의 대상을 제한할 필요가 있다. 이에 대한 입법주의로 원처분주의와 재결주의가 있다.

2. 원처분주의

행정소송법 제19조는 취소소송은 처분 등을 대상으로 한다. 다만 재결에 대한 취소소송은 재결 자체에 고유한 위법이 있음을 이유로 하는 경우에 한한다(행소법 제19조 단서). 따라서 취소소송은 원칙적으로 원처분을 대상으로 하는데, 이를 원처분주의라 한다. 원처분주의와 재결주의 중 어느 것을 택할 것인가는 입법정책의 문제이다.

3. 재결주의

재결주의란 재결만을 취소소송의 대상으로 하여 재결의 위법뿐만 아니라 원처분의 위법도 주장할 수 있다는 입장이다. 재결주의는 재결만이 소의 대상이 되므로 필연적으로 행정심판 필요적 전치주의에 해당한다고 볼 수 있다. 재결주의는 개별법률에서 원처분주의의 예외로서 인정하는 경우 재결을 소송의 대상으로 삼을 수 있다.

4. 우리 행정소송법제의 경우

행정소송법 제19조, 제38조에서는 원처분과 재결 모두에 대해 항고소송을 제기할 수 있지만, 재결에 대한 소송은 재결 자체의 고유한 위법이 있는 경우에 한한다고 규정하여 원처분주의를 채택하고 있다. 그러나 개별법상 재결주의가 채택되어 있는 경우가 있다.

5. 원처분주의 위반의 효과

(1) 문제점

재결 자체의 고유한 위법이 없음에도 재결에 대해 취소소송을 제기한 경우 소송상 처리에 관해 견해의 대립이 있다.

(2) 학설의 대립

행정소송법 제19조 단서를 소극적 소송요건으로 보아 각하판결을 해야 한다는 견해, 재결 자체의 위법 여부는 본안판단사항이기 때문에 기각판결을 해야 한다는 견해가 있다.

(3) 판례

판례는 재결 자체에 고유한 위법이 없는 경우에는 원처분의 당부와는 상관없이 해당 재결취소소송은 이를 기각하여야 한다고 판시하고 있다.

(4) 검토

재결 자체의 위법 여부는 본안판단사항이므로 기각 판결해야 한다는 견해가 타당하다고 생각된다.

III. 해당 취소소송에서 피고적격 및 소송대상

1. 종전 토지수용법제하에서 재결주의 판례

(1) 종전 토지수용법 제75조의2 규정

제75조의2(이의신청에 대한 재결의 효력)

① 이의신청의 재결에 대하여 불복이 있을 때에는 재결서가 송달된 날부터 1월 이내에 행정소송을 제기할 수 있다. 다만, 사업시행자는 행정소송을 제기하기 전에 제75조 제1항의 규정에 의하여 이의신청에 대한 재결에서 정한 보상금을 공탁하여야 한다. 이 경우, 토지소유자 등은 공탁된 보상금을 소송종결시까지 수령할 수 없다.

② 제1항의 규정에 의하여 제기하고자 하는 행정소송이 보상금의 증감에 관한 소송인 때에는, 해당 소송을 제기하는 자가 토지소유자 또는 관계인인 경우에는 재결청 외에 사업시행자를, 기업자인 경우에는 재결청 외에 토지소유자 또는 관계인을 각각 피고로 한다.

③ 제1항의 기간 내에 소송이 제기되지 아니하거나 기타 사유로 제75조의 규정에 의한 이의신청에 대한 재결이 확정되었을 때에는 민사소송법상의 확정판결이 있은 것으로 보며 재결정본은 집행력있는 판결정본과 동일한 효력을 가진다.

④ 이의신청에 대한 재결이 확정된 때에는 토지소유자·관계인 또는 사업시행자는 관할 토지수용위원회에 대하여 재결확정증명서를 청구할 수 있다.

(2) 종전 규정에 의한 대법원 판례

토지수용법과 같이 재결전치주의를 정하면서 원처분인 수용재결에 대한 취소소송을 인정하지 아니하고 재결인 이의재결에 대한 취소소송만을 인정하고 있는 경우에는 재결을 거치지 아니하고 원처분인 수용재결취소의 소를 제기할 수 없는 것이며 행정소송법 제18조는 적용되지 아니하고, 따라서 수용재결처분이 무효인 경우에는 재결 그 자체에 대한 무효확인을 소구할 수 있지만, 토지수용에 관한 취소소송은 중앙토지수용위원회의 이의재결에 대하여 불복이 있을 때에 제기할 수 있고 수용재결은 취소소송의 대상으로 삼을 수 없으며, 이의재결에 대한 행정소송에서는 이의재결 자체의 고유한 위법사유뿐 아니라 이의신청사유로 삼지 않은 수용재결의 하자도 주장할 수 있다. (출처 : 대판 2001.5.8, 2001두1468[토지수용이의재결처분취소등])

2. 현행 토지보상법 규정과 원처분주의 판례

(1) 현행 토지보상법 제85조 행정소송의 제기

제85조(행정소송의 제기)

① 사업시행자, 토지소유자 또는 관계인은 제34조에 따른 재결에 불복할 때에는 재결서를 받은 날부터 90일 이내에, 이의신청을 거쳤을 때에는 이의신청에 대한 재결서를 받은 날부터 60일 이내에 각각 행정소송을 제기할 수 있다. 이 경우 사업시행자는 행정소송을 제기하기 전에 제84조에 따라 늘어난 보상금을 공탁하여야 하며, 보상금을 받을 자는 공탁된 보상금을 소송이 종결될 때까지 수령할 수 없다.

② 제1항에 따라 제기하려는 행정소송이 보상금의 증감(增減)에 관한 소송인 경우 그 소송을 제기하는 자가 토지소유자 또는 관계인일 때에는 사업시행자를, 사업시행자일 때에는 토지소유자 또는 관계인을 각각 피고로 한다.

(2) 현행 규정에 의한 원처분주의 판례

공익사업을 위한 토지 등의 취득 및 보상에 관한 법률 제85조 제1항 전문의 문언 내용과 같은 법 제83조, 제85조가 중앙토지수용위원회에 대한 이의신청을 임의적 절차로 규정하고 있는 점, 행정소송법 제19조 단서가 행정심판에 대한 재결은 재결 자체에 고유한 위법이 있음을 이유로 하는 경우에 한하여 취소소송의 대상으로 삼을 수 있도록 규정하고 있는 점 등을 종합하여 보면, <u>수용재결에 불복하여 취소소송을 제기하는 때에는 이의신청을 거친 경우에도 수용재결을 한 중앙토지수용위원회 또는 지방토지수용위원회를 피고로 하여 수용재결의 취소를 구하여야 하고, 다만 이의신청에 대한 재결 자체에 고유한 위법이 있음을 이유로 하는 경우에는 그 이의재결을 한 중앙토지수용위원회를 피고로 하여 이의재결의 취소를 구할 수 있다고 보아야 한다.</u> (출처 : 대판 2010.1.28, 2008두1504[수용재결취소등])

3. 해당 취소소송에서 피고적격 및 소송대상

토지보상법 제85조 제1항 전문은 사업시행자·토지소유자 또는 관계인은 중앙토지수용위원회 또는 지방토지수용위원회의 수용재결에 대하여 불복이 있는 때에는 재결서를 받은 날부터 90일 이내에, 이의신청을 거친 때에는 이의신청에 대한 재결서를 받은 날부터 60일 이내에 각각 행정소송을 제기할 수 있다고 규정하고 있다.

위와 같은 토지보상법 제85조 제1항 전문의 문언 내용과 공익사업법 제83조, 제85조가 중앙토지수용위원회에 대한 이의신청을 임의적 절차로 규정하고 있는 점, 행정소송법 제19조 단서가 행정심판에 대한 재결은 재결 자체에 고유한 위법이 있음을 이유로 하는 경우에 한하여 취소소송의 대상으로 삼을 수 있도록 규정하고 있는 점 등을 종합하여 보면, 수용재결에 불복하여 취소소송을 제기하는 때에는 이의신청을 거친 경우에도 수용재결을 한 중앙토지수용위원회 또는 지방토지수용위원회를 피고로 하여 수용재결의 취소를 구하여야 하고, 다만 이의신청에 대한 재결 자체에 고유한 위법이 있음을 이유로 하는 경우에는 그 이의재결을 한 중앙토지수용위원회를 피고로 하여 이의재결의 취소를 구할 수 있다고 보아야 한다.

Ⅳ. 결

1. 토지보상법 제85조의 제정 입법취지

본 대법원 판례는 (구)토지수용법과 공특법 통합법안의 입법취지를 잘 반영한 것으로 평가된다. 그동안 재결주의에 대한 판례가 유지됨으로 인해서 원처분주의에 대한 입법에 대해서 논란이 많았으나, 대법원이 토지수용재결에 대하여 원처분주의로 해석한 것은 토지수용 법률관계의 복잡성과 아울러 권리구제의 실효성 확보를 위한 결단이라 보여진다.

2. 해당 취소소송의 대상 및 피고적격에 대한 평가

수용재결에 불복하여 중앙토지수용위원회의 이의재결을 거친 경우 수용재결 자체의 취소를 구하는 항고소송은 이의재결을 한 중앙토지수용위원회만이 피고적격이 있다는 이유로 수용재결을 한 피고 중앙토지수용위원회를 상대로 수용재결의 취소를 구하는 부분의 소를 각하한 원심의 판단에는 수용재결에 불복하여 취소소송을 제기하는 경우의 소송대상 및 피고적격에 관한 법리를 오해하여 판결 결과에 영향을 미친 위법이 있고 이 점을 지적하는 상고취지는 이유 있다고 판시하고 있다. 따라서 소송의 대상은 원 행정작용인 수용재결을 대상으로 하여야 하며 피고는 원 행정작용을 한 관할 토지수용위원회라고 할 것이다. 예를 들어 서울시 관악구의 도로사업인 경우에는 서울지방토지수용위원회의 수용재결에 대해서 행정소송의 대상은 원 수용재결이며, 피고는 서울지방토지수용위원회가 된다. 그런데 국책사업이거나 두 개의 광역시에 걸쳐서 행하는 공익사업의 수용재결은 중앙토지수용위원회가 행하므로 소송의 대상은 국책사업 등의 원 수용재결이고 피고는 중앙토지수용위원회가 관할 토지수용위원회이므로 피고적격이 있다고 할 것이다.

> ▶ 해당 문제 쟁점 판례 ① 대판 2011.1.27, 2009두1051
> [판시사항]
> [1] 사업인정기관이 공익사업을 위한 토지 등의 취득 및 보상에 관한 법률상의 사업인정을 하기 위한 요건
> [2] 사업시행자가 사업인정을 받은 후 그 사업이 공용수용을 할 만한 공익성을 상실하거나 사업인정에 관련된 자들의 이익이 현저히 비례의 원칙에 어긋나게 된 경우 또는 사업시행자가 해당 공익사업을 수행할 의사나 능력을 상실한 경우, 그 사업인정에 터잡아 수용권을 행사할 수 있는지 여부(소극)

[판결요지]

[1] 사업인정이란 공익사업을 토지 등을 수용 또는 사용할 사업으로 결정하는 것으로서 공익사업의 시행자에게 그 후 일정한 절차를 거칠 것을 조건으로 일정한 내용의 수용권을 설정하여 주는 형성행위이므로, 해당 사업이 외형상 토지 등을 수용 또는 사용할 수 있는 사업에 해당한다고 하더라도 사업인정기관으로서는 그 사업이 공용수용을 할 만한 공익성이 있는지의 여부와 공익성이 있는 경우에도 그 사업의 내용과 방법에 관하여 사업인정에 관련된 자들의 이익을 공익과 사익 사이에서는 물론, 공익 상호간 및 사익 상호간에도 정당하게 비교·교량하여야 하고, 그 비교·교량은 비례의 원칙에 적합하도록 하여야 한다. 그뿐만 아니라 해당 공익사업을 수행하여 공익을 실현할 의사나 능력이 없는 자에게 타인의 재산권을 공권력적·강제적으로 박탈할 수 있는 수용권을 설정하여 줄 수는 없으므로, 사업시행자에게 해당 공익사업을 수행할 의사와 능력이 있어야 한다는 것도 사업인정의 한 요건이라고 보아야 한다.

[2] 공용수용은 헌법상의 재산권 보장의 요청상 불가피한 최소한에 그쳐야 한다는 헌법 제23조의 근본취지에 비추어 볼 때, 사업시행자가 사업인정을 받은 후 그 사업이 공용수용을 할 만한 공익성을 상실하거나 사업인정에 관련된 자들의 이익이 현저히 비례의 원칙에 어긋나게 된 경우 또는 사업시행자가 해당 공익사업을 수행할 의사나 능력을 상실하였음에도 여전히 그 사업인정에 기하여 수용권을 행사하는 것은 수용권의 공익목적에 반하는 수용권의 남용에 해당하여 허용되지 않는다.

[이 유]

상고이유 중 수용권 남용 주장에 관하여 본다.

헌법 제23조는 "① 모든 국민의 재산권은 보장된다. 그 내용과 한계는 법률로 정한다. ② 재산권의 행사는 공공복리에 적합하도록 하여야 한다. ③ 공공필요에 의한 재산권의 수용·사용 또는 제한 및 그에 대한 보상은 법률로써 하되, 정당한 보상을 지급하여야 한다."라고 규정하고 있다. 이 규정의 근본취지는 우리 헌법이 사유재산제도의 보장이라는 기조 위에서 원칙적으로 모든 국민의 구체적 재산권의 자유로운 이용·수익·처분을 보장하면서 공공필요에 의한 재산권의 수용·사용 또는 제한은 헌법이 규정하는 요건을 갖춘 경우에만 예외적으로 허용한다는 것으로 해석된다. 이와 같은 우리 헌법의 재산권 보장에 관한 규정의 근본취지에 비추어 볼 때, 공공필요에 의한 재산권의 공권력적, 강제적 박탈을 의미하는 공용수용은 헌법상의 재산권 보장의 요청상 불가피한 최소한에 그쳐야 한다.

한편, 산업입지 및 개발에 관한 법률 부칙 제3조 제2항은 수용·사용할 토지 등의 세목 등이 고시된 때에는 이를 (구)토지수용법에 의한 사업인정 및 그 고시로 보도록 규정하고 있는바, 사업인정이라 함은 공익사업을 토지 등을 수용 또는 사용할 사업으로 결정하는 것으로서 공익사업의 시행자에게 그 후 일정한 절차를 거칠 것을 조건으로 일정한 내용의 수용권을 설정하여 주는 형성행위이므로, 해당 사업이 외형상 토지 등을 수용 또는 사용할 수 있는 사업에 해당한다고 하더라도 사업인정기관으로서는 그 사업이 공용수용을 할 만한 공익성이 있는지의 여부와 공익성이 있는 경우에도 그 사업의 내용과 방법에 관하여 사업인정에 관련된 자들의 이익을 공익과 사익 사이에서는 물론, 공익 상호 간 및 사익 상호 간에도 정당하게 비교·교량하여야 하고, 그 비교·교량은 비례의 원칙에 적합하도록 하여야 한다. 그뿐만 아니라 해당 공익사업을 수행하여 공익을 실현할 의사나 능력이 없는 자에게 타인의 재산권을 공권력적·강제적으로 박탈할 수 있는 수용권을 설정하여 줄 수는 없으므로, 사업시행자에게 해당 공익사업을 수행할 의사와 능력이 있어야 한다는 것도 사업인정의 한 요건이라고 보아야 한다. 그리고 앞서 본 바와 같이 공용수용은 헌법상의 재산권 보장의 요청상 불가피한 최소한에 그쳐야 한다는 헌법 제23조의 근본취지에 비추어 볼 때, 사업시행자가 사업인정을 받은 후 그 사업이 공용수용을 할 만한 공익성을 상실하거나 사업인정에 관련된 자들의 이익이 현저히 비례의 원칙에 어긋나게 된 경우 또는 사업시행자가 해당 공익사업을 수행할 의사나 능력을 상실하였음에도 여전히 그 사업인정에 기하여 수용권을 행사하는 것은 수용권의 공익목적에 반하는 수용권의 남용에 해당하여 허용되지 않는다고 할 것이다.

원심판결 및 원심이 적법하게 조사한 증거 등에 의하면, 이 사건 골프연습장은 당초 창원시장이 1995.11.경 창원시 두대동 산 65 일원 12,609㎡에 민간자본 유치를 통한 도시공원 내 체육시설로서 그 조성사업이 추진되었고, 소외 1은 이 사건 토지들 중 일부가 포함된 위 사업시행지 일대 원고 소유 토지 6필지에 관하여 임대차계약을 체결하고 원고로부터 사용승낙서를 받기는 하였으나, 실제 보증금과 차임은 전혀 지급하지 않은 채 이 사건 수용재결에 이르기까지 이 사건 토지 등을 일방적으로 점유, 사용하여 온 사실, 그런데 1999.1.경 이 사건 골프연습장이 창원국가산업단지 내에 위치하여 그 조성사업이 산업입지 및 개발에 관한 법률에 의거 창원시장이 아닌 경상남도지사의 승인을 받아야 한다는 점이 밝혀져 위 사업자 시행자 지정이 취소된 사실, 그 후 경상남도지사는 1999.5.6. 창원국가산업단지 개발계획에 주요기반시설 중 하나인 체육시설로서 창원시장이 추진한 사업내용과 동일하게 '창원시 두대동 산 65 일원 12,609㎡에 체육시설(골프연습장)을 설치하는 내용'을 추가하고, 1999. 6.11.에는 소외 1을 이 사건 골프장 조성사업의 시행자로 지정하면서 소외 1이 작성한 실시계획을 승인하였는데, 그 승인조건에 이 사건 골프장부지 등으로 사용되는 타인 소유의 토지를 매입하거나 사용승낙을 받도록 하는 내용 등을 부가하지 않은 사실, 이에 원고는 2001년경 소외 1을 상대로 이 사건 토지 등의 인도와 그 지상 골프연습장 건물 등의 철거 및 차임 상당 부당이득의 지급을 구하는 소를 제기하여 그 승소판결을 받아 그 판결이 확정되었는데, 소외 1은 판결에 따른 의무를 이행하지 않은 채 당시 공사 중이던 골프연습장 건물의 건축 등을 강행한 사실, 그러자 원고는 다시 소외 1을 상대로 건물 등 철거청구소송을 제기하였는데, 소외 1은 2004.11.26. 피고에게 이 사건 토지에 관한 수용재결을 신청하여 2005.3.22. 이 사건 수용재결을 받은 사실, 소외 1 또는 그가 대표이사로 있던 소외 2 주식회사는 이 사건 사업지역 안팎에 있는 여러 필지의 토지들을 소유하였는데, 그 중 일부는 2004.7.7. 담보권 실행을 위한 경매절차가 개시되어 2005.5.30. 피고 보조참가인(이하 '보조참가인'이라고만 한다)에게 매각되었고, 나머지 토지들은 2005.5.19. 담보권 실행을 위한 경매절차가 개시되어 2006.1.26. 소외 3에게 매각되었으며, 위 골프연습장 건물도 2004.8.17. 강제경매절차가 개시되어 2006.2.1. 보조참가인의 대표이사이던 소외 4에게 매각된 사실, 위와 같이 경매된 토지들에 관하여 특히 2004.10.15. 이후 다수의 가압류 및 압류가 이어지기도 한 사실, 소외 1은 이 사건 토지의 수용에 필요한 보상금 등 제반 비용도 보조참가인으로부터 조달하였고, 이에 이 사건 토지에 관하여 2005.5.10. 소외 1 명의로 소유권이전등기가 마쳐지자마자 보조참가인 명의로 소유권이전청구권 가등기가 마쳐졌다가 2007.7.18. 그 가등기에 기한 본등기가 마쳐진 사실, 현재 이 사건 골프연습장은 일부 철거된 채 영업을 하지 못하고 있는 상태인 사실, 한편 이 사건 토지는 학교법인인 원고의 기본재산으로서 주변에 원고 운영의 학교들이 소재하고 있어 장차 학교부지 등 교육목적으로 사용될 수 있을 것으로 보이는 사실 등을 알 수 있다.

앞서 본 법리와 사실관계에 비추어 보면, 소외 1은 사업인정을 받은 이후 재정상황이 더욱 악화되어 이 사건 수용재결 당시 이미 이 사건 사업을 수행할 능력을 상실한 상태에 있었다고 볼 여지가 있고, 그렇다면 소외 1이 이 사건 각 토지에 관한 수용재결을 신청하여 그 재결을 받은 것은 수용권의 남용에 해당한다고 볼 여지가 있다.

그런데도 원심은, 소외 1이 사업인정을 받은 이후 이 사건 사업을 수행할 능력을 상실하였는지 여부에 관하여 심리를 다하지 아니한 채, 사후에 이 사건 각 토지의 일부가 경매로 매각되었다고 하더라도 이 사건 사업이 실현 불가능한 상황에 있었다고 볼 수 없다고 속단하고는, 판시와 같은 사정만으로는 이 사건 수용재결이 수용권 남용에 해당한다고 보기 어렵다고 판단하고 말았으니, 이러한 원심의 판단에는 수용권의 남용에 관한 법리를 오해하여 판결 결과에 영향을 미친 위법이 있다. 이 점을 지적하는 상고이유의 주장은 이유 있다.

그러므로 나머지 상고이유에 대한 판단을 생략한 채 원심판결을 파기하고 사건을 다시 심리·판단하게 하기 위하여 원심법원에 환송하기로 하여, 관여 대법관의 일치된 의견으로 주문과 같이 판결한다.

▶ 해당 문제 쟁점 판례 ② 대판 2010.1.28. 2008두1504 [수용재결취소등]

[판시사항]
토지소유자 등이 수용재결에 불복하여 이의신청을 거친 후 취소소송을 제기하는 경우 피고적격(=수용재결을 한 토지수용위원회) 및 소송대상(=수용재결)

[판결요지]
공익사업을 위한 토지 등의 취득 및 보상에 관한 법률 제85조 제1항 전문의 문언 내용과 같은 법 제83조, 제85조가 중앙토지수용위원회에 대한 이의신청을 임의적 절차로 규정하고 있는 점, 행정소송법 제19조 단서가 행정심판에 대한 재결은 재결 자체에 고유한 위법이 있음을 이유로 하는 경우에 한하여 취소소송의 대상으로 삼을 수 있도록 규정하고 있는 점 등을 종합하여 보면, 수용재결에 불복하여 취소소송을 제기하는 때에는 이의신청을 거친 경우에도 수용재결을 한 중앙토지수용위원회 또는 지방토지수용위원회를 피고로 하여 수용재결의 취소를 구하여야 하고, 다만 이의신청에 대한 재결 자체에 고유한 위법이 있음을 이유로 하는 경우에는 그 이의재결을 한 중앙토지수용위원회를 피고로 하여 이의재결의 취소를 구할 수 있다고 보아야 한다.

[참조조문]
공익사업을 위한 토지 등의 취득 및 보상에 관한 법률 제83조, 제84조, 제85조 제1항, 행정소송법 제19조

[전 문]
[원고, 상고인] 원고
[피고, 피상고인] 중앙토지수용위원회외 1인
[원심판결] 서울고법 2007.12.18. 2007누12769

[주 문]
원심판결 중 피고 중앙토지수용위원회에 대한 수용재결취소청구에 관한 부분과 피고 대한민국에 대한 부분을 파기하고, 이 부분 사건을 서울고등법원에 환송한다.

[이 유]

상고이유를 판단한다.

'공익사업을 위한 토지 등의 취득 및 보상에 관한 법률'(이하 '공익사업법'이라고 한다) 제85조 제1항 전문은 사업시행자·토지소유자 또는 관계인은 중앙토지수용위원회 또는 지방토지수용위원회의 수용재결에 대하여 불복할 때에는 재결서를 받은 날부터 90일 이내에, 이의신청을 거친 때에는 이의신청에 대한 재결서를 받은 날부터 60일 이내에 각각 행정소송을 제기할수 있다고 규정하고 있다.

위와 같은 공익사업법 제85조 제1항 전문의 문언 내용과 공익사업법 제83조, 제85조가 중앙토지수용위원회에 대한 이의신청을 임의적 절차로 규정하고 있는 점, 행정소송법 제19조 단서가 행정심판에 대한 재결은 재결 자체에 고유한 위법이 있음을 이유로 하는 경우에 한하여 취소소송의 대상으로 삼을 수 있도록 규정하고 있는 점 등을 종합하여 보면, 수용재결에 불복하여 취소소송을 제기하는 때에는 이의신청을 거친 경우에도 수용재결을 한 중앙토지수용위원회 또는 지방토지수용위원회를 피고로 하여 수용재결의 취소를 구하여야 하고, 다만 이의신청에 대한 재결 자체에 고유한 위법이 있음을 이유로 하는 경우에는 그 이의재결을 한 중앙토지수용위원회를 피고로 하여 이의재결의 취소를 구할 수 있다고 보아야 한다.

그럼에도 원심은, 수용재결에 불복하여 중앙토지수용위원회의 이의재결을 거친 경우 수용재결 자체의 취소를 구하는 항고소송은 이의재결을 한 중앙토지수용위원회만이 피고적격이 있다는 이유로 수용재결을 한 피고 중앙토지수용위원회를 상대로 수용재결의 취소를 구하는 부분의 소를 각하하였다. 이러한 원심의 판단에는 수용재결에 불복하여 취소소송을 제기하는 경우의 소송대상 및 피고적격에 관한 법리를 오해하여 판결 결과에 영향을 미친 위법이 있다. 이 점을 지적하는 상고취지는 이유 있다.

그러므로 원심판결 중 피고 중앙토지수용위원회에 대한 수용재결취소청구에 관한 부분 및 이와 합일확정될 필요가 있는 피고 대한민국에 대한 부분을 파기하고 이 부분 사건을 다시 심리·판단하게 하기 위하여 원심법원에 환송하기로 하여, 관여 대법관의 일치된 의견으로 주문과 같이 판결한다.

❖ (설문1) 행정쟁송상 권리구제수단

Ⅰ. 논점의 정리

Ⅱ. 토지보상액 불복으로서 특별법상 행정심판
　　이의신청(법 제83조)

　　1. 공용수용의 법리와 불복규정 적용

　　2. 이의신청의 의의(법 제83조 및 제84조)
　　　　(특별법상 행정심판)

　　3. 이의신청의 요건 및 효과(처분청 경유주의,
　　　　기간특례 등)

　　4. 이의재결(법 제84조) 및 이의 재결의 효력
　　　　(법 제86조)

Ⅲ. 보상금증감청구소송(법 제85조 제2항)(형식
　　적 당사자소송)

　　1. 보상금증감청구소송의 개념

　　2. 소송의 성질
　　　　(1) 형식적 당사자소송
　　　　(2) 형성소송인지, 확인·급부소송인지

　　3. 소송의 대상

　　4. 보상금증액청구소송의 제기요건(기간특례,
　　　　원처분주의 등)

　　5. 심리범위

　　6. 판결의 효력

　　7. 관련문제(청구의 병합)

Ⅳ. 사안의 해결(권리구제수단)

❖ (설문2) '사실상의 사도'의 부지로 보고 인근
　토지 평가액의 3분의 1 이내로 보상액을 평가
　하기 위한 요건

　　1. 토지보상법 시행규칙 제26조 규정과 대법원
　　　　판례의 태도

　　2. 사실상 사도 평가요건 검토

❖ (설문3) '도로개설 당시의 토지소유자가 자기
　토지의 편익을 위하여 스스로 설치한 도로'
　에 해당하는지 판단하는 기준

　　－ 대법원 판례 해석

❖ (설문4) '토지소유자가 그 의사에 의하여 타
　인의 통행을 제한할 수 없는 도로'의 의미 및
　그에 해당하는지 판단하는 기준

　　－ 대법원 판례 해석

❖ (설문5) (설문3과 설문4에 대한 고찰)

　　1. 자기의 편익을 위하여 스스로 설치한 도로
　　　　인지, 타인의 통행을 제한할 수 없는 도
　　　　로인지 여부에 대한 판단 사실관계 포섭

　　2. 사안의 해결

❖ (설문1) 행정쟁송상 권리구제수단

Ⅰ. 논점의 정리

해당 논제는 甲 자원산업주식회사를 둘러싼 인근 토지의 보상에 대한 쟁점으로 주로 사실상 사도에 대한 쟁점이다. 공익사업을 위한 토지 등의 취득 및 보상에 관한 법률(이하 토지보상법) 시행규칙 제26조 규정이 사실상 사도의 주요한 법적 근거이다. 특히 甲 자원산업주식회사는 자신의 토지가 수용된 것을 다투는 것이 아니라 수용재결에 의한 50억 토지보상액에 대해서만 불복하는 것이다. 따라서 甲 자원산업주식회사는 이의신청 또는 보상금증액청구소송을 제기할 수 있다. 이의신청은 보상금증감청구소송의 필요적 전치절차는 아니며, 아래에서 토지보상액 불복에 대한 구체적인 쟁점을 논술하고자 한다.

Ⅱ. 토지보상액 불복으로서 특별법상 행정심판 이의신청(법 제83조)

1. 공용수용의 법리와 불복규정 적용

공용수용이란, 공익사업을 위해 특정 개인의 재산권을 법률의 힘에 의해 근거하여 강제적으로 취득하는 것으로 재산권 보장에 대한 중대한 예외적 조치이며, 그 종국적 절차인 재결은 협의 불성립 또는 협의불능의 경우에 사업인정을 통하여 사업시행자에게 부여된 수용권의 구체적인 내용을 결정하고 그 실행을 완성시키는 형성적 행정처분이다. 이러한 재결은 재산권 박탈을 의미하는 '수용재결'과 수용재결의 효과로서 보상금을 결정하는 '보상재결'로 구성되며, 사업시행자에게 보상금 지급을 조건으로 토지소유권을 취득하게 하고, 토지소유자 등에게는 그 권리를 상실시키는 형성적 행정행위로 작용하기 때문에 피수용자가 재결의 취소 또는 변경을 구할 수 있음은 법치주의원리상 당연하다고 볼 수 있다. 토지보상법은 재결에 대한 불복절차로서 이의신청(공익사업을 위한 토지 등의 취득 및 보상에 관한 법률(이하 토지보상법) 제83조(특별법상 행정심판) 및 동법 제84조와 동법 85조(행정소송)에 대한 규정을 두고 있다. 이에 대한 불복절차에 관하여 토지보상법에 규정이 있는 경우를 제외하고는 행정심판법과 행정소송법이 적용될 것이다.

2. 이의신청의 의의(법 제83조 및 제84조)(특별법상 행정심판)

이의신청이란, 토지수용위원회의 위법 또는 부당한 재결처분으로 인하여 권리 또는 이익을 침해당한 자가 중앙토지수용위원회에 그 처분의 취소·변경을 구하는 쟁송을 말한다. 토지수용위원회의 재결은 수용재결과 보상재결로 분리되는데, 이 중 어느 한 부분만에 대하여 불복이 있는 경우에도 토지수용위원회의 재결 자체가 이의신청의 대상이 된다. 이는 토지보상법에서 별도의 행정심판절차를 규율한 것으로 특별법상 행정심판의 성격을 지닌다.

3. 이의신청의 요건 및 효과(처분청 경유주의, 기간특례 등)

① 양 당사자는 재결서 정본을 받은 날로부터 30일 이내에 처분청을 경유하여 중앙토지수용위원회에 이의를 신청할 수 있다. 판례는 30일의 기간은 수용의 신속을 기하기 위한 것으로 합당하다고 한다. ② 이의신청은 사업의 진행 및 토지의 사용·수용을 정지시키지 아니하며(보상법 제88조) 행정쟁송법에 의한 집행정지 규정이 적용될 것이다.

4. 이의재결(법 제84조) 및 이의 재결의 효력(법 제86조)

① 재결이 위법, 부당하다고 인정하는 때에는 재결의 전부 또는 일부를 취소하거나 보상액을 변경할 수 있다. ② 이의재결이 확정된 경우에는 민사소송법상의 확정판결이 있는 것으로 본다. 즉,

사업시행자가 이의재결에서 증액재결한 보상금의 지급을 이행하지 않는 경우 피수용자는 확정판결의 효력을 바탕으로 재결확정증명서를 받아 강제집행할 수 있게 된다.

III. 보상금증감청구소송(법 제85조 제2항)(형식적 당사자소송)

1. 보상금증감청구소송의 개념

토지수용위원회의 보상재결에 대하여 토지소유자 및 관계인은 보상금의 증액을 청구하는 소송을 제기할 수 있고 사업시행자는 보상금의 감액을 청구하는 소송을 제기할 수 있다. 이를 보상금증감청구소송이라 한다. 이는 보상금만에 대한 소송을 인정함으로써 분쟁의 일회적 해결·소송경제·권리구제의 신속성·실효성 확보를 도모함에 제도적 취지가 인정된다.

2. 소송의 성질

(1) 형식적 당사자소송

보상금증감청구소송은 기본적으로 보상금액을 다투는 소송이며 소송을 제기함에 있어 재결청을 피고로 하는 것이 아니라 그 법률관계의 일방 당사자를 피고로 하는 소송에 해당하게 되므로 순수한 의미의 형식적 당사자소송이라 할 것이다.

(2) 형성소송인지, 확인·급부소송인지

형성소송인지, 확인·급부소송인지 견해의 대립이 있으나, 보상금증감청구소송은 재결청을 제외한 보상당사자만을 피고로 규정하고 있으므로 보상재결의 최소·변경 없이 헌법상 정당보상 조항(헌법 제23조 제3항)에 의하여 당연히 발생·확정되는 정당보상액을 확인하고, 부족액의 급부를 구하는 확인·급부소송이 타당하다고 생각한다.

3. 소송의 대상

형식적 당사자소송의 대상은 법률관계이다. 따라서 보상금증감청구소송은 관할 토지수용위원회가 행한 재결로 형성된 법률관계인 보상금의 증감에 관한 것을 소송의 대상으로 삼아야 하며 보상금의 증감에 관한 사항 외에는 소송의 대상이 될 수 없다. 토지보상법은 행정쟁송법 제19조에 입각한 원처분주의를 채택한 것으로 해석되는 바, 이의재결에 고유한 위법이 있는 경우를 제외하고는 원재결로 형성된 법률관계인 보상금의 증감에 관한 것을 소송의 대상으로 삼아야 한다.

4. 보상금증액청구소송의 제기요건(기간특례, 원처분주의 등)

① 토지보상법 제85조에서는 소의 대상으로 제34조 재결을 규정하고 있으므로 원처분을 소의 대상으로 하고, ② (종전 규정은 재결서 정본 송달일로부터 60일 또는 30일(이의재결시) 이내에) 개정된 토지보상법 제85조에서는 재결서 정본을 송달 받은 날부터 90일, 이의재결서를 송달받은 날부터 60일 이내로 개정됨 ③ 양 당사자는 각각을 피고로 하여 ④ 관할법원에 소를 제기할 수 있다.

5. 심리범위

① 손실보상의 지급방법(채권보상 여부 포함) ② 손실보상액의 범위, 보상액과 관련한 보상 면적 및 ③ 지연손해금, 잔여지수용 여부, 보상항목간 유용도 심리범위에 해당한다고 본다(판례).

6. 판결의 효력

보상금증감소송에서 법원은 스스로 보상액의 증감을 결정할 있고 토지수용위원회는 별도의 처분을 할 필요가 없다. 법원의 판결이 있게 되면 기판력, 형성력, 기속력이 발생하고, 소의 각하·기각 또는 취하의 효과로서 법정이율의 가산지급(법 제87조)은 당사자소송에 있어서도 적용되는 것으로 보아야 할 것이다.

7. 관련문제(청구의 병합)

수용 자체에 대하여 불복이 있을 뿐만 아니라 보상금액에도 불복이 있는 경우에는 수용재결의 취소 소송과 보상금증액청구소송을 별도로 제기할 수 있다. 그런데, 토지소유자는 우선 수용 자체를 다투고 만일 이것이 받아들여지지 않는 경우에는 보상금액의 증액을 청구할 필요가 있을 것이다. 이 경우에 수용재결에 대한 취소소송에서 보상금증액청구소송을 예비적으로 병합하여 제기할 수 있는 가 하는 것이 문제된다. 분쟁의 일회적 해결을 위한다는 점에서 청구의 병합을 인정함이 타당하다.

IV. 사안의 해결(권리구제수단)

甲 자원산업주식회사는 관할 지방토지수용위원회의 재결에 의해 결정된 50억 토지보상액에 대해서 중앙토지수용위원회에게 이의신청을 제기하거나, 이를 제기함이 없이 행정소송으로 형식적 당사자 소송인 보상금증액청구소송을 제기하여 권리구제를 받을 수 있을 것으로 판단된다.

❖ (설문2) '사실상의 사도'의 부지로 보고 인근 토지 평가액의 3분의 1 이내로 보상액을 평가하기 위한 요건

1. 토지보상법 시행규칙 제26조 규정과 대법원 판례의 태도

공익사업을 위하여 취득하는 토지에 대한 보상액은 재결 등 가격시점 당시의 현실적인 이용상황, 즉 현황을 기준으로 보상하여야 하고, 이 원칙에 따른 구체적인 보상액의 산정 및 평가방법은 투자비용, 예상수익 및 거래가격 등을 고려하여 국토교통부령으로 정하도록 위임되어 있다[공익사업을 위한 토지 등의 취득 및 보상에 관한 법률'(이하 '토지보상법'이라 한다) 제70조 제2항, 제6항]. 그에 따라 토지보상법 시행규칙(이하 '규칙'이라 한다)은 도로부지 중 '사실상의 사도'의 부지는 인근 토지의 평가액의 3분의 1 이내로 평가하도록 규정하면서, 여기서 '사실상의 사도'라 함은 '사도법에 의한 사도 외의 도로(국토의 계획 및 이용에 관한 법률에 의한 도시관리계획에 의하여 도로로 결정된 후부터 도로로 사용되고 있는 것을 제외한다)'로서 다음 각 호의 1에 해당하는 도로를 말한다고 하고, 제1호에서는 '도로개설 당시의 토지소유자가 자기 토지의 편익을 위하여 스스로 설치한 도로'를, 제2호에서는 '토지소유자가 그 의사에 의하여 타인의 통행을 제한할 수 없는 도로'를, 제3호에서는 '건축법 제35조의 규정에 의하여 건축허가권자가 그 위치를 지정·공고한 도로'를, 제4호에서는 '도로개설 당시의 토지소유자가 대지 또는 공장용지 등을 조성하기 위하여 설치한 도로'를 규정하고 있다(이하 위 각 호는 제1호, 제2호 등으로 줄여 쓴다).

그리고 이 경우 보상액 평가의 기준이 되는 '인근 토지'는 해당 도로부지가 도로로 이용되지 아니하였을 경우에 예상되는 표준적인 이용상황과 유사한 토지로서 해당 토지와 가까운 토지를 말한다(규칙 제26조 제4항). 한편 사도법이 적용되는 사도는 도로법에 의한 도로 등에 연결되는 도로로서 관할 지방자치단체장의 허가를 받아 설치한 도로를 가리키는 것으로 규정되어 있다(사도법 제2조, 제4조).

2. 사실상 사도 평가요건 검토

"사실상의 사도"라 함은 개설 당시의 토지소유자가 자기토지의 편익을 위하여 스스로 설치한 도로

(새마을사업으로 설치한 도로를 제외한다)로서 도시계획으로 결정된 도로가 아닌 것을 말하되, 이 때 자기토지의 편익을 위하여 토지소유자가 스스로 설치하였는지 여부는 인접 토지의 획지면적, 소유관계, 이용상태 등이나 개설경위, 목적, 주위환경 등에 의하여 객관적으로 판단하여야 할 것이 므로, 도시계획(도로)의 결정이 없는 상태에서 불특정 다수인의 통행에 장기간 제공되어 자연발생 적으로 사실상 도로화된 경우에도 사실상의 사도에 해당하고(대판 1993. 5. 25, 92누17259 참조), 도시계획으로 결정된 도로라 하더라도 그 이전에 사도법에 의한 사도 또는 사실상의 사도가 설치된 후에 도시계획결정이 이루어진 경우 등에도 거기에 해당하며, 다만 토지의 일부가 일정기간 불특정 다수인의 통행에 제공되거나 사실상 사도로 사용되고 있더라도 토지소유자가 소유권을 행사하여 그 통행을 금지시킬 수 있는 상태에 있는 토지는 거기에 해당하지 아니한다.(대판 1995. 6. 13, 94 누14650[토지수용재결처분취소등])

위와 같은 여러 규정과 판례들을 종합하여 보면, 위 규칙에 의하여 '사실상의 사도'의 부지로 보고 인근 토지 평가액의 3분의 1 이내로 보상액을 평가하려면, 도로법에 의한 일반 도로 등에 연결되어 일반의 통행에 제공되는 등으로 사도법에 의한 사도에 준하는 실질을 갖추고 있어야 하고, 나아가 위 규칙 제1호 내지 제4호 중 어느 하나에 해당하여야 할 것이다(대판 1995. 6. 13, 94누14650 등 은 위 규칙 제1호처럼 토지소유자가 자기 토지의 편익을 위하여 스스로 설치한 사실상의 사도라도 토지소유자가 소유권을 행사하여 그 통행을 금지시킬 수 있는 상태에 있는 토지는 위와 같이 보상 액을 감액평가할 대상에 해당하지 아니한다고 하여, 위 규칙 제1호의 사유가 있는 경우에도 제2호 의 요건까지 갖추어야 사실상의 사도에 해당한다는 취지로 판시하였으나, 이는 '사실상의 사도'에 관한 법률 규정이 달랐던 '공공용지의 취득 및 손실보상에 관한 특례법'이 시행될 당시의 사건에 관한 것이므로 토지보상법이 시행된 이후의 보상액 평가에는 적용되지 아니한다고 할 것이다). 한편 토지보상법과 그 규칙이 사실상의 사도에 대하여 인근 토지에 대한 평가액보다 감액평가한 금액을 보상액으로 규정한 것은 헌법 제23조 제3항이 규정한 정당한 보상의 원칙 등에 비추어 함 부로 확장할 것은 아니고 입법취지 등을 감안하여 제한적으로 새겨야 할 것이다.

❖ (설문3) '도로개설 당시의 토지소유자가 자기 토지의 편익을 위하여 스스로 설치한 도로'에 해당하 는지 판단하는 기준

공익사업을 위한 토지 등의 취득 및 보상에 관한 법률 시행규칙 제26조 제2항 제1호에서 규정한 '도로개설 당시의 토지소유자가 자기 토지의 편익을 위하여 스스로 설치한 도로'에 해당한다고 하려 면, 토지소유자가 자기 소유 토지 중 일부에 도로를 설치한 결과 도로부지로 제공된 부분으로 인하 여 나머지 부분 토지의 편익이 증진되는 등으로 그 부분의 가치가 상승됨으로써 도로부지로 제공된 부분의 가치를 낮게 평가하여 보상하더라도 전체적으로 정당보상의 원칙에 어긋나지 않는다고 볼 만한 객관적인 사유가 있다고 인정되어야 하고, 이는 도로개설 경위와 목적, 주위환경, 인접 토지 의 획지면적, 소유관계 및 이용상태 등 제반 사정을 종합적으로 고려하여 판단할 것이다.

❖ (설문4) '토지소유자가 그 의사에 의하여 타인의 통행을 제한할 수 없는 도로'의 의미 및 그에 해당 하는지 판단하는 기준

공익사업을 위한 토지 등의 취득 및 보상에 관한 법률 시행규칙 제26조 제2항 제2호가 규정한 '토

지소유자가 그 의사에 의하여 타인의 통행을 제한할 수 없는 도로'는 사유지가 종전부터 자연발생적으로 또는 도로예정지로 편입되어 있는 등으로 일반 공중의 교통에 공용되고 있고 그 이용상황이 고착되어 있어, 도로부지로 이용되지 아니하였을 경우에 예상되는 표준적인 이용상태로 원상회복하는 것이 법률상 허용되지 아니하거나 사실상 현저히 곤란한 정도에 이른 경우를 의미한다고 할 것이다. 이때 어느 토지가 불특정 다수인의 통행에 장기간 제공되어 왔고 이를 소유자가 용인하여 왔다는 사정이 있다는 것만으로 언제나 도로로서의 이용상황이 고착되었다고 볼 것은 아니고, 이는 해당 토지가 도로로 이용되게 된 경위, 일반의 통행에 제공된 기간, 도로로 이용되고 있는 토지의 면적 등과 더불어 그 도로가 주위 토지로 통하는 유일한 통로인지 여부 등 주변 상황과 해당 토지의 도로로서의 역할과 기능 등을 종합하여 원래의 지목 등에 따른 표준적인 이용상태로 회복하는 것이 용이한지 여부 등을 가려서 판단해야 할 것이다.

❖ (설문5) (설문3와 설문4에 대한 고찰)

1. 자기의 편익을 위하여 스스로 설치한 도로인지, 타인의 통행을 제한할 수 없는 도로인지 여부에 대한 판단 사실관계 포섭

이 사건 도로 부분은 관할관청이 고속도로변 미관을 이유로 건축선 안쪽으로 3m 이상 정도의 간격을 두고 펜스를 설치하도록 함에 따라 펜스 바깥 부분이 도로의 형상을 갖추게 되고 실제 도로로 이용되고 있기도 하나, ① 펜스 안쪽의 폐기물집하장에서 공로에 출입하는 데는 이 사건 도로부분을 통하지 아니하더라도 아무런 지장이 없는 점, ② 이 사건 도로부분의 동쪽으로는 좁은 비포장 농로를 통하여 공로와 연결되나, 1990년대 후반에 이르러 인근 주민들이 그 진입로에 장애물을 설치하는 등으로 폐기물 운반차량은 그 방향으로 통행하는 것이 불가능하게 된 점, ③ 甲 자원산업주식회사는 이 사건 도로부분을 주차공간 등으로 사용하다가 2003년경 인근 업체에서 통행로로 사용하는 것을 허락하였을 뿐 달리 일반의 통행에 제공하지는 아니한 점 등을 알 수 있다.

이러한 사실관계를 앞서 본 법리에 비추어 보면, 이 사건 도로가 개설된 것은 갑 자원산업주식회사가 미관지구 등 행정적 규제에 따라 폐기물집하장의 운영을 위한 허가요건을 갖추기 위하여 건축선으로부터 이격거리를 두고 펜스를 설치한 데 따른 것이므로 甲 자원산업주식회사 스스로 개설한 경우에는 해당한다 할 것이지만, 그 도로가 개설됨으로써 펜스 안쪽 나머지 토지의 편익이 증진되어 그 가치를 증가시켰다고 보기는 어렵다 할 것이다.

2. 사안의 해결

따라서 이는 위 토지보상법 시행규칙 제26조 제1호가 규정한 자기의 편익을 위하여 스스로 설치한 '사실상의 사도'에 해당한다고 볼 수 없다. 또한, 이 사건 도로부분이 도로로 사용된 기간이 비교적 단기간이고 일반의 통행에 제공되었다고 볼 수 없으므로 도로로의 이용상황이 고착화되어 원래 지목에 따른 이용상태로 원상회복하는 것이 현저히 곤란한 경우에는 해당하지 아니한다 할 것이어서 위 규칙 제2호 소정의 사실상의 도로에도 해당한다고 볼 수 없다고 판단된다.

3 화성시는 조암공원 조성사업을 위해 경기도 화성시 우정읍 조암리 일대의 토지가 필요하여 토지소유자인 甲과 협의하였으나 협의가 결렬되었다. 이에 화성시는 재결을 신청하였으며 관할 토지수용위원회는 2017년 1월 20일 해당 토지수용에 관한 재결(보상금 : 7억원)을 하였고, 이후 甲이 재결에 대해 이의신청을 하여 중앙토지수용위원회는 2017년 6월 20일 이의재결(보상금 : 8억 5천만원)을 하였다. **40점**

(1) 甲이 보상금증액청구소송을 제기하는 경우 동 소송의 성질 및 소송의 대상에 대하여 설명하시오. **15점**

(2) 甲은 이의재결에서 보상금액의 산정기준시점을 이의재결일이 아닌 수용재결일을 기준으로 평가하였고, 또한 보상액산정의 기준이 되는 표준지공시지가에 위법성이 있음을 이유로 이의재결에서 정한 보상금액도 정당보상액에 미달한다고 보아 보상금증액청구소송을 제기하였다. 甲의 주장은 타당한가? **25점**

I. 논점의 정리

1. 설문 (1)에서는 보상금증액청구소송의 성질과 관련하여 형식적 당사자소송인지 여부 및 확인·급부소송인지, 형성소송인지 검토하고, 소송의 대상과 관련하여 당사자소송에서 원처분·재결주의가 적용되는지 살펴본다.

2. 설문 (2)에서는 이의재결에서 보상금액의 산정기준이 되는 가격시점을 토지보상법의 규정을 통해 검토하고, 보상금증액청구소송에서 표준지공시지가의 위법성을 주장할 수 있는지 여부, 즉 하자승계가 가능한지 여부를 검토하여 甲 주장의 타당성을 검토한다.

II. 설문 (1) 보상금증액청구소송의 성질 및 소송의 대상

1. 의의 및 취지

보상금증액청구소송이란 보상금액에 대하여 불복이 있는 경우 제기하는 소송으로서, 분쟁의 일회적인 해결을 도모하는 데 목적이 있다. 한편 종전에는 피고에 토지수용위원회를 규정하여 그 소송의 유형이나 형태 등에 논란이 존재하였으나 토지보상법은 피고에서 토지수용위원회를 제외하여 소송유형에 관한 불필요한 논쟁을 해결하였다.

2. 소송의 성질

(1) 형식적 당사자소송

형식적 당사자소송이란 행정청의 처분 등을 원인으로 하는 법률관계에 관한 소송으로 실질적으로 처분 등의 효력을 다투면서 처분청을 피고로 하지 않고 법률관계의 일방 당사자를 피고로 하여 제기하는 소송을 말한다. 보상금증감청구소송은 수용재결을 원인으로 한 법률관계에 관한 소송으로서 실질적으로는 수용재결의 내용을 다투면서도 그 법률관계의 한쪽 당사자를 피고로 하는 소송이므로 전형적인 형식적 당사자소송에 해당한다.

(2) 형성소송인지, 확인·급부소송인지

① 수용재결의 처분성 또는 공정력을 강조하여 해당 소송은 법원이 손실보상에 관한 수용재결을 취소하고, 구체적인 손실보상청구권을 형성하는 형성소송으로 보는 견해, ② 손실보상에 관한 소의 궁극적 목적은 수용재결의 취소가 아니라 당사자 사이에 정당보상액을 확인하거나 부족액

을 급부하게 하는 것이므로 확인·급부소송으로 보는 견해가 있다. 생각건대, 형식적 당사자소송은 궁극적으로 법률관계를 다툰다는 점, 해당 소송의 입법취지는 법원이 정당보상액을 확인하고 그 이행을 명하는데 있다는 점을 볼 때 확인·급부소송설이 타당하다고 본다.

3. 소송의 대상

보상금증감청구소송과 같은 형식적 당사자소송에서 원처분주의가 적용되는지에 대해 ① 실질적으로 재결의 일부를 다툰다는 점을 논거로 긍정하고, 이의재결이 아니라 〈원처분인 수용재결〉이 소송의 대상이 된다는 견해, ② 재결의 취소는 보증소의 전제로서 행해지는 것에 불과하므로 수용재결이 직접 다투어지는 것이 아니라 〈보상금에 대한 법률관계〉가 주된 다툼의 대상이라는 점, 현행 토지보상법에서는 토지수용위원회가 피고에서 제외되었으므로 원처분·재결주의 논의의 실익이 없다는 점을 논거로 부정하는 견해가 있다.

생각건대, 토지보상법 제85조 제2항에서 별도의 언급이 없고, 소송의 대상을 취소소송에서와 달리 해석할 이유가 없기 때문에 원처분주의가 적용된다고 보아야 할 것이다. 따라서 소송의 대상은 이의재결에서 정한 보상금이 아니라 수용재결에서 정한 보상금이 대상이 되는 것으로 보아야 할 것이다.

III. 설문 (2) 甲 주장의 타당성

1. 문제의 소재

甲 주장의 타당성을 검토하기 위해서 먼저, 이의재결에서 보상금액 산정 시 가격시점에 대하여 토지보상법의 규정을 살펴 판단하고, 보상금증액청구소송에서 표준지공시지가의 위법을 주장할 수 있는지 여부, 즉 하자승계가 가능한지 문제된다.

2. 이의재결에서 보상금산정의 기준시점

(1) 관련규정의 검토(토지보상법 제67조 제1항)

토지보상법 제67조 제1항에서는 "보상액의 산정은 협의에 의한 경우에는 협의성립 당시의 가격을, 재결에 의한 경우에는 재결 당시의 가격을 기준으로 한다."고 규정하여 보상액의 가격시점을 협의성립 당시와 재결 당시로 하고 있다.

(2) 판례

이에 대해 대법원은 "토지 등을 수용함으로 인하여 그 소유자에게 보상하여야 할 손실액은 수용재결 당시의 가격을 기준으로 하여 산정하여야 할 것이고, 이와 달리 이의재결일을 그 평가기준일로 하여 보상액을 산정하여야 한다는 상고이유는 받아들일 수 없다."고 판시하였다(대판 2008.8.21, 2007두13845).

(3) 사안의 경우

토지보상법 제67조 제1항의 규정 및 판례의 태도를 볼 때, 이의재결에서 보상금 산정의 기준이 되는 가격시점은 수용재결일로 보는 것이 타당하다. 따라서 사안에서 이의재결일을 기준으로 해야 한다는 甲의 주장은 타당하지 않다.

3. 보상금증액청구소송에서 표준지공시지가의 위법을 주장할 수 있는지 여부

(1) 문제 상황

사안에서 甲은 보상금 증액을 청구하면서 보상액 산정의 기준이 되는 표준지공시지가의 위법성을 주장하고 있는바, 당사자소송에서 하자승계 논의가 가능한지 등에 대해 최근의 판례를 중심으로 검토한다.

(2) 하자승계의 의의 및 논의배경

둘 이상의 행정행위가 연속적으로 행해지는 경우에 선행행위의 하자를 이유로 후행행위를 다툴 수 있는가의 문제를 말한다. 이는 법적안정성의 요청과 행정의 법률적합성에 의한 국민의 권리구제에 대한 조화의 문제이다.

(3) 하자승계 논의의 전제

하자승계에 관한 논의가 특별히 문제되는 행위는 ① 선행·후행행위가 모두 행정처분이라야 하며, ② 선행행위는 당연무효가 아닌 취소사유인 하자가 존재하나, 후행행위는 적법하여야 한다. ③ 선행행위에 불가쟁력이 발생하여야 한다. 사안의 경우 표준지공시지가와 재결은 처분성이 인정되나, 기타의 요건은 사실관계가 명확하게 제시되지 않아 논의의 전제요건을 충족하고 있는 것으로 본다.

(4) 하자승계 해결논의

① 학설

(ㄱ) **전통적 하자승계론** : 행정행위의 하자의 문제는 행정행위마다 독립적으로 판단되어야 한다는 전제하에, 선행행위와 후행행위가 〈일련의 절차〉를 구성하면서 〈하나의 효과〉를 목적으로 하는 경우에는 예외적으로 선행행위의 위법성이 후행행위에 승계된다고 한다.

(ㄴ) **구속력이론** : 쟁송기간이 도과한 선행행위에 실질적 존속력이 발생하여 그 효력이나 법적 상태는 일정한계 내에서 후행행위를 구속하므로 후행행위단계에서는 다른 주장을 할 수 없다고 한다. 그 한계로 ㉠ 대인적, ㉡ 대물적, ㉢ 시간적 한계 그리고 추가적으로 예측가능성과 수인가능성을 든다.

② **판례** : 원칙적으로 "하자승계론"의 입장에서 체납처분 각 절차, 대집행 각 절차의 하자승계를 긍정하고, 사업인정과 수용재결, 과세처분과 체납처분 등에서는 하자승계를 부정하였다. 다만, 해당 사안과 관련하여 표준지공시지가결정은 이를 기초로 한 수용재결 등과는 별개의 독립된 처분으로서 서로 독립하여 별개의 법률효과를 목적으로 하지만, 수인가능성과 국민의 재판받을 권리를 보장한 헌법이념을 고려하여 수용보상금의 증액을 구하는 소송에서도 선행처분으로서 그 수용대상토지 가격산정의 기초가 된 비교표준지공시지가결정의 위법을 독립한 사유로 주장할 수 있다고 판시하였다.

③ **소결** : 전통적 견해는 일정한 기준을 제시하여 긍정적이나, 지나치게 형식을 강조하여 구체적 타당성을 확보하지 못하는 비판이 있다. 그러나 구속력이론은 (ㄱ) 구속력을 판결의 기판력에서 차용하고, (ㄴ) 대물적 한계를 너무 넓게 인정하며, (ㄷ) 추가적 한계는 특유한 논리가 아니라는 비판이 제기된다. 따라서 법적 안정성과 국민의 권리보호문제의 조화를 위해 구속력이론도 일면 타당하지만, 일정한 기준을 제시한 〈전통적 견해〉를 기준으로 보충적으로 예측가능성 및 수인가능성을 고려함이 타당하다고 생각된다.

④ **사안의 경우** : 표준지공시지가결정과 수용재결 등은 별개의 효과를 목적으로 하지만 예측 및 수인가능성을 고려할 때 하자승계를 인정하는 것이 타당하다고 사료된다. 따라서 보상금증액청구소송에서 표준지공시지가의 위법을 주장할 수 있으므로 甲의 주장은 타당하다.

4. 甲 주장의 타당성

① 이의재결의 경우 토지보상법 제67조 제1항 및 판례 등을 검토할 때 수용재결일이 가격시점이므로 甲의 주장은 타당성이 없으나, ② 보상금증액청구소송에서 표준지공시지가결정의 위법성을 주장하는 것은 타당성이 인정된다.

Ⅳ. 사례의 해결

1. 보상금증액청구소송은 형식적 당사자소송으로서 확인·급부소송으로서의 성질을 가지며, 수용 재결에서 정한 보상금이 소송의 대상이 된다.

2. 이의재결 평가 시 가격시점은 수용재결일이므로 이의재결 당시를 기준으로 해야 한다는 甲의 주장은 타당하지 않다.

3. 표준지공시지가와 수용재결 등은 법률효과의 동일성이 인정되지 아니하나, 예측가능성 및 수인 가능성 등을 고려할 때 하자승계를 인정하는 것이 국민의 재산권 보장 측면에서 타당하므로 甲의 주장은 타당하다.

07 화해

> ● 법 제33조(화해의 권고)
> ① 토지수용위원회는 그 재결이 있기 전에는 그 위원 3명으로 구성되는 소위원회로 하여금 사업시행자, 토지소유자 및 관계인에게 화해를 권고하게 할 수 있다. 이 경우 소위원회는 위원장이 지명하거나 위원회에서 선임한 위원으로 구성하며, 그 밖에 그 구성에 필요한 사항은 대통령령으로 정한다.
> ② 제1항에 따른 화해가 성립되었을 때에는 해당 토지수용위원회는 화해조서를 작성하여 화해에 참여한 위원, 사업시행자, 토지소유자 및 관계인이 서명 또는 날인을 하도록 하여야 한다.
> ③ 제2항에 따라 화해조서에 서명 또는 날인이 된 경우에는 당사자 간에 화해조서와 동일한 내용의 합의가 성립된 것으로 본다.

1. 서

화해란 사업시행자의 재결신청 후 토지수용위원회가 권고하여 재결이 있기 전에 사업시행자와 피수용자가 서로 양보함으로써 재결에 의하지 않고 분쟁을 해결하고자 하는 의사의 합치이다. 이는 당사자 간의 원만한 합의에 의해 수용목적을 달성하도록 함으로써 공권력 발동을 자제하고(최소침해의 원칙), 화해조서 작성에 확정력을 부여하여 차후에 발생할지 모를 분쟁의 소지를 미연에 방지함으로써 공익사업의 원활한 수행을 도모하기 위한 것이다.

2. 화해 및 화해조서 작성행위의 법적 성질

(1) 화해의 법적 성질

국가수용권설의 입장에서는 사법상 계약으로 보며, 사업시행자수용권설의 입장에서는 공법상 계약의 성질을 갖는다고 본다. 토지보상법상 화해는 공법영역에 양 당사자가 서로 양보하여 분쟁을 해결하는 약정으로써 일종의 공법상의 계약의 성질을 갖는다고 봄이 타당하다.

(2) 화해조서 작성행위의 법적 성질

토지보상법 제33조 제3항은 화해조서에 서명 또는 날인된 경우에는 당사자 간에 화해조서와 동일한 내용의 합의가 성립된 것으로 본다고 규정하고 있다. 협의성립확인과는 달리 재결로 본다는 규정이 없다. 따라서 화해조서 작성행위에 대하여 재결의 효력을 인정할 수 있는지가 문제된다.

토지보상법상 화해제도는 ① 민사소송법상 화해와 같이 판결 전에 당사자의 화해를 통해 분쟁을 해결한다는 점에서 공통점이 있는 점, ② 화해조서작성에 재결의 효력을 인정하지 않는다면 사업시행자는 화해의 권고에 응할 이유가 없어 협의성립확인제도와 균형을 맞추기 위해서도 재결의 효력을 인정함이 타당하다는 점 등을 고려할 때 화해조서 작성은 재결의 효력이 있다고 볼 수 있다. 따라서 화해조서 작성행위는 재결과 같은 행정행위의 성질을 갖는다고 본다.

3. 화해조서 작성절차

(1) 화해의 권고(법 제33조 제1항)

화해의 권고는 행정지도 성격의 비권력적 사실행위로서 재결이 있기 전에 토지수용위원회 위원 3인으로 구성되는 소위원회는 사업시행자와 토지소유자 등에게 화해를 권고할 수 있다.

(2) 화해조서의 작성(법 제33조 제2항)

화해는 토지의 전부가 아닌 일부에 대하여도 가능하며 동일 토지에 토지소유자 이외에 관계인이 있는 경우에는 토지소유자와의 화해만으로는 부족하고 관계인과의 화해까지 포함되어야 한다. 화해가 성립된 때에는 해당 토지수용위원회는 화해조서를 작성하여 화해에 참여한 위원, 사업시행자, 토지소유자 및 관계인이 서명 또는 날인하여야 한다.

4. 화해조서 작성의 효과

(1) 수용의 효과 발생 및 실효

명문의 규정은 없으나 화해조서가 작성되면 재결과 같은 효력이 발생한다는 점은 앞서 검토한 바와 같다. 따라서 사업시행자는 화해에서 정해진 수용의 개시일까지 보상금을 지급·공탁하여야 하고, 피수용자는 그 수용의 개시일까지 목적물을 인도·이전하여야 한다.

사업시행자가 화해에서 정한 시기까지 보상금을 지급·공탁하지 아니한 경우에는 토지보상법 제42조 재결실효 규정이 적용된다고 할 것이므로 화해의 효력이 실효된다. 반면에 토지소유자 및 관계인이 그 의무를 이행하지 아니한 경우에는 대행·대집행규정이 적용된다.

(2) 화해에 대한 차단효과의 발생 여부

토지보상법은 화해조서에 서명 또는 날인이 된 경우에는 당사자 간에 화해조서와 동일한 내용의 합의가 성립된 것으로 본다고 규정하고 있다(법 제33조 제3항). 종전 토지수용법은 화해조서에 서명 날인한 사업시행자, 토지소유자 및 관계인은 화해조서의 성립이나 그 내용을 다툴 수 없다고 명시적으로 화해조서에 대한 차단효를 규정하였으나, 토지보상법은 이러한 규정을 두고 있지 않다.

그러나 화해조서에 대하여 협의성립확인과 같은 효력을 인정할 수 있다고 보면 차단효는 여전히 인정할 수 있다.

5. 권리구제

(1) 화해 자체에 대하여 불복하는 경우

화해 자체에 대하여 다투는 것은 차단효로 인하여 화해조서 작성의 효력이 부인되지 아니하는 한 화해조서의 성립이나 내용을 다툴 수 없다. 따라서 항고쟁송으로 화해조서의 효력을 소멸시킨 다음 화해 자체에 대하여 다투는 것이 가능하다고 본다.

(2) 화해조서 작성행위에 대하여 불복하는 경우

화해조서 작성에 대해 명문규정은 없으나 재결로 볼 여지가 있고 이 경우 처분성이 인정된다. 따라서 내용상 하자가 아닌 화해조서 작성의 절차상 하자를 이유로 한 불복이 가능할 것이다. 그에 대한 불복은 토지보상법 제83조, 제85조에 규정된 토지보상법상 쟁송절차에 의하게 될 것이다.

(3) 손실보상

화해조서 작성에 따른 수용의 효과로 손실보상청구가 가능하며 화해조서 작성을 재결로 보면 화해에서 정한 시기까지 보상금을 지급하지 않은 경우 실효에 따른 손실보상청구도 가능하게 된다.

08 비교문제 정리

1. 사업인정과 재결에 대한 권리구제 비교

(1) 서

공용수용이란 특정한 공익사업을 위하여 타인의 재산권을 강제로 취득하는 것을 말한다. 헌법상 재산권 보장에 대한 중대한 예외이므로 법치주의 원칙상 엄격한 절차와 형식이 요구되며 공용수용에 위법성이 있는 경우 이를 다툴 수 있도록 해야 한다. 이에 토지보상법에서는 공용수용의 절차를 규정하여 공익사업의 원활한 수행과 피수용자의 재산권 보장을 담보하고 있으며, 사업인정과 재결을 처분으로 구성하여 권리구제가 용이하도록 하고 있다. 이하에서는 사업인정과 재결의 법적 성질을 검토한 후, 권리구제방법을 비교하되 특히 행정쟁송과 관련한 차이점을 중심으로 검토한다.

(2) 양 행정작용의 의의 및 법적 성질

① 사업인정

사업인정은 공용수용의 1단계 절차로 토지를 수용할 사업이 토지보상법 제4조 각 호의 공익사업에 해당하는지 여부를 확인하고 사업시행자에게 일정한 절차를 거칠 것을 조건으로 수용권을 설정하는 설권적 형성행위로서 재량행위에 해당하며 쟁송법상 처분에 해당한다.

② 재결

재결은 공용수용의 종국적인 절차로서 공익사업을 위해 사업시행자에게 보상금의 지급 또는 공탁을 조건으로 수용목적물을 취득하게 하고, 토지소유자 및 관계인에게는 목적물에 대한 권리를 상실케 하는 것을 내용으로 하는 토지수용위원회의 행위로서, 시심적 쟁송이며 쟁송법상 처분에 해당한다.

(3) 양 행정작용의 공통점

① 항고쟁송이 가능

사업인정과 재결 모두 행정쟁송법상의 처분에 해당하여 항고쟁송을 통한 불복이 가능하다.

② 항고쟁송 제기효과

사업인정과 재결에 대해 항고쟁송을 제기한 경우 중앙토지수용위원회 및 중앙행정심판위원회는 심리·재결할 의무를 부담하며, 사업인정 및 재결은 그 집행이 정지되지 아니한다.

③ 실효 시 손실보상

사업인정의 경우 재결신청 해태로 인한 실효(법 제23조) 및 사업의 폐지·변경으로 인한 효력상실(법 제24조), 재결은 수용의 개시일까지 보상금을 지급·공탁하지 않는 경우 실효된다고 규정을 두고 있다(법 제42조). 이러한 사업인정 및 재결의 실효로 인한 손실이 발생하는 경우 손실보상을 규정하고 있다.

④ 사전적 권리구제로서 참여절차

침해가 발생하기 전에 국민의 권리를 보호할 수 있는 수단으로 행정절차가 중요시된다. 사업인정의 경우 이해관계인의 의견청취(법 제21조) 절차가 있으며, 재결의 경우 공고, 문서열람 및 의견진술의 절차(법 제31조)를 규정하고 있다.

(4) 양 행정작용의 차이점

① 적용법률의 차이

토지보상법은 재결에 대해서만 불복규정을 두고 있어 재결의 경우 '특별법 우선의 원칙'에 의해 토지보상법 제83조 내지 제85조의 규정이 우선 적용되고, 토지보상법상 규정이 없는 사항에 대해서만 행정쟁송에 관한 일반법인 행정심판법과 행정소송법이 적용된다. 반면, 사업인정에 대해서는 토지보상법에 어떠한 규정을 두고 있지 아니하므로 일반법인 행정심판법 및 행정소송법이 적용된다.

② 불복사유의 차이

사업인정은 실체적 하자 및 절차적 하자를 불복의 사유로 삼되, 재량의 일탈 남용 여부가 사유로 인정된다. 반면 재결은 실체적, 절차적 하자 이외에 보상금의 증감을 불복사유로 할 수 있어 그 범위가 넓다고 할 수 있다.

③ 행정심판의 차이

㈀ 처분청 경유주의 : 재결의 경우 토지보상법 제83조 제2항에서 지방토지수용위원회의 재결에 대하여 이의가 있는 자는 해당 지방토지수용위원회를 거쳐 중앙토지수용위원회에

이의를 신청할 수 있다고 하여 처분청 경유주의를 취하고 있으나, 사업인정은 행정심판법 제23조에 의거 처분청을 경유하지 않아도 된다.

   (ㄴ) **심판청구기간의 차이** : 재결에 대한 이의신청은 토지보상법 제83조에 의거 재결서의 정본을 받은 날부터 30일 이내에 신청하여야 하나, 사업인정은 처분이 있음을 안 날부터 90일, 있은 날로부터 180일 이내에 청구한다.

   (ㄷ) **심판기관의 차이** : 재결에 대한 이의신청은 중앙토지수용위원회에 하며 중앙토지수용위원회는 합의제 행정관청으로 심리·의결기관이면서 동시에 재결청이 된다. 한편, 사업인정에 대한 행정심판의 재결청은 국토교통부장관이고 중앙행정심판위원회가 심리하였으나, 행정심판법의 개정으로 중앙행정심판위원회가 심리·의결기관임과 동시에 재결도 담당하게 되었다.

   (ㄹ) **이의재결의 효력** : 토지보상법 제86조에서는 이의신청에 대한 재결이 확정된 때에는 민사소송법상의 확정판결이 있은 것으로 보며, 재결서 정본은 집행력 있는 판결의 정본과 동일한 효력을 가진다고 규정하여 이의재결에 소송법적인 확정력이 인정된다.

④ **행정소송의 차이**

   (ㄱ) **제소기간의 차이** : 토지보상법 제85조에서는 행정소송법에 대한 특례로 제소기간을 단축하고 있다. 즉, 재결서를 받은 날부터 90일 이내 또는 이의신청을 거친 경우에는 이의재결서를 받은 날부터 60일 이내에 제기하도록 규정하고 있다. 사업인정의 경우 처분이 있음을 안 날부터 90일, 있은 날부터 1년이 적용된다.

   (ㄴ) **보상금증감청구소송의 인정** : 재결에 대해서는 보상금액에 대해서만 불복이 있는 경우 제기하는 보상금증감청구소송이라는 형식적 당사자소송을 인정하고 있다.

⑤ **손실보상에서의 차이**

   재결은 손실보상을 직접 결정하는 절차로서 그 자체가 손실보상을 인정해주는 구제수단으로서의 의미가 있으며, 사업인정은 실효 등과 같이 그로 인해 손실이 발생하는 경우에 한하여 손실보상청구권이 인정된다.

(5) **결**

   사업인정은 사업시행자에게 수용권을 설정하는 형성행위로서 공용수용 절차의 1단계 절차이며, 재결은 수용권을 실행하는 형성행위로 공용수용의 종국적 절차이다. 토지보상법에서는 재결에 대해서만 이의신청 및 행정소송을 규정하고 있고, 공용수용의 시작에 불과한 사업인정을 처분으로 구성하여 사전적인 권리구제의 길을 열어 두었으나 이에 대한 불복에 대해서는 규정을 두고 있지 않아 양자의 권리구제방법에 차이가 발생한다. 따라서 이러한 차이점을 명확하게 인식하여 법을 적용하여야 할 것이다. 또한, 사업인정과 재결은 공용수용의 일련의 절차에서 발하여지는 처분이므로 "하자승계 여부"가 문제되나 다수설 및 판례는 법률효과가 상이함을 이유로 하자승계를 부정하고 있다.

2. 사업인정 전·후 타인토지출입 비교

(1) 서

타인토지출입이란 공익사업의 준비 등을 위하여 필요한 경우에 타인이 점유하는 토지에 출입하여 측량·조사하는 것으로서, 사업인정고시 전 공익사업의 준비를 위한 출입과 사업인정고시 후 토지·물건조서 작성 및 토지 등의 감정평가를 위한 출입으로 구분된다. 이러한 타인토지출입은 사업인정에 의한 토지·물건조사권의 부여로 사업인정 후에는 절차를 간소화하여 공익사업의 신속한 수행을 도모하고 있는바, 이하에서는 양 출입절차를 비교·설명한다.

(2) 토지보상법상 타인토지출입 규정

① 사업의 준비를 위한 타인토지출입(법 제9조)

사업시행자가 사업의 준비를 위하여 타인이 점유하는 토지에 출입하여 측량·조사를 할 필요가 있을 때에는 시장 등의 허가를 받도록 규정하고 있으며, 출입하고자 하는 날의 5일 전까지 그 일시와 장소를 시장 등에게 통지하도록 하고 있다. 또한 동법 제12조에 의거 소유자의 동의 또는 시장 등의 허가를 얻어 장해물의 제거 등을 할 수 있다.

② 조서작성을 위한 타인토지출입(법 제27조)

사업인정고시 후 사업시행자는 사업의 준비나 토지·물건조서를 작성하기 위하여 필요한 경우 타인토지에 출입하여 측량·조사할 수 있으며, 토지보상법 제68조에 따라 감정평가를 의뢰받은 감정평가법인등은 토지 등의 감정평가를 위하여 필요한 경우 타인토지에 출입하여 측량하거나 조사할 수 있다.

(3) 공통점

① 법적 성질

사업인정 전·후 타인토지출입은 사업시행자가 타인의 소유에 속하는 토지 기타 물건의 재산권에 대하여 공법상의 사용권을 설정하고, 그 사용기간 중에 그를 방해하는 권리행사를 금지하는 사용제한으로 볼 수 있으며, 또한 행정기관이 행정작용을 적정하게 실행함에 있어 필요로 하는 자료·정보 등을 수집하기 위하여 행하는 행정조사로 볼 수 있다.

② 손실보상

토지보상법 제9조, 제12조, 제27조에서는 타인토지에 출입하여 측량·조사함으로 인한 손실을 보상하여야 한다고 규정하고 있다. 손실보상은 손실이 있음을 안 날로부터 1년, 발생한 날부터 3년 이내에 청구하여야 하며, 사업시행자와 손실을 입은 자의 협의에 의한다. 협의 불성립시에는 토지수용위원회에 재결을 신청할 수 있다.

③ 절차상 공통점(법 제10조, 법 제13조 준용)

양 절차 공히 타인이 점유하는 토지에 출입하고자 하는 자는 출입하고자 하는 날의 5일 전까지 그 일시 및 장소를 시장 등에게 통지하여야 하며(제10조 제1항), 통지 등을 받은 시장 등은 지체 없이 공고하고 점유자에게 통지하여야 한다(제10조 제2항). 일출 전이나 일몰 후에는 출입제한이 있으며(제10조 제3항), 출입시에는 증표 및 허가증을 휴대할 의무가 있다(제13조).

④ **수인의무 및 벌칙규정**(법 제11조, 법 제97조)

토지점유자는 정당한 사유 없이 사업시행자 출입·측량 또는 조사하는 행위를 방해하지 못한 다(제11조). 이에 위반하는 경우에는 200만원 이하의 벌금형에 처하게 된다(제97조 제2호).

⑷ **차이점**

① **목적**

사업인정 전 출입조사는 공익사업의 준비절차로 공익사업의 적합성을 판단하기 위한 것이다. 즉, 공익사업 실시 및 수용절차 진행을 위해 사업계획을 작성하고 사업시행지를 확정하기 위함이다. 반면, 사업인정 후의 출입조사는 사업의 준비나 토지·물건조서 작성 및 토지 등의 감정평가를 위함이다. 토지·물건조서를 작성하는 이유는 수용절차에 있어 분쟁예방과 토지수용위원회의 심리·재결의 신속·원활을 기하기 위한 것이다.

② **출입절차상 차이**

사업인정고시로 인해 사업시행자에게 수용권이 설정되고, 토지·물건조사권이 발생한다. 따라서 사업시행자는 이에 근거하여 별도의 허가절차 없이 타인이 점유하는 토지에 출입할 수 있다. 반면, 사업인정고시 전 사업의 준비를 위해 타인토지에 출입하는 경우에는 시장 등의 허가가 필요하다.

③ **장해물 제거 및 시굴권의 유무**

사업의 준비를 위해서 사업시행자가 타인토지에 출입하여 측량·조사함에 있어 토지의 시굴·시추 또는 이에 수반하는 장해물의 제거가 부득이한 경우에 그 소유자 또는 점유자의 동의를 얻거나, 시장 등의 허가를 얻어 제거 등을 할 수 있다. 그러나 사업인정고시 후 타인토지에 출입하는 경우에는 장해물 제거 및 시굴권에 관한 준용규정이 없으므로 이를 행할 수 없다.

④ **쟁송방법**

전자는 허가의 위법성과 조사 자체의 처분성 인정을 통한 쟁송이 가능하나, 후자의 경우는 조사행위에 대한 쟁송의 유무는 동일하다 할 것이나, 조사권을 부여하는 사업인정에 대한 쟁송이 가능하다.

⑸ **관련문제**

① **절차간소화의 취지**

사업인정고시 후에는 별도로 시장 등의 허가 없이 타인토지출입이 가능하도록 한 것은 (ㄱ) 사업인정에 의해 해당 사업이 토지 등을 수용할 수 있는 공익사업임이 확인되어 있고, (ㄴ) 사업인정에 의해 사업시행자에 대해 수용 또는 수용권이 부여되어 있으며, (ㄷ) 측량·조사할 수 있는 토지의 범위가 확정되어 있고, (ㄹ) 조사권의 내용이 장해물 제거 및 토지의 시굴 등에 의한 형상변경이 요구되지 않고 있는 점이다. 이러한 점에 근거하여 사업인정 후의 측량·조사시에는 사업인정 전의 경우와 달리 시장 등의 허가를 거치지 않도록 절차를 간소화하여 공익사업의 원활한 수행을 도모하고 있는 것이다.

② 토지ㆍ물건조사권의 실효성 확보수단

토지소유자 등이 사업에 반대하여 토지ㆍ물건조사권의 행사를 완강히 거부하는 경우 벌칙규정 이외에 실력을 행사하여 강제로 출입할 수 있는지에 대해 법치행정원리상 명문규정이 없이 실력으로 출입을 강제하는 것은 어려울 것으로 보인다. 이러한 경우 공익사업의 계속적인 수행을 위해 입법적으로 토지보상법에 항공측량, 인근지역에서의 측량, 도면의 이용 등에 관한 규정을 마련할 필요가 있다고 보여진다.

3. 약식절차 비교

(1) 서

공용수용 또는 사용은 원칙적으로 법률에서 정한 보통절차에 의하여야 하는 것이나, 소정의 절차를 거칠 수 없는 공익상의 특별한 사유가 있는 경우, 보통절차의 일부를 생략할 수 있는데 이를 약식절차라 한다. 현행 토지보상법 제38조 및 제39조에서는 공용사용에 한하여 약식절차를 규정하고 있다. 이는 현실적 필요성에 의해 예외적으로 인정되며, 보통절차에 비해 피침해자의 침해가 더욱 크므로 엄격한 절차를 요한다는 점에서 그 중요성이 있다. 이하에서는 약식절차인 토지보상법 제38조와 제39조를 비교하여 설명한다.

(2) 토지보상법상 약식절차

① 천재지변 시의 토지의 사용(법 제38조)

천재ㆍ지변 등으로 인하여 공공의 안전을 유지하기 위한 공익사업을 긴급히 시행할 필요가 있는 경우 사업시행자가 시장 등(특별자치도지사, 시장ㆍ군수 또는 구청장)의 허가를 받아 즉시 타인의 토지를 사용할 수 있는 제도이다.

② 시급을 요하는 토지의 사용(법 제39조)

재결을 기다려서는 재해를 방지하기 곤란하거나 공공의 이익에 현저한 지장을 줄 우려가 있는 경우에 사업시행자의 신청과 관할 토지수용위원회의 허가로 토지를 사용하는 제도를 말한다.

(3) 양 절차의 공통점

① 취지

제38조와 제39조는 천재ㆍ지변이나 시급을 요하는 경우에는 일반적인 공익사업과 같이 보통절차를 거칠 여유가 없기 때문에 보통절차 가운데 일부를 생략할 수 있는 약식절차에 관한 제도이다.

② 사용기간 및 통지

약식절차를 남용할 경우 심각한 재산권의 침해를 유발할 가능성이 있어, 6개월 미만의 사용에만 허용된다. 6개월을 초과하여 사용하고자 할 때에는 보통절차를 거쳐야 한다. 허가권자는 시장 등과 관할 토지수용위원회로 차이가 있지만 사용허가 등을 한 경우에는 토지소유자 및 점유자에게 통지하여야 한다.

③ 효과

제38조와 제39조는 약식절차에 의한 공용사용으로 (ㄱ) 목적물에 대한 공용사용권의 취득 및 권리행사의 제한(제45조), (ㄴ) 반환·원상회복의무(제48조), (ㄷ) 토지 또는 물건의 인도 등(제43조), (ㄹ) 대행·대집행청구권(제44조, 제89조), (ㅁ) 손실보상청구권 등의 효과가 발생한다.

④ 허가에 대한 불복

제38조, 제39조상의 허가는 사업시행자에게 공용사용권이라는 새로운 공법상의 권리를 탄생시키는 특허라 볼 수 있는바, 항고소송의 대상이 되는 처분성을 갖는다.

(4) 양 절차의 차이점

① 요건(허가권자) 및 절차

제38조는 (ㄱ) 천재지변 등으로 공공의 안전을 유지하기 위한 공익사업을 긴급히 시행할 필요가 있을 때, (ㄴ) 시장 등의 허가를 받거나 통지하고 즉시 타인의 토지를 사용할 수 있다. 제39조는 (ㄱ) 사업인정 후 협의불능 및 불성립에 의한 재결의 신청이 있고, (ㄴ) 재결절차가 지연됨으로 인하여 재해를 방지하기 곤란하거나, 기타 공공의 이익에 현저한 지장을 줄 우려가 있다고 판단되는 경우, (ㄷ) 사업시행자의 신청에 의하여 담보를 제공하게 한 후 토지수용위원회가 즉시 해당 토지의 사용을 허가할 수 있다. 단, 국가·지방자치단체가 사업시행자인 경우 담보를 제공하지 아니할 수 있다.

② 담보제공 여부

제38조에 의한 약식절차는 담보제공의무가 없지만, 제39조에 의한 약식절차는 사업시행자가 국가·지방자치단체인 경우를 제외하고는 담보를 제공하여야 한다.

③ 보상금 결정절차

천재·지변 시의 토지의 사용에 대한 보상은 사업시행자와 손실 입은 자가 협의하여 결정하며, 협의불성립 시에는 사업시행자 또는 손실을 입은 자가 관할 토지수용위원회에 재결을 신청할 수 있다. 시급을 요하는 토지의 사용에 대한 보상은 그 성격상 보상협의가 요구되지 않고, 사업시행자는 토지소유자의 보상청구가 있을 때 자기가 산정한 손실보상액을 지급하여야 한다.

④ 손실보상에 대한 불복

(ㄱ) 제38조 천재·지변 시의 토지의 사용은, 보상재결은 토지수용위원회가 보상액에 관하여 우월적 지위에서 규율하는 것으로 보상재결이 처분성이 있다고 볼 때, 토지보상법상 재결의 불복규정에 의해 규율된다고 판단된다.

(ㄴ) 제39조 시급을 요하는 토지의 사용은 사업시행자가 산정한 보상금 또는 담보물의 환가액이 과소한 경우 토지소유자 또는 관계인은 증액보상금의 지급을 사업시행자에게 공법상 당사자소송으로 청구가 가능하다고 본다.

(5) 결

약식절차는 피침해자의 입장에서는 사후보상의 성격을 갖기에 정식절차에 비해 그 침해의 정도가 더욱 크므로 공용사용에만 허용되고 그 기간도 제한하고 있는바, 약식절차의 요건, 사전통지,

사용기간의 제한 및 손실보상 등 피침해자의 권리보호를 위한 제도적 장치가 요구된다. 토지소유자 등이 사업시행자의 토지사용에 대하여 불복할 경우 소송을 제기한다 할지라도 소송기간이 토지사용기간보다 길어 소의 이익이 없을 가능성이 많다. 따라서 집행정지제도의 활용이 필요하다고 하겠다.

4. 사업인정 전·후 협의비교

(1) 서(의의 및 취지)

협의란 사업시행자와 피수용자가 수용목적물에 대한 권리취득 및 소멸 등을 위하여 행하는 교섭행위를 말한다. 이는 임의적 합의를 바탕으로 하는 협의절차를 통해 최소침해의 원칙을 구현하고 토지소유자 및 관계인에게 해당 사업의 취지를 이해시켜 신속하게 사업을 수행하고자 함에 그 취지가 있다. 종래에는 공특법상 협의와 토지수용법상 협의를 모두 거치도록 하여 절차중복의 문제가 발생하였으나, 현행 토지보상법에서는 두 개의 협의절차 모두 규정하면서, 일정한 요건하에서 생략이 가능하도록 하여 절차중복으로 인한 사업절차의 지연문제를 해결하였다.

(2) 토지보상법상 협의규정

토지보상법 제14조 내지 제17조에서 협의에 의한 취득 또는 사용절차를 규정하고 있으며, 협의가 성립되지 아니한 경우에 대비하여 수용에 의한 취득 또는 사용절차를 두고 있다. 수용에 의한 취득 또는 사용의 경우도 원칙적으로 법 제26조 제1항에서 법 제14조 내지 제16조를 준용하도록 하여 협의절차를 거치도록 규정하고 있으며, 동조 제2항에서는 일정한 요건 하에서 협의절차의 생략이 가능하도록 규정하고 있다.

(3) 공통점

① 제도적 취지

협의는 사업시행자와 피수용자가 수용목적물에 대한 권리취득 및 소멸 등을 위하여 행하는 교섭행위로, 임의적 합의를 바탕으로 하는 협의절차를 통해 최소침해의 원칙을 구현하고 토지소유자 및 관계인에게 해당 사업의 취지를 이해시켜 신속하게 사업을 수행하고자 함에 그 취지가 있다.

② 협의의 내용

협의할 내용은 공히 토지·물건조서의 작성범위 내이고, 구체적 내용으로는 (ㄱ) 수용 또는 사용할 토지의 구역 및 사용방법, (ㄴ) 손실의 보상, (ㄷ) 수용 또는 사용의 개시일과 기간, (ㄹ) 그 밖에 이 법 및 다른 법률에서 규정한 사항 등이 있다(법 제50조).

(4) 차이점

① 법적 성질

사업인정 전 협의에 대해 다수설과 판례는 사법상 계약으로 본다. 반면 사업인정고시 후 협의는 판례는 사법상 계약으로 이해하나, 다수의 견해는 수용권을 실행하는 방법의 하나로 보아 공법상 계약으로 본다.

② 절차 및 내용상 차이
  (ㄱ) 필수절차인지 여부 : 사업인정 전 협의는 반드시 거쳐야 하는 것이 아닌 임의적 선택절차
      인 반면, 사업인정고시 후 협의는 원칙적으로 필수절차에 해당하며, 일정한 요건 하에
      예외적으로 생략이 가능하다.
  (ㄴ) 확인제도의 유무 : 사업인정고시 후 협의가 성립한 경우 사업시행자는 피수용자의 동의
      또는 공증을 받아 관할 토지수용위원회에 협의성립확인을 받으면 재결로 간주되는 규정
      을 두고 있으나, 사업인정 전 협의의 경우 동 규정의 적용 여지가 없다.
③ 효과상 차이
  (ㄱ) 협의성립 시 효과 : 협의가 성립하면 협의에서 정한 시기에 사업시행자는 권리를 취득하게
      되는데 이 경우 사업인정고시 전 협의의 경우는 승계취득으로 보며, 사업인정고시 후 협
      의의 경우에는 승계취득으로 보는 견해와 원시취득으로 보는 견해가 있으며, 확인을 받으
      면 원시취득으로 본다.
  (ㄴ) 협의불성립의 효과 : 사업인정고시 전 협의가 불성립하면 사업시행자는 국토교통부장관
      에게 사업인정을 신청할 수 있으며, 사업인정고시 후 협의가 불성립하면 재결신청 또는
      재결신청청구권이 인정된다.
④ 권리구제의 차이
  협의에 대한 다툼이 있는 경우 사업인정 전 협의는 민사소송에 의하고, 사업인정고시 후 협의
  의 경우에는 판례에 의할 경우 민사소송에 의하나, 다수설에 의하면 공법상 당사자소송에
  의하게 된다.

(5) 양자의 관계
  ① 선·후행 절차상 관계
    양 협의 간에는 사업인정 이전인지 이후인지에 따라 기본적인 선후관계는 존재한다. 그러나
    사업인정 이전 협의에서 결정된 사항이 이후 사업인정고시 후 협의절차에서 구속력이 있는
    것은 아니다.
  ② 생략의 가능성
    사업인정고시 후 협의절차는 원칙상 필수절차이지만 일정요건을 충족하면 생략할 수 있다.
    즉, 사업인정 이전에 협의를 거쳤으나 협의가 성립되지 아니한 경우로서, 조서의 내용에 변
    동이 없고 당사자가 협의를 요구하지 않는 때에는 사업인정고시 후 협의를 생략할 수 있다.

(6) 기출문제

> 기출문제(제25회 4번)
「공익사업을 위한 토지 등의 취득 및 보상에 관한 법률」상 사업인정 전 협의와 사업인정 후 협의
의 차이점에 대하여 설명하시오. 10점

5. 사업인정고시 후 협의와 협의성립확인의 비교

(1) 서

공용수용의 절차 중 협의절차는 권력적 수단에 의한 수용재결을 피하고 사업시행자와 피수용자의 합의에 의해 수용목적을 달성함으로써 개인에게 권익침해가 가장 적은 수단에 의함으로써 최소침해의 원칙을 관철하고, 번잡한 절차를 거치지 않고 감정의 대립 없이 공익사업을 시행할 수 있어 수용행정의 신속·원활한 진행을 도모할 수 있게 한다.

그러나 협의가 성립한다 하더라도 협의성립에 대한 확인이 없는 경우 계약의 당사자는 계약에 관한 착오를 이유로 다툴 수 있는바 법률관계가 불안정해진다. 따라서 토지보상법은 협의성립확인절차를 거치게 되면 재결로 간주하여 수용법률관계의 당사자는 협의성립의 내용을 다툴 수 없도록 하는 확정력을 부여하여 사업의 원활한 수행을 가능하게 하고 있다. 이하에서 협의와 협의성립확인제도를 개관하고 양자의 차이 및 그 관계를 설명하기로 한다.

(2) 협의와 협의성립확인 개관

① 의의

(ㄱ) 협의 : 협의란 사업인정고시가 있은 후에 사업시행자가 공익사업에 제공될 토지 등에 관한 권리를 취득하거나 소멸시키기 위해 토지소유자 및 관계인과 합의하는 것으로, 협의가 성립되면 수용절차는 종결되고 협의가 성립하지 않으면 강제취득절차인 재결이 뒤따르게 된다.

(ㄴ) 협의성립확인 : 협의성립확인이란 협의가 성립한 경우 사업시행자가 피수용자의 동의 또는 공증을 받아 관할 토지수용위원회에 협의성립확인을 받으면 재결로 간주되는 제도를 말한다. 확인을 받게 되면 수용법률관계의 당사자는 그 확인된 협의의 성립이나 내용을 다툴 수 없는 효력이 발생하게 된다.

② 법적 성질

(ㄱ) 협의 : 협의의 법적 성질에 대한 논의 대상은 "확인받지 아니한 협의"에 한하여 논의되며, 그 논의의 실익은 적용법규와 쟁송형태의 차이에 있다. 견해의 차이가 있으나, 협의는 사업시행자가 이미 취득한 수용권을 실행하는 것이며, 협의가 성립하면 확인의 절차를 거쳐 수용의 효과가 발생하게 되므로 공법상 계약으로 보는 것이 타당하다. 다만 판례는 사법상 계약으로 보고 있다.

(ㄴ) 협의성립확인 : 협의성립확인의 법적 성질에 의문 또는 다툼이 없는 특정한 사실 또는 법률관계의 존부를 공적 권위로서 이를 증명하는 행위로서 공증으로 보는 견해가 있으나, 특정한 사실관계 또는 법률관계에 대해 의문이 있는 경우 공권적으로 그 존부 또는 정부를 판단하는 행위로 강학상 확인행위에 해당된다고 본다.

③ 효과

(ㄱ) 협의 : 협의가 성립하면 공용수용절차는 종결되고 사업시행자는 목적물의 권리를 취득한다. 즉, 사업시행자는 협의에서 정한 시기까지 보상금을 지급·공탁하고 피수용자는 그 시기

까지 토지·물건을 사업시행자에게 인도·이전함으로써 목적물에 대한 권리를 취득하고 피수용자는 그 권리를 상실한다. 또 사업시행자의 협의성립확인 신청권, 피수용자의 손실보상청구권, 환매권 등이 발생한다.

(ㄴ) **협의성립확인** : 협의성립확인은 재결로 간주되므로 재결과 동일한 효과가 발생한다. 즉, 사업시행자는 보상금의 지급 또는 공탁을 조건으로 토지에 관한 소유권 및 기타의 권리를 원시취득하고 피수용자의 의무불이행시 대집행을 신청할 수 있다. 피수용자는 목적물 인도·이전의무와 손실보상청구권, 환매권 등을 갖는다.

(3) 협의와 협의성립확인의 관계

① 공통점

협의와 협의성립확인은 그 효과면에서 손실보상, 환매권, 위험부담의 이전, 담보물권자의 물상대위 등 공용수용의 효과가 발생한다는 공통점이 있다.

② 차이점

(ㄱ) **법적 성질에 따른 목적물 취득의 효과** : 협의는 사법상 계약 또는 공법상 계약의 성질을 가지며, 확인은 계약에 대한 확정력을 발생시키는 행정처분의 성질을 갖는다. 이러한 법적 성질을 어떻게 보느냐에 따라 목적물의 원시취득 여부가 달라지는바, 협의성립확인이 있게 되면 재결과 동일하게 보아 원시취득에 해당하나, 확인 전 협의취득은 사법상 계약설을 취하는 경우는 승계취득으로, 공법상 계약설을 취하는 경우는 승계취득 또는 원시취득 여부에 대한 다툼이 있다는 점에서 목적물이 권리취득의 형태가 달리 나타날 수 있다.

(ㄴ) **권리구제의 방법** : 착오를 이유로 다툴 수 있는지에 대하여, 협의취득의 경우 확인이 있기 전까지는 당사자는 계약에 관한 착오를 이유로 민법규정을 유추적용하여 또는 판례의 입장에 따라 민사소송으로 다툴 수 있으나, 확인을 받게 되면 협의의 성립이나 내용을 다툴 수 없는 확정력이 발생하여 더 이상 다툴 수 없게 된다. 다만, 협의성립확인에 대하여 처분성이 인정되므로 협의성립이나 내용이 아닌 다른 사유를 들어 행정쟁송을 통해 권리구제를 받을 수 있다.

③ 양자의 관계

협의는 그 성질상 계약의 성질을 가지므로 당사자 간의 분쟁이 나타날 수 있다는 점 등 협의성립 이후에는 효력면에서 강제력이 없으므로, 공용수용의 원활한 수행을 위해 협의성립확인 제도를 두어 협의의 효력을 재결의 효력으로 전환시키는 역할을 하고 있다. 따라서 협의와 협의성립확인의 관계는 당사자 간의 계약을 공법상의 처분으로 전환시키는 관계에 있다고 볼 수 있다.

(4) 결

이상에서는 사업인정 후 협의와 협의성립확인을 개관하고 양자의 관계를 살펴보았다. 양자는 그 효과 면에서 공용수용의 효과의 발생이라는 공통점을 가지나 취득의 형태와 관련하여 승계취득과 원시취득으로 차이가 있을 수 있고, 협의는 착오를 이유로 다툴 수 있다고 보나 협의성립확인의 경우 확정력의 발생으로 다툴 수 없게 될 것이다.

한편, 협의성립확인을 통해 "협의"라는 당사자 간의 계약은 공법상의 처분으로 전환되며 양자는 권리구제방법에 있어 연계선상에 있다고 볼 것이다. 협의성립확인으로 협의에 대한 확정력이 부여되는 점을 감안할 때 사업시행자가 협의성립확인에 대한 동의요구 시에 확인의 효과를 사전 고지하는 제도를 도입할 필요성이 있다.

6. 부동산 가격공시에 관한 법률(이하 부동산공시법)상의 타인토지출입과 토지보상법상의 타인토지출입의 비교

(1) 서

토지보상법상 사업시행자의 타인토지출입은 공익사업을 시행하기 위하여 필요한 사업인정신청을 위한 준비행위로서 시·군·구청장의 허가를 얻어 이루어지는 사업인정 전 타인토지출입과 사업인정 후 토지·물건조서 작성을 위한 타인토지출입으로 나누어진다. 그리고 부동산공시법의 타인토지출입은 공무원 또는 감정평가법인등이 국토교통부장관의 의뢰에 의한 표준지가격을 조사·평가하거나 개별토지가격의 산정을 위하여 시장 등의 허가를 얻어 출입하게 된다. 이때 공무원의 경우 허가를 요하지 아니한다. 이하에서는 사업인정 전의 토지보상법상 타인토지출입과 부동산공시법상 타인토지출입을 비교하여 보기로 한다.

(2) 관련규정의 검토

① 토지보상법상 타인토지출입(토지보상법 제9조 내지 제13조 및 제27조)

토지보상법 제9조 내지 제13조에서는 공익사업의 준비절차로서 사업인정 전 타인토지출입절차를 규정하고 있으며, 동법 제27조에서는 사업인정고시 후 사업의 준비나 조서의 작성 및 감정평가를 위한 타인토지출입 절차를 규정하고 있는바, 이러한 토지보상법상 타인토지출입 절차는 원활한 사업시행을 위하여 행해지는 절차로서의 취지를 가진다.

② 부동산공시법상 타인토지출입(부동산공시법 제13조)

부동산공시법 제13조에서는 관계 공무원 또는 부동산가격공시업무를 의뢰받은 자(이하 "관계 공무원 등"이라 한다)는 동법 제3조 제4항에 따른 표준지가격의 조사·평가 또는 동법 제10조 제4항에 따른 토지가격의 산정을 위하여 필요한 때에는 타인의 토지에 출입할 수 있다고 규정하고 있는바, 동법상의 타인토지출입은 정확한 토지가격의 산정을 위한 절차로서의 취지를 가진다 할 것이다.

(3) 공통점

① 허가의 법적 성질

양 법상의 시장 등의 허가의 법적 성질에 대해서는 (ㄱ) 자연적 자유를 회복시켜 주는 허가로 보는 견해, (ㄴ) 억제적 금지의 해제인 예외적 승인으로 보는 견해, (ㄷ) 출입허가는 사용권을 형성하므로 특허라고 보는 견해가 있다. 생각건대, 출입허가는 일시적으로 타인의 토지를 사용할 수 있는 권리가 부여된다는 점에서 특허의 성질을 갖는다고 본다.

② 타인토지출입행위의 법적 성질

타인토지출입행위는 일정한 법률효과의 발생을 목적으로 하는 것이 아니고, 토지소유자 등의 의사와 관계없이 일방적으로 타인의 토지에 출입한다는 점에서 권력적 사실행위로서 행정조사에 해당된다.

③ 출입의 제한 및 증표 등의 휴대

사업시행자 또는 감정평가법인등은 일출 전, 일몰 후에는 그 토지의 점유자의 승인 없이는 주거 또는 경계표, 담으로 둘러싸인 타인의 토지에 출입할 수 없으며, 또한 출입을 하고자 할 때에는 그 권한을 표시하는 증표와 허가증을 지니고 관계인에게 제시하여야 한다.

④ 실체법적인 한계

사인의 재산권에 대한 침해행위로서 법률유보원칙의 적용을 받으며 행정법상의 비례원칙의 적용을 받는다.

(4) 차이점

① 출입의 목적

토지보상법상의 타인토지출입은 공익사업의 준비나 조서작성 및 감정평가를 위해서 이루어지고, 부동산공시법상의 타인토지출입은 표준지가격의 조사·평가 및 개별공시지가의 산정을 위해 인정된다.

② 토지점유자의 수인의무와 벌칙규정

토지보상법상 타인토지출입은 정당한 사유 없이 사업시행자의 행위를 방해하지 못하는 수인의무를 규정하고 있고 이에 위반 시에는 200만원 이하의 벌금에 처하도록 하고 있다. 그러나 부동산공시법상의 타인토지출입은 토지점유자에게 수인의무를 부과하지 않고 있으며, 출입의 거부에 어떠한 제재조치가 마련되어 있지 않다.

③ 손실보상규정

토지보상법에서는 사업시행자의 타인토지출입행위로 인한 토지소유자에게 손실이 발생하였을 때에는 이에 대해 보상해야 한다는 규정이 있으나, 부동산공시법에는 이러한 손실보상 규정이 없다.

④ 출입의 통지 및 기간, 장해물 제거

토지보상법에서는 출입의 통지에 대해서 사업시행자가 시장 등에게 통지하면 시장 등이 토지소유자 등에게 통지하는데 비해, 부동산공시법은 관계공무원 등이 직접 통지하고, 그 기간에 대해서도 5일과 3일로 달리 규정되어 있다. 한편, 토지보상법은 장해물 제거를 규정하고 있으나 부동산공시법에는 이에 대한 규정이 없다.

(5) 관련문제

① 토지점유자의 출입거부 시 문제

토지보상법상 토지점유자 등의 조사거부 시에 실력배제가 가능한지가 의문인데 이에 대해서는 긍·부정설이 대립되는바, 명문으로 직접적인 실력배제조항이 없고 단지 간접적인 벌칙규정으로 이를 강제하고 있다는 점, 실력배제 인정 시 국민의 권익침해가능성이 크다는 점에서 부정설이 타당하다. 반면, 부동산공시법은 토지보상법과 달리 토지점유자 등의 수인의무 및 제재조항이 없지만, 해석상 부동산공시법상의 출입조사도 권력적 사실행위로서의 행정조사에 해당하므로 토지보상법과 같이 수인의무도 발생하며, 지가조사라는 행정목적의 원활한 수행을 위해 일정한 제재조치가 필요하다고 본다.

② **손실보상의 문제**

타인토지출입으로 인해 손실이 발생했을 때에는 토지보상법은 보상규정을 두어 토지소유자의 권리보호를 도모하고 있으나, 부동산공시법에서는 보상규정이 없는바, 부동산공시법상의 타인토지출입 시 일정한 손실이 발생한 경우에도 토지보상법에서의 출입조사에 따른 손실보상 논의가 유추적용될 수 있을 것이다. 다만, 궁극적으로는 입법적으로 해결하는 것이 바람직할 것이다.

≫ 기출문제(제30회 4번)
「공익사업을 위한 토지 등의 취득 및 보상에 관한 법률」 제26조는 수용재결신청 전에 사업시행자로 하여금 수용대상토지에 관하여 권리를 취득하거나 소멸시키기 위하여 토지소유자 및 관계인과 교섭하도록 하는 협의제도를 규정하고 있다. 이에 따른 협의가 수용재결신청 전의 필요적 전치절차인지 여부와 관할 토지수용위원회에 의한 협의성립의 확인의 법적 효과를 설명하시오. **10점**

제2절 공용수용의 효과

01 보상금 지급 또는 공탁

> 🔖 **법 제40조(보상금의 지급 또는 공탁)**
> ① 사업시행자는 제38조 또는 제39조에 따른 사용의 경우를 제외하고는 수용 또는 사용의 개시일(토지
> 수용위원회가 재결로써 결정한 수용 또는 사용을 시작하는 날을 말한다)까지 관할 토지수용위원회
> 가 재결한 보상금을 지급하여야 한다.
> ② 사업시행자는 다음 각 호의 어느 하나에 해당할 때에는 수용 또는 사용의 개시일까지 수용하거나
> 사용하려는 토지 등의 소재지의 공탁소에 보상금을 공탁(供託)할 수 있다.
> 1. 보상금을 받을 자가 그 수령을 거부하거나 보상금을 수령할 수 없을 때
> 2. 사업시행자의 과실 없이 보상금을 받을 자를 알 수 없을 때
> 3. 관할 토지수용위원회가 재결한 보상금에 대하여 사업시행자가 불복할 때
> 4. 압류나 가압류에 의하여 보상금의 지급이 금지되었을 때
> ③ 사업인정고시가 된 후 권리의 변동이 있을 때에는 그 권리를 승계한 자가 제1항에 따른 보상금 또는
> 제2항에 따른 공탁금을 받는다.
> ④ 사업시행자는 제2항 제3호의 경우 보상금을 받을 자에게 자기가 산정한 보상금을 지급하고 그 금액과
> 토지수용위원회가 재결한 보상금과의 차액(差額)을 공탁하여야 한다. 이 경우 보상금을 받을 자는
> 그 불복의 절차가 종결될 때까지 공탁된 보상금을 수령할 수 없다.

1. 서

공탁이란 채무를 변제할 의사와 능력이 있는 채무자로 하여금 채권자의 사정으로 채무관계에서 벗어나지 못하게 되는 경우를 대비할 수 있도록 만든 제도이다. 보상금의 공탁이란 사업시행자가 보상금을 관할 공탁소에 공탁함으로써 보상금 지급에 갈음하게 하는 것을 말한다. 사업시행자는 재결에서 정한 수용·사용의 개시일까지 재결에서 정한 보상금을 지급하고자 하여도 보상금을 지급할 수 없는 경우가 있는바, 이러한 경우에 대비하기 위한 것이다. 보상금 공탁제도는 보상금의 공탁을 통해서 재결실효로 인하여 공익사업에 지장이 초래되는 것을 방지하고, 사전보상의 원칙을 관철하며 담보권자 등 관계인의 권익을 보호하고자 하는 취지이다.

2. 법적 성질

(1) 보상금 지급의무를 면하기 위한 경우(제1호, 제2호) – 변제공탁

① **관련규정**

토지보상법 제40조 제2항에서는 보상금을 받을 자가 그 수령을 거부하거나 보상금을 수령할 수 없는 때와 사업시행자의 과실 없이 보상금을 받을 자를 알 수 없는 때 보상금을 공탁할 수 있다고 규정하고 있다.

② 학설

㉠ 사업시행자가 자신의 보상금 지급의무의 이행을 위하여 하는 것으로서 채무자가 일반적인 채무를 면하기 위하여 하는 민법상의 변제공탁과 그 목적 및 요건이 같다는 이유로 변제공탁이라는 견해, ㉡ 민법상의 변제공탁은 변제의 목적물 전부의 공탁이어야 하고 특별한 사정이 없는 한 일부만의 공탁은 그 효력이 없음에 반하여 토지보상법상의 보상금 공탁은 사업시행자가 지급하여야 할 보상금 전부가 아니라 토지수용위원회가 재결 시 정한 보상금만 공탁하면 되고, 그 후 쟁송절차를 거쳐 보상금이 증액되어 그 공탁금이 사업시행자가 지급하여야 할 보상금의 일부가 된다고 하여도 그 공탁의 효력이 사라지지 않는다는 점에서 민법상 변제공탁과 다르다는 견해가 있다.

③ 판례

판례는 토지수용법 제61조 제2항 제1호에 따라서 기업자가 재결로 결정된 보상금을 공탁하는 것은 보상금의 지급의무의 이행을 위한 것으로 변제공탁과 다를 바 없다고 하였다.

> **판례**
>
> ▶ 관련판례(대판 1990.1.25, 89누4109)
> 기업자가 토지수용법 제61조 제2항 제1호에 따라서 토지수용위원회가 재결한 토지수용보상금을 공탁하는 경우, 그 공탁금은 기업자가 토지의 수용에 따라 토지소유자에 대하여 부담하게 되는 보상금의 지급의무를 이행하기 위한 것으로서 민법 제487조에 의한 변제공탁과 다를 바 없으므로 ~.

④ 검토

생각건대, 사업시행자가 토지수용위원회가 재결한 보상금을 공탁하는 경우에는 그로써 보상금 지급에 갈음하게 되는바, 변제공탁으로 볼 수 있을 것이다.

(2) 재결로 결정된 보상금에 사업시행자가 불복하는 경우(제3호) - 변제공탁

① 관련규정

토지보상법 제40조 제2항 제3호에서는 관할 토지수용위원회가 재결한 보상금에 대하여 사업시행자의 불복이 있는 때 공탁할 수 있도록 규정하고 있으며, 사업시행자는 보상금을 받을 자에게 자기가 산정한 보상금을 지급하고 그 금액과 토지수용위원회가 재결한 보상금과의 차액을 공탁하여야 한다. 이 경우 보상금을 받을 자는 그 불복의 절차가 종결될 때까지 공탁된 보상금을 수령할 수 없다.

② 법적 성질

이는 사업시행자가 자신의 보상금 지급의무를 면하기 위하여 하는 것으로 변제공탁과 다를 바가 없다는 견해와 공탁금이 보상금의 전액이 아니라 차액만을 공탁하는 것, 즉시 공탁금을 수령할 수 없다는 점을 들어 변제의 효력이 발생하는 것이 아니라고 보는 견해가 있다.

사업시행자가 토지수용위원회가 재결한 보상금에 불복하여 예정금액은 지급하고 그 차액은 공탁하는 경우에도 결국 재결에서 정한 보상금 전액이 지급되었거나 공탁이 되었다고 볼 수

있다. 따라서 사업시행자가 불복이 있는 경우라 하더라도 재결에서 정한 보상금 전액이 지급 또는 공탁되어 보상금 지급에 갈음하고 이로써 재결이 실효되는 것을 방지하기 위한 것이므로 변제공탁으로 볼 수 있을 것이다.

(3) 압류 또는 가압류에 의하여 보상금의 지급이 금지된 경우(제4호) – 변제공탁

① 관련규정

토지보상법 제40조 제2항 제4호에서는 압류 또는 가압류에 의하여 보상금의 지급이 금지된 경우의 공탁을 할 수 있다고 규정하고 있다. 이는 사업인정 이후 설정된 담보물권자에게 물상 대위의 실효를 거두도록 규정한 것이다.

② 학설

이에 대해 (ㄱ) 보상금을 지급할 의사와 능력이 있는 사업시행자로 하여금 이행지체에서 벗어나지 못하는 경우를 대비할 수 있도록 마련된 제도로 실질적으로는 수령불능으로 볼 수 있는 바, 변제공탁으로 보는 견해와 (ㄴ) 집행의 목적물을 집행기관이나 제3채무자가 공탁하여 목적물의 관리와 집행 당사자에의 교부를 공탁절차에 따라 행하는 집행공탁이라 보는 견해가 있다.

③ 판례

판례는 변제공탁으로 보고 있는 듯한 판례와 집행공탁으로 보고 있는 듯한 판례가 있다.

> **판례**
>
> ▶ 관련판례(대판 1994.12.13, 93다951)
> 가압류에 불구하고 제3채무자가 채무자에게 변제를 한 때에는 나중에 채권자에게 이중으로 변제하여야 할 위험을 부담하게 되므로 제3채무자로서는 민법 제487조의 규정에 의하여 공탁을 함으로써 이중변제의 위험에서 벗어나고 이행지체의 책임도 면할 수 있다고 보아야 할 것이다. 왜냐하면 민법상의 변제공탁은 채무를 변제할 의사와 능력이 있는 채무자로 하여금 채권자의 사정으로 채무관계에서 벗어나지 못하는 경우를 대비할 수 있도록 마련된 제도로서~.
>
> ▶ 관련판례(대판 1999.5.14, 98다62688)
> 토지수용법상의 보상금청구권에 대하여 압류의 경합이 있는 때에는 기업자는 보상금을 공탁함으로써 면책될 수 있는바, 그 경우에 기업자가 하는 공탁의 성격은 변제공탁이 아니라 집행공탁이고, 집행공탁에 있어서는 배당절차에서 배당이 완결되어야 피공탁자가 비로소 확정되고, 공탁 당시에는 피공탁자의 개념이 관념적으로만 존재할 뿐이므로, 공탁 당시에 기업자가 특정 채권자를 피공탁자에 포함시켜 공탁하였다 하더라도 그 피공탁자의 기재는 법원을 구속하는 효력이 없다.

④ 검토

생각건대, 압류 또는 가압류에 의하여 보상금의 지급이 금지된 경우 공탁을 함으로써 채무가 변제되는 것으로 볼 수 있으므로 변제공탁으로 봄이 타당하다.

3. 공탁의 요건

(1) 내용상 요건(법 제40조 제2항)

① 보상금을 받을 자가 그 수령을 거부하거나 보상금을 수령할 수 없을 때, ② 사업시행자의 과실 없이 보상금을 받을 자를 알 수 없을 때, ③ 사업시행자가 관할 토지수용위원회가 재결한 보상금액에 불복이 있을 때, ④ 압류 또는 가압류에 의하여 보상금의 지급이 금지되었을 때

(2) 수령권자

재결 당시 수용목적물의 소유자 또는 관계인이 수령권자가 된다. 그러나 토지·물건조서 작성 이후에 권리가 변동된 경우에 변동이 있을 때마다 이를 추적하여 재결서에 권리를 승계 받은 사람을 기재하기는 사실상 불가능하다. 이와 같은 문제점을 해결하기 위하여 토지보상법은 제40조 제3항에서 사업인정고시 후 권리변동이 있는 경우에는 그 권리를 승계한 자가 공탁금을 수령할 수 있도록 하는 특례규정을 두고 있다. 이 때 그 권리를 승계 받은 자는 승계받은 사실을 증명하는 서류를 제출하여야 한다. 판례도 사업인정고시 후 수용목적물의 권리가 변동된 경우 그 보상금의 수령권자는 재결 당시의 소유자라고 판시하고 있다.

(3) 관할 공탁소

토지보상법상 공탁은 민법상 변제공탁과 그 성질이 같은 것이므로, 민법규정에 의하여 채권자의 주소지 관할 공탁소에 공탁함이 원칙이나, 토지보상법은 토지소재지의 공탁소에 보상금을 공탁할 수 있도록 하고 있다(법 제40조 제2항).

(4) 공탁물

공탁은 현금보상의 원칙상 현금으로 하여야 하나, 사업시행자가 국가인 경우에는 채권으로 공탁이 가능하다. 이 경우 채권의 발행일은 국가가 채권취급기관(한국은행)으로부터 채권을 교부받은 날이 속하는 달의 말일로 하며, 채권을 교부받은 날부터 채권발행일 전일까지의 이자는 현금으로 공탁하여야 한다.

4. 공탁의 효과

(1) 정당한 공탁의 효과

토지보상법상 공탁은 변제공탁의 성질을 가지는 것이므로 공탁에 의하여 사업시행자의 보상금 지급의무가 소멸되고, 수용의 개시일에 토지 등을 취득하는 공용수용의 효과가 발생한다.

(2) 미공탁의 효과

수용의 개시일까지 보상금을 공탁하지 아니하면 재결의 효력은 상실된다. 판례는 재결이 실효되면 재결신청의 효력도 상실된다고 하였다. 이의재결에서 보상금이 증액된 경우 사업시행자는 재결서 정본을 받은 날부터 30일 이내에 보상금을 지급 또는 공탁하여야 한다. 그러나 사업시행자가 이의재결에서 증액된 보상금을 공탁하지 아니하는 경우 이의재결의 효력에 대하여 판례는 당연히 실효되는 것은 아니라고 하였다.

> **판례**
>
> ▶ 관련판례(대판 1992.3.10, 91누8081)
> 토지수용법상의 이의재결절차는 수용재결에 대한 불복절차이면서 수용재결과는 확정의 효력 등을
> 달리하는 별개의 절차이므로 기업자가 이의재결에서 증액된 보상금을 일정한 기한 내에 지급 또는
> 공탁하지 아니하였다 하더라도 그 때문에 이의재결 자체가 당연히 실효된다고는 할 수 없다.

5. 공탁의 하자

(1) 하자 있는 공탁의 유형 및 효력

하자 있는 공탁에는 ① 공탁의 요건에 해당하지 아니하는 공탁, ② 보상금의 일부 공탁, ③ 조건부 공탁이 있다. 공용수용에 있어서 보상금의 공탁은 엄격한 법규사무이며, 공탁의 하자는 토지수용위원회가 재결한 보상금의 지급 또는 공탁을 하지 아니한 경우에 해당하여 재결의 효력이 상실된다.

> **판례**
>
> ▶ 관련판례(대판 1993.8.24, 92누9548)
> 수용대상토지가 지방자치단체에 의하여 압류되어 있다고 하더라도 그 토지의 수용에 따른 보상금청
> 구권이 압류되어 있지 아니한 이상 보상금을 받을 자는 여전히 토지소유자라 할 것이고, 기업자가
> 수용대상토지가 지방자치단체에 의하여 압류되어 있어 보상금을 수령할 자를 알 수 없다는 이유로 공탁을
> 하였다면 이는 토지수용법 제61조 제2항 제2호 소정의 "기업자가 과실 없이 보상금을 받을 자를 알
> 수 없을 때"나 "압류 또는 가압류에 의하여 보상금의 지급이 금지되었을 때" 기타 적법한 공탁사유에
> 해당한다고 할 수 없다.
> 수용시기까지 보상금의 지급이나 적법한 공탁이 없었다면 수용재결은 토지수용법 제65조에서 말하는 기업
> 자가 수용시기까지 재결보상금을 지급 또는 공탁하지 아니한 때에 해당하여 그 효력을 상실하였다고 할
> 것이고, 실효된 수용재결을 유효한 것으로 보고서 한 이의재결 또한 위법하여 당연무효라고 할 것이다.
>
> ▶ 관련판례(대판 1989.8.8, 89누879)
> 지방토지수용위원회가 토지를 수용재결하면서 그 보상금을 정하여서 사업시행자가 그 보상금을 공
> 탁하면서 반대급부로 그 토지에 대한 경매신청기입등기 등의 말소를 증명하는 서면을 제출할 것을
> 요구한 경우 동 조건부 공탁은 토지소유자가 이를 수락하지 않으면 그 효력이 없으므로 위 수용재결
> 은 그 효력을 상실하고 토지소유자의 이의신청에 의하여 중앙토지수용위원회는 원재결의 실효 여부
> 를 심리, 판단할 수 있다.
>
> ▶ 관련판례(대판 1996.9.20, 95다17373)
> 토지소유자가 그 토지에 대한 수용재결이 있기 전에 등기부상 주소를 실제 거주지로 변경등기 하였
> 음에도 불구하고 기업자가 토지소유자의 주소가 불명하다 하여 수용재결에서 정한 수용보상금을 토
> 지소유자 앞으로 공탁한 경우, 그 공탁은 요건이 흠결된 것이어서 무효라고 할 것이다.

(2) 공탁의 하자의 치유

하자 있는 공탁의 경우에는 수용개시일까지 하자가 치유되어야 한다. 그렇지 않으면 재결은 실
효된다. 수용개시일이 지난 후에 이의를 유보했고 공탁금을 수령했더라도 공탁은 하자가 치유되
지 않는다. 또한 수용재결도 다시 효력이 생기는 것이 아니다.

> 판례

> ▶ 관련판례(대판 1993.8.24, 92누9548)
> 수용시기가 지난 후에 기업자가 공탁서의 공탁원인사실과 피공탁자의 주소와 성명을 정정하고 토지소유자가
> 이의를 유보한 채 공탁보상금을 수령하더라도 이미 실효된 수용재결이 다시 효력이 생기는 것이 아니므로
> 이의재결은 무효이다.

6. 공탁금 수령의 효과

(1) 적법한 공탁금 수령의 효과

① 이의유보한 경우

(ㄱ) 효과 : 토지수용위원회가 재결한 보상금에 대하여 불복한다는 의사를 유보하고 사업시행
자가 제공한 보상금을 수령한 경우에는 피수용자가 그 재결에 승복하지 아니한 것이 된
다. 보상금이 공탁된 경우에도 이의를 유보한 경우에는 마찬가지이다.

(ㄴ) 이의유보의 방법 : 공탁금 수령 전에 피수용자가 사업시행자 또는 공탁공무원에게 명시적
또는 묵시적 의사표시로 재결 및 이의재결에 승복하여 보상금을 수령하는 것이 아님을
문서 또는 구두로 표현해야 한다.

> 판례

> ▶ 관련판례(대판 1982.11.9, 82누197) 숲습
> 공탁된 토지수용보상금의 수령에 관한 이의유보의 의사표시는 그 공탁원인에 승복하여 공탁금을 수
> 령하는 것임이 아님을 분명히 함으로써 공탁한 취지대로 채권소멸의 효과가 발생함을 방지하고자
> 하는 것이므로, 그 의사표시의 상대방은 반드시 공탁공무원에 국한할 필요가 없고 보상금 지급의무
> 자인 기업자에 대하여 이의유보의 의사표시를 하는 것도 가하다고 할 것이다.

> ▶ 관련판례(대판 1990.1.25, 89누4109)
> 토지소유자가 아무런 이의도 보류하지 아니한 채 공탁금을 수령하였다면, 공탁의 효력을 인정하고
> 토지수용위원회의 재결에 승복하여 공탁의 취지에 따라 보상금을 수령한 것으로 보는 것이 상당하
> 고, 따라서 공탁사유에 따른 법률효과가 발생되어 기업자의 보상금 지급의무는 확정적으로 소멸하
> 는 것인바, 이 경우 이의보류의 의사표시는 반드시 명시적으로 하여야 하는 것은 아니지만 토지소유
> 자가 공탁물을 수령할 당시 원재결에서 정한 보상금을 증액하기로 한 이의신청의 재결에 대하여
> 토지소유자가 제기한 행정소송이 계속 중이었다는 사실만으로는, 묵시적인 이의보류의 의사표시가
> 있었다고 볼 수 없다.

▶ 관련판례(대판 2009.11.12, 2006두15462)

토지수용절차에서 보상금 수령 시 사업시행자에 대한 이의유보의 의사표시는 반드시 명시적으로 하여야 하는 것은 아니므로(대판 1989.7.25, 88다카11053 참조), 위와 같이 원고가 이의재결에 따라 증액된 보상금을 수령할 당시 수용보상금의 액수를 다투어 행정소송을 제기하고 상당한 감정비용(그 이후 결정된 이의재결의 증액된 보상금을 초과하는 금액이다)을 예납하여 시가감정을 신청한 점, 원고가 수령한 이의재결의 증액보상금은 원고가 이 사건 소장에 시가감정을 전제로 잠정적으로 기재한 최초 청구금액의 1/4에도 미치지 못하는 금액인 점, 수용보상금의 증감만을 다투는 행정소송에서 통상 시가감정 외에는 특별히 추가적인 절차비용의 지출이 요구되지는 않으므로 원고로서는 이의재결의 증액보상금 수령 당시 이 사건 소송결과를 확인하기 위하여 더 이상의 부담되는 지출을 추가로 감수할 필요는 없는 상황이었던 점, 피고 소송대리인도 위와 같은 증액보상금의 수령에 따른 법률적 쟁점을 제1심에서 즉시 제기하지 아니하고 그로부터 약 6개월이 경과하여 원심에서 비로소 주장하기 시작한 점 등에 비추어 보면, 이미 상당한 금액의 소송비용을 지출한 원고가 이 사건 소장에 기재한 최초 청구금액에도 훨씬 못 미치는 이의재결의 증액분을 수령한 것이 이로써 이 사건 수용보상금에 관한 다툼을 일체 종결하려는 의사는 아니라는 점은 피고도 충분히 인식하였거나 인식할 수 있었다고 봄이 상당하고, 따라서 원고는 위와 같은 소송진행과정과 시가감정의 비용지출 등을 통하여 이의재결의 증액보상금에 대하여는 이 사건 소송을 통하여 확정될 정당한 수용보상금의 일부로 수령한다는 묵시적인 의사표시의 유보가 있었다고 볼 수 있다.

② 이의유보하지 않은 경우

(ㄱ) 행정쟁송의 제기가 없는 경우 : 재결 및 이의재결에 승복한 효과가 발생한다.

(ㄴ) 행정쟁송을 제기한 경우 : 묵시적 이의유보의 의사표시로 보아 이의유보 효과를 긍정하는 견해가 있으나, 판례는 재결불복과 이의유보는 별개의 것으로 보아 이의유보의 효력을 부인한다.

판례

▶ 관련판례(대판 1990.10.23, 90누6125)

기업자가 토지수용위원회가 재결한 토지수용보상금을 공탁한 경우에 토지소유자가 그 공탁에 대하여 아무런 이의를 유보하지 아니한 채 이를 수령한 때에는 종전의 수령거절의사를 철회하고 재결에 승복하여 공탁의 취지에 따라 보상금 전액을 수령한 것으로 볼 것이고 공탁금 수령 당시 단순히 그 공탁의 취지에 반하는 소송이나 이의신청을 하고 있다는 사실만으로는 그 공탁물수령에 관한 이의를 유보한 것과 같이 볼 수 없다.

▶ 관련판례(대판 1993.9.14, 92누18573)

토지소유자가 수용재결에서 정한 손실보상금을 수령할 당시 이의유보의 뜻을 표시하였다 하더라도 이의재결에서 증액된 손실보상금을 수령하면서 이의유보의 뜻을 표시하지 아니한 이상 이는 이의재결의 결과에 승복하여 수령한 것으로 보아야 하고 위 추가보상금을 수령할 당시 이의재결을 다투는 행정소송이 계속 중이라는 사실만으로는 추가보상금의 수령에 관하여 이의유보의 의사표시가 있는 것과 같이 볼 수 없으므로 결국 이의재결의 효력을 다투는 위 소는 소의 이익이 없는 부적법한 소이다.

(2) 하자 있는 공탁금 수령의 효과

> **판례**
>
> ▶ 관련판례(대판 1993.8.24, 92누9548)
> 수용시기가 지난 후에 기업자가 공탁서의 공탁원인사실과 피공탁자의 주소와 성명을 정정하고 토지소유자가
> 이의를 유보한 채 공탁보상금을 수령하더라도 이미 실효된 수용재결이 다시 효력이 생기는 것이 아니므로
> 이의재결은 무효이다.

7. 공탁제도의 문제점 및 개선방안

(1) 공탁요건에 대한 이해부족

토지보상법에서 공탁의 요건을 규정하고 있기는 하나 사업시행자의 이해 부족으로 인해 공탁요
건에 해당하지 않음에도 불구하고 공탁하는 사례가 많으며 이로 인해 보상금의 지급의무 불이행
으로 재결이 실효되는 사태가 발생하여 사업진행을 곤란하게 하는 경우가 있다.

(2) 이의유보 없는 공탁금 수령

공탁금을 수령함에 있어 보상금에 불복이 있거나 공탁에 하자가 있는 경우 이의를 유보한 후 공
탁금을 수령해야 함에도 불구하고 이의유보 없이 보상금을 수령하여 이의제기를 더 이상 할 수
없는 불이익이 발생하고 있다. 따라서 공탁금 수령시 불복 여부에 관한 사항을 반드시 확인하는
절차가 필요하다 할 것이다.

(3) 이의재결에서 증액된 보상금의 미공탁

수용재결에서 결정된 보상금을 미공탁할 경우 재결이 실효되는 것은 명확하나 이의재결에서 증
액된 보상금을 사업시행자가 공탁하지 않아도 이의재결이 실효된다는 것은 규정되어 있지 않으
며 이에 대해 대법원은 수용재결과 이의재결의 성격이 다르므로 당연히 실효되는 것은 아니라고
보고 있어 피수용자의 증액된 보상금을 지급받기 어렵다고 할 것이다. 따라서 사업시행자의 증
액된 보상금 미지급시 피수용자의 대응방안이 좀 더 구체적으로 강구되어야 한다.

02 토지·물건의 인도 등 거부 시 실효성 확보수단

1. 토지보상법상 실효성 확보수단(대행, 대집행)

(1) 서

행정의 실효성 확보수단은 국민에게 침익적인 행정작용에 해당되고 법률유보원칙에 의거 개별법
에 근거가 있어야 한다. 토지보상법은 대행, 대집행, 강제징수, 행정벌 등을 규정하고 있다. 이하
에서는 대행과 대집행에 대하여 살펴본다.

(2) 대행(법 제44조)

> ➲ **법 제44조(인도 또는 이전의 대행)**
> ① 특별자치도지사, 시장·군수 또는 구청장은 다음 각 호의 어느 하나에 해당할 때에는 사업시행자의 청구에 의하여 토지나 물건의 인도 또는 이전을 대행하여야 한다.
>   1. 토지나 물건을 인도하거나 이전하여야 할 자가 고의나 과실 없이 그 의무를 이행할 수 없을 때
>   2. 사업시행자가 과실 없이 토지나 물건을 인도하거나 이전하여야 할 의무가 있는 자를 알 수 없을 때
> ② 제1항에 따라 특별자치도지사, 시장·군수 또는 구청장이 토지나 물건의 인도 또는 이전을 대행하는 경우 그로 인한 비용은 그 의무자가 부담한다.

① 의의

토지나 물건을 인도 또는 이전하여야 할 자가 고의나 과실 없이 그 의무를 이행할 수 없거나, 사업시행자가 과실 없이 의무자를 알 수 없는 경우 사업시행자의 청구에 의하여 시장 등은 토지나 물건의 인도 또는 이전을 대행하여야 하며, 이로 인한 비용은 의무자의 부담으로 한다.

② 법적 성질

행정대집행의 일종으로 보는 견해가 우세하며, 따라서 직접강제를 인정한 것으로 볼 수 없다고 한다. 토지보상법 규정을 살펴보아도 대행에 따른 비용부담과 의무자가 그 비용을 납부하지 아니하는 때에는 강제징수할 수 있도록 하고 있어 대집행의 내용과 유사한 구성을 보이고 있다.

③ 대행청구의 대상이 되는 토지·물건의 범위 및 대행청구권의 성질

(ㄱ) 토지·물건의 인도 또는 이전의무의 성질 : 토지·물건의 인도 또는 이전의무는 사업시행자가 목적물을 취득하는 것에 상응하여 토지소유자 및 관계인이 부담하는 의무가 아니다. 토지보상법은 토지소유자 및 관계인에 포함되지 않는 자로서 토지나 물건에 관하여 권리를 가진 자에게도 수용·사용의 개시일까지 해당 토지나 물건을 사업시행자에게 인도하거나 이전하여야 할 의무를 부과하고 있음을 보아도 알 수 있다. 즉, 토지·물건의 인도 또는 이전의무는 공익사업의 원활한 시행을 위하여 요구되는 공용수용의 효과로서 토지소유자 및 관계인과 그 밖의 제3자에게 지워지는 별도의 의무인 것이다.

(ㄴ) 대행청구의 대상이 되는 토지·물건의 범위 : 토지·물건의 인도 또는 이전의무가 상기와 같이 사업시행자가 목적물을 취득하는 것에 상응하는 의무가 아니므로 대행청구의 대상 범위도 수용목적물뿐만 아니라 수용목적물이 아니라도 사업추진에 방해가 되는 것이면 대행청구의 대상이 된다.

(ㄷ) 공용수용의 효과로서 인정되는 대행청구권 : 토지·물건의 인도 또는 이전의무는 사업시행자가 목적물을 취득하는 것만을 전제로 한 의무가 아니라 공용수용의 효과로서 사업의 원활한 추진을 위하여 부여된 의무이다. 따라서 사업시행자의 대행청구권도 사업시행자가 목적물의 소유자로서 가지는 권리가 아니라 공용수용의 효과에 따라 사업시행자에게 인정되는 권리라고 할 것이다.

④ 대행비용의 부담

대행에 소요되는 비용은 의무자의 부담으로 한다. 그러나 건축물 기타 공작물의 철거비 부담은 원칙적으로 토지소유자 또는 관계인이 지는 것이 아니라 사업시행자가 부담하는 것이므로 건축물의 철거를 대행하였다 하더라도 그 비용을 토지소유자 및 관계인에게 부담시킬 수 없다.

(3) 대집행(법 제89조)

> ⬀ 법 제43조(토지 또는 물건의 인도 등)
> 토지소유자 및 관계인과 그 밖에 토지소유자나 관계인에 포함되지 아니하는 자로서 수용하거나 사용할 토지나 그 토지에 있는 물건에 관한 권리를 가진 자는 수용 또는 사용의 개시일까지 그 토지나 물건을 사업시행자에게 인도하거나 이전하여야 한다.
>
> ⬀ 법 제89조(대집행)
> ① 이 법 또는 이 법에 따른 처분으로 인한 의무를 이행하여야 할 자가 그 정하여진 기간 이내에 의무를 이행하지 아니하거나 완료하기 어려운 경우 또는 그로 하여금 그 의무를 이행하게 하는 것이 현저히 공익을 해친다고 인정되는 사유가 있는 경우에는 사업시행자는 시·도지사나 시장·군수 또는 구청장에게 「행정대집행법」에서 정하는 바에 따라 대집행을 신청할 수 있다. 이 경우 신청을 받은 시·도지사나 시장·군수 또는 구청장은 정당한 사유가 없으면 이에 따라야 한다.
> ② 사업시행자가 국가나 지방자치단체인 경우에는 제1항에도 불구하고 「행정대집행법」에서 정하는 바에 따라 직접 대집행을 할 수 있다.
> ③ 사업시행자가 제1항에 따라 대집행을 신청하거나 제2항에 따라 직접 대집행을 하려는 경우에는 국가나 지방자치단체는 의무를 이행하여야 할 자를 보호하기 위하여 노력하여야 한다.

① 의의 및 근거

대체적 작위의무의 불이행이 있는 경우 해당 행정청이 스스로 의무를 이행하거나 제3자로 하여금 이를 행하게 함으로써 공용수용의 실효성을 확보하여 공익사업의 원활한 수행을 기하기 위한 것이다. 토지보상법은 제89조에 대집행의 근거규정을 마련하고 있으며, 토지보상법에 규정되지 않은 것은 행정대집행법에 따른다.

② 대집행의 요건

(ㄱ) **토지보상법상 요건** : 토지보상법 제89조에서는 이 법 또는 이 법에 의한 처분으로 인한 의무를 이행하여야 할 자가 ㉠ 의무를 이행하지 아니하거나, ㉡ 기간 내에 의무를 완료하기 어려운 경우, ㉢ 의무자로 하여금 그 의무를 이행하게 하는 것이 현저히 공익을 해한다고 인정되는 사유가 있는 경우 사업시행자가 시·도지사나 시장·군수 또는 구청장에게 대집행을 신청할 수 있다고 규정하고 있다.

(ㄴ) **행정대집행법상 요건** : 행정대집행법 제2조에 의하면 ㉠ 대체적 작위의무의 불이행이 있을 것, ㉡ 다른 수단으로 이행의 확보가 곤란할 것, ㉢ 불이행을 방치함이 심히 공익을 해할 것의 요건을 모두 충족해야 한다.

> ↪ **행정대집행법 제2조(대집행과 그 비용징수)**
> 법률(법률의 위임에 의한 명령, 지방자치단체의 조례를 포함한다. 이하 같다)에 의하여 직접명령되었
> 거나 또는 법률에 의거한 행정청의 명령에 의한 행위로서 타인이 대신하여 행할 수 있는 행위를 의무
> 자가 이행하지 아니하는 경우 다른 수단으로써 그 이행을 확보하기 곤란하고 또한 그 불이행을 방치
> 함이 심히 공익을 해할 것으로 인정될 때에는 해당 행정청은 스스로 의무자가 하여야 할 행위를 하거
> 나 또는 제삼자로 하여금 이를 하게 하여 그 비용을 의무자로부터 징수할 수 있다.
>
> ↪ **행정대집행법 제3조(대집행의 절차)**
> ① 전조의 규정에 의한 처분(이하 대집행이라 한다)을 하려함에 있어서는 상당한 이행기한을 정하여
> 그 기한까지 이행되지 아니할 때에는 대집행을 한다는 뜻을 미리 문서로써 계고하여야 한다. 이
> 경우 행정청은 상당한 이행기한을 정함에 있어 의무의 성질·내용 등을 고려하여 사회통념상 해
> 당 의무를 이행하는 데 필요한 기간이 확보되도록 하여야 한다.
> ② 의무자가 전항의 계고를 받고 지정기한까지 그 의무를 이행하지 아니할 때에는 해당 행정청은
> 대집행영장으로써 대집행을 할 시기, 대집행을 시키기 위하여 파견하는 집행책임자의 성명과 대
> 집행에 요하는 비용의 개산에 의한 견적액을 의무자에게 통지하여야 한다.
> ③ 비상시 또는 위험이 절박한 경우에 있어서 해당 행위의 급속한 실시를 요하여 전2항에 규정한
> 수속을 취할 여유가 없을 때에는 그 수속을 거치지 아니하고 대집행을 할 수 있다.

㉢ **양 법의 관계** : 행정주체는 법령에 근거하여 부과된 의무에 대하여 의무자가 이행하지 아니하는 경우에 행정의 본래 목적인 공익을 실현하기 위하여 여러 가지 수단을 강구하여 의무이행을 확보하여야 한다. 그러나 그 의무불이행을 방치하여서는 공익이 심각하게 침해되며, 다른 수단으로는 의무이행을 확보할 수 없는 경우에 최후의 보충적 수단으로서 대집행을 허용하는 것이다. 따라서 국민의 권익에 큰 침해를 미치는 대집행은 엄격한 요건하에서만 이루어질 수 있을 것이다. 토지보상법 제89조의 요건은 대집행을 할 수 있는 요건이라기보다는 의무의 불이행이 있는 상황 또는 의무자에게 의무이행을 강요할 수 없는 상황을 규정한 것이다. 토지보상법 제89조의 상황이 발생한 경우에 행정대집행법이 정한 요건이 충족되는가를 따져서 대집행을 할 수 있다고 여겨지고, "행정대집행법이 정하는 바에 따라"라고 규정한 토지보상법 제89조의 취지에도 타당하다 여겨진다.

㉣ **대집행을 할 수 있는 경우**

　　㉠ **대체적 작위의무일 것** : 대집행은 의무자가 의무를 이행하지 아니하는 경우에 그 의무자가 아닌 행정청이나 제3자가 대신 이행하는 것이므로 타인이 대신하여 줄 수 없는 의무는 대집행의 대상이 되는 의무가 아니다. 따라서 대집행의 대상이 되는 의무는 대체적 작위의무에 한정된다.

　　㉡ **의무의 불이행이 있을 것** : 토지보상법은 ⓐ 정해진 기간 이내에 의무를 이행하지 아니하거나, ⓑ 기한 내에 완료하기 어려운 경우, ⓒ 의무자로 이행하게 함이 현저히 공익을 침해할 우려가 있는 경우를 규정하고 있다. 위와 같은 상황은 의무자는 의무를 이행할 수 있으므로 행정대집행법을 적용 시 대집행을 할 수 없는 경우에 해당하게 된다. 사업인정을 통한 공익사업은 신속한 진행이 필요하다. 따라서 행정대집행법만을

적용할 경우에 대집행을 할 수 없게 되어 사업추진에 장애가 되고 공익이 침해될 수도 있게 된다. 따라서 의무자가 이행하지 아니하는 경우뿐만 아니라 토지보상법 제89조의 경우에도 행정대집행법상 의무의 불이행이 있는 상황으로 간주하여 대집행을 청구할 수 있도록 규정한 것으로 보는 것이 타당하다.

ⓒ 다른 수단으로는 그 이행의 확보가 곤란할 것 : 의무자가 의무를 불이행하는 경우라도 그 의무이행을 확보할 수 있는 여러 가지 수단이 있는 경우에는 필요성의 원칙에 의하여 국민의 권익에 대하여 침익적인 정도가 가장 작은 수단에 의하여야 한다. 즉, 대집행은 다른 수단이 없는 경우에 최후의 보충적 수단으로서만 인정된다.

ⓔ 의무불이행을 방치함이 심히 공익을 해하는 경우일 것 : 의무위반자가 누리는 사익과 그 의무위반으로 침해당하는 공익을 비교·형량하여 대집행 여부를 결정하여야 한다. 어떠한 사실관계가 이 요건에 해당하는가의 여부는 개별적, 구체적으로 판단하여야 한다. 따라서 경미한 의무위반으로 침해되는 공익이 작은 경우에까지 대집행을 하는 것은 위법한 것이다.

③ 시·도지사 및 시·군·구청장의 의무

㉠ 대집행신청에 응할 의무 : 사업시행자의 대집행 신청에 대하여 시장 등은 정당한 사유가 없는 한 그 신청에 응하여야 할 의무가 있다(제89조 제1항 후단). 종전 토지수용법은 시장 등에게 신청에 응하여야 한다는 명문의 규정을 두고 있지 아니하였으나, 토지보상법은 의무규정을 도입하였다. 이는 지역의 집단이기주의 또는 지방자치단체장의 선거 실시 이후 지역주민의 눈치를 살피느라고 국가적 공익사업의 시행을 위한 대집행을 기피하여 사업이 지연되는 일이 없도록 함에 그 입법취지가 있는 것이다. 또한 사업시행자가 국가 또는 지방자치단체인 경우에는 대집행의 신청 없이 행정대집행법이 정하는 바에 의하여 직접 대집행을 할 수 있도록 하고 있다(제89조 제2항).

㉡ 인권침해방지 노력의무 : 사업시행자가 대집행 신청을 하거나 국가 또는 지방자치단체가 직접 대집행을 하고자 하는 경우에는 국가 또는 지방자치단체는 의무를 이행하여야 할 자의 보호를 위하여 노력하여야 하는 인권침해방지 규정이 신설되었다.

④ 대집행 신청의 대상이 되는 토지·물건의 범위 등

㉠ 토지·물건의 범위 : 토지·물건의 인도 또는 이전의무는 사업시행자가 목적물을 취득하는 것만을 전제로 한 의무가 아니라 공용수용의 효과로서 사업의 원활한 추진을 위하여 부여된 의무이다. 따라서 사업시행자의 대집행신청권도 사업시행자가 목적물의 소유자로서 가지는 권리가 아니라 공용수용의 효과에 따라 해당 공익사업의 원활한 추진을 위하여 사업시행자에게 인정되는 권리라고 할 것이다. 따라서 대집행의 신청대상이 되는 토지·물건은 수용의 목적물뿐만 아니라, 수용의 목적물이 아닌 물건에 대하여도 대집행을 신청할 수 있다.

㉡ 공용수용효과로 부여된 권리 : 대행청구권과 마찬가지로 사업시행자의 대집행신청권도 사업시행자가 수용목적물의 소유자로서 가지는 권리가 아니라, 공용수용의 효과로 부여된 권리이다.

⑤ 판례

> 판례

▶ **관련판례(대판 2012.12.13, 2012다71978)**
피고는 이 사건 지장물의 철거 및 이전을 물리적으로 방해한 것이 아니라 단지 이 사건 지장물을 이전하지 아니한 채 방치하고 있었을 뿐인 사실을 인정할 수 있으므로, 설사 피고가 이 사건 지장물을 이전하지 아니함으로써 결과적으로 이 사건 토지를 점유한 것으로 평가할 수 있다고 하더라도, 원고로서는 위와 같은 공익사업을 위한 토지 등의 취득 및 보상에 관한 법률의 규정에 따라 행정대집행을 신청하여 이 사건 지장물의 철거 및 이전에 대한 대집행을 실시하도록 함으로써 이 사건 토지에 관한 점유를 온전히 취득할 수 있으므로, 위와 같은 행정대집행 절차와 별개로 이 사건 토지의 인도청구소송을 제기할 소의 이익이 없다고 판단하였다.

▶ **관련판례(대판 2012.4.13, 2010다94960)**
사업시행자가 토지보상법 제75조 제1항 단서 제1호에 따라 수목의 가격으로 보상하였으나 그 수목을 협의 또는 수용에 의하여 취득하지 않은 경우, 수목의 소유자는 특별한 사정이 없는 한 토지보상법 제43조에 의한 지장물의 이전의무를 부담하지 않고, 사업시행자는 수목의 소유자에게 수목의 이전 또는 벌채를 요구할 수 없다고 봄이 상당하다.

▶ **관련판례(대판 1996.6.28, 96누4374)**
행정대집행법 제2조는 대집행의 대상이 되는 의무를 "법률에 의하여 직접 명령되었거나 또는 법률에 의거한 행정청의 명령에 의한 행위로서 타인이 대신하여 행할 수 있는 행위"라고 규정하고 있으므로, 대집행계고처분을 하기 위하여는 법령에 의하여 직접 명령되거나 법령에 근거한 행정청의 명령에 의한 의무자의 대체적 작위의무 위반행위가 있어야 한다. 따라서 단순한 부작위의무의 위반, 즉 관계법령에 정하고 있는 절대적 금지나 허가를 유보한 상대적 금지를 위반한 경우에는 당해 법령에서 그 위반자에 대하여 위반에 의하여 생긴 유형적 결과의 시정을 명하는 행정처분의 권한을 인정하는 규정을 두고 있지 아니한 이상, 법치주의의 원리에 비추어 볼 때 위와 같은 부작위의무로부터 그 의무를 위반함으로써 생긴 결과를 시정하기 위한 작위의무를 당연히 끌어낼 수는 없으며, 또 위 금지규정으로부터 작위의무, 즉 위반결과의 시정을 명하는 권한이 당연히 추론(추론)되는 것도 아니다.

2. 토지·물건의 인도 등 거부 시 실효성 확보수단

(1) 서

토지보상법은 공익사업의 원활한 수행을 위하여 토지·물건의 인도 또는 이전의무와 그 의무의 불이행에 대한 대행 및 대집행을 규정하고 있다. 물건의 이전은 그 의무자가 의무를 이행하지 아니할 경우에 그 의무는 대체적 작위의무이므로 대집행의 대상이 될 수 있다. 그러나 토지·물건의 인도는 그 의무가 대체적 작위의무가 아니므로 제3자로 하여금 그 의무를 대행시킬 수 없어 문제가 된다.

의무자가 토지나 건축물을 신체로 점유하면서 인도를 거부하는 경우에는 그 신체에 실력을 가하여 점유를 풀어야 하나, 이는 대집행이 아니고 직접강제에 속하는 것이기 때문이다. 따라서 피수용자가 토지·물건의 인도를 거부하는 경우 토지보상법상 대행규정을 적용할 수 있는지, 대집행은 적용가능한지, 직접강제를 도입할 수 있는지 등을 검토한다.

(2) 대행규정의 적용가능성

토지·물건의 인도의무 확보에 대한 논의는 의무자가 인도를 거부하고 점유를 계속하고 있는 경우에 실력행사가 수반되기 때문에 대집행으로 의무이행을 확보할 수 있는지가 문제되는 것이다. 그러나 대행규정의 의무자의 고의·과실이 없을 것을 요건으로 하기 때문에 의무자가 인도·이전을 거부하는 경우에 대책으로 논의되기는 어렵다.

따라서 토지보상법 제44조의 대행규정은 의무가가 고의적으로 인도를 거부하는 경우가 아니고 인도대상이 되는 목적물을 물건만의 존치로 점유하는 경우에 존치 물건을 반출하여 점유를 풀고 목적물의 현실적 지배를 사업시행자에게 취득시키는 것만을 대상으로 한다고 보아야 한다.

(3) 대집행의 적용가능성

① 문제점

대집행은 대체적 작위의무를 대상으로 하는 것이다. 그러나 토지보상법 제89조에서는 "이 법 또는 이 법에 의한 처분으로 인한 의무"를 의무자가 이행하지 아니하는 경우 대집행을 신청할 수 있다고 규정하고 있다. 여기서 비대체적 작위의무인 토지·물건의 인도의무가 동조의 의무에 포함될 수 있는지 여부가 문제된다. 이는 토지보상법 제89조가 행정대집행법의 특례규정인지 여부와 관련된다.

② 학설

(ㄱ) 부정설은 토지보상법 제89조의 의무를 대체적 작위의무에 한정하고, 토지인도의무는 실력으로 점유를 풀어 점유이전을 하지 않으면 목적달성을 할 수 없다는 점에서 직접강제에 해당한다고 보아 부정하며, (ㄴ) 긍정설은 대집행이 불가능하다고 보는 것은 이를 명문으로 규정한 토지보상법 제89조를 전적으로 무의미하게 하는 것으로 동 조항을 합리적 또는 목적론적으로 해석하여 적용이 가능하다고 본다. 이 경우 강제적 점유의 배제는 필연적인 것이 아니라고 한다.

③ 판례의 태도

대법원은 대체적 작위의무에만 대집행을 인정하고 있다.

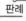

> ▶ 관련판례(대판 1998.10.23, 97누157)
> 도시공원시설인 매점의 관리청이 그 공동점유자 중의 1인에 대하여 소정의 기간 내에 위 매점으로부터 퇴거하고 이에 부수하여 그 판매시설물 및 상품을 반출하지 아니할 때에는 이를 대집행하겠다는 내용의 계고처분은 그 주된 목적이 매점의 원형을 보존하기 위하여 점유자가 설치한 불법시설물을 철거하고자 하는 것이 아니라, 매점에 대한 점유자의 점유를 배제하고 그 점유이전을 받는 데 있다고 할 것인데, 이러한 의무는 그것을 강제적으로 실현함에 있어 직접적인 실력행사가 필요한 것이지 대체적 작위의무에 해당하는 것은 아니어서 직접강제의 방법에 의하는 것은 별론으로 하고 행정대집행법에 의한 대집행의 대상이 되는 것은 아니다.

▶ 관련판례(대판 2005.8.19, 2004다2809)

피수용자 등이 기업자에 대하여 부담하는 수용대상토지의 인도의무에 관한 (구)토지수용법 제63조, 제64조, 제77조 규정에서의 '인도'에는 명도도 포함되는 것으로 보아야 하고, 이러한 명도의무는 그 것을 강제적으로 실현하면서 직접적인 실력행사가 필요한 것이지 대체적 작위의무라고 볼 수 없으므로 특별한 사정이 없는 한 행정대집행법에 의한 대집행의 대상이 될 수 있는 것이 아니다.

▶ 관련판례(대판 2006.10.13, 2006두7096) [건물철거대집행계고처분취소]

[1] 행정대집행법상 대집행의 대상이 되는 대체적 작위의무는 공법상 의무이어야 할 것인데, (구)공공용지의 취득 및 손실보상에 관한 특례법(2002.2.4. 법률 제6656호 공익사업을 위한 토지 등의 취득 및 보상에 관한 법률 부칙 제2조로 폐지)에 따른 토지 등의 협의취득은 공익사업에 필요한 토지 등을 그 소유자와의 협의에 의하여 취득하는 것으로서 공공기관이 사경제주체로서 행하는 사법상 매매 내지 사법상 계약의 실질을 가지는 것이므로, 그 협의취득 시 건물소유자가 매매대상 건물에 대한 철거의무를 부담하겠다는 취지의 약정을 하였다고 하더라도 이러한 철거의무는 공법상의 의무가 될 수 없고, 이 경우에도 행정대집행법을 준용하여 대집행을 허용하는 별도의 규정이 없는 한 위와 같은 철거의무는 행정대집행법에 의한 대집행의 대상이 되지 않는다.

[2] (구)공공용지의 취득 및 손실보상에 관한 특례법(2002.2.4. 법률 제6656호 공익사업을 위한 토지 등의 취득 및 보상에 관한 법률 부칙 제2조로 폐지)에 의한 협의취득 시 건물소유자가 협의취득대상 건물에 대하여 약정한 철거의무는 공법상 의무가 아닐 뿐만 아니라, 공익사업을 위한 토지 등의 취득 및 보상에 관한 법률 제89조에서 정한 행정대집행법의 대상이 되는 '이 법 또는 이 법에 의한 처분으로 인한 의무'에도 해당하지 아니하므로 위 철거의무에 대한 강제적 이행은 행정대집행법상 대집행의 방법으로 실현할 수 없다. (제22회 3번 기출문제 판례: 철도 이설사업에서 철거의무 약정 대집행 가능성)

④ 검토

긍정설의 입장에서 구체적 방법으로 사업시행자에 대한 인도선언을 하고 이를 표시하는 문서에 조인함과 병행하여 표지판 설치 등에 의할 수 있다는 것 역시 일면 타당하나, 토지보상법 제89조에는 "의무"라고만 규정하고 있어 법치행정의 원리상 명확한 근거 없이 비대체적 작위의무에까지 확대함은 무리가 있다고 보이는바, 부정설이 타당하다.

(4) 직접강제의 도입가능성

① 직접강제 도입가능성 여부

직접강제란 의무자가 의무를 불이행할 때 행정청이 직접 의무자의 신체·재산에 실력을 가하여 의무자가 직접 의무를 이행한 것과 같은 상태를 실현하는 작용을 말한다. 직접강제는 비대체적 작위의무도 그 대상으로 할 수 있어 효과적인 실효성 확보수단이 될 수 있으나, 권리침해의 정도가 크기 때문에 개별법에 엄격한 근거를 요한다. 따라서 토지보상법의 대행규정 및 대집행규정을 통해서 이를 인정하기는 어렵다.

② 현실적 문제점 및 대안

토지·물건의 인도의무에 대하여 대집행은 효과적인 수단이 되지 못하기 때문에, 현실적으로는 위법·탈법적인 직접강제가 행해지고 있는 것이 현실이라 할 수 있다. 따라서 엄격한 요건 및 절차를 법정하여 직접강제를 도입하는 대안도 신중히 고려하여야 할 것이다.

(5) 결

① 기타 수단의 검토

토지보상법 제95조의2를 신설하여 동법 제43조를 위반하여 토지 또는 물건을 인도하거나 이전하지 아니한 자는 1년 이하의 징역 또는 1천만원 이하의 벌금에 처하도록 규정하고 있다. 최근 강력한 처벌을 할 수 있도록 토지보상법 개정을 통해 실효성 확보를 하고자 하였으나, 직접적이지 못한 수단으로서 토지·물건의 인도의무 확보에는 한계가 있다. 토지인도의무의 불이행 시 현행법에서 활용할 수 있는 방법은 경찰관직무집행법상 위험발생방지 조치나 형법상 공무집행방해죄의 적용을 통해 의무의 이행을 확보하는 것이다. 따라서 현재 행정상 실효성 확보의 새로운 수단이 논의되고 있는 공급거부 등의 수단의 도입에 대하여도 신중하게 고려해 봄이 바람직하다.

② 개선방안

공익사업의 홍보 및 피수용자의 관계개선을 통하여 자발적 참여를 도모하는 것이 중요하며, 직접강제 및 새로운 실효성 확보수단 등의 법적 근거를 마련하는 등의 입법적 해결이 시급하다. 다만, 대책을 마련함에 있어 과잉금지의 원칙에 의거, 목적과 수단 사이에 이익형량이 요구된다.

▶ 인권침해 방지노력 규정 신설과 관련된 국회입법조사처 "강제철거에서의 주거권 보호를 위한 입법적 개선방향" 보도자료 정리

현재 전국적으로 추진되고 있는 재개발사업과 관련하여 철거민의 주거권 보장과 함께, 사업추진 시 발생할 우려가 있는 물리력 행사를 원천적으로 차단하기 위한 입법적 대응방안 마련이 시급하다는 분석이 제기됐다.

국회입법조사처는 2009년 발간한 『강제철거에서의 주거권 보호를 위한 입법적 개선방향』이라는 보고서에서 우리나라에서의 주거권에 관한 논의는 대부분 헌법 제14조의 주거이전의 자유나 제16조의 주거의 자유와 관련하여 주택이나 주거공간에 대한 개인의 소극적 확보차원에 국한되어 온 측면이 있으나, 이제는 국가에 대하여 주택이나 주거의 적극적 확보를 요구할 수 있는 권리에 관하여도 논의할 필요가 있다고 지적했다.

이 보고서는 유엔인권규약 및 세계인권선언 등에서의 주거권과 강제퇴거 관련 국제인권기준을 구체적으로 비교분석함과 동시에 주요국 개발사업에서의 강제퇴거 관련 입법례를 검토한 후, 강제철거에서의 주거권 보호와 물리적 충돌을 방지하기 위하여는 '행정대집행법'에 따른 행정대집행 절차와 '민사집행법'을 통한 명도소송절차, 그리고 '경비업법'의 관련 규정의 개선 및 보완이 필요함을 지적하고 있다.

보고서는 강제적 퇴거 및 철거집행은 공익과 사익의 조화가 필수적으로 요청되는 부분이면서도 집행 시 인권침해가 발생하지 않도록 그 과정을 보다 엄격하게 규정하는 제도적 보장이 요청되고, 우리나라에서의 주거권 및 강제퇴거 관련 법규정을 국제인권기준을 참조하여 입법적으로 보완·정비할 필요가 있다고 보았다. 국제인권기준을 반영한 개선방향은 결국 강제퇴거 또는 철거를 위해서는 사전조치를 보다 엄격하게 규정하여야 하고, 강제퇴거는 최후의 수단에서 선택할 수 있도록 제한할 필요가 있다는 것이다.

구체적인 입법적 개선방향에서는 국민의 재산권 행사에 직접 영향을 미치는 대표적인 권력적 행정행위를 규정한 '행정대집행법'은 1954년 제정된 후 장기간 개정되지 않아 현실적 괴리가 있음을 지적하면서, 행정대집행에서의 자기집행과 타자집행의 요건을 구체화하여 법에 명시할 필요가 있다고 보았다.

또한 행정대집행법 제3조 제3항에서는 "비상시 또는 위험이 절박한 경우" 대집행 시기 및 견적액 통지의무를 배제하고 있는데, 이 법문은 헌법상 명확성의 원칙에 위배될 소지가 있고, 행정청의 자의적인 판단을 유도할 우려가 있기 때문에 구체적인 상황을 예시하는 방안의 검토가 필요하다고 한다. 강제집행의 시기와 관련하여서는 철거민의 동의 없이 야간이나 혹한 등 사고발생의 위험이 높은 일정한 시기의 강제집행을 제한하는 방법도 고려할 만하다고 판단하였다.

명도소송절차와 관련하여서는 민사집행법 제5조 제1항에서의 집행관의 강제력 사용에 필요한 '적절한 조치'에 대한 구체적인 기준 마련과 제5조의 집행관의 강제력 사용 시 경찰의 원조를 요청하기 위한 절차를 제5조 제3항의 국군의 원조의 경우와 같이 법원 신청요건과 절차를 추가하는 방안을 검토할 필요가 있고, 강제철거 시 사업시행자든 거주민이든 어떠한 경우에도 폭력이 허용될 수 없음을 명시하는 방안을 강구할 필요가 있음을 지적하였다.

보고서는 용역업체들의 업무범위를 넘어서는 위반행위에 대하여는 법적 제재를 가할 수 있도록 하는 '경비업법' 개선방향에 대하여도 언급하면서, 용역업체들이 경비업법에 정한 교육과 훈련, 자격을 갖추지 않은 무자격 경비요원들을 동원하지 못하도록 현행 경비업법의 엄격한 적용기준을 통해 무자격 경비요원의 참여를 원천적으로 차단하는 방안을 강구할 필요가 있다는 의견을 제시했다.

(6) 기출문제

> ≫ 기출문제(제16회 3번)
>
> 토지·물건의 인도·이전의무에 대한 실효성 확보수단에 대해 설명하시오. **20점**
>
> ≫ 기출문제(제22회 3번)
>
> A시는 시가지 철도이설사업을 시행하기 위하여 「공익사업을 위한 토지 등의 취득 및 보상에 관한 법률」 제16조에 따라 주택용지를 협의취득하면서 그에 따른 일체의 보상금을 B에게 지급하였고, B는 해당 주택을 자진철거하겠다고 약정하였다가 B가 자진철거를 하지 않을 경우 B의 주택에 대해 대집행을 할 수 있는지 판단하시오. **20점**

(7) 기본문제

> **1** 서울특별시 에스에이치공사는 아파트건설공사계획을 세우고 그 사업을 국토교통부장관에게 사업인정신청을 하여 「공익사업을 위한 토지 등의 취득 및 보상에 관한 법률」(이하 토지보상법)에 근거하여 사업인정을 받았다(사업인정고시일 2018.5.1). 그에 따라 서울특별시 에스에이치공사는 토지소유자 甲과 협의하였으나 이에 응하지 아니하여 결국 토지보상법이 정하는 바에 따라 2019.3.1일 관할 토지수용위원회의 수용재결에 의하여 해당 토지를 수용하였다. 그러나 甲은 이러한 절차에 의하여 자신의 토지가 수용된 것은 자신의 의사에 반하는 것으로서 이에 응할 수 없다고 하면서 자신의 토지인도를 완강히 거부하고 있다. **30점**
> (1) 이 경우 사업시행자인 서울특별시 에스에이치공사가 甲 소유 토지에 대한 명도의무의 이행을 확보할 수 있는 수단은 무엇인지를 토지보상법에 근거하여 논하시오. **20점**
> (2) 만일 서울특별시 에스에이치공사가 수용의 개시일인 2019.4.15일까지 재결에서 정한 보상금을 공탁하지 아니한 경우라면 해당 수용절차의 효력은 어떻게 되는지 토지보상법에 근거하여 논하시오. **10점**

> **Ⅰ. 논점의 정리**
>
> 설문은 「공익사업을 위한 토지 등의 취득 및 보상에 관한 법률」(이하 토지보상법)상 협의불성립에 따라 관할 토지수용위원회의 수용재결 후 토지소유자가 수용, 사용할 물건의 인도·이전 거부 시의 실효성 확보수단과 수용재결에서 정한 보상금을 지급·공탁하지 않은 경우 수용절차의 효과에 관하여 묻고 있다.
>
> 공용수용이란 공익사업을 위하여 타인의 특정한 재산권을 법률의 힘에 의해 강제적으로 취득하는 제도로서, 소유자 등의 의무이행을 기다리지 않고 사업시행자는 수용의 개시일에 대물적 효과로서 재산권의 원시취득을 목적으로 한다. 따라서 인도·이전의무의 이행 여부에 관계없이 수용의 개시일이 도래하면 보상금의 지급·공탁으로 사업시행자가 권리를 취득하지만 설문 (1)과 같이 토지소유자 甲이 점유를 풀어 사업시행자에게 인도하지 아니하는 경우 사실상 공무수행에 차질이 있는바, 설문 (1)은 ① 토지보상법 제44조, 제89조가 행정대집행법의 특례로 대체적 작위의무가 아닌 경우에도 행정대집행의 근거규정으로 볼 수 있는지, ② 이러한 수단 외에 가능한 방법이 무엇인지 검토가 요구된다.

설문 (2)는 토지보상법 제42조와 관련하여 수용의 개시일까지 보상금을 지급 또는 공탁하지 않은 경우 수용재결 및 수용절차의 효과가 문제되는바, 이하 판례의 태도를 중심으로 살펴보고자 한다.

최근의 용산참사(2009년 1월)와 관련하여 대집행의 문제는 사회적 이슈가 되고 있고, 이에 따라 부동산 전문가로서 감정평가사는 이러한 행정의 실효성 확보수단의 문제점 등을 깊이 있게 고찰하는 것은 큰 의미가 있다고 보여진다.

II. 명도의무이행확보를 위한 수단

1. 문제점

토지보상법 제43조는 수용 또는 사용의 개시일까지 해당 토지나 물건을 사업시행자에게 인도 또는 이전하여야 한다고 규정하고, 이의 실효성 확보를 위해 제44조(대행)와 제89조(대집행)를 두고 있는데, 신체의 점유로써 하는 명도의 거부는 비대체적 작위의무인바, 대집행의 특례로써 대행, 대집행이 가능한지 문제된다.

2. 대행

(1) 규정내용

대행에 대하여 토지보상법 제44조는 ① 토지물건을 인도·이전할 자가 고의나 과실 없이 그 의무를 이행할 수 없거나, ② 사업시행자가 과실 없이 토지나 물건을 인도·이전할 자를 알 수 없는 경우 시·군·구청장은 사업시행자의 청구에 의해 토지물건의 인도·이전을 대행하여야 한다고 규정하고 있다.

(2) 사안의 적용

설문에서는 토지소유자 甲이 인도를 거부하고 있으므로, 토지보상법 제44조 대행의 요건인 고의 또는 과실이 없는 경우로 볼 수 없으며, 사업시행자인 에스에이치공사가 토지소유자 甲을 과실 없이 모르는 경우로도 볼 수 없는바, 토지소유자 甲이 토지를 인도거부 시에는 토지보상법 제44조 대행은 명도의무이행을 위한 실효성 확보수단이 되기 어렵다고 판단된다.

3. 대집행

(1) 문제점

대집행이란 대체적 작위의무를 그 의무자가 이행하지 않을 때, 해당 행정청이 그 의무를 스스로 행하거나 제3자로 하여금 이를 행하게 함으로써 의무의 이행이 있은 것과 같은 상태를 실현시킨 후 그 비용을 의무자로부터 징수하는 행위를 말한다.

사안처럼 토지 등의 인도를 신체의 점유로써 거부하는 경우 이를 실력으로 배제할 수 있는가가 문제된다. 이는 대집행의 대상이 되는 의무는 대체적 작위의무임이 원칙이나, 토지 등의 인도의무는 성질상 비대체적 작위의무이기 때문이다. 즉, 토지보상법 제89조의 "의무"에 행정대집행법상 대체적 작위의무가 아닌 비대체적 작위의무도 포함되는지가 문제된다.

(2) 대집행의 요건

① **토지보상법상 요건** : 토지보상법 제89조에 의하면 이 법에 따른 의무를 이행하지 아니하거나, 인도·이전을 기간 내에 완료할 가망이 없는 경우 또는 의무자로 하여금 이행하게 함이 심히 공익을 해한다고 인정될 경우 대집행할 수 있다고 규정하고 있다.

② **행정대집행법상 요건** : 행정대집행법 제2조는 대체적 작위의무의 불이행 시 다른 수단으로 그 이행확보가 곤란한 경우 또는 그 불이행을 방치함이 심히 공익을 해할 것으로 인정될 때에는 대집행을 할 수 있다고 규정하고 있다.

(3) 토지 등 인도거부시 대집행 가능성

① **긍정하는 견해** : 집행을 부정하는 것은 명도의무의 불이행에 대한 대집행을 명문으로 규정하고 있는 토지보상법 제89조를 전적으로 무의미하게 하는 것으로서 토지보상법 제89조 규정은 합리적 또는 목적론적 해석을 통하여 토지소유자가 그 토지의 명도의무를 이행하지 아니하는 경우에 제3자인 시장, 구청장 등의 행위에 의하여 본인이 인도한 것과 같은 법적 효과를 발생시키는 것을 인정한 데에 그 실질적 취지가 있는 것이고, 그 실현수단으로서 반드시 실력에 의한 점유의 강제적 배제를 그 내용으로 하는 것은 아니라 할 것이므로 대집행을 긍정하는 입장이다.

② **부정하는 견해** : 명도는 토지나 건물로부터 존치물건을 반출하고 사람을 퇴거시켜 그것을 타인에게 인도하는 것을 말한다. 이러한 토지나 건물의 명도의무의 강제는 실력으로 해당 토지의 점유를 배제하는 것을 의미하며, 이러한 강제수단은 대체적 작위의무의 강제수단인 대집행이 아니라 직접강제에 해당하므로 대집행이 불가능하다고 본다.

③ **판례** : 대법원은 도시공원시설 점유자의 퇴거·명도의무가 행정대집행법에 의한 대집행의 대상인지 여부에 대해서 공원시설인 매점점유자의 점유배제 및 점유이전은 대체적 작위의무가 아니므로 대집행 대상이 아니라고 보고 있고, 대법원은 지방재정법 제85조가 대체적 작위의무가 아닌 의무에 대하여도 대집행을 허용하는 취지인지 여부에 관해서도 소극적 입장을 견지하였다. 또한 대판 2006.10.13, 2006두7096[건물철거대집행계고처분취소]에서 행정대집행법상 대집행의 대상이 되는 대체적 작위의무는 공법상 의무이어야 할 것인데, (구)공공용지의 취득 및 손실보상에 관한 특례법(2002.2.4. 법률 제6656호 공익사업을 위한 토지 등의 취득 및 보상에 관한 법률 부칙 제2조로 폐지)에 따른 토지 등의 협의취득은 공익사업에 필요한 토지 등을 그 소유자와의 협의에 의하여 취득하는 것으로서 공공기관이 사경제주체로서 행하는 사법상 매매 내지 사법상 계약의 실질을 가지는 것이므로, 그 협의취득 시 건물소유자가 매매대상 건물에 대한 철거의무를 부담하겠다는 취지의 약정을 하였다고 하더라도 이러한 철거의무는 공법상의 의무가 될 수 없고, 이 경우에도 행정대집행법을 준용하여 대집행을 허용하는 별도의 규정이 없는 한 위와 같은 철거의무는 행정대집행법에 의한 대집행의 대상이 되지 않는다. 그리고 (구)공공용지의 취득 및 손실보상에 관한 특례법(2002.2.4. 법률 제6656호 공익사업을 위한 토지 등의 취득 및 보상에 관한 법률 부칙 제2조로 폐지)에 의한 협의취득시 건물소유자가 협의취득대상 건물에 대하여 약정한 철거의무는 공법상 의무가 아닐 뿐만 아니라, 공익사업을 위한 토지 등의 취득 및 보상에 관한 법률 제89조에서 정한 행정대집행법의 대상이 되는 '이 법 또는 이 법에 의한 처분으로 인한 의무'에도 해당하지 아니하므로 위 철거의무에 대한 강제적 이행은 행정대집행법상 대집행의 방법으로 실현할 수 없다고 판시하고 있다.

④ **검토** : 생각건대, 토지 등 인도의무는 비대체적 작위의무로 대집행의 개념상 인정되기 어려울 것이다. 즉, 토지보상법 제89조는 단지 의무라고만 규정하여 법치행정의 원리상 명확한 법적 근거 없이 침익적 작용인 대집행을 비대체적 작위의무까지 확대·적용함은 국민의 권익보호 측면에 있어 문제가 있다고 판단된다.

4. 사안의 적용

사안은 토지소유자가 자신의 의사에 반해 수용재결이 이루어졌다고 주장하면서 인도를 거부하고 있는바, 토지소유자 자신이 고의로 거부하고 있다고 할 수 있으므로 제44조 규정은 적용되기 어렵다고 본다. 또한 토지보상법 제89조도 상기 논의한 바와 같이 대체적 작위의무만을 대상으로 하고 행정대집행법의 특례가 아니므로 설문(1)과 같이 신체로서 점유하는 비대체적 작위의무인 경우에는 실효성 확보수단이 될 수 없다 할 것이다. 결국 현행 토지보상법 규정으로는 설문(1)과 같이 신체로서 점유하여 인도를 거부하는 경우 효과적인 해결책이 없는바, 입법적으로 해결할 수밖에 없다고 본다.

5. 실효성 확보를 위한 방안

상기 논의한 바와 같이 토지보상법 제44조와 제89조는 토지의 인도와 같은 비대체적 작위의무의 경우에는 무의미하고, 토지보상법상 인도·이전의무 불이행시 행정형법(법 제95조의2 벌칙)을 규정하고 있으나 간접적인 강제수단에 불과하고 현실적으로 대집행이 어려워 의무이행을 확보하기 어려운 문제점이 있어 실효성 확보를 위한 직접강제의 도입 필요성이 제기된다.

다만, 이때는 과잉금지원칙에 의한 목적과 수단의 정당한 형량을 통해 직접강제의 법적 근거를 마련하고 최소침해의 원칙상 최후의 수단으로 제한적으로 사용하여 의무이행 확보를 통한 공익사업의 원활한 수행과 침해되는 사익 간의 조화를 이루어야 할 것이다.

III. 보상금 공탁을 하지 않는 경우 해당 수용절차의 효력

1. 문제점

보상금의 공탁이란 재결에서 정한 보상금을 일정한 요건에 해당하는 경우 관할 공탁소에 보상금을 공탁함으로써 보상금의 지급에 갈음하는 것을 말한다.

토지보상법이 공탁제도를 두는 이유는 보상금의 미지급으로 인한 재결의 실효를 방지하고, 사전보상의 원칙을 관철하며, 공탁을 통해 채무의 소멸과 함께 공익사업을 신속하게 진행하며, 담보물권자의 권익보호를 도모하기 위해 인정된다.

그러나 설문에서처럼 에스에이치공사가 수용의 개시일인 2019.4.15일까지 재결에서 정한 보상금을 공탁하지 아니한 경우라면 수용의 효과가 발생하지 않는바, 보상금의 미공탁시 토지보상법 제42조와 관련하여 수용절차의 효력이 문제된다.

2. 재결의 효력

(1) 토지보상법 제42조의 규정

토지보상법 제42조는 제1항은 "사업시행자가 수용 또는 사용의 개시일까지 관할 토지수용위원회가 재결한 보상금을 지급 또는 공탁하지 아니한 때에는 해당 토지수용위원회의 재결은 그 효력을 상실한다"고, 제2항 및 제3항에는 "사업시행자는 제1항의 규정에 의하여 재결의 효력이 상실됨으로 인하여 토지소유자 또는 관계인이 입은 손실을 보상하여야 하며, 제9조 제5항부터 제7항까지의 규정을 준용한다"고 명문으로 규정하고 있다.

(2) 사안의 검토

설문에서 에스에이치공사는 수용의 개시일인 2019.4.15일까지 관할 토지수용위원회가 정한 보상금을 공탁하지 않고 있으므로 토지보상법 제42조 규정에 의해 해당 수용재결의 효력은 상실된다.

이와 관련 대법원은 "사업시행자가 수용시기까지 관할 토지수용위원회가 재결한 보상금을 지불 또는 공탁하지 아니하였을 때에는 그 재결은 효력을 상실하는 것이므로, 사업시행자가 수용시기 후에 보상금을 지급하더라도 그 토지의 소유권을 취득하는 것이 아니다"고 판시하였다.

한편 재결의 실효로 인하여 甲이 손실을 입고 있다면 에스에이치공사는 그에 대하여 보상해야 하며, 甲은 손실이 있음을 안 날로부터 1년이 지나거나 있은 날로부터 3년이 지나면 손실보상을 청구할 수 없으므로 그 기간 이내에 청구해야 한다.

3. 재결신청 및 사업인정의 효력

(1) 판례의 태도

수용의 개시일까지 보상금을 공탁하지 않으면 재결의 효력은 상실된다. 재결과 재결신청은 운명을 같이 하므로 재결효력이 상실되면 재결신청의 효력도 상실한다는 것이 판례의 태도이다. 그러나 재결의 무효와는 달리 재결의 실효는 장래를 향하여 효력이 소멸하는 것이므로 사업인정에는 영향을 주지 않지만, 재결의 실효로 토지보상법 제28조 제1항의 규정에 의한 재결신청기간 이내에 재결을 신청한 것이 아니되는 경우라면 사업인정도 실효된다고 보았다.

(2) 사안의 검토

설문에는 에스에이치공사가 2019.4.15일까지 재결에서 정한 보상금을 공탁하지 아니하므로 토지보상법 제42조 규정에 의해 재결의 효력은 상실되고 대법원 입장을 따를 경우 해당 재결신청도 효력이 상실된다. 그러나 사업인정고시일이 2018.5.1일인바, 사업시행자인 에스에이치공사는 토지보상법 제28조 제1항의 규정에 의거 사업인정고시일로부터 1년 이내인 현시점에서 재결신청을 또 다시 할 수 있다고 판단된다.

4. 사안의 적용

해당 사안의 경우 사업인정고시일이 2018.5.1일이고 수용재결에서 정한 수용의 개시일이 2019.4.15일인바 2019.4.15일까지 보상금을 공탁하지 아니하였다면 토지보상법 제42조에 의거 재결이 실효되고 재결신청도 효력이 없는 것이 되지만 재결의 실효는 장래를 향하여 효력이 소멸되므로 판례에 따르면 사업인정고시일로부터 1년 이내에는 다시 재결신청을 할 수 있는 것이 된다.

Ⅳ. 사례의 해결

(1) 설문 (1)의 경우에 에스에이치공사는 토지소유자 甲이 토지 물건의 인도거부 시 토지물건의 인도는 명도로 비대체적 작위의무이며 제3자가 대신할 수 없는바, 토지보상법 제44조, 제89조에 의한 대행, 대집행에 의해 직접 실력행사할 수 없다고 본다. 따라서 그 실효성 확보를 위한 직접강제의 도입 여부가 문제되지만 직접강제는 국민의 재산권 침해에 심각한 우려를 줄 수 있는 바 일반법으로 만들 수는 없다고 판단되며, 개별법에 그 근거 규정을 두는 경우에도 과잉금지원칙에 의한 목적과 수단의 정당한 형량이 요구된다 할 것이다.

(2) 설문 (2)의 경우에 에스에이치공사가 수용의 개시일까지 재결에서 정한 보상금을 공탁하지 아니하였는바, 토지보상법 제42조에 의해 재결이 실효되고, 판례에 따라 재결신청도 효력이 상실한다. 그러나 사업인정고시일로부터 1년이 경과하지 아니하였는바, 에스에이치공사는 토지보상법 제28조 제1항에 의거 재결신청을 할 수 있을 것으로 판단된다. 단 재결의 실효로 인한 토지소유자 甲의 손실에 대해서는 보상하여야 한다고 보여진다.

(3) 본 사안은 서울시 용산 4구역의 재개발사업에서 주거용 세입자들의 이주대책과 밀접한 관련이 있고, 가난한 이주자들의 생존권과 맞물려 오갈 데 없는 서민들에게 있어서 대집행의 문제는 결국 생존투쟁의 문제와 깊이 연관되어 있다. 최근 연구자료에 의하면 토지 등의 인도거부의 70% ~ 80%의 경우는 모두 이주대책 등의 생활보상의 불만이 대부분으로 추산되고 있다. 도시 및 주거환경정비법이 토지보상법을 준용하고 있는 실정에서, 대집행부분에 대한 현실적인 입법 정비와 아울러 주거세입자의 이주대책과 상가세입자 등의 권리금의 보장 등에 대한 총체적인 연구가 필요하다고 할 것이다.

2 甲공기업은 사업토지 내에 있는 입목이 이전료를 초과하여 乙 등과의 물건보상협의를 하였으나 결렬되어 중앙토지수용위원회의 수용재결을 받아 손실보상금을 공탁하였다. 그러나 乙 등 물건소유자들은 수용의 개시일까지 자신의 입목을 인도하지 않고 있으며, 이에 따라 甲공기업은 관할 영등포구청장 丙에게 대집행을 신청하였다. **30점**

(1) 이때에 丙이 乙 등에게 절차를 신속하게 하기 위하여 계고를 하지 않고 바로 대집행영장에 의한 통지를 한 경우에 乙 등은 어떠한 권리구제방법을 강구할 수 있는지를 논하시오.

(2) 만일 이때에 乙 등이 입목을 인도하지 않고 있는 이유가 甲공기업의 공탁금액이 재결한 보상금액에 미치지 못하기 때문일 경우에, 丙이 계고절차와 대집행영장에 의한 통지절차를 거쳐 대집행을 실행하여 甲공기업이 입목을 제거하여 이미 공사를 진행하고 있다면 乙 등은 어떠한 권리구제방법을 취할 수 있는지를 논하시오.

I. 논점의 정리

본 설문은 공용수용의 효과로써 乙 등의 입목 인도이전의무의 불이행시 행한 영장에 의한 통지 및 대집행실행에 따른 권리구제를 묻고 있다.

(1) 설문(1)은 행정대집행법상 계고절차의 생략 여부를 검토하여 丙의 대집행영장에 의한 통지절차의 하자가 존재하는가를 검토하고,

(2) 설문(2)는 재결에서 정한 보상금에 미치지 못한 공탁을 이유로 乙 등이 丙의 대집행실행의 위법성을 물을 수 있는지를 검토하여,

각 설문의 위법성 여하에 따른 가능한 행정쟁송 및 손해전보를 고찰하여, 설문을 해결하도록 한다.

II. 공용수용의 효과

토지수용위원회의 재결을 거쳐 토지수용절차가 종료하면, 공익사업을 위한 토지 등의 취득 및 보상에 관한 법률(이하 토지보상법)상 예정된 법률효과가 발생하게 된다. 이는 공용수용의 효과로서는 권리의 취득 또는 제한, 위험부담의 이전, 토지, 물건의 인도 등 손실보상금의 지급 또는 공탁 등이 있다. 사안에서는 토지물건의 인도, 이전과 대집행이라는 수용의 효과와 관련된 문제이다.

III. 설문 (1)의 경우

1. 행정작용의 검토

> ➲ 행정대집행법
>
> **제1조(목적)**
> 행정의무의 이행확보에 관하여서는 따로 법률로써 정하는 것을 제외하고는 본법의 정하는 바에 의한다.
>
> **제2조(대집행과 그 비용징수)**
> 법률(법률의 위임에 의한 명령, 지방자치단체의 조례를 포함한다)에 의하여 직접명령되었거나 또는 법률에 의거한 행정청의 명령에 의한 행위로서 타인이 대신하여 행할 수 있는 행위를 의무자가 이행하지 아니하는 경우 다른 수단으로써 그 이행을 확보하기 곤란하고 또한 그 불이행을 방치함이 심히 공익을 해할 것으로 인정될 때에는 해당 행정청은 스스로 의무자가 하여야 할 행위를 하거나 또는 제삼자로 하여금 이를 하게 하여 그 비용을 의무자로부터 징수할 수 있다.
>
> **제3조(대집행의 절차)**
> ① 전조의 규정에 의한 처분(이하 대집행이라 한다)을 하려함에 있어서는 상당한 이행기한을 정하여 그 기한까지 이행되지 아니할 때에는 대집행을 한다는 뜻을 미리 문서로써 계고하여야 한다. 이 경우 행정청은 상당한 이행기한을 정함에 있어 의무의 성질·내용 등을 고려하여 사회통념상 해당 의무를 이행하는 데 필요한 기간이 확보되도록 하여야 한다.
> ② 의무자가 전항의 계고를 받고 지정기한까지 그 의무를 이행하지 아니할 때에는 해당 행정청은 대집행영장으로써 대집행을 할 시기, 대집행을 시키기 위하여 파견하는 집행책임자의 성명과 대집행에 요하는 비용의 개산에 의한 견적액을 의무자에게 통지하여야 한다.
> ③ 비상시 또는 위험이 절박한 경우에 있어서 해당 행위의 급속한 실시를 요하여 전2항에 규정한 수속을 취할 여유가 없을 때에는 그 수속을 거치지 아니하고 대집행을 할 수 있다.
>
> **제5조(비용납부명령서)**
> 대집행에 요한 비용의 징수에 있어서는 실제에 요한 비용액과 그 납기일을 정하여 의무자에게 문서로써 그 납부를 명하여야 한다.
>
> **제6조(비용징수)**
> ① 대집행에 요한 비용은 국세징수법의 예에 의하여 징수할 수 있다.
> ② 대집행에 요한 비용에 대하여서는 행정청은 사무비의 소속에 따라 국세에 다음가는 순위의 선취득권을 가진다.
> ③ 대집행에 요한 비용을 징수하였을 때에는 그 징수금은 사무비의 소속에 따라 국고 또는 지방자치단체의 수입으로 한다.
>
> **제7조(행정심판)**
> 대집행에 대하여는 행정심판을 제기할 수 있다.

(1) 행정대집행의 의의 및 근거

행정대집행은 대체적 작위의무의 불이행의 경우에, 해당 행정기관이 의무자가 행할 의무를 스스로 이행하거나 제3자로 하여금 이행하게 하고 그 비용을 의무자로부터 징수하는 것을 말한다. 행정대집행법 제2조 및 토지보상법 제89조에 근거한다.

(2) 행정대집행 절차

원칙적으로 행정대집행은 계고, 대집행영장에 의한 통지, 대집행실행, 비용징수의 각 절차를 단계적으로 거쳐야만 적법한 행정대집행이 된다.

(3) 대집행영장에 의한 통지

대집행영장에 의한 통지는 계고에 의해 지정된 기한까지 의무가 이행되지 않은 경우에 행정청에 의해 대집행의 시기, 대집행책임자의 이름, 대집행비용의 계산액을 의무자에게 통지하는 절차를 말하며, 그 성질은 준법률행위적 행정행위로 본다.

2. 행정작용의 위법성 검토

(1) 문제의 소재

설문 (1)에서는 계고절차를 흠결한 채 대집행영장에 의한 통지절차가 진행되고 있다. 따라서 계고절차의 흠결이 위법성 사유가 되는지가 검토의 대상이 된다.

(2) 위법성(계고절차 흠결에 따른 통지의 위법성)

① **계고절차의 의의 및 근거** : 이는 상당한 이행기간을 정하여 그 기간까지 이행하지 않는 경우에는 대집행을 한다는 뜻을 문서로 통지하는 것이며, 행정대집행법 제3조 제1항에 근거한다. 이는 준법률행위적 행정행위로서 통지행위이며, 행정쟁송의 대상이 된다(판례).

② **계고절차의 내용 및 형식** : 계고를 하는 경우에는 이행할 의무의 내용을 구체적으로 특정하여야 한다. 따라서 대집행의 요건은 계고를 할 때에 충족되어야 한다. 대집행을 위해서는 원칙적으로 미리 계고를 해야 하지만 (ㄱ) 법률에 다른 규정이 있거나(건축법 제74조), (ㄴ) 비상시 또는 위험이 절박한 경우에 있어서 계고를 할 여유가 없을 경우에는 계고를 생략할 수 있다(행정대집행법 제3조 제3항).

③ **사안의 경우** : 사안에서 丙은 단지 절차를 신속하게 진행하기 위한 목적으로 계고절차를 생략하고 있으므로, 계고절차를 생략해도 되는 경우라고 볼 수 없다. 따라서 丙의 행위는 행정대집행법 위반으로서 그 위법성이 인정된다.

(3) 위법성 정도

무효사유인지 취소할 수 있는 사유인지 여부는 통설, 판례의 태도인 중대명백설에 의해 판단한다. 사안에서는 행정대집행법 제3조 제1항의 규정을 위반하여 중대성이 인정되나, 계고 여부를 일반인의 시각에서 충분히 알 수 없는바 명백성이 인정되지 않아 대집행영장에 의한 통지는 취소사유라고 볼 수 있다.

3. 乙 등의 권리구제방법(사안의 경우)

乙 등은 취소사유인 「대집행영장에 의한 통지행위」에 대하여 행정심판법상의 취소심판 또는 취소소송을 제기할 수 있다. 행정심판에 대하여는 대집행법 제7조에 규정을 두고 있다.

Ⅳ. 설문 (2)의 경우

1. 행정작용의 검토

(1) 대집행실행

대집행실행은 의무자가 지정된 기한까지 의무를 이행하지 않으면, 해당 행정청은 스스로 의무자가 해야 할 행위를 하거나 또는 제3자로 하여금 그 행위를 하게 한다. 이는 행정대집행법 제4조에 근거한다. 설문에서는 대집행이 실행되고 입목제거작업이 진행되고 있다. 따라서 문제의 행정작용은 '대집행의 실행행위'가 된다.

(2) 대집행실행의 법적 성질

대집행실행은 이른바 권력적 사실행위로서의 성질을 가지며, 이에 대해 의무자는 수인의무를 부담하게 된다. 따라서 쟁송법상의 처분성이 인정된다.

2. 행정작용의 위법성 검토

(1) 문제의 소재

대집행의 실행은 당사자의 '대체성 있는 작위의무'의 위반 시에 행하는 강제집행수단이다. 따라서 乙 등의 의무위반이 있었는지에 따라서 위법성이 결정될 것이다.

(2) 위법성(하자 있는 공탁의 효과)

① 공탁의 의의 및 근거 : 손실보상금의 공탁이란 일정요건 하에 보상금을 공탁소에 공탁함으로써 보상금 지급에 갈음하는 것을 말한다. 토지보상법 제40조에 근거한다.

② 공탁의 요건 및 법적 성질 : 공탁의 사유는 (ㄱ) 수령권자가 수령을 거부하거나 수령할 수 없을 때, (ㄴ) 과실 없이 수령권자를 알 수 없을 때, (ㄷ) 사업시행자가 재결한 보상금에 대해 불복할 때, (ㄹ) 압류・가압류에 의하여 보상금 지불이 금지되었을 때(토지보상법 제40조 제2항)이다. 사안에서는 乙 등의 수령권자가 재결에서 정한 보상금에 대해 수령을 거부하고 있는 것으로 볼 여지가 크다. 따라서 상기 사유 중 거부하는 경우에 해당하며, 이 경우 판례는 사업시행자가 토지소유자에 대하여 부담하게 되는 보상금 지급의무를 이행하기 위한 것으로 보아「민법 제487조에 의한 변제공탁」과 다를 바 없다고 보았다.

③ 하자 있는 공탁의 효과 : 일부공탁, 조건부 공탁, 요건불충족 공탁은 하자 있는 공탁이 되며, 손실보상금을 지급하지 못한 것이 되어 (ㄱ) 수용의 효과를 발생시킬 수 없고, (ㄴ) 재결의 실효(법 제42조 제1항), (ㄷ) 사업시행자는 손실보상의 의무(법 제42조 제2항)를 지게 된다.

④ 사안의 경우 : 사안에서는 사업시행자가 행한 공탁은 변제공탁의 성질을 지니는바 일부공탁은 채무를 전부 이행하지 않은 것으로 하자 있는 공탁이 된다. 따라서 하자 있는 공탁의 효과로서 해당 재결은 실효가 되며, 乙 등은 입목의 인도이전의무라는 하명의무가 부존재하므로, 대집행실행행위는 정당화되지 못하게 된다. 따라서 丙의 대집행실행은 위법성이 인정된다.

(3) 위법성 정도

중대명백설(통설, 판례)에 의하면 해당 대집행실행은 대체적 작위의무가 없음에도 이를 행한바 중대성, 명백성이 인정되어 무효사유로 평가된다.

3. 권리구제방법(사안의 경우)

乙 등은 대집행 실행행위에 대한 무효확인심판 및 무효확인소송을 제기할 수 있다. 또한 이미 발생한 재산상 손해에 대해서는 행정상 손해배상을 청구할 수 있다.

V. 사례의 해결

1. 설문 (1)의 경우

(1) 丙의 대집행영장의 통지는 준법률행위적 행정행위로서 처분성이 인정되어 행정쟁송의 대상이 된다.

(2) 대집행계고의 생략에 대한 토지보상법에 다른 규정이 없고, 해당 입목의 제거는 비상시라고 볼 수 없는바 이를 생략한 대집행영장의 통지는 위법성이 인정된다.

(3) 이때의 위법성의 정도는 통설·판례의 태도인 중대명백설에 의하면 일반인의 시각에서 알 수 없는 바 취소사유라 할 것이다. 따라서 乙 등은 丙을 피고(피청구인)로 하여 취소심판 및 취소소송을 제기할 수 있다.

2. 설문 (2)의 경우

(1) 행정대집행은 대체적 작위의무를 대상으로 한다.

(2) 사업시행자는 일부 공탁을 하였고 이는 판례에 의하면 채무변제를 하지 않은 것이 되고, 재결은 실효되어 乙 등의 인도이전의무는 발생하지 않게 된다. 따라서 대체적 작위의무는 존재하지 않기에 丙의 대집행실행은 그 위법성이 인정된다.

(3) 중대명백설에 의하면 원인무효의 대집행실행으로 무효사유로 볼 수 있다. 따라서 乙 등은 丙을 피고(피청구인)로 하여 무효등확인소송 및 무효확인심판을 제기할 수 있다.

03 위험부담의 이전

> **민법 제537조(채무자위험부담주의)**
> 쌍무계약의 당사자 일방의 채무가 당사자 쌍방의 책임 없는 사유로 이행할 수 없게 된 때에는 채무자는 상대방의 이행을 청구하지 못한다.

> **토지보상법 제46조(위험부담)**
> 토지수용위원회의 재결이 있은 후 수용하거나 사용할 토지나 물건이 토지소유자 또는 관계인의 고의나 과실 없이 멸실되거나 훼손된 경우 그로 인한 손실은 사업시행자가 부담한다.

1. 서

토지보상법 제46조에서는 목적물의 인도·이전과 사전보상의 원칙 구현을 통한 정당보상의 실현을 위해 위험부담의 이전을 규정하고 있다. 보상금이 지급·공탁되기 전에는 수용목적물의 권리가 그 소유자 또는 관계인에 유보되어 있다고 볼 수 있고, 사업시행자에게 귀책사유가 없는 한 그 손실이 소유자 또는 관계인의 부담인 것이 타당하나, 피수용자의 권리보호 차원에서 사업시행자의 부담으로 한다고 볼 수 있다.

2. 민법상의 위험부담 법리

민법 제537조는 계약에 있어서의 목적물의 위험을 채무자에게 부담시키고 있다. 즉, 법적인 소유권이 이전되기 전까지는 계약목적물에 대한 권리의무는 채무자에게 있으며 목적물의 멸실·훼손에 의한 손해는 채무자가 부담하게 되는 것이며 계약불이행 사유를 구성하게 되는 것이다.

3. 토지보상법상의 위험부담의 이전

(1) 의의

토지수용위원회의 재결이 있은 후 수용할 토지나 물건이 토지소유자 또는 관계인의 고의나 과실 없이 멸실 또는 훼손된 경우 그로 인한 손실을 사업시행자의 부담으로 한다.

(2) 요건

① 위험부담의 이전기간

위험부담 이전의 효력은 재결에 따른 것이며, 수용의 개시일에 해당 목적물의 소유권이 사업시행자에게 원시취득되기 때문에 위험부담이 이전되는 기간은 수용재결이 있은 후부터 수용의 개시일까지이다.

② 피수용자의 귀책사유가 없을 것

목적물의 멸실에 피수용자의 귀책사유가 있는 경우에는 당연히 피수용자가 그 위험부담을 지게 되며, 피수용자의 귀책사유가 없는 경우에 한하여 목적물의 멸실에 따른 위험부담을 면하게 된다.

③ 위험부담의 범위

위험부담은 목적물의 멸실·훼손 등에 한하고 목적물의 가격하락의 경우에는 적용되지 않는다. 왜냐하면, 토지보상법 제67조 제1항에 의하면 손실에 대한 보상액의 산정은 재결 당시의 가격을 기준으로 하여 정하여지는 것이기 때문이다.

(3) 효과

수용목적물의 멸실·훼손에 대한 손실은 사업시행자가 부담하게 되며 보상금의 감액이나 면제를 주장할 수 없다. 판례는 "댐건설로 인한 수몰지역 내의 토지를 매수하고 지상입목에 대하여 적절한 보상을 하기로 특약하였다면 보상금이 지급되기 전에 그 입목이 홍수로 멸실되었다고 하더라도 매수 또는 보상하기로 한 자는 이행불능을 이유로 위 보상약정을 해제할 수 없다"고 한다.

> **판례**
>
> ▶ 관련판례(대판 1977.12.27, 76다1472)
> 댐건설로 인한 수몰지역 내의 토지를 매수하고 지상입목에 대하여 적절한 보상을 하기로 특약하였다면 보상금이 지급되기 전에 그 입목이 홍수로 멸실되었다고 하더라도 매수 또는 보상하기로 한 자는 이행불능을 이유로 위 보상약정을 해제할 수 없다.

4. 결

민법상 위험은 채무자가 부담함이 원칙이나 토지보상법은 그 예외로서 재결 시에 위험부담의무가 사업시행자에게로 이전되도록 규정하고 있다. 따라서 사업시행자는 멸실·훼손을 이유로 손실보상의 감액이나 면제를 주장할 수 없다.

04 담보물권자의 물상대위

1. 서

수용목적물에 유치권 질권·저당권 등의 담보물권이 설정되어 있는 경우에 그 목적물이 수용됨으로 인해 그 담보물권도 소멸하는데, 그 소멸되는 담보물권을 어떻게 보호하여야 할 것인가와 관련하여 물상대위의 문제가 제기되고 있다.

2. 토지보상법 제47조의 적용범위

토지보상법은 손실보상에 관한 개별불 원칙을 채택하고 있어 담보물권도 그에 따라 보상을 받게 되는 것이므로 개별불 원칙이 적용되는 한에 있어서는 그 보호에 문제가 없다. 또한 해당 담보물권이 사업인정 전에 설정된 것이라면 사업인정 이후에 담보물권을 승계취득한 경우에도 해당 권리자는 관계인에 해당되어 피수용자가 되어 권리구제가 가능하다. 따라서 토지보상법 제46조는 결국 개별불 원칙에 대한 예외규정으로서, 보상금을 개별적으로 산정·지급하지 못하는 경우 또는 사업인정고시 이후에 설정된 담보물권에 관해 적용되는 것이다.

3. 물상대위권의 내용

(1) 내용

토지보상법 제47조는 "담보물권의 목적물이 수용 또는 사용된 경우 해당 담보물권은 그 목적물의 수용 또는 사용으로 인하여 채무자가 받을 보상금에 대하여 행사할 수 있다. 다만, 그 지급 전에 이를 압류하여야 한다."라고 규정하고 있어, 사업인정 후 권리를 설정한 담보물권자는 토지보상법 제47조에 기한 권리구제를 도모할 수 있을 것이다. 즉, 법 제47조에 의한 압류가 행해져도 담보물권이 소멸되거나 제한되나, 압류가 유효한 한 보상금청구권자와의 관계에 있어서 담보물권은 상대적으로 존재하는 것이며, 담보물권자의 압류가 있으면 사업시행자는 공탁이 가능하게 된다.

(2) 물상대위의 효력이 미치는 보상의 범위

채무자가 받을 보상금에 대해는 어떤 범위까지를 가리키는 것인지가 문제된다. 수용·사용되는 토지의 가격 및 잔여지에 대한 보상금이 포함되는 것은 당연하다. 한편 기타 다른 보상금도 이에 포함되는지 의문이 있을 수 있으나, 담보물권의 목적물과 직접적 관련성이 없다는 점에서 소극적으로 해석하는 것이 타당할 것이다.

(3) 물상대위 관련 대법원 판례

> 판례
>
> ▶ **민법상 관련판례(대판 2000.5.12, 2000다4272)**
> 민법 제370조, 제342조에 의한 저당권자의 물상대위권의 행사는 민사소송법 제733조에 의하여 담보권의 존재를 증명하는 서류를 집행법원에 제출하여 채권압류 및 전부명령을 신청하거나, 민사소송법 제580조에 의하여 배당요구를 하는 방법에 의하여 하는 것이고, 이는 늦어도 민사소송법 제580조 제1항 각 호 소정의 배당요구의 종기까지 하여야 하는 것으로 그 이후에는 물상대위권자로서의 우선변제권을 행사할 수 없다고 하여야 할 것이고, 위 물상대위권자로서의 권리행사의 방법과 시한을 위와 같이 제한하는 취지는 물상대위의 목적인 채권의 특정성을 유지하여 그 효력을 보전하고 평등배당을 기대한 다른 일반 채권자의 신뢰를 보호하는 등 제3자에게 불측의 손해를 입히지 아니함과 동시에 집행절차의 안정과 신속을 꾀하고자 함에 있다.

▶ 관련판례(대판 2011.7.28, 2009다35842)

[1] (구)토지수용법(2002.2.4. 법률 제6656호로 폐지되기 전의 것) 제25조 제1항, (구)토지수용법 시행령(2002.12.30. 대통령령 제17854호로 폐지되기 전의 것) 제15조의2 제1항이 기업자로 하여금 관계인과 협의하거나 협의를 위한 통지를 하도록 규정한 취지는, 관계인에게 수용의 취지·절차 및 그에 따른 손실보상제도를 설명하고 이해시켜 가능한 한 공권력 발동에 의하지 않고 원만하게 토지취득의 목적을 달성하는 한편 비자발적으로 담보권을 상실하게 될 저당권자 등 관계인으로 하여금 해당 협의절차에 참여하여 자신의 권리를 스스로 행사할 수 있는 기회를 부여함으로써 그와 같은 토지수용으로 인하여 불측의 손해를 입지 아니하도록 예방할 뿐만 아니라, 협의가 성립되지 아니하여 수용재결로 나아가는 경우 저당권자 등 관계인에게 물상대위권 등 권리를 행사할 수 있는 기회를 제공하는 데에도 있다. 또한 기업자가 수용할 토지의 저당권자에게 위와 같은 협의나 통지를 하지 아니하였다면 위법하다. 나아가 위와 같은 협의나 통지 제도의 취지, 기업자는 공익사업을 위한 수용을 통하여 저당권자 의사와 관계없이 수용목적물 상의 저당권을 소멸시킬 수 있는 우월한 공법상 지위에 있는 점 등을 감안하여 보면, 기업자의 잘못으로 무효인 토지수용재결이 이루어지고 수용재결의 적법성을 믿은 저당권자가 수용절차 에서 물상대위권을 행사하였는데, 기업자가 상당한 시간이 경과한 후 재차 수용절차를 진행하 면서 저당권자에게 위와 같은 협의나 통지를 전혀 하지 아니하고 최초 수용재결의 무효사실이 나 무효원인사실도 알리지 않음으로써 이미 적법한 물상대위권 행사로 저당권의 효력이 소멸하 였으리라는 신뢰가 형성된 저당권자로 하여금 적법한 물상대위권을 행사할 수 있는 기회를 상 실하게 하였다면, 기업자의 위와 같은 최초 수용절차의 잘못과 이후 수용절차에서 저당권자에 게 협의나 통지의 불이행 및 최초 수용재결의 무효사실이나 무효원인사실을 알리지 않은 일련 의 행위와 저당권자의 물상대위권 행사 기회의 상실 사이에는 상당인과관계가 있으므로, 이러 한 경우 기업자의 불법행위책임이 성립할 수 있다고 보아야 한다.

[2] 갑 주택재개발조합의 잘못된 재결절차의 진행과 공탁으로 1차 수용재결이 무효가 되었는데도 수용재결의 적법성을 믿은 근저당권자 을이 1차 공탁금에 대하여 물상대위권을 행사하였으나, 그 후 갑 조합이 다시 수용절차를 진행하여 2차 수용재결이 이루어졌는데, 그 과정에서 을에게 (구)토지수용법(2002.2.4. 법률 제6656호로 폐지되기 전의 것) 제25조 제1항, (구)토지수용법 시행령(2002.12.30. 대통령령 제17854호로 폐지되기 전의 것) 제15조의2 제1항에 의한 협의 나 통지를 하지 않고 1차 수용재결의 무효사실이나 무효원인사실을 알리지 않은 사안에서, 갑 조합의 일련의 잘못으로 인하여 을에게는 1차 공탁금에 대한 물상대위권 행사로 이미 근저당권 의 효력이 소멸하였으리라는 신뢰가 형성되었고, 그로 인하여 을이 2차 공탁금에 대한 물상대 위권을 행사할 기회를 상실하였다고 보아야 하고, 을이 2차 수용재결서를 송달받았다는 사실만 으로는 갑 조합의 잘못에 의하여 이미 형성된 을의 신뢰가 더 이상 유지되지 않는 것으로 보아 상당인과관계를 부정할 수 없으므로, 갑 조합의 1차 수용절차의 잘못과 2차 수용절차에서 을에 대한 협의나 통지의 불이행 및 1차 수용재결의 무효사실이나 무효원인사실을 알리지 않은 일련 의 행위와 을의 물상대위권 행사기회의 상실 사이에는 상당인과관계가 있으므로, 이에 대한 갑 조합의 불법행위책임이 성립할 여지가 있음에도, 을이 2차 수용재결서를 송달받고도 상당한 기 간 동안 물상대위권을 행사하지 않았다는 이유로 갑 조합의 불법행위책임을 부정한 원심판결을 파기한 사례

4. 관련문제(사업인정 후 담보물권을 취득한 자의 권리구제)

사업인정 후 담보물권을 취득한 자는 법 제47조에 의한 권리보호 외에 다른 구제책이 존재하는지 가 문제될 수 있다. 해당 채권에 관한 다툼은 민사소송에 의함은 별론으로 하고, 사업인정 후 담보 물권을 취득한 자는 원칙적으로 관계인에 포함되지 않으므로 사업인정이나 재결에 대한 불복은 원 칙적으로 불가능하며, 수용재결에서 결정한 보상금증감청구소를 제기할 수 있는지에 대해서도 역 시 같은 이유로 피수용자가 아닌 담보물권자는 해당 행정소송의 제기가 불가능할 것이다.

환매권 환매권의 흐름도

05 환매권

> ↪ 법 제91조(환매권)
> ① 공익사업의 폐지·변경 또는 그 밖의 사유로 취득한 토지의 전부 또는 일부가 필요 없게 된 경우 토지의 협의취득일 또는 수용의 개시일(이하 이 조에서 "취득일"이라 한다) 당시의 토지소유자 또는 그 포괄승계인(이하 "환매권자"라 한다)은 다음 각 호의 구분에 따른 날부터 10년 이내에 그 토지에 대하여 받은 보상금에 상당하는 금액을 사업시행자에게 지급하고 그 토지를 환매할 수 있다. 〈개정 2021.8.10.〉
> > 1. 사업의 폐지·변경으로 취득한 토지의 전부 또는 일부가 필요 없게 된 경우 : 관계 법률에 따라 사업이 폐지·변경된 날 또는 제24조에 따른 사업의 폐지·변경 고시가 있는 날
> > 2. 그 밖의 사유로 취득한 토지의 전부 또는 일부가 필요 없게 된 경우 : 사업완료일
> ② 취득일부터 5년 이내에 취득한 토지의 전부를 해당 사업에 이용하지 아니하였을 때에는 제1항을 준용한다. 이 경우 환매권은 취득일부터 6년 이내에 행사하여야 한다.
> ③ 제74조 제1항에 따라 매수하거나 수용한 잔여지는 그 잔여지에 접한 일단의 토지가 필요 없게 된 경우가 아니면 환매할 수 없다.
> ④ 토지의 가격이 취득일 당시에 비하여 현저히 변동된 경우 사업시행자와 환매권자는 환매금액에 대하여 서로 협의하되, 협의가 성립되지 아니하면 그 금액의 증감을 법원에 청구할 수 있다.
> ⑤ 제1항부터 제3항까지의 규정에 따른 환매권은 「부동산등기법」에서 정하는 바에 따라 공익사업에 필요한 토지의 협의취득 또는 수용의 등기가 되었을 때에는 제3자에게 대항할 수 있다.
> ⑥ 국가, 지방자치단체 또는 「공공기관의 운영에 관한 법률」 제4조에 따른 공공기관 중 대통령령으로 정하는 공공기관이 사업인정을 받아 공익사업에 필요한 토지를 협의취득하거나 수용한 후 해당 공익사업이 제4조 제1호부터 제5호까지에 규정된 다른 공익사업(별표에 따른 사업이 제4조 제1호부터 제5호까지에 규정된 공익사업에 해당하는 경우를 포함한다)으로 변경된 경우 제1항 및 제2항에 따른 환매권 행사기간은 관보에 해당 공익사업의 변경을 고시한 날부터 기산(起算)한다. 이 경우 국가, 지방자치단체 또는 「공공기관의 운영에 관한 법률」 제4조에 따른 공공기관 중 대통령령으로 정하는 공공기관은 공익사업이 변경된 사실을 대통령령으로 정하는 바에 따라 환매권자에게 통지하여야 한다.
> [2021.8.10. 법률 제18386호에 의하여 2020.11.26. 헌법재판소에서 헌법불합치 결정된 이 조 제1항을 개정함.]

1. 환매권의 의의

공익사업에 필요하여 취득한 토지가 사업의 폐지·변경 기타 사유로 인해 필요 없게 되거나 또는 일정기간이 경과하도록 그 사업에 현실적으로 이용되지 아니하는 경우에 해당 토지소유자이었던 자가 일정한 대가를 지급하고 원래의 토지를 다시 취득할 수 있는 권리를 말한다.

종전에는 사업시행자가 환매대상토지를 사업인정 전·후에 취득하였는가에 따라서 그 법적 근거를 달리하였으나, 토지보상법에서는 사업인정 전·후와 관계없이 통일적으로 규정을 두고 있다.

2. 환매권의 인정근거

(1) 환매권의 이론적 근거

제공된 토지가 원래 공익목적에 이용되고 있지 않은 경우 해당 토지는 토지소유자에게 반환되어

원상회복하는 것이 감정존중이나 공평의 원칙 및 헌법 제23조 제1항 재산권 보장원칙에 부합한
다는 측면에서 헌법재판소는 환매권을 헌법상 재산권 보장규정으로부터 도출되는 헌법이 보장한
재산권의 내용에 포함되는 권리로 보고 있다.

① 토지소유자의 감정의 존중(다수) 및 공평의 원칙(판례)에서 찾는 견해

수용재결취득은 피수용자의 의사에 반하여 강제적으로 소유권을 박탈한 것이므로 정당보상
이 주어졌다 하더라도 수용목적물에 대한 애착심에 기한 감정상의 손실이 남아 있게 되는데
공익상의 필요가 소멸한 때에는 원소유자에게 돌려주어 감정상의 손실을 존중해주기 위해서
환매권이 인정된다.

> **판례**
>
> ▶ 관련판례(대판 1992.4.28, 91다29927)
> 공특법 제9조 제1항이 환매권을 인정하고 있는 입법이유는, 토지 등의 원소유자가 사업시행자로부
> 터 토지 등의 대가로 정당한 손실보상을 받았다고 하더라도 원래 자신의 자발적인 의사에 기하여
> 그 토지 등의 소유권을 상실하는 것이 아니어서, 완전보상 이후에도 피수용자의 감정상의 손실이
> 남아 있으므로 그 감정상의 손실을 수인할 공익상의 필요가 소멸된 때에는 원소유자의 의사에 따라
> 그 토지 등의 소유권을 회복시켜 주는 것이 공평의 원칙에 부합한다는 데에 있다.

② 재산권의 존속보장 및 정책적 배려에서 찾는 견해

헌법 제23조 제1항의 재산권의 존속보장은 공익이라는 필요에 의해 헌법 제23조 제3항의 가
치보장으로 전환하였으나 이후 공익성의 필요가 소멸한 때에는 재산권의 존속보장으로 다시
환원하여야 하며 이를 위해 환매권이 인정된다고 본다. 헌법재판소도 환매권은 헌법의 재산
권 내용에 포함된 권리라고 보고 있으며, 정책적 배려라는 측면의 견해를 지지하고 있다.

> **판례**
>
> ▶ 관련판례(대판 1998.12.24, 97헌마87·88 병합)
> 헌법 제23조의 근본취지에 비추어 볼 때, 일단 공용수용의 요건을 갖추어 수용절차가 종료되었다고
> 하더라도 그 후에 수용의 목적인 공익사업이 수행되지 아니하거나 또는 수용된 재산권이 해당 공공
> 사업에 필요 없게 되었다고 한다면, 수용의 헌법상 정당성과 공공필요에 의한 재산권 취득의 근거가
> 장래를 향하여 소멸한다고 보아야 한다. 따라서 수용된 토지 등이 공익사업에 필요 없게 되었을 경
> 우에는 피수용자가 그 토지 등의 소유권을 회복할 수 있는 권리, 즉 환매권은 헌법이 보장하는 재산
> 권의 내용에 포함되는 권리라고 보는 것이 상당하다.

(2) 법적 근거

① 헌법적 근거

환매권의 헌법적 근거를 찾을 수 있는가에 대하여 헌법재판소는 환매권은 헌법 제23조의 재
산권의 내용에 포함되는 권리라고 결정한 바 있다. 따라서 환매권은 헌법적 근거를 갖는다고
볼 것이다.

② 개별법적 근거

(ㄱ) 문제점 : 환매권은 헌법의 재산권에 포함된 권리이지만 개별법에 명문의 규정이 없는 때에도 헌법을 직접적인 법적 근거로 하여 환매권을 도출할 수 있는가가 의문시된다.

(ㄴ) 견해의 대립 : ㉠ 환매권은 헌법의 재산권의 본질적 부분에 속하는 것이므로 개별법에 명문 규정이 없어도 헌법에 근거하여 행사할 수 있다고 보며 개별법에 규정이 없다고 하여 환매권 행사를 제한하면 위헌·위법이 된다고 보는 견해(헌법상 권리설)와 ㉡ 환매권이 헌법상 재산권에 포함된다 하더라도 재산권의 본질적인 부분은 아니며 입법자가 법률로 정할 내용과 한계에 해당하므로 입법자가 개별법에 명문의 규정을 두어서 환매권을 인정하지 않는 이상 환매권 행사를 인정하지 않는 것은 원칙적으로 헌법에 위배되는 것은 아니라고 보는 견해(법률상 권리설)가 있다.

(ㄷ) 판례 : 대법원은 실정법의 근거가 있어야 환매권을 행사할 수 있다는 취지의 판결을 한 바 있다.

> 판례

▶ 관련판례(대판 1993.6.29, 91다43480)
토지수용법이나 공공용지의 취득 및 손실보상에 관한 특례법 등에서 규정하고 있는 바와 같은 환매권은 공공의 목적을 위하여 수용 또는 협의취득된 토지의 원소유자 또는 그 포괄승계인에게 재산권 보장과 관련하여 공평의 원칙상 인정하고 있는 권리로서 민법상의 환매권과는 달리 법률의 규정에 의하여서만 인정되고 있으며, 그 행사요건, 기간 및 방법 등이 세밀하게 규정되어 있는 점에 비추어 다른 경우에까지 이를 유추적용할 수 없고, 환지처분에 의하여 공공용지로서 지방자치단체에 귀속되게 된 토지에 관하여는 토지구획정리사업법상 환매권을 인정하고 있는 규정이 없고, 이를 공공용지의 취득 및 손실보상에 관한 특례법상의 협의취득이라고도 볼 수 없으므로 같은 특례법상의 환매권에 관한 규정을 적용할 수 없다.

(ㄹ) 검토 : 생각건대, 민법상 환매권과는 달리 행정법 영역에서 환매권이 인정되기 위해서는 입법자가 헌법의 재산권 보장과 관련하여 공평의 원칙상 인정할 만한 필요가 있는지를 판단하여 개별법에 명시하여야 한다고 본다. 토지보상법의 환매권은 이러한 공평의 원칙상 필요로 인하여 인정된 것이라고 보아진다. 토지보상법의 환매권은 헌법의 재산권 이념을 구체화한 것으로 평가된다.

3. 환매권의 법적 성질

(1) 개설(형성권)

환매의 원인행위에 따라서 사업인정 이전·이후인지를 구분하여 살펴보아야 한다. 이러한 논의는 다툼이 있는 경우 분쟁의 해결방법의 차이를 가져온다. 환매권은 사업인정 전·후에 관계없이 형성권의 성질을 가진다는 점에서는 동일하다.

> **판례**
>
> ▶ **관련판례**(대판 1987.4.14, 86다324)
> 환매는 환매기간 내에 환매의 요건이 발생하면 환매권자가 환매대금을 지급하고 일방적으로 환매의
> 의사표시를 함으로써 사업시행자의 의사 여하에 관계없이 그 환매가 성립되는 것이다.
>
> ▶ **관련판례**(헌재 1994.2.24, 92헌마283)
> 청구인들이 주장하는 환매권의 행사는 그것이 공공용지의 취득 및 손실보상에 관한 특례법 제9조에
> 의한 것이든, 토지수용법 제71조에 의한 것이든, 환매권자의 일방적 의사표시만으로 성립하는 것이지 ~

(2) 사업인정 전 협의취득으로 인한 환매권의 법적 성질

사업시행자가 사업인정 전 사법적 수단에 의하여 취득한 토지에 대하여 환매하는 것이므로 사법
상 권리라고 보는 것이 타당하다. 따라서 환매권에 대한 분쟁은 민사소송에 의하게 될 것이다.

(3) 사업인정 후 취득으로 인한 환매권의 법적 성질

① 학설

　(ㄱ) **공권설** : 환매제도는 공법적 수단에 의해 상실된 권리를 회복하는 제도로, 공법상 주체인
　　사업시행자에 대해 사인이 가지는 공법상 권리라고 한다. 공법적 원인에 기한 결과를 회
　　복하는 수단 역시 공법적인 것이어야 함이 논리적이라 한다(유력설).

　(ㄴ) **사권설** : 환매권은 환매권자 자신의 이익을 위해서 환매의 의사를 표시함으로써 토지를
　　재취득하는 것이라는 점, 환매권의 행사는 공익성의 소멸을 그 요건으로 하고 있으므로
　　사업시행자는 더 이상 수용권의 주체로서의 지위를 갖지 않는다는 점을 볼 때 환매권은
　　사법상 권리라고 본다.

② 판례

헌법재판소는 공익사업용지에 대한 환매권의 법적 성질을 사법상의 권리로 보고, 사업시행자
의 환매권 행사를 거부하는 의사표시는 공권력의 행사가 아니라고 결정한 바 있다.

> **판례**
>
> ▶ **관련판례**(헌재 1994.2.24, 92헌마283)
> 청구인들이 주장하는 환매권의 행사는 그것이 공공용지의 취득 및 손실보상에 관한 특례법 제9조에
> 의한 것이든, 토지수용법 제71조에 의한 것이든, 환매권자의 일방적 의사표시만으로 성립하는 것이지,
> 상대방인 사업시행자 또는 기업자의 동의를 얻어야 하거나 그 의사 여하에 따라 그 효과가 좌우되는
> 것은 아니다. 따라서 이 사건의 경우 피청구인이 설사 청구인들의 환매권 행사를 부인하는 어떤 의사
> 표시를 하였다 하더라도, 이는 환매권의 발생 여부 또는 그 행사의 가부에 관한 사법관계의 다툼을
> 둘러싸고 사전에 피청구인의 의견을 밝히고, 그 다툼의 연장인 민사소송절차에서 상대방의 주장을 부인
> 하는 것에 불과하므로, 그것을 가리켜 헌법소원심판의 대상이 되는 공권력의 행사라고 볼 수는 없다.
>
> ▶ **관련판례**(대판 1989.12.12, 89다카9675)
> 환매권 행사로 인한 매수의 성질은 사법상의 매매와 같다고 볼 것이므로 특단의 사정이 없는 한

> 환매권 행사에 따른 국가의 소유권이전등기의무와 환매대금지급의무는 서로 동시이행관계에 있다고 보는 것이 타당하며 ~

③ 검토

(ㄱ) **공권설에 의한 검토** : 사업인정 후 취득으로 인한 환매권은 공법적 수단에 의하여 상실된 토지를 되찾을 수 있는 권리이므로 공법상 권리로 보는 것이 타당하다. 따라서 환매권에 대한 다툼은 행정소송에 의하여야 할 것이다. 사업시행자가 반환의무 거부시에는 이것이 처분에 해당되지는 아니하므로 공법상 당사자소송으로 해당 법률관계를 다툴 수 있을 것이다.

(ㄴ) **사권설에 의한 검토** : 생각건대, 공·사법의 구별은 법형식으로 이해할 것이 아니라, 법률관계 당사자와 추구하는 이익을 기준으로 보건데 수용법률관계가 목적을 달성하여 소멸한 후에도 사업시행자가 공권력의 주체라고 보기 어렵고(주체), 환매권은 공익을 위한 것이 아니라 전적으로 사인의 이익만을 위해 인정되는 권리(이익)이다. 따라서 환매권은 사법관계로서 사인이 가지는 권리 역시 사권인바 환매권에 대한 분쟁(환매가격)은 사법상의 민사소송절차에 의할 것으로 보인다.

4. 환매권의 행사

(1) 환매권의 성립시기

토지보상법이 정한 법정요건이 환매권의 성립요건인지 행사요건인지에 대하여 견해의 대립이 있으나, 취득일에 이미 성립한 환매권을 현실적으로 행사하기 위한 요건으로 봄이 타당하다고 사료된다(박윤흔). 즉, 토지보상법 제91조 제1항, 제2항이 규정하고 있는 환매의 요건은 행사요건이라 할 것이다.

(2) 환매권 행사의 요건

① 법 제91조 제1항 충족 여부(불필요한 경우)

(ㄱ) 법 제91조 제1항

> ❯ 법 제91조(환매권)
> ① 공익사업의 폐지·변경 또는 그 밖의 사유로 취득한 토지의 전부 또는 일부가 필요 없게 된 경우 토지의 협의취득일 또는 수용의 개시일(이하 이 조에서 "취득일"이라 한다) 당시의 토지소유자 또는 그 포괄승계인(이하 "환매권자"라 한다)은 다음 각 호의 구분에 따른 날부터 10년 이내에 그 토지에 대하여 받은 보상금에 상당하는 금액을 사업시행자에게 지급하고 그 토지를 환매할 수 있다. 〈개정 2021.8.10.〉
>   1. 사업의 폐지·변경으로 취득한 토지의 전부 또는 일부가 필요 없게 된 경우 : 관계 법률에 따라 사업이 폐지·변경된 날 또는 제24조에 따른 사업의 폐지·변경 고시가 있는 날
>   2. 그 밖의 사유로 취득한 토지의 전부 또는 일부가 필요 없게 된 경우 : 사업완료일
> ② 〈이하 생략〉

(ㄴ) **당사자와 목적물** : 환매권자는 토지소유자 또는 포괄승계인이고 상대방은 사업시행자 또는 현재의 소유자이다. 환매목적물은 토지소유권에 한한다. 단, 잔여지의 경우에는 접속된 부분이 필요 없게 된 경우가 아니면 환매는 불가하다.

> **판례**
>
> ▶ **관련판례(대판 2012.4.26, 2010다6611)**
> 국가가 1필지 토지에 관하여 위와 같이 다른 공유자와 구분소유적 공유관계에 있는 경우 국가가 이러한 상태에서 군사상 필요 등에 의하여 다른 공유자가 1필지 토지에 관하여 가지고 있는 권리를 수용하는 경우 수용 대상은 공유자의 1필지 토지에 대한 공유지분권이 아니라 1필지의 특정 부분에 대한 소유권이다. 그 후 환매권을 행사한 경우 그 공유자가 환매로 취득하는 대상은 당초 수용이 된 대상과 동일한 1필지의 특정 부분에 대한 소유권이고, 이와 달리 1필지 전체에 대한 공유지분이라고 볼 수는 없다.

(ㄷ) **폐지·변경으로 필요 없게 된 때의 의미** : 공익사업의 폐지, 변경이란 해당 공익사업을 아예 그만두거나 다른 공익사업으로 바꾸는 것을 의미하는데, 대법원은 동일한 사업의 계획이 변경되는 데 불과한 경우는 변경으로 보지 않았고, 공원조성사업과 택지개발사업의 사업시행자가 다르고 공익성 정도가 다른 점을 이유로 폐지·변경에 해당한다고 판시하고 있다(판례 1). 필요 없게 되었을 때란, 해당 사업을 위해 사용할 필요 자체가 없어진 경우를 의미하고, 대법원은 사업시행자의 주관적 의사를 표준으로 할 것이 아니라 해당 사업의 목적과 내용, 해당 토지와 사업의 관계, 용도 등 제반 사정에 비추어 객관적, 합리적으로 판단하여야 한다고 판시하고 있다(판례 2).

> **판례**
>
> ▶ **관련판례 1(대판 1994.1.25, 93다11760)**
> 사업의 폐지·변경 기타의 사유로 인하여 수용한(또는 취득한) 토지의 전부 또는 일부가 필요 없게 된 때라 함은 수용 또는 협의취득의 목적이 된 구체적인 특정의 공익사업이 폐지되거나 변경되는 등의 사유로 인하여 해당 토지가 더 이상 그 공익사업에 직접 이용될 필요가 없어졌다고 볼 만한 객관적인 사정이 발생한 경우를 말하는 것이므로, 해당 토지의 취득목적사업인 공익사업의 내용이 변경됨에 따라 새로이 필요하게 된 다른 토지 등을 취득하기 위하여 해당 토지를 활용하는 것이, 당초 해당 토지를 수용하거나 협의취득한 목적을 궁극적으로 달성하는 데 필요하다고 하더라도, 이와 같은 사정만으로는 해당 토지에 대한 환매권의 발생에 아무런 영향도 미칠 수 없다.
>
> ▶ **관련판례 2(대판 1994.8.12, 93다50550)**
> 수용된 토지의 환매권에 관한 토지수용법 제71조 제1항 소정의 "사업의 폐지·변경 기타의 사유로 인하여 수용한 토지의 전부 또는 일부가 필요 없게 된 때"라 함은 기업자의 주관적인 의사와는 관계없이 수용의 목적이 된 구체적인 특정공익사업이 폐지되거나 변경되는 등의 사유로 인하여 해당 토지가 더 이상 그 공익사업에 직접 이용될 필요가 없어졌다고 볼 만한 객관적인 사정이 발생한 경우를 말하는 것이고, 수용된 토지 등이 필요 없게 되었는지의 여부는 해당 사업의 목적과 내용, 수용의 경위와 범위, 해당 토지와 사업과의 관계, 용도 등 제반 사정에 비추어 합리적으로 판단하여야 한다.

▶ 관련판례(대판 2010.5.13, 2010다12043,12050)

'공익사업을 위한 토지 등의 취득 및 보상에 관한 법률' 제91조에서 정하는 환매권은 '해당 사업의 폐지·변경 그 밖의 사유로 인하여 취득한 토지의 전부 또는 일부가 필요 없게 된 경우'에 행사할 수 있다. 여기서 '해당 사업'이란 토지의 협의취득 또는 수용의 목적이 된 구체적인 특정공익사업을 가리키는 것이고, 취득된 토지가 '필요 없게 된 경우'라 함은 그 토지가 취득의 목적이 된 특정공익사업의 폐지·변경 그 밖의 사유로 인하여 그 사업에 이용할 필요가 없어진 경우를 의미하며, 위와 같이 취득된 토지가 필요 없게 되었는지의 여부는 해당 공익사업의 목적과 내용, 토지취득의 경위와 범위, 해당 토지와 공익사업의 관계, 용도 등 제반 사정에 비추어 객관적, 합리적으로 판단하여야 한다.

수도권신공항건설 촉진법에 따른 신공항건설사업의 시행자가 인천국제공항 2단계 건설사업의 공항시설공사 선행작업인 부지조성공사를 시행하면서, 그 부대공사로서 항공기 안전운항에 장애가 되는 구릉을 제거하는 공사를 하기 위해 그 구릉 일대에 위치한 토지를 협의취득한 후 절토작업을 완료한 사안에서, 절토작업이 완료된 토지의 현황을 그대로 유지하는 것은 인천국제공항에 입·출항하는 항공기의 안전운행을 위해 반드시 필요한 것이므로 해당 사업의 목적은 장애구릉의 제거에 그치지 않고 그 현상을 유지하는 것까지 포함하는 것이라고 봄이 상당하고, 그 토지는 해당 사업에 계속 이용되는 것이거나 필요한 것으로서 공익상 필요가 소멸하지 않았다고 볼 수 있다는 점 등 여러 사정을 고려하면, 절토작업이 완료되었다는 사정만으로 그 토지가 해당 사업에 필요 없게 되었다고 보기 어려워 그 토지에 관한 환매권이 발생하지 않았다고 한 사례

▶ 관련판례(대판 2009.10.15, 2009다43041)

한국농어촌공사가 영산강 유역 농업개발사업을 위하여 협의취득한 토지 중 일부 토지에 관하여 환매가 청구된 사안에서, 그 일부 토지에 설치하기로 예정하였던 시설물이 다른 곳에 설치되었다고 하여 그와 같은 구체적인 토지이용계획의 변경이 그 토지가 위 사업에 이용될 필요가 없어지게 하는 공익사업의 변경에 해당한다고 단정할 수 없고, 그 토지의 일부를 일시적으로 다른 사람에게 임대하였다는 사정만으로 그 토지가 위 사업에 필요 없게 되었다고 보기도 어렵다고 한 사례

▶ 관련판례(대판 2011.5.13, 2010다6567) [소유권이전등기](제23회 기출)

갑 지방자치단체가 '세계도자기엑스포' 행사를 위한 문화시설 설치사업을 위하여 을에게서 병 토지를 협의취득하였는데, 병 토지가 위 행사용 임시주차장 등으로 사용되다가 농지로 원상복구된 이래 제3자에게 임대되어 영농체험 경작지 등으로 이용되기도 하다가 현재는 밭, 구거, 주차장 부지로 이용되고 있는 사안에서, 여러 사정에 비추어 병 토지는 더 이상 협의취득의 목적이 되는 '해당 사업'에 필요 없게 되었으므로, 을의 환매권 행사를 인정함.

환매권에 관하여 규정한 「공익사업을 위한 토지 등의 취득 및 보상에 관한 법률」(이하 '공익사업법'이라 한다) 제91조 제1항에서 말하는 '해당 사업'이란 토지의 협의취득 또는 수용의 목적이 된 구체적인 특정의 공익사업으로서 공익사업법 제20조 제1항에 의한 사업인정을 받을 때 구체적으로 특정된 공익사업을 말한다(대판 2010.9.30, 2010다30782 등 참조). 또한 위 규정에서 정한 해당 사업의 '폐지·변경'이란 해당 사업을 아예 그만두거나 다른 사업으로 바꾸는 것을 말하며, 취득한 토지의 전부 또는 일부가 '필요 없게 된 때'란 사업시행자가 취득한 토지의 전부 또는 일부가 그 취득 목적사업을 위하여 사용할 필요 자체가 없어진 경우를 말하고, 협의취득 또는 수용된 토지가 필요 없게 되었는지 여부는 사업시행자의 주관적인 의사를 표준으로 할 것이 아니라 해당 사업의 목적과 내용, 협의취득의 경위와 범위, 해당 토지와 사업의 관계, 용도 등 여러 사정에 비추어 객관적·합리적으로 판단하여야 한다(대판 1997.11.11, 97다36835 등 참조).

원심판결 이유에 의하면, 원심은 그 채택 증거를 종합하여 피고는 2000.5.경 건설교통부장관으로부터 (구)「국토이용관리법」(2002.2.4. 법률 제6655호로 폐지되기 전의 것) 제20조에 따라 이 사건 토지를 포함한 광주시 실촌읍 삼리 산 26-9 일원 131,653㎡에 대하여 '2001 세계도자기엑스포' 행사를 위한 문화시설을 설치할 수 있도록 하는 공공시설입지승인을 받은 사실, 피고는 '2001 세계도자기엑스포' 행사를 위한 사업부지를 취득하기 위하여 그 편입토지의 소유자들에게 손실보상 협의를 요청하였고, 2000.12.15. 원고로부터 (구)「공공용지의 취득 및 손실보상에 관한 특례법」(2002.2.4. 법률 제6656호로 폐지되기 전의 것)에 의하여 위 사업부지에 편입된 광주시 실촌읍 삼리 24-1 답 2,240㎡(이하 '이 사건 토지'라고 한다)를 협의취득한 사실, 피고는 이 사건 토지 중 일부를 분할하여 도로를 개설하고 지목을 변경하였으나, 이 사건 계쟁 토지에 대하여는 2001.3.31. 부터 2002.4.30.까지 '2001 세계도자기엑스포' 행사를 위한 임시주차장으로, 2002.5.30.부터 2003.4.30.까지 도자기축제 및 각종 행사를 위한 임시주차장으로 각 이용하다가 2004.3.31.경 농지로 원상복구한 사실, 그 이후 이 사건 계쟁 토지 중 972㎡ 부분은 인근에서 청소년수련원을 운영하는 소외인에게 임대되어 청소년들을 위하여 영농체험 경작지로 이용하게 하였고, 현재 이 사건 계쟁 토지 중 972㎡는 밭으로, 156㎡는 구거로, 506㎡는 원고 소유의 인근 건물을 위한 주차장으로 각 이용되고 있는 사실을 각 인정하였다.

원심은 위 인정사실을 토대로 그 판시와 같은 사정에 비추어 이 사건 토지에 대한 협의취득의 목적이 되는 해당 사업은 '2001 세계도자기엑스포 행사를 위한 문화시설의 설치사업'이고, 이 사건 계쟁 토지는 2001 세계도자기엑스포 행사를 위한 임시주차장 등으로 사용되다가 2004.3.31. 농지로 원상복구된 이래 제3자에게 임대되어 영농체험 경작지 등으로 이용되기도 한 점, 현재도 밭, 구거, 주차장 부지로 이용되고 있는 점 등 여러 사정에 비추어 더 이상 이 사건 계쟁 토지에 대한 협의취득의 목적이 되는 해당 사업에 필요 없게 되었다고 판단하였다. 앞서 본 법리와 기록에 비추어, 원심의 위와 같은 사실인정과 판단은 정당한 것으로 수긍할 수 있다. 원심판결에는 상고이유에서 주장하는 바와 같은 환매권 행사요건에 관한 법리를 오해하는 등의 위법이 없다. 그러므로 상고를 기각하고, 상고비용은 패소자가 부담하기로 하여, 관여 대법관의 일치된 의견으로 주문과 같이 판결한다.

(ㄹ) **행사기간**(제척기간)**의 검토** : 환매의 통지나 공고가 없는 경우 토지보상법 제91조의 기간으로 판단해야 하는데 취득일부터 10년 이내 또는 필요 없게 된 때부터 1년 이내에 행사할 수 있다. 판례는 필요 없게 된 때로부터 1년이 경과하였더라도 취득일로부터 10년이 경과하지 아니하였다면 환매권을 행사할 수 있다고 판시하고 있어 환매권제도의 취지상 장기의 기간을 적용하여 환매권자의 권리보호를 중시하고 있다.

> 판례

▶ **관련판례(대판 1992.3.31. 91다19043)**
공공용지의 취득 및 손실보상에 관한 특례법 제9조 제1항 소정의 '필요 없게 된 때'라 함은 사업의 이용에 필요 없게 된 경우를 말하는 것이고, 필요 없게 된 때로부터 1년 또는 취득일로부터 10년 이내에 매수할 수 있다고 규정한 취지는 취득일로부터 10년 이내에 그 토지가 필요 없게 된 경우에는 그때로부터 1년 이내에 환매권을 행사할 수 있으며 또 필요 없게 된 때로부터 1년이 경과하였더라도 취득일로부터 10년이 경과되지 아니하였다면 환매권자는 적법하게 환매권을 행사할 수 있다는 의미이다.

▶ 관련판례(헌재 2011.3.31, 2008헌바26)

환매권의 행사기간을 수용일로부터 10년 이내로 제한한 (구)토지수용법(1981.12.31. 법률 제3534호로 개정되고, 2002.2.4. 법률 제6656호로 폐지되기 전의 것, 이하 '(구)토지수용법'이라 한다) 제71조 제1항 중 환매권자는 "수용일로부터 10년" 이내 부분(이하 '이 사건 심판대상조항'이라 한다)이 환매권자의 재산권을 침해하는지 여부(소극)

사업시행자의 소유권 취득 당시로부터 일정기간 내에 법률관계를 안정시킬 필요성과 수용일로부터 10년 이내라는 기간 설정의 적정성은 인정되며, 환매권의 발생기간과 행사기간을 동일하게 수용일로부터 10년 이내로 정함에 따라 그 기한에 임박한 시점에 환매권이 발생한 경우에도 또 다른 환매권의 행사기간인 "그 필요 없게 된 때로부터 1년"이 지나지 아니하였다면 환매권을 행사할 수 있다고 볼 수 있는바, 이러한 환매권 행사기간의 설정이 그 형성에 관한 입법재량을 일탈했다고 보기는 힘들다. 또한 환매권이 이미 발생하였다 하더라도 환매권자가 이를 알 때까지 언제까지나 계속 존속하고 있다면 여전히 법률관계의 안정이 어렵게 되고, 환매권자는 수용 당시에 이미 정당한 보상을 받았을 뿐만 아니라, 사업시행자가 통지 또는 공고의무를 위반한 경우에는 불법행위가 인정되어 환매권자의 손해가 전보됨에 비추어볼 때, 환매권자가 환매권의 발생사실을 알지 못한 경우를 별도로 고려하지 않고 일률적으로 수용일 또는 취득일을 기산점으로 하여 환매권의 행사기간을 정하였다 하더라도 환매권의 내용 형성에 관한 합리적인 입법재량의 범위를 일탈했다고 보기는 어렵다. 따라서, 이 사건 심판대상조항은 환매권자의 재산권을 침해하지 아니한다.

〈재판관 조대현, 재판관 이동흡의 반대의견〉

환매권은 구체적인 재산권의 보장에 있어 가치보장보다 한 단계 높은 존속보장을 그 근거로 함에 비추어볼 때, 비록 그 구체적인 내용의 형성에 입법재량이 인정된다고 하더라도 환매권의 행사기간을 제한하는 법률조항의 위헌 여부는 엄격한 과잉금지원칙에 따라 심사해야 할 것이다.

(구)토지수용법 제71조 제1항과 '공익사업을 위한 토지 등의 취득 및 보상에 관한 법률'(2002.2.4. 법률 제6656호로 제정된 것) 제91조 제1항에서는 환매권의 행사기간을 그 발생기간과 동일하게 수용일 또는 취득일로부터 10년 이내로 한정하고 있으므로, 수용일 또는 취득일로부터 10년에 임박한 시점에 그 대상이 된 토지가 공익사업에 필요 없게 된 경우에는 최대한 환매권을 보장하는 방향으로 관련규정을 해석한다 하더라도 "그 필요 없게 된 때로부터 1년 이내"라는 지나치게 짧은 기간 동안만 환매권을 행사할 수 있다고 볼 수밖에 없고, 사업시행자의 통지 및 공고에 관한 규정이 미흡함에도 피수용자가 환매권의 발생을 알 수 있었는지 여부와는 무관하게 환매권의 행사기간을 정하고 있다. 이는 환매권의 기간이 사실상 형해화될 정도로 짧아질 수 있도록 규정한 것으로서, 존속보장에 근거를 두는 헌법상 재산권인 환매권을 과도하게 제한하므로 피해의 최소성 원칙에 어긋난다. 또한 사업시행자의 통지 또는 공고의무 위반 시 불법행위가 인정되어 손해배상을 받을 수 있다는 점은 가치보장과 관련된 것으로서 중요한 이익형량 요소라고 보기 어려우므로, 수용일로부터 10년이라는 환매권의 행사기간은 법익의 균형성도 갖추지 못하였다. 따라서 이 사건 심판대상조항들은 수용된 토지의 소유권자의 재산권을 헌법 제37조 제2항에 위반하여 과도하게 침해하므로 헌법에 위반된다.

〈재판관 목영준의 반대의견〉

(구)토지수용법 제71조 제1항이 정하는 환매기한조항은 '필요 없게 된 때로부터 1년'과 '그 수용일로부터 10년'이라는 두 기간 중 어느 한 기간만 도과하지 않으면 환매권을 행사할 수 있는 것인지, 아니면 두 기간 모두를 도과하지 않아야 환매권 행사가 가능한 것인지에 관하여 그 의미가 모호하고 불명확하게 규정함으로써 수범자인 환매권자의 예측가능성을 해함과 동시에 재판기관으로 하여금 자의적인 법해석을 가능하게 하고 있으므로, 명확성의 원칙에 반하여 헌법에 위배된다.

▶ 관련판례(대판 2020.11.26, 2019헌바131) [토지보상법 제91조 제1항 '취득일부터 10년 이내' 헌법불합치 결정]

환매권 발생기간 '10년'을 예외 없이 유지하게 되면 토지수용 등의 원인이 된 공익사업의 폐지 등으로 공공필요가 소멸하였음에도 단지 10년이 경과하였다는 사정만으로 환매권이 배제되는 결과가 초래될 수 있다. 다른 나라의 입법례에 비추어 보아도 발생기간을 제한하지 않거나 더 길게 규정하면서 행사기간 제한 또는 토지에 현저한 변경이 있을 때 환매거절권을 부여하는 등 보다 덜 침해적인 방법으로 입법목적을 달성하고 있다. 이 사건 법률조항은 침해의 최소성 원칙에 어긋난다. 이 사건 법률조항으로 제한되는 사익은 헌법상 재산권인 환매권의 발생 제한이고, 이 사건 법률조항으로 환매권이 발생하지 않는 경우에는 환매권 통지의무도 발생하지 않기 때문에 환매권 상실에 따른 손해배상도 받지 못하게 되므로, 사익 제한 정도가 상당히 크다. 그런데 10년 전후로 토지가 필요 없게 되는 것은 취득한 토지가 공익목적으로 실제 사용되지 못한 경우가 대부분이다. 토지보상법은 부동산등기부상 협의취득이나 토지수용의 등기원인 기재가 있는 경우 환매권의 대항력을 인정하고 있어 공익사업에 참여하는 이해관계인들은 환매권이 발생할 수 있음을 충분히 알 수 있다. 토지보상법은 이미 환매대금증감소송을 인정하여 당해 공익사업에 따른 개발이익이 원소유자에게 귀속되는 것을 차단하고 있다. 따라서 이 사건 법률조항이 추구하고자 하는 공익은 원소유자의 사익침해 정도를 정당화할 정도로 크다고 보기 어려우므로, 법익의 균형성을 충족하지 못한다. 결국 이 사건 법률조항은 헌법 제37조 제2항에 반하여 국민의 재산권을 침해하여 헌법에 위반된다.

② 법 제91조 제2항 충족 여부(현실적으로 이용하지 않는 경우)

(ㄱ) 규정내용

> 🔁 법 제91조(환매권)
> ② 취득일부터 5년 이내에 취득한 토지의 전부를 해당 사업에 이용하지 아니하였을 때에는 제1항을 준용한다. 이 경우 환매권은 취득일부터 6년 이내에 행사하여야 한다.

(ㄴ) '전부'와 '이용하지 아니할 때'의 의미 : 여기에서 '전부'의 의미는 사업시행자가 취득한 토지의 전부를 말하며 판례는 취득한 토지 중 일부라도 공익사업에 이용되고 있으면 나머지 부분도 공익사업이 시행될 가능성이 있다고 보아 환매요건을 강화하였다고 보고 있다. '이용하지 아니할 때'란 장래 공익사업의 용도에 이용되어질 가능성이 있더라도 현재 사실상 이용하지 않고 있음을 의미한다. 판례는 이용하지 아니하였는지 여부는 해당 공익사업에 이용된 일단의 토지 전부를 기준으로 판단해야 한다고 판시하고 있다.

판례

▶ 관련판례(대판 1995.2.10, 94다31310)
공특법 제9조 제2항은 제1항과는 달리 "취득한 토지 전부"가 공익사업에 이용되지 아니한 경우에 한하여 환매권을 행사할 수 있고 그중 일부라도 공익사업에 이용되고 있으면 나머지 부분에 대하여도 장차 공익사업이 시행될 가능성이 있는 것으로 보아 환매권의 행사를 허용하지 않는다는 취지이므로, 이용하지 아니하였는지 여부도 그 취득한 토지 전부를 기준으로 판단할 것이고, 필지별로 판단할 것은 아니라 할 것이다.

(ㄷ) 행사기간의 검토 : 취득일로부터 6년 이내에 행사하도록 규정하고 있는데 판례는 제2항의 환매권 행사 제척기간은 제1항에 비해 기간이 짧다고 볼 수 있으나, 헌법의 재산권 보장 규정에 위배되는 것은 아니라고 본다.

> **판례**
>
> ▶ 관련판례(대판 1993.9.14, 92다56810)
> 공특법 제9조 제2항 및 토지수용법 제71조 제2항에 의한 환매권의 경우는 협의취득일로부터 6년 이내에 행사하여야 하는 것이며, 위 각 조항에 의한 환매권에 대하여 공공용지의 취득 및 손실보상에 관한 특례법 제9조 제1항 및 토지수용법 제71조 제1항에 의한 환매권과 달리 제척기간을 짧게 규정하고 있다고 하여 위 규정들이 재산권 보장에 관한 헌법규정에 위반된다고 할 수 없다.

③ 제1항 및 제2항의 행사요건의 관계

제1항과 제2항은 환매권 행사요건은 서로 독립적으로 성립하므로 어느 한쪽의 요건에 해당되지 않더라도 다른 쪽의 요건을 주장할 수 있다. 판례는 제2항의 규정에 의한 환매권 행사의 제척기간이 도과되었다 하더라도 제1항의 환매권 행사요건에 충족하면 제1항의 제척기간 내에 환매권을 행사할 수 있다. 즉, 제1항 및 제2항의 요건에 충족되면 환매권자는 자신에게 유리한 기간을 선택적으로 적용할 수 있다.

> **판례**
>
> ▶ 관련판례(대판 1993.8.13, 92다50652)
> 공공용지의 취득 및 손실보상에 관한 특례법 제9조 제1항과 제2항은 환매권 발생요건을 서로 달리 하고 있으므로 어느 한쪽의 요건에 해당되면 다른 쪽의 요건을 주장할 수 없게 된다고 할 수는 없고, 양쪽의 요건에 모두 해당된다고 하여 더 짧은 제척기간을 정한 제2항에 의하여 제1항의 환매권의 행사가 제한된다고 할 수도 없을 것이므로 제2항의 규정에 의한 제척기간이 도과되었다 하여 제1항의 규정에 의한 환매권 행사를 할 수 없는 것도 아니다.

(3) 환매권의 행사의 제한(공익사업변환 특칙, 법 제91조 제6항)

① 의의 및 취지

공익사업이 변경된 때에도 당초의 공익사업을 위해 취득한 토지는 환매권자에게 환매하여 주고 다시 새로운 공익사업을 위해 취득하는 것이 원칙이겠으나 당초의 공익사업이 공익성의 정도가 더 큰 공익사업으로 변경된 때에는 환매와 재취득이라는 불필요한 절차의 반복을 방지하기 위해서 공익사업의 변경시 환매권 행사제한 특칙규정을 두고 있다.

토지보상법 제91조 제6항의 규정은 형식적으로는 환매권 행사기간의 기산점에 관한 규정이나, 공익사업의 변경이 관보에 고시되면 환매권의 행사기간이 처음부터 다시 기산되므로 실질적으로 환매권을 제한 내지 폐지하는 결과를 가져온다.

② 환매권 행사의 제한요건

> 📍 **법 제91조(환매권)**
> ⑥ 국가, 지방자치단체 또는 「공공기관의 운영에 관한 법률」 제4조에 따른 공공기관 중 대통령령으로 정하는 공공기관이 사업인정을 받아 공익사업에 필요한 토지를 협의취득하거나 수용한 후 해당 공익사업이 제4조 제1호부터 제5호까지에 규정된 다른 공익사업(별표에 따른 사업이 제4조 제1호부터 제5호까지에 규정된 공익사업에 해당하는 경우를 포함한다)으로 변경된 경우 제1항 및 제2항에 따른 환매권 행사기간은 관보에 해당 공익사업의 변경을 고시한 날부터 기산(起算)한다. 이 경우 국가, 지방자치단체 또는 「공공기관의 운영에 관한 법률」 제4조에 따른 공공기관 중 대통령령으로 정하는 공공기관은 공익사업이 변경된 사실을 대통령령으로 정하는 바에 따라 환매권자에게 통지하여야 한다.

(ㄱ) 사업시행자 요건

　　㉠ 토지보상법령상의 요건 : 환매권 행사가 제한되기 위한 요건은 사업인정을 받은 사업시행자가 국가·지방자치단체 또는 「공공기관의 운영에 관한 법률」 제4조부터 제6조까지의 규정에 따라 지정·고시된 공공기관이어야 한다.

> **판례**
>
> ▶ **관련판례(대판 2015.8.19, 2014다201391)**
> 토지보상법 제91조 제6항의 입법취지와 문언, 1981.12.31. (구)토지수용법의 개정을 통해 처음 마련된 공익사업 변환제도는 기존에 공익사업을 위해 수용된 토지를 그 후의 사정변경으로 다른 공익사업을 위해 전용할 필요가 있는 경우에는 환매권을 제한함으로써 무용한 수용절차의 반복을 피하자는 데 주안점을 두었을 뿐 변경된 공익사업의 사업주체에 관하여는 큰 의미를 두지 않았던 점, 민간기업이 관계법률에 따라 허가·인가·승인·지정 등을 받아 시행하는 도로, 철도, 항만, 공항 등의 건설사업의 경우 공익성이 매우 높은 사업임에도 사업시행자가 민간기업이라는 이유만으로 공익사업의 변환을 인정하지 않는다면 공익사업 변환제도를 마련한 취지가 무색해지는 점, 공익사업의 변환이 일단 토지보상법 제91조 제6항에 정한 '국가·지방자치단체 또는 공공기관의 운영에 관한 법률 제4조에 따른 공공기관 중 대통령령으로 정하는 공공기관이 협의취득 또는 수용한 토지를 대상으로 하고, 변경된 공익사업이 공익성이 높은 토지보상법 제4조 제1~5호에 규정된 사업인 경우에 한하여 허용되므로 공익사업 변환제도의 남용을 막을 수 있는 점을 종합해 보면, 변경된 공익사업이 토지보상법 제4조 제1~5호에 정한 공익사업에 해당하면 공익사업의 변환이 인정되는 것이지, 변경된 공익사업의 시행자가 국가·지방자치단체 또는 일정한 공공기관일 필요까지는 없다.

　　㉡ 사업시행자의 변경이 있는 경우에도 공익사업변환 특칙이 적용되는지 여부
　　　(a) 판례 : 대법원은 사업시행자의 변경이 있는 경우 공익사업변환 특칙을 적용하고 있다.

> 판례

▶ **관련판례**(대판 1994.1.25, 93다11760)

공익사업의 변환이 국가 지방자치단체 또는 공공기관이 사업인정을 받아 토지를 협의취득 또는 수용한 경우에 한하여, 그것도 사업인정을 받은 공익사업이 공익성의 정도가 높은 토지수용법 제3조 제1호 내지 제4호에 규정된 다른 공익사업으로 변경된 경우에만 허용되도록 규정하고 있는 토지수용법 제71조 제7항 등 관계법령의 규정내용이나 그 입법이유 등으로 미루어 볼 때, 같은 법 제71조 제7항 소정의 "공익사업의 변환"이 국가 지방자치단체 또는 공공기관 등 기업자(또는 사업시행자)가 동일한 경우에만 허용되는 것으로 해석되지는 않는다.

(b) 제 견해

ⓐ **판례를 긍정하는 입장** : 토지보상법 제91조 제6항은 공익성이 더 큰 공익사업으로 변경된 경우에 적용되는 규정으로 사업시행자가 동일한 경우에만 허용된다고 규정하고 있지 않으므로 사업시행자의 동일성 여부는 인정요건에 해당되지 않는다고 확장 해석하여 사업시행자의 변경이 있어도 동 조항이 적용될 수 있다고 본다.

ⓑ **판례를 비판하는 입장** : 환매권 행사제한규정은 환매권의 인정에 대한 예외적 규정이므로 동 조항은 좁게 해석되어야 한다고 본다. 즉, 토지보상법이 사업시행자의 변경을 규정하고 있지 않으므로 사업시행자가 동일한 때에만 동 조항을 적용할 수 있다고 보아 사업시행자의 변경이 있는 경우에는 동 조항을 적용할 수 없다고 본다.

(c) **소결** : 생각건대, 환매권제도는 공공필요의 소멸이라는 수용본질의 한계상 인정되는 것으로 이러한 취지에 반하는 예외적 규정은 좁게 해석함이 국민의 권리구제에 유리하다. 또한 현실적으로 행정청 간의 용도담합으로 환매권이 형해화되는 결과를 초래할 우려가 있으므로 사업주체가 변경된 경우에는 부정하는 것이 타당하다고 판단된다.

(ㄴ) **대상사업요건** : 변경 후 공익사업이 토지보상법 제4조 제1호 내지 제5호이어야 한다. 즉, 공익성의 정도가 높은 사업으로 대상사업을 제한하여 헌법상 공공필요를 충족하고자 하였다. 이와 관련하여 대법원은 변경된 사업 역시 사업인정을 받아야 한다고 한다.

🔁 **법 제4조(공익사업)**

이 법에 따라 토지 등을 취득하거나 사용할 수 있는 사업은 다음 각 호의 어느 하나에 해당하는 사업이어야 한다.

1. 국방·군사에 관한 사업
2. 관계법률에 따라 허가·인가·승인·지정 등을 받아 공익을 목적으로 시행하는 철도·도로·공항·항만·주차장·공영차고지·화물터미널·궤도(軌道)·하천·제방·댐·운하·수도·하수도·하수종말처리·폐수처리·사방(砂防)·방풍(防風)·방화(防火)·방조(防潮)·방수(防水)·저수지·용수로·배수로·석유비축·송유·폐기물처리·전기·전기통신·방송·가스 및 기상관측에 관한 사업

3. 국가나 지방자치단체가 설치하는 청사·공장·연구소·시험소·보건시설·문화시설·공원·수목원·광장·운동장·시장·묘지·화장장·도축장 또는 그 밖의 공공용 시설에 관한 사업

4. 관계법률에 따라 허가·인가·승인·지정 등을 받아 공익을 목적으로 시행하는 학교·도서관·박물관 및 미술관 건립에 관한 사업

5. 국가, 지방자치단체, 「공공기관의 운영에 관한 법률」 제4조에 따른 공공기관, 「지방공기업법」에 따른 지방공기업 또는 국가나 지방자치단체가 지정한 자가 임대나 양도의 목적으로 시행하는 주택 건설 또는 택지 및 산업단지 조성에 관한 사업

6. 제1호부터 제5호까지의 사업을 시행하기 위하여 필요한 통로, 교량, 전선로, 재료적치장 또는 그 밖의 부속시설에 관한 사업

7. 제1호부터 제5호까지의 사업을 시행하기 위하여 필요한 주택, 공장 등의 이주단지 조성에 관한 사업

8. 그 밖에 별표에 규정된 법률에 따라 토지 등을 수용하거나 사용할 수 있는 사업

➡ **법 제4조의2(토지 등의 수용·사용에 관한 특례의 제한)**

① 이 법에 따라 토지 등을 수용하거나 사용할 수 있는 사업은 제4조 또는 별표에 규정된 법률에 따르지 아니하고는 정할 수 없다.

② 별표는 이 법 외의 다른 법률로 개정할 수 없다.

③ 국토교통부장관은 제4조 제8호에 따른 사업의 공공성, 수용의 필요성 등을 5년마다 재검토하여 폐지, 변경 또는 유지 등을 위한 조치를 하여야 한다. 〈신설 2021.4.13.〉
[시행 2021.10.14.]

➡ **법 제4조의3(공익사업 신설 등에 대한 개선요구 등)**

① 제49조에 따른 중앙토지수용위원회는 제4조 제8호에 따른 사업의 신설, 변경 및 폐지, 그 밖에 필요한 사항에 관하여 심의를 거쳐 관계 중앙행정기관의 장에게 개선을 요구하거나 의견을 제출할 수 있다.

② 제1항에 따라 개선요구나 의견제출을 받은 관계 중앙행정기관의 장은 정당한 사유가 없으면 이를 반영하여야 한다.

③ 제49조에 따른 중앙토지수용위원회는 제1항에 따른 개선요구·의견제출을 위하여 필요한 경우 관계 기관 소속 직원 또는 관계 전문기관이나 전문가로 하여금 위원회에 출석하여 그 의견을 진술하게 하거나 필요한 자료를 제출하게 할 수 있다.

판례

▶ **관련판례(대판 2010.9.30, 2010다30782)**

'공익사업을 위한 토지 등의 취득 및 보상에 관한 법률' 제91조 제6항에 정한 공익사업의 변환은 같은 법 제20조 제1항의 규정에 의한 사업인정을 받은 공익사업이 일정한 범위 내의 공익성이 높은 다른 공익사업으로 변경된 경우에 한하여 환매권의 행사를 제한하는 것이므로, 적어도 새로운 공익사업에 관해서도 같은 법 제20조 제1항의 규정에 의해 사업인정을 받거나 또는 위 규정에 따른 사업인정을 받은 것으로 의제하는 다른 법률의 규정에 의해 사업인정을 받은 것으로 볼 수 있는 경우에만 공익사업의 변환에 의한 환매권 행사의 제한을 인정할 수 있다.

(ㄷ) 사업시행자의 토지소유요건

> 판례

▶ 관련판례(대판 2010.9.30, 2010다30782)
공익사업의 원활한 시행을 위한 무익한 절차의 반복 방지라는 '공익사업의 변환'을 인정한 입법취지에 비추어 볼 때, 만약 사업시행자가 협의취득하거나 수용한 해당 토지를 제3자에게 처분해 버린 경우에는 어차피 변경된 사업시행자는 그 사업의 시행을 위하여 제3자로부터 토지를 재취득해야 하는 절차를 새로 거쳐야 하는 관계로 위와 같은 공익사업의 변환을 인정할 필요성도 없게 되므로, 공익사업의 변환을 인정하기 위해서는 적어도 변경된 사업의 사업시행자가 해당 토지를 소유하고 있어야 한다. 나아가 공익사업을 위해 협의취득하거나 수용한 토지가 제3자에게 처분된 경우에는 특별한 사정이 없는 한 그 토지는 해당 공익사업에는 필요 없게 된 것이라고 보아야 하고, 변경된 공익사업에 관해서도 마찬가지이므로, 그 토지가 변경된 사업의 사업시행자 아닌 제3자에게 처분된 경우에는 공익사업의 변환을 인정할 여지도 없다.

③ 환매권 행사의 제한 특칙이 위헌인지 여부

(ㄱ) 문제의 소재 : 헌법 제23조는 재산권 보장원칙을 천명하고 있고 동법 제37조 2항은 기본권에 대한 본질적인 침해를 금지하고 있는바, 헌법상 보장된 환매권을 법률로 제한하는 것이 기본권의 본질적 내용을 침해하는 것이 되어 비례원칙에 위반되는지가 문제된다.

(ㄴ) 합헌설(헌법재판소의 다수견해) : 공익사업 변환제도는 공익사업의 신속한 수행이이라는 목적의 정당성이 인정되고 대상사업의 범위를 제한하여 수단의 적정성도 인정되며 피해최소성의 원칙, 법익균형의 원칙에도 부합하여 헌법상 비례원칙에 위배되지 않는다고 한다.

> 판례

▶ 관련판례(헌재 1997.6.26, 96헌바94)
공익사업의 원활한 시행을 확보하기 위한 목적에서 신설된 것으로 우선 그 입법목적에 있어서 정당하고 나아가 변경사용이 허용되는 사업시행자의 범위를 국가·지방자치단체 또는 공공기관으로 한정하고 사업목적 또한 상대적으로 공익성이 높은 (구)토지수용법 제3조 제1호 내지 제4호의 공익사업으로 한정하여 규정하고 있어서 그 입법목적 달성을 위한 수단으로서의 적정성이 인정될 뿐 아니라 피해최소성의 원칙 및 법익균형의 원칙에도 부합된다 할 것이므로 위 법률조항은 헌법 제37조 제2항이 규정하는 기본권 제한에 관한 과잉금지의 원칙에 위배되지 아니한다.

(ㄷ) 위헌설 : 다른 공익사업으로 변경 시 재심사, 불복절차 없이 허용하여 입법목적의 정당성과 수단의 적정성을 인정할 수 없고, 종전 수용토지에 수삼차에 걸쳐 계속 적용한다면 환매권을 취득할 기회를 영원히 상실시켜 실질적으로 환매권을 공허화 한다는 점에 비추어 기본권 제한의 과잉금지원칙에 위반된다고 본다.

(ㄹ) 검토 : 공익사업변환은 새로운 공익사업에 의한 공용침해행위에 해당한다. 따라서 공익사업변환 특칙의 입법목적의 정당성, 수단의 적정성을 떠나서 최소한 공익사업의 변경과정에서 적법성 확보절차가 부재하고 환매권자의 참여가 전적으로 배제된 상태로 이루어진다는 것은 최소침해, 법익균형의 원칙에 비추어 문제가 있다고 할 수밖에 없다. 또한 공익

사업이 토지보상법 제4조 제5호 이하의 사업으로 변환되는 경우에는 환매가 인정되므로 이러한 경우에는 토지소유자에게 불로소득이 모두 귀속되어 변경되는 사업의 종류에 따라서 토지소유자를 합리적 이유 없이 차별하는 결과를 초래하기도 한다. 따라서 공익사업 변환 특칙은 위헌적 소지가 많은 규정이라는 비판을 피할 수 없다. 종래의 토지수용법에 근거가 있을 때에도 비판을 많이 받아왔으나, 토지보상법도 별다른 개정사항 없이 그대로 존속·시행되고 있어 비판을 면하기 어렵다.

④ 사업인정 전 협의취득으로 인한 환매권에 공익사업변환 특칙의 적용 여부

   (ㄱ) **판례의 태도** : 대법원은 구법 하에서 사업인정 전 협의취득으로 인한 환매권에 공익사업 변환 특칙이 적용된다고 보았다.

> **판례**
>
> ▶ 관련판례(대판 1997.11.11, 97다36835)
> 공공용지의 취득 및 손실보상에 관한 특례법과 토지수용법은 모두 공공복리의 증진과 사유재산권의 합리적 조절을 도모하려는 데에 그 목적이 있고, 공공용지의 취득 및 손실보상에 관한 특례법과 토지수용법이 규정하는 각 환매권의 입법이유와 규정취지 등에 비추어 볼 때에 토지수용법 제71조 제7항의 규정은 그 성질에 반하지 아니하는 한 이를 공공용지의 취득 및 손실보상에 관한 특례법 제9조 제1항에 의한 환매요건에 관하여도 유추적용할 수 있고, 그 범위 안에서 환매권의 행사가 제한된다.

   (ㄴ) **검토** : 생각건대, 국민의 재산권 침해는 엄격히 해석하여야 하므로 토지보상법 제91조 제6항은 "국가·지방자치단체 또는 공공기관이 사업인정을 받아 공익사업에 필요한 토지를 협의 취득 또는 수용한 후"라 규정하고 있는바 사업인정을 받아서 취득한 후 공익사업이 변경된 경우만을 상정하여 규정하고 있으므로 사업인정 전 협의취득으로 인한 환매권 행사제한에 적용될 여지는 없다고 사료된다.

> **판례**
>
> 토지보상법 제91조 제6항의 공익사업 변환에 따른 환매권 행사의 제한 규정의 적용 가능성 및 토지보상법 제91조 제1항에서 정한 요건 충족
>
> > 2010.4.5. 개정·시행된 토지보상법 제91조 제6항의 공익사업 변환에 따른 환매권 행사의 제한 규정의 적용 가능성 및 토지보상법 제91조 제1항에서 정한 요건(= 취득한 토지의 전부 또는 일부가 필요 없게 된 경우)이 충족되어 환매권을 행사할 수 있는 시점
> >
> > (원심은 2008.2.5. 이 사건 주차장을 폐지하기로 하는 내용이 포함된 이 사건 재정비촉진계획의 고시만으로 이 사건 각 토지가 이 사건 주차장사업에 필요 없게 되었고, 그 무렵 원고들이 이 사건 각 토지에 관한 환매권을 행사할 수 있었다고 보아 이를 전제로 원고들의 청구를 인용한 제1심판결을 그대로 유지하였으나, 위와 같은 원심판결에는 이 사건 주차장을 폐지하기로 한 이후 위 주

차장이 철거되는 등으로 이 사건 각 토지가 실제로 더 이상 이 사건 주차장사업을 위하여 사용할
필요가 없게 된 때가 언제인지 심리·확정한 다음, 2010.4.5. 개정·시행된 구 토지보상법 제91
조 제6항이 적용되어 공익사업의 변환에 따라 원고들의 환매권 행사가 제한되는지 여부를 살피지
않은 심리미진 및 구 토지보상법 제91조 제1항에 관한 법리를 오해하여 판결에 영향을 미친 위법
이 있으므로 원심판결을 파기·환송한 사례)

▶ 대판 2019.10.31, 2018다233242
【판시사항】
[1] 환매권에 관하여 규정한 '구 공익사업을 위한 토지 등의 취득 및 보상에 관한 법률' 제91조 제1항
에서 정한 '당해 사업' 및 취득한 토지의 전부 또는 일부가 '필요 없게 된 때'의 의미와 협의취득
또는 수용된 토지가 필요 없게 되었는지 판단하는 기준

[2] 갑 지방자치단체가 도시계획시설(주차장)사업을 시행하면서 사업부지에 포함된 을 등의 각 소유
토지를 협의취득한 후 공영주차장을 설치하였고, 그 후 위 토지를 포함한 일대 지역이 재정비촉
진지구로 지정되어 공영주차장을 폐지하는 내용이 포함된 재정비촉진지구 변경지정 및 재정비
촉진계획이 고시되었으며, 이에 따라 재정비촉진구역 주택재개발정비사업의 사업시행인가가
고시되었는데, 을 등이 목적사업인 주차장사업에 필요 없게 되어 위 토지에 관한 환매권이 발생
하였다고 주장하며 갑 지방자치단체를 상대로 환매권 상실로 인한 손해배상을 구한 사안에서,
공영주차장을 폐지하기로 하는 내용이 포함된 위 재정비촉진계획의 고시만으로 위 토지가 주차
장사업에 필요 없게 되었고, 그 무렵 을 등이 위 토지에 관한 환매권을 행사할 수 있었다고 본
원심판결에 심리미진 등의 잘못이 있다고 한 사례

【판결요지】
[1] (구)공익사업을 위한 토지 등의 취득 및 보상에 관한 법률(2011.8.4. 법률 제11017호로 개정되
기 전의 것)은 제91조 제1항에서 "토지의 협의취득일 또는 수용의 개시일부터 10년 이내에 당
해 사업의 폐지·변경 그 밖의 사유로 인하여 취득한 토지의 전부 또는 일부가 필요 없게 된
경우 취득일 당시의 토지소유자 또는 그 포괄승계인은 당해 토지의 전부 또는 일부가 필요 없게
된 때부터 1년 또는 그 취득일부터 10년 이내에 당해 토지에 대하여 지급받은 보상금에 상당한
금액을 사업시행자에게 지급하고 토지를 환매할 수 있다."라고 규정하고 있다. 위 조항에서 정
하는 '당해 사업'이란 토지의 협의취득 또는 수용의 목적이 된 구체적인 특정 공익사업을 가리키
는 것이고, 취득한 토지의 전부 또는 일부가 '필요 없게 된 때'란 사업시행자가 취득한 토지의
전부 또는 일부가 취득목적사업을 위하여 사용할 필요 자체가 없어진 경우를 말하며, 협의취득
또는 수용된 토지가 필요 없게 되었는지는 사업시행자의 주관적인 의사를 표준으로 할 것이 아
니라 당해 사업의 목적과 내용, 협의취득의 경위와 범위, 당해 토지와 사업의 관계, 용도 등
제반 사정에 비추어 객관적·합리적으로 판단하여야 한다.

[2] 갑 지방자치단체가 도시계획시설(주차장)사업(이하 '주차장사업'이라고 한다)을 시행하면서 사업
부지에 포함된 을 등의 각 소유 토지를 협의취득한 후 공영주차장을 설치하였고, 그 후 위 토지
를 포함한 일대 지역이 재정비촉진지구로 지정되어 공영주차장을 폐지하는 내용이 포함된 재정
비촉진지구 변경지정 및 재정비촉진계획(이하 '재정비촉진계획'이라고 한다)이 고시되었으며, 이
에 따라 재정비촉진구역 주택재개발정비사업(이하 '재개발사업'이라고 한다)의 사업시행인가가
고시되었는데, 을 등이 목적사업인 주차장사업에 필요 없게 되어 위 토지에 관한 환매권이 발생

하였다고 주장하며 갑 지방자치단체를 상대로 환매권 상실로 인한 손해배상을 구한 사안에서, 공영주차장을 폐지하기로 하는 내용이 포함된 재정비촉진계획이 고시되거나 위 토지 등에 관한 재개발사업의 사업시행인가가 고시되었다고 하더라도, 공영주차장이 여전히 종래의 주차장 용도로 사용되는 동안은 주차장으로서의 효용이나 공익상 필요가 현실적으로 소멸되었다고 볼 수 없으므로, 재정비촉진계획의 고시나 재개발사업의 사업시행인가 고시만으로 위 토지가 객관적으로 주차장사업에 필요가 없게 되었다고 단정하기 어렵고, 나아가 위 재개발사업은 구 공익사업을 위한 토지 등의 취득 및 보상에 관한 법률(2011.8.4. 법률 제11017호로 개정되기 전의 것) 제4조 제5호의 공익사업으로서 '지방자치단체가 지정한 자가 임대나 양도의 목적으로 시행하는 주택의 건설 또는 택지의 조성에 관한 사업'에 해당한다고 볼 수 있으므로, 2010.4.5. 개정·시행된 같은 법 제91조 제6항이 적용되어 공익사업의 변환에 따라 을 등의 환매권 행사가 제한되는지 여부를 살폈어야 하는데도, 공영주차장을 폐지하기로 하는 내용이 포함된 재정비촉진계획의 고시만으로 위 토지가 주차장사업에 필요 없게 되었고, 그 무렵 을 등이 위 토지에 관한 환매권을 행사할 수 있었다고 본 원심판결에 심리미진 등의 잘못이 있다고 한 사례

(4) 환매권의 당사자

① 환매권의 당사자

환매권자는 취득일 당시의 토지소유자 또는 그 포괄승계인이다. 환매권의 상대방은 사업시행자가 원칙이나, 토지를 전매한 경우에는 그 토지의 소유권을 승계취득한 자가 상대방이 된다. 이 경우 제3자에게 대항하기 위해서는 대항력이 있는 등기가 필요하다.

② 환매권의 양도성

환매권은 소유자의 감정의 존중에서 비롯된 권리이므로 원칙적으로 매매나 양도의 대상이 될 수 없다. 그러나 토지를 환매 받은 후에 제3자에게 토지를 양도하는 것은 가능하며, 판례에 따르면 환매권자가 사업시행자로부터 토지를 환매한 후 매수인의 명의로 이전할 것을 조건으로 한 계약을 체결하는 것도 가능하다.

③ 환매권의 대항력

(ㄱ) 협의취득으로 인한 환매권은 토지의 협의취득의 등기가 된 때에는 제3자에게 대항할 수 있다. 종전 규정이 미흡하였고, 이에 대해 판례는 공특법의 부동산등기법이 정하는 등기란 환매특약의 등기라고 하여 환매권자의 지위가 불안정하게 되는 문제점이 있었으나, 토지보상법은 협의취득의 등기를 대항요건으로 규정하여 종래의 문제점을 개선하였다.

(ㄴ) 수용으로 인한 환매권은 부동산등기법이 정하는 바에 따라 수용의 등기가 된 때에 제3자에게 대항할 수 있다.

┌─ 판례 ───┐

▶ 관련판례(대판 2017.3.15, 2015다238963)

[1] (구)공익사업을 위한 토지 등의 취득 및 보상에 관한 법률(2007.10.17. 법률 제8665호로 개정되기 전의 것) 제91조 제5항은 '환매권은 부동산등기법이 정하는 바에 의하여 공익사업에 필요한 토지의 협의취득 또는 수용의 등기가 된 때에는 제3자에게 대항할 수 있다'고 정하고 있다. 이는 협의취득 또는 수용의 목적물이 제3자에게 이전되더라도 협의취득 또는 수용의 등기가 되어 있으면 환매권자의 지위가 그대로 유지되어 환매권자는 환매권을 행사할 수 있고, 제3자에 대해서도 이를 주장할 수 있다는 의미이다.

[2] 甲 지방자치단체가 도로사업부지를 취득하기 위하여 乙 등으로부터 토지를 협의취득하여 소유권이전등기를 마쳤는데, 위 토지가 택지개발예정지구에 포함되자 이를 택지개발사업 시행자인 丙 공사에 무상으로 양도하였고, 그 후 택지개발예정지구 변경지정과 개발계획 변경승인 및 실시계획 승인이 고시되어 위 토지가 택지개발사업의 공동주택용지 등으로 사용된 사안에서, 택지개발사업의 개발계획 변경승인 및 실시계획 승인이 고시됨으로써 토지가 도로사업에 더 이상 필요 없게 되어 협의취득일 당시 토지소유자였던 乙 등에게 환매권이 발생하였고, 그 후 택지개발사업에 토지가 필요하게 된 사정은 환매권의 성립이나 소멸에 아무런 영향을 미치지 않으며, 위 토지에 관하여 甲 지방자치단체 앞으로 공공용지 협의취득을 원인으로 한 소유권이전등기가 마쳐졌으므로, 乙 등은 환매권이 발생한 때부터 제척기간 도과로 소멸할 때까지 사이에 언제라도 환매권을 행사하고, 이로써 제3자에게 대항할 수 있다고 한 사례

[3] (구)공익사업을 위한 토지 등의 취득 및 보상에 관한 법률(2007.10.17. 법률 제8665호로 개정되기 전의 것, 이하 '토지보상법'이라 한다)상 원소유자 등의 환매권 상실로 인한 손해배상액은 환매권 상실 당시를 기준으로 한 목적물의 시가에서 환매권자가 환매권을 행사하였을 경우 반환하여야 할 환매가격을 공제한 금원이다. 환매권 상실 당시 환매목적물의 감정평가금액이 토지보상법 제91조 제1항에 정해진 '지급한 보상금'에 그때까지 사업과 관계없는 인근 유사토지의 지가변동률을 곱한 금액보다 적거나 같을 때에는 감정평가금액에서 '지급한 보상금'을 공제하는 방법으로 계산하면 되지만, 이를 초과할 때에는 [환매권 상실 당시의 감정평가금액 − (환매권 상실 당시의 감정평가금액 − 지급한 보상금 × 지가상승률)]로 산정한 금액, 즉 '지급한 보상금'에 당시의 인근 유사토지의 지가상승률을 곱한 금액이 손해로 된다.

└───┘

(5) 환매의 목적물

① 토지의 소유권

환매의 목적물은 토지소유권이다. 종전 이원화된 법체계에서 상호 달리 규정하였으나 토지보상법에서는 토지로 한정하여 통일적으로 규정하였다. 환매권은 요건에 해당하는 토지의 전부에 대하여 행사할 수 있고, 그 중 일부만 환매권자가 선택하여 환매권을 행사할 수는 없다(다수설).

② 잔여지

잔여지는 그 잔여지에 접한 일단의 토지가 필요 없게 된 경우가 아니면 이를 환매할 수 없다. 종전 공특법에는 잔여지만의 환매가 불가능하다는 규정이 없어 논란이 있었으나, 토지보상법은 통일적으로 규정하여 입법적으로 해결하였다.

③ 환매의 목적물을 토지에 한정하는 경우의 문제

(ㄱ) 환매의 목적물을 토지소유권(법 제91조 제1항)으로 한정하고 있는바, 건물소유자 등의 환매권이 인정될 수 있는지와 관련하여 동 규정이 위헌인지 견해가 대립한다.

(ㄴ) 건물이 공익사업 시행 후에도 존재할 가능성이 있으며, 건물을 철거하는 것보다는 건물을 계속 사용하고자 하는 전 소유자에게 환매권을 주는 것이 사회·경제적으로도 이익인 점, 아예 건물에 대한 환매 자체를 불허하는 것은 합리적인 근거 없이 토지소유자와 차별하여 건물소유자의 재산권을 과도하게 침해하여 비례의 원칙 및 평등의 원칙에 위반하여 위헌이라는 견해가 있다.

(ㄷ) 다만, 최근 헌법재판소는 건물의 경우 정당한 보상이 주어졌다면 그러한 손실 등이 남아 있는 경우는 드물다는 이유로 건물에 대해서는 그 존속가치를 보장하기 위하여 환매권을 인정하여야 할 필요성이 없거나 매우 적다는 점을 논거로 합헌이라고 결정한 바 있다.

(ㄹ) 환매의 목적물을 토지 이외의 재산권에도 인정함이 바람직할 것으로 본다. 아니면 상기의 문제가 발생한 경우의 분쟁해결방법들을 입법하여 해결할 필요가 있을 것이다.

판례

▶ 관련판례(헌재 2005.5.26, 2004헌가10)

[판시사항]

[1] 재산권 침해의 심사기준

[2] 협의취득 내지 수용 후 해당 사업의 폐지나 변경이 있은 경우 환매권을 인정하는 대상으로 토지만을 규정하고 있는 공익사업을 위한 토지 등의 취득 및 보상에 관한 법률 제91조 제1항이 구 건물소유자의 재산권을 침해하는지 여부(소극)

[3] 위 조항이 평등권을 침해하는지 여부(소극)

[결정요지]

[1] 헌법은 재산권을 보장하지만 다른 기본권과는 달리 "그 내용과 한계는 법률로 정한다."고 하여 입법자에게 재산권에 관한 규율권한을 유보하고 있다. 그러므로 재산권을 형성하거나 제한하는 입법에 대한 위헌심사에 있어서는 입법자의 재량이 고려되어야 한다. 재산권의 제한에 대하여는 재산권 행사의 대상이 되는 객체가 지닌 사회적인 연관성과 사회적 기능이 크면 클수록 입법자에 의한 보다 광범위한 제한이 허용되며, 한편 개별 재산권이 갖는 자유보장적 기능, 즉 국민 개개인의 자유실현의 물질적 바탕이 되는 정도가 강할수록 엄격한 심사가 이루어져야 한다.

[2] 토지의 경우에는 공익사업이 폐지·변경되더라도 기본적으로 형상의 변경이 없는 반면, 건물은 그 경우 통상 철거되거나 그렇지 않더라도 형상의 변경이 있게 되며, 토지에 대해서는 보상이 이루어지더라도 수용당한 소유자에게 감정상의 손실 등이 남아있게 되나, 건물의 경우 정당한 보상이 주어졌다면 그러한 손실이 남아있는 경우는 드물다. 따라서 토지에 대해서는 그 존속가치를 보장해 주기 위해 공익사업의 폐지·변경 등으로 토지가 불필요하게 된 경우 환매권이 인정되어야 할 것이나, 건물에 대해서는 그 존속가치를 보장하기 위하여 환매권을 인정하여야 할 필요성이 없거나 매우 적다. 따라서 건물에 대한 환매권을 인정하지 않는 입법이 자의적인 것이라거나 정당한 입법목적을 벗어난 것이라 할 수 없고, 이미 정당한 보상을 받은 건물소유자의 입장에서는 해당 건물을 반드시 환매 받아야 할 만한 중요한 사익이 있다고 보기 어려우며, 건

물에 대한 환매권이 부인된다고 해서 종전 건물소유자의 자유실현에 여하한 지장을 초래한다고 볼 수 없다. 즉, 공익사업을 위한 토지 등의 취득 및 보상에 관한 법률(2002.2.4. 법률 제6656호로 제정된 것) 제91조 제1항 중 '토지' 부분(이하 '이 사건 조항'이라 한다)으로 인한 기본권 제한의 정도와 피해는 미비하고 이 사건 조항이 공익에 비하여 사익을 과도하게 침해하는 것은 아니다. 입법자가 건물에 대한 환매권을 부인한 것은 헌법적 한계 내에 있는 입법재량권의 행사이므로 재산권을 침해하는 것이라 볼 수 없다.

[3] 이 사건 조항은 종전 토지소유자와 건물소유자 간에 환매권 인정에 있어서 차별을 하고 있지만, 이는 건물에 대한 환매권을 인정할 실익이 거의 없다는 점에 기인한 것이므로, 그러한 차별이 합리적 이유가 없는 자의적인 것이라거나 입법목적과 수단 간에 비례성을 갖추지 못한 것이라고 볼 수 없다. 그러므로 이 사건 조항은 평등권을 침해하지 않는다.

(6) 환매금액

환매금액은 환매권자가 지급받은 보상금에 상당한 금액이다. 여기서 보상금 상당금액이란 토지의 완전한 소유권을 취득하기 위해서 사업시행자가 지급한 토지의 소유권과 토지소유권 외의 권리에 대하여 지급한 보상금의 합산액을 말하며 환매권 행사 당시까지 법정이자를 가산한 금액을 말하는 것은 아니다. 또한 토지상의 정착물에 대한 보상금은 제외된다.

> **판례**
>
> ▶ **관련판례**(대판 1994.5.24, 93누17225)
> 환매는 환매기간 내에 환매의 요건이 발생하면 환매권자가 수령한 보상금의 상당금액을 사업시행자에게 미리 지급하고 일방적으로 매수의 의사표시를 함으로써 사업시행자의 의사와 관계없이 환매가 성립되는 것이고, 토지 등의 가격이 취득 당시에 비하여 현저히 변경되었더라도 같은 법 제9조 제3항에 의하여 당사자 간에 금액에 대하여 협의가 성립되거나 토지수용위원회의 재결에 의하여 그 금액이 결정되지 않는 한 그 가격이 현저히 등귀된 경우이거나 하락한 경우이거나를 묻지 않고 환매권을 행사하기 위하여는 수령한 보상금의 상당금액을 미리 지급하여야 하고 또한 이로써 족하다.
>
> ▶ **관련판례**(대판 2006.12.21, 2006다49277) [소유권이전등기] (제23회 기출)
> 공익사업을 위한 토지 등의 취득 및 보상에 관한 법률 제91조에 의한 환매는 환매기간 내에 환매의 요건이 발생하면 환매권자가 지급받은 보상금에 상당한 금액을 사업시행자에게 미리 지급하고 일방적으로 의사표시를 함으로써 사업시행자의 의사와 관계없이 환매가 성립하고, 토지 등의 가격이 취득 당시에 비하여 현저히 변경되었더라도 같은 법 제91조 제4항에 의하여 당사자 간에 금액에 관하여 협의가 성립하거나 사업시행자 또는 환매권자가 그 금액의 증감을 법원에 청구하여 법원에서 그 금액이 확정되지 않는 한, 그 가격이 현저히 등귀한 경우이거나 하락한 경우이거나를 묻지 않고 환매권을 행사하기 위하여는 지급받은 보상금 상당액을 미리 지급하여야 하고 또한 이로써 족한 것이며, 사업시행자는 소로써 법원에 환매대금의 증액을 청구할 수 있을 뿐 환매권 행사로 인한 소유권이전등기 청구소송에서 환매대금 증액청구권을 내세워 증액된 환매대금과 보상금 상당액의 차액을 지급할 것을 선이행 또는 동시이행의 항변으로 주장할 수 없다.
>
> ▶ **관련판례**(대판 2012.8.30, 2011다74109) [소유권이전등기]
> [1] 공익사업을 위한 토지 등의 취득 및 보상에 관한 법률 제91조에 의한 환매는 환매기간 내에

환매의 요건이 발생하면 환매권자가 지급 받은 보상금에 상당한 금액을 사업시행자에게 미리 지급하고 일방적으로 의사표시를 함으로써 사업시행자의 의사와 관계없이 환매가 성립한다. 따라서 환매기간 내에 환매대금 상당을 지급하거나 공탁하지 아니한 경우에는 환매로 인한 소유권이전등기 청구를 할 수 없다.

[2] 협의취득 또는 수용된 토지 중 일부가 필요 없게 되어 그 부분에 대한 환매권을 행사하는 경우와 같이 환매대상토지 부분의 정확한 위치와 면적을 특정하기 어려운 특별한 사정이 있는 경우에는, 비록 환매기간 만료 전에 사업시행자에게 미리 지급하거나 공탁한 환매대금이 나중에 법원의 감정 등을 통하여 특정된 토지부분에 대한 환매대금에 다소 미치지 못한다고 하더라도 그 환매대상인 토지부분의 동일성이 인정된다면 환매기간 경과 후에도 추가로 부족한 환매대금을 지급하거나 공탁할 수 있다고 보아야 한다. 그리고 이러한 법리는 환매권자가 명백한 계산착오 등으로 환매대금의 아주 적은 일부를 환매기간 만료 전에 지급하거나 공탁하지 못한 경우에도 적용된다고 봄이 신의칙상 타당하다.

[3] 환매권자가 미리 지급하거나 공탁한 환매대금이 환매권자가 환매를 청구한 토지부분 전체에 대한 환매대금에는 부족하더라도 실제 환매대상이 될 수 있는 토지부분의 대금으로는 충분한 경우에는 그 부분에 대한 환매대금은 미리 지급된 것으로 보아야지, 환매를 청구한 전체 토지와 대비하여 금액이 부족하다는 이유만으로 환매대상이 되는 부분에 대한 환매권의 행사마저 효력이 없다고 볼 것은 아니다.

[4] 합병 전 한국토지공사가 갑에게서 수용한 토지 중 일부가 사업에 이용할 필요가 없게 되었음을 이유로 갑이 환매기간 내에 최초 수용재결금액을 기준으로 그 면적비율에 상응하는 환매대금을 공탁한 후 환매를 요청하였고, 그 후 제1심 법원의 감정결과에 따라 환매대상 토지의 위치와 면적을 특정하여 증가한 토지면적에 대한 환매대금을 추가로 공탁한 사안에서, 원심으로서는 갑이 이의재결 금액이 아닌 수용재결금액만을 공탁한 이유가 무엇인지 등을 지적하여 갑에게 변론할 기회를 주었어야 하고, 갑이 환매요청을 한 토지 중 일부에 대해서만 환매요건이 충족될 경우 공탁한 금액이 환매요건을 충족하는 일부에 대한 환매대금을 초과하는 이상 해당 부분에 대해서는 환매청구를 인용하여야 하므로 갑의 공탁금액이 전체 환매대금에 모자라더라도 토지 중 환매요건을 충족하는 부분이 있는지, 그에 대한 환매대금 이상이 공탁되어 있는지 등에 관하여 심리하였어야 함에도, 그와 같은 필요한 조치를 취하지 않은 채 갑이 공탁한 환매대금이 이의재결금액을 기준으로 계산하면 부족하다는 점만을 이유로 갑의 청구를 배척한 원심판결에 법리오해 등의 위법이 있다고 한 사례

▶ 관련판례(대판 2012.3.15, 2011다77849) [손해배상(기)등]
[1] 매수인이 매도인을 대리하여 매매대금을 수령할 권한을 가진 자에게 잔대금의 수령을 최고하고 그 자를 공탁물수령자로 지정하여 한 변제공탁은 매도인에 대한 잔대금 지급의 효력이 있다.

[2] 한국수자원공사가 갑소유의 부동산을 수용하였는데, 이후 갑이 한국수자원공사에게서 환매업무를 위임받은 합병 전 한국토지공사에 환매를 요청하면서 한국토지공사를 피공탁자로 하여 환매대금을 공탁한 사안에서, 제반 사정에 비추어 한국토지공사는 한국수자원공사를 대리하여 환매대금을 수령할 권한을 가지고 있었고, 갑이 한국토지공사에 환매대금 수령을 최고하고 한국토지공사를 공탁물수령자로 지정하여 환매대금을 공탁한 것은 환매당사자인 한국수자원공사에 환매대금을 지급한 것과 같은 효력이 발생한다고 보아야 함에도, 이와 달리 본 원심판결에 공탁과 환매요건에 관한 법리오해의 위법이 있다고 한 사례

(7) 환매권의 행사절차

① 사업시행자의 통지 또는 공고

사업시행자는 환매할 토지가 생긴 때에는 지체 없이 이를 환매권자에게 통지하여야 한다. 다만, 사업시행자가 과실 없이 환매권자를 알 수 없는 때에는 전국을 보급지역으로 하는 일간신문에 공고하거나 해당 토지가 소재하는 시·군 또는 구의 게시판에 7일 이상 게시하여야 한다(법 제92조 제1항 및 시행령 제49조).

사업시행자는 환매할 토지가 생긴 때에 통지나 공고를 할 의무가 발생하는데 통지나 공고는 환매권 행사의 요건이 아니고 법률상 당연히 인정되는 환매권 행사의 실효성을 보장하기 위한 것이다. 따라서 사업시행자의 통지나 공고 없이도 토지소유자는 환매권을 행사할 수 있다. 그러나 환매권자는 통지를 받은 날 또는 공고를 한 날부터 6월이 경과한 후에는 환매권을 행사하지 못한다(법 제92조 제2항). 즉, 통지나 공고는 환매권의 행사요건은 아니지만 환매권 행사의 제척기간을 단축하는 효과가 있다.

② 환매권자의 환매금액의 지급과 환매의사의 표시

환매권자는 환매금액을 지급하고 환매의사를 표시함으로써 환매권을 행사하게 된다. 이때 환매대금지급의무와 소유권이전의무가 동시이행관계인지 선이행관계인지에 대하여 환매대금 지급의무가 선이행이라는 것이 우리 토지보상법의 태도이다. 또한 환매가 성립하기 위해 사업시행자의 동의를 요하는가에 대하여는 환매권은 형성권성을 가지므로 환매권자가 환매금액을 지급하고 일방적으로 환매의사를 표시함으로써 사업시행자의 동의와 관계없이 성립한다고 봄이 타당하다.

> **판례**
>
> ▶ 관련판례(대판 1993.9.14, 92다56810)
> 공공용지의 취득 및 손실보상에 관한 특례법 제9조 및 토지수용법 제71조에 의한 환매권의 경우 환매대금의 선이행을 명문으로 규정하고 있으므로 환매대금 상당을 지급하거나 공탁하지 아니한 경우는 환매로 인한 소유권이전등기청구는 물론 환매대금의 지급과 상환으로 소유권이전등기를 구할 수 없다.
>
> ▶ 관련판례(대판 2012.8.30, 2011다74109)
> [판시사항]
> [1] 공익사업을 위한 토지 등의 취득 및 보상에 관한 법률 제91조에서 정한 환매권 행사 시 환매기간 내 환매대금 상당의 지급 또는 공탁이 선이행의무인지 여부(적극)
> [2] 환매대상인 토지부분의 정확한 위치와 면적을 특정하기 어려운 사정이 있는 경우 환매기간 만료 전 지급하거나 공탁한 환매대금이 나중에 법원의 감정 등으로 특정된 토지 부분의 환매대금에 다소 미치지 못하더라도 환매기간 경과 후 추가로 부족한 환매대금을 지급하거나 공탁할 수 있는지 여부(한정 적극) 및 환매권자가 명백한 계산착오 등으로 환매대금의 아주 적은 일부를 환매기간 만료 전에 지급하거나 공탁하지 못한 경우에도 마찬가지인지 여부(적극)
> [3] 환매권자가 미리 지급하거나 공탁한 환매대금이 환매를 청구한 토지부분 전체에 대한 환매대금에는 부족하더라도 실제 환매대상이 될 수 있는 토지부분 대금으로는 충분한 경우, 환매대상이 되는 부분에 대하여 환매권 행사의 효력이 있는지 여부(적극)

[판결요지]

[1] 공익사업을 위한 토지 등의 취득 및 보상에 관한 법률 제91조에 의한 환매는 환매기간 내에 환매의 요건이 발생하면 환매권자가 지급 받은 보상금에 상당한 금액을 사업시행자에게 미리 지급하고 일방적으로 의사표시를 함으로써 사업시행자의 의사와 관계없이 환매가 성립한다. 따라서 환매기간 내에 환매대금 상당을 지급하거나 공탁하지 아니한 경우에는 환매로 인한 소유권이전등기 청구를 할 수 없다.

[2] 협의취득 또는 수용된 토지 중 일부가 필요 없게 되어 그 부분에 대한 환매권을 행사하는 경우와 같이 환매대상 토지부분의 정확한 위치와 면적을 특정하기 어려운 특별한 사정이 있는 경우에는, 비록 환매기간 만료 전에 사업시행자에게 미리 지급하거나 공탁한 환매대금이 나중에 법원의 감정 등을 통하여 특정된 토지부분에 대한 환매대금에 다소 미치지 못한다고 하더라도 그 환매대상인 토지부분의 동일성이 인정된다면 환매기간 경과 후에도 추가로 부족한 환매대금을 지급하거나 공탁할 수 있다고 보아야 한다. 그리고 이러한 법리는 환매권자가 명백한 계산착오 등으로 환매대금의 아주 적은 일부를 환매기간 만료 전에 지급하거나 공탁하지 못한 경우에도 적용된다고 봄이 신의칙상 타당하다.

[3] 환매권자가 미리 지급하거나 공탁한 환매대금이 환매권자가 환매를 청구한 토지부분 전체에 대한 환매대금에는 부족하더라도 실제 환매대상이 될 수 있는 토지부분의 대금으로는 충분한 경우에는 그 부분에 대한 환매대금은 미리 지급된 것으로 보아야지, 환매를 청구한 전체 토지와 대비하여 금액이 부족하다는 이유만으로 환매대상이 되는 부분에 대한 환매권의 행사마저 효력이 없다고 볼 것은 아니다.

5. 환매권의 행사의 효과

(1) 환매권의 행사의 효력발생시점

환매권자는 환매금액을 지급한 후 환매의사를 표시함으로써 환매를 한다.

┌ 판례 ┐

▶ 관련판례(대판 1999.4.9, 98다46945)

공공용지의 취득 및 손실보상에 관한 특례법에 의한 절차에 따라 국가 등에 의하여 협의취득된 토지의 전부 또는 일부가 취득일로부터 10년 이내에 해당 공익사업의 폐지, 변경 기타의 사유로 인하여 필요 없게 되었을 때 취득 당시의 소유자 등에게 인정되는 같은 법 제9조 소정의 환매권은 해당 토지의 취득일로부터 10년 이내에 행사되어야 하고, 위 행사기간은 제척기간으로 보아야 할 것이며, 위 환매권은 재판상이든 재판 외이든 그 기간 내에 행사하면 되는 것이나, 환매권은 상대방에 대한 의사표시를 요하는 형성권의 일종으로서 환매의 의사표시가 상대방에게 도달한 때에 비로소 환매권 행사의 효력이 발생함이 원칙이다.

(2) 사업인정 전 협의취득으로 인한 환매권의 경우

환매권을 행사한 경우 물권적 효과가 발생한다는 견해와 채권적 효과가 발생한다는 견해가 있다. 환매권의 법적 성질을 ① 물권적 취득권으로 보는 견해에 의하면 환매권의 효력은 곧 소유권이전 효과라고 한다. 그러나 ② 해제권설을 취하는 견해에 의하면 환매권의 채권적 효력을 인정하여 환매권을 행사하면 소유권이전등기말소의 청구권이 발생하는 것이고, ③ 예약완결권설을 취하는 견해에 의하면 소유권이전등기의 청구권이 발생하고 이후 등기가 있어야 소유권 이전의 효과가 발생하는 것으로 본다. 물권적 효력을 인정하는 것이 타당하다고 본다.

(3) 사업인정 후 취득으로 인한 환매권의 경우

대부분의 견해는 환매권의 형성권적 성질을 긍정하면서 환매의 의사표시로 바로 효력이 발생하며, 그 때의 효력은 환매권자를 보호하여야 할 필요성을 강조하면서 물권적 효력으로 보는 것이 타당하다고 주장하고 있다. 다만, 판례는 환매권의 효과는 채권적 효과로서 소유권이전등기청구권이 발생하고 이 청구권은 10년을 시효로 소멸한다고 한다.

그러나 이러한 주장은 기본적으로 환매권의 법적 성질을 사권으로 보는 입장에서 제기되는 것이다. 토지보상법상 사업인정 후 취득으로 인한 환매권의 본질은 주관적 공권이라 할 것이다. 따라서 환매행사요건이 충족되면, 환매권자는 환매권을 행사하여 사업시행자에게 반환청구를 할 수 있고, 사업시행자는 그에 응할 의무가 있는 것으로 보아야 한다. 이때에 사업시행자가 그 의무를 거부하는 경우에는 이것이 공권력의 행사로서 처분에 해당되지는 아니하므로 공법상 당사자소송으로 해당 법률관계를 다툴 수 있을 것이다.

6. 환매권의 소멸

(1) 사업시행자 통지가 없는 경우

① 일정기간 내에 토지의 전부 또는 일부가 필요 없게 된 경우(법 제91조 제1항)

사업의 폐지·변경으로 취득한 토지의 전부 또는 일부가 필요 없게 된 경우에는 관계 법률에 따라 사업이 폐지·변경된 날 또는 제24조에 따른 사업의 폐지·변경 고시가 있는 날로부터, 그 밖의 사유로 취득한 토지의 전부 또는 일부가 필요 없게 된 경우에는 사업완료일로부터 10년 이내에 그 토지에 대하여 받은 보상금에 상당하는 금액을 사업시행자에게 지급하고 토지를 환매할 수 있다.

> **판례**
>
> ▶ **관련판례**(대판 1993.8.13, 92다50652)
> 공공용지의 취득 및 손실보상에 관한 특례법 제9조 제1항과 제2항은 환매권발생요건을 서로 달리 하고 있으므로 어느 한 쪽의 요건에 해당되면 다른 쪽의 요건을 주장할 수 없게 된다고 할 수는 없고, 양쪽의 요건에 모두 해당된다고 하여 더 짧은 제척기간을 정한 제2항에 의하여 제1항의 환매권의 행사가 제한된다고 할 수도 없을 것이므로 제2항의 규정에 의한 제척기간이 도과되었다 하여 제1항의 규정에 의한 환매권 행사를 할 수 없는 것도 아니다.

---

② 일정기간이 경과하도록 토지의 전부를 사용하지 아니하는 경우

> 🔎 **법 제91조(환매권)**
> ② 취득일부터 5년 이내에 취득한 토지의 전부를 해당 사업에 이용하지 아니하였을 때에는 제1항을 준용한다. 이 경우 환매권은 취득일부터 6년 이내에 행사하여야 한다.

---

③ 토지보상법 제91조 제1항과 제2항에서 규정하고 있는 제척기간의 관계

제1항에서 규정하고 있는 환매요건과 제2항에서 규정하고 있는 환매요건에 모두 해당될 경우에는 보다 긴 기간이 경과하여야 환매권이 소멸된다고 할 것이다. 즉, 환매권자는 자신에게 유리한 기간을 선택하여 적용할 수 있다.

(2) 사업시행자의 통지가 있는 경우

사업시행자가 토지보상법 제92조 제1항의 규정에 의한 통지 또는 공고한 경우 통지 받은 날 또는 공고한 날부터 6개월이 지난 후에는 환매권을 행사할 수 없다. 사업시행자에게 통지의무를 부여한 이유는 법률상 당연히 인정되는 환매권 행사의 실효성을 보장하기 위한 것이다.

(3) 사업시행자가 통지하지 아니한 경우의 불법행위성립 여부

① 판례의 태도

(ㄱ) 통지 없이 환매권 행사의 제척기간 내에 제3자에게 처분한 경우 : 대부분의 경우 사업시행자의 통지가 있어야 환매권자가 환매의 대상 토지가 생겼음을 알 수 있어, 그러한 통지를 하도록 규정한 것은 단순한 선언적인 것이 아니고 환매권 행사의 실효성을 보장하여 주고, 법규에 의하여 사업시행자에게 부과된 의무이기 때문에, 통지 없이 환매의 대상 토지를 제3자에게 처분한 경우 처분행위 자체는 유효하다 하더라도 환매권자와의 관계에 있어서는 환매권을 침해한 것으로 불법행위를 구성한다고 한다.

> 판례
>
> ▶ 관련판례(대판 1993.5.27, 92다34667)
> 기업자(사업시행자)가 원소유자의 환매가능성이 존속하고 있는데도 이러한 의무에 위배한 채 환매의 목적이 될 토지를 제3자에게 처분한 경우 처분행위 자체는 유효하다 하더라도 적어도 원소유자에 대한 관계에서는 법률에 의하여 인정되는 환매권 자체를 행사함이 불가능하도록 함으로써 환매권 자체를 상실시킨 것으로 되어 불법행위를 구성한다.

(ㄴ) 통지 없이 환매의 제척기간이 도과한 경우 : 사업시행자에게 통지를 하도록 규정한 것은 단순한 선언적인 것이 아니고 환매권 행사의 실효성을 보장하여 주고, 법규에 의하여 사업시행자에게 부과된 의무이기 때문에, 통지를 하지 아니하여 환매행사기간이 도과되어 환매권자가 환매권 행사를 불가능하게 한 것이므로 불법행위를 구성한다고 한다.

> 판례
>
> ▶ 관련판례(대판 2000.11.14, 9다45864)
> 공공용지의 취득 및 손실보상에 관한 특례법상의 사업시행자가 위 각 규정에 의한 통지나 공고를 하여야 할 의무가 있는데도 불구하고 이러한 의무에 위배한 채 원소유자 등에게 통지나 공고를 하지 아니하여, 원소유자 등으로 하여금 환매권 행사기간이 도과되도록 하여 이로 인하여 법률에 의하여 인정되는 환매권 행사가 불가능하게 되어 환매권 그 자체를 상실하게 하는 손해를 가한 때에는 원소유자 등에 대하여 불법행위를 구성한다고 할 것이다.

(ㄷ) 불법행위로 인한 손해배상

판례

▶ **관련판례**(대판 2000.11.14, 99다45864)

원소유자 등의 환매권 상실로 인한 손해배상액은 환매권 상실 당시의 목적물의 시가에서 환매권자가 환매권을 행사하였을 경우 반환하여야 할 환매가격을 공제한 금원으로 정하여야 할 것이다.

▶ **관련판례**(대판 2013.1.16, 2012다71305)

원심은, 이 사건 합의에서 정한 '기존 수도부지에 대한 재산권 처리에 관한 업무'에 환매 관련 업무가 포함된다고 단정하기 어렵고, 설령 포함되더라도 위 합의는 피고와 한국토지공사(2009.10.1. 합병으로 한국토지주택공사가 되었다. 이하 합병 전후를 통틀어 '소외 공사'라 한다) 사이의 내부적인 약정으로 소외 공사가 피고를 대신하여 환매 관련 제반 행위를 하기로 한 것에 불과할 뿐이어서 피고는 이와 상관없이 여전히 공익사업법 소정의 환매권 통지의무를 부담하며, 그 판시와 같은 사정만으로는 피고가 공익사업법상 사업시행자로서 부담하는 법률상 의무를 이행하지 아니한 데에 정당한 사유가 있다거나 귀책사유가 없다고 볼 수는 없다고 판단하였다. 나아가 원심은 환매권 상실로 인한 원고의 손해배상액을 산정함에 있어, '이 사건 택지개발사업 승인·고시 당시 이 사건 각 토지가 환매의 대상이 된다는 것을 알았거나 알 수 있었음에도 환매권을 행사하지 아니한 원고의 과실을 손해배상액 산정에 참작하여야 한다'는 피고의 주장을 그 판시와 같은 이유를 들어 배척하였다. 관련 법리와 기록에 비추어 살펴보면 원심의 위와 같은 조치는 정당한 것으로 수긍할 수 있고, 거기에 상고이유에서 주장하는 바와 같은 계약해석이나 불법행위의 성립, 과실상계나 손해배상책임의 범위 등에 관한 법리오해 또는 대법원 판례 위반, 심리미진 등의 위법이 없다.

② 판례의 평가

상기의 판례(대판 1993.5.27, 92다34667)의 경우는 환매권 행사의 최고의 통지나 공고 없이 환매목적물을 제3자에게 처분하여 환매권자의 권리인 환매권을 침해한 것이므로 이는 민법 제750조의 불법행위로 인한 손해배상청구권이 성립한다고 볼 수 있다.

판례(대판 2000.11.14, 99다45864)의 경우 사업시행자가 통지를 하지 아니한 것만을 가지고 불법행위 책임을 인정할 수 있는지에 대하여는 의문이 있다. 이에 대하여 사업시행자의 통지는 환매권 행사의 실효성을 보장하기 위한 것이므로 이는 사업시행자의 법적인 의무이기 때문에 이러한 의무를 이행하지 아니하여 환매권 행사가 불가능하게 된 것이므로 불법행위를 구성한다고 보는 견해가 있다. 반면에 통지는 환매요건이 아니므로 통지를 하지 아니하였다는 사실 외에 적극적인 환매권의 침해행위 없이 모든 책임을 사업시행자에게 지우는 것은 타당하지 못하다는 견해가 있다. 환매권자는 일반적으로 환매대상토지가 발생하였는지 알기 어려워 사업시행자의 통지 없이는 환매권 행사의 실효성을 확보할 수 없으므로 판례의 태도가 타당하다고 본다.

7. 환매권에 대한 다툼

(1) 행사요건 성립 여부에 대한 다툼

사업시행자의 환매통지가 있는 경우와는 달리 환매권 행사요건이 성립하는지에 대한 다툼이 생길 수 있는바 공권설의 입장에서는 공법상 당사자소송에 의할 것이며, 사권설의 입장에서는 민사소송(사업시행자 : 소유권확인의소, 환매권자 : 소유권이전등기이행의소)에 의하게 될 것이나 실무상 민사소송에 의한다.

(2) 환매금액에 관한 다툼

① 의의

환매금액은 보상금 상당금액으로 함이 원칙이나(법 제91조 제1항) 토지의 가격이 취득일 당시에 비하여 현저히 변동된 경우 사업시행자 및 환매권자는 환매금액에 대하여 서로 협의하되, 협의가 성립되지 아니한 때에는 그 금액의 증감을 법원에 청구할 수 있다(법 제91조 제4항).

> ❧ 시행령 제48조(환매금액의 협의요건)
> 법 제91조 제4항에 따른 "토지의 가격이 취득일 당시에 비하여 현저히 변동된 경우"는 환매권 행사 당시의 토지가격이 지급한 보상금에 환매 당시까지의 해당 사업과 관계없는 인근 유사토지의 지가변 동률을 곱한 금액보다 높은 경우로 한다.

② 환매금액 증감에 관한 다툼의 해결방법

환매금액의 증감에 관한 다툼은 법원이 해결하도록 토지보상법이 정하고 있다. 이와 관련하여 토지보상법 이전의 상황에서는 환매금액에 관한 다툼이 있는 때에 토지수용법(제71조 제5항)에서는 법원이 해결하도록 하고, 공특법(제9조 제3항)에서는 관할 토지수용위원회의 재결을 거치고 재결에 대하여 불복할 때는(공특법 시행령 제7조에서 재결절차 등의 내용에 대하여 토지수용법 제73조 내지 제75조의2의 규정을 준용도록 하고 있으므로) 토지수용법의 이의신청과 보상금증감청구소송의 절차를 거치도록 하고 있는바 토지수용법상 환매권은 민사소송을 통해서 다투게 되고 공특법상 환매권은 행정소송을 통해 다투게 되는 모순이 있었다. 이러한 점을 해결하기 위해서 통일적으로 모든 환매권에 관한 다툼은 법원에 의하도록 한 것이다.

8. 결

상기와 같이 환매권은 동일한 목적을 가지고 있으면서도 종전에는 공공용지의 취득 및 손실보상에 관한 특례법과 토지수용법에서 각기 달리 이원화된 규정을 함으로써 나타난 문제점을 토지보상법에서 통일적으로 규정하여 개선하였다.

다만, 공익사업의 변환제도는 환매권이라는 재산권을 공허하게 만드는 문제점을 지니는바, 폐지되는 것이 당연하다.

판례

▶ 최근 대법원에서 환매권 행사와 환매권 행사제한과 관련된 해석을 내놓은 판례
대판 2010.9.30, 2010다30782[소유권이전등기]

[판시사항]

[1] 환매권에 관하여 규정한 '공익사업을 위한 토지 등의 취득 및 보상에 관한 법률' 제91조 제1항에 정한 '해당 사업'의 의미 및 협의취득 또는 수용된 토지가 필요 없게 되었는지 여부의 판단기준

[2] '공익사업을 위한 토지 등의 취득 및 보상에 관한 법률' 제91조 제1항에 정한 환매권 행사기간의 의미

[3] '공익사업을 위한 토지 등의 취득 및 보상에 관한 법률' 제91조 제6항에 정한 공익사업의 변환이 인정되는 경우, 환매권 행사가 제한되는지 여부(적극)

[4] '공익사업을 위한 토지 등의 취득 및 보상에 관한 법률' 제91조 제6항에 정한 공익사업의 변환은 새로운 공익사업에 관해서도 같은 법 제20조 제1항의 규정에 의해 사업인정을 받거나 위 규정에 따른 사업인정을 받은 것으로 의제되는 경우에만 인정할 수 있는지 여부(적극)

[5] 공익사업을 위해 협의취득하거나 수용한 토지가 변경된 사업의 사업시행자 아닌 제3자에게 처분된 경우에도 '공익사업의 변환'을 인정할 수 있는지 여부(소극)

[6] 지방자치단체가 도시관리계획상 초등학교 건립사업을 위하여 학교용지를 협의취득하였으나 위 학교용지 인근에서 아파트 건설사업을 하던 주택건설사업 시행자와 그 아파트 단지 내에 들어설 새 초등학교 부지와 위 학교용지를 교환하고 위 학교용지에 중학교를 건립하는 것으로 도시관리계획을 변경한 사안에서, 위 학교용지에 관한 환매권 행사를 인정한 사례

[판결요지]

[1] 환매권에 관하여 규정한 '공익사업을 위한 토지 등의 취득 및 보상에 관한 법률'(이하 '공익사업법'이라고 한다) 제91조 제1항에서 말하는 '해당 사업'이란 토지의 협의취득 또는 수용의 목적이 된 구체적인 특정의 공익사업으로서 공익사업법 제20조 제1항에 의한 사업인정을 받을 때 구체적으로 특정된 공익사업을 말하고, '국토의 계획 및 이용에 관한 법률' 제88조, 제96조 제2항에 의해 도시계획시설사업에 관한 실시계획의 인가를 공익사업법 제20조 제1항의 사업인정으로 보게 되는 경우에는 그 실시계획의 인가를 받을 때 구체적으로 특정된 공익사업이 바로 공익사업법 제91조 제1항에 정한 협의취득 또는 수용의 목적이 된 해당 사업에 해당한다. 또 위 규정에 정한 해당 사업의 '폐지·변경'이란 해당 사업을 아예 그만두거나 다른 사업으로 바꾸는 것을 말하고, 취득한 토지의 전부 또는 일부가 '필요 없게 된 때'란 사업시행자가 취득한 토지의 전부 또는 일부가 그 취득목적사업을 위하여 사용할 필요 자체가 없어진 경우를 말하며, 협의취득 또는 수용된 토지가 필요 없게 되었는지 여부는 사업시행자의 주관적인 의사를 표준으로 할 것이 아니라 해당 사업의 목적과 내용, 협의취득의 경위와 범위, 해당 토지와 사업의 관계, 용도 등 제반 사정에 비추어 객관적·합리적으로 판단하여야 한다.

[2] '공익사업을 위한 토지 등의 취득 및 보상에 관한 법률' 제91조 제1항에서 환매권의 행사요건으로 정한 "해당 토지의 전부 또는 일부가 필요 없게 된 때로부터 1년 또는 그 취득일로부터 10년 이내에 그 토지를 환매할 수 있다"라는 규정의 의미는 취득일로부터 10년 이내에 그 토지가 필요 없게 된 경우에는 그때로부터 1년 이내에 환매권을 행사할 수 있으며, 또 필요 없게 된 때로부터 1년이 지났더라도 취득일로부터 10년이 지나지 않았다면 환매권자는 적법하게 환매권을 행사할 수 있다는 의미로 해석함이 옳다.

[3] 공익사업의 변환을 인정한 입법취지 등에 비추어 볼 때, '공익사업을 위한 토지 등의 취득 및 보상에 관한 법률' 제91조 제6항은 사업인정을 받은 해당 공익사업의 폐지·변경으로 인하여 협의취득하거나 수용한 토지가 필요 없게 된 때라도 위 규정에 의하여 공익사업의 변환이 허용되는 다른 공익사업으로 변경되는 경우에는 해당 토지의 원소유자 또는 그 포괄승계인에게 환매권이 발생하지 않는다는 취지를 규정한 것이라고 보아야 하고, 위 조항에서 정한 "제1항 및 제2항의 규정에 의한 환매권 행사기간은 관보에 해당 공익사업의 변경을 고시한 날로부터 기산한다."는 의미는 새로 변경된 공익사업을 기준으로 다시 환매권 행사의 요건을 갖추지 못하는 한 환매권을 행사할 수 없고 환매권 행사요건을 갖추어 제1항 및 제2항에 정한 환매권을 행사할 수 있는 경우에 그 환매권 행사기간은 해당 공익사업의 변경을 관보에 고시한 날로부터 기산한다는 의미로 해석해야 한다.

[4] '공익사업을 위한 토지 등의 취득 및 보상에 관한 법률' 제91조 제6항에 정한 공익사업의 변환은 같은 법 제20조 제1항의 규정에 의한 사업인정을 받은 공익사업이 일정한 범위 내의 공익성이 높은 다른 공익사업으로 변경된 경우에 한하여 환매권의 행사를 제한하는 것이므로, 적어도 새로운 공익사업에 관해서도 같은 법 제20조 제1항의 규정에 의해 사업인정을 받거나 또는 위 규정에 따른 사업인정을 받은 것으로 의제하는 다른 법률의 규정에 의해 사업인정을 받은 것으로 볼 수 있는 경우에만 공익사업의 변환에 의한 환매권 행사의 제한을 인정할 수 있다.

[5] 공익사업의 원활한 시행을 위한 무익한 절차의 반복 방지라는 '공익사업의 변환'을 인정한 입법취지에 비추어 볼 때, 만약 사업시행자가 협의취득하거나 수용한 해당 토지를 제3자에게 처분해버린 경우에는 어차피 변경된 사업시행자는 그 사업의 시행을 위하여 제3자로부터 토지를 재취득해야 하는 절차를 새로 거쳐야 하는 관계로 위와 같은 공익사업의 변환을 인정할 필요성도 없게 되므로, 공익사업의 변환을 인정하기 위해서는 적어도 변경된 사업의 사업시행자가 해당 토지를 소유하고 있어야 한다. 나아가 공익사업을 위해 협의취득하거나 수용한 토지가 제3자에게 처분된 경우에는 특별한 사정이 없는 한 그 토지는 해당 공익사업에는 필요 없게 된 것이라고 보아야 하고, 변경된 공익사업에 관해서도 마찬가지이므로, 그 토지가 변경된 사업의 사업시행자 아닌 제3자에게 처분된 경우에는 공익사업의 변환을 인정할 여지도 없다.

[6] 지방자치단체가 도시관리계획상 초등학교 건립사업을 위하여 학교용지를 협의취득 하였으나 위 학교용지 인근에서 아파트 건설사업을 하던 주택건설사업 시행자와 그 아파트 단지 내에 들어설 새 초등학교 부지와 위 학교용지를 교환하고 위 학교용지에 중학교를 건립하는 것으로 도시관리계획을 변경한 사안에서, 위 학교용지에 대한 협의취득의 목적이 된 해당 사업인 '초등학교 건립사업'의 폐지·변경으로 위 토지는 해당 사업에 필요 없게 되었고, 나아가 '중학교 건립사업'에 관하여 사업인정을 받지 않았을 뿐만 아니라 위 학교용지가 중학교 건립사업의 시행자 아닌 제3자에게 처분되었으므로 공익사업의 변환도 인정할 수 없다는 이유로 위 학교용지에 관한 환매권 행사를 인정한 사례

환매권에 대한 논문 재정리함, 김연태 고려대 법대 교수

환매권과 공익사업의 변환에 관한 소고

Ⅰ. 들어가며

1. 의의 〈헌재 1994.2.24, 92헌가15〉 매우 중요

환매권이란 공익사업을 위하여 취득한 토지 등이 해당 공익사업에 필요 없게 되었거나 그것이 현실적으로 해당 사업에 이용되지 아니하는 경우에 원래의 토지소유자 또는 그 승계인이 일정한 요건 하에 다시 매수하여 소유권을 회복할 수 있는 권리를 말한다.

2. 법 제91조 제6항

3. 공익사업변환제도의 문제점 〈문제 제기〉

행정편의 공익 vs 환매권이라는 사익의 충돌

(가) 환매권을 부당하게 제한하는 것은 아닌지

(나) 특히, 사업시행자가 달라진 경우

(다) 제91조 제6항의 공익사업의 변환규정 자체의 문제점

Ⅱ. 토지보상법상의 환매권

1. 환매권의 근거

환매권의 이론적 근거는 어디에 있으며, 이론적 근거만 있으면 되는지, 아니면 실정법적 근거가 있어야 하는지 문제된다.

(1) 이론적 근거

1) 학설

① 감정의 존중에서 찾는 견해

- 피수용자는 이미 법적으로 완전한 보상을 받았기 때문에 물리적으로는 아무런 손실도 존재하지 않는다고 할 수 있으나, 수용은 피수용자의 의사에 반하여 그 권리를 박탈하는 것으로 이 점에 있어서 피수용자에게는 아직 감정상의 손실이 남아 있는 것이며, 그것은 재산상의 손실보상에 의하여 메울 수 없는 것이다.
- 한편 협의취득의 경우에도 공용수용이 배경을 이루고 있어서 토지소유자는 비자발적으로 소유권을 상실한 것이므로 감정상의 손실이 발생한다고 볼 수 있다.
- 따라서 이러한 감정상의 손실을 수인하여야 할 공익상의 필요가 존재하는 경우라면 몰라도 수용의 목적물이 공익사업에 필요 없게 되거나 또는 오랫동안 공익사업에 현실적으로 이용되지 아니한 때에는 피수용자의 감정을 만족시키기 위하여 이를 수용자에게 반환하는 것은 당연하며, 그러한 감정이 가장 강하다고 인정되는 토지의 소유권에 대하여 환매권을 인정하는 것은 바로 그러한 이유 때문이라고 보는 견해이다.

② 공평의 원칙에서 찾는 견해

- 토지의 원소유자가 사업시행자로부터 토지의 대가를 정당한 손실보상을 받았다고 하더라도 원래 자신의 자발적인 의사에 기하여 그 토지의 소유권을 상실하는 것이 아니어서 그 토지를 더 이상

해당 공익사업에 이용할 필요가 없게 된 때,

- 즉 공익상 필요가 소멸한 때에는 원소유자의 의사에 따라 그 토지의 소유권을 회복시켜 주는 것이 공평의 원칙에 부합한다는 견해이다.

③ 재산권 보장에서 찾는 견해

- 재산권 보장은 일차적으로 재산권 그 자체의 존속보장이며 공공필요를 위하여 개인의 재산권에 대한 침해가 불가피할 경우에만 예외적으로 재산권자는 보상을 조건으로 침해행위를 수인하여야 하고, 이 경우에만 재산권 보장의 내용은 이차적으로 그 경제적 가치의 보장으로 전환되나 그 재산권의 침해행위를 필요로 했던 공공성이 소멸된 경우에는 다시 일차적인 재산권 보장으로서 존속보장이 회복되어야 하는바, 이와 같은 존속보장의 사상에서 환매권을 인정하는 당위성을 찾아야 한다는 것이다.

④ 정책적 배려에서 찾는 견해

- 환매권을 인정하는 당위성이 토지에 대한 연고권을 존중하는 정책적 배려에서 비롯된다는 견해로서 환매권을 부여할 것인지 여부는 입법자의 재량에 속한다고 본다. 환매권을 인정하는 것은 원래의 소유자의 경제적 손실이 있다는 것을 전제로 하여 이를 전보하기 위한 것이 아니라, 법률에서 해당 토지에 대한 연고권을 존중하려는 정책적 고려에서 비롯된 것이라는 견해이다.

2) 판례

① 대법원의 입장

(구) 토지수용법의 환매권의 취지를 공평의 원칙에서 그 근거를 구하고 있으며, 이후 토지보상법상의 환매권의 취지에 대해서는 감정의 존중과 공평의 원칙의 결합에서 찾고 있다.

② 헌법재판소의 입장

환매권의 근거를 헌법상의 재산권 보장에서 찾고 있다.

3) 검토

- 재산권 보장은 일차적으로 재산권 그 자체의 보장이며, 공공필요를 위하여 개인은 재산권의 침해를 수인해야 하고, 이 경우에 재산권 보장의 내용은 이차적으로 그 경제적 가치의 보장으로 전환되는 것이다. 그런데 재산권 침해행위를 필요로 했던 공익상의 필요가 소멸된 경우에는 다시 일차적 재산권 보장으로서의 존속보장이 회복되어야 하는바,
- 이와 같은 **존속보장의 사상**에서 환매권을 인정하는 근거를 찾을 수 있다. 그 밖에 환매권의 인정 근거로 제시되는 **공평의 원칙, 피수용자의 감정의 존중 등은 재산권 보장의 원칙에 기반을 둔 것으로 재산권 보장과 결부됨으로써 그 의미를 찾는다고 볼 것이다.**

(2) 법적 근거

1) 연혁

과거 환매권에 관한 법률규정은 토지수용법과 공공용지의 취득 및 보상에 관한 특례법에 분산, 중복되어 규정되고 있었다.

① 토지수용법

'서업인정의 고시 이후 사업시행자가 협의취득하거나 또는 재결에 의하여 취득한 토지에 대하여 적용

② 공공용지의 취득 및 보상에 관한 특례법

사업인정고시 전에 사업시행자가 협의취득한 토지 등에 대해서만 적용

토지보상법은 환매권을 협의취득 및 수용의 경우에 동일하게 규율하여 두 법률의 불균형을 해소하였다.

2) 환매권에 대한 실정법의 태도 〈3가지 유형〉

① 환매권에 대하여 직접 명문규정을 두고 있는 경우

- 토지보상법 제91조
- 택지개발촉진법 제13조
- 징발재산정리에 대한 특별조치법 제20조

② 직접 명문규정을 두고 있지 않으나, 토지보상법의 관련 규정을 준용한다는 규정을 두어 환매권 행사가 가능하도록 되어 있는 경우

- 학교시설사업 촉진법 제10조 제2항
- 도로법 제49조의2
- 광업법 제89조 제1항 등

③ 공용수용을 허용하면서도 환매권 규정을 전혀 두고 있지 않은 경우

- 관광진흥법 제29조 등

3) 문제점

① 환매권의 이론적 근거는 헌법상의 재산권 보장에서 찾을 수 있다고 보았는 바, 환매권이 개별법적 근거가 없더라도 **헌법상 재산권 보장규정으로부터 직접 도출**될 수 있는 권리인지, 아니면 환매권의 행사를 위하여 **실정법적 근거**가 필요한지가 문제된다.

② 헌법재판소의 입장

환매권을 헌법상의 재산권 보장조항으로부터 도출되는 것으로서, 헌법이 보장하는 재산권의 내용에 포함되는 권리로 보고 있다.

4) 대법원의 입장

① 피수용자가 법령에 의하지 아니하고 헌법 제23조를 근거로 하여 곧바로 수용토지의 소유권 회복에 관한 권리를 행사할 수 없다고 본다.

- 국가가 공공필요에 의하여 보상금을 지급하고 토지소유권을 수용함으로써 이를 취득한 마당에 사후적으로 그 토지에 대한 수용목적이 소멸하였다고 하여 피수용자가 오랜 세월이 지난 후에도 언제든지 일방적으로 수용토지의 소유권을 회복할 수 있다고 한다면 수용토지를 둘러싼 권리관계를 심히 불안정하게 하고 이로 인하여 그 토지의 효율적인 이용이나 개발을 저해하는 등의 불합리한 결과를 초래할 수 있다. 이러한 결과는 헌법이 기본원리로 하고 있는 법치주의의 요소인 법적안정성 등에 반하는 것이라고 할 것이다.
- 뿐만 아니라 수용된 토지에 국가나 사업시행자가 투자하여 개발한 이익이 있는 경우 그 이익이 공평하게 분배될 수 있도록 하는 조치도 필요하다.
- 그러므로 입법자는 수용토지에 대한 수용목적이 소멸한 경우에 피수용자가 그 토지의 소유권을

회복할 수 있는 권리의 내용, 성립요건, 행사기간, 행사방법 및 소유권 회복 시 국가나 기업자에게 지급하여야 할 대금 등을 규정하므로써 그 권리를 구체적으로 형성하여 보장함과 동시에 이를 법적안정성, 형평성 등 다른 헌법적 요청과 조화시키는 내용의 법령을 제정하여야 할 것이다.

- 피수용자로서는 입법자가 제정한 법령에 의하여 수용된 토지소유권의 회복에 관한 권리를 행사할 수 있는 것이라고 해석함이 타당하다.
- 따라서 입법자가 법령을 제정하지 않고 있거나 이미 제정된 법령이 소멸하였다고 하여 피수용자가 곧바로 헌법상 재산권 보장규정을 근거로 하여 국가나 사업시행자를 상대로 수용목적이 소멸한 토지의 소유권 이전을 청구할 수 있는 것은 아니라고 보아야 할 것이며, 피수용자의 토지가 위헌인 법률에 의하여 수용되었다고 하여 달리 볼 것도 아니다.

5) 생각건대(검토)

- 환매권이 헌법상의 조항으로부터 직접 도출되는 권리인지의 문제는 환매권을 인정하는 것이 재산권 보장의 본질적인 침해에 해당하여야 하는데, 재산권의 수용에 대하여 정당한 손실보상이 지급된 상황에서 환매권을 인정하지 않는 것이 재산권에 대한 본질적 침해라고는 볼 수는 없을 것이다.
- 헌법상의 재산권 보장에 환매의 이념이 내포되어 있다고 보더라도, 재산권 보장으로부터 바로 행사가 가능한 환매권이 도출된다고 볼 수는 없다. 그와 같은 결론은 헌법 해석의 한계를 벗어나는 것이며, 동시에 법원의 권한을 넘는 것이다. 환매의 행사요건, 기간, 방법 등은 다양하기 때문에 그에 대한 일반원칙을 관련 규정으로부터 도출할 수는 없다.
- **결과적으로 환매권은 개별법률에 의하여 구체적으로 형성되고 보장되어야 행사할 수 있는 권리라고 해석하여야 할 것이다.**

2. 환매권의 법적 성질

(1) 토지보상법상의 환매권이 공권인지, 아니면 사권인지가 문제된다. 이는 환매에 관한 다툼에 대하여 행정소송을 제기하여야 하는지 민사소송으로 처리하여야 하는지와 관련된다.

(2) **사업인정 전 취득으로 인한 환매의 경우 〈사법상 권리 : 견해 일치〉**

사업시행자가 사업인정 전 사법적 수단에 의해 취득한 토지를 토지소유자가 토지보상법이 정한 요건을 충족하면 환매금액을 지급하고 환매의사를 표시하여 환매하는 것이므로 사법상 권리이다.

(3) **사업인정 후 취득으로 인한 환매의 경우 〈학설대립 : 판례는 사권설〉**

1) 공권설

① 공권력의 주체에 대한 권리이다.
② 공법적 원인에 기하여 야기된 법적상태를 원상으로 회복하는 것이다.

2) 사권설

토지의 소유권이 수용의 반대방향으로 이전되기는 하나, **수용의 해제나 취소가 아니라** 유효하게 성립된 수용이 사후에 발생한 법정의 환매요건이 충족됨으로써 수용당한 자가 **순수하게 자기의 개인적인 이익**을 위하여 이용되고 있지 아니하는 수용목적물을 다시 취득하기 위한 권리이므로 그 법적 성질은 수용과는 달리 사법상의 권리로 보아야 한다.

3) 판례

① 대법원은 환매를 사법상의 매매로 보아 사권설을 취하고 있다.

② 헌법재판소도 환매에 대한 다툼은 민사소송절차에 의하여 해결되어야 하는 것으로 보고 있다.

4) 검토

〈구별기준〉

① 공법관계와 사법관계의 구별은 종속설과 귀속설을 결합하여 판단하되,

(국가 또는 공권력의 담당자가 일방의 당사자로 참가하고 있고 강제력을 가지고 활동하는가?)

② 그 기준에 의하여 해결되지 않은 경우에는 보충적으로 이익설을 가미하여 판단하여야 한다.

(이익설 : 공익의 실현을 목적으로 하는가?)

• 환매권의 행사에 의하여 발생하는 환매권자와 사업시행자 사이의 법률관계의 경우 사업시행자가 공권력의 담당자로서 참가하고 있다고 보기 어려우며, 강제력을 가지고 활동한다고 볼 수도 없다.

• 또한 이러한 법률관계는 환매권자의 사익의 실현을 목적으로 한다. 따라서 환매권에 의하여 발생하는 법률관계는 사법관계이며, 법률관계의 원인이 되는 환매권 역시 사권으로 보아야 할 것이다.

3. 환매권의 행사요건

(1) 성립요건 vs 행사요건

취득일에 이미 성립한 환매권을 현실적으로 행사하기 위한 요건으로 봄이 타당하다.

(2) 연혁

• (구)토지수용법 – 제정 시 : 수용재결의 경우에만 환매권을 인정

제3차 개정 : 협의취득의 경우에도 인정

(3) 토지보상법 제91조의 요건

1) 토지보상법 제91조 제1항 '필요 없게 된 경우' & 부분

① 단순히 사업의 이용에 제공하지 아니한 경우에 그치지 아니하고, 사업의 이용에 제공할 필요가 없어진 경우를 뜻한다.

• 취득 당시부터 이미 필요 없게 된 경우

• 취득 후에 필요 없게 된 경우 – 그 **필요성은 사업시행자의 주관이 아니라 객관적인 기준으로 판단하여야 한다.**

② 해당 사업이 필요 없게 된 부분에 대하여 환매권을 행사할 수 있다.

2) 토지보상법 제91조 제2항 '사업에 이용하지 아니한 경우' & 전부

① **사실상 사업의 이용에 제공하지 아니한 상태**를 의미하는 것이다.

따라서, 사업이 폐지 또는 변경된 것은 아니지만 **단순히 그 실시가 지연되어 사업의 목적에 공하여지지 아니한 경우**에도 환매가 가능하다.

② 취득한 토지의 전부가 사업에 제공되지 아니한 경우에 한한다.

취득한 토지의 일부가 해당 사업에 이용되고 있으면 나머지 부분에 대하여도 장차 해당 사업이 시행될 가능성이 있는 것으로 보아 환매권의 행사를 허용하지 않는다.

3) 대법원의 입장 〈대판 1995.2.10, 94다31310〉 범위와 관련된 판결

  ① 제1항의 경우에는 해당 사업이 필요 없게 된 부분에 대하여 환매권을 행사할 수 있다.

  ② 제2항의 경우에는 취득한 토지의 전부가 사업에 제공되지 아니한 경우에 한한다.

    취득한 토지의 일부가 해당 사업에 이용되고 있으면 나머지 부분에 대하여도 장차 해당 사업이 시행될 가능성이 있는 것으로 보아 환매권의 행사를 허용하지 않는다.

(4) 환매목적물 〈토지의 소유권〉

1) 토지보상법 제91조 제1항

2) 종전

  ① 토지수용법

  토지에 대해서만 인정

  ② 공공용지의 취득 및 보상에 관한 특례법

  '토지 등'이라고 규정하여 지장물에도 인정되었다.

3) 헌법재판소 〈헌재 2005.5.26, 2004헌가10〉

  ① **환매권이 헌법상 재산권 보장으로부터 도출되는 헌법상 권리**로 보는 입장에서,

  오직 토지소유권에 한해서만 환매권을 인정하는 것은 위헌이 아니냐는 문제가 제기되었으나, 최근 헌법재판소에서 이를 합헌으로 결정하였다.

  ② 환매권은 **개별법률**에 의하여 구체적으로 형성되고 보장되어야만 행사할 수 있는 권리로 보는 입장에서는 헌법의 재산권의 내용을 구체화한 토지보상법이 정한 환매권만을 인정할 수 있으며, 토지 이외의 재산권에 대하여 환매권이 인정되지 않는다고 하여 위헌은 아니라고 보았다.

(5) 환매대금의 지급, 공탁 〈대판 2000.11.28, 99두3416〉 〈헌재 1994.2.24, 92헌마283〉

  • 환매권자는 사업시행자에 대한 환매의 의사표시와 함께 지급받은 보상금에 상당한 금액을 지급 또는 공탁함으로써 환매권을 행사하고 사업시행자의 의사와 관계없이 환매가 성립한다.

  • 즉, 환매대금의 지급 또는 공탁은 소유권이전과 동시이행의 관계에 있는 것이 아니고, 환매권의 행사요건의 하나로서 선이행되어야 할 것이다.

  • 환매권자의 일방적인 의사표시를 통해 법률효과가 발생하는 형성권으로 볼 때, 환매권자에게 동시이행의 항변권까지 인정한다면 이는 지나치게 환매권자를 유리하게 취급하는 것이 된다.

4. 환매금액

(1) 규정

1) 원칙

해당 토지에 대하여 지급받은 **보상금에 상당한 금액**(법 제91조 제1항)

2) 예외

  ① 환매토지가격이 취득 당시에 비하여 **현저히 변동**된 경우(법 제91조 제4항)

  ② 사업시행자 및 환매권자는 환매금액에 대하여 서로 협의하되, 협의가 성립되지 아니한 때에는 그 금액의 증감을 법원에 청구할 수 있다.

(2) 연혁

1) 토지수용법

수용 당시에 비하여 현저히 변동된 경우 그 금액의 증감을 법원에 청구하여 법원에서 결정하도록 규정하였다. ▷ 민사소송

2) 공공용지의 취득 및 보상에 관한 특별법

취득 당시에 비하여 현저히 변동되었을 경우에 환매금액에 대하여 사업시행자 및 환매권자와 협의하고, 그 협의가 성립되지 아니할 때에는 토지수용위원회의 재결로 결정하도록 하였다 ▷ 당사자소송

3) '상당한 금액' (법 제91조 제1항) 〈대판 1994.5.24, 93누17225〉

① 사업시행자가 환매권자에게 지급한 보상금액을 말하며, 환매권 행사 당시까지의 법정이자를 가산하지 아니한다.

② 정착물은 환매대상이 아니기 때문에 수용 당시에 토지 위에 정착물이 있어 이에 대한 보상이 있던 경우에도 이는 포함되지 않는다.

4) '토지의 가격이 취득일 당시에 비하여 현저히 변동된 경우'(시행령 제48조)

환매권 행사 당시의 토지가격이 지급한 보상금에 환매 당시까지의 해당 사업과 관계없는 인근 유사토지의 지가변동률을 곱한 금액보다 초과되는 경우를 말한다.

5) '인근 유사토지의 지가변동률' 〈대판 2000.11.28, 99두3416〉

① 환매대상토지와 지리적으로 인접하고 공부상 지목과 대지의 이용상황 등이 유사한 토지의 지가변동률을 의미하므로

② 해당 행정구역 전체의 지가변동률이나 지목별 평균 지가변동률과는 구별된다.

Ⅲ. 공익사업의 변환과 환매권의 제한

1. 공익사업변환의 의의

(1) 의의

법 제91조 제1항

(2) 인정취지

- **원칙**: 새로운 다른 공익사업이 필요하다 하더라도 환매권의 행사요건이 충족하여 환매권자에게 환매하도록 한 후 새로운 공익사업의 시행을 위하여 다시 협의를 하거나 취득하여야 한다.
- 그러나, 당초의 공익사업이 공익성의 정도가 높은 다른 공익사업으로 변경되고 그 다른 공익사업을 위하여 토지를 계속 이용할 필요가 있을 경우에는 토지에 대한 환매를 인정하여 사유화한 다음에 다시 같은 토지를 협의취득 또는 수용하는 번거로운 절차를 피하기 위하여 이러한 조항을 둔 것이다.

(3) 연혁

- (구)토지수용법의 제3차 개정에서 환매권에 관한 규정 중 공익사업의 변환에 관한 규정이 추가되었다.
- (구)공공용지의 취득 및 보상에 관한 특례법은 (구)토지수용법을 준용하였다.
- 두 법률을 통합한 토지보상법은 공익사업의 변환에 관한 규정을 두고 있다.

2. 공익사업변환의 요건

(1) 더 높은 공익성 〈대판 1992.4.28, 91다29927〉

① 사업인정을 받은 공익사업이 공익성의 정도가 높은 법 제4조 제1호 내지 제5호의 다른 공익사업으로 변경된 경우에만 적용된다. 따라서 법 제4조 제6호부터 제8호에 해당하는 다른 공익사업으로 변경되는 경우에는 공익사업의 변환은 인정되지 않는다.

② 〈대판 1992.4.28, 91다29927〉 대법원도 공원조성사업(제3호)을 위해 수용된 토지를 택지개발사업(제5호)을 위해 제공하는 것과 같은 경우에는 공익사업의 변환이 인정되지 않으며, 환매 후 다시 수용하는 등의 절차를 거쳐야 한다고 판시하였다.

③ 공익사업의 변환은 사업시행자가 반드시 공공기관일 필요는 없지만 공공성 있는 사업으로 변환되어야 한다.

(2) 사업시행자

① 사업시행자가 국가, 지방자치단체 또는 공공기관인 경우에 한하여 허용된다.

② 이들의 경우 남용의 우려가 크지 않다는 데에 허용 이유가 있으나, 공익사업 추진상의 행정편의를 고려한 규정이라는 견해도 있다.

Ⅳ. 공익사업변환의 쟁점사항과 문제점

1. '사업시행자가 다른 경우'의 적용 여부

(1) 문제의 소재

① 법 제96조 제1항은 변경 전의 사업시행자(국가 등)만 규정하고 변경된 후의 사업시행자에 대하여 명확한 규정을 두고 있지 않다.

② 사업시행자가 변경되는 경우에 공익사업의 변환이 인정될 것인지에 관하여 견해의 대립이 있다.

(2) 학설

1) 부정설

① 사업시행자를 달리하는 경우까지 공익사업의 변환을 인정하는 것은 **공평의 원칙**에 반하고,

② 폐지된 공익사업의 시행자가 아무런 이유없이 토지가액의 변동으로 인한 **차액**을 얻을 수 있다는 점에서 **불합리**하다는 점 등을 논거로 부정한다.

2) 긍정설

① 사업시행자가 바뀌는 경우라도 공익성 정도가 높은 법 제4조 제1호 내지 제5호의 사업범위로 변경되는 경우라면 변환이 인정된다는 견해이다.

② 변경되는 사업의 범위가 제한되어 있으므로 남용의 우려가 없다는 점을 근거로 한다.

(3) 판례 〈대판 1994.1.25, 93다11760〉

1) 사건 개요

① 서울특별시
  • 시청, 경찰국 청사 건립

② 서울특별시(환매권 행사요건)
  • 서초경찰서만 건립 후 방치

- 폐지나 변경으로 필요없게 된 것
③ 법원행정처장 및 법무부장관
- 대법원, 대검찰청 청사
2) 원심판단
① 환매권 발생을 부정
② 가정적으로 환매권이 발생하였다고 하더라도, 환매권 변화의 사업시행자가 동일한 경우에만 허용되는 것은 아니다.
3) 대법원의 판단 〈대판 1994.1.25, 93다11760 · 11777 · 11784〉
- 도시계획사업의 실시계획인가를 받을 때 비록 공익사업의 종류가 추상적으로 '공용의 청사건립 및 도로의 설치'만 지정되어 있다고 하더라도, 그 도시계획사업의 시행자가 서울특별시장인 이상 그 도시계획사업의 실시계획인가에 따라 구체적으로 특정된 사업은 바로 피고 서울특별시가 설치할 공공청사의 건립이라고 보아야 할 것인바, 그 공익사업은 피고가 시청청사 등의 건립계획을 백지화하고 사업구역 내의 일부 토지를 대법원, 대검찰청의 부지 및 건물과 교환함으로써 폐지되거나 변경된 것임이 명백하므로, 결국 이 토지들은 당초의 공익사업에는 더 이상 **필요 없게 된 것**임이 객관적으로 명백하다고 하지 않을 수 없다. 따라서 원고들은 **환매권의 행사요건을 충족**하며 원심판결에는 이의 법리를 오해한 위법이 있다고 할 것이다.
- 다만, 공익사업의 변환이 국가, 지방자치단체 또는 정부투자기관이 사업인정을 받아 토지의 협의취득 또는 수용한 경우에 한하여, 그것도 사업인정을 받은 공익사업이 공익성의 정도가 높은 (구)토지수용법 제3조에 규정된 다른 공익사업으로 변경된 경우에만 허용하도록 규정하고 있는 같은법 제71조 제7항(현, 법 제91조 제6항) 소정의 '공익사업변환'이 국가, 지방자치단체 또는 정부투자기관 등 기업자(사업시행자)가 동일한 경우에만 허용되는 것으로 해석되지 아니한다. 대법원은 원고들의 환매권 발생을 인정하였고, 사업시행자가 바뀐 경우에도 공익사업의 변환을 인정하여 환매권을 제한하였다.
(4) 검토
- 생각건대, 토지보상법 제91조 제6항의 문언상 공익사업의 변환을 사업시행자가 동일한 경우로 명백히 인정하고 있지 않으며, 수용에서 중요한 것은 사업의 공익성이지 그 주체가 아니라는 점 등에 비추어 대법원의 해석이 일견 타당하다고 할 수 있다.
- 한편, 사업시행자가 동일하지 않은 경우에 공익사업의 변환이 허용된다고 하더라도 변경 전 후의 사업시행자가 모두 국가, 지방자치단체 또는 공공기관이어야 하는지, 아니면 변경 후의 사업시행자가 누군인지는 아무런 제한이 없는 것인지가 문제된다.
- 법문상 변경 전의 사업시행자가 국가, 지방자치단체 또는 공공기관일 것을 요구할 뿐이므로 변경 후의 사업시행자가 누구인지에 대하여는 제한하고 있지 않은 것으로 해석된다.

2. '공익사업의 변환' 규정 자체의 위헌성 여부
(1) 〈헌재 1997.6.26, 96헌바94〉
법원에 대하여 공익사업의 변환규정의 위헌제청을 신청하고 이에 대하여 법원이 신청을 기각한데 대하여 헌법재판소는 '이 사건 심판대상조항은 공익사업의 원활한 시행을 확보하기 위한 목적에서 신설된 것으로 우선 그 입법목적에 있어서 정당하고 나아가 변경사용이 허용되는 사업시행자의 범위를 국가, 지방자치단체 또는 공공기관에 한정하고 사업목적 또는 상대적으로 공익성이 높은 토지보상법 제4조 제1호 내지 제5호의 공익사업으로 한정하여 규정하고 있어서 그 입법목적 달성을 위한 수단으로서의 적정성이 인정될 뿐 아니라 피해최소성의 원칙 및 법익균형의 원칙에도 부합된다 할 것이므로 위 법률조항은 헌법 제37조 제2항이 규정하는 기본권 제한에 관한 과잉금지의 원칙에 위배되지 아니한다.'고 판시하였다.

(2) 〈검토〉

- 그러나 공익사업의 변환을 인정하는 것은, 환매와 수용 등 절차의 반복으로 인해 재산권 보장에 실익이 없으면서도 공익사업의 추진에 지장만 초래하게 되는 결과를 피할 수 있다는 긍정적인 면이 없는 것은 아니나,
- 만약 남용된다면 환매권제도를 실질적으로 폐지하는 결과를 가져온다는 점에서 문제가 있다.
- 더욱이 공익사업의 변환은 재수용과 동일한 의미를 갖는 것인데, 단지 사업시행자가 국가, 지방자치단체 또는 공공기관인지, 그리고 변경되는 대상사업이 토지보상법 제4조 제1호 내지 제5호에 규정된 공익사업에 해당하는지 여부만이 문제될 뿐,
- 공용수용의 다른 요건의 충족에 대한 아무런 판단도 거치지 않고 재수용과 동일한 효과를 발생하게 한다는 점에서 공공필요의 요건을 충족한 경우에만 재산권 침해를 허용하고 있는 헌법상의 재산권 보장규정에 반한다고 볼 수 있다.
- 또한 공익사업의 변환을 인정하기 위하여 공익사업의 변경고시를 하는 것 이외에 아무런 절차규정을 두고 있지 않은 것은 공익사업의 추진이라는 행정편의만을 고려하고 제도의 남용을 방지하는 장치를 마련하는데 있어서 부족하다는 문제가 있다.

V. 마치며

1. 결어
2. 토지수용은 특정한 공익사업을 위하여 개인의 토지소유권을 강제적으로 박탈하는 것이다. 이러한 재산권의 침해는 수용된 해당 토지가 최초의 사업인정을 받은 공익사업에 제공될 때에만 정당화된다. 사업이 폐지·변경된 경우는 위와 같은 재산권 침해의 정당성이 없어졌으므로 환매권을 인정하여 피수용자가 소유권을 회복할 가능성을 부여하는 것이 재산권 보장의 일차적 원리인 재산권의 존속보장에 부합하여 기본권 제한에 있어서 비례의 원칙에도 맞는 것이다.
3. 궁극적으로는 동 규정을 폐지하고 절차의 반복이 있더라도 다시 수용하는 절차를 밟는 것이 타당하리라 생각된다.
4. 동 규정을 유지한다면 최소한 새로운 공익사업 및 그의 실현을 위한 토지의 필요성, 관련이익의 형량 등 공용수용의 요건충족 여부에 대한 심사절차와 제도의 남용을 방지하기 위한 장치를 마련하는 것이 필요할 것이다.

9. 기출문제

> **기출문제(제1회 3번)**
> 환매요건을 약술하시오. 10점

> **기출문제(제13회 2번)**
> 「공익사업을 위한 토지 등의 취득 및 보상에 관한 법률」상 환매권의 목적물과 그 행사요건을 설명하시오. 20점

> **기출문제(제19회 1번)**
> 서울특별시장은 도시관리계획결정에서 정해진 바에 따라 근린공원을 조성하기 위하여 그 사업에 필요한 토지들을 「공익사업을 위한 토지 등의 취득 및 보상에 관한 법률」의 규정에 의거하여 협의를 거쳐 취득하고자 하였으나 협의가 성립되지 않아 중앙토지수용위원회에 재결을 신청하였다. 중앙토지수용위원회의 수용재결(수용의 개시일 : 2005.6.30.)에 따라 서울특별시는 보상금을 지급하고 필요한 토지에 대한 소유권이전등기를 마쳤다. 서울특별시장은 토지를 취득한 후, 6년이 지난 뒤에 취득 토지를 포함한 그 일대의 토지들이 택지개발예정지구로 지정되었다(고시일 : 2008.6.30.). 국토교통부장관에 의하여 택지개발사업의 시행자로 지정된 한국토지주택공사는 택지개발사업실시계획의 승인을 얻어 공원시설을 철거하고, 그 지상에 임대주택을 건설하는 공사를 시행하고 있다. 이에 공원조성사업을 위해 수용된 토지의 소유자 甲은 2008.8.30. 서울특별시에 환매의 의사표시를 하였으나, 서울특별시는 甲에게 환매권이 없다고 하여 수용된 토지를 되돌려 주지 않았다. 이러한 경우에 甲이 소유권 회복을 위해 제기할 수 있는 소송수단 및 그 인용가능성에 대하여 검토하시오. 40점

> **공익사업을 위한 토지 등의 취득 및 보상에 관한 법률**
> 제4조(공익사업)
> 이 법에 의하여 토지 등을 취득하거나 사용할 수 있는 사업은 다음 각 호의 어느 하나에 해당하는 사업이어야 한다.
> 1. (생략)
> 2. (생략)
> 3. 국가나 지방자치단체가 설치하는 청사·공장·연구소·시험소·보건시설·문화시설·공원·수목원·광장·운동장·시장·묘지·화장장·도축장 또는 그 밖의 공공용 시설에 관한 사업
> 4. (생략)
> 5. 국가, 지방자치단체, 「공공기관의 운영에 관한 법률」 제4조에 따른 공공기관, 「지방공기업법」에 따른 지방공기업 또는 국가나 지방자치단체가 지정한 자가 임대나 양도의 목적으로 시행하는 주택 건설 또는 택지 및 산업단지의 조성에 관한 사업
> 6. (생략)
> 7. (생략)
> 8. (생략)

> 기출문제(제23회 1번)

A도는 2008년 5월경 국토교통부장관으로부터 관계법령에 따라 甲의 농지 4,000㎡를 포함한 B시와 C시에 걸쳐있는 토지 131,000㎡에 '2009 세계엑스포' 행사를 위한 문화시설을 설치할 수 있도록 하는 공공시설입지승인을 받았다. 그 후 A도는 편입토지의 소유자들에게 보상협의를 요청하여 甲으로부터 2008년 12월 5일 「공익사업을 위한 토지 등의 취득 및 보상에 관한 법률」에 의하여 위 甲의 농지를 협의취득하였다. A도는 취득한 甲의 토지 중 1,600㎡를 2009년 5월 31일부터 2011년 4월 30일까지 위 세계엑스포 행사 및 기타 행사를 위한 임시주차장으로 이용하다가 2012년 3월 31일 농지로 원상복구하였다. 그 후 1,600㎡의 토지는 인근에서 청소년수련원을 운영하는 제3자에게 임대되어 청소년들을 위한 영농체험 경작지로 이용되고 있다. 40점

(1) 甲은 농지로 원상복구된 토지 1,600㎡에 대한 환매권을 행사하려고 한다. 甲의 권리구제방법에 대하여 설명하시오. 25점

(2) A도는 환매권 행사 대상토지의 가격이 현저히 상승된 것을 이유로 증액된 환매대금과 보상금 상당액의 차액을 선이행하거나 동시이행할 것을 주장하려 한다. 환매대금 증액을 이유로 한 A도의 대응수단에 대하여 설명하시오. 15점

10. 기본문제

국방부장관은 북한 서해 피격사건으로 인하여 국가안보의 중요성을 인식하고 서해 5도에 군부대 사격장 시설의 확장 설치를 위하여, 서해 5도중 연평도의 甲소유의 토지에 대하여는 사업인정고시 전인(사업인정고시일 2013.10.4.) 2013.3.4.에 협의취득의 형식으로 乙 소유의 토지에 대하여는 사업인정고시 후인 2013.12.4.에 수용재결을 통하여 이를 취득하여 사격장을 설치·운영하여 오다가, 2020.4.5. 이를 다른 지역으로 이전하고 위 토지를 아무런 사용계획 없이 방치하고 있다. 30점

(1) 甲, 乙은 각각 과거 자신의 소유였던 토지를 되찾을 수 있는지, 가능하다면 그 요건과 절차 등을 설명하시오. 15점 (실제 2차시험일 현재 환매권 행사기간 이내임)

(2) 만약, 이 토지들에 대하여 A시장이 공영주차장 설치장소로 도시관리계획 변경결정을 한 실태라면 甲과 乙이 이 토지를 되찾을 수 있는지는 논하시오. 15점 (도시관리계획변경 결정으로 [국토의 계획 및 이용에 관한 법률]상 실시계획고시가 있어 사업인정이 의제된 것으로 본다.)

Ⅰ. 논점의 정리

설문 (1)은 「공익사업을 위한 토지 등의 취득 및 보상에 관한 법률」(이하 토지보상법)상 환매권의 의의, 성질, 요건, 절차 등을 묻고 있으며, 설문 (2)는 토지보상법 제91조 제6항의 공익사업변환으로 인한 환매권 기산특례규정이 사업주체가 변경된 경우에도 적용되는지와 이와 같은 조항이 사업인정 전 협의취득의 경우에도 준용되는 성질의 것인지를 묻고 있다. 이하에서는 토지보상법 규정과 함께 학설과 판례를 중심으로 사안을 구체적으로 검토하기로 한다.

II. 환매권

1. 의의

환매권이란 공용수용의 목적물이 공익사업의 폐지·변경으로 인하여 불필요하게 되거나 또는 현실적으로 수용의 목적이 되었던 공익사업에 공용되고 있지 아니한 경우에, 피수용자가 일정한 요건 하에 다시 원소유권을 회복할 수 있는 권리를 말한다. 이는 토지보상법 제91조에 근거한다.

2. 성질

환매는 ① 사업시행자가 사인과 평등한 지위에 있으며(주체), ② 그 목적은 주로 또는 전적으로 사인의 이익을 위한 것이므로(이익) 그 법률관계는 사법관계라고 보아야 하고 이러한 법률관계에서 사인이 가지는 환매권도 사권이라고 본다.

3. 내용

(1) 주체

환매권자는 수용 당시의 토지소유자 또는 포괄승계인이다.

(2) 요건

① 환매권의 발생요건으로는 토지의 협의취득일 또는 수용의 개시일부터 10년 이내에 사업의 폐지·변경 그 밖의 사유로 인하여 취득한 토지 전부 또는 일부가 필요 없게 되거나 취득일로부터 5년 이내에 취득한 토지의 전부를 해당 사업에 이용하지 아니한 경우의 두 가지가 있다. 본 사안의 경우는 전자의 경우에 해당한다.

② 전자의 경우는 단순히 현재 해당 토지가 사업에 이용되고 있지 아니할 뿐 아니라, 이용의 필요성 자체가 소멸한 경우로서 필요성의 판단은 객관적으로 하여야 한다[대판 1994.1.25, 93다11760·11777(병합)·11784(병합)].

(3) 행사기간

보상금 상당액을 지급하고서 환매권을 행사하는 것은 토지가 필요 없게 된 때로부터 1년, 취득일로부터 10년 내이며 이는 제척기간이다. 환매요건이 발생하면 사업시행자는 이를 통지 또는 공고할 수 있는데 이러한 통지·공고가 있으면 그 날로부터 6월 내에 행사하여야 한다. 이 기간은 제척기간이다.

(4) 행사방법·절차

① 환매권을 행사할 때에는 보상금 상당액을 사업시행자에게 지급하고 환매의 의사를 표명해야 한다. 토지의 가격이 취득일 당시에 비하여 현저히 변동된 경우 사업시행자 및 환매권자는 환매금액에 대하여 서로 협의하되 협의가 성립되지 아니하는 때에는 그 금액의 증감을 법원에 청구할 수 있다.

또한 보상금 상당액의 지급은 선이행 의무이므로 대금을 지급하거나 공탁하지 아니하고서는 무조건 또는 상환으로 소유권이전등기를 구하는 것은 허용되지 아니한다[대판 1993.9.14, 92다56810·56827(병합)·56834(병합)].

② 환매권자가 제척기간 내에 환매대금을 지급하여 환매권을 행사하면 상대방의 의사와 상관없이 환매가 성립한다(대판 1992.6.23, 92다7832). 이때 별도의 행위 없이 소유권이 이전하는지에 관하여는 견해가 나뉜다.

4. 설문 (1)의 검토

사안의 甲, 乙은 협의취득 또는 수용된 토지의 원소유자로서, 해당 토지가 현재 사용되지 아니하고 방치되어 있으며, 사격연습장의 이전으로 인해 더 이상 사용의 필요성도 없어 보이므로 비록 공물폐지는 없었으나 환매권을 행사할 수 있다 볼 것이다.

따라서 甲, 乙은 위에서 본 절차에 따라 이를 행사하면 사안의 토지를 되찾을 수 있다.

Ⅲ. 환매권 행사 가능성

1. 환매권 행사제한 기산특례 적용 여부

(1) 법 제91조 제6항

토지보상법 제91조 제6항은 '국가·지방자치단체 또는 공공기관이 사업인정을 받아 공익사업에 필요한 토지를 협의취득 또는 수용한 후 해당 공익사업이 제4조 제1호 내지 제5호(2010.4.5. 개정)에 규정된 다른 공익사업으로 변경된 경우 제1항 및 제2항의 규정에 의한 환매권 행사기간은 관보에 해당 공익사업의 변경을 고시한 날부터 기산한다.'고 규정하고 있어 환매권 행사가 가능한지 검토가 요구되며 가능하다고 하더라도 사업주체가 변경되거나 사업인정 전 협의취득에 의한 경우에도 기산특례규정이 적용되는지 여부가 문제된다.

(2) 사안의 경우

동항이 적용되는 것은 공익사업의 변환, 즉 처음 수용의 목적이었던 공익사업(사격장)이 아닌 다른 공익사업(주차장)을 위해 해당 토지를 사용하게 된 경우이다. 전자의 공익사업에는 제한이 없으나 후자의 공익사업은 토지보상법 제4조 제1호 내지 제5호(2010.4.5. 개정)의 공익사업에 한정된다. 사안의 경우 A시장이 행하는 주차장사업은 제4조 제2호에 해당하는 지방자치단체의 사업으로 기산특례 규정에 적용될 여지가 있다. 다만, 본 것의 경우 사업주체가 국방부장관에서 A시장으로 변경되어 사업주체가 변경된 경우에도 기산특례규정이 적용되는지의 검토가 요구되며 그 결과에 따라 환매권 행사 여부가 결정될 것이다.

2. 사업주체가 변경되는 경우도 포함되는지 여부

(1) 문제점

동항은 공익사업의 변환 시에 환매권이 부인됨을 규정하고 있으나 이때의 변경이 사업주체의 동일성은 전제로 하고 있는가에 대하여 해석이 달라질 수 있으므로 검토가 요구된다.

(2) 판례

"이른바 공익사업의 변환이 국가 지방자치단체 또는 정부투자기관이 사업인정을 받아 토지를 협의취득 또는 수용한 경우에 한하여, 그것도 사업인정을 받은 공익사업이 공익성의 정도가 높은 토지수용법 제3조 제1호 내지 제4호에 규정된 다른 공익사업으로 변환된 경우에만 허용되도록 규정하고 있는 토지수용법 제71조 제7항 등 관계법령의 규정내용이나 그 입법이유 등으로 미루어 볼 때, 같은 법 제71조 제7항 소정의 공익사업의 변환이 국가 지방자치단체 또는 정부투자기관 등 사업시행자(또는 사업시행자)가 동일한 경우에만 허용되는 것으로 해석되지는 않는다."(대판 1994.1.25. 93다11760)라고 하여 사업주체의 동일성을 요구하지 않는다.

(3) 검토

학설 중에는 환매권 제도의 취지상 판례와 같은 해석은 확장 해석이고 이는 공평의 원칙에 반한다고 보는 견해도 유력하다. 그러나 법이 사업주체의 동일성을 요구하고 있지 아니하고, 사업주체가 같은 경우와 다른 경우를 달리 취급할 아무런 이유가 없으므로 판례의 태도가 타당하다.

3. 사안의 경우

사안에서는 새로운 사업인정이 있었고 그 목적이 공영주차장으로 토지보상법 제4조 제2호에 해당하는 공익사업이므로 비록 사업주체가 국방부장관에서 A시장으로 변경되었으나, '공익사업의 변환'에 해당한다고 보아 수용재결에 의해 토지를 수용당한 乙에게는 환매권이 발생하지 아니하며, 乙은 문제의 토지를 찾을 수 없다. 다만, 甲의 경우에는 사업인정 전 협의취득의 방법에 의하여 기산특례규정이 사업인정 전 취득의 경우에도 적용되는지 검토가 이루어 진 후 최종 행사가능성이 달라질 수 있다.

Ⅳ. '공익사업의 변환'규정이 사업인정 전 협의취득에도 적용되는지 여부

1. 토지보상법 규정 및 대법원 판례

토지보상법 제91조 제6항은 "국가·지방자치단체 또는 공공기관이 사업인정을 받아"라고 명시적으로 규정하고 있으나 대법원은 "공공용지의 취득 및 손실보상에 관한 특례법과 토지수용법은 모두 공공복리의 증진과 사유재산권과의 합리적 조절을 도모하려는 데 그 목적이 있고, 그 각 환매권의 입법이유와 규정취지 등에 비추어 볼 때 토지수용법 제71조 제7항의 규정은 그 성질에 반하지 않는 한 이를 위 특례법 제9조 제1항에 의한 환매요건에 관하여도 유추적용할 수 있으므로 그 범위 안에서 환매권 행사가 제한된다."(대판 1994.5.24, 93다51218)라고 판시하여 환매권 행사를 제한하고 있다. 그러나 최근 환매권에 대한 대법원 판례는 제91조 제6항의 "사업인정을 받아"를 엄격히 해석함으로써 사업인정 후의 공익사업에 한정되는 판례를 내놓고 있는 것으로 평가된다(대판 2010.9.30, 2010다30782 : 적어도 새로운 공익사업에 관해서도 같은 법 제20조 제1항의 규정에 의해 사업인정을 받거나 또는 위 규정에 따른 사업인정을 받은 것으로 의제하는 다른 법률의 규정에 의해 사업인정을 받은 것으로 볼 수 있는 경우에만 공익사업의 변환에 의한 환매권 행사의 제한을 인정할 수 있다).

2. 검토

전체적으로는 토지보상법상 환매권도 위에서 본 바와 같이 사권이므로 양자는 그 성질이 같다는 점, 법 규정 취지가 사업인정 전 협의취득에 대해 제한을 두고자 한 취지라고 해석하기 어렵다는 점을 고려하면 사업인정 전 협의취득의 경우에도 기산특례규정이 적용된다고 보는 것이 타당할 것이나, 최근 대판 2010.9.30, 2010다30782에서 "적어도 새로운 공익사업에 관해서도 토지보상법 제20조 제1항의 규정에 의해 사업인정을 받거나 또는 위 규정에 따른 사업인정을 받은 것으로 의제하는 다른 법률의 규정에 의해 사업인정을 받은 것으로 볼 수 있는 경우에만 공익사업의 변환에 의한 환매권 행사의 제한을 인정할 수 있다."라고 판시함으로써 사업인정 전 협의의 경우에는 환매권 행사제한이 되지 않음으로써 환매권 행사가 가능하리라 보여진다.

3. 사안의 경우

위와 같이 본다면 甲도 환매권 행사제한의 기산특례규정으로 인해 역시 환매권이 없게 된다고 볼 수 있겠지만, 최근의 대법원 판례의 해석으로 볼 때 사업인정 전인 경우에는 적용이 어렵다고 판시하고 있는바, 환매권 행사가 가능하리라 판단된다.

V. 사례의 해결

1. 설문(1)의 경우

甲, 乙은 환매권 행사요건을 충족한다 할 것이므로 환매권을 취득하고 소정의 절차에 따라 이를 행사하면 토지를 회복할 수 있다.

2. 설문(2)의 경우

乙은 환매권 행사에 있어 환매권 행사제한의 기산특례규정이 적용된다 할 것이므로 환매권 행사가 불가능하다고 판단되고, 甲의 경우는 사업인정 전의 협의취득인바, 최근의 대법원 판례를 토대로 해석해 볼 때 환매권 행사제한이 되지 않는다고 보여지는바, 환매권 행사가 가능하다고 생각된다.

CHAPTER 05 공용사용의 절차 및 효과

제1절 공용사용의 보통절차 및 효과

01 서

공용사용은 공익사업의 주체가 타인의 재산권 위에 공법상 사용권을 취득하고, 상대방은 그 사용을 수인할 의무를 지는 것으로서 공용제한을 수반하므로, 공용제한의 성질을 갖는다. 공용사용은 공적 목적을 위하여 공법에 의거하여 인정되는 공법상의 사용이다.

02 공용사용의 법적 근거

공용사용도 사인의 기본권(재산권)의 침해를 가져오는 것이므로 법률의 근거를 요한다. 공익사업을 위한 토지 등의 공용사용에 관한 일반법으로 토지보상법이 있으며, 그 밖에 도로법, 하천법 등 개개의 단행법에서 공용사용에 관한 규정을 두고 있다.

03 공용사용의 종류

공용사용은 일시적 사용(제9조, 제27조)과 계속적 사용으로 구분되며, 계속적 사용에는 보통절차를 거쳐 사용하는 경우와 약식절차(제38조, 제39조)에 의하는 경우로 구분된다.

04 공용사용의 절차

1. 계속적 사용

(1) 보통절차

공용사용의 보통절차는 공용수용의 절차와 동일하다. 따라서 ① 사업인정, ② 조서작성, ③ 협의, ④ 재결의 절차를 거쳐야 한다.

(2) 약식절차

약식절차는 긴급한 필요로 인하여 보통절차의 일부를 생략하는 경우이므로 반드시 법적 근거가 필요하다. 토지보상법은 공용수용의 약식절차를 인정하지 않고 있고, 공용사용의 경우에만 약식절차를 인정하고 있다. 약식절차에 의한 사용은 비록 6개월 이내이지만 장기간에 걸쳐 사용하는 계속사용에 해당한다.

2. 일시적 사용(제9조, 제27조)

사업인정 전 타인토지출입은 시장 등의 출입허가를 받고, 출입하기 5일전 출입의 통지를 한 후 출입한다. 반면 사업인정 후 타인토지출입은 별도의 허가절차를 요하지 아니한다.

05 공용사용의 효과

1. 사용권취득(제45조)

공용수용의 효과 중에서 가장 기본이 되는 효력으로 사업시행자가 토지 또는 물건을 사용할 날에 그에 대한 사용권을 취득하며, 그 토지나 물건에 관한 다른 권리는 사용의 기간 중에 그 권리를 행사하지 못한다. 즉, 공용사용으로 사용할 날에 사업시행자는 목적물에 대한 사용권을 취득하는 반면, 토지소유자 또는 관계인은 사업시행자의 그러한 사용권을 행사하는 데 따른 수인의무가 따르게 될 뿐이지 소유권 자체를 상실당하는 것은 아니다.

2. 손실보상의무(제40조)

보통절차에 의해 공용사용하는 경우에는 사업시행자는 사용의 개시일까지 관할 토지수용위원회가 재결한 보상금을 지급하거나, 공탁하여야 한다.

일시적 사용(제9조, 제27조)과 천재지변시의 사용(제38조)의 경우에는 손실이 발생한 것을 안 날부터 1년, 발생한 날부터 3년 이내 보상청구가 가능하며, 시급을 요하는 사용(제39조)의 경우 토지수용위원회의 재결이 있기 전에 토지소유자 또는 관계인의 청구가 있는 때에는 사업시행자는 자기가 산정한 보상금을 토지소유자 또는 관계인에게 지급하여야 한다(제41조).

3. 대행·대집행 신청권(제44조, 제89조)

토지소유자 및 관계인이 토지 및 물건의 인도·이전의무를 불이행 시 사업시행자는 대집행 신청을 할 수 있으며, 의무를 이행할 수 없는 경우 대행청구권을 가진다.

4. 반환 및 원상회복의무(제48조)

사업시행자는 토지나 물건의 사용기간이 만료된 때 또는 사업의 폐지·변경 그 밖의 사유로 인하여 사용할 필요가 없게 된 때에는 지체 없이 해당 토지나 물건을 토지나 물건의 소유자 또는 그 승계인에게 반환하여야 하며, 토지소유자의 원상회복청구가 있는 때에는 미리 그 손실을 보상한 경우를 제외하고는 해당 토지를 원상으로 회복하여 반환하여야 한다.

| 제2절 | **공용사용의 약식절차와 효과** |

01 서

약식절차는 긴급한 필요로 인하여 보통절차의 일부를 생략하는 경우이므로 반드시 법적 근거가 필요하다. 토지보상법은 공용수용의 약식절차를 인정하지 않고 있고 있으며, 공용사용의 경우에만 약식절차를 인정하고 있다. 약식절차에 의한 사용은 비록 6개월 이내이지만 장기간에 걸쳐 사용하는 계속적 사용에 해당한다. 토지보상법에서는 천재·지변 등이 발생하였거나 기타 급박한 사태가 있을 때에 한하여 토지의 사용에 관한 약식절차를 인정하고 있다.

02 천재지변 시의 토지의 사용(제38조)

> ➲ 법 제38조(천재지변 시의 토지의 사용)
> ① 천재지변이나 그 밖의 사변(事變)으로 인하여 공공의 안전을 유지하기 위한 공익사업을 긴급히 시행할 필요가 있을 때에는 사업시행자는 대통령령으로 정하는 바에 따라 특별자치도지사, 시장·군수 또는 구청장의 허가를 받아 즉시 타인의 토지를 사용할 수 있다. 다만, 사업시행자가 국가일 때에는 그 사업을 시행할 관계 중앙행정기관의 장이 특별자치도지사, 시장·군수 또는 구청장에게, 사업시행자가 특별시·광역시 또는 도일 때에는 특별시장·광역시장 또는 도지사가 시장·군수 또는 구청장에게 각각 통지하고 사용할 수 있으며, 사업시행자가 특별자치도, 시·군 또는 구일 때에는 특별자치도지사, 시장·군수 또는 구청장이 허가나 통지 없이 사용할 수 있다.
> ② 특별자치도지사, 시장·군수 또는 구청장은 제1항에 따라 허가를 하거나 통지를 받은 경우 또는 특별자치도지사, 시장·군수·구청장이 제1항 단서에 따라 타인의 토지를 사용하려는 경우에는 대통령령으로 정하는 사항을 즉시 토지소유자 및 토지점유자에게 통지하여야 한다.
> ③ 제1항에 따른 토지의 사용기간은 6개월을 넘지 못한다.
> ④ 사업시행자는 제1항에 따라 타인의 토지를 사용함으로써 발생하는 손실을 보상하여야 한다.
> ⑤ 제4항에 따른 손실보상에 관하여는 제9조 제5항부터 제7항까지의 규정을 준용한다.

1. 의의 및 근거

천재·지변 그 밖의 사변으로 인하여 공공의 안전을 유지하기 위한 공익사업을 긴급히 시행할 필요가 있는 경우 시장 등의 허가를 받아 타인의 토지를 즉시 사용할 수 있는 것으로, 토지보상법 제38조에 근거한다.

2. 요건

① 천재·지변 등으로 인하여, ② 공공의 안전을 유지하기 위한 공익사업을 긴급히 시행할 필요가 있을 것, ③ 시장 등의 허가(통지 포함)가 있을 것, ④ 사용기간은 6개월 이내일 것 등을 요건으로 한다.

3. 절차

(1) 사업시행자가 사인인 경우에는 시장 등(특별자치도지사, 시·군·구청장)의 허가를 받아야 하며, 국가 등인 경우에는 시장 등에게 통지하고, 사업시행자가 시장 등인 경우에는 통지 없이 사용할 수 있다.

(2) 시장 등은 허가를 하거나 통지를 받은 때 또는 직접 타인의 토지를 사용하려는 때에는 즉시 토지의 소유자 및 점유자에게 통지하여야 한다.

4. 효과

사업시행자는 ① 목적물에 대한 사용권을 취득하며, ② 사용기간 만료 시 반환 및 원상회복의무, ③ 대행·대집행신청권을 가지며, 토지소유자는 ① 목적물의 인도·이전의무, ② 손실보상청구권을 갖는다.

5. 권리구제

(1) 허가에 대한 항고쟁송

시장 등의 허가는 사업시행자와 토지소유자에게 개별적으로 구체적인 법적 효과를 직접적으로 발생시킨다. 따라서 항고쟁송의 대상이 되는 처분에 해당하므로, 당사자는 시장 등의 위법한 허가거부처분이나 허가처분에 대하여 항고쟁송으로 다툴 수 있다.

(2) 손실보상

사업시행자는 타인의 토지를 사용함으로써 발생하는 손실을 보상하여야 한다. 절차는 토지보상법 제9조 제5항 내지 제7항에 의거 손실발생을 안 날부터 1년, 발생한 날부터 3년 이내에 보상청구하여야 하며, 협의에 의하되 불성립시 재결신청을 할 수 있다. 재결에 대한 불복은 토지보상법 제83조 내지 제85조의 규정에 의한다.

03 시급한 토지 사용에 대한 허가(제39조)

> 🔖 **법 제39조(시급한 토지 사용에 대한 허가)**
> ① 제28조에 따른 재결신청을 받은 토지수용위원회는 그 재결을 기다려서는 재해를 방지하기 곤란하거나 그 밖에 공공의 이익에 현저한 지장을 줄 우려가 있다고 인정할 때에는 사업시행자의 신청을 받아 대통령령으로 정하는 바에 따라 담보를 제공하게 한 후 즉시 해당 토지의 사용을 허가할 수 있다. 다만, 국가나 지방자치단체가 사업시행자인 경우에는 담보를 제공하지 아니할 수 있다.
> ② 제1항에 따른 토지의 사용기간은 6개월을 넘지 못한다.
> ③ 토지수용위원회가 제1항에 따른 허가를 하였을 때에는 제38조 제2항을 준용한다.

1. 의의 및 근거

재결신청이 있는 경우 그 재결을 기다려서는 재해를 방지하기 곤란하거나 그 밖에 공공의 이익에 현저한 지장을 줄 우려가 있다고 인정하는 때에는 사업시행자의 신청과 토지수용위원회의 허가에 의해 타인의 토지를 사용하는 제도로, 토지보상법 제39조에 근거한다.

2. 요건

① 허가권자는 관할 토지수용위원회이며, ② 재결의 신청이 있을 것, ③ 재결을 기다려서는 재해를 방지하기 곤란하거나 그 밖에 공공의 이익에 현저한 지장을 줄 우려가 있다고 인정될 것, ④ 사업시행자가의 담보제공이 있을 것(사업시행자가 국가 등인 경우 예외), ⑤ 사용기간은 6개월 이내일 것을 요한다.

3. 절차

사업시행자가 신청하여 관할 토지수용위원회의 허가를 받아야 한다. 토지수용위원회가 허가를 한 경우에는 토지소유자 및 점유자에게 즉시 통지하여야 한다.

4. 효과

사업시행자는 ① 목적물에 대한 사용권을 취득하며, ② 사용기간 만료 시 반환 및 원상회복의무, ③ 대행·대집행신청권을 가지며, 토지소유자는 ① 목적물의 인도·이전의무, ② 손실보상청구권을 갖는다.

5. 권리구제

(1) 허가에 대한 항고쟁송

시장 등의 허가는 사업시행자와 토지소유자에게 개별적으로 구체적인 법적 효과를 직접적으로 발생시킨다. 따라서 항고쟁송의 대상이 되는 처분에 해당하므로, 당사자는 시장 등의 위법한 허가 거부처분이나 허가처분에 대하여 항고쟁송으로 다툴 수 있다.

(2) 손실보상

사업시행자는 토지수용위원회의 재결이 있기 전에 토지소유자 또는 관계인의 청구가 있는 때에는 자기가 산정한 보상금을 토지소유자 또는 관계인에게 지급하여야 하며, 토지소유자 또는 관계인은 사업시행자가 토지수용위원회의 재결에 의한 보상금의 지급시기까지 이를 지급하지 아니하는 때에는 제공된 담보의 전부 또는 일부를 취득한다.

04 약식절차의 비교

		천재지변 시의 토지의 사용(법 제38조)	시급한 토지 사용에 대한 허가(법 제39조)
같은점	제도적 취지	① 보통절차를 거칠 여유가 없기 때문에 보통절차 중 일부를 생략 ② 정식절차에 비해 침해의 정도가 더욱 크므로 피침해자의 권리보호장치가 법정	
	요건	① 공용사용의 경우에만 허용 ② 공공의 안전을 유지하기 위한 공익사업을 긴급히 시행할 필요가 있을 것	
	사용기간	토지소유자의 재산권 보장취지로 6개월을 초과하지 못한다.	
	보상의 특징	사후보상 – 토지보상법 제62조의 사전보상원칙의 예외	
다른점	내용 및 절차	시·군·구청장의 허가 또는 통지 받음 → 토지소유자에게 통지	재결신청 → 사업시행자의 담보제공 → 토지수용위원회의 허가 → 토지소유자에 통지
	보상방법	토지보상법 제9조 제5항 내지 7항 적용	토지보상법 제41조 적용
	피침해자의 권리구제	시·군·구청장의 허가는 토지사용권을 부여하는 특허로서 처분에 해당 → 특허에 대해서는 행정쟁송 → 보상금에 대해서는 이의신청, 보증소	관할 토지수용위원회의 허가를 법 제50조의 재결 사항의 내용으로 해석시 → 법 제83조 내지 제85조의 적용 가능성

05 기출문제

> ≫ 기출문제(제8회 4번)
> 「공익사업을 위한 토지 등의 취득 및 보상에 관한 법률」상의 토지사용기간 만료 시의 법률관계를 설명하시오. 10점

CHAPTER 06
보상협의회 및 보상전문기관

제1절 보상협의회

> **법 제82조(보상협의회)**
> ① 공익사업이 시행되는 해당 지방자치단체의 장은 필요한 경우에는 다음 각 호의 사항을 협의하기 위하여 보상협의회를 둘 수 있다. 다만, 대통령령으로 정하는 규모 이상의 공익사업을 시행하는 경우에는 대통령령으로 정하는 바에 따라 보상협의회를 두어야 한다.
>   1. 보상액 평가를 위한 사전 의견수렴에 관한 사항
>   2. 잔여지의 범위 및 이주대책 수립에 관한 사항
>   3. 해당 사업지역 내 공공시설의 이전 등에 관한 사항
>   4. 토지소유자나 관계인 등이 요구하는 사항 중 지방자치단체의 장이 필요하다고 인정하는 사항
>   5. 그 밖에 지방자치단체의 장이 회의에 부치는 사항
> ② 보상협의회 위원은 다음 각 호의 사람 중에서 해당 지방자치단체의 장이 임명하거나 위촉한다. 다만, 제1항 각 호 외의 부분 단서에 따라 보상협의회를 설치하는 경우에는 대통령령으로 정하는 사람이 임명하거나 위촉한다.
>   1. 토지소유자 및 관계인
>   2. 법관, 변호사, 공증인 또는 감정평가나 보상업무에 5년 이상 종사한 경험이 있는 사람
>   3. 해당 지방자치단체의 공무원
>   4. 사업시행자
> ③ 보상협의회의 설치·구성 및 운영 등에 필요한 사항은 대통령령으로 정한다.

01 개설(법 제82조)

공익사업이 시행되는 해당 지방자치단체의 장은 필요한 경우에 협의를 위한 보상협의회를 둘 수 있다. 다만, 대통령령으로 정하는 규모 이상의 공익사업을 시행하는 경우에는 대통령령으로 정하는 바에 따라 보상협의회를 두어야 한다.

개정 토지보상법에서는 주민참여를 확대하여 자발적인 협조를 유도함으로써 토지소유자 등의 불만을 상당부분 해소하고 공익사업의 효율적인 추진에 기여하기 위하여, 일정규모 이상의 공익사업에 대하여는 보상협의회를 필수적으로 설치하도록 하였다. 또한 소통의 원활을 위한 조치로써 의무적 보상협의회의 설치는 매우 획기적인 조치로 평가된다고 할 것이다.

02 보상협의회의 종류 및 성격

보상협의회는 보상업무에 관한 사항을 협의하기 위해서 시·군·구에 설치하는 합의제 행정기관이다. 문제는 행정기관의 권한에 의한 분류 중 어디에 해당하느냐 하는 것이다.

① 법 제82조 단서 이외의 사업의 경우에는 필요한 때에 설치할 수 있도록 임의적 자문기관으로 규정하였고, ② 대통령령이 정하는 규모 이상의 공익사업(공익사업지구 면적이 10만㎡ 이상, 토지 등의 소유자가 50인 이상)을 시행하는 경우에는 의무적 자문기관으로 규정하였다.

03 보상협의회의 설치

1. 설치장소

① 해당 사업지역을 관할하는 특별자치도, 시·군 또는 구(자치구)에 설치, ② 시행지역이 2 이상의 시·군 또는 구에 걸쳐있는 경우, 해당 시장·군수·구청장이 상호 협의하여 결정·협의 불성립시 관할 시·도에 설치, ③ 필수적 보상협의회의 경우 관할 시·군·구의 부득이한 사정으로 설치 곤란하거나, 2 이상 시·군·구에 걸친 경우 열람기간 만료 후 30일 이내에 협의가 이루어지지 아니한 경우에는 사업시행자가 설치

2. 설치절차

① 지방자치단체의 장은 보상협의회를 설치할 필요가 있다고 인정하는 경우에는, 특별한 사유가 있는 경우를 제외하고는, 보상계획의 열람기간 만료 후 30일 이내에 보상협의회를 설치하여야 하며, 사업시행자의 사업추진에 지장이 없도록 보상협의회를 개최·운영하여야 한다.

② 필수적 보상협의회의 경우 사업시행자가 설치한 경우에는 지체 없이 시·군·구청장에게 통지하여야 한다.

04 보상협의회의 구성 및 운영

1. 구성

① 위원의 임명 또는 위촉은 해당 지방자치단체의 장, 사업시행자가 설치한 경우에는 사업시행자가 하며, ② 위원장 1인(해당 특별자치도·시·군 또는 구의 부지사·부시장·부군수 또는 부구청장 / 사업시행자가 설치한 경우 위원 중에서 호선)을 포함한 위원 8인 이상 16인 이하로 구성되고, ③ 위원 중 1/3 이상은 토지소유자 또는 관계인으로 구성하여야 한다. ④ 위원장이 부득이한 사유로 직무를 수행할 수 없는 때에는 위원장이 지명하는 위원이 그 직무를 대행한다.

2. 운영(시행령 제44조)

① 위원장은 협의회를 대표, 협의회의 업무를 총괄함.
② 회의는 재적위원 과반수의 출석으로 개의

③ 위원장은 회의에서 협의된 사항을 해당 사업시행자에게 통보하여야 하며, 사업시행자는 정당하다고 인정되는 사항에 대하여는 이를 반영하여 사업을 수행하여야 한다.

05 보상협의회의 권한(법 제82조 제1항 각 호)

보상관련사항에 대하여 협의. 보상관련사항이란 ① 보상액 평가를 위한 사전 의견수렴에 관한 사항, ② 잔여지의 범위 및 이주대책의 수립에 관한 사항, ③ 해당 사업지역 내 공공시설의 이전 등에 관한 사항, ④ 토지소유자나 관계인 등이 요구하는 사항 중 지방자치단체의 장이 필요하다고 인정하는 사항, ⑤ 그 밖에 지방자치단체의 장이 회의에 부치는 사항

제2절 | 보상전문기관

> 법 제81조(보상업무 등의 위탁)
> ① 사업시행자는 보상 또는 이주대책에 관한 업무를 다음 각 호의 기관에 위탁할 수 있다.
> 1. 지방자치단체
> 2. 보상실적이 있거나 보상업무에 관한 전문성이 있는 「공공기관의 운영에 관한 법률」 제4조에 따른 공공기관 또는 「지방공기업법」에 따른 지방공사로서 대통령령으로 정하는 기관
> ② 제1항에 따른 위탁 시 업무범위, 수수료 등에 관하여 필요한 사항은 대통령령으로 정한다.

01 서

1. 의의

토지보상법은 사업시행자가 보상 또는 이주대책에 관한 업무를 지방자치단체나 보상실적이 있거나 보상업무에 관한 전문성이 있는 기관에 위탁할 수 있도록 하고 있다(법 제81조). 종전 (구)공특법에서는 이주대책에 관련한 업무를 지방자치단체에 위탁할 수 있는 규정만을 두고 있었다. 그러나 신설 토지보상법에서는 이주대책에 관련한 업무만이 아니라 보상업무까지 위탁할 수 있도록 하였고, 업무를 위탁받을 수 있는 기관도 지방자치단체 외에 보상전문기관도 포함하고 있다.

2. 취지

이는 보상에 대한 지식과 경험 또는 전담 직원이 부족한 사업시행자의 경우, 전문성과 효율성을 가진 보상전문기관에 보상업무 및 이주대책에 관한 업무를 위탁할 수 있도록 하여, 원활한 업무추진과 보상대상자의 권익을 적정하게 보호할 수 있도록 하기 위한 것이다.

02 보상전문기관의 법적 지위

1. 법률관계

사업시행자가 보상전문기관에게 위탁하는 법률관계를 어떻게 볼 것인가에 따라 보상전문기관의 지위가 달라지게 된다. ① 사법상 도급계약으로 보는 견해는 사업시행자가 수용권의 주체의 지위를 향유하면서, 일부 금전적인 채무관계인 손실보상액 지급 등의 업무만을 보상전문기관에게 대리시킨 것으로 본다. ② 공법상 위임계약으로 보는 견해는 사업시행자가 국가 등인 경우에는 이들로부터 토지보상법령에 근거하여 일정한 범위를 정하여 공권력의 행사를 위탁받은 사법상의 주체로서 공무수탁사인에 해당할 수 있다고 본다. 또한 사업시행자가 공무수탁사인이라 하더라도 자신의 공적업무 중 일부를 다시 위탁하였다고 볼 수 있으므로 역시 같다. ③ 생각건대, 보상전문기관이 될 수 있는 자에 우선순위로 지방자치단체가 있는 점, 동일한 업무를 수행하면서 사업시행자가 직접하는 경우와 보상전문기관이 하는 경우를 나누어 지위를 달리 볼 실익이 없다는 점 등을 볼 때 공법상 위임관계로 봄이 타당하다. 따라서 보상전문기관은 위탁받은 보상업무에 관하여 독립하여 자기책임 하에 활동할 수 있다.

2. 법적 지위

사업시행자의 공법상 위임계약에 의거하여 권리의무를 갖게 된다. 따라서 위탁받은 범위에서는 사업시행자의 지위를 갖게 되며, 손실보상의 주체가 된다. 피수용자가 손실보상에 관한 불복을 제기하고자 하는 경우 피고적격 인정 여부와 관련하여 보상전문기관이 보상업무에 관하여는 독립적인 지위가 인정된다면 보상에 관한 소송에서도 피고적격이 인정되어야 한다고 볼 것이다. 따라서 토지보상법이 사업시행자로 규정한 것은 예시한 것으로 볼 수 있다.

03 보상전문기관의 설치 및 구성

> **시행령 제43조(보상전문기관 등)**
> ① 법 제81조 제1항 제2호에서 "대통령령으로 정하는 기관"이란 다음 각 호의 기관을 말한다.
>   1. 「한국토지주택공사법」에 따른 한국토지주택공사
>   2. 「한국수자원공사법」에 따른 한국수자원공사
>   3. 「한국도로공사법」에 따른 한국도로공사
>   4. 「한국농어촌공사 및 농지관리기금법」에 따른 한국농어촌공사
>   5. 「한국부동산원법」에 따른 한국부동산원
>   6. 「지방공기업법」 제49조에 따라 특별시, 광역시, 도 및 특별자치도가 택지개발 및 주택건설 등의 사업을 하기 위하여 설립한 지방공사
> ② 〈생략〉
> ③ 사업시행자는 법 제81조에 따라 제2항 각 호의 업무를 보상전문기관에 위탁하려는 경우에는 미리 위탁내용과 위탁조건에 관하여 보상전문기관과 협의하여야 한다.

④ 사업시행자는 법 제81조에 따라 제2항 각 호의 업무를 보상전문기관에 위탁할 때에는 [별표 1]에 따른 위탁수수료를 보상전문기관에 지급하여야 한다. 다만, 사업시행자가 제2항 각 호의 업무 중 일부를 보상전문기관에 위탁하는 경우의 위탁수수료는 사업시행자와 보상전문기관이 협의하여 정한다.

⑤ 사업시행자는 보상전문기관이 통상적인 업무수행에 드는 경비가 아닌 평가수수료·측량수수료·등기수수료 및 변호사의 보수 등 특별한 비용을 지출하였을 때에는 이를 제4항에 따른 위탁수수료와는 별도로 보상전문기관에 지급하여야 한다.

04 보상전문기관의 업무범위(시행령 제43조 제2항)

② 사업시행자는 법 제81조에 따라 다음 각 호의 업무를 법 제81조 제1항 각 호의 기관(이하 "보상전문기관"이라 한다)에 위탁할 수 있다.

1. 보상계획의 수립·공고 및 열람에 관한 업무
2. 토지대장 및 건축물대장 등 공부의 조사. 이 경우 토지대장 및 건축물대장은 부동산종합공부의 조사로 대신할 수 있다.
3. 토지 등의 소유권 및 소유권 외의 권리 관련 사항의 조사
4. 분할측량 및 지적등록에 관한 업무
5. 토지조서 및 물건조서의 기재사항에 관한 조사
6. 잔여지 및 공익사업지구 밖의 토지 등의 보상에 관한 조사
7. 영업·농업·어업 및 광업 손실에 관한 조사
8. 보상액의 산정(감정평가업무는 제외한다)
9. 보상협의, 계약체결 및 보상금의 지급
10. 보상 관련 민원처리 및 소송수행 관련 업무
11. 토지 등의 등기 관련 업무
12. 이주대책의 수립·실시 또는 이주정착금의 지급
13. 그 밖에 보상과 관련된 부대업무

05 관련문제

1. 보상업무위탁의 범위

토지보상법 시행령 제43조에서 "그 밖에 보상과 관련된 부대업무"라 규정한 것이, 예시한 것인지 제한적으로 열거한 것인지 문제된다. 보상업무의 범위는 법률에서 명확하게 규정되어야 하며 예시적으로 규정될 수 없다고 판단되는바 열거규정이라 보인다.

2. 보상전문기관의 소송의 당사자 적격 여부

보상업무와 관련하여 수탁기관에 당사자 적격을 인정하는 것은, 현행 행정심판법, 행정소송법에 의해 위탁받은 기관이 행정청이 되므로 보상업무 수탁기관은 당사자로서의 성격을 가진다는 데 근거를 두고 있다. 행정소송법 제2조는 "행정청에는 법령에 의하여 행정권한의 위임, 위탁을 받은 행정기관, 공공단체, 그 기관 또는 사인"이 포함되도록 규정하고 있는바, 소송의 당사자로서 적격이 인정된다고 볼 수 있다.

3. 보상전문기관의 행정대집행

위탁제도는 보상업무의 원활한 추진을 위해 보상업무의 전문성을 갖춘 전문기관에게 위탁한 것이고, 대집행은 개인의 자유나 권리에 대한 침해적 성격이 강하여 엄격히 적용되어야 하므로, 정부투자기관, 출자기관이 공익성이 강하다 하더라도 동 기관에게는 대집행이 인정되지 아니함이 타당하다.

4. 보상전문기관에 의한 재위탁

위탁되는 보상업무가 매우 다양하므로 재위탁이 가능한지 여부가 문제된다. 재위탁은 위탁의 법적 성격과 위탁제도를 마련한 취지에 비추어 타당하지 않다고 본다. 다만, 위탁기관이 허락한 경우에 한하여 예외적으로 재위탁이 가능하다고 본다.

06 결어

위탁되는 보상업무가 매우 다양하므로, 장래에는 ① 업무범위의 조정이 필요하고, ② 6개 등으로 한정되어 있는 정부투자기관 또는 출자기관을 더욱 전문화·세분화하여야 할 것이며, ③ 재위탁의 법적 근거를 마련하여야 할 것이다.

PART

02

공익사업을 위한
토지 등의 보상
(손실보상)

Chapter 01   우리나라 헌법 제23조

Chapter 02   행정상 손실보상

Chapter 03   토지보상법상의 손실보상의 구체적
             내용(손실보상각론)

우리나라 헌법 제23조

> 헌법 제23조
> ① 모든 국민의 재산권은 보장된다. 그 내용과 한계는 법률로 정한다.
> ② 재산권의 행사는 공공복리에 적합하도록 하여야 한다.
> ③ 공공필요에 의한 재산권의 수용, 사용 또는 제한 및 그에 대한 보상은 법률로써 하되, 정당한 보상을 지급하여야 한다.

제1절 재산권의 존속보장과 가치보장

01 존속보장

개인의 재산권에 대한 소유권을 박탈당하지 않고 그대로 유지시킴으로서(재산권의 사용·수익·처분을 향유) 보장해 주는 것이다. 헌법 제23조 제1항·제2항에서는 재산권을 보장(존속보장)하고 있다.

02 가치보장

공용침해를 허용할 경우 재산권의 존속보장은 깨진다 하여도 그 가치만이라도 보장해 주는 것이다. 헌법 제23조 제3항에서는 공용침해 시 손실보상의무를 규정하여 재산권의 가치를 보장하고 있다.

03 존속보장과 가치보장의 관계(존속보장에서 가치보장으로의 전환)

헌법 제23조 제1항은 재산권 보장조항으로서 재산권 그 자체의 존속을 보장하는 의미를 갖는 것이나, 재산권 자체가 존속할 수 없는 정도의 손실이 발생하는 행정작용이 합헌적으로 행해지는 경우에는 당사자의 재산권 보장은 더 이상 존속보장으로 나타날 수 없고, 그 내용에 있어서 재산권의 가치보장으로 바뀌게 된다(동조 제3항)고 보는 견해가 있고, 헌법규정에 의하여 손실보상(가치보장)이 이루어진다고 하여도 손실보상의 대상이 단순한 객관적 가치의 보장에 그치지 않고 생활보상까지 고려하므로 존속보장이 가치보장으로 바뀐다고 하여도 존속보장의 참뜻이 퇴색되지는 않는다고 보는 견해가 있다.

제2절 | 헌법 제23조 제3항의 불가분조항 여부

> 독일기본법 제14조
> ① 소유권과 상속권은 보장된다. 그 내용과 한계는 법률로 정한다.
> ② 소유권은 의무를 수반한다. 그 행사는 동시에 공공복리에 적합하여야 한다.
> ③ 공용수용은 공공복리를 위해서만 할 수 있다. 공용수용은 법률로써 또는 법률에 근거하여서만 행해지며, 법률은 보상의 방법과 정도를 정한다. 보상은 공공의 이익과 관계자의 이익을 공정하게 형량하여 정해져야 한다.

> 헌법 제23조
> ① 모든 국민의 재산권은 보장된다. 그 내용과 한계는 법률로 정한다.
> ② 재산권의 행사는 공공복리에 적합하도록 하여야 한다.
> ③ 공공필요에 의한 재산권의 수용, 사용 또는 제한 및 그에 대한 보상은 법률로써 하되, 정당한 보상을 지급하여야 한다.

01 불가분조항 의의 및 기능

불가분조항이란 공권력 행사의 허용 여부에 관한 규정과, 이에 대한 손실보상의 기준, 방법, 범위에 관한 규정은 모두 하나의 법률로 규정되어야 하며 서로 불가분의 관계를 형성하고 있어야 한다는 것이다. 이는 ① 재산권 보장의 실효성 확보, ② 재산권의 가치보장 실현, ③ 법률유보원칙의 관철이라는 의의를 지니며, ① 개인의 권리보호기능, ② 입법자에 대한 경고기능, ③ 국가재정 보호기능을 지닌다.

02 우리헌법상 인정 여부에 대한 논의

1. 학설

(1) 긍정설

손실보상의 기준과 범위의 내용 등은 본질적 사항에 해당하는 것으로 반드시 입법자가 스스로 규율하는 데 그 의의가 있다며 긍정한다.

(2) 부정설

우리 헌법과 독일 기본법상의 표현이 다르고, 우리 헌법규정이 수용 등에 대한 보상은 법률에 의해 배제할 수 있는 취지는 아니라하여 부정한다.

2. 검토

헌법 제23조 제3항은 수용규율과 보상규율이 하나의 동일한 법률에서 규정될 것을 요구한다고 해석되는바, 동 조항은 불가분조항으로 이해되기는 하지만 독일과 한국이 헌법체계가 다르고 손실보상의 구조가 다르기 때문에 그 차이를 인식하여야 한다. 다만, 보상규정을 두지 아니하거나 불충분한 보상규정을 두는 수용법률은 헌법위반이 될 수 있다.

제3절 경계이론과 분리이론

01 개요

재산권 제한이 사회적 제약인가 아니면 공용침해인가를 구분하기 위해 재산권 제한의 2가지 유형인 "사회적 제약"과 "공용침해"를 재산권 제한의 정도의 차이로 볼 것인가, 아니면 입법의 형식과 목적에 의해 완전히 별개인 서로 독립된 제도로 볼 것인가에 따라 경계이론과 분리이론으로 나뉜다.

02 경계이론(수용이론, 문턱이론)

1. 의의

경계이론이란 사회적 제약(헌법 제23조 제2항)과 공용침해(헌법 제23조 제3항)는 별개의 제도가 아니라 재산권 침해의 정도의 차이에 의해 사회적 제약과 공용침해가 구분된다고 한다. 즉, 사회적 제약이 제한의 강도가 일정 정도를 넘어서면(수용의 효과가 발생하면) 보상을 요하는 공용침해로 전환한다고 본다.

재산권에 대한 침해의 강도가 사회적 제약에 해당되는 경우에는 보상 없이 감수해야 하는 반면, 침해의 정도가 사회적 제약의 범위를 넘어서 공용침해로 전환되는 경우에는 보상을 필요로 하는 재산권 침해로 보게 된다. 따라서 보상을 요하지 않는 사회적 제약과 보상을 요하는 수용의 구분문제가 핵심을 이루게 된다.

2. 사회적 제약과 공용침해의 구별

사회적 제약과 보상을 요하는 공용침해의 구별은 특별한 희생의 발생 여부에 따라 결정된다. 즉, 손실보상의 필요성(대상 여부)과 관련하여 1차적으로 특별한 희생의 발생 여부가 문제되고 그 척도로서 특별한 희생의 구별기준인 형식설과 실질설 등이 활용되는 것이다.

3. 위헌성 심사기준과 권리구제수단

경계이론은 사회적 제약의 범위를 넘는 재산권 제한과 그에 대한 권익구제의 문제를 헌법 제23조 제3항의 공용제한과 손실보상의 문제로 보아 가치보장 측면을 중시한다. 따라서 사회적 제약의 한계를 넘는 재산권 제약은 특별한 희생을 발생시키는 공용침해에 해당되어 보상규정이 없는 경우 헌법 제23조 제3항의 효력논의를 통해 손실보상 청구가능성을 검토해야 한다.

4. 보상의 성격

경계이론에서 보상은 공용침해의 효과로서 헌법 제23조 제3항의 정당보상원칙에 의해 존속보장의 파괴를 가치보장으로 전환시키는 것으로서 정당보상을 구현하기 위해 원칙적으로 금전보상이어야 한다(토지보상법 제63조 현금보상원칙).

03 분리이론(단절이론)

1. 의의

분리이론은 재산권의 내용 및 한계규정(독일기본법 제14조 제1항, 제2항)과 수용(제14조 제3항)규정은 서로 다른 별개의 독립된 제도로 본다. 즉, 내용규정이 예외적으로 수용의 효과를 가져온다 해도 수용규정이 되는 것은 아니며 내용규정 안에서 '보상의무가 있는 재산권 내용규정'이 된다고 한다. 이 이론은 권력분립질서를 중시하여 입법자가 내용규정인지 수용규정인지를 결정하여 법률을 제정 하였다면 법원이 내용규정을 수용으로 전환시킬 수 없다고 본다(입법자의 의사 중시).

2. 재산권 내용규정과 수용규정의 구별과 특별한 희생의 의미

분리이론은 입법의 형식과 목적(또는 일반적, 추상적 규율과 개별적 구체적 규율)에 의해 재산권의 내용 규정과 수용규정을 서로 구별한다. 내용규정은 입법자가 장래에 있어서 추상적이고 일반적인 형식 으로서의 재산권의 내용(즉, 재산권자의 권리와 의무를 형성하고 확정)을 의미하고, 수용규정은 국가가 구체적인 공적 과제를 이행하기 위하여 이미 형성된 구체적인 재산권적 지위를 의도적으로 전면적 또는 부분적으로 박탈하려는 것을 의미한다.

따라서 재산권의 내용규정은 재산권의 내용을 확정하는 일반적, 추상적인 규정이고, 수용규정은 개별적, 구체적으로 재산권 지위를 박탈하는 규정을 말한다.

이때, 재산권에 관한 내용규정은 다른 모든 기본권 제한 법률과 마찬가지로 헌법상 비례원칙, 평등 원칙 등에 부합하게 합헌적으로 이루어져야 하며, 이에 위배된 경우에는 공용침해로 전환되는 것이 아니라 사회적 제약의 한계를 넘은 것으로 보상을 요하는 내용규정이 된다고 본다.

여기서 보상의무가 있는지, 즉 비례원칙, 평등원칙 등에 위반되어 위헌적인 내용규정이 되는지 여부의 판단에 있어서는 경계이론에서의 사회적 제약과 특별한 희생의 구별기준(형식설, 실질설)이 하나의 기준으로 원용되어 유용하게 이용될 수 있을 것이다.

3. 권리구제수단과 위헌성 판단기준

분리이론에 의하면 재산권 제한에 대한 내용규정이 비례원칙에 위반되는 경우에 그것은 수용으로 전환되지 않고 해당 내용규정은 위헌적인 내용규정이 된다고 보아 존속보장을 강조한다. 분리이론 에서는 재산권의 내용규정이 경우에 따라 과도한 침해를 가져오더라도 이로 인하여 "내용규정"이 "수용규정"으로 전환될 수 없고, 내용규정은 단지 내용규정일 뿐이며, 수용적 효과를 초래하는 경우에 보상규정을 두지 않았다면 단지 위헌적인 내용규정일 뿐이라는 점에서 출발하는바, 비례원칙, 평등원칙 등에 위반되는 내용규정은 수용으로 전환되는 것은 아니지만, 그 위헌성은 보상규정을 통하여 제거될 수 있는데, 이러한 경우 내용규정은 "보상을 요하는 내용규정"이 된다는 것이다. 그 위헌성을 심사하는 기준은 내용규정의 경우 다른 모든 기본권 제한법률과 마찬가지로 비례원칙, 평등원칙 등을 기준으로 위헌 여부를 판단하지만, 공용침해는 "공공필요", "보상" 등 헌법 제23조 제3항이 스스로 정하고 있는 조건하에서만 허용된다는 것이다.

따라서 분리이론에서의 위헌성 심사기준은 헌법 제23조 제3항이 아닌 동조 제1항, 제2항을 기준으로 다른 기본권 제한의 법률과 마찬가지로 헌법상 비례원칙, 평등원칙 등에 의해 판단된다. 만약, 재산권 제한에 관한 내용규정이 비례원칙에 반하는 내용규정에 해당됨에도 보상규정을 마련하지 않은 경우 위헌성을 이유로 취소소송을 제기해야 하고 보상입법이 있기 전까지는 손실보상을 청구할 수 없게 된다.

4. 보상의 성격

분리이론에서 보상(보상을 요하는 내용규정의 경우의 보상)은 해당 법률의 위헌성을 제거하고 비례성을 회복하여 합헌적인 내용규정이 되도록 하기 위한 정책적, 조절적, 균형적 보상의 성격을 가진다. 따라서 금전보상에만 한정되지 않고 이에 갈음하는 매수청구권 등 다양한 보상방법을 입법자가 선택할 수 있다.

Check Point!

자갈채취사건판결

1. 개설

독일기본법은 '수용'만을 재산권 침해 유형으로 구분하여, 수용에 이르지 않는 사용·제한이 있는 경우에 손실보상과 손해보상으로 해결할 수 없는 공백이 발생하였다. 기존에는 수용유사침해·수용적 침해 법리를 도입하여 이를 손실보상으로 해결하였으나 자갈채취사건에서 종전의 해결과는 큰 변화를 가져왔다(이른바, 분리이론 시작).

2. 내용

보상규정이 없는 법률에 근거한 행정처분에 의한 공용수용적 조치는 위헌법률에 의한 것이기 때문에 위법하다. 그러나 상대방은 손실보상규정이 없기 때문에 손실보상청구를 할 수 없다. 그러므로 상대방은 위법한 공용수용적 처분을 취소하는 행정소송을 제기할 수 있을 뿐이다. 상대방은 취소소송과 손실보상청구소송 중에서 택일할 수 있는 선택적 청구권도 인정되지 않는다. 그리고 최고법원은 보상소송과 관련하여 법률이 규정한 손실보상이 행하여진 것이냐의 여부에 대하여 판단할 수 있을 뿐이며, 보상규정이 없는 경우에 공용침해보상을 긍정하는 판결을 할 권한이 없다.

3. 자갈채취사건판결 이전의 경우

① 수용이 아닌 재산권의 제한에 의해 재산권의 침해가 발생되는 경우(침해규정만 있고 보상규정이 없어서 위법인 경우)에 이를 '수용유사적 침해'로 보고, ② 적법한 행정작용의 부수적 결과로서 발생한 예기치 못한 비정형적 재산권 침해(적법, 비의도적·비전형적 침해 경우)는 '수용적 침해'로 보아, 연방법원은 '당연해석'에 의하여 손실보상을 해주어야 한다는 판례이론을 통해 흠결을 보완해왔다.

---

4. 자갈채취사건판결의 핵심적 명제와 그 의미

자갈채취사건판결은 종래의 손실보상 법리에 중대한 수정을 강요하였다. 이 결정은 종래 연방민사법원에 의하여 계속적으로 확대되어왔던 ① 수용의 개념을 대폭 축소, ② 재산권 내용규정과 수용을 엄격히 구분, ③ 취소소송 등 일차적 권리보호와 보상 간의 선택권을 부정하였다.

5. 자갈채취사건판결의 결과

(1) 경계이론의 퇴조와 분리이론의 등장

(2) 분리이론과 새로운 보상유형의 대두(재산권 내용과 한계규정에 의한 손실보상)

분리이론은 사회적 제약과 특별한 희생을 단절시킴에 따라 수용에 해당하지는 않지만 보상을 요하는 재산권 내용규정에 의한 재산권 침해라는 별도의 손실보상 유형이 대두하게 되었다.

CHAPTER 02 행정상 손실보상

제1절 손실보상의 개관

01 손실보상의 의의

1. 의의

행정상 손실보상이란, 공공필요에 의한 적법한 공권력 행사로 인하여 특정 개인의 재산권에 가하여진 특별한 희생에 대하여 사유재산권 보장과 공평부담의 견지에서 행정주체가 행하는 조절적 재산전보를 말한다. 이는 적법·무책의 경우에 해당되는 것으로서 위법·유책의 경우에 해당하는 행정상 손해배상제도와는 차이가 있다. 그러나 최근에는 양자가 상대화되는 경향에 있다.

2. 구별개념

행정상 손실보상	적법·무책		공권력 행사	재산권	의도적 침해	특별한 희생	재산권 보장 공평부담
구별	행정상 손해배상	위법·유책	사법인 사인 행위와 구별	희생보상 청구권은 비재산권	수용적 침해는 비의도·비의욕	내재적·사회적 제약과 구별	손해배상은 주관적 책임
	수용유사 침해	위법·무책					

3. 취지

현대국가는 공공의 복리를 달성하고 사회 전체의 이익을 실현하기 위하여 개인의 재산권에 대한 다양한 공용침해행위를 하게 되는데, 이는 헌법상 사회국가원리 및 이에 따르는 국가적 과제 실천의 의미에서 불가피하다(사회국가 실현을 위한 공용침해행위의 불가피성).

그러나 헌법상 사회국가원리는 개인의 재산권 등 기본권 보장원리를 비롯한 법치국가원리에 의한 제약을 받는다. 즉, 공공의 복리를 위해 재산권의 침해가 불가피하다면 그로 인한 개인의 재산적 희생을 법치국가원리에 의하여 정당하게 보상하여야 하는 것이다(법치국가 원리에 의한 국가의 보상의무).

4. 연혁

1789년 프랑스 인권선언 제13조 "공적 부담 앞의 평등원칙"에서 최초로 입법된 후, 독일 바이마르 헌법 제135조 및 독일 본 기본법 제14조에 규정을 두고 있으며, 우리 헌법 제23조 제3항에 헌법적 근거를 두고 있다.

02 손실보상의 근거

공용수용은 공공필요에 의하여 타인의 재산권을 강제적으로 취득하는 것이기 때문에 그 수용에 따른 손실보상을 조건으로 하고 있다. 공용수용에 대한 손실보상은 공익과 사익의 조화를 도모하고자 하는 제도이므로 손실보상은 공용수용과 불가분의 관련성을 갖고 있으며, 공용수용이 정당화되기 위해서는 그 이론적·실정법적 근거를 요하도록 함으로써 국민의 재산권을 실질적으로 보장하게 되는 것이다.

1. 이론적 근거

(1) 기득권설

기득권설은 자연법상의 기득권의 불가침성을 전제로 하여 기득권의 침해에 대하여는 당연히 그 경제적 가치에 의한 보상을 하여야 한다는 고전적 견해이다. 이 견해는 기득권의 범위 자체가 불확실하고, 기득권 이외의 권리침해에 대한 보상의 근거를 제시하지 못하는 문제점이 있다.

(2) 은혜설

은혜설은 국가권력의 절대성 및 법률 만능을 인정하고 개인은 그에 대항할 수 없다는 것을 전제로 한 것으로, 국가가 공익을 위하여 적법한 공권력 행사에 의하여 국민의 재산권을 침해한 경우에 당연히 보상이 주어져야 하는 것은 아니며, 재산권의 침해에 대하여 공권력을 가진 자의 일방적인 은혜로서 보상하는 것에 불과하다고 보는 견해이다.

(3) 공평부담설

공평부담설이란, 1789년 프랑스 혁명기의 「인간과 시민의 권리선언」 제13조의 내용으로서 정당한 사전보상하에서만 재산권이 박탈될 수 있다는 데에 근거를 둔 "공적 부담 앞의 평등"을 드는 견해이다.

(4) 특별희생설(통설)

특별희생설에 의하면, 사유재산권이 보장되는 제도 하에서 공익사업을 위하여 사유재산권을 수용함으로써 사유재산에 대하여 가해진 '특별한 희생'에 대하여는 그것이 적법하다고 하더라도 정의·공평의 원칙에 따라 그에 대한 조절적 보상을 하여야 한다는 견해이다. 이 사상은 바이마르 헌법 제153조, 독일기본법 제14조 등을 근거로 하며, 우리나라의 통설이다.

(5) 검토

손실보상의 이론적 근거에 관한 학설 중 기득권설, 은혜설 등은 연혁적 관점에서만 의미가 있다고 할 수 있으며, 오늘날은 '재산권 보장원칙', '공평부담의 실현', '공사익조절', '법률생활의 안정' 등의 종합적 입장에서 그 근거를 찾아야 할 것이다. 특히, 최근 헌법상 국민의 생존권 보장의 경향이 뚜렷해짐에 따라 재산권 보장 이상의 보상을 주장하는 생활권 보장의 고려가 일반화되고 있다.

2. 실정법적 근거

공공필요에 의하여 개인의 재산권에 귀책사유 없이 특별한 희생이 가하여진 경우, 이론적으로는 당연히 보상이 지급되어야 하는 것이지만, 구체적으로 손실보상청구를 하기 위하여는 그에 대한 실정법상의 근거가 필요한바, 그 근거로 헌법 제23조 제3항과 법률적 근거를 고찰하도록 하겠다.

(1) 헌법상 근거

헌법 제23조 제3항은 "공공필요에 의한 재산권의 수용·사용 또는 제한 및 그에 대한 보상은 법률로써 하되, 정당한 보상을 지급하여야 한다."고 규정하고 있다. 이는 공용침해법률주의, 보상법률주의, 정당보상주의를 천명한 것이다. 따라서 현행 헌법하에서 국민의 재산권 침해에는 형식적 법률에 반드시 근거를 두어야 하고, 손실보상의 기준과 방법 등에 관한 일반법으로서 토지보상법이 있으며, 각 개별법에서도 각기 규정하고 있다.

그런데 법률에서 공공필요에 의한 재산권의 수용·사용 또는 제한을 하는 규정을 두면서, 그에 대한 손실보상에 관한 규정을 하지 아니한 경우에 헌법규정 제23조 제3항의 해석에 있어서 그 성질이 어떠한 것인가, 즉 헌법의 규정만으로 손실보상청구권을 행사할 수 있다고 볼 것인가, 그렇지 아니하고 반드시 법률의 근거가 있어야 할 것인가에 관하여는 견해가 대립되고 있으며, 판례도 일관성을 찾아보기 어렵다(헌법 제23조 제3항의 효력논의).

(2) 개별법상 근거

① 토지보상법

공익사업을 위한 토지 등의 취득 및 보상에 관한 법률은 공익사업에 필요한 토지 등을 협의 또는 수용에 의하여 취득하거나 사용함에 따른 손실의 보상에 관한 사항을 규정하고 있는 공익사업용 토지의 취득 및 손실보상에 관한 일반법으로서, 이는 종전의 사법상 계약에 의한 재산권의 협의취득을 규정하고 있던 공특법과 강제취득을 규정하고 있던 토지수용법을 통합·제정한 것이다.

토지보상법이 시행됨으로써 보상에 관한 절차와 기준을 체계화하였으며, 두 법 사이의 중복과 불일치가 해소되는 등 각종 불합리한 제도가 개선되어 국민의 재산권이 충실히 보호되고 공익사업의 효율적인 추진이 이루어질 수 있게 되었다.

② 개별법

공익사업용 토지의 취득과 손실보상에 관하여 일반법으로서 토지보상법이 있으나, 이 외에도 각 개별법률에서 공익사업용 토지의 강제취득과 손실보상에 관하여는 특례를 규정하고 있는데, 국토의 계획 및 이용에 관한 법률, 건축법, 도시개발법, 농어촌정비법, 도로법, 하천법, 산림법, 수산업법, 징발법 등에서 그 규정을 찾을 수 있다.

그러나 대부분의 개별법은 공익사업용지 취득에 관한 모든 문제를 스스로 규정하고 있는 것은 아니고, 특히 필요한 사항에 관한 특칙을 규정할 뿐이며, 그 이외의 사항은 일반법인 토지보상법의 규정을 따르도록 하고 있다.

제2절 │ 손실보상의 요건

01 우리나라 헌법 제23조의 구조(경계이론과 분리이론)

손실보상의 요건을 보기에 앞서 헌법 제23조의 규범구조를 살펴볼 필요가 있다. 헌법 제23조의 구조를 어떻게 보느냐에 따라 손실보상의 요건 등이 달라질 수 있다. 즉, 경계이론과 분리이론에 따라 손실보상의 요건이 달라질 수 있으며, 특별한 희생 여부, 보상규정 흠결이 권리구제수단 등이 달라질 수 있다. 아래에서는 경계이론 시각에서 손실보상요건을 살펴본다(경계이론과 분리이론에 대해서는 전술함).

02 손실보상의 요건

헌법 제23조 제3항은 재산권 제한의 허용요건을 규정한 것이지만, 동시에 손실보상요건의 원칙적인 규정이다. 공용침해로 인한 손실에 대한 보상청구권이 성립하기 위하여는, 공공필요를 위하여 적법한 공행정작용에 의하여 개인의 재산권을 침해하여 특별한 희생이 발생하고, 보상규정이 존재하여야 한다.

1. 공공의 필요

(1) 의의

재산권에 대한 공권적 침해는 '공공필요'에 의해서만 행해질 수 있는바, 공공필요는 공용침해의 실질적 허용요건이자 본질적 제약요소가 된다. 그런데 공공필요는 대표적인 불확정 개념으로서, 시대적 상황과 국가 정책적 목표에 따라 가변적이기 때문에 획일적인 개념정립이 불가능하며, 특히 최근에는 그 범위가 확대되는 추세이다.

(2) 형량의 대상으로서 공익과 사익

헌법은 공익을 위하여 재산권의 침해를 인정(제23조 제3항)하면서, 또한 사익으로서 재산권을 기본권으로 보장(제23조 제1항)하며, 침해하는 경우에도 기본권의 본질적인 부분을 침해하지 못하도록 하고 있다(제37조 제2항). 따라서 공공필요를 위한 공용침해는 공익과 함께 사익도 고려되어야 한다. 공익과 사익은 대립관계에 있으므로 공공필요의 유무는 개별·구체적으로 공·사익 간의 비례의 원칙을 통한 비교형량을 통하여 판단된다.

(3) 비례의 원칙(과잉금지의 원칙)

비례의 원칙이란, 행정작용에 의한 국민의 자유와 권리의 침해는, 공익목적 달성에 적합한 수단을 선택해야 하며, 그 중에서도 최소침해를 가져오는 수단을 선택하여야 하며, 침해로 인해 달성되는 공익과 침해되는 사익 간에는 상당한 비례관계가 유지되어야 한다는 원칙이다. 아래의 세 가지 원칙은 상승단계를 취하고 있다. ① 적합성의 원칙(목적의 정당성, 방법의 적절성)은 행정권한

발동의 목적이 정당하여야 하고, 목적달성을 위한 방법이 적절하여야 함을 말한다. 즉, 공용수용의 목적물은 수용을 통해 달성하고자 하는 목적에 적합하여야 한다. ② 필요성의 원칙(피해의 최소성)은 행정목적 달성을 위한 수단 중 개인에게 권익침해가 가장 적은 수단을 선택해야 함을 말한다. ③ 상당성의 원칙(협의의 비례원칙)이란 행정목적 달성을 위한 적합하고 필요한 수단이라도 이로 인해 달성되는 공익이 침해되는 사익보다 우월한 경우에만 행정권한 발동은 적법하게 된다는 것이다.

2. 재산권에 대한 공권적 침해

첫째, 재산권이라 함은 법에 의해 보호되는 일체의 재산적 가치 있는 권리(공·사권 불문)를 말하며 현존하는 재산가치여야 한다. 따라서 단순한 기대이익이나 투기적 이익은 제외된다.

둘째, 공권적 침해란 공익실현을 위한 의도된 공권력의 행사로서의 공법적 행위이다. 즉, 보상부 침해로서 재산권의 박탈, 사용, 제한 등 일체의 재산권에 대한 공권적 감손행위를 말한다. 셋째, 침해의 직접성으로 공권적 침해와 재산상 손실은 직접적 인과관계가 있어야 한다. 최근 비의욕적, 부수적 침해에 대해서도 직접성 완화로 보상해 주어야 한다는 수용적 침해를 도입하자는 견해도 있다.

Check Point!

(1) **공용수용**

헌법 제23조 제3항의 수용은 공용수용 또는 공용징수를 말한다. '공용수용'이라 함은 공익사업 기타 복리목적을 위하여 타인의 토지 등의 재산권을 법률의 힘에 의하여 강제적으로 취득하는 것을 말한다. 공익사업 기타 복리행정상의 목적을 위하여 타인의 토지 등이 필요한 경우, 사법적 수단에 의하여 그 취득이 불가능한 때에는 권리자의 의사에 관계없이 필요한 재산권을 강제적으로라도 취득하여야 할 필요성이 절실히 요청되고 있는바, 이를 위한 종국적인 법제가 공용수용이다.

공용수용은 타인의 재산권을 공공필요에 의하여 강제적으로 취득하는 것이므로 사유재산권을 보장하는 법치국가의 헌법에서는 반드시 법률의 근거가 있어야 하고, 법정의 절차를 경유하여야 하며, 정당한 보상을 하여야 한다. 우리나라 헌법 제23조 제3항은 공용수용의 헌법적 근거를 규정하고 있으며, 공용수용에 관한 근거법률은 일반법으로 토지보상법이 있고 그 외에도 수많은 특별법이 있다.

(2) **공용사용**

헌법 제23조 제3항의 사용이란 공용사용을 말한다. '공용사용'이란 특정한 공익사업을 위하여 그 사업자가 타인의 소유에 속하는 토지 기타의 재산권에 대하여 공법상의 사용권을 취득하고, 상대방인 소유자 기타의 권리자는 그 공익사업을 위한 사용을 수인하여야 할 공법상의 의무를 부담하는 것을 말한다. '사용제한'이라고도 한다.

공익사업의 목적을 수행하기 위하여 타인의 재산을 사용할 필요가 있는 경우 사업주체가 민법상의 계약에 의하여 타인의 재산에 대한 사용권을 취득하는 것이 보통이지만, 권리자의 승낙을 얻지 못하거나 긴급하여 그 승낙을 얻을 이유가 없는 때에는 권리자의 의사를 묻지 아니하고 직접 법률에 의하여 또는 법률에 의거한 행정행위에 의하여 사용권이 설정된다.

공용사용은 그 내용으로 보아 일시적 사용과 계속적 사용으로 나누어진다. '일시적 사용'은 공익사업의 주체가 그 사업의 이익을 위하여 타인의 토지·건물 기타 재산을 일시적으로 사용하는 것을 말한다. '계속적 사용'은 개인의 재산권에 대한 중대한 제한이기 때문에 공용수용과 동일한 신중한 절차에

따라 그 사용권이 설정되는 것이 원칙이다.

공용사용은 개인의 재산권에 대한 사용권을 강제로 설정하는 것이므로 그에는 법률의 근거가 있어야 하고, 또한 법정의 절차를 거쳐 정당한 보상을 지급하여야 한다. 토지보상법은 공용사용에 대한 보상을 규정하고 있고, 개별법도 원칙적으로 보상규정을 두고 있다.

(3) 공용제한

헌법 제23조 제3항의 제한이라 함은 공용제한을 말한다. '공용제한'이라 함은 특정한 공익사업 기타 복리행정상의 목적을 위하여 또는 일정한 물건의 효용을 보존하기 위하여 개인의 재산권에 과하여지는 공법상의 제한을 말한다. 공용제한은 당초 특정한 공익사업의 수요를 충족하기 위한 목적을 갖고 있었지만, 오늘날은 이와 같은 좁은 부분목적을 초월하여 국토의 합리적인 이용과 개발·보전을 통한 생활공간의 형성을 도모함으로써 공공복리의 증진에 기여하고자 하는 목적으로 그 제도가 발전하여 왔다. 그리고 공용제한의 가장 중요하고 일반적인 대상은 토지재산권인데, 토지에 대한 공용제한을 특히 공용지역이라고 한다. 그런데 공용제한은 그 제한을 필요로 하는 공익상 수요의 종류에 따라서 계획제한·보전제한·사업제한·공물제한·사용제한 등으로 나눌 수 있다.

공용제한은 헌법상 보장된 개인의 토지재산권에 대한 침해를 가져오므로 반드시 법률의 근거가 있어야 한다. 헌법 제23조 제3항·제122조 등은 헌법적 근거이고, 개별법적 근거로서는 국토의 계획 및 이용에 관한 법률·도로법·문화재보호법·산림법·자연공원법·철도법·하천법 등이 있다. 그런데 공용수용이나 공용사용의 경우에는 그 근거법에 보상규정을 두고 있는 것이 일반적이지만, 공용제한에는 보상규정이 없는 경우가 많아 문제이다.

3. 침해의 적법성(법률의 근거)

헌법 제23조 제3항은 법률유보원칙을 취하고 있는바, 재산권 침해는 형식적 의미의 법률에 적합해야 한다. 반면, 보상규정이 없어 위법한 경우 수용유사침해이론을 도입하자는 견해도 있다.

적법한 공권력 행사는 법률에 근거해야 할 뿐만 아니라 그 절차에 있어서도 적법해야 하며 이에 위반하는 경우, 하자 있는 행정작용으로서 실질적 법치주의 실현을 위해 사법적 통제를 받게 된다.

4. 특별한 희생

(1) 문제점

공용침해로 인한 손실이 보상을 요하는 보상원인이 되는 것인지 여부는 재산권의 침해가 헌법 제23조 제2항에서 규정한 사회적 제약에 해당되어 보상을 요하지 않는 경우인지, 제23조 제3항에 해당되어 보상을 요하는 '특별한 희생'인지의 구별이 중요하다. 특별한 희생인지 사회적 제약인지의 구별은 특히 공용제한의 경우에 문제된다.

(2) 구별기준에 대한 제 견해

① 형식설

평등의 원칙을 형식적으로 해석하여 재산권 침해의 인적 범위가 특정되어 있는가의 여부로 사회적 제약과 특별한 희생을 구별하는 견해이다. 형식설에는 개별행위설(독일제국법원)과 이를 발전시킨 특별희생설(독일연방통상법원)이 있다. 개별행위설은 특정인 혹은 범위가 확정될 수 있는 특정 다수인의 재산권 침해인 경우 특별한 희생으로 본다. 특별희생설은 특정인 혹은 특정 다수인에게 다른 자에게는 요구되지 않는 재산상의 희생을 부과하는 경우 특별한 희생으로 보는 견해이다.

② 실질설

재산권 침해의 본질성과 강도라고 하는 실질적 표준에 의하여 구별하려는 견해로서 그 침해가 일반적 부담 이상으로 재산권의 본질을 침해하는 것일 때에는 재산권의 내재적 제약의 범위를 넘은 것이므로 손실보상을 요하는 '특별한 희생'에 해당된다는 것이다.

(ㄱ) 목적위배설은 공용침해가 재산권의 객관적인 종래 목적을 침해하는 경우에는 특별한 희생으로 본다.

(ㄴ) 사적 효용설은 공용침해가 개인이 갖는 주관적 효용을 침해하는 경우에는 특별희생에 해당한다는 견해이다.

(ㄷ) 보호가치성설은 사회의 역사, 가치관, 법률의 취지 등에 의해 보호가치 있는 재산권에 대한 침해는 특별희생으로 본다.

(ㄹ) 수인기대가능성설은 공공필요에 의한 재산권의 침해가 수인을 기대할 수 있는지 여부에 따라 특별희생을 판단한다.

(ㅁ) 중대성설은 재산권에 대한 제약의 중대성과 범위를 기준으로 특별한 희생인지의 여부를 판단하려는 견해이다.

(ㅂ) 상황구속성설 공용침해 당시 토지의 이용형태 및 사회적 상황 등 구체적 상황에 따라 특별희생을 판단한다.

(ㅅ) 사회적 비용설은 손실보상을 실시하기 위해 소요되는 비용(조사비용, 담당공무원의 보수 등)이 개인의 재산권 침해를 상회하는 시점(개인의 재산권 침해 ≥ 손실보상의 사회적 비용)을 보상이 필요한 시점으로 보는 견해이다.

(3) 판례

① 대법원 입장

과거 대법원은 개발제한구역을 정하고 있는 (구)도시계획법 제21조의 위헌심판제청사건에서 (구)도시계획법 제21조 제1항에 의한 제한은 공공복리에 적합한 합리적인 제한으로서, 그 제한으로 인한 토지소유자의 불이익은 공공복리를 위하여 감수하지 아니하면 안 될 정도의 것이라며 특별한 희생은 아니라고 판시하였다.

판례

▶ 관련판례(대결 1990.5.8, 89부2)
도시계획법 제21조 제1항, 제2항의 규정에 의하여 개발제한구역 안에 있는 토지의 소유자는 재산상의 권리행사에 많은 제한을 받게 되고 그 한도 내에서 일반 토지소유자에 비해서 불이익을 받게 되었음은 명백하지만 이와 같은 제한은 공공복리에 적합한 합리적인 제한이라고 볼 것이고, 그 제한으로 인한 토지소유자의 불이익은 공공의 복리를 위하여 감수하지 아니하면 안 될 정도의 것이라고 인정되므로 이에 대하여 손실보상의 규정을 하지 아니하였다 하여 도시계획법 제21조 제1항, 제2항의 규정을 헌법 제23조 제3항이나 제37조 제2항에 위배되는 것이라고 할 수 없다.

> ▶ 관련판례(대판 1995.4.28, 95누627)
> 국토이용관리법은 국토건설종합계획의 효율적인 추진과 국토이용질서를 확립하기 위하여 제정된 것으로 국토이용계획의 결정과 그 변경은 건설부장관이 관계행정기관의 장으로부터 그 의견을 듣거나 그 지정 또는 변경요청을 받아 이를 입안 또는 변경하여 국토이용계획심의회의 심의를 거쳐 고시하도록 규정하고 있고 토지소유자에게 국토이용계획의 변경신청에 대하여 일정한 제한을 가하고 있다 하여도 이와 같은 제한은 공공복리에 적합한 합리적인 제한이라고 볼 것이고, 그 제한으로 인한 토지소유자의 불이익은 공공의 복리를 위하여 감수하지 아니하면 안 될 정도의 것이라고 인정되며 이러한 제한을 가지고 헌법상 보장되어 있는 국민의 재산권 보장의 규정을 침해하는 것이라고 볼 수 없다.

② 헌법재판소의 입장

헌법재판소는 (구)도시계획법 제21조에 대한 위헌소원사건에서 개발제한구역 지정으로 발생되는 재산권의 제약을 두 가지로 나누어 판단하고 있는바, ① 토지를 종래 목적으로도 사용할 수 없거나(목적위배설), 실질적으로 토지의 사용, 수익의 길이 없는 경우(사적 효용설)에는 수인한계를 넘는 것(수인한도설)이므로 특별희생에 해당되고, ② 지가의 하락이나 개발가능성의 소멸로 인한 재산권의 제약은 사회적 제약이라고 한다.

(4) 소결

재산권에 대한 제한에 있어 그 보상 여부를 판단함에 있어서는 실질적 기준만으로는 불충분하고 보충적이나마 형식적 기준도 동시에 고려되어야 할 것이다. 따라서 보상 여부의 결정에 있어서는 형식적 기준과 실질적 기준을 상호 보완적으로 적용하여 판단하여야 할 것이며, 아울러 재산권 제한의 목적, 태양, 정도, 사회적 수용성, 평등원칙 등을 종합적으로 고려하여 구체적, 개별적으로 결정하는 절충적인 입장이 타당하다.

5. 보상규정의 존재

헌법 제23조 제3항은 손실보상은 법률로써 히도록 규정하고 있어, 개별법에 보상규정이 있어야 한다. 공용제한의 경우는 학설이 대립하는데 직접효력설과 유추적용설은 보상규정을 필수요건으로 하지 않는 반면, 위헌무효설은 보상규정을 요건으로 한다(불가분조항원칙). 최근 헌법재판소는 (구)도시계획법 제21조에 의거한 개발제한구역 지정과 관련하여 보상규정을 두지 않은 것에 대하여 헌법불합치결정을 내린 바 있다.

| 제3절 | 헌법 제23조 제3항의 보상규정 논의 |

> ➲ 헌법 제23조
> ① 모든 국민의 재산권은 보장된다. 그 내용과 한계는 법률로 정한다.
> ② 재산권의 행사는 공공복리에 적합하도록 하여야 한다.
> ③ 공공필요에 의한 재산권의 수용·사용 또는 제한 및 그에 대한 보상은 법률로써 하되, 정당한 보상을 지급하여야 한다.

01 문제점

헌법 제23조 제3항은 "공공필요에 의한 재산권의 수용, 사용 또는 제한 및 그에 대한 보상은 법률로써 하되, 정당한 보상을 지급하여야 한다."고 규정하고 있는바, 공용수용(공용침해)과 손실보상을 개별법에 법률 유보하여 반드시 법적 근거를 마련하도록 하고 있다.

공공필요에 의한 재산권의 수용, 사용, 제한을 규정하는 법률이 그에 관한 보상규정을 두고 있는 경우에는 그에 근거하여 보상청구하면 되나, 문제는 공용제한의 경우처럼 법률에서 침해규정만을 두고 보상규정을 두고 있지 않은 경우에, 헌법 규정 제23조 제3항의 효력이 어떠한가, 즉 헌법의 규정만으로 손실보상청구권을 행사할 수 있다고 볼 것인가, 그렇지 아니하면 반드시 법률의 근거가 있어야 할 것인가에 대하여 견해의 대립이 있다.

02 학설

1. 방침규정설

손실보상에 관한 헌법규정은 입법에 대한 방침규정일 뿐이므로, 입법자가 손실보상의무를 입법화할 때까지 국가는 손실보상의무를 지지 않는다는 견해로서, 개별법에 보상규정을 두지 않는 경우 손실을 수인할 수밖에 없고 손실보상은 인정되지 않는다는 입장이다.

2. 직접효력설

헌법 제23조 제3항은 국민에 대해서도 직접적인 효력을 가지는바, 이를 직접 근거로 하여 손실보상을 청구할 수 있다는 주장이다. 목적론적 입장(김동희)에서는 손실보상에 관한 헌법상 규정은 국민에 대하여 직접적 효력을 갖는 실효적 규범이며, 문헌상 보장은 "법률로써" 하게 되어 있으나, 이는 보상의 구체적 내용이나 방법만을 유보한 것이지 보상 여부까지를 법률에 유보한 것은 아니라는 점에서 헌법 제23조 제1항이 사유재산제도를 보장하고 있는 이상, 관계법률에 보상규정이 없는 경우에도 헌법 제23조 제3항을 직접 근거로 하여 손실보상을 청구할 수 있다는 견해이다.

3. 위헌무효설

법률이 재산권 침해를 규정하면서 보상에 관하여 규정하지 아니하면, 그 법률은 헌법규정에 위반한 것으로서 위헌·무효가 되며, 이러한 위헌·무효인 법률에 근거하여 개인의 재산권을 침해한 행위는 위법한 행위가 되기 때문에 국가배상법에 근거한 불법행위로 인한 손해배상청구만이 가능하다고 본다.

4. 유추적용설

법률에 손실보상규정이 없는 경우에는 헌법 제23조 제1항과 제11조(평등원칙)를 직접적인 근거로 하고, 제23조 제3항 및 관계규정의 유추적용을 통하여 손실보상을 청구할 수 있다고 한다. 이는 독일에서 발전된 수용유사침해이론을 도입하여 위법·무책인 경우에 이를 통해 문제를 해결하고자 하려는 것이다.

5. 보상입법부작위 위헌설

이 설은 공공필요를 위하여 공용제한을 규정하면서 손실보상을 두지 않은 경우 그 공용제한규정 자체는 헌법에 위반되는 것은 아니라고 보고 손실보상을 규정하지 않은 입법부작위가 위헌이라고 보는 견해이다.

03 판례

우리 판례는 헌법에서 시대적 상황과 여건에 따라 태도를 달리하고 있다. 즉, 제3공화국 시기에는 헌법규정의 해석상 '직접효력설'을 취한 바 있고, 제5공화국 시기에는 하천법 관련 제외지 소유 토지소유자 및 현행 헌법 하에서 김위탁수수료사건에서 '유추적용설'을 취하였다고 해석하는 견해도 있다. 한편, 서울 고등법원 입장과 달리 대법원은 문화방송주식 강제증여사건에서 수용유사침해이론의 도입에 소극적 견해를 판시한 것으로 보인다. 반면, 현행 헌법 하에서 헌법재판소는 조선철도 (주) 주식의 반환청구소송에서는 '위헌무효설'을 취하였다.

> **판례**
>
> ▶ 관련판례(대판 1995.11.24, 94다34630)
> (구)하천법 제2조 제1항 제1호 소정의 하천의 제방부지로서 같은 법 제11조 단서 소정의 관리청이 그 지상에 제방을 축조하였다면, 그 제방의 부지는 관리청에 의한 지정처분이 없어도 법률의 규정에 의하여 당연히 하천구역이 되어 국유로 된다. … 명시적인 보상규정이 없더라도, 그것이 유수지 및 제외지와 더불어 하천구역이 되어 국유로 된 이상 그로 인하여 소유자가 입은 손실은 보상되어야 하고, 그 보상방법을 유수지 및 제외지 등에 관한 것과 달리할 아무런 합리적인 이유를 찾아볼 수 없으므로, … 그 제방을 축조한 관리청은 위 개정된 (구)하천법 부칙 제2조 제1항을 유추적용하여 그 제방 부지의 소유자에게 손실을 보상하여야 한다고 봄이 상당하다.
>
> ▶ 관련판례(대판 1993.10.26, 93다6409)
> 수용유사적 침해이론은 국가 기타 공권력의 주체가 위법하게 공권력을 행사하여 국민의 재산권을 침

해하였고, 그 효과가 실제에 있어서 수용과 다름이 없을 때에는 적법한 수용이 있는 것과 마찬가지로 국민이 그로 인한 손실의 보상을 청구할 수 있다는 내용으로 이해되는데, 과연 우리 법제하에서 그와 같은 이론을 채택할 수 있는가는 변론으로 하더라도, 이 사건에서 피고 대한민국의 이 사건주식이 그러한 공권력 행사에 의한 수용유사적 침해에 해당한다고 볼 수는 없다.

▶ 관련판례(헌재 1998.12.24, 89헌마214)
[판시사항]
1. 토지재산권의 사회적 의무성
2. 개발제한구역(이른바 그린벨트) 지정으로 인한 토지재산권 제한의 성격과 한계
3. 토지재산권의 사회적 제약의 한계를 정하는 기준
4. 토지를 종전의 용도대로 사용할 수 있는 경우에 개발제한구역 지정으로 인한 지가의 하락이 토지재산권에 내재하는 사회적 제약의 범주에 속하는지 여부(적극)
5. 도시계획법 제21조의 위헌 여부(적극)
6. 헌법불합치결정을 하는 이유와 그 의미
7. 보상입법의 의미 및 법적 성격

[결정요지]
1. 헌법상의 재산권은 토지소유자가 이용가능한 모든 용도로 토지를 자유로이 최대한 사용할 권리나 가장 경제적 또는 효율적으로 사용할 수 있는 권리를 보장하는 것을 의미하지는 않는다. 입법자는 중요한 공익상의 이유로 토지를 일정 용도로 사용하는 권리를 제한할 수 있다. 따라서 토지의 개발이나 건축은 합헌적 법률로 정한 재산권의 내용과 한계 내에서만 가능한 것일 뿐만 아니라 토지재산권의 강한 사회성 내지는 공공성으로 말미암아 이에 대하여는 다른 재산권에 비하여 보다 강한 제한과 의무가 부과될 수 있다.
2. 개발제한구역을 지정하여 그 안에서는 건축물의 건축 등을 할 수 없도록 하고 있는 도시계획법 제21조는 헌법 제23조 제1항, 제2항에 따라 토지재산권에 관한 권리와 의무를 일반·추상적으로 확정하는 규정으로서 재산권을 형성하는 규정인 동시에 공익적 요청에 따른 재산권의 사회적 제약을 구체화하는 규정인바, 토지재산권은 강한 사회성, 공공성을 지니고 있어 이에 대하여는 다른 재산권에 비하여 보다 강한 제한과 의무를 부과할 수 있으나, 그렇다고 하더라도 다른 기본권을 제한하는 입법과 마찬가지로 비례성원칙을 준수하여야 하고, 재산권의 본질적 내용인 사용·수익권과 처분권을 부인하여서는 아니 된다.
3. 개발제한구역 지정으로 인하여 토지를 종래의 목적으로도 사용할 수 없거나 또는 더 이상 법적으로 허용된 토지이용의 방법이 없기 때문에 실질적으로 토지의 사용·수익의 길이 없는 경우에는 토지소유자가 수인해야 하는 사회적 제약의 한계를 넘는 것으로 보아야 한다.
4. 개발제한구역의 지정으로 인한 개발가능성의 소멸과 그에 따른 지가의 하락이나 지가상승률의 상대적 감소는 토지소유자가 감수해야 하는 사회적 제약의 범주에 속하는 것으로 보아야 한다. 자신의 토지를 장래에 건축이나 개발목적으로 사용할 수 있으리라는 기대가능성이나 신뢰 및 이에 따른 지가상승의 기회는 원칙적으로 재산권의 보호범위에 속하지 않는다. 구역지정 당시의 상태대로 토지를 사용·수익·처분할 수 있는 이상, 구역지정에 따른 단순한 토지이용의 제한은 원칙적으로 재산권에 내재하는 사회적 제약의 범주를 넘지 않는다.
5. 도시계획법 제21조에 의한 재산권의 제한은 개발제한구역으로 지정된 토지를 원칙적으로 지정 당시의 지목과 토지현황에 의한 이용방법에 따라 사용할 수 있는 한, 재산권에 내재하는 사회적 제약을 비례의 원칙에 합치하게 합헌적으로 구체화한 것이라고 할 것이나, 종래의 지목과 토지현황에

의한 이용방법에 따른 토지의 사용도 할 수 없거나 실질적으로 사용·수익을 전혀 할 수 없는 예외적인 경우에도 아무런 보상 없이 이를 감수하도록 하고 있는 한, 비례의 원칙에 위반되어 해당 토지 소유자의 재산권을 과도하게 침해하는 것으로서 헌법에 위반된다.

6. 도시계획법 제21조에 규정된 개발제한구역제도 그 자체는 원칙적으로 합헌적인 규정인데, 다만 개발제한구역의 지정으로 말미암아 일부 토지소유자에게 사회적 제약의 범위를 넘는 가혹한 부담이 발생하는 예외적인 경우에 대하여 보상규정을 두지 않은 것에 위헌성이 있는 것이고, 보상의 구체적 기준과 방법은 헌법재판소가 결정할 성질의 것이 아니라 광범위한 입법형성권을 가진 입법자가 입법정책적으로 정할 사항이므로, 입법자가 보상입법을 마련함으로써 위헌적인 상태를 제거할 때까지 위 조항을 형식적으로 존속케 하기 위하여 헌법불합치결정을 하는 것인바, 입법자는 되도록 빠른 시일 내에 보상입법을 하여 위헌적 상태를 제거할 의무가 있고, 행정청은 보상입법이 마련되기 전에는 새로 개발제한구역을 지정하여서는 아니 되며, 토지소유자는 보상입법을 기다려 그에 따른 권리행사를 할 수 있을 뿐 개발제한구역의 지정이나 그에 따른 토지재산권의 제한 그 자체의 효력을 다투거나 위 조항에 위반하여 행한 자신들의 행위의 정당성을 주장할 수는 없다.

7. 입법자가 도시계획법 제21조를 통하여 국민의 재산권을 비례의 원칙에 부합하게 합헌적으로 제한하기 위해서는, 수인의 한계를 넘어 가혹한 부담이 발생하는 예외적인 경우에는 이를 완화하는 보상규정을 두어야 한다. 이러한 보상규정은 입법자가 헌법 제23조 제1항 및 제2항에 의하여 재산권의 내용을 구체적으로 형성하고 공공의 이익을 위하여 재산권을 제한하는 과정에서 이를 합헌적으로 규율하기 위하여 두어야 하는 규정이다. 재산권의 침해와 공익간의 비례성을 다시 회복하기 위한 방법은 헌법상 반드시 금전보상만을 해야 하는 것은 아니다. 입법자는 지정의 해제 또는 토지매수청구권제도와 같이 금전보상에 갈음하거나 기타 손실을 완화할 수 있는 제도를 보완하는 등 여러 가지 다른 방법을 사용할 수 있다.

[재판관 조승형의 반대의견]

다수의견이 취하는 헌법불합치결정은 헌법 제111조 제1항 제1호 및 제5호, 헌법재판소법 제45조, 제47조 제2항의 명문규정에 반하며, 헌법재판소 결정의 소급효를 원칙적으로 인정하고 있는 독일의 법제와 원칙적으로 장래효를 인정하고 있는 우리의 법제를 혼동하여 독일의 판례를 무비판적으로 잘못 수용한 것이므로 반대하고, 이 사건의 경우는 단순위헌결정을 하여야 한다.

[재판관 이영모의 반대의견]

1. 모든 국민이 건강하고 쾌적한 환경에서 생활할 수 있는 환경권(헌법 제35조)은 인간의 존엄과 가치·행복추구권의 실현에 기초가 되는 기본권이므로 사유재산권인 토지소유권을 행사하는 경제적 자유보다 우선하는 지위에 있다.

2. 도시계획법 제21조는 국가안전보장과 도시의 자연환경·생활환경의 관리·보전에 유해한 결과를 수반하는 환경오염을 미리 예방하기 위한 필요한 규제입법으로 헌법상 정당성을 갖추고 있다. 이 규제입법으로 말미암아 나대지의 이용이 제한되고 사정변경으로 인하여 토지를 사용하는 데 지장이 생겼다고 할지라도 입법목적에 어긋나지 않는 범위 안에서 이를 이용할 수 있는 방법이 있고 또 소유권자의 처분을 제한하는 것도 아니므로, 이와 같은 규제는 성질상 재산권에 내재된 사회적 제약에 불과하다고 보는 것이 상당하다. 법익의 비교형량면에서도 토지소유권자가 입는 불이익보다 국가안전보장과 공공복리에 기여하는 이익이 더 크고, 입법목적 달성을 위한 합리성·필요성을 갖추었으므로 헌법 제37조 제2항 소정의 기본권 제한 한계요건을 벗어나는 것도 아니다. 뿐만 아니라 제한구역 내의 다른 토지와 서로 비교하여 보아도 나대지와 사정변경으로 인한 토지의 특성상 재산권의 박탈로 볼 수 있는 정도의 제한을 가한 합리성이 없는 차별취급으로 인정되지 아니하므로 평등원칙을 위반한 것도 아니다.

04 소결

1. 방침규정설에 대한 평가

방침규정설에 대한 비판적 입장은 손실보상에 관한 헌법규정이 국민의 권리보장을 위한 규정임을 무시한 점, 헌법규정의 실효성을 입법자의 의도에 맡기는 것은 오늘날 법치국가 정신으로는 받아들이기 어렵다는 것을 논거로 한다.

2. 직접효력설에 대한 평가

직접효력설에 대한 비판적 입장은 권력분립원칙에 반한다는 것으로 보상 여부를 입법자를 대신하여 법원이 결정할 수 없다는 점, 문리해석상의 모순 및 소를 남발할 우려가 있다는 점이다.

3. 위헌무효설에 대한 평가

위헌무효설에 대한 비판적 입장은 공무원의 과실입증 어려움, 공공필요를 위한 공용침해행위가 보상규정이 없다는 이유만으로 불법행위와 동일하게 취급된다는 것은 비합리적이라는 점, 보상규정에 대한 법의 침묵이 보상을 배제한다는 뜻으로 새기는 것은 문제가 있다는 점, 법률이 보상규정을 두지 않은 것 자체를 위헌적 입법부작위로 보아 국가배상을 청구할 수 있다는 것인지(입법부작위론), 아니면 그 위헌적 법률에 의하여 이루어진 침해행위를 대상으로 손해배상을 청구할 수 있다는 것인지(위헌무효설) 불분명하다는 비판이 있다.

4. 유추적용설에 대한 평가

유추적용설에 대한 비판적 입장은 유추적용의 요건을 충족시키지 못한다는 점, 즉 "위법·무책"의 위법한 행위를 "적법"행위의 규정을 유추적용하는 것은 논리적으로 타당하지 않다는 점, 독일에서 관습법상 인정되는 희생보상청구권은 우리 법제에서 존재하지 않는다는 점, 헌법 제23조 제1항은 재산권의 존속보장에 관한 규정으로 가치보장인 행정상 손실보상의 직접적인 근거로 삼기 어렵다는 점 등을 논거로 든다.

5. 보상입법부작위 위헌설에 대한 평가

보상입법부작위 위헌설에 대한 비판적 입장은 공용제한을 규정하는 법률이 보상규정을 정하지 않은 경우 손실보상을 규정하지 않은 입법부작위에 대한 헌법소원을 통해 해결하여야 한다는 측면에서 다소 현실적인 문제해결에는 한계가 있다는 지적이 있다.

6. 소결

위헌무효설은 행정상 손해배상의 문제로 해결하고자 하며 그 성립요건으로서 공무원의 과실이 인정되어야 하나 공무원의 과실의 존재를 인정하기 어려워 손해배상이 불가능한 문제가 있다. 위헌무효설에서는 과실을 객관화함으로써 이 문제를 해결할 수 있다고 하나 과실을 객관화하더라도 주관적 요소를 부정할 수 없다는 점에서 그 한계가 있는 것으로 보인다.

결국 근원적 해결은 입법의 정비로 해결하여야 할 것이나, 현재로서는 해석론으로 헌법합치적 해석을 할 수밖에 없다. 문리적 해석상 다소 무리가 없는 것은 아니나 직접효력설이 비교적 타당하다고 보인다.

05 현행법령의 검토

헌재결정에 따라 제정된 현행 개발제한구역의 지정 및 관리에 관한 특별조치법은 토지소유자의 매수청구권을 인정하고 있으며, 국토의 계획 및 이용에 관한 법률은 도시관리계획사업이 장기간 시행되지 아니한 경우 대지소유자에게 매수청구권을 부여하고 있고, 또한 도시관리계획시설이 결정고시된 후 20년이 경과될 때까지 해당 시설을 설치하지 아니한 경우에는 그 도시관리계획결정이 실효되도록 규정하고 있다.

이러한 토지매수청구제도는 해당 토지소유자에게 토지를 계속 소유하게 하고 그 소유권에 가해진 손실을 보상하는 것이 아니므로, 재산권에 가해진 특별희생 자체에 대한 보상은 아니지만 손실보상에 갈음한 제도로 이해될 수 있을 것이다.

06 손실보상과 관련된 논의 보충

1. (구)도시계획법에 대한 헌법재판소 결정 논의

(1) 헌법재판소 결정의 요지

헌법재판소는 (구)도시계획법 제21조에 따른 재산권의 제한은 개발제한구역으로 지정된 토지를 원칙적으로 지정 당시의 지목과 토지현황에 의한 이용방법에 따라 사용할 수 있는 한, 재산권에 내재하는 사회적 제약을 비례의 원칙에 합치하게 합헌적으로 구체화한 것이라고 보고 있다. 그러나 종래의 지목과 토지현황에 의한 이용방법에 따른 토지의 이용도 할 수 없거나 실질적으로 사용·수익을 전혀 할 수 없는 예외적인 경우에도 아무런 보상 없이 이를 감수하도록 하고 있는 한, 비례원칙에 위반되어 해당 토지소유자의 재산권을 과도하게 침해하는 것으로 헌법에 위반된다고 결정하고 있다.

(2) 평등권 위반 여부

개발제한구역의 지정으로 구역 내 토지소유자에게 발생하는 재산권의 제한의 정도는 토지를 종래의 지목과 현황에 따라 사용할 수 있는가의 여부에 따라 현저히 상이한데도, 이를 가리지 않고 일률적으로 규정하여 구역 내의 모든 토지소유자에게 아무런 보상 없이 재산권의 제한을 수인해야 할 의무를 부과하는 이 사건 법률조항은 재산권의 제한에 있어서 보상을 필요로 하는 예외적인 범위 안에서 개별 토지소유자에게 발생한 재산적 부담의 정도를 충분히 고려하여 본질적으로 같은 부담은 같게, 다른 부담은 다르게 규율할 것을 요청하는 평등원칙에도 위반된다.

(3) 사회적 제약과 특별한 희생의 구별기준 제시

헌법재판소의 결정은 손실보상이 필요한 대상토지와 수인하여야 할 대상토지에 관한 개별적인 기준을 제시하고 있다는 점에서 특별한 희생에 관한 기준을 밝히고 있다고 평가할 수 있다. 즉, "종래의 지목과 토지현황에 의한 이용방법에 따른 토지의 사용도 할 수 없거나 실질적으로 사용·수익을 전혀 할 수 없는 예외적인 경우에도 아무런 보상 없이 이를 감수하도록 하고 있는 한, 비례의 원칙에 위반되어 재산권을 과도하게 침해하는 것으로서 헌법에 위반된다."고 하여 이에 대하여는 손실보상이 필요한 것으로 보고 있다. 이는 특별한 희생의 기준에 대해 형식설과 실질설(목적위배설, 상황구속성설, 사적효용설) 모두를 활용하여 절충설을 취했다고 볼 수 있다.

(4) 보상규정 없는 경우의 해결책 제시

① 개요

헌법재판소는 특별한 희생의 기준에 비추어 손실보상이 필요한 재산권 제한행위에 대하여 보상규정을 두고 있지 않은 법률규정에 대하여 위헌이며 이에 대한 해결책으로서 입법적 조치를 강구토록 함으로써 그간 논란이 되어온 "보상규정 없는 경우의 해결방법" 논의와 밀접한 관련이 있다.

② 학설의 검토

직접효력설의 경우 개별법상 보상규정이 없더라도 헌법규정으로 손실보상을 청구할 수 있다고 보기 때문에 헌법재판소 결정이 직접효력설을 취했다고 보기는 어려울 것이다. 유추적용설 또한 개별법상 보상규정이 없는 경우 헌법 제23조 제1항과 제11조를 직접적인 근거로 하고, 헌법 제23조 제3항 및 관계규정의 유추적용을 통해 손실보상을 청구할 수 있다고 보아 헌법재판소 결정이 이를 취했다고 보기 어려울 것이다. 위헌무효설은 개별법상 보상규정이 없는 경우 이러한 법률은 헌법 제23조 제3항에 반하는 위헌무효인 법률로 보며, 따라서 헌법재판소 결정을 위헌무효설의 입장을 취했다고 볼 수 있다.

③ 소결

특별한 희생임에도 보상규정을 두지 아니한 경우에 헌법 제23조 제3항의 해석을 통하여 보상을 하여야 한다는 직접효력설이나 유추적용설과는 달리 침해법률의 위헌성을 기준으로 문제를 해결한다는 점에서 헌법재판소 결정이 위헌무효설과 궤를 같이한다고 판단된다.

그러나 위헌무효설의 경우 위헌성의 근거가 헌법 제23조 제3항에 반하는 위헌(불가분조항 원칙 위반)으로서 국가배상으로 문제를 해결하고자 하는 점에서, 헌법재판소의 결정은 헌법 제23조 제3항에 반하는 위헌이 아니라 비례원칙 또는 평등원칙에 반하는 위헌이라고 판시한 점에서 과연 위헌무효설을 취했다고 볼 수 있는지 의문이다. 헌법재판소가 보상입법을 통하여 위헌성을 제거하여야 한다고 한 점에서 보상입법부작위위헌설이 오히려 더 충실하다고 판단된다.

(5) 분리이론 채택 여부

헌법 제23조 제1항 및 제2항의 재산권의 사회적 제약과 제23조 제3항의 공용침해를 "재산권 제한의 정도의 차이"로 볼 것인가, 아니면 "완전히 별개인 서로 독립된 제도"로 볼 것인가가 이른바 분리이론과 경계이론의 문제이다.

① 경계이론

경계이론은 재산권에 대한 사회적 제약과 공용침해를 재산권 침해의 정도의 차이로 보아, 사회적 제약이 일정한 정도를 넘어서면 보상을 요하는 공용침해로 전환한다고 본다. 일정 정도의 여부, 즉 경계의 기준은 사회적 제약과 특별한 희생에 관한 학설에 의해 구분할 수 있다고 본다. 독일의 81년 연방헌법재판소의 "자갈채취판결" 이전의 주된 이론으로서 재산권의 존속보장보다 가치보장을 중심으로 공용침해를 이해한다.

② 분리이론

분리이론은 재산권의 내용규정(사회적 제약)과 공용침해를 헌법적으로 서로 다른 독립된 제도로 보고 양자를 "입법의 형식과 목적"에 따라 구분하고자 하는 이론이다. 양자는 서로 별개의 법제도이므로 위헌성 심사기준도 다르다. 내용규정의 경우 모든 기본권 제한법률과 마찬가지로 비례원칙·평등원칙을 기준으로 위헌 여부를 판단하나, 공용침해는 '공공필요', '보상규정' 등 헌법 제23조 제3항의 요건에 따라 판단한다. 분리이론은 내용규정이 과도한 침해를 가져와도 수용규정으로 전환될 수 없으며, 보상을 요하는 내용규정이 된다.

③ 헌법재판소 결정의 검토

우리 헌법재판소는 (구)도시계획법 제4조와 제21조에 대한 위헌소원에서 위의 분리이론을 수용하여 판시하고 있는 것으로 보인다. 그러나 분리이론의 수용에 대하여 (ㄱ) 위 그린벨트지정으로 인한 재산권 제한규정은 토지의 개별적인 특성과 상황이 천차만별임에도 불구하고, 사회적 제약을 넘는 특별한 희생이 발생될 것을 도외시한 채 아무런 보상규정을 두지 아니한 것이므로 헌법 제23조 제3항이 적용되어 그 위헌성을 인정해야 하고 (ㄴ) 독일기본법 제14조 제3항의 경우 "수용"만 규정하고 있음에 반해, 우리 헌법은 "수용·사용 또는 제한"이라 하여 공용제한도 규정하고 있으므로 독일의 분리이론을 그대로 차용함은 무리가 있다는 학계의 비판이 있다.

⑹ 헌법재판소 결정에 따른 입법의 동향

헌법재판소 결정에 따라 개발제한구역의 지정 및 관리에 관한 특별조치법 제16조와 국토의 계획 및 이용에 관한 법률 제47조에서 매수청구권을 규정하고 있는바 합헌성 여부가 문제된다.

토지매수청구권제도는 재산권 제한이 사회적 제약을 넘는 경우 해당 토지소유자에게 토지의 매수를 청구할 수 있도록 하는 제도로서, 공용제한으로 인하여 소유권에 가해진 손실을 보상하는 것이 아니므로, 재산권에 가해진 특별한 희생 자체에 대한 보상은 아니지만 손실보상에 갈음하는 제도로 이해될 수 있을 것이다.

그러나 분리이론을 취하는 경우, 반드시 보상으로 해결해야 하는 것은 아니며, 매수청구권의 규정으로 종래의 재산권 제한이 비례원칙에 합당한가가 문제된다. 경계이론을 취하는 경우, 재산권 제한이 사회적 제약을 넘는 경우 보상규정이 있어야 하므로 보상규정이 없다면 여전히 위헌성 여부가 논의될 수 있다. 즉, 보상청구권과 매수청구권을 별개로 본다.

▶ 개발제한구역의 지정 및 관리에 관한 특별조치법 제17조(토지매수의 청구)

① 개발제한구역의 지정에 따라 개발제한구역의 토지를 종래의 용도로 사용할 수 없어 그 효용이 현저히 감소된 토지나 그 토지의 사용 및 수익이 사실상 불가능하게 된 토지(이하 "매수대상토지"라 한다)의 소유자로서 다음 각 호의 어느 하나에 해당하는 자는 국토교통부장관에게 그 토지의 매수를 청구할 수 있다.

1. 개발제한구역으로 지정될 당시부터 계속하여 해당 토지를 소유한 자
2. 토지의 사용·수익이 사실상 불가능하게 되기 전에 해당 토지를 취득하여 계속 소유한 자
3. 제1호나 제2호에 해당하는 자로부터 해당 토지를 상속받아 계속하여 소유한 자

② 국토교통부장관은 제1항에 따라 매수청구를 받은 토지가 제3항에 따른 기준에 해당되면 그 토지를 매수하여야 한다.

③ 매수대상토지의 구체적인 판정기준은 대통령령으로 정한다.

▶ 국토의 계획 및 이용에 관한 법률 제47조(도시·군계획시설 부지의 매수청구)

① 도시·군계획시설에 대한 도시·군관리계획의 결정(이하 "도시·군계획시설결정"이라 한다)의 고시일부터 10년 이내에 그 도시·군계획시설의 설치에 관한 도시·군계획시설사업이 시행되지 아니하는 경우(제88조에 따른 실시계획의 인가나 그에 상당하는 절차가 진행된 경우는 제외한다) 그 도시·군계획시설의 부지로 되어 있는 토지 중 지목(地目)이 대(垈)인 토지(그 토지에 있는 건축물 및 정착물을 포함한다)의 소유자는 대통령령으로 정하는 바에 따라 특별시장·광역시장·특별자치시장·특별자치도지사·시장 또는 군수에게 그 토지의 매수를 청구할 수 있다. 다만, 다음 각 호의 어느 하나에 해당하는 경우에는 그에 해당하는 자(특별시장·광역시장·특별자치시장·특별자치도지사·시장 또는 군수를 포함한다. 이하 이 조에서 "매수의무자"라 한다)에게 그 토지의 매수를 청구할 수 있다.

1. 이 법에 따라 해당 도시·군계획시설사업의 시행자가 정하여진 경우에는 그 시행자
2. 이 법 또는 다른 법률에 따라 도시·군계획시설을 설치하거나 관리하여야 할 의무가 있는 자가 있으면 그 의무가 있는 자. 이 경우 도시·군계획시설을 설치하거나 관리하여야 할 의무가 있는 자가 서로 다른 경우에는 설치하여야 할 의무가 있는 자에게 매수 청구하여야 한다.

② 매수의무자는 제1항에 따라 매수청구를 받은 토지를 매수할 때에는 현금으로 그 대금을 지급한다. 다만, 다음 각 호의 어느 하나에 해당하는 경우로서 매수의무자가 지방자치단체인 경우에는 채권(이하 "도시·군계획시설채권"이라 한다)을 발행하여 지급할 수 있다.

1. 토지소유자가 원하는 경우
2. 대통령령으로 정하는 부재부동산 소유자의 토지 또는 비업무용 토지로서 매수대금이 대통령령으로 정하는 금액을 초과하여 그 초과하는 금액을 지급하는 경우

③ 도시·군계획시설채권의 상환기간은 10년 이내로 하며, 그 이율은 채권 발행 당시 「은행법」에 따른 인가를 받은 은행 중 전국을 영업으로 하는 은행이 적용하는 1년 만기 정기예금금리의 평균 이상이어야 하며, 구체적인 상환기간과 이율은 특별시·광역시·특별자치시·특별자치도·시 또는 군의 조례로 정한다.

④ 매수청구된 토지의 매수가격·매수절차 등에 관하여 이 법에 특별한 규정이 있는 경우 외에는 「공익사업을 위한 토지 등의 취득 및 보상에 관한 법률」을 준용한다.

⑤ 도시·군계획시설채권의 발행절차나 그 밖에 필요한 사항에 관하여 이 법에 특별한 규정이 있는 경우 외에는 「지방재정법」에서 정하는 바에 따른다.

⑥ 매수의무자는 제1항에 따른 매수청구를 받은 날부터 6개월 이내에 매수 여부를 결정하여 토지소유자와 특별시장·광역시장·특별자치시장·특별자치도지사·시장 또는 군수(매수의무자가 특별시장·광역시장·특별자치시장·특별자치도지사·시장 또는 군수인 경우는 제외한다)에게 알려야 하며, 매수하기로 결정한 토지는 매수결정을 알린 날부터 2년 이내에 매수하여야 한다.

⑦ 제1항에 따라 매수 청구를 한 토지의 소유자는 다음 각 호의 어느 하나에 해당하는 경우 제56조에 따른 허가를 받아 대통령령으로 정하는 건축물 또는 공작물을 설치할 수 있다. 이 경우 제54조, 제58조와 제64조는 적용하지 아니한다.

1. 제6항에 따라 매수하지 아니하기로 결정한 경우
2. 제6항에 따라 매수 결정을 알린 날부터 2년이 지날 때까지 해당 토지를 매수하지 아니하는 경우

2. 헌법 제23조 제2항과 제3항의 관계(경계·분리이론)

(1) 개설

독일의 1981년 연방헌법재판소의 자갈채취결정이 있으면서 대두된 이론이 분리이론이며, 이는 종전의 경계이론에 대립된 개념이다. 이러한 논의가 독일과는 차이가 있는 우리 헌법하에서도 채택될 수 있는지의 논의가 있다.

(2) 분리이론과 경계이론의 개관

① 경계이론(별, 준, 강, 독)

경계이론이란 독일기본법 제14조 제1항 및 제2항의 사회적 제약과 제14조 제3항의 공용침해는 별개의 제도가 아니라 재산권 침해의 정도의 차이에 의해 사회적 제약과 공용침해가 구분된다고 한다. 사회적 제약이 일정한 정도를 넘어서면 보상을 요하는 공용침해로 전환한다고 본다. 일정 정도의 여부, 즉 경계의 기준은 사회적 제약과 특별한 희생에 관한 학설에 의해 구분할 수 있다고 본다. 이 이론은 입법자가 보상에 관한 규정을 두지 않은 재산권 제한이 수용의 효과를 가져오면 법원이 독자적으로 직접보상에 관한 결정을 할 수 있게 된다.

② 분리이론

분리이론은 재산권의 내용규정(사회적 제약)과 공용침해를 헌법적으로 서로 다른 독립된 제도로 보고 양자를 "입법의 형식과 목적"에 따라 구분하고자 하는 이론이다.[1] 양자는 서로 별개의 법제도이므로 위헌성 심사기준도 다르다. 내용규정의 경우 모든 기본권 제한법률과 마찬가지로 비례원칙·평등원칙을 기준으로 위헌 여부를 판단하나, 공용침해는 '공공필요', '보상규정' 등 헌법 제23조 제3항의 요건에 따라 판단한다. 분리이론은 내용규정이 과도한 침해를

---

[1] 입법자가 보상규정을 두고 그 입법의 목적이 공적과제의 수행을 위한 의도적 재산권 박탈이라면 보상이 필요한 수용규정이 되는 것이고, 보상규정 없이 단순히 일반적, 추상적으로 재산권의 권리와 의무를 확정하는 것이라면 내용규정이라는 것이다. 그러나 이 견해는 '보상을 요하는 수용'과 '보상의무가 없는 내용규정' 사이에 제3의 범주가 있음을 인정한다. 즉 내용규정은 원칙적으로 보상의무가 없지만, 예외적으로 내용규정이 구체적인 경우에 헌법상의 한계를 일탈하여 위헌의 문제를 야기한다면 그 내용규정은 위헌무효가 되며 이 경우 이러한 내용규정에 의거한 위법한 처분은 '보상의무가 있는 수용'이 되는 것이 아니라 그 처분을 취소하여 권리보호를 받아야 한다고 한다. 다만, 보충적으로 다른 법규정 또는 원칙에 따라 보상이 이루어질 수는 있다. 이는 독일연방헌법재판소에 의해 제시된 견해이다(장태주).

가져와도 수용규정으로 전환될 수 없으며, 수용적 효과를 초래하는 경우 보상규정이 없다면 위헌적인 내용규정이 될 뿐이다. 이때 위헌성은 보상규정을 통해 제거될 수 있는바, 이러한 경우 내용규정은 보상을 요하는 내용규정이 된다.

③ 분리이론과 독일의 자갈채취판결

독일의 종전의 경계이론에 의하면 법원이 수용유사침해에 대해 직접 보상을 결정할 수 있었다. 그러나 자갈채취판결 이후 분리이론에 의해 기본법 제14조 제3항의 수용의 범위는 협의의 수용으로 축소되었으며, 수용유사침해의 법리는 헌법적 근거를 포기하고 관습법의 근거로 인정받게 되었다. 또한 취소소송 등 일차적 권리보호와 보상간의 선택적 청구는 불가능하게 되었다(축, 포, 선).

(3) 헌법재판소 결정의 검토

우리 헌법재판소는 (구)도시계획법 제4조와 제21조에 대한 위헌소원에서 위의 분리이론을 수용하여 판시하고 있는 것으로 보인다. 즉, 헌법재판소는 도시관리계획결정시설 그 자체는 "재산권 형성적 법률유보에 의해서 보장되는 재산권의 특성과 토지재산권의 사회적 기속성"에 따른 정당한 재산권의 제약으로 정한 내용규정으로 합헌이나, 이것이 예외적으로 토지소유자로 하여금 토지를 종래의 용도대로 사용할 수 없게 하거나 사적 이용권이 완전히 배제되는 경우에는 헌법상 한계를 넘게 되므로 "보상의무가 있는 내용규정"이 되고 그럼에도 불구하고 이 경우 적정한 보상규정을 두지 않았다면 위헌이 된다는 것이다.

(4) 분리이론의 수용에 대한 학계의 비판

① 위 그린벨트지정으로 인한 재산권 제한규정은 토지의 개별적인 특성과 상황이 천차만별임에도 불구하고, 사회적 제약을 넘는 특별한 희생이 발생될 것을 도외시한 채 아무런 보상규정을 두지 아니한 것이므로 헌법 제23조 제3항이 적용되어 그 위헌성을 인정해야 한다.

② 독일 기본법 제14조 제3항의 경우 "수용"만 규정하고 있음에 반해, 우리 헌법은 "수용·사용 또는 제한"이라 하여 공용제한도 규정하고 있으므로 독일의 분리이론을 그대로 차용함은 무리가 있다고 본다.

3. 도시관리계획과 권리구제(도시계획 ⋯→ 도시관리계획으로 "국계법" 변경)

(1) 개설

행정계획이란, 행정주체가 일정한 행정활동을 위한 목표를 설정하고, 그 목표를 달성하기 위하여 관련된 행정수단을 종합 조정하는 것을 내용으로 하는 활동기준 또는 그 기준설정행위를 말한다. 이러한 행정계획은 목표설정기능, 행정의 종합화기능 및 행정과 국민간의 매개적 기능을 수행함으로써 현대 복지국가의 행정수행에 있어서 행정계획이 담당하는 역할은 점차 증가하고 있다. 행정계획의 한 내용인 도시관리계획제한으로 인하여 개인의 재산권에 대한 침해가 있는 경우 그 권리보호수단이 필요한바, 도시관리계획의 설정·시행·철회의 각 단계에 있어서 국민의 권익을 어떻게 보호할 것인가의 검토가 중요하다. 따라서 사전적 권리보호 방안으로서 계획설정과정상 절차참여를 통한 권리보호에 관하여 고찰한 후, 사후적 권리보호 방안으로 해당 도시관리계획결정에 대한 취소소송, 거부와 부작위에 대한 항고소송과 손해전보에 대해 살펴본다.

(2) 사전적 권리보호 방안

행정계획은 그 전문성, 탄력성 등으로 인해 광범위한 형성의 자유가 인정되어 있으므로 입법에 의한 통제가 어렵고 한번 수립되어 시행되면 완성된 사실로서 그 취소, 변경이 곤란하므로 특히 사전적인 절차적 참여가 그 중요성을 갖는다. 이는 사후적 권리구제수단의 권익구제제도로서의 미약한 효과 때문에 그 중요성이 점차 증대되고 있는 것이 현실이다.

① 행정계획수립절차의 내용

일반법은 없고 개별법에 일부 규정되어 있다. 전문지식의 활용을 위해 심의회 등의 자문이나 의결절차·관계 행정기관과의 협의절차·이해관계인의 청문절차·공청회 등의 도입이 요구된다.

② 절차상 이해관계인의 보호

국민의 권익보호와 관련하여 중요성을 갖는 것은 이해관계인의 보호를 위한 절차인바, 그 실체적인 방법으로는 (ㄱ) 의견서 제출, (ㄴ) 공청회 개최, (ㄷ) 예방적 부작위소송 등이 그 내용이라 할 수 있다. 구체적으로 국토계획법은 기본계획 수립 시의 공청회, 도시관리계획의 입안 시 이해관계인의 의견제출의 기회부여 등을 규정하고 있으며 행정절차법은 이해관계인의 권익보호를 위해 계획안의 공고, 열람, 의견제출, 청문, 확정된 계획의 관보와 일간신문에의 공고에 관하여 규정을 두고 있다.

(3) 사후적 권리보호 방안

도시관리계획제한(예 그린벨트 지정)에 대한 사후적 권리구제수단으로는 해당 계획제한의 취소, 변경을 구하는 취소소송과 일정한 요건하에 손해배상 그리고 적법한 계획제한으로 인하여 개인이 특별한 희생을 입은 경우 손실보상을 청구할 수 있다.

① 취소소송

(ㄱ) 문제의 제기 : 도시관리계획 자체의 취소를 구하는 취소소송의 형태가 될 것인바 취소소송의 요건과 관련하여 ㉠ 도시관리계획의 처분성 여부, ㉡ 처분으로 인정된다면 계획재량의 문제와 관련하여 그 계획의 위법성을 인정하는 데 어려운 점은 없는가 하는 점, ㉢ 계획의 위법성이 인정된다 하여도 사정판결의 가능성이 없는가 하는 점이 중요한 검토사항이다.

(ㄴ) 도시관리계획의 처분성 : 도시관리계획의 법적 성질과 관련하여 학설은 ㉠ 입법행위설, ㉡ 행정행위설, ㉢ 복수성질설, ㉣ 독자성설의 대립이 있으나, 판례는 "도시관리계획결정의 고시는 특정 개인의 권리를 개별적이고 구체적으로 규제하는 효과를 가져오므로 처분이라고 할 수 있다"고 판시한 바 있다.

생각건대, 도시관리계획결정이 있으면 그 구역 내의 토지소유자에게는 현상유지의무가 부과되고 또한 각 도시관리계획의 내용에 따라 국민의 권리의무에 구체적·개별적 영향을 미치는 것으로 행정계획 자체를 다툴 수 있도록 하는 것이 신속하고 효율적인 권익보호를 위하여 처분성을 인정함이 타당하다고 사료된다.

ⓒ **도시관리계획의 위법성** : 행정청이 행정계획을 책정함에 있어서는 일반재량행위의 경우에 비하여 광범위한 형성의 자유가 허용되는데 이를 계획재량이라 한다. 이러한 광범위한 계획재량의 일탈, 남용을 판단하여 위법성을 인정하는 것은 용이하지 않은 바, 계획재량의 실체법상 한계 지을 수 있는 통제법리인 '형량명령원칙'에 의하여 ㉠ 형량의 해태, ㉡ 형량의 흠결, ㉢ 오형량의 경우에는 위법성의 인정이 가능하다. 도시관리계획의 위법성 인정을 위해서는 형량상의 하자나 절차적 위법성의 문제(공사익 형량과정)가 중요하게 다루어진다.

㉣ **사정판결의 가능성** : 원고의 청구가 이유 있다고 인정하는 경우에도 처분 등을 취소하는 것이 현저히 공공복리에 적합하지 아니하다고 인정하는 때에는 법원은 원고의 청구를 기각할 수 있다(행정소송법 제28조). 따라서 도시관리계획의 위법성이 인정된다 하더라도 그것을 취소·변경할 경우에 초래될 공익의 손실을 감안해서 사정판결의 가능성이 높다.

② **거부와 부작위에 대한 항고소송의 가능성**

㉠ **문제점** : 도시관리계획의 변경 시 원고는 도시관리계획을 다시 변경하여 줄 것을 요구할 수 있다. 이러한 신청에 대하여 행정청이 받아들이면 다툴 이유가 없으나 문제는 행정청이 거부하거나 방치하는 경우 항고소송을 제기할 수 있는지 문제된다.

㉡ **거부처분취소소송 가능성** : 행정청의 거부가 작위인 처분과 동일시하기 위해서는 첫째, 그 거부가 우선 공권력의 행사에 대한 거부이어야 하고 그 거부가 국민의 권리의무에 직접적으로 영향을 미치는 것이어야 한다. 둘째, 변경신청권이 법규상, 조리상 존재하여야 한다. 판례는 법규상, 조리상의 신청권이 존재할 것을 요구하고 있는바 (구)도시계획법상 주민의 도시관리계획 및 그 변경에 대하여 어떤 신청을 할 수 있음에 관한 규정이 없다고 하여 법규상 신청권을 부인하고 있다. 또한 조리상 신청권에 관하여도 이는 이른바 "계획보장청구권"을 의미하는 것으로 다수설과 판례는 부정하고 있다. 따라서 이러한 청구는 대상적격이 없어 부적법하게 된다.

> **판례**
>
> ▶ **관련판례**(대판 1994.12.9, 94누8433)
> 행정청이 국민으로부터 신청을 받고서 한 거부행위가 행정처분이 되기 위하여는 국민이 행정청에 대하여 신청에 따른 행정행위를 해 줄 것을 요구할 수 있는 법규상 또는 조리상 권리가 있어야 하는 것이며, 이러한 근거 없이 한 국민의 신청을 행정청이 받아들이지 아니하고 거부한 경우에는 이로 인하여 신청인의 권리나 법적 이익에 어떤 영향을 주는 것이 아니므로 이를 행정처분이라 할 수 없는 것이다. 도시계획법상 주민이 행정청에 대하여 도시계획 및 그 변경에 대하여 어떤 신청을 할 수 있음에 관한 규정이 없고, 도시계획과 같이 장기성·종합성이 요구되는 행정계획에 있어서 그 계획이 일단 확정된 후에 어떤 사정의 변동이 있다고 하여 지역주민에게 일일이 그 계획의 변경 또는 폐지를 청구할 권리를 인정해 줄 수도 없는 것이므로 지역주민에게 도시계획시설(여객자동차 정류장)의 변경·폐지를 신청할 조리상의 권리가 있다고도 볼 수 없다.

  (ㄷ) **부작위위법확인소송의 가능성** : 부작위위법확인소송의 대상은 행정청의 부작위이고, 부작위란 행정청이 당사자의 신청에 대하여 상당한 기간 내에 일정한 처분을 하여야 할 법률상 의무가 있음에도 불구하고 이를 하지 않는 것을 말한다. 도시관리계획변경신청권이 법규상 존재하지 아니하고, 조리상 신청권인 계획존속청구권도 인정되지 않으므로 결국 부작위위법확인의 소의 대상이 되지 않는다.

③ **손실보상**

  (ㄱ) **문제점** : 도시관리계획변경으로 토지소유자의 손해에 대하여 항고소송으로 구제받을 수 없는 경우에 다음으로 강구할 수 있는 것은 행정상 손실보상이다. 따라서 ① 도시관리계획 제한으로 인해 개인이 받은 침해가 사회적 제약을 넘어 특별한 희생에 해당하는가, ② 특별희생에 해당한다 하더라도 보상규정을 두고 있지 않은 경우 헌법 제23조 제3항을 직접 근거로 하여 손실보상청구가 가능한가의 문제가 야기된다.

  (ㄴ) **행정상 손실보상의 요건충족 여부** : 손실보상은 사인에게 발생한 재산권 제한의 정도가 헌법 제23조 제2항의 사회적 제약을 넘어서는 특별한 희생에 해당되어야 한다. 학설은 크게 형식설과 실질설로 대별된다. ① 형식설은 재산권에 대한 침해행위가 일반적인 것이냐, 개별적인 것이냐의 형식적 표준에 따라 특정인 또는 한정된 범위 안의 자에 대한 침해행위만을 '특별한 희생'으로 보는 견해로 개별행위설과 이를 발전시킨 특별희생설로 구분된다. ② 실질설은 재산권의 제한의 정도와 강도를 기준으로 특별희생 여부를 판단한다. 개인의 재산권 중 보호가치 있는 부분에 대해서만 특별희생으로 보는 보호가치설, 재산권의 제한행위를 통해 당사자의 배타적 지배가 불가능하게 하는 경우에 특별희생으로 보는 수인한도설, 당사자가 갖는 재산권의 주관적 이용목적을 불가능하게 하는지 여부를 기준으로 하는 사적효용설, 재산권의 객관적 이용목적에 위배되는가를 기준으로 판단하는 목적위배설, 그 외에도 중대성설, 상황구속성설 등이 있다.

각 학설은 일면적 타당성을 가지는바 어느 한 입장만으로는 구체적 타당성 있는 결론을 도출할 수 없다. 따라서 보상 여부의 결정에 있어서는 형식적 기준과 실질적 기준을 상호보완적으로 적용하여 판단하여야 할 것이며, 아울러 재산권 제한의 목적, 태양, 정도, 사회적 수용성, 평등원칙 등을 종합적으로 고려하여 구체적, 개별적으로 결정하는 절충설의 입장이 타당하다. 도시관리계획변경으로 구역지정의 목적에 따른 이용이 객관적으로 보아 불가능하거나, 종전대로의 이용을 계속할 수 없는 경우에는 특별한 희생에 해당한다고 볼 수 있을 것이다.

  (ㄷ) **보상규정이 없는 경우의 보상청구 가능성** : 학설로서 ① 방침규정설은 헌법규정은 입법에 대한 방침규정일 뿐이므로 손실보상은 인정되지 않는다는 입장이다. ② 직접효력설은 헌법 제23조 제3항을 직접근거로 하여 손실보상을 청구할 수 있다. ③ 위헌무효설은 보상규정없이 재산권을 제한하는 행정작용은 위헌무효인 법률에 근거한 위법한 것이므로 손실보상이 아닌 행정소송의 제기와 국가배상청구를 통해 구제받아야 한다고 본다. ④ 유추적

용설은 헌법 제23조 제1항과 제11조를 직접적인 근거로 하고, 제23조 제3항 및 관계규정의 유추적용을 통하여 손실보상을 청구할 수 있다고 한다.

최근의 보상입법부작위위헌설은 공공필요를 위하여 공용제한을 규정하면서 손실보상규정을 두지 않은 경우 그 공용제한규정 자체는 헌법에 위배되는 것은 아니라고 보며, 손실보상을 규정하지 않은 입법부작위가 위헌이라고 보는 견해이다.

우리 판례는 이와 관련하여 명확한 입장을 밝힌 바 없이, 시대적 상황과 여건에 따라 태도를 달리하고 있다. 즉, 제3공화국시기에는 헌법규정의 해석상 '직접효력설'을 취한 바 있고, 제5공화국시기에는 하천법 관련 제외지 소유 토지소유자 및 현행 헌법하에서 김위탁 수수료사건에서 '유추적용설'을 취하였다고 해석하는 견해도 있다. 한편, 서울고등법원 입장과 달리 대법원은 문화방송주식 강제증여사건에서 수용유사침해이론의 도입에 소극적 견해를 판시한 것으로 보인다.

방침규정설은 실질적 법치주의 국가에서 용인될 수 없는 주장이고 유추적용설은 직접적인 근거규정으로 제시한 헌법 제23조 제1항은 존속규정이지 가치보장규정이 아니라는 점, 수용유사침해이론은 독일과 같이 관습법상 희생보상청구권이라는 관습이 우리나라에 없다는 문제가 있다. 위헌무효설도 공무원이 보상규정 없이 국토계획법상 도시관리계획 결정을 했다고 하여 주의의무 해태로 볼 수 없어 결국 당사자의 권리구제를 받을 수 없는 문제가 있다. 어느 견해도 만족할 만한 결론을 이끌지 못하고 있으나, 입법의 흠결로 국민이 희생되어야 한다는 것은 실질적 법치주의와 재산권의 보장, 국가의 기본권 보호의무 등을 고려할 때 용납될 수 없다. 근원적인 해결은 입법의 정비로 해결되어야 할 것이나, 현재로서는 헌법합치적 해석을 할 수밖에 없는바, 다소 문리적 해석상 무리가 있더라도 직접적용설이 타당하다고 할 것이다. 다만, 보상입법부작위위헌설처럼 보상입법을 기다려 보상하는 것은 다소 이론적인 논의라 할 것이다.

④ 손해배상

위헌무효설에 의하면 손실보상은 청구할 수 없고 국가를 상대로 행정상 손해배상을 청구할 수 있다. 성립요건은 (ㄱ) 공무원이 직무를 집행함에 당하여, (ㄴ) 고의·과실로, (ㄷ) 위법하게, (ㄹ) 타인에게 손해를 발생시켜야 한다(국가배상법 제2조). 그러나 현실적으로 공무원의 고의·과실을 입증하는 것이 어려우며, 광범위한 계획재량의 인정으로 그 위법성의 인정도 용이하지 않다.

07 기출문제

> 기출문제(제6회 1번)
「공익사업을 위한 토지 등의 취득 및 보상에 관한 법률」 제23조에 의한 사업인정의 실효가 있는 경우 이로 인하여 불이익을 받게 되는 피수용자에게 손실보상청구권이 있는지 여부를 논하시오. 40점

≫ 기출문제(제8회 1번)

법률이 공익목적을 위하여 재산권의 수용·사용 또는 제한을 규정하고 있으면서도 그에 따른 보상규정을 두고 있지 않은 경우, 재산권을 침해당한 자가 보상을 청구할 수 있는지 여부가 헌법 제23조 제3항의 정당한 보상과의 관련하에 문제된다. 이 문제에 관한 해결방법을 논하시오. 50점

≫ 기출문제(제12회 2번)

사업시행자 甲이 산업단지를 조성하기 위해 매립, 간척사업을 시행하게 됨에 따라 해당 지역에서 「수산업법」 제44조의 규정에 의한 신고를 하고 어업에 종사해 온 乙은 더 이상 신고한 어업에 종사하지 못하게 되었다. 그러나 甲은 乙에게 「수산업법」 제81조 제1항 제1호의 규정에 의한 손실보상을 하지 아니하고, 공유수면매립사업을 시행하였다. 이 경우 乙의 권리구제방법은? 30점

≫ 기출문제(제14회 2번)

손실보상에 있어서 사회적 제약과 특별한 희생의 구별기준에 관하여 경계이론과 분리이론의 입장을 설명하시오. 20점

≫ 기출문제(제17회 4번)

재산권의 가치보장과 존속보장에 관하여 서술하시오. 15점

≫ 기출문제(제18회 1번)

甲은 A道의 일정지역에서 20년 이상 제조업을 운영하여 왔다. A도지사는 「(가칭)청정자연보호구역의 지정 및 관리에 관한 법률」을 근거로 甲의 공장이 포함되는 B지역 일대를 청정자연보호구역으로 지정하였다. 그 결과 B지역 내의 모든 제조업자들은 법령상 강화된 폐수배출허용기준을 준수하여야 한다. 이에 대하여 甲은 변경된 기준을 준수하는 것이 기술적으로 어려울 뿐만 아니라 수질정화시설을 갖추는 데 과도한 비용이 소요되므로 이는 재산권의 수용에 해당하는 것으로 손실보상이 주어져야 한다고 주장한다. 40점

(1) 사례와 같은 甲 재산권의 규제에 대한 보상규정이 위 법률에 결여되어 있는 경우 甲 주장의 타당성을 검토하시오. 20점

(2) 사례와 같은 재산권 침해 논란을 입법적으로 해결할 필요가 있는 경우 도입할 수 있는 '현금보상이나 채권보상 이외의 보상방법' 및 '기타 손실을 완화할 수 있는 제도'에 관하여 검토하시오. 20점

≫ 기출문제(제20회 2번)

甲은 하천부지에 임시창고를 설치하기 위하여 관할청에 하천점용허가를 신청하였다. 이에 관할청은 허가기간 만료 시에 위 창고건물을 철거하여 원상복구할 것을 조건으로 이를 허가하였다. 다음 물음에 답하시오. 30점

(1) 甲은 위 조건에 대하여 취소소송으로 다툴 수 있는지 검토하시오. 20점

(2) 甲은 창고건물 철거에 따른 손실보상을 청구할 수 있는지 검토하시오. 10점

≫ 기출문제(제26회 1번)

「공익사업을 위한 토지 등의 취득 및 보상에 관한 법률」(이하 '공익사업법'이라 한다)에 따라 도로확장건설을 위해 사업인정을 받은 A는 해당 지역에 위치한 甲의 토지를 수용하고자 甲과 협의를 시도하

였다. A는 甲과 보상액에 관한 협의가 이루어지지 않자 공익사업법상의 절차에 따라 관할 토지수용위원회에 재결을 신청하였다. 그런데 관할 토지수용위원회는 「감정평가에 관한 규칙(국토교통부령)」에 따른 '감정평가실무기준(국토교통부 고시)'과는 다르게 용도지역별 지가변동률이 아닌 이용상황별 지가변동률을 적용한 감정평가사의 감정결과를 채택하여 보상액을 결정하였다. 그 이유로 해당 토지는 이용상황이 지가변동률에 더 큰 영향을 미친다는 것을 들었다. 다음 물음에 답하시오. 40점

(1) 甲은 보상액 결정이 '감정평가실무기준(국토교통부 고시)'을 따르지 않았으므로 위법이라고 주장한다. 甲의 주장은 타당한가? 20점

(2) 甲은 위 토지수용위원회의 재결에 불복하여 공익사업법에 따라 보상금의 증액을 구하는 소송을 제기하고자 한다. 이 소송의 의의와 그 특수성을 설명하시오. 20점

제4절 손실보상의 기준

01 헌법상 손실보상기준

1. 문제점

손실보상의 범위를 침해된 재산가치에 대하여 어느 정도로 할 것인가에 대해서는 각국의 입법태도와 헌법을 뒷받침하는 사회윤리적 가치관의 차이에 따라 동일하지 아니하다. 현행 헌법 제23조 제3항은 "정당한 보상을 지급하여야 한다."고 하여 정당보상의 원칙을 취하면서 구체적인 보상액의 산출기준을 법률에 유보하였다. 정당한 보상이 무엇인지에 관하여 학설상 견해의 대립이 있다.

2. 학설

(1) 완전보상설

미국 수정헌법 제5조의 '정당한 보상'의 해석을 중심으로 발전된 이론으로써 피침해재산이 가지는 경제적 가치를 완전히 보상하여야 한다는 견해이다. 본 견해는 다시 ① 손실보상은 재산권에 대응하는 것이므로 피침해재산의 시가, 거래가격에 의한 객관적 가치를 완전히 보상한다는 객관적 가치보장설이 있고, ② 보통 발생되는 손실의 전부뿐만 아니라 부대적 손실을 포함한다고 보는 전부보장설이 있다.

(2) 상당보상설

독일기본법 제14조 제3항의 '공익과 관계당사자의 이익의 정당한 형량하에서 보상해야 한다'의 해석을 중심으로 발전된 이론으로 손실보상은 재산권의 사회적 구속성과 침해행위의 공공성에 비추어 사회국가원리에 바탕을 둔 조화로운 보상이면 족하다는 견해이다. 본 견해는 다시 ① 원칙적으로 완전보상을 추구하나 합리적 이유가 있는 경우 완전보상을 상회하거나 하회할 수도 있

다는 완전보장원칙설과, ② 사회통념에 비추어 객관적으로 타당성이 인정되는 것이면 하회하여도 무방하다고 보는 합리적보장설이 있다.

(3) 절충설

일본에서 발전된 견해로 완전보상과 상당보상을 나누어 파악하는 견해이다. 작은 재산 또는 기존 재산권 질서범위 내에서 개별적 침해인 경우는 완전보상을 하여야 하나, 큰 재산 또는 어떤 재산권의 사회적 평가가 변화되어 그 권리관계의 변혁을 목적으로 하는 침해인 경우는 상당보상을 하여도 된다는 견해이다. 그러나 이는 작은 재산과 큰 재산의 구별이 모호하며, 양자를 차별하여 보상하는 근거가 분명하지 못하다는 비판이 가해지고 있다.

3. 판례

대법원은 보상의 시기·방법 등에 어떠한 제한도 없는 완전한 보상을 의미한다고 판시하고, 헌법재판소도 정당한 보상이란 원칙적으로 피수용자 재산의 객관적 가치를 완전하게 보상하여야 한다고 판시한 바 있다.

> **판례**
>
> ▶ **관련판례(대판 1967.11.2, 67다1334) 全合**
>   (구)헌법 제20조 제3항에서 말하는 정당한 보상이라는 취지는 그 손실보상액의 결정에 있어서 객관적인 가치를 충분하게 보상하여야 된다는 취지이고 나아가 그 보상의 시기, 방법 등에 있어서 어떠한 제한을 받아서는 아니 된다는 것을 의미한다고 풀이할 것이므로 ~.
>
> ▶ **관련판례(대판 1993.7.13, 93누2131)**
>   정당한 보상이라 함은 원칙적으로 피수용재산의 객관적인 재산가치를 완전하게 보상하여야 한다는 완전보상을 뜻하는 것이라 할 것이나, 투기적인 거래에 의하여 형성되는 가격은 정상적인 객관적 재산가치로는 볼 수 없으므로 이를 배제한다고 하여 완전보상의 원칙에 어긋나는 것은 아니며, 공익사업의 시행으로 지가가 상승하여 발생하는 개발이익은 궁극적으로는 국민 모두에게 귀속되어야 할 성질의 것이므로 이는 완전보상의 범위에 포함되는 피수용토지의 객관적 가치 내지 피수용자의 손실이라고는 볼 수 없다.
>
> ▶ **관련판례(헌재 1990.6.25, 89헌마107)**
>   헌법 제23조 제3항에서 규정한 "정당한 보상"이란 원칙적으로 피수용재산의 객관적인 재산가치를 완전하게 보상하여야 한다는 완전보상을 뜻하는 것이지만, 공익사업의 시행으로 인한 개발이익은 완전보상의 범위에 포함되는 피수용토지의 객관적 가치 내지 피수용자의 손실이라고는 볼 수 없다.

4. 검토

헌법 제23조의 정당한 보상이란 재산권 보장의 관점에서 볼 때 '완전한 보상'을 의미하는 것으로 보아야 한다. 독일기본법 제14조에서와 달리 정당한 형량의 요청이 헌법상 명문으로 규정되어 있지 않는 우리 헌법에서는 침해행위의 공공성을 이유로 재산권의 보장을 제한할 수는 없다. 또한 침해행위의 공공성은 공용침해의 정당화 사유이지 손실보상의 제한사유로 보는 것은 타당하지 않다. 따라서 보상의 구체적인 기준 및 방법에 관하여는 완전보상의 원칙에 반하지 않는 한도 내에서 입법자에게 재량이 부여된다고 볼 수 있다.

02 토지보상법상의 손실보상의 기준

1. 개설

헌법의 구체화 법으로서 손실보상의 일반법적 지위에 있는 토지보상법에는 정당보상의 실현을 위하여 손실보상의 기준에 대한 규정을 두어 헌법상 정당보상을 구체화하고 있다.

2. 시가보상(법 제67조 제1항)

> ➲ 법 제67조(보상액의 가격시점 등)
> ① 보상액의 산정은 협의에 의한 경우에는 협의성립 당시의 가격을, 재결에 의한 경우에는 수용 또는 사용의 재결 당시의 가격을 기준으로 한다.
> ③ 〈이하 생략〉

손실보상은 협의성립 당시 또는 재결 당시의 적정가격을 기준으로 하여야 하며, 토지는 공시지가를 기준으로 보상함을 원칙으로 한다. 시가보상의 취지는 개발이익 배제, 보상액의 공평화, 수용절차의 지연방지에 있다. 만일 재결 시 가격주의를 취하게 되면 개발이익이 모두 토지소유자에게 귀속하고, 재결이 지연될수록 보상액이 증가하므로 협의를 끌거나, 심리의 지연으로 재결의 시기를 가능한 한 늦추려 할 것이다. 그에 따라 원활한 용지취득이 곤란하게 되고, 조기에 매수에 응한 자가 거부한 자보다 상대적으로 불이익을 받게 되는 피수용자 간 불균형의 문제가 발생한다.

3. 공시지가 기준보상(법 제70조)

협의 또는 재결에 의하여 취득하는 토지에 대하여는 부동산 가격공시에 관하 법률에 의한 공시지가를 기준으로 하고, 해당 공익사업으로 인한 개발이익 또는 개발손실을 배제하기 위해 해당 공익사업으로 인한 지가의 영향을 받지 아니하는 지역의 지가변동률을 적용하도록 규정하고 있다(토지보상법 제70조 제1항). 또한, 해당 공익사업으로 인한 개발이익 등을 배제하기 위해 공시지가 기준일을 규정하고 있다(제70조 제3항, 제4항, 제5항).

> ➲ 법 제70조(취득하는 토지의 보상)
> ① 협의나 재결에 의하여 취득하는 토지에 대하여는 「부동산 가격공시에 관한 법률」에 따른 공시지가를 기준으로 하여 보상하되, 그 공시기준일부터 가격시점까지의 관계법령에 따른 그 토지의 이용계획, 해당 공익사업으로 인한 지가의 영향을 받지 아니하는 지역의 대통령령으로 정하는 지가변동률, 생산자물가상승률(「한국은행법」 제86조에 따라 한국은행이 조사·발표하는 생산자물가지수에 따라 산정된 비율을 말한다)과 그 밖에 그 토지의 위치·형상·환경·이용상황 등을 고려하여 평가한 적정가격으로 보상하여야 한다.

② 토지에 대한 보상액은 가격시점에서의 현실적인 이용상황과 일반적인 이용방법에 의한 객관적 상황을 고려하여 산정하되, 일시적인 이용상황과 토지소유자나 관계인이 갖는 주관적 가치 및 특별한 용도에 사용할 것을 전제로 한 경우 등은 고려하지 아니한다.

③ 사업인정 전 협의에 의한 취득의 경우에 제1항에 따른 공시지가는 해당 토지의 가격시점 당시 공시된 공시지가 중 가격시점과 가장 가까운 시점에 공시된 공시지가로 한다.

④ 사업인정 후의 취득의 경우에 제1항에 따른 공시지가는 사업인정고시일 전의 시점을 공시기준일로 하는 공시지가로서, 해당 토지에 관한 협의의 성립 또는 재결 당시 공시된 공시지가 중 그 사업인정고시일과 가장 가까운 시점에 공시된 공시지가로 한다.

⑤ 제3항 및 제4항에도 불구하고 공익사업의 계획 또는 시행이 공고되거나 고시됨으로 인하여 취득하여야 할 토지의 가격이 변동되었다고 인정되는 경우에는 제1항에 따른 공시지가는 해당 공고일 또는 고시일 전의 시점을 공시기준일로 하는 공시지가로서 그 토지의 가격시점 당시 공시된 공시지가 중 그 공익사업의 공고일 또는 고시일과 가장 가까운 시점에 공시된 공시지가로 한다.

⑥ 취득하는 토지와 이에 관한 소유권 외의 권리에 대한 구체적인 보상액 산정 및 평가방법은 투자비용, 예상수익 및 거래가격 등을 고려하여 국토교통부령으로 정한다.

⮞ 시행규칙 제22조(취득하는 토지의 평가)

① 취득하는 토지를 평가함에 있어서는 평가대상토지와 유사한 이용가치를 지닌다고 인정되는 하나 이상의 표준지의 공시지가를 기준으로 한다.

② 토지에 건축물 등이 있는 때에는 그 건축물 등이 없는 상태를 상정하여 토지를 평가한다.

③ 제1항에 따른 표준지는 특별한 사유가 있는 경우를 제외하고는 다음 각 호의 기준에 따른 토지로 한다.

1. 「국토의 계획 및 이용에 관한 법률」 제36조부터 제38조까지, 제38조의2 및 제39조부터 제42조까지에서 정한 용도지역, 용도지구, 용도구역 등 공법상 제한이 같거나 유사할 것

2. 평가대상 토지와 실제 이용상황이 같거나 유사할 것

3. 평가대상 토지와 주위 환경 등이 같거나 유사할 것

4. 평가대상 토지와 지리적으로 가까울 것

판례

▶ 대판 2012.3.29, 2011다104253 [손해배상(기)등]

[판시사항]

[1] 공익사업을 위한 토지 등의 취득 및 보상에 관한 법률 제68조 제3항의 위임에 따라 협의취득의 보상액 산정에 관한 구체적 기준을 정하고 있는 공익사업을 위한 토지 등의 취득 및 보상에 관한 법률 시행규칙 제22조가 대외적인 구속력을 가지는지 여부(적극)

[2] 한국토지주택공사가 갑 등에게서 토지를 협의취득하면서 '매매대금이 고의·과실 내지 착오평가 등으로 과다 또는 과소하게 책정되어 지급되었을 때에는 과부족금액을 상대방에게 청구할 수 있다'고 약정하였는데, 공사가 협의취득을 위한 보상액을 산정하면서 한국감정평가업협회의 (구)토지보상평가지침에 따라 토지를 지상에 설치된 철탑 및 고압송전선의 제한을 받는 상태로 평가한 사안에서, 위 약정은 감정평가기준을 잘못 적용하여 협의매수금액을 산정한 경우에도 적용되고, 위 협의매수금액 산정은 위 약정에서 정한 고의·과실 내지 착오평가 등으로 과소하게 책정하여 지급한 경우에 해당한다고 본 원심판결에 이유불비 등의 잘못이 없다고 한 사례

[판결요지]

[1] 공익사업을 위한 토지 등의 취득 및 보상에 관한 법률(이하 '공익사업법'이라 한다) 제68조 제3항은 협의취득의 보상액 산정에 관한 구체적 기준을 시행규칙에 위임하고 있고, 위임범위 내에서 공익사업을 위한 토지 등의 취득 및 보상에 관한 법률 시행규칙 제22조는 토지에 건축물 등이 있는 경우에는 건축물 등이 없는 상태를 상정하여 토지를 평가하도록 규정하고 있는데, 이는 비록 행정규칙의 형식이나 공익사업법의 내용이 될 사항을 구체적으로 정하여 내용을 보충하는 기능을 갖는 것이므로, 공익사업법 규정과 결합하여 대외적인 구속력을 가진다.

[2] 한국토지주택공사가 국민임대주택단지를 조성하기 위하여 갑 등에게서 토지를 협의취득하면서 '매매대금이 고의·과실 내지 착오평가 등으로 과다 또는 과소하게 책정되어 지급되었을 때에는 과부족금액을 상대방에게 청구할 수 있다'고 약정하였는데, 공사가 협의취득을 위한 보상액을 산정하면서 한국감정평가업협회의 (구)토지보상평가지침(2003.2.14.자로 개정된 것, 이하 '(구)토지보상평가지침'이라 한다)에 따라 토지를 지상에 설치된 철탑 및 고압송전선의 제한을 받는 상태로 평가한 사안에서, 위 약정은 단순히 협의취득 대상토지 현황이나 면적을 잘못 평가하거나 계산상 오류 등으로 감정평가금액을 잘못 산정한 경우뿐만 아니라 공익사업을 위한 토지 등의 취득 및 보상에 관한 법률(이하 '공익사업법'이라 한다)상 보상액 산정기준에 적합하지 아니한 감정평가기준을 적용함으로써 감정평가금액을 잘못 산정하여 이를 기준으로 협의매수금액을 산정한 경우에도 적용되고, 한편 공사가 협의취득을 위한 보상액을 산정하면서 대외적 구속력을 갖는 공익사업을 위한 토지 등의 취득 및 보상에 관한 법률 시행규칙 제22조에 따라 토지에 건축물 등이 있는 때에는 건축물 등이 없는 상태를 상정하여 토지를 평가하여야 함에도, 대외적 구속력이 없는 (구)토지보상평가지침에 따라 토지를 건축물 등에 해당하는 철탑 및 고압송전선의 제한을 받는 상태로 평가한 것은 정당한 토지 평가라고 할 수 없는 점 등에 비추어 위 협의매수금액 산정은 공사가 고의·과실 내지 착오평가 등으로 과소하게 책정하여 지급한 경우에 해당한다고 본 원심판결에 판단누락이나 이유불비 등의 잘못이 없다고 한 사례

[참조조문]

[1] 공익사업을 위한 토지 등의 취득 및 보상에 관한 법률 제68조 제3항, 공익사업을 위한 토지 등의 취득 및 보상에 관한 법률 시행규칙 제22조

[2] 공익사업을 위한 토지 등의 취득 및 보상에 관한 법률 제68조 제3항, 공익사업을 위한 토지 등의 취득 및 보상에 관한 법률 시행규칙 제22조, 민법 제105조, 민사소송법 제208조, 제423조

[참조판례]

[1] 대판 2008.3.27, 2006두3742·3759

[전 문]

[원고, 피상고인] 원고 1 외 7인

[피고, 상고인] 한국토지주택공사

[원심판결] 서울중앙지법 2011.10.26, 2011나9814

[주 문]

상고를 모두 기각한다. 상고비용은 피고가 부담한다.

[이 유]

1. 상고이유 제1, 3점에 관하여

가. 공익사업을 위한 토지 등의 취득 및 보상에 관한 법률(이하 '공익사업법'이라 한다) 제68조 제3항은 협의취득의 보상액 산정에 관한 구체적 기준을 동법 시행규칙에 위임하고 있고, 그 위임의

범위 내에서 공익사업을 위한 토지 등의 취득 및 보상에 관한 법률 시행규칙 제22조는 토지에 건축물 등이 있는 경우에는 그 건축물 등이 없는 상태를 상정하여 토지를 평가하도록 규정하고 있는바, 이는 비록 행정규칙의 형식이나 위 공익사업법의 내용이 될 사항을 구체적으로 정하여 그 내용을 보충하는 기능을 갖는 것이므로, 공익사업법의 규정과 결합하여 대외적인 구속력을 가진다(대판 2008.3.27, 2006두3742·3759 등 참조).

나. 원심이 채택한 증거들에 의하면, ① 원고들 소유인 이 사건 토지들은 그 지상에 한국전력공사가 설치한 철탑과 고압송전선으로 인하여 이용제한을 받은 사실, ② 피고는 이 사건 토지들 일대에 국민임대주택단지를 조성하기 위하여 감정평가기관이 감정한 감정평가금액을 근거로 하여 원고들로부터 위 토지들을 협의취득한 사실, ③ 위 협의취득 당시 원고들과 피고는 '매매대금이 고의·과실 내지 착오평가 등으로 과다 또는 과소하게 책정되어 지급되었을 때에는 과부족금액을 상대방에게 청구할 수 있으며, 상대방이 청구한 금액을 즉시 지급 또는 반환하여야 한다'고 약정(이하 '이 사건 약정'이라 한다)한 사실, ④ 그런데 피고는 이 사건 토지들에 관하여 공익사업법에 따른 협의취득을 위한 보상액을 산정하면서 위와 같이 대외적 구속력을 갖는 공익사업법 시행규칙 제22조에 따라 토지에 건축물 등이 있는 때에는 건축물 등이 없는 상태를 상정하여 평가하였어야 함에도 불구하고 공익사업법상의 보상액 산정기준에 적합하지 아니한 감정평가기준인 한국감정평가업협회의 (구)토지보상평가지침(2003.2.14.자로 개정된 것, 이하 같다) 제46조의2 제1항에 따라 이 사건 토지들에 관하여 건축물 등에 해당하는 철탑 및 고압송전선의 제한을 받는 상태로 평가함으로써 감정평가금액을 과소하게 산정하였고, 이를 기준으로 협의매수금액을 산정한 사실 등을 알 수 있다.

그런데 공익사업을 위한 토지 등의 협의취득에서의 매매대금 산정의 기준 및 절차, 협의취득 당시 이 사건 약정을 특별히 규정한 취지 및 그 내용, 나아가 협의취득이 이루어지지 않을 경우 감정평가금액을 기준으로 하여 수용에 의한 취득 및 손실보상절차가 예정되어 있는 등의 여러 사정에 비추어 보면, 이 사건 약정은 단순히 협의취득 대상토지의 현황이나 면적을 잘못 평가하거나 계산상의 오류 등으로 인하여 감정평가금액을 잘못 산정한 경우뿐만 아니라 공익사업법상의 보상액 산정기준에 적합하지 아니한 감정평가기준을 적용함으로써 감정평가금액을 잘못 산정하여 이를 기준으로 협의매수금액을 산정한 경우에도 적용된다고 봄이 상당하다.

같은 취지의 원심판단은 정당하고, 거기에 상고이유에서 주장하는 바와 같은 공익사업을 위한 토지 등의 협의취득의 법적 성질 및 계약 해석과 관련된 법리를 오해하거나 논리와 경험의 법칙에 반하여 자유심증주의의 한계를 벗어난 잘못이 없다.

2. 상고이유 제2점에 관하여

판결에 당사자가 주장한 사항에 관한 구체적·직접적인 판단이 표시되어 있지 않더라도 판결이유의 전반적인 취지에 비추어 그 주장을 인용하거나 배척하였음을 알 수 있을 정도라면 판단누락이라고 할 수 없다(대판 2008.7.10, 2006재다218, 대판 2010.4.29, 2009다88631 등 참조).

원심판결 이유에 피고가 협의매수대금을 과소하게 책정한 것이 고의·과실 내지 착오평가 중 어느 것에 해당하는지에 관하여 구체적·직접적인 판단이 표시되어 있지는 않지만, 원심은 그 채용증거들을 종합하여, 피고가 공익사업법에 따른 협의취득을 위한 보상액을 산정함에 있어 대외적 구속력을 갖는 공익사업법 시행규칙 제22조에 따라 토지에 건축물 등이 있는 때에는 건축물 등이 없는 상태를 상정하여 토지를 평가하였어야 함에도, 대외적 구속력이 없는 (구)토지보상평가지침에 따라 이 사건 토지들을 건축물 등에 해당하는 철탑 및 고압송전선의 제한을 받는 상태로 평가한 것은 정당한 토지의 평가라고 할 수 없는 점, 2009.10.28. 개정된 한국감정평가업협회의 토지보상평가지침 제46조의2 제1항에 의하면, '토지의 지상 공간에 고압선이 통과하고 있는 토지(선하지)에 대한 평가는 그 제한을 받지 아니한 상태를 기준으로 한다'고 평가기준이 변경된 점 등의 사정에 비추어 볼 때, 이 사건의 경우 피고가 고의·과실 내지 착오평가 등으로 협의매수대금을 과소하게 책정하여 지급한 경우에 해당한다고 봄이 상당하다고 판단하였는바, 이러한 판결이유의 전반적인 취지는 공익사업법상의 보상액 산정기준에 적합하지 아니한 감정평가기준이 적용됨으로써 감정평가금액이 잘못 산정되어 이를 기준으로 협의매수금액이 산정된 경우는 이 사건 약정에서 정한 착오평가에 해당한다고 판단한 것임을 알 수 있으므로, 원심판결에 판단누락이나 이유불비 등의 잘못이 없다.

3. 상고이유 제4점에 관하여

이 사건 고압송전선이 공익사업법 시행규칙 제22조 제2항의 '건축물 등'에 해당하지 않는다는 주장은 원심에서 주장하지 아니한 사실을 상고심에서 새롭게 주장한 것으로서 적법한 상고이유가 될 수 없다.

4. 상고이유 제5점에 관하여

신의성실의 원칙에 반한다는 이유로 권리의 행사를 부정하기 위해서는 상대방에게 신의를 공여하였거나 객관적으로 보아 상대방이 신의를 가짐이 정당한 상태에 있어야 하고, 이러한 상대방의 신의에 반하여 권리를 행사하는 것이 정의 관념에 비추어 용인될 수 없는 정도의 상태에 이르러야 한다(대판 2007.11.29, 2005다64552 등 참조).

같은 취지에서 원심이, 원고들이 이 사건 토지들에 관한 협의매수가 이루어진 후 수년이 경과한 후에 민사소송을 제기하였다고 하더라도 신의칙에 반한 권리행사라고 볼 수 없다고 판단하였음은 정당하고, 거기에 신의성실의 원칙에 관한 법리오해의 잘못이 없다.

5. 결론

그러므로 상고를 모두 기각하고, 상고비용은 패소자가 부담하기로 하여, 관여 대법관의 일치된 의견으로 주문과 같이 판결한다.

4. 개발이익의 배제(법 제67조 제2항)

> 🔖 법 제67조(보상액의 가격시점 등)
> ② 보상액을 산정할 경우에 해당 공익사업으로 인하여 토지 등의 가격이 변동되었을 때에는 이를 고려하지 아니한다.

(1) 의의

개발이익이란 공익사업의 계획 또는 시행이 공고 또는 고시나 공익사업의 시행에 따른 절차 등으로 인해 토지소유자의 노력에 관계없이 지가가 상승되어 현저하게 받은 이익으로 정상지가 상승분을 초과하여 증가된 부분을 말한다.

(2) 토지보상법상 개발이익배제제도

종래 이원적 보상체계 하에서 미흡한 면이 있었으나, 현행 토지보상법은 제67조 제2항에서 명문으로 규정하여 입법적으로 해결하였다. 이를 위해 지가변동률, 공시지가기준 등을 마련하고 있다.

5. 생활보상의 원칙

종래의 대물적 보상제도는 손실보상의 적법요건보다는 보상(가치보장)에 중점을 둔 재산권의 가치 보장 또는 보상보장을 중시하는 것이었으나, 오늘날에는 재산권 그 자체 내지는 그의 존속보장을 중시하고 있다. 따라서 손실보상은 대물적 보상에 의한 재산상태의 확보만으로는 부족하며, 적어도 수용이 없었던 것과 같은 생활재건의 확보를 내용으로 하는 재산권의 존속보장으로서의 생활보상 이어야 하는 것이다.

03 헌법상 손실보상기준과 토지보상법상의 기준과의 관계

1. 공시지가기준과 정당보상

(1) 문제점

토지보상법 제70조에서는 보상액을 산정함에 있어서 공시지가를 기준으로 협의성립 당시 또는 재결 당시까지 시점수정을 하도록 하고 있다. 보상액 산정의 기초가 되는 공시지가는 현실적인 토지가격이라 보기 어렵고, 이에 따른 보상액은 시가에 미달하게 되며 정당보상에 합치하지 못한다는 지적이 있다. 이하에서는 공시지가기준이 정당보상에 합치하는지 여부를 검토하여 보기로 한다.

(2) 견해의 차이

① 정당보상이 아니라는 견해

공시지가를 기준으로 보상액을 산정하는 것은 보상액 산정방법의 제한이며, 시가에 미치지 못하므로 정당한 보상이 아니라고 본다.

② 정당보상이라는 견해

공시지가기준은 개발이익을 배제하는 데에 목적이 있는 것이고, 개발이익은 정당보상에 포함 되지 않는 것인바, 헌법 제23조 제3항에 위배되지 아니한다고 한다.

(3) 판례

대법원은 공시지가를 기준으로 보상액을 산정하는 것이 당연히 토지소유자의 몫이 될 수 없는 개발이익을 보상대상에서 배제시킨 것이지 토지소유자에게 귀속되어야 할 보상액의 산정방법에 대하여 어떠한 제한을 가한 것이 아니므로 공시지가를 기준으로 보상액을 산정하도록 한 것을 완전보상의 원리에 어긋난 것이라고 할 수 없다고 하였다. 그리고 공시지가가 인근 토지의 거래 가격 등 제 요소를 종합 고려하여 산정되므로 정당보상에 해당한다고 볼 수 있다고 하였다. 헌법재판소는 공시지가가 적정가격을 반영하지 못하고 있다면, 그것은 제도운영상의 문제이므로 정하여진 절차에 의하여 시정할 수 있어 정당보상과 괴리되는 것은 아니라고 하였다.

▶ 관련판례(대판 1993.7.13, 93누2131)

공시기준일로부터 재결시까지의 관계법령에 의한 해당 토지의 이용계획 또는 해당 지역과 관계없는 인근 토지의 지가변동률, 도매물가상승률 등에 의하여 시점수정을 하여 보상액을 산정함으로써 개발이익을 배제하고 있는 것이므로 공시지가를 기준으로 보상액을 산정하도록 하고 있는 (구)토지수용법 제46조 제2항의 규정이 완전보상의 원리에 위배되는 것이라고 할 수 없다.

또한 해마다 구체적으로 공시되는 공시지가가 공시기준일의 적정가격을 반영하지 못하고 있다면, 고가로 평가되는 경우뿐만 아니라 저가로 평가되는 경우에도 이는 모두 잘못된 제도의 운영으로 보아야 할 것이고, 그와 같이 제도가 잘못 운영되는 경우에는 지가공시법 제8조의 이의신청절차에 의하여 시정할 수 있는가 하면, 수용보상액을 평가함에 있어 인근유사토지의 정상거래가격 참작 등 (구)토지수용법 제46조 제2항 소정의 기타사항 참작에 의한 보정방법으로 조정할 수도 있는 것이므로 그로 인하여 공시지가에 의하여 보상액을 산정하도록 한 위 토지수용법이나 지가공시법의 규정이 헌법 제23조 제3항에 위배되는 것이라고 할 수 없는 것이다.

▶ 관련판례(헌재 2010.12.28, 2008헌바57)

공시지가보상조항이 공시지가를 기준으로 수용된 토지에 대한 보상액을 산정하도록 규정한 것은, 위 조항에 의한 공시지가가 공시기준일 당시 표준지의 객관적 가치를 정당하게 반영하는 것이고, 표준지와 지가산정 대상 토지 사이에 가격의 유사성을 인정할 수 있도록 표준지의 선정이 적정하며, 공시기준일 이후 수용시까지의 시가변동을 산출하는 시점보정의 방법이 적정한 것으로 보이므로, 헌법 제23조 제3항이 규정한 정당보상원칙에 위배되지 아니한다.

(4) 검토

공시지가를 기준으로 한 보상이 시가에 미달한다 하여 정당한 보상이 아니라고 단정적으로 말할 수는 없으며, 공시지가를 기준으로 함으로써 보상의 객관화 보장 및 개발이익의 배제의 기능을 수행하는 점을 인정할 때, 공시지가기준 보상은 정당보상에 위배되지 아니한다고 보는 것이 타당하다.

2. 기타요인 보정(기타사항 참작) 정당보상

(1) 문제점

헌법재판소는 '정당한 보상이란' 재산의 객관적인 가치를 완전하게 보상하는 것으로서 보상금액뿐만 아니라 보상의 시기나 방법 등에 있어서도 어떠한 제한을 두어서는 아니된다는 견해를 밝혔다. 토지보상법 제70조 제1항은 공시지가를 기준으로 보상을 하되, 지가변동률, 도매물가상승률, 기타 해당 토지의 위치·형상·환경·이용상황 등을 참작하여 평가한 적정가격으로 보상하여야 한다고 규정하고 있다. 위와 같은 규정은 보상액의 산정방법에 대하여 어떠한 제한을 둔 것으로 헌법 제23조 제3항의 규정에 위반되는 것은 아닌지, 또한 기타 사항으로 인근유사토지의 거래가격, 보상평가선례, 인근 토지의 호가시세 등을 참작할 수 있는지 문제된다.

> ✪ 개정 전 토지수용법 규정
> 1991.12.31. 개정 전 토지수용법에서는 '토지에 대한 보상은 공시지가를 기준으로 하되, 지가변동률·도매물가상승률 기타사항을 참작하여 평가한 금액으로 행한다.'고 규정하여 기타사항의 참작을 인정하였으나, 개정된 토지수용법은 '지가변동률, 도매물가상승률 기타 해당 토지의 위치·형상·환경·이용상황 등을 참작하여 평가한 적정가격으로 보상액을 정한다'고 규정하여 기타사항의 참작조항을 삭제하였다. 한편 토지보상법에서도 기타사항의 참작조항은 규정되어 있지 않다.

(2) 학설

① 참작할 수 없다는 견해(부정설)

(ㄱ) 현 토지보상법에서는 기타사항 참작규정이 없다는 점, (ㄴ) 공시지가 자체에는 이미 인근 토지의 거래가격 등이 참작되어 있다는 점, (ㄷ) 토지보상법상 "위치·형상·환경·이용상황 등"의 규정은 개별요인의 비교항목에 한정된 것만이 열거되었기 때문에 다른 항목을 참작할 수 없다는 점, (ㄹ) 보상액 산정 시 업자의 자의성이나 재량을 배제하기 위하여 어떠한 요인도 참작할 수 없도록 해석하는 것이 효과적이라는 점 등을 들어 기타사항의 참작을 부정하는 견해이다.

② 참작할 수 있다는 견해(긍정설)

(ㄱ) 공시지가는 일반적으로 시가에 미달하므로 정당보상이 이루어지기 위하여는 기타사항의 참작이 필요하다는 점, (ㄴ) 토지보상법상 "위치·형상·환경·이용상황 등"은 열거규정이 아닌 예시규정이라는 점, (ㄷ) 감정평가법인등의 자의성과 재량을 배제하기 위해 기타사항의 참작을 부정하는 것은 정책의 문제를 규정의 문제로 해결하려는 오류를 범하는 것이라는 점 등을 들어 기타사항의 참작을 긍정하는 견해이다.

(3) 판례

> 판례
>
> ▶ **관련판례**(대판 2002.4.12, 2001두9783)
> 인근유사토지의 정상거래사례는 그것이 존재할 뿐만 아니라, 정상적인 것으로서 적정한 보상액평가에 영향을 미칠 수 있어야 한다. 즉, 참작할 수 있는 인근유사토지의 정상거래사례는 그 토지가 보상대상토지의 인근에 위치하여 있고, 지목·등급·면적·형태·이용상황·용도지역·법령상의 제한 등 자연적·사회적 조건이 보상대상토지와 같거나 비슷한 토지에 관하여, 통상적인 거래에서 성립된 가격으로, 개발이익이 포함되지 아니하고 투기적인 거래에서 형성된 것이 아닌 가격이어야 한다.
>
> ▶ **관련판례**(대판 2002.3.29, 2000두10106)
> 보상선례는 인근유사토지에 존재하는 것으로써 해당 보상대상토지의 적정한 보상액평가에 영향을 미칠 수 있어야 보상액 산정에 참작할 수 있으며, 이러한 전제에서 보상선례를 참작할 수 있다.
>
> ▶ **관련판례**(대판 2007.7.12, 2006두11507)
> 토지수용보상액 산정에 관한 관계법령의 규정을 종합하여 보면, 수용대상토지에 대한 보상액을 산정하는 경우 거래사례나 보상선례 등을 반드시 조사하여 참작하여야 하는 것은 아니지만, 인근유사토지가 거래되거나 보상이 된 사례가 있고 그 가격이 정상적인 것으로서 적정한 보상액 평가에 영향

을 미칠 수 있는 것임이 입증된 경우에는 인근유사토지의 정상거래가격을 참작할 수 있고, 보상선례가 인근유사토지에 관한 것으로서 해당 수용대상토지의 적정가격을 평가하는 데 있어 중요한 자료가 되는 경우에는 이를 참작하는 것이 상당하다.

▶ 관련판례(대판 2010.4.29, 2009두17360)
수용대상토지의 보상액을 산정하면서 인근유사토지의 보상사례가 있고 그 가격이 정상적인 것으로서 적정한 보상액 평가에 영향을 미칠 수 있는 것임이 입증된 경우에는 이를 참작할 수 있고, 여기서 '정상적인 가격'이란 개발이익이 포함되지 아니하고 투기적인 거래로 형성되지 아니한 가격을 말한다. 그러나 그 보상사례의 가격이 개발이익을 포함하고 있어 정상적인 것이 아닌 경우라도 그 개발이익을 배제하여 정상적인 가격으로 보정할 수 있는 합리적인 방법이 있다면 그러한 방법에 의하여 보정한 보상사례의 가격은 수용대상토지의 보상액을 산정하면서 이를 참작할 수 있다.

▶ 관련판례(대판 1993.10.22, 93누11500)
호가(呼價)는 그것이 인근유사토지에 대한 것으로 투기적 가격이나 해당 공익사업으로 인한 개발이익 등이 포함되지 않은 정상적인 거래가격 수준을 나타내는 것이면 이를 보상액산정에 참작할 수 있다고 하여야 할 것이다.

▶ 관련판례(대판 2000.10.6, 98두19414)
그러나 호가를 보상액 산정에 있어서 반영하여서는 안된다는 판례가 있다.

▶ 관련판례(대판 1998.3.27, 96누16001)
공익사업의 시행에 따라 지가가 동결된 관계로 지가변동률이 개발이익을 배제한 자연적인 지가상승률도 반영하지 못하게 된 경우에는 그 못미치게 된 부분을 기타사항으로 참작하여 보상액을 산정할 수 있다.

▶ 관련판례(대판 2013.6.27, 2013두2587)
토지의 수용·사용에 따른 보상액을 평가할 때에는 관계법령에서 들고 있는 모든 산정요인을 구체적·종합적으로 참작하여 그 요인들을 모두 반영하여야 하고, 이를 위한 감정평가서에는 모든 산정요인의 세세한 부분까지 일일이 설시하거나 그 요인들이 평가에 미치는 영향을 수치적으로 나타내지는 않더라도 그 요인들을 특정·명시함과 아울러 각 요인별 참작 내용과 정도를 객관적으로 납득할 수 있을 정도로 설명을 기재하여야 한다. 이는 보상선례를 참작하는 것이 상당하다고 보아 이를 보상액 산정요인으로 반영하여 평가하는 경우에도 마찬가지라 할 것이므로, 감정평가서에는 보상선례토지와 평가대상인 토지의 개별요인을 비교하여 평가한 내용 등 산정요인을 구체적으로 밝혀 기재하여야 한다. 따라서 보상선례를 참작하면서도 위와 같은 사항을 명시하지 않은 감정평가서를 기초로 보상액을 산정하는 것은 위법하다고 보아야 한다.

(4) **검토**

공시지가기준보상이 완전보상에 미치지 못한다고 인정되는 경우 기타요인으로 정상거래가격, 보상선례, 호가시세 등을 참작하여서라도 완전보상에 이르도록 하는 것이 국민의 재산권 보장을 위한 타당한 방법일 것이다.

기타사항 참작가능 견해는 재판규범으로 타당하다. 그러나 집행규범인 실정법에 규정이 없는바, 보상액의 형평에 문제, 협의불응을 양산, 재판규범과 집행규범을 일치시킬 필요가 있다.

3. 개발이익 배제와 정당보상

(1) 개발이익의 의의 및 개발이익 배제의 근거

개발이익이란 공익사업의 계획 또는 시행이 공고 또는 고시나 공익사업의 시행에 따른 절차 등으로 인해 토지소유자의 노력에 관계없이 지가가 상승되어 현저하게 받은 이익으로 정상지가 상승분을 초과하여 증가된 부분을 말한다. 토지보상법 제67조 제2항에서는 "보상액의 산정에 있어서 해당 공익사업으로 인하여 토지 등의 가격에 변동이 있는 때에는 이를 고려하지 아니한다."고 명문으로 개발이익 배제를 규정하였다.

(2) 개발이익 배제의 필요성

① 잠재적 손실로서의 개발이익은 보상대상이 아님

행정상 손실보상은 적법한 공권력의 행사에 의하여 발생한 특별한 희생을 그 사회구성원 또는 수익자가 공평하게 부담하는 데 그 목적이 있다. 따라서 현재화된 재산적 가치만 대상이 되고 아직 실현되지 아니한 잠재적 손실은 그 대상에 포함되지 않는 것이 원칙이다.

② 형평의 원리의 실현

개발이익은 사업시행자의 투자에 의하여 발생하는 것으로서 토지소유자의 노력이나 자본에 의한 것이 아니다. 그러므로 개발이익은 토지소유자에게 귀속되어야 할 성질의 것이 아니라, 오히려 투자자인 사업시행자 또는 사회에 귀속되도록 하는 것이 형평의 원리에 부합하다.

③ 주관적 가치에 대한 보상 배제

개발이익은 공익사업에 의해 비로소 발생하는 것으로 대상토지의 매매 또는 수용 당시 갖는 객관적 가치에 포함되는 것이 아니다. 따라서 개발이익은 그 성질상 완전보상의 범위에 포함되는 토지소유자의 손실이 아니므로 손실보상액 산정에 있어 배제되어야 하는 것이다.

(3) 현행 토지보상법상의 개발이익배제제도

현행 토지보상법은 제67조에서 개발이익 배제의 원칙을 명문으로 규정하여 종전의 이원적 보상법 체계 하에서는 미흡했던 면을 입법적으로 해결하였으며, 최근 개정 토지보상법은 개발이익 배제에 미흡했던 부분을 통일적으로 정리하였다.

① 적용 공시지가의 선정

> 🔖 **법 제70조(취득하는 토지의 보상)**
> ③ 사업인정 전 협의에 의한 취득의 경우에 제1항에 따른 공시지가는 해당 토지의 가격시점 당시 공시된 공시지가 중 가격시점과 가장 가까운 시점에 공시된 공시지가로 한다.
> ④ 사업인정 후의 취득의 경우에 제1항에 따른 공시지가는 사업인정고시일 전의 시점을 공시기준일로 하는 공시지가로서, 해당 토지에 관한 협의의 성립 또는 재결 당시 공시된 공시지가 중 그 사업인정고시일과 가장 가까운 시점에 공시된 공시지가로 한다.
> ⑤ 제3항 및 제4항에도 불구하고 공익사업의 계획 또는 시행이 공고되거나 고시됨으로 인하여 취득하여야 할 토지의 가격이 변동되었다고 인정되는 경우에는 제1항에 따른 공시지가는 해당 공고일

> 또는 고시일 전의 시점을 공시기준일로 하는 공시지가로서 그 토지의 가격시점 당시 공시된 공시지가 중 그 공익사업의 공고일 또는 고시일과 가장 가까운 시점에 공시된 공시지가로 한다.

(ㄱ) **적용공시지가 선정의 원칙과 예외**

　㉠ **원칙**

　　ⓐ 사업인정 전 협의에 의한 취득의 경우에 제1항에 따른 공시지가는 해당 토지의 가격시점 당시 공시된 공시지가 중 가격시점과 가장 가까운 시점에 공시된 공시지가로 한다.

　　ⓑ 사업인정 후의 취득의 경우에 제1항에 따른 공시지가는 사업인정고시일 전의 시점을 공시기준일로 하는 공시지가로서, 해당 토지에 관한 협의의 성립 또는 재결 당시 공시된 공시지가 중 그 사업인정고시일과 가장 가까운 시점에 공시된 공시지가로 한다.

　㉡ **예외** : 공익사업의 계획 또는 시행이 공고되거나 고시됨으로 인하여 취득하여야 할 토지의 가격이 변동되었다고 인정되는 경우에는 제1항에 따른 공시지가는 해당 공고일 또는 고시일 전의 시점을 공시기준일로 하는 공시지가로서 그 토지의 가격시점 당시 공시된 공시지가 중 그 공익사업의 공고일 또는 고시일과 가장 가까운 시점에 공시된 공시지가로 한다.

(ㄴ) **공익사업의 계획 또는 시행이 공고 또는 고시 의미** : 공익사업의 계획 또는 시행이 공고 또는 고시라 함은 관련법령의 규정에 의한 공고 또는 고시를 하거나 국가·지방자치단체 또는 사업시행자 등이 해당 공익사업의 위치와 범위, 사업기간 등 구체적인 사업계획을 일반에게 발표한 것을 말한다.

(ㄷ) **해당 사업으로 인한 토지가격의 변동판단기준**(공시지가판단기준)

> ◐ **시행령 제38조의2(공시지가)**
> ① 법 제70조 제5항에 따른 취득하여야 할 토지의 가격이 변동되었다고 인정되는 경우는 도로, 철도 또는 하천 관련 사업을 제외한 사업으로서 다음 각 호를 모두 충족하는 경우로 한다.
> 　1. 해당 공익사업의 면적이 20만 제곱미터 이상일 것
> 　2. 해당 공익사업지구 안에 있는 「부동산 가격공시에 관한 법률」 제3조에 따른 표준지공시지가(해당 공익사업지구 안에 표준지가 없는 경우에는 비교표준지의 공시지가를 말하며, 이하 이 조에서 "표준지공시지가"라 한다)의 평균변동률과 평가대상토지가 소재하는 시(행정시를 포함한다)·군 또는 구(자치구가 아닌 구를 포함한다) 전체의 표준지공시지가 평균변동률과의 차이가 3퍼센트포인트 이상일 것
> 　3. 해당 공익사업지구 안에 있는 표준지공시지가의 평균변동률이 평가대상토지가 소재하는 시·군 또는 구 전체의 표준지공시지가 평균변동률보다 30퍼센트 이상 높거나 낮을 것
> ② 〈이하 생략〉

(ㄹ) 평균변동률

　　ㄱ 평균변동률의 의미 : 해당 공익사업의 계획 또는 시행이 공고 또는 고시된 당시 공시된 표준지공시지가 중 그 공고 또는 고시일에 가장 가까운 시점에 공시된 표준지공시지가의 공시기준일부터 법 제70조 제3항 또는 제4항에 따른 표준지공시지가의 공시기준일까지의 변동률을 말한다.

　　ㄴ 평균변동률 산정방법

> **➡ 시행령 제38조의2(공시지가)**
>
> ② 제1항 제2호 및 제3호에 따른 평균변동률은 해당 표준지별 변동률의 합을 표준지의 수로 나누어 산정하며, 공익사업지구가 둘 이상의 시·군 또는 구에 걸쳐 있는 경우 평가대상토지가 소재하는 시·군 또는 구 전체의 표준지공시지가 평균변동률은 시·군 또는 구별로 평균변동률을 산정한 후 이를 해당 시·군 또는 구에 속한 공익사업지구 면적 비율로 가중평균(加重平均)하여 산정한다. 이 경우 평균변동률의 산정기간은 해당 공익사업의 계획 또는 시행이 공고되거나 고시된 당시 공시된 표준지공시지가 중 그 공고일 또는 고시일에 가장 가까운 시점에 공시된 표준지공시지가의 공시기준일부터 법 제70조 제3항 또는 제4항에 따른 표준지공시지가의 공시기준일까지의 기간으로 한다.

② 해당 사업과 무관한 지역의 지가변동률 등의 적용

> **➡ 법 제70조(취득하는 토지의 보상)**
>
> ① 협의나 재결에 의하여 취득하는 토지에 대하여는 「부동산 가격공시에 관한 법률」에 따른 공시지가를 기준으로 하여 보상하되, 그 공시기준일부터 가격시점까지의 관계법령에 따른 그 토지의 이용계획, 해당 공익사업으로 인한 지가의 영향을 받지 아니하는 지역의 대통령령으로 정하는 지가변동률, 생산자물가상승률(「한국은행법」 제86조에 따라 한국은행이 조사·발표하는 생산자물가지수에 따라 산정된 비율을 말한다)과 그 밖에 그 토지의 위치·형상·환경·이용상황 등을 고려하여 평가한 적정가격으로 보상하여야 한다.

> **➡ 시행령 제37조(지가변동률)**
>
> ① 법 제70조 제1항에서 "대통령령으로 정하는 지가변동률"이란 「부동산 거래신고 등에 관한 법률 시행령」 제17조에 따라 국토교통부장관이 조사·발표하는 지가변동률로서 평가대상 토지와 가치형성요인이 같거나 비슷하여 해당 평가대상 토지와 유사한 이용가치를 지닌다고 인정되는 표준지(이하 "비교표준지"라 한다)가 소재하는 시(행정시를 포함한다)·군 또는 구(자치구가 아닌 구를 포함한다)의 용도지역별 지가변동률을 말한다. 다만, 비교표준지와 같은 용도지역의 지가변동률이 조사·발표되지 아니한 경우에는 비교표준지와 유사한 용도지역의 지가변동률, 비교표준지와 이용상황이 같은 토지의 지가변동률 또는 해당 시·군 또는 구의 평균지가변동률 중 어느 하나의 지가변동률을 말한다.
>
> ② 제1항을 적용할 때 비교표준지가 소재하는 시·군 또는 구의 지가가 해당 공익사업으로 인하여 변동된 경우에는 해당 공익사업과 관계없는 인근 시·군 또는 구의 지가변동률을 적용한다. 다만, 비교표준지가 소재하는 시·군 또는 구의 지가변동률이 인근 시·군 또는 구의 지가변동률보다 작은 경우에는 그러하지 아니하다.

③ 제2항 본문에 따른 비교표준지가 소재하는 시·군 또는 구의 지가가 해당 공익사업으로 인하여 변동된 경우는 도로, 철도 또는 하천 관련 사업을 제외한 사업으로서 다음 각 호의 요건을 모두 충족하는 경우로 한다.
  1. 해당 공익사업의 면적이 20만 제곱미터 이상일 것
  2. 비교표준지가 소재하는 시·군 또는 구의 사업인정고시일부터 가격시점까지의 지가변동률이 3퍼센트 이상일 것. 다만, 해당 공익사업의 계획 또는 시행이 공고되거나 고시됨으로 인하여 비교표준지의 가격이 변동되었다고 인정되는 경우에는 그 계획 또는 시행이 공고되거나 고시된 날부터 가격시점까지의 지가변동률이 5퍼센트 이상인 경우로 한다.
  3. 사업인정고시일부터 가격시점까지 비교표준지가 소재하는 시·군 또는 구의 지가변동률이 비교표준지가 소재하는 시·도의 지가변동률보다 30퍼센트 이상 높거나 낮을 것

(ㄱ) **원칙** : 평가대상토지와 가치형성요인이 같거나 비슷하여 해당 평가대상토지와 유사한 이용가치를 지닌다고 인정되는 표준지(이하 "비교표준지"라 한다)가 소재하는 시(행정시를 포함한다)·군 또는 구(자치구가 아닌 구를 포함한다)의 용도지역별 지가변동률을 말한다. 다만, 비교표준지와 같은 용도지역의 지가변동률이 조사·발표되지 아니한 경우에는 비교표준지와 유사한 용도지역의 지가변동률, 비교표준지와 이용상황이 같은 토지의 지가변동률 또는 해당 시·군 또는 구의 평균지가변동률 중 어느 하나의 지가변동률을 말한다.

(ㄴ) **예외** : 비교표준지가 소재하는 시·군 또는 구의 지가가 해당 공익사업으로 인하여 변동된 경우에는 해당 공익사업과 관계없는 인근 시·군 또는 구의 지가변동률을 적용한다. 다만, 비교표준지가 소재하는 시·군 또는 구의 지가변동률이 인근 시·군 또는 구의 지가변동률보다 작은 경우에는 그러하지 아니하다.

(ㄷ) **지가변동 여부의 판단기준**(지가변동률 판단기준)

> ◐ 시행령 제37조(지가변동률)
> ③ 제2항 본문에 따른 비교표준지가 소재하는 시·군 또는 구의 지가가 해당 공익사업으로 인하여 변동된 경우는 도로, 철도 또는 하천 관련 사업을 제외한 사업으로서 다음 각 호의 요건을 모두 충족하는 경우로 한다.
>   1. 해당 공익사업의 면적이 20만 제곱미터 이상일 것
>   2. 비교표준지가 소재하는 시·군 또는 구의 사업인정고시일부터 가격시점까지의 지가변동률이 3퍼센트 이상일 것. 다만, 해당 공익사업의 계획 또는 시행이 공고되거나 고시됨으로 인하여 비교표준지의 가격이 변동되었다고 인정되는 경우에는 그 계획 또는 시행이 공고되거나 고시된 날부터 가격시점까지의 지가변동률이 5퍼센트 이상인 경우로 한다.
>   3. 사업인정고시일부터 가격시점까지 비교표준지가 소재하는 시·군 또는 구의 지가변동률이 비교표준지가 소재하는 시·도의 지가변동률보다 30퍼센트 이상 높거나 낮을 것

③ 용도지역 변경 시 미고려(시행규칙 제23조 제2항)

> ↪ 시행규칙 제23조(공법상 제한을 받는 토지의 평가)
> ② 해당 공익사업의 시행을 직접 목적으로 하여 용도지역 또는 용도지구 등이 변경된 토지에 대하여는
> 변경되기 전의 용도지역 또는 용도지구 등을 기준으로 평가한다.

(4) 판례에 의하여 정립된 개발이익배제제도

① 개발이익 배제의 원칙 인정

보상액 산정에서 개발이익의 배제가 법제화되기 이전부터 법적 근거없이 보상액의 산정에 있어 개발이익의 배제는 대법원의 확립된 견해이었다(판례 1).

그러나, 보상에서 제외되는 개발이익은 해당 공익사업의 시행에 관계되는 것이지 해당 공공사업과 관계없는 다른 사업의 시행으로 인한 개발이익은 이를 배제시키지 아니한다(판례 2).

> **판례**
>
> ▶ 관련판례 1(대판 1984.5.29, 82누549)
> 토지의 수용으로 인한 손실보상액의 산정은 수용재결 당시의 가격을 기준으로 하되 인근 토지의
> 거래가격을 고려한 적정가격으로 하도록 하고 있어 이에 따라 보상액을 산정함에 있어서는 해당
> 공공사업의 시행을 직접 목적으로 하는 계획의 승인, 고시로 인한 가격변동은 이를 고려함이 없이
> 수용재결 당시의 가격을 기준으로 하여 적정가액을 산정하여야 한다.
>
> ▶ 관련판례 2(대판 1999.1.15, 98두8896)
> 토지수용으로 인한 손실보상액을 산정함에 있어서 해당 공익사업의 시행을 직접 목적으로 하는 계
> 획의 승인, 고시로 당시의 가격을 기준으로 하여 적정가격을 정하여야 하나, 해당 공익사업과는 관
> 계없는 다른 사업의 시행으로 인한 개발이익은 이를 배제하지 아니한 가격으로 평가하여야 한다.
>
> ▶ 관련판례(대판 2014.2.27, 2013두21182)
> 공익사업을 위한 토지 등의 취득 및 보상에 관한 법률 제67조 제2항은 '보상액을 산정할 경우에
> 해당 공익사업으로 인하여 토지 등의 가격이 변동되었을 때에는 이를 고려하지 아니한다'라고 규정
> 하고 있는바, 수용대상토지의 보상액을 산정함에 있어 해당 공익사업의 시행을 직접 목적으로 하는
> 계획의 승인, 고시로 인한 가격변동은 이를 고려함이 없이 재결 당시의 가격을 기준으로 하여 적정
> 가격을 정하여야 하나, 해당 공익사업과는 관계없는 다른 사업의 시행으로 인한 개발이익은 이를
> 포함한 가격으로 평가하여야 하고, 개발이익이 해당 공익사업의 사업인정고시일 후에 발생한 경우
> 에도 마찬가지이다.

② 공시지가에서의 개발이익 배제(법 제70조 제3항, 제4항, 제5항)

공익사업의 시행으로 인한 개발이익은 보상액의 산정에서 배제되어야 하므로, 공시지가를 기준으로 하여 보상액을 산정하는 경우 해당 지가에 개발이익이 포함되어 있다면 그러한 개발이익은 보생액 산정에서 배제되어야 한다.

> **판례**
>
> ▶ 관련판례(대판 1993.7.13, 93누227)
> 토지수용법 제46조 제2항에 의하여 손실보상액 산정의 기준으로 되는 표준지의 공시지가 자체에
> 해당 수용사업의 시행으로 인한 개발이익이 포함되어 있을 경우에는 이를 배제하고 손실보상액을
> 평가하는 것이 정당보상의 원리에 합당하다.

③ 해당 공익사업의 시행을 목적으로 한 용도지역 변경의 불고려

공익사업으로 인해 저가이용의 자연녹지지역, 생산녹지지역이 고가이용의 주거지역, 공업용
지로 변경된 경우에 그 공익사업의 시행을 위한 토지의 평가에 있어서는 해당 공익사업으로
변경되기 전의 용도지역으로 보상액을 산정하여야 한다.

> **판례**
>
> ▶ 관련판례(대판 1995.11.7, 94누13725)
> 토지수용으로 인한 손실보상액을 산정함에 있어서는 해당 공익사업의 시행을 직접 목적으로 하는
> 계획의 승인, 고시로 인한 가격변동은 이를 고려함이 없이 수용재결 당시의 가격을 기준으로 하여
> 적정가격을 정하여야 하는 것이므로, 택지개발계획의 시행을 위하여 용도지역이 경지지역에서 도시
> 지역으로 변경된 토지들에 대하여 그 이후 이 사업을 시행하기 위하여 이를 수용하였다면 표준지의
> 선정이나 지가변동률의 적용, 품등비교 등 그 보상액 재결을 위한 평가를 함에 있어서는 용도지역의
> 변경을 고려함이 없이 평가하여야 할 것이다.

(5) 개발이익배제제도의 위헌성 논의

① 학설

(ㄱ) 부정하는 견해 : 어떤 사업으로 주변의 지가가 상승하면 그 상승이익은 일반적으로 토지소
유자가 취득하게 되기 때문에 피수용자에 대하여만 개발이익을 거부함은 평등의 원칙에
반하며 보상금만으로는 주변 토지의 대토가 어렵다는 문제점을 지적한다.

(ㄴ) 긍정하는 견해 : 손실보상은 현재의 재산적 가치만 대상으로 되고 아직 실현되지 아니한
'미실현 이익'은 손실보상의 대상에 포함되지 않는 것이 원칙이라는 점, 개발이익은 공익
사업의 시행을 볼모로 한 주관적 가치부여에 지나지 않으며 해당 토지의 현재의 객관적
가치라 할 수 없다는 것을 논거로 한다.

② 판례의 입장

대법원 및 헌법재판소는 개발이익은 궁극적으로는 국민 모두에게 귀속되어야 할 성질의 것이
므로 이는 완전보상의 범위에 포함되는 피수용토지의 객관적 가치 내지 피수용자의 손실이라
고는 볼 수 없다. 따라서 이를 배제한다고 하여 완전보상의 원칙에 어긋나는 것은 아니라고
한다.

> **판례**

▶ **관련판례(헌재 1990.6.25, 89헌마107)**
개발이익을 배제하고 손실보상액을 산정한다 하여 헌법이 규정한 정당보상의 원리에 어긋나는 것이라고는 판단되지 않는다. 토지수용법 제46조 제2항은 헌법상 정당보상의 원리를 규정한 헌법 제23조 제3항이나 평등의 원칙을 규정한 헌법 제11조 제1항에 위반되지 아니한다.

▶ **관련판례(헌재 2010.12.28, 2008헌바57)**
공익사업의 시행으로 지가가 상승하여 발생하는 개발이익은 사업시행자의 투자에 의한 것으로서 피수용자인 토지소유자의 노력이나 자본에 의하여 발생하는 것이 아니어서 피수용토지가 수용 당시 갖는 객관적 가치에 포함된다고 볼 수 없고, 따라서 그 성질상 완전보상의 범위에 포함되는 피수용자의 손실이라고 볼 수 없으므로, 이 사건 개발이익배제조항이 이러한 개발이익을 배제하고 손실보상액을 산정한다 하여 헌법이 규정한 정당보상의 원칙에 어긋나는 것이라고 할 수 없다.

▶ **관련판례(헌재 2009.12.29, 2009헌바142)**
공익사업법 제67조 제2항은 보상액을 산정함에 있어 해당 공익사업으로 인한 개발이익을 배제하는 조항인데, 공익사업의 시행으로 지가가 상승하여 발생하는 개발이익은 사업시행자의 투자에 의한 것으로서 피수용자인 토지소유자의 노력이나 자본에 의하여 발생하는 것이 아니므로, 이러한 개발이익은 형평의 관념에 비추어 볼 때 토지소유자에게 당연히 귀속되어야 할 성질의 것이 아니고, 또한 개발이익은 공익사업의 시행에 의하여 비로소 발생하는 것이므로, 그것이 피수용토지가 수용 당시 갖는 객관적 가치에 포함된다고 볼 수도 없다.
따라서 개발이익은 그 성질상 완전보상의 범위에 포함되는 피수용자의 손실이라고 볼 수 없으므로, 이러한 개발이익을 배제하고 손실보상액을 산정한다 하여 헌법이 규정한 정당한 보상의 원칙에 위반되지 않는다.
토지수용으로 인한 손실보상액의 산정을 공시지가를 기준으로 하되 공시기준일부터 재결 시까지의 시점보정을 지가상승률 등에 의하여 행하도록 규정한 것은 공시지가가 공시기준일 당시의 표준지의 객관적 가치를 정당하게 반영하는 것이고, 표준지와 지가산정 대상토지 사이에 가격의 유사성을 인정할 수 있도록 표준지의 선정이 적정하며, 공시기준일 이후 수용시까지의 시가변동을 산출하는 시점보정의 방법이 적정한 것으로 보이므로 재산권을 침해하였다고 볼 수 없다. 또한 해당 토지의 협의성립 또는 재결 당시 공시된 공시지가 중 해당 사업인정의 고시일에 가장 근접한 시점에 공시된 공시지가로 하도록 규정한 것은 시점보정의 기준이 되는 공시지가에 개발이익이 포함되는 것을 방지하기 위한 것으로 개발이익이 배제된 손실보상액을 산정하는 적정한 수단에 해당되므로 헌법 제23조 제3항에 위반된다고 할 수 없다.

③ **소결**

생각건대, 토지보상법상 손실보상액 산정시 개발이익을 배제함의 정당성은 인정된다고 판단되나, 개발이익을 피수용자의 보상에서 제외하는 것이 타당성을 가지려면 자신의 노력과 무관하게 지가의 상승을 통해 개발이익을 얻게 되는 인근 주민의 개발이익을 환수하는 문제가 제기된다.

(6) 개발이익환수의 문제점

① 현행제도의 문제점

인근 주민의 경우에는 종전 토지초과이득세법에 의한 토지초과이득세가 그나마 어느 정도 개발이익의 환수기능을 하였으나 외환・금융위기 이후 1998년 경제사정의 악화에 따른 부동산 경기의 침체로 토지초과이득세법도 폐지되어 있어 문제된다. 즉, 형평성의 문제(평등문제)가 발생한다.

② 헌법재판소의 입장

> 판례

> ▶ 관련판례(헌재 1990.6.25, 89헌마107)
> 일체의 개발이익을 환수할 수 있는 제도적 장치가 마련되지 아니한 제도적 상황에서 피수용자에게 만 개발이익을 배제하는 것이 헌법의 평등원칙에 위배되는 것은 아니라고 하였다.

③ 검토

헌법재판소가 피수용자와 인근 주민과의 형평에 대하여 합헌이라 한 것은 입법적 해결이 있기까지의 한시적인 결정이라 하겠다. 이에 최근 개정된 토지보상법은 대토보상제도를 마련(동법 제63조 제1항 내지 제5항)하여 피수용자와 인근 주민과의 형평성 문제를 어느 정도 해결하고 있지만, 인근 주민에 대한 개발이익의 환수문제는 여전히 남아있다고 할 것이다.

현행 제도상 양도소득세를 제외하면 개발이익의 환수방법이 사실상 불비한 실정이다. 토지초과이득세법이 위헌이라서 폐지된 것이 아니라 경제사정의 악화를 극복하기 위한 정책적 이유로 폐지되었다는 점을 고려할 때, 공익사업주변지역의 개발이익을 환수하기 위해서는 재도입을 검토할 필요가 있다.

(7) 개발이익 배제의 관련 논의

① 보상가격 기준시점의 문제

(ㄱ) 문제점 : 보상액의 산정과정에서 해당 사업으로 인한 개발이익을 완전히 배제하기 어렵고, 각 개별법에서 재결신청기간의 특례를 두고 있어 사업이 장기화되는 경우 해당 사업으로 인한 개발이익이 보상액 산정시에 포함될 가능성이 크다고 할 수 있다.

(ㄴ) 개선방향 : 위와 같은 문제점에 대하여 사업인정고시일 이후부터는 지가변동률 대신에 생산자물가지수를 적용하여 해당 사업으로 인한 개발이익이 보상액에 포함되는 것을 방지하는 방안을 고려해 볼 수 있을 것이다. 또한 보상기준시점을 개발이익 발생 전인 사업초기를 기준으로 하는 방안도 고려해 볼 수 있다.

② 감정평가방식의 문제

(ㄱ) 문제점 : 기타요인보정 시 적용공시지가 시점과 적용보상선례 시점 간의 상당한 괴리가 발생되어 결과적으로 개발이익이 반영될 가능성이 높다.

(ㄴ) 개선방향 : 3방식을 적용하여 대상의 교환가치와 용도에 따른 수익가치를 조정하여 시산 가격을 구하면 과다한 가액산정을 방지할 수 있다.

4. 기출문제

> ≫ 기출문제(제12회 1번)
>
> 「공익사업을 위한 토지 등의 취득 및 보상에 관한 법률」(이하 '토지보상법') 제67조 및 동법 제70조는 다음과 같이 규정하고 있다. 이 규정과 관련하여 아래의 물음에 답하시오. 30점
>
> > 🔊 **법 제67조(보상액의 가격시점 등)**
> > ① 보상액의 산정은 협의에 의한 경우에는 협의성립 당시의 가격을, 재결에 의한 경우에는 수 용 또는 사용의 재결 당시의 가격을 기준으로 한다.
> > ② 보상액을 산정할 경우에 해당 공익사업으로 인하여 토지 등의 가격이 변동되었을 때에는 이 를 고려하지 아니한다.
> >
> > 🔊 **법 제70조(취득하는 토지의 보상)**
> > ① 협의나 재결에 의하여 취득하는 토지에 대하여는 「부동산 가격공시에 관한 법률」에 따른 공시지가를 기준으로 하여 보상하되, 그 공시기준일부터 가격시점까지의 관계법령에 따른 그 토지의 이용계획, 해당 공익사업으로 인한 지가의 영향을 받지 아니하는 지역의 대통령령 으로 정하는 지가변동률, 생산자물가상승률(「한국은행법」 제86조에 따라 한국은행이 조사· 발표하는 생산자물가지수에 따라 산정된 비율을 말한다)과 그 밖에 그 토지의 위치·형상· 환경·이용상황 등을 고려하여 평가한 적정가격으로 보상하여야 한다.
> > ② 토지에 대한 보상액은 가격시점에서의 현실적인 이용상황과 일반적인 이용방법에 의한 객 관적 상황을 고려하여 산정하되, 일시적인 이용상황과 토지소유자나 관계인이 갖는 주관적 가치 및 특별한 용도에 사용할 것을 전제로 한 경우 등은 고려하지 아니한다.
> > ③ 사업인정 전 협의에 의한 취득의 경우에 제1항에 따른 공시지가는 해당 토지의 가격시점 당시 공시된 공시지가 중 가격시점과 가장 가까운 시점에 공시된 공시지가로 한다.
> > ④ 사업인정 후의 취득의 경우에 제1항에 따른 공시지가는 사업인정고시일 전의 시점을 공시기 준일로 하는 공시지가로서, 해당 토지에 관한 협의의 성립 또는 재결 당시 공시된 공시지가 중 그 사업인정고시일과 가장 가까운 시점에 공시된 공시지가로 한다.
> > ⑤ 제3항 및 제4항에도 불구하고 공익사업의 계획 또는 시행이 공고되거나 고시됨으로 인하여 취득하여야 할 토지의 가격이 변동되었다고 인정되는 경우에는 제1항에 따른 공시지가는 해 당 공고일 또는 고시일 전의 시점을 공시기준일로 하는 공시지가로서 그 토지의 가격시점 당시 공시된 공시지가 중 그 공익사업의 공고일 또는 고시일과 가장 가까운 시점에 공시된 공시지가로 한다.
> > ⑥ 취득하는 토지와 이에 관한 소유권 외의 권리에 대한 구체적인 보상액 산정 및 평가방법은 투자비용, 예상수익 및 거래가격 등을 고려하여 국토교통부령으로 정한다.
>
> (1) 토지보상법 제70조 제1항 및 동조 제3항과 제4항의 입법취지에 대하여 설명하시오. 10점
> (2) 토지보상법 제70조 제1항이나 「부동산 가격공시에 관한 법률」 등에 의하여 손실보상액을 산정함에 있어, 보상선례를 참작할 수 있는가에 대하여 설명하시오. 10점

(3) 토지보상법 제67조 및 동법 제70조에서 규정하는 산정방법에 의하여 보상액을 산정하는 것이 정당보상에 합치되는지 논하시오. 10점

≫ 기출문제(제17회 3번)
「공익사업을 위한 토지 등의 취득 및 보상에 관한 법률」상 공시지가를 기초로 한 보상액 산정에 있어서 개발이익의 배제 및 포함을 논하시오. 15점

≫ 기출문제(제26회 2번)(주거이전비)
B시에 거주하는 甲은 2005년 5월 자신의 토지 위에 주거용 건축물을 신축하였다. 그런데 甲은 건축허가요건을 충족하지 못하여 행정기관의 허가 없이 건축하였다. 甲은 위 건축물에 입주하지 않았으나, 친척인 乙이 자신에게 임대해 달라고 요청하여 이를 허락하였다. 乙은 필요시 언제든 건물을 비워주겠으며, 공익사업시행으로 보상의 문제가 발생할 때에는 어떠한 보상도 받지 않겠다는 내용의 각서를 작성하여 임대차계약서에 첨부하였다. 乙은 2006년 2월 위 건축물에 입주하였는데, 당시부터 건축물의 일부를 임의로 용도변경하여 일반음식점으로 사용하여 왔다. 甲의 위 토지와 건축물은 2015년 5월 14일 국토교통부장관이 한 사업인정고시에 따라서 공익사업시행지구에 편입되었다. 甲은 이 사실을 알고 동년 6월에 위 건축물을 증축하여 방의 개수를 2개 더 늘려 자신의 가족과 함께 입주하였다. 다음 물음에 답하시오. 30점
(1) 위 甲의 건축물은 「공익사업을 위한 토지 등의 취득 및 보상에 관한 법률」에 따른 손실보상의 대상이 되는지, 만일 된다면 어느 범위에서 보상이 이루어져야 하는지 설명하시오. 10점
(2) 甲과 乙은 주거이전비 지급대상자에 포함되는지 여부를 지급요건에 따라서 각각 설명하시오. 20점

≫ 기출문제(제28회 4번)(개발이익 반영 여부)
甲소유 토지를 포함하는 일단의 토지가 「공공토지의 비축에 관한 법률」에 따라 X읍-Y읍간 도로사업용지 비축사업(이하 '이 사건 비축사업'이라 함) 지역으로 지정되었고, 한국토지주택공사를 사업시행자로 하여 2014.3.31. 이 사건 비축사업에 대하여 「공익사업을 위한 토지 등의 취득 및 보상에 관한 법률」에 따른 사업인정고시가 있었다. 한편, 관할 도지사는 X읍-Y읍간 도로확포장공사와 관련하여 2016.5.1. 도로구역을 결정·고시하였는데, 甲의 토지는 도로확포장공사가 시행되는 도로구역 인근에 위치하고 있다. 이후 이 사건 비축사업을 위하여 甲소유 토지에 대해서 2016.7.5. 관할 토지수용위원회의 수용재결이 있었는바, 위 도로확포장공사로 인하여 상승된 토지가격이 반영되지 않은 감정평가가격으로 보상금이 결정되었다. 이에 甲은 도로확포장공사로 인한 개발이익이 배제된 보상금 결정은 위법하다고 주장하는바, 甲의 주장이 타당한지에 관하여 설명하시오. 10점

04 공용제한으로 인한 손실보상기준

1. 의의

공용제한에 대한 손실보상의 헌법상의 기준은 '정당한 보상'이지만 구체적인 기준에 대하여는 명백한 개별법의 근거가 없으므로 일반적인 해석론에 맡겨 있다 하겠다.

2. 보상기준에 관한 논의

(1) 학설

① 상당인과관계설

토지소유자 등이 입게 된 손실 중에서 해당 이용제한과 상당인과관계가 있다고 인정되는 모든 손실을 보상하여야 한다는 견해이다. 이 학설은 보상액의 산정에 있어서 소유자의 주관적인 의도나 사정에 좌우되기 쉽고 객관적인 산정이 곤란할 뿐 아니라 통상 발생하는 객관적인 재산권의 손실을 보전한다는 원칙에 반한다는 비판이 있다.

② 지가저락설

토지이용제한에 의하여 토지이용가치의 객관적인 하락이 지가하락으로 나타나고 이러한 지가하락분을 보상하여야 한다는 견해이다. 이 견해는 재산권에 발생하는 객관적인 가치감소의 보상이 통상 발생할 수 있는 손실의 보상과 일치되지 않는다는 점에서 비판이 있다.

③ 지대설

토지이용제한을 공적 지역권의 설정으로 보아 지역권 설정의 대가에 객관적 기준을 세우고 이를 보상금으로 하자는 견해이다. 이에 대해 토지이용제한은 공용사용과 다르기 때문에 지대 상당액을 기준으로 보상액을 결정하는 것은 타당하지 않다는 비판이 있다.

④ 적극적 실손보전설

토지의 이용제한이 토지소유권자에게 예상하지 않았던 비용을 지출하게 된 경우에 적극적이고 현실적으로 지출하는 비용만을 보상하면 된다는 견해이다. 이 학설은 보상액 산정에 명확성이 있으나 과연 적극적인 실손만을 보상하면 충분하다고 할 것인지 의문이다.

(2) 판례

> ┌─ 판례
>
> ▶ 관련판례(대판 2003.4.25, 2001두1369)
> (구)하천법 제10조와 같은 법 시행령 제9조 제3항의 규정에 의한 준용하천의 제외지와 같은 하천구역에 편입된 토지의 소유자가 그로 인하여 받게 되는 그 사용수익권에 관한 제한내용과 헌법상 정당보상의 원칙 등에 비추어 볼 때, 준용하천의 제외지로 편입됨에 따른 같은 법 제74조 제1항의 손실보상은 원칙적으로 공용제한에 의하여 토지소유자로서 사용수익이 제한되는 데 따른 손실보상으로서 제외지 편입 당시의 현황에 따른 지료상당액을 기준으로 함이 상당하다.

(3) 평가

상당인과관계설은 토지소유자의 자의에 의해 유리하게 작용하는 문제가 있으며, 적극적 실손보전설은 국가 등에게 유리하여 설득력이 낮고, 지대설은 공용사용의 보상방법으로 공용제한에는 타당하지 않다. 이에 단점이 없는 것은 아니지만 공용제한에 의한 지가의 하락분을 보상한다는 지가저락설이 현실적인 보상으로 타당시된다.

제5절 손실보상의 내용

현대의 복리행정국가에서는 대규모 면적개발사업으로 인한 생활기반이 상실되는 경우가 많아지게 되었다. 이에 우리 헌법 제23조 제3항은 정당보상을 천명하고 있고 개별법률에서는 생활보상을 규정하고 있는바, 이는 우리 실정법이 대물보상의 한계를 극복하고 사회복리국가이념 도입에 따라 생활보상을 지향하고 있다고 할 수 있다.

손실보상의 내용(대상)은 최근 공용수용의 법리의 확대화 경향에 따라 점차 확대되어가는 추세에 있다. 오늘날 대규모 면적사업의 시행으로 종래 대물보상을 중심으로 인정되던 손실보상제도는 피수용자의 생활재건을 위한 생활보상 관념으로 변화되고 있다. 손실보상의 분류는 다양하게 논의될 수 있다.[2]

01 재산권 보상

1. 개설

재산권 보상이란 피침해재산의 손실에 대한 객관적인 가치의 보상과 공용침해로 필연적으로 발생된 부대적 손실에 대한 보상을 의미한다.

2. 객관적 가치보상

(1) 토지

토지의 취득 또는 사용으로 인한 토지의 재산권적 가치에 대한 보상을 의미한다. 토지보상법 제70조, 제71조에서 구체적 보상액 산정기준을 마련하고 있다.

(2) 토지 이외의 재산권 보상

지상물건 보상으로 토지상의 건물, 공작물, 입목에 대한 보상(제75조 제1항)과 농작물에 대한 보상(제75조 제2항), 권리에 대한 보상(제76조), 잔여지에 대한 가치하락보상(제73조), 잔여건축물에 대한 가치하락보상(제75조의2)이 있다.

3. 부대적 손실의 보상

(1) 의의

부대적 손실이란 수용·사용의 직접적인 목적물은 아니나 공익사업의 시행을 위하여 목적물을 취득함으로써 피수용자에게 미치는 손실을 말한다. 부대적 손실에 대한 보상은 실비변상적 보상과 일실손실에 대한 보상으로 구분된다.

---

2) ① 손실의 객체를 기준으로 토지보상, 잔여지 손실 및 공사비 보상, 이전료, 물건의 보상, 기타 손실보상, 기타 토지에 관한 비용보상 등으로 분류한다. ② 원인행위를 기준으로 수용에 따른 보상, 사용에 따른 보상, 측량·조사로 인한 보상, 사업의 폐지·변경 및 실효로 인한 보상, 재결실효에 따른 보상, 사용의 약식절차에 의한 보상 등으로 분류한다. ③ 보상의 구체적 내용으로 재산권 보상과 생활권 보상으로 분류할 수 있다.

(2) 실비변상적 보상

재산권의 상실·이전 등에 따라 비용의 지출을 요하는 경우에 그 비용을 보상하는 것을 말한다. 토지보상법상의 건축물 등의 이전비 보상(제75조 제1항), 분묘의 이장비 보상(제75조 제4항), 잔여지 공사비 보상(제73조) 등은 그 예이다.

(3) 일실손실 보상

재산권에 대한 수용에 부수하여 또는 독립적으로 사업을 폐지하거나 휴업하게 되는 경우에 있어 전업기간 또는 휴업기간 중에 사업경영으로 얻을 수 있는 기대이익의 일실(逸失)에 대한 보상을 말한다. 토지보상법상 영업의 폐지·휴업에 따르는 보상(제77조 제1항), 농업손실보상(제77조 제2항), 휴직 또는 실직보상(제77조 제3항) 등은 그 예이다.

02 생활보상

1. 생활보상의 일반

(1) 서

오늘날 재산권에 대한 공용침해의 경우에 그의 객관적 가치만을 완전히 보상받으면 충분하다는 생각은 많은 경우에 적절하지 않은 것으로 나타났다. 종래의 대물적 보상제도는 손실보상의 적법요건보다는 보상에 중점을 둔 재산권의 가치보장 또는 보상보장을 중시하는 것이었으나, 오늘날에는 재산권 그 자체 내지는 그의 존속보장을 중시하고 있다. 특히 대규모 공익사업이 증대됨에 따라 대물적 보상에 의한 재산상태의 확보만으로는 부족하며, 적어도 수용이 없었던 것과 같은 생활재건의 확보를 내용으로 하는 재산권의 존속보장으로서의 생활보상이 필요하게 된다.

최근에는 생활보상이 구체화되어 주거대책과 생계대책(생활대책)이 있다. 주거대책이라 함은 피수용자가 종전과 같은 주거를 획득하는 것을 보장하는 보상을 말한다. 주거대책으로는 이주정착지의 조성과 분양, 이주정착금 지급, 주거이전비의 보상, 공영주택의 알선, 국민주택자금의 지원 등을 들 수 있다.

생계대책은 생활대책이라고도 하는데, 종전과 같은 경제수준을 유지할 수 있도록 하는 조치를 말한다. 생계대책으로는 생활비 보상(이농비, 이어비 보상), 상업용지, 농업용지 등의 용지의 공급, 직업훈련, 고용 또는 알선, 고용상담, 보상금에 대한 조세감면조치 등을 들 수 있다.

(2) 생활보상의 개념

① 좁은 의미의 생활보상

현재 해당 장소에서 현실적으로 누리고 있는 생활이익의 상실로서 재산권 보장으로 메워지지 아니한 손실에 대한 보상으로 부대적 손실을 제외한다.

② 넓은 의미의 생활보상

재산의 등가교환적 가치의 보상에 그치는 것이 아니라, 유기체적인 생활을 종전과 마찬가지 수준으로 보장해 주는 것을 말한다. 협의의 생활보상과 함께 영업손실 등 부대적 손실보상의 상당부분을 생활보상으로 본다.

③ 평가

(ㄱ) 좁은 의미로 보는 경우의 결론 : 생각건대, 생활권 보상을 헌법상의 정당보상의 범위에 포함되지 아니한 것으로 보는 경향조차 있는 상황에서는 재산권 보상의 범위를 넓히고 생활권 보상의 범위를 좁히는 것이 헌법상의 정당한 보상에 포함되는 사항을 넓히는 것이 되어, 법집행에 있어 실익이 있다고 할 것이므로 좁은 의미로 보는 것이 타당시된다.

(ㄴ) 넓은 의미로 보는 경우의 결론[3] : 생활보상을 인정하는 것은 헌법상의 정당보상의 원칙과 사유재산제의 보장원칙을 존중하는 것으로 공익사업의 시행으로 인하여 생기는 공익과 사익 간의 갈등을 조정하는 것이라 할 수 있다. 따라서 재산권 보상이냐 생활권 보상이냐가 중요한 것이 아니라 '어느 범위까지' 보상을 해주는 것이 보다 국민의 기본권 실현에 이바지하는 것이며, 합헌적이냐의 문제라고 본다. 본서는 넓은 의미의 생활보상의 개념을 취한다.

(3) 생활보상의 근거

① 이론적 근거

재산권 보장과 법의 목적인 정의·공평의 원칙 및 생존권 보장 등을 종합적으로 그 이론적 근거로 파악하는 것이 타당하다.

② 헌법적 근거

생활보상의 헌법적 근거에 대하여는 헌법 제34조설과 헌법 제23조, 제34조 통일설이 있으며 이들의 논의실익은 생활보상을 헌법상의 정당한 보상의 범위에 포함시킬 것인가의 여부에 있다.

(ㄱ) 학설

㉠ 제34조설 : 이 설은 생활권 보상이 헌법 제23조 제3항의 정당한 보상의 범위에 포함되지 않는다고 보고, 인간다운 생활을 할 권리를 규정한 헌법 제34조에서 헌법적 근거를 찾는다. 그 이유는 다음과 같다. (a) 헌법 제23조 제3항의 정당한 보상은 재산권의 객관적 가치의 보상을 의미한다. (b) 만약 생활보상이 정당한 보상의 범위에 포함된다면 경제적 강자에 대하여도 생활권 보상을 하게 되어 부당하기 때문이다.

㉡ 제34조·제23조 통일설 : 이 설은 생활권 보상도 헌법 제23조 제3항의 정당한 보상의 하나의 내용으로 본다. 그 논거는 다음과 같다. 헌법 제23조 제3항의 해석에 있어서 그것을 헌법의 기본권 전체, 특히 헌법 제34조의 생존권적 기본권과 관련하여 통일적으로 보아야 하며, 이렇게 보면 헌법 제23조의 재산권은 단순한 재산적 가치권이 아니라 생존권적 기본권을 기초로 한 재산권으로 보아야 한다. 따라서 생활권 보상은 헌법 제23조 제3항과 제34조에 근거를 두고 있다.

---

3) 석종현, 손실보상법론

(ㄴ) 판례 : 대법원은 이주대책을 생활보상의 일환으로 보면서도 국가의 적극적이고 정책적인 배려에 의하여 마련된 제도라고 하며(판례 1의 다수의견, 판례 2), 세입자에 대한 주거이전비와 이사비를 사회보장적인 차원에서 지급하는 금원의 성격을 갖는다(판례 3)고 하여 헌법 제34조설에 입각하고 있다.

판례

▶ **관련판례 1(대판 1994.5.24, 92다35783) 全合**

[다수의견]

공공용지의 취득 및 손실보상에 관한 특례법상의 이주대책은 공익사업의 시행에 필요한 토지 등을 제공함으로 인하여 생활의 근거를 상실하게 되는 이주자들을 위하여 사업시행자가 기본적인 생활시설이 포함된 택지를 조성하거나 그 지상에 주택을 건설하여 이주자들에게 이를 그 투입비용 원가만의 부담하에 개별 공급하는 것으로서, 그 본래의 취지에 있어 이주자들에 대하여 종전의 생활상태를 원상으로 회복시키면서 동시에 인간다운 생활을 보장하여 주기 위한 이른바 생활보상의 일환으로 국가의 적극적이고 정책적인 배려에 의하여 마련된 제도이다.

[반대의견]

공공용지의 취득 및 손실보상에 관한 특례법에 의한 이주대책은 학설상 이른바 생활보상으로서 실체적 권리인 손실보상의 한 형태로 파악되고 있으며 대법원 판례도 이를 실체법상의 권리로 인정하여, 민사소송으로 이주대책에 의한 주택수분양권의 확인소송을 허용하였었다. 이주대책은 경우에 따라 택지 또는 주택의 분양이나 이주정착금으로 보상되는바, 이주정착금이 손실보상금의 일종이므로 통상의 각종 보상금처럼 실체적 권리가 되는 것을 부정할 수 없을 것이고,

[반대보충의견]

공공용지의 취득 및 손실보상에 관한 특례법 제8조 제1항의 이주대책은 사업시행자가 이주자에 대한 은혜적인 배려에서 임의적으로 수립, 시행해 주는 것이 아니라 이주자에 대하여 종전의 재산상태가 아닌 생활상태로 원상회복시켜 주기 위한 생활보상의 일환으로 마련된 제도로서, 헌법 제23조 제3항이 규정하는 손실보상의 한 형태라고 보아야 한다.

▶ **관련판례 2(대판 2003.7.25, 2001다57778)**

(구)공공용지의 취득 및 손실보상에 관한 특례법상의 이주대책은 공익사업의 시행에 필요한 토지 등을 제공함으로 인하여 생활의 근거를 상실하게 되는 이주자들을 위하여 사업시행자가 '기본적인 생활시설이 포함된' 택지를 조성하거나 그 지상에 주택을 건설하여 이주자들에게 이를 '그 투입비용 원가만의 부담하에' 개별 공급하는 것으로서, 그 본래의 취지에 있어 이주자들에 대하여 종전의 생활상태를 원상으로 회복시키면서 동시에 인간다운 생활을 보장하여 주기 위한 이른바 생활보상의 일환으로 국가의 적극적이고 정책적인 배려에 의하여 마련된 제도라 할 것이다.

▶ **관련판례 3(대판 2006.4.27, 2006두2435)**

공익사업을 위한 토지 등의 취득 및 보상에 관한 법률 제78조 제5항 및 같은 법 시행규칙 제54조 제2항, 제55조 제2항의 각 규정에 의하여 공익사업의 시행에 따라 이주하는 주거용 건축물의 세입자에게 지급하는 주거이전비와 이사비는 해당 공익사업시행지구 안에 거주하는 세입자들의 조기이주를 장려하여 사업추진을 원활하게 하려는 정책적인 목적과 주거이전으로 인하여 특별한 어려움을 겪게 될 세입자들을 대상으로 하는 사회보장적인 차원에서 지급하는 금원의 성격을 갖는다 할 것이다.

(ㄷ) **검토** : 어느 설에 따르더라도 생활보상은 헌법적 근거를 지니는 헌법상 권리라 볼 수 있다.
   그러나 복리국가주의 이념의 등장과 함께 정당보상이 대물보상뿐만 아니라 생활보상까지
   포함하는 것으로 확대되고 있는 점에 비추어 생활보상도 결국 정당보상의 실현 여부에
   관심이 있는 것인바 통일설이 타당하다고 할 수 있다. 다만, 생활보상이 법률적 근거가
   없이 헌법조항만을 근거로 청구할 수 있는지 여부에 대하여 논란이 있으므로 조속히 입법
   적인 해결이 요구된다.

 ③ **개별법적 근거**

  생활보상에 관한 일반적·직접적 규정은 없으며, 토지보상법 제78조(이주대책의 수립) 및 산
  업기지개발촉진법 등에서 단편적으로 규정하고 있다. 한편 일부견해는 토지보상법 제79조
  제4항(기타 공익사업의 시행으로 인하여 발생하는 손실의 보상 등에 대한 위임)을 생활보상의 일반
  법적 근거로 보기도 한다.

(4) **생활보상의 성격 및 특색**

 ① **생활보상의 성격**

  생활보상은 (ㄱ) 보상의 최저선으로써 생존권을 보장하는 보상이어야 하고, (ㄴ) 수용이 없었던
  것과 같은 생활상태를 재현하는 보상이어야 하며, (ㄷ) 피수용자 및 관계인의 생활안정을 위한
  보상이어야 한다.

 ② **생활보상의 특색**

  생활보상은 (ㄱ) 주관적 성격이 강한 대인보상보다는 객관적 성격이 강하며, (ㄴ) 대물보상에
  비해 보상의 대상이 훨씬 확대되며, (ㄷ) 피수용자의 생활안정에 중점을 두고 있으므로 대인적
  보상과 유사하며, (ㄹ) 보상의 역사에 있어서 최종단계의 보상으로서의 의미를 갖는다.

(5) **생활보상의 내용**

 ① **주거의 총체가치의 보상**

  사람이 거주하기에 부적합한 주거의 수용에 있어서 지급될 보상액이 그 주거의 총체가치보다
  적은 경우에는 주거의 총체가치에 상당하는 금액으로 보상하는 것을 말한다. 해당 건물의 시장
  가치가 아무리 낮더라도 거기에서 현실적으로 일정한 삶이 영위되고 있는 한, 일정의 주거의
  총체가치의 보상이 되는 셈이며, 이는 곧 철거되는 건물의 주거로서의 생활보상인 것이다.
  토지보상법 시행규칙 제58조에서 규정하고 있는 주거용 건물의 최저보상액이 여기에 해당한
  다고 볼 수 있겠다. 동 규정에서는 주거용 건축물의 평가액이 6백만원에 미달되는 경우에는
  6백만원으로 보상하여 〈최저보상액〉을 보장하고 있다.

Check Point!

영업상 손실의 보상(생활보상을 광의로 보는 견해인 경우 포함)

우리나라의 토지보상법 제77조는 영업상 손실의 보상을 인정함으로써 영국적인 보상 예를 취하고 있다. 영업상의 손실은 토지 등의 수용과 인과관계가 있는 영업권 기타의 영업상 손실을 말하는 것으로서, 동법 시행규칙 제46조 및 제47조에서는 영업폐지로 인한 경우와 영업휴업으로 인한 경우로 나누어 그 영업이윤을 보상하게 규정하고 있다. 우리나라의 영업상 손실의 보상은 생활보상의 일종이라고 할 수 있다. 토지보상법 제77조 이외에도 영업상의 손실에 대한 보상으로서, 영업의 폐업·휴업·무허가영업에 따른 보상이 있다(시행규칙 제46조, 제47조, 제52조).

② 소수잔존자보상

공익사업의 시행의 결과로 인하여 종전의 생활공동체로부터 분리되어 잔존자의 생활환경이 현저하게 불편하게 됨으로써 더 이상 그 지역에서 계속 생활하지 못하고 이주가 불가피하게 되는 경우에 그 비용을 보상하는 것을 말한다. 그 내용으로는 이전비·이사비·이농비 또는 실농보상·실어보상 등을 포함한다. 이는 공익사업의 시행에 필요한 토지 등의 소유자 이외의 제3자의 생활유지를 보장하기 위한 보상인 점에서 생활보상에 해당한다. 협의설에 의하면 실비변상적 보상인 이전료보상과 일실손실보상인 영업손실보상을 생활보상에 포함시키는 문제가 있으나, 주거의 총체가치보상과 소수잔존자보상은 협의설에 의하더라도 생활보상의 내용이 된다(시행규칙 제61조).

③ 생활재건조치

공익사업자로서의 사업시행자가 피수용자 등에게 직접 지급하는 보상금은 아니고, 보상금이 피수용자 등의 생활재건을 위하여 가장 유효하게 사용될 수 있도록 하기 위한 각종의 조치를 말한다. 생활재건조치는 구체적으로 이주대책의 수립·실시(법 제78조, 제78조의2), 대체지의 알선(간척지의 알선 또는 국공유지의 알선 등), 공영주택의 알선, 개간비의 보조·융자, 직업훈련, 고용 또는 알선, 각종의 상담 등이며, 보상금에 대한 조세의 감면조치도 일종의 생활재건조치라 할 것이다. 그리고 주택·학교·시장·상하수도·근린생활시설 등 생활의 재건에 필요한 일련의 사회간접자본을 설치하는 것도 생활보상의 중요한 내용을 이룬다. 현행법이 인정하고 있는 생활재건조치에는 위에서 지적한 바와 같이 대체지의 알선 등 여러 가지 수단이 있으나, 다른 방법들은 모두가 단편적인 것에 지나지 아니하며, 이주대책이 그 중심이 되고 있다(이주대책에 대해서는 후술함).

④ 기타의 생활보상

위에서 지적한 것 이외에 우리나라 실정법이 인정하는 생활보상으로는 영세농 등 생업보상·생활비보상·주거대책비보상 등이 있고, 다른 나라에서 행하여지고 있으며 우리나라에 있어서도 국가와 지방자치단체 이외의 자가 공익사업주체인 경우에 사실상 행하여지는 것으로 특산물보상·사례금 등을 들 수 있다. 그리고 정신적 고통에 대한 보상으로서의 위자료를 인정하는 방향에서 보상이론을 구성하는 것도 하나의 과제라 하겠다.

2. 이주대책

> ➲ 법 제78조(이주대책의 수립 등)
> ① 사업시행자는 공익사업의 시행으로 인하여 주거용 건축물을 제공함에 따라 생활의 근거를 상실하게 되는 자(이하 "이주대책대상자"라 한다)를 위하여 대통령령으로 정하는 바에 따라 이주대책을 수립·실시하거나 이주정착금을 지급하여야 한다.
> ② 사업시행자는 제1항에 따라 이주대책을 수립하려면 미리 관할 지방자치단체의 장과 협의하여야 한다.
> ③ 국가나 지방자치단체는 이주대책의 실시에 따른 주택지의 조성 및 주택의 건설에 대하여는 「주택도시기금법」에 따른 주택도시기금을 우선적으로 지원하여야 한다.
> ④ 이주대책의 내용에는 이주정착지(이주대책의 실시로 건설하는 주택단지를 포함한다)에 대한 도로, 급수시설, 배수시설, 그 밖의 공공시설 등 통상적인 수준의 생활기본시설이 포함되어야 하며, 이에 필요한 비용은 사업시행자가 부담한다. 다만, 행정청이 아닌 사업시행자가 이주대책을 수립·실시하는 경우에 지방자치단체는 비용의 일부를 보조할 수 있다.
> ⑤ 제1항에 따라 이주대책의 실시에 따른 주택지 또는 주택을 공급받기로 결정된 권리는 소유권이전등기를 마칠 때까지 전매(매매, 증여, 그 밖에 권리의 변동을 수반하는 모든 행위를 포함하되, 상속은 제외한다)할 수 없으며, 이를 위반하거나 해당 공익사업과 관련하여 다음 각 호의 어느 하나에 해당하는 경우에 사업시행자는 이주대책의 실시가 아닌 이주정착금으로 지급하여야 한다. 〈신설 2022.2.3.〉
> 1. 제93조, 제96조 및 제97조 제2호의 어느 하나에 해당하는 위반행위를 한 경우
> 2. 「공공주택 특별법」 제57조 제1항 및 제58조 제1항 제1호의 어느 하나에 해당하는 위반행위를 한 경우
> 3. 「한국토지주택공사법」 제28조의 위반행위를 한 경우
> ⑥ 주거용 건물의 거주자에 대하여는 주거 이전에 필요한 비용과 가재도구 등 동산의 운반에 필요한 비용을 산정하여 보상하여야 한다. 〈개정 2022.2.3.〉
> ⑦ 공익사업의 시행으로 인하여 영위하던 농업·어업을 계속할 수 없게 되어 다른 지역으로 이주하는 농민·어민이 받을 보상금이 없거나 그 총액이 국토교통부령으로 정하는 금액에 미치지 못하는 경우에는 그 금액 또는 그 차액을 보상하여야 한다. 〈개정 2022.2.3.〉
> ⑧ 사업시행자는 해당 공익사업이 시행되는 지역에 거주하고 있는 「국민기초생활 보장법」 제2조 제1호·제11호에 따른 수급권자 및 차상위계층이 취업을 희망하는 경우에는 그 공익사업과 관련된 업무에 우선적으로 고용할 수 있으며, 이들의 취업 알선을 위하여 노력하여야 한다. 〈개정 2022.2.3.〉
> ⑨ 제4항에 따른 생활기본시설에 필요한 비용의 기준은 대통령령으로 정한다. 〈개정 2022.2.3.〉
> ⑩ 제5항 및 제6항에 따른 보상에 대하여는 국토교통부령으로 정하는 기준에 따른다. 〈개정 2022.2.3.〉
> [시행일 : 2022.8.4.]
>
> ➲ 법 제78조의2(공장의 이주대책의 수립 등)
> 사업시행자는 대통령령으로 정하는 공익사업의 시행으로 인하여 공장부지가 협의 양도되거나 수용됨에 따라 더 이상 해당 지역에서 공장(「산업집적활성화 및 공장설립에 관한 법률」 제2조 제1호에 따른 공장을 말한다)을 가동할 수 없게 된 자가 희망하는 경우 「산업입지 및 개발에 관한 법률」에 따라 지정·개발된 인근 산업단지에 입주하게 하는 등 대통령령으로 정하는 이주대책에 관한 계획을 수립하여야 한다.
>
> ➲ 시행령 제40조(이주대책의 수립·실시)
> ① 사업시행자가 법 제78조 제1항에 따른 이주대책(이하 "이주대책"이라 한다)을 수립하려는 경우에는 미리 그 내용을 같은 항에 따른 이주대책대상자(이하 "이주대책대상자"라 한다)에게 통지하여야 한다.

② 이주대책은 국토교통부령으로 정하는 부득이한 사유가 있는 경우를 제외하고는 이주대책대상자 중 이주정착지에 이주를 희망하는 자의 가구 수가 10호(戶) 이상인 경우에 수립·실시한다. 다만, 사업시행자가 「택지개발촉진법」 또는 「주택법」 등 관계 법령에 따라 이주대책대상자에게 택지 또는 주택을 공급한 경우(사업시행자의 알선에 의하여 공급한 경우를 포함한다)에는 이주대책을 수립·실시한 것으로 본다.

③ 법 제4조 제6호 및 제7호에 따른 사업(이하 이 조에서 "부수사업"이라 한다)의 사업시행자는 다음 각 호의 요건을 모두 갖춘 경우 부수사업의 원인이 되는 법 제4조 제1호부터 제5호까지의 규정에 따른 사업(이하 이 조에서 "주된사업"이라 한다)의 이주대책에 부수사업의 이주대책을 포함하여 수립·실시하여 줄 것을 주된사업의 사업시행자에게 요청할 수 있다. 이 경우 부수사업 이주대책대상자의 이주대책을 위한 비용은 부수사업의 사업시행자가 부담한다.
  1. 부수사업의 사업시행자가 법 제78조 제1항 및 이 조 제2항 본문에 따라 이주대책을 수립·실시하여야 하는 경우에 해당하지 아니할 것
  2. 주된사업의 이주대책 수립이 완료되지 아니하였을 것

④ 제3항 각 호 외의 부분 전단에 따라 이주대책의 수립·실시 요청을 받은 주된사업의 사업시행자는 법 제78조 제1항 및 이 조 제2항 본문에 따라 이주대책을 수립·실시하여야 하는 경우에 해당하지 아니하는 등 부득이한 사유가 없으면 이에 협조하여야 한다.

⑤ 다음 각 호의 어느 하나에 해당하는 자는 이주대책대상자에서 제외한다.
  1. 허가를 받거나 신고를 하고 건축 또는 용도변경을 하여야 하는 건축물을 허가를 받지 아니하거나 신고를 하지 아니하고 건축 또는 용도변경을 한 건축물의 소유자
  2. 해당 건축물에 공익사업을 위한 관계 법령에 따른 고시 등이 있은 날부터 계약체결일 또는 수용재결일까지 계속하여 거주하고 있지 아니한 건축물의 소유자. 다만, 다음 각 목의 어느 하나에 해당하는 사유로 거주하고 있지 아니한 경우에는 그러하지 아니하다.
     가. 질병으로 인한 요양
     나. 징집으로 인한 입영
     다. 공무
     라. 취학
     마. 해당 공익사업지구 내 타인이 소유하고 있는 건축물에의 거주
     바. 그 밖에 가목부터 라목까지에 준하는 부득이한 사유
  3. 타인이 소유하고 있는 건축물에 거주하는 세입자. 다만, 해당 공익사업지구에 주거용 건축물을 소유한 자로서 타인이 소유하고 있는 건축물에 거주하는 세입자는 제외한다.

⑥ 제2항 본문에 따른 이주정착지 안의 택지 또는 주택을 취득하거나 같은 항 단서에 따른 택지 또는 주택을 취득하는 데 드는 비용은 이주대책대상자의 희망에 따라 그가 지급받을 보상금과 상계(相計)할 수 있다.

시행령 제41조(이주정착금의 지급)

사업시행자는 법 제78조 제1항에 따라 다음 각 호의 어느 하나에 해당하는 경우에는 이주대책대상자에게 국토교통부령으로 정하는 바에 따라 이주정착금을 지급해야 한다. 〈개정 2021.11.23.〉

1. 이주대책을 수립·실시하지 아니하는 경우
2. 이주대책대상자가 이주정착지가 아닌 다른 지역으로 이주하려는 경우
3. 이주대책대상자가 공익사업을 위한 관계 법령에 따른 고시 등이 있은 날의 1년 전부터 계약체결일 또는 수용재결일까지 계속하여 해당 건축물에 거주하지 않은 경우
4. 이주대책대상자가 공익사업을 위한 관계 법령에 따른 고시 등이 있은 날 당시 다음 각 목의 어느 하나에 해당하는 기관·업체에 소속(다른 기관·업체에 소속된 사람이 파견 등으로 각 목의 기관·업체에서 근무하는 경우를 포함한다)되어 있거나 퇴직한 날부터 3년이 경과하지 않은 경우

가. 국토교통부
　　나. 사업시행자
　　다. 법 제21조 제2항에 따라 협의하거나 의견을 들어야 하는 공익사업의 허가·인가·승인 등 기관
　　라. 공익사업을 위한 관계 법령에 따른 고시 등이 있기 전에 관계 법령에 따라 실시한 협의, 의견청취 등의 대상자였던 중앙행정기관, 지방자치단체, 「공공기관의 운영에 관한 법률」 제4조에 따른 공공기관 및 「지방공기업법」에 따른 지방공기업

➲ 시행령 제41조의2(생활기본시설의 범위 등)

① 법 제78조 제4항 본문에 따른 통상적인 수준의 생활기본시설은 다음 각 호의 시설로 한다.
　　1. 도로(가로등·교통신호기를 포함한다)
　　2. 상수도 및 하수처리시설
　　3. 전기시설
　　4. 통신시설
　　5. 가스시설

② 법 제78조 제8항에 따라 사업시행자가 부담하는 생활기본시설에 필요한 비용(이하 이 조에서 "사업시행자가 부담하는 비용"이라 한다)은 다음 각 호의 계산식에 따라 산정한다.
　　1. 택지를 공급하는 경우
　　　사업시행자가 부담하는 비용 = 해당 공익사업지구 안에 설치하는 제1항에 따른 생활기본시설의 설치비용 × (해당 이주대책대상자에게 유상으로 공급하는 택지면적 ÷ 해당 공익사업지구에서 유상으로 공급하는 용지의 총면적)
　　2. 주택을 공급하는 경우
　　　사업시행자가 부담하는 비용 = 해당 공익사업지구 안에 설치하는 제1항에 따른 생활기본시설의 설치비용 × (해당 이주대책대상자에게 유상으로 공급하는 주택의 대지면적 ÷ 해당 공익사업지구에서 유상으로 공급하는 용지의 총면적)

③ 제2항 제1호 및 제2호에 따른 해당 공익사업지구 안에 설치하는 제1항에 따른 생활기본시설의 설치비용은 해당 생활기본시설을 설치하는 데 드는 공사비, 용지비 및 해당 생활기본시설의 설치와 관련하여 법령에 따라 부담하는 각종 부담금으로 한다.

➲ 시행령 제41조의3(공장에 대한 이주대책에 관한 계획의 수립 등)

① 법 제78조의2에서 "대통령령으로 정하는 공익사업"이란 다음 각 호의 사업을 말한다.
　　1. 「택지개발촉진법」에 따른 택지개발사업
　　2. 「산업입지 및 개발에 관한 법률」에 따른 산업단지개발사업
　　3. 「물류시설의 개발 및 운영에 관한 법률」에 따른 물류단지개발사업
　　4. 「관광진흥법」에 따른 관광단지조성사업
　　5. 「도시개발법」에 따른 도시개발사업
　　6. 「공공주택 특별법」에 따른 공공주택사업

② 법 제78조의2에 따른 공장의 이주대책에 관한 계획에는 해당 공익사업 지역의 여건을 고려하여 다음 각 호의 내용이 포함되어야 한다.
　　1. 해당 공익사업지역 인근 지역에 「산업입지 및 개발에 관한 법률」에 따라 지정·개발된 산업단지(이하 "산업단지"라 한다)가 있는 경우 해당 산업단지의 우선 분양 알선
　　2. 해당 공익사업지역 인근 지역에 해당 사업시행자가 공장이주대책을 위한 별도의 산업단지를 조성하는 경우 그 산업단지의 조성 및 입주계획
　　3. 해당 공익사업지역에 조성되는 공장용지의 우선 분양
　　4. 그 밖에 원활한 공장 이주대책을 위한 행정적 지원방안

> **○ 시행규칙 제53조(이주정착금 등)**
> ① 영 제40조 제2항 본문에서 "국토교통부령으로 정하는 부득이한 사유"란 다음 각 호의 어느 하나에 해당하는 경우를 말한다.
>   1. 공익사업시행지구의 인근에 택지조성에 적합한 토지가 없는 경우
>   2. 이주대책에 필요한 비용이 해당 공익사업의 본래의 목적을 위한 소요비용을 초과하는 등 이주대책의 수립·실시로 인하여 해당 공익사업의 시행이 사실상 곤란하게 되는 경우
> ② 영 제41조에 따른 이주정착금은 보상대상인 주거용 건축물에 대한 평가액의 30퍼센트에 해당하는 금액으로 하되, 그 금액이 1천2백만원 미만인 경우에는 1천2백만원으로 하고, 2천4백만원을 초과하는 경우에는 2천4백만원으로 한다.

(1) 서(의의 및 취지)

이주대책이란 공익사업의 시행으로 인하여 주거용 건축물을 제공함에 따라 생활의 근거를 상실하게 되는 자에 대하여 사업시행자가 대지를 조성하거나, 주택을 건설하여 공급하는 것을 말한다. 대법원 다수의견은 생활보상의 일환으로 국가의 적극적이고 정책적인 배려에 의하여 마련된 제도로 보지만, 소수의견은 생활보상의 일환으로 마련된 제도로서 헌법 제23조 제3항이 규정하는 손실보상의 한 형태로 보아야 한다고 한다.

> **판례**
>
> ▶ **관련판례(대판 2011.2.24, 2010다43498)**
> **(구)공익사업을 위한 토지 등의 취득 및 보상에 관한 법률 소정의 이주대책의 제도적 취지**
> (구)공익사업을 위한 토지 등의 취득 및 보상에 관한 법률(2007.10.17. 법률 제8665호로 개정되기 전의 것, 이하 '공익사업법'이라고 한다) 제78조 제1항과 같은 조 제4항의 취지를 종합하여 보면, 공익사업법에 의한 이주대책은 공익사업의 시행에 필요한 토지 등을 제공함으로 인하여 생활의 근거를 상실하게 되는 이주대책대상자들을 위하여 사업시행자가 '기본적인 생활시설이 포함된' 택지를 조성하거나 그 지상에 주택을 건설하여 이주대책대상자들에게 이를 '그 투입비용 원가만의 부담 하에' 개별 공급하는 것으로서, 그 본래의 취지가 이주대책대상자들에 대하여 종전의 생활상태를 원상으로 회복시키면서 동시에 인간다운 생활을 보장하여 주기 위한 이른바 생활보상의 일환으로 국가의 적극적이고 정책적인 배려에 의하여 마련된 제도이다.

(2) 이주대책의 법적 성격 및 법적 근거

① 이주대책의 법적 성격

(ㄱ) **생활보상** : 이주대책은 재산권 침해에 대한 보상만으로 메워지지 않는 생활권 침해에 대한 보상으로 이주자들에 대해 종전의 생활상태를 원상으로 회복시키고 인간다운 생활을 보장해 주기 위한 생활보상으로 보는 것이 일반적이다.

(ㄴ) **강행규정으로서의 이주대책** : 최근 대판 2011.6.23, 2007다63089 全合에서는 토지보상법 제78조 제1항 및 제4항을 강행규정으로 보고 있다.

② 이주대책의 근거

(ㄱ) **헌법상 근거** : 이주대책의 헌법상 근거로는 생활보상의 헌법적 근거를 어떻게 보느냐에 따라 헌법 제34조 또는 헌법 제34조 및 제23조 제3항이 근거가 된다. 생활보상의 헌법적 근거에 대해서는 전술한 바와 같다.

(ㄴ) 개별법상의 근거 : 개별법상 근거로는 토지보상법 제78조와 제78조의2 등이 있으며, 그 외에도 도시철도법 등 다수의 법률이 이를 규정하고 있다.

(3) 이주대책의 수립 및 실시

① 이주대책의 수립의무(법 제78조 제1항)

사업시행자는 공익사업의 시행으로 인하여 주거용 건축물을 제공함에 따라 생활의 근거를 상실하게 되는 자를 위하여 대통령령으로 정하는 바에 따라 **이주대책을 수립·실시**하거나 이주정착금을 지급하여야 한다.

> 판례
>
> ▶ 관련판례(대판 2011.6.23, 2007다63089)
> 사업시행자의 이주대책 수립·실시의무를 정하고 있는 (구)공익사업법 제78조 제1항은 물론 그 이주대책의 내용에 관하여 규정하고 있는 같은 법 제78조 제4항 본문 역시 당사자의 합의 또는 사업시행자의 재량에 의하여 그 적용을 배제할 수 없는 강행법규이다.

② 이주대책의 수립요건

(ㄱ) 토지보상법령의 태도

> ❍ 시행령 제40조(이주대책의 수립·실시)
> ② 이주대책은 국토교통부령으로 정하는 부득이한 사유가 있는 경우를 제외하고는 이주대책대상자 중 이주정착지에 이주를 희망하는 자의 가구 수가 10호(戶) 이상인 경우에 수립·실시한다. 다만, 사업시행자가 「택지개발촉진법」 또는 「주택법」 등 관계 법령에 따라 이주대책대상자에게 택지 또는 주택을 공급한 경우(사업시행자의 알선에 의하여 공급한 경우를 포함한다)에는 이주대책을 수립·실시한 것으로 본다.
> ⑤ 다음 각 호의 어느 하나에 해당하는 자는 이주대책대상자에서 제외한다.
> 　1. 허가를 받거나 신고를 하고 건축 또는 용도변경을 하여야 하는 건축물을 허가를 받지 아니하거나 신고를 하지 아니하고 건축 또는 용도변경을 한 건축물의 소유자
> 　2. 해당 건축물에 공익사업을 위한 관계 법령에 따른 고시 등이 있은 날부터 계약체결일 또는 수용재결일까지 계속하여 거주하고 있지 아니한 건축물의 소유자. 다만, 다음 각 목의 어느 하나에 해당하는 사유로 거주하고 있지 아니한 경우에는 그러하지 아니하다.
> 　　가. 질병으로 인한 요양
> 　　나. 징집으로 인한 입영
> 　　다. 공무
> 　　라. 취학
> 　　마. 해당 공익사업지구 내 타인이 소유하고 있는 건축물에의 거주
> 　　바. 그 밖에 가목부터 라목까지에 준하는 부득이한 사유
> 　3. 타인이 소유하고 있는 건축물에 거주하는 세입자. 다만, 해당 공익사업지구에 주거용 건축물을 소유한 자로서 타인이 소유하고 있는 건축물에 거주하는 세입자는 제외한다.

시행규칙 제53조

① 영 제40조 제2항 본문에서 "국토교통부령으로 정하는 부득이한 사유"란 다음 각 호의 어느 하나에 해당하는 경우를 말한다.

1. 공익사업시행지구의 인근에 택지조성에 적합한 토지가 없는 경우
2. 이주대책에 필요한 비용이 해당 공익사업의 본래의 목적을 위한 소요비용을 초과하는 등 이주 대책의 수립·실시로 인하여 해당 공익사업의 시행이 사실상 곤란하게 되는 경우

(ㄴ) 영 제40조 제2항에서 국토교통부령이 정하는 부득이한 사유에 대한 판례(처분사유 추가·변경 가능 여부에 대한 대법원 판례 - 제27회 1번 기출)

> 판례

▶ 관련판례(대판 2013.8.22, 2011두28301) [이주대책대상자거부처분취소]

피고가 2009.10.8. 원고들에게 보낸 이주대책수립요구에 대한 회신(갑 제1호증)에는 원심이 이 사건 처분사유로 인정한 것 이외에도 "이주대책수립을 요구해 오신 사람 중에서 상당수(7인, 수용재결 중 3인)가 이미 계약을 체결한 후 보상금을 수령하신 상태에서 이주정착지를 요구하는 것은 실효성이 없는 것으로 판단되며"라고 기재되어 있는 것을 알 수 있는데, 거기에는 이주대책대상자 중에서 이주정착금을 지급 받은 자들은 이주대책의 수립·실시를 요구할 수 없으므로 전체 신청자 19명 중에서 이들을 제외하면 이주대책수립요구를 위한 10명에 미달하게 된다는 의미를 내포하고 있다고 볼 수 있다. 그렇다면 이 사건 처분사유에는 '이주대책을 수립·실시하지 못할 부득이한 사유에 해당한다.'는 점 이외에도 '이주대책대상자 중 이주정착지에 이주를 희망하는 자가 10호에 미치지 못한다.'는 점도 포함하고 있다고 할 수 있으므로 원심으로서는 이주대책대상자 중 10호 이상이 이주정착지에 이주를 희망하고 있는지, 그에 따라 피고가 이주대책을 수립·실시하여야 할 의무가 있는지 등을 심리하여 이 사건 처분의 적법 여부를 판단하였어야 옳다.

그럼에도 피고가 이 사건 소송에서 주장한 '이주대책대상자 중 이주정착지에 이주를 희망하는 자가 10호에 미치지 못한다.'는 사유에 관한 심리·판단을 생략한 채, 단지 공익사업법 시행령 제40조 및 공익사업법 시행규칙 제53조에서 정한 '부득이한 사유'에 해당하지 않는다는 이유만을 들어 이 사건 처분이 위법하다고 판단한 원심판결에는 처분사유의 추가·변경에 관한 법리를 오해하여 필요한 심리를 다하지 아니함으로써 판결에 영향을 미친 위법이 있다고 할 것이다. 이 점을 지적하는 상고이유 주장은 이유 있다. 그러므로 원심판결을 파기하고 사건을 다시 심리·판단하게 하기 위하여 원심법원에 환송하기로 하여, 관여 대법관의 일치된 의견으로 주문과 같이 판결한다.

▶ 관련판례(대판 2014.10.27, 2012두11959) [사업시행자의지정취소처분취소]

행정처분의 취소를 구하는 항고소송에서 처분청은 당초 처분의 근거로 삼은 사유와 기본적 사실관계가 동일성이 있다고 인정되는 한도 내에서 다른 사유를 추가 혹은 변경할 수 있고, 여기서 기본적 사실관계의 동일성 유무는 처분사유를 법률적으로 평가하기 이전의 구체적인 사실에 착안하여 그 기초인 사회적 사실관계가 기본적인 점에서 동일한지 여부에 따라 결정된다.

③ 이주대책의 대상자

(ㄱ) 이주대책 대상자 요건[4]

㉠ 주거용의 경우

(a) 허가를 받거나 신고를 하고 건축 또는 용도변경을 하여야 하는 주거용 건축물일 것(건축물 요건), (b) 89.1.24. 이전 무허가·무신고 주거용 건축물일 것(건축물 요건),[5] (c) 해당 건축물의 소유자일 것(소유요건), (d) 해당 건축물에 공익사업을 위한 관계법령에 의한 고시 등이 있은 날부터 계약체결일 또는 수용재결일까지 계속하여 거주하고 있는 자일 것(거주요건), (e) 다만, 질병으로 인한 요양, 징집으로 인한 입영, 공무, 취학, 해당 공익사업지구 내 타인이 소유하고 있는 건축물에의 거주, 그 밖에 이에 준하는 부득이한 사유로 인하여 거주하지 아니한 경우에는 그러하지 아니한다(거주요건의 예외)고 규정하고 있다.

판례

▶ 관련판례(대판 2010.3.25, 2009두23709)

공부상 건물의 용도란 기재는 그 건물소유자의 필요에 의한 신청을 전제로 그 건물의 이용현황에 관계되는 법령상 규율 등이 종합적으로 반영되어 이루어지는 것이어서 현실적 이용상황에 대한 가장 객관적인 징표가 될 수 있다는 점 등의 사정에 비추어 볼 때, **공부상 기재된 용도를 원칙적인 기준으로 삼아 이주대책대상자를 선정하는 방식의 사업시행자의 재량권 행사가 현저히 불합리하여 위법하다고 보기는 어렵다.**

▶ 관련판례(대판 2013.8.23, 2012두24900)

관할 행정청으로부터 건축허가를 받아 택지개발사업구역 안에 있는 토지 위에 주택을 신축하였으나 사용승인을 받지 않은 주택의 소유자 甲이 사업시행자인 한국토지주택공사에 이주자택지 공급대상자 선정신청을 하였는데 위 주택이 사용승인을 받지 않았다는 이유로 한국토지주택공사가 이주자택지 공급대상자 제외 통보를 한 사안에서, (구)공익사업을 위한 토지 등의 취득 및 보상에 관한 법률 시행령(2011.12.28. 대통령령 제23425호로 개정되기 전의 것, 이하 '(구)공익사업법 시행령'이라 한다) 제40조 제3항 제1호는 무허가건축물 또는 무신고건축물의 경우를 이주대책대상에서 제외하고 있을 뿐 사용승인을 받지 않은 건축물에 대하여는 아무런 규정을 두고 있지 않은 점, 건축법은 무허가건축물 또는 무신고건축물과 사용승인을 받지 않은 건축물을 요건과 효과 등에서 구별하고 있고, 허가와 사용승인은 법적 성질이 다른 점 등의 사정을 고려하여 볼 때, 건축허가를 받아 건축되었으나 사용승인을 받지 못한 건축물의 소유자는 그 건축물이 건축허가와 전혀 다르게 건축되어

---

4) 임의의 이주대책대상자

사업시행자는 법상 이주대책대상자가 아닌 자(세입자 등)도 임의로 이주대책대상자에 포함시킬 수 있다. 이 경우 사업시행자가 제시한 이주대책대상자 요건에 해당되어야 할 것이다. 주택공급에 관한 규칙 제19조 제1항은 일정요건을 갖춘 철거주택의 세입자에게 임대주택을 공급할 수 있음을 규정하고 있는바, 실제로 근래 시행되고 있는 택지개발사업 등에 있어서는 예외 없이 일정요건을 갖춘 세입자에게 임대아파트 등을 공급하는 세입자 대책을 이주대책 중에 포함시키고 있다.

5) 토지보상법 시행령 부칙(제17854호, 2002.12.30.) 제6조

이는 1989.1.24. 시행된 (구)공특법 시행령이 제5조 제5항을 신설하여 무허가·무신고 건물의 소유자를 이주대책에서 제외하되, 그 부칙 제3항을 통해 위 개정 시행령 시행일 현재 무허가·무신고 건물의 소유자는 이주대책대상자에 포함시키도록 하는 경과조치를 둔 데서 유래한다.

실질적으로는 건축허가를 받은 것으로 볼 수 없는 경우가 아니라면 (구)공익사업법 시행령 제40
조 제3항 제1호에서 정한 무허가건축물의 소유자에 해당하지 않는다는 이유로 甲을 이주대책대
상자에서 제외한 위 처분이 위법하다고 본 원심판단을 정당하다고 한 사례

▶ 관련판례(대판 1999.8.20, 98두17043)[6]
공공용지의 취득 및 손실보상에 관한 특례법 제5조 제1항, 제5항 및 제8조 제1항의 각 규정 취지에
비추어 가옥 소유자는 대외적인 소유권을 가진 자를 의미하는 것이 아니라 실질적인 처분권을 가진 자를
의미하는 것으로 봄이 상당하고, 또한 건물등기부등본 이외의 다른 신빙성 있는 자료에 의하여 그와
같은 실질적인 처분권이 있음의 입증을 배제하는 것도 아니라고 할 것이다.

▶ 관련판례(대판 2009.2.26, 2007두13340)
[1] 공익사업을 위한 토지 등의 취득 및 보상에 관한 법률 제78조 제1항, 공익사업을 위한 토지
등의 취득 및 보상에 관한 법률 시행령 제40조 제3항 제2호 규정의 문언, 내용 및 입법취지
위 시행령 제40조 제3항 제2호의 '공익사업을 위한 관계법령에 의한 고시 등이 있은 날' 당시 건축물
의 용도가 주거용인 건물을 의미한다고 해석되므로, 그 당시 주거용 건물이 아니었던 건물이 그 이후
에 주거용으로 용도변경된 경우에는 건축허가를 받았는지 여부에 상관없이 수용재결 내지 협의계약
체결 당시 주거용으로 사용된 건물이라 할지라도 이주대책대상이 되는 주거용 건축물이 될 수 없다.
[2] 이주대책기준일이 되는 공익사업을 위한 토지 등의 취득 및 보상에 관한 법률 시행령 제40조
제3항 제2호의 '공익사업을 위한 관계법령에 의한 고시 등이 있은 날'에는 토지수용절차에 공익사업을
위한 토지 등의 취득 및 보상에 관한 법률을 준용하도록 한 관계법률에서 사업인정의 고시 외에 주민
등에 대한 공람공고를 예정하고 있는 경우에는 사업인정의 고시일뿐만 아니라 공람공고일도 포함될 수 있다.

▶ 관련판례(대판 2011.6.10, 2010두26216) [이주대책대상자 및 이주대책보상 등의 거부처분취소]
[1] 공익사업을 위한 토지 등의 취득 및 보상에 관한 법률 시행령 제40조 제3항 제1호의 '허가를
받거나 신고를 하고 건축하여야 하는 건축물을 허가를 받지 아니하거나 신고를 하지 아니하고
건축한 건축물의 소유자'에, 주거용 아닌 다른 용도로 이미 허가를 받거나 신고를 한 건축물을
적법한 절차 없이 임의로 주거용으로 용도를 변경하여 사용하는 자도 포함되는지 여부(적극)
[2] 한국국제전시장 2단계부지 조성사업시행인인 고양시장이, 사업지구 안에 편입된 1층 철골조 창
고 건물의 소유자 갑의 이주대책대상자 선정 신청에 대하여 이주대책대상자가 아니어서 이주대
책이 불가능하다는 요지의 회신을 함으로써 거부처분을 한 사안에서, 갑은 공익사업을 위한 토
지 등의 취득 및 보상에 관한 법률에서 정한 이주대책대상자에서 제외되는 것으로 보아야 함에
도 이와 달리 판단한 원심판결에 법리를 오해한 위법이 있다고 한 사례

ⓛ **공장의 경우** : 사업시행자는 대통령령으로 정하는 공익사업의 시행으로 인하여 공장부
지가 협의 양도되거나 수용됨에 따라 더 이상 해당 지역에서 공장(「산업집적활성화 및
공장설립에 관한 법률」 제2조 제1호에 따른 공장을 말한다)을 가동할 수 없게 된 자가 희망
하는 경우 「산업입지 및 개발에 관한 법률」에 따라 지정·개발된 인근 산업단지에의
입주 등 대통령령으로 정하는 이주대책에 관한 계획을 수립하여야 한다.

---

6) 대판 2010.3.25, 2009두23709, 대판 1999.8.20, 98두17043 종합해 볼 때, 건축물의 소유자는 원칙적으로 공부상 기재를 기준
으로 할 것이나, 궁극적으로는 실질적인 처분권을 갖고 있는지에 따라 결정해야 한다고 볼 수 있다.

(ㄴ) 이주대책대상자의 법적 지위

    ㉠ 법상 이주대책대상자의 이주대책계획수립청구권 : 토지보상법 시행령 제40조 제3항은 법상 예외가 인정되고 있는 경우를 제외하고는 사업시행자에게 이주대책을 실시할 의무를 부여하고 있다고 보아야 하고 최근 전원합의체 판결에서는 이주대책의 수립·실시의무를 강행규정으로 보고 있다. 법상의 이주대책대상자가 이주대책계획의 수립을 청구하였음에도 불구하고 사업시행자가 이주대책을 수립하지 않은 경우에는 의무이행심판 또는 부작위위법확인소송을 제기할 수 있고, 이주대책을 거부한 경우에는 의무이행심판(또는 거부처분취소심판) 또는 거부처분취소소송을 제기할 수 있다고 보아야 한다.7)

    ㉡ 법상 이주대책대상자가 아닌 자 : 사업시행자는 법상 이주대책대상자가 아닌 자(세입자 등)도 임의로 이주대책대상자에 포함시킬 수 있다. 이주대책의 수립에 의해 이주대책대상자에 포함된 세입자 등은 영구임대주택 입주권 등 이주대책을 청구할 권리를 가지며 이를 거부한 것은 거부처분이 된다.

> **판례**
>
> ▶ 관련판례(대판 1994.2.22, 93누15120)
> 이 사건 택지개발사업의 시행에 따른 이주대책의 수립·실시업무를 위탁받은 서울특별시도시개발공사는 특례법상의 이주대책으로 이 사건 택지개발예정지구지정고시일(1989.3.21.) 현재 사업지구 내 가옥소유자로 학교, 직장, 사업 등으로 지구 외에 거주하는 무주택자에 대하여는 규칙에 의하여 주택을 특별분양하기로 하였는바, 위 이주대책은 특례법 시행규칙 제27조의2 제3항 제3호의 규정에 의하여 이주대책대상자에서 제외되는 "건물의 소유자 중 해당 건물에 계속하여 거주하고 있지 아니한 자"에 대하여도 그가 택지개발예정지지정고시일 현재 사업지구 내에 가옥을 소유하고 있던 경우에는 규칙에 의한 주택의 특별공급이라는 대책을 마련해 준 것으로 이해되고, 그에 따라 위 이주대책에서 정한 요건을 갖추었다면 해당 건물에 계속하여 거주하지 아니하여 특례법상의 이주대책대상자에 해당하지 아니한 자도 그에 따른 주택특별분양신청권을 갖는다 할 것이나,

> **판례**
>
> **이주대책대상자에 해당하기 위해서는 토지보상법 제4조 각 호 공익사업에 포함되면서 주거용 건축물을 제공한 자**
>
> 공익사업을 위한 토지 등의 취득 및 보상에 관한 법률 제78조 제1항에서 정한 이주대책대상자에 해당하기 위해서는 같은 법 제4조 각 호의 어느 하나에 해당하는 공익사업의 시행으로 인하여 주거용 건축물을 제공함에 따라 생활의 근거를 상실하게 되어야 하는지 여부
>
> ▶ 대판 2019.7.25, 2017다278668
> 【판시사항】
> [1] 구 공익사업을 위한 토지 등의 취득 및 보상에 관한 법률 제78조 제1항에서 정한 이주대책대상

---

7) 법상 이주대책계획수립청구권은 인정되기 어려울 것이다.

자에 해당하기 위해서는 같은 법 제4조 각 호의 어느 하나에 해당하는 공익사업의 시행으로 인하여 주거용 건축물을 제공함에 따라 생활의 근거를 상실하게 되어야 하는지 여부(적극)

[2] 갑 지방자치단체가 시범아파트를 철거한 부지를 기존의 근린공원에 추가로 편입시키는 내용의 '근린공원조성사업'을 추진함에 따라 도시계획시설사업의 실시계획이 인가·고시되었고, 을 등이 소유한 각 시범아파트 호실이 수용대상으로 정해지자 갑 지방자치단체가 을 등과 공공용지 협의취득계약을 체결하여 해당 호실에 관한 소유권을 취득한 사안에서, '근린공원조성사업'이 구 공익사업을 위한 토지 등의 취득 및 보상에 관한 법률 제4조 제7호의 공익사업에 포함된다고 볼 여지가 많은데도, 이와 달리 본 원심판단에 법리오해 등의 잘못이 있다고 한 사례

【판결요지】

[1] 구 공익사업을 위한 토지 등의 취득 및 보상에 관한 법률(2007.10.17. 법률 제8665호로 개정되기 전의 것, 이하 '구 토지보상법'이라 한다) 제78조 제1항은 "사업시행자는 공익사업의 시행으로 인하여 주거용 건축물을 제공함에 따라 생활의 근거를 상실하게 되는 자(이하 '이주대책대상자'라 한다)를 위하여 대통령령이 정하는 바에 따라 이주대책을 수립·실시하거나 이주정착금을 지급하여야 한다."라고 규정하고, 같은 조 제4항 본문은 "이주대책의 내용에는 이주정착지에 대한 도로·급수시설·배수시설 그 밖의 공공시설 등 당해 지역조건에 따른 생활기본시설이 포함되어야 하며, 이에 필요한 비용은 사업시행자의 부담으로 한다."라고 규정하고 있다. 그리고 구 토지보상법 제2조 제2호는 "공익사업이라 함은 제4조 각호의 1에 해당하는 사업을 말한다."라고 정의하고 있고, 제4조는 제1호 내지 제6호에서 국방·군사에 관한 사업 등 구체적인 공익사업의 종류나 내용을 열거한 다음, 제7호에서 "그 밖에 다른 법률에 의하여 토지 등을 수용 또는 사용할 수 있는 사업"이라고 규정하고 있다. 위와 같은 각 규정의 내용을 종합하면, 이주대책대상자에 해당하기 위해서는 구 토지보상법 제4조 각호의 어느 하나에 해당하는 공익사업의 시행으로 인하여 주거용 건축물을 제공함에 따라 생활의 근거를 상실하게 되어야 한다.

[2] 갑 지방자치단체가 시범아파트를 철거한 부지를 기존의 근린공원에 추가로 편입시키는 내용의 '근린공원조성사업'을 추진함에 따라 도시계획시설사업의 실시계획이 인가·고시되었고, 을 등이 소유한 각 시범아파트 호실이 수용대상으로 정해지자 갑 지방자치단체가 을 등과 공공용지 협의취득계약을 체결하여 해당 호실에 관한 소유권을 취득한 사안에서, 도시계획시설사업 실시계획의 인가에 따른 고시가 있으면 도시계획시설사업의 시행자는 사업에 필요한 토지 등을 수용 및 사용할 수 있게 되고, 을 등이 각 아파트 호실을 제공한 계기가 된 '근린공원조성사업' 역시 구 국토의 계획 및 이용에 관한 법률(2007.1.26. 법률 제8283호로 개정되기 전의 것)에 따라 사업시행자에게 수용권한이 부여된 도시계획시설사업으로 추진되었으므로, 이는 적어도 구 공익사업을 위한 토지 등의 취득 및 보상에 관한 법률(2007.10.17. 법률 제8665호로 개정되기 전의 것) 제4조 제7호의 공익사업, 즉 '그 밖에 다른 법률에 의하여 토지 등을 수용 또는 사용할 수 있는 사업'에 포함된다고 볼 여지가 많은데도, 이와 달리 본 원심판단에 법리오해 등의 잘못이 있다고 한 사례

④ 이주대책의 내용 등
  ㈀ 주거용의 경우
    ㉠ 이주정착지의 조성
      ⓐ 토지보상법령의 태도

법 제78조(이주대책의 수립 등)

④ 이주대책의 내용에는 이주정착지(이주대책의 실시로 건설하는 주택단지를 포함한다)에 대한 도로, 급수시설, 배수시설, 그 밖의 공공시설 등 통상적인 수준의 생활기본시설이 포함되어야 하며, 이에 필요한 비용은 사업시행자가 부담한다. 다만, 행정청이 아닌 사업시행자가 이주대책을 수립·실시하는 경우에 지방자치단체는 비용의 일부를 보조할 수 있다.

시행령 제41조의2(생활기본시설의 범위 등)

① 법 제78조 제4항 본문에 따른 "통상적인 수준의 생활기본시설"은 다음 각 호의 시설로 한다.
  1. 도로(가로등·교통신호기를 포함한다)
  2. 상수도 및 하수처리시설
  3. 전기시설
  4. 통신시설
  5. 가스시설

② 법 제78조 제8항에 따라 사업시행자가 부담하는 생활기본시설에 필요한 비용(이하 이 조에서 "사업시행자가 부담하는 비용"이라 한다)은 다음 각 호의 계산식에 따라 산정한다.
  1. 택지를 공급하는 경우
    사업시행자가 부담하는 비용 = 해당 공익사업지구 안에 설치하는 제1항에 따른 생활기본시설의 설치비용 × (해당 이주대책대상자에게 유상으로 공급하는 택지면적 ÷ 해당 공익사업지구에서 유상으로 공급하는 용지의 총면적)
  2. 주택을 공급하는 경우
    사업시행자가 부담하는 비용 = 해당 공익사업지구 안에 설치하는 제1항에 따른 생활기본시설의 설치비용 × (해당 이주대책대상자에게 유상으로 공급하는 주택의 대지면적 ÷ 해당 공익사업지구에서 유상으로 공급하는 용지의 총면적)

③ 제2항 제1호 및 제2호에 따른 해당 공익사업지구 안에 설치하는 제1항에 따른 생활기본시설의 설치비용은 해당 생활기본시설을 설치하는 데 드는 공사비, 용지비 및 해당 생활기본시설의 설치와 관련하여 법령에 따라 부담하는 각종 부담금으로 한다.

판례

토지보상법 제78조 제4항에 규정된 생활기본시설 설치비용을 분양대금에 포함시킨 경우, 그 부분이 강행법규에 위배되어 무효인지 여부

공익사업의 시행자가 이주대책대상자와 체결한 택지에 관한 특별공급계약에서 구 공익사업을 위한 토지 등의 취득 및 보상에 관한 법률 제78조 제4항에 규정된 생활기본시설 설치비용을 분양대금에 포함시킨 경우, 그 부분이 강행법규에 위배되어 무효인지 여부

▶ 대판 2019.3.28, 2015다49804

【판시사항】

[1] 공익사업의 시행자가 이주대책대상자와 체결한 택지에 관한 특별공급계약에서 구 공익사업을 위한 토지 등의 취득 및 보상에 관한 법률 제78조 제4항에 규정된 생활기본시설 설치비용을 분양대금에 포함시킨 경우, 그 부분이 강행법규에 위배되어 무효인지 여부(적극)

[2] 공익사업의 시행자가 택지조성원가에서 일정한 금액을 할인하여 이주자택지의 분양대금을 정한 경우, 분양대금에 생활기본시설 설치비용이 포함되었는지와 포함된 범위를 판단하는 기준 및 이때 '택지조성원가에서 생활기본시설 설치비용을 공제한 금액'의 산정방식 / 이주자택지의 분양대금에 포함된 생활기본시설 설치비용 상당의 부당이득액을 산정하는 경우, 사업시행자가 이주자택지 분양대금 결정의 기초로 삼은 택지조성원가를 산정할 때 실제 적용한 총사업면적과 사업비, 유상공급면적을 그대로 기준으로 삼아야 하는지 여부(적극)

[3] 공익사업의 시행자가 이주대책대상자에게 생활기본시설로서 제공하여야 하는 도로에 '주택단지 안의 도로를 해당 주택단지 밖에 있는 동종의 도로에 연결시키는 도로'가 포함되는지 여부(적극) 및 '사업시행자가 공익사업지구 안에 설치하는 도로로서 해당 사업지구 안의 주택단지 등의 입구와 사업지구 밖에 있는 도로를 연결하는 기능을 담당하는 도로'가 포함되는지 여부(원칙적 적극)

[4] 한국토지공사가 시행한 택지개발사업의 사업부지 중 기존 도로 부분과 수도 부분을 포함한 국공유지가 한국토지공사에 무상으로 귀속된 경우, 생활기본시설 용지비의 산정방식이 문제된 사안에서, 무상귀속부지 중 전체 공공시설 설치면적에 대한 생활기본시설 설치면적의 비율에 해당하는 면적을 제외하고 생활기본시설의 용지비를 산정한 원심판단에 법리오해의 잘못이 있다고 한 사례

【판결요지】

[1] 이주대책대상자와 공익사업의 시행자 사이에 체결된 택지에 관한 특별공급계약에서 구 공익사업을 위한 토지 등의 취득 및 보상에 관한 법률(2007.10.17, 법률 제8665호로 개정되기 전의 것, 이하 '구 토지보상법'이라 한다) 제78조 제4항에 규정된 생활기본시설 설치비용을 분양대금에 포함시킴으로써 이주대책대상자가 생활기본시설 설치비용까지 사업시행자에게 지급하게 되었다면, 특별공급계약 중 생활기본시설 설치비용을 분양대금에 포함시킨 부분은 강행법규인 구 토지보상법 제78조 제4항에 위배되어 무효이다.

[2] 공익사업의 시행자가 택지조성원가에서 일정한 금액을 할인하여 이주자택지의 분양대금을 정한 경우에는 분양대금이 '택지조성원가에서 생활기본시설 설치비용을 공제한 금액'을 초과하는지 등 그 상호관계를 통하여 분양대금에 생활기본시설 설치비용이 포함되었는지와 포함된 범위를 판단하여야 한다. 이때 구 공익사업을 위한 토지 등의 취득 및 보상에 관한 법률(2007.10.17, 법률 제8665호로 개정되기 전의 것, 이하 '구 토지보상법'이라 한다) 제78조 제4항은 사업시행자가 이주대책대상자에게 생활기본시설 설치비용을 전가하는 것만을 금지할 뿐 적극적으로 이주대책대상자에게 부담시킬 수 있는 비용이나 그로부터 받을 수 있는 분양대금의 내역에 관하여는 규정하지 아니하고 있으므로, 사업시행자가 실제 이주자택지의 분양대금 결정의 기초로 삼았던 택지조성원가 가운데 생활기본시설 설치비용에 해당하는 항목을 가려내어 이를 빼내는 방식으로 '택지조성원가에서 생활기본시설 설치비용을 공제한 금액'을 산정하여야 하고, 이와 달리 이주대책대상자에게 부담시킬 수 있는 택지조성원가를 새롭게 산정하여 이를 기초로 할 것은 아니다. 그리고 이주자택지의 분양대금 결정의 기초로 삼은 택지조성원가를 산정할 때 도시지원시설을 제외할 것인지 또는 도시지원시설 감보면적을 유상공급면적에서 제외할 것인지에 관하여 다투는 것도 이러한 택지조성원가 산정의 정당성을 다투는 것에 불과하기 때문에 이주대책대상자에

대한 생활기본시설 설치비용의 전가 여부와는 관련성이 있다고 할 수 없고, 이로 인하여 사업시행자가 구 토지보상법 제78조 제4항을 위반하게 된다고 볼 수도 없다. 따라서 이주자택지의 분양대금에 포함된 생활기본시설 설치비용 상당의 부당이득액을 산정함에 있어서는 사업시행자가 이주자택지 분양대금 결정의 기초로 삼은 택지조성원가를 산정할 때 실제 적용한 총사업면적과 사업비, 유상공급면적을 그대로 기준으로 삼아야 한다.

[3] 공익사업의 시행자가 이주대책대상자에게 생활기본시설로서 제공하여야 하는 도로에는 길이나 폭에 불구하고 구 주택법(2009.2.3. 법률 제9405호로 개정되기 전의 것) 제2조 제8호에서 정하고 있는 간선시설에 해당하는 도로, 즉 주택단지 안의 도로를 해당 주택단지 밖에 있는 동종의 도로에 연결시키는 도로가 포함됨은 물론, 사업시행자가 공익사업지구 안에 설치하는 도로로서 해당 사업지구 안의 주택단지 등의 입구와 사업지구 밖에 있는 도로를 연결하는 기능을 담당하는 도로도 특별한 사정이 없는 한 사업지구 내 주택단지 등의 기능 달성 및 전체 주민들의 통행을 위한 필수적인 시설로서 이에 포함된다.

[4] 한국토지공사가 시행한 택지개발사업의 사업부지 중 기존 도로 부분과 수도 부분을 포함한 국공유지가 한국토지공사에게 무상으로 귀속된 경우, 생활기본시설 용지비의 산정방식이 문제된 사안에서, 한국토지공사가 이주대책대상자들에게 반환하여야 할 부당이득액은 이주자택지의 분양대금에 포함된 생활기본시설에 관한 비용 상당액이므로, 그 구성요소의 하나인 생활기본시설 용지비는 분양대금 산정의 기초가 된 총용지비에 포함된 전체 토지의 면적에 대한 생활기본시설이 차지하는 면적의 비율에 총용지비를 곱하는 방식으로 산출하여야 하고, 사업부지 중 한국토지공사에게 무상귀속된 부분이 있을 경우에는 무상귀속 부분의 면적도 생활기본시설의 용지비 산정에 포함시켜야 하는데도, 무상귀속부지 중 전체 공공시설 설치면적에 대한 생활기본시설 설치면적의 비율에 해당하는 면적을 제외하고 생활기본시설의 용지비를 산정한 원심판단에 법리오해의 잘못이 있다고 한 사례

(b) 이주대책 내용 결정의 재량권

판례

▶ 관련판례 1(대판 2007.2.22, 2004두7481)
(구)공공용지의 취득 및 손실보상에 관한 특례법 제8조 제1항 및 같은 법 시행령 제5조 제5항에 의하여 실시되는 이주대책은 공익사업의 시행으로 생활근거를 상실하게 되는 이주자에게 이주정착지의 택지를 분양하도록 하는 것이고, 사업시행자는 특별공급주택의 수량, 특별공급대상자의 선정 등에 있어 재량을 가진다.

▶ 관련판례 2(대판 2009.3.12, 2008두12610)
사업시행자는 이주대책기준을 정하여 이주대책대상자 중에서 이주대책을 수립·실시하여야 할 자를 선정하여 그들에게 공급할 택지 또는 주택의 내용이나 수량을 정할 수 있고, 이를 정하는 데 재량을 가지므로, 이를 위해 사업시행자가 설정한 기준은 그것이 객관적으로 합리적이 아니라거나 타당하지 않다고 볼 만한 다른 특별한 사정이 없는 한 존중되어야 한다.
도시개발사업의 사업시행자가 보상계획공고일을 기준으로 이주대책대상자를 정한 후, 협의계약 체결일 또는 수용재결일까지 해당 주택에 계속 거주하였는지 여부 등을 고려하여 이주대책을 수립·실시하여야 할 자를 선정하여 그들에게 공급할 아파트의 종류, 면적을 정한 이주대책기준을 근거로 한 입주권 공급대상자 결정처분에 재량권을 일탈·남용한 위법이 없다고 한 사례

▶ **관련판례(대판 2009.11.12, 2009두10291)**

주택법의 위임을 받아 제정된 '주택공급에 관한 규칙' 제19조 제1항 제3호 각 목에서 정한 철거주택의 소유자를 대상으로 하는 국민주택 등의 특별공급은 공익사업의 시행으로 인하여 주거용 건축물을 제공함에 따라 생활의 근거를 상실하게 되는 자를 위하여 '공익사업을 위한 토지 등의 취득 및 보상에 관한 법률' 제78조 제1항 및 같은 법 시행령 제40조 제2항 단서에 근거하여 사업시행자가 실시하는 이주대책에 갈음하는 성질을 가지는 것으로, 사업시행자는 이주대책기준을 정하여 위 이주대책대상자 중에서 이주대책을 수립·실시하여야 할 자를 선정하거나 그들에게 공급할 주택 등의 내용이나 수량 등을 정하는 데 재량을 가진다. 그리고 이를 위해 사업시행자가 설정한 기준은 그것이 객관적으로 합리적이 아니라거나 타당하지 않다고 볼 만한 특별한 사정이 없는 한 존중되어야 한다.

    (c) **생활기본시설의무의 강행법규 및 일부 무효로 인한 부당이득 반환 여부** : 대법원은 사업시행자의 생활기본시설의무에 대해 강행법규라 판시하고 있다. 이에 반하는 공급계약의 경우 강행법규 위반으로 일부 무효라고 보며 사업시행자는 법률상 원인 없이 생활기본시설 설치비용 상당의 이익을 얻고 그로 인하여 이주대책대상자들이 같은 금액 상당의 손해를 입게 된 것이므로 사업시행자는 그 금액을 부당이득으로 이주대책대상자들에게 반환할 의무가 있다고 판시하였다.

판례

▶ **관련판례(대판 2011.6.23, 2007다63089·63096 全合 및 대판 2011.7.14, 2009다12511)**

사업시행자의 이주대책 수립·실시의무를 정하고 있는 (구)공익사업법 제78조 제1항은 물론 이주대책의 내용에 관하여 규정하고 있는 같은 조 제4항 본문 역시 당사자의 합의 또는 사업시행자의 재량에 의하여 적용을 배제할 수 없는 강행법규이다.

"사업시행자가 택지개발촉진법 또는 주택법 등 관계법령에 의하여 이주대책대상자에게 택지 또는 주택을 공급한 경우(사업시행자의 알선에 의하여 공급한 경우를 포함한다)에는 이주대책을 수립·실시한 것으로 본다."고 규정하고 있으며, 한편 (구)공익사업법 제78조 제4항 본문은 "이주대책의 내용에는 이주정착지에 대한 도로·급수시설·배수시설 그 밖의 공공시설 등 해당 지역조건에 따른 생활기본시설이 포함되어야 하며, 이에 필요한 비용은 사업시행자의 부담으로 한다."고 규정하고 있다. 위 각 규정을 종합하면 사업시행자가 (구)공익사업법 시행령 제40조 제2항 단서에 따라 택지개발촉진법 또는 주택법 등 관계법령에 의하여 이주대책대상자들에게 택지 또는 주택을 공급(이하 '특별공급'이라 한다)하는 것도 (구)공익사업법 제78조 제1항의 위임에 근거하여 사업시행자가 선택할 수 있는 이주대책의 한 방법이므로, 특별공급의 경우에도 이주정착지를 제공하는 경우와 마찬가지로 사업시행자의 부담으로 같은 조 제4항이 정한 생활기본시설을 설치하여 이주대책대상자들에게 제공하여야 한다고 보아야 하고, 이주대책대상자들이 특별공급을 통해 취득하는 택지나 주택의 시가가 공급가액을 상회하여 그들에게 시세차익을 얻을 기회나 가능성이 주어진다고 하여 달리 볼 것은 아니다.

생활기본시설이라 함은 주택법 제23조 등 관계법령에 의하여 주택건설사업이나 대지조성사업을 시행하는 사업주체가 설치하도록 되어 있는 도로 및 상하수도시설, 전기시설·통신시설·가스시설 또는 지역난방시설 등 간선시설을 의미한다고 보아야 한다.

만일 이주대책대상자들과 사업시행자 또는 그의 알선에 의한 공급자와 사이에 체결된 택지 또는 주택에 관한 특별공급계약에서 (구)공익사업법 제78조 제4항에 규정된 생활기본시설 설치비용을 분양대금에 포함시킴으로써 이주대책대상자들이 생활기본시설 설치비용까지 사업시행자 등에게 지급하게 되었다면, 사업시행자가 직접 택지 또는 주택을 특별공급한 경우에는 특별공급계약 중 분양대금에 생활기본시설 설치비용을 포함시킨 부분이 강행법규인 (구)공익사업법 제78조 제4항에 위배되어 무효이고, 사업시행자의 알선에 의하여 다른 공급자가 택지 또는 주택을 공급한 경우에는 사업시행자가 위 규정에 따라 부담하여야 할 생활기본시설 설치비용에 해당하는 금액의 지출을 면하게 되어, 결국 사업시행자는 법률상 원인 없이 생활기본시설 설치비용 상당의 이익을 얻고 그로 인하여 이주대책대상자들이 같은 금액 상당의 손해를 입게 된 것이므로, 사업시행자는 그 금액을 부당이득으로 이주대책대상자들에게 반환할 의무가 있다 할 것이다.

사업시행자가 이주대책대상자들에게 택지를 특별공급하면서 분양대금에 (구)공익사업을 위한 토지 등의 취득 및 보상에 관한 법률 제78조 제4항에 규정된 생활기본시설 설치비용을 포함시켜 지급받은 사안에서, 사업시행자가 이주대책대상자들에게 택지를 특별공급하는 경우에도 위 조항이 적용되고, 분양계약 중 위 조항에 위배되는 부분은 무효이므로, 사업시행자가 분양계약의 일부 무효에 따른 부당이득금을 반환할 의무가 있다고 본 원심판단은 정당하나, 사업시행자의 부담으로 제공하여야 하는 것은 위 조항에서 정한 생활기본시설에 국한됨에도, 분양계약에서 정한 분양대금 중 택지소지가격과 택지조성비를 초과하는 부분을 모두 효력이 없다고 본 원심판결에는 법리오해의 위법이 있다고 한 사례

ⓒ **택지 또는 주택의 공급** : 택지개발촉진법 또는 주택건설촉진법에 의하여 택지나 주택공급을 하면 이주대책수립에 의제된다. 수도권지역에서의 대규모 택지개발사업의 경우를 보면, 기준일(택지개발사업의 경우 택지개발예정지구지정 공고공람일) 1년 이전부터 소유·거주요건을 충족하는 이주자에게는 세대당 1필지의 이주자택지를 조성원가 이하에 공급하고, 이주자택지수급권을 포기한 자나 기준일 1년 미만 이전부터 소유·거주요건을 충족하는 등으로 택지공급대상자에서 제외되는 이주자에게는 주택특별공급의 일환으로 분양아파트를 일반분양가격에 공급하며, 소정의 요건을 갖춘 무주택세대주인 세입자에게는 주거이전비와 택일적으로 임대아파트를 일반임대조건에 따라 공급하고 있다. 공급하는 택지 등의 면적에 있어서는 협의양도 또는 자진이주 등 부가적 조건의 충족 여하에 따라 차등을 두는 경우가 많다.

(ㄴ) **공장용**

➔ **시행령 제41조의3(공장에 대한 이주대책에 관한 계획의 수립 등) 제2항**
1. 해당 공익사업지역 인근 지역에 「산업입지 및 개발에 관한 법률」에 따라 지정·개발된 산업단지(이하 "산업단지"라 한다)가 있는 경우 해당 산업단지의 우선 분양 알선
2. 해당 공익사업지역 인근 지역에 해당 사업시행자가 공장이주대책을 위한 별도의 산업단지를 조성하는 경우 그 산업단지의 조성 및 입주계획
3. 해당 공익사업지역 안에 조성되는 공장용지의 우선 분양
4. 그 밖에 원활한 공장이주대책을 위한 행정적 지원방안

ⓒ 이주정착금의 지급

> **ⓢ 시행령 제41조(이주정착금의 지급)**
>
> 사업시행자는 법 제78조 제1항에 따라 다음 각 호의 어느 하나에 해당하는 경우에는 이주대책대상자에게 국토교통부령으로 정하는 바에 따라 이주정착금을 지급해야 한다. 〈개정 2021.11.23.〉
> 1. 이주대책을 수립·실시하지 아니하는 경우
> 2. 이주대책대상자가 이주정착지가 아닌 다른 지역으로 이주하려는 경우
> 3. 이주대책대상자가 공익사업을 위한 관계 법령에 따른 고시 등이 있은 날의 1년 전부터 계약체결일 또는 수용재결일까지 계속하여 해당 건축물에 거주하지 않은 경우
> 4. 이주대책대상자가 공익사업을 위한 관계 법령에 따른 고시 등이 있은 날 당시 다음 각 목의 어느 하나에 해당하는 기관·업체에 소속(다른 기관·업체에 소속된 사람이 파견 등으로 각 목의 기관·업체에서 근무하는 경우를 포함한다)되어 있거나 퇴직한 날부터 3년이 경과하지 않은 경우
>   가. 국토교통부
>   나. 사업시행자
>   다. 법 제21조 제2항에 따라 협의하거나 의견을 들어야 하는 공익사업의 허가·인가·승인 등 기관
>   라. 공익사업을 위한 관계 법령에 따른 고시 등이 있기 전에 관계 법령에 따라 실시한 협의, 의견 청취 등의 대상자였던 중앙행정기관, 지방자치단체, 「공공기관의 운영에 관한 법률」 제4조에 따른 공공기관 및 「지방공기업법」에 따른 지방공기업
>
> **ⓢ 시행규칙 제53조(이주정착금 등)**
> ① 영 제40조 제2항 본문에서 "국토교통부령으로 정하는 부득이한 사유"란 다음 각 호의 어느 하나에 해당하는 경우를 말한다.
>   1. 공익사업시행지구의 인근에 택지조성에 적합한 토지가 없는 경우
>   2. 이주대책에 필요한 비용이 해당 공익사업의 본래의 목적을 위한 소요비용을 초과하는 등 이주대책의 수립·실시로 인하여 해당 공익사업의 시행이 사실상 곤란하게 되는 경우
> ② 영 제41조에 따른 이주정착금은 보상대상인 주거용 건축물에 대한 평가액의 30퍼센트에 해당하는 금액으로 하되, 그 금액이 1천2백만원 미만인 경우에는 1천2백만원으로 하고, 2천4백만원을 초과하는 경우에는 2천4백만원으로 한다.

⑤ 이주대책의 수립절차

  ⓐ **토지보상법상 절차** : 사업시행자가 이주대책을 수립하고자 할 때에는 미리 그 내용을 이주대책대상자에게 통지하여야 한다. 사업시행자가 토지보상법 제78조 제1항의 규정에 따라 이주대책을 수립하고자 할 때에는 미리 관할 지방자치단체의 장과 협의하여야 한다.

  ⓑ **택지개발사업의 절차[8]** : ㉠ 사업시행자가 이주대책(생활대책)을 수립한 다음, ㉡ 예비대상자에 대한 개별통보 및 공고를 하면서 이주대책 등의 신청에 대한 안내(이주대책기준일, 유형별 이주대책의 내용, 대상자 요건, 신청기간과 장소, 구비서류 등)를 하고, ㉢ 이주자들이 소정의 구비서류를 첨부하여 신청기간 내에 신청을 완료하면, ㉣ 자체적으로 마련한 심사기준을 적용하여 이주대책 등의 대상자를 결정 및 통보, ㉤ 이의신청이 있는 경우에는

---

[8] 토지보상법상의 절차는 추상적이므로, 택지개발사업에서의 이주대책절차를 소개한다.

이에 대한 결정을 해서 회신해 주고, ⓑ 이상과 같은 절차를 거쳐 대상자가 확정된 후에는 분양예정통보 내지 분양공고를 통해 대상자들로 하여금 분양 또는 공급의 신청을 하도록 한다. ⓐ 이때 이주대책의 경우에는 추첨 등의 방법으로 대상물건을 확정한 후 대상자와 사업시행자가 직접 분양계약을 체결한다. ⓞ 생활대책의 경우에는 대상자들이 조합을 결성하여 그 조합 명의로 희망하는 필지에 대한 공급신청을 하고 추첨 등의 방법으로 수분양권이 결정되면 그 조합과 사업시행자가 공급계약을 체결하게 된다.

(4) 이주대책 전원합의체 판결로 인한 보상제도의 변화

> 판례

▶ 새로운 이주대책 전원합의체 판결 : 대판 2011.6.23, 2007다63089,63096 [채무부존재확인·채무부존재확인]

[판시사항]

[1] 계약당사자 중 일방이 상대방 및 제3자와 3면 계약을 체결하거나 상대방의 승낙을 얻어 계약상 당사자의 지위를 포괄적으로 제3자에게 이전하는 경우, 제3자가 종래 계약에서 이미 발생한 채권·채무도 모두 이전받는지 여부(적극)

[2] 사업시행자가 (구)공익사업을 위한 토지 등의 취득 및 보상에 관한 법률 시행령 제40조 제2항 단서에 따라 택지개발촉진법 또는 주택법 등 관계법령에 의하여 이주대책대상자들에게 택지 또는 주택을 공급하는 경우에도 이주정착지를 제공하는 경우와 마찬가지로 사업시행자 부담으로 (구)공익사업을 위한 토지 등의 취득 및 보상에 관한 법률 제78조 제4항에서 정한 생활기본시설을 설치하여 이주대책대상자들에게 제공하여야 하는지 여부(적극)

[3] 사업시행자의 이주대책 수립·실시의무를 정하고 있는 (구)공익사업을 위한 토지 등의 취득 및 보상에 관한 법률 제78조 제1항과 이주대책의 내용을 정하고 있는 같은 조 제4항 본문이 강행법규인지 여부(적극)

[4] (구)공익사업을 위한 토지 등의 취득 및 보상에 관한 법률 제78조 제4항에서 정한 '도로·급수시설·배수시설 그 밖의 공공시설 등 해당 지역조건에 따른 생활기본시설'의 의미 및 이주대책대상자들과 사업시행자 등이 체결한 택지 또는 주택에 관한 특별공급계약에서 위 조항에 규정된 생활기본시설 설치비용을 분양대금에 포함시킴으로써 이주대책대상자들이 그 비용까지 사업시행자 등에게 지급하게 된 경우, 사업시행자가 그 비용 상당액을 부당이득으로 이주대책대상자들에게 반환하여야 하는지 여부(적극)

[판결요지]

[1] 계약당사자 중 일방이 상대방 및 제3자와 3면 계약을 체결하거나 상대방의 승낙을 얻어 계약상 당사자로서의 지위를 포괄적으로 제3자에게 이전하는 경우 이를 양수한 제3자는 양도인의 계약상 지위를 승계함으로써 종래 계약에서 이미 발생한 채권·채무도 모두 이전받게 된다.

[2] [다수의견] (구)공익사업을 위한 토지 등의 취득 및 보상에 관한 법률(2007.10.17. 법률 제8665호로 개정되기 전의 것, 이하 '(구)공익사업법'이라 한다) 제78조 제1항은 사업시행자의 이주대책 수립·실시의무를 정하고 있고, (구)공익사업을 위한 토지 등의 취득 및 보상에 관한 법률 시행령(2008.2.29. 대통령령 제20722호로 개정되기 전의 것, 이하 '(구)공익사업법 시행령'이라 한다) 제40조 제2항은 "이주대책은 건설교통부령이 정하는 부득이한 사유가 있는 경우

를 제외하고는 이주대책대상자 중 이주를 희망하는 자가 10호 이상인 경우에 수립·실시한다. 다만, 사업시행자가 택지개발촉진법 또는 주택법 등 관계법령에 의하여 이주대책대상자에게 택지 또는 주택을 공급한 경우(사업시행자의 알선에 의하여 공급한 경우를 포함한다)에는 이주대책을 수립·실시한 것으로 본다."고 규정하고 있으며, 한편 (구)공익사업법 제78조 제4항 본문은 "이주대책의 내용에는 이주정착지에 대한 도로·급수시설·배수시설 그 밖의 공공시설 등 해당 지역조건에 따른 생활기본시설이 포함되어야 하며, 이에 필요한 비용은 사업시행자의 부담으로 한다."고 규정하고 있다. 위 각 규정을 종합하면 사업시행자가 (구)공익사업법 시행령 제40조 제2항 단서에 따라 택지개발촉진법 또는 주택법 등 관계법령에 의하여 이주대책대상자들에게 택지 또는 주택을 공급(이하 '특별공급'이라 한다)하는 것도 (구)공익사업법 제78조 제1항의 위임에 근거하여 사업시행자가 선택할 수 있는 이주대책의 한 방법이므로, 특별공급의 경우에도 이주정착지를 제공하는 경우와 마찬가지로 사업시행자의 부담으로 같은 조 제4항이 정한 생활기본시설을 설치하여 이주대책대상자들에게 제공하여야 한다고 보아야 하고, 이주대책대상자들이 특별공급을 통해 취득하는 택지나 주택의 시가가 공급가액을 상회하여 그들에게 시세차익을 얻을 기회나 가능성이 주어진다고 하여 달리 볼 것은 아니다.

[대법관 양창수, 대법관 신영철, 대법관 민일영의 별개의견] 사업시행자가 (구)공익사업을 위한 토지 등의 취득 및 보상에 관한 법률 시행령(2008.2.29. 대통령령 제20722호로 개정되기 전의 것) 제40조 제2항 단서에 따라 이주대책대상자에게 택지 또는 주택을 특별공급한 경우에는 그로써 이주대책을 수립·실시한 것으로 보아 별도의 이주대책을 수립·실시하지 않아도 되므로, 사업시행자는 특별공급한 택지 또는 주택에 대하여는 그것이 이주정착지임을 전제로 생활기본시설을 설치해 줄 의무가 없다고 보아야 한다.

[3] (구)공익사업을 위한 토지 등의 취득 및 보상에 관한 법률(2007.10.17. 법률 제8665호로 개정되기 전의 것, 이하 '(구)공익사업법'이라 한다)은 공익사업에 필요한 토지 등을 협의 또는 수용에 의하여 취득하거나 사용함에 따른 손실보상에 관한 사항을 규정함으로써 공익사업의 효율적인 수행을 통하여 공공복리의 증진과 재산권의 적정한 보호를 도모함을 목적으로 하고 있고, 위 법에 의한 이주대책은 공익사업의 시행에 필요한 토지 등을 제공함으로 인하여 생활의 근거를 상실하게 되는 이주대책대상자들에게 종전 생활상태를 원상으로 회복시키면서 동시에 인간다운 생활을 보장하여 주기 위하여 마련된 제도이므로, 사업시행자의 이주대책 수립·실시의무를 정하고 있는 (구)공익사업법 제78조 제1항은 물론 이주대책의 내용에 관하여 규정하고 있는 같은 조 제4항 본문 역시 당사자의 합의 또는 사업시행자의 재량에 의하여 적용을 배제할 수 없는 강행법규이다.

[4] [다수의견] (구)공익사업을 위한 토지 등의 취득 및 보상에 관한 법률(2007.10.17. 법률 제8665호로 개정되기 전의 것, 이하 '(구)공익사업법'이라 한다) 제78조 제4항의 취지는 이주대책대상자들에게 생활 근거를 마련해 주고자 하는 데 목적이 있으므로, 위 규정의 '도로·급수시설·배수시설 그 밖의 공공시설 등 해당 지역조건에 따른 생활기본시설'은 주택법 제23조 등 관계법령에 의하여 주택건설사업이나 대지조성사업을 시행하는 사업주체가 설치하도록 되어 있는 도로 및 상하수도시설, 전기시설·통신시설·가스시설 또는 지역난방시설 등 간선시설을 의미한다고 보아야 한다. 따라서 만일 이주대책대상자들과 사업시행자 또는 그의 알선에 의한 공급자에 의하여 체결된 택지 또는 주택에 관한 특별공급계약에서 (구)공익사업법 제78조 제4항에 규정된 생활기본시설 설치비용을 분양대금에 포함시킴으로써 이주대책대상자들이 생활기본시설 설치비용까지 사업시행자 등에게 지급하게 되었다면, 사업시행자가 직접 택지 또는 주택을 특별공급한 경우에는 특별공급계약 중 분양대금에 생활기본시설 설치비용을 포함시킨 부분이

강행법규인 위 조항에 위배되어 무효이고, 사업시행자의 알선에 의하여 다른 공급자가 택지 또는 주택을 공급한 경우에는 사업시행자가 위 규정에 따라 부담하여야 할 생활기본시설 설치비용에 해당하는 금액의 지출을 면하게 되어, 결국 사업시행자는 법률상 원인 없이 생활기본시설 설치비용 상당의 이익을 얻고 그로 인하여 이주대책대상자들이 같은 금액 상당의 손해를 입게 된 것이므로, 사업시행자는 그 금액을 부당이득으로 이주대책대상자들에게 반환할 의무가 있다. 다만 (구)공익사업을 위한 토지 등의 취득 및 보상에 관한 법률 제78조 제4항에 따라 사업시행자의 부담으로 이주대책대상자들에게 제공하여야 하는 것은 위 조항에서 정한 생활기본시설에 국한되므로, 이와 달리 사업시행자가 이주대책으로서 이주정착지를 제공하거나 택지 또는 주택을 특별공급하는 경우 사업시행자는 이주대책대상자들에게 택지의 소지(소지)가격 및 택지조성비 등 투입비용의 원가만을 부담시킬 수 있고 이를 초과하는 부분은 생활기본시설 설치비용에 해당하는지를 묻지 않고 그 전부를 이주대책대상자들에게 전가할 수 없다는 취지로 판시한 종래 대법원판결들은 이 판결의 견해에 배치되는 범위 안에서 모두 변경하기로 한다.

[대법관 김능환의 별개의견] (구)공익사업을 위한 토지 등의 취득 및 보상에 관한 법률(2007. 10.17. 법률 제8665호로 개정되기 전의 것, 이하 '(구)공익사업법'이라 한다) 제78조 제4항의 '생활기본시설'이 그 항목에서는 다수의견처럼 주택법 제23조에서 규정하는 '간선시설'을 의미하는 것으로 볼 수밖에 없다고 하더라도, 그 범위에서는 이주대책대상자에게 주택단지 밖의 기간이 되는 시설로부터 주택단지의 경계선까지뿐만 아니라 경계선으로부터 이주대책대상자에게 공급되는 주택까지에 해당하는 부분의 설치비용까지를 포함하는 것으로 보아 비용을 이주대책대상자에게 부담시킬 수 없으며, 주택의 분양가에 포함되어 있는 이윤 역시 이주대책대상자에게 부담시킬 수 없다고 보는 것이 (구)공익사업법 제78조 제4항의 취지에 부합하는 해석이다. 결국 이주대책대상자에게는 분양받을 택지의 소지가격, 위에서 본 바와 같은 의미의 생활기본시설 설치비용을 제외한 택지조성비 및 주택의 건축원가만을 부담시킬 수 있는 것으로 보아야 한다. 다수의견이 변경대상으로 삼고 있는 대법원 판결들은 이러한 취지에서 나온 것들로서 옳고, 그대로 유지되어야 한다.

▶ 종전 이주대책 전원합의체 판결: 대판 1994.5.24, 92다35783 [지장물세목조서명의변경]
변경: 대판 2011.6.23, 2007다63089·63096
[판시사항]
가. 공공용지의 취득 및 손실보상에 관한 특례법 소정의 이주대책의 제도적 취지
나. 같은 법 제8조 제1항에 의하여 이주자에게 이주대책상의 택지분양권이나 아파트 입주권 등을 받을 수 있는 구체적인 권리(수분양권)가 직접 발생하는지 여부
다. 이주자의 이주대책대상자 선정신청에 대한 사업시행자의 확인·결정 및 사업시행자의 이주대책에 관한 처분의 법적 성질과 이에 대한 쟁송방법
라. 같은 법상의 이주대책에 의한 수분양권의 법적 성질과 민사소송이나 공법상 당사자소송으로 이주대책상의 수분양권의 확인을 구할 수 있는지 여부

[판결요지]
[다수의견]
가. 공공용지의 취득 및 손실보상에 관한 특례법상의 이주대책은 공익사업의 시행에 필요한 토지 등을 제공함으로 인하여 생활의 근거를 상실하게 되는 이주자들을 위하여 사업시행자가 기본적인 생활시설이 포함된 택지를 조성하거나 그 지상에 주택을 건설하여 이주자들에게 이를 그 투입비용 원가만의 부담하에 개별 공급하는 것으로서, 그 본래의 취지에 있어 이주자들에 대하여

종전의 생활상태를 원상으로 회복시키면서 동시에 인간다운 생활을 보장하여 주기 위한 이른바 생활보상의 일환으로 국가의 적극적이고 정책적인 배려에 의하여 마련된 제도이다.

나. 같은 법 제8조 제1항이 사업시행자에게 이주대책의 수립·실시의무를 부과하고 있다고 하여 그 규정 자체만에 의하여 이주자에게 사업시행자가 수립한 이주대책상의 택지분양권이나 아파트 입주권 등을 받을 수 있는 구체적인 권리(수분양권)가 직접 발생하는 것이라고는 도저히 볼 수 없으며, 사업시행자가 이주대책에 관한 구체적인 계획을 수립하여 이를 해당자에게 통지 내지 공고한 후, 이주자가 수분양권을 취득하기를 희망하여 이주대책에 정한 절차에 따라 사업시행자에게 이주대책대상자 선정신청을 하고 사업시행자가 이를 받아들여 이주대책대상자로 확인·결정하여야만 비로소 구체적인 수분양권이 발생하게 된다.

다. (1) 위와 같은 사업시행자가 하는 확인·결정은 곧 구체적인 이주대책상의 수분양권을 취득하기 위한 요건이 되는 행정작용으로서의 처분인 것이지, 결코 이를 단순히 절차상의 필요에 따른 사실행위에 불과한 것으로 평가할 수는 없다. 따라서 수분양권의 취득을 희망하는 이주자가 소정의 절차에 따라 이주대책대상자 선정신청을 한 데 대하여 사업시행자가 이주대책대상자가 아니라고 하여 위 확인·결정 등의 처분을 하지 않고 이를 제외시키거나 또는 거부조치한 경우에는, 이주자로서는 당연히 사업시행자를 상대로 항고소송에 의하여 그 제외처분 또는 거부처분의 취소를 구할 수 있다고 보아야 한다.

(2) 사업시행자가 국가 또는 지방자치단체와 같은 행정기관이 아니고 이와는 독립하여 법률에 의하여 특수한 존립목적을 부여받아 국가의 특별감독하에 그 존립목적인 공공사무를 행하는 공법인이 관계법령에 따라 공익사업을 시행하면서 그에 따른 이주대책을 실시하는 경우에도, 그 이주대책에 관한 처분은 법률상 부여받은 행정작용권한을 행사하는 것으로서 항고소송의 대상이 되는 공법상 처분이 되므로, 그 처분이 위법부당한 것이라면 사업시행자인 해당 공법인을 상대로 그 취소소송을 제기할 수 있다.

라. 이러한 수분양권은 위와 같이 이주자가 이주대책을 수립·실시하는 사업시행자로부터 이주대책대상자로 확인·결정을 받음으로써 취득하게 되는 택지나 아파트 등을 분양받을 수 있는 공법상의 권리라고 할 것이므로, 이주자가 사업시행자에 대한 이주대책대상자 선정신청 및 이에 따른 확인·결정 등 절차를 밟지 아니하여 구체적인 수분양권을 아직 취득하지도 못한 상태에서 곧바로 분양의무의 주체를 상대방으로 하여 민사소송이나 공법상 당사자소송으로 이주대책상의 수분양권의 확인 등을 구하는 것은 허용될 수 없고, 나아가 그 공급대상인 택지나 아파트 등의 특정부분에 관하여 그 수분양권의 확인을 소구하는 것은 더더욱 불가능하다고 보아야 한다.

[반대의견]

가. 공공용지의 취득 및 손실보상에 관한 특례법에 의한 이주대책은 학설상 이른바 생활보상으로서 실체적 권리인 손실보상의 한 형태로 파악되고 있으며 대법원 판례도 이를 실체법상의 권리로 인정하여, 민사소송으로 이주대책에 의한 주택수분양권의 확인소송을 허용하였었다. 이주대책은 경우에 따라 택지 또는 주택의 분양이나 이주정착금으로 보상되는바, 이주정착금이 손실보상금의 일종이므로 통상의 각종 보상금처럼 실체적 권리가 되는 것을 부정할 수 없을 것이고, 그렇다면 같은 취지의 택지 또는 주택의 수분양권도 실체적인 권리로 봄이 마땅하며 가사 이를 권리로 보지 못한다 하더라도 적어도 확인소송의 대상이 되는 권리관계 또는 법률관계로는 보아야 한다.

나. 이주자가 분양신청을 하여 사업시행자로부터 분양처분을 받은 경우 이러한 사업시행자의 분양처분의 성질은 이주자에게 수분양권을 비로소 부여하는 처분이 아니라, 이미 이주자가 취득하고 있는 수분양권에 대하여 그의 의무를 이행한 일련의 이행처분에 불과하고, 이는 이주자가 이미

취득하고 있는 수분양권을 구체화시켜 주는 과정에 불과하다. 이를 실체적 권리로 인정해야 구체적 이주대책 이행을 신청하고 그 이행이 없을 때 부작위위법확인소송을 제기하여 그 권리구제를 받을 수 있고, 그 권리를 포기한 것으로 볼 수 없는 한 언제나 신청이 가능하고 구체적 이주대책이 종료한 경우에도 추가 이주대책을 요구할 수 있게 된다.

다. 이와 같이 이주대책에 의한 분양신청은 실체적 권리의 행사에 해당된다 할 것이므로 구체적 이주대책에서 제외된 이주대책대상자는 그 경위에 따라 분양신청을 하여 거부당한 경우 권리침해를 이유로 항고소송을 하거나 또는 자기 몫이 참칭 이주대책대상자에게 이미 분양되어 다시 분양신청을 하더라도 거부당할 것이 명백한 특수한 경우 등에는 이주대책대상자로서 분양받을 권리 또는 그 법률상 지위의 확인을 구할 수 있다고 보아야 하며, 이때에 확인소송은 확인소송의 보충성이라는 소송법의 일반법리에 따라 그 확인소송이 권리구제에 유효적절한 수단이 될 때에 한하여 그 소의 이익이 허용되어야 함은 물론이다.

[반대의견에 대한 보충의견]

가. 공공용지의 취득 및 손실보상에 관한 특례법 제8조 제1항의 이주대책은 사업시행자가 이주자에 대한 은혜적인 배려에서 임의적으로 수립 시행해 주는 것이 아니라 이주자에 대하여 종전의 재산상태가 아닌 생활상태로 원상회복시켜 주기 위한 생활보상의 일환으로 마련된 제도로서, 헌법 제23조 제3항이 규정하는 손실보상의 한 형태라고 보아야 한다.

나. (1) 같은 법상의 이주대책에 따른 사업시행자의 분양처분은 이주자가 공익사업의 시행에 필요한 토지 등을 제공하는 것을 원인으로 하여 같은 법에 따라 취득한 추상적인 권리나 이익을 이주대책을 수립하여 구체화시켜 주는 절차상의 이행적 처분이라고 보는 것이 상당하며, 이주자는 사업시행자가 수립 실시하여야 하는 이주대책에 따른 수분양권을 사업시행자의 분양처분을 기다리지 않고 같은 법에 근거하여 취득하는 것으로 보아야 한다.

(2) 사업시행자가 실제로 이주대책을 수립하기 이전에는 이주자의 수분양권은 아직 추상적인 권리나 법률상의 지위 내지 이익에 불과한 것이어서 이 단계에 있어서는 확인의 이익이 인정되지 아니하여 그 권리나 지위의 확인을 구할 수 없다고 할 것이나, 사업시행자가 이주대책을 수립 실시하지 아니하는 경우에는 사업시행자에게 이를 청구하여 거부되거나 방치되면 부작위위법확인을 소구할 수는 있다고 볼 것이다. 그러나 이주대책을 수립한 이후에는 이주자의 추상적인 수분양권이 그 이주대책이 정하는 바에 따라 구체적 권리로 바뀌게 되므로, 구체적 이주대책에서 제외된 이주자는 위와 같은 수분양권에 터잡은 분양신청(이른바 실체적 신청권의 행사)을 하여 거부당한 경우에는 이를 실체적 신청권을 침해하는 거부처분으로 보아 그 취소를 구하는 항고소송을 제기할 수 있을 것이고, 신청기간을 도과한 경우, 사업시행자가 미리 수분양권을 부정하거나 이주대책에 따른 분양절차가 종료되어 분양신청을 하더라도 거부당할 것이 명백한 경우, 또는 분양신청을 묵살당한 경우, 기타 확인판결을 얻음으로써 분쟁이 해결되고 권리구제가 가능하여 그 확인소송이 권리구제에 유효적절한 수단이 될 수 있는 특별한 사정이 있는 경우에는, 당사자소송으로 수분양권 또는 그 법률상의 지위의 확인을 구할 수 있다고 보아야 한다.

다. 현행 행정소송법은 항고소송과 당사자소송의 형태를 모두 규정하고 있으므로, 이제는 공법상의 권리관계의 분쟁에 있어서는 그 권리구제의 방법에 관하여 항고소송만에 의하도록 예정한 산업재해보상보험업무 및 심사에 관한 법률 제3조와 같은 규정이 있는 경우를 제외하고는, 소의 이익이 없는 등 특별한 사정이 없는 한 항고소송 외에 당사자소송도 허용하여야 할 것이고, 불필요하게 국민의 권리구제방법을 제한할 것은 아니다.

① 이주대책의 대법원 판례의 변화

공익사업의 수행에 따르는 사유재산의 취득과 사용은 원칙적으로 당사자 간의 협의에 따라 이루어지는 것이 바람직하지만, 부득이하게 공권력에 의하여 강제로 취득하거나 사용할 수밖에 없는 경우에 사유재산권의 부당한 침해방지와 효율적인 공익사업 수행을 위하여 공용수용 및 사용이 불가피하다고 볼 수 있다.

공익사업에 관한 손실보상제에 대해 일반법적 지위를 갖는 공익사업을 위한 토지 등의 취득 및 손실보상에 관한 법률(이하 토지보상법이라 한다)은 2002년 2월 4일 법률 제6656호로 공포되었고, 2002년 12월 하위법령이 마련되어 2003년 1월 1일부터 시행되었다. 이 법은 1962년 1월 15일 제정되어 시행되어 오던 토지수용법과 1975년 12월 31일 제정되어 시행되어 오던 공공용지의 취득 및 손실보상에 관한 특례법(이하 공특법이라 한다)이 통합된 것으로 보상체계의 일원화, 공익사업의 범위 조정, 입회공무원 날인제도의 폐지, 개발이익의 배제, 환매제도의 일원화 등이 규정되었고, 보상에 관한 절차의 개선과 기준의 변경 및 이의제도가 바뀌었다.

2013년 통합된 토지보상법은 공익사업에 필요한 토지의 수용과 사용에 관한 사항을 규정하여 공공복리의 증진과 사유재산권과의 조절을 도모함으로써 국토의 합리적인 이용, 개발과 산업의 발전에 기여함을 목적으로 하고 있다.

토지보상법에 의한 이주대책은 공익사업의 시행에 필요한 토지 등을 제공함으로 인하여 생활의 근거를 상실하게 되는 이주대책대상자들에게 종전 생활상태를 원상으로 회복시키면서 동시에 인간다운 생활을 보장하여 주기 위하여 마련된 제도이다.

종전 전원합의체 판결(대판 1994.5.24, 92다35783 숲승) 다수견해는 "사업시행자에게 이주대책의 수립·실시의무를 부과하고 있다고 하여 그 규정 자체만에 의하여 이주자에게 사업시행자가 수립한 이주대책상의 택지분양권이나 아파트 입주권 등을 받을 수 있는 구체적인 권리(수분양권)가 직접 발생하는 것이라고는 도저히 볼 수 없으며, 사업시행자가 이주대책에 관한 구체적인 계획을 수립하여 이를 해당자에게 통지 내지 공고한 후, 이주자가 수분양권을 취득하기를 희망하여 이주대책에 정한 절차에 따라 사업시행자에게 이주대책대상자 선정신청을 하고 사업시행자가 이를 받아들여 이주대책대상자로 확인·결정하여야만 비로소 구체적인 수분양권이 발생하게 된다."고 판시하고 있다.

따라서 "수분양권은 위와 같이 이주자가 이주대책을 수립·실시하는 사업시행자로부터 이주대책대상자로 확인·결정을 받음으로써 취득하게 되는 택지나 아파트 등을 분양받을 수 있는 공법상의 권리라고 할 것이므로, 이주자가 사업시행자에 대한 이주대책대상자 선정신청 및 이에 따른 확인·결정 등 절차를 밟지 아니하여 구체적인 수분양권을 아직 취득하지도 못한 상태에서 곧바로 분양의무의 주체를 상대방으로 하여 민사소송이나 공법상 당사자소송으로 이주대책상의 수분양권의 확인 등을 구하는 것은 허용될 수 없고, 나아가 그 공급대상인 택지나 아파트 등의 특정부분에 관하여 그 수분양권의 확인을 소구하는 것은 더더욱 불가능하다고 보아야 한다."고 판시하고 있다.

그러나 최근의 전원합의체 판결(대판 2011.6.23, 2007다63089·63096 全合) 다수견해는 "사업시행자의 이주대책 수립·실시의무를 정하고 있는 토지보상법 제78조 제1항은 물론 이주대책의 내용에 관하여 규정하고 있는 같은 조 제4항 본문 역시 당사자의 합의 또는 사업시행자의 재량에 의하여 적용을 배제할 수 없는 강행법규이다."라고 전원합의체 판결로 종전 판결을 변경하였다.

② 이주대책의 최근 전원합의체 판결에 대한 해석

토지보상법 제78조 제1항과 제4항은 다음과 같이 규정하고 있다.

> ❍ 법 제78조(이주대책의 수립 등)
> ① 사업시행자는 공익사업의 시행으로 인하여 주거용 건축물을 제공함에 따라 생활의 근거를 상실하게 되는 자(이하 "이주대책대상자"라 한다)를 위하여 대통령령으로 정하는 바에 따라 이주대책을 수립·실시하거나 이주정착금을 지급하여야 한다.
> ④ 이주대책의 내용에는 이주정착지(이주대책의 실시로 건설하는 주택단지를 포함한다)에 대한 도로, 급수시설, 배수시설, 그 밖의 공공시설 등 통상적인 수준의 생활기본시설이 포함되어야 하며, 이에 필요한 비용은 사업시행자가 부담한다. 다만, 행정청이 아닌 사업시행자가 이주대책을 수립·실시하는 경우에 지방자치단체는 비용의 일부를 보조할 수 있다.

위 전원합의체 판결은 시사하는 바 매우 크다. 우리가 개인적 공권의 2요소로 사익보호성과 강행법규를 들고 있는데, 토지보상법은 피수용자의 사익보호를 위한 규정이 산재해 있지만 판례는 이주대책에 대해서 만큼은 강행법규에 대해 애매한 태도를 취하고 있었다.

종전 전원합의체 판례도 이주자가 사업시행자에 대한 이주대책대상자 선정신청 및 이에 따른 확인·결정 등 절차를 밟지 아니하여 구체적인 수분양권을 아직 취득하지도 못한 상태에서 곧바로 분양의무의 주체를 상대방으로 하여 민사소송이나 공법상 당사자소송으로 이주대책상의 수분양권의 확인 등을 구하는 것은 허용될 수 없다고 보면서 이주대책 실시의무규정에 대해서는 상징적인 규정으로 파악하고 있었다.

그러나 최근 판시된 전원합의체 판결은 토지보상법 제78조 제1항을 강행법규라고 판시함으로써 사실상 이주대책대상자에게 실체적 권리를 부여한 측면이 있다고 할 것이다.

이는 종전 전원합의체 판결에서 소수견해였던 내용들이 세월이 흘러 대법원 다수의견으로 발전되었다고 할 것이다. 본 판결로 인해 공익사업을 진행하는 사업시행자는 일정한 요건이 되는 경우 반드시 이주대책의 수립·실시의무를 부담하고, 본 공익사업으로 이주대책대상자가 되는 피수용자들에게는 실체적 권리가 생겼다고 할 것이다.

최근 전원합의체 판결을 자세히 보면 본 이주대책 판례에 대해 대법관들 사이에도 이견이 상당한 것을 보여주고 있다. 보상현장에서 그동안 사업시행자가 예산문제라는 핑계로 이주대책에 대해서 소극적인 측면이 있었는데, 본 판결로 인해 이주대책은 이제 우리 보상제도에서 자리를 잡아가는 양상이 되었다.

사실 우리가 인간다운 생활이라는 것도 거창한 것이 아니라 집 한채 가지고 있었는데, 그와 유사한 집에서 살 수 있도록 조치를 취해 주는 것인데, 그동안 우리 법제는 공익사업이라는 명목으로 소홀했던 게 사실이다. 토지보상법 제78조 제4항을 강행규정으로 판시한 것도 이와 보조를 맞춘 진일보한 판례이다.

③ 이주대책에 대한 앞으로의 과제

이번 대법원 전원합의체 판결은 종전의 미사여구로 그쳤던 인간다운 생활보장을 위한 첫 단추라고 할 것이다. 그러나 아직도 대법원 판례에는 구석 구석에 함정이 있다. 이주대책의 내용과 수량은 사업시행자의 재량이라고 대법원이 판시함으로써 사실상 사업시행자의 내부 사정에 대해 손을 들어주고 있다. 일반인들도 내가 살고 있던 집이 공익사업에 편입되면 종전 생활상태를 보장할 수 있는 이주대책제도가 선행되어야 한다고 생각하는 것이 상식이다. 우리 토지보상법이 이러한 상식에 이르기까지는 40년이 넘게 걸렸다. 이는 우리나라의 경제발전을 위해 불가피한 희생양이 필요한 측면이 있기 때문에 앞으로 우리 토지보상법은 국민들의 눈물을 닦아주는 따뜻한 법으로 탈바꿈되면 좋겠다. 그러나 여기에도 깊은 시름이 있기는 마찬가지이다. 공익사업에는 국민의 혈세가 들어가기 때문에 최근 세수제도 변경에 대해 국민들이 민감하게 반응하는 상황에서 특별한 희생에 대한 조절적 전보라는 것이 어디까지인가를 새삼 고민하게 하는 대목이다. 이 부분 또한 국민적 공감대가 선행적으로 이루어져야 할 것이라 생각된다.

(5) **기타 이주대책 관련 판례**

이주대책은 공익사업에 협력한 자에게 특별공급의 기회를 요구할 수 있는 법적인 이익을 부여하고 있는 것이라고 할 것이므로 그들에게는 특별공급신청권이 인정되며, 따라서 사업시행자가 특별분양을 요구하는 자에게 이를 거부하는 행위는 항고소송의 대상이 되는 거부처분이라고 할 것이다(거부처분 관련 판례).

현실적으로 이미 수립, 실시한 이주대책업무가 종결되었고, 그 사업을 완료하여 사업지구 내에 더 이상 분양할 이주대책용 단독택지가 없다 하더라도 보상금청구권 등의 권리를 확정하는 법률상의 이익은 여전히 남아 있는 것이므로 그러한 사정만으로 이 거부처분의 취소를 구할 법률상 이익이 없다고 할 것은 아니다(협의의 소의이익 관련 판례). 이주대책신청기간이나 소정의 이주대책실시기간을 모두 도과하여 실기한 이주대책신청을 하였으므로 원고에게는 이주대책을 신청할 권리가 없고, 사업시행자가 이를 받아들여 택지나 아파트공급을 해 줄 법률상 의무를 부담한다고 볼 수 없다는 피고의 주장은 사업지구 내 가옥소유자가 아니라는 이 사건 처분사유와 기본적 사실관계의 동일성도 없다(처분사유추가변경 관련 판례).

> 판례

▶ 관련판례(대판 1999.8.20, 98두17043)

[1] 공공용지의 취득 및 손실보상에 관한 특례법 제8조 제1항이 사업시행자로 하여금 공익사업의 시행에 필요한 토지 등을 제공함으로 인하여 생활근거를 상실하게 되는 자에게 이주대책을 수립·실시하도록 하고 있는바, 택지개발촉진법에 따른 사업시행을 위하여 토지 등을 제공한 자에 대한 이주대책을 세우는 경우 위 이주대책은 공익사업에 협력한 자에게 특별공급의 기회를 요구할 수 있는 법적인 이익을 부여하고 있는 것이라고 할 것이므로 그들에게는 특별공급신청권이 인정되며, 따라서 사업시행자가 위 조항에 해당함을 이유로 특별분양을 요구하는 자에게 이를 거부하는 행위는 비록 이를 민원회신이라는 형식을 통하여 하였더라도, 항고소송의 대상이 되는 거부처분이라고 할 것이다.

[2] 공공용지의 취득 및 손실보상에 관한 특례법 제8조 제1항에 의하면 사업시행자는 이주대책의 수립, 실시의무가 있고, 그 의무이행에 따른 이주대책계획을 수립하여 공고하였다면, 이주대책대상자라고 하면서 선정신청을 한 자에 대해 대상자가 아니라는 이유로 거부한 행정처분에 대하여 그 취소를 구하는 것은 이주대책대상자라는 확인을 받는 의미도 함께 있는 것이며, 사업시행자가 하는 확인, 결정은 이주대책상의 택지분양권이나 아파트 입주권 등을 받을 수 있는 구체적인 권리를 취득하기 위한 요건에 해당하므로 현실적으로 이미 수립, 실시한 이주대책업무가 종결되었고, 그 사업을 완료하여 이 사건 사업지구 내에 더 이상 분양할 이주대책용 단독택지가 없다 하더라도 보상금청구권 등의 권리를 확정하는 법률상의 이익은 여전히 남아 있는 것이므로 그러한 사정만으로 이 거부처분의 취소를 구할 법률상 이익이 없다고 할 것은 아니다.

[3] 행정청은 기본적 사실관계의 동일성이 있다고 인정되는 한도 내에서만 다른 처분사유를 추가, 변경할 수 있다고 할 것이나 이는 사실심 변론종결시까지만 허용된다.
원고가 이주대책신청기간이나 소정의 이주대책실시(시행)기간을 모두 도과하여 실기한 이주대책신청을 하였으므로 원고에게는 이주대책을 신청할 권리가 없고, 사업시행자가 이를 받아들여 택지나 아파트공급을 해 줄 법률상 의무를 부담한다고 볼 수 없다는 피고의 상고이유의 주장은 원심에서는 하지 아니한 새로운 주장일 뿐만 아니라 사업지구 내 가옥소유자가 아니라는 이 사건 처분사유와 기본적 사실관계의 동일성도 없으므로 적법한 상고이유가 될 수 없다.

▶ 관련판례(대판 2011.10.13, 2008두17905) [상가용지공급대상자적격처분취소등]
[1] 공익사업을 위한 토지 등의 취득 및 보상에 관한 법률은 제78조 제1항에서 "사업시행자는 공익사업의 시행으로 인하여 주거용 건축물을 제공함에 따라 생활의 근거를 상실하게 되는 자(이하 '이주대책대상자'라 한다)를 위하여 대통령령으로 정하는 바에 따라 이주대책을 수립·실시하거나 이주정착금을 지급하여야 한다."고 규정하고 있을 뿐, 생활대책용지의 공급과 같이 공익사업 시행 이전과 같은 경제수준을 유지할 수 있도록 하는 내용의 생활대책에 관한 분명한 근거 규정을 두고 있지는 않으나, 사업시행자 스스로 공익사업의 원활한 시행을 위하여 필요하다고 인정함으로써 생활대책을 수립·실시할 수 있도록 하는 내부규정을 두고 있고 내부규정에 따라 생활대책대상자 선정기준을 마련하여 생활대책을 수립·실시하는 경우에는, 이러한 생활대책 역시 "공공필요에 의한 재산권의 수용·사용 또는 제한 및 그에 대한 보상은 법률로써 하되, 정당한 보상을 지급하여야 한다."고 규정하고 있는 헌법 제23조 제3항에 따른 정당한 보상에 포함되는 것으로 보아야 한다. 따라서 이러한 생활대책대상자 선정기준에 해당하는 자는 사업시행자에게 생활대책대상자 선정 여부의 확인·결정을 신청할 수 있는 권리를 가지는 것이어서, 만일 사업시행자가 그러한 자를 생활대책대상자에서 제외하거나 선정을 거부하면, 이러한 생활대책대상자 선정기준에 해당하는 자는 사업시행자를 상대로 항고소송을 제기할 수 있다고 보는 것이 타당하다.

[2] 뉴타운개발 사업시행자가 사업시행으로 생활근거 등을 상실하는 주민들을 위한 주거대책 및 생활대책을 공고함에 따라 화훼도매업을 하던 갑이 사업시행자에게 생활대책신청을 하였으나, 사업시행자가 갑은 위 주거대책 및 생활대책에서 정한 '이주대책 기준일 3개월 이전부터 사업자등록을 하고 영업을 계속한 화훼영업자'에 해당하지 않는다는 이유로 화훼용지 공급대상자에서 제외한 사안에서, 사업시행자의 거부행위가 행정처분에 해당한다고 본 원심판단을 정당하다고 한 사례

[3] 뉴타운개발 사업시행자가 사업시행으로 생활근거 등을 상실하는 주민들을 위한 주거대책 및 생활대책을 공고함에 따라 화훼도매업을 하던 갑이 사업시행자에게 생활대책신청을 하였으나, 사업시행자가 갑은 위 주거대책 및 생활대책에서 정한 '이주대책기준일 3개월 전부터 사업자등록을 하고 영업을 계속한 화훼영업자'에 해당하지 않는다는 이유로 화훼용지 공급대상자에서 제외

한 사안에서, 갑이 이주대책기준일 3개월 이전부터 동생 명의를 빌려 사업자등록을 하고 화원 영업을 하다가 기준일 이후에 비로소 사업자등록 명의만을 자신 명의로 바꾸어 종전과 같은 화원 영업을 계속하였더라도 '기준일 3개월 이전부터 사업자등록을 하고 계속 영업을 한 화훼영업 자'에 해당한다고 본 원심판단을 정당하다고 한 사례

▶ 관련판례(대판 2014.8.26, 2013두4293)

[판시사항]

[1] (구)도시 및 주거환경정비법 제47조 제2호에서 현금청산대상자로 정한 '분양신청을 철회한 자'에 분양신청기간이 종료된 후 임의로 분양신청을 철회한 자가 포함되는지 여부(원칙적 소극) 및 예외적으로 분양신청기간 종료 후 분양신청을 철회한 자가 위 현금청산대상자에 해당하는 경우

[2] 분양신청을 하였다가 분양계약을 체결하지 않거나 사업시행자에게 분양신청을 철회하는 등으로 분양계약의 체결의사가 없음을 명백히 표시하고 사업시행자가 이에 동의함으로써 추가로 현금청산대상자가 된 토지 등 소유자에 대하여, 분양계약 체결기간에 이르기 전에 사업시행자의 재결신청과 그에 따른 수용재결이 이루어진 경우 (구)공익사업을 위한 토지 등의 취득 및 보상에 관한 법률 제30조 제3항에서 정한 사업시행자의 재결신청 지연을 이유로 한 가산금이 발생하는지 여부(소극)

[이 유]

상고이유에 대하여 판단한다.

1. 원고들이 현금청산대상자인지에 관한 상고이유에 대하여

(구)도시 및 주거환경정비법 제47조 제2호에 따르면 주택재개발정비사업의 사업시행자는 분양신청을 철회한 토지 등 소유자에 대하여 '그 해당하게 된 날'부터 150일 이내에 대통령령이 정하는 절차에 따라 토지·건축물 또는 그 밖의 권리에 대하여 현금으로 청산하여야 하는데, 여기에서 말하는 '분양신청을 철회한 자'는 분양신청기간 내에 분양신청을 하였다가 그 기간이 종료되기 전에 이를 철회한 자를 가리키고, 분양신청기간이 종료된 후에 임의로 분양신청을 철회한 자는 여기에 포함되지 않는다. 다만 사업시행자의 정관이나 관리처분계획에서 조합원들에 대하여 분양신청기간 종료 후 일정한 기간 내에 분양계약을 체결할 것을 요구하면서 그 기간 내에 분양계약을 체결하지 아니한 자에 대하여는 그 권리를 현금으로 청산한다는 취지를 정한 경우, 이는 사업시행자가 조합원이었던 토지 등 소유자에 대하여 해당 기간에 분양계약의 체결을 거절하는 방법으로 사업에서 이탈할 수 있는 기회를 추가로 부여한 것이므로, 분양신청을 한 토지 등 소유자가 분양신청기간이 종료된 이후 분양계약 체결기간 내에 분양계약을 체결하지 않거나, 사업시행자에게 분양신청을 철회하는 등으로 분양계약의 체결의사가 없음을 명백히 표시하고 사업시행자가 이에 동의한 경우에도 해당 토지 등 소유자는 현금청산대상자에 해당하게 된다고 보아야 한다(대판 2011.7.28, 2008다91364 등 참조).

위 법리 및 기록에 비추어 보면, 원심이 분양신청기간이 지난 후 분양신청을 철회한 원고들이 현금청산대상자에 해당한다고 판단한 것은 정당하고, 거기에 상고이유로 주장하는 바와 같이 논리와 경험의 법칙을 위반하여 자유심증주의의 한계를 벗어나거나, 도시정비법상 현금청산대상자에 관한 법리 등을 오해한 잘못이 없다.

2. 재결신청 지연으로 인한 가산금에 관한 상고이유에 대하여

가. 원심은, 현금청산대상자인 원고들은 사업시행자인 피고를 상대로 수용재결을 신청할 것을 청구할 수 있고, 피고가 통지한 보상협의기간인 2010.3.12.부터 2010.4.15.까지 사이에 협의가 성립되지 아니하였으므로, 피고에게는 위 협의기간 이후 수용재결신청청구서를 발송한 원고 4와의 관계에서는 그 청구서가 피고에게 도달한 2010.4.28.부터 60일이 되는 2010.6.27.까

지, 나머지 원고들과의 관계에서는 위 협의기간 만료일 다음 날인 2010.4.16.부터 60일이 되는 2010.6.15.까지 관할 토지수용위원회에 수용재결을 신청할 의무가 있었다고 할 것인데, 피고는 그 기간이 지난 후인 2010.11.19.에야 비로소 수용재결을 신청하였으므로 (구) 공익사업을 위한 토지 등의 취득 및 보상에 관한 법률(2011.8.4. 법률 제11017호로 개정되기 전의 것, 이하 '공익사업법'이라 한다) 제30조 제3항에 따라 원고 4에게는 재결신청이 지연된 기간 145일에 대한 가산금 및 이에 대한 지연손해금을, 나머지 원고들에게는 그 지연기간 157일에 대한 가산금 및 이에 대한 지연손해금을 지급할 의무가 있다고 판단하였다.

나. 그러나 원심의 이러한 판단은 다음과 같은 이유에서 수긍할 수 없다.

분양신청을 한 토지 등 소유자가 분양계약을 체결하지 않거나 사업시행자에게 분양신청을 철회하는 등으로 분양계약의 체결의사가 없음을 명백히 표시하고 사업시행자가 이에 동의함으로써 추가로 현금청산대상자가 된 경우, 그러한 현금청산대상자에 대한 사업시행자의 청산금 지급의무는 '분양계약 체결기간의 종료일 다음 날' 발생하므로, 분양계약 체결기간에도 이르기 전에 사업시행자의 재결신청과 그에 따른 수용재결이 이루어진 경우에는 사업시행자의 재결신청 지연을 이유로 한 공익사업법 제30조 제3항이 정한 가산금은 발생할 여지가 없다(대판 2013.1.24, 2011두22778 등 참조). 원심판결 이유 및 기록에 의하면, 원고들이 분양신청을 하였다가 분양신청기간 종료 후 그 분양신청을 철회하고 나서 피고에게 수용재결을 신청할 것을 청구하고, 피고가 2010.11.19. 서울특별시 지방토지수용위원회에 수용재결을 신청한 사실, 위 위원회는 2011.1.14. 수용재결을 하였는데, 당시까지 분양계약 체결기간이 결정되지 않았던 사실(분양계약 체결기간은 2012년 3월로 예정되었던 것으로 보인다)을 알 수 있는바, 위와 같은 사실관계를 앞서 본 법리에 비추어 보면, 분양계약 체결기간에도 이르기 전에 사업시행자인 피고의 재결신청과 그에 따른 수용재결이 이루어진 이 사건에서 피고의 재결신청 지연을 이유로 한 (구)공익사업법 제30조 제3항이 정한 가산금은 발생하지 않는다고 할 것이다.

다. 그럼에도 원심은 이와 달리 피고에게 재결신청 지연으로 인한 가산금 지급의무가 있다고 판단하였으므로, 이러한 원심의 판단에는 공익사업법상 재결신청 지연으로 인한 가산금의 발생에 관한 법리를 오해하여 판결결과에 영향을 미친 잘못이 있다.

▶ 관련판례(대판 2015.8.27, 2012두26746)

공익사업법령이 이주대책대상자의 범위를 정하고 이주대책대상자에게 시행할 이주대책수립 등의 내용에 관하여 구체적으로 규정하고 있으므로, 사업시행자는 이처럼 법이 정한 이주대책대상자를 법령이 예정하고 있는 이주대책수립 등의 대상에서 임의로 제외하여서는 아니 된다. 그렇지만 그 규정 취지가 사업시행자가 시행하는 이주대책수립 등의 대상자를 법이 정한 이주대책대상자로 한정하는 것은 아니므로, 사업시행자는 해당 공익사업의 성격, 구체적인 경위나 내용, 그 원만한 시행을 위한 필요 등 제반 사정을 고려하여 법이 정한 이주대책대상자를 포함하여 그 밖의 이해관계인에게까지 넓혀 이주대책수립 등을 시행할 수 있다고 할 것이다.

▶ 관련판례(대판 2014.8.26, 2013두4293)

[판시사항]

사업시행자가 (구)공익사업을 위한 토지 등의 취득 및 보상에 관한 법률 제78조 제1항, 같은 법 시행령 제40조 제3항이 정한 이주대책대상자의 범위를 넘어 미거주 소유자까지 이주대책대상자에 포함시킬 수 있는지 여부(적극) 및 이때 미거주 소유자에 대하여도 같은 법 제78조 제4항에 따라 생활기본시설을 설치하여 줄 의무를 부담하는지 여부(소극)

[이 유]

공익사업을 위한 토지 등의 취득 및 보상에 관한 법률(2007.10.17. 법률 제8665호로 개정되기 전의 것, 이하 '공익사업법'이라 한다) 제78조 제1항은 사업시행자는 '공익사업의 시행으로 인하여 주거용 건축물을 제공함에 따라 생활의 근거를 상실하게 되는 자'(이하 '이주대책대상자'라 한다)를 위하여 대통령령이 정하는 바에 따라 이주대책을 수립·실시하거나 이주정착금을 지급하여야 한다고 규정하고 있다. 한편 같은 법 시행령(2008.2.29. 대통령령 제20722호로 개정되기 전의 것, 이하 '공익사업법 시행령'이라 한다) 제40조 제3항은 '해당 건축물에 공익사업을 위한 관계법령에 의한 고시 등이 있는 날부터 계약체결일 또는 수용재결일까지 계속하여 거주하고 있지 아니한 건축물의 소유자'(이하 '미거주 소유자'라 한다) 등은 이주대책대상자에서 제외하도록 규정하고 있으나, 이 경우에도 사업시행자가 위 법령에서 정한 이주대책대상자의 범위를 확대하는 기준을 수립하여 실시하는 것은 허용된다(대판 2009.9.24, 2009두9819 참조).

다만, 사업시행자가 공익사업법 제78조 제1항, 공익사업법 시행령 제40조 제3항이 정한 이주대책대상자의 범위를 넘어 미거주 소유자까지 이주대책대상자에 포함시킨다고 하더라도, 법령에서 정한 이주대책대상자가 아닌 미거주 소유자에게 제공하는 이주대책은 법령에 의한 의무로서가 아니라 시혜적인 것으로 볼 것이므로, 사업시행자가 이러한 미거주 소유자에 대하여도 공익사업법 제78조 제4항에 따라 생활기본시설을 설치하여 줄 의무를 부담한다고 볼 수는 없다.

▶ 관련판례(대판 2014.2.27, 2013두10885) - 제28회 2번 문제

공익사업을 위한 토지 등의 취득 및 보상에 관한 법률상의 공익사업시행자가 하는 이주대책대상자 확인·결정은 구체적인 이주대책상의 수분양권을 부여하는 요건이 되는 행정작용으로서의 처분이지 이를 단순히 절차상의 필요에 따른 사실행위에 불과한 것으로 평가할 수는 없다. 따라서 수분양권의 취득을 희망하는 이주자가 소정의 절차에 따라 이주대책대상자 선정신청을 한 데 대하여 사업시행자가 이주대책대상자가 아니라고 하여 위 확인·결정 등의 처분을 하지 않고 이를 제외시키거나 거부조치한 경우에는, 이주자로서는 사업시행자를 상대로 항고소송에 의하여 제외처분이나 거부처분의 취소를 구할 수 있다. 나아가 이주대책의 종류가 달라 각 그 보장하는 내용에 차등이 있는 경우 이주자의 희망에도 불구하고 사업시행자가 요건 미달 등을 이유로 그중 더 이익이 되는 내용의 이주대책대상자로 선정하지 않았다면 이 또한 이주자의 권리의무에 직접적 변동을 초래하는 행위로서 항고소송의 대상이 된다.

판례

❂ 대판 2014.2.27, 2013두10885 [일반분양이주택지결정무효확인]

이주대책대상자 확인·결정의 법적 성질(=행정처분)과 이에 대한 쟁송방법(=항고소송)

【판시사항】

공익사업을 위한 토지 등의 취득 및 보상에 관한 법률상의 공익사업시행자가 하는 이주대책대상자 확인·결정의 법적 성질(=행정처분)과 이에 대한 쟁송방법(=항고소송)

【판결요지】

공익사업을 위한 토지 등의 취득 및 보상에 관한 법률상의 공익사업시행자가 하는 이주대책대상자 확인·결정은 구체적인 이주대책상의 수분양권을 부여하는 요건이 되는 행정작용으로서의 처분이지 이를 단순히 절차상의 필요에 따른 사실행위에 불과한 것으로 평가할 수는 없다.

따라서 수분양권의 취득을 희망하는 이주자가 소정의 절차에 따라 이주대책대상자 선정신청을 한 데 대하여 사업시행자가 이주대책대상자가 아니라고 하여 위 확인·결정 등의 처분을 하지 않고 이를 제외시키거나 거부조치한 경우에는, 이주자로서는 사업시행자를 상대로 항고소송에 의하여 제외처분이나 거부처분의 취소를 구할 수 있다. 나아가 이주대책의 종류가 달라 각 그 보장하는 내용에 차등이 있는 경우 이주자의 희망에도 불구하고 사업시행자가 요건 미달 등을 이유로 그중 더 이익이 되는 내용의 이주대책대상자로 선정하지 않았다면 이 또한 이주자의 권리의무에 직접적 변동을 초래하는 행위로서 항고소송의 대상이 된다.

【참조조문】

공익사업을 위한 토지 등의 취득 및 보상에 관한 법률 제78조, 행정소송법 제2조 제1항 제1호

【참조판례】

대판 1994.5.24, 92다35783 全合(공1994하, 1779)

【전 문】

【원고, 상고인】 원고
【피고, 피상고인】 창원시장
【원심판결】 부산고법 2013.5.9, (창원)2012누1825

【주 문】

원심판결을 파기한다. 제1심판결을 취소하고, 사건을 창원지방법원 합의부에 환송한다.

【이 유】

상고이유를 살펴본다.

1. 공익사업을 위한 토지 등의 취득 및 보상에 관한 법률상의 공익사업시행자가 하는 이주대책대상자 확인·결정은 구체적인 이주대책상의 수분양권을 부여하는 요건이 되는 행정작용으로서의 처분이지 이를 단순히 절차상의 필요에 따른 사실행위에 불과한 것으로 평가할 수는 없다. 따라서 수분양권의 취득을 희망하는 이주자가 소정의 절차에 따라 이주대책대상자 선정신청을 한 데 대하여 사업시행자가 이주대책대상자가 아니라고 하여 위 확인·결정 등의 처분을 하지 않고 이를 제외시키거나 거부조치한 경우에는, 이주자로서는 사업시행자를 상대로 항고소송에 의하여 그 제외처분이나 거부처분의 취소를 구할 수 있다(대판 1994.5.24, 92다35783 全合 등 참조). 나아가 이주대책의 종류가 달라 각 그 보장하는 내용에 차등이 있는 경우 이주자의 희망에도 불구하고 사업시행자가 요건 미달 등을 이유로 그중 더 이익이 되는 내용의 이주대책대상자로 선정하지 않았다면 이 또한 이주자의 권리의무에 직접적 변동을 초래하는 행위로서 항고소송의 대상이 된다.

2. 가. 제1심은, 원고를 소지가(소지가) 분양대상자가 아니라 일반우선 분양대상자로 하는 피고의 이주택지 분양대상자 결정·공고 처분이 무효라는 확인을 구하는 원고의 청구에 대하여, 공공사업의 시행자가 이주택지의 공급조건에서 소지가로 분양할 것인지 일반분양가로 분양할 것인지에 관하여 결정·공고하였다고 하더라도 이는 이주택지대상자로 선정된 자와 체결할 이주택지에 관한 분양계약에서 그 대상자가 반대급부로서 부담하게 되는 사법상의 금전지급의무에 관한 사항을 사전 통보하는 것에 지나지 아니하고, 그에 기한 분양계약에 따라 부담하게 되는 금전지급의무의 범위 등에 관한 다툼은 민사소송을 통하여 적절한 구제가 이루어질 수 있는 사항이라는 이유로, 피고의 위 결정·공고는 원고의 법률상의 권리의무에 직접적 변

동을 초래하는 행정처분에 해당한다고 볼 수 없어 이 사건 소가 부적법하다고 판단하였고, 원심은 제1심판결을 그대로 유지하였다.

나. 그러나 기록에 의하여 알 수 있는 다음과 같은 사정, 즉 이 사건 소지가 분양대상자는 소지가로 이주택지를 분양받는 외에도 1세대당 상업용지 3평을 일반분양가로 추가 분양받을 수 있는 데 비하여 일반우선 분양대상자는 이주택지를 일반분양가로 우선분양받는 것에 그치므로, 소지가 분양대상자인지 여부에 따라 보장되는 이주대책 내용의 차이가 이주대책대상자가 반대급부로서 부담하게 되는 사법상의 금전지급의무에 관한 사항에 불과하다고 할 수 없는 점, 피고의 위 결정·공고는 원고를 개별적으로 특정하여 외부에 표시되었을 뿐만 아니라 그 공고에 분양대상자 결정에 이의가 있는 때에는 창원시에 이의신청을 할 수 있고 처분이 있음을 안 날로부터 90일 이내에 행정심판을 청구할 수 있다는 내용이 포함되어 있는 점 등을 위 법리에 비추어 살펴보면, 원고를 소지가 분양대상자가 아닌 일반우선 분양대상자로 결정·공고한 것은 원고의 권리의무에 직접적 변동을 초래하는 행위에 해당하여 항고소송의 대상이 된다고 봄이 상당하다.

그럼에도 제1심은 이와 달리 판단하여 이 사건 소를 각하하고 원심은 제1심판결을 그대로 유지하였는바, 이는 항고소송의 대상에 관한 법리를 오해하여 판단을 그르친 것이다.

3. 그러므로 원심판결을 파기하되, 이 사건은 대법원이 직접 재판하기에 충분하므로 자판하기로 하여 제1심판결을 취소하고, 사건을 제1심법원에 환송하기로 하여, 관여 대법관의 일치된 의견으로 주문과 같이 판결한다.

(6) **결**(현행 이주대책의 문제점과 개선방안)

① **개별법 등 운용상 통일성 결여**

이주대책은 토지보상법 이외에도 도시철도법, 항공법 등 여러 개별법에 규정되어 있으나 그 이주대책의 내용이 상이하여 보상의 형평성 문제로 집단민원의 요인이 되고 있다. 따라서 조속한 입법보완이 요구된다 할 것이다.

② **이주정착금과의 관계의 모호성**

이주정착금의 성격을 이주대책의 일환으로 볼 수 있고 정착금이 너무 낮아 비현실적이고, 사업시행 주체별로 상이할 뿐만 아니라 이주단지조성 등과 비교할 경우 보상의 형평성 문제가 발생한다.

③ **세입자에 대한 이주대책규정의 미흡**

생활기반을 상실하는 것은 건축물의 소유자보다는 오히려 세입자의 경우에 더 클 수 있으나 이에 대한 대책이 없으므로 민원발생의 요인이 되고 있고, 이로 인한 사업지연의 문제가 발생하고 있다. 따라서 세입자에 대한 보상을 현실적인 수준으로 끌어올리고 권리구제의 공백이 발생하지 않도록 입법적 보완이 요구된다.

이주대책의 개념과 특별공급의 적용법조[9]

Ⅰ. 이주대책의 의의와 연혁

1. 서론 – 이주대책의 최근 이슈

행정상 손실보상의 영역에서 이주대책이라는 용어는 매우 익숙한 것이고 이와 관련해서는 이미 많은 판례가 쌓여 있다. 1970년대 중반 이후 활발히 진행된 각종의 공익사업에서 수용대상자들에 대한 손실보상은 중요한 화두였는데, 그 중에서도 특히 기존 보상체계의 한계를 보완하는 생활보상이 새로운 관심의 대상이었다. 생활보상은 공익사업으로 인해 다수주민이 생활의 기반을 상실하고 동시에 이주해야 할 때, 이들에게 재산권 보상만으로는 해소되지 않는 손실을 전보하기 위해 이루어지는 보상을 말한다. 취락이 해체되어 이주해야 하는 주민들에게 이주정착지를 제공하는 이주대책은, 생활공동체를 이전할 수 있는 기반을 마련한다는 의미에서 자연스럽게 생활보상의 중심적 지위를 차지하게 되었다.

종래 이주대책과 관련해서 소송상 문제가 되었던 쟁점은 주로 이주대책의 대상자 선정과 관련된 것이었다. 이주대책의 대상자들에게는 이주정착지나 신도시의 택지나 주택이 공급되었고, 이는 곧 개발이익과 직결되었기 때문이다. 그러나 최근에는 이주대책대상자들이 새롭게 공급받은 택지나 아파트의 공급가액에 대해 이의를 제기하면서 감액을 요구하는 사안들이 적지 않게 등장하고 있다. 이들이 가지고 있는 불만은 통상적인 이주대책에서 이주정착지의 생활기본시설 설치비를 사업시행자가 부담하는 것과 달리, 택지개발사업 등에서 공급되는 택지나 아파트에 대해서는 그러한 혜택이 없다는 점이다.

2000년대 초반부터 제기되었던 이러한 유형의 소송은 지금 전국적으로 100개가 넘고 이미 대법원에도 적지 않은 수의 소송이 계류되어 있다. 이에 비해 이주대책과 관련된 관계법령은 1970년대 제정된 후 거의 방치되고 있어 각 조문들 간의 체계를 정립해서 합리적인 해석에 도달하기 상당히 어렵다.

2. 이주대책의 뜻

(1) 이주대책개념의 다양성

행정상 손실보상의 영역에서 생활보상의 일종으로 설명되는 이주대책이라는 용어는 1970년대 제정된 법령에서 연원한 것이지만, 각종 이론서에 강학상의 개념으로 채택되면서 다양한 의미로 사용되고 있다. 이주대책은 가장 넓게는 공익사업에 수반하는 주민의 이주필요와 그에 대한 대책 전반이라는 의미로 사용될 수 있다. 이런 의미의 이주대책은 생활보상과 거의 동의어로 사용되어 주거이전비, 영업보상, 세입자보상, 소수잔존자 보상 등을 포괄하게 된다. 이에 반해 가장 좁은 의미의 이주대책은 이주정착지를 조성해서 주택 또는 택지를 공급하는 것을 의미한다. 이렇게 다양한 개념의 이주대책이라는 용어가 사용됨에 따라 이주대책의 개념, 적용범위, 적용법조가 각각 달라지는 상황이 초래되고 있다.

(2) 실정법상 이주대책개념

현행법은 공익사업의 시행으로 인하여 주거용 건축물을 제공함에 따라 생활의 근거를 상실하게 되는 자(이주대책대상자)를 위하여 사업시행자가 이주대책을 세우도록 정하고 있다(공익사업을 위한 토지 등의 취득 및 보상에 관한 법률 제78조 : 이하 토지보상법). 현행법이 상정하고

---

9) 김종보 서울대학교 법학전문대학원 교수, 행정법 연구 제28호(2010년 12월호), pp.163~182, 한국행정법연구소.

있는 이주대책의 개념은 원칙적으로 좁은 의미의 이주대책을 말하는 것으로, 이에 근거해서 사업시행자는 이주정착지를 조성하여 택지나 주택을 이주대상자에게 공급한다. 이주대책을 위해 조성되는 이주정착지가 부실하게 조성될 것을 우려해서 법률은 도로 등 생활기본시설이 통상적인 수준으로 설치되도록 정하고, 설치비용도 사업시행자에게 부담시키고 있다(토지보상법 제78조 제4항).

(3) 생활보상의 일종인 이주대책

이주대책은 국가의 적극적이고 정책적인 배려에 의해 마련된 제도로 생활보상의 일종인데, 생활보상이란 전통적인 유형적 재산권 보상의 범위를 넘어 수용에 의해 상실되는 생활상 이익을 전보해주기 위해 만들어진 개념이다. 연혁적으로 보면 생활보상은 유형의 재산적 손실에 대한 전통적 보상만으로는 공익사업의 원활한 추진이 어렵고 사업이 교착될 때 입법을 통해 발전되었다. 그러므로 이주대책의 개념이나 적용법조를 해석할 때 이미 전통적 의미의 보상액은 모두 지급된 후, 이주대책이 수립된다는 점에 유의해야 한다.

3. 관련제도의 연혁

현행 토지보상법은 구법인 공공용지의 취득 및 손실보상에 관한 특례법(이하 공특법)이 토지수용법과 합쳐져 하나의 법으로 제정된 것이다. 토지보상법이 제정되면서 공특법과 그 시행령에 존재하던 규정들의 일부가 법률 차원으로 승격되고 일부 보상조항이 추가되었지만, 전체적으로 이주대책과 관련된 제도의 근간은 변화하지 않았다. 특별한 제도의 변화를 위해 조항이나 체계의 변동이 없었으므로 현행법의 해석에 있어서 구법 조항에 대한 판례나 해석은 여전히 중요한 의미를 갖는다.

(1) 이주대책제도의 등장

실정법상 이주대책제도가 처음으로 등장한 것은 제정 공특법(1976년) 제8조이다. 공특법은 동조에서 사업시행자의 이주대책 수립의무(제1항), 관할 지방자치단체의 장과 협의(제2항) 등을 정하고 있었으며, 이는 현행 토지보상법 제78조의 내용으로 이어지고 있다. 현행 토지보상법에 마련되어 있는 생활기본시설의 설치비용조항(토지보상법 제78조 제4항)은, 공특법에서는 시행령 수준에서 그 내용을 정하고 있다는 점에서 차이가 있었다(토지보상법 시행령 제5조 제4항).

(2) 이주정착금의 도입

초기의 이주대책은 예외 없이 이주정착지를 조성할 의무를 사업시행자에게 부여하고 있었기 때문에, 실제 이주정착지의 조성이 불필요하거나 불가능한 경우에 사업시행자를 곤란하게 만들었다. 또 초기 이주대책제도는 이주정착지로 이전을 원하지 않는 이주대상자들에 대해서도 별도의 보상규정을 가지고 있지 않았다. 이주대책이 가지고 있던 이러한 경직성을 완화하기 위해 예외규정이 필요하게 되었고, 이는 이주정착금제도의 도입으로 이어졌다(1989년 개정 공특법 시행령 제6조의2).

이에 따라 사업시행자는 이주대책을 수립·시행할 수 없는 부득이한 경우나 이주정착지로 이주를 희망하는 자가 10호 미만인 경우(공특법 시행령 제6조의2 제1호) 등에는 이주정착금을 지급할 수 있게 되었다. 이와 동시에 이주정착지로 이주하기를 원하지 않거나, 해외이주 등으로 인해 사실상 이주대책의 혜택을 누리지 못하는 이주대상자를 위한 이주정착금도 도입되었다(공특법 시행령 제6조의2 제2호). 이와 같은 공특법 시행령 개정에 의해 사업시행자의 의무는 크게 이주정착지의 제공(이주대책)이라는 원칙과 법령이 정한 사유가 있으면 이주정착금을 지급할 수 있는 예외로 분화된다.

(3) 특별공급제도의 도입

택지개발촉진법 등에 의한 택지개발사업이 일반화되면서, 택지개발사업의 시행자가 이주정착지를 조성하는 대신 해당 사업장의 택지나 주택을 공급할 수 있는 근거가 필요해졌다. 이러한 욕구는 1989년 개정을 통해 공특법에 반영되어, 사업시행자가 택지개발촉진법 등 관계법령에 의하여 이주대책대상자에게 택지 또는 주택을 공급한 경우에는 이주대책을 수립한 것으로 간주되었다(공특법 시행령 제5조 제5항 단서).

이하에서는 이렇게 택지개발촉진법, 주택법 등 관계법령에 의해 택지 또는 주택을 공급하는 방식을 좁은 의미의 이주대책과 구별하기 위해 '특별공급'이라 부르기로 한다. 특별공급은 10호 미만인 경우에도 또 이주정착지를 쉽게 찾을 수 있는 경우 등에도 사업자의 선택에 의해 이루어질 수 있다는 점이 커다란 특징이었다.

(4) 토지보상법의 제정

2003년 공특법과 토지수용법이 합쳐져 토지보상법으로 일원화되면서 공특법 제8조의 이주대책은 토지보상법 제78조로 이어졌다. 공특법에 비하면 토지보상법 조항은 종래 시행령 수준에서 정하던 내용의 상당부분을 법률에 받아들였다. 구체적으로 공특법 시행령(제6조의2)에 있던 이주정착금이 법률에 명시적으로 근거를 마련하고(토지보상법 제78조 제1항), 비용부담조항(공특법 시행령 제5조 제4항)도 법률로(제78조 제4항) 옮겨오게 되었다. 이 외에도 주거이전비(토지보상법 제78조 제5항), 이농비(토지보상법 제78조 제6항) 등이 토지보상법상의 이주대책조항에 신설되었다. 공특법은 협의에 응한 자에 대한 손실보상법제였으므로, 협의에 응한 자가 이주대책의 혜택을 받는 것이 원칙이었으나, 토지보상법은 그러한 제한이 없다는 점에서 차이를 보인다.

II. 이주대책의 개념요소

토지보상법상 사업시행자가 대통령령이 정하는 바에 따라 이주대책을 수립하도록 정해져 있을 뿐(토지보상법 제78조 제1항), 이주대책의 개념을 정의하는 규정은 없다. 따라서 이주대책의 개념은 이주대책을 규율하는 법률조항들과 특히 대통령령이 정하는 이주대책의 내용에 의해 정해질 수밖에 없다. 이하에서는 이주대책을 특별공급과 구별 짓기 위한 목적에 한정해서 법령에서 도출되는 이주대책의 중요한 개념징표들을 살피기로 한다.

1. 사업지구 외부의 이주정착지

(1) 생활기본시설이 설치되는 대상지

법률과 대통령령을 종합적으로 해석하면 이주대책은 우선 사업시행지구 인근에 이주정착지를 조성하는 것을 개념요소로 한다. 사업시행자가 실시할 이주대책의 내용에 이주정착지에 대한 생활기본시설이 포함되어야 하며, 설치비용도 사업시행자가 부담해야 한다(토지보상법 제78조 제4항). 이 때 이주정착지는 이주대상자가 이주하는 사실상의 정착장소 모두를 의미하는 것은 아니며, 형식적인 개념으로 사업시행자에 의해 사업시행지구의 인근에 조성되는 이주정착지를 의미한다.

(2) 사업시행지구 외부

다만, 사업시행자는 사업시행지구 인근에 택지조성에 적합한 토지가 없으면 이주대책을 수립하지 않을 수 있다(토지보상법 시행령 제40조 제2항 및 시행규칙 제53조 제1항 제1호). 이 경우에도 이주대책을 수립하도록 강요하는 것은 사업시행자에게 너무 가혹하기 때문인데, 이를 보면 이주대책은 이주정착지를 본질적 개념요소로 한다는 것을 알 수 있다. 또 사업시행지구 인근에서 적절한 이주정착지를 찾아야 한다는 것이므로 이주정착지는 해당 사업시행지구 내부가 아닌 제3의 장소에 조성되는 것이 원칙이다.

(3) 관할 자치단체의 승인

사업시행자가 이주대책을 수립할 때 미리 (이주정착지)관할 지방자치단체장의 승인을 얻어야 하는(토지보상법 제78조 제2항) 이유도 이주정착지가 사업시행지구를 벗어나서 그 인근에 조성되기 때문이다. 이 때 '관할' 지방자치단체 인가 여부를 판단하는 것은 공익사업의 시행지구를 기준으로 하는 것이 아니라 이주정착지를 기준으로 하므로, 지방자치단체장은 이주정착지를 관할하는 자치단체장을 의미한다. 이주대책이 물리적 이주정착지를 전제로 한 것이므로 해당 공익사업과는 별도로 이주정착지가 조성되는 것에 대해 관할 자치단체가 사전에 통제할 필요가 있기 때문이다. 이는 후술하는 일단의 주택지조성사업이 도시관리계획사업으로서 관할 자치단체장의 권한에 속한다는 것과 연결되어 있다.

2. 집단적 이주

이주대책은 공익사업의 시행에 필요한 토지 등을 제공함으로써 생활의 근거를 잃게 되는 것에 대한 생활보상이다. 이 때 생활의 근거를 잃는다고 평가하는 이유는 개인적 차원에서 주택이나 토지를 잃는다는 의미를 넘어, 공익사업으로 인해 취락 등 생활공동체가 소멸 또는 해체되기 때문이다. 이러한 손실을 보상하기 위해 마련된 이주대책은 생활공동체 자체의 이주를 위한 것이므로, 만약 집단적 이주가 불가능한 경우라면 이주대책도 의미를 찾기 어렵다.

현행법상 이주희망자가 10호 미만일 때 이주대책의 수립의무를 면제하는 것도 역시 이주대책이 집단적 이주를 전제로 하기 때문이다. 구법시대에는 이주대책수립이 면제되는 사유로 "집단이주가 불가능할 것이 예상되는 경우"를 정하고 있었다(공특법 시행규칙 제27조의2 제2호). 이주대책 제도가 처음 설계되던 시기에 집단적 이주가 이주대책의 요소였다는 점은 이주대책의 개념을 이해함에 있어 중요한 의미를 갖는다.

3. 도시관리계획사업 – 일단의 주택지조성사업

(1) 이주정착지를 위한 도시관리계획사업

일단의 주택지조성사업이란 (구)도시계획법에 존재하던 도시관리계획사업의 일종으로 주택의 집단건축을 위하여 실시하는 도시관리계획사업을 말한다(예컨대 1999년 도시계획법 제2조 제8호). 이주대책을 위해 사업시행자가 사업시행지구 인근에 새로운 이주정착지를 조성하는 행위는 그 자체로 하나의 도시를 새롭게 만들어 내는 것이므로 이를 위해 또 다른 공익사업인 도시관리계획사업이 필요하게 된다. 도시관리계획사업으로 일단의 주택지조성사업이 진행되면 새로운 정착지가 될 토지들에 대해 도시관리계획결정, 실시계획의 인가, 토지수용 등의 절차를 거치게 된다. 사업시행자는 이러한 과정을 거쳐 이주정착지를 조성하고 이주대상자들과 택지 또는 주택을 공급하므로, 결국 이주대책은 토지보상법과 국토계획법의 결합으로 시행된다.

(2) 자치단체의 협력

이주대책이 일단의 주택지조성사업에 의해 이주정착지를 조성하는 방식을 밟게 되면 별도의 도시관리계획결정이 필요하게 되므로 관할 자치단체장이 사전에 이에 대해 동의하는 것이 필수적이다. 만약 비공식적인 방법으로 이주정착지가 조성된다고 해도 관할지역 내 일정한 주택단지가 새로 발생하는 것이므로 자치단체장에 대해 사전에 동의를 받아야 할 필요가 있다. 따라서 이주대책을 수립하기 전에 사업시행자는 이주정착지를 관할하는 시장, 군수 또는 구청장과 협의해야 한다(공특법 시행령 제5조 제2항, 제3항 : 토지보상법 제78조 제2항).

(3) 특별공급과 주택지조성사업

세월의 변화에 따라 택지개발촉진법에 의한 택지개발사업이 증가하고 특별공급이 활발하게 사용되면서, 상대적으로 사업대상지 인근에 이주정착지를 반드시 조성해야 하는 사업의 수는 현격히 감소했다. 심지어 해당 사업지구에서 택지나 주택이 생기지 않아 별도의 이주정착지가 필요한 공익사업에서도 사업시행자가 이주대책 대신 다른 현장의 주택이나 택지를 특별공급하는 길을 택하면서 좁은 의미의 이주대책은 점차 자취를 감추게 되었다. (구)도시계획법에 존재하던 일단의 주택지조성사업도 역시 그 필요성이 줄면서 2000년에 도시계획법 전문개정에서는 이와 관련된 규정들이 삭제되고 도시개발법에 흡수되었다.

III. 이주대책의 면제와 이주정착금

1. 이주대책면제의 의의

사업시행자는 공익사업의 시행으로 생활의 근거를 상실하게 되는 자들을 위하여 별도의 이주정착지를 조성하고 이들을 집단적으로 이주시켜야 한다. 그러나 일정한 장애사유가 발생하면 이주대책이 불가능해지거나 또는 효율이 매우 떨어지는 경우가 있을 수 있다. 이러한 점을 고려해서 토지보상법은 이주대책에 대해 일정한 면제사유를 정해놓고 그 사유에 해당되면 사업시행자에게 이주대책의 수립의무를 면제시키고 있다.

2. 이주대책의 면제사유

이주대책의 면제사유는 법률과 시행령, 시행규칙 등에 산발적으로 흩어져 있기 때문에 전체 조문을 한 번에 조망하기 어렵다. 면제사유에 해당되는 사업장의 사업시행자는 이주대책을 수립할 의무가 면제되고 이러한 의무는 이주정착금의 지급의무로 전환된다(토지보상법 시행령 제41조 제1호).

(1) 소수의 이주희망자

이주대책은 원칙적으로 이주정착지를 조성하는 것을 의미하지만, 이주정착지에 이주를 희망하는 자가 10호 미만인 경우에는 이주대책의 수립의무가 면제된다(토지보상법 시행령 제40조 제2항 본문). 공특법상으로는 집단적 이주가 불가능한 경우를 별도의 이주대책 면제사유로 명시하고 있었으나, 그 외에도 이주희망자가 10호 미만이면 이주대책이 면제되었으므로 집단적 이주요건은 사실상 중복이었다. 집단적 이주요건은 토지보상법 개정과정에서 탈락했다.

(2) 인근에 이주정착지를 구하기 어려운 경우

공익사업시행지구의 인근에 택지조성에 적합한 토지가 없는 경우는 이주대책을 수립할 수 없는 부득이한 경우로 분류되어 이주대책수립의무가 면제된다(토지보상법 시행규칙 제53조 제1항 제1호). 이 조항은 이주대책이 사실상의 이주정착지의 조성을 전제로 한 개념이라는 것을 잘 보여준다.

(3) 이주대책에 과도한 비용이 소요되는 경우

이주대책에 필요한 비용이 해당 공익사업의 본래의 목적을 위한 소요비용을 초과하는 등 이주대책의 수립·실시로 인하여 해당 공익사업의 시행이 사실상 곤란하게 되는 경우에는 이주대책의 수립의무가 면제된다(토지보상법 시행규칙 제53조 제1항 제2호). 이주대책을 수립하지 않는 경우에도 그 정도의 혜택에 준해서 이주정착금을 지급할 수 있으므로 이주대책수립의무를 면제해 주는 것이다.

3. 이주정착금

(1) 이주정착금의 도입

이주정착금이란 일정한 사유로 인해 이주대책수립의무가 면제되는 경우 혹은 이주대상자가 이주대책을 원하지 않는 경우에 이주대책 대신 이주대상자에게 지급되는 금원을 말한다. 초기 이주대책제도는 사업시행자에게 이주대책의 수립의무를 면제시키는 제도도 없었고, 이주를 원하지 않는 자 등에 대한 금전적 보상조항을 마련하고 있지 않았다. 이러한 결함을 보완하기 위해 이주대책의 면제사유와 함께 이주정착금제도가 도입되면서, 이주대책만으로 모두 해결할 수 없는 예외적 사유들에 대해 금전적 보상이 이루어질 수 있는 근거가 마련되었다.

(2) 이주대책의 면제에 따른 이주정착금

주변에서 이주정착지를 찾는 것이 사실상 곤란하거나, 이주대책에 과도한 비용이 소요되는 경우 또는 이주를 원하는 세대가 10호 미만에 불과한 경우에 사업시행자는 이주정착지 조성의무가 면제되고 이주정착금을 지급할 수 있다(토지보상법 시행령 제41조 제1호). 이러한 취지의 이주정착금은 이주정착지가 인근에 마련될 수 있는가 또는 이주희망자가 10호 이상인가 미만인가 하는 등의 우연적 사정에 의해 발생하는 이주대상자 간 불평등 문제를 해소하기 위한 것이다.

(3) 본인의 희망에 따른 이주정착금

이주대책의 수립 여부와는 무관하게 본인이 이주정착지에 이주하기를 원하지 않거나 또는 해외로 이주하는 등의 사유로 이주대책의 수혜를 받기 어려운 경우에는 이에 갈음하여 이주정착금을 지급받을 수 있다(토지보상법 시행령 제41조 제2호). 이주대책의 혜택을 사실상 받기 어려운 개별 이주대책대상자의 상황을 배려한 것이다. 이 때 이주정착금은 다른 이주대상자들에게는 이주대책에 의해 주택이나 택지가 공급되는 경우에도 지급될 수 있다.

4. 이주대책과 이주정착금의 등가(等價)관계

본인의 희망에 의하건 또는 사업시행자의 부득이한 사정에 의하건 이주대책에서 얻어지는 이익을 보상하기 위해 마련된 제도인 이주정착금은 이주대책의 혜택과 등가(等價)관계에 있다. 그러므로 이주정착금의 금액과 이주정착지를 조성하여 택지를 공급하는 이주대책의 혜택은 서로 대응관계에 있다고 보아야 한다.

현행법상 이주정착금은 그 상한선을 1천만원으로 하므로(토지보상법 시행규칙 제53조 제2항), 입법자가 이주대책에 의해 주어지는 혜택을 약 1천만원 정도로 평가하고 있다는 의미이다. 생각보다 이주정착금액이 그리 높지 않은 것은 이주대책이 이미 이루어진 수용과 보상에 추가하여 이주대상자에게 제공되는 혜택이기 때문이다. 이주대책의 결과 주택 또는 택지를 매입하는 경우에도 일부의 비용이 제외될 뿐 일반적 공급가격의 적용을 받는다. 이는 후술하는 특별공급에서 공급가격을 산정함에 있어 매우 중요한 척도가 될 수 있다.

IV. 특별공급 - 이주대책과 다른 갈림길

1. 특별공급의 의의

(1) 생활보상의 두 경로

이주대책제도는 이주대책의 내용, 이주대책의 면제사유, 이주정착금을 구성요소로 하는 체계로 이루어져 있다. 이를 통해 사업시행자는 공익사업의 시행으로 인해 생활의 근거를 상실하는 자들에 대해 생활보상을 제공하게 된다. 그러나 사업시행자는 생활보상이라는 목표를 달성하기 위해 반드시 이주대책이라는 경로를 택해야만 하는 것은 아니다. 사업시행자 앞에는 두 개의 갈림길이 놓여 있고, 이주대책과는 다른 경로에 해당하는 특별공급이라는 수단이 있기 때문이다.

(2) 특별공급의 뜻

특별공급이란 공익사업의 시행자가 공익사업의 시행으로 인하여 생활의 근거를 상실하는 자에게 주택법, 택지개발촉진법 등 관계법령에 따라 주택 또는 택지를 공급하는 것을 말한다. 이렇게 주택이나 택지를 공급하면 사업시행자는 이주대책을 수립한 것으로 간주되므로(토지보상법 시행령 제40조 제2항 단서), 이주대책을 위해 별도로 이주정착지를 조성할 필요가 없다. 집단적 이주를 전제로 하지 않는 특별공급은, 집단적 이주와 이를 위한 이주정착지를 본질적 요소로 하는 이주대책과 가장 큰 차이를 보인다.

(3) 특별공급의 장점

1980년을 전후한 시점에 택지개발촉진법에 의한 택지개발사업이나 주택건설촉진법에 의한 주택건설사업이 활성화되면서 공특법이 최초에 예정했던 공익사업과는 다른 개발사업이 등장하게 되었다. 택지개발사업은 사업대상지 내에 일정한 택지나 주택이 다수 마련될 수 있는 특성이 있어 전통적인 이주대책보다 오히려 사업대상지에서 발생하는 택지 등을 공급하는 것이 더 간이한 방법이었다. 그 외 주택건설촉진법에 의해 건설되는 아파트 중 국민주택규모 이하의 아파트가 주택공급에 관한 규칙(제19조)에 의해 특별공급되는 길도 별도로 열리게 되었다. 이주대상자들도 대규모 택지개발지구에서 택지나 주택을 공급받으면 일정한 개발이익을 향유할 수 있으므로 특별공급을 전통적인 이주대책보다 더 유리하게 받아들였다. 이처럼 공익사업 중 사업대상지 내에서 택지나 주택을 공급할 수 있는 사업들이 다수 등장하게 되면서 전통적 의미의 이주대책이 변형되고 오히려 이렇게 변형된 이주대책이 원칙적인 형태로 자리 잡게 되었다. 이 제도는 택지개발촉진법이 제정되고 10년 정도 지난 1989년 법제에 받아들여져 오늘에 이르고 있다.

2. 특별공급의 법적 근거

(1) 시행령에 근거한 특별공급

현행법상 특별공급제도의 가장 심각한 문제는 특별공급이 법률 차원에서 법적 근거를 확보하지 못한 채 시행령에 의해 비로소 창설되는 제도라는 점에 있다. 법률은 사업시행자에게 대통령령으로 정하는 바에 따라 이주대책을 수립하도록 정하고 있으므로(토지보상법 제78조 제1항), 엄밀하게 보면 법률에 의해 위임된 것은 이주대책의 내용에 한정된다. 그러나 그 위임을 받아 이주대책에 대해 정해야 하는 대통령령이 이주대책이 아닌 특별공급제도를 별도로 정하고 있다(토지보상법 시행령 제40조 제2항 단서). 법률이 시행령에 위임한 범위에 특별공급이 포함되는지 여부에 의해 특별공급은 정당화되거나 또는 무효가 될 운명이다.

(2) 특별공급의 유효성

만약 특별공급에 대해 정하고 있는 이 조항이 법률의 위임범위를 벗어난 조항이라 해석되면 특별공급제도 자체가 위헌무효가 되고, 특별공급이 유효하다는 것을 전제로 한 모든 분쟁은 처음부터 다시 검토되어야 한다. 이와 달리 특별공급조항이 국민의 기본권을 제한하는 것이 아니라 이주대상자 등에게 더 유리한 제도로 법률의 위임범위 내에 있는 것으로 해석한다면, 특별공급은 합법적인 것으로 해석될 수 있다. 생각건대, 특별공급이 법률 자체가 아니라 시행령에 근거해 운영된 것은 제도가 처음 도입된 공특법 시절부터였다는 점, 특별공급은 오랜 기간 적법한 제도라는 것을 전제로 운영되어 왔다는 점, 등에서 현행의 법체계에 반하지 않는다고 할 것이다.

(3) 특별공급제도의 불완전성

특별공급제도는 위임의 범위와 관련된 문제 이외에도 다양한 측면에서 법적 불완전성을 보인다. 우선 법령상 이주대책 대신 특별공급을 선택할 수 있는 요건이 정해져 있지 않고, 전통적 이주대책에 마련된 이주정착금 같은 유연한 보상조항도 역시 생략되어 있다. 단지 특별공급이 선택되면 이주대책이 배제된다는 조항만을 두고 있을 뿐이다. 이렇게 특별공급제도가 거칠게 마련된 후 제도적으로 보완되지 않은 이유는 부동산 가격상승시기에 사업시행자나 이주대상자 모두에게 편리하고 유리한 제도로 인식되었기 때문이다.

(4) 특별공급과 이주대책의 관계

이주대책에 대해 정하고 있는 토지보상법 조항(제78조 제1항)은 앞서 지적한 위임의 범위와 관련된 문제를 가지고 있기 때문에, 이 조항의 해석에 한정해서 보면 특별공급이 이주대책에 포함되는 것으로 오독(誤讀)될 수 있다. 그러나 법률이 다른 조문에서 사용하는 이주대책이라는 개념은 오히려 특별공급을 포함하지 않는 것이 일반적이다. 예컨대 자치단체장과 협의해야 하는 이주대책이나 국민주택기금의 지원을 받을 수 있는 이주대책은 특별공급을 제외한 이주대책을 의미한다(토지보상법 제78조 제2항, 제3항). 또 이주정착지 안의 택지나 주택의 취득 또는 특별공급에 의한 택지나 주택의 취득에 소요되는 비용은 이주대책대상자의 희망에 따라 그와 지급받을 보상금과 상계할 수 있도록 정하고 있는 조항(토지보상법 시행령 제40조 제4항) 등도 이주대책과 특별공급을 별도로 인식하고 있다는 증거이다.

이주대책은 이주정착지를 제3의 장소에 조성하지만 특별공급은 이주정착지를 별도로 조성하지 않고 해당 사업지구에서 이루어진다는 점, 이주대책은 집단적 이주를 중요한 요소로 보지만 특별공급은 이를 본질적 요소로 보지 않는다는 점 등에서 이 둘은 서로 선택적 관계라고 보는 것이 옳다. 이주대책이 특별공급을 포섭하는 상위의 개념이 아니라는 의미이다.

3. 특별공급의 적용법조

(1) 이주대책과 공통하는 조항

이주절차상 이주대책대상자가 먼저 확정되고, 이주대책을 수립할 것인지 특별공급의 방식에 의할 것인지 사업시행자가 선택하게 되므로 양 제도는 이주대책대상자를 확정하는 단계까지는 절차를 공유하는 것으로 보아도 좋다. 그러므로 이주대책대상자를 선정하는 기준(토지보상법 시행령 제40조 제3항) 등은 특별공급에도 그대로 적용될 수 있다. 이주대책을 전제로 하지 않고 적용될 수 있는 주거이전비 등의 조항(토지보상법 제78조 제5항)은 해석에 의해 특별공급에도 적용되는 것을 보아도 좋다.

(2) 해석을 통해 준용될 수 있는 조항

이주대책이 면제되는 경우에 지급될 수 있는 이주정착금은 성격상 특별공급과 무관한 것이므로 적용될 수 없다. 이에 비해 본인의 희망에 의해 이주대책을 포기하고 이주정착금을 신청할 수 있는 조항은 해석에 의해 특별공급제도에 준용될 여지가 있다. 다만, 이 경우에도 이러한 이주정착금조항은 준용되는 것이지 바로 적용되는 것은 아니다.

(3) 배제되는 조항

사업시행자가 특별공급을 선택하면 이주대책을 세운 것으로 간주되므로 별도로 이주정착지를 조성할 필요가 없고 이를 전제로 한 각종 제도들은 적용될 여지가 없다. 따라서 주택지조성을 위한 도시관리계획사업, 관계 지방자치단체 장과의 협의 등을 정하고 있는 조항은 적용되지 않는다. 또 이주대책이 면제되는 사유도 특별공급에 적용되지 않는다고 해석해야 한다. 이주대책의 면제사유 중 집단적 이주가 불가능한 경우, 인근에 이주정착지를 찾기 어려운 경우 등은 특별공급과는 무관한 사유이기 때문이다. 이를 인정하면 사업시행자가 일부에게는 특별공급을 선택하고 일부는 이주정착금을 지급하는 등 자의적으로 법을 운영할 우려가 있다.

V. 특별공급과 생활기본시설 설치비용

1. 초기의 특별공급과 생활기본시설

(1) 특별공급가액의 적용법조

특별공급에 대한 적용법조의 일반원칙에 따르면 생활기본시설 설치의무와 비용부담에 관한 조항도 특별공급에는 적용되지 않는다. 원래 이 조항이 집단적 이주와 이주정착지를 전제로 한 것이어서 이주대책에 한정적으로 적용될 수밖에 없었기 때문이다. 택지개발진법, 주택법 등은 택지조성, 주택건설의 과정에 설치해야 할 기반시설에 대해 상세히 정하고 있는 법률이므로 해당 사업의 목적에 맞게 그에 의해 기반시설의 기준과 설치비용 및 비용부담자가 정해져야 한다. 그러므로 택지개발촉진법 등에서 정하는 바에 따라 조성되는 택지들 중 일부가 토지보상법의 특례규정에 의해 특별공급되는 경우에는 공급가액에 대해서도 택지개발촉진법 등이 우선 적용된다.

(2) 설치비조항의 연혁

공특법 시절에는 이주대책의 내용으로 이주정착지에 대한 생활기본시설이 포함되도록 정하고(공특법 시행령 제5조 제1항), 이주대책의 비용을 사업시행자에게 부담시키는 구조를 취하고 있었다(동조 제4항). 그리고 그와 무관하게 이주대책의 변형으로 특별공급제도를 두었기 때문에(동조 제5항) 생활기본시설의 설치비용과 특별공급은 체계상 관련성을 찾을 수 없었다.

또 초기에 불분명하던 공특법상 생활기본시설(공특법 시행령 제5조 제1항)과 이주대책의 비용(동조 제4항)의 관계는, 이주대책의 비용이 도로 등 공공시설 부지의 보상비와 그 설치공사비의 합계액으로 정해지면서 명확해졌다(1998년 개정으로 삽입된 공특법 시행규칙 제27조의2 제1항). 이들은 토지보상법이 제정되면서 이주대책의 내용에 생활기본시설이 포함되고, 이에 필요한 비용을 사업시행자가 부담하도록 통합된다(제정 토지보상법 제78조 제4항). 연혁을 통해 살펴보면 생활기본시설 등 공공시설의 설치비용이 '이주대책'을 위한 이주정착지 설치비용에 관한 것이었다는 점이 잘 드러난다.

2. 최근 개정법령의 해석문제

(1) 토지보상법의 개정

최근 토지보상법은 생활기본시설의 관련조항 개정을 통해서, 사업시행자가 생활기본시설을 설치하고 비용을 부담해야 하는 곳을 이주정착지 외에 '이주대책의 실시로 건설하는 주택단지'로 넓혔다(2007년 개정된 현행 토지보상법 제78조 제4항). 이 개정은 특별공급과 관련된 주택 공급가격이 부적절한 것이라는 감사원과 국민고충처리위원회(현 국민권익위원회)의 지적에 따른 것이다.

(2) 개정조항의 적용범위

그러나 특별공급은 '해당' 공익사업지구 내에서 발생하는 주택 또는 택지를 공급하는 것이고, 이 때 주택단지는 해당 공익사업 그 자체를 위해 조성된다. 이에 반해 이주대책은 해당 사업지구 외부에서 실시되므로, '이주대책의 실시로 (외부에)조성'되는 주택단지로 적용범위를 한정하는 이 조항은 특별공급제도와 아무런 연결점을 갖지 못한다. 그 문구에도 불구하고 입법취지를 존중해서 특별공급에 대해 이 조항이 적용된다 해석해도, 단독주택용 택지에 대해서는 여전히 문제가 남는다. 보통 개발사업법에서 주택단지라는 개념은 주택법의 그것에 준해서 공동주택과 그 부대시설이 건설되는 일단의 토지라는 의미로 사용되기 때문이다(주택법 제2조 제6호). 만약 특별공급에 대해 생활기본시설 설치비를 사업시행자에게 부담시키고자 했다면 '이주정착지(택지개발촉진법, 주택법 등 관계법령에 의해 주택 또는 택지가 공급되는 해당 공익사업지구를 포함한다)'로 규정되었어야 한다.

(3) 시행령과 위임범위

이러한 문제점에도 불구하고 토지보상법은 이 조항이 특별공급의 생활기본시설 설치비용에 대해서도 규율하게 된 것으로 보고, 그 내용을 다시 대통령령에 위임하고 있다(토지보상법 제78조 제8항). 그리고 이에 근거해서 대통령령은 생활기본시설의 종류를 정하고 사업시행자가 부담하는 생활기본시설의 설치비용을 구체화하고 있다(토지보상법 시행령 제41조의2 제1항, 제2항). 특히 주택과 택지의 공급가격 산정방식을 정하고 있는 제2항은 이주정착지를 전제로 하지 않고, 오히려 해당 공익사업지구에서 택지 또는 주택이 공급된다는 점을 명확히 하고 있다. 이는 이 조항이 특별공급을 규율대상으로 하고 있다는 뜻이고, 그래서 법률의 위임범위와 잘 맞지 않는다.

현행법상 특별공급과 공급가격에 대한 토지보상법 시행령의 조항에 대해서는 위헌무효로 보고 적용을 배제할 수도 있고, 합헌적 해석의 법리에 따라 효력을 인정할 여지도 있다. 다만, 이 조항이 개정될 때 마련된 부칙(부칙 제1조, 대통령령 20771호, 2008.4.17)은 그 시행일을 다음 날로 명시하고 있으므로, 이 조항은 그 이전에 이루어진 특별공급에 적용되지 않는다. 이 조항은 기존의 특별공급제도를 변경한 것으로 창설적인 것이며, 확인적 성격을 갖는 것이 아니라는 의미이다.

3. 생활보상으로서 특별공급의 한계

(1) 토지보상법의 한계

이주대책과 특별공급이 유사한 기능을 수행한다고 해서, 그들이 실질적으로 작동하기 위해 채택되는 실체법상의 수단들까지 서로 등가관계에 있거나 상관관계에 있다고 추론하는 것은 무리이다. 택지개발사업을 통해 건설되는 광대한 신도시와 그에 수반해서 설치되는 대규모 기반시설은, 토지보상법이 이주대책에서 생각하는 소규모 이주정착지와 그 안의 공원, 도로 등 생활기본시설과는 차원이 다른 것이다. 그래서 이 둘을 단순 비교하고 시설설치의 비용부담법리를 이주대책에 대한 토지보상법 조항에서 배타적으로 찾으려는 시도는 성공하기 어렵다.

(2) 특별공급과 환지방식

특별공급은 도시개발법상 환지방식에 의해 환지를 받는 것과 그 실질이 유사한데, 환지방식은 수용권이 없어서 보상조항도 없고 오히려 환지받는 자들에 대해 사업비용을 위한 감보(減步)가 예정된다. 그럼에도 불구하고 이러한 환지방식이 헌법상 문제되지 않는 것은 환지에 존재하는 개발이익이 고려되기 때문이다.

이에 반해 택지개발사업에서 토지나 주택소유자는 재산상 손실에 대해 전액을 보상받아 물권적 권리관계에서 벗어난다. 또한 사업의 진행과정에서 사업을 위해 비용을 분담하거나 토지가 감보되는 등의 불이익도 받지 않는다. 그래서 이들에 대해 이주대책에 갈음해서 주어지는 특별공급은 사업비용을 분담하지 않고 개발이익만을 누릴 수 있는 혜택이 주어진다는 것을 뜻한다. 이렇게 주어진 혜택은 상당부분 단기간에 전매되고 있으며, 이 때 특별공급에 의한 택지나 주택의 전매가액은 전액 양도차익으로 계산되는 것이 원칙이다. 그러므로 현행 토지보상법이 특별공급을 받는 자들에게 개발이익에 추가해서 또 다시 공급가액을 감액하도록 정하고 있는 것이라면 이는 헌법이 정하고 있는 정당한 보상의 범위를 훨씬 상회하는 것이다.

(3) 특혜의 상한선

이주대책에 갈음하여 시행되는 특별공급은 그에 의해 부여되는 이익이 이주대책의 혜택을 과도하게 상회하는 것은 옳지 않으며, 이주정착금이 1,000만원을 상한으로 하고 있다는 점은 중요한 기준이 되어야 한다. 크게 보면 이주대책의 대안으로 채택된 특별공급제도에서 공급가격이 감액될 수 있는 한계는 이주정착금에 의해 부여되는 이익에 준해서 판단되는 것이 옳다. 특히 이주대책이나 특별공급이나 생활보상에 불과한 것이고 이주대책대상자들에 대해서 이미 손실보상액이 전액 지불된 상태라는 점이 고려되어야 한다.

VI. 결론

1. 이주대책과 특별공급의 개념

이주대책은 이주정착지를 별도로 조성하고 이주대책대상자들을 집단적으로 이주시키는 것을 내용으로 한다. 만약 법령에서 정한 사유가 존재하면 이주대책수립의무는 면제되며 사업시행자의 의무는 이주정착금 지급의무로 전환된다. 특별공급은 사업의 성격상 해당 사업지구 내에서 주택이나 택지를 공급할 수 있는 사업에서 이주대책 및 면제사유, 이주정착금으로 구성되는 이주대책제도를 갈음하는 생활보상의 수단이다. 특별공급과 이주대책은 선택적 관계이므로 만약 특별공급이 선택되면 이주대책은 배제되고, 이주정착지를 전제로 하는 이주대책관련조항은 특별공급에 적용되지 않는 것이 원칙이다.

2. 특별공급과 생활기본시설

토지보상법상 생활기본시설 설치비조항은 연혁적으로 '이주대책의 비용'을 구체화한 것이고, 당연히 이주정착지를 전제로 하는 개념이므로 특별공급에는 적용되지 않는다. 최근 토지보상법 개정을 통해 특별공급에 대한 관련조항이 추가되었으나, 이 개정은 위임의 범위, 그 적용범위, 정책문제 등에서 논란의 여지를 많이 가지고 있다. 다만, 이 조항의 유효 여부와는 별개로 이 개정조항은 경과규정에 의해 그 다음 날부터 적용되므로, 그 이전에 이루어진 특별공급에 대해 적용되지 않는다.

3. 특별공급제도의 개선방안

연혁적으로 이주대책이 먼저 제도화되고, 그 이주대책을 갈음하는 또 하나의 제도로 특별공급이 도입되었다. 그러나 현재 좁은 의미의 이주대책은 거의 활용되지 않고 특별공급이 이주대상자에 대한 생활보상으로 확고하게 자리 잡고 있다. 이러한 현실과는 달리 관련법령은 이주대책에 대해 다양한 조항들을 두고 있는 반면에, 특별공급에 대해 규율하는 것에 매우 인색하다. 이 때문에 이주대책을 위해 마련된 조항들이 특별공급에 적용되는가에 대한 논란의 소지가 상존하고, 생활기본시설설치비를 둘러싼 최근의 논쟁도 그 중의 하나이다.

입법론으로는 특별공급을 이주대책과 병행해서 법률에 근거를 마련하고, 이 양자의 관계를 명확하게 선언해야 한다. 또 특별공급과 이주대상자, 이주정착금 등의 관계를 정하는 조항들이 섬세하게 마련되어야 한다. 특별공급의 공급가액에 대해 택지개발촉진법 등이 우선 적용되는 것이므로, 그에 대한 보완책으로 토지보상법이 특별공급대상자에 한해 공급가액을 일부 조절하는 합리적인 법체계가 마련되어야 한다.

서울신정4 보금자리주택지구 이주대책 등 공고

국토해양부공고 제2011-○○○○호(2012.○○.○○)로 지구지정 주민열람공고, 국토해양부고시 제2012-○○○호(2012.○○.○○)로 지구지정고시, SH공사 공고 제36호(2013.○○.○○)로 보상계획공고한 서울신정4 ○○ 보금자리주택지구의 이주대책, 주택특별공급, 생활대책(이하 "이주대책 등"이라 한다)을 다음과 같이 공고합니다.

○ **사 업 명** : 서울신성4 ○○ 보금자리주택지구
○ **사업지행자** : 서울특별시 SH공사
○ **기 준 일** : 서울신성4 ○○보금자리주택지구 이주대책 등 대상자 선정기준일은 2012년 1월 4일(보금자리주택건설 등에 관한 특별법 제10조에 의한 열람공고일)로 한다.
　　　　　　 ※ 다만, 세입자는 기준일 3개월 이전인 2011년 10월 4일로 한다.

1. 이주대책

유형	대상자 선정기준 및 대책	공급조건
자기 토지상 주택 소유자	○ 대상자 기준일 이전부터 협의계약체결일 또는 수용재결일 현재까지 계속하여 당해 지구 내 자기 토지상 주택을 소유 및 거주한 자 ○ 이주대책 당해 지구 전용면적 60㎡ 이하 분양아파트를 공급받을 수 있는 권리를 부여한다. 다만, 협의계약체결하고 자진 이주한 자에게는 당해 지구 전용면적 85㎡ 이하 분양아파트를 공급받을 수 있는 권리를 부여한다.	「공익사업을 위한 토지 등의 취득 및 보상에 관한 법률」(이하 "토지보상법"이라 한다), 「주택법」 및 우리공사 분양규정에 의함
등록 무허가 건축물 소유자	○ 대상자 기준일 이전부터 협의계약체결일 또는 수용재결일 현재까지 계속하여 당해 지구 내 등록무허가건축물을 소유 및 거주한 자 ○ 이주대책 당해 지구 전용면적 60㎡ 이하 분양아파트를 공급받을 수 있는 권리를 부여한다. 다만, 협의계약체결하고 자진 이주한 자에게는 당해 지구 전용면적 85㎡ 이하 분양아파트를 공급받을 수 있는 권리를 부여한다.	

※ "이주대책"이란 공익사업의 시행으로 인하여 주거용 건축물을 제공함에 따라 생활의 근거를 상실하게 되는 자(이주대책대상자)에게 「토지보상법」 제78조에 따라 이주자 주택을 공급받을 수 있는 권리를 부여하는 것을 말하며, "등록무허가건축물"이란 관할구청의 '무허가건축물관리대장'에 등록된 건축물을 말합니다.

2. 주택 특별공급

유형	대상자 선정기준 및 대책	공급조건
미거주 등록 무허가 건축물 소유자	○ 대상자 기준일 이전부터 협의계약체결일 또는 수용재결일 현재까지 계속하여 당해 지구 내 등록무허가건축물을 소유하고 있으나 계속 거주하지 않은 자로서 당해 등록무허가건축물 외에 모집공고일 현재 무주택세대주인 자 ○ 주택 특별공급 당해 지구 전용면적 60㎡ 이하 분양아파트를 공급받을 수 있는 권리를 부여한다. 다만, 협의계약체결하고 자진 이주한 자에게는 당해 지구 전용면적 85㎡ 이하 분양아파트를 공급받을 수 있는 권리를 부여한다.	일반분양조건 (「주택법」, 「주택공급에 관한 규칙」 및 우리 공사 분양규정에 의함)
기준일 이후 취득자	○ 대상자 기준일 이전부터 보상계획공고일 또는 수용재결일 현재까지 계속하여 당해 지구 내 등록무허가건축물을 소유하고 있으나 계속 거주하지 않은 자로서 당해 등록무허가건축물 외에 모집공고일 현재 무주택세대주인 자 ○ 주택 특별공급 당해 지구 전용면적 60㎡ 이하 임대아파트를 공급받을 수 있는 권리를 부여한다. 다만, 협의계약체결하고 자진 이주한 자에게는 당해 지구 전용면적 60㎡ 이하 분양아파트를 공급받을 수 있는 권리를 부여한다.	일반임대조건 (우리공사 임대 규정에 의함) 일반분양조건 (「주택법」, 「주택공급에 관한 규칙」 및 우리 공사 분양규정에 의함)
토지 협의 양도자	○ 대상자 기준일 이전부터 협의계약체결일 현재까지 당해 지구 내 토지(소유토지가 여러 개의 필지인 경우에는 각 소유토지를 합한 면적)를 1천 60㎡ 이상 소유하고, 그 소유토지 전부(「토지보상법」 제3조의 규정에 해당하는 물건이나 권리가 있는 경우에는 이를 포함한다)를 협의계약체결하고 그 소유토지 전부를 공사에 양도한 자로서 입주자모집공고일 현재 무주택세대주인 자(법인이나 단체 제외) ※ 토지를 공유지분으로 소유하고 있는 경우에는 지분면적을 기준으로 하며, 다른 공유자 전원이 협의계약하고 공유토지 전부를 공사에 양도하여야 한다. ※ 공유자 1인의 지분면적이 1천㎡ 미만이더라도 다른 공유자 지분면적을 합한 지분면적이 1천㎡ 이상인 경우에는 공유자 중 1인을 대표자로 지정하고 다른 공유자 전원이 협의계약하고 공유토지 전부를 공사에 양도하여야 한다. ○ 주택 특별공급 당해 지구 전용면적 85㎡ 이하 분양아파트를 공급받을 수 있는 권리를 부여한다.	일반분양조건 (「주택법」, 「주택공급에 관한 규칙」 및 우리 공사 분양규정에 의함)
세입자	○ 대상자 기준일 3개월 이전부터 보상계획공고일 현재까지 당해 지구 내 주택 또는 등록무허가건축물에 주민등록을 계속하여 등재하고 거주하다가 자진 이주한 자로서 입주자 모집공고일 현재 무주택세대주인 자	일반임대조건 (우리공사 임대 규정에 의함)

※ 세입자의 경우 동일 주택 또는 등록무허가건축물의 거실, 주방을 공동으로 사용하는 직계존·비속이 주민등록상 세대구성만 달리하여 거주할 경우에는 별도의 세대로 인정하지 않고 주된 가구의 세대원으로 합산한다.

○ 주택 특별공급
당해 지구 전용면적 60㎡ 이하 임대아파트를 공급받을 수 있는 권리를 부여한다.

※ 임대아파트는 기준일 3개월 이전부터 보상계획공고일 현재까지 당해 지구에서 계속 거주한 동일세대의 세대원수에 따라 다음 각호의 1에 해당하는 임대아파트를 공급받을 수 있는 권리를 부여하며, 세대원수는 주민등록에 등재된 세대주 및 배우자의 직계존·비속과 형제자매, 그 형제자매의 직계비속으로 한다.

가. 세대원수 4인 이상 무주택세대주에게는 전용면적 60㎡ 이하

가. 세대원수 3인 이하 무주택세대주에게는 전용면적 50㎡ 이하

※ "주택 특별공급"이란 이주대책대상자에 해당하지 않는 자에게 원활한 사업추진을 위하여 「주택공급에 관한 규칙」에 따라 특별공급하는 주택을 공급받을 수 있는 권리를 부여하는 것을 말합니다.

3. 생활대책

유형	대상자 선정기준 및 대책	공급조건
영업 손실보상 대상자	○ 대상자 기준일 이전부터 협의계약체결일 현재까지 당해 지구 내 적법한 장소에서 관계법령에 의한 허가, 등록, 신고 등을 필하고(다만, 허가, 등록, 신고 등이 필요없는 영업은 그러하지 아니하다) 그 내용대로 영업한 자로서 협의계약체결하고 자진 이주한 자 ○ 생활대책 당해 지구의 분양상가를 공급받을 수 있는 권리를 부여한다. 다만, 공급할 물량이 부족할 경우에는 아래 우선순위에 따라 공급하되 동일순위 경쟁 시에는 추첨에 의하여 공급한다. ○ 우선순위 - 1순위 : 토지 및 건축물을 소유하고 허가·등록·신고 등과 사업자등록을 필한 자 - 2순위 : 건축물을 소유하고 허가·등록·신고 등과 사업자등록을 필한 자 - 3순위 : 임차영업자로 허가·등록·신고 등과 사업자등록을 필한 자 - 4순위 : 사업자등록 미필업자 ※ 다만, 사업자등록 미필업자 중 위법에 기인한 영업은 제외한다.	우리공사 택지·상가 공급규정에 의함
농업 손실보상 대상자	○ 대상자 기준일 이전부터 협의계약체결일 현재까지 당해 지역에 거주하면서 당해 지구 내에서 「농지법 시행령」 제3조에서 정한 규모의 농지를 소유 또는 임차하여 경작하며 생업을 영위하던 자로 생계수단을 상실한 자로서 협의계약체결하고 그 소유토지 전부를 공사에 양도한 자	

	○ 생활대책
	당해 지구의 분양상가를 공급받을 수 있는 권리를 부여한다. 다만, 공급할 물량이 부족할 경우에는 아래 우선순위에 따라 공급하되 동일순위 경쟁 시에는 추첨에 의하여 공급한다.
	○ 우선순위
	  – 1순위 : 자기소유 토지상 경작자자
	  – 2순위 : 임차 경작자	

축산업
손실보상
대상자
	○ 대상자
	기준일 이전부터 협의계약체결일 현재까지 당해 지역에 거주하면서 당해 지구 내에서 「축산법」에 따른 등록을 하거나 축사 등 150㎡ 이상의 시설(양봉의 경우 동시설에 50군 이상의 고정양봉에 한함)을 갖추고 「토지보상법」 시행규칙 제49조에 의한 축산업을 영위하던 자로서 협의계약을 체결하고 자진 이주한 자
	○ 생활대책
	당해 지구의 분양상가를 공급받을 수 있는 권리를 부여한다. 다만, 공급할 물량이 부족할 경우에는 아래 우선순위에 따라 공급하되 동일순위 경쟁 시에는 추첨에 의하여 공급한다.
	○ 우선순위
	  – 1순위 : 자기소유 토지상 축산업자
	  – 2순위 : 타인소유 토지상 축산업자
		우리공사 택지·상가
		공급규정에 의함

종교시설
운영자
	○ 대상자
	기준일 이전부터 협의계약체결일 현재까지 당해 지구 내 적법한 건축물에서 중앙정부 관련기관의 장 또는 지방자치단체장의 설립허가를 받은 종교법인에 등록하고 종교집회를 하는 종교시설을 소유하고 운영한 자로서 협의계약을 체결하고 자진 이주한 자
	○ 생활대책
	당해 지구의 분양상가를 공급받을 수 있는 권리를 부여한다. 다만, 공급할 물량이 부족할 경우에는 아래 우선순위에 따라 공급하되 동일순위 경쟁 시에는 추첨에 의하여 공급한다.
	○ 우선순위
	  – 1순위 : 토지 및 건축물을 소유한 종교시설 운영자
	  – 2순위 : 건축물을 소유한 종교시설 운영자	

※ "생활대책"에서 '당해 지역'이란 ① 당해 자치구(서울 양천구)와 당해 자치구에 연접한 시·구(서울 강서구, 구로구, 영등포구 및 경기도 부천시), 또는 ② 토지소유자의 주소지가 당해 사업지구 경계로부터 직선거리 20km 이내에 해당하는 경우를 말합니다.

4. 이주대책 등 신청시 구비서류

구분	제출서류	수량
공통 (본인)	○ 신청서 및 각서(공사 소정양식으로 신청 시 작성) ○ 인감증명서 또는 본인서명사실확인서 ○ 주민등록등본·초본(협의개시일 이후 발급분, 주소변동사항 포함) ○ 가족관계등록부 ○ 주민등록증 지참 ○ 인감도장 지참	각 1통
공통 (대리인)	○ 신청서 및 각서(공사 소정양식으로 신청 시 작성) ○ 본인 인감증명서 또는 본인서명사실확인서 ○ 본인 주민등록등본·초본(협의개시일 이후 발급분, 주소변동사항 포함) ○ 본인 가족관계등록부 ○ 본인 주민등록증 지참 ○ 본인 인감도장 지참 ○ 위임장(공사 소정양식) ○ 대리인 주민등록증 지참	각 1통
주택 특별공급 대상자 공통	○ 무주택 서약서(공사 소정양식으로 신청 시 작성)	각 1통
토지소유자 중 1천㎡ 미만 공유지분 소유자	○ 다른 공유자 전원의 포기각서(공사 소정양식) ○ 다른 공유자 전원의 인감증명서 또는 본인서명사실확인서	각 1통
세입자	○ 임대차계약서 사본	각 1통
영업손실 보상대상자	○ 토지 또는 건축물 임차입증서류(임대차계약서 사본 등) – 임차인 ○ 허가·등록·신고 등 필증 사본 ○ 영업개시 입증서류(사업자등록증명원, 등록증사본 등)	각 1통
농업손실 보상대상자	○ 농지 임차입증서류(임대차계약서 사본 등) – 임차인 ○ 경작개시 입증서류(농지원부 또는 자격증명서 또는 경작사실확인서 등)	각 1통
축산업손실 보상대상자	○ 토지 또는 건축물 임차입증서류(임대차계약서 등) – 임차인 ○ 허가·등록·신고 등 필증 사본(가축분뇨의 관리 및 이용에 관한 법률 및 서울특별시 양천구 가축사육 제한에 관한 조례에 따른 사육허가증 등) ○ 축산업개시 입증서류(사업자등록증명원, 등록증사본 등)	각 1통
종교시설 운영자	○ 종교법인(중앙정부 관련기관의 장 또는 지방자치단체장의 설립허가를 받은 종교법인) 등록증 ○ 법인설립허가서 ○ 재직증명서 ○ 종교집회개시 입증서류	각 1통

5. 유의사항

  ○ 공통

   (1) "협의계약"이란 「토지보상법」 제3조에 해당하는 당해 지구 내 토지, 물건, 권리 등 전부를 협의계약함을 말합니다.

   (2) "자진 이주"란 물건 등을 당해 지구 밖으로 자진 이전하고 이주하는 것을 말합니다.

   (3) 이주대책 등 부여는 신청기간 내에 신청서류를 제출하는 경우에 한하며, 신청기간 내 미신청할 경우에는 이주대책 등 대상자 자격을 포기하는 것으로 간주하여 이주대책 등 대상자에게 제외합니다.

   (4) 접수된 서류는 반환하지 않으며, 이주대책 등 대상자는 접수된 서류의 적격여부 심사를 거쳐 확정하고, 대상자 확정 통보는 개별통지하며, 이주대책 등 신청 접수증 또는 이주대책 등 대상자 확인서 등은 발급하지 않습니다.

   (5) 소유자 확인이 불분명할 경우에는 이주대책 등 대상자에서 제외합니다.

   (6) 이주대책 등 대상자와 대상자의 배우자 및 주민등록 세대원 중 직계 존·비속(기준일 이후 세대분리된 경우 포함)은 동일인으로 봅니다.

   (7) 이주대책 등은 각각 별도로 시행하며, 동일인이 각각의 동일 대책 중에서 2가지 이상 해당되는 경우에는 본인의 희망에 따라 한가지만 선택 공급합니다.

   (8) 이주대책 등 대상자로 확정된 후에도 관계법규 등에 위반된 사항이 발견되거나 신청서류의 위조 또는 변조 등 불법행위가 발견될 때에는 각각의 대상자에서 제외됨은 물론 관계법에 의거 고발조치합니다.

  ○ 이주대책

   (9) 이주대책 대상자가 우리공사 분양(공급)부서에서 지정한 계약기간 내에 미계약 시 이주대책 자격포기 및 계약의사가 없는 것으로 간주하여 해당 미계약 물량은 일반공급물량으로 전환합니다.

   (10) 「주택법」 제39조(공급질서 교란 금지)에 의거 "주택을 공급받을 수 있는 권리"의 양도, 양수는 일체 금지되고 이를 위반할 경우에는 같은 법 제96조에 의하면 3년 이하의 징역 또는 3천만원 이하 벌금이 부과됩니다.

  ○ 주택 특별공급

   (11) 주택 특별공급 대상자에게 공급하는 분양아파트의 가격 및 동호배정 등 공급조건은 일반공급대상자와 동일합니다.

   (12) 주택 특별공급 대상자는 향후 별도 시행하는 당해 지구 입주자모집 공고일 현재 무주택세대주이어야 하며, 입주자모집공고문에 명시된 주택 특별공급 대상자별 신청접수 기한 내 미신청할 경우에는 주택 특별공급 대상자 자격 포기 및 해당지구 주택 특별공급에 대한 청약의사가 없는 것으로 간주하여 해당 주택 특별공급물량은 일반공급물량으로 전환합니다.

⒀ 「주택법」 제39조(공급질서 교란 금지)에 의거 "주택을 공급받을 수 있는 권리"의 양도, 양수는 일체 금지되고 이를 위반할 경우에는 같은 법 제96조에 의거 3년 이하의 징역 또는 3천만원 이하 벌금을 부과됩니다.

○ 생활대책

⒁ 생활대책 대상자가 우리공사 분양(공급)부서에서 지정한 계약기간 내에 미계약 시 생활대책 자격 포기 및 계약의사가 없는 것으로 간주하여 해당 미계약 물량은 일반공급 물량으로 전환합니다.

⒂ 생활대책 대상자에게 공급할 공급물량이 부족할 경우에 생활대책의 유형간 우선순위에 있어서는 유형별 동일순위를 동등한 순위로 간주하여 추첨합니다.

기타 자세한 사항은 SH공사 보상1팀으로 문의하시기 바랍니다.

보금자리주택사업지구의 아파트를 공급받을 수 있는 권리는 제3자에게 양도·양수 행위가 일체 금지되어 있으므로 거래하는 것은 불법이며, 예상치 못한 피해가 발생할 수 있으므로 사지도 말고 팔지도 맙시다.

2021년 ○○월 ○○일

서울특별시 SH공사

www.i-sh.co.kr

"SH공사는 서울특별시 투자기관입니다."

(7) 기출문제

> **≫ 기출문제(제3회 3번)**
> 이주대책에 관하여 약술하시오. `10점`

> **≫ 기출문제(제4회 3번)**
> 「공익사업을 위한 토지 등의 취득 및 보상에 관한 법률」이 규정하고 있는 생활보상적 성격을 지닌 보상에 관하여 설명하시오. `20점`

> **≫ 기출문제(제15회 3번)**
> 생활보상에 관하여 약술하시오. `20점`

> **≫ 기출문제(제20회 1번)**
> A시는 도시개발사업을 하면서 주거를 상실하는 주거자에 대한 이주대책을 수립하였다. 이주대책의 주요내용은 다음과 같다. 이를 근거로 다음 물음에 답하시오. `45점`
>
> > • 기준일 이전부터 사업구역 내 자기 토지상 주택을 소유하고 협의계약 체결일까지 해당 주택에 계속 거주한 자가 보상에 합의하고 자진 이주한 경우 사업구역 내 분양아파트를 공급한다.
> > • 분양아파트를 공급받지 않은 이주자에게는 이주정착금을 지급한다.
> > • 무허가건축물대장에 등록된 건축물 소유자는 이주대책에서 제외한다.
>
> (1) 이주대책의 이론적 및 헌법적 근거를 설명하시오. `5점`
> (2) 주택소유자 甲이 보상에 합의하고 자진 이주하지 아니한 경우에도 이주대책에 의한 분양아파트의 공급 혹은 이주정착금의 지급을 요구할 수 있는지의 여부를 검토하시오. `20점`
> (3) 무허가건축물대장에 등록되지 않은 건축물 소유자 乙이 해당 건축물이 무허가건축물이라는 이유로 이주대책에서 제외된 경우에 권리구제를 위하여 다툴 수 있는 근거와 소송방법에 관하여 검토하시오. `20점`

> **≫ 기출문제(제27회 1번)**
> 「공익사업을 위한 토지 등의 취득 및 보상에 관한 법률」(이하 '토지보상법'이라 함)의 적용을 받는 공익사업으로 인하여 甲은 사업시행자인 한국도시철도공단 乙에게 협의절차를 통해 자신이 거주하고 있던 주거용 건축물을 제공하여 생활의 근거를 상실하게 되었다고 주장하면서 토지보상법 제78조 제1항에 따른 이주대책의 수립을 신청하였다. 이에 대해 乙은 "위 공익사업은 선형사업으로서 철도건설에 꼭 필요한 최소한의 토지만 보상하므로 사실상 이주택지공급이 불가능하고 이주대책대상자 중 이주정착지에 이주를 희망하는 자의 가구 수가 7호(戶)에 그치는 등 위 공익사업은 토지보상법 시행령 제40조 제2항에서 규정하고 있는 이주대책을 수립하여야 하는 사유에 해당되지 아니한다"는 이유를 들어 甲의 신청을 거부하였다. 다음 물음에 답하시오. `40점`
> (1) 乙이 甲에 대한 거부처분을 하기에 앞서 행정절차법상 사전통지와 이유제시를 하지 아니한 경우 그 거부처분은 위법한가? `20점`
> (2) 만약에 甲이 거부처분취소소송을 제기하였다면, 乙은 그 소송계속 중에 처분의 적법성을 유지하기 위해 "甲은 주거용 건축물에 계약체결일까지 계속하여 거주하고 있지 아니하였을 뿐만 아니라 이주

정착지로의 이주를 포기하고 이주정착금을 받은 자에 해당하므로 토지보상법 시행령 제40조 제2항에 따라 이주대책을 수립할 필요가 없다"는 사유를 추가·변경할 수 있는가? **20점**

≫ 기출문제(제28회 2번)

도지사 A는 "X국가산업단지 내 국도 대체우회도로개설사업"(이하 이 사건 개발사업이라 함)의 실시계획을 승인·고시하고, 사업시행자로 B시의 시장을 지정하였다. B시의 시장은 이 사건 개발사업을 시행함에 있어 사업시행으로 인하여 건물이 철거되는 이주대책대상자를 위한 이주대책을 수립하면서 훈령의 형식으로 'B시 이주민지원규정'을 마련하였다.

위 지원규정에서는 ① 이주대책대상자 선정과 관련하여, 「공익사업을 위한 토지 등의 취득 및 보상에 관한 법률」 및 그 시행령이 정하고 있는 이주대책대상자 요건 외에 '전세대원이 사업구역 내 주택 외 무주택'이라는 요건을 추가적으로 규정하는 한편, ② B시의 이주대책 지급대상에 관하여, 과거 건축물양성화기준일 이전 건물의 거주자의 경우 소지가(조성되지 아니한 상태에서의 토지가격) 분양대상자로, 기준일 이후 건물의 거주자의 경우 1세대당 사업용지 3평을 일반분양가로 추가 분양하도록 하고, 일반 우선 분양대상자의 경우 1세대 1필지 이주택지를 일반분양가로 우선 분양할 수 있도록 하고 있다.

B시의 시장은 이주대책을 실시하면서 이 사건 개발사업구역 내에 거주하는 甲과 乙에 대하여, 甲은 공익사업을 위한 토지 등의 취득 및 보상에 관한 법령이 정한 이주대책대상자에 해당됨에도 위 ①에서 정하는 요건을 이유로 이주대책대상자에서 배제하는 부적격 통보를 하였고, 소지가 분양대상자로 신청한 乙에 대해서는 위 지원규정을 적용하여 소지가 분양대상이 아닌 일반 우선 분양대상자로 선정하고, 이를 공고하였다. 다음 물음에 답하시오. **30점**

(1) 甲은 'B시 이주민지원규정'에서 정한 추가적 요건을 이유로 자신을 이주대책대상자에서 배제한 것은 위법하다고 주장한다. 甲의 주장이 타당한지에 관하여 설명하시오. **15점**

(2) 乙은 자신의 소지가 분양대상자가 아닌 일반 우선 분양대상자로 선정한 것은 위법하다고 보아 이를 소송으로 다투려고 한다. 乙이 제기하여야 하는 소송의 형식을 설명하시오. **15점**

❖ 공익사업을 위한 토지 등의 취득 및 보상에 관한 법률

제78조(이주대책의 수립 등)

① 사업시행자는 공익사업의 시행으로 인하여 주거용 건축물을 제공함에 따라 생활의 근거를 상실하게 되는 자(이하 "이주대책대상자"라 한다)를 위하여 대통령령으로 정하는 바에 따라 이주대책을 수립·실시하거나 이주정착금을 지급하여야 한다.

② 〈이하 생략〉

❖ 공익사업을 위한 토지 등의 취득 및 보상에 관한 법률 시행령

제40조(이주대책의 수립·실시)

① 〈생략〉

② 이주대책은 국토교통부령으로 정하는 부득이한 사유가 있는 경우를 제외하고는 이주대책대상자 중 이주정착지에 이주를 희망하는 자의 가구 수가 10호(戸) 이상인 경우에 수립·실시한다. 다만, 사업시행자가 「택지개발촉진법」 또는 「주택법」 등 관계법령에 따라 이주대책대상자에게 택지 또는 주택

을 공급한 경우(사업시행자의 알선에 의하여 공급한 경우를 포함한다)에는 이주대책을 수립·실시한 것으로 본다.

〈이하 생략〉

제41조(이주정착금의 지급)

사업시행자는 법 제78조 제1항에 따라 다음 각 호의 어느 하나에 해당하는 경우에는 이주대책대상자에게 국토교통부령으로 정하는 바에 따라 이주정착금을 지급해야 한다. 〈개정 2021.11.23.〉

1. 이주대책을 수립·실시하지 아니하는 경우
2. 이주대책대상자가 이주정착지가 아닌 다른 지역으로 이주하려는 경우
3. 이주대책대상자가 공익사업을 위한 관계 법령에 따른 고시 등이 있은 날의 1년 전부터 계약체결일 또는 수용재결일까지 계속하여 해당 건축물에 거주하지 않은 경우
4. 이주대책대상자가 공익사업을 위한 관계 법령에 따른 고시 등이 있은 날 당시 다음 각 목의 어느 하나에 해당하는 기관·업체에 소속(다른 기관·업체에 소속된 사람이 파견 등으로 각 목의 기관·업체에서 근무하는 경우를 포함한다)되어 있거나 퇴직한 날부터 3년이 경과하지 않은 경우
   가. 국토교통부
   나. 사업시행자
   다. 법 제21조 제2항에 따라 협의하거나 의견을 들어야 하는 공익사업의 허가·인가·승인 등 기관
   라. 공익사업을 위한 관계 법령에 따른 고시 등이 있기 전에 관계 법령에 따라 실시한 협의, 의견청취 등의 대상자였던 중앙행정기관, 지방자치단체, 「공공기관의 운영에 관한 법률」 제4조에 따른 공공기관 및 「지방공기업법」에 따른 지방공기업

➡ 행정절차법

제21조(처분의 사전 통지)

① 행정청은 당사자에게 의무를 부과하거나 권익을 제한하는 처분을 하는 경우에는 미리 다음 각 호의 사항을 당사자 등에게 통지하여야 한다.
   1. 처분의 제목
   2. 당사자의 성명 또는 명칭과 주소
   3. 처분하려는 원인이 되는 사실과 처분의 내용 및 법적 근거
   4. 제3호에 대하여 의견을 제출할 수 있다는 뜻과 의견을 제출하지 아니하는 경우의 처리방법
   5. 의견제출기관의 명칭과 주소
   6. 의견제출기한
   7. 그 밖에 필요한 사항

제23조(처분의 이유 제시)

① 행정청은 처분을 할 때에는 다음 각 호의 어느 하나에 해당하는 경우를 제외하고는 당사자에게 그 근거와 이유를 제시하여야 한다.
   1. 신청 내용을 모두 그대로 인정하는 처분인 경우
   2. 단순·반복적인 처분 또는 경미한 처분으로서 당사자가 그 이유를 명백히 알 수 있는 경우
   3. 긴급히 처분을 할 필요가 있는 경우
② 행정청은 제1항 제2호 및 제3호의 경우에 처분 후 당사자가 요청하는 경우에는 그 근거와 이유를 제시하여야 한다.

3. 주거이전비

> 🔁 **시행규칙 제54조(주거이전비의 보상)**
> ① 공익사업시행지구에 편입되는 주거용 건축물의 소유자에 대하여는 해당 건축물에 대한 보상을 하는
> 때에 가구원수에 따라 2개월분의 주거이전비를 보상하여야 한다. 다만, 건축물의 소유자가 해당 건
> 축물 또는 공익사업시행지구 내 타인의 건축물에 실제 거주하고 있지 아니하거나 해당 건축물이 무
> 허가건축물등인 경우에는 그러하지 아니하다.
> ② 공익사업의 시행으로 인하여 이주하게 되는 주거용 건축물의 세입자(무상으로 사용하는 거주자를
> 포함하되, 법 제78조 제1항에 따른 이주대책대상자인 세입자는 제외한다)로서 사업인정고시일 등
> 당시 또는 공익사업을 위한 관계법령에 따른 고시 등이 있은 당시 해당 공익사업시행지구안에서
> 3개월 이상 거주한 자에 대해서는 가구원수에 따라 4개월분의 주거이전비를 보상해야 한다. 다만,
> 무허가건축물 등에 입주한 세입자로서 사업인정고시일 등 당시 또는 공익사업을 위한 관계법령에
> 따른 고시 등이 있은 당시 그 공익사업지구 안에서 1년 이상 거주한 세입자에 대해서는 본문에 따라
> 주거이전비를 보상해야 한다.
> ③ 제1항 및 제2항에 따른 거주사실의 입증은 제15조 제1항 각 호의 방법으로 할 수 있다. 〈신설
> 2020.12.11.〉
> ④ 제1항 및 제2항에 따른 주거이전비는 「통계법」 제3조 제3호에 따른 통계작성기관이 조사 · 발표하
> 는 가계조사통계의 도시근로자가구의 가구원수별 월평균 명목 가계지출비(이하 이 항에서 "월평균
> 가계지출비"라 한다)를 기준으로 산정한다. 이 경우 가구원수가 5인인 경우에는 5인 이상 기준의
> 월평균 가계지출비를 적용하며, 가구원수가 6인 이상인 경우에는 5인 이상 기준의 월평균 가계지출
> 비에 5인을 초과하는 가구원수에 다음의 산식에 의하여 산정한 1인당 평균비용을 곱한 금액을 더한
> 금액으로 산정한다. 〈개정 2020.12.11.〉
> 1인당 평균비용 = (5인 이상 기준의 도시근로자가구 월평균 가계지출비 − 2인 기준의 도시근로자가
> 구 월평균 가계지출비) ÷ 3

(1) 주거이전비 의의

주거용 건물의 거주자에 대하여는 주거이전에 필요한 비용을 산정하여 보상하는 것을 말한다.

(2) 주거이전비(보상청구권)의 법적 성질

주거이전비는 해당 공익사업시행지구 안에 거주하는 세입자들의 조기이주를 장려하여 사업추진
을 원활하게 하려는 정책적인 목적과 주거이전으로 인하여 특별한 어려움을 겪게 될 세입자들을
대상으로 하는 사회보장적인 차원에서 지급되는 금원의 성격을 가지므로, 적법하게 시행된 공익
사업으로 인하여 이주하게 된 주거용 건축물 세입자의 주거이전비 보상청구권은 공법상의 권리
이다.

> 관련판례(대판 2008.5.29, 2007다8129)
> (구)공익사업을 위한 토지 등의 취득 및 보상에 관한 법률(2007.10.17. 법률 제8665호로 개정되기 전의 것) 제2조, 제78조에 의하면, 세입자는 사업시행자가 취득 또는 사용할 토지에 관하여 임대차 등에 의한 권리를 가진 관계인으로서, 같은 법 시행규칙 제54조 제2항 본문에 해당하는 경우에는 주거이전에 필요한 비용을 보상받을 권리가 있다. 그런데 이러한 주거이전비는 해당 공익사업시행지구 안에 거주하는 세입자들의 조기이주를 장려하여 사업추진을 원활하게 하려는 정책적인 목적과 주거이전으로 인하여 특별한 어려움을 겪게 될 세입자들을 대상으로 하는 사회보장적인 차원에서 지급되는 금원의 성격을 가지므로, 적법하게 시행된 공익사업으로 인하여 이주하게 된 주거용 건축물 세입자의 주거이전비 보상 청구권은 공법상의 권리이다.

(3) 주거이전비 요건

① 소유자에 대한 주거이전비 보상요건

공익사업시행지구에 편입되는 주거용 건축물의 소유자에 대하여는 해당 건축물에 대한 보상을 하는 때에 가구원수에 따라 2개월분의 주거이전비를 보상하여야 한다. 다만, 건축물의 소유자가 해당 건축물 또는 공익사업시행지구 내 타인의 건축물에 실제 거주하고 있지 아니하거나 해당 건축물이 무허가건축물 등인 경우에는 그러하지 아니하다.

> 관련판례(대판 2015.2.26, 2012두19519)
> (구)도시 및 주거환경정비법(2009.5.27. 법률 제9729호로 개정되기 전의 것) 제36조 제1항, (구)공익사업을 위한 토지 등의 취득 및 보상에 관한 법률(2013.3.23. 법률 제11690호로 개정되기 전의 것) 제78조 제5항, 제9항, 같은 법 시행규칙 제54조 제1항, 제2항의 문언과 규정형식 등을 종합하면, (구)도시 및 주거환경정비법상 주거용 건축물의 소유자에 대한 주거이전비의 보상은 주거용 건축물에 대하여 정비계획에 관한 공람·공고일부터 해당 건축물에 대한 보상을 하는 때까지 계속하여 소유 및 거주한 주거용 건축물의 소유자를 대상으로 한다고 봄이 타당하다.

> 관련판례(대판 2013.5.23, 2013두437)
> 주거용 용도가 아닌 다른 용도로 이미 허가를 받거나 신고를 한 건축물은 그 소유자가 공익사업시행지구에 편입될 당시 허가를 받거나 신고를 하는 등의 적법한 절차에 의하지 아니하고 임의로 주거용으로 용도를 변경하여 사용하고 있는 경우에는 공익사업법 시행규칙 제54조 제1항 단서에서 주거이전비를 보상하지 아니한다고 규정한 '무허가건축물 등'에 포함되는 것으로 해석함이 타당하다.

> 관련판례(대판 2015.8.27, 2015두41050)
> 주택재개발정비사업에서 조합원 자격을 유지한 채 자발적으로 이주한 뒤, 다른 사유(분양계약체결 거부)로 현금청산대상자가 됨으로써 비로소 사업지역 내의 주거용 건축물이 협의매도 내지 수용대상이 된 경우 주거이전비 지급대상인지(소극)
> 기록에 의하면, 이 사건 정비사업은 2006.1.5. 공람공고되었는데, 원고는 분양신청기간 내에 분양신청을 하여 조합아파트를 분양받기로 한 피고의 조합원으로서 피고의 요구에 따라 시공사가 무이

자로 제공한 이주비 등을 지급받고 2008.11.20. 이 사건 정비구역 밖으로 이주한 사실, 그 후 원고는 피고와의 분양계약체결을 거부함으로써 현금청산자가 되었고 2011.4.경 피고와 청산금에 대한 협의가 성립되어 이 사건 정비구역 내에 있는 건축물에 대한 보상금을 지급받은 사실을 알 수 있다.

앞서 본 규정과 법리 및 위 사실관계에 비추어 보면, 원고는 건축물에 대한 협의매도나 보상이 이루어지기 전에 이미 해당 건축물에서 이주함으로써 '공람공고일부터 해당 건축물에 대한 보상이 이루어진 때 또는 협의매수 계약체결일까지 계속하여 거주한 건축물 소유자'에 해당하지 않는 것이 분명하므로, 도시정비법 및 토지보상법상 이주정착금과 주거이전비의 지급대상자에 해당한다고 볼 수 없다.

▶ 관련판례(대판 2017.10.31. 2017두40068)

(구)도시 및 주거환경정비법(2009.2.6. 법률 제9444호로 개정되기 전의 것, 이하 '(구)도시정비법'이라 한다) 제40조 제1항, 공익사업을 위한 토지 등의 취득 및 보상에 관한 법률(이하 '토지보상법'이라 한다) 제78조 제5항, 제9항, (구)공익사업을 위한 토지 등의 취득 및 보상에 관한 법률 시행규칙(2016.1.6. 국토교통부령 제272호로 개정되기 전의 것, 이하 '(구)토지보상법 시행규칙'이라 한다) 제54조 제1항, 제2항의 내용, 체계, 취지 등에 비추어 보면, (구)도시정비법이 적용되는 주택재개발정비사업의 사업구역 내 주거용 건축물을 소유하는 주택재개발정비조합원이 사업구역 내의 타인의 주거용 건축물에 거주하는 세입자일 경우(이하 '소유자 겸 세입자'라 한다)에는 (구)도시정비법 제40조 제1항, (구)토지보상법 시행규칙 제54조 제2항에 따른 '세입자로서의 주거이전비(4개월분)' 지급대상은 아니라고 봄이 타당하다. 이유는 다음과 같다.

① (구)토지보상법령의 규정에 의하여 공익사업 시행에 따라 이주하는 주거용 건축물의 세입자에게 지급하는 주거이전비는 공익사업시행지구 안에 거주하는 세입자들의 조기 이주를 장려하고 사업추진을 원활하게 하려는 정책적인 목적과 주거이전으로 특별한 어려움을 겪게 될 세입자들에게 사회보장적인 차원에서 지급하는 금원이다.

그런데 주택재개발정비사업의 개발이익을 누리는 조합원은 그 자신이 사업의 이해관계인이므로 관련 법령이 정책적으로 조기 이주를 장려하고 있는 대상자에 해당한다고 보기 어렵다. 이러한 조합원이 소유 건축물이 아닌 정비사업구역 내 다른 건축물에 세입자로 거주하다 이전하더라도, 일반 세입자처럼 주거이전으로 특별한 어려움을 겪는다고 보기 어려우므로, 그에게 주거이전비를 지급하는 것은 사회보장급부로서의 성격에 부합하지 않는다.

② 세입자에 대한 주거이전비 보상요건

공익사업의 시행으로 인하여 이주하게 되는 주거용 건축물의 세입자(법 제78조 제1항에 따른 이주대책대상자인 세입자는 제외한다)로서 사업인정고시일 등 당시 또는 공익사업을 위한 관계법령에 의한 고시 등이 있은 당시 해당 공익사업시행지구 안에서 3개월 이상 거주한 자에 대하여는 가구원수에 따라 4개월분의 주거이전비를 보상하여야 한다. 다만, 무허가건축물 등에 입주한 세입자로서 사업인정고시일 등 당시 또는 공익사업을 위한 관계법령에 의한 고시 등이 있은 당시 그 공익사업지구 안에서 1년 이상 거주한 세입자에 대하여는 본문에 따라 주거이전비를 보상하여야 한다.

▶ 관련판례(대판 2006.4.27, 2006두2435) [주거이전비 및 이사비지급청구]
공익사업의 시행으로 인하여 이주하게 되는 주거용 건축물의 세입자로서 사업인정고시일 등 당시
또는 공익사업을 위한 관계법령에 의한 고시 등이 있은 당시 해당 공익사업시행지구 안에서 3개월
이상 거주한 자에 해당하는 세입자는 이후의 사업시행자의 주거이전비 산정통보일 또는 수용개시일까지
계속 거주할 것을 요함이 없이 위 사업인정고시일 등에 바로 같은 법 시행규칙 제54조 제2항의 주거이전비
와 같은 법 시행규칙 제55조 제2항의 이사비 청구권을 취득한다.

▶ 관련판례(대판 2010.9.9, 2009두16824) [주거이전비 보상대상자 기준일]
공익사업을 위한 토지 등의 취득 및 보상에 관한 법률 제78조 제5항, 같은 법 시행규칙 제54조 제2항, (구)도
시 및 주거환경정비법(2008.3.28. 법률 제9047호로 개정되기 전의 것) 제4조 제1항, 제2항, 같은 법 시행령
제11조 제1항 등 각 규정의 내용, 형식 및 입법경위, 주거이전비는 해당 공익사업시행지구 안에 거주
하는 세입자들의 조기이주를 장려하여 사업추진을 원활하게 하려는 정책적인 목적과 주거이전으로
인하여 특별한 어려움을 겪게 될 세입자들을 대상으로 하는 사회보장적인 차원에서 지급하는 성격
의 것인 점 등을 종합하면, 도시정비법상 주거용 건축물의 세입자에 대한 주거이전비의 보상은 정비계획
이 외부에 공표됨으로써 주민 등이 정비사업이 시행될 예정임을 알 수 있게 된 때인 정비계획에 관한
공람공고일 당시 해당 정비구역 안에서 3개월 이상 거주한 자를 대상으로 한다.

▶ 관련판례(대판 2010.12.9, 2008두10829) [주거이전비지급거부처분취소]
(구)택지개발촉진법상 택지개발사업에서 주거용 건축물의 세입자에 대한 주거이전비의 보상은, 택지
개발예정지구지정 대상의 명칭·위치 및 면적 등이 외부에 공표됨으로써 주민 등이 택지개발사업이
시행될 예정임을 알 수 있게 된 때인 택지개발예정지구의 지정에 관한 공람공고일 당시 해당 사업시
행지구 안에서 3개월 이상 거주한 자를 대상으로 한다고 봄이 상당하다.

▶ 관련판례(대구지법 2009.10.28, 2009구합1183) [주거이전비 등]
[1] 공익사업을 위한 토지 등의 취득 및 보상에 관한 법률 제78조, 같은 법 시행규칙 제54조 등
   관계법령에서 정한 이주대책은 이주자들에 대하여 종전의 생활상태를 원상회복 시키는 등 생활
   보상의 일환으로 국가의 적극적이고 정책적인 배려에 의하여 마련된 제도라는 점, 이와 같은
   이주대책을 마련한 본래의 취지가 생활의 근거지는 그 이전이 용이하지 않고 생활의 근거지를
   상실하게 되는 거주자가 종전의 생활상태를 원상으로 회복하기 위하여는 상당한 비용이 필요하
   므로 생활보장의 측면에서 이를 보상해 주어야 한다는 점 등에 비추어 보면, 위 관계법령상 '주
   거용 건축물'을 판단할 때에는 실제 그 건축물의 공부상 용도와 관계없이 실제 주거용으로 사용
   되는지 여부에 따라 결정하여야 하고, 그 사용목적, 건물의 구조와 형태 및 이용관계 그리고
   그곳에서 일상생활을 영위하는지 여부 등을 아울러 고려하여 합목적적으로 결정하여야 한다.
[2] 공익사업시행지구에 편입되어 있는 건물에 거주하는 세입자가 사업시행자에게 주거이전비 등을
   청구하였으나 그 건물의 건축물대장상 용도가 '일반음식점'으로 주거이전비 지급대상이 아니라는
   이유로 주거이전비의 지급을 거절한 사안에서, 건물이 외관상 주택의 형태로 건축되어 있고 그
   내부에 주거시설이 되어 있는 점, 세입자가 위 건물에 전입신고를 마치고 실제로 거주하여 온 점
   등에 비추어, 위 건물이 주거이전비 등의 지급대상이 되는 '주거용 건축물'에 해당한다고 한 사례

▶ 관련판례(대판 2011.8.25, 2010두4131)
[1] (구)공익사업을 위한 토지 등의 취득 및 보상에 관한 법률(2007.10.17. 법률 제8665호로 개정

PART · 02

되기 전의 것, 이하 '구 법'이라 한다) 제78조 제5항, 제7항, (구)공익사업을 위한 토지 등의 취득 및 보상에 관한 법률 시행규칙(2007.4.12. 건설교통부령 제126호로 개정되기 전의 것, 이하 '구 시행규칙'이라 한다) 제54조 제1항, 제2항, 제3항의 내용과 형식 및 주거이전비의 구체적 산정방식 등에 비추어 보면, 구 법과 그 위임에 따라 제정된 구 시행규칙에서 정한 주거이전비는 가구원 수에 따라 소유자 또는 세입자에게 지급되는 것으로서 소유자와 세입자가 지급청구권을 가지는 것으로 보아야 하므로, 소유자 또는 세입자가 아닌 가구원은 사업시행자를 상대로 직접 주거이전비 지급을 구할 수 없다.

[2] 택지개발사업지구 안에 있는 주택소유자 갑이 사업시행자와 주택에 관한 보상합의를 하면서 가족 3인(처, 자녀 및 어머니)과 함께 위 주택에 거주하였다며 사업시행자에게서 4인 가족에 대한 주거이전비를 수령하였는데, 이후 보상대상에서 제외되었던 갑의 아버지 을이 사업인정고시일 당시 위 주택에서 함께 거주하였다고 주장하면서 사업시행자에게 주거이전비 지급을 청구한 사안에서, 소유자 아닌 가구원은 사업시행자를 상대로 직접 주거이전비 지급을 구할 수 없다는 이유로, 이와 달리 을에게 주거이전비 지급청구권이 있다고 본 원심판결에 법리오해의 위법이 있다고 한 사례

▶ 관련판례(대판 2012.4.26, 2010두7475) [주거이전비 지급의무 이행지체 기산시점]
(구)도시 및 주거환경정비법(2009.2.6. 법률 제9444호로 개정되기 전의 것) 제40조 제1항에 의하여 준용되는 공익사업을 위한 토지 등의 취득 및 보상에 관한 법률 제78조 제5항 및 (구)공익사업을 위한 토지 등의 취득 및 보상에 관한 법률 시행규칙(2008.4.18. 국토교통부령 제7호로 개정되기 전의 것) 제54조 제2항, 제55조 제2항의 각 규정에 의하여 공익사업의 시행에 따라 이주하는 주거용 건축물의 세입자에게 지급해야 하는 주거이전비 및 이사비의 지급의무는 사업인정고시일 등 당시 또는 공익사업을 위한 관계법령에 의한 고시 등이 있은 당시에 바로 발생한다. 그러나 그 지급의무의 이행기에 관하여는 관계법령에 특별한 규정이 없으므로, 위 주거이전비 및 이사비의 지급의무는 이행기의 정함이 없는 채무로서 채무자는 이행청구를 받은 다음 날부터 이행지체 책임이 있다.

▶ 관련판례(대판 2013.1.10, 2011두19031)
(구)도시 및 주거환경정비법(2009.2.6. 법률 제9444호로 개정되기 전의 것, 이하 '도시정비법'이라 한다) 제38조, 제40조 제1항, 제47조, 도시 및 주거환경정비법 시행령 제48조, (구)공익사업을 위한 토지 등의 취득 및 보상에 관한 법률(2011.8.4. 법률 제11017호로 개정되기 전의 것, 이하 '공익사업법'이라 한다) 제78조 제5항, 공익사업을 위한 토지 등의 취득 및 보상에 관한 법률 시행규칙 제54조 제1항, 제55조 제2항 등의 법규정을 종합해 보면, (구)도시정비법상 주택재개발사업의 경우 주거용 건축물의 소유자인 현금청산대상자로서 현금청산에 관한 협의가 성립되어 사업시행자에게 주거용 건축물의 소유권을 이전한 자이거나 현금청산에 관한 협의가 성립되지 않아 공익사업법에 따라 주거용 건축물이 수용된 자에 대하여는 공익사업법을 준용하여 주거이전비 및 이사비를 지급해야 한다고 보는 것이 타당하다.

▶ 관련판례(대판 2013.5.23, 2012두11072)
구법 시행규칙 제54조 제2항 단서가 주거이전비 보상대상자로 정하는 '무허가건축물 등에 입주한 세입자'는 기존에 주거용으로 사용되어 온 무허가건축물 등에 입주하여 일정기간 거주한 세입자를 의미하고, 공부상 주거용 용도가 아닌 건축물을 임차한 후 임의로 주거용으로 용도를 변경하여 거주한 세입자는 이에 해당한다고 할 수 없다.

(4) 주거이전비 산정방법

「통계법」 제3조 제3호에 따른 통계작성기관이 조사·발표하는 가계조사통계의 도시근로자가구의 가구원수별 월평균 명목 가계지출비(이하 이 항에서 "월평균 가계지출비"라 한다)를 기준으로 산정한다. 이 경우 가구원수가 5인인 경우에는 5인 이상 기준의 월평균 가계지출비를 적용하며, 가구원수가 6인 이상인 경우에는 5인 이상 기준의 월평균 가계지출비에 5인을 초과하는 가구원수에 다음의 산식에 의하여 산정한 1인당 평균비용을 곱한 금액을 더한 금액으로 산정한다.

> 1인당 평균비용 = (5인 이상 기준의 도시근로자가구 월평균 가계지출비 − 2인 기준의 도시근로자가구 월평균 가계지출비) ÷ 3

(5) 주거이전비 관련 권리구제

┌─ 판례

1. 주거이전비 포기각서는 강행법규 위반

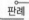 대판 2011.7.14, 2011두3685 [주거이전비등]
주거이전비 포기각서를 제출한 경우 주거이전비를 받을 수 없는지 여부 – 토지보상법 시행규칙 제54조 제2항은 강행규정으로 포기각서는 무효임

【판시사항】

[1] 도시 및 주거환경정비법에 따라 사업시행자에게서 임시수용시설을 제공받는 세입자가 공익사업을 위한 토지 등의 취득 및 보상에 관한 법률 및 같은 법 시행규칙에서 정한 주거이전비를 별도로 청구할 수 있는지 여부(적극)

[2] 사업시행자의 세입자에 대한 주거이전비 지급의무를 정하고 있는 공익사업을 위한 토지 등의 취득 및 보상에 관한 법률 시행규칙 제54조 제2항이 강행규정인지 여부(적극)

[3] 주택재개발사업 정비구역 안에 있는 주거용 건축물에 거주하던 세입자 갑이 주거이전비를 받을 수 있는 권리를 포기한다는 취지의 주거이전비포기각서를 제출하고 사업시행자가 제공한 임대아파트에 입주한 다음 별도로 주거이전비를 청구한 사안에서, 위 포기각서의 내용은 강행규정에 반하여 무효라고 한 사례

【판결요지】

[1] 도시 및 주거환경정비법(이하 '도시정비법'이라 한다) 제36조 제1항 제1문 등에서 정한 세입자에 대한 임시수용시설 제공 등은 주거환경개선사업 및 주택재개발사업의 사업시행자로 하여금 주거환경개선사업 및 주택재개발사업의 시행으로 철거되는 주택에 거주하던 세입자에게 거주할 임시수용시설을 제공하거나 주택자금 융자알선 등 임시수용시설 제공에 상응하는 조치를 취하도록 하여 사업시행기간 동안 세입자의 주거안정을 도모하기 위한 조치로 볼 수 있는 반면, 공익사업을 위한 토지 등의 취득 및 보상에 관한 법률(이하 '공익사업법'이라 한다) 제78조 제5항, 공익사업을 위한 토지 등의 취득 및 보상에 관한 법률 시행규칙(이하 '공익사업법 시행규칙'이라 한다) 제54조 제2항 본문의 각 규정에 의하여 공익사업 시행에 따라 이주하는 주거용 건축물의 세입자에게 지급하는 주거이전비는 당해 공익사

업 시행지구 안에 거주하는 세입자들의 조기이주를 장려하여 사업추진을 원활하게 하려는 정책적인 목적과 주거이전으로 말미암아 특별한 어려움을 겪게 될 세입자들을 대상으로 하는 사회보장적인 차원에서 지급하는 돈의 성격을 갖는 것으로 볼 수 있는 점, 도시정비법 및 공익사업법 시행규칙 등의 관련 법령에서 임시수용시설 등 제공과 주거이전비 지급을 사업시행자의 의무사항으로 규정하면서 임시수용시설 등을 제공받는 자를 주거이전비 지급대상에서 명시적으로 배제하지 않은 점을 비롯한 위 각 규정의 문언, 내용 및 입법 취지 등을 종합해 보면, 도시정비법에 따라 사업시행자에게서 임시수용시설을 제공받는 세입자라 하더라도 공익사업법 및 공익사업법 시행규칙에 따른 주거이전비를 별도로 청구할 수 있다고 보는 것이 타당하다.

[2] 공익사업을 위한 토지 등의 취득 및 보상에 관한 법률은 공익사업에 필요한 토지 등을 협의 또는 수용에 의하여 취득하거나 사용함에 따른 손실의 보상에 관한 사항을 규정함으로써 공익사업의 효율적인 수행을 통하여 공공복리의 증진과 재산권의 적정한 보호를 도모함을 목적으로 하고 있고, 위 법에 근거하여 공익사업을 위한 토지 등의 취득 및 보상에 관한 법률 시행규칙(이하 '공익사업법 시행규칙'이라 한다)에서 정하고 있는 세입자에 대한 주거 이전비는 공익사업 시행으로 인하여 생활 근거를 상실하게 되는 세입자를 위하여 사회보장 적 차원에서 지급하는 금원으로 보아야 하므로, 사업시행자의 세입자에 대한 주거이전비 지급의무를 정하고 있는 공익사업법 시행규칙 제54조 제2항은 당사자 합의 또는 사업시행 자 재량에 의하여 적용을 배제할 수 없는 강행규정이라고 보아야 한다.

[3] 주택재개발사업 정비구역 안에 있는 주거용 건축물에 거주하던 세입자 갑이 주거이전비를 받을 수 있는 권리를 포기한다는 취지의 '이주단지 입주에 따른 주거이전비포기각서'를 제출 한 후 사업시행자가 제공한 임대아파트에 입주한 다음 별도로 주거이전비를 청구한 사안에서, 사업시행자는 주택재개발 사업으로 철거되는 주택에 거주하던 갑에게 임시수용시설 제공 또는 주택자금 융자알선 등 임시수용에 상응하는 조치를 취할 의무를 부담하는 한편, 갑이 공익 사업을 위한 토지 등의 취득 및 보상에 관한 법률 시행규칙(이하 '공익사업법 시행규칙'이라 한다) 제54조 제2항에 규정된 주거이전비 지급요건에 해당하는 세입자인 경우, 임시수용시설 인 임대아파트에 거주하게 하는 것과 별도로 주거이전비를 지급할 의무가 있고, 갑이 임대 아파트에 입주하면서 주거이전비를 포기하는 취지의 포기각서를 제출하였다 하더라도, 포기 각서의 내용은 강행규정인 공익사업법 시행규칙 제54조 제2항에 위배되어 무효라고 한 사례

【참조조문】
[1] 도시 및 주거환경정비법 제36조 제1항, 제37조 제3항, 공익사업을 위한 토지 등의 취득 및 보상에 관한 법률 제78조 제5항, 공익사업을 위한 토지 등의 취득 및 보상에 관한 법률 시행규칙 제54조 제2항
[2] 공익사업을 위한 토지 등의 취득 및 보상에 관한 법률 제1조, 공익사업을 위한 토지 등의 취득 및 보상에 관한 법률 시행규칙 제54조 제2항
[3] 도시 및 주거환경정비법 제36조 제1항, 제37조 제3항, 공익사업을 위한 토지 등의 취득 및 보상에 관한 법률 제78조 제5항, 공익사업을 위한 토지 등의 취득 및 보상에 관한 법률 시행규칙 제54조 제2항

【전 문】
【원고, 상고인】 원고
【피고, 피상고인】 대한주택공사의 소송수계인 한국토지주택공사
【원심판결】 서울고법 2011.1.18, 2010누18545

【주 문】
원심판결을 파기하고, 사건을 서울고등법원에 환송한다.

【이 유】
상고이유를 판단한다.

1. 도시 및 주거환경정비법(이하 '도시정비법'이라 한다) 제36조 제1항 제1문, 제37조 제3항의 각 규정에 의하면, 사업시행자는 주거환경개선사업 및 주택재개발사업의 시행으로 철거되는 주택의 소유자 또는 세입자에 대하여 당해 정비구역 내·외에 소재한 임대주택 등의 시설에 임시로 거주하게 하거나 주택자금의 융자알선 등 임시수용에 상응하는 조치를 하여야 하고, 손실보상에 관하여는 도시정비법에 규정된 것을 제외하고는 공익사업을 위한 토지 등의 취득 및 보상에 관한 법률(이하 '공익사업법'이라 한다)을 준용하도록 규정하고 있다. 한편 공익사업법 제78조 제5항, 같은 법 시행규칙 제54조 제2항 본문의 각 규정에 의하면, 공익사업의 시행으로 인하여 이주하게 되는 주거용 건축물의 세입자로서 사업인정고시일 등 당시 또는 공익사업을 위한 관계 법령에 의한 고시 등이 있은 당시 당해 공익사업시행지구 안에서 3월 이상 거주한 자에 대하여는 가구원 수에 따라 4개월분의 주거이전비를 보상하도록 규정하고 있다.

도시정비법에 의한 세입자에 대한 임시수용시설의 제공 등은 주거환경개선사업 및 주택재개발사업의 사업시행자로 하여금 주거환경개선사업 및 주택재개발사업의 시행으로 철거되는 주택에 거주하던 세입자에게 사업시행기간 동안 거주할 임시수용시설을 제공하거나 주택자금의 융자알선 등 임시수용시설 제공에 상응하는 조치를 취하도록 하여 사업시행기간 동안 세입자의 주거안정을 도모하기 위한 조치로 볼 수 있는 반면, 공익사업의 시행에 따라 이주하는 주거용 건축물의 세입자에게 지급하는 주거이전비는 당해 공익사업 시행지구 안에 거주하는 세입자들의 조기이주를 장려하여 사업추진을 원활하게 하려는 정책적인 목적과 주거이전으로 인하여 특별한 어려움을 겪게 될 세입자들을 대상으로 하는 사회보장적인 차원에서 지급하는 금원의 성격을 갖는 것으로 볼 수 있는 점, 도시정비법 및 공익사업법 시행규칙 등의 관련 법령에서 임시수용시설 등의 제공과 주거이전비 지급을 사업시행자의 의무사항으로 규정하면서 임시수용시설 등을 제공받는 자를 주거이전비 지급대상에서 명시적으로 배제하지 아니한 점을 비롯한 위 각 규정의 문언, 내용 및 입법취지 등을 종합하여 보면, 도시정비법 규정에 의하여 사업시행자로부터 임시수용시설을 제공받는 세입자라 하더라도 공익사업법 및 공익사업법 시행규칙에 의한 주거이전비를 별도로 청구할 수 있다고 봄이 타당하다.

그리고 공익사업법은 공익사업에 필요한 토지 등을 협의 또는 수용에 의하여 취득하거나 사용함에 따른 손실의 보상에 관한 사항을 규정함으로써 공익사업의 효율적인 수행을 통하여 공공복리의 증진과 재산권의 적정한 보호를 도모함을 목적으로 하고 있고, 위 법에 근거하여 공익사업법 시행규칙에서 규정하고 있는 세입자에 대한 주거이전비는 공익사업의 시행으로 인하여 생활의 근거를 상실하게 되는 세입자를 위하여 사회보장적 차원에서 지급하는 금원으로 보아야 하므로, 사업시행자의 세입자에 대한 주거이전비 지급의무를 규정하고 있는

공익사업법 시행규칙 제54조 제2항은 당사자의 합의 또는 사업시행자의 재량에 의하여 그 적용을 배제할 수 없는 강행규정이라고 보아야 할 것이다.

2. 원심판결 이유 및 원심이 채택한 증거에 의하면, 경기도지사는 2006.1.16. 성남시 중원구 중동 1500 일대 40,217.4㎡(이하 '이 사건 사업구역'이라 한다)를 도시정비법에 의한 주택재개발사업 정비구역으로 지정·고시한 사실, 이후 성남시장은 2006.1.24. 사업시행자를 지정·고시하였으며, 2007.3.13. 사업시행인가를 고시한 사실, 원고는 이 사건 정비구역 내 주택재개발사업(이하 '이 사건 사업'이라 한다)의 사업구역 내에 위치한 주거용 건축물에 거주하던 세입자이고, 피고는 이 사건 사업의 시행자인 사실, 피고는 이 사건 사업구역 내 주택 세입자 등이 이 사건 사업이 시행되는 동안 임시로 거주할 수 있도록 성남시 중원구 도촌동에 임대아파트(이하 '도촌이주단지'라 한다)를 건립하여 세입자 등에게 제공한 사실, 피고는 이 사건 사업에 관한 이주대책공고를 하면서 도촌이주단지에 입주를 희망하는 세입자의 경우 신청에 필요한 서류로 주거이전비포기각서를 제출하도록 한 사실, 원고는 피고와 도촌이주단지의 입주계약을 체결하면서 주거이전비를 받을 수 있는 권리를 포기한다는 취지의 '이주단지 입주에 따른 주거이전비포기각서'를 제출한 후 도촌이주단지에 입주한 사실을 알 수 있다.

3. 위 사실관계를 앞서 본 법리에 비추어 살펴보면, 도시정비법에 정해진 주택재개발사업의 사업시행자인 피고로서는 이 사건 사업으로 철거되는 주택에 거주하던 세입자인 원고에 대하여 임시수용시설의 제공 또는 주택자금의 융자알선 등 임시수용에 상응하는 조치를 취할 의무를 부담하는 한편, 원고가 공익사업법 시행규칙 제54조 제2항에 규정된 주거이전비 지급요건에 해당하는 세입자인 경우, 임시수용시설인 도촌이주단지에 거주하게 하는 것과 별도로 주거이전비를 지급할 의무가 있다 할 것이고, 원고가 임시수용시설로 제공된 도촌이주단지에 입주하면서 주거이전비를 포기하는 취지의 포기각서를 제출하였다 하더라도, 위 포기각서의 내용은 강행규정인 공익사업법 시행규칙 제54조 제2항에 위배되어 무효라 할 것이다. 그런데도 원심은, 세입자가 도시정비법 및 공익사업법의 관련 규정상 임시수용시설의 공급과 주거이전비의 지급을 중복하여 청구할 수 있는지 여부가 명확하지 않은 반면 양자의 목적이 중복되는 상태에서, 새로운 주거지로 이사를 간 후 정착에 필요한 비용인 주거이전비를 사후에 포기하고 정비사업 완료 시까지 제공되는 임시수용시설에 입주하는 것이 강행규정에 반한다고 볼 수 없다는 이유 등을 들어 위 포기각서의 제출로 원고의 주거이전비 청구권이 소멸되었다고 판단하고 말았으니, 이러한 원심판결에는 공익사업법 및 공익사업법 시행규칙에 규정된 주거이전비에 관한 법리를 오해하여 필요한 심리를 다하지 아니함으로써 판결에 영향을 미친 위법이 있다. 따라서 이를 지적하는 취지의 상고이유의 주장은 이유있다.

4. 그러므로 원심판결을 파기하고, 사건을 다시 심리·판단하게 하기 위하여 원심법원에 환송하기로 하여 관여 대법관의 일치된 의견으로 주문과 같이 판결한다.

2. 주거이전비 법적 성격 쟁점 판례

❀ 대판 2019.4.23, 2018두55326 [토지수용재결처분취소등]

【판시사항】

[1] 구 도시 및 주거환경정비법 제54조 제2항에 따른 대지 또는 건축물의 소유권 이전에 관한 고시의 효력이 발생한 후 일부 내용만을 분리하여 변경하거나 전체 이전고시를 모두 무효화시킬

수 있는지 여부(소극) / 이전고시의 효력이 발생한 후 조합원 등이 정비사업을 위하여 이루어진 수용재결이나 이의재결의 취소 또는 무효확인을 구할 법률상 이익이 있는지 여부(소극)

[2] 구 도시 및 주거환경정비법상 주택재개발정비사업 시행자는 그 사업과 관련하여 주거용 건축물이 수용되고 그에 따라 생활의 근거를 상실하게 된 소유자가 현금청산대상자에 해당하는 경우에도 공익사업을 위한 토지 등의 취득 및 보상에 관한 법률 제78조 제1항, 제5항 등에 따라 이주정착금, 주거이전비 및 이사비를 지급할 의무가 있는지 여부(적극)

[3] 적법하게 시행된 공익사업으로 이주하게 된 주거용 건축물 세입자의 주거이전비 보상청구권의 법적 성질(=공법상의 권리) 및 그 보상에 관한 쟁송절차(=행정소송) / 세입자의 주거이전비 보상청구소송의 형태 및 위 법리가 주거용 건축물의 소유자가 사업시행자를 상대로 이주정착금, 주거이전비 및 이사비의 보상을 구하는 경우에도 적용되는지 여부(적극)

◑ 대판 2008.5.29, 2007다8129 [주거이전비등]
주거이전비 보상청구권 법적 성격(공법상 권리) 및 그 보상에 관한 분쟁의 쟁송절차(=행정소송), 그리고 주거이전비 보상을 소구하는 경우 그 소송의 형태(주거이전비 제외처분은 토지보상법 제85조 제1항 적용, 주거이전비 보상금 증감을 다투는 경우 보상금증감청구소송)

【판시사항】

[1] 구 공익사업을 위한 토지 등의 취득 및 보상에 관한 법령에 의하여 주거용 건축물의 세입자에게 인정되는 주거이전비 보상청구권의 법적 성격(=공법상의 권리) 및 그 보상에 관한 분쟁의 쟁송절차(=행정소송)

[2] 구 공익사업을 위한 토지 등의 취득 및 보상에 관한 법령에 따라 주거용 건축물의 세입자가 주거이전비 보상을 소구하는 경우 그 소송의 형태

【판결요지】

[1] 구 공익사업을 위한 토지 등의 취득 및 보상에 관한 법률(2007.10.17. 법률 제8665호로 개정되기 전의 것) 제2조, 제78조에 의하면, 세입자는 사업시행자가 취득 또는 사용할 토지에 관하여 임대차 등에 의한 권리를 가진 관계인으로서, 같은 법 시행규칙 제54조 제2항 본문에 해당하는 경우에는 주거이전에 필요한 비용을 보상받을 권리가 있다. 그런데 이러한 주거이전비는 당해 공익사업 시행지구 안에 거주하는 세입자들의 조기이주를 장려하여 사업추진을 원활하게 하려는 정책적인 목적과 주거이전으로 인하여 특별한 어려움을 겪게 될 세입자들을 대상으로 하는 사회보장적인 차원에서 지급되는 금원의 성격을 가지므로, 적법하게 시행된 공익사업으로 인하여 이주하게 된 주거용 건축물 세입자의 주거이전비 보상청구권은 공법상의 권리이고, 따라서 그 보상을 둘러싼 쟁송은 민사소송이 아니라 공법상의 법률관계를 대상으로 하는 행정소송에 의하여야 한다.

[2] 구 공익사업을 위한 토지 등의 취득 및 보상에 관한 법률(2007.10.17. 법률 제8665호로 개정되기 전의 것) 제78조 제5항, 제7항, 같은 법 시행규칙 제54조 제2항 본문, 제3항의 각 조문을 종합하여 보면, 세입자의 주거이전비 보상청구권은 그 요건을 충족하는 경우에 당연히 발생하는 것이므로, 주거이전비 보상청구소송은 행정소송법 제3조 제2호에 규정된 당사자소송에 의하여야 한다. 다만, 구 도시 및 주거환경정비법(2007.12.21. 법률 제8785

호로 개정되기 전의 것) 제40조 제1항에 의하여 준용되는 구 공익사업을 위한 토지 등의
취득 및 보상에 관한 법률 제2조, 제50조, 제78조, 제85조 등의 각 조문을 종합하여 보면,
세입자의 주거이전비 보상에 관하여 재결이 이루어진 다음 세입자가 보상금의 증감 부분
을 다투는 경우에는 같은 법 제85조 제2항에 규정된 행정소송에 따라, 보상금의 증감 이
외의 부분을 다투는 경우에는 같은 조 제1항에 규정된 행정소송에 따라 권리구제를 받을
수 있다.

【참조조문】

[1] 구 공익사업을 위한 토지 등의 취득 및 보상에 관한 법률(2007.10.17. 법률 제8665호로
개정되기 전의 것) 제2조, 제78조, 구 공익사업을 위한 토지 등의 취득 및 보상에 관한 법률
시행규칙(2008.3.14. 건설교통부령 제4호로 개정되기 전의 것) 제54조 제2항

[2] 구 공익사업을 위한 토지 등의 취득 및 보상에 관한 법률(2007.10.17. 법률 제8665호로
개정되기 전의 것) 제2조, 제50조, 제78조, 제85조, 구 공익사업을 위한 토지 등의 취득
및 보상에 관한 법률 시행규칙(2008.3.14. 건설교통부령 제4호로 개정되기 전의 것) 제54조,
행정소송법 제3조 제2호

【참조판례】

[1] 대판 2006.4.27, 2006두2435

【전 문】

【원고, 상고인】 원고 1외 1인

【피고, 피상고인】 월곡제2구역주택재개발정비사업조합

【원심판결】 서울중앙지법 2006.12.7, 2006나19626

【주 문】

원심판결을 파기하고, 제1심판결을 취소한다. 사건을 서울행정법원에 이송한다.

【이 유】

직권으로 판단한다.

1. 원심 및 제1심의 조치

원심과 제1심은 구 공익사업을 위한 토지 등의 취득 및 보상에 관한 법률 시행규칙
(2005.2.5. 건설교통부령 제424호로 일부 개정되기 전의 것, 이하 '공익사업법 시행규칙'이
라 한다) 제54조 제2항 본문에 따른 원고들의 이 사건 주거이전비 보상청구에 대하여, 원고
들의 이 사건 청구가 민사소송의 대상임을 전제로 하여 민사소송의 절차와 방법에 의하여
이를 심리·판단하였다.

2. 위 주거이전비 보상청구의 법적 성질

그러나 구 공익사업을 위한 토지 등의 취득 및 보상에 관한 법률(2007.10.17. 법률 제8665
호로 일부 개정되기 전의 것, 이하 '공익사업법'이라 한다) 제2조, 제78조에 의하면, 세입자
는 사업시행자가 취득 또는 사용할 토지에 관하여 임대차 등에 의한 권리를 가진 관계인으로

서, 공익사업법 시행규칙 제54조 제2항 본문에 해당하는 경우에는 주거이전에 필요한 비용을 보상받을 권리가 있다. 그런데 이러한 주거이전비는 당해 공익사업 시행지구 안에 거주하는 세입자들의 조기이주를 장려하여 사업추진을 원활하게 하려는 정책적인 목적과 주거이전으로 인하여 특별한 어려움을 겪게 될 세입자들을 대상으로 하는 사회보장적인 차원에서 지급되는 금원의 성격(대판 2006.4.27, 2006두2435 참조)을 갖는다고 할 것이므로, 적법하게 시행된 공익사업으로 인하여 이주하게 된 주거용 건축물 세입자의 주거이전비 보상청구권은 공법상의 권리이고, 따라서 그 보상을 둘러싼 쟁송은 민사소송이 아니라 공법상의 법률관계를 대상으로 하는 행정소송에 의하여야 한다. 특히 이 경우 세입자는 관할, 직권심리 등과 같은 민사소송절차와는 다른 행정소송절차상의 여러 특칙들을 활용하여 보다 효과적이고 능률적으로 권리실현을 할 수 있으므로, 민사소송절차에 의하는 것보다는 행정소송절차에 의하는 것이 국민의 권리구제라는 측면에서도 한층 더 바람직하다.

그렇다면 공익사업법 시행규칙 제54조 제2항 본문에 의한 세입자의 주거이전비 보상청구는 민사소송이 아닌 행정소송의 대상이 되어야 하고, 행정소송절차에 의하여 처리되어야 한다.

3. 행정소송의 형태

세입자의 주거이전비 보상청구소송의 형태에 관하여 보건대, 공익사업법 제78조 제5항, 제7항, 공익사업법 시행규칙 제54조 제2항 본문, 제3항의 각 조문을 종합하여 보면 위 주거이전비 보상청구권은 그 요건을 충족하는 경우에 당연히 발생되는 것이므로, 주거이전비 보상청구소송은 행정소송법 제3조 제2호에 규정된 당사자소송에 의하여야 할 것이다.

다만, 구 도시 및 주거환경정비법(2007.12.21. 법률 제8785호로 일부 개정되기 전의 것) 제40조 제1항에 의하여 준용되는 공익사업법 제2조, 제50조, 제78조, 제85조 등의 각 조문을 종합하여 보면, 세입자의 주거이전비 보상에 관하여 재결이 이루어진 다음 세입자가 보상금의 증감 부분을 다투는 경우에는 공익사업법 제85조 제2항에 규정된 행정소송에 따라, 보상금의 증감 이외의 부분을 다투는 경우에는 같은 조 제1항에 규정된 행송에 따라 권리구제를 받을 수 있다고 봄이 상당하다.

4. 결 론

위 법리 및 기록에 비추어 보면, 세입자인 원고들이 공익사업법 시행규칙 제54조 제2항 본문에 규정된 주거이전비 보상청구를 하고 있는 이 사건에 있어, 공익사업인 주택재개발사업의 시행으로 인하여 원고들이 이주하게 되었음에도 주거이전비의 보상에 관한 재결이 없음을 알 수 있으므로, 원고들의 이 사건 청구는 행정소송법 제3조 제2호에 규정된 당사자소송의 대상에 해당한다고 봄이 상당하다.

그럼에도 불구하고, 원심 및 제1심이, 원고들의 이 사건 청구가 민사소송의 대상임을 전제로 하여 민사소송절차에 의하여 심리·판단한 것에는 공익사업법 시행규칙 제54조 제2항 본문에 규정된 세입자의 주거이전비 보상청구의 법적 성질 및 그 소송절차에 관한 법리를 오해한 위법이 있다.

그러므로 상고이유에 대한 판단을 생략한 채 직권으로 원심판결을 파기하고, 제1심판결을 취소하며, 사건을 다시 심리·판단하게 하기 위하여 관할법원인 서울행정법원에 이송하기로 하여 관여 대법관의 일치된 의견으로 주문과 같이 판결한다.

(6) 기출문제

> **기출문제(제29회 1번 (1))**
> A도 도지사 甲은 도내의 심각한 주차난을 해결하기 위하여 A도 내 B시 일대 40,000㎡(이하 '이 사건 공익사업구역'이라 함)를 공영주차장으로 사용하고자 사업계획을 수립하고 「공익사업을 위한 토지 등의 취득 및 보상에 관한 법률」(이하 '토지보상법'이라 함)에 따른 절차를 거쳐, 국토교통부 장관의 사업인정을 받고 이를 고시하였다. 이후 甲은 이 사건 공익사업구역 내 주택 세입자 乙 등이 이 사건 공익사업이 시행되는 동안 임시로 거주할 수 있도록 B시에 임대아파트를 건립하여 세입자에게 제공하는 등 이주대책을 수립·시행하였다. 한편, 乙은 「공익사업을 위한 토지 등의 취득 및 보상에 관한 법률 시행규칙」(이하 '토지보상법 시행규칙'이라 함) 제54조 제2항에 해당하 는 세입자이다. 다음 물음에 답하시오.
> (1) 乙은 토지보상법 시행규칙에 따른 주거이전비를 받을 수 있는 권리를 포기한다는 취지의 '임대 아파트 입주에 따른 주거이전비 포기각서'를 甲에게 제출하고 위 임대아파트에 입주하였지만, 이후 관련 법령이 임대아파트와 같은 임시수용시설 등을 제공받는 자를 주거이전비 지급대상에서 배제하지 않고 있는 점을 알게 되었다. 이에 乙은 위 포기각서를 무시하고 토지보상법 시행규칙 상의 주거이전비를 청구하였다. 乙의 주거이전비 청구의 인용 여부에 관하여 논하시오. **30점**

4. 이사비

(1) 토지보상법 및 토지보상법 시행규칙

> ↩ **법 제78조(이주대책의 수립 등)**
> ⑥ 주거용 건물의 거주자에 대하여는 주거 이전에 필요한 비용과 가재도구 등 동산의 운반에 필요한 비용을 산정하여 보상하여야 한다. 〈개정 2022.2.3.〉
>
> ↩ **시행규칙 제55조(동산의 이전비 보상 등)**
> ② 공익사업시행지구에 편입되는 주거용 건축물의 거주자가 해당 공익사업시행지구 밖으로 이사를 하는 경우에는 [별표 4]의 기준에 의하여 산정한 이사비(가재도구 등 동산의 운반에 필요한 비용을 말한다)를 보상하여야 한다.
> ③ 이사비의 보상을 받은 자가 해당 공익사업시행지구 안의 지역으로 이사하는 경우에는 이사비를 보상하지 아니한다.

(2) 판례

> 판례
>
> ▶ **관련판례(대판 2012.2.23, 2011두23603)**
> 공익사업법 제78조 제5항, 같은 법 시행규칙 제55조 제2항의 각 규정 및 공익사업의 추진을 원활하 게 함과 아울러 주거를 이전하게 되는 거주자들을 보호하려는 이사비(가재도구 등 동산의 운반에 필요한 비용을 말한다) 제도의 취지에 비추어 보면, 이사비의 보상대상자는 공익사업시행지구에 편입되 는 주거용 건축물의 거주자로서 공익사업의 시행으로 인하여 이주하게 되는 사람으로 봄이 상당하다.

▶ 관련판례(대판 2006.4.27, 2006두2435)

공익사업을 위한 토지 등의 취득 및 보상에 관한 법률 제78조 제5항 및 같은 법 시행규칙 제54조 제2항, 제55조 제2항의 각 규정에 의하여 공익사업의 시행에 따라 이주하는 주거용 건축물의 세입자에게 지급하는 주거이전비와 이사비는, 해당 공익사업시행지구 안에 거주하는 세입자들의 조기이주를 장려하여 사업추진을 원활하게 하려는 정책적인 목적과 주거이전으로 인하여 특별한 어려움을 겪게 될 세입자들을 대상으로 하는 사회보장적인 차원에서 지급하는 금원의 성격을 갖는다 할 것이므로, 같은 법 시행규칙 제54조 제2항에 규정된 '공익사업의 시행으로 인하여 이주하게 되는 주거용 건축물의 세입자로서 사업인정고시일 등 당시 또는 공익사업을 위한 관계법령에 의한 고시 등이 있은 당시 해당 공익사업시행지구 안에서 3개월 이상 거주한 자'에 해당하는 세입자는 이후의 사업시행자의 주거이전비 산정통보일 또는 수용개시일까지 계속 거주할 것을 요함이 없이 위 사업인정고시일 등에 바로 같은 법 시행규칙 제54조 제2항의 주거이전비와 같은 법 시행규칙 제55조 제2항의 이사비 청구권을 취득한다고 볼 것이고, 한편 이사비의 경우 실제 이전할 동산의 유무나 다과를 묻지 않고 같은 법 시행규칙 제55조 제2항 [별표 4]에 규정된 금액을 지급받을 수 있다.

03 공익사업시행지구 밖의 보상(간접보상)

(용어정리 : 사회적·경제적 손실 – 간접손실보상, 물리적·기술적 손실 – 간접침해보상)

1. 간접손실보상

> ◐ 법 제79조(그 밖의 토지에 관한 비용보상 등)
> ① 사업시행자는 공익사업의 시행으로 인하여 취득하거나 사용하는 토지(잔여지를 포함한다) 외의 토지에 통로·도랑·담장 등의 신설이나 그 밖의 공사가 필요할 때에는 그 비용의 전부 또는 일부를 보상하여야 한다. 다만, 그 토지에 대한 공사의 비용이 그 토지의 가격보다 큰 경우에는 사업시행자는 그 토지를 매수할 수 있다.
> ② 공익사업이 시행되는 지역 밖에 있는 토지등이 공익사업의 시행으로 인하여 본래의 기능을 다할 수 없게 되는 경우에는 국토교통부령으로 정하는 바에 따라 그 손실을 보상하여야 한다.
> ③ 사업시행자는 제2항에 따른 보상이 필요하다고 인정하는 경우에는 제15조에 따라 보상계획을 공고할 때에 보상을 청구할 수 있다는 내용을 포함하여 공고하거나 대통령령으로 정하는 바에 따라 제2항에 따른 보상에 관한 계획을 공고하여야 한다.
> ④ 제1항부터 제3항까지에서 규정한 사항 외에 공익사업의 시행으로 인하여 발생하는 손실의 보상 등에 대하여는 국토교통부령으로 정하는 기준에 따른다.
> ⑤ 제1항 본문 및 제2항에 따른 비용 또는 손실의 보상에 관하여는 제73조 제2항을 준용한다.
> ⑥ 제1항 단서에 따른 토지의 취득에 관하여는 제73조 제3항을 준용한다.
> ⑦ 제1항 단서에 따라 취득하는 토지에 대한 구체적인 보상액 산정 및 평가 방법 등에 대하여는 제70조, 제75조, 제76조, 제77조, 제78조 제4항, 같은 조 제6항 및 제7항을 준용한다. 〈개정 2022.2.3.〉
> [시행일 : 2022.8.4.]

> ▶ **법 제80조(손실보상의 협의·재결)**
> ① 제79조 제1항 및 제2항에 따른 비용 또는 손실이나 토지의 취득에 대한 보상은 사업시행자와 손실을 입은 자가 협의하여 결정한다.
> ② 제1항에 따른 협의가 성립되지 아니하였을 때에는 사업시행자나 손실을 입은 자는 대통령령으로 정하는 바에 따라 관할 토지수용위원회에 재결을 신청할 수 있다.
>
> ▶ **시행령 제41조의4(그 밖의 토지에 관한 손실의 보상계획 공고)**
> 법 제79조 제3항에 따라 같은 조 제2항에 따른 보상에 관한 계획을 공고하는 때에는 전국을 보급지역으로 하는 일간신문에 공고하는 방법으로 한다.
>
> ▶ **시행령 제42조(손실보상 또는 비용보상 재결의 신청 등)**
> ① 법 제80조 제2항에 따라 재결을 신청하려는 자는 국토교통부령으로 정하는 손실보상재결신청서에 다음 각 호의 사항을 적어 관할 토지수용위원회에 제출하여야 한다.
> 　1. 재결의 신청인과 상대방의 성명 또는 명칭 및 주소
> 　2. 공익사업의 종류 및 명칭
> 　3. 손실발생의 사실
> 　4. 손실보상액과 그 명세
> 　5. 협의의 내용
> ② 제1항의 신청에 따른 손실보상의 재결을 위한 심리에 관하여는 법 제32조 제2항 및 제3항을 준용한다.

(1) 간접손실보상의 개관

① 개념

(ㄱ) **의의** : 공익사업으로 인하여 사업시행지 밖의 재산권자에게 가해지는 손실 중 공익사업으로 인하여 필연적으로 발생하는 사회적·경제적(어업, 영업, 농업 등) 손실을 간접손실이라고 하며, 물리적·기술적(소음, 진동, 수고갈, 전파장해) 손실을 간접침해보상이라고 하는데 이하에서는 사회적·경제적 손실인 간접손실보상을 중심으로 논의하기로 한다.

(ㄴ) **손해배상의 성격과 유사** : 공익사업으로 인하여 공익사업시행지구 밖에 발생하는 손실은 결과적으로 공익사업으로 인한 불가피한 손해배상의 성격과 유사하다고 볼 수 있다.

(ㄷ) **부대적 손실보상과의 구별** : 간접손실보상은 사업시행지외 손실보상, 사업손실보상, 제3자보상이라고도 한다. 간접손실의 보상은 사업시행지 밖의 토지소유자가 입는 손실의 보상이므로 사업시행지 내의 토지소유자가 입는 부대적 손실의 보상과는 구별하여야 한다.

(ㄹ) **수용적 침해와의 관계** : 통상 수용적 침해를 "적법한 행정작용의 결과 발생한 의도되지 않은 침해"라고 정의하는데, 수용적 침해와 간접손실의 관계가 문제된다. 간접손실을 공익사업으로 인하여 사업시행지 밖의 재산권자에게 필연적으로 가해지는 손실로 본다면 간접손실은 수용적 침해의 일부에 해당한다고 보는 것이 타당하다. 즉, 수용적 침해가 간접손실보다 넓은 개념이다. 수용적 침해는 간접손실뿐만 아니라 기타 적법한 행정작용의 결과 발생한 의도되지 않은 침해 전체를 의미한다.

② 간접손실보상의 범위(종류)

간접손실이 공익사업으로 인한 토지취득으로 인한 손실을 포함한다는 점에는 의견이 일치하고 있으나, 공익사업의 시행상 공사로 인한 손실 또는 공익사업 완성 후 시설의 운영으로 인한 손실도 포함하는지에 관하여는 견해가 나뉘고 있다.

③ 간접손실보상의 법적 성질

(ㄱ) 학설 : 손해배상설은 간접손실에 대한 보상의 성질을 손해배상으로 이해한다. 손실보상설은 공익사업을 위한 특별희생이라는 점에서는 수용손실도 간접손실도 모두 손실보상으로 처리하는 것이 보다 합리적이라 본다. 결과책임설은 간접손실보상을 손해배상도 손실보상도 아닌 제3의 유형으로서 손실보상제도를 보완하는 일종의 결과책임으로서의 보상이라는 입장이다. 구별불요설은 손실보상인가 손해배상인가의 구별은 아무런 의미가 없고, 중요한 것은 피해를 어떻게 처리하는 것이 타당한 것인가가 중요하다는 입장이다.

(ㄴ) 검토 : 간접손실보상은 기본적으로 손실보상으로 이해하는 것이 타당하다. 다만, 예견·용인된 범위를 넘는 피해에 대해서는 손실보상이 아니라 손해배상으로 파악함이 합리적이라 생각된다.

④ 간접손실보상의 성격

간접보상은 침해의 직접적인 효과가 아닌 간접적인 것이라는 점에서 직접 침해에 의한 보상과 구별된다고 볼 수 있으며, 손실이 있은 후에 행하는 사후보상의 성격을 갖는다. 간접보상은 재산권에 대한 보상과 생활권에 대한 보상이 모두 있을 수 있다.

(2) 간접손실보상의 근거

① 이론적 근거

간접손실도 공익사업이 원인이 되어 발생한 것이므로 특별한 희생에 해당하는 경우에는 공적 부담 앞의 평등의 원칙상 보상하여야 한다. 따라서 간접손실보상도 손실보상의 개념에 포함되는 것으로 보아야 한다.

② 헌법적 근거

(ㄱ) 문제점 : 간접손실보상이 헌법 제23조 제3항의 손실보상에 포함되는지가 문제된다.

(ㄴ) 학설

㉠ 부정설 : 이 견해는 헌법 제23조 제3항은 공용침해로 인하여 재산권자에게 직접적으로 발생한 손실만을 보상하는 것으로 규정하고 있다고 보며 간접손실보상은 규율대상으로 하지 않는다고 본다.

㉡ 긍정설 : 간접손실도 적법한 공용침해에 의해 필연적으로 발생한 손실이므로 손실보상의 개념에 포함시키고, 헌법 제23조 제3항의 손실보상에도 포함시키는 것이 타당하다.

(ㄷ) 판례 : 판례는 간접손실을 헌법 제23조 제3항에서 규정한 손실보상의 대상이 된다고 보고 있다.

▶ 관련판례(대판 1999.10.8, 99다27231)

수산업협동조합이 수산물 위탁판매장을 운영하면서 위탁판매수수료를 지급받아 왔고, 그 운영에 대하여는 (구)수산자원보호령 제21조 제1항에 의하여 그 대상지역에서의 독점적 지위가 부여되어 있었는데, 공유수면매립사업의 시행으로 그 사업대상지역에서 어업활동을 하던 조합원들의 조업이 불가능하게 되어 일부 위탁판매장에서의 위탁판매사업을 중단하게 된 경우, 그로 인해 수산업협동조합이 상실하게 된 위탁판매수수료 수입은 사업시행자의 매립사업으로 인한 직접적인 영업손실이 아니고 간접적인 영업손실이라고 하더라도 피침해자인 수산업협동조합이 공공의 이익을 위하여 당연히 수인하여야 할 재산권에 대한 제한의 범위를 넘어 수산업협동조합의 위탁판매사업으로 얻고 있는 영업상의 재산이익을 본질적으로 침해하는 특별한 희생에 해당하고, 사업시행자는 공유수면매립면허 고시 당시 그 매립사업으로 인하여 위와 같은 영업손실이 발생한다는 것을 상당히 확실하게 예측할 수 있었고 그 손실의 범위도 구체적으로 확정할 수 있으므로, 위 위탁판매수수료 수입손실은 헌법 제23조 제3항에 규정한 손실보상의 대상이 되고, 그 손실에 관하여 (구)공유수면매립법 또는 그 밖의 법령에 직접적인 보상규정이 없더라도 공공용지의 취득 및 손실보상에 관한 특례법 시행규칙의 각 규정을 유추적용하여 그에 관한 보상을 인정하는 것이 타당하다.

(ㄹ) **검토** : 간접손실도 적법한 공용침해로 인하여 예견되는 통상의 손실이고, 헌법 제23조 제3항을 손실보상에 관한 일반적 규정으로 보는 것이 타당하므로 간접손실보상을 헌법 제23조 제3항의 손실보상에 포함시키는 것이 타당하다.

③ 법률적 근거

헌법적 근거로 헌법 제23조 제3항과 제34조를 들 수 있으며, 토지보상법은 제79조 제2항 및 동법 시행규칙 제59조 내지 제65조 등에서 규정하고 있다.

(3) 간접손실보상의 요건

① 문제점

간접손실보상의 요건에 대해 명확하지 않다. 간접보상도 헌법상 손실보상의 내용에 포함된다면 손실보상의 일반적 요건을 충족할 필요가 있다고 보는 견해가 있다. 다만, 이하에서는 대법원 판례 등을 고려하여 간접손실보상의 요건에 대해 살펴보고자 한다.

② 간접손실의 존재

간접손실이 되기 위하여는 (ㄱ) 공익사업의 시행으로 공익사업시행지 밖의 토지소유자 등(제3자)이 입은 손실이어야 하고, (ㄴ) 그 손실이 공익사업의 시행으로 인하여 발생하리라는 것이 예견되어야 하고, (ㄷ) 그 손실의 범위가 구체적으로 특정될 수 있어야 한다.

▶ 관련판례(대판 1999.6.11, 97다56150)

공익사업의 시행으로 인하여 그러한 손실이 발생하리라는 것을 쉽게 예견할 수 있고 그 손실의 범위도 구체적으로 이를 특정할 수 있는 경우라면 그 손실의 보상에 관하여 공공용지의 취득 및 손실보상에 관한 특례법 시행규칙의 관련 규정 등을 유추적용할 수 있다고 해석함이 상당하다.

▶ 관련판례(대판 2002.11.26, 2001다44352)
관계법령이 요구하는 허가나 신고없이 김양식장을 배후지로 하여 김종묘생산어업에 종사하던 자들의
간접손실에 대하여 그 손실의 예견가능성이 없고, 그 손실의 범위도 구체적으로 특정하기 어려워 공공용지
의 취득 및 손실보상에 관한 특례법 시행규칙상의 손실보상에 관한 규정을 유추적용할 수 없다고
한 사례

▶ 관련판례(대판 1998.1.20, 95다29161)
참게 축양업자가 참게 축양업을 계속할 수 없게 되고 그 소유의 참게 축양장 시설이 기능을 상실하
게 된 손해를 입은 원인은, 하구둑 공사의 시행 결과 공유수면의 지류에서 용수를 끌어 쓸 수 없게
된 것이 아니라, 금강 유역 어민들이 참게를 더 이상 채포할 수 없게 되고 임진강을 제외한 전국의
다른 하천에서도 참게가 잘 잡히지 않게 되었기 때문이므로, 참게 축양업자가 입게 된 그와 같은
손해는 공공사업의 기업지 밖에서 일어난 간접손실에 불과하여 특례법 시행규칙의 간접보상에 관한
규정을 준용 또는 유추적용할 수 없다고 한 사례

③ 재산권에 특별한 희생이 발생하였을 것
　(ㄱ) 문제점 : 특별한 희생이란 재산권의 사회적 제약(헌법 제23조 제2항)을 넘어서는 손해를 의
　　미하며 구체적 판단기준에 대한 논의가 있다.
　(ㄴ) 학설 : 구별기준에 대한 학설은 인적범위를 기준으로 침해가 일반적인지 개별적인지 여부
　　에 따라 판단하는 형식적 기준설과, 재산권이 제약되는 개별적 정도와 강도로 판단하는
　　실질적 기준설이 있다.
　(ㄷ) 판례
　　　㉠ 과거 대법원은 개발제한구역을 정하고 있는 (구)도시계획법 제21조의 위헌심판제청사
　　　　건에서 (구)도시계획법 제21조 제1항에 의한 제한은 공공복리에 적합한 합리적인 제
　　　　한으로서, 그 제한으로 인한 토지소유자의 불이익은 공공복리를 위하여 감수하지 아
　　　　니하면 안 될 정도의 것이라며 특별한 희생은 아니라고 판시하였다.
　　　㉡ 헌법재판소는 개발제한구역 지정 자체는 사회적 제약이나, 특수한 경우로서 종래의
　　　　목적으로 사용할 수 없거나, 더 이상 허용된 토지이용방법이 없어 실질적으로 토지의
　　　　사용수익이 제한된 경우는 보상을 요하는 사회적 제약으로 보았다.
　(ㄹ) 검토 : 생각건대, 한 가지 기준만으로는 불충분한바 양 기준을 상호 보완적으로 적용하여
　　종합적으로 고려함이 타당하다.
④ 보상규정의 존재
토지보상법 제79조 제2항은 "공익사업이 시행되는 지역 밖에 있는 토지 등이 공익사업의
시행으로 인하여 본래의 기능을 다할 수 없게 되는 경우에는 국토교통부령이 정하는 기준에
의한다."라고 규정하고 있는바 이에는 간접손실이 포함된다고 본다. 그리고 이 수권규정에
의하여 동법 시행규칙 제59조 내지 제65조는 간접손실보상을 규정하고 있다.

(4) (간접)손실보상청구권의 유무를 판단할 기준시점

> **판례**
>
> ▶ **관련판례(대판 2002.11.26, 2001다44352, 대판 2006.11.23, 2004다65978)**
> 공익사업의 시행과 같이 적법한 공권력의 행사로 가하여진 재산상의 특별한 희생에 대하여 전체적인 공평부담의 견지에서 손실보상이 인정되는 것이므로, 공익사업의 시행으로 손해를 입었다고 주장하는 자가 보상을 받을 권리를 가졌는지의 여부는 해당 공익사업의 시행 당시를 기준으로 판단하여야 하고, 그와 같은 공익사업의 시행에 관한 실시계획 승인과 그에 따른 고시가 된 이상 그 이후에 영업을 위하여 이루어진 각종 허가나 신고는 위와 같은 공익사업의 시행에 따른 제한이 이미 확정되어 있는 상태에서 이루어진 것으로 그 이후의 공익사업 시행으로 그 허가나 신고권자가 특별한 손실을 입게 되었다고는 볼 수 없다.
>
> ▶ **관련판례(대판 1999.11.23, 98다11529)**
> 일정한 공유수면에 관하여 매립면허가 있고 이것이 고시되었다면 그 이후의 어업허가는 공유수면매립사업의 시행과 그로 인한 허가어업의 제한이 이미 객관적으로 확정되어 있는 상태로서의 허가로서 그 이후의 공유수면매립사업 시행으로 인하여 허가어업자가 특별한 손실을 입게 되었다고 볼 수 없다.

(5) 토지보상법 시행규칙상의 간접손실보상의 내용(종류)

> 🔸 **시행규칙 제59조(공익사업시행지구 밖의 대지 등에 대한 보상)**
> 공익사업시행지구 밖의 대지(조성된 대지를 말한다)·건축물·분묘 또는 농지(계획적으로 조성된 유실수단지 및 죽림단지를 포함한다)가 공익사업의 시행으로 인하여 산지나 하천 등에 둘러싸여 교통이 두절되거나 경작이 불가능하게 된 경우에는 그 소유자의 청구에 의하여 이를 공익사업시행지구에 편입되는 것으로 보아 보상하여야 한다. 다만, 그 보상비가 도로 또는 도선시설의 설치비용을 초과하는 경우에는 도로 또는 도선시설을 설치함으로써 보상에 갈음할 수 있다.
>
> 🔸 **시행규칙 제60조(공익사업시행지구 밖의 건축물에 대한 보상)**
> 소유농지의 대부분이 공익사업시행지구에 편입됨으로써 건축물(건축물의 대지 및 잔여농지를 포함한다)만이 공익사업시행지구 밖에 남게 되는 경우로서 그 건축물의 매매가 불가능하고 이주가 부득이한 경우에는 그 소유자의 청구에 의하여 이를 공익사업시행지구에 편입되는 것으로 보아 보상하여야 한다.
>
> 🔸 **시행규칙 제61조(소수잔존자에 대한 보상)**
> 공익사업의 시행으로 인하여 1개 마을의 주거용 건축물이 대부분 공익사업시행지구에 편입됨으로써 잔여 주거용 건축물 거주자의 생활환경이 현저히 불편하게 되어 이주가 부득이한 경우에는 해당 건축물 소유자의 청구에 의하여 그 소유자의 토지 등을 공익사업시행지구에 편입되는 것으로 보아 보상하여야 한다.
>
> 🔸 **시행규칙 제62조(공익사업시행지구 밖의 공작물등에 대한 보상)**
> 공익사업시행지구 밖에 있는 공작물 등이 공익사업의 시행으로 인하여 그 본래의 기능을 다할 수 없게 되는 경우에는 그 소유자의 청구에 의하여 이를 공익사업시행지구에 편입되는 것으로 보아 보상하여야 한다.

➲ 시행규칙 제63조(공익사업시행지구 밖의 어업의 피해에 대한 보상)

① 공익사업의 시행으로 인하여 해당 공익사업시행지구 인근에 있는 어업에 피해가 발생한 경우 사업시행자는 실제 피해액을 확인할 수 있는 때에 그 피해에 대하여 보상하여야 한다. 이 경우 실제 피해액은 감소된 어획량 및 「수산업법 시행령」 [별표 4]의 평년수익액 등을 참작하여 평가한다.

② 제1항에 따른 보상액은 「수산업법 시행령」 [별표 4]에 따른 어업권·허가어업 또는 신고어업이 취소되거나 어업면허의 유효기간이 연장되지 아니하는 경우의 보상액을 초과하지 못한다.

③ 사업인정고시일 등 이후에 어업권의 면허를 받은 자 또는 어업의 허가를 받거나 신고를 한 자에 대하여는 제1항 및 제2항을 적용하지 아니한다.

➲ 시행규칙 제64조(공익사업시행지구 밖의 영업손실에 대한 보상)

① 공익사업시행지구 밖에서 제45조에 따른 영업손실의 보상대상이 되는 영업을 하고 있는 자가 공익사업의 시행으로 인하여 다음 각 호의 어느 하나에 해당하는 경우에는 그 영업자의 청구에 의하여 해당 영업을 공익사업시행지구에 편입되는 것으로 보아 보상하여야 한다.

　1. 배후지의 3분의 2 이상이 상실되어 그 장소에서 영업을 계속할 수 없는 경우

　2. 진출입로의 단절, 그 밖의 부득이한 사유로 인하여 일정한 기간 동안 휴업하는 것이 불가피한 경우

② 제1항에 불구하고 사업시행자는 영업자가 보상을 받은 이후에 그 영업장소에서 영업이익을 보상받은 기간 이내에 동일한 영업을 하는 경우에는 실제 휴업기간에 대한 보상금을 제외한 영업손실에 대한 보상금을 환수하여야 한다.

➲ 시행규칙 제65조(공익사업시행지구 밖의 농업의 손실에 대한 보상)

경작하고 있는 농지의 3분의 2 이상에 해당하는 면적이 공익사업시행지구에 편입됨으로 인하여 해당 지역(영 제26조 제1항 각호의 1의 지역을 말한다)에서 영농을 계속할 수 없게 된 농민에 대하여는 공익사업시행지구 밖에서 그가 경작하고 있는 농지에 대하여도 제48조 제1항 내지 제3항 및 제4항 제2호의 규정에 의한 영농손실액을 보상하여야 한다.

⑹ 간접손실보상의 행사기간과 절차

① 간접손실보상의 행사기간(법 제73조 제2항)

손실 또는 비용의 보상은 관계 법률에 따라 사업이 완료된 날 또는 제24조의2에 따른 사업완료의 고시가 있는 날(사업완료일)부터 1년이 지난 후에는 청구할 수 없다.

② 토지보상법상의 절차

㈀ 보상계획의 공고 : 사업시행자는 제2항에 따른 보상이 필요하다고 인정하는 경우에는 제15조에 따라 보상계획을 공고할 때에 보상을 청구할 수 있다는 내용을 포함하여 공고하거나 대통령령으로 정하는 바에 따라 제2항에 따른 보상에 관한 계획을 공고하여야 한다(법 제79조 제3항). 보상에 관한 계획을 공고하는 때에는 전국을 보급지역으로 하는 일간신문에 공고하는 방법에 의한다(시행령 제41조의4).

㈁ 협의와 재결신청(법 제80조) : 제79조 제1항 및 제2항에 따른 비용 또는 손실이나 토지의 취득에 대한 보상은 사업시행자와 손실을 입은 자가 협의하여 결정한다. 협의가 성립되지 아니하였을 때에는 사업시행자나 손실을 입은 자는 대통령령으로 정하는 바에 따라 관할 토지수용위원회에 재결을 신청할 수 있다.

⑺ 간접손실보상의 불복방법

① 문제점

토지수용위원회의 재결이 결정되고(법 제80조) 난 후, 불복방법에 대해 현행 토지보상법에서는 명시적인 규정은 없다.

② 학설

재결의 처분성을 부정하는 견해에 따르면 손실보상청구권의 법적 성질에 따라 공법상 당사자소송 또는 민사소송을 제기해야 한다. 재결의 처분성을 긍정하는 견해에 따르면 토지보상법상 이의신청과 보상금증액청구소송을 제기해야 한다.

③ 판례

(구)공특법상의 판례는 다음과 같이 판시하였다.

> 판례
>
> ▶ 관련판례(대판 1999.6.11, 97다56150)
> 공익사업의 시행 결과 공익사업의 기업지 밖에서 발생한 간접손실에 관하여 그 피해자와 사업시행자 사이에 협의가 이루어지지 아니하고 그 보상에 관한 명문의 근거법령이 없는 경우라고 하더라도, 공익사업의 시행으로 인하여 그러한 손실이 발생하리라는 것을 쉽게 예견할 수 있고 그 손실의 범위도 구체적으로 이를 특정할 수 있는 경우라면 그 손실의 보상에 관하여 공공용지의 취득 및 손실보상에 관한 특례법 시행규칙의 관련규정 등을 유추적용할 수 있다고 해석함이 상당하고, 이러한 간접손실은 사법상의 권리인 영업권 등에 대한 손실을 본질적 내용으로 하고 있는 것으로서 그 보상청구권은 공법상의 권리가 아니라 사법상의 권리이고, 그 보상금의 결정방법, 불복절차 등에 관하여 아무런 규정도 마련되어 있지 아니하므로, 그 보상을 청구하려는 자는 사업시행자가 보상청구를 거부하거나 보상금액을 결정한 경우라도 이에 대하여 행정소송을 제기할 것이 아니라, 사업시행자를 상대로 민사소송으로 직접 손실보상금 지급청구를 하여야 한다.

최근 토지보상법 제79조 제2항의 불복은 행정소송으로 하도록 하는 판례가 등장하였다(아래 판례 참조).

> 판례
>
> ▶ 관련판례(대판 2012.10.11, 2010다23210)
> [판시사항]
> (구)공익사업을 위한 토지 등의 취득 및 보상에 관한 법률 제79조 제2항 등에 따른 사업폐지 등에 대한 보상청구권에 관한 쟁송형태(=행정소송) 및 공익사업으로 인한 사업폐지 등으로 손실을 입은 자가 위 법률에 따른 보상을 받기 위해서 재결절차를 거쳐야 하는지 여부(적극)
>
> [판결요지]
> (구)공익사업을 위한 토지 등의 취득 및 보상에 관한 법률(2007.10.17. 법률 제8665호로 개정되기 전의 것, 이하 '(구)공익사업법'이라고 한다) 제79조 제2항, 공익사업을 위한 토지 등의 취득 및 보상에 관한 법률 시행규칙 제57조에 따른 사업폐지 등에 대한 보상청구권은 공익사업의 시행 등 적법한 공권력의 행사에 의한 재산상 특별한 희생에 대하여 전체적인 공평부담의 견지에서 공익사업의 주체가 손해를 보상하여 주는 손실보상의 일종으로 공법상 권리임이 분명하므로 그에 관한 쟁송은 민사소송이 아닌 행정소송절차에 의하여야 한다. 또한 위 규정들과 (구)공익사업법 제26조, 제

28조, 제30조, 제34조, 제50조, 제61조, 제83조 내지 제85조의 규정 내용·체계 및 입법취지 등을 종합하여 보면, 공익사업으로 인한 사업폐지 등으로 손실을 입게 된 자는 (구)공익사업법 제34조, 제50조 등에 규정된 재결절차를 거친 다음 재결에 대하여 불복이 있는 때에 비로소 (구)공익사업법 제83조 내지 제85조에 따라 권리구제를 받을 수 있다고 보아야 한다.

[참조조문]
(구)공익사업을 위한 토지 등의 취득 및 보상에 관한 법률(2007.10.17. 법률 제8665호로 개정되기 전의 것) 제26조, 제28조, 제30조, 제34조, 제50조, 제61조, 제79조 제2항, 제83조, 제84조, 제85조, 공익사업을 위한 토지 등의 취득 및 보상에 관한 법률 시행규칙 제57조

[전 문]
[원고, 상고인] 디에스디삼호 주식회사
[피고, 피상고인] 대한주택공사의 소송수계인 한국토지주택공사
[원심판결] 대전고법 2010.2.5, 2009나981

[주 문]
원심판결을 파기하고, 제1심판결을 취소한다. 사건을 대전지방법원 본원 합의부로 이송한다.

[이 유]
직권으로 본다.
(구)공익사업을 위한 토지 등의 취득 및 보상에 관한 법률(2007.10.17. 법률 제8665호로 개정되기 전의 것, 이하 '(구)공익사업법'이라고 한다) 제79조 제2항은 "기타 공익사업의 시행으로 인하여 발생하는 손실의 보상 등에 대하여는 건설교통부령이 정하는 기준에 의한다."고 규정하고 있고, 그 위임에 따라 공익사업을 위한 토지 등의 취득 및 보상에 관한 법률 시행규칙(이하 '공익사업법 시행규칙'이라고 한다) 제57조는 '사업폐지 등에 대한 보상'이라는 제목 아래 "공익사업의 시행으로 인하여 건축물의 건축을 위한 건축허가 등 관계법령에 의한 절차를 진행 중이던 사업 등이 폐지·변경 또는 중지되는 경우 그 사업 등에 소요된 법정수수료 그 밖의 비용 등의 손실에 대하여는 이를 보상하여야 한다."고 규정하고 있다.
위 규정들에 따른 사업폐지 등에 대한 보상청구권은 공익사업의 시행 등 적법한 공권력의 행사에 의한 재산상의 특별한 희생에 대하여 전체적인 공평부담의 견지에서 공익사업의 주체가 그 손해를 보상하여 주는 손실보상의 일종으로 공법상의 권리임이 분명하므로 그에 관한 쟁송은 민사소송이 아닌 행정소송절차에 의하여야 할 것이다. 또한 위 규정들과 (구)공익사업법 제26조, 제28조, 제30조, 제34조, 제50조, 제61조, 제83조 내지 제85조의 규정 내용·체계 및 입법취지 등을 종합하여 보면, 공익사업으로 인한 사업폐지 등으로 손실을 입게 된 자는 (구)공익사업법 제34조, 제50조 등에 규정된 재결절차를 거친 다음 그 재결에 대하여 불복이 있는 때에 비로소 (구)공익사업법 제83조 내지 제85조에 따라 권리구제를 받을 수 있다고 보아야 한다.
원심판결이 인용한 제1심 판결 이유와 기록에 의하면, 원고는 도시개발법에 따라 천안시(이하 생략) 일대에서 도시개발사업을 추진하다가 위 사업구역과 상당 부분 중첩되는 구역이 이 사건 공익사업 인 천안신월 국민임대주택단지 예정지구로 지정·고시됨으로써 위 도시개발사업을 폐지할 수밖에 없게 되었고, 그에 따라 원고가 도시개발사업을 추진하기 위하여 지출한 비용에 대한 보상을 공익사 업법 시행규칙 제57조에 기하여 이 사건 소로써 구하고 있음을 알 수 있으므로, 앞서 본 바와 같이 이 사건 소는 행정소송에 해당한다.
그럼에도 불구하고, 제1심 및 원심이 원고의 이 사건 청구가 민사소송의 대상임을 전제로 하여 민사소송절차에 의하여 심리·판단한 것에는 사업폐지 등에 대한 보상청구권의 법적 성질 및 그 소송형태에 관한 법리를 오해한 위법이 있다.

한편 이 사건 사업폐지 등에 대한 보상청구가 재결을 거쳤는지 여부에 관하여는 제1심 및 원심에서 심리된 바가 없으므로 이 사건 소가 재결을 거치지 아니하여 부적법하게 되어 각하될 것이 명백한 경우에 해당한다고 보기는 어려우므로, 이 사건은 관할법원으로 이송함이 타당하다(대판 1997.5. 30, 95다28960, 대판 2009.9.17, 2007다2428 등 참조).

그러므로 상고이유에 대한 판단을 생략한 채 직권으로 원심판결을 파기하고, 제1심 판결을 취소하며, 사건을 다시 심리·판단하게 하기 위하여 관할법원인 대전지방법원 본원 합의부로 이송하기로 하여 관여 대법관의 일치된 의견으로 주문과 같이 판결한다.

▶ **관련판례(대판 2014.5.29, 2013두12478)**
(구)수산업법 제81조의 규정에 의한 손실보상청구권이나 손실보상 관련법령의 유추적용에 의한 손실보상청구권은 사업시행자를 상대로 한 민사소송의 방법에 의하여 행사하여야 한다. 그렇지만 (구)공익사업을 위한 토지 등의 취득 및 보상에 관한 법률의 관련 규정에 의하여 취득하는 어업피해에 관한 손실보상청구권은 민사소송의 방법으로 행사할 수는 없고, (구)공익사업법 제34조, 제50조 등에 규정된 재결절차를 거친 다음 그 재결에 대하여 불복이 있는 때에 비로소 (구)공익사업법 제83조 내지 제85조에 따라 권리구제를 받아야 하며, 이러한 재결절차를 거치지 않은 채 곧바로 사업시행자를 상대로 손실보상을 청구하는 것은 허용되지 않는다고 봄이 타당하다.

④ 검토

토지보상법 제1조, 제34조, 제83조, 제85조, 동법 시행규칙 제59조 내지 제65조 등의 입법 취지상 이의신청과 보상금증액청구소송을 제기해야 함이 타당하다고 최근 판례에서도 행정소송에 의하도록 하고 있다.

⑧ 간접손실보상에 대한 권리구제

① 현행 토지보상법상 간접손실보상

토지보상법 제79조 제2항은 "공익사업이 시행되는 지역 밖에 있는 토지 등이 공익사업의 시행으로 인하여 본래의 기능을 다할 수 없게 되는 경우에는 국토교통부령으로 정하는 바에 따라 그 손실을 보상하여야 한다."라고 간접손실보상의 원칙을 규정하며 간접손실보상의 기준, 내용 및 절차 등을 국토교통부령에 위임하고 있다. 이에 따라 동법 시행규칙 제59조 이하에서 간접보상을 유형화하여 열거·규정하고 있다. 공익사업시행지구 밖의 대지 등에 대한 보상(시행규칙 제59조), 건축물에 대한 보상(제60조), 소수잔존자에 대한 보상(제61조), 공작물 등에 대한 보상(제62조), 어업의 피해에 대한 보상(제63조), 영업손실에 대한 보상(제64조), 농업의 손실에 대한 보상(제65조) 등이 그것이다. 또한, 토지보상법 제79조 제1항은 간접손실인 공사비용의 보상을 규정하고 있다.

② 간접손실보상에 대해 명시적인 보상규정이 없는 경우(흠결)

(ㄱ) 문제점 : 토지보상법 시행규칙에 규정되지 않은 간접손실에 대하여는 보상이 가능한지가 문제된다. 판례는 간접손실보상을 규정하고 있는 토지보상법 시행규칙 제59조 내지 제65조를 확대해석 또는 유추적용하여 공익사업의 시행으로 인한 간접손실을 최대한 보상해 주려고 하고 있지만, 공익사업의 시행으로 인한 간접손실 중 현행 토지보상법령의 확대적

용 또는 유추적용에 의해서도 보상해줄 수 없는 경우가 있다. 이와 같이 간접손실보상규정의 흠결이 있는 경우에 간접손실을 입은 자의 권리를 어떻게 구제해줄 수 있는가하는 문제가 여전히 존재한다.

(ㄴ) 학설

    ㉠ 토지보상법 제79조 제2항의 직접 효력을 인정하는 경우 : 토지보상법 규칙에서 간접손실을 보상의 대상으로 규정하고 있지 않는 경우가 있다. 이 경우에 토지보상법 제79조 제2항의 직접적 효력을 인정하거나, 토지보상법 시행규칙상의 간접손실보상에 관한 열거규정을 예시적인 열거규정으로 보면서 토지보상법 제79조 제2항을 간접손실보상의 일반적 근거규정으로 본다면 간접손실보상에 관한 명시적인 규정이 없는 경우에도 토지보상법 제79조 제2항에 근거하여 손실보상이 가능하므로 간접손실보상에 관한 입법의 공백은 없게 된다고 보는 견해이다.

    ㉡ 토지보상법 제79조 제2항의 직접 효력을 인정하지 않는 경우 : 토지보상법 제79조 제2항의 직접적 효력을 부정하고, 토지보상법 시행규칙상의 간접 손실보상에 관한 열거규정을 한정적인 열거규정으로 보면서 토지보상법 제79조 제2항을 간접손실보상의 원칙을 선언한 것일 뿐 간접손실보상의 직접적인 근거규정으로 보지 않으면 토지보상법 시행규칙의 적용 또는 유추적용에 의해 보상되지 못하는 간접손실에 대해서는 입법상 보상의 흠결이라는 문제가 발생한다는 견해이다.

(ㄷ) 검토 : 생각건대, 간접손실도 적법한 공용침해로 인하여 예견되는 통상의 손실이고, 헌법 제23조에 따라 정당한 보상을 하기 위해, 토지보상법 제79조 제2항을 공익사업에 따른 간접손실보상의 일반근거조항으로 보고 토지보상법 시행규칙에 간접손실보상에 관한 명시적인 규정이 없는 경우에는 토지보상법 제79조 제2항에 직접 근거하여 간접손실보상을 청구할 수 있다고 보는 것이 타당하다.

③ 보상규정이 결여된 간접손실의 보상근거에 대한 학설과 판례 등

(ㄱ) 문제점 : 보상규정이 없는 간접손실의 보상 여부 및 보상근거가 없는 간접손실의 보상근거에 관하여 다음과 같이 견해가 대립하고 있다.

(ㄴ) 학설

    ㉠ 보상부정설 : 토지보상법 시행규칙 제59조 이하의 간접보상규정을 제한적 열거규정으로 보고, 동 규정에 의해 간접보상의 문제가 전부 해결된 것으로 보며 동 규정에서 규정하지 않은 간접손실은 보상의 대상이 되지 않는다고 보는 견해이다.

    ㉡ 유추적용설 : 이 견해는 보상규정이 결여된 간접손실에 대하여 헌법 제23조 제3항 및 토지보상법상의 간접손실보상에 관한 규정을 유추적용하여 그 손실보상을 청구할 수 있다고 본다.

    ㉢ 헌법 제23조 제3항의 직접적용설 : 손실보상에 관하여 헌법 제23조 제3항의 직접효력을 인정하고, 간접손실도 제23조 제3항의 손실보상의 범위에 포함된다고 본다면 보상규정이 없는 간접손실에 대하여는 헌법 제23조 제3항에 근거하여 보상청구권이 인정

된다고 보는 견해이다.

  ② **평등원칙 및 재산권 보장규정근거설** : 헌법상의 평등원칙 및 재산권 보장규정이 손실보상의 직접적 근거가 될 수 있다면 간접손실도 이와 달리 볼 근거가 없으므로 이에 근거하여 보상해 주어야 한다는 견해이다.

  ⑩ **수용적 침해이론** : 간접손실도 비의도적 침해에 의하여 발생하였다는 점에서 수용적 침해로 보면서, 독일법상의 수용적 침해이론을 긍정하여 구제해 주어야 한다는 견해이다.

  ⑭ **손해배상설** : 간접손실에 대하여 명문의 보상규정이 없는 경우에는 손해배상을 청구하여야 한다는 견해이다.

 (ㄷ) 판례

> **판례**
>
> ▶ 관련판례(대판 1999.10.8, 99다27231)
> 위탁판매수수료 수입손실은 헌법 제23조 제3항에 규정한 손실보상의 대상이 되고, 그 손실에 관하여 (구)공유수면매립법 또는 그 밖의 법령에 직접적인 보상규정이 없더라도 공공용지의 취득 및 손실보상에 관한 특례법 시행규칙상의 각 규정을 유추적용하여 그에 관한 보상을 인정하는 것이 타당하다.
>
> ▶ 관련판례(대판 1998.1.20, 95다29161)
> 원고가 입은 참게 축양업에 대한 간접손실은 그 발생을 예견하기가 어렵고 그 손실의 범위도 쉽게 확정할 수 없으므로 위 특례법 시행규칙의 간접보상에 관한 규정을 준용 또는 유추적용하여 사업시행자인 피고 공사에 대하여 그 손실보상청구권을 인정할 수도 없다고 할 것이다.

 (ㄹ) **검토** : 토지보상법 제79조 제2항을 공익사업에 따른 손실보상의 일반근거조항으로 보고 토지보상법 제79조 제2항에 근거하여 간접손실보상을 청구할 수 있다고 보는 것이 타당하다. 만일 토지보상법 제79조 제2항을 공익사업에 따른 손실보상의 일반근거조항으로 보지 않는다면 간접보상도 손실보상에 포함되는 점 및 권리구제의 실효성을 고려하여 헌법 제23조 제3항의 직접효력을 인정하고 직접 이에 근거하여 간접손실의 보상을 청구할 수 있다고 보는 견해가 타당하다.

(9) 간접손실보상의 한계

 ① **간접손실보상의 개념 내지 유형**
  간접손실보상의 개념 내지 유형에 대해서 이론상 명확한 정리가 되지 않아 현실상 이에 대한 권리구제방법 등에서 혼란이 되고 있다.

 ② **간접손실보상의 대상 내지 기준**
  토지보상법 제79조 제2항 등에서는 본래의 기능을 다할 수 없는 경우로 규정하고 있다. 본래의 기능을 다할 수 없는 경우에 대한 기준을 제시하지 않고 있다.

 ③ **간접손실보상의 시기**
  사업지구 내와 달리 사업지구 밖의 간접손실보상 시기에 대해서는 명문의 규정이 없다. 이 경우 사업시행자 등이 사업시기와 관련해서 자의적으로 해석할 여지가 많다.

④ 토지보상법 시행규칙 제59조 내지 제65조상의 해석문제

현행 토지보상법 시행규칙 제59조 이하를 열거적으로 볼 경우 국민의 권리구제가 제한될 수 있다.

⑤ 손실보상 및 손해배상의 구별의 어려움

시설공사 중이나 시설완성 후 운영의 경우에 발생하는 피해에 대해서 손실보상의 문제로 볼 것인지 아니면 손해배상의 문제로 볼 것인지의 구별에 어려움이 있다.

2. 간접침해보상

(1) 간접침해보상의 의의

대규모 공익사업의 시행 또는 완성 후의 시설로 인하여 사업지 밖에 미치는 사업손실 중 사회적·경제적 손실을 의미하는 간접손실보상을 제외한 물리적·기술적 손실에 대한 보상을 말한다. 다만 간접침해(보상)를 간접손실(보상)로 보는 견해도 있다. 이 견해는 간접침해와 간접손실을 구별하지 않는다.

(2) 간접침해의 유형

공익사업으로 인한 소음, 진동, 먼지 등에 의한 침해와 환경오염 및 용수고갈 등으로 인한 손실, 일조권 침해 등이 있다.

(3) 간접침해보상의 법적 근거

현행 토지보상법 등에서는 간접침해보상에 대한 명문의 규정이 없다.

(4) 간접침해를 손실보상의 대상인 간접손실로 볼 수 있는지 여부

① 문제점

간접침해를 손실보상의 대상인 간접손실로 볼 수 있는지 문제된다. 이에 따라 간접침해에 대한 권리구제방법 등이 달라질 수 있다.

② 견해

원활한 공익사업의 시행과 효율적인 권리구제가 가능하다고 보아 간접침해 역시 손실보상의 대상이 되는 간접손실이라는 견해와 손해배상과 손실보상의 구별기준에 맞지 않다는 점과 간접침해는 발생이 예견되지 않은 경우도 있고, 예견되어도 그 손해를 미리 산정하는 것은 통상 어려움이 있어 손해배상의 영역으로 보는 견해가 있다.

③ 판례

김포공항 소음피해사건에서는 김포공항의 설치 및 관리에 하자가 있다고 하여 국가배상책임을 인정하였고, 공사 후 공공시설물로부터 공해로 인한 손해가 통상의 수인한도를 넘는 경우 해당 공공시설이 공물이 아닌 경우에 민법상 불법행위책임을 인정했다. 그리고, 고속도로의 확장으로 인해 소음, 진동이 증가하여 인근 양돈업자가 입은 피해에 대하여는 귀책사유가 없어도(무과실책임) 한국도로공사의 손해배상책임을 인정하였다(판례는 후술 참조).

④ 검토

모든 간접침해가 공익사업을 위한 토지 등의 수용단계에서 예견되는 것은 아니며, 예견된다 하더라도 미리 그 손해를 산정하는 것이 통상 어려움이 있는바, 손해배상의 영역으로 봄이 타당하다.

(5) 간접침해보상에 대한 권리구제

① 손해배상 청구가능성(판례에 의한 경우)

> **판례**
>
> ▶ 관련판례(대판 2001.2.9, 99다55434)
>
> [1] 불법행위 성립요건으로서의 위법성은 관련 행위 전체를 일체로만 판단하여 결정하여야 하는 것은 아니고, 문제가 되는 행위마다 개별적·상대적으로 판단하여야 할 것이므로 어느 시설을 적법하게 가동하거나 공용에 제공하는 경우에도 그로부터 발생하는 유해배출물로 인하여 제3자가 손해를 입은 경우에는 그 위법성을 별도로 판단하여야 하고, 이러한 경우의 판단 기준은 그 유해의 정도가 사회생활상 통상의 수인한도를 넘는 것인지 여부라고 할 것이다.
>
> [2] 고속도로의 확장으로 인하여 소음·진동이 증가하여 인근 양돈업자가 양돈업을 폐업하게 된 사안에서, 양돈업에 대한 침해의 정도가 사회통념상 일반적으로 수인할 정도를 넘어선 것으로 보아 한국도로공사의 손해배상책임을 인정한 사례
>
> [3] 환경정책기본법 제31조 제1항 및 제3조 제1호, 제3호, 제4호에 의하면, 사업장 등에서 발생되는 환경오염으로 인하여 피해가 발생한 경우에는 해당 사업자는 귀책사유가 없더라도 그 피해를 배상하여야 하고, 위 환경오염에는 소음·진동으로 사람의 건강이나 환경에 피해를 주는 것도 포함되므로, 피해자들의 손해에 대하여 사업자는 그 귀책사유가 없더라도 특별한 사정이 없는 한 이를 배상할 의무가 있다.

② 손실보상 청구가능성(간접침해를 간접손실 대상으로 보는 경우)

간접침해(보상)를 간접손실(보상) 대상으로 보는 견해는 간접손실보상과 마찬가지로 간접침해보상도 손실보상의 영역으로 보게 된다. 간접손실보상의 요건 내지 손실보상의 요건에 충족한다면 손실보상을 받을 수 있다. 다만, 보상규정과 관련하여 제23조 제3항을 직접 적용한다면 보상이 가능할 수 있을 것이나, 대법원 판례에 따르면 유추적용할 수 있는 보상규정이 없게 되어(간접침해에 대한 보상규정이 없는 현행 토지보상법상) 손실보상이 어려울 수 있다.

③ 민사상 방해배제의 청구

민법 제217조(매연 등에 의한 인지에 대한 방해금지)의 규정은 토지소유권과는 별도로 그 지상에서 영위하는 인간의 쾌적한 생활이익이 매연·소음·진동 등으로 침해되었을 때 이러한 생활이익의 침해를 토지소유권의 침해와 동일시하여 그러한 침해행위에 대한 방해배제청구권을 인정한 것이다. 매연·소음·진동 등으로 인하여 침해되는 법적 보호이익은 인간의 쾌적한 생활을 할 권리로서 인격권의 일종으로 볼 수 있다. 따라서 이러한 인격권에 근거하여 인격권의 침해를 배척할 수 있는 방해배제청구권이 인정되는 것이다.

그러나 적법한 공익사업에 의한 간접침해에 대하여 민사소송으로 방해배제청구권에 근거한 공사금지가처분 등을 구하는 경우에는 간접침해를 받은 사익이 공익사업의 공익성보다 크기는 어려우므로 실제적인 구제수단이 되기는 힘들다고 판단된다.

④ 시민고충처리위원회에 민원제기(통합됨)

시민(국민에서 시민으로 변경)고충처리위원회는 부패방지 및 국민권익위원회의 설치와 운영에 관한 법률(민원사무처리에 관한 법률에서 변경통합됨) 제32조에 근거하여 설치된 것으로 국민의 권리를 침해하거나 국민에게 불편을 주는 고충민원을 간편하고 신속하게 처리하기 위한 것이다. 동위원회는 위법·부당한 행정처분에 대한 시정권고기능, 불합리한 행정제도에 대한 개선권고기능을 가지고 있다. 시민고충처리위원회의 시정권고나 의견표명 등은 직접적인 집행력이 없기 때문에 직접적인 간접침해에 대한 권리구제수단으로는 불완전하다.

> ❯ 부패방지 및 국민권익위원회의 설치와 운영에 관한 법률
>
> 제1조(목적)
>
> 이 법은 국민권익위원회를 설치하여 고충민원의 처리와 이에 관련된 불합리한 행정제도를 개선하고, 부패의 발생을 예방하며 부패행위를 효율적으로 규제함으로써 국민의 기본적 권익을 보호하고 행정의 적정성을 확보하며 청렴한 공직 및 사회풍토의 확립에 이바지함을 그 목적으로 한다.
>
> 제2조(정의) 이 법에서 사용하는 용어의 뜻은 다음과 같다.
> 1. "공공기관"이란 다음 각 목의 어느 하나에 해당하는 기관·단체를 말한다. 다만, 마목의 경우에는 제5장을 적용하는 경우에 한정하여 공공기관으로 본다.
>   가. 「정부조직법」에 따른 각급 행정기관과 「지방자치법」에 따른 지방자치단체의 집행기관 및 지방의회
>   나. 「지방교육자치에 관한 법률」에 따른 교육행정기관
>   다. 「국회법」에 따른 국회, 「법원조직법」에 따른 각급 법원, 「헌법재판소법」에 따른 헌법재판소, 「선거관리위원회법」에 따른 각급 선거관리위원회, 「감사원법」에 따른 감사원, 「고위공직자범죄수사처 설치 및 운영에 관한 법률」에 따른 고위공직자범죄수사처(이하 "수사처"라 한다)
>   라. 「공직자윤리법」 제3조의2에 따른 공직유관단체(이하 "공직유관단체"라 한다)
>   마. 「초·중등교육법」, 「고등교육법」, 「유아교육법」, 그 밖의 다른 법령에 따라 설치된 각급 사립학교 및 「사립학교법」에 따른 학교법인으로서 국가나 지방자치단체로부터 출연금 또는 보조금을 받는 기관
> 2. "행정기관 등"이란 중앙행정기관, 지방자치단체, 「공공기관의 운영에 관한 법률」 제4조에 따른 기관 및 법령에 따라 행정기관의 권한을 가지고 있거나 그 권한을 위임·위탁받은 법인·단체 또는 그 기관이나 개인을 말한다.
> 3. "공직자"란 다음 각 목의 어느 하나에 해당하는 자를 말한다. 다만, 다목의 경우에는 제5장을 적용하는 경우에 한정하여 공직자로 본다.
>   가. 「국가공무원법」 및 「지방공무원법」에 따른 공무원과 그 밖의 다른 법률에 따라 그 자격·임용·교육훈련·복무·보수·신분보장 등에 있어서 공무원으로 인정된 자
>   나. 공직유관단체의 장 및 그 직원
>   다. 제1호 마목에 따른 각급 사립학교의 장과 교직원 및 학교법인의 임직원
> 4. "부패행위"란 다음 각 목의 어느 하나에 해당하는 행위를 말한다.
>   가. 공직자가 직무와 관련하여 그 지위 또는 권한을 남용하거나 법령을 위반하여 자기 또는 제3자의 이익을 도모하는 행위

나. 공공기관의 예산사용, 공공기관 재산의 취득·관리·처분 또는 공공기관을 당사자로 하는 계약의 체결 및 그 이행에 있어서 법령에 위반하여 공공기관에 대하여 재산상 손해를 가하는 행위

다. 가목과 나목에 따른 행위나 그 은폐를 강요, 권고, 제의, 유인하는 행위

5. "고충민원"이란 행정기관 등의 위법·부당하거나 소극적인 처분(사실행위 및 부작위를 포함한다) 및 불합리한 행정제도로 인하여 국민의 권리를 침해하거나 국민에게 불편 또는 부담을 주는 사항에 관한 민원(현역장병 및 군 관련 의무복무자의 고충민원을 포함한다)을 말한다.

6. "신청인"이란 이 법에 따른 국민권익위원회 또는 시민고충처리위원회에 대하여 고충민원을 신청한 개인·법인 또는 단체를 말한다.

7. "불이익조치"란 다음 각 목의 어느 하나에 해당하는 조치를 말한다.

가. 파면, 해임, 해고, 그 밖에 신분상실에 해당하는 불이익조치

나. 징계, 정직, 감봉, 강등, 승진 제한, 그 밖에 부당한 인사조치

다. 전보, 전근, 직무 미부여, 직무 재배치, 그 밖에 본인의 의사에 반하는 인사조치

라. 성과평가 또는 동료평가 등의 차별과 그에 따른 임금 또는 상여금 등의 차별 지급

마. 교육 또는 훈련 등 자기계발 기회의 취소, 예산 또는 인력 등 가용자원의 제한 또는 제거, 보안정보 또는 비밀정보 사용의 정지 또는 취급 자격의 취소, 그 밖에 근무조건 등에 부정적 영향을 미치는 차별 또는 조치

바. 주의 대상자 명단 작성 또는 그 명단의 공개, 집단 따돌림, 폭행 또는 폭언, 그 밖에 정신적 ·신체적 손상을 가져오는 행위

사. 직무에 대한 부당한 감사(監査) 또는 조사나 그 결과의 공개

아. 인가·허가 등의 취소, 그 밖에 행정적 불이익을 주는 행위

자. 물품계약 또는 용역계약의 해지(解止), 그 밖에 경제적 불이익을 주는 조치

8. "시민사회단체"란 「비영리민간단체 지원법」 제4조에 따라 주무장관 또는 시·도지사에게 등록을 한 비영리민간단체를 말한다.

9. "시민고충처리위원회"란 지방자치단체 및 그 소속 기관(법령에 따라 지방자치단체나 그 소속 기관의 권한을 위임 또는 위탁받은 법인·단체 또는 그 기관이나 개인을 포함한다. 이하 같다)에 대한 고충민원의 처리와 이에 관련된 제도개선을 위하여 제32조에 따라 설치되는 기관을 말한다.

제11조(국민권익위원회의 설치)

① 고충민원의 처리와 이에 관련된 불합리한 행정제도를 개선하고, 부패의 발생을 예방하며 부패행위를 효율적으로 규제하도록 하기 위하여 국무총리 소속으로 국민권익위원회(이하 "위원회"라 한다)를 둔다. 〈개정 2020.6.9.〉

② 위원회는 「정부조직법」 제2조에 따른 중앙행정기관으로서 그 권한에 속하는 사무를 독립적으로 수행한다. 〈신설 2020.6.9.〉

제12조(기능)

위원회는 다음 각 호의 업무를 수행한다.

1. 국민의 권리보호·권익구제 및 부패방지를 위한 정책의 수립 및 시행

2. 고충민원의 조사와 처리 및 이와 관련된 시정권고 또는 의견표명

3. 고충민원을 유발하는 관련 행정제도 및 그 제도의 운영에 개선이 필요하다고 판단되는 경우 이에 대한 권고 또는 의견표명

4. 위원회가 처리한 고충민원의 결과 및 행정제도의 개선에 관한 실태조사와 평가

5. 공공기관의 부패방지를 위한 시책 및 제도개선 사항의 수립·권고와 이를 위한 공공기관에 대한 실태조사

6. 공공기관의 부패방지시책 추진상황에 대한 실태조사·평가
7. 부패방지 및 권익구제 교육·홍보 계획의 수립·시행
8. 비영리 민간단체의 부패방지활동 지원 등 위원회의 활동과 관련된 개인·법인 또는 단체와의 협력 및 지원
9. 위원회의 활동과 관련된 국제협력
10. 부패행위 신고 안내·상담 및 접수 등
11. 신고자의 보호 및 보상
12. 법령 등에 대한 부패유발요인 검토
13. 부패방지 및 권익구제와 관련된 자료의 수집·관리 및 분석
14. 공직자 행동강령의 시행·운영 및 그 위반행위에 대한 신고의 접수·처리 및 신고자의 보호
15. 민원사항에 관한 안내·상담 및 민원사항 처리실태 확인·지도
16. 온라인 국민참여포털의 통합 운영과 정부민원안내콜센터의 설치·운영
17. 시민고충처리위원회의 활동과 관련한 협력·지원 및 교육
18. 다수인 관련 갈등 사항에 대한 중재·조정 및 기업애로 해소를 위한 기업고충민원의 조사·처리
19. 「행정심판법」에 따른 중앙행정심판위원회의 운영에 관한 사항
20. 다른 법령에 따라 위원회의 소관으로 규정된 사항
21. 그 밖에 국민권익 향상을 위하여 국무총리가 위원회에 부의하는 사항

제32조(시민고충처리위원회의 설치)

① 지방자치단체 및 그 소속 기관에 관한 고충민원의 처리와 행정제도의 개선 등을 위하여 각 지방자치단체에 시민고충처리위원회를 둘 수 있다.
② 시민고충처리위원회는 다음 각 호의 업무를 수행한다.
  1. 지방자치단체 및 그 소속 기관에 관한 고충민원의 조사와 처리
  2. 고충민원과 관련된 시정권고 또는 의견표명
  3. 고충민원의 처리과정에서 관련 행정제도 및 그 제도의 운영에 개선이 필요하다고 판단되는 경우 이에 대한 권고 또는 의견표명
  4. 시민고충처리위원회가 처리한 고충민원의 결과 및 행정제도의 개선에 관한 실태조사와 평가
  5. 민원사항에 관한 안내, 상담 및 민원처리 지원
  6. 시민고충처리위원회의 활동과 관련한 교육 및 홍보
  7. 시민고충처리위원회의 활동과 관련된 국제기구 또는 외국의 권익구제기관 등과의 교류 및 협력
  8. 시민고충처리위원회의 활동과 관련된 개인·법인 또는 단체와의 협력 및 지원
  9. 그 밖에 다른 법령에 따라 시민고충처리위원회에 위탁된 사항

제44조(합의의 권고)

권익위원회는 조사 중이거나 조사가 끝난 고충민원에 대한 공정한 해결을 위하여 필요한 조치를 당사자에게 제시하고 합의를 권고할 수 있다.

제45조(조정)

① 권익위원회는 다수인이 관련되거나 사회적 파급효과가 크다고 인정되는 고충민원의 신속하고 공정한 해결을 위하여 필요하다고 인정하는 경우에는 당사자의 신청 또는 직권에 의하여 조정을 할 수 있다.
② 조정은 당사자가 합의한 사항을 조정서에 기재한 후 당사자가 기명날인하거나 서명하고 권익위원회가 이를 확인함으로써 성립한다.
③ 제2항에 따른 조정은 「민법」상의 화해와 같은 효력이 있다.

⑤ 환경분쟁조정위원회에 조정신청

(ㄱ) 환경분쟁조정제도는 행정기관이 지니고 있는 전문성과 절차의 신속성을 충분히 활용하여 환경분쟁에 직접 개입하여 간편하고 신속하게 구제하고자 마련된 제도이다. 환경분쟁조정 법상 환경피해는 간접침해의 유형 중에서 물리적・기술적 침해에 해당한다고 볼 수 있다.

(ㄴ) 환경분쟁조정위원회는 침해행위와 피해 결과의 인과관계가 성립되고, 그 피해가 수인한도를 넘는 경우 피해배상액을 결정하고 있다. 그러나 명확한 기준이 없어 사안에 따라 달리 적용될 여지가 있고 형평성에 논란이 있을 수 있다.

환경분쟁조정법

제4조(환경분쟁조정위원회의 설치)

제5조에 따른 사무를 관장하기 위하여 환경부에 중앙환경분쟁조정위원회(이하 "중앙조정위원회"라 한다)를 설치하고, 특별시・광역시・특별자치시・도・특별자치도(이하 "시・도"라 한다)에 지방환경 분쟁조정위원회(이하 "지방조정위원회"라 한다)를 설치한다.

제5조(환경분쟁조정위원회의 소관사무)

중앙조정위원회 및 지방조정위원회(이하 "위원회"라 한다)의 소관 사무는 다음 각 호와 같다. 〈개정 2021.4.1.〉

1. 환경분쟁(이하 "분쟁"이라 한다)의 조정. 다만, 다음 각 목의 어느 하나에 해당하는 분쟁의 조정은 해당 목에서 정하는 경우만 해당한다.
   가. 「건축법」 제2조 제1항 제8호의 건축으로 인한 일조 방해 및 조망 저해와 관련된 분쟁 : 그 건축으로 인한 다른 분쟁과 복합되어 있는 경우
   나. 지하수 수위 또는 이동경로의 변화와 관련된 분쟁 : 공사 또는 작업(「지하수법」에 따른 지하 수의 개발・이용을 위한 공사 또는 작업은 제외한다)으로 인한 경우
   다. 하천수위의 변화와 관련된 분쟁 : 「하천법」 제2조 제3호에 따른 하천시설 또는 「수자원의 조사・계획 및 관리에 관한 법률」 제2조 제4호에 따른 수자원시설로 인한 경우
2. 환경피해와 관련되는 민원의 조사, 분석 및 상담
3. 분쟁의 예방 및 해결을 위한 제도와 정책의 연구 및 건의
4. 환경피해의 예방 및 구제와 관련된 교육, 홍보 및 지원
5. 그 밖에 법령에 따라 위원회의 소관으로 규정된 사항

제6조(관할)

① 중앙조정위원회는 분쟁 조정사무 중 다음 각 호의 사항을 관할한다.
   1. 분쟁의 재정(제5호에 따른 재정은 제외한다) 및 중재
   2. 국가나 지방자치단체를 당사자로 하는 분쟁의 조정
   3. 둘 이상의 시・도의 관할 구역에 걸친 분쟁의 조정
   4. 제30조에 따른 직권조정(職權調停)
   5. 제35조의3 제1호에 따른 원인재정과 제42조 제2항에 따라 원인재정 이후 신청된 분쟁의 조정
   6. 그 밖에 대통령령으로 정하는 분쟁의 조정
② 지방조정위원회는 해당 시・도의 관할구역에서 발생한 분쟁의 조정사무 중 제1항 제2호부터 제6호 까지의 사무 외의 사무를 관할한다. 다만, 제1항 제1호의 경우에는 일조 방해, 통풍 방해, 조망 저해로 인한 분쟁은 제외한 것으로서 대통령령으로 정하는 분쟁의 재정 및 중재만 해당한다.

공익사업시행지구 밖의 간접손실보상에 대한 새로운 해석

공익사업을 위한 토지 등의 취득 및 보상에 관한 법률 제79조 제2항에 따른 공익사업시행지구 밖의 간접손실보상에 대한 새로운 해석과 간접손실보상 및 환경정책기본법 제44조 제1항에 따른 손해배상청구권이 동시에 성립하는 경우, 영업자가 두 청구권을 동시에 행사할 수 있는지 여부(소극)

➡ 대판 2019.11.28, 2018두227

Ⅰ. 공익사업시행지구 밖 간접손실의 보상과 환경정책기본법에 따른 손해배상청구

토지보상법상 공익사업으로 인하여 공익사업시행지구 밖의 재산권자에게 가해지는 손실은 공익사업 때문에 필연적으로 발생하는 손실로 간접손실이라고 한다. 간접손실은 공익사업의 시공 또는 완성 후의 시설이 공익사업시행지구 밖에 미치는 손실이다. 공익사업으로 인한 손실의 발생은 직접 또는 간접적으로 발생할 수 있고, 그 손실은 재산가액의 감소는 물론 생활피해, 정신적 피해 등을 포함한다고 볼 수 있다.

학계에서는 일반적으로 물리적·기술적 손실과 사회적·경제적 손실로 구분하였다. 물리적·기술적 손실은 이를 간접침해보상이라고 하고, 사회적·경제적 손실을 간접손실이라고 통칭하였다. 또한 공익사업의 시행시 발생하는 피해와 사업이 완료된 후 발생하는 피해로 구분할 수 있다. 사업시행 시 발생하는 피해는 사업 과정 중의 소음·진동·먼지 등으로 인한 피해이고, 사업 완료 후 발생하는 손실은 토지와 건물의 경우 지가하락, 지반변동, 주거 및 생활의 불편, 영업 등의 영위 곤란, 전파수신장애, 지하수고갈, 소음·진동 등이 있다. 대판 2019.11.28, 2018두227에서는 종전 학계의 구분과는 달리 전반적인 공익사업시행구 밖의 보상을 간접손실보상이라고 보면서 사회적·경제적 손실은 물론 물리적·기술적 손실도 간접손실의 유형으로 분류하며 피수용자의 권익보호를 한층 강화하고 있다. 즉 대판 2019.11.28, 2018두227에서는 "공익사업시행지구 밖 영업손실보상의 요건인 '공익사업의 시행으로 인한 그 밖의 부득이한 사유로 일정 기간 동안 휴업이 불가피한 경우'란 공익사업의 시행 또는 시행 당시 발생한 사유로 휴업이 불가피한 경우만을 의미하는 것이 아니라 공익사업의 시행 결과, 즉 그 공익사업의 시행으로 설치되는 시설의 형태·구조·사용 등에 기인하여 휴업이 불가피한 경우도 포함된다고 해석함이 타당하다."라고 판시함으로써 종전 학계의 구분과는 달리 공익사업시행지구 밖의 전반적인 손실을 간접손실로 보면서 재결절차를 거치지 않은 채 곧바로 사업시행자를 상대로 손실보상을 청구하는 것은 허용되지 않는다고 판시하고 있다. 토지보상법 제79조 제2항 공익사업시행지구 밖 간접손실과 환경정책기본법 제44조 제1항에 따른 손해배상청구권이 동시에 성립하는 경우, 영업자가 두 청구권을 동시에 행사할 수는 없고, '해당 사업의 공사완료일로부터 1년'이라는 손실보상청구기간이 지나 손실보상청구권을 행사할 수 없는 경우에도 손해배상청구가 가능하다고 해석하고 있다.

Ⅱ. 간접손실보상의 법적 성격과 논거

1. 간접손실보상의 법적 성격

손실보상은 공익사업으로 인하여 개인에게 가해진 특별한 희생을 공평부담을 통해 조절함을 목적으로 하기 때문에, 간접손실보상도 일반적인 손실보상의 일반적 논거가 적용된다. 간접손실보상은 비록 공익사업의 비용부담을 가중시키나, 그로 인해 발생한 피해가 구제되는 것이 공평한 원칙에서 보더라도 타당하다. 간접손실보상의 법적 성질에 대해서는 손해배상설, 손실보상설, 결과책임설 등이 주장되고 있으나, 손실보상설이 타당하다고 할 것이다. 다만 학계에서는 특별히 수인한도를 넘는 경우에는 그 피해에 대하여 손실보상이 아닌 손해배상이 주어져야 한다는 주장도 있는데, 이를 이번 대판 2019.11.28, 2018두227가 수용하여 간접손실보상뿐만 아니라 환경정책기본법에 의한 환경오염의 피해에 대한 무과실책임에 따른 손해배상도 가능하다고 판시하고 있으나, 두 청구권이 동시에 성립하는 것은 아니고 하나만 주장할 수 있되, 토지보상법상 손실보상기간이 경과하면 환경정책기본법에 따른 손해배상 청구기간 내에 손해배상을 청구할 수 있다고 대판 2019.11.28, 2018두227은 새로운 해석을 내놓았다.

2. 간접손실보상의 논거

간접손실보상의 논거는 생활권보상에서 찾을 수 있다.

① 공익사업이 시행됨으로 인하여 생활의 기반을 상실하게 될 때 종전과 같은 생활을 영위할 수 없는 것은 말할 것도 없고, 인간다운 생활을 유지할 수 없게 되는 경우도 있을 수 있다. 생활보 상이 피수용자나 관계인의 인간다운 생활을 회복시켜 주기 위한 것이라면 간접손실도 마땅히 인간다운 생활을 보장하기 위해 보상되어야 하는 것이다.

② 생활보상이 수용이 없었던 것과 같은 생활상태를 재현하는 것이라는 것을 전제하고 있다.

③ 종래와 같은 수준을 유지할 수 있을 정도의 생활안정을 위해 간접손실보상이 이루어져야 한다.

④ 생활보상은 지역 주민의 갈등을 해소하고, 사업의 원활한 시행에 협조를 구하는 수단이 될 수 있으므로, 이는 간접손실 보상에도 타당한 것이므로 공익사업의 원활화를 위해 필요하다고 할 것이다.

Ⅲ. 간접손실보상에 대한 법적 근거와 불복

1. 토지보상법 제79조 제2항 및 토지보상법 제80조

토지보상법 제79조(그 밖의 토지에 관한 비용보상 등)

① 사업시행자는 공익사업의 시행으로 인하여 취득하거나 사용하는 토지(잔여지를 포함한다) 외의 토지에 통로·도랑·담장 등의 신설이나 그 밖의 공사가 필요할 때에는 그 비용의 전부 또는 일부를 보상하여야 한다. 다만, 그 토지에 대한 공사의 비용이 그 토지의 가격보다 큰 경우에는 사업시행자는 그 토지를 매수할 수 있다.

② 공익사업이 시행되는 지역 밖에 있는 토지 등이 공익사업의 시행으로 인하여 본래의 기능을 다할 수 없게 되는 경우에는 국토교통부령으로 정하는 바에 따라 그 손실을 보상하여야 한다.

토지보상법 제80조(손실보상의 협의·재결)

① 제79조 제1항 및 제2항에 따른 비용 또는 손실이나 토지의 취득에 대한 보상은 사업시행자와 손실을 입은 자가 협의하여 결정한다.

② 제1항에 따른 협의가 성립되지 아니하였을 때에는 사업시행자나 손실을 입은 자는 대통령 령으로 정하는 바에 따라 관할 토지수용위원회에 재결을 신청할 수 있다.

토지보상법 시행규칙 제59조부터 제65조

제59조(공익사업시행지구 밖의 대지 등에 대한 보상)

공익사업시행지구 밖의 대지(조성된 대지를 말한다)·건축물·분묘 또는 농지(계획적으로 조성 된 유실수단지 및 죽림단지를 포함한다)가 공익사업의 시행으로 인하여 산지나 하천 등에 둘러

싸여 교통이 두절되거나 경작이 불가능하게 된 경우에는 그 소유자의 청구에 의하여 이를 공익사업시행지구에 편입되는 것으로 보아 보상하여야 한다. 다만, 그 보상비가 도로 또는 도선시설의 설치비용을 초과하는 경우에는 도로 또는 도선시설을 설치함으로써 보상에 갈음할 수 있다.

제60조(공익사업시행지구 밖의 건축물에 대한 보상)

소유농지의 대부분이 공익사업시행지구에 편입됨으로써 건축물(건축물의 대지 및 잔여농지를 포함한다. 이하 이 조에서 같다)만이 공익사업시행지구 밖에 남게 되는 경우로서 그 건축물의 매매가 불가능하고 이주가 부득이한 경우에는 그 소유자의 청구에 의하여 이를 공익사업시행지구에 편입되는 것으로 보아 보상하여야 한다.

제61조(소수잔존자에 대한 보상)

공익사업의 시행으로 인하여 1개 마을의 주거용 건축물이 대부분 공익사업시행지구에 편입됨으로써 잔여 주거용 건축물 거주자의 생활환경이 현저히 불편하게 되어 이주가 부득이한 경우에는 당해 건축물 소유자의 청구에 의하여 그 소유자의 토지 등을 공익사업시행지구에 편입되는 것으로 보아 보상하여야 한다.

제62조(공익사업시행지구 밖의 공작물등에 대한 보상)

공익사업시행지구 밖에 있는 공작물등이 공익사업의 시행으로 인하여 그 본래의 기능을 다할 수 없게 되는 경우에는 그 소유자의 청구에 의하여 이를 공익사업시행지구에 편입되는 것으로 보아 보상하여야 한다.

제63조(공익사업시행지구 밖의 어업의 피해에 대한 보상)

① 공익사업의 시행으로 인하여 해당 공익사업시행지구 인근에 있는 어업에 피해가 발생한 경우 사업시행자는 실제 피해액을 확인할 수 있는 때에 그 피해에 대하여 보상하여야 한다. 이 경우 실제 피해액은 감소된 어획량 및 「수산업법 시행령」 별표 4의 평년수익액 등을 참작하여 평가한다.

② 제1항에 따른 보상액은 「수산업법 시행령」 별표 4에 따른 어업권·허가어업 또는 신고어업이 취소되거나 어업면허의 유효기간이 연장되지 아니하는 경우의 보상액을 초과하지 못한다.

③ 사업인정고시일 등 이후에 어업권의 면허를 받은 자 또는 어업의 허가를 받거나 신고를 한 자에 대하여는 제1항 및 제2항을 적용하지 아니한다.

제64조(공익사업시행지구 밖의 영업손실에 대한 보상)

① 공익사업시행지구 밖에서 제45조에 따른 영업손실의 보상대상이 되는 영업을 하고 있는 자가 공익사업의 시행으로 인하여 다음 각 호의 어느 하나에 해당하는 경우에는 그 영업자의 청구에 의하여 당해 영업을 공익사업시행지구에 편입되는 것으로 보아 보상하여야 한다.
  1. 배후지의 3분의 2 이상이 상실되어 그 장소에서 영업을 계속할 수 없는 경우
  2. 진출입로의 단절, 그 밖의 부득이한 사유로 인하여 일정한 기간 동안 휴업하는 것이 불가피한 경우

② 제1항에 불구하고 사업시행자는 영업자가 보상을 받은 이후에 그 영업장소에서 영업이익을 보상받은 기간 이내에 동일한 영업을 하는 경우에는 실제 휴업기간에 대한 보상금을 제외한 영업손실에 대한 보상금을 환수하여야 한다.

> **제65조(공익사업시행지구 밖의 농업의 손실에 대한 보상)**
> 경작하고 있는 농지의 3분의 2 이상에 해당하는 면적이 공익사업시행지구에 편입됨으로 인하여 당해지역(영 제26조 제1항 각호의 1의 지역을 말한다)에서 영농을 계속할 수 없게 된 농민에 대하여는 공익사업시행지구 밖에서 그가 경작하고 있는 농지에 대하여도 제48조 제1항 내지 제3항 및 제4항 제2호의 규정에 의한 영농손실액을 보상하여야 한다.

위 토지보상법 제79조 제2항 및 동법 시행규칙 제59조 내지 65조에서 공익사업시행지구 밖 간접손실 보상을 규정하고 있다. 간접손실 보상의 경우에는 당사자간에 협의를 1차적으로 하고 협의가 성립되지 않으면 관할토지수용위원회에 재결신청을 하도록 하고 있다.

2. 토지보상법 제83조 내지 제85조(이의신청 및 행정소송)로 불복

공익사업을 위한 토지 등의 취득 및 보상에 관한 법률(2007.10.17. 법률 제8665호로 개정되기 전의 것, 이하 '구 공익사업법'이라고 한다) 제79조 제2항, 공익사업을 위한 토지 등의 취득 및 보상에 관한 법률 시행규칙 제57조에 따른 사업폐지 등에 대한 보상청구권은 공익사업의 시행 등 적법한 공권력의 행사에 의한 재산상 특별한 희생에 대하여 전체적인 공평부담의 견지에서 공익사업의 주체가 손해를 보상하여 주는 손실보상의 일종으로 공법상 권리임이 분명하므로 그에 관한 쟁송은 민사소송이 아닌 행정소송절차에 의하여야 한다. 또한 위 규정들과 구 공익사업법 제26조, 제28조, 제30조, 제34조, 제50조, 제61조, 제83조 내지 제85조의 규정 내용·체계 및 입법 취지 등을 종합하여 보면, 공익사업으로 인한 사업폐지 등으로 손실을 입게 된 자는 구 공익사업법 제34조, 제50조 등에 규정된 재결절차를 거친 다음 재결에 대하여 불복이 있는 때에 비로소 구 공익사업법 제83조 내지 제85조에 따라 권리구제를 받을 수 있다고 보아야 한다(대판 2012.10.11, 2010다23210[손실보상금]).

대판 2012.10.11, 2010다23210에서는 간접손실보상의 경우 재결절차를 거쳐 토지보상법 제83조 이의신청과 동법 제85조 행정소송으로 불복하도록 하고 있다.

3. 환경정책기본법 제44조 제1항 환경오염의 피해에 대한 무과실 책임에 따른 손해배상 청구도 가능 (토지보상법상 간접손실보상과 양자를 동시 행사는 불가)

토지보상법 제79조 제2항(그 밖의 토지에 관한 비용보상 등)에 따른 손실보상과 환경정책기본법 제44조 제1항(환경오염의 피해에 대한 무과실책임)에 따른 손해배상은 그 근거 규정과 요건·효과를 달리하는 것으로서, 각 요건이 충족되면 성립하는 별개의 청구권이다. 다만 손실보상청구권에는 이미 '손해 전보'라는 요소가 포함되어 있어 실질적으로 같은 내용의 손해에 관하여 양자의 청구권을 동시에 행사할 수 있다고 본다면 이중배상의 문제가 발생하므로, 실질적으로 같은 내용의 손해에 관하여 양자의 청구권이 동시에 성립하더라도 영업자는 어느 하나만을 선택적으로 행사할 수 있을 뿐이고, 양자의 청구권을 동시에 행사할 수는 없다고 봄이 타당하다. 또한 '해당 사업의 공사완료일로부터 1년'이라는 손실보상 청구기간(토지보상법 제79조 제5항, 제73조 제2항)이 도과하여 손실보상청구권을 더 이상 행사할 수 없는 경우에도 손해배상의 요건이 충족되는 이상 여전히 손해배상 청구는 가능하다고 보아야 한다.

4. 관할 토지수용위원회에서 어떤 보상항목이 아니라고 재결하면 보상금증감소송으로 다툼

어떤 보상항목이 공익사업을 위한 토지 등의 취득 및 보상에 관한 법령상 손실보상대상에 해당함에도 관할 토지수용위원회가 사실을 오인하거나 법리를 오해함으로써 손실보상대상에 해당하지 않는다고 잘못된 내용의 재결을 한 경우에는, 피보상자는 관할 토지수용위원회를 상대로 그 재결에 대한 취소소송을 제기할 것이 아니라, 사업시행자를 상대로 공익사업을 위한 토지 등의 취득 및 보상에 관한 법률 제85조 제2항에 따른 보상금증감소송을 제기하여야 한다.

5. 공익사업시행지구 밖 손실발생의 예견가능성과 손실범위의 특정성에 대한 판단

공공사업시행지구 밖에 위치한 영업에 대한 간접손실에 대하여도 일정한 요건을 갖춘 경우 이를 보상하도록 규정하고 있는 점에 비추어, 공공사업의 시행으로 인하여 그러한 손실이 발생하리라는 것을 쉽게 예견할 수 있고 그 손실의 범위도 구체적으로 특정할 수 있는 경우라면 그 손실의 보상에 관하여 특례법시행규칙의 간접보상 규정을 유추적용할 수 있는 것이다(대판 1999.6.11, 97다56150). 그런데 그 원고가 수산제조업 신고를 한 것으로 보아야 할 것임은 앞서 본 바와 같고, 그 신고서에는 제조공장의 위치·생산능력 및 원료의 확보방법을 기재하도록 하는 한편 주요 기기의 명칭·수량 및 능력에 관한 서류를 첨부하도록 하고 있어 그 공공사업의 시행으로 인하여 소멸되는 김 양식장의 규모와 정도를 김 가공공장의 위치, 원료의 확보방법 등과 대조하여 손실 발생을 쉽게 예견할 수 있고 나아가 생산능력까지도 파악할 수 있어 손실액도 어느 정도 특정할 수 있다고 볼 것이다. 그럼에도 그 원고가 입은 영업손실이 발생을 예견하기 어렵고 손실의 범위도 쉽게 확정할 수 없다는 이유로 특례법시행규칙의 간접보상에 관한 규정을 유추적용할 수 없어 손실보상청구권을 인정할 수 없다고 한 원심의 가정적 판단 부분에도 공공사업의 시행으로 인한 간접보상에 관한 법리를 오해한 위법이 있다. 따라서 그 원고의 이 부분 상고이유의 주장은 정당하여 이를 받아들인다(대판 1999.12.24, 98다57419·57426[보상금]).

간접손실보상은 구체적으로 손실발생의 예견가능성과 손실 범위의 특정성이 있어야 보상이 가능하다고 종전 대법원 판례는 판시하고 있는데, 대판 2019.11.28, 2018두227에서의 원심 고등법원 판결은 잠업사의 간접손실보상에 대하여 아래와 같이 제시하고 있는바 시사점이 있다고 하겠다.

> 피고는 원고에게 위와 같은 손실보상금 또는 손해배상금으로 ① 이 사건 사업으로 인한 이 사건 토지의 가치하락액 12,222,000원(원고는 당심에서 기존에 했던 손실보상 주장을 철회하고 손해배상으로만 이를 구한다), ② 이 사건 건물의 가액 527,088,000원, ③ 이 사건 입목의 이전비 3,097,000원, ④ 이 사건 설비의 이전비 29,200,000원, ⑤ 소음·진동·전자파로 인하여 영업을 하지 못한 2015.4.2.부터 2017.10.31.까지의 일실수입 295,164,207원(= 2015.4.2.부터 2015.12.31.까지 일실수입 84,528,624원 + 2016.1.1.부터 2016.12.31까지 일실수입 116,852,000원 + 2017.1.1.부터 2017.10.31.까지 일실수입 93,783,583원) ⑥ 위 영업을 하지 못한 기간(2015년부터 2016년까지의 기간만 구함) 동안의 감가상각비·유지관리비 40,344,747원, ⑦ 2015.4.2.부터 2016.11.10.까지 고정적 인건비 56,156,712원, ⑧ 잠종위탁관리비용 15,400,000원, ⑨ 정신적 손해에 대한 위자료 20,000,000원 합계 998,672,666원 및 이에 대한 지연손해금을 지급할 의무가 있다(대전고등법원 2018.7.5, 2017누44[보상금]).

🔁 간접손실보상에 대한 새로운 유형 판례(사회적·경제적 손실과 물리적·기술적 손실 포함 → 간접손실보상으로 통칭하며, 간접손실보상에 대한 불복은 보상금증감청구소송으로 함)
대판 2019.11.28, 2018두227[보상금]
【판시사항】
[1] 공익사업을 위한 토지 등의 취득 및 보상에 관한 법률 시행규칙 제64조 제1항 제2호에서 정한 공익사업시행지구 밖 영업손실보상의 요건인 '공익사업의 시행으로 인한 그 밖의 부득이한 사유

로 일정기간 동안 휴업이 불가피한 경우'에 공익사업의 시행 결과로 휴업이 불가피한 경우가 포함되는지 여부(적극)

[2] 실질적으로 같은 내용의 손해에 관하여 공익사업을 위한 토지 등의 취득 및 보상에 관한 법률 제79조 제2항에 따른 손실보상과 환경정책기본법 제44조 제1항에 따른 손해배상청구권이 동시에 성립하는 경우, 영업자가 두 청구권을 동시에 행사할 수 있는지 여부(소극) 및 '해당 사업의 공사완료일로부터 1년'이라는 손실보상 청구기간이 지나 손실보상청구권을 행사할 수 없는 경우에도 손해배상청구가 가능한지 여부(적극)

[3] 공익사업으로 인하여 공익사업시행지구 밖에서 영업을 휴업하는 자가 공익사업을 위한 토지 등의 취득 및 보상에 관한 법률 제34조, 제50조 등에 규정된 재결절차를 거치지 않은 채 곧바로 사업시행자를 상대로 공익사업을 위한 토지 등의 취득 및 보상에 관한 법률 시행규칙 제47조 제1항에 따라 영업손실에 대한 보상을 청구할 수 있는지 여부(소극)

[4] 어떤 보상항목이 공익사업을 위한 토지 등의 취득 및 보상에 관한 법령상 손실보상대상에 해당함에도 관할 토지수용위원회가 사실을 오인하거나 법리를 오해함으로써 손실보상대상에 해당하지 않는다고 잘못된 내용의 재결을 한 경우, 피보상자가 제기할 소송과 그 상대방

【판결요지】

[1] 모든 국민의 재산권은 보장되고, 공공필요에 의한 재산권의 수용 등에 대하여는 정당한 보상을 지급하여야 하는 것이 헌법의 대원칙이고(헌법 제23조), 법률도 그런 취지에서 공익사업의 시행 결과 공익사업의 시행이 공익사업시행지구 밖에 미치는 간접손실 등에 대한 보상의 기준 등에 관하여 상세한 규정을 마련해 두거나 하위법령에 세부사항을 정하도록 위임하고 있다.

이러한 공익사업시행지구 밖의 영업손실은 공익사업의 시행과 동시에 발생하는 경우도 있지만, 공익사업에 따른 공공시설의 설치공사 또는 설치된 공공시설의 가동·운영으로 발생하는 경우도 있어 그 발생원인과 발생시점이 다양하므로, 공익사업시행지구 밖의 영업자가 발생한 영업상 손실의 내용을 구체적으로 특정하여 주장하지 않으면 사업시행자로서는 영업손실보상금 지급의무의 존부와 범위를 구체적으로 알기 어려운 특성이 있다. 공익사업을 위한 토지 등의 취득 및 보상에 관한 법률 제79조 제2항에 따른 손실보상의 기한을 공사완료일부터 1년 이내로 제한하면서도 영업자의 청구에 따라 보상이 이루어지도록 규정한 것[공익사업을 위한 토지 등의 취득 및 보상에 관한 법률 시행규칙(이하 '시행규칙'이라 한다) 제64조 제1항]이나 손실보상의 요건으로서 공익사업시행지구 밖에서 발생하는 영업손실의 발생원인에 관하여 별다른 제한 없이 '그 밖의 부득이한 사유'라는 추상적인 일반조항을 규정한 것(시행규칙 제64조 제1항 제2호)은 간접손실로서 영업손실의 이러한 특성을 고려한 결과이다.

위와 같은 공익사업시행지구 밖 영업손실보상의 특성과 헌법이 정한 '정당한 보상의 원칙'에 비추어 보면, 공익사업시행지구 밖 영업손실보상의 요건인 '공익사업의 시행으로 인한 그 밖의 부득이한 사유로 일정기간 동안 휴업이 불가피한 경우'란 공익사업의 시행 또는 시행 당시 발생한 사유로 휴업이 불가피한 경우만을 의미하는 것이 아니라 공익사업의 시행 결과, 즉 그 공익사업의 시행으로 설치되는 시설의 형태·구조·사용 등에 기인하여 휴업이 불가피한 경우도 포함된다고 해석함이 타당하다.

[2] 공익사업을 위한 토지 등의 취득 및 보상에 관한 법률(이하 '토지보상법'이라 한다) 제79조 제2항(그 밖의 토지에 관한 비용보상 등)에 따른 손실보상과 환경정책기본법 제44조 제1항(환경오염의 피해에 대한 무과실책임)에 따른 손해배상은 근거 규정과 요건·효과를 달리하는 것으로서, 각 요건이 충족되면 성립하는 별개의 청구권이다. 다만 손실보상청구권에는 이미 '손해전보'라는 요소가 포함되어 있어 실질적으로 같은 내용의 손해에 관하여 양자의 청구권을 동시에 행사할 수

있다고 본다면 이중배상의 문제가 발생하므로, 실질적으로 같은 내용의 손해에 관하여 양자의 청구권이 동시에 성립하더라도 영업자는 어느 하나만을 선택적으로 행사할 수 있을 뿐이고, 양자의 청구권을 동시에 행사할 수는 없다. 또한 '해당 사업의 공사완료일로부터 1년'이라는 손실보상 청구기간(토지보상법 제79조 제5항, 제73조 제2항)이 도과하여 손실보상청구권을 더 이상 행사할 수 없는 경우에도 손해배상의 요건이 충족되는 이상 여전히 손해배상청구는 가능하다.

[3] 공익사업을 위한 토지 등의 취득 및 보상에 관한 법률(이하 '토지보상법'이라 한다) 제26조, 제28조, 제30조, 제34조, 제50조, 제61조, 제79조, 제80조, 제83조 내지 제85조의 규정 내용과 입법취지 등을 종합하면, 공익사업으로 인하여 공익사업시행지구 밖에서 영업을 휴업하는 자가 사업시행자로부터 공익사업을 위한 토지 등의 취득 및 보상에 관한 법률 시행규칙 제47조 제1항에 따라 영업손실에 대한 보상을 받기 위해서는, 토지보상법 제34조, 제50조 등에 규정된 재결절차를 거친 다음 그 재결에 대하여 불복이 있는 때에 비로소 토지보상법 제83조 내지 제85조에 따라 권리구제를 받을 수 있을 뿐이다. 이러한 재결절차를 거치지 않은 채 곧바로 사업시행자를 상대로 손실보상을 청구하는 것은 허용되지 않는다.

[4] 어떤 보상항목이 공익사업을 위한 토지 등의 취득 및 보상에 관한 법령상 손실보상대상에 해당함에도 관할 토지수용위원회가 사실을 오인하거나 법리를 오해함으로써 손실보상대상에 해당하지 않는다고 잘못된 내용의 재결을 한 경우에는, 피보상자는 관할 토지수용위원회를 상대로 그 재결에 대한 취소소송을 제기할 것이 아니라, 사업시행자를 상대로 공익사업을 위한 토지 등의 취득 및 보상에 관한 법률 제85조 제2항에 따른 보상금증감소송을 제기하여야 한다.

【참조조문】

[1] 헌법 제23조, 공익사업을 위한 토지 등의 취득 및 보상에 관한 법률 제79조 제2항, 공익사업을 위한 토지 등의 취득 및 보상에 관한 법률 시행규칙 제64조 제1항 제2호

[2] 공익사업을 위한 토지 등의 취득 및 보상에 관한 법률 제73조 제2항, 제79조 제2항, 공익사업을 위한 토지 등의 취득 및 보상에 관한 법률 시행규칙 제64조 제1항 제2호

[3] 공익사업을 위한 토지 등의 취득 및 보상에 관한 법률 제26조, 제28조, 제30조, 제34조, 제50조, 제61조, 제79조, 제80조, 제83조, 제84조, 제85조

[4] 공익사업을 위한 토지 등의 취득 및 보상에 관한 법률 제83조, 제85조 제2항

【참조판례】

[3] 대법원 2011.9.29, 2009두10963

[4] 대법원 2018.7.20, 2015두4044

【전 문】

【원고, 상고인 겸 피상고인】 원고 (소송대리인 변호사 이정웅)

【피고, 피상고인 겸 상고인】 한국철도시설공단 (소송대리인 법무법인 한결 담당변호사 김현우 외 1인)

【피고보조참가인】 에이치디씨 주식회사(변경 전 상호: 현대산업개발 주식회사)

【원심판결】 대전고법 2018.7.5, 2017누44

【주 문】

상고를 모두 기각한다. 상고비용 중 원고 상고로 인한 부분은 원고가, 피고 상고로 인한 부분은 피고가 각 부담한다.

【이 유】

상고이유를 판단한다.

1. 피고 상고이유에 대한 판단

가. 관할위반 주장에 관하여(상고이유 제1점)

(1) 「공익사업을 위한 토지 등의 취득 및 보상에 관한 법률」(이하 '토지보상법'이라고 한다) 제79조 제2항의 위임에 따른 같은 법 시행규칙(이하 '시행규칙'이라고 한다) 제64조 제1항 제2호에 의하면, 공익사업시행지구 밖에서 영업손실의 보상대상이 되는 영업을 하고 있는 자가 공익사업의 시행으로 인하여 '진출입로의 단절, 그 밖의 부득이한 사유로 인하여 일정한 기간 동안 휴업하는 것이 불가피한 경우'에 해당하는 경우 그 영업자의 청구에 의하여 당해 영업을 공익사업시행지구에 편입되는 것으로 보아 보상하여야 한다. 이러한 보상청구권은 공익사업의 시행이라는 적법한 공권력의 행사로 발생한 재산상 특별한 희생에 대하여 전체적인 공평부담의 견지에서 공익사업의 주체가 보상하여 주는 손실보상의 일종으로서 공법상 권리에 해당하므로 그에 관한 쟁송은 민사소송이 아닌 행정소송절차에 의하여야 한다.

모든 국민의 재산권은 보장되고, 공공필요에 의한 재산권의 수용 등에 대하여는 정당한 보상을 지급하여야 하는 것이 헌법의 대원칙이고(헌법 제23조), 법률도 그런 취지에서 공익사업의 시행 결과 그 공익사업의 시행이 공익사업시행지구 밖에 미치는 간접손실 등에 대한 보상의 기준 등에 관하여 상세한 규정을 마련해 두거나 하위법령에 세부사항을 정하도록 위임하고 있다. 이러한 공익사업시행지구 밖의 영업손실은 공익사업의 시행과 동시에 발생하는 경우도 있지만, 공익사업에 따른 공공시설의 설치공사 또는 설치된 공공시설의 가동·운영으로 발생하는 경우도 있어 그 발생원인과 발생시점이 다양하므로, 공익사업시행지구 밖의 영업자가 발생한 영업상 손실의 내용을 구체적으로 특정하여 주장하지 않으면 사업시행자로서는 영업손실보상금 지급의무의 존부와 범위를 구체적으로 알기 어려운 특성이 있다. 토지보상법 제79조 제2항에 따른 손실보상의 기한을 공사완료일부터 1년 이내로 제한하면서도 영업자의 청구에 따라 보상이 이루어지도록 규정한 것(시행규칙 제64조 제1항)이나 손실보상의 요건으로서 공익사업시행지구 밖에서 발생하는 영업손실의 발생원인에 관하여 별다른 제한 없이 '그 밖의 부득이한 사유'라는 추상적인 일반조항을 규정한 것(시행규칙 제64조 제1항 제2호)은 간접손실로서 영업손실의 이러한 특성을 고려한 결과이다.

위와 같은 공익사업시행지구 밖 영업손실보상의 특성과 헌법이 정한 '정당한 보상의 원칙'에 비추어 보면, 공익사업시행지구 밖 영업손실보상의 요건인 '공익사업의 시행으로 인한 그 밖의 부득이한 사유로 일정기간 동안 휴업이 불가피한 경우'란 공익사업의 시행 또는 시행 당시 발생한 사유로 휴업이 불가피한 경우만을 의미하는 것이 아니라 공익사업의 시행 결과, 즉 그 공익사업의 시행으로 설치되는 시설의 형태·구조·사용 등에 기인하여 휴업이 불가피한 경우도 포함된다고 해석함이 타당하다.

한편 토지보상법 제79조 제2항(그 밖의 토지에 관한 비용보상 등)에 따른 손실보상과 환경정책기본법 제44조 제1항(환경오염의 피해에 대한 무과실책임)에 따른 손해배상은 그 근거 규정과 요건·효과를 달리하는 것으로서, 각 요건이 충족되면 성립하는 별개의 청구권이다. 다만 손실보상청구권에는 이미 '손해전보'라는 요소가 포함되어 있어 실질적으로 같은 내용의 손해에 관하여 양자의 청구권을 동시에 행사할 수 있다고 본다면 이중배상의 문제가 발생하므로, 실질적으로 같은 내용의 손해에 관하여 양자의 청구권이 동시에 성립하더라도 영업자는 어느 하나만을 선택적으로 행사할 수 있을 뿐이고, 양자의 청구권을 동시에 행사할 수는 없다고 봄이 타당하다. 또한 '해당 사업의 공사완료일로부터 1년'이라는 손실보상 청구기간(토지보상법 제79조 제5항, 제73조 제2항)이 도과하여 손실보상청구권을 더 이상 행사할 수 없는 경우에도 손해배상의 요건이 충족되는 이상 여전히 손해배상청구는 가능하다고 보아야 한다.

(2) 원심은 다음과 같이 판단하였다.

   (가) 토지보상법 관련 규정에서 이 사건 사업의 시행 결과에 따른 손실보상을 정하고 있지는 않지만, 공익사업의 시행으로 인하여 손실이 발생하리라는 것을 쉽게 예견할 수 있고 그 손실의 범위도 구체적으로 특정할 수 있는 경우라면, 그 손실의 보상에 관하여 토지보상법 관련 규정 등을 유추적용할 수 있다고 해석함이 타당하다.

   (나) 공익사업의 시행에 따른 손실보상청구권은 적법한 공익사업에 따라 필연적으로 발생하는 손실에 대한 보상을 구하는 권리로서 국가배상법에 따른 손해배상청구권이나 민법상 채무불이행 또는 불법행위로 인한 손해배상청구권 등과 같은 사법상의 권리와는 그 성질을 달리하는 것으로, 그에 관한 쟁송은 민사소송이 아니라 행정소송법 제3조 제2호에서 정하고 있는 공법상 당사자소송 절차에 의하여야 한다.

   (다) 이 사건 잠업사는 이 사건 사업인정고시일 전부터 이 사건 건물, 입목, 설비를 갖추고 계속적으로 행하고 있던 영업으로서 원고는 이 사건 노선의 운행으로 인한 소음·진동 등으로 인하여 이 사건 잠업사를 이전하는 것이 불가피하다. 이 사건 잠업사에 이러한 손실이 발생하리라는 것을 충분히 예견할 수 있고, 그 손실의 범위도 특정할 수 있으므로 공익사업의 시행으로 인하여 필연적으로 야기되는 손실에 해당한다. 원고는 토지보상법 관련 규정의 유추적용에 의하여 이 사건 사업의 시행 결과로 발생한 영업손실의 보상을 청구할 권리가 있다.

(3) 원심이 확정한 사실관계를 앞서 본 규정들과 법리에 비추어 살펴보면, 원고가 이 사건 사업의 시행으로 인하여 이 사건 사업의 시행지구 밖의 이 사건 잠업사에 발생한 영업손실에 관하여 그 사업시행자인 피고에 대하여 손실보상을 청구할 권리는 토지보상법 제79조 제2항, 시행규칙 제64조 제1항 제2호에 직접 근거하여 발생하는 것이라고 보아야 한다.

따라서 원심이 원고의 손실보상청구권이 토지보상법 관련 규정의 유추적용에 의하여 인정된다고 본 것은 잘못이지만, 이 사건 사업의 시행으로 인하여 원고의 손실보상청구권이 성립하였고 그에 관한 쟁송은 공법상 당사자소송 절차에 의하여야 한다고 판단한 결론은 정당하다. 거기에 상고이유 주장과 같이 간접손실에 관한 보상청구권의 법적 성질과 그 소송형태에 관한 법리를 오해하여 판결 결과에 영향을 미친 잘못이 없다.

나. 보상금증감소송의 소송요건 관련 주장에 관하여(상고이유 제2점)

(1) 재결절차 흠결 주장에 관하여

   (가) 토지보상법 제26조, 제28조, 제30조, 제34조, 제50조, 제61조, 제79조, 제80조, 제83조 내지 제85조의 규정 내용과 입법취지 등을 종합하면, 공익사업으로 인하여 공익사업시행지구 밖에서 영업을 휴업하는 자가 사업시행자로부터 시행규칙 제47조 제1항에 따라 영업손실에 대한 보상을 받기 위해서는, 토지보상법 제34조, 제50조 등에 규정된 재결절차를 거친 다음 그 재결에 대하여 불복이 있는 때에 비로소 토지보상법 제83조 내지 제85조에 따라 권리구제를 받을 수 있을 뿐이다. 이러한 재결절차를 거치지 않은 채 곧바로 사업시행자를 상대로 손실보상을 청구하는 것은 허용되지 않는다(대법원 2011.9.29. 2009두10963 참조).

   (나) 원심이, 원고의 이 사건 청구가 토지보상법 관련 규정의 유추적용에 의한 손실보상청구에 해당함을 전제로 토지보상법에서 정한 재결절차를 거칠 필요가 없다고 판단한 것은 잘못이지만, 원고가 손실보상청구에 앞서 재결절차를 거쳐야 한다고 가정하더라도 원고가 적법한 재결절차를 거친 것으로 볼 수 있다는 원심의 부가적·가정적 판단은 수긍할 수 있다.

거기에 상고이유 주장과 같이 공익사업시행지구 밖 영업손실보상의 소송형태와 소송요건에 관한 법리를 오해하여 판결 결과에 영향을 미친 잘못이 없다.

(2) 피고적격 흠결 주장에 관하여

어떤 보상항목이 토지보상법령상 손실보상대상에 해당함에도 관할 토지수용위원회가 사실을 오인하거나 법리를 오해함으로써 손실보상대상에 해당하지 않는다고 잘못된 내용의 재결을 한 경우에는, 피보상자는 관할 토지수용위원회를 상대로 그 재결에 대한 취소소송을 제기할 것이 아니라, 사업시행자를 상대로 토지보상법 제85조 제2항에 따른 보상금증감소송을 제기하여야 한다(대법원 2018.7.20, 2015두4044).

원심은, 이 사건 잠업사에 발생한 영업손실에 관하여는 고속철도를 운행하는 한국철도공사가 아니라 이 사건 사업의 시행자인 피고를 상대로 보상금증감소송을 제기하여야 한다고 판단하였다.

원심판결 이유에 일부 적절하지 않은 부분이 있으나, 이 사건 사업의 시행자인 피고에게 피고적격이 있다고 본 원심의 결론은 정당하고, 거기에 토지보상법상 보상금증감소송의 피고적격에 관한 법리를 오해하여 판결 결과에 영향을 미친 잘못이 없다.

다. 손실보상액 관련 주장에 관하여(상고이유 제3점)

감정인의 감정 결과는 그 감정방법 등이 경험칙에 반하거나 합리성이 없는 등의 현저한 잘못이 없는 한 이를 존중하여야 한다(대법원 2009.7.9, 2006다67602·67619 등 참조).

원심은, 이 사건 감정 결과 등을 토대로 판시와 같은 사실을 인정한 다음, 이 사건 입목 중 뽕나무 및 이 사건 설비의 이전비용 합계 30,950,000원을 피고가 원고에게 보상하여야 할 이 사건 잠업사의 영업손실로 판단하였다.

원심판결 이유를 관련 법리와 기록에 비추어 살펴보면, 원심이 이 사건 감정 결과를 받아들여 손실보상의 범위와 금액을 판단한 것은 수긍할 수 있고, 거기에 상고이유 주장과 같이 논리와 경험칙에 반하여 자유심증주의의 한계를 벗어나는 등의 잘못이 없다.

라. 손해배상 관련 주장에 관하여(상고이유 제4점)

(1) 손해배상책임의 존부에 대하여

원심은, 환경정책기본법 제44조 제1항이 정한 환경오염에는 소음·진동으로 사람의 건강이나 환경에 피해를 주는 것도 포함되므로, 소음·진동 등으로 수인한도를 넘는 손해를 입은 피해자들에 대하여 원인자는 그 귀책사유가 없더라도 특별한 사정이 없는 한 이를 배상할 의무가 있다고 전제한 다음, 피고가 이 사건 노선을 완공하여 개통한 후, 한국철도공사로 하여금 이 사건 노선에서 고속열차를 운행하도록 함으로써 발생한 소음·진동·전자파로 인하여 이 사건 잠업사에서 생산하는 누에씨의 품질저하, 위 누에씨를 공급받는 전라북도 농업기술원 종자사업소의 누에씨 수령 거부, 잠업농가의 누에씨 수령 거부 등의 피해가 발생하였다고 봄이 타당하므로, 호남고속철도 열차 운행으로 인한 소음·진동·전자파의 원인자인 피고가 위 소음·진동·전자파의 환경오염으로 인하여 원고에게 발생한 손해를 배상할 책임이 있다고 판단하였다.

원심판결 이유를 관련 법리와 기록에 비추어 살펴보면, 이러한 원심판단은 수긍할 수 있고, 거기에 상고이유 주장과 같이 불법행위책임에 관한 법리를 오해하거나 논리와 경험칙에 반하여 자유심증주의의 한계를 벗어나는 등의 잘못이 없다.

(2) 손해배상책임의 범위에 대하여

원심은, 이 사건 감정 결과 등을 토대로 판시와 같은 사실을 인정한 다음, 휴업기간의 일실수입, 잠종위탁관리비용 합계 40,395,040원을 피고가 원고에게 배상하여야 할 이 사건 잠업사의 손해로 판단하였다.

원심판결 이유를 관련 법리와 기록에 비추어 살펴보면, 원심이 이 사건 감정 결과를 받아들여 손해배상의 범위와 금액을 판단한 것은 수긍할 수 있고, 거기에 상고이유 주장과 같이 논리와 경험칙에 반하여 자유심증주의의 한계를 벗어나는 등의 잘못이 없다.

(3) **변제항변에 관하여**

원심은, 원고의 아들 소외인이 피고 보조참가인으로부터 지급받은 배상금 10,016,240원은 이 사건 손해배상책임의 범위에 포함되지 않는다고 판단하여, 피고의 공제 주장을 배척하였다. 원심판결 이유를 관련 법리와 기록에 비추어 살펴보면, 양자의 손해발생 원인을 달리 본 원심 판단은 수긍할 수 있고, 거기에 상고이유 주장과 같이 논리와 경험칙에 반하여 자유심증주의 의 한계를 벗어나는 등의 잘못이 없다.

2. 원고의 상고이유에 대한 판단

가. **손실보상책임의 범위에 대하여**

원심은 ① 이 사건 잠업사의 휴업기간에 해당하는 영업이익, 고정적 비용, ② 이 사건 건물의 이전비에 관한 손실보상청구를 배척하였다.

원심판결 이유를 관련 법리와 기록에 비추어 살펴보면, 이러한 원심판단은 수긍할 수 있고, 거기에 상고이유 주장과 같이 공익사업시행지구 밖 영업손실보상에 관한 법리를 오해하여 필 요한 심리를 다하지 아니하는 등의 잘못이 없다.

나. **손해배상책임의 범위에 대하여**

(1) 원심은, 피고가 원고에게 배상하여야 할 이 사건 잠업사의 휴업기간 일실수입과 관련하여, 이 사건 잠업사의 이전으로 인한 휴업기간은 이 사건 노선이 개통되어 철도가 운행되기 시작한 2015.4.2.부터 2015.8.1.까지 4개월이라고 판단하였다.

원심판결 이유를 관련 법리와 기록에 비추어 살펴보면, 이러한 원심판단은 수긍할 수 있고, 거기에 상고이유 주장과 같이 불법행위책임에 관한 법리를 오해하거나 논리와 경험칙에 반하 여 자유심증주의의 한계를 벗어나는 등의 잘못이 없다.

(2) 원심은 ① 이 사건 토지의 가치하락액, ② 이 사건 건물의 이전비용 상당 손해액, ③ 휴업기 간 중 감가상각비, 고정적 인건비에 관한 손해배상청구를 배척하였고, ④ 원고가 지출한 잠종 위탁관리비용 중 일부에 대해서만 손해배상책임이 성립한다고 보아, 나머지에 관한 손해배상 청구를 배척하였다.

원심판결 이유를 관련 법리와 기록에 비추어 살펴보면, 이러한 원심판단은 수긍할 수 있고, 거기에 상고이유 주장과 같이 불법행위책임에 관한 법리를 오해하거나 논리와 경험칙에 반하 여 자유심증주의의 한계를 벗어나는 등의 잘못이 없다.

3. 결론

그러므로 상고를 모두 기각하고, 상고비용 중 원고 상고로 인한 부분은 원고가, 피고 상고로 인 한 부분은 피고가 각 부담하기로 하여, 관여 대법관의 일치된 의견으로 주문과 같이 판결한다.
(출처 : 대판 2019.11.28, 2018두227[보상금])

(6) 예상문제

> 공익사업으로 인한 공익사업시행지구 밖의 환경피해에 대한 손실보상에 대하여 설명하시오. **40점**

※ 공익사업으로 인한 환경피해에 대한 손실보상[10](토지보상연구 제21집 수록 논문 발췌함)

Ⅰ. 서

현행 토지보상법령은 공익사업의 시행으로 인하여 사업시행지 밖에 발생하는 손실 즉 간접손실도 손실보상의 대상으로 규정하고 있다. 그런데, 간접손실보상의 대상이 되는 손실의 범위에 대해서는 불명확한 점이 적지 않다. 즉, 공익사업을 위한 토지의 수용으로 인하여 사업시행지 밖에 발생하는 손실이 간접손실보상의 대상이 된다는 점에 대해서는 이견이 없다. 그러나, 공익사업의 시행 중 또는 공익사업의 시행 후 설치된 공익사업시설로 인한 손해를 간접손실로 볼 수 있는지에 대하여는 현행 보상법령상 명확한 규정이 없다. 최근 대법원 판례는 공익사업으로 설치된 시설의 운영으로 나오는 소음·진동 등으로 인근 영업자가 받은 손실 달리 말하면 환경피해인 간접손실도 토지보상법령상 간접손실보상의 대상이 된다는 주목할만한 판결을 냈다. 이러한 해결의 타당성에 대해 이론상 검토할 필요가 있다.

그리고 공익사업의 시행으로 인한 간접손실도 헌법 제23조 제3항의 손실보상의 대상이 되는 손실이라는 것이 판례의 입장인데, 현행 토지보상법령상 손실보상이 되지 못하는 경우가 있다. 판례는 간접손실보상을 규정하고 있는 토지보상법 시행규칙 제59조 내지 제65조를 확대해석 또는 유추적용하여 공익사업의 시행으로 인한 간접손실을 최대한 보상해 주려고 하고 있지만, 공익사업의 시행으로 인한 간접손실 중 현행 토지보상법령의 확대적용 또는 유추적용에 의해서도 보상해 줄 수 없는 경우가 있다. 이와 같이 간접손실보상규정의 흠결이 있는 경우에 간접손실을 입은 자의 권리를 어떻게 구제해 줄 수 있는가 하는 문제가 여전히 존재한다.

그리고, 공익사업으로 인한 환경피해가 손해배상의 요건을 충족하면 손해배상이 인정될 수 있다. 판례는 공익사업으로 인해 설치된 시설의 운영으로 인근 주민이 수인한도를 넘는 피해를 입는 경우에는 손해배상을 해주어야 하는 것으로 보고 있다. 또한, 손실보상보상의무가 있음에도 불구하고 손실보상을 하지 않고 공익사업을 시행한 경우에는 불법행위가 되고, 손실보상액 상당의 금액을 손해배상해야 하는 것으로 판시하고 있다. 최근 판례는 공익사업인 고속철도 건설사업 시행 후의 고속철도 운행에 따른 소음, 진동 등으로 인하여 고속철도 인근에서 양잠업을 영위하던 원고에게 발생한 손실에 대하여 공익사업을 위한 토지 등의 취득 및 보상에 관한 법률 시행규칙 제64조 제1항에 따라 손실보상청구를 할 수도 있고, 환경정책기본법 제44조 제1항에 따른 손해배상도 인정될 수 있다고 하면서 다만, 이중배상의 문제가 발생하므로 피해자는 어느 하나만을 선택적으로 행사할 수 있을 뿐이고, 양자의 청구권을 동시에 행사할 수는 없다고 판시하였다. 즉, 간접손실보상과 손해배상청구는 경합적으로 인정되고, 다만 이중전보는 인정되지 않는다고 본 것이다.[11] 이와 같이 공익사업으로 인한 손해 특히 환경피해에 대해 손실보상과 손해배상의 인정 여부 및 양 손해전보의 관계가 문제되고 있다.

---

10) 박균성, 경희대학교 법학전문대학원 교수, 한국토지보상법연구회 제21집, 토지보상연구 발표 논문을 발췌 정리함.
  * 이 논문은 2020년 11월 개최된 사단법인 한국토지보상법연구회 학술발표회에서 박균성 교수님이 발표한 논문을 전재한 것임.
11) 대판 2019.11.28, 2018두227

II. 공익사업으로 인한 간접손실의 보상

1. 간접손실의 의의

공익사업의 시행으로 인하여 사업시행지 밖의 재산권자에게 가해지는 손실을 간접손실로 보고, 그에 대한 보상을 간접손실보상으로 보는 것이 일반적 견해이다. 간접손실의 보상은 사업시행지 밖의 토지소유자가 입는 손실의 보상이므로 사업시행지 내의 토지소유자가 입는 부대적 손실의 보상과는 구별된다.

공익사업시행지구 밖의 영업손실은 공익사업의 시행과 동시에 발생하는 경우도 있지만, 공익사업에 따른 공공시설의 설치공사 또는 설치된 공공시설의 가동·운영으로 발생하는 경우도 있어 그 발생원인과 발생시점이 다양하므로, 공익사업시행지구 밖의 영업자가 발생한 영업상 손실의 내용을 구체적으로 특정하여 주장하지 않으면 사업시행자로서는 영업손실보상금 지급의무의 존부와 범위를 구체적으로 알기 어려운 특성이 있다.[12]

간접손실이 공익사업으로 인한 토지취득으로 인한 손실을 포함한다는 점에는 의견이 일치하고 있으나, 공익사업의 시행상 공사로 인한 손실 또는 공익사업 완성 후 시설의 운영으로 인한 손실도 포함하는지에 관하여는 견해가 나뉘고 있다.

간접손실도 손실보상의 하나이므로 손실보상의 요건을 충족하여야 한다. 간접손실은 공익사업으로 인하여 필연적으로 발생하는 손실 달리 말하면 예견되는 손실이어야 하고,[13] 공익사업으로 인하여 우연히 발생하는 손해는 손실보상의 대상이 아니고 불법행위로 인한 손해에 해당하는 경우 손해배상의 대상이 되는 것으로 보아야 한다. 다만, 오늘날 손실보상과 손해배상을 손해의 전보라는 관점에서 통일적으로 고찰하고, 손실보상과 손해배상을 구별하면서도 그 구별을 상대적인 것으로 보고 있어 실제 문제에서 손실보상과 손해배상의 구별이 명확하지 않은 경우가 있다.

간접손실이 손실보상의 대상이 되기 위하여는 당해 간접손실이 특별한 희생에 해당하여야 한다. 간접손실이 재산권에 내재하는 사회적 제약에 속하는 경우에는 보상의 대상이 되지 않는다.

간접손실은 공익사업의 시행으로 인하여 사업시행지 밖의 토지소유자 등에게 "직접" 발생된 손실이므로[14] "간접손실"이라는 용어는 오해를 불러 일으킬 수 있으므로 타당하지 않고, "사업시행지 밖 손실"이라는 용어를 사용하는 것이 타당하다.

---

12) 대판 2019.11.28, 2018두227
13) 판례도 간접손실을 공익사업지구 밖에서 일어난 손실로 보고, "공공사업의 시행으로 인하여 그러한 손실이 발생하리라는 것을 쉽게 예견할 수 있"어야만 간접손실보상의 대상이 되는 간접손실로 보고 있다(대판 1999.12.24, 98다57419·57426). 판례 중에는 농어촌진흥공사의 금강 하구둑공사로 부여에 있는 참게 축양업자가 입은 손실은 그 발생을 예견하기가 어렵고 그 손실의 범위도 쉽게 확정할 수 없으므로 간접손실로 보지 않은 사례(대판 1998.1.20, 95다29161), 관계 법령이 요구하는 허가나 신고없이 김양식장을 배후지로 하여 김종묘생산어업에 종사하던 자들의 간접손실에 대하여 그 손실의 예견가능성이 없고, 그 손실의 범위도 구체적으로 특정하기 어려워 공공용지의 취득 및 손실보상에 관한 특례법 시행규칙상의 손실보상에 관한 규정을 유추적용할 수 없다고 한 사례(대판 2002.11.26, 2001다44352)가 있다.
14) 손실보상의 대상이 되는 손실은 공익사업의 시행으로 인해 필연적으로 발생하는 손실이므로 모두 공익사업으로 인한 직접손실로 보는 것이 타당하다.

2. 간접손실보상의 법적 근거

판례는 간접손실이 헌법 제23조 제3항의 손실보상의 대상이 되는 손실이라고 보았다.[15] 생각건대, 간접손실도 적법한 공용침해로 인하여 예견되는 통상의 손실이고, 헌법 제23조 제3항을 손실보상에 관한 일반적 규정으로 보는 것이 타당하므로 간접손실보상을 헌법 제23조 제3항의 손실보상에 포함시키는 것이 타당하다.

다만, 헌법 제23조 제3항의 직접 효력을 인정하지 않으면 헌법 제23조 제3항은 간접손실보상의 직접적 근거가 될 수 없다. 헌법 제23조 제3항의 직접 효력을 인정할 것인지에 대해 학설은 대립하고 있다.[16] 제3공화국 헌법하에서 판례는 공용침해에 대한 손실보상규정의 직접효력을 인정하였지만, 현행 헌법하에서 판례는 헌법 제23조 제3항의 직접 효력을 명시적으로 인정하거나 부정하지는 않고, 간접손실보상의 직접 근거는 후술하는 바와 같이 실정법령에서 찾으려는 입장을 취하고 있다.

토지보상법 제79조 제2항은 다음과 같이 간접손실보상의 보상원칙을 선언하면서 보상의 범위는 국토교통부령에 위임하고 있다: "공익사업이 시행되는 지역 밖에 있는 토지 등이 공익사업의 시행으로 인하여 본래의 기능을 다할 수 없게 되는 경우에는 국토교통부령으로 정하는 바에 따라 그 손실을 보상하여야 한다." 그리고, 동법 시행규칙 제59조 내지 제65조는 간접손실보상의 종류와 범위를 구체적으로 열거하여 규정하고 있다. 그런데, 토지보상법 시행규칙에서 규정한 간접손실보상의 대상에 공백이 있는 문제가 있다. 달리 말하면 공익사업으로 인한 간접손실이 특별한 희생에 해당함에도 후술하는 바와 같이 토지보상법 규칙에서 보상의 대상으로 규정하고 있지 않는 경우가 있다. 이 경우에 헌법 제23조 제3항의 직접적 효력을 인정하거나 토지보상법 시행규칙상의 간접손실보상에 관한 열거규정을 예시적인 열거규정으로 보면서 토지보상법 제79조 제2항을 간접손실보상의 일반적 근거규정으로 본다면 간접손실보상에 관한 명시적인 규정이 없는 경우에도 헌법 제23조 제3항이나 토지보상법 제79조 제2항에 근거하여 손실보상이 가능하므로 간접손실보상에 관한 입법의 공백은 없게 된다. 이에 반하여 헌법 제23조 제3항의 직접적 효력을 부정하고, 토지보상법 시행규칙상의 간접손실보상에 관한 열거규정을 한정적인 열거규정으로 보면서 토지보상법 제79조 제2항을 간접손실보상의 원칙을 선언한 것일뿐 간접손실보상의 직접적인 근거규정으로 보지 않으면 토지보상법 시행규칙의 적용 또는 유추적용에 의해 보상되지 못하는 간접손실에 대해서는 입법상 보상의 흠결이라는 문제가 발생한다. 보상규정흠결 시의 간접손실의 보상에 관하여는 후술하기로 한다.

3. 토지보상법 시행규칙상 간접손실보상 및 보상의 공백

(1) 공익사업시행지구 밖의 대지 등에 대한 보상

공익사업시행지구 밖의 대지(조성된 대지를 말한다)·건축물·분묘 또는 농지(계획적으로 조성된 유실수단지 및 죽림단지를 포함한다)가 공익사업의 시행으로 인하여 산지나 하천 등에 둘러싸여 교통이 두절되거나 경작이 불가능하게 된 경우에는 그 소유자의 청구에 의하여 이를 공익사업시행지구에 편입되는 것으로 보아 보상하여야 한다. 다만, 그 보상비가 도로 또는 도선시설의 설치비용을 초과하는 경우에는 도로 또는 도선시설을 설치함으로써 보상에 갈음할 수 있다(동법 시행규칙 제59조).

---

15) 대판 1999.11.15, 99다27231
16) 박균성 행정법론(상), 박영사, 2020, 961-967면 참조.

그런데, 동규정은 "교통이 두절되거나 경작이 불가능하게 된 경우"에 한하여 간접손실보상을 규정하고 있으므로 교통에 심히 장애가 생기거나 경작이 불가능하지는 않지만, 상당한 정도로 장애를 받는 등 특별한 간접손실에 대해서는 동규정에 의해 보상해주지 못하는 문제가 있다.

(2) 공익사업시행지구 밖의 건축물에 대한 보상

소유농지의 대부분이 공익사업시행지구에 편입됨으로써 건축물(건축물의 대지 및 잔여농지를 포함한다. 이하 이 조에서 같다)만이 공익사업시행지구 밖에 남게 되는 경우로서 그 건축물의 매매가 불가능하고 이주가 부득이한 경우에는 그 소유자의 청구에 의하여 이를 공익사업시행지구에 편입되는 것으로 보아 보상하여야 한다(동법 시행규칙 제60조).

그런데, 동규정에 의하면 이주가 부득이하지는 않지만 생활에 상당한 불편이 있고 건축물의 가격이 상당히 하락하여 특별한 희생이라고 볼 수 있는 경우 등 특별한 손실이 있는 경우 동규정에 의해 보상해 주지 못하는 문제가 있다.

(3) 소수잔존자에 대한 보상

공익사업의 시행으로 인하여 1개 마을의 주거용 건축물이 대부분 공익사업시행지구에 편입됨으로써 잔여 주거용 건축물 거주자의 생활환경이 현저히 불편하게 되어 이주가 부득이한 경우에는 당해 건축물 소유자의 청구에 의하여 그 소유자의 토지등을 공익사업시행지구에 편입되는 것으로 보아 보상하여야 한다(동법 시행규칙 제61조).

그러나, 이 이외에도 잔존자가 잔존을 희망하는 경우 생활상의 불편이 특별한 희생에 해당한다고 여겨지는 모든 경우에 그에 상응하는 보상이 행해져야 하는데, 동규정에 의해서는 보상해 주지 못하는 문제가 있다.

(4) 공익사업시행지구 밖의 공작물 등에 대한 보상

공익사업시행지구 밖에 있는 공작물 등이 공익사업의 시행으로 인하여 그 본래의 기능을 다할 수 없게 되는 경우에는 그 소유자의 청구에 의하여 이를 공익사업시행지구에 편입되는 것으로 보아 보상하여야 한다(동법 시행규칙 제62조).

(5) 공익사업시행지구 밖의 어업의 피해에 대한 보상

공익사업의 시행으로 인하여 해당 공익사업시행지구 인근에 있는 어업에 피해가 발생한 경우 사업시행자는 실제 피해액을 확인할 수 있는 때에 그 피해에 대하여 보상하여야 한다. 이 경우 실제 피해액은 감소된 어획량 및 「수산업법 시행령」 별표 4의 평년수익액 등을 참작하여 평가한다(동법 시행규칙 제63조 제1항). 사업인정고시일 등 이후에 어업권의 면허를 받은 자 또는 어업의 허가를 받거나 신고를 한 자에 대하여는 제1항 및 제2항을 적용하지 아니한다(동법 시행규칙 제63조 제3항).

어업피해에 대한 간접손실보상의 특징은 법규정의 문언을 중시하여 보면 공익사업 자체로 인하여 필연적으로 초래되는 어업손실 이외에도 공익사업의 시행 즉 공사로 인하여 우연히 발생하는 피해 즉, 이론상 손해배상의 대상으로 보아야 하는 피해도 간접손실보상의 대상으로 하고 있다는 점이다. 항만건설사업의 경우에 어업피해영향조사결과 어업피해가 미치는 범위까지 사업시행지구로 고시하고 그 어업피해 정도에 따라 사전에 폐업 또는 일부 손실보상을 행하도록 하고 있다.[17]

---

17) 2004.1.26. 항만개발과-64호(김용춘/박상희, "어업의 간접손실보상에 관한 연구", 「해사법연구」 제4권 제1호, 2012.3, 74쪽에서 재인용).

(6) 공익사업시행지구 밖의 영업손실에 대한 보상

공익사업시행지구 밖에서 제45조에 따른 영업손실의 보상대상이 되는 영업을 하고 있는 자가 공익사업의 시행으로 인하여 다음 각 호의 어느 하나에 해당하는 경우에는 그 영업자의 청구에 의하여 당해 영업을 공익사업시행지구에 편입되는 것으로 보아 보상하여야 한다(동법 시행규칙 제64조 제1항).
1. 배후지[18]의 3분의 2 이상이 상실되어 그 장소에서 영업을 계속할 수 없는 경우
2. 진출입로의 단절, 그 밖의 부득이한 사유로 인하여 일정한 기간 동안 휴업하는 것이 불가피한 경우

공익사업시행지구 밖 영업손실보상의 요건인 '공익사업의 시행으로 인한 그 밖의 부득이한 사유로 일정 기간 동안 휴업이 불가피한 경우'란 공익사업의 시행 또는 시행 당시 발생한 사유로 휴업이 불가피한 경우만을 의미하는 것이 아니라 공익사업의 시행 결과, 즉 그 공익사업의 시행으로 설치되는 시설의 형태·구조·사용 등에 기인하여 휴업이 불가피한 경우도 포함된다고 보는 것이 판례의 입장이다.[19] 이에 반하여 원심은 대법원 판결과 달리 공익사업의 시행 결과에 따른 손실보상은 토지보상법 제79조 제2항, 동법 시행규칙 제64조 제1항 등 토지보상법 관련 규정에서 규정하고 있지 않다고 하였다.[20]

그런데, 공익사업의 시행으로 인하여 배후지의 3분의 2 미만이 상실된 경우에도 당해 장소에서 종전의 영업을 계속할 수 없는 경우가 있을 수 있고, 배후지의 3분의 2 이상이 상실된 경우에도 당해 장소에서 종전의 영업을 계속할 수는 있지만 영업이 축소됨으로써 특별한 손실이 발생될 수 있는데, 이 경우의 영업손실은 토지취득보상법 시행규칙 제64조에 의해 보상되지 못하는 문제가 있다.

(7) 공익사업시행지구 밖의 농업의 손실에 대한 보상

경작하고 있는 농지의 3분의 2 이상에 해당하는 면적이 공익사업시행지구에 편입됨으로 인하여 당해지역(영 제26조 제1항 각호의 1의 지역을 말한다)에서 영농을 계속할 수 없게 된 농민에 대하여는 공익사업시행지구 밖에서 그가 경작하고 있는 농지에 대하여도 제48조 제1항 내지 제3항 및 제4항 제2호의 규정에 의한 영농손실액을 보상하여야 한다(동법 시행규칙 제65조).

그런데, 영농을 계속할 수는 있지만, 수입이 상당히 감소하여 특별한 손실에 해당하는 경우 손실보상을 해주어야 하는 것이 타당한데, 동 규정에 의해서는 보상해주지 못하는 문제가 있다. 지가하락으로 인한 차액보상이 규정되지 않은 문제가 있다.[21]

III. 공익사업으로 인한 환경피해에 대한 손실보상과 손해배상

공익사업으로 인한 환경피해는 공사 중 발생하기도 하고 공익사업 후 설치된 시설의 운영으로 발생하기도 한다. 즉, 공익사업을 위한 공사 중 발생하는 소음·진동 등 공해로 인해 환경피해가 발생하기도 하고, 공익사업 후 설치된 시설의 운영상 발생하는 소음·진동 등 공해로 인해 환경피해가 발생하기도 한다. 공익사업으로 인한 환경피해가 손실보상의 대상인가, 손해배상의 대상인가하는 것이 문제된다. 또한,

---

18) '배후지'란 '당해 영업의 고객이 소재하는 지역'을 의미한다(대판 2013.06.14, 2010다9658).
19) 대판 2019.11.28, 2018두227. 이 사건에서 쟁점이 된 것은 공익사업의 시행으로 설치된 시설인 고속철도의 소음·진동으로 양잠업을 이전함으로써 발생한 손실이 동법 시행규칙 제64조 제1항 제2호의 "그 밖의 부득이한 사유로 인하여 일정한 기간 동안 휴업하는 것이 불가피한 경우"에 해당하는지 하는 것이었다.
20) 대전고법 2018.7.5, 2017누44
21) 박윤흔·정형근, 최신행정법강의(상), 박영사, 2009, 679면.

공익사업의 시행으로 인하여 사업시행지 밖의 재산권자에게 가해지는 손해에 대하여 손실보상과 손해배상이 배타적으로 인정되는지 아니면 경합적으로 인정되는지가 문제된다.

토지보상법 시행규칙 제63조 제3항은 "공익사업의 시행으로 인하여 해당 공익사업시행지구 인근에 있는 어업에 피해가 발생한 경우 사업시행자는 실제 피해액을 확인할 수 있는 때에 그 피해에 대하여 보상하여야 한다."고 규정하고 있다. 이러한 어업피해에 대한 간접손실보상규정의 문언을 중시하여 보면 공익사업 자체로 인하여 필연적으로 초래되는 어업손실 이외에도 공익사업의 시행으로 인하여 우연히 발생하는 피해 즉, 이론상 손해배상의 대상으로 보아야 하는 피해도 간접손실보상의 대상으로 하고 있다는 점이다.

종래 판례는 공익사업의 시행으로 인해 설치된 시설의 운영으로 인해 인근 주민에게 수인한도를 넘는 피해를 발생시킨 경우 손해배상을 인정하고 있다. 즉, "어느 시설을 적법하게 가동하거나 공용에 제공하는 경우에도 그로부터 발생하는 유해배출물로 인하여 제3자가 손해를 입은 경우에는 그 위법성을 별도로 판단하여야 하고, 이러한 경우의 판단 기준은 그 유해의 정도가 사회생활상 통상의 수인한도를 넘는 것인지 여부이다"라고 판시하고 있다.[22] 해당 시설이 공물에 해당하고 배상주체가 국가 또는 지방자치단체인 경우에는 국가배상법 제5조의 영조물의 설치·관리상 하자로 인한 손해배상책임을 인정하고,[23] 해당 시설이 공물이 아니거나[24] 공물이어도 배상주체가 국가나 지방자치단체가 아닌 경우[25]에 민법 제758조의 공작물의 설치·보존상의 하자로 인한 손해배상책임을 인정하였다. 그리고, 해당 시설로 인한 피해가 환경피해에 해당하는 경우에는 환경정책기본법 제44조 제1항의 무과실책임을 인정한다.[26] 그리고 종전 판례 중 법이론상 손실보상은 적법한 공용침해로 인한 손실의 보상을 의미하므로 손실보상이 인정되면 손해배상은 인정되지 않는다는 취지의 판결도 있었다.[27] 수산업법은 산업시설이나 그 밖의 사업장의 건설 또는 조업, 선박 또는 해양시설(「해양환경관리법」 제2조 제17호에 따른 해양시설을 말한다) 등으로 인하여 수질이 오염되어 면허받은 어업에 피해가 발생하면 그 오염발생시설의 경영자는 관계 법령으로 정하는 바에 따라 피해자에게 정당한 손해배상을 하여야 한다고 규정하고 있다(제82조).

그런데, 최근 대법원은 공익사업인 고속철도 건설사업 시행 후의 고속철도 운행에 따른 소음, 진동 등으로 인하여 고속철도 인근에서 양잠업을 영위하던 원고에게 발생한 손실에 관하여 공익사업을 위한 토지 등의 취득 및 보상에 관한 법률 시행규칙 제64조 제1항에 따라 손실보상청구를 할 수 있다고 하였다.[28] 그리고, 토지보상법 제79조 제2항에 따른 간접손실보상과 환경정책기본법 제44조 제1항에 따른 손해배상은 "근거 규정과 요건·효과를 달리하는 것으로서, 각 요건이 충족되면 성립하는

---

22) 대판 2003.06.27, 2001다734 등
23) 군사격장소음, 항공기소음으로 인한 피해에 대해 국가배상책임을 인정한 사례
24) 원자력발전소에서의 온배수 배출행위와 해수온도의 상승이라는 자연력이 복합적으로 작용하여 온배수 배출구 인근 양식장의 어류가 집단폐사한 것에 대해 민법상 손해배상책임을 인정한 사례(대판 2003.6.27, 2001다734)
25) 고속도로의 확장으로 인하여 소음·진동이 증가하여 인근 양돈업자가 양돈업을 폐업하게 된 사안에서, 양돈업에 대한 침해의 정도가 사회통념상 일반적으로 수인할 정도를 넘어선 것으로 보아 한국도로공사의 손해배상책임을 인정한 사례(대판 2001.2.9, 99다55434)
26) 양식장 운영자가 원자력발전소의 온배수를 이용하기 위하여 온배수 영향권 내에 육상수조식양식장을 설치하였는데 원자력발전소에서 배출된 온배수가 이상고온으로 평소보다 온도가 높아진 상태에서 자연해수와 혼합되어 위 양식장의 어류가 집단폐사한 경우, 손해배상을 인정하면서 원자력발전소 운영자의 과실에 비하여 양식장 운영자의 과실이 훨씬 중대하다고 판단한 사례(대판 2003.6.27, 2001다734)
27) 광주고법 2010.12.24, 2010나5624 이 판결은 대판 2011.5.23, 2011다9440로 심리불속행 기각되어 확정되었다.
28) 대판 2019.11.28, 2018두227

별개의 청구권으로 보고, 다만 손실보상청구권에는 이미 '손해 전보'라는 요소가 포함되어 있어 실질적으로 같은 내용의 손해에 관하여 양자의 청구권을 동시에 행사할 수 있다고 본다면 이중배상의 문제가 발생하므로, 실질적으로 같은 내용의 손해에 관하여 양자의 청구권이 동시에 성립하더라도 영업자는 어느 하나만을 선택적으로 행사할 수 있을 뿐이고, 양자의 청구권을 동시에 행사할 수는 없다고 판시하였다.[29] 이러한 판례에 따르면 간접손실보상과 손해배상청구는 경합적으로 인정되고, 다만 이중전보는 인정되지 않는다.

학설을 보면 공익사업으로 인한 환경피해를 간접손실 또는 간접침해로 보고 이를 손실보상의 대상으로 보는 견해도 있고, 손해배상의 문제로 보는 견해도 있다.

생각건대, 법이론상 공익사업의 시행으로 인해 설치된 시설의 적법한(정상적인) 운영으로 인한 손해에 대해 손해배상을 인정하는 것은 손실보상과 손해배상을 구분하는 현행 법체계에 비추어 타당하지 않다. 현행 법령에 비추어 적법한 공권력 행사로 필연적 발생하는 손해는 공용침해로 인한 손실로 보아 손실보상의 대상으로 보고, 불법행위로 우연히 발생하는 손해는 손해배상의 대상으로 보는 것이 타당하므로 공익사업의 시행으로 인해 설치된 시설의 정상적인 운영으로 인해 인근 주민에게 필연적으로 발생한 수인한도를 넘는 피해는 이론상 간접손실로 볼 수 있으므로 법이론상 손해배상이 아니라 손실보상의 대상으로 보는 것이 타당하다. 다만, 이러한 해결이 이론상 타당하지만, 현행 대법원 판례에 따르면 적법한 공권력 행사로 특별한 희생이 발생하여 손실보상을 해주어야 함에도 적용 또는 유추적용할 손실보상규정이 없으면 손실보상을 해줄 수 없으므로 이러한 경우 손실보상을 해줄 수 없는 문제가 있다. 이에 반하여 공익사업의 시행으로 인해 설치된 시설의 운영으로 인해 인근 주민에게 발생한 수인한도를 넘는 피해에 대해 손해배상을 인정하는 경우 손해배상으로 인한 구제가 가능하다는 현실적인 이익이 있다.

그리고, 간접손실보상과 손해배상청구를 경합관계로 본 것은 이론상 타당하지 않다. 왜냐하면 간접손실은 적법한 공익사업으로 인해 필연적으로 발생한 손실이므로 이론상 손해배상의 대상으로 보는 것은 타당하지 않다. 또한 현행 법령상 특별희생에 해당하는 간접손실에 대해 손실보상이 인정되는 경우에는 해당 손실에 대해 손실보상이 인정되므로 이론상 피해자에게 불법행위로 인한 손해배상의 한 요건이 되는 손해가 발생하였다고 볼 수도 없다. 따라서, 간접손실보상이 인정되는 경우에는 우선적으로 손실보상을 청구하여야 하는 것으로 보는 것이 타당하다. 물론, 손실보상이 인정되는 손실을 넘어 손해가 발생하였고, 그러한 손해가 수인한도를 넘는 등 손해배상의 요건을 충족하는 경우에는 손해배상이 추가로 인정될 수 있다.

그리고, 간접손실의 보상은 해당 사업의 공사완료일부터 1년이 지난 후에는 청구할 수 없다(제79조 제5항, 제73조 제2항). 따라서, 피해자는 이 청구기간이 지난 경우에는 손해배상만을 청구할 수 있다. 대법원도 '해당 사업의 공사완료일로부터 1년'이라는 손실보상 청구기간(토지보상법 제79조 제5항, 제73조 제2항)이 도과하여 손실보상청구권을 더 이상 행사할 수 없는 경우에도 손해배상의 요건이 충족되는 이상 여전히 손해배상청구는 가능하다.'고 판시하였다. 또한, 판례는 손실보상규정이 있어 보상의무가 있음에도 보상없이 수용을 하거나 공사를 시행한 행위는 불법행위가 되므로 손해배상청구가 가능한 것으로 본다.[30]

---

29) 대판 2019.11.28, 2018두227
30) 공유수면매립사업 시행자가 손실보상의무를 이행하지 아니한 채 공사를 시행하여 신고어업자나 허가어업자에게 실질적이고 현실적인 침해를 가한 경우, 불법행위가 성립하고 손해배상의 범위는 손실보상금 상당액이라고 한 사례(대판 2000.5.26, 99다37382 ; 대판 1999.11.23, 98다11529)

간접손실보상 청구기간인 '해당 사업의 공사완료일로부터 1년'이 지난 후에도 협의에 의한 보상이 가능한지도 문제된다. 실제로 '해당 사업의 공사완료일로부터 1년'이 지난 후에도 협의에 의한 보상이 행해지는 경우가 없지 않다. 판례는 토지수용위원회의 수용재결이 있은 후라고 하더라도 토지소유자와 사업시행자가 다시 협의하여 토지 등의 취득·사용 및 그에 대한 보상에 관하여 임의로 계약을 체결할 수 있다고 본다.31) 손실보상의 합의는 계약이므로 법적 근거를 요하지 않으므로 공익사업이 종료한 후에 행해진 손실보상에 관한 합의를 부인할 이유는 없다. 또한, '해당 사업의 공사완료일로부터 1년'이 지난 후라는 이유로 손실보상을 인정하지 않아도 손실보상액이 손해배상액으로 인정될 수 있으므로 손실보상의 합의를 부인할 실익도 없다. 그러므로 간접손실보상 청구기간인 '해당 사업의 공사완료일로부터 1년'이 지난 후에도 협의에 의한 보상이 가능하다고 보는 것이 타당하다.

IV. 보상규정 흠결 시의 간접손실보상

공익사업으로 인한 간접손실이 특별한 희생에 해당하는 경우에 헌법 제23조 제3항에 비추어 손실보상을 해주어야 한다. 그런데, 전술한 바와 같이 공익사업으로 인한 간접손실이 특별한 희생에 해당하는 경우에도 실정법령상 보상에 관한 명시적인 규정이 없는 경우가 적지 않다.

판례는 간접손실보상에 관한 보상규정의 흠결시 관련규정의 유추적용에 의해 보상해주는 입장을 취하고 있다. 간접손실에 대한 보상규정을 두지 않고 있던 구 토지수용법과 간접손실보상에 관한 규정을 두고 있던 「공공용지의 취득 및 손실보상에 관한 특례법」(이하 '공특법'이라 한다)이 적용되던 구법하에서 대법원은 간접손실에 대한 보상규정이 없는 토지수용의 경우 기존의 공특법상의 보상규정을 유추적용하여 간접손실을 보상할 수 있다고 보았다.32) 토지수용법과 공특법을 통합하여 토지수용으로 인한 손실보상과 협의에 의한 손실보상을 통합적으로 규율한 현행 토지보상법하에서도 보상규정이 결여된 간접손실에 대하여 헌법 제23조 제3항 및 토지보상법령상의 간접손실보상에 관한 규정을 유추적용하여 그 손실보상을 해줄 수 있다고 보고 있다. 그런데 실정법규정유추적용설의 문제는 유추적용할 법규정이 없는 경우33)에는 유추적용에 의한 간접손실보상이 불가능하다는 것이다.

---

31) 중앙토지수용위원회가 지방국토관리청장이 시행하는 공익사업을 위하여 갑 소유의 토지에 대하여 수용재결을 한 후, 갑과 사업시행자가 '공공용지의 취득협의서'를 작성하고 협의취득을 원인으로 소유권이전등기를 마쳤는데, 갑이 '사업시행자가 수용개시일까지 수용재결보상금 전액을 지급·공탁하지 않아 수용재결이 실효되었다'고 주장하며 수용재결의 무효확인을 구하는 소송을 제기한 사안에서, 갑이 수용재결의 무효확인 판결을 받더라도 토지의 소유권을 회복시키는 것이 불가능하고, 무효확인으로써 회복할 수 있는 다른 권리나 이익이 남아 있다고도 볼 수 없다고 한 사례(대판 2017.4.13, 2016두64241)

32) 대판 1999.11.15, 99다27231: 공유수면매립사업으로 인하여 수산업협동조합이 관계 법령에 의하여 대상지역에서의 독점적 지위가 부여되어 있던 위탁판매사업을 중단하게 된 경우, 그로 인한 위탁판매수수료 수입상실에 대하여 공공용지의취득및손실보상에관한특례법시행규칙을 유추적용하여 손실보상을 하여야 한다고 한 사례 ; 대판 1999.11.23, 98다11529: 적법한 어업허가를 받고 허가어업에 종사하던 중 공유수면매립사업의 시행으로 피해를 입게 되는 어민들이 있는 경우 그 공유수면매립사업의 시행자로 서는 위 구 공공용지의취득및손실보상에관한특례법시행규칙(1991.10.28. 건설부령 제493호로 개정되기 전의 것) 제25조의2의 규정을 유추적용하여 위와 같은 어민들에게 손실보상을 하여 줄 의무가 있다고 한 사례

33) 면허를 받아 도선사업을 영위하던 甲 농협협동조합이 연륙교 건설 때문에 항로권을 상실하였다며 연륙교 건설사업을 시행한 지방자치단체를 상대로 구 공공용지의 취득 및 손실보상에 관한 특례법 시행규칙(2002.12.31. 건설교통부령 제344호 공익사업을 위한 토지 등의 취득 및 보상에 관한 법률 시행규칙 부칙 제2조로 폐지) 제23조, 제23조의6 등을 유추적용하여 손실보상할 것을 구한 사안에서, 항로권은 구 공공용지의 취득 및 손실보상에 관한 특례법(2002.2.4. 법률 제6656호 공익사업을 위한 토지 등의 취득 및 보상에 관한 법률 부칙 제2조로 폐지) 등 관계 법령에서 간접손실의 대상으로 규정하고 있지 않고, 항로권의 간접손실에 대해 유추적용할 만한 규정도 찾아볼 수 없으므로, 위 항로권은 도선사업의 영업권 범위에 포함하여 손실보상 여부를 논할 수 있을 뿐 이를 손실보상의 대상이 되는 별도의 권리라고 할 수 없다고 한 사례(대판 2013.6.14, 2010다9658)

PART · 02

최근 토지보상법 시행규칙상 간접손실보상규정을 유추적용하는 대신 확대적용하여 간접손실 보상을 확대한 판례가 나와 주목을 받고 있다. 즉, 공익사업의 시행으로 설치되는 시설인 고속철도의 운행상 소음·진동으로 인한 인근 양잠업의 이전으로 인한 손실의 보상청구에 대해 원심법원은 우선 토지보상법은 공익사업의 시행 결과 발생한 손실보상에 관한 규정을 두고 있지는 않다고 보면서[34] 그러한 손실이 공익사업의 시행으로 인하여 손실이 발생하리라는 것을 쉽게 예견할 수 있고 그 손실의 범위도 구체적으로 특정할 수 있는 경우 즉 간접손실이라면, 종전의 대법원 판례[35]에 따라 그 손실의 보상에 관하여 토지보상법 관련 규정 등 특히 토지보상법 시행규칙 제64조 제1항 제2호[36]을 유추적용할 수 있다고 해석함이 상당하다고 하였다.

이에 대하여 대법원은 "공익사업시행지구 밖 영업손실보상의 특성과 헌법이 정한 '정당한 보상의 원칙'에 비추어 보면, 공익사업시행지구 밖 영업손실보상의 요건인 '공익사업의 시행으로 인한 그 밖의 부득이한 사유로 일정 기간 동안 휴업이 불가피한 경우'란 공익사업의 시행 또는 시행 당시 발생한 사유로 휴업이 불가피한 경우만을 의미하는 것이 아니라 공익사업의 시행 결과, 즉 그 공익사업의 시행으로 설치되는 시설의 형태·구조·사용 등에 기인하여 휴업이 불가피한 경우도 포함된다고 해석함이 타당하다."고 하면서 토지보상법 시행규칙 제64조 제1항 제2호를 확대적용하여 이 사건 손실보상을 해주어야 한다고 선언하였다. 즉, 대법원은 원심판결과 달리 이 사건 공익사업의 시행 결과에 따른 손실보상이 동법 시행규칙 제64조 제1항에 포함된다고 해석하였다. 달리 말하면 대법원은 공익사업의 시행으로 설치되는 시설인 고속철도로 인한 간접손실인 영업손실을 유추적용이 아니라 토지보상법 시행규칙 제64조 제1항의 확대해석을 통하여 보상하는 것으로 하였다. 이러한 대법원 판결의 의의는 다음과 같다. '공익사업의 시행 또는 시행 당시 발생한 사유로 휴업이 불가피한 경우'뿐만 아니라 '공익사업의 시행 결과, 즉 그 공익사업의 시행으로 설치되는 시설의 형태·구조·사용 등에 기인하여 휴업이 불가피한 경우'도 토지보상법령상 공익사업시행지구 밖 영업손실보상의 범위에 포함시키는 것으로 간접영업손실보상의 범위를 확대한 점에서 중요한 의의를 찾을 수 있다.[37] 나아가 이 대법원 판례는 헌법 제23조 제3항 및 토지보상법 제79조 제2항의 취지를 고려하여 토지보상법 시행규칙상 간접손실보상규정을 유추적용하여 간접손실을 보상해줄 수 있을 뿐만 아니라 확대적용하여서도 간접손실을 보상해줄 수 있다고 한 점에서 그 의의가 있다.

그러나, 이러한 판례에 따르더라도 토지보상법 시행규칙상 간접손실보상규정을 확대적용 또는 유추적용할 수 없는 간접손실이 있을 수 있고, 이 경우에는 헌법 제23조 제3항 및 토지보상법 제79조 제2항의 취지상 손실보상을 해주어야 함에도 손실보상을 해줄 수 없는 문제가 있다.

따라서, 특별한 희생에 해당하는 간접손실을 빠짐없이 보상해주기 위해서는 헌법 제23조 제3항 또는 토지보상법 제79조 제2항의 직접효력을 인정할 필요가 있다. 헌법 제23조 제3항의 직접효력에 관하

---

34) 중앙토지수용위원회는 2013.7.18. '공사 시공 과정 또는 시공 후 발생이 예상되는 소음, 진동 등에 따른 피해는 손실보상을 규정하고 있는 토지보상법상의 보상대상이 아니며 환경분쟁조정법 등 관계 법령에 따라 다루어야 할 사항으로서 토지보상법 제50조 제1항에서 정한 재결사항이 아니다.'라는 취지로 원고의 청구를 기각하는 재결(이하 '이 사건 재결'이라 한다)을 하였다.

35) 대판 2002.11.26, 2001다44352 등 참조.

36) '공익사업시행지구 밖에서 제45조에 따른 영업손실의 보상대상이 되는 영업을 하고 있는 자가 공익사업의 시행으로 인하여 진출입로의 단절, 그 밖의 부득이한 사유로 일정한 기간 동안 휴업하는 것이 불가피한 경우에는 그 영업자의 청구에 의하여 당해 영업을 공익사업시행지구에 편입되는 것으로 보아 보상하여야 한다'라고 규정하고 있다.

37) 이 대법원 판결 이전에는 공익사업의 시행으로 설치되는 시설로 인한 손해를 간접손실로 보는 판례가 없었다. 종래 공익사업의 시행으로 설치되는 시설로 인한 손해를 간접손실로 볼 수 있는지에 관하여 학설은 대립하고 있었다.

여는 기존에 연구가 되어 있었으므로[38] 여기에서는 토지보상법 제79조 제2항의 직접효력을 인정할 수 있는지만을 논하기로 한다.

토지보상법 제79조 제2항은 "공익사업이 시행되는 지역 밖에 있는 토지 등이 공익사업의 시행으로 인하여 본래의 기능을 다할 수 없게 되는 경우에는 국토교통부령으로 정하는 바에 따라 그 손실을 보상하여야 한다."라고 규정하고 있다. 여기에서 "본래의 기능을 다할 수 없게 되는 경우"라 함은 특별한 희생에 해당하는 손실이 있는 경우를 의미하는 것으로 볼 수 있다. 토지보상법 제79조 제2항은 특별한 희생에 해당하는 간접손실에 대한 보상원칙을 규정하면서 구체적인 사항은 국토교통부령으로 정하도록 위임한 것으로 해석하는 것이 타당하다. 간접손실보상을 열거하여 규정하고 있는 토지보상법 시행규칙은 간접손실보상을 한정적으로 열거한 것이 아니라 예시적으로 열거한 것으로 보아야 한다. 토지보상법 시행규칙에 열거되지 않은 간접손실도 공익사업의 시행으로 인해 필연적으로 발생하는 손실이므로 해당 간접손실의 범위를 객관적으로 확정할 수 있으므로 토지보상법 시행규칙에서 간접손실의 범위를 규정하지 않더라도 법원은 간접손실보상액을 객관적으로 산정할 수 있다. 만일 그렇지 않고 토지보상법 제79조 제2항을 간접손실보상의 단순한 일반원칙만을 선언한 것이고 국토교통부령으로 정하는 경우에 한하여 간접손실을 보상할 수 있는 것으로 규정한 것이라고 해석한다면 토지보상법 제79조 제2항은 간접손실이 특별한 희생에 해당하면 정당한 보상을 해주어야 한다는 헌법 제23조 제3항에 반하는 위헌적인 규정이 된다. 따라서, 헌법합치적 법률해석을 하여야 한다는 점에서도 토지취득보상법 제79조 제2항을 공익사업에 따른 간접손실보상의 일반근거조항으로 보고 토지보상법 시행규칙에 간접손실보상에 관한 명시적인 규정이 없는 경우에는 토지취득보상법 제79조 제2항에 직접 근거하여 간접손실보상을 청구할 수 있다고 보는 것이 타당하다.

입법론상 바람직한 것은 제79조 제2항을 간접손실보상의 직접적 효력규정으로 명확하게 규정하는 것이다. 간접손실보상에 관한 토지보상법 시행규칙이 예시적 열거라는 점도 명확히 하여야 한다.

V. 結

공익사업으로 인한 간접손실이 특별한 희생에 해당하는 경우에는 손실보상을 인정하도록 현행 토지보상법령을 보완 개정할 필요가 있다. 즉, 토지보상법 제79조 제2항을 간접손실보상의 직접적이고 일반적인 근거규정으로 명확하게 규정하여야 하고, 토지보상법 시행규칙은 예시적 열거라는 점도 명확히 하여야 한다.

이러한 입법적 해결이 되기 전에는 간접손실에 관한 현행 토지보상법령을 확대해석 또는 유추적용하여 보상규정이 명확하지 않은 경우의 간접손실을 보상해 주도록 하여야 한다. 특히 현행 토지보상법 제79조 제2항을 공익사업에 따른 손실보상의 직접적인 일반근거조항으로 해석하여 토지보상법 시행규칙에 간접손실보상에 관한 명시적인 규정이 없는 경우에는 토지보상법 제79조 제2항에 근거하여 간접손실보상을 청구할 수 있다고 보는 것이 타당하다.

공익사업의 시행으로 인한 환경피해에 대해 손실보상과 손해배상이 인정되는 경우에는 손실보상을 우선적으로 청구하고, 손실보상을 초과하는 손해가 있는 경우 손해배상을 추가적으로 청구할 수 있는 것으로 보아야 한다. 달리 말하면 손실보상이 인정되는 경우에는 손해배상은 인정되지 않는 것으로 보아야 하고, 손실보상이 인정되는 않는 경우에 손해배상의 요건을 충족하면 손해배상을 인정하는 것으로 보아야 한다.

---

38) 박균성, 앞의 책, 961~967면 등.

(7) 기출문제

> **기출문제(제2회 3번)**
> 간접보상의 대상사업과 보상기준에 대하여 약술하시오. 10점

> **기출문제(제7회 3번)**
> 수몰민의 보상에 대하여 서술하시오. 20점

> **기출문제(제11회 3번)**
> 공익사업의 시행으로 인하여 공익사업시행지구 밖에서 발생한 피해에 대한 보상의 이론적 근거, 실제 유형과 보상의 한계에 대하여 논술하시오. 20점

> **기출문제(제14회 3번)**
> 공익사업으로 인한 소음·진동·먼지 등에 의한 간접침해의 구제수단을 설명하시오. 20점

> **기출문제(제29회 1번 (2))**
> 한편, 丙은 이 사건 공익사업구역 밖에서 음식점을 경영하고 있었는데, 이 사건 공익사업으로 인하여 자신의 음식점의 주출입로가 단절되어 일정기간 휴업을 할 수 밖에 없게 되었다. 이때, 丙은 토지보상법령상 보상을 받을 수 있는가? 10점

> **기출문제(제30회 3번)**
> X군에 거주하는 어업인들을 조합원으로 하는 A수산업협동조합(이하 'A조합'이라 함)은 조합원들이 포획·채취한 수산물의 판매를 위탁받아 판매하는 B수산물위탁판매장(이하 'B위탁판매장'이라 함)을 운영하여 왔다. 한편, B위탁판매장 운영에 대해서는 관계법령에 따라 관할지역에 대한 독점적 지위가 부여되어 있었으며, A조합은 B위탁판매장 판매액 중 일정비율의 수수료를 지급받아 왔다. 그런데, 한국농어촌공사는 「공유수면 관리 및 매립에 관한 법률」에 따라 X군 일대에 대한 공유수면매립면허를 받아 공유수면매립사업을 시행하였고, 해당 매립사업의 시행으로 인하여 사업대상지역에서 어업활동을 하던 A조합의 조합원들은 더 이상 조업을 할 수 없게 되었다. A조합은 위 공유수면매립사업지역 밖에서 운영하던 B위탁판매장에서의 위탁판매사업의 대부분을 중단하였고, 결국에는 B위탁판매장을 폐쇄하기에 이르렀다. 이에 따라 A조합은 공유수면매립사업으로 인한 위탁판매수수료 수입의 감소에 따른 영업손실의 보상을 청구하였으나, 한국농어촌공사는 B위탁판매장이 사업시행지 밖에서 운영되던 시설이었고 「공유수면 관리 및 매립에 관한 법률」상 직접적인 보상규정이 없음을 이유로 보상의 대상이 아니라고 주장한다. 한국농어촌공사의 주장은 타당한가? 20점

| 제6절 | 손실보상의 원칙 및 손실보상의 방법 |

01 토지보상법상 손실보상의 원칙

1. 서

헌법 제23조 제3항은 손실보상의 일반적인 기준으로서 "정당한 보상"을 선언하고 있는바, 이를 구체적으로 실현하기 위하여 '헌법의 구체화법'으로서 공용수용에 관한 일반법적 지위에 있는 토지보상법에서는 손실보상에 관한 원칙을 규정하고 있다. 손실보상은 수용에서 가장 중요한 사안으로 다루어지고 있고, 특히 정당보상과 관련 이론적으로 많은 논의가 있음에 비추어 이를 위한 구체적인 방법으로서의 손실보상원칙의 검토는 중요한 의미를 지니는바, 이하에서 이를 검토한다.

2. 토지보상법상 손실보상의 원칙

(1) 사업시행자 보상의 원칙(법 제61조)

공익사업에 필요한 토지 등의 취득 또는 사용으로 인하여 토지소유자 또는 관계인이 입은 손실은 사업시행자가 이를 보상하여야 한다고 규정하고 손실보상의 의무자를 규정함으로써 피수용자의 권리보호를 명확히 하고 있다.

> ↪ 법 제61조(사업시행자 보상)
> 공익사업에 필요한 토지 등의 취득 또는 사용으로 인하여 토지소유자나 관계인이 입은 손실은 사업시행자가 보상하여야 한다.

(2) 사전보상의 원칙(법 제62조)

① 의의

사업시행자는 해당 공익사업을 위한 공사에 착수하기 이전에 토지소유자 및 관계인에 대하여 보상액을 지급하여야 한다고 규정하여 사업시행 전 보상금 지급을 명문화하고 있다. 이는 피수용자의 대체지 취득 등을 고려한 피수용자 보호를 위함이다.

> ↪ 법 제62조(사전보상)
> 사업시행자는 해당 공익사업을 위한 공사에 착수하기 이전에 토지소유자와 관계인에게 보상액 전액(全額)을 지급하여야 한다. 다만, 제38조에 따른 천재지변 시의 토지 사용과 제39조에 따른 시급한 토지 사용의 경우 또는 토지소유자 및 관계인의 승낙이 있는 경우에는 그러하지 아니하다.

② 사전보상원칙을 보장하기 위한 제도(법 제42조)

현행법은 사업시행자가 수용 또는 사용의 개시일까지 관할 토지수용위원회가 재결한 보상금을 지급하도록 하고, 수용 또는 사용의 개시일까지 재결한 보상금을 지급 또는 공탁하지 않았을 경우 재결의 효력이 상실되도록 함으로서 사전보상의 원칙을 보장하고 있다.

③ 사전보상원칙의 예외

㈀ 공익적 요청이 큰 경우 : 천재ㆍ지변, 시급을 요하는 토지의 사용(법 제38조, 제39조)

㈁ 사전보상이 불가능한 경우 : ⓐ 측량조사로 인한 손실보상(법 제9조), ⓑ 각종 실효로 인한 손실보상(법 제23조 제2항, 제24조 제6항, 제42조 제2항), ⓒ 잔여지 손실과 공사비 보상(법 제73조), 잔여건축물 보상(법 제75조의2) ⓓ 기타 토지에 대한 비용보상(법 제79조)

㈂ 토지소유자 및 관계인의 승낙이 있는 경우(법 제62조 단서)

판례

▶ **관련판례(대판 2013.11.14, 2011다27103)**

공익사업을 위한 공사는 손실보상금을 지급하거나 토지소유자 및 관계인의 승낙을 받지 않고는 미리 착공해서는 아니 되는 것으로, 이는 그 보상권리자가 수용대상에 대하여 가지는 법적 이익과 기존의 생활관계 등을 보호하고자 하는 것이고, 수용대상인 농지의 경작자 등에 대한 2년분의 영농손실보상은 그 농지의 수용으로 인하여 장래에 영농을 계속하지 못하게 되어 생기는 이익 상실 등에 대한 보상을 하기 위한 것이다. 따라서 사업시행자가 토지소유자 및 관계인에게 보상금을 지급하지 아니하고 그 승낙도 받지 아니한 채 미리 공사에 착수하여 영농을 계속할 수 없게 하였다면 이는 공익사업법상 사전보상의 원칙을 위반한 것으로서 위법하다 할 것이므로, 이 경우 사업시행자는 2년분의 영농손실보상금을 지급하는 것과 별도로, 공사의 사전 착공으로 인하여 토지소유자나 관계인이 영농을 할 수 없게 된 때부터 수용개시일까지 입은 손해에 대하여 이를 배상할 책임이 있다.

---

(3) **현금보상의 원칙**(법 제63조 제1항)

① **의의 및 원칙**

손실보상은 자유로운 유통이 보장되고, 객관적 가치 변동이 적은 현금으로 보상하여야 한다는 것으로 완전한 보상의 실현을 위해서이다.

법 제63조(현금보상 등)

① 손실보상은 다른 법률에 특별한 규정이 있는 경우를 제외하고는 현금으로 지급하여야 한다. 다만, 토지소유자가 원하는 경우로서 사업시행자가 해당 공익사업의 합리적인 토지이용계획과 사업계획 등을 고려하여 토지로 보상이 가능한 경우에는 토지소유자가 받을 보상금 중 본문에 따른 현금 또는 제7항 및 제8항에 따른 채권으로 보상받는 금액을 제외한 부분에 대하여 다음 각 호에서 정하는 기준과 절차에 따라 그 공익사업의 시행으로 조성한 토지로 보상할 수 있다. 〈개정 2022.2.3.〉

1. 토지로 보상받을 수 있는 자: 토지의 보유기간 등 대통령령으로 정하는 요건을 갖춘 자로서 「건축법」 제57조 제1항에 따른 대지의 분할 제한 면적 이상의 토지를 사업시행자에게 양도한 자(공익사업을 위한 관계 법령에 따른 고시 등이 있은 날 당시 다음 각 목의 어느 하나에 해당하는 기관에 종사하는 자 및 종사하였던 날부터 10년이 경과하지 아니한 자는 제외한다)가 된다. 이 경우 대상자가 경합(競合)할 때에는 제7항 제2호에 따른 부재부동산(不在不動産) 소유자가 아닌 자 중 해당 공익사업지구 내 거주하는 자로서 토지 보유기간이 오래된 자 순으로 토지로 보상하며, 그 밖의 우선순위 및 대상자 결정방법 등은 사업시행자가 정하여 공고한다.

　　　가. 국토교통부

　　　나. 사업시행자

　　　다. 제21조 제2항에 따라 협의하거나 의견을 들어야 하는 공익사업의 허가·인가·승인 등을 하는 기관

　　　라. 공익사업을 위한 관계 법령에 따른 고시 등이 있기 전에 관계 법령에 따라 실시한 협의, 의견청취 등의 대상인 중앙행정기관, 지방자치단체, 「공공기관의 운영에 관한 법률」 제4조에 따른 공공기관 및 「지방공기업법」에 따른 지방공기업

　　2. 보상하는 토지가격의 산정 기준금액: 다른 법률에 특별한 규정이 있는 경우를 제외하고는 일반 분양가격으로 한다.

　　3. 보상기준 등의 공고: 제15조에 따라 보상계획을 공고할 때에 토지로 보상하는 기준을 포함하여 공고하거나 토지로 보상하는 기준을 따로 일간신문에 공고할 것이라는 내용을 포함하여 공고한다.

② 제1항 단서에 따라 토지소유자에게 토지로 보상하는 면적은 사업시행자가 그 공익사업의 토지이용계획과 사업계획 등을 고려하여 정한다. 이 경우 그 보상면적은 주택용지는 990제곱미터, 상업용지는 1천100제곱미터를 초과할 수 없다.

③ 제1항 단서에 따라 토지로 보상받기로 결정된 권리(제4항에 따라 현금으로 보상받을 권리를 포함한다)는 그 보상계약의 체결일부터 소유권이전등기를 마칠 때까지 전매(매매, 증여, 그 밖에 권리의 변동을 수반하는 모든 행위를 포함하되, 상속 및 「부동산투자회사법」에 따른 개발전문 부동산투자회사에 현물출자를 하는 경우는 제외한다)할 수 없으며, 이를 위반하거나 해당 공익사업과 관련하여 다음 각 호의 어느 하나에 해당하는 경우에 사업시행자는 토지로 보상하기로 한 보상금을 현금으로 보상하여야 한다. 이 경우 현금보상액에 대한 이자율은 제9항 제1호 가목에 따른 이자율의 2분의 1로 한다. 〈개정 2022.2.3.〉

　　1. 제93조, 제96조 및 제97조 제2호의 어느 하나에 해당하는 위반행위를 한 경우

　　2. 「농지법」 제57조부터 제61조까지의 어느 하나에 해당하는 위반행위를 한 경우

　　3. 「산지관리법」 제53조, 제54조 제1호·제2호·제3호의2·제4호부터 제8호까지 및 제55조 제1호·제2호·제4호부터 제10호까지의 어느 하나에 해당하는 위반행위를 한 경우

　　4. 「공공주택 특별법」 제57조 제1항 및 제58조 제1항 제1호의 어느 하나에 해당하는 위반행위를 한 경우

　　5. 「한국토지주택공사법」 제28조의 위반행위를 한 경우

④ 제1항 단서에 따라 토지소유자가 토지로 보상받기로 한 경우 그 보상계약 체결일부터 1년이 지나면 이를 현금으로 전환하여 보상하여 줄 것을 요청할 수 있다. 이 경우 현금보상액에 대한 이자율은 제9항 제2호 가목에 따른 이자율로 한다.

⑤ 사업시행자는 해당 사업계획의 변경 등 국토교통부령으로 정하는 사유로 보상하기로 한 토지의 전부 또는 일부를 토지로 보상할 수 없는 경우에는 현금으로 보상할 수 있다. 이 경우 현금보상액에 대한 이자율은 제9항 제2호 가목에 따른 이자율로 한다.

⑥ 사업시행자는 토지소유자가 다음 각 호의 어느 하나에 해당하여 토지로 보상받기로 한 보상금에 대하여 현금보상을 요청한 경우에는 현금으로 보상하여야 한다. 이 경우 현금보상액에 대한 이자율은 제9항 제2호 가목에 따른 이자율로 한다.

　　1. 국세 및 지방세의 체납처분 또는 강제집행을 받는 경우

　　2. 세대원 전원이 해외로 이주하거나 2년 이상 해외에 체류하려는 경우

　　3. 그 밖에 제1호·제2호와 유사한 경우로서 국토교통부령으로 정하는 경우

⑦ 사업시행자가 국가, 지방자치단체, 그 밖에 대통령령으로 정하는 「공공기관의 운영에 관한 법률」에 따라 지정·고시된 공공기관 및 공공단체인 경우로서 다음 각 호의 어느 하나에 해당되는 경우에는 제1항 본문에도 불구하고 해당 사업시행자가 발행하는 채권으로 지급할 수 있다.

1. 토지소유자나 관계인이 원하는 경우
2. 사업인정을 받은 사업의 경우에는 대통령령으로 정하는 부재부동산 소유자의 토지에 대한 보상금이 대통령령으로 정하는 일정 금액을 초과하는 경우로서 그 초과하는 금액에 대하여 보상하는 경우

⑧ 토지투기가 우려되는 지역으로서 대통령령으로 정하는 지역에서 다음 각 호의 어느 하나에 해당하는 공익사업을 시행하는 자 중 대통령령으로 정하는 「공공기관의 운영에 관한 법률」에 따라 지정·고시된 공공기관 및 공공단체는 제7항에도 불구하고 제7항 제2호에 따른 부재부동산 소유자의 토지에 대한 보상금 중 대통령령으로 정하는 1억원 이상의 일정 금액을 초과하는 부분에 대하여는 해당 사업시행자가 발행하는 채권으로 지급하여야 한다.

1. 「택지개발촉진법」에 따른 택지개발사업
2. 「산업입지 및 개발에 관한 법률」에 따른 산업단지개발사업
3. 그 밖에 대규모 개발사업으로서 대통령령으로 정하는 사업

⑨ 제7항 및 제8항에 따라 채권으로 지급하는 경우 채권의 상환 기한은 5년을 넘지 아니하는 범위에서 정하여야 하며, 그 이자율은 다음 각 호와 같다.

1. 제7항 제2호 및 제8항에 따라 부재부동산 소유자에게 채권으로 지급하는 경우
   가. 상환기한이 3년 이하인 채권: 3년 만기 정기예금 이자율(채권발행일 전달의 이자율로서, 「은행법」에 따라 설립된 은행 중 전국을 영업구역으로 하는 은행이 적용하는 이자율을 평균한 이자율로 한다)
   나. 상환기한이 3년 초과 5년 이하인 채권: 5년 만기 국고채 금리(채권발행일 전달의 국고채 평균 유통금리로 한다)
2. 부재부동산 소유자가 아닌 자가 원하여 채권으로 지급하는 경우
   가. 상환기한이 3년 이하인 채권: 3년 만기 국고채 금리(채권발행일 전달의 국고채 평균 유통금리로 한다)로 하되, 제1호 가목에 따른 3년 만기 정기예금 이자율이 3년 만기 국고채 금리보다 높은 경우에는 3년 만기 정기예금 이자율을 적용한다.
   나. 상환기한이 3년 초과 5년 이하인 채권: 5년 만기 국고채 금리(채권발행일 전달의 국고채 평균 유통금리로 한다)

[시행일 : 2022.8.4.]

📌 **법 제93조의2(벌칙)**
제63조 제3항을 위반하여 토지로 보상받기로 결정된 권리(제63조 제4항에 따라 현금으로 보상받을 권리를 포함한다)를 전매한 자는 3년 이하의 징역 또는 1억원 이하의 벌금에 처한다.
[본조신설 2020.4.7.]

부칙
이 법은 공포 후 6개월이 경과한 날부터 시행한다.

② 예외

   (ㄱ) **현물보상** : 도시개발사업의 시행 후에 환지처분을 하거나, 도시재개발사업의 경우 종전의 토지·건물의 소유자 등에 대하여 대지 또는 건축시설 등을 분양하는 환권처분은 현물보상의 예이다. 피수용자의 생활재건을 위해서는 금전보상보다는 현물보상이 효과적이다. 토지보상법에서는 현물보상으로 조성된 토지를 제공하는 대토보상을 규정하고 있다.

   (ㄴ) **매수보상** : 매수보상은 금전보상의 변형으로 볼 수 있다. 건축물 등의 이전이 어렵거나 그 이전으로 인하여 건축물 등을 종래의 목적대로 사용할 수 없게 된 경우 등에 해당 물건의 가격으로 보상(법 제75조 제1항)하는 등 물건을 매수케 함으로써 실질적인 보상을 도모하기 위한 것이다.

   (ㄷ) **채권보상** : 채권보상은 토지소유자·관계인이 입은 손실을 보상함에 있어서 일정한 경우에 보상채권으로 지급하는 것을 말한다. 이 방법은 피수용자에 대한 권리구제를 고려할 때 요건을 엄격하게 규정할 필요가 있다. 토지보상법에서는 채권보상에 대해서 상세한 요건 하에서 보상토록 하고 있다.

(4) **개인별 보상의 원칙**(법 제64조)

손실보상액은 피침해자에게 각각 개별적으로 지불해야 한다는 원칙으로 예외적으로 개인별로 산정할 수 없는 경우 대위주의가 적용된다. 이는 개인의 권리보호에 대위주의보다 개별불이 유리하기 때문이다.

> ➲ **법 제64조(개인별 보상)**
> 손실보상은 토지소유자나 관계인에게 개인별로 하여야 한다. 다만, 개인별로 보상액을 산정할 수 없을 때에는 그러하지 아니하다.

(5) **일괄보상의 원칙**(법 제65조)

사업시행자는 동일한 사업지역 안에 보상시기를 달리하는 동일인 소유의 토지 등이 수개 있는 경우 토지소유자 또는 관계인의 요구가 있는 때에는 일괄하여 보상금을 지급하여야 한다는 원칙으로 이는 토지소유자의 대체지 구입을 원활히 하여 정당보상을 구현하기 위함이다.

> ➲ **법 제65조(일괄보상)**
> 사업시행자는 동일한 사업지역에 보상시기를 달리하는 동일인 소유의 토지 등이 여러 개 있는 경우 토지소유자나 관계인이 요구할 때에는 한꺼번에 보상금을 지급하도록 하여야 한다.

(6) **사업시행이익과의 상계금지**(법 제66조)

잔여지의 가격이 상승하였다는 구실로 그 이익을 빼고 보상할 수 없도록 하여 피수용자를 보호하기 위해서 둔 규정이다. 수용의 대상이 되지 않은 토지와 보상금은 직접적 관계가 없다는 점,

잔여지의 개발이익 등은 개발이익환수의 방법을 적용해야 할 사항이라는 점 등을 고려하여 민사법상의 이익상계적 발상을 배제한 것이다.

> **⤷ 법 제66조(사업시행 이익과의 상계금지)**
> 사업시행자는 동일한 소유자에게 속하는 일단(一團)의 토지의 일부를 취득하거나 사용하는 경우 해당 공익사업의 시행으로 인하여 잔여지(殘餘地)의 가격이 증가하거나 그 밖의 이익이 발생한 경우에도 그 이익을 그 취득 또는 사용으로 인한 손실과 상계(相計)할 수 없다.

(7) 시가보상의 원칙(법 제67조 제1항)

손실보상은 협의성립 당시 또는 재결 당시의 적정가격을 기준으로 하여야 하며 토지는 공시지가를 기준으로 보상함을 원칙으로 한다. 협의 또는 재결 시를 기준으로 하는 이유는 수용목적물의 권리변동은 협의나 재결에서 따로 정한 수용·사용의 개시일에 이루어지므로 보상액 산정시기는 수용·사용의 개시일이 되어야 할 것이나, 재결 이후의 장래가치의 변화를 예측하는 것은 현실적으로 어렵다는 점, 재결로 인해 사업시행자에게 위험부담이 이전되므로 피수용자의 지위를 보호할 필요성이 있다는 점에서 협의 및 재결 시로 한 것으로 보인다.

> **⤷ 법 제67조(보상액의 가격시점 등)**
> ① 보상액의 산정은 협의에 의한 경우에는 협의성립 당시의 가격을, 재결에 의한 경우에는 수용 또는 사용의 재결 당시의 가격을 기준으로 한다.

(8) 개발이익의 배제원칙(법 제67조 제2항)

해당 공익사업으로 인하여 용도지역의 변경이나 지목변경으로 개발이익이 생긴 경우(토지소유자 등의 노력이 전혀 가미되지 않는 경우)에는 그 개발이익부분은 국민정서상으로나 손실보상 법리적으로 사업시행자에게 귀속되어 모든 국민이 향유하도록 하는 것이 타당하므로 토지보상법 제67조 제2항에서는 개발이익의 배제원칙을 천명하고 있다.

> **⤷ 법 제67조(보상액의 가격시점 등)**
> ② 보상액을 산정할 경우에 해당 공익사업으로 인하여 토지 등의 가격이 변동되었을 때에는 이를 고려하지 아니한다.

(9) 복수평가의 원칙(법 제68조 제1항)

사업시행자는 토지 등에 대한 보상액을 산정하려는 경우에는 감정평가법인등 3인(감정평가법인등을 추천하지 아니하는 경우에는 2인)을 선정하여 토지 등의 평가를 의뢰하여야 한다고 규정하고 있다. 또한 일정한 요건을 갖춘 경우 감정평가법인등을 선정함에 있어 토지소유자가 요청하는 경우에는 소유자 추천으로 감정평가법인등 1인을 더 선정할 수 있다.

3. 기출문제

> ≫ 기출문제(제15회 4번)
> 「공익사업을 위한 토지 등의 취득 및 보상에 관한 법률」에 규정되어 있는 손실보상의 원칙을 약술
> 하시오. 10점

02 손실보상의 방법

1. 서

토지보상법에서는 헌법 제23조 제3항의 정당한 보상의 실현을 위해 보상방법으로서 현금보상원칙을
채용하고 있으나, 사업시행자의 재정부담 및 보상금의 일시적 지불에 따른 사회적 폐단을 제거하기
위한 보완으로서 채권보상이 활용되고 있다. 채권보상은 사업시행자의 자금확보를 지원하고 사회
기반시설의 확충에 이바지 하도록 하기 위해 도입되었으나, 그 위헌성 여부에 대한 논의가 있다.

2. 채권보상의 개관

(1) 채권보상의 필요성

지속적인 지가상승으로 인해 오늘날에는 공익사업에 필요한 용지보상비가 사업비에서 차지하는
비율이 점점 커짐에 따라 효율적인 개발사업이 이루어지기 힘들다. 이러한 문제점을 해결하여
사업시행자의 자금확보를 지원하고 사회기반시설을 확충하기 위해서 채권보상제도의 필요성이
인정된다.

(2) 채권보상의 요건

① 임의적 채권보상(법 제63조 제7항)

사업시행자가 국가·지방자치단체 그 밖에 대통령령이 정하는 정부투자기관 및 공공단체인
경우로, (ㄱ) 토지소유자 또는 관계인이 원하는 경우, (ㄴ) 사업인정을 받은 사업에 있어 부재부
동산 소유자의 토지에 대한 보상금이 대통령령이 정하는 일정금액(1억)을 초과하는 경우 그
초과하는 금액에 대하여 사업시행자가 발행하는 채권으로 지급할 수 있다(재량).

> ↪ 법 제63조(현금보상 등)
> ⑦ 사업시행자가 국가, 지방자치단체, 그 밖에 대통령령으로 정하는 「공공기관의 운영에 관한 법률」
> 에 따라 지정·고시된 공공기관 및 공공단체인 경우로서 다음 각 호의 어느 하나에 해당되는 경우
> 에는 제1항 본문에도 불구하고 해당 사업시행자가 발행하는 채권으로 지급할 수 있다.
> 1. 토지소유자나 관계인이 원하는 경우
> 2. 사업인정을 받은 사업의 경우에는 대통령령으로 정하는 부재부동산 소유자의 토지에 대한 보
> 상금이 대통령령으로 정하는 일정금액을 초과하는 경우로서 그 초과하는 금액에 대하여 보상
> 하는 경우

② **의무적 채권보상**(법 제63조 제8항)

토지투기가 우려되는 지역으로 대통령령이 정하는 지역 안에서 대통령령이 정하는 공공기관 및 공공단체가 동 조항 제1호 내지 제3호에 해당하는 공익사업시행 시에는 부재부동산 소유자의 토지에 대한 보상금 중 대통령령으로 정하는 1억원 이상의 일정금액을 초과하는 부분에 대하여는 해당 사업시행자가 발행하는 채권으로 지급하여야 한다(기속).

㈀ **토지보상법 제63조 제8항 신설 규정 취지** : 현금으로 지급되는 토지보상금이 부동산시장에 재유입되어 부동산시장의 불안요인으로 작용할 우려가 있어 현금보상을 감축하고 채권보상을 확대할 필요가 있고, 종전에는 채권보상의 대상이 되는 부재부동산 소유자의 토지를 "사업인정고시일부터" 토지소재지의 시·구 등에 계속하여 주민등록을 하지 아니한 자가 소유하는 토지로 규정하고 있었으나, 앞으로는 "사업인정고시일 1년 전부터" 토지소재지의 시·구 등에 계속하여 주민등록을 하지 아니한 자가 소유하는 토지로 규정하였다. 또한 채권보상이 확대되고 현금보상이 감축되어 부동산시장의 안정에 기여할 것으로 기대된다.

> ↪ **법 제63조(현금보상 등)**
>
> ⑧ 토지투기가 우려되는 지역으로서 대통령령으로 정하는 지역에서 다음 각 호의 어느 하나에 해당하는 공익사업을 시행하는 자 중 대통령령으로 정하는 「공공기관의 운영에 관한 법률」에 따라 지정·고시된 공공기관 및 공공단체는 제7항에도 불구하고 제7항 제2호에 따른 부재부동산 소유자의 토지에 대한 보상금 중 대통령령으로 정하는 1억원 이상의 일정 금액을 초과하는 부분에 대하여는 해당 사업시행자가 발행하는 채권으로 지급하여야 한다.
>
>   1. 「택지개발촉진법」에 따른 택지개발사업
>   2. 「산업입지 및 개발에 관한 법률」에 따른 산업단지개발사업
>   3. 그 밖에 대규모 개발사업으로서 대통령령으로 정하는 사업
>
> ⑨ 제7항 및 제8항에 따라 채권으로 지급하는 경우 채권의 상환 기한은 5년을 넘지 아니하는 범위에서 정하여야 하며, 그 이자율은 다음 각 호와 같다.
>
>   1. 제7항 제2호 및 제8항에 따라 부재부동산 소유자에게 채권으로 지급하는 경우
>   가. 상환기한이 3년 이하인 채권 : 3년 만기 정기예금 이자율(채권발행일 전달의 이자율로서, 「은행법」에 따라 설립된 은행 중 전국을 영업구역으로 하는 은행이 적용하는 이자율을 평균한 이자율로 한다)
>   나. 상환기한이 3년 초과 5년 이하인 채권 : 5년 만기 국고채 금리(채권발행일 전달의 국고채 평균 유통금리로 한다)
>   2. 부재부동산 소유자가 아닌 자가 원하여 채권으로 지급하는 경우
>   가. 상환기한이 3년 이하인 채권 : 3년 만기 국고채 금리(채권발행일 전달의 국고채 평균 유통금리로 한다)로 하되, 제1호 가목에 따른 3년 만기 정기예금 이자율이 3년 만기 국고채 금리보다 높은 경우에는 3년 만기 정기예금 이자율을 적용한다.
>   나. 상환기한이 3년 초과 5년 이하인 채권 : 5년 만기 국고채 금리(채권발행일 전달의 국고채 평균 유통금리로 한다)

◆ 시행령 제26조(부재부동산 소유자의 토지)

① 법 제63조 제7항 제2호에 따른 부재부동산 소유자의 토지는 사업인정고시일 1년 전부터 다음 각 호의 어느 하나의 지역에 계속하여 주민등록을 하지 아니한 사람이 소유하는 토지로 한다.

1. 해당 토지의 소재지와 동일한 시(행정시를 포함한다)·구(자치구를 말한다)·읍·면(도농복합형태인 시의 읍·면을 포함한다)

2. 제1호의 지역과 연접한 시·구·읍·면

3. 제1호 및 제2호 외의 지역으로서 해당 토지의 경계로부터 직선거리로 30킬로미터 이내의 지역

② 제1항 각 호의 어느 하나의 지역에 주민등록을 하였으나 해당 지역에 사실상 거주하고 있지 아니한 사람이 소유하는 토지는 제1항에 따른 부재부동산 소유자의 토지로 본다. 다만, 다음 각 호의 어느 하나에 해당하는 사유로 거주하고 있지 아니한 경우에는 그러하지 아니하다.

1. 질병으로 인한 요양

2. 징집으로 인한 입영

3. 공무(公務)

4. 취학(就學)

5. 그 밖에 제1호부터 제4호까지에 준하는 부득이한 사유

③ 제1항에도 불구하고 다음 각 호의 어느 하나에 해당하는 토지는 부재부동산 소유자의 토지로 보지 아니한다.

1. 상속에 의하여 취득한 경우로서 상속받은 날부터 1년이 지나지 아니한 토지

2. 사업인정고시일 1년 전부터 계속하여 제1항 각 호의 어느 하나의 지역에 사실상 거주하고 있음을 국토교통부령으로 정하는 바에 따라 증명하는 사람이 소유하는 토지

3. 사업인정고시일 1년 전부터 계속하여 제1항 각 호의 어느 하나의 지역에서 사실상 영업하고 있음을 국토교통부령으로 정하는 바에 따라 증명하는 사람이 해당 영업을 하기 위하여 소유하는 토지

◆ 시행령 제27조의2(토지투기가 우려되는 지역에서의 채권보상)

① 법 제63조 제8항 각 호 외의 부분에서 "대통령령으로 정하는 지역"이란 다음 각 호의 어느 하나에 해당하는 지역을 말한다.

1. 「부동산 거래신고 등에 관한 법률」 제10조에 따른 토지거래계약에 관한 허가구역이 속한 시(행정시를 포함한다)·군 또는 구(자치구인 구를 말한다)

2. 제1호의 지역과 연접한 시·군 또는 구

② 법 제63조 제8항 각 호 외의 부분에서 "대통령령으로 정하는 「공공기관의 운영에 관한 법률」에 따라 지정·고시된 공공기관 및 공공단체"란 다음 각 호의 기관 및 단체를 말한다.

1. 「한국토지주택공사법」에 따른 한국토지주택공사

2. 「한국관광공사법」에 따른 한국관광공사

3. 「산업집적활성화 및 공장설립에 관한 법률」에 따른 한국산업단지공단

4. 「지방공기업법」에 따른 지방공사

③ 법 제63조 제8항 제3호에서 "대통령령으로 정하는 사업"이란 다음 각 호의 사업을 말한다.

1. 「물류시설의 개발 및 운영에 관한 법률」에 따른 물류단지개발사업

2. 「관광진흥법」에 따른 관광단지조성사업

3. 「도시개발법」에 따른 도시개발사업

4. 「공공주택 특별법」에 따른 공공주택사업

5. 「신행정수도 후속대책을 위한 연기·공주지역 행정중심복합도시 건설을 위한 특별법」에 따른 행정중심복합도시건설사업

ㄴ **시행령 제26조 제3항 제3호의 개정취지** : 공익사업지구에 편입된 개인사업자가 해당 지역에 주민등록을 하지 않았더라도 사실상 영업을 하면서 필요한 토지를 소유한 경우에는 부재부동산 소유자에서 제외하여 채권보상이 아닌 현금보상을 받을 수 있도록 함으로써 개인사업자의 자금부담을 완화하여 기업이전비용이나 투자비로 즉시 활용할 수 있도록 하는 한편, 그 밖에 현행제도의 운영상 나타난 일부 미비점을 수정·보완하려는 것이다.

(3) 채권의 상환기한·이율(법 제63조 제9항)

> **법 제63조(현금보상 등)**
> ⑨ 제7항 및 제8항에 따라 채권으로 지급하는 경우 채권의 상환 기한은 5년을 넘지 아니하는 범위에서 정하여야 하며, 그 이자율은 다음 각 호와 같다.
>   1. 제7항 제2호 및 제8항에 따라 부재부동산 소유자에게 채권으로 지급하는 경우
>   가. 상환기한이 3년 이하인 채권 : 3년 만기 정기예금 이자율(채권발행일 전달의 이자율로서, 「은행법」에 따라 설립된 은행 중 전국을 영업구역으로 하는 은행이 적용하는 이자율을 평균한 이자율로 한다)
>   나. 상환기한이 3년 초과 5년 이하인 채권 : 5년 만기 국고채 금리(채권발행일 전달의 국고채 평균 유통금리로 한다)
>   2. 부재부동산 소유자가 아닌 자가 원하여 채권으로 지급하는 경우
>   가. 상환기한이 3년 이하인 채권 : 3년 만기 국고채 금리(채권발행일 전달의 국고채 평균 유통금리로 한다)로 하되, 제1호 가목에 따른 3년 만기 정기예금 이자율이 3년 만기 국고채 금리보다 높은 경우에는 3년 만기 정기예금 이자율을 적용한다.
>   나. 상환기한이 3년 초과 5년 이하인 채권 : 5년 만기 국고채 금리(채권발행일 전달의 국고채 평균 유통금리로 한다)

(4) 보상채권의 발행(법 제69조, 시행령 제31조)

보상채권은 국가의 회계를 관리하는 관계 중앙행정기관의 장의 요청으로 기획재정부장관이 발행한다. 기획재정부장관이 보상채권을 발행하려는 경우에는 회계별로 국회의 의결을 받아야 하며, 이에 관한 사항을 관계 중앙행정기관의 장 및 한국은행 총재에게 각각 통보하여야 한다. 이러한 보상채권은 국가·지방자치단체·대통령령으로 정하는 정부투자기관 및 공공단체가 발행할 수 있으며, 발행은 무기명증권으로 하고, 최소액면금액은 10만원으로 한다.

> **시행령 제31조(보상채권의 발행방법 등)**
> ① 보상채권은 무기명증권(無記名證券)으로 발행한다.
> ② 보상채권은 액면금액으로 발행하되, 최소액면금액은 10만원으로 하며, 보상금 중 10만원 미만인 끝수의 금액은 사업시행자가 보상금을 지급할 때 현금으로 지급한다.
> ③ 보상채권의 발행일은 제35조 제1항에 따른 보상채권지급결정통지서를 발급한 날이 속하는 달의 말일로 한다.
> ④ 보상채권은 멸실 또는 도난 등의 사유로 분실한 경우에도 재발행하지 아니한다.

(5) 채권보상의 효과

채권보상의 경우에도 현금보상과 마찬가지로 보상금 지급의 효과를 가지며, 사업시행자는 수용의 개시일에 토지나 물건의 소유권(사용권)을 취득한다.

3. 채권보상의 헌법적 평가

(1) 문제의 제기

헌법 제23조 제3항은 정당보상의 원칙을 규명하고 있으며, 이는 보상금액뿐만 아니라 그 시기와 방법까지도 제한이 없는 보상이어야 한다. 따라서 채권보상제도는 보상방법에 대한 선택권을 박탈하는 것이라는 점에서 정당보상원칙에 어긋나고 위헌의 소지가 있다는 지적이 있다. 또 부재부동산 소유자와 관련하여 이를 다른 재산권과 구별하여 채권보상을 가능하도록 규정한 것은 헌법상 평등원칙에 위배될 수 있다는 문제가 제기되고 있다.

(2) 견해의 대립

① 위헌이라는 견해

(ㄱ) 채권보상은 사실상 사후보상이며, 보상방법의 제한으로 정당보상에 위배되며, (ㄴ) 피수용자가 원하는 경우에는 상관없으나, 부재부동산 소유자의 경우에는 이유 없이 차별하며(평등원칙), 헌법상 주거이전의 자유를 침해하며, (ㄷ) 보상채권은 유통이 자유롭지 않고, 가치가 안정적이지 않으므로 손실보상의 수단으로 비례의 원칙의 위반이라고 보는 견해이다.

② 합헌이라는 견해

(ㄱ) 통상적인 수익만 보장되는 경우 법률에 규정이 있다면 사후보상이라도 정당보상으로 볼 수 있으며, (ㄴ) 부재부동산 소유자는 통상의 소유자와는 달리 거주의 목적이 없으므로 차별에 합리적인 사유가 있으며, (ㄷ) 과다한 재정지출을 방지하기 위한 채권보상의 취지 및 기능을 고려하는 경우 비례원칙의 위반이라 할 수 없다고 보는 견해이다.

(3) 검토

손실보상은 지급시기, 방법 등에 제한이 없는 완전한 보상이어야 한다. 그러나 공익사업의 수요 증대에 따른 채권보상의 필요성 및 예외적으로 요건을 강화하고 있는 점을 볼 때 채권보상은 허용될 수 있다고 여겨진다. 단, 국가의 재정확보나 국고증진목적 등 공익만을 위하여 채권보상하는 것은 허용할 수 없다고 할 것이다. 채권보상과 관련하여 문제가 되는 것은 제도 자체가 아니라 채권보상을 허용하는 요건과 관련된 것이다. 채권보상의 제도적 취지 및 기능을 고려할 때 채권보상의 요건을 엄격히 하여 적용하고, 이율 등을 현실화하여 사유재산권 보장과 조화를 이룰 수 있도록 하여야 할 것이다. 개정된 채권보상규정은 ① 투기가 우려되는 지역 내에서, ② 택지개발사업, 산업단지개발사업 등을 시행하는, ③ 공공기관 및 공공단체가 토지를 수용하는 경우 부재부동산 소유자에 대한 보상금 중 일정금액을 초과하는 부분은 해당 사업시행자가 발행하는 채권으로 지급하도록 의무화함으로써 채권보상을 활성화하고 부동산시장의 안정을 도모하는 등 채권보상을 공사익 조화의 방편으로 활용하고 있음을 알 수 있다.

(4) 관련문제

채권보상의 중요한 기능으로서 보상금이 일시적 투기자금화를 방지하기 위한 취지에도 불구하고 현실적으로 보상채권이 즉시 현금으로 교환(법 제69조 제5항 : 보상채권은 이를 양도하거나 담보에 제 공할 수 있다)되고 있어 대체지 수요로의 전환을 막지 못하고 오히려 정당보상을 훼손할 개연성만 높이고 있는 문제가 있다. 이에 대체지보상제도의 도입이 논의되어 왔다.

4. 기출문제

> ≫ 기출문제(제3회 3번)
> 채권보상을 약술하시오. **10점**

03 대토보상

> ➲ 법 제63조(현금보상 등)
> ① 손실보상은 다른 법률에 특별한 규정이 있는 경우를 제외하고는 현금으로 지급하여야 한다. 다만, 토지소유자가 원하는 경우로서 사업시행자가 해당 공익사업의 합리적인 토지이용계획과 사업계획 등을 고려하여 토지로 보상이 가능한 경우에는 토지소유자가 받을 보상금 중 본문에 따른 현금 또는 제7항 및 제8항에 따른 채권으로 보상받는 금액을 제외한 부분에 대하여 다음 각 호에서 정하는 기준과 절차에 따라 그 공익사업의 시행으로 조성한 토지로 보상할 수 있다. 〈개정 2022.2.3.〉
>   1. 토지로 보상받을 수 있는 자: 토지의 보유기간 등 대통령령으로 정하는 요건을 갖춘 자로서 「건축법」 제57조 제1항에 따른 대지의 분할 제한 면적 이상의 토지를 사업시행자에게 양도한 자(공익사업을 위한 관계 법령에 따른 고시 등이 있은 날 당시 다음 각 목의 어느 하나에 해당하는 기관에 종사하는 자 및 종사하였던 날부터 10년이 경과하지 아니한 자는 제외한다)가 된다. 이 경우 대상자가 경합(競合)할 때에는 제7항 제2호에 따른 부재부동산(不在不動産) 소유자가 아닌 자 중 해당 공익사업지구 내 거주하는 자로서 토지 보유기간이 오래된 자 순으로 토지로 보상하며, 그 밖의 우선순위 및 대상자 결정방법 등은 사업시행자가 정하여 공고한다.
>   가. 국토교통부
>   나. 사업시행자
>   다. 제21조 제2항에 따라 협의하거나 의견을 들어야 하는 공익사업의 허가·인가·승인 등을 하는 기관
>   라. 공익사업을 위한 관계 법령에 따른 고시 등이 있기 전에 관계 법령에 따라 실시한 협의, 의견청취 등의 대상인 중앙행정기관, 지방자치단체, 「공공기관의 운영에 관한 법률」 제4조에 따른 공공기관 및 「지방공기업법」에 따른 지방공기업
>   2. 보상하는 토지가격의 산정 기준금액: 다른 법률에 특별한 규정이 있는 경우를 제외하고는 일반 분양가격으로 한다.
>   3. 보상기준 등의 공고: 제15조에 따라 보상계획을 공고할 때에 토지로 보상하는 기준을 포함하여 공고하거나 토지로 보상하는 기준을 따로 일간신문에 공고할 것이라는 내용을 포함하여 공고한다.
> ② 제1항 단서에 따라 토지소유자에게 토지로 보상하는 면적은 사업시행자가 그 공익사업의 토지이용계획과 사업계획 등을 고려하여 정한다. 이 경우 그 보상면적은 주택용지는 990제곱미터, 상업용지는 1천100제곱미터를 초과할 수 없다.

③ 제1항 단서에 따라 토지로 보상받기로 결정된 권리(제4항에 따라 현금으로 보상받을 권리를 포함한다)는 그 보상계약의 체결일부터 소유권이전등기를 마칠 때까지 전매(매매, 증여, 그 밖에 권리의 변동을 수반하는 모든 행위를 포함하되, 상속 및 「부동산투자회사법」에 따른 개발전문 부동산투자회사에 현물출자를 하는 경우는 제외한다)할 수 없으며, 이를 위반하거나 해당 공익사업과 관련하여 다음 각 호의 어느 하나에 해당하는 경우에 사업시행자는 토지로 보상하기로 한 보상금을 현금으로 보상하여야 한다. 이 경우 현금보상액에 대한 이자율은 제9항 제1호 가목에 따른 이자율의 2분의 1로 한다. 〈개정 2022.2.3.〉
  1. 제93조, 제96조 및 제97조 제2호의 어느 하나에 해당하는 위반행위를 한 경우
  2. 「농지법」 제57조부터 제61조까지의 어느 하나에 해당하는 위반행위를 한 경우
  3. 「산지관리법」 제53조, 제54조 제1호・제2호・제3호의2・제4호부터 제8호까지 및 제55조 제1호・제2호・제4호부터 제10호까지의 어느 하나에 해당하는 위반행위를 한 경우
  4. 「공공주택 특별법」 제57조 제1항 및 제58조 제1항 제1호의 어느 하나에 해당하는 위반행위를 한 경우
  5. 「한국토지주택공사법」 제28조의 위반행위를 한 경우
④ 제1항 단서에 따라 토지소유자가 토지로 보상받기로 한 경우 그 보상계약 체결일부터 1년이 지나면 이를 현금으로 전환하여 보상하여 줄 것을 요청할 수 있다. 이 경우 현금보상액에 대한 이자율은 제9항 제2호 가목에 따른 이자율로 한다.

1. 의의 및 취지

공익사업에 필요한 토지 등의 손실보상 자금을 효율적으로 관리하고 현지주민 재정착 및 해당 지역 주민이 개발혜택을 공유할 수 있도록 토지소유자가 원하는 경우 현금 대신 공익사업으로 조성된 토지를 보상할 수 있는 대토보상제도를 도입하였다.

2. 대토보상의 시행 및 기대효과

(1) 대토보상의 시행

손실보상은 현금보상을 원칙으로 하되, 토지소유자가 원하는 경우로서 사업시행자가 해당 공익사업의 토지이용계획 및 사업계획 등을 고려하여 공익사업의 시행으로 조성된 토지로 보상이 가능한 경우에는 토지소유자가 받을 보상금 중 현금 및 채권보상액 등을 제외한 부분에 대하여 일정한 기준과 절차에 따라 그 공익사업의 시행으로 조성한 토지로 보상할 수 있도록 하였다.

(2) 대토보상의 기대효과

토지소유자의 손실보상 관련 불만을 상당부분 해소할 수 있고, 토지구입 수요를 줄임으로써 인근 지역 부동산가격의 상승을 억제할 수 있을 것으로 기대된다.

3. 대토보상의 기준, 절차 및 제한 등

(1) 토지로 보상받을 수 있는 자(법 제63조 제1항)

토지의 보유기간 등 대통령령으로 정하는 요건을 갖춘 자로서 「건축법」 제57조 제1항에 따른 대지의 분할 제한 면적 이상의 토지를 사업시행자에게 양도한 자(공익사업을 위한 관계 법령에

따른 고시 등이 있은 날 당시 다음 각 목의 어느 하나에 해당하는 기관에 종사하는 자 및 종사하였던 날부터 10년이 경과하지 아니한 자는 제외한다)가 된다. 이 경우 대상자가 경합(競合)할 때에는 제7항 제2호에 따른 부재부동산(不在不動産) 소유자가 아닌 자 중 해당 공익사업지구 내 거주하는 자로서 토지 보유기간이 오래된 자 순으로 토지로 보상하며, 그 밖의 우선순위 및 대상자 결정방법 등은 사업시행자가 정하여 공고한다.

> 가. 국토교통부
> 나. 사업시행자
> 다. 제21조 제2항에 따라 협의하거나 의견을 들어야 하는 공익사업의 허가·인가·승인 등을 하는 기관
> 라. 공익사업을 위한 관계 법령에 따른 고시 등이 있기 전에 관계 법령에 따라 실시한 협의, 의견청취 등의 대상인 중앙행정기관, 지방자치단체, 「공공기관의 운영에 관한 법률」 제4조에 따른 공공기관 및 「지방공기업법」에 따른 지방공기업

(2) 보상하는 토지가격의 산정기준금액

다른 법률에 특별한 규정이 있는 경우를 제외하고는 일반분양가격으로 한다.

(3) 토지로 보상하는 면적(법 제63조 제2항)

사업시행자가 그 공익사업의 토지이용계획과 사업계획 등을 고려하여 정한다. 이 경우 그 보상 면적은 주택용지는 990제곱미터, 상업용지는 1천100제곱미터를 초과할 수 없다.

(4) 대토보상 결정권리의 전매제한 등(법 제63조 제3항)

토지보상법 제63조 제1항 단서에 따라 토지로 보상받기로 결정된 권리(제4항에 따라 현금으로 보상받을 권리를 포함한다)는 그 보상계약의 체결일부터 소유권이전등기를 마칠 때까지 전매(매매, 증여, 그 밖에 권리의 변동을 수반하는 모든 행위를 포함하되, 상속 및 「부동산투자회사법」에 따른 개발전문 부동산투자회사에 현물출자를 하는 경우는 제외한다)할 수 없으며, 이를 위반하거나 해당 공익사업과 관련하여 다음 각 호의 어느 하나에 해당하는 경우에 사업시행자는 토지로 보상하기로 한 보상금을 현금으로 보상하여야 한다. 이 경우 현금보상액에 대한 이자율은 제9항 제1호 가목에 따른 이자율의 2분의 1로 한다.

> 1. 제93조, 제96조 및 제97조 제2호의 어느 하나에 해당하는 위반행위를 한 경우
> 2. 「농지법」 제57조부터 제61조까지의 어느 하나에 해당하는 위반행위를 한 경우
> 3. 「산지관리법」 제53조, 제54조 제1호·제2호·제3호의2·제4호부터 제8호까지 및 제55조 제1호·제2호·제4호부터 제10호까지의 어느 하나에 해당하는 위반행위를 한 경우
> 4. 「공공주택 특별법」 제57조 제1항 및 제58조 제1항 제1호의 어느 하나에 해당하는 위반행위를 한 경우
> 5. 「한국토지주택공사법」 제28조의 위반행위를 한 경우

(5) **현금보상으로의 전환**(법 제63조 제4항, 제5항, 제6항)

보상계약 체결일부터 1년이 경과하면 이를 현금으로 전환하여 보상하여 줄 것을 요청할 수 있다. 해당 사업계획의 변경 등의 사유로 인하여 보상하기로 한 토지의 전부·일부를 토지로 보상할 수 없는 경우에는 이를 현금으로 보상할 수 있다. 토지소유자가 다음의 사유로 인하여 토지로 보상받기로 한 보상금에 대하여 현금보상을 요청한 경우에는 이를 현금으로 보상하여야 한다. ① 국세 및 지방세의 체납처분 또는 강제집행을 받는 경우, ② 세대원 전원이 해외로 이주하거나 2년 이상 해외에 체류하려는 경우, ③ 그 밖에 ①·②와 유사한 경우로서 국토교통부령으로 정하는 경우. 이 경우 현금보상액에 대한 이자율은 3년 만기 국고채 금리와 3년 만기 정기예금 이자율 중 높은 이율로 한다.

4. 기본문제

1 토지보상법상 '사전보상 원칙'과 그 예외적 규정에 대해 설명하시오. **20점**

Ⅰ. 서

행정상 손실보상 공공필요에 의한 적법한 공권력 행사로 개인의 재산권에 가하여진 특별한 희생에 대하여 공평부담의 견지에서 행하는 조절적인 전보제도로서 헌법 제23조 제3항은 정당보상을 천명하고 있으며, 헌법상 정당보상을 실현하기 위하여 이를 합목적·기술적으로 구체화한 법에는 보상의 기준 및 원칙을 규정하여 정당보상을 구체화하고 있다. 사전보상원칙은 이러한 원칙과 기준의 하나로서 일반적인 경우에 적용되나 예외적으로 사후보상이 되는 경우도 있는바 이를 검토하겠다.

Ⅱ. 사전보상의 원칙

1. 의의

사업시행자는 목적물을 취득하거나 사용하기 이전에 보상하는 것이 원칙이다. 사전보상의 원칙은 피수용자가 권리를 상실하기 전에 보상받을 수 있도록 하여 보상받지 않은 상태에서 권리를 상실하는 일이 없도록 배려한 것이다. 이는 헌법상 정당보상의 내용으로 당연히 요구되는 원칙이 아니라 최대한 피수용자를 유리하게 하기 위한 입법정책의 배려라 할 수 있다.

2. 사전보상의 원칙을 보장하기 위한 제도

현행법은 사업시행자가 수용 또는 사용의 개시일까지 관할 토지수용위원회가 재결한 보상금을 지급하도록 하고, 수용 또는 사용의 개시일까지 재결한 보상금을 지급 또는 공탁하지 않았을 경우 재결의 효력이 상실되도록 함으로서 사전보상의 원칙을 보장하고 있다.

Ⅲ. 사전보상에 대한 예외적 규정

1. 측량·조사로 인한 손실보상

사업의 준비를 위한 타인토지출입과 장해물 제거 그리고 토지·물건조서 작성을 위한 타인토지의 출입으로 인한 손실이 발생한 경우 이를 보상하여야 하며 손실보상청구는 손실이 있는 것을 안 날로부터 1년, 있은 날로부터 3년 이내에 하여야 한다.

2. 천재·지변 시, 시급을 요하는 토지사용

천재·지변 기타 사변 시 공공의 안전을 보호·유지하기 위하여 시장·군수·구청장의 허가를 받아 즉시 사용하는 경우와 재결이 지연됨으로 인하여 공공이익에 지장을 초래할 우려로 관할 토지수용위원회의 허가로 사용하는 경우에는 사후보상이 되며 사용에 따른 수인에 대한 보상이다.

3. 실효로 인한 손실보상

실효란 적법하게 성립·발효한 행정행위가 일정한 사유발생으로 장래를 향하여 효력을 상실하는 것으로 사업인정의 실효, 사업의 폐지·변경, 재결의 실효로 인한 손실은 보상하여야 하며 손실보상의 청구는 손실이 있는 것을 안 날로부터 1년, 있은 날로부터 3년 이내에 하여야 한다.

4. 기타 토지에 관한 비용보상

토지의 취득·사용으로 취득·사용할 토지 및 잔여지 이외의 통로·도랑·담장 등의 신설이나 기타 공사가 필요한 경우, 사업시행자는 그 비용의 전부 또는 일부를 보상하여야 하며 보상의 청구는 해당 사업의 공사완료일로부터 1년 이내에 하여야 한다.

Ⅳ. 결

시급을 요하는 경우 협의를 거쳐 재결이 지연되는 경우 토지소유자 등의 청구가 있으면 사업시행자는 자기가 산정한 보상액을 지급하고 사업시행자가 보상의 시기까지 그 이행이 없는 경우 토지소유자 등은 담보물을 취득하게 된다. 그 외의 경우에는 협의하되 협의불성립 시 재결에 의한다. 이때 재결불복에 대해 처분성을 인정하는 경우에는 이의신청이나 보상금증감청구소송으로, 처분성을 부정하는 경우에는 민사소송 내지는 공법상 당사자소송에 의해 해결하게 될 것이다. 생각건대, 이는 단순한 보상 견적액의 제시가 아닌 국민의 재산권에 영향을 미치므로 처분성을 인정함이 타당하다고 본다.

---

2 「공익사업을 위한 토지 등의 취득 및 보상에 관한 법률」 제63조의 〈현금보상의 원칙〉을 기술하고, 그 예외적 수단을 검토하시오. **30점**

Ⅰ. 서

손실보상의 원칙이란 공익사업을 시행하는 주체가 공용침해에 따른 손실을 보상함에 있어 지켜야 하는 기준으로 이는 헌법 제23조 제3항의 정당보상을 실현하기 위해 법에서 규정하고 있다. 이하에서는 그 원칙 중의 하나인 현금보상과 일정요건이 충족되는 경우 실현되는 채권보상을 중심으로 살펴보기로 한다.

Ⅱ. 현금보상의 원칙

현금보상의 원칙은 손실을 보상함에 있어 현금으로 보상하여야 한다는 것으로 토지보상법 제63조에 근거하며 그 취지는 현금이 가장 유동성이 높고, 객관적 가치의 변동이 적어 손실의 완전한 보상을 해줄 수 있기 때문이다. 다만, 다른 법률에 특별한 규정이 있는 경우나 법상 요건이 충족되는 경우에는 채권보상이나 매수보상, 현물보상 등 예외적인 수단으로 손실보상을 행할 수 있다.

Ⅲ. 대토보상

1. 의의

대토보상은 현금보상의 예외로 토지소유자가 원하는 경우로서 사업시행자가 해당 공익사업의 합리적인 토지이용계획과 사업계획 등을 고려하여 토지로 보상이 가능한 경우에는 토지소유자가 받을 보상금 중 현금 또는 채권으로 보상받는 금액을 제외한 부분에 대하여 그 공익사업의 시행으로 조성한 토지로 보상할 수 있으며, 국가의 예산부족 및 보상금의 부동산투기 등을 방지하기 위해 마련되었다.

2. 내용

(1) 토지로 보상받을 수 있는 자(법 제63조 제1항)

건축법 제57조 제1항에 따른 대지의 분할제한면적 이상의 토지를 사업시행자에게 양도한 자가 된다. 이 경우 대상자가 경합하는 때에는 토지보상법 제63조 제6항 제2호에 따른 부재부동산 소유자가 아닌 자로서 동법 제63조 제7항에 따라 채권으로 보상을 받는 자에게 우선하여 토지로 보상하며, 그 밖의 우선순위 및 대상자 결정방법 등에 관하여는 사업시행자가 정하여 공고한다.

(2) 보상하는 토지가격의 산정기준금액

다른 법률에 특별한 규정이 있는 경우를 제외하고는 일반분양가격으로 한다.

(3) 토지로 보상하는 면적(법 제63조 제2항)

사업시행자가 그 공익사업의 토지이용계획과 사업계획 등을 고려하여 정한다. 이 경우 그 보상면적은 주택용지는 990제곱미터, 상업용지는 1천100제곱미터를 초과할 수 없다.

(4) 대토보상 결정권리의 전매제한 등(법 제63조 제3항)

토지보상법 제63조 제1항 단서에 따라 토지로 보상받기로 결정된 권리(제4항에 따라 현금으로 보상받을 권리를 포함한다)는 그 보상계획의 체결일부터 소유권이전등기를 완료할 때까지 전매(매매, 증여, 그 밖의 권리의 변동을 수반하는 일체의 행위를 포함하되, 상속 및 「부동산투자회사법」에 따른 개발전문 부동산투자회사에 현물출자를 하는 경우를 제외한다)할 수 없으며, 이를 위반하는 때에는 사업시행자는 토지로 보상하기로 한 보상금을 현금으로 보상할 수 있다. 이 경우 현금보상액에 대한 이자율은 제8항의 이자율의 1/2로 한다.

(5) 현금보상으로의 전환(법 제63조 제4항, 제5항, 제6항)

보상계약 체결일부터 1년이 경과하면 이를 현금으로 전환하여 보상하여 줄 것을 요청할 수 있다. 해당 사업계획의 변경 등의 사유로 인하여 보상하기로 한 토지의 전부·일부를 토지로 보상할 수 없는 경우에는 이를 현금으로 보상할 수 있다. 토지소유자가 다음의 사유로 인하여 토지로 보상받기로 한 보상금에 대하여 현금보상을 요청한 경우에는 이를 현금으로 보상하여야 한다. ① 국세 및 지방세의 체납처분 또는 강제집행을 받는 경우 ② 세대원 전원이 해외로 이주하거나 2년 이상 해외에 체류하려는 경우 ③ 그 밖에 ①, ②와 유사한 경우로서 국토교통부령으로 정하는 경우. 이 경우 현금보상액에 대한 이자율은 3년 만기 국고채 금리와 3년 만기 정기예금 이자율 중 높은 이율로 한다.

Ⅳ. 채권보상

1. 의의 및 취지

채권보상이란 손실보상을 행함에 있어 채권으로 보상금을 지급하는 것을 말하며 채권보상을 인정하고 있는 이유는 사업시행자의 재정부담을 줄여 공익사업의 원활을 기하고 보상금의 일시적 투기자금화를 방지하기 위함인데 헌법 제23조 제3항과 관련하여 위헌성이 제기되고 있다.

2. 요건

(1) 사업시행자가 발행하는 채권으로 지급할 수 있는 경우

토지소유자 또는 관계인이 원하는 경우, 사업인정을 받은 사업에 있어서 부재부동산 소유자의 토지에 대한 보상금이 1억원을 초과하는 경우로서 그 초과하는 금액에 대하여 보상하는 경우에는 사업시행자가 발행하는 채권으로 지급할 수 있다.

(2) 사업시행자가 발행하는 채권으로 지급하여야 하는 경우

토지투기가 우려되는 지역 및 인접지역 안에서 공익사업을 시행하는 자 중 정부투자기관 및 공공단체는 부재부동산 소유자의 토지에 대한 보상금 중 1억원을 초과하는 부분에 대하여는 해당 사업시행자가 발행하는 채권으로 지급하여야 한다.

3. 내용

(1) 발행기관 및 절차

보상채권은 재정경제부장관이 관계 중앙행정기관의 장의 요청에 의해 발행하며 무기명증권으로 발행하며 액면금액으로 하되 최소액면금액은 10만원으로 하며, 보상금 중 10만원 미만인 단수의 금액은 사업시행자가 보상금을 지급하는 때에 이를 현금으로 지급한다. 또한 발행일은 보상채권지급결정통지서를 발급한 날이 속하는 달의 말일로 한다.

(2) 상환기간 및 이율

채권의 상환기한은 5년을 넘지 아니하는 범위 안에서 정하여야 하며, 그 이율은 ① 부재부동산 소유자에게 지급하는 경우에는 3년 만기 정기예금 이자율(상환기간이 3년 이하인 채권) 또는 5년 만기 국고채 금리(상환기간이 3년 초과 5년 이하인 채권)로 하며, ② 부재부동산 소유자가 아닌 자가 원하여 지급하는 경우에는 3년 만기 국고채 금리와 3년 만기 정기예금 이자율 중 큰 이율(상환기간이 3년 이하인 채권) 또는 5년 만기 국고채 금리(상환기간이 3년 초과 5년 이하인 채권)로 적용한다.

V. 관련문제

1. 평등원칙의 위반 여부

채권보상은 현금보상의 원칙의 예외로 그 대상이 되는 부재지주자의 입장에서는 일정금액 이상이라 하더라도 다른 보상대상자와 비교하여 받아들이기 힘들 수 있으나 상환기간을 5년으로 하고 있고 자본가치를 보장할 수 있는 이율을 적용하고 있기 때문에 평등의 원칙에 위반되었다고 보기는 힘들 것이다.

2. 정당보상에 합치하는지 여부

헌법상 정당보상은 완전보상을 의미하며 그 보상의 시기와 방법에 있어서도 제한을 가해서는 안 된다는 입장에서 채권보상은 방법의 제약으로 위헌의 소지가 있는 것은 사실이다. 그러나 채권보상제도의 취지·목적 등이 재산권 제약의 범위 내로 보이며 그 상환기간, 이율 등이 정당보상에 합치하려는 노력으로 보이므로 재산권 제약의 한계를 넘는 것은 아니라고 볼 것이다. 다만, 위헌성 논의가 있는 이상 이를 해결하기 위해 채권보상 대상의 범위를 줄이고 상환기간을 낮추거나 한도액 1억원의 범위를 높이는 등의 방법을 강구하여야 할 것이다.

3. 토지투기 우려지역에 대한 해석

종전 채권보상요건에서 추가로 토지 투기 우려가 있는 지역 및 그 인접지역에 대한 보상금이 1억원을 초과하는 경우 그 초과하는 금액에 대해 채권으로 보상하도록 하고 있다. 토지 투기가 우려되는 지역은 토지거래계약에 관한 허가구역이 속한 시·군 또는 구와 그 연접한 시·군 또는 구로 규정하고 있으나 모든 연접지역을 모두 토지 투기가 우려되는 지역으로 볼 것인지, 어디까지 연접지역으로 볼 것인지가 명확하지 않아 문제가 될 수 있다.

Ⅵ. 결

손실보상은 현금보상이 원칙임에도 불구하고 채권으로 보상하는 것은 재정문제 및 보상자금의 투기화 등을 막기 위해서이다. 이러한 취지에도 불구하고 채권보상은 위헌성 논의가 끊이지 않고 있으므로 피수용자의 권익침해를 막기 위한 노력이 앞으로도 꾸준히 있어야 할 것이다.

---

3 손실보상액의 산정시기에 대해 설명하시오. 10점

Ⅰ. 개설

종전 (구)공특법과 (구)토지수용법은 보상액 산정시기에 대해 이원화되어 있었으나 현행법은 양 법률을 통합함에 따라 보상액 산정시기를 일괄하여 규정하고 있다. 보상액 산정시기란 대상물건에 대한 보상액 산정의 기준이 되는 시점, 즉 가격시점을 의미하는바, 보상액 산정시기를 어느 때로 하게 되는지에 따라 보상액 결정에 지대한 영향을 미치게 된다.

Ⅱ. 보상액 산정 내용

보상액의 산정은 협의에 의한 경우에는 협의성립 당시의 가격을, 재결에 의한 경우에는 수용 또는 사용의 재결 당시의 가격을 기준으로 한다.

협의 또는 재결에 의하여 취득하는 토지에 대하여는 공시지가를 기준으로 하여 보상하되, 이때의 공시지가는 개발이익 배제 차원에서 협의에 의한 취득에 있어서는 공시지가는 공익사업의 계획 또는 시행이 공고 또는 고시됨으로 인하여 취득하여야 할 토지의 가격이 변동되었다고 인정되는 경우에는 해당 공고일 또는 고시일 전의 시점을 공시기준일로 하는 공시지가로 하도록 하고 사업인정 후의 취득에 있어서 공시지가는 사업인정고시일 전의 시점을 공시기준일로 하는 공시지가로 하도록 하고 있다.

Ⅲ. 협의 및 재결시를 기준으로 하는 이유

수용목적물의 권리변동은 협의나 재결에서 따로 정한 수용사용의 개시일에 이뤄지므로 보상액 산정 시기는 수용사용의 개시일이 되어야 할 것이나, 재결 이후의 장래가치의 변화를 예측하는 것은 현실적으로 어렵다는 점, 재결로 인해 사업시행자에게 위험부담이 이전되므로 피수용자의 지위를 보호할 필요성이 있다는 점에서 협의 및 재결시로 한 것으로 보인다.

Ⅳ. 공익사업의 공고·고시일 이전 또는 사업인정 이전의 공시지가를 기준으로 하는 이유

개발이익은 그 개념상 토지소유자의 소유라고 볼 수 없어 손실보상금에 공익사업 시행에 대한 공고·고시 및 사업인정으로 인한 개발이익을 포함시키지 않는 것이 타당하므로 해당 사업으로 인해 현저한 가격변동이 이루어졌다면 해당 사업의 공고·고시일 이전 또는 사업인정 이전의 공시지가를 기준으로 손실보상액을 산정하게 된다.

V. 결

사업인정 후 취득에 있어 사업인정 이전의 공시지가를 기준으로 하도록 하고 있는 규정은 개발이익 배제가 목적이라고 하나 보상의 기준시점이 재결 당시인데 반해 보상액의 산정기준이 되는 공시지가 기준일을 앞당긴 것에 불과하여 개발이익이 완전히 배제되지 못하는 문제점이 있는바, 차라리 개발이익 배제를 위해 보상의 기준시점을 재결시에서 사업인정고시일로 변경하고 사정보정을 물가변동률 만으로 하는 것이 바람직하다고 볼 수도 있다.

제7절 | 손실보상의 불복방법

01 토지보상법상의 불복방법

1. 손실보상액 결정

(1) 당사자 간의 협의에 의한 경우

이러한 협의는 행정기관의 결정의 전단계로서의 의미를 갖는다(토지보상법 제16조). 협의불성립의 경우에는 행정청이 개입하여 결정하기 때문이다. 협의가 성립되어 관할 토지수용위원회의 확인을 받으면, 이때 확인은 토지수용위원회의 재결로 보게 된다(동법 제29조).

(2) 행정청의 재결 또는 결정에 의한 경우

협의가 성립되지 않아 사업시행자가 관할 토지수용위원회에 재결을 신청하여 토지수용위원회와 같은 의결기관의 재결에 의하는 경우(동법 제30조)와 자문기관의 심의를 거쳐 행정청이 결정하는 경우(징발법 제24조, 동시행령 제11조)를 말한다. 이때의 행정청의 결정유형에는 ① 재산권의 제약행위의 허용 여부와 그 보상액을 함께 결정하는 경우(토지보상법 제34조에 규정되어 있는 토지수용위원회의 재결), ② 보상액만을 결정하는 경우(도로법 제79조, 제80조, 산림법 제63조 등)로 나눌 수 있다.

(3) 소송에 의하는 경우

법률이 보상액의 결정방법에 관하여 아무런 규정을 두고 있지 않은 경우에는 당사자는 법원에 보상금지급청구소송을 제기할 수 있다.

2. 손실보상액 결정에 대한 불복방법

보상액의 결정은 일차적으로 당사자 간의 협의에 의하여 결정되는 것이 원칙이고, 협의가 이루어지지 않은 경우 행정청의 재결의 형식으로 보상금결정이 이루어지게 된다. 이 경우 관계인은 이의신청에 따른 행정심판과 직접 행정소송을 제기함으로써 이에 불복할 수 있다.

불복절차는 행정청의 재결이 어떤 내용의 것인가에 따라 다른바, 재결의 내용이 ① 보상금결정만인 경우와 ② 재결의 내용이 수용 등과 그에 대한 보상재결인 경우로 나누어 고찰한다.

(1) **재결의 내용이 보상금 결정만인 경우**(토지보상법 제80조)

행정청의 보상금만의 결정에 대한 성격을 어떻게 보느냐에 따라, 처분성을 인정하는 경우 보상액 결정의 취소를 구하는 취소심판, 취소소송을 제기하며, 처분성을 부인하는 경우 법원에 보상금지급청구소송을 공법상 당사자소송으로 제기한다는 견해도 있으나 토지보상법상의 입법취지상 제85조 제2항의 규정에 따라 소송을 제기함이 논리 전개상 타당하리라 본다.

(2) **재결의 내용이 수용 등과 그에 대한 보상금 결정인 경우**(토지보상법 제83조 ‒ 제85조)

① **이의신청**

> ↪ 법 제83조(이의의 신청)
> ① 중앙토지수용위원회의 제34조에 따른 재결에 이의가 있는 자는 중앙토지수용위원회에 이의를 신청할 수 있다.
> ② 지방토지수용위원회의 제34조에 따른 재결에 이의가 있는 자는 해당 지방토지수용위원회를 거쳐 중앙토지수용위원회에 이의를 신청할 수 있다.
> ③ 제1항 및 제2항에 따른 이의의 신청은 재결서의 정본을 받은 날부터 30일 이내에 하여야 한다.
>
> ↪ 법 제84조(이의신청에 대한 재결)
> ① 중앙토지수용위원회는 제83조에 따른 이의신청을 받은 경우 제34조에 따른 재결이 위법하거나 부당하다고 인정할 때에는 그 재결의 전부 또는 일부를 취소하거나 보상액을 변경할 수 있다.
> ② 제1항에 따라 보상금이 늘어난 경우 사업시행자는 재결의 취소 또는 변경의 재결서 정본을 받은 날부터 30일 이내에 보상금을 받을 자에게 그 늘어난 보상금을 지급하여야 한다. 다만, 제40조 제2항 제1호·제2호 또는 제4호에 해당할 때에는 그 금액을 공탁할 수 있다.

② **보상금증감청구소송**

> ↪ 법 제85조(행정소송의 제기)
> ① 사업시행자, 토지소유자 또는 관계인은 제34조에 따른 재결에 불복할 때에는 재결서를 받은 날부터 90일 이내에, 이의신청을 거쳤을 때에는 이의신청에 대한 재결서를 받은 날부터 60일 이내에 각각 행정소송을 제기할 수 있다. 이 경우 사업시행자는 행정소송을 제기하기 전에 제84조에 따라 늘어난 보상금을 공탁하여야 하며, 보상금을 받을 자는 공탁된 보상금을 소송이 종결될 때까지 수령할 수 없다.
> ② 제1항에 따라 제기하려는 행정소송이 보상금의 증감(增減)에 관한 소송인 경우 그 소송을 제기하는 자가 토지소유자 또는 관계인일 때에는 사업시행자를, 사업시행자일 때에는 토지소유자 또는 관계인을 각각 피고로 한다.

02 개별법상의 불복방법

개별법에서 행정청 또는 토지수용위원회가 보상금을 결정하도록 규정하고, 특별한 불복절차를 규정하지 않은 경우 개별법률에 근거가 있어야 보상금증감청구소송이 인정된다는 일반적 견해에 의하면 해당 행정청 등의 보상금 결정은 처분이므로 행정심판 및 행정소송(취소소송)의 대상이 된다(판례 1). 개별법령에서 보상금의 결정과 불복에 관해 토지보상법을 준용하도록 규정하고 있는 경우에는 보상금 결정에 대한 불복소송은 보상금증감청구소송에 의하게 된다(판례 2).(박균성)

> **판례**
>
> ▶ **관련판례 1(대판 1995.3.3, 93다55296)**
> (구)농촌근대화촉진법 제156조 소정의 농지개량사업 또는 농가주택개량사업의 시행으로 인하여 손실을 받은 이해관계인은 같은 법 제157조 제1항과 제2항에 정한 절차에 따라서 손실보상을 청구하고, 농림수산부장관의 재결에 대하여도 불복일 때에는 시·도지사를 상대로 항고소송에 의하여 공법상의 처분인 시·도지사의 결정의 취소를 구하여 그 결과에 따라 손실보상을 받을 수 있을 뿐이고, 곧바로 민사소송으로 농지개량사업 또는 농가주택개량사업의 시행자를 상대로 하여 손실보상금청구를 할 수 없다.
>
> ▶ **관련판례 2(대판 2003.4.25, 2001두1369)**
> 토지가 준용하천의 제외지와 같은 하천구역에 편입된 경우, 토지소유자는 (구)하천법 제74조가 정하는 바에 따라 하천관리청과 협의를 하고 그 협의가 성립되지 아니하거나 협의를 할 수 없을 때에는 관할 토지수용위원회에 재결을 신청하고 그 재결에 불복일 때에는 바로 관할 토지수용위원회를 상대로 재결 자체에 대한 행정소송을 제기하여 그 결과에 따라 손실보상을 받을 수 있을 뿐이고, 같은 법 부칙 제2조 제1항을 준용하여 직접 하천관리청을 상대로 민사소송으로 손실보상을 청구할 수는 없다.

03 행정상 손실보상청구권의 법적 성질

1. 개설

개별법에서 손실보상의 원칙만을 규정하고, 보상금 결정기관에 관한 규정 등 기타 보상규정에 관한 규정이 전혀 존재하지 않은 경우에 구체적 손실보상청구권은 이미 발생하였으므로 토지소유자 등은 직접 보상금지급청구소송을 제기할 수 있다(박균성). 이때 손실보상청구권의 성질에 따라 적용법규, 소송형태 등이 달라지므로 논의 실익이 있다.

2. 학설

(1) 공권설

행정상 손실보상은 적법한 공권력 행사로 인하여 특정한 개인이 입은 특별한 희생에 대한 전보이기 때문에 공법상 법률관계의 문제로 본다. 이 경우 공법상 당사자소송에 의하게 된다.

(2) 사권설

손실보상의 원인행위가 비록 공법적인 것이라 하더라도, 그에 대한 보상은 당사자의 의사 또는 직접 법률의 규정에 의거한 사법상의 채권·채무관계이기 때문에 손실보상을 청구하는 권리는 사법적 성질의 것이라고 한다. 이 경우 청구권의 행사는 민사소송에 의하게 된다.

3. 판례

대법원은 하천법 등에 의한 손실보상청구권을 사법상의 권리로 보고, 민사소송에 의하여야 한다고 하였다. 다만, 최근 대법원 전원합의체 판결은 하천법상의 손실보상청구를 공법상 권리로 보아 행정상 당사자소송의 대상이 된다고 판시하여 이전의 하천법상 손실보상청구권에 대한 판례를 변경하였다. 변경의 대상이 된 판례는 모두 하천법상 권리에 관련된 것이다.

> **판례**
>
> ▶ **관련판례(대판 1990.12.21, 90누5689)**
> 제외지 안의 토지가 국유로 됨으로써 하천법 부칙 제2조 제1항에 의하여 발생하는 손실보상청구권은 그 권리의 발생원인이 행정처분이 아닌 법률의 규정으로서, 그 성질이 사법상의 권리라고 보는 것이 상당하므로, 이 사건 손실보상금청구의 소는 민사소송으로 제기하여야 할 것을 행정소송으로 제기한 것으로서 부적법하다.
>
> ▶ **관련판례(대판 1992.10.9, 92다25533)**
> 하천법 부칙 제2조 제1항에 근거한 손실보상청구소송은 민사소송으로서 그 청구에 관하여는 관리청이 속하는 권리주체인 국가나 지방자치단체를 피고로 삼아야 한다.
>
> ▶ **관련판례(대판 2006.5.18, 2004다6207) 全合**
> [1] 손실보상청구권은 모두 종전의 하천법 규정 자체에 의하여 하천구역으로 편입되어 국유로 되었으나 그에 대한 보상규정이 없었거나 보상청구권이 시효로 소멸되어 보상을 받지 못한 토지들에 대하여, 국가가 반성적 고려와 국민의 권리구제 차원에서 그 손실을 보상하기 위하여 규정한 것으로서, 그 법적 성질은 하천법 본칙이 원래부터 규정하고 있던 하천구역에의 편입에 의한 손실보상청구권과 하등 다를 바가 없는 것이어서 공법상의 권리임이 분명하므로 그에 관한 쟁송도 행정소송절차에 의하여야 한다.
> [2] 보상청구권의 소멸시효가 만료된 하천구역 편입토지 보상에 관한 특별조치법 제2조, 제6조의 각 규정들을 종합하면, 위 규정들에 의한 손실보상청구권은 1984.12.31. 전에 토지가 하천구역으로 된 경우에는 당연히 발생되는 것이지, 관리청의 보상금 지급결정에 의하여 비로소 발생하는 것은 아니므로, 위 규정들에 의한 손실보상금의 지급을 구하거나 손실보상청구권의 확인을 구하는 소송은 행정소송법 제3조 제2호 소정의 당사자소송에 의하여야 한다.
>
> ▶ **관련판례(대판 2008.5.29, 2007다8129)**
> 세입자는 … 관계인으로서, 법 시행규칙 제54조 제2항 본문에 해당하는 경우에는 주거이전에 필요한 비용을 보상받을 권리가 있다. … 주거이전비는 … 사업추진을 원활하게 하려는 정책적인 목적과 … 사회보장적인 차원에서 지급되는 금원의 성격을 가지므로, … 세입자의 주거이전비 보상청구권은 공법상 권리이고, 따라서 그 보상을 둘러싼 쟁송은 민사소송이 아니라 공법상의 법률관계를 대상으로 하는 행정소송에 의하여야 한다. 세입자의 주거이전비 보상청구권은 그 요건을 충족하는 경우에 당연히 발생하는 것이므로, 주거이전비 보상청구소송은 행정소송법 제3조 제2호에 규정된 당사자소송에 의하여야 한다. 다만, … 세입자의 주거이전비 보상에 관하여 재결이 이루어진 다음 세입자가 보상금의 증감을 다투는 경우에는 법 제85조 제2항에 규정된 행정소송에 따라, 보상금 증감 이외의 부분을 다투는 경우에는 같은 조 제1항에 규정된 행정소송에 따라 권리구제를 받을 수 있다.

4. 검토

행정상 손실보상은 공권력 행사를 원인으로 하거나 또는 공권력 행사의 결과로서 문제되기 때문에 공법관계에 특유한 제도라 할 수 있다. 따라서 공법과 사법의 이원적 관계를 인정하는 실정법 질서 하에서 그 손실보상청구권은 공권으로 보아야 할 것이며, 공권설이 통설이다.

그럼에도 불구하고 행정상 손실보상청구소송을 우리나라 실무에서 민사소송으로 다루고 있는데, 그 이유는 우리나라의 실무가들이 당사자소송제도에 친숙하지 못한 탓으로 이해할 수 있다.

제8절 | 손실보상의 흠결과 보충

전통적인 손해배상제도와 손실보상제도로 해결되지 아니하는 국가의 책임영역이 있다. 이와 관련하여 ① 재산권의 내용·한계규정과 보상, ② 수용유사침해보상·수용적 침해보상, 희생보상과 희생유사침해보상, 위험책임에 따른 보상과 결과제거청구권, 그리고 ③ 국가의 보상책임의 특수한 문제로서 계획보장청구권·수익적 행위의 취소와 철회에 따른 보상 등이 문제된다.

01 수용유사침해 법리와 이론적 수용가능성

1. 의의

위법한 공용침해로 인하여 특별한 희생을 당한 자에 대한 보상을 말하며, 여기서의 위법은 공용침해를 규정한 법률이 손실보상규정을 두지 않아 결과적으로 위헌이라는 의미의 위법을 말한다.

2. 수용유사침해 법리의 형성과정(독일에서의 논의)

(1) 이론의 성립

독일의 수용유사침해이론은 적법·무책의 손실보상과 위법·유책의 손해배상 사이에 보상의 흠결이 나타나는 경우, 즉 침해의 근거는 있으나 보상의 근거가 없는 위헌·위법이나 책임의 소재가 명확하지 않는 경우에 권리구제의 공백을 보충하기 위하여 독일의 연방사법재판소 판례에 의해 발전된 이론이다. 초기에는 독일기본법 제14조에 근거하였다.

(2) 이론의 발전

초기에는 보상규정이 없는 경우에만 인정되었으나, 그 후 위법·무책을 인정한다면 위법·유책도 인정되어야 한다는 단순논리에 의해 침해의 근거규정조차 없는 경우까지 확대되었다.

(3) 자갈채취사건 결정

독일의 연방헌법재판소는 자갈채취사건 판결에서 기본법 제4조 제3항의 수용개념을 협의로 축소시킴으로써, 기본법 제14조의 수용유사침해 근거로써 지위를 박탈하였다. 또한 누구도 위법상태를 수인하고 손실보상을 청구할 수 없다고 판시하여 1차적 권리구제수단으로써 쟁송제도의 적극적 활용을 요구하였다.

(4) 자갈채취사건 결정 이후 동 법리의 수정

자갈채취사건 결정 이후에 수용유사침해이론은 헌법적 지위가 인정되는 관습법으로써 프로이센 일반란트법 제74조·제75조 희생보상법리를 근거로 하여 명맥을 유지하고 있다.

3. 수용유사침해 법리의 적용요건

타인의 재산권에 대한 '위법'한 공용침해로 인한 특별한 희생의 발생이 동 법리의 적용요건이 된다. 따라서 본래의 공용침해로 인한 손실보상의 요건 중 '침해의 위법성'만이 차이가 있다. 독일의 이론과 판례에 따르면 소극적 요건으로 1차적 권리보호의 차단효에 따른 제한이 추가적으로 있게 된다.

4. 우리나라에서 수용유사침해 법리의 수용가능성

(1) 논의의 실익

헌법 제23조 제3항의 효력 논의에 의한 권리구제 방안은 명확하지 않아 이러한 권리구제의 불확실성을 해결할 수 있다는 점에 이론적 가치가 있다고 보여진다.

(2) 견해의 대립

① 국가에 의한 침해가 수용유사침해보상에 해당하는 경우는 손해배상청구만 가능하다는 견해
② 헌법 제23조 제3항을 직접적 또는 간접적 효력규정으로 보아 손실보상청구가 가능하다는 견해
③ 보상·배상이 아니라 취소소송으로 다툴 수 있다는 견해로 나뉘고 있다.

(3) 판례

고등법원에서는 MBC주식강제증여사건에서 수용유사침해이론을 명시적으로 인정하였으나, 대법원은 수용유사침해 여부는 별론으로 하더라도 사인소유의 방송사주식을 강압적으로 국가에서 증여하게 한 것은 수용유사행위에 해당하지 않는다고 판시하여 명시적 판단을 유보하였다.

(4) 검토

행위 자체가 공공복리를 위한 경우에는 불법행위가 아닌 수용에 준하여 해결하는 것이 보다 논리적이다. 우리의 경우 독일의 헌법적 관습법인 희생사상은 없는바 독일식의 근거를 그대로 적용할 수 없다. 그러나 우리 헌법 제11조, 제23조 제1항·제3항, 제37조 제1항 등의 유기적인 해석을 통해 일종의 수용유사침해보상의 헌법적 근거를 찾을 수 있다.

02 수용적 침해이론과 이론적 수용가능성

1. 의의

수용적 침해란 적법한 행정작용의 비전형적·비의욕적인 부수적 효과로써 발생한 개인의 재산권에

대한 침해를 말한다. 수용적 침해이론은 보상규정이 없는 경우에 미리 보상규정을 마련하기 불가능한 적법한 사실행위에 의한 비의도적인 재산권 제약행위에 대한 손실보상의 확장 논의이다.

2. 적용요건(성립요건)

(1) 적법한 행정작용

수용적 침해의 경우 적법한 공권력 행사이며, 대부분 사실행위를 대상으로 하기 때문에 행정쟁송을 통한 일차적 권리구제를 고려하기 어렵다. 또한 보상규정이 없는 경우에도 행정작용의 위법성 문제를 야기하지 않는다는 점에서 수용유사침해와 구별된다.

(2) 비의도적·비전형적 결과로 인한 침해

개인의 재산권 침해는 적법한 공행정작용의 부수적 효과로서 비의도적이고 비전형적인 것이어야 한다. 다만, 재산권 침해와 공행정작용과는 직접적 관련성이 있어야 한다.

(3) 특별한 희생

공행정작용의 부수적 효과로서 개인의 재산권에 가하여진 손해는 그 사회적 수인한계를 넘어서는 것이어야 한다.

(4) 보상규정

독일연방통상법원의 판례를 통해 발전한 이론으로 초기에는 독일기본법 제14조 제3항을 근거로 하였으나 현재는 희생보상청구제도에 근거하고 있다. 다만 수용적 침해이론에서도 보상규정은 존재하여야 한다고 보는 것이 타당하다.

3. 우리나라에서의 인정논의

(1) 견해의 대립

① 긍정설에는 헌법상 여러 조항의 유기적인 해석을 통해 수용적 침해보상법리를 인정하는 견해와 독일의 법리가 우리에게 적용될 수 없다는 전제하에 헌법 제23조 제3항을 직접 근거로 확대 적용해 보상이 가능하다는 견해가 있다.

② 부정설은 수용적 침해가 논의되는 상황은 헌법 제23조 제3항의 불가분조항원칙이 적용될 수 없는 경우에 해당하므로 헌법 제23조 제3항을 직접 또는 유추적용할 수 없고 입법적으로 별도의 손실보상규정을 마련해야 한다고 주장한다.

(2) 판례의 태도

> 판례
>
> ▶ 관련판례(대판 1999.6.11, 97다56150)
> 간접손실에 관하여 그 피해자와 사업시행자 사이에 협의가 이루어지지 아니하고 그 보상에 관한 명문의 근거법령이 없는 경우라고 하더라도, 헌법 제23조 제3항은 "공공필요에 의한 재산권의 수용

· 사용 또는 제한 및 그에 대한 보상은 법률로써 하되, 정당한 보상을 지급하여야 한다."고 규정하고 있고, 이에 따라 국민의 재산권을 침해하는 행위 그 자체는 반드시 형식적 법률에 근거하여야 하며, 토지수용법 등의 개별법률에서 공익사업에 필요한 재산권 침해의 근거와 아울러 그로 인한 손실보상 규정을 두고 있는 점, 공익사업의 시행으로 인하여 그러한 손실이 발생하리라는 것을 쉽게 예견할 수 있고 그 손실의 범위도 구체적으로 이를 특정할 수 있는 경우라면 그 손실의 보상에 관하여 공특법 시행규칙의 관련규정 등을 유추적용할 수 있다고 해석함이 상당하고, 이러한 간접손실은 사법상의 권리인 영업권 등에 대한 손실을 본질적 내용으로 하고 있는 것으로서 그 보상청구권은 공법상의 권리가 아니라 사법상의 권리이고, 그 보상금의 결정방법, 불복절차 등에 관하여 아무런 규정도 마련되어 있지 아니하므로, 그 보상을 청구하려는 자는 사업시행자가 보상청구를 거부하거나 보상금액을 결정한 경우라도 이에 대하여 행정소송을 제기할 것이 아니라, 사업시행자를 상대로 민사소송으로 직접 손실보상금 지급청구를 하여야 한다.

(3) 검토

우리의 경우 독일의 헌법적 관습법인 희생사상은 없는바 독일식의 근거를 그대로 적용할 수 없다. 그러나 우리 헌법 제11조, 제23조 제1항, 제3항, 제37조 제1항을 종합적으로 고려한다면, 의도되지 아니한 재산권의 제약의 경우에도 손실보상을 하여야 한다는 규범적 의미를 찾을 수 있다고 본다.

4. 효과 및 적용의 제한(조정보상법리)

수용적 침해는 법률이 예상치 못한 침해에 대하여 손실보상을 인정하는 것이 된다. 수용적 침해는 비의도성을 갖기에 헌법 제23조 제3항에 의한 위헌의 문제는 발생하지 않는다. 그러나 비전형적 침해라 할지라도 항상 의도성과 전형성이 갖추어지지 않는다는 이유로 하여 수용적 침해이론을 적용하는 것은 실질적 법치주의에 입각하여 타당하지는 않는다. 따라서 손해를 유형화하여 예측이 가능한 경우 조정보상의 법리에 의하여 입법자가 입법을 통하여 해결함이 타당하다.

03 희생보상이론

1. 개설

희생보상이란 손실보상의 요건 중 재산권의 미충족으로 인하여, 즉 타인의 생명, 신체, 명예 등에 손해가 발생한 경우 보상을 청구할 수 있다는 이론이다.

2. 근거

독일의 경우에 헌법적 지위가 인정되는 프로이센 일반란트법 제74조·제75조의 "공적부담 앞의 평등" 원칙에 근거하여 인정되고 있다. 우리나라에서는 이러한 관습법이 없어서 헌법상 기본권 보장, 법치국가의 원리, 사회국가의 원리 등에서 근거를 찾고, 이를 실현하여 산림법, 전염병예방법, 소방법 등을 법적 근거로 보는 견해가 있다.

3. 요건

첫째, 공공필요에 의한 공권력의 행사여야 한다. 예컨대 사립병원의 의사가 법률에 의해 강제되는 예방접종을 하다 사고가 난 경우 공무수탁사인의 지위를 가지므로 공권력의 행사가 된다.

둘째, 비재산권의 침해인 경우이다. 헌법 제23조 제3항이 예정하고 있는 손실보상은 재산권 침해의 보상이므로 생명·신체 등에 대한 국가의 공권력 행사에 의해 비재산권의 침해가 발생하여야 한다.

셋째, 특별한 희생에 해당하여야 한다. 예컨대, 예방접종사고로 인하여 사망한 경우와 같이 생명권 침해의 경우에는 특별희생에 대한 어떠한 학설을 취하더라도 수인한도를 넘는 특별한 희생에 해당하게 될 것이다.

4. 효과

침해를 통해 수익을 보는 자가 있다면 그 자가 보상의무자가 되고, 만약 그러한 자가 없다면 처분의 관할청이 속한 행정주체가 보상의무자가 된다.

독일의 판례는 보상을 비재산적 이익의 침해에 대한 것이 아니라, 비재산적 침해에 따른 재산적 결과의 보상으로 다루고 있으며, 정신적 침해에 대한 보상으로서 위자료는 배제하고 있다.

5. 보상규정 흠결시의 문제

보상규정이 없는 경우가 문제시되는데 헌법 제23조 제3항이 재산권 침해에 대한 손실보상의 근거규정임을 인정하면서도, 비재산권에 대한 침해 역시 공익실현의 결과 발생한 것이라는 점에서 동 조항을 유추적용하여 보상청구할 수 있다는 견해와, 헌법 제23조 제3항은 재산권 침해에 대한 손실보상을 규정하기에 이를 생명·신체에 대한 침해에 유추적용할 수 없고, 우리 법제에선 독일처럼 희생보상청구권이라는 관습법적 제도가 없기에 유추적용이 부당하다고 한다. 따라서 손실보상의 확대보다는 결과불법책임 내지는 공법상의 위법책임의 이론에 의해 손해배상을 인정함이 타당하다고 한다.

04 공법상 결과제거청구권

1. 의의

위법한 공법작용으로 인해 권리가 침해되고 또한 그 위법침해로 인해 야기된 사실상태가 계속되는 경우에 관계자가 행정주체에 대하여 불이익한 결과의 제거를 통해 계속적인 법률상 이익에 대한 침해의 해소를 구할 수 있는 권리를 말한다.

2. 성질

결과제거청구권은 ① 개인적 공권으로서, ② 물권적 청구권이라는 견해도 있으나, 기타 권리(명예권 등)가 침해되는 경우에도 발생할 수 있다(다수설). ③ 결과제거청구권은 계속되는 위법한 침해의 제거를 통해 원래의 상태로의 회복을 구하는 회복청구권일 뿐이다.

3. 법적 근거

법적 근거에 대해 ① 법치행정원리, 기본권 규정, 민법상 관련규정의 유추적용에서 찾는 견해,

② 민법 제213조·제214조에서 찾는 견해, ③ 행정소송법 제10조, 제30조 제1항에서 찾는 견해가 있다. 생각건대, 행정법상 결과제거청구권은 공법상의 것이므로 민법에서 직접 근거를 찾지 않는 ①설이 합리적이다.

4. 요건

(1) 공법작용

공법작용을 전제로 한다. 행정행위뿐 아니라 사실행위도 그 대상이 된다. 부작위에 의한 경우도 성립가능한지에 대해 긍정설과 부정설이 대립한다. 생각건대, 부작위에 의해서도 침해를 가져올 수 있으므로 긍정설이 타당하다고 본다.

(2) 법률상 이익의 침해

그 제거를 구하려고 하는 결과는 결과제거청구권을 행사하려는 개인의 권리와 관련하는 것이어야 한다. 즉, 법상으로 보호되는 이익이 침해되어야 한다. 여기서 그 이익은 재산상의 것 이외에 명예, 신용 등 정신적인 것도 포함된다.

(3) 행위의 위법성

결과제거청구권은 위법상태의 제거를 내용으로 한다. 그 위법은 처음부터 위법한 것일 수도 있고, 사후에 생겨난 것일 수도 있다. 단순위법의 행정행위는 폐지됨으로써 위법이 문제된다.

(4) 침해의 계속

제거하고자 하는 결과가 존재해야 한다. 만약 불이익을 가져오는 사실상태가 더 이상 존재하지 않는다면, 논리적으로 수용보상이나 직무책임으로 인한 배상 등이 문제될 수 있을 뿐이다.

(5) 결과제거의 허용성·가능성·수인가능성

① 결과제거가 법상 허용되어야 하며, ② 사실상 가능하여야 하며, ③ 수인이 가능하여야 한다. 이러한 요건이 구비되지 아니하면 손해배상이나 손실보상만이 문제된다.

5. 상대방과 내용

(1) 청구권의 상대방

일반적으로 결과를 야기한 행정주체에 대해 행사된다. 권한의 이전이 있는 경우, 승계행정주체가 상대방이 된다.

(2) 청구권의 내용과 한계(과실상계)

① 위법작용으로 인한 변경된 상태로부터 원래의 상태 또는 그와 유사한 상태로 회복하는 것을 내용으로 한다. 원래 상태로의 완전한 회복에 미달할 수도 있다.

② 위법한 상황에 청구권자도 책임이 있다면, 청구권의 범위는 과실 정도에 따라 감소되는 한계를 갖는다.

6. 권리의 실현수단

결과제거청구권은 공권으로 보는 것이 타당하므로 공법상 당사자소송에 의한다고 보아야 한다. 행정행위가 취소되어야 위법상태가 존재하게 되는 경우에는 해당 행정행위의 취소소송에 결과제거청구소송을 병합하여 제기할 수 있다. 판례는 이러한 소송을 민사소송의 방법으로 해결하고 있다.

제9절 공익사업 손실보상제도의 문제점과 개선방안[39)

(이하는 국회공청회 손실보상제도 개선방안의 최종보고서를 요약 발췌한 것입니다.)

01 공익사업 손실보상제도의 문제점

1. 피수용자와 주변지역 토지소유자 간의 형평성 문제 발생

공익사업 주변지역의 급격한 지가상승은 수용대상지역의 민원 증대를 야기하여 공공수용 보상 등 대규모 개발사업의 신속한 추진을 저해하고, 대규모 개발사업의 효율성을 떨어뜨려 사회적 비용을 초래하는 요인이 되고 있다. 게다가 공익사업의 주변지역에서 개발이익이 환수되지 못하면 공익사업시행지구 내의 토지소유자와 그 주변지역의 토지소유자 간 불균등이 발생하고, 비록 피수용자에게 보상한다 하더라도 상대적인 손실로 인해 불만이 높게 된다. 피수용자의 정당보상에 대한 불만은 때로 피수용지 주변 토지소유자와 비교하여 상대적 손실에 기인하기 때문이다.

따라서 피수용자로부터 개발이익을 배제하면서 주변지역의 토지소유자에게 사업으로 인해 발생한 개발이익을 보유하게 하는 것은 평등의 원칙에 위배되는 것은 물론이고, 이로 인해 피수용자가 공익사업 주변지역에서 대체토지의 취득이 불가능하게 되어 보상에 대한 불만을 초래하고 있다.

2. 보상액의 정당보상 미실현

현행 토지보상법은 공용수용에 따른 손실보상에 관한 규정을 두고 있다. 헌법에 의하여 보상은 정당한 보상이 되어야 하나 현실적으로 토지보상법이 이를 반영하고 재산권자의 이익을 고려하고 있는지에 대하여는 많은 논란이 있다. 특히 헌법에서 정당한 보상을 명문화하였음에도 현실적으로 법률에서 이러한 헌법의 규정을 이행하지 않는 경우 이에 대한 위헌 여부는 현실적으로 어떤 보상이 정당한 보상이며 무엇이 정당보상인지 판단하기 쉽지 않기 때문이다.

협의취득의 경우에는 보상의 산정 근거를 공시지가에 한정할 필요는 없어 보인다. 기본성격면에서 사법상 계약이므로, 당사자 사이의 합의에 의하여 시가에 의한 보상도 가능한 것으로 볼 수 있다. 즉, 공시지가는 강한 구속력을 갖는 것으로 보이지는 않는다. 그러나 수용취득의 경우에는 헌법상 정당보상의 취지를 구체화하는 개별법률의 기준에 따른 보상이 필요하게 된다.

---

39) 석종현, 공익사업 손실보상제도의 문제점과 개선방안. 국회공청회 보고서 자료(2011.3.2)(p18-39)
연구진 : 김해룡 교수, 김남철 교수, 허강무 박사. 연구용역출처 : 송광호 국토해양위원회 위원장(국회의원실)

현행법은 이에 대해서 공시지가에 의한 보상을 원칙으로 하도록 하고 있다. 이에 대해 헌법재판소는 일관된 판례를 통하여 이러한 공시지가에 의한 보상이 합헌이라는 입장을 전개하고 있다. 그러나 헌법상 원칙인 정당보상은 완전보상이어야 하며, 이는 시장거래가격에 의한 보상을 당연한 내용으로 하고 있다. 따라서 보상기준은 이러한 시장거래가격을 구체화하는 내용의 기준일 필요가 있을 것이다.

헌법재판소의 취지는 현실적인 시가를 반영하는 공시지가제도의 이상적 모습을 전제로 한 결론으로 이해된다. 이러한 점에서는 공시지가제도 그 자체가 위헌성을 갖는 것으로 볼 수는 없을 것이다. 그러나 이러한 공시지가가 현실적인 시가를 반영하지 못하여 완전보상의 취지를 구체화하는 문제점, 즉 공시지가제도의 실제 운용의 모습에 따른 격차는 기타요인보정 등 보상평가를 실무적으로 보완할 필요가 있을 것이다.

3. 감정평가사 선정의 문제점

(1) 사업시행자의 감정평가법인등 선정에 따른 중립성 침해

「감정평가 및 감정평가사에 관한 법률」은 "감정평가란 토지 등의 경제적 가치를 판정하여 결과를 가액으로 표시하는 것을 말한다(제2조 제2호)"라고 정의하고, "감정평가사는 타인의 의뢰를 받아 토지 등을 감정평가하는 것을 그 직무로 한다(동법 제4조)"고 규정하고 있다. 즉, 감정평가는 감정평가사의 고유의 영역임을 명확히 하고 있다.

그러나 감정평가법인등은 감정평가영역에서 배타적 권리를 향유하는 한편 자유경쟁체제에서 활동해야 하는 사업자이다. 이러한 이유로 감정평가법인등은 현실적으로 감정평가법인등 간 업무수주를 위한 경쟁을 하는 과정에서 사업시행자의 이해로부터 자유롭지 못하다.

감정평가법인등은 사업시행자의 주문가격을 배제하면 업무수주에서 배제될 수도 있다는 불안감이 존재하고, 사업시행자는 이러한 감정평가업계의 사정을 잘 알고 있어 감정평가법인등 선정제도를 악용할 우려가 있다. 또한 토지소유자도 사업시행자 선정 감정평가사의 보상평가를 불신하는 경향이 있다.

따라서 현행 사업시행자 감정평가법인등 선정제도는 이해관계자에 의해 보상평가가 좌우되거나 왜곡되지 않을 수 있도록 감정평가의 중립성과 신뢰성 등을 담보할 수 있는 본질적인 제도의 개선이 필요하다.

(2) 토지소유자 추천제의 부작용 발생

현재 보상평가는 사업시행자 선정 2명과 토지소유자 추천 1명 등[40] 모두 3명의 감정평가사가 평가한 액수의 산술평균치를 평가액으로 하도록 되어 있다. 전술한 바와 같이 감정평가사 1명을 토지소유자가 추천하도록 한 것은 토지소유자의 이해관계를 반영할 목적이었다.

그러나 토지소유자 추천제도는 손실보상의 당사자인 사업시행자와 토지소유자가 선정하거나 추

---

40) 2012.6.1. 개정되어 현재는 사업시행자, 시·도지사, 토지소유자 각 1인씩 총 3인의 감정평가법인등에게 의뢰하여야 하나 시·도지사 또는 토지소유자 어느 한쪽이 감정평가법인등을 추천하지 아니하는 경우에는 2인의 감정평가법인등에게 의뢰하여 보상액을 산정하도록 하고 있음.

천한 감정평가법인등에 의해 공정한 보상평가를 받아 민원을 사전에 차단함으로써 공익사업을
원활하게 수행하고자 한 입법취지와 달리, 토지소유자 추천 감정평가사의 평가액이 사업시행자
선정 감정평가사의 평가액보다 한결같이 높게 나타났다.

이는 일부 감정평가법인이 소위 주민대책위원회로부터 감정평가법인등으로 추천받기 위하여 과
다 경쟁하는 과정에서 기인하였다. 구체적으로 살펴보면 감정평가법인이 사전에 주민들이 만족
할 만한 수준의 추정 보상평가액을 구두 통보, 개발이익이 포함된 호가수준의 보상평가액을 구
두로 약속하는 행위, 일부 보상지역의 주민대책위원회의 경우 추정 보상평가액을 문서로 요구하
는 행위 등의 원인으로 인해 발생된다고 추정된다.

4. 보상평가 검증시스템 취약

보상평가업무는 국가예산과 국민의 재산권에 미치는 영향이 지대하므로 허위 부실평가에 대한 사
후 조치보다는 사전에 이를 예방할 수 있는 사전심사제도가 요구된다. 2007년부터 한국감정평가사
협회는 「토지보상법」에 의해서 시행하는 공익사업에 대하여 협의를 위한 평가로서 평가금액이
150억원 이상인 사업의 경우 협회 감정평가심사위원회 사전심사를 거치도록 하고 있다. 심사결과
는 해당 감정평가기관 및 사업시행자에게 통보된다.

그러나 협회 감정평가심사위원회 사전심사는 자율규제 형식으로 운영되고 있어 법적 구속력이 없
고, 심사 불이행 및 심사 이의신청에 적절하게 대응하기가 곤란하여 일정한 한계를 노출하고 있다.
따라서 보상평가의 검증시스템이 체계적으로 운용되기 위해서는 법적 근거가 마련될 필요가 있다.

5. 사업시행자의 위법·부당한 업무처리

비합리적인 공익사업 보상평가의 문제는 사업시행자의 위법·부당한 업무처리로 인하여 발생되는
경우도 있다. 이하는 ○○광역시 공익사업의 보상관리실태 감사를 통해 적발된 사례이다.

(1) 보상금 산정액을 감정평가서에 의하지 않고, 임의적용 산정
(2) 부당한 감정평가에 대한 재평가 요구 미이행
(3) 토지소유자가 추천한 2개 감정평가법인에만 감정평가 의뢰
(4) 토지보상 감정평가법인등 선정 부적정

02 공익사업 손실보상제도의 개선 방안

1. 공익사업 손실보상제도의 개선 방향

공익사업을 시행하는 과정에서 토지 등의 권리에 대한 보상은 가장 중요한 위치를 차지하고 있다. 사업시
행자는 사업계획범위 내에서 신속하게 추진하고자 하고, 토지소유자는 항상 완전 또는 그 이상의 보상을
얻고자 한다. 따라서 양 당사자가 보상과정에서 갈등관계인 것은 너무도 당연하다고 할 수 있다.

감정평가사에 의한 손실보상액 산정은 이러한 갈등관계를 합리적으로 해결하고자 마련된 수단이
다. 따라서 손실보상제도의 개선 방향은 사업이 보다 원활히 추진되도록 하는 한편 토지소유자에게
정당한 보상이 이루어질 수 있도록 하는 데에 주안점을 두어 논의되어야 할 것이다.

특히 공익사업 손실보상제도는 감정평가사 선정의 중립성 제고, 기타요인보정의 합리화, 공시지가의 현실화, 보상평가 검증시스템의 체계적 운영, 공익사업 주변지역 개발이익환수장치 개선 등을 시급하게 해결할 필요가 있다.

2. 감정평가사 선정의 중립성 제고

공익사업의 감정평가법인등 선정제도는 감정평가법인등이 사업시행자와 토지소유자의 어느 측에도 구속되지 않고 중립적이고 객관적으로 평가업무에 임할 수 있는 방향으로 개편되어야 할 것이다. 그간 손실보상의 당사자인 사업시행자와 토지소유자가 직접 감정평가법인등을 선정하는 방식은 감정평가 의뢰자의 이익측면에서 감정평가업무를 수행할 개연성이 높다는 측면에서 가격담합, 부실감정 등 감정평가의 자율성과 공신력 등을 저해하는 요소로 지적되어 왔다.

이를 위해 중립적 지위에 있는 기관이 감정평가법인등 선정 및 추천을 맡는 것이 바람직할 것이다.[41] 선정 및 추천방식은 중앙토지수용위원회가 감정평가법인등을 선정하는 방안, 한국감정평가사협회로부터 추천받아 선정하는 방안, 공동위원회를 구성하여 선정하는 방안으로 대별할 수 있다.

(1) 감정평가사 선정방식의 대안 비교

① 중앙토지수용위원회가 감정평가법인등을 선정하는 방안(1안)

중앙토지수용위원회가 감정평가법인등을 추천하는 방안이다. 사업시행자와 토지소유자가 중앙토지수용위원회에 감정평가법인등 추천을 의뢰하면 중앙토지수용위원회가 선정하여 양 당사자에게 통보하는 방안이다.

② 한국감정평가사협회로부터 추천받아 선정하는 방안(2안)

한국감정평가사협회가 감정평가법인등을 추천하는 방안이다. 사업시행자와 토지소유자가 협회에 감정평가사 추천을 의뢰하면, 협회에서 감정평가법인등을 추천하여 양 당사자에게 통보한다.

③ 공동위원회를 구성하여 선정하는 방안(3안)

국가청렴위원회는 사업시행자(2개)와 토지소유자(1개)가 각각 추천·선정하는 방식에서 공동위원회를 구성하여 2개 이상의 감정평가법인등을 선정하는 방식을 제안하고 있다.[42]

(2) 대안 제시

감정평가사 선정과 관련된 문제를 보다 근본적으로 해결할 수 있는 제3기관 추천방식은 중앙토지수용위원회가 감정평가법인등을 선정하는 방안(1안)과 한국감정평가사협회로부터 추천받아 선정하는 방안(2안)을 상정할 수 있다.

이들 대안은 다 같이 현행 감정평가사의 선정제도가 야기하고 있는 문제점을 해소하는 데 이바지할 수 있지만, 그 정도가 다르고 또한 대안에 따라 파생되는 문제도 달리 나타나게 된다.

---

41) 류해웅 외, 「토지보상제도 개선 연구」, 건설교통부, 2005, 732면.
42) 국가청렴위원회, 공공택지개발사업의 공정성·투명성 제고방안, 2007, 33면.

이와 같은 제도개선이 이루어지려면 협회가 감정평가사의 선정 및 추천 권한을 수임하여 행사하는 과정에서 발생되는 부작용을 관리·통제할 수 있는 법적 장치가 마련되어야 하며, 그에 앞서 협회 스스로도 자율규제를 강화하여 보상평가에 대한 공신력 제고에 부단한 노력을 경주할 때만이 가능할 것이다.

(3) 법령 정비

한국감정평가사협회로부터 추천받아 선정하려면 관련 법령 정비가 필요하다. 먼저 사업시행자의 감정평가법인등 선정은 「토지보상법」 제68조 제1항 "사업시행자는 토지 등에 대한 보상액을 산정하려는 경우에는 감정평가법인등 2인 이상에게 토지 등의 평가를 의뢰하여야 한다. …"를 "사업시행자는 토지 등에 대한 보상액을 산정하려는 경우에는 한국감정평가사협회에 의뢰하여 추천받은 감정평가법인등 2인 이상에게 토지 등의 평가를 의뢰하여야 한다. …"로 개정하여야 한다.

3. 기타요인보정의 합리화

「부동산 가격공시법」에서는 감정평가사가 표준지공시지가를 기준으로 평가한 평가금액이 정당보상액에 미치지 못할 경우 사업시행자가 이를 가감·조정하도록 규정하고 있는 반면, 「토지보상법」에서는 사업시행자가 보상금액을 산정함에 있어 감정평가사가 평가한 금액을 가감조정할 수 있도록 하는 조항이 없다는 법규상의 상충의 문제점이 있다.[43]

따라서 「부동산 가격공시법」에 의한 평가금액이 정당한 보상액에 미치지 못할 경우 「토지보상법」에 의한 보상액의 결정이 위헌이 될 소지가 있으며,[44] 이를 해소하기 위하여 보상평가의 단계에서 감정평가사가 인근 유사토지의 정상거래가격을 반영할 수 있도록 기타사항의 보정을 인정할 필요가 있다.

또한 보상에서 제외되어야 할 개발이익은 해당 공익사업으로 인한 것만으로 한정되어야 하므로, 해당 공익사업의 계획 또는 시행이 공고 또는 고시됨으로 인하여 토지의 가격이 변동되었다고 인정되어 연도별 공시지가를 소급적용할 경우, 소급된 기간 동안의 다른 공익사업으로 인한 개발이익은 보상에 포함되어야 하므로 이를 위하여도 기타사항의 적용은 불가피한 실정이다.[45]

현재와 같이 판례 또는 법률의 해석을 통하여 기타요인보정의 타당성을 찾을 수는 있다고 하더라도, 「토지보상법」에서 명시적으로 규정하고 있지 않고 있어 한계가 있으므로 이를 법제화하는 것이 합리적인 해결책이라고 판단된다. 다만, 기타사항보정의 주체를 사업시행자로 할 것인지 감정평가사로 할 것인지, 법률로 규정할 것인지 시행규칙으로 규정할 것인지 등에 대해서는 보다 심층적인 연구를 거쳐 신중하게 결정할 필요가 있다.

---

43) 류해웅 외, 앞의 책, 102면.
44) 허영, 앞의 책, 509면.
45) 김원보, 정당보상을 위한 평가방법, 국회국토교통위원회 전문가 간담회 자료, 국회국토교통위원회 수석전문위원, 2010.12, 5면.

4. 공시지가의 현실화

공시지가 기준방식을 적용하여 토지보상액을 산정할 때, 공시지가가 시가에 미치지 못한 현실하에서 기타요인보정은 정당보상의 실현이라는 목적을 달성하기 위하여 필수불가결한 과정이라고 할 수 있다. 특히 토지가격의 변동이 심한 지역은 조세저항 등 현실적인 문제로 인하여 공시지가가 시가를 반영하지 못하는 경우가 많아 기타요인보정이 더욱 문제시되고 있다. 과도한 기타요인보정으로 인한 논란을 해소하기 위해서는 근본적으로 공시지가의 현실화가 선행되어야 할 것이다. 이러한 공시지가의 현실화는 인근의 보상선례를 반영하여 전 필지의 공시지가에 유사한 수준으로 진행되어야 할 것이며, 지역별·용도지역별·이용상황별로 큰 격차가 발생하지 않아야 조세형평성을 제고할 뿐만 아니라 합리적인 기타요인보정 절차가 이루어질 수 있을 것이다.

5. 보상평가의 검증시스템 체계적 운영

「토지보상법」에 의해서 시행하는 공익사업에 대하여 협의를 위한 평가로서 평가금액이 150억원 이상인 사업은 한국감정평가사협회 감정평가심사위원회 사전심사를 거치도록 하고 있다. 이러한 보상평가 검증시스템이 제대로 작동하기 위해서는 법적 장치가 마련되어야 더욱 더 공정성이 확보될 수 있을 것이다. 사업시행자가 전문적인 평가심사업무를 수행할 수 없을 경우에는 '감정평가심사위원회'를 의무적으로 거치도록[46] 「토지보상법」 또는 「부동산 가격공시법」에서 명문화하는 방안을 검토할 필요가 있다. 이를 통하여 보다 강력한 심사기능을 활용할 수 있을 뿐 아니라 불이행자에 대한 징계권한 또는 징계청구권 등에 대한 법적 근거를 통하여 심사제도의 효과를 극대화할 수 있다고 판단된다.

이와 같은 보상평가의 검증시스템이 체계적으로 운용된다면 사업시행자가 선정 또는 추천한 감정평가법인등이 행한 보상평가뿐만 아니라 토지소유자가 추천한 감정평가사가 행한 보상평가까지 그 적정성을 심의하여 보상평가의 적정성과 신뢰성을 제고시킬 수 있다. 또한 심사대상사업 규모도 현행 150억 이상이지만, 향후 특별한 사유로 심사가 필요한 경우 등에는 이에 맞도록 탄력적으로 심사대상을 운영할 필요가 있다.

6. 사업시행자의 감독 강화

사업시행자는 비합리적인 보상평가가 발생되지 않도록 관리감독에 최선을 다해야 한다. 그러나 보상비와 관련한 민원의 발생이 빈번한 공익사업의 특성상 사업시행자는 사업지연을 줄이기 위해 보상기준에 위배되는 보상비를 지급하고 있다. 따라서 이러한 사업시행자의 비합리적인 보상평가를 조장하는 행위에 대한 사업계획승인권자의 관리감독이 필요하다.[47] 이와 별도로 사업시행자가 지방자치단체인 경우에는 감사활동을 통해 단속하고, 한국토지주택공사 등인 경우에는 감사원 감사 등을 통해 지속적으로 비합리적인 보상평가 실태에 대한 관리감독이 필요하다.

---

46) 이덕복, "급등하는 보상비, 돌파구는 없는가?", 2007 ~ 2011년 국가재정운용계획 발표문, 기획예산처, 2007, 16면.
47) 국가청렴위원회, 앞의 글, 34면.

7. 공익사업 주변지역 개발이익환수장치 개선

공익사업 주변지역의 개발이익은 형평성 차원에서 환수가 필요함에도 불구하고 토지초과이득세의 폐지 이후로 제도 보완이 이루어지지 않은 상태이다.[48] 따라서 공익사업 주변지역의 개발이익은 토지초과이득세 또는 수익자부담금제 등의 수단을 통해 환수되어져야 할 것이다.

토지초과이득세는 1962년 「도시계획법」을 제정할 당시부터 시행해 온 수익자부담금제를 폐지하면서 도입된 제도로서, 「토지초과이득세법」은 토지공개념을 확대하는 일련의 입법(택지소유상한에 관한 법률, 개발이익환수에 관한 법률)과 함께 1989.12.30. 제정되어 1990.1.1.부터 시행되었다.

그러나 1994년 헌법재판소는 「토지초과이득세법」 자체에 관한 헌법불합치결정을 하였다. 헌법재판소는 헌법불합치의 이유로 ① 기준시가의 산정기준이나 방법의 시행령으로의 백지위임, ② 지가평가의 불비로 인한 이득 계측의 부적정, ③ 지가하락에 대비한 장치의 결여, ④ 유휴토지 등의 범위의 불합리성, 특히 임대토지의 획일적 처리, ⑤ 양도소득세 등에서 공제할 수 있는 토지초과이득세액의 불완전 공제에 따른 이중과세 등을 들면서, 위헌결정이 가져올 부작용을 고려하여 변형결정인 헌법불합치결정을 내린다고 판시하였다.[49]

이에 따라 1994.12.22. 법률 제4807호로 「토지초과이득세법」이 헌법합치적으로 개정되었다. 먼저 과표산정의 법적 근거를 마련하고, 세부담의 적정성을 높이기 위해 초과누진세율체계를 도입하였으며, 과세대상토지인 유휴토지의 과세대상범위를 완화하였으며, 조세마찰을 줄이기 위해 지가안정기에는 전국단위의 과세를 중지하고 지가급등지역에만 과세하도록 하였다. 그러나 외환·금융위기 이후 1998년 경제사정의 악화에 따른 부동산경기의 침체를 극복하기 위한 정책적 목적으로 토지공개념 3법 중 마지막인 「토지초과이득세법」이 1998년 12월 28일 폐지되었다.

여기에서 주목해야 할 점은 「토지초과이득세법」은 위헌이라서 폐지된 것이 아니라 경제사정의 악화를 극복하기 위한 정책적 이유로 폐지되었다는 점이다. 즉, 헌법재판소는 토지초과이득세의 목적의 정당성을 인정하고 있으며 미실현 이익에 대한 과세 역시 입법자가 채택할 수 있는 정책수단임을 인정한 것에 유의하여야 한다. 또한 헌법재판소의 결정은 토지공개념에 입각한 토지철학을 부정하는 것이 아니며 단지 토지공개념 남용에 대한 경고의 의미를 가지는 것으로 보아야 할 것이다.[50] 이 점은 몇 년 후에 있은 헌법불합치결정에 따라 개정된 「토지초과이득세법」에 대한 합헌결정에서도 확인할 수 있다.[51]

따라서 공익사업 주변지역의 개발이익을 환수하기 위해서는 토지초과이득세 재도입에 대해 검토할 필요가 있다. 만일 '토지초과이득세'라는 명칭으로 재도입하는 것이 국민적 공감대를 얻는데 애로가 있다면 수익자부담금제 등 다른 방법이나 형식으로 도입하는 것도 무방하다.

원래 토지초과이득세는 과거 재무부가 독자적으로 구상한 제도이다. 당초 건설부는 「개발이익환수법」을 통해 개발지역에 대해서는 '개발부담금'을, 그 주변지역에 대해서는 '개발이익환수금'을 각각

---

48) 서순탁, "시장친화적 토지공개념의 기본 틀과 실천수단에 관한 시론적 고찰", 한국토지공법학회 「토지문제에 있어서 국가와 시장의 역할 재정립에 관한 학술세미나」, 2007.11, 100면.
49) 헌법재판소 1994.7.29, 92헌바49·52(병합)
50) 김상용, "토지소유권에 대한 판례 및 헌법재판소결정에 대한 평가", 연세대 「법학연구」 제5권, 1995, 114면.
51) 헌법재판소 1999.4.29, 96헌바10·82(병합)

부과하려 했다. 그러나 경제기획원과 재무부는 개발이익환수금의 과징금적 성격과 가상이익에 세금을 부과하는 것은 비현실적이라는 이유로 토지초과이득세로 명칭되어 만들어졌다는 입법 배경을 고려하여 적절한 명칭이나 형식을 모색할 필요가 있다.[52]

03 결론

이상에서 논의한 바와 같이 공익사업 손실보상제도의 문제점을 해소하고 토지소유자에게 정당한 보상이 이루어지기 위해서는 아래와 같이 감정평가사 선정의 객관성 제고, 기타요인의 법제화, 보상평가 검증시스템의 체계적 운영, 사업시행자의 관리감사 강화, 공시지가의 현실화 등이 이루어져야 할 것이다.

첫째, 공익사업 시행의 원활화와 토지소유자 등의 권리를 보호하면서도 손실보상의 공정성과 객관성을 확보하기 위해서는 중립적 지위에 있는 제3기관인 한국감정평가사협회가 감정평가법인등 선정 및 추천을 맡는 것이 합리적일 것이다. 사업시행자의 감정평가법인등 선정과 토지소유자 추천의 감정평가법인등 선정이 제3기관의 추천방식으로 전환된다면 감정평가사 선정과 관련된 문제를 보다 근본적으로 해결할 수 있을 것이다.

둘째, 손실보상의 가장 기본적인 적용 법률인 「토지보상법」상에 지역요인 및 개별요인 비교와 같이 기타요인보정을 언급함으로서 명시적인 근거조항을 둠이 바람직할 것이다. 실질적인 면에서 명문의 규정을 둔다고 하여 보상액 산정이 달라지는 것은 없을 것이나, 규정의 미비함으로 인하여 발생할 수 있는 여러 논란을 불식시킬 수 있을 것으로 보인다.

셋째, 토지소유자에게 정당보상이 이루어지기 위해서는 근본적으로 공시지가의 현실화가 선행되어야 할 것이다. 이러한 공시지가의 현실화는 인근의 보상선례를 반영하여 전 필지의 공시지가에 유사한 수준으로 진행되어야 할 것이다.

넷째, 보상평가의 검증시스템이 체계적으로 운용된다면 사업시행자가 선정 또는 추천한 감정평가법인등이 행한 보상평가뿐만 아니라 토지소유자가 추천한 감정평가사가 행한 보상평가까지 그 적정성을 심의하여 보상평가의 적정성과 신뢰성을 제고시킬 수 있다. 한국감정평가사협회는 '감정평가심사위원회'를 구성하여 사전·후 검증시스템을 구축하고 있다. 따라서 사업시행자가 전문적인 평가심사업무를 수행할 수 없을 경우에는 '감정평가심사위원회'를 의무적으로 거치도록 하는 방안을 검토할 필요가 있다.

다섯째, 비합리적인 보상평가가 발생되지 않도록 관리감독에 최선을 다해야 할 책임은 사업시행자에게 있다. 그러나 보상비와 관련한 민원 발생이 빈번한 공익사업의 특성상 사업시행자는 사업지연을 줄이기 위해 보상기준에 위배되는 보상비 지급이 이루어지곤 한다. 따라서 이러한 사업시행자의 비합리적인 보상평가를 조장하는 행위에 대한 상급단체의 관리감독이 필요하다. 사업시행자가 지방자치단체인 경우에는 감사활동을 통해 단속하고, 한국토지주택공사 등인 경우에는 감사원 감사 등을 통해 지속적으로 비합리적인 보상평가 실태에 대한 관리감독이 필요하다.

---

52) 국정브리핑 특별기획팀, 대한민국 부동산 40년, 한스미디어, 2007, 229면.

여섯째, 개발이익문제는 「토지보상법」 자체가 안고 있는 제도적인 결함도 있지만, 무엇보다도 공익사업의 주변지역 개발이익이 제대로 환수되어야 해결될 수 있을 것이다. 이를 위해 수익자부담금제도 또는 토지초과이득세의 재도입이 검토되어져야 할 것이다. 다만, 공익사업 주변지역의 개발이익환수는 영향권의 설정·개발이익 측정방법 등 기술적인 한계를 내포하고 있는바, 이에 대한 별도의 연구가 요청된다.

마지막으로 본 연구는 공익사업 손실보상제도의 개선 방안을 제시하였지만, 이들 제도는 사업시행자와 토지소유자 간 첨예한 이해관계를 내포하고 있다. 따라서 충분한 후속 연구를 거친 다음 제도개선이 이루어져야 할 것으로 판단된다.

04 기출문제

> **기출문제(제3회 2번)**
> 「공익사업을 위한 토지 등의 취득 및 보상에 관한 법률」(이하 '토지보상법') 개발이익의 배제에 대하여 논하시오. **20점**

> **기출문제(제4회 1번)**
> A시는 도로건설용지로 사용하기 위하여 甲소유 토지 1,000제곱미터를 수용하기 위하여 재결을 신청하였다. 이에 관할 토지수용위원회는 2008년 8월 24일자로 보상재결을 하려고 한다. 이 경우 토지수용위원회가 재결을 함에 있어서 적용할 현행법상(공익사업을 위한 토지 등의 취득 및 보상에 관한 법률)의 보상기준에 대하여 논하고, 그 보상기준과 정당보상과의 관계를 언급하시오. **50점**

> **기출문제(제9회 1번)**
> 택지개발사업이 시행되는 지역에 농지 4,000제곱미터를 소유하고 있던 甲은 보상금으로 사업주변지역에서 같은 면적의 농지를 대토하고자 하였다. 이 지역의 농지가격수준은 사업이 시행되기 이전만 하더라도 주변지역과 같게 형성되고 있었다. 그러나 해당 사업으로 인해 주변지역의 지가가 상승하여 甲은 보상금으로 3,000제곱미터 밖에 매입할 수 없었다. **40점**
> (1) 甲이 받은 보상은 정당보상에 해당한다고 볼 수 있는가?
> (2) 甲과 사업주변지역 토지소유자와의 불공평관계에서 나타나는 문제점과 개선대책은?

> **기출문제(제22회 1번)**
> A군에 사는 甲은 「국토의 계획 및 이용에 관한 법률」에 따라 지정된 개발제한구역 내에 과수원을 경영하고 있다. 甲은 영농의 편의를 위해 동 과수원 토지 내에 작은 소로(小路)를 개설하고, 종종 이웃 주민의 통행에도 제공해 왔다. A군은 甲의 과수원부지가 속한 일단의 토지에 폐기물처리장을 건설하고자 하는 乙을 「폐기물관리법」에 따라 폐기물처리장 건설사업자로 지정하면서 동 처리장 건설사업 실시계획을 승인하였다. 甲과 乙 간에 甲토지에 대한 협의매수가 성립되지 않아 乙은 甲토지에 대한 수용재결을 신청하고, 관할 지방토지수용위원회의 수용재결을 받았다. 동 수용재결에서는 "사실상 사도(私道)의 부지는 인근 토지에 대한 평가액의 3분의 1 이내로 평가한다."고 규정하고 있는 토지 등의 취득 및 보상에 관한 법률 시행규칙(이하 '토지보상법 시행규칙') 제26조 제1항 제2호의 규정에 따라,

甲의 토지를 인근 토지가에 비하여 3분의 1의 가격으로 평가하였다. 이 수용재결에 대하여 이의가 있는 甲은 적절한 권리구제수단을 강구하고자 한다. 다음의 물음에 답하시오. 50점

(1) 토지보상액에 대해 불복하고자 하는 甲의 행정쟁송상 권리구제수단을 설명하시오. 20점

(2) 甲이 제기한 쟁송에서 피고 측은 甲의 토지에 대한 보상액이 낮게 평가된 것은 토지보상법 시행규칙 제26조 제1항 제2호의 규정에 의한 것으로서 적법하다고 주장한다. 피고의 주장에 대해 법적으로 판단하시오. 15점

(3) 甲은 토지보상법 시행규칙 제26조 제1항 제2호의 규정은 헌법 제23조상의 재산권 보장 및 정당보상의 원칙을 위배하여 위헌적인 것이라고 주장한다. 甲의 주장을 관철할 수 있는 법적 수단을 설명하시오. 15점

05 기본문제

1 「공익사업을 위한 토지 등의 취득 및 보상에 관한 법률」(이하 '토지보상법') 제70조 제1항은 보상액을 산정할 때 공시지가를 기준으로 가격시점까지 시점수정하도록 하고 있다. 이 규정과 관련하여 다음의 물음에 답하시오. (류해웅)

(1) 토지보상법 제70조 제1항에서 규정하고 있는 시점수정의 방법을 설명하시오. 10점

(2) 보상액의 산정에서 시점수정의 방법을 채용하고 있는 이유와 정당보상의 관계에 대해 논하시오. 20점

(3) 보상액의 산정 시 보상선례를 참작할 수 있는 것인지에 대해 판례의 예를 들어 설명하시오. 10점

Ⅰ. 논점의 정리

헌법 제23조 제3항은 공공필요에 따른 수용·사용·제한에 대한 법률유보와 손실보상에 대하여 규정하고 있다. 또한 손실보상은 정당한 보상이어야 함을 천명하여 정당보상의 원칙을 헌법상 원칙으로 제시하고 있다. 따라서 헌법상 정당보상을 구체화하기 위한 공익사업을 위한 토지 등의 취득 및 보상에 관한 법률(이하 토지보상법)의 규정과 정당보상과의 관계가 문제된다.

이하에서는 공시지가기준보상과 시점수정의 방법을 규정한 토지보상법 제70조 제1항을 검토하고, 이러한 시점수정의 방법을 채용하고 있는 이유와 정당보상의 관계를 검토하며, 보상액 산정 시 보상선례를 참작할 수 있는지에 대하여 판례를 통해 검토한다.

Ⅱ. 설문 (1)의 검토

1. 시점수정의 법적 근거(토지보상법 제70조 제1항)

동조는 협의나 재결에 의하여 취득하는 토지에 대하여 "「부동산 가격공시에 관한 법률」에 따른 공시지가를 기준으로 하여 보상하되, 그 공시기준일부터 가격시점까지의 관계법령에 따른 그 토지의 이용계획, 해당 공익사업으로 인한 지가의 영향을 받지 아니하는 지역의 대통령령으로 정하는 지가변동률, 생산자물가상승률(「한국은행법」 제86조에 따라 한국은행이 조사·발표하는 생산자물가지수에 따라 산정

된 비율을 말한다)과 그 밖에 그 토지의 위치·형상·환경·이용상황 등을 고려하여 평가한 적정가격
으로 보상하여야 한다."고 규정하여 보상액 산정에 있어 시점수정의 법적 근거를 규정하고 있다.

2. 시점수정의 방법

(1) 의의

시점수정이라 함은 평가에 있어서 거래사례자료의 거래시점과 가격시점이 시간적으로 불일치하여
가격수준의 변동이 있는 경우 거래사례가격을 가격시점의 수준으로 정상화하는 작업을 말한다. 보
상평가에 있어서는 토지의 평가 시 공시기준일과 평가대상토지의 가격시점 간의 시간적 불일치로
인한 가격수준의 변동을 정상화하는 작업을 의미한다.

(2) 시점수정의 방법(법 제70조 제1항 및 동법 시행령 제37조 제1항, 제2항)

토지보상법상 시점수정은 해당 사업으로 인한 지가의 영향을 받지 아니하는 지역의 대통령령으로
정하는 지가변동률, 생산자물가상승률을 기준으로 하여 공시기준일부터 가격시점까지의 정상적인
지가상승분을 반영하는 방법을 통하여 시점수정을 하도록 규정하고 있다.

적용 지가변동률 선정에 있어 토지보상법 제70조 제1항의 위임에 따라 시행령 제37조는 평가대상
토지가 소재하는 시·군 또는 구의 지가변동률을 원칙으로 하되, 해당 공익사업으로 인하여 평가대
상토지가 소재하는 시·군 또는 구의 지가가 변동된 경우에는 해당 공익사업과 관계없는 인근 시·
군 또는 구의 지가변동률을 선정·적용하도록 규정하고 있다.

Ⅲ. 설문 (2)의 검토

1. 문제점

시점수정은 헌법 제23조 제3항에서 규정하고 있는 정당보상의 구체적 실현을 위한 수단이 되는바,
헌법상 정당보상의 의미를 검토하고 토지보상법상 시점수정이 헌법상 정당보상을 구체화시키는 수단
이 됨을 토지보상법상 시점수정 채용이유로 검토한다.

2. 헌법상 정당보상원칙

(1) 의미

헌법상 정당보상은 일률적으로 판단할 수 없고, 각 국가의 재산권에 대한 인식과 사회적 관념에 따라
결정된다. 학설은 ① 재산권에 대한 객관적 가치와 부대손실까지 보상해야 한다는 완전보상설,
② 사회적 관념에 따라 그 타당성이 인정되는 보상이면 된다는 상당보상설, ③ 구체적 기준에 따라
개별적으로 판단해야 한다는 절충설로 구분된다. 판례는 정당보상을 재산권의 객관적 가치를 완전히
보상해야 한다는 완전보상설을 원칙으로 보상의 기준과 방법에 있어서도 제한이 없어야 한다고 본다.
개인의 재산권 침해에 대한 정당한 보상은 침해 전후의 재산적 가치를 동일하도록 보상해 주어야
한다는 점, 공평부담의 견지에서 그 객관적 기준이 명확하여야 한다는 점 등에서 볼 때, 판례 및
통설에 따라 완전보상설로 봄이 타당하다고 판단된다.

(2) 토지보상법상 정당보상 실현수단

① 문제점 : 헌법에서 천명하고 있는 정당보상을, 토지보상법은 크게 시가보상, 개발이익 배제, 생
활보상의 측면에서 구체화하고 있으며 특히 시가보상 및 개발이익 배제 실현을 위한 중요한 수
단으로 시점수정이 채택되고 있다. 이에 대해 구체적으로 검토하기에 앞서 개발이익 배제와 시
가보상을 위한 기준인 공시지가기준보상의 정당보상과의 관계를 먼저 검토하는 것이 필요하다.

② **개발이익 배제와 정당보상과의 관계** : 개발이익의 배제에 관하여 정당보상에 위배된다는 견해와 합치된다는 견해가 있으나, 판례는 개발이익은 토지소유자의 주관적 가치에 불과한 것으로 보아 개발이익 배제의 정당성을 인정한다.

③ **공시지가기준보상과 관련** : 토지보상법은 취득하는 토지는 공시지가를 기준으로 산정한다. 따라서 공시지가를 실질적인 보상기준으로 정한 토지보상법 제70조 제1항이 보상에 있어 어떠한 제한도 없어야 한다는 완전보상설을 취하고 있는 판례의 태도에 비추어 정당보상에 위배되는 것이라는 비판이 있다. 그러나 토지보상법은 공시지가를 기준으로 하되, 가격시점까지 지가변동률을 고려하여 시점수정하도록 하고, 개별토지의 위치, 환경 등을 고려하여 적정가격을 산정토록 하는바 정당보상에 위배되는 것이라고 볼 수는 없다.

따라서 이하 토지보상법상 정당보상을 위한 시가보상 및 개발이익 배제 규정이 헌법상 정당보상의 실현을 위한 적정한 규정임을 전제로 시점수정방법의 채용이유를 검토하기로 한다.

3. 시점수정방법의 채용이유

(1) 개발이익의 배제

① **의의** : 개발이익이란 공익사업의 계획 또는 시행이 공고 또는 고시되거나 공익사업의 시행 기타 공익사업의 시행에 따른 절차로서 행하여진 토지이용계획의 설정, 변경, 해제 등으로 인하여 토지소유자가 자기의 노력에 관계없이 지가가 상승되어 현저하게 받은 이익으로서 정상지가 상승분을 초과하여 증가된 부분을 의미한다.

판례는 헌법 제23조에서 보장하는 재산권의 범위에 개발이익은 포함될 수 없다고 보고 있으며, 토지보상법 제67조 제2항에서 해당 사업으로 인한 지가의 변동을 보상액에서 제외하도록 규정하여 개발이익 배제를 규정하고 있다. 관련하여 동법 제70조 제3항 내지 제5항에서(제5항 신설) 개발이익 배제를 위한 적용공시지가를 규정하고 있다.

② **시점수정을 통한 개발이익 배제** : 시점수정은 토지보상법상 적용공시지가 선정규정(제70조 제3항 내지 제5항)과 결합하여 개발이익 배제를 실현한다.

동법 제70조 제3항에서는 사업인정 전의 협의취득에 있어 적용공시지가, 제4항에서는 사업인정 후의 취득에 있어 적용공시지가 선정방법을 규정하고 있다.

또한 신설된 동조 제5항은 동조 "제3항 및 제4항에도 불구하고 공익사업의 계획 또는 시행이 공고 또는 고시됨으로 인하여 취득하여야 할 토지의 가격이 변동되었다고 인정되는 경우에는 제1항에 따른 공시지가는 해당 공고일 또는 고시일 전의 시점을 공시기준일로 하는 공시지가로서 해당 토지의 가격시점 당시 공시된 공시지가 중 해당 공익사업의 공고일 또는 고시일에 가장 가까운 시점에 공시된 공시지가로 한다"라고 규정하여, 사업인정 전후의 보상액 산정에 있어 형평성 있는 개발이익 배제가 가능하도록 규정하였으며 사업인정 전후에 관계없이 연도별 공시지가를 소급하도록 일원화하여 규정하고 있다.

이렇게 선정된 공시지가의 공시기준일로부터 가격시점까지의 동법 제70조 제1항 및 령 제37조에 의한 지가변동률을 공시지가에 적용함으로써 개발이익이 배제된다.

(2) 시가보상원칙의 실현

동법 제67조 제1항에서 "협의에 의한 경우 협의성립 당시의 가격을, 재결에 의한 경우 수용 또는 사용의 재결 당시의 가격을 기준으로 한다"고 가격시점을 규정함으로써 시가보상원칙을 규정하고 있다. 이는 가격시점까지의 적정한 시점수정을 통해 실현된다.

4. 소결

상술한 바와 같이 시점수정은 정당보상을 위한 토지보상법상 구체적인 실현과정에서 필수불가결한 수 단이다. 이러한 시점수정은 독립적으로 적용되는 것이라기보다는 토지보상법이 규정하고 있는 정당보 상규정과 결합하여 최종적으로 정당보상을 완결하는 기능을 갖는다고 판단된다.

Ⅳ. 설문(3)의 검토

1. 보상선례의 참작가능성

(1) 견해의 대립

① 부정하는 견해는 (ㄱ) 현행 토지보상법에 보상액 산정에 있어서 기타사항을 참작할 수 있는 근거 규정을 삭제한 것은 참작하지 못하도록 해석해야 하고, (ㄴ) 공시지가 자체에 인근 유사토지의 정상 적인 거래가격 등 기타사항이 반영되어 있으며, (ㄷ) 토지보상법은 개별요인의 비교항목을 열거하고 있으며, (ㄹ) 감정평가법인등의 자의성이나 재량으로부터 멀리하기 위하여서는 법정의 참작항목 이 외에는 어떠한 요인도 참작할 수 없다고 본다.

반면에 ② 긍정하는 견해는 (ㄱ) 판례가 정당보상에 이르는 방법에는 어떠한 제한이 없다고 판시하 고 있고, (ㄴ) 감정평가에 관한 규칙 제17조에 근거규정이 있으며, (ㄷ) 토지보상법의 개별요인의 비교 항목은 예시한 것에 지나지 않는다고 보아 보상액 산정시 기타사항을 참작할 수 있다고 본다.

(2) 판례의 입장

대법원은 수용대상토지의 정당한 보상액을 산정함에 있어서 인근 유사토지의 정상거래사례가 있 고, 그 거래를 참작하는 것으로서 적정한 보상평가에 영향을 미칠 수 있는 것이 입증된 경우에는 이를 참작할 수 있다고 판시하고 있다.

(3) 검토

헌법 제23조 제3항의 완전보상의 원칙을 '시가보상'으로 볼 때 정책가격의 성격이 강한 공시지가만 을 기준으로 보상액 산정 시 완전보상에 미달될 우려가 있어, 헌법상 정당보상의 실현방안으로 기 타사항을 참작할 수 있다고 보는 것이 타당한바, 토지보상법에 명문규정을 마련하여 입법적인 보완 이 필요하다고 판단된다.

2. 판례를 통하여 인정된 기타사항

(1) 인근 유사토지의 정상거래사례

인근 유사토지의 정상거래가격이라고 하기 위해서는 대상토지의 인근에 있는 지목·등급·지적· 형태·이용상황·용도지역·법령상의 제한 등 자연적, 사회적 조건이 수용대상토지와 동일하거나 유사한 토지에 관하여 통상의 거래에서 성립된 가격으로서 개발이익이 포함되지 아니하고 투기적 인 거래에서 형성된 것이 아닌 가격이어야 하고, 그와 같은 인근 유사토지의 정상거래사례에 해당 한다고 볼 수 있는 거래사례가 있고 그것을 참작함으로써 보상액 산정에 영향을 미친다고 하는 점 은 이를 주장하는 자에게 입증책임이 있다(대판 1994.1.25, 93누11524).

(2) 호가

구체적 거래사례 가격이 아닌 호가라 하여 수용대상토지의 보상가액 산정시 참작할 수 없는 것은 아니지만, 보상액 산정 시 참작될 수 있는 호가는 그것이 인근 유사토지에 대한 것으로, 투기적 가격이나 해당 공익사업으로 인한 개발이익 등이 포함되지 않은 정상적인 거래가격수준을 나타내 는 것임이 입증되는 경우라야 할 것이다(대판 1993.10.22, 93누11500).

(3) 보상선례

(구)국토이용관리법 제29조 제5항은 인근 유사토지의 정상거래가격을 보상액 산정요인의 하나로 명시하고 있었던 만큼 수용대상토지에 대한 보상액을 산정함에 있어서는 반드시 인근 유사토지의 거래사례 유무와 거래가격의 정상 여부를 밝혀 이를 보상액 산정에 참작하여야 한다고 해석되었던 것이나, (구)토지수용법 제46조 제2항이나 지가공시법 제9조, 제10조 등의 관계규정에서는 인근 유사토지의 정상거래가격을 특정하여 보상액 산정의 참작요인으로 들고 있지 않으므로 위 구법 당시와 같이 해석할 수는 없고, 다만 인근 유사토지의 정상거래사례가 있고 그 거래가격이 정상적인 것으로서 적정한 보상액평가에 영향을 미칠 수 있는 것임이 입증된 경우에 한하여 이를 참작할 수 있다고 보아야 할 것이다(대판 1992.10.23, 91누8562).

(4) 자연적 지가상승률

수용대상토지에 적용될 표준지의 공시지가가 택지개발사업시행으로 지가가 동결된 관계로 개발이익을 배제한 자연적인 지가상승분도 반영하지 못한 경우 자연적인 지가상승률을 산출하여 이를 기타사항으로 참작한 감정평가는 적정한 것으로 수긍된다(대판 1993.3.9, 92누9531).

V. 사례의 해결

설문 (1)에서 토지보상법 제70조 제1항의 시점수정의 방법은 지가변동률에 의하되, 생산자물가상승률 등을 참작하여 정당보상에 부합되는 취득하는 토지의 보상액을 산정하도록 규정하고 있다.

설문 (2)에서 시점수정방법 등의 채용이유는 토지보상법 제67조 제2항 및 제70조 제3항 내지 제5항의 개발이익의 배제를 위한 것이며, 이는 정당보상이라고 대법원 판례는 설시하고 있다.

설문 (3)에서 보상액 산정 시에 보상선례를 참작할 수 있는 경우는 인근 유사토지의 정상거래사례가 있고 그 거래가격이 정상적인 것으로서 적정한 보상액평가에 영향을 미칠 수 있는 것임이 입증된 경우에 한하여 이를 참작할 수 있다고 보아야 할 것이다.

최근 토지보상법 제70조에 대한 정비가 있었던바, 〈정당보상과 개발이익배제〉라는 양날의 칼에 대한 입법자의 고충이 그대로 반영된 것이라 보여진다.

---

2 수도권의 인구 증가로 인하여 팔당댐의 취수량이 부족하다고 판단한 정부는 경기도 양평지역에 댐건설을 하기로 하였다. 이에 경기도 양평군 일대에 새로운 댐건설을 하려고 한국수자원공사는 국토교통부장관에게 사업인정을 받았다. 경기도 양평군에 사는 甲은 한국수자원공사가 시행하는 댐공사로 인해 수몰될 지역 밖에 과수원을 소유하고 있다. 댐공사가 시작되어 甲의 과수원에 이르는 농로가 차단됨으로써 영농상 큰 애로에 봉착하였고, 그에 따라 甲은 과일생산에 큰 결손을 입었다. 甲은 영농상의 손실이 댐공사에 기인하였다는 이유로 한국수자원공사에 대하여 적절한 권리구제수단을 모색하고자 한다. 가능한 구제수단과 그 성공 여부를 논술하시오. **40점** (김해룡, 부동산고시 2001. 5월 응용)

Ⅰ. 논점의 정리

헌법 제23조는 국민의 재산권을 보장하면서, 공공복리에 따른 제약과 예외적 공용침해에 따른 손실보상의 의무를 규정하고 있다. 따라서 재산권에 대한 일체의 침해를 의미하는 공용침해에 대하여 특별한 희생이 발생한다면 이는 공평부담의 원칙과 재산권 보장원칙에 따라 손실보상의 대상이 되어야 할 것이다.

그러나 사안의 경우 댐공사로 인해 수몰되는 지역 밖의 과수원에 대한 영농상의 손실이 과연 헌법 제23조 제3항의 공용침해에 해당하여 손실보상청구의 대상이 될 수 있는지, 보상의 대상이 된다면 어떠한 법리를 적용하여 그러한 청구권을 실현시킬 수 있는지 살펴보고, 기타 현행법 체계하에서 실현가능한 기타의 구제수단도 살펴보고자 한다.

Ⅱ. 손실보상청구권의 성립가능성

1. 성립요건

헌법 제23조 제3항이 규정하는 손실보상의 대상이 되는 공용침해는 실제적으로 그 손실의 직접 원인이 되는지로 판단되어야 하며, 사업지구 내인지 밖인지로 판단되어서는 안 된다. 간접보상은 그 유형을 정형화하기 어렵고, 모든 경우를 대비한 규정을 두기 어려운 실무상의 난점이 존재한다. 사안의 경우, 수자원공사가 시행하는 댐공사로 인하여 직접적인 손실이 발생한 것으로 판단되며, 따라서 행정상 손실보상의 일반적 성립요건인 ① 공공필요, ② 재산권에 대한 적법한 침해, ③ 특별한 희생, ④ 보상규정의 존재의 요건을 충족해야 할 것이다.

2. 재산권의 공권적 침해 여부

(1) 영농손실이 재산권에 포함되는지

헌법 제23조가 보장하는 재산권은 일체의 재산가치 있는 권리를 의미하므로, 사안의 영농손실도 재산권의 범위에 포함된다고 판단된다.

(2) 공권적 침해인지

공권적 침해란 재산적 가치를 감소시키는 일체의 공행정작용을 의미한다. 이에 사안의 경우 댐공사로 인한 농로차단은 공행정작용으로서 전형적인 공권적 행정작용에 해당한다.

(3) 침해의 의도성과 직접성

재산권에 대한 침해는 의도와 관계없이 그로 인한 개인의 재산권에 대한 침해는 직접적 침해에 해당하며, 사업지구에 포함되는지 여부로 판단할 사안도 아니다. 사안의 경우, 농로차단을 직접 원인으로 영농상 손실이 발생한 이상 직접적인 침해가 발생한 것으로 볼 수 있다.

3. 특별한 희생의 존부

(1) 특별한 희생의 판단기준

판단기준은 재산권을 침해받는 자가 특정되어 있는지의 여부에 따라 구분하는 형식설과 재산권 제한의 성질·정도를 기준으로 판단하는 실질설로 구분된다. 특별한 희생의 판단은 어느 하나의 기준만을 가지고 판단하는 것은 타당치 못하며, 통설과 판례 역시 개별·구체적인 경우에 대하여 상기 학설들을 종합적으로 검토하여 판단하여야 한다고 판시한 바 있다.

(2) 사안의 경우

사안에서 甲이 입은 손실은 형식적 기준설에 의할 때 甲에게 특별하게 부여된 침해로 볼 수 있다.

또한 실질적 기준설에 의할 때에도 과수원의 경영 자체가 어려워졌기 때문에 재산권 제한의 정도가 크다고 할 수 있으므로, 甲에게는 특별한 희생이 발생했다고 볼 수 있다.

4. 보상규정의 존재 여부

(1) 관련규정의 검토

개정된 토지보상법 제79조 제2항(동법 79조 제4항은 손실보상에 일반적 조항으로 보는 견해)에 의해 토지보상법 시행규칙 제59조 이하의 공익사업지구 밖 보상규정이 헌법 제23조 제3항의 구체적 실현을 위한 규정인지, 간접적인 재산권 침해에 대한 조절적 보상입법인지 문제된다. 그러나 사실작용에 의한 비의도적 침해의 경우도 재산권을 수용·사용·제한하는 공행정작용으로 헌법 제23조 제3항의 규율대상이 되는 손실보상으로 볼 수 있다. 이러한 공익사업지구 밖 보상규정으로는 대지, 건축물, 소수잔존자 등의 손실보상을 규정하고 있다.

(2) 사안의 경우

토지보상법 시행규칙 제65조는 공익사업시행지구 밖의 농업손실에 대한 보상으로, 농지의 2/3 이상이 편입된 경우, 해당 지역에서 더 이상 영농을 계속 할 수 없게 된 농민에 대하여 공익사업지구 밖의 농지에 대하여도 영농손실을 보상한다고 규정한다. 그러나 사안의 경우, 과수원의 2/3 이상이 편입되지 않은 바 본 규정을 직접 근거로 하여 손실보상의 청구는 불가능하다 판단된다.

5. 사안의 검토

甲은 공익사업인 댐공사로 과일생산에 큰 결손을 입었으며, 재산권에 대한 공권적 침해로 특별한 희생이 발생하였다. 그러나 그러한 특별한 희생을 전보하는 보상규정이 존재하지 않는바, 보상규정이 없는 경우 손실보상이 가능한지 살펴보아야 한다.

Ⅲ. 보상규정 없는 경우 손실보상청구권 행사가능 여부

1. 보상부정설

토지보상법 시행규칙 제59조 이하의 간접보상규정을 제한적 열거규정으로 보고, 동 규정에 의해 간접보상의 문제가 전부 해결된 것으로 보며 동 규정에 규정하지 않은 간접손실은 보상의 대상이 되지 않는다고 보는 견해이다.

2. 유추적용설

대법원은 간접손실에 대한 보상규정이 없는 경우 기존의 공공용지의 취득 및 손실보상에 관한 특례법상의 보상규정을 유추적용하여 보상할 수 있다고 보았다.

3. 헌법 제23조 제3항 직접적용설

손실보상에 관하여 헌법 제23조 제3항의 직접 효력을 인정하고, 간접손실도 제23조 제3항의 손실보상의 범위에 포함된다고 본다면 보상규정이 없는 간접손실에 대하여는 헌법 제23조 제3항에 근거하여 보상청구권이 인정된다고 볼 수 있다.

4. 평등원칙 및 재산권 보장규정근거설

공적부담 앞의 평등원칙 및 재산권 보장규정이 손실보상의 직접적 근거가 될 수 있다면 간접손실도 헌법상 평등원칙 및 재산권 보장규정에 근거하여 보상해 주어야 한다.

5. 수용적 침해이론

간접손실을 수용적 침해로 보고 독일법상의 수용적 침해이론을 적용하여 구제해 주어야 한다는 견해 이다.

6. 손해배상설

간접손실에 대하여 명문의 규정이 없는 경우에는 손해배상을 청구해야 한다는 견해이다.

7. 판례

판례는 (구)토지수용법하에서 간접손실을 헌법 제23조 제3항에 규정한 손실보상의 대상이 된다고 보고, 공공용지의 취득 및 손실보상에 관한 특례법 시행규칙상의 각 간접손실보상규정을 유추적용하여 그에 관한 보상을 인정하는 것이 타당하다고 보았다. 즉, 판례는 손실이 발생하리라는 것을 쉽게 예견할 수 있고, 손실의 범위도 구체적으로 특정할 수 있는 경우에 한하여 유추적용할 수 있다고 하였다 (대판 1999.12.24, 98다57419).

8. 사안의 검토

특별한 희생이 발생하였으나 그에 대한 보상을 인정할 수 있는 보상규정이 없는 경우 헌법 제23조 제3항의 효력에 대하여 직접효력설은 그 문리적 해석의 한계를 넘는 문제가 있고, 수용적 침해이론 등은 그를 인정할 수 있는 관습법상 근거의 부재로서 도입이 어렵다고 판단된다. 따라서 판례의 태도 와 같이 재산권 제한정책의 유지 필요성이 현저한 경우로서 현실적으로 1차적인 권리구제수단을 통해 서는 피해구제가 불가능하거나 충분하지 못한 경우는 유추적용설의 주장과 같이 헌법 제23조 제1항 및 제11조를 근거로 헌법 제23조 제3항 및 관련규정(공익사업지구 밖 손실보상규정)을 유추적용하여 손실보상을 인정하는 것이 타당하다고 본다.

Ⅳ. 기타 권리구제수단의 검토

1. 손해배상 청구가능성

판례는 사업장 등에서 발생되는 환경오염으로 인하여 피해가 발생한 경우에는 해당 사업자는 귀책사 유가 없더라도 그 피해를 배상하여야 한다고 하여 고의·과실을 문제삼지 않고 있다. 따라서 공익사업 의 시행으로 인하여 공익사업지 외의 자에게 수인한도를 넘는 손실이 발생하였다면 이를 불법행위로 인한 손해배상의 청구를 인정할 여지가 있다고 할 것이다.

2. 민사상 방해배제의 청구

민법 제217조(매연 등에 의한 인지에 대한 방해금지)의 규정은 토지소유권과는 별도로 그 지상에서 영위하는 인간의 쾌적한 생활이익이 매연·소음·진동 등으로 침해되었을 때 이러한 생활이익의 침해 를 토지소유권의 침해와 동일시하여 그러한 침해행위에 대한 방해배제청구권을 인정한 것이다. 매연 ·소음·진동 등으로 인하여 침해되는 법적 보호이익은 인간의 쾌적한 생활을 할 권리로서 인격권의 일종으로 볼 수 있다. 따라서 이러한 인격권에 근거하여 인격권의 침해를 배척할 수 있는 방해배제청 구권이 인정되는 것이다.

그러나 적법한 공익사업에 의한 간접침해에 대하여 민사소송으로 방해배제청구권에 근거한 공사금지 가처분 등을 구하는 경우에는 간접침해를 받은 사익이 공익사업의 공익성보다 크기는 어려우므로 실 제적인 구제수단이 되기는 힘들다고 판단된다.

3. 시민고충처리위원회에 민원제기(통합됨)

시민(국민에서 시민으로 변경)고충처리위원회는 부패방지 및 국민권익위원회의 설치와 운영에 관한 법률(민원사무처리에 관한 법률에서 변경통합됨) 제32조에 근거하여 설치된 것으로 국민의 권리를 침해하거나 국민에게 불편을 주는 고충민원을 간편하고 신속하게 처리하기 위한 것이다. 동위원회는 위법·부당한 행정처분에 대한 시정권고기능, 불합리한 행정제도에 대한 개선권고기능을 가지고 있다. 시민고충처리위원회의 시정권고나 의견표명 등은 직접적인 집행력이 없기 때문에 직접적인 간접침해에 대한 권리구제수단으로는 불완전하다.

※ 부패방지 및 국민권익위원회의 설치와 운영에 관한 법률 제1조, 제2조, 제11조, 제12조, 제32조, 제44조, 제45조 참조

4. 환경분쟁조정위원회에 조정신청

(1) 환경분쟁조정제도는 행정기관이 지니고 있는 전문성과 절차의 신속성을 충분히 활용하여 환경분쟁에 직접 개입하여 간편하고 신속하게 구제하고자 마련된 제도이다. 환경분쟁조정법상 환경피해는 간접침해의 유형 중에서 물리적·기술적 침해에 해당한다고 볼 수 있다.

(2) 환경분쟁조정위원회는 침해행위와 피해 결과의 인과관계가 성립되고, 그 피해가 수인한도는 넘는 경우 피해배상액을 결정하고 있다. 그러나 명확한 기준이 없어 사안에 따라 달리 적용될 여지가 있고 형평성에 논란이 있을 수 있다.

※ 환경분쟁조정법 제4조, 제5조, 제6조 참조

V. 청구절차

종전에는 공익사업시행지구 밖의 사업손실보상을 청구하는 절차에 대해서는 토지보상법이 근거규정을 두고 있지 않았다. 그러나 토지보상법령이 개정되어 토지보상법은 간접손실보상의 근거규정으로 제79조 제2항(박균성 교수)을 규정하고, 손실보상에 대해 협의 및 재결, 그리고 토지수용위원회의 재결신청에 대한 규정을 제80조에 신설하였다. 손실보상청구권의 법적 성질에 대한 논의에 따라서 결론이 다르겠지만, 사업인정 이후에 의제조항 등을 검토할 때 간접손실보상에 관한 청구절차는 손실보상청구권의 법적 성질을 공권으로 본다면 공법상 당사자소송으로 해결해야 한다고 할 것이다. 최근의 판례도 하천법 제외지에 대한 손실보상청구권을 공권으로 보아 당사자소송을 통해 해결해야 한다고 판시하였다. 다만, 사권으로 본다면 민사소송의 여지도 있을 수 있을 것이며, 그 논의는 앞에서와 같이 법적 성질에 따라 다르게 판단될 것이다.

VI. 사례의 해결

공익사업의 시행결과로 생긴 재산권 침해인 공법적 문제에 대하여 사법상의 구제수단을 적용하는 것은 타당하지 못하다. 따라서 보상개념을 확대할 필요가 있다. 즉, 손실보상의 범위를 공익사업지구 내의 재산권 침해에 한정할 것이 아니라 공익사업시행이 원인이 되어 생긴 직접적·간접적 재산권 침해 그 전부를 보상대상으로 인정하는 보상개념의 정립이 필요하다고 본다.

사안의 경우, 甲에게 발생한 영농손실은 댐공사로 인해 발생한 것으로서, 그 의도성 여부와 관계없이 헌법 제23조 제3항에 의한 규율대상이 되며, 따라서 판례의 태도와 같이 관련규정을 유추적용하여 손실보상을 인정해야 한다고 생각된다.

CHAPTER 03 토지보상법상의 손실보상의 구체적 내용(손실보상각론)

제1절 토지보상

01 토지보상 일반

1. 개설

취득하는 토지의 보상액은 토지보상법 제70조와 시행규칙 제22조에 의거 공시지가를 기준으로 가격시점에 있어서의 현실적인 이용상황과 일반적인 이용방법에 의한 객관적 상황을 고려하여 평가한다. 또한 건축물 등이 있는 경우에는 그 건축물 등이 없는 상태를 상정하여 평가하되, 개발이익은 배제하여야 한다.

> **▶ 법 제70조(취득하는 토지의 보상)**
> ① 협의나 재결에 의하여 취득하는 토지에 대하여는 「부동산 가격공시에 관한 법률」에 따른 공시지가를 기준으로 하여 보상하되, 그 공시기준일부터 가격시점까지의 관계법령에 따른 그 토지의 이용계획, 해당 공익사업으로 인한 지가의 영향을 받지 아니하는 지역의 대통령령으로 정하는 지가변동률, 생산자물가상승률(「한국은행법」 제86조에 따라 한국은행이 조사·발표하는 생산자물가지수에 따라 산정된 비율을 말한다)과 그 밖에 그 토지의 위치·형상·환경·이용상황 등을 고려하여 평가한 적정가격으로 보상하여야 한다.
>
> **▶ 시행규칙 제22조(취득하는 토지의 평가)**
> ① 취득하는 토지를 평가함에 있어서는 평가대상토지와 유사한 이용가치를 지닌다고 인정되는 하나 이상의 표준지의 공시지가를 기준으로 한다.
> ② 토지에 건축물 등이 있는 때에는 그 건축물 등이 없는 상태를 상정하여 토지를 평가한다.
> ③ 제1항에 따른 표준지는 특별한 사유가 있는 경우를 제외하고는 다음 각 호의 기준에 따른 토지로 한다.
>   1. 「국토의 계획 및 이용에 관한 법률」 제36조부터 제38조까지, 제38조의2 및 제39조부터 제42조까지에서 정한 용도지역, 용도지구, 용도구역 등 공법상 제한이 같거나 유사할 것
>   2. 평가대상토지와 실제 이용상황이 같거나 유사할 것
>   3. 평가대상토지와 주위 환경 등이 같거나 유사할 것
>   4. 평가대상토지와 지리적으로 가까울 것

> 판례

▶ 관련판례(대판 2012.3.29, 2011다104253)

[1] 공익사업을 위한 토지 등의 취득 및 보상에 관한 법률(이하 '공익사업법'이라 한다) 제68조 제3항은 협의취득의 보상액 산정에 관한 구체적 기준을 시행규칙에 위임하고 있고, 위임범위 내에서 공익사업을 위한 토지 등의 취득 및 보상에 관한 법률 시행규칙 제22조는 토지에 건축물 등이 있는 경우에는 건축물 등이 없는 상태를 상정하여 토지를 평가하도록 규정하고 있는데, 이는 비록 행정규칙의 형식이나 공익사업법의 내용이 될 사항을 구체적으로 정하여 내용을 보충하는 기능을 갖는 것이므로, 공익사업법 규정과 결합하여 대외적인 구속력을 가진다.

[2] 한국토지주택공사가 국민임대주택단지를 조성하기 위하여 갑 등에게서 토지를 협의취득하면서 '매매대금이 고의·과실 내지 착오평가 등으로 과다 또는 과소하게 책정되어 지급되었을 때에는 과부족금액을 상대방에게 청구할 수 있다'고 약정하였는데, 공사가 협의취득을 위한 보상액을 산정하면서 한국감정평가업협회의 (구)토지보상평가지침(2003.2.14.자로 개정된 것, 이하 '(구)토지보상평가지침'이라 한다)에 따라 토지를 지상에 설치된 철탑 및 고압송전선의 제한을 받는 상태로 평가한 사안에서, 위 약정은 단순히 협의취득 대상토지 현황이나 면적을 잘못 평가하거나 계산상 오류 등으로 감정평가금액을 잘못 산정한 경우뿐만 아니라 공익사업을 위한 토지 등의 취득 및 보상에 관한 법률(이하 '공익사업법'이라 한다)상 보상액 산정기준에 적합하지 아니한 감정평가기준을 적용함으로써 감정평가금액을 잘못 산정하여 이를 기준으로 협의매수금액을 산정한 경우에도 적용되고, 한편 공사가 협의취득을 위한 보상액을 산정하면서 대외적 구속력을 갖는 공익사업을 위한 토지 등의 취득 및 보상에 관한 법률 시행규칙 제22조에 따라 토지에 건축물 등이 있는 때에는 건축물 등이 없는 상태를 상정하여 토지를 평가하여야 함에도, 대외적 구속력이 없는 (구)토지보상평가지침에 따라 토지를 건축물 등에 해당하는 철탑 및 고압송전선의 제한을 받는 상태로 평가한 것은 정당한 토지평가라고 할 수 없는 점 등에 비추어 위 협의매수금액 산정은 공사가 고의·과실 내지 착오평가 등으로 과소하게 책정하여 지급한 경우에 해당한다고 본 원심판결에 판단누락이나 이유불비 등의 잘못이 없다고 한 사례

2. 현황평가주의

(1) 현황평가의 원칙

① 의의 및 근거

취득할 토지에 대한 보상액은 가격시점에 있어서의 현실적인 이용상황을 기준으로 평가하여야 한다는 것(일시적 이용상황은 고려하지 아니함)으로 토지보상법 제70조 제2항에 근거를 두고 있다.

> ↪ 법 제70조(취득하는 토지의 보상)
> ② 토지에 대한 보상액은 가격시점에서의 현실적인 이용상황과 일반적인 이용방법에 의한 객관적 상황을 고려하여 산정하되, 일시적인 이용상황과 토지소유자나 관계인이 갖는 주관적 가치 및 특별한 용도에 사용할 것을 전제로 한 경우 등은 고려하지 아니한다.

② 지적공부상의 지목과의 관계

토지소유자가 정당하게 자신의 토지를 이용하고 있는 경우라 하더라도, 지적공부상의 지목과 현실의 지목이 항상 일치하는 것은 아니다. 따라서 지적공부상의 지목을 기준으로 평가하는 경우 토지소유자가 피해를 보는 경우가 발생하므로, 토지소유자를 보호하기 위하여 현실적 이용상황을 기준으로 평가하도록 하고 있는 것이다.

┌ 판례 ┐

▶ 관련판례(대판 1994.4.12, 93누6904)

토지가격의 평가를 함에 있어 공부상 지목과 실제 현황이 다른 경우에는 공부상 지목보다는 실제 현황을 기준으로 하여 평가하여야 함이 원칙이며, 평가대상토지에 형질변경이 행하여지는 경우 형질변경행위가 완료되어 현황의 변경이 이루어졌다고 보여지는 경우에는 비록 공부상 지목변경절차를 마치기 전이라고 하더라도 변경된 실제 현황을 기준으로 평가함이 상당하다.

▶ 관련판례(대판 2012.12.13, 2011두24033)

토지소유자가 지목 및 현황이 전인 토지에 관하여 국토의 계획 및 이용에 관한 법률 등 관계법령에 의하여 건축물의 부지조성을 목적으로 한 개발행위(토지의 형질변경)허가를 받아 그 토지의 형질을 대지로 변경한 다음 토지에 건축물을 신축하는 내용의 건축허가를 받고 그 착공신고서까지 제출하였고, 형질변경허가에 관한 준공검사를 받은 다음 지목변경절차에 따라 그 토지의 지목을 대지로 변경할 여지가 있었으며, 그와 같이 형질을 변경한 이후에는 그 토지를 더 이상 전으로 사용하지 않았고, 한편 행정청도 그 토지가 장차 건축물의 부지인 대지로 사용됨을 전제로 건축허가를 하였을 뿐만 아니라, 그 현황이 대지임을 전제로 개별공시지가를 산정하고 재산세를 부과하였으며, 나아가 그와 같이 형질이 변경된 이후에 그 토지가 대지로서 매매되는 등 형질이 변경된 현황에 따라 정상적으로 거래된 사정이 있는 경우, 비록 토지소유자가 그 토지에 건축물을 건축하는 공사를 착공하지 못하고 있던 중 토지가 택지개발사업지구에 편입되어 수용됨으로써 실제로 그 토지에 건축물이 건축되어 있지 않아 그 토지를 (구)지적법(2009.6.9. 법률 제9774호로 폐지되기 전의 것) 제5조 제1항 및 같은 법 시행령(2009.12.14. 대통령령 제21881호로 폐지되기 전의 것, 이하 같다) 제5조 제8호에서 정한 대지로 볼 수 없다고 하더라도, 그 토지의 수용에 따른 보상액을 산정함에 있어서는 공익사업을 위한 토지 등의 취득 및 보상에 관한 법률 제70조 제2항의 '현실적인 이용상황'을 대지로 평가함이 상당하다.

③ 1필의 토지가 여러 용도에 이용되는 경우

지적공부상의 지목은 한 필지의 토지가 여러 용도로 이용되고 있다고 하더라도 주된 이용목적에 따라 하나의 지목이 주어진다. 그러나 현실적인 이용상황은 한 필지의 토지를 그 주된 이용상황에 따라 하나의 이용상황만으로 구분하도록 제한되지 않는다. 따라서 여러 가지의 용도로 이용되고 있는 경우에는 그 각각의 용도에 따라 보상액을 산정하여야 한다.

④ 현실적 이용상황이 위법에 기인한 경우

토지의 보상액이 해당 토지의 가격시점에 있어서의 현실적인 이용상황을 기준으로 산정된다고 하더라도 현실적 이용상황이 위법에 기인한 경우에는 적용이 없다. 현실적인 이용상황이 위법행위에 기인한 경우, 허가를 받아야 할 사항을 허가 없이 행한 경우, 금지행위를 한 경우 등에는 토지소유자를 보호할 필요가 없으므로 이 경우에는 그러한 행위가 있기 전의 이용상황을 기준으로 평가하여야 할 것이다.

(2) 현황평가의 예외

① 협의의 현황평가 예외

(ㄱ) 일시적 이용(일시적 금지 또는 제한과 임시적 이용), (ㄴ) 미지급용지, (ㄷ) 무허가건축물 등의 부지, (ㄹ) 불법형질변경 토지, (ㅁ) 건물 등의 부지(나지상정), (ㅂ) 도로, 구거부지의 평가(그 자체만으로 거래되거나 가격이 형성되는 경우가 드문바, 인근 토지에 대한 평가액의 일정비율로 평가)

> 🔁 **시행령 제38조(일시적인 이용상황)**
> 법 제70조 제2항에 따른 일시적인 이용상황은 관계법령에 따른 국가 또는 지방자치단체의 계획이나 명령 등에 따라 해당 토지를 본래의 용도로 이용하는 것이 일시적으로 금지되거나 제한되어 그 본래의 용도와 다른 용도로 이용되고 있거나 해당 토지의 주위환경의 사정으로 보아 현재의 이용방법이 임시적인 것으로 한다.

② 광의의 현황평가 예외

> 🔁 **시행규칙 제23조(공법상 제한을 받는 토지의 평가)**
> ① 공법상 제한을 받는 토지에 대하여는 제한받는 상태대로 평가한다. 다만, 그 공법상 제한이 해당 공익사업의 시행을 직접 목적으로 하여 가하여진 경우에는 제한이 없는 상태를 상정하여 평가한다.
> ② 해당 공익사업의 시행을 직접 목적으로 하여 용도지역 또는 용도지구 등이 변경된 토지에 대하여는 변경되기 전의 용도지역 또는 용도지구 등을 기준으로 평가한다.

(3) 현황평가 예외의 정당성 검토

정당보상으로서 현황평가가 원칙이다. 다만, 현황평가 예외를 둠으로서 보상의 방법에 제한을 두므로 정당보상에 반할 수 있느냐의 문제를 제기할 수 있다. 이에 대해 현황평가의 예외사항들은 토지소유자 등을 보호하기 위한 내용 내지는 위법행위의 합리화 조장방지 등의 취지가 반영된 것으로 보인다.

3. 일반적 이용방법에 의한 객관적 상황기준

토지에 관한 평가는 가격시점에 있어서의 일반적인 이용방법에 의한 객관적 상황을 기준으로 평가하여야 하며, 토지소유자가 갖는 주관적 가치나 특별한 용도에 사용할 것을 전제로 한 것은 이를 고려하지 아니한다. "일반적 이용방법"이라 함은 토지가 놓여있는 지역에서 해당 토지를 이용하는 사람들의 평균인이 이용할 것으로 기대되는 이용방법을 말한다. "주관적 가치"라 함은 다른 사람에게 일반화시킬 수 없는 애착심 또는 감정가치를 말한다. 다만, 전망 좋은 집터, 공해가 없는 환경 좋은 마을 등과 같이 토지가 갖는 객관적인 호감가치와 주관적인 감정가치는 구분되어야 한다. 객관적인 호감가치는 보상액의 산정에서 당연히 고려의 대상이다.

4. 나지상정 평가

토지에 건축물 등이 있을 때에는 그 건축물 등이 없는 토지의 나지상태를 상정하여 평가한다. 이렇게 나지를 상정하여 평가하는 것은 토지보상법 제64조에서 개인별 보상원칙을 채택하고 있기 때문이다. 그리고 공익사업에 필요한 것은 원칙적으로 토지이고 그 지상정착물이 아니므로 토지의 평가기준과 지장물의 평가기준은 서로 달리하여야 하며, 토지는 건부감가요인이 작용하기 때문이다. 따라서 건축물 등이 있다는 것이 오히려 증가의 요인이 된다면 나지를 상정하여 평가할 필요가 없을 것이다. 예를 들어 개발제한구역 내의 건부지는 나지에 비하여 증가되므로 건부지인 상태로 평가한다(현황평가).

> **판례**
>
> ▶ **관련판례(대판 2012.3.29, 2011다104253)**
> ○○공사가 협의취득을 위한 보상액을 산정하면서 대외적 구속력을 갖는 공익사업을 위한 토지 등의 취득 및 보상에 관한 법률 시행규칙 제22조에 따라 토지에 건축물 등이 있는 때에는 건축물 등이 없는 상태를 상정하여 토지를 평가하여야 함에도, 대외적 구속력이 없는 (구)토지보상평가지침에 따라 토지를 건축물 등에 해당하는 철탑 및 고압송전선의 제한을 받는 상태로 평가한 것은 정당한 토지평가라고 할 수 없는 점 등에 비추어 위 협의매수금액 산정은 공사가 고의·과실 내지 착오평가 등으로 과소하게 책정하여 지급한 경우에 해당한다고 본 원심판결에 판단누락이나 이유불비 등의 잘못이 없다고 한 사례

5. 공시지가기준 평가

(1) 공시지가기준

협의 또는 재결에 의하여 사업시행자가 취득하는 토지에 대하여서는 부동산 가격공시에 관한 법률에 의한 공시지가를 기준으로 하여 보상액을 산정한다(법 제70조 제1항).

① 공시지가의 의의

여기에서의 공시지가는 보상액 산정의 기준으로 적용되는 것만을 대상으로 하기 때문에 개별공시지가는 논외로 하고, 표준지공시지가로 한정하는 의미로 사용하고자 한다. '공시지가'는 부동산 가격공시법이 정하는 절차에 따라 국토교통부장관이 조사·평가하여 공시한 표준지의 단위면적당 가격을 말한다. 이와 같이 취득하는 토지에 대하여는 공시지가를 기준으로 하여 보상액을 산정하였기 때문에 그 금액이 개별공시지가보다 낮게 산정되는 경우가 발생하면, 그것이 협의취득의 경우에는 문제가 없지만 피수용자 등의 동의를 요구하지 아니하는 공용수용에는 정당보상과 관련하여 문제가 발생할 수 있으나 그것만으로 위헌이 될 수는 없다.

판례

▶ 관련판례(대판 2002.3.29, 2000두10106)
토지수용보상액은 토지수용법 제46조 제2항 등 관계법령에서 규정한 바에 따라 산정하여야 하는
것으로서, 지가공시 및 토지 등의 평가에 관한 법률 제10조의2 규정에 따라 결정·공시된 개별공시
지가를 기준으로 하여 산정하여야 하는 것은 아니며, 관계법령에 따라 보상액을 산정한 결과 그 보
상액이 해당 토지의 개별공시지가를 기준으로 하여 산정한 지가보다 저렴하게 되었다는 사정만으로
그 보상액 산정이 잘못되어 위법한 것이라고 할 수는 없다.

② 보상액 산정에 적용할 공시지가 및 표준지의 선정

(ㄱ) 공간적인 선정기준 : 표준지의 선정은 평가대상토지와 유사한 이용가치를 지닌다고 인정되는
하나 이상의 것이어야 한다(시행규칙 제22조 제1항). 따라서 대상토지의 거리는 별로 문제되지
않고 표준지가 수용대상토지로부터 상당히 떨어져 있다는 것만으로는 위법하다고 할 수 없으
며(판례 1), 현실 이용상황이 같으며, 위치·형태·환경·용도지역이 같아야 한다.

그러나 위치·형태·환경·용도지역 등이 같은 표준지가 없는 경우에는 평가대상토지와
그러한 사항이 가장 비슷한 표준지를 선정하여야 한다. 특히, 도시지역 안에서는 용도지
역에 따라 지가가 영향을 가장 많이 받게 되므로 무조건 용도지역이 같은 표준지를 선정
하여야 하는 것은 아니나, 다른 요인보다는 용도지역이 같은 표준지를 우선하여 선정하여
야 한다(판례 2). 따라서 도시지역 안에서 보상대상토지와 같은 용도지역의 표준지가 있음
에도 불구하고, 용도지역이 다른 토지를 적용할 표준지로 선정하여 감정평가한 것은 위법
하다고 하지 아니할 수 없다고 한다(판례 3).

판례

▶ 관련판례 1(대판 1997.4.8, 96누11396)
표준지가 수용대상토지로부터 상당히 떨어져 있다는 것만으로는 표준지 선정이 위법하다고 말할 수
없다.

▶ 관련판례 2(대판 2000.12.8, 99두9957)
수용대상토지가 도시계획구역 내에 있는 경우에는 그 용도지역이 토지의 가격형성에 미치는 영향을
고려하여 볼 때, 해당 토지와 같은 용도지역의 표준지가 있으면 다른 특별한 사정이 없는 한 용도지
역이 같은 토지를 해당 토지에 적용할 표준지로 선정함이 상당하고, 가사 그 표준지와 해당 토지의
이용상황이나 주변환경 등에 다소 상이한 점이 있다 하더라도 이러한 점은 지역요인이나 개별요인
의 분석 등 품등비교에서 참작하면 된다.

▶ 관련판례 3(대판 1993.2.26, 92누8675)
해당 토지와 같은 용도지역의 표준지가 있음에도 불구하고 용도지역이 다른 토지를 표준지로 선정
한 감정인의 평가를 바탕으로 보상액을 정한 경우 위법하다.

(ㄴ) **시간적인 선정기준** : ㉠ 사업인정 전 취득 시(법 제70조 제3항), ㉡ 사업인정 후 취득 시(법 제70조 제4항), ㉢ 공익사업의 계획 또는 시행의 공고 · 고시 후 취득 시(법 제70조 제5항)로 구별하여 적용공시지가를 선정하고 있다.

(ㄷ) **공시지가에서 개발이익의 배제** : 제도적으로 배제하지 못한 개발이익이라도 그것은 보상액 산정에 포함되어서는 안 된다. 따라서 공시지가를 기준으로 하여 보상액을 산정하는 경우 해당 지가에 개발이익이 포함되었다면 그러한 개발이익을 공제하여야 한다.

판례

▶ **관련판례**(대판 1993.7.13, 93누227)

(구)토지수용법 제46조 제2항에 의하여 손실보상액 산정의 기준으로 되는 표준지의 공시지가 자체에 해당 수용사업 시행으로 인한 개발이익이 포함되어 있을 경우에는 이를 배제하고 손실보상액을 평가하는 것이 정당보상의 원리에 합당하지만, 공시지가에 개발이익이 포함되어 있다 하여 이를 배제하기 위해서는 표준지의 전년도 공시지가에 대비한 공시지가변동률이 공익사업이 없는 인근지역의 지가변동률에 비교하여 다소 높다는 사유만으로는 부족하고, 그 지가변동률의 차이가 현저하여 해당 사업시행으로 인한 개발이익이 개재되어 수용대상토지의 지가가 자연적 지가상승분 이상으로 상승되었다고 인정될 수 있는 경우이어야 한다.

▶ **관련판례**(대판 1994.5.27, 93누15397)

수용대상토지의 손실보상액을 산정함에 있어서 적용되어야 할 표준지의 공시기준일로부터 수용재결일까지 기간 동안의 지가변동률은 원칙적으로 수용대상토지가 소재하는 구 · 시 · 군의 지가변동률을 의미하지만, 수용대상토지가 소재하는 구 · 시 · 군의 지가가 해당 사업으로 인하여 변동되었다고 볼만한 특별한 사정이 있는 경우에는 해당 사업과 관련이 없는 인근 구 · 시 · 군의 지가변동률을 적용하여야 한다.

---

(2) **시점수정**

'시점수정'이라 함은 평가에 있어서 거래사례자료의 거래시점과 가격시점이 시간적으로 불일치하여 가격수준의 변동이 있는 경우에 거래사례가격을 가격시점의 수준으로 정상화하는 작업이다. 보상평가에 있어서는 토지의 평가는 공시지가를 기준으로 평가하여야 하므로 시점수정은 비교표준지공시지가의 공시기준일과 평가대상토지의 가격시점 간의 시간적 불일치로 인한 가격수준의 변동을 정상화하는 작업을 의미하게 된다.

① **지가변동률의 적용**

(ㄱ) 시행령 제37조와 판례도 같은 취지에서 구가 설치된 시의 구에서는 구의 지가변동률을 참작하여야 한다고 판시하고 있다(판례 1). (ㄴ) 시행령 제37조 제2항의 '해당 공익사업으로 인하여 변동된 경우'라 함은 해당 사업이 원인이 되어 상승되거나 하락된 가격, 특히 투기가격이나 개발이익이 포함되었을 때를 말하는 것으로, 이를 보상액 산정에서 배제하려는 취지이나 그 구체적인 산정은 쉽지 않다. (ㄷ) 그리고 도시지역 안에서의 지가는 용도지역에 따른 영향을 많이 받게 되므로 용도지역별 지가변동률을 적용하는 것이 타당하다(판례 2). (ㄹ) 그러

나 도시지역 중에서도 개발제한구역에서의 지가는 지목에 따른 영향을 더욱 많이 받기 때문에 지목별 지가변동률을 적용함이 옳다(판례 3).

판례

▶ **관련판례 1(대판 1990.3.13, 90누189)**
토지수용법 제46조 제2항과 국토이용관리법 제29조 제5항 같은 법 시행령 제49조 제1항 제1호에 의한 보상액을 평가함에 있어서는 인근 지가변동률을 참작하게 되어 있으므로 이 사건 수용대상토지소재지인 울산시 남구의 지가변동률을 참작하지 아니하고 그와 다른 울산시 전체의 지가변동률을 참작하여 보상액을 평가하였다면 이는 지가변동률의 참작을 잘못한 것이 되어 위법하다고 볼 수밖에 없다.

▶ **관련판례 2(대판 1993.10.22, 93누11500)**
수용대상토지의 보상금을 산정하기 위하여 표준지공시지가를 수용재결 시의 가액으로 시점수정함에 있어, 수용대상토지가 도시계획구역 내에 있는 경우에는 원칙적으로 지목별 지가변동률이 아닌 용도지역별 지가변동률을 적용하여야 한다.

▶ **관련판례 3(대판 1994.12.27, 94누1807)**
수용대상토지가 도시계획구역 내에 있는 경우에는 원칙적으로 용도지역별 지가변동률에 의하여 보상금을 산정하는 것이 더 타당하나 개발제한구역으로 지정되어 있는 경우에는 일반적으로 지목에 따라 지가변동률이 영향을 받으므로, 특별한 사정이 없는 한, 지목별 지가변동률을 적용하는 것이 상당하다.

▶ **관련판례(대판 2014.6.12, 2013두4620)**
지가변동률을 참작함에 있어서는 수용대상토지가 도시지역 내에 있는 경우에는 원칙적으로 용도지역별 지가변동률에 의하여 보상금을 산정하는 것이 더 타당하나, 개발제한구역으로 지정되어 있는 경우에는 일반적으로 이용상황에 따라 지가변동률이 영향을 받으므로 특별한 사정이 없는 한 이용상황별 지가변동률을 적용하는 것이 상당하고(대판 1993.8.27, 93누7068, 대판 1994.12.27, 94누1807 등 참조), 개발제한구역의 지정 및 관리에 관한 특별조치법이 제정되어 시행되었다고 하여 달리 볼 것은 아니다.
※ 참고자료: 개발제한구역 내 토지의 감정평가시 지가변동률 적용기준[협회 업무연락 제292호 (2014.11.28) 관련]

구분	개정 전 토지보상법 시행령이 적용되는 경우	개정 토지보상법 시행령이 적용되는 경우
지가 변동률 적용	이용상황별 지가변동률	용도지역별 지가변동률(녹지지역)
관련 조문	제37조(지가변동률) ① 법 제70조 제1항에서 "대통령령이 정하는 지가변동률"이란 「국토의 계획 및 이용에 관한 법률 시행령」 제125조에 따라 국토교통부장관이 조사·발표하는 지가변동률로서 평가대상토지가 소재하는 시(행정시를 포함한다. 이하 이 조에서 같다)·군 또는 구(자치구가 아닌 구를 포함한다. 이하 이 조에서 같다)의 지가변동률을 말한다.	제37조(지가변동률) ① 법 제70조 제1항에서 "대통령령으로 정하는 지가변동률"이란 「국토의 계획 및 이용에 관한 법률 시행령」 제125조에 따라 국토교통부장관이 조사·발표하는 지가변동률로서 평가대상토지와 가치형성요인이 같거나 비슷하여 해당 평가대상토지와 유사한 이용가치를 지닌다고 인정되는 표준지(이하 "비교표준지"라 한다)가 소재하는 시(행정시를 포함

		한다)·군 또는 구(자치구가 아닌 구를 포함한다)의 용도지역별 지가변동률을 말한다. 다만, 비교표준지와 같은 용도지역의 지가변동률이 조사·발표되지 아니한 경우에는 비교표준지와 유사한 용도지역의 지가변동률, 비교표준지와 이용상황이 같은 토지의 지가변동률 또는 해당 시·군 또는 구의 평균지가변동률 중 어느 하나의 지가변동률을 말한다.
근거	대판 2014.6.12, 2013두4620	2013.5.28. 전문개정되면서 "지가변동률"이 "용도지역별 지가변동률"로 대체됨. 따라서 대법원 판례는 개정 토지보상법 시행령이 적용되는 경우에는 유효하지 않음

② 생산자물가상승률의 적용

생산자물가상승률의 적용은 지가변동률과의 산술평균이 아니고, 지가변동률과 생산자물가상승률을 종합적으로 참작하여 적용한다. 따라서 생산자물가상승률이 지가변동률보다 낮거나 미미한 때에는 적용하지 아니할 수 있다. 토지보상법 제70조의 규정이 이를 반드시 참작하여야 하는 것으로 보여지나, 지가변동률에 비하여 현저히 낮거나 미미한 생산자물가상승률은 이를 참작하지 않아도 되고(판례 1), 지가변동률이 지가추세를 적절히 반영하는 경우에는 생산자물가지수를 반드시 참작하여야 하는 것은 아니다(판례 2).

판례

▶ 관련판례 1(대판 1992.12.11, 92누5584)
수용대상토지의 손실보상액을 산정함에 있어 도매물가상승률을 참작하지 아니한 잘못이 있으나 도매물가상승률이 극히 낮고 지가변동률에 훨씬 미치지 못하여 지가변동률을 고려한 이상 도매물가상승률을 참작하지 아니하였다고 하더라도 판결결과에 영향이 없다.

▶ 관련판례 2(대판 1999.8.24, 99두4754)
토지의 수용에 따른 보상액 산정에 관한 토지수용법 제46조 제2항 제1호에 의하면, 토지에 관하여는 지가공시 및 토지 등의 평가에 관한 법률에 의한 공시지가를 기준으로 하되, 토지의 이용계획, 지가변동률, 도매물가상승률 외에 해당 토지의 위치·형상·환경·이용상황 등을 참작하여 평가한 적정가격으로 보상액을 정하도록 되어 있는바, 위 규정이 지가변동률 외에 도매물가상승률을 참작하라고 하는 취지는 지가변동률이 지가추세를 적절히 반영하지 못한 특별한 사정 있는 경우 이를 통하여 보완하기 위한 것일 뿐이므로 지가변동률이 지가추세를 적절히 반영한 경우에는 이를 필요적으로 참작하여야 하는 것은 아니라고 할 것이다.

(3) 지역요인의 비교

토지보상법에서는 토지에 대한 보상액의 산정에 있어서 뒤에서 살펴보는 바와 같이 개별요인의 비교에 대하여서는 규정하여 놓고 있으나, 지역요인의 비교에 대하여서는 특별히 규정되어 있지 않다. 따라서 지역요인의 비교를 할 수 있는지에 대하여 논의가 있을 수 있으나, 표준지가 많아서 일반적으로 인근지역에 적용할 표준지가 없는 경우는 별로 없기 때문에 지역요인을 비교하는 사례는 많지 않겠지만, 부동산평가이론의 일반원칙에 해당하는 지역요인의 비교를 부정할 아무런 이유를 발견할 수 없으므로 이를 반영하여야 한다고 보아야 할 것이다.

> 판례
>
> ▶ 관련판례(대판 1995.7.25, 93누4786)
> 건설부 발행의 "토지가격비준표"는 개별토지가격을 산정하기 위한 자료로 제공되고 있는 것이지 토지수용에 따른 보상액 산정의 기준이 되는 것은 아니고, 특히 그 토지가격비준표는 개별토지가격 산정 시 표준지와 해당 토지의 토지특성상의 차이를 비준율로써 나타낸 것으로 지역요인에 관한 것이라기보다는 오히려 개별요인에 관한 것으로 보여지므로, 토지수용에 따른 보상액 산정에 있어 이를 참작할 수는 있을지언정 그 비준율을 지역요인의 비교수치로 그대로 적용할 수는 없다.

(4) 개별요인의 비교

토지보상법에서 "… 그 밖에 해당 토지의 위치·형상·환경·이용상황 등을 참작하여 평가한 적정가격으로 보상하여야 한다"(법 제70조 제1항)라고 표현하여 개별요인을 종합적으로 고려하도록 하고 있다. 이와 같이 개별요인을 비교함에 있어서는 어떠한 요인들을 어떻게 비교하였는지를 구체적으로 밝혀야 한다. 따라서 감정평가를 함에 있어서 개별요인의 어떤 요인을 어떻게 반영하였는지를 구체적으로 밝히지 아니한 평가를 기초로 보상액을 결정한 재결은 위법하다(판례 1). 그리고 공익사업의 시행으로 개별요인이 변경되었을 경우, 위와 같은 개별요인의 비교에 있어서는 해당 공익사업의 시행을 직접 목적으로 한 개별요인의 변경은 이를 고려하지 않고 종전의 개별요인을 기준으로 하여 비교하여야 한다(판례 2). 그러나 보상대상토지가 표준지인 경우에는 그 자체가 기준이 되는 것이기 때문에 개별요인의 비교는 있을 수 없다(판례 3).

> 판례
>
> ▶ 관련판례 1(대판 1996.5.28, 95누13173)
> 이의재결의 기초가 된 감정평가법인들의 각 감정평가가 모두 개별 요인을 품등비교함에 있어 구체적으로 어떤 요인들을 어떻게 품등비교하였는지에 관하여 아무런 이유 설시를 하지 아니하였다면 위법하다.
>
> ▶ 관련판례 2(대판 1996.5.14, 95누14350)
> 토지가 도시계획사업으로 분할됨으로써 맹지가 된 경우에, 감정평가를 함에 있어서 해당 토지와 표준지와의 품등비교를 하면서 개별요인 중 가로조건의 점에 관하여 해당 토지가 맹지임을 전제로 열세로 평가하였다면, 그러한 감정평가는 개별요인의 비교에 있어서 해당 사업에 의한 분할로 인하여 발생하게 된 사정을 참작한 잘못이 있어 위법하다.

> ▶ 관련판례 3(대판 1995.5.12, 95누2678)
> 수용대상토지 자체가 표준지인 토지에 관하여는 표준지와의 개별성 및 지역성의 비교란 있을 수 없다.

6. 개발이익 배제

보상액 산정에 있어서 공시지가의 적용과 해당 공익사업으로 인한 영향이 없는 지역의 지가변동률의 적용 및 공시지가의 선택제한 등을 통하여 해당 공익사업으로 인한 개발이익을 배제하고 취득하는 토지에 대한 보상액을 산정한다.

02 공법상 제한 받는 토지의 보상평가

> ↻ 시행규칙 제23조(공법상 제한을 받는 토지의 평가)
> ① 공법상 제한을 받는 토지에 대하여는 제한받는 상태대로 평가한다. 다만, 그 공법상 제한이 해당 공익사업의 시행을 직접 목적으로 하여 가하여진 경우에는 제한이 없는 상태를 상정하여 평가한다.
> ② 해당 공익사업의 시행을 직접 목적으로 하여 용도지역 또는 용도지구 등이 변경된 토지에 대하여는 변경되기 전의 용도지역 또는 용도지구 등을 기준으로 평가한다.

1. 서

공법상 제한받는 토지란 국토의 계획 및 이용에 관한 법률과 같은 관계법령에 의하여 토지의 각종 이용제한·규제 등을 받는 토지를 말한다. 오늘날 복리국가주의의 대두로 공공복리증진이 국가의 책무로 인정되면서 공법상 제한이 불가피하게 되었다. 이에 대한 평가는 계획제한의 불특정성으로 보상 여부, 범위 등에 대한 대립이 있어 판단기준이 일률적이지 못하여 문제가 된다.

2. 보상기준 및 평가방법

(1) 법적 근거

토지보상법 시행규칙 제23조에서 그 근거를 두고 있다. 동조 제1항에서는 공법상 제한은 받는 상태대로 평가하되, 공법상 제한이 해당 공익사업의 시행을 직접 목적으로 하여 가하여질 경우에는 제한이 없는 상태를 상정하여 평가하도록 규정하고 있다. 또한 동조 제2항에서는 일반적 제한에 해당하는 용도지역 또는 용도지구일지라도 해당 공익사업의 시행을 직접 목적으로 한 경우에는 이를 고려하지 않고 평가하도록 규정하고 있다.

(2) 일반적인 제한

일반적인 제한이라 함은 제한을 가한 자체로서 그 목적이 완성되고 별도의 구체적인 사업의 시행이 필요하지 않은 제한사항으로 비침해적 제한 또는 보존적 제한이라고도 한다. 이는 제한받는 상태를 기준으로 평가한다. 이론적 근거는 일반적 제한은 사회적 제약에 해당하기 때문이다.

⑶ 개별적인 제한

개별적인 제한이라 함은 제한을 가한 자체로서 목적이 완성되지 아니하고 별도의 구체적인 사업 시행을 필요로 하는 제한사항으로 사업제한, 특별제한 또는 침해적 제한이라고도 한다. 이 경우 제한사항이 직접 목적으로 가하여졌는가의 여부는 사업명칭에 관계없이 사업시행의 내용을 파악 하여 판단하여야 한다. 제한사항이 해당 공익사업을 직접 목적으로 가하여진 경우에는 그 제한 을 받지 아니한 상태를 기준으로 평가한다. 이론적 근거는 보상을 요하는 특별한 희생에 해당하 기 때문이다.

⑷ 공익사업의 시행을 직접 목적으로 용도지역 등을 변경한 경우

해당 공익사업의 시행을 직접 목적으로 하여 용도지역·지구 등이 변경된 경우에는 변경되기 전 의 용도지역·지구 등을 기준으로 평가하여야 한다. 이는 개발이익 배제를 위한 것이다.

> 판례

> ▶ 관련판례(대판 2012.5.24, 2012두1020)
> 공원조성사업을 위하여 그 소유의 토지를 수용당한 원고가 수용보상금의 결정을 위한 감정평가와 관련하여 이 사건 토지에 대한 녹지지역 지정은 위 공원조성사업을 위한 것이므로 위 녹지지역 지정 에 따른 제한을 배제한 상태로 평가하여야 한다고 주장한 데 대하여, ① 이 사건 토지가 포함된 인천 부평구 ○○동 일대 토지는 1944.1.8. 총독부고시 제13호에 의하여 인천시가지계획공원으로 최초 결정된 점, ② 위 총독부고시에 의해 결정된 공원구역이 1963.1.4. 건설부고시 제202호에서 그대로 반영되어 공원구역의 변경 없이 유지되었고, 이후 공원의 명칭·번호·면적의 변경만 있었 을 뿐 이 사건 공원조성사업 시행 당시까지 이 사건 토지가 포함된 갈산근린공원이 공원구역으로 계속 유지되어 온 점, ③ 갈산근린공원에 편입된 토지 등의 소유자들은 1992.10. 경 인천시의회에 갈산공원이 1944년 공원구역으로 최초 결정된 이래 48년이나 유지되어 사유재산을 묶어놓았으니 공원구역에서 해제해 달라는 청원을 한 점 등에 비추어 보면, 이 사건 토지가 녹지인 공원구역에 속하여 받는 공법상 제한은 위 공원조성사업 이전에 그와 관계없이 가하여진 일반적 계획제한에 해당한다는 것이다.

> ▶ 관련판례(대판 2015.8.27, 2012두7950)
> 공법상 제한을 받는 토지에 대한 보상액을 산정할 때에 해당 공법상 제한이 용도지역·지구·구역 (이하 '용도지역 등'이라 한다)의 지정 또는 변경과 같이 그 자체로 제한목적이 달성되는 일반적 계 획제한으로서 구체적 도시계획사업과 직접 관련되지 아니한 경우에는 그러한 제한을 받는 상태 그 대로 평가하여야 하지만, 도로·공원 등 특정 도시계획시설의 설치를 위한 계획결정과 같이 구체적 사업이 따르는 개별적 계획제한이거나 일반적 계획제한에 해당하는 용도지역 등의 지정 또는 변경 에 따른 제한이더라도 그 용도지역 등의 지정 또는 변경이 특정 공익사업의 시행을 위한 것일 때에 는 해당 공익사업의 시행을 직접 목적으로 하는 제한으로 보아 위 제한을 받지 아니하는 상태를 상정하여 평가하여야 한다(대판 2012.5.24, 2012두1020 등 참조).

> ▶ 관련판례(대판 2012.2.23, 2010다91206)
> 여수지구 내 집단취락에 대하여 우선해제에 관한 공고가 있기 이전에 국민임대주택예정지 지정이 이루어짐으로써 외형적으로는 집단취락이 아닌 국민임대주택예정지임을 이유로 개발제한구역에서

해제되기는 하였으나, 국민임대주택예정지로 지정되지 않았다면 조만간 개발제한구역이 해제되었을 것이 확실시된다는 사정에다가 판시와 같은 우선해제의 당위성, 성남시의 우선해제절차 지연이유와 그 이후의 추진경위, 여수지구에 대한 국민임대주택예정지 지정시기의 부적절성, 정부가 밝힌 국민임대주택단지 예정지에 대한 보상원칙, 피고 측의 감정평가의뢰 과정에서의 미비점 등의 제반 사정을 종합적으로 고려하면, 이 사건 집단취락 우선해제예정지가 해제를 위한 공람공고 등의 절차를 거치지 않았다고 하더라도 공람공고를 거친 경우에 준하여 취급함이 타당하므로 개발제한구역이 해제된 것으로 보고 감정평가를 함이 상당함에도 불구하고 매매대금 책정의 기초가 된 감정평가는 개발제한구역이 해제되지 아니한 상태를 기준으로 이루어졌으므로, 위와 같은 평가원칙을 그르친 중대한 하자가 있고, 이는 피고 또는 그 의뢰를 받은 감정평가업자의 고의, 과실, 착오평가에 기인한 것이라고 판단하였다.

▶ 관련판례(대판 2018.1.25, 2017두61799)

[1] 공익사업을 위한 토지 등의 취득 및 보상에 관한 법률과 그 시행규칙의 관련 규정에 의하면, 공법상 제한을 받는 토지에 대한 보상액을 산정할 때에 해당 공법상 제한이 (구)도시계획법(2002.2.4. 법률 제6655호 국토의 계획 및 이용에 관한 법률 부칙 제2조로 폐지) 등에 따른 용도지역·지구·구역(이하 '용도지역 등'이라고 한다)의 지정 또는 변경과 같이 그 자체로 제한 목적이 달성되는 일반적 계획제한으로서 구체적 도시계획사업과 직접 관련되지 아니한 경우에는 그러한 제한을 받는 상태 그대로 평가하여야 한다. 반면 도로·공원 등 특정 도시계획시설의 설치를 위한 계획결정과 같이 구체적 사업이 따르는 개별적 계획제한이거나, 일반적 계획제한에 해당하는 용도지역 등의 지정 또는 변경에 따른 제한이더라도 그 용도지역 등의 지정 또는 변경이 특정 공익사업의 시행을 위한 것일 때에는, 그 공익사업의 시행을 직접 목적으로 하는 제한으로 보아 그 제한을 받지 아니하는 상태를 상정하여 평가하여야 한다.

[2] 어느 수용대상 토지에 관하여 특정 시점에서 용도지역·지구·구역(이하 '용도지역 등'이라고 한다)을 지정 또는 변경하지 않은 것이 특정 공익사업의 시행을 위한 것일 경우 이는 해당 공익사업의 시행을 직접 목적으로 하는 제한이라고 보아 용도지역 등의 지정 또는 변경이 이루어진 상태를 상정하여 토지가격을 평가하여야 한다. 여기에서 특정 공익사업의 시행을 위하여 용도지역 등을 지정 또는 변경하지 않았다고 볼 수 있으려면, 토지가 특정 공익사업에 제공된다는 사정을 배제할 경우 용도지역 등을 지정 또는 변경하지 않은 행위가 계획재량권의 일탈·남용에 해당함이 객관적으로 명백하여야만 한다.

[3] 2개 이상의 토지 등에 대한 감정평가는 개별평가를 원칙으로 하되, 예외적으로 2개 이상의 토지 등에 거래상 일체성 또는 용도상 불가분의 관계가 인정되는 경우에 일괄평가가 허용된다. 여기에서 '용도상 불가분의 관계'에 있다는 것은 일단의 토지로 이용되고 있는 상황이 사회적·경제적·행정적 측면에서 합리적이고 그 토지의 가치 형성적 측면에서도 타당하다고 인정되는 관계에 있는 경우를 뜻한다.

판례

토지보상법 시행규칙 제23조 공법상 제한받는 토지의 평가 – 자연공원법에 의한 '자연공원 지정' 및 '공원용도지구계획에 따른 용도지구 지정'은 토지보상법 시행규칙 제23조 제1항 본문에서 정한 '일반적 계획제한'에 해당

1983.12.2. ☆☆☆ 군립공원 지정 및 1987.9.7. ☆☆☆ 군립공원 용도지구 지정에 따른 이 사건 각 토지에 관한 계획제한이 「공익사업을 위한 토지 등의 취득 및 보상에 관한 법률 시행규칙」(이하 '토지보상법 시행규칙'이라고 한다) 제23조 제1항 단서에서 정한 '당해 공익사업의 시행을 직접 목적으로 하여 가하여진 공법상 제한', 즉 개별적 계획제한에 해당하여 제한이 없는 상태를 상정하여 손실보상금을 산정하여야 하는지, 아니면 같은 항 본문에서 정한 일반적 계획제한에 해당하여 제한받는 상태대로 손실보상금을 산정하여야 하는지 여부

(원심은, 1983.12.2. ☆☆☆ 군립공원 지정 및 1987.9.7. ☆☆☆ 군립공원 용도지구 지정에 따른 이 사건 각 토지에 관한 계획제한이 토지보상법 시행규칙 제23조 제1항 단서에서 정한 개별적 계획제한에 해당한다고 판결하였으나, 이러한 원심 판결에는 토지보상법 시행규칙 제23조 및 자연공원법에 의한 자연공원에 관한 법리 등을 오해하여 판결에 영향을 미친 잘못이 있음을 들어 원심판결을 파기·환송한 사례)

▶ 대판 2019.9.25, 2019두34982

【판시사항】

[1] 공법상 제한이 그 자체로 제한목적이 달성되는 일반적 계획제한으로서 구체적 도시계획사업과 직접 관련되지 아니한 때와 공법상 제한이 구체적 사업이 따르는 개별적 계획제한이거나, 일반적 계획제한에 해당하는 용도지역 등의 지정 또는 변경에 따른 제한이더라도 그 용도지역 등의 지정 또는 변경이 특정 공익사업의 시행을 위한 것일 때의 각 경우에 보상액 산정을 위한 토지의 평가 방법

[2] 자연공원법에 의한 '자연공원 지정' 및 '공원용도지구계획에 따른 용도지구 지정'이 공익사업을 위한 토지 등의 취득 및 보상에 관한 법률 시행규칙 제23조 제1항 본문에서 정한 '일반적 계획제한'에 해당하는지 여부(원칙적 적극)

【판결요지】

[1] 공익사업을 위한 토지 등의 취득 및 보상에 관한 법률 제68조 제3항은 손실보상액의 산정기준 등에 관하여 필요한 사항은 국토교통부령으로 정한다고 규정하고 있다. 그 위임에 따른 공익사업을 위한 토지 등의 취득 및 보상에 관한 법률 시행규칙 제23조는 "공법상 제한을 받는 토지에 대하여는 제한받는 상태대로 평가한다. 다만 그 공법상 제한이 당해 공익사업의 시행을 직접 목적으로 하여 가하여진 경우에는 제한이 없는 상태를 상정하여 평가한다."(제1항), "당해 공익사업의 시행을 직접 목적으로 하여 용도지역 또는 용도지구 등이 변경된 토지에 대하여는 변경되기 전의 용도지역 또는 용도지구 등을 기준으로 평가한다."(제2항)라고 규정하고 있다.

따라서 공법상 제한을 받는 토지에 대한 보상액을 산정할 때에 해당 공법상 제한이 구 도시계획법(2002.2.4. 법률 제6655호 국토의 계획 및 이용에 관한 법률 부칙 제2조로 폐지)에 따른 용도지역·지구·구역의 지정 또는 변경과 같이 그 자체로 제한목적이 달성되는 일반적 계획제한으로서 구체적 도시계획사업과 직접 관련되지 아니한 경우에는 그러한 제한을 받는 상태 그대로 평가하여야 하고, 도로·공원 등 특정 도시계획시설의 설치를 위한 계획결정과 같이 구체적 사업이 따르는 개별적 계획제한이거나 일반적 계획제한에 해당하는 용도지역·지구·구역의 지정 또는 변경에 따른 제한이더라도 그 용도지역·지구·구역의 지정 또는 변경이 특정 공익사업의 시행을 위한 것일 때에는 당해 공익사업의 시행을 직접 목적으로 하는 제한으로 보아 위 제한을 받지 아니하는 상태를 상정하여 평가하여야 한다.

[2] 자연공원법은 자연공원의 지정·보전 및 관리에 관한 사항을 규정함으로써 자연생태계와 자연 및 문화경관 등을 보전하고 지속가능한 이용을 도모함을 목적으로 하며(제1조), 자연공원법에 의해 자연공원으로 지정되면 그 공원구역에서 건축행위, 경관을 해치거나 자연공원의 보전·관리에 지장을 줄 우려가 있는 건축물의 용도변경, 광물의 채굴, 개간이나 토지의 형질변경, 물건을 쌓아 두는 행위, 야생동물을 잡거나 가축을 놓아먹이는 행위, 나무를 베거나 야생식물을 채취하는 행위 등을 제한함으로써(제23조) 공원구역을 보전·관리하는 효과가 즉시 발생한다. 공원관리청은 자연공원 지정 후 공원용도지구계획과 공원시설계획이 포함된 '공원계획'을 결정·고시하여야 하고(제12조 내지 제17조), 이 공원계획에 연계하여 10년마다 공원별 공원보전·관리계획을 수립하여야 하지만(제17조의3), 공원시설을 설치·조성하는 내용의 공원사업(제2조 제9호)을 반드시 시행하여야 하는 것은 아니다. 공원관리청이 공원시설을 설치·조성하고자 하는 경우에는 자연공원 지정이나 공원용도지구 지정과는 별도로 '공원시설계획'을 수립하여 결정·고시한 다음, '공원사업 시행계획'을 결정·고시하여야 하고(제19조 제2항), 그 공원사업에 포함되는 토지와 정착물을 수용하여야 한다(제22조).

이와 같은 자연공원법의 입법목적, 관련 규정들의 내용과 체계를 종합하면, 자연공원법에 의한 '자연공원 지정' 및 '공원용도지구계획에 따른 용도지구 지정'은, 그와 동시에 구체적인 공원시설을 설치·조성하는 내용의 '공원시설계획'이 이루어졌다는 특별한 사정이 없는 한, 그 이후에 별도의 '공원시설계획'에 의하여 시행 여부가 결정되는 구체적인 공원사업의 시행을 직접 목적으로 한 것이 아니므로 공익사업을 위한 토지 등의 취득 및 보상에 관한 법률 시행규칙 제23조 제1항 본문에서 정한 '일반적 계획제한'에 해당한다.

【참조조문】

[1] 공익사업을 위한 토지 등의 취득 및 보상에 관한 법률 제68조 제3항, 공익사업을 위한 토지 등의 취득 및 보상에 관한 법률 시행규칙 제23조 제1항, 제2항

[2] 자연공원법 제1조, 제2조 제9호, 제12조, 제13조, 제14조, 제15조, 제16조, 제17조, 제17조의3, 제19조 제2항, 제22조, 제23조, 공익사업을 위한 토지 등의 취득 및 보상에 관한 법률 시행규칙 제23조 제1항

【참조판례】

[1] 대판 2018.1.25, 2017두61799

【전 문】

【원고, 피상고인】 원고 1 외 20인
【피고, 상고인】 울산광역시 울주군
【원심판결】 부산고법 2019.1.23, 2018누22548

【주 문】

원심판결을 파기하고, 사건을 부산고등법원에 환송한다.

【이 유】

상고이유를 판단한다.

1. 사안의 개요와 쟁점

가. 원심판결 이유 및 원심이 적법하게 채택한 증거들에 의하면, 다음과 같은 사실을 알 수 있다.

1) 울주군수는 1983.12.2. 「자연공원법」에 의하여 울산 울주군 ○○면 △△리 및 ㅁㅁ면 ◇◇리 일원 11.66㎢를 '☆☆☆ 군립공원'으로 지정·고시한 다음(울주군 고시 제131호),

1987.9.7. ☆☆☆ 군립공원 구역을 구분하여 용도지구(집단시설지구, 취락지구, 자연환경지구, 자연보존지구)를 지정하는 내용의 '☆☆☆ 군립공원 기본계획'을 결정·공고하였다(울주군 공고 제71호).

2) 울주군수는 2015.5.20. ☆☆☆ 군립공원 구역 중 (주소 생략) 일원 40,929㎡ 부분에 다목적 광장 및 운동장(이하 '이 사건 시설'이라고 한다)을 설치하는 내용의 '☆☆☆ 군립공원 공원계획(변경)'을 결정·고시한 다음(울주군 고시 제2015-95호), 2017.2.7. 울주군수가 사업시행자가 되어 그 사업구역에 축구장, 족구장, 잔디광장, 피크닉장, 녹지, 도로, 주차장을 설치하는 내용의 '☆☆☆ 군립공원 공원사업'(사업명: 작천정 다목적 광장 및 운동장 조성사업, 이하 '이 사건 시설 조성사업'이라고 한다) 시행계획을 결정·고시하였다(울주군 고시 제2017-33호, 이 사건 시설 조성사업의 구역 면적은 몇 차례에 걸쳐 근소하게 변경되었다).

3) 울주군수는 이 사건 시설 조성사업의 시행을 위하여 그 사업구역 내에 위치한 이 사건 각 토지에 관하여 소유자인 원고들과 손실보상에 관한 협의를 진행하였으나 협의가 성립하지 않자 수용재결을 신청하였다. 그에 따른 관할 울산광역시 지방토지수용위원회의 2017.4.27.자 수용재결 및 중앙토지수용위원회의 2017.10.26.자 이의재결은, 이 사건 각 토지에 관하여 1983.12.2. ☆☆☆ 군립공원 지정 및 1987.9.7. ☆☆☆ 군립공원 용도지구 지정에 따른 계획제한을 받는 상태대로 감정평가한 금액을 기초로 손실보상금을 산정하였다.

나. 이 사건의 쟁점은, 1983.12.2. ☆☆☆ 군립공원 지정 및 1987.9.7. ☆☆☆ 군립공원 용도지구 지정에 따른 이 사건 각 토지에 관한 계획제한이 공익사업을 위한 토지 등의 취득 및 보상에 관한 법률 시행규칙(이하 '토지보상법 시행규칙'이라고 한다) 제23조 제1항 단서에서 정한 '당해 공익사업의 시행을 직접 목적으로 하여 가하여진 공법상 제한', 즉 개별적 계획제한에 해당하여 제한이 없는 상태를 상정하여 손실보상금을 산정하여야 하는지, 아니면 같은 항 본문에서 정한 일반적 계획제한에 해당하여 제한받는 상태대로 손실보상금을 산정하여야 하는지 여부이다.

2. 관련 법리

가. 손실보상금 산정기준

공익사업을 위한 토지 등의 취득 및 보상에 관한 법률(이하 '토지보상법'이라고 한다) 제68조 제3항은 손실보상액의 산정기준 등에 관하여 필요한 사항은 국토교통부령으로 정한다고 규정하고 있다. 그 위임에 따른 토지보상법 시행규칙 제23조는 "공법상 제한을 받는 토지에 대하여는 제한받는 상태대로 평가한다. 다만 그 공법상 제한이 당해 공익사업의 시행을 직접 목적으로 하여 가하여진 경우에는 제한이 없는 상태를 상정하여 평가한다."(제1항), "당해 공익사업의 시행을 직접 목적으로 하여 용도지역 또는 용도지구 등이 변경된 토지에 대하여는 변경되기 전의 용도지역 또는 용도지구 등을 기준으로 평가한다."(제2항)라고 규정하고 있다.

따라서 공법상 제한을 받는 토지에 대한 보상액을 산정할 때에 해당 공법상 제한이 구 도시계획법(2002.2.4. 법률 제6655호 국토의 계획 및 이용에 관한 법률 부칙 제2조로 폐지)에 따른 용도지역·지구·구역의 지정 또는 변경과 같이 그 자체로 제한목적이 달성되는 일반적 계획제한으로서 구체적 도시계획사업과 직접 관련되지 아니한 경우에는 그러한 제한을 받는 상태 그대로 평가하여야 하고, 도로·공원 등 특정 도시계획시설의 설치를 위한 계획결정과 같이 구체적 사업이 따르는 개별적 계획제한이거나 일반적 계획제한에 해당하는 용도지역·지구·구역의 지정 또는 변경에 따른 제한이더라도 그 용도지역·지구·구역의 지정 또는 변경이 특정 공익사업의 시행을 위한 것일 때에는 당해 공익사업의 시행을 직접 목적으로 하는 제한으로 보아 위 제한을 받지 아니하는 상태를 상정하여 평가하여야 한다(대판 2018.1.25, 2017두61799 등 참조).

나. 자연공원법에 따른 자연공원 지정 및 용도지구 지정의 법적 성질

자연공원법은 자연공원의 지정·보전 및 관리에 관한 사항을 규정함으로써 자연생태계와 자연 및 문화경관 등을 보전하고 지속가능한 이용을 도모함을 목적으로 하며(제1조), 자연공원법에 의해 자연공원으로 지정되면 그 공원구역에서 건축행위, 경관을 해치거나 자연공원의 보전·관리에 지장을 줄 우려가 있는 건축물의 용도변경, 광물의 채굴, 개간이나 토지의 형질변경, 물건을 쌓아 두는 행위, 야생동물을 잡거나 가축을 놓아먹이는 행위, 나무를 베거나 야생식물을 채취하는 행위 등을 제한함으로써(제23조) 공원구역을 보전·관리하는 효과가 즉시 발생한다. 공원관리청은 자연공원 지정 후 공원용도지구계획과 공원시설계획이 포함된 '공원계획'을 결정·고시하여야 하고(제12조 내지 제17조), 이 공원계획에 연계하여 10년마다 공원별 공원보전·관리계획을 수립하여야 하지만(제17조의3), 공원시설을 설치·조성하는 내용의 공원사업(제2조 제9호)을 반드시 시행하여야 하는 것은 아니다. 공원관리청이 공원시설을 설치·조성하고자 하는 경우에는 자연공원 지정이나 공원용도지구 지정과는 별도로 '공원시설계획'을 수립하여 결정·고시한 다음, '공원사업 시행계획'을 결정·고시하여야 하고(제19조 제2항), 그 공원사업에 포함되는 토지와 정착물을 수용하여야 한다(제22조).

이와 같은 자연공원법의 입법 목적, 관련 규정들의 내용과 체계를 종합하면, 자연공원법에 의한 '자연공원 지정' 및 '공원용도지구계획에 따른 용도지구 지정'은, 그와 동시에 구체적인 공원시설을 설치·조성하는 내용의 '공원시설계획'이 이루어졌다는 특별한 사정이 없는 한, 그 이후에 별도의 '공원시설계획'에 의하여 시행 여부가 결정되는 구체적인 공원사업의 시행을 직접 목적으로 한 것이 아니므로 토지보상법 시행규칙 제23조 제1항 본문에서 정한 '일반적 계획제한'에 해당한다고 보아야 한다.

3. 판단

가. 앞서 살펴본 사실관계를 이러한 법리에 비추어 살펴보면, 1983.12.2. ☆☆ 군립공원 지정 및 1987.9.7. ☆☆☆ 군립공원 용도지구 지정과 동시에 이 사건 각 토지에 구체적인 공원시설을 설치·조성하겠다는 내용의 '공원시설계획'이 수립·결정된 바 없고, 그로부터 약 28년이 경과한 2015.5.20.에 이르러서야 비로소 ☆☆☆ 군립공원 구역 전부가 아니라 그중 일부에 국한하여 이 사건 시설의 설치·조성을 위한 공원시설계획이 비로소 수립·결정되었으므로, 1983.12.2. ☆☆☆ 군립공원 지정 및 1987.9.7. ☆☆☆ 군립공원 용도지구 지정은 이 사건 시설 조성사업의 시행을 직접 목적으로 하는 것이 아닌 '일반적 계획제한'에 해당한다고 보아야 한다.

나. 그런데도 원심은, 1983.12.2. ☆☆☆ 군립공원 지정 및 1987.9.7. ☆☆☆ 군립공원 용도지구 지정에 따른 이 사건 각 토지에 관한 계획제한이 토지보상법 시행규칙 제23조 제1항 단서에서 정한 개별적 계획제한에 해당한다고 판단하였다. 이러한 원심판단에는 토지보상법 시행규칙 제23조 및 자연공원법에 의한 자연공원에 관한 법리 등을 오해하여 판결에 영향을 미친 잘못이 있다. 이 점을 지적하는 상고이유 주장은 이유 있다(원심이 들고 있는 대판 2007.7.12. 2006두11507, 대판 2012.5.24. 2012두1020은, 구 도시계획법에 의하여 구체적인 도시계획시설로서 공원을 설치·조성하는 사업의 시행을 직접 목적으로 해당 토지의 용도지역을 주거지역에서 녹지지역으로 변경하는 도시계획결정이 이루어진 사례에 대한 것이므로, 이 사건에 원용하기에는 적절하지 않음을 지적하여 둔다).

4. 결론

그러므로 원심판결을 파기하고, 사건을 다시 심리·판단하도록 원심법원에 환송하기로 하여, 관여 대법관의 일치된 의견으로 주문과 같이 판결한다.

3. 특별한 희생과 사회적 제약의 구별(이론적 근거에 대한 판단)

(1) 학설

① 형식설은 평등원칙을 형식적으로 해석하여, 재산권의 침해를 받는 자가 특정되어 있는가의 여부에 따라 양자를 구분하는 견해로 개별행위설과 특별행위설로 구분된다.

② 실질설은 침해행위의 성질과 정도를 기준으로 하는 견해로 목적위배설, 사적효용설, 보호가치설, 수인한도설, 중대설, 상황구속성설, 사회적 비용설 등으로 구분된다.

(2) 판례의 태도

대법원은 개발제한구역지정에 대해 공공복리에 적합한 제한이라고 보아 사회적 제약에 해당한다고 보았다. 헌법재판소는 토지재산권의 내재적 한계로서 허용되는 사회적 제약의 범위를 넘어 특별한 손해가 발생하였는가의 여부는 해당 토지가 놓여있는 객관적 상황을 종합적으로 고려하여 판단해야 한다고 하였다.

> **판례**
>
> ▶ **관련판례(서울서부지법 2007.7.13, 2007가합1401)**
> 일정한 구역을 국립공원으로 지정하여 그 안에서는 일정한 행위를 금지·제한하는 자연공원법 제4조 등의 규정은 헌법 제23조 제1항, 제2항에 따라 토지재산권에 관한 권리와 의무를 일반·추상적으로 확정하는 규정으로서 재산권을 형성하는 규정인 동시에 공익적 요청에 따른 재산권의 사회적 제약을 구체화하는 규정인데, 이러한 경우 국립공원의 지정으로 인하여 토지소유자가 그 토지를 종래의 목적으로도 사용할 수 없거나 또는 더 이상 법적으로 허용된 토지이용방법이 없기 때문에 실질적으로 토지의 사용·수익의 길이 막힌 경우에만 이러한 제한이 토지소유자가 수인하여야 할 사회적 제약의 한계를 넘는 것으로 보아야 할 것이나, 그러한 정도에 이르지 아니하고 국립공원의 지정으로 인한 개발가능성의 소멸과 그에 따른 지가의 하락이나 지가상승률의 상대적 감소는 토지소유자가 감수하여야 하는 사회적 제약의 범주에 속하는 것으로 보아야 할 것이고, 자신의 토지를 장래에 건축이나 개발목적으로 사용할 수 있으리라는 기대가능성이나 신뢰 및 이에 따른 지가상승의 기회는 원칙적으로 재산권의 보호범위에 속하지 아니하고, 토지소유자가 국립공원구역 지정 당시의 상태대로 토지를 사용·수익·처분할 수 있는 이상 구역지정에 따른 토지이용의 제한은 원칙적으로 재산권에 내재하는 사회적 제약의 범주 내에 있다고 할 것이다.

(3) 검토

형식설, 실질설을 상호대립적 구도로 보지 않고 구체적·개별적인 사안에 따라 형식설, 실질설을 모두 종합적으로 고려하여 판단할 필요가 있다. 아울러 재산권 제한의 목적, 태양, 정도, 사회적 수용성, 평등원칙 등을 종합적으로 고려하여 구체적·개별적으로 결정하여야 할 것이다.

(4) 공법상 제한이 특별한 희생인지 여부

일반적 제한은 그 지정목적이 전체 토지이용의 합리적인 조정 등 공익을 위한 것이고, 모든 토지들에게 가하여지고 있으므로 사회적 제약에 해당된다고 판단된다. 따라서 그러한 제한을 받는 상태대로 평가하는 것이 타당하다고 할 수 있다. 그러나 개별적 제한은 구체적인 사업의 시행을 위한 것으로서 특정인에게만 가하여지는 제약이므로 특별한 희생에 해당한다고 볼 수 있다. 따라서 제한을 받지 않는 상태대로 평가하는 것이 타당할 것이다.

4. 결

공법상 제한을 받는 토지는 일반적 제한과 개별적 제한으로 나눌 수 있다. 양자의 구별기준은 특별한 희생이며, 특별한 희생이 있는 개별적 제한의 경우 지가하락 등의 손실이 있을 수 있으며 해당 토지의 취득보상에 이를 그대로 반영하게 되면 헌법상 정당보상에 위배되므로 제한을 받지 않는 상태대로 평가한다. 특별한 희생의 유무는 형식적·실질적 기준을 모두 종합적으로 고려하여 판단하여야 할 것이다.

5. 기출문제

> » 기출문제(제28회 1번 (3))
> 중앙토지수용위원회는 보상금을 산정하면서, X토지는 그 용도지역이 제1종 일반주거지역이기는 하지만 기업도시개발사업의 시행을 위해서 제3종 일반주거지역으로 변경되지 않은 사정이 인정되므로 제3종 일반주거지역으로 변경이 이루어진 상태를 상정하여 토지가격을 평가한다고 설시하였다. 이에 대해 乙은 X토지를 제1종 일반주거지역이 아닌 제3종 일반주거지역으로 평가한 것은 공법상 제한을 받는 토지에 대한 보상금 산정에 위법이 있다고 주장하면서 보상금감액청구소송을 제기하고자 한다. 乙의 소송상 청구가 인용될 수 있는 가능성에 관하여 설명하시오. (단, 소송요건은 충족된 것으로 본다.) **10점**

03 미지급용지[53]의 평가

> ↻ **시행규칙 제25조(미지급용지의 평가)**
> ① 종전에 시행된 공익사업의 부지로서 보상금이 지급되지 아니한 토지(이하 이 조에서 "미지급용지"라 한다)에 대하여는 종전의 공익사업에 편입될 당시의 이용상황을 상정하여 평가한다. 다만, 종전의 공익사업에 편입될 당시의 이용상황을 알 수 없는 경우에는 편입될 당시의 지목과 인근 토지의 이용상황 등을 참작하여 평가한다.
> ② 사업시행자는 제1항의 규정에 의한 미지급용지의 평가를 의뢰하는 때에는 제16조 제1항의 규정에 의한 보상평가의뢰서에 미지급용지임을 표시하여야 한다.

---

53) 2015.4.28. 「공익사업을 위한 토지 등의 취득 및 보상에 관한 법률 시행규칙」의 개정으로 '미불용지'에서 '미지급용지'로 변경되었다.

1. 서

(1) 의의 및 취지

미지급용지란 종전에 시행된 공익사업의 부지로서 보상금이 지급되지 아니한 토지를 말한다. 이러한 미지급용지는 현재 도로가 대부분인데, 이는 사권의 행사가 제한되는 것이지 사권이 소멸된 것이 아니다. 미지급용지는 일반적으로 공익사업의 부지로 제한이 됨으로서 가격이 낮거나 아예 형성되지 않는 경우가 있으므로 이를 현실적 이용상황으로 평가함은 정당보상의 취지에 어긋나기 때문에 편입 당시의 이용상황을 기준으로 평가한다.

(2) 법적 근거

미지급용지의 평가의 법적 근거는 취득하는 토지의 보상평가기준을 규정하고 있는 토지보상법 제70조에서 법적 근거를 구할 수 있다. 그리고 동조 제6항에서 취득하는 토지와 이에 대한 구체적인 보상액 산정 및 평가방법은 국토교통부령으로 위임하고 있는바, 이에 따라 규정된 동법 시행규칙 제25조가 그 법적 근거가 된다.

2. 미지급용지의 판단

(1) 일반적 판단기준

현황이 도로로서 미지급용지인지 사도 등인지 구별되지 않는 경우 1차적으로 평가의뢰자가 판단할 사항이나 의뢰자의 의견제시가 없는 경우에는 객관적인 판단기준에 따라 판정한다.

> **판례**
>
> ▶ 관련판례(대판 2009.3.26, 2008두22129)
> 공익사업을 위한 토지 등의 취득 및 보상에 관한 법률 시행규칙 제25조 제1항의 미불용지는 '종전에 시행된 공익사업의 부지로서 보상금이 지급되지 아니한 토지'이므로, 미불용지로 인정되려면 종전에 공익사업이 시행된 부지여야 하고, 종전의 공익사업은 적어도 해당 부지에 대하여 보상금이 지급될 필요가 있는 것이어야 한다.
> 위 도로포장공사 등의 규모나 공사 당시의 상황 등에 비추어 볼 때 위 도로포장 등은 보상금이 지급될 필요가 있는 위 시행규칙 제25조 제1항의 공익사업에 의한 것이라기보다는 토지들의 소유자를 포함한 주민들의 필요에 따라 주민자조사업의 지원 등으로 행하여진 것으로 보일 뿐이다. 또한, 원고 4의 위 OO동 373-7 토지의 경우 이미 자연적으로 하천으로 편입된 후 하천정비공사 등이 시행되었는바, 이와 같은 경우 지가의 저하는 하천으로의 자연적인 편입에 의한 것이지 하천정비공사의 시행으로 인한 것이 아니므로 위 OO동 373-7 토지의 경우 이 점에서도 미불용지로서 보상할 수는 없다고 할 것이다(대판 1993.5.25, 92누17259 참조).

(2) 적용대상에 관한 논의

① 학설

(ㄱ) 무제한적 적용을 인정하는 견해 : 공익사업의 시행 결과 토지소유자에게 불리하게 변경된 경우뿐만 아니라, 유리하게 변경된 경우에도 미지급용지에 해당하므로 종전 공익사업에 편입될 당시의 이용상황을 기준으로 평가하여야 한다는 견해이다.

(ㄴ) 제한적으로 적용하여야 한다는 견해 : 이에 대하여 어떠한 제한을 두는가에 따라 다양한 의견이 있을 수 있으나 가격의 하락을 적용기준으로 하는 견해가 유력하다. 즉, 공익사업을 시행하여 토지의 현실적인 이용상황을 변경시킴으로써 토지의 가격이 하락된 경우에만 미지급용지에 해당한다는 주장이다.

② 판례

대법원은 공익사업의 시행자가 적법한 절차에 의하여 취득하지도 못한 상태에서 공익사업을 시행하여 토지의 현실적인 이용상황을 변경시킴으로서 오히려 토지가격을 상승시킨 경우에는 미지급용지라고 볼 수 없다고 판시하였다(대판 1992.11.10, 92누4833). 그러나 사업주체가 동일하고 그 시행자가 적법한 절차를 취하지 아니하여 해당 토지를 공익사업의 부지로 취득하지 못한 것이 아닌 경우에는 편입될 당시의 이용상황을 상정하여 평가하여야 한다고 판시하였다(대판 1999.3.23, 98두13850).

③ 검토

미지급용지의 규정 취지가 사업시행자가 보상금을 지급하지 않은 토지로서 토지소유자를 불이익하게 되는 것을 방지하려는 것이므로 현실의 상황이 오히려 토지의 가치를 증가시키는 경우에는 미지급용지로 보아서는 아니될 것이다. 따라서 가격이 하락한 경우에만 미지급용지로 보는 것이 타당하다고 본다.

3. 미지급용지 보상평가기준

(1) 편입 당시의 이용상황기준(현황평가의 예외)

현황평가의 예외로 종전 공익사업에 편입될 당시의 이용상황을 기준으로 평가하는 데 이는 미지급용지는 공익사업의 부지로 제한됨으로 인해 거래가 불가능하거나 상당히 감가되는 것이 보통이므로 토지소유자의 권익구제를 위해서이다.

(2) 공법상 제한 등

용도지역 등 공법상 제한은 가격시점을 기준으로 하되 종전 공익사업의 시행에 따른 절차에 의하여 용도지역이 변경된 경우에는 변경 전 용도지역을 기준으로 한다. 가격시점은 일반보상과 같이 협의 또는 재결 당시를 기준으로 한다.

(3) 개발이익의 배제

미지급용지를 평가함에 있어서 비교표준지로 선정된 표준지공시지가에 해당 공익사업의 시행으로 인한 개발이익이 포함되어 있는 경우에는 이를 배제한 가격으로 평가한다.

4. 관련문제

(1) 시효취득의 대상이 되는지 여부

① 시효취득의 요건

민법 제245조에 의하면 20년간 소유의 의사로 평온·공연하게 부동산을 점유한 자는 등기함으로써 그 소유권을 취득한다고 규정하고 있다. 미지급용지도 시효취득의 인정 여부가 문제되고 그 중에서도 자주점유인지, 타주점유인지 여부가 문제된다.

② 판례 및 검토

대법원은 종전의 판결에서 타인의 토지를 도로관리청이 점유·관리하여 20년이 지남으로써 도로관리청의 시효취득이 완성된다고 판시한 바 있으나, 최근 대법원은 악의의 무단점유가 입증되면 특단의 사정이 없는 한 자주점유의 추정력이 없다고 보아 시효취득을 부정하고 있다. 시효취득을 인정하면 토지소유자에게 지나친 불이익을 가한다 할 것이어서 판례의 태도가 타당하다 생각된다.

> **판례**
>
> ▶ **관련판례(대판 2010.8.19, 2010다33866)**
> 지방자치단체나 국가가 취득시효의 완성을 주장하는 토지의 취득절차에 관한 서류를 제출하지 못하고 있다 하더라도 그 점유의 경위와 용도 등을 감안할 때 국가나 지방자치단체가 점유개시 당시 공공용 재산의 취득절차를 거쳐서 소유권을 적법하게 취득하였을 가능성도 배제할 수 없다고 보이는 경우에는 국가나 지방자치단체가 소유권 취득의 법률요건이 없이 그러한 사정을 잘 알면서 무단점유한 것이 입증되었다고 보기 어려우므로 자주점유의 추정은 깨어지지 않는다.
>
> 지방자치단체가 도로개설사업을 시행하면서 소유자로부터 그 도로의 부지로 지정된 토지의 매도승낙서 등을 교부받는 등 매수절차를 진행하였음이 인정되나 매매계약서, 매매대금 영수증 등의 관련 자료를 보관하지 않고 있는 사안에서, 위 지방자치단체가 법령에서 정한 공공용 재산의 취득절차를 밟거나 소유자의 사용승낙을 받는 등 위 토지를 점유할 수 있는 일정한 권원에 의하여 위 토지를 도로부지에 편입시켰을 가능성을 배제할 수 없으므로 위 토지의 후속 취득절차에 관한 서류들을 제출하지 못하고 있다는 사정만으로 위 토지에 관한 자주점유의 추정이 번복된다고 할 수 없다고 한 사례

(2) 부당이득반환청구권 인정 여부

국가·지방자치단체가 적법한 보상절차를 거치지 아니하고 도로부지를 점유하고 있다면, 이로 인해 사권의 행사는 제한되나 소유권은 존재하므로 점유상실에 대한 사용료 청구는 가능하다고 본다. 이때 부당이득의 산정 기초가 되는 가격은 편입 당시의 현실적 이용상황에 따라 판단하고 사용료는 과거 5년간만 가능하다는 것이 판례의 태도이다.

(3) 도로부지 인도 및 손실보상청구 인정 여부

도로법에서는 도로를 구성하는 부지·옹벽·기타 물건에 대하여는 사권을 행사할 수 없다고 규정하고 있어, 소유권에 기한 인도청구권의 행사는 인정되지 않는다. 또한 특별한 희생임에도 불구하고 보상규정이 없어 손실보상청구권의 제기도 예상할 수 있으나, 대법원은 예산상의 이유로 부정하고 있다.

5. 결

종전에 시행된 공익사업의 부지인 미지급용지도 헌법상 정당보상의 이념에 따라 정당한 보상을 지급하여야 한다. 그러나 손실보상의 필요성을 인정하더라도 예산부족문제, 미지급용지의 판단 기준 등의 모호 등의 현실적 문제점이 있는바, 국민의 재산권 보장을 천명한 헌법이념에 비추어 특별법 제정 등을 통한 신속한 보상이 있어야 할 것이며, 그 보상에 있어서는 현실적인 보상을 통해 보상의 실질화가 되어야 할 것이다.

04 무허가건축물 등의 부지의 평가

> ⭕ 시행규칙 제24조(무허가건축물 등의 부지 또는 불법형질변경된 토지의 평가)
> 「건축법」등 관계법령에 의하여 허가를 받거나 신고를 하고 건축 또는 용도변경을 하여야 하는 건축물을 허가를 받지 아니하거나 신고를 하지 아니하고 건축 또는 용도변경한 건축물(이하 "무허가건축물 등"이라 한다)의 부지 또는 「국토의 계획 및 이용에 관한 법률」등 관계법령에 의하여 허가를 받거나 신고를 하고 형질변경을 하여야 하는 토지를 허가를 받지 아니하거나 신고를 하지 아니하고 형질변경한 토지(이하 "불법형질변경토지"라 한다)에 대하여는 무허가건축물 등이 건축 또는 용도변경될 당시 또는 토지가 형질변경될 당시의 이용상황을 상정하여 평가한다.

1. 서

무허가건축물 등의 부지란 건축법 등 관계법령에 의하여 허가를 받거나 신고를 하고 건축하여야 하는 건축물을 허가를 받지 아니하거나 신고를 하지 아니하고 건축한 건축물의 부지를 말한다. 이러한 무허가건축물 등의 부지의 평가는 건축물이 존재하는 현황대로 평가하지 아니하므로 현황평가주의의 예외에 해당한다.

2. 법적 근거

취득하는 토지의 보상평가기준을 규정하고 있는 토지보상법 제70조에서 법적 근거를 구할 수 있다. 그리고 동조 제6항에서 취득하는 토지와 이에 대한 구체적인 보상액 산정 및 평가방법은 국토교통부령으로 위임하고 있는바, 이에 따라 규정된 동법 시행규칙 제24조가 그 법적 근거가 된다.

3. 보상평가의 기준

(1) 원칙(건축 당시의 이용상황 기준)

동법 시행규칙 제24조에서는 무허가건축물 등의 부지에 대하여 해당 토지에 무허가건축물 등이 건축될 당시의 이용상황을 상정하여 평가하도록 규정하고 있다. 무허가건축물 등의 부지를 현실 이용상황에 따라 대지로 평가할 경우 위법행위가 합법화되어 현저히 공정성을 잃은 불합리한 보상이 될 가능성이 있기 때문에 현황평가의 예외로 하는 것이다.

(2) 예외(현황평가하는 경우)

무허가건축물 등의 부지에 대하여 현황평가를 인정하지 않는 상기 규정은 해당 규정이 시행되기 이전의 상황에는 적용되지 않는다. 즉, 무허가건축물 등의 부지라 하더라도 1989.1.24 이전에 건축된 무허가건축물 등의 부지는 현실적 이용상황을 기준으로 평가한다.

4. 무허가건축물 부지의 범위

(1) 토지보상법령의 태도

> **↪ 시행규칙 부칙 제5조(건설교통부령 제344호)**
> ② 제1항에 따라 적법한 건축물로 보는 무허가건축물 등에 대한 보상을 하는 경우 해당 무허가건축물 등의 부지면적은 「국토의 계획 및 이용에 관한 법률」 제77조에 따른 건폐율을 적용하여 산정한 면적을 초과할 수 없다.
>
> **↪ 시행규칙 부칙 제5조(국토교통부령 제5호)**
> 제5조(무허가건축물 등의 부지면적 산정에 관한 적용례) 건설교통부령 제344호 공익사업을 위한 토지 등의 취득 및 보상에 관한 법률 시행규칙 부칙 제5조 제2항의 개정규정은 이 규칙 시행 후 법 제15조 제1항(법 제26조 제1항에 따라 준용되는 경우를 포함한다)에 따라 보상계획을 공고하고 토지소유자 및 관계인에게 보상계획을 통지하는 공익사업부터 적용한다.

(2) 판례

> 판례
>
> ▶ **관련판례(대판 2002.9.4, 2000두8325)**
> (구)공공용지의 취득 및 손실보상에 관한 특례법 시행규칙(1995.1.7. 건설교통부령 제3호로 개정되기 전의 것) 제6조 제6항 소정의 '무허가건물 등의 부지'라 함은 해당 무허가건물 등의 용도·규모 등 제반 여건과 현실적인 이용상황을 감안하여 무허가건물 등의 사용·수익에 필요한 범위 내의 토지와 무허가건물 등의 용도에 따라 불가분적으로 사용되는 범위의 토지를 의미하는 것이라고 해석된다.

5. 무허가건축물 부지의 입증책임

(1) 문제점

무허가건축물인지 여부와 1989년 1월 24일 이후에 신축했는지에 대한 입증을 누가 해야 하는지에 대해 문제된다.

(2) 학설

현황평가 원칙에 따라 불법형질토지라는 입증은 사업시행자에게 있다고 보는 견해와 물건조서 진실의 추정력에 따라 토지소유자가 입증해야 한다는 견해가 있다.

(3) 판례

무허가건축물에 대해서 명시적인 판례는 없지만 불법형질변경 관련 판례에서 현황평가 원칙상 예외적인 보상액 산정방법의 적용을 주장하는 쪽에서 증명해야 한다고 판시한 바 있다.

> **판례**
>
> ▶ 관련판례(대판 2012.4.26, 2011두2521)
> 공익사업을 위한 토지 등의 취득 및 보상에 관한 법률 제70조 제2항, 제6항, 공익사업을 위한 토지 등의 취득 및 보상에 관한 법률 시행규칙 제24조에 의하면 **토지에 대한 보상액은 현실적인 이용상황에 따라 산정하는 것이 원칙**이므로, 수용대상토지의 이용상황이 일시적이라거나 불법형질변경토지라는 이유로 본래의 이용상황 또는 형질변경 당시의 이용상황에 의하여 보상액을 산정하기 위해서는 그 와 같은 예외적인 보상액 산정방법의 적용을 주장하는 쪽에서 수용대상 토지가 **불법형질변경토지임을 증명해야 한다.** 그리고 수용대상토지가 불법형질변경토지에 해당한다고 인정하기 위해서는 단순히 수용 대상토지의 형질이 공부상 지목과 다르다는 점만으로는 부족하고, 수용대상토지의 형질변경 당시 관계법령에 의한 허가 또는 신고의무가 존재하였고 그럼에도 허가를 받거나 신고를 하지 않은 채 형질변경이 이루어졌다는 점이 증명되어야 한다.

(4) 검토

토지보상법 제70조 및 토지보상법 시행규칙 제24조 입법취지상 사업시행자가 입증하는 견해가 타당하다.

05 불법형질변경토지의 평가

1. 서

불법형질변경토지란 관계법령에 의하여 허가를 받거나 신고를 하고 형질변경을 하여야 하는 토지를 허가나 신고를 받지 아니하고 형질변경한 토지를 말한다. 법적 근거는 헌법 제23조 제3항 및 토지보상법 시행규칙 제24조에 의한다. 평가방법은 토지보상법 제70조 제2항의 가격시점 당시 현황평가의 예외로 형질변경 당시의 이용상황을 상정하여 평가한다. 그 취지는 현황평가할 경우 위법행위가 합리화되어 현저히 공정성을 잃는 보상이 될 가능성이 있기 때문이다. 별도의 개별적인 위임의 근거 없이 그 하위의 규정인 토지보상법 시행규칙 제24조에서 보상방법을 규정하고 있어 보상기준의 법적인 문제가 있고 또한 평가방법이 정당보상에 해당하는지, 소급입법에 반하는지 문제된다.

2. 보상평가의 기준

(1) 평가방법

토지보상법 시행규칙 제24조에 의거 형질변경 당시의 이용상황을 상정하여 평가한다. 다만, 1995.1.7. 당시 공익사업시행지구에 편입된 경우에는 현황평가한다.

> ┌─ 판례
>
> ▶ 관련판례(대판 2015.8.27, 2012두7950)
>
> 불법형질변경의 경우 형질변경 당시의 현황으로 평가한다는 취지의 규정은 1995.1.7. (구)「공공용지의 취득 및 손실보상에 관한 특례법 시행규칙」(2002.12.31. 건설교통부령 제344호 법 시행규칙 부칙 제2조로 폐지)이 건설교통부령 제3호로 개정되면서 제6조 제6항에 최초로 신설되었는데, 그 부칙 제4항에서 위 시행규칙 시행 이전에 공익사업시행지구에 편입된 경우에는 종전의 규정에 의하도록 하는 경과규정을 두었고, 법 시행규칙 부칙(2002.12.31.) 제6조도 1995.1.7. 당시 공익사업시행지구에 편입된 불법형질변경토지에 대하여는 제24조의 규정에 불구하고 이를 현실적인 이용상황에 따라 보상하여야 한다고 규정하고 있으므로, 1995.1.7. 이전에 이미 도시계획시설의 부지로 결정·고시되는 등 공익사업시행지구에 편입되고 불법으로 형질변경이 된 토지에 대하여는 형질변경이 될 당시의 토지이용상황을 상정하여 평가하도록 규정한 위 시행규칙 제6조 제6항 또는 법 시행규칙 제24조를 적용할 수 없고, 일시적인 이용상황이 아닌 한 현실적인 이용상황에 따라 평가하여야 한다(대판 2008.5.15, 2006두16007·16014 등 참조).
>
> ▶ 관련판례(대판 2013.6.13, 2012두300)
>
> 토지의 형질변경이란 절토, 성토, 정지 또는 포장 등으로 토지의 형상을 변경하는 행위와 공유수면의 매립을 뜻하는 것으로서, 토지의 형질을 외형상으로 사실상 변경시킬 것과 그 변경으로 인하여 원상회복이 어려운 상태에 있을 것을 요하지만, 형질변경허가에 관한 준공검사를 받거나 토지의 지목까지 변경시킬 필요는 없다.
>
> 택지개발사업을 위한 토지의 수용에 따른 보상금액의 산정이 문제된 사안에서, 농지를 공장부지로 조성하기 위하여 농지전용허가를 받아 농지조성비 등을 납부한 후 공장설립 및 변경신고를 하고, 실제로 일부 공장건물을 증축하기까지 하여 토지의 형질이 원상회복이 어려울 정도로 사실상 변경됨으로써 이미 공장용지로 형질변경이 완료되었으며, 당시 농지법령에 농지전용허가와 관련하여 형질변경 완료시 준공검사를 받도록 하는 규정을 두고 있지 않아 별도로 준공검사를 받지 않았다고 하더라도 (구)지적법 시행령(2002.1.26. 대통령령 제17497호로 개정되기 전의 것)에서 정한 '공장부지조성을 목적으로 하는 공사가 준공된 토지'의 요건을 모두 충족하였다고 보아야 하고, 수용대상 토지가 이미 공장용지의 요건을 충족한 이상 비록 공부상 지목변경절차를 마치지 않았다고 하더라도 그 토지의 수용에 따른 보상액을 산정할 때에는 공익사업을 위한 토지 등의 취득 및 보상에 관한 법률 제70조 제2항의 '현실적인 이용상황'을 공장용지로 평가해야 한다고 한 사례

(2) 평가방법의 취지

불법형질변경토지를 현황평가하게 되면 불법에 의한 가치증분을 인정하게 되므로, 이는 위법행위의 합리화가 되어 공정성을 잃은 불합리한 보상이 될 우려가 있기 때문이다.

3. 불법형질변경된 토지에 대한 입증책임

(1) 문제점

토지가 불법형질변경된 토지에 대한 입증책임을 누가 지는가에 대해 견해가 나뉜다.

(2) 학설

현황평가 원칙에 따라 불법형질토지라는 입증은 사업시행자에게 있다고 보는 견해와 물건조서
진실의 추정력에 따라 토지소유자가 입증해야 한다는 견해가 있다.

(3) 판례

> **판례**
>
> ▶ 관련판례(대판 2012.4.26, 2011두2521)
> 공익사업을 위한 토지 등의 취득 및 보상에 관한 법률 제70조 제2항, 제6항, 공익사업을 위한 토지
> 등의 취득 및 보상에 관한 법률 시행규칙 제24조에 의하면 **토지에 대한 보상액은 현실적인 이용상황에**
> 따라 산정하는 것이 원칙이므로, 수용대상토지의 이용상황이 일시적이라거나 불법형질변경토지라는
> 이유로 본래의 이용상황 또는 형질변경 당시의 이용상황에 의하여 보상액을 산정하기 위해서는 그
> 와 같은 예외적인 보상액 산정방법의 적용을 주장하는 쪽에서 수용대상토지가 **불법형질변경토지임을 증명**
> 해야 한다. 그리고 수용대상토지가 불법형질변경토지에 해당한다고 인정하기 위해서는 단순히 수용
> 대상토지의 형질이 공부상 지목과 다르다는 점만으로는 부족하고, 수용대상토지의 형질변경 당시
> 관계법령에 의한 허가 또는 신고의무가 존재하였고 그럼에도 허가를 받거나 신고를 하지 않은 채
> 형질변경이 이루어졌다는 점이 증명되어야 한다.

(4) 검토

토지보상법 제70조 및 토지보상법 시행규칙 제24조 입법취지상 사업시행자가 입증하는 견해가
타당하다.

4. 보상평가방법의 정당성 검토

(1) 정당보상원칙에 위배되는지 여부

① 문제점

헌법상 정당보상의 원칙은 피침해 재산의 객관적 가치를 완전하게 보상하는 완전보상을 뜻한다.
현황평가의 예외인 불법형질변경토지가 정당보상원칙에 위배되는지 문제된다.

② 학설

(ㄱ) 위헌설은 위반행위자를 처벌하는 것은 별론으로 하고 위반행위의 결과로 형성된 경제적
가치는 존중되어야 한다.

(ㄴ) 합헌설은 제도의 취지가 불법행위로 인한 가치의 증가를 인정하지 않으려는 것으로 목적의
정당성이 인정된다고 보아 보상의 시기나 방법의 제한에 해당되지 않는다고 본다.

③ 검토

불법형질변경토지에 대한 현황평가는 불법을 조장하는 결과가 되므로 형질변경 당시를 기준
으로 보상함이 정당하다.

(2) 소급입법금지의 원칙에 반하는지 여부

① 문제점

헌법 제13조 제2항에 의하면 모든 국민은 소급입법에 의하여 재산권을 박탈당하지 아니한다. 헌법재판소는 소급입법에 의한 재산권 박탈이 금지되는 것은 진정소급효 입법이고 부진정소급효 입법의 경우에는 원칙적으로 허용된다고 보고 있다. 한편, 진정소급효라 하여도 국민이 소급입법을 예상할 수 있거나 보호할 신뢰이익이 적은 경우에 소급입법을 정당화하고 있다. 불법형질변경토지에 대한 보상평가방법은 이미 과거에 완성된 행위를 규율대상으로 하는 진정소급효로서 소급입법에 의한 재산권 박탈금지의 원칙을 위배되는 것은 아닌지 문제된다.

② 학설

(ㄱ) 소급입법금지원칙에 따라 위헌이라고 보는 위헌설과 (ㄴ) 불법행위를 한 자에게 구법령 당시의 신뢰이익이 존재한다고 볼 수 없다는 논거로 합헌설이 있다.

③ 검토

불법형질변경토지는 일반적으로 국민이 소급입법을 예상할 수 있어서 보호할 신뢰이익이 적고, 신뢰보호 요청에 우선하는 심히 중대한 공익상의 사유로 보아 소급입법이 예외적으로 허용되는 경우라 볼 수 있다.

5. 법적 근거의 문제

(1) 법적 근거

토지보상법 시행규칙 제24조가 형식적으로는 법규명령으로 되어 있지만, 상위법령에 개별적인 위임의 근거가 없기 때문에 그것이 외부적으로 국민의 권리를 제한하거나 의무를 부담시킬 수 있는 법규명령에 해당하는지, 법규성이 없고 행정조직 내부에서만 효력을 가지는 행정규칙에 해당하는지가 의문일 수 있다.

(2) 위임 근거의 문제점

해당 규정이 부령으로 되어 있는 것은 대법원은 외부적 구속력을 갖지 못하는 행정규칙으로 보게 될 것이며, 보상담당자는 징계책임을 면하기 위해 그에 쫓아 보상을 하게 된다. 그에 응한 자는 불이익을 당하는 반면, 그에 불복한 자는 사법적 판단을 받게 되어 행정규칙은 재판의 규범성이 없으므로 그에 의하여 불이익을 받지 않게 된다.

(3) 검토

보상협의에 응한 자보다 불응한 자가 유리하게 되기 때문에 보상협의에 불응을 조장시켜 공익사업의 시행을 지연시키는 원인이 되는바, 평가방법을 법률의 개별적이고 구체적인 위임을 받은 법규명령으로 규정하여야 할 것이다.

6. 관련문제

(1) 법률의 위임 근거 마련

보상평가방법을 법률의 개별적이고 구체적인 위임을 받은 법규명령으로 규정하여 집행규범과 재판규범을 일치하여 보상협의의 지연으로 인한 불필요한 시간과 노력의 낭비를 방지할 수 있을 것이다.

(2) 진정소급입법부분의 제거

현행제도는 행정규칙에 의한 제한일 뿐만 아니라 개인의 법적 지위를 사후입법을 통하여 박탈하는 것을 내용으로 한다. 진정소급입법에 따른 재산권 제한은 헌법 제13조 제2항과 제23조 제1항에 위반되므로 이를 조속히 제거해야 한다고 생각한다. 특히 무허가건물부지의 경우와 비교해 볼 때 형평에 어긋난다.

06 도로부지의 보상

> **▶ 시행규칙 제26조(도로 및 구거부지의 평가)**
> ① 도로부지에 대한 평가는 다음 각호에서 정하는 바에 의한다.
>   1. 「사도법」에 의한 사도의 부지는 인근 토지에 대한 평가액의 5분의 1 이내
>   2. 사실상의 사도의 부지는 인근 토지에 대한 평가액의 3분의 1 이내
>   3. 제1호 또는 제2호 외의 도로의 부지는 제22조의 규정에서 정하는 방법
> ② 제1항 제2호에서 "사실상의 사도"라 함은 「사도법」에 의한 사도 외의 도로(「국토의 계획 및 이용에 관한 법률」에 의한 도시·군관리계획에 의하여 도로로 결정된 후부터 도로로 사용되고 있는 것을 제외한다)로서 다음 각호의 1에 해당하는 도로를 말한다.
>   1. 도로개설 당시의 토지소유자가 자기 토지의 편익을 위하여 스스로 설치한 도로
>   2. 토지소유자가 그 의사에 의하여 타인의 통행을 제한할 수 없는 도로
>   3. 「건축법」 제45조에 따라 건축허가권자가 그 위치를 지정·공고한 도로
>   4. 도로개설 당시의 토지소유자가 대지 또는 공장용지 등을 조성하기 위하여 설치한 도로
> ③ 구거부지에 대하여는 인근 토지에 대한 평가액의 3분의 1 이내로 평가한다. 다만, 용수를 위한 도수로부지(개설 당시의 토지소유자가 자기 토지의 편익을 위하여 스스로 설치한 도수로부지를 제외한다)에 대하여는 제22조의 규정에 의하여 평가한다.
> ④ 제1항 및 제3항에서 "인근 토지"라 함은 해당 도로부지 또는 구거부지가 도로 또는 구거로 이용되지 아니하였을 경우에 예상되는 표준적인 이용상황과 유사한 토지로서 해당 토지와 위치상 가까운 토지를 말한다.

1. 서

도로법상 도로는 일반의 통행에 사용되는 도로로서 고속국도, 일반국도, 사도, 지방도 등을 말하나 대법원은 도로를 사람의 통행에 제공되는 토지로서 토지대장에 불구하고 실제용도를 기준으로 판단한다고 한다. 토지보상법 제70조 제6항 및 시행규칙 제26조에서는 사도법상의 사도와 사실상

사도, 기타 도로로 구분하여 인근 토지의 평가액에서 일정액을 감액하여 평가하도록 규정하고 있는 바, 이하에서는 이 규정과 관련된 정당보상 여부와 규범성 여부에 대한 논의를 검토하기로 한다.

2. 도로의 평가기준 및 방법

(1) 평가기준

도로부지의 평가기준 역시 일반토지의 평가와 마찬가지로 헌법 제23조 제3항의 정당보상에 합치하여야 하고, 토지보상법 등 개별법에서 정당보상을 구현하기 위해 시가보상기준 등을 규정하고 있으며, 도로부지의 경우 현황평가의 예외가 적용되어 현실적 이용상황이 아닌 인근 토지에 대한 평가액의 일정비율로 평가한다.

(2) 평가방법

① 사도법상 사도

사도법상 사도란 자기토지의 효용증진을 위하여 시장 등의 개설허가를 득한 도로이다. 보상기준은 인근 토지에 대한 평가액의 1/5 이내로 평가한다. 인근 토지라 함은 해당 도로부지가 도로로 이용되지 아니하였을 경우 예상되는 표준적인 이용상황과 유사한 토지로서 해당 토지와 위치상 가까운 토지를 말한다.

② 사실상 사도

사실상 사도란 효용이 사도법상 사도와 같으나 관할시장 등의 허가를 받지 않고도 개설하거나 형성된 도로를 말한다. 구체적으로 (ㄱ) 도로개설 당시의 토지소유자가 자기 토지의 편익을 위하여 스스로 설치한 도로, (ㄴ) 토지소유자가 그 의사에 의하여 타인의 통행을 제한할 수 없는 도로, (ㄷ) 건축허가권자가 그 위치를 지정·공고한 도로, (ㄹ) 도로개설 당시의 토지소유자가 대지 또는 공장용지 등을 조성하기 위하여 설치한 도로를 말한다. 보상기준은 인근 토지에 대한 평가액의 1/3 이내로 평가한다.

> **판례**
>
> ▶ 관련판례(대판 2007.4.12, 2006두18492, 대판 2011.8.25, 2011두7014)
> 도로개설 당시의 '토지소유자가 자기 토지의 편익을 위하여 스스로 설치한 도로'인지 여부는 인접 토지의 획지면적, 소유관계, 이용상태 등이나 개설경위, 목적, 주위환경 등에 의하여 객관적으로 판단하여야 하고, '토지소유자가 그 의사에 의하여 타인의 통행을 제한할 수 없는 도로'에는 법률상 소유권을 행사하여 통행을 제한할 수 없는 경우뿐만 아니라 사실상 통행을 제한하는 것이 곤란하다고 보이는 경우도 해당한다고 할 것이나, 적어도 도로로의 이용상황이 고착화되어 해당 토지의 표준적 이용상황으로 원상회복하는 것이 용이하지 않은 상태에 이르러야 할 것이어서 단순히 해당 토지가 불특정 다수인의 통행에 장기간 제공되어 왔고 이를 소유자가 용인하여 왔다는 사정만으로는 사실상의 도로에 해당한다고 할 수 없다.
>
> ▶ 관련판례(대판 2014.6.26, 2013두21687)
> 공익사업에 필요한 토지를 취득할 때, 이를 공익사업을 위한 토지 등의 취득 및 보상에 관한 법률 시행규칙(이하 '시행규칙'이라고 한다) 제26조 제1항 제2호에 규정된 '사실상의 사도의 부지'로 보고

인근 토지 평가액의 3분의 1 이내로 그 보상액을 평가하려면, 그 토지가 도로법에 의한 일반도로 등에 연결되어 일반의 통행에 제공되는 등으로 사도법에 의한 사도에 준하는 실질을 갖추고 있어야 하고, 나아가 시행규칙 제26조 제2항 제1호 내지 제4호 중 어느 하나에 해당하여야 하지만(대판 2013.6.13, 2011두7007 참조), 해당 토지가 도로법에 의한 도로에 연결되었다면 특별한 사정이 없는 한 사도법에 의한 사도에 준하는 실질을 갖추었다고 볼 것이고, 반드시 그 도로가 불특정 다수인의 통행에 제공될 필요까지는 없다.

어느 토지가 시행규칙 제26조 제2항 제1호에 규정된 '도로개설 당시의 토지소유자가 자기 토지의 편익을 위하여 스스로 설치한 도로'에 해당하려면, 토지소유자가 자기 소유토지 중 일부에 도로를 설치한 결과 도로부지로 제공된 부분으로 인하여 나머지 부분 토지의 편익이 증진되는 등으로 그 부분의 가치가 상승됨으로써 도로부지로 제공된 부분의 가치를 낮게 평가하여 보상하더라도 전체적으로 정당보상의 원칙에 어긋나지 않는다고 볼 만한 객관적인 사유가 있다고 인정되어야 하고, 이는 도로개설 경위와 목적, 주위환경, 인접 토지의 획지면적, 소유관계 및 이용상태 등 제반 사정을 종합적으로 고려하여 판단할 것이다.

▶ **관련판례(대판 2013.6.13, 2011두7007)**
공익사업을 위한 토지 등의 취득 및 보상에 관한 법률 시행규칙 제26조 제2항 제2호가 규정한 '토지소유자가 그 의사에 의하여 타인의 통행을 제한할 수 없는 도로'는 사유지가 종전부터 자연발생적으로 또는 도로예정지로 편입되어 있는 등으로 일반공중의 교통에 공용되고 있고 그 이용상황이 고착되어 있어, 도로부지로 이용되지 아니하였을 경우에 예상되는 표준적인 이용상태로 원상회복하는 것이 법률상 허용되지 아니하거나 사실상 현저히 곤란한 정도에 이른 경우를 의미한다고 할 것이다. 이때 어느 토지가 불특정 다수인의 통행에 장기간 제공되어 왔고 이를 소유자가 용인하여 왔다는 사정이 있다는 것만으로 언제나 도로로서의 이용상황이 고착되었다고 볼 것은 아니고, 이는 해당 토지가 도로로 이용되게 된 경위, 일반의 통행에 제공된 기간, 도로로 이용되고 있는 토지의 면적 등과 더불어 그 도로가 주위 토지로 통하는 유일한 통로인지 여부 등 주변 상황과 해당 토지의 도로로서의 역할과 기능 등을 종합하여 원래의 지목 등에 따른 표준적인 이용상태로 회복하는 것이 용이한지 여부 등을 가려서 판단해야 할 것이다.

▶ **관련판례(대판 2014.12.11, 2014다41698) - 제28회 3번 문제**
[1] 도시 및 주거환경정비법에 의한 주택재건축사업의 시행자가 같은 법 제39조 제2호에 따라 토지만 소유한 사람에게 매도청구권을 행사하면 매도청구권 행사의 의사표시가 도달함과 동시에 토지에 관하여 시가에 의한 매매계약이 성립하는데, 이때의 시가는 매도청구권이 행사된 당시의 객관적 거래가격으로서, 주택재건축사업이 시행되는 것을 전제로 하여 평가한 가격, 즉 재건축으로 인하여 발생할 것으로 예상되는 개발이익이 포함된 가격을 말한다.

[2] 도시 및 주거환경정비법에 의한 주택재건축사업의 시행자가 같은 법 제39조 제2호에 따라 乙 등이 소유한 토지에 대하여 매도청구권을 행사하였는데, 토지 현황이 인근 주민의 통행에 제공된 도로 등인 사안에서, 토지의 현황이 도로일지라도 주택재건축사업이 추진되면 공동주택의 일부가 되는 이상 시가는 재건축사업이 시행될 것을 전제로 할 경우의 인근 대지 시가와 동일하게 평가하되, 각 토지의 형태, 주요 간선도로와의 접근성, 획지조건 등 개별요인을 고려하여 감액평가하는 방법으로 산정하는 것이 타당한데도, 현황이 도로라는 사정만으로 인근 대지 가액의 1/3로 감액한 평가액을 기준으로 시가를 산정한 원심판결에 법리오해의 잘못이 있다고 한 사례

③ 사도 외의 도로(정상평가)

사도법에 의한 사도 및 사실상의 사도가 아닌 도로의 부지는 그 가치가 다른 토지의 효용증진에 기여하였다고 보기 어렵거나 그 귀속주체가 다르기 때문에 해당 도로의 부지를 인근 토지에 비하여 낮은 가격으로 보상하여도 될 만한 사정이 있다고 할 수 없다는 데에 정상평가하여야 하는 논거가 있다고 할 것이다. 따라서 공도는 사도에 대립되는 개념으로 일반 토지 평가방법으로 정상평가한다.

④ 예정공도와 미지급용지

예정공도는 도로법·국토의 계획 및 이용에 관한 법률 등에 의하여 도로로 결정된 토지가 관계법령의 행위제한에 의해 공지로 남게 되어 자연스럽게 도로로 되는 경우로 원칙적으로 인근 토지에 비해 낮게 평가할 이유가 없다. 따라서 예정공도는 공도와 같이 정상평가한다. 미지급용지는 종전에 시행된 공익사업의 부지로서 보상금이 지급되지 아니한 토지를 말한다. 현재 도로가 미지급용지인 경우에는 종전 공익사업에 편입될 당시의 이용상황을 기준으로 평가한다.

> 판례

예정공도부지가 토지보상법 시행규칙 제26조 제2항 사실상 사도에 해당되는지 여부 – 관리처분계획 무효확인의 소

> '공익계획사업이나 도시계획의 결정·고시 때문에 이에 저촉된 토지가 현황도로로 이용되고 있지만 일반공중의 통행로로 제공되고 있는 상태(공익사업이 실제로 시행되지 않은 상태)로서 계획제한과 도시계획시설의 장기미집행상태로 방치되고 있는 도로' 곧 예정공도부지가 공익사업을 위한 토지 등의 취득 및 보상에 관한 법률 시행규칙 제26조 제2항에서 정한 사실상의 사도에 해당하는지 여부

▶ 대판 2019.1.17, 2018두55753

【판시사항】

'공익계획사업이나 도시계획의 결정·고시 때문에 이에 저촉된 토지가 현황도로로 이용되고 있지만 공익사업이 실제로 시행되지 않은 상태에서 일반공중의 통행로로 제공되고 있는 상태로서 계획제한과 도시계획시설의 장기미집행상태로 방치되고 있는 도로' 곧 예정공도부지가 공익사업을 위한 토지 등의 취득 및 보상에 관한 법률 시행규칙 제26조 제2항에서 정한 사실상의 사도에 해당하는지 여부(소극)

【판결요지】

공익사업을 위한 토지 등의 취득 및 보상에 관한 법률 시행규칙(이하 '공익사업법 시행규칙'이라 한다) 제26조 제2항은 사실상의 사도는 '사도법에 의한 사도 외의 도로로서, 도로개설 당시의 토지소유자가 자기 토지의 편익을 위하여 스스로 설치한 도로와 토지소유자가 그 의사에 의하여 타인의 통행을 제한할 수 없는 도로'를 의미한다고 규정하면서 국토의 계획 및 이용에 관한 법률에 의한 도시·군 관리계획에 의하여 도로로 결정된 후부터 도로로 사용되고 있는 것은 사실상의 사도에서

제외하고 있는바, '공익계획사업이나 도시계획의 결정·고시 때문에 이에 저촉된 토지가 현황도로로 이용되고 있지만 공익사업이 실제로 시행되지 않은 상태에서 일반공중의 통행로로 제공되고 있는 상태로서 계획제한과 도시계획시설의 장기미집행상태로 방치되고 있는 도로', 즉 예정공도부지의 경우 보상액을 사실상의 사도를 기준으로 평가한다면 토지가 도시·군 관리계획에 의하여 도로로 결정된 후 곧바로 도로사업이 시행되는 경우의 보상액을 수용 전의 사용현황을 기준으로 산정하는 것과 비교하여 토지소유자에게 지나치게 불리한 결과를 가져온다는 점 등을 고려하면, 예정공도부지는 공익사업법 시행규칙 제26조 제2항에서 정한 사실상의 사도에서 제외된다.

(3) 감가보상의 이유

① 화체이론

사실상 사도에 대하여 인근 토지의 일정액만을 보상하는 것은 도로의 가치의 일부가 주위토지의 가치에 이전하였다는 화체이론에 의거한 것이다. 이에 사도법상 사도는 자기토지의 효용을 위하여 개설함이 명확하므로 1/5 이내로 보상함에 정당성이 인정되나 그 발생이유가 명확하지 않은 사실상 사도의 경우 일률적으로 낮게 보상하는 것은 문제가 된다.

② 대법원 입장

사실상 불특정 다수인의 통행에 제공되고 있다는 사실만으로 그 모두를 인근 토지의 1/3 이내로 평가하는 것이 아니라 도로의 개설경위, 목적, 주위환경, 인접 토지의 획지면적, 소유관계, 이용상태 등의 제반사정에 비추어 인근 토지에 비하여 낮은 가격으로 보상하여 주어도 될 만한 객관적인 사유가 인정되는 경우에만 인근 토지의 1/3 이내에서 평가하여야 한다고 판시하여 토지보상법이 이를 반영한 것이다.

3. 도로에 대한 보상평가규정의 규범성

(1) 토지보상법 시행규칙 제26조의 법적 성질

① 규율내용

도로의 보상평가방법을 규정하고 있는 토지보상법 시행규칙 제26조의 1/3 이내의 평가규정이 행정조직 내부에서 보상평가업무처리의 절차·기준 등에 관하여 정하고 있는 것인지 또는 토지수용에 따른 국민의 재산권과 직접 관계되는 내용을 정하고 있는 것인지에 대하여 견해가 나누어져 있다.

토지보상법 시행규칙 제26조는 1/3 이내 평가의 기준을 제시한 것으로 과거의 대법원 판례는 행정규칙(대판 1996.8.23, 95누14718)으로 본 판례가 있으나, 최근 토지보상법 시행규칙 제22조 규정에 대하여 상위법령과 결합하여 대외적 구속력을 갖는다고 보는 법령보충적 행정규칙의 논의가 있다. 아래에서는 법령보충적 행정규칙성 여부에 대해 논의해 보고자 한다.

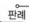

> 판례

▶ 관련판례(대판 1996.8.23, 95누14718) [토지수용재결처분취소등]

[판시사항]
사실상의 사도 등에 관한 평가 최고한도액을 규정하고 있는 (구)공공용지의 취득 및 손실보상에 관한 특례법 시행규칙 제6조의2 규정이 상위법령의 위임을 필요로 하는지 여부(소극) - 1/3 이내는 행정규칙이라고 하는 판례

[판결요지]
토지수용에 따른 손실보상액을 산정하는 경우에 준용되는 (구)공공용지의 취득 및 손실보상에 관한 특례법 시행규칙(1995.1.7. 건설교통부령 제3호로 개정되기 전의 것) 제6조의2는 사실상의 사도 등에 관한 가격평가액의 최고한도액을 규정하고 있는바, (구)지가공시 및 토지 등의 평가에 관한 법률(1995.12.29. 법률 제5108호로 개정되기 전의 것) 제10조, 제22조, 감정평가에 관한 규칙(1989.12.21. 건설부령 제460호)의 각 규정, 토지수용법 제45조 제1항, 제46조, 제57조의2, 공공용지의 취득 및 손실보상에 관한 특례법 제4조, 같은 법 시행령(1994.12.23. 대통령령 제14447호로 개정되기 전의 것) 제2조의10 제8항 등 관계법령의 각 규정내용과 취지에 비추어 보면, (구)공공용지의 취득 및 손실보상에 관한 특례법 시행규칙(1995.1.7. 건설교통부령 제3호로 개정되기 전의 것) 제6조의2의 규정은 감정평가업자가 가격평가를 함에 있어 준수하여야 할 원칙과 기준을 정한 행정규칙에 해당한다 할 것이므로 상위법령의 위임이 있어야 하는 것은 아니다.

② 법령보충적 행정규칙으로 법규성 있는 것으로 볼 경우 법적 성질 논의

(ㄱ) 학설 및 판례 : 법령보충적 행정규칙의 법적 성질에 대하여는 견해의 대립이 있다. 규범구체화 행정규칙으로 보는 견해, 법규명령으로 보는 견해, 행정규칙으로 보는 견해, 법규명령의 효력을 갖는 행정규칙으로 보는 견해가 있다. 대법원 판례는 법령보충적 행정규칙을 행정규칙이지만 법규명령과 같은 효력을 갖는 것으로 본 경우도 있고, 법규명령의 성질 또는 효력을 갖는 것으로 본 경우도 있다. 헌법재판소는 법령보충적 행정규칙도 행정규칙으로 보며 법령보충적 행정규칙은 그 자체로서 직접적 대외적 구속력을 갖는 것이 아니라 상위법령과 결합하여 상위법령의 일부가 됨으로써 대외적 구속력을 가질 뿐이라고 본다(헌재 2004.10.28, 99헌바91).

(ㄴ) 검토 : 생각건대, 토지보상법 시행규칙의 경우에 과거 공특법 시행규칙에서 손실보상의 기준에 대한 내용이 토지보상법 통합과정에서 공법영역인 토지보상법 시행규칙에 그대로 규정됨으로 인해서 법규성 시비가 있었다. 이에 대해 토지보상법 시행규칙 제22조 규정에 대하여 실질은 행정규칙으로 보면서도 상위법령과 결합하여 대외적 구속력을 갖는다고 판시함으로써 동법 시행규칙 제26조의 1/3 이내 규정도 이와 같이 법령보충적 행정규칙으로 상위법령과 결합하여 대외적 구속력을 갖는다고 보는 것이 타당하다고 보여진다.

> **판례**

▶ 관련판례(대판 2012.3.29, 2011다104253 손해배상) – 토지보상법 시행규칙 제22조는 공익사업법 규정과 결합하여 대외적 구속력을 인정한다는 판례(법규성 인정)

[1] 공익사업을 위한 토지 등의 취득 및 보상에 관한 법률(이하 '공익사업법'이라 한다) 제68조 제3항은 협의취득의 보상액 산정에 관한 구체적 기준을 시행규칙에 위임하고 있고, 위임범위 내에서 공익사업을 위한 토지 등의 취득 및 보상에 관한 법률 시행규칙 제22조는 토지에 건축물 등이 있는 경우에는 건축물 등이 없는 상태를 상정하여 토지를 평가하도록 규정하고 있는데, 이는 비록 행정규칙의 형식이나 공익사업법의 내용이 될 사항을 구체적으로 정하여 내용을 보충하는 기능을 갖는 것이므로, 공익사업법 규정과 결합하여 대외적인 구속력을 가진다.

[2] 한국토지주택공사가 국민임대주택단지를 조성하기 위하여 갑 등에게서 토지를 협의취득하면서 '매매대금이 고의·과실 내지 착오평가 등으로 과다 또는 과소하게 책정되어 지급되었을 때에는 과부족금액을 상대방에게 청구할 수 있다'고 약정하였는데, 공사가 협의취득을 위한 보상액을 산정하면서 한국감정평가업협회의 (구)토지보상평가지침(2003.2.14.자로 개정된 것, 이하 '(구)토지보상평가지침'이라 한다)에 따라 토지를 지상에 설치된 철탑 및 고압송전선의 제한을 받는 상태로 평가한 사안에서, 위 약정은 단순히 협의취득 대상토지 현황이나 면적을 잘못 평가하거나 계산상 오류 등으로 감정평가금액을 잘못 산정한 경우뿐만 아니라 공익사업을 위한 토지 등의 취득 및 보상에 관한 법률(이하 '공익사업법'이라 한다)상 보상액 산정기준에 적합하지 아니한 감정평가기준을 적용함으로써 감정평가금액을 잘못 산정하여 이를 기준으로 협의매수금액을 산정한 경우에도 적용되고, 한편 공사가 협의취득을 위한 보상액을 산정하면서 대외적 구속력을 갖는 공익사업을 위한 토지 등의 취득 및 보상에 관한 법률 시행규칙 제22조에 따라 토지에 건축물 등이 있는 때에는 건축물 등이 없는 상태를 상정하여 토지를 평가하여야 함에도, 대외적 구속력이 없는 (구)토지보상평가지침에 따라 토지를 건축물 등에 해당하는 철탑 및 고압송전선의 제한을 받는 상태로 평가한 것은 정당한 토지평가라고 할 수 없는 점 등에 비추어 위 협의매수금액 산정은 공사가 고의·과실 내지 착오평가 등으로 과소하게 책정하여 지급한 경우에 해당한다고 본 원심판결에 판단누락이나 이유불비 등의 잘못이 없다고 한 사례

③ 시행규칙 제26조를 행정규칙으로 볼 경우 위법성 판단기준

시행규칙 제26조를 행정규칙에 해당한다고 본다면, 개별적인 도로부지의 보상평가가 동 규정에 위배된 평가라고 하여 무조건 위법하게 되는 것은 아니고, 반대로 동 규정에 따른 평가라고 하여 무조건 적법하게 되는 것도 아니며, 해당 평가의 적법 여부는 동 규정에 따른 것인지의 여부에 의하여서가 아니라, 법령의 규정 및 그 취지에 따른 것인지의 여부에 의하여 판단되어진다고 하여야 할 것이다. 따라서 인근 토지에 대한 평가액의 1/3 이내로 평가하기 위해서는 그와 같이 낮은 가격으로 보상하여도 될 만한 객관적인 사유가 있어야지 그와 같은 사유가 없음에도 동 규정에서 정의하고 있는 사실상 사도의 부지의 요건을 충족하고 있다고 하여 무조건 인근 토지에 대한 평가액의 1/3 이내로 평가하여서는 아니 된다는 것을 의미한다고 할 수 있다.

(2) 사실상의 사도의 부지 중 정상평가의 대상이 있는지

① 인근 토지에 비하여 낮은 가격으로 보상하여도 될 만한 사정

화체이론에 의하여 도로를 인근 토지에 대한 평가금액의 1/3 이내로 평가하기 위해서는 도로 개설의 자의성과 동일 소유토지로서의 가치이전이라는 2개의 요건이 충족되어야 한다. 따라

서 도로부분의 가치가 다른 토지의 가치에 화체되었다고 볼 수 있는 경우 및 도로에 의하여 가치 이전이 있다고 하더라도 소유자가 상이하여 가치 이전의 귀속주체가 다른 경우 등은 동 규정을 적용하지 못한다고 하여야 할 것이다.

② 사실상 사도로 정상평가하여야 하는 경우

  (ㄱ) **시행규칙 제26조 제2항 제2호의 경우** : 민법 제219조에 의하여 주위토지통행권이 발생한 도로 또는 약정에 의하여 통행권이 설정된 도로 중에서 정상임료 또는 그 이상의 임료를 받고 있는 토지가 있다면 그러한 토지를 소유자가 그의 의사에 의하여 타인의 통행을 제한할 수 없다는 이유에서 인근 토지에 비하여 낮은 가격으로 보상하여도 될 만한 사정이 있다고 할 수 없고 정상평가 하여야 한다.

  (ㄴ) **시행규칙 제26조 제2항 제3호의 경우** : 이 도로 중에도 정상적인 임료 또는 그 이상의 임료를 받고 그 소유자가 동의하여 건축허가권자가 그 위치를 지정한 도로도 정상평가하는 것이 타당하다.

③ 사도부지가 아니면서 낮게 평가하여도 될 경우

예정공도의 경우 시행규칙 제26조 제2항에서 사실상의 사도로 볼 수 없다고 규정하고 있으나, 예정공도부지를 포함하여 대지공장을 조성하기 위해 설치한 단지분할형 도로로서 그 도로가 예정공도부지이나 어차피 설치해야 하는 도로라면 낮은 가격으로 평가하여야 할 객관적 사유가 있다고 본다.

(3) 소결

현행 토지보상법은 사실상 사도의 범위를 매우 구체적으로 적시하고 있다. 하지만 도로의 보상 방법이 인근 토지의 가격보다 낮게 보상하는 것이므로 낮게 보상할 만한 객관적인 사유가 명확한 경우에만 낮게 보상하는 것이 헌법의 정당보상에 합치한다고 본다. 따라서 해당 도로가 그 자체로서 수익성이 인정된다면 그러한 점을 감안할 수 있는 기준이 필요하다.

4. 결

토지보상법 시행규칙 제26조에서 사실상 사도는 인근 토지에 대한 평가액의 1/3 이내로 평가하도록 하고, 사실상 사도라 함은 사도법에 의한 사도 외의 도로로서 ① 도로개설 당시의 토지소유자가 자기 토지의 편익을 위하여 스스로 설치한 도로, ② 토지소유자가 그 의사에 의하여 타인의 통행을 제한할 수 없는 도로, ③ 건축허가권자가 그 위치를 지정·공고한 도로, ④ 도로개설 당시의 토지소유자가 대지 또는 공장용지 등을 조성하기 위하여 설치한 도로를 말한다고 하여 그 대상을 제한하고 있다. 그리고 사도법상 사도 및 사실상 사도 외의 도로의 부지에 대하여서는 정상평가하도록 하였다. 여기서 토지소유자가 그 의사에 의하여 타인의 통행을 제한할 수 없는 도로에는 주위토지통행권이 발생한 도로, 약정에 의하여 통행권이 설정된 도로 및 자연발생적으로 형성된 도로가 있으며, 사실상의 사도를 인근 토지에 대한 평가액의 1/3 이내로 평가하도록 하는 당위성은 해당 도로의 가치가 인근의 다른 토지로 이전하였기 때문에 해당 도로의 부지에 대하여는 개발되기 전의 가치인 소지가격으로 보상하여야 한다고 하는데 있다고 할 것이다.

그런데 이와 같이 도로의 보상평가방법을 규정하여 놓고 있는 토지보상법 시행규칙 제26조의 성질은 법규명령이 아니라 행정규칙으로 보아야 하기 때문에, 동 규정의 명문의 규정에 따라 평가하였다고 하여 적법하고 그에 따르지 않았다고 하여 위법하게 되는 것이 아니라, 해당 사도의 부지를 인근 토지에 대한 평가액의 1/3 이내로 평가하기 위해서는 해당 토지를 인근 토지에 비하여 낮은 가격으로 보상하여도 될 만한 사정이 있어야 할 것이다. 그러한 의미에서 토지소유자가 그 의사에 의하여 타인의 통행을 제한할 수 없게 된 도로라 하더라도 그 토지에 대하여 정상임료나 그 이상의 임료를 받고 있는 경우에는 그 도로의 부지를 인근 토지에 비하여 낮은 가격으로 보상하여도 될 만한 사정이 있다고 할 수 없기 때문에 인근 토지에 대한 평가액의 1/3 이내로 평가하여서는 아니 되고, 예정공도부지가 단지분할형 도로로 된 경우로서 그 도로의 부지를 인근 토지에 비하여 낮은 가격으로 보상하여도 될 만한 사정이 있는 경우에는 그 도로의 부지를 인근 토지에 대한 평가액의 1/3 이내로 평가하여도 될 것이다.

이와 같이 재판규범을 집행규범과 같지 않게 해석하게 되는 것은 동 규정이 행정규칙에 해당하기 때문이므로, 이를 해결하기 위해서는 무엇보다도 먼저 동 규정을 법령화하는 데 있다고 할 것이다. 그러면서도 위헌·위법의 명령이 되어서는 안 된다는 것은 너무나 당연하다. 사실상 사도의 부지에 대한 보상평가의 문제는 과거에만 보상평가의 가장 중요한 문제가 아니라, 그것을 보다 합리적으로 개선한 현재에도 가장 난해한 문제 중의 하나이고, 앞으로도 당분간 해결하기 어려운 문제로 남을 것이다. 이는 입법의 불비라고 보기보다는 사도부지의 가치가 그에 의하여 보호되고 있는 인근대지 또는 공장용지 등으로 옮겨졌느냐의 여부를 판단하기가 용이하지 않으며, 그 제도를 어떠한 법령에 담느냐 하는 것이 어렵다는 데에 근본적인 문제가 있기 때문에 보다 깊은 연구가 필요하다고 하지 않을 수 없다.

5. 기출문제

> **≫ 기출문제(제28회 3번)**
> 지목은 대(垈)이지만 그 현황이 인근 주민의 통행에 제공된 사실상 도로인 토지를 대상으로 「도시 및 주거환경정비법」에 따른 매도청구권을 행사하는 경우와 「공익사업을 위한 토지 등의 취득 및 보상에 관한 법률」에 따른 수용재결이 행하여지는 경우에 관하여 다음 물음에 답하시오. **20점**
> (1) 매도청구권 행사에 따른 쟁송절차와 수용재결에 따른 보상금을 다투는 쟁송절차의 차이점을 설명하시오. **10점**
> (2) 토지의 감정평가방법과 그 기준에 있어 매도청구권이 행사되는 경우와 수용재결이 행하여지는 경우의 차이점을 설명하시오. **10점**

6. 기본문제

> 「공익사업을 위한 토지 등의 취득 및 보상에 관한 법률」(이하 '토지보상법') 시행규칙 제26조에 규정된 사실상의 사도에 대한 보상에 대하여 설명하시오. **20점**

Ⅰ. 서(논점의 정리)

손실보상은 공용수용에 대한 재산권의 조절적 전보제도로 헌법 제23조 제3항에 근거한다. 이에 공익사업을 위한 토지 등의 취득 및 보상에 관한 법률(이하 토지보상법)은 헌법 제23조 제3항의 정당보상 구현을 위하여 보상의 기준 및 원칙을 규정하고 있다. 특히 도로의 경우 그 종류가 다양하고 공·사법 제한의 정도가 각각 다르므로 평가방법의 적정성이 문제되는바 이하에서는 도로의 보상평가와 그 정당성에 대하여 설명하고자 한다.

Ⅱ. 도로의 보상평가방법

1. 토지보상법상 평가방법(시행규칙 제26조)

(1) 사실상의 사도

사실상의 사도란 사도법상의 사도 외에 관할시장 또는 군수의 허가를 받지 않고 개설하거나 형성된 사도로 토지보상법 시행규칙 제26조 제2항은 그 대상을 보다 구체화시키고 있다. 사실상의 사도는 인근 토지 평가액의 3분의 1 이내로 평가한다.

(2) 취지

인근 토지에 비해 낮게 평가하도록 하는 취지는 토지소유자가 자기 소유의 다른 토지의 효용증진을 위하여 스스로 설치한 도로이고(자의성), 화체이론에 의한 것이다.

2. 판례의 태도

사실상의 사도는 도로 개설경위, 목적, 주위환경 기타 제반 사항을 비추어 해당 토지가 인근 토지에 비하여 낮은 가격으로 보상하여 주어도 될 만한 객관적 사유가 인정되는 경우에만 인근 토지의 1/3 이내로 평가한다고 본다.

Ⅲ. 인근 토지 평가액의 1/3 이내 사실상 사도 보상평가 규정에 대한 규범성 논의

1. 문제의 소재

토지보상법 제70조 제6항의 위임에 따라 동법 시행규칙 제26조에서 1/3 이내로 평가하도록 하는 사실상 사도 보상평가규정은 실질이 재량준칙의 성격이나 법규명령의 형식을 취하고 있어 그 법규성이 쟁점이 된다. 즉, 법령보충적 행정규칙은 법률의 내용이 일반적이어서 구체화가 필요하여 법령의 위임을 받아 훈령이나 고시 등의 행정규칙의 형식으로 제정하는 것을 말하는데, 해당 1/3 이내의 규정이 법규성이 있는지가 문제된다.

2. 「토지보상법 시행규칙」 제26조의 1/3 이내 평가규정의 법규성 논의

(1) 학설

① 형식설(행정규칙설)은 행정규칙의 형식으로 이는 행정청 내부만을 구속하는 것이지 외부의 구속력이 있는 것이 아니며, 본 규정은 법규성이 없고 행정규칙으로 보아야 한다는 견해이다.

② 실질설(법규명령설)은 실질적으로 법의 내용을 보충함으로써 개인에게 직접적인 영향을 미치는 법규명령으로 보아야 한다는 견해이다.

③ 규범구체화설은 행정규칙과는 달리 상위규범을 구체화하는 내용의 행정규칙이므로 법규성을 긍정해야 한다는 견해이다.

④ 위헌무효설은 헌법에 명시된 법규명령은 대통령령, 총리령, 부령만을 인정하고 있으므로 행정규칙 형식의 법규명령은 헌법에 위반되어 무효라고 보는 견해이다.

⑤ 법규명령의 효력을 갖는 행정규칙설은 법규와 같은 효력을 인정하더라도 행정규칙의 형식으로 제정되어 있으므로 법적 성질은 행정규칙이라고 보는 견해이다.

(2) 판례

종전 (구)공공용지취득 및 손실보상에 관한 특례법 제6조의2의 규정은 '감정평가업자가 가격평가를 함에 있어 준수하여야 할 원칙과 기준을 정한 행정규칙에 해당한다 할 것이므로 상위법령의 위임이 있어야 하는 것은 아니다'라고 하여 그 형식이 부령인 때에는 행정규칙으로 보았다. 그러나 최근의 대판 2012.3.29, 2011다104253[손해배상(기)등]은 "공익사업을 위한 토지 등의 취득 및 보상에 관한 법률(이하 '공익사업법'이라 한다) 제68조 제3항은 협의취득의 보상액 산정에 관한 구체적 기준을 시행규칙에 위임하고 있고, 위임범위 내에서 공익사업을 위한 토지 등의 취득 및 보상에 관한 법률 시행규칙 제22조는 토지에 건축물 등이 있는 경우에는 건축물 등이 없는 상태를 상정하여 토지를 평가하도록 규정하고 있는데, 이는 비록 행정규칙의 형식이나 공익사업법의 내용이 될 사항을 구체적으로 정하여 내용을 보충하는 기능을 갖는 것이므로, 공익사업법 규정과 결합하여 대외적인 구속력을 가진다."라고 판시함으로써 토지보상법 시행규칙 제22조를 법령보충적 행정규칙이라고 판시하고 있다.

(3) 검토

최근의 대판 2012.3.29, 2011다104253은 토지보상법 시행규칙 제22조는 토지에 건축물 등이 있는 경우에는 건축물 등이 없는 상태를 상정하여 토지를 평가하도록 규정하고 있는데, 이는 비록 행정규칙의 형식이나 공익사업법의 내용이 될 사항을 구체적으로 정하여 내용을 보충하는 기능을 갖는 것이므로, 공익사업법 규정과 결합하여 대외적인 구속력이 있다고 판시함으로써 토지보상법 시행규칙 제26조의 1/3 이내의 보상평가 규정도 대법원 판례와 같이 법령보충적 행정규칙으로 법규성이 있는 것으로 보는 것이 타당하다고 판단된다.

3. 위법성 판단기준(정당보상에의 위배 여부)

(1) 정당보상의 의미

대법원 판례는 "정당보상은 정당한 보상이라는 취지는 그 손실보상액의 결정에 있어서 객관적인 가치를 충분하게 보상하여야 된다는 취지이고 나아가 그 보상의 시기, 방법 등에 있어서 어떠한 제한을 받아서는 아니된다는 것을 의미한다고 풀이할 것이므로 징발물보상에 관하여 그 보상의 시기와 방법에 관하여 여러모로 제한을 두고 있는 징발법 부칙 제3항에 의한 징발재산의 보상에 관한 규정(대통령령 제1914호) 제2조는 위 헌법 제20조 제3항에 저촉되는 규정이다.(대판 1967.11.2, 67다1334 全合[징발목재반환])"라고 판시함으로써 보상의 시기, 방법 등에 있어서 어떠한 제한도 있어서는 안된다고 보며 개발이익을 배제한 완전보상이어야 한다고 판시하고 있다.

(2) 판례의 태도로 볼 경우(법령보충적 행정규칙으로 법규성이 인정될 경우)

대판 2012.3.29, 2011다104253은 토지보상법 시행규칙 제22조는 토지에 건축물 등이 있는 경우에는 건축물 등이 없는 상태를 상정하여 토지를 평가하도록 규정하고 있는데, 이는 비록 행정규칙의 형식이나 공익사업법의 내용이 될 사항을 구체적으로 정하여 내용을 보충하는 기능을 갖는 것이므로, 공익사업법 규정과 결합하여 대외적인 구속력이 있다고 판시함으로써 법규성을 긍정하고 있다. 따라서 토지보상법 시행규칙 제26조 1/3를 법규명령으로 볼 경우 규정상 열거된 도로는 예외 없이 전부를 인근 토지에 대한 평가금액의 3분의 1로 평가하여 보상하여야 하는 바 인근 토지에 비하여 낮은 가격으로 평가하여도 될 만한 사정이 없음에도 3분의 1 이내로 보상하였다면 정당보상에 부합하지 않고 위법을 면하지 못할 것이다. 다만 대판 1999.5.14, 99두2215[토지수용이의재결처분취소]은 "공공용지의 취득 및 손실보상에 관한 특례법 시행규칙(1995.1.7. 건설교통부령 제3호로 개정된 규칙) 제6조의2 제1항 제2호는 사도법에 의한 사도 외의 도로의 부지를 인근 토지에 대한 평가금액의 3분의 1 이내로 평가하도록 규정함으로써 그 규정의 문언상으로는 그것이 도로법·도시계획법 등에 의하여 설치된 도로이든 사실상 불특정 다수인의 통행에 제공되고 있는 도로(이하 '사실상 도로'라 한다)이든 가리지 않고 모두 위 규정 소정의 사도법에 의한 사도 이외의 도로에 해당하는 것으로 보아야 할 것이지만, 그 중 사실상 도로에 관한 위 규정의 취지는 사실상 불특정 다수인의 통행에 제공되고 있는 토지이기만 하면 그 모두를 인근 토지의 3분의 1 이내로 평가한다는 것이 아니라 그 도로의 개설 경위, 목적, 주위 환경, 인접 토지의 획지면적, 소유관계, 이용상태 등의 제반 사정에 비추어 해당 토지소유자가 자기 토지의 편익을 위하여 스스로 공중의 통행에 제공하는 등 인근 토지에 비하여 낮은 가격으로 보상하여 주어도 될 만한 객관적인 사유가 인정되는 경우에만 인근 토지의 3분의 1 이내에서 평가하고 그러한 사유가 인정되지 아니하는 경우에는 위 규정의 적용에서 제외한다는 것으로 봄이 상당하다고 할 것이다(대판 1997.4.25, 96누13651, 1997.7.22, 96누13675 참조)."라고 판시함으로써 사실상 사도 모두를 인근 토지의 3분의 1 이내로 평가한다는 것이 아니라 그 도로의 개설 경위, 목적, 주위 환경, 인접 토지의 획지면적, 소유관계, 이용상태 등의 제반 사정에 비추어 해당 토지소유자가 자기 토지의 편익을 위하여 스스로 공중의 통행에 제공하는 등 인근 토지에 비하여 낮은 가격으로 보상하여 주어도 될 만한 객관적인 사유가 인정되는 경우에만 인근 토지의 3분의 1 이내에서 평가하고 그러한 사유가 인정되지 아니하는 경우에는 위 규정의 적용에서 제외해야 한다고 보고 있음에 유의해야 할 것이다.

Ⅳ. 사실상의 사도부지 평가와 정당보상

1. 인근 토지에 비하여 낮은 가격으로 보상하여도 될 만한 사정

도로개설의 자의성과 도로개설 후 동일 소유토지로의 가치이전이 되는 경우에는 인근 토지에 비하여 낮은 가격으로 보상하여도 정당보상이 될 것이다.

2. 사실상의 사도부지이면서 정상평가하는 경우

정상임료 또는 그 이상의 임료를 받고 도로로 제공되는 토지의 경우에는 정상평가하여야 정당한 보상이 될 것이다.

3. 사실상의 사도가 아니지만 낮게 평가하는 경우

예정공도부지로서 해당 대지 또는 공장용지 등으로부터 공도에 이르는 통행로에 이용되는 도로인 경우에는 인근 토지에 비하여 낮은 가격으로 보상하여도 정당보상이 될 것이다.

Ⅴ. 결

헌법 제23조 제3항은 정당보상을 천명하고 있는바, 정당보상은 어떠한 경우에 있어서도 완전보상이어야 한다. 완전한 보상의 보상의 시기, 방법 등에서 어떠한 제한을 두어서는 아니된다고 대법원 판례는 보고 있다. 사실상의 사도 역시 정당보상을 하여야 하며, 어떠한 경우에도 완전보상을 하회하는 경우는 없어야 한다. 해당 규정의 입법취지 및 판례의 태도에 비추어 토지보상법 시행규칙 제26조의 1/3

이내 보상평가 규정은 법령보충적 행정규칙으로 법규성이 인정된다고 할 것이다. 다만 대법원 판례는 사실상 사도 모두를 인근 토지의 3분의 1 이내로 평가한다는 것이 아니라 그 도로의 개설 경위, 목적, 주위 환경, 인접 토지의 획지면적, 소유관계, 이용상태 등의 제반 사정에 비추어 해당 토지소유자가 자기 토지의 편익을 위하여 스스로 공중의 통행에 제공하는 등 인근 토지에 비하여 낮은 가격으로 보상하여 주어도 될 만한 객관적인 사유가 인정되는 경우에만 인근 토지의 3분의 1 이내에서 평가하고 그러한 사유가 인정되지 아니하는 경우에는 위 규정의 적용에서 제외해야 한다고 보고 있음에 유의해야 할 것이며, 이는 완전보상 평가를 위한 취지로 이해함이 타당하고, 사실상의 사도에 이르게 된 경위 등을 종합적으로 고려하여 완전보상을 하여야 하는 것이 헌법 제23조 제3항의 정당보상 취지에 부합된다고 판단된다.

07 지하공간의 사용에 대한 보상

1. 서

지하공간의 사용은 인구의 증가와 산업의 발전에 따라 도시화가 급격히 진행되면서 토지의 평면적 이용만으로 공간적 수요를 충족할 수 없게 됨에 따라, 적극적으로 지표와 함께 지하공간을 이용하게 되었으며, 이는 토지이용의 고도화 내지는 효율화에 대한 요청에 부응한 것이었다. 그러나 지하공간의 이용이 사유토지의 지하를 이용한 경우에는 토지소유권과의 충돌이 불가피하기 때문에 새로운 법률문제가 제기된다. 이하 토지보상법 등 관련법을 중심으로 지하공간의 개념, 토지소유권이 미치는 범위, 지하사용권 설정문제, 지하사용에 대한 보상문제를 검토한다.

2. 지하공간의 개념 및 이용

(1) 지하공간의 개념

지하공간이란 지표면을 경계로 지표면 아래의 지중을 말하고, 그 깊이에 따라 천심도, 중심도, 대심도로 구분이 가능하며, 통상 지하공간에 대한 논의의 초점은 대심도에 두어져 있어 지하공간의 개념도 대심도를 의미하는 것으로 이해한다. 대심도란 토지소유자의 통상적인 이용행위가 예상되지 아니하고 지하시설물을 따로 설치하더라도 일반적인 토지이용에 지장이 없을 것으로 판단되는 지하공간을 의미한다.

(2) 토지소유권이 미치는 범위

민법 제212조는 토지의 소유권은 정당한 이익이 있는 범위 내에서 토지의 상·하에 미친다고 규정하고 있다. 이때 정당한 이익이 있는 범위를 어떻게 한정할 것인가가 문제이다. 이는 결국 토지소유권의 범위에 대한 문제로서 이에 관해 무제한설, 이익한도설, 필요범위설, 적당범위설 등의 견해가 제기되는바, 정당한 이익이 있는 범위는 추상적·주관적이므로 획일적으로 결정할 수 없고, 해당 토지의 위치, 지하이용의 정도, 거래관념 등을 고려하여 개별·구체적으로 결정되어져야 할 것이다.

3. 지하공간 사용을 위한 법적 수단

(1) 사법에 의한 이용

지하공간을 이용할 수 있는 민법상의 권원으로는 지상권, 지역권, 임차권 등의 방법이 있을 수 있으나, 이러한 방법은 충분히 제 기능을 발휘할 수 없어 이 같은 약점을 보완하기 위해 구분지상권제도가 마련되었다. 구분지상권은 상·하로 구분된 지하 및 공중 공간을 하나의 객체로 하는 지상권의 설정을 가능하게 하고, 그 수직방향의 지하층 내지 지상공간에 대하여 우선적으로 이용권을 갖는 제3자와의 법률관계를 조정하기 위해 도입된 것으로, 이는 지하공간의 이용을 위한 전형적인 방법이라 할 수 있다.

(2) 공법에 의한 이용

① 사용권의 설정

토지소유자와 사업시행자 간에 지하사용을 위한 권리설정의 협의를 할 수 없거나 협의불성립의 경우 사업시행자는 사용재결을 신청할 수 있다. 다만, 토지보상법에서의 사용은 일시적인 사용을 예정하고 있어 영구적인 시설물의 설치를 위한 사용에는 적용되기 힘들다는 견해도 있다.

② 사용권의 성질

토지수용위원회의 사용재결에 의해 취득한 지하사용권이 법적으로 어떤 성격을 갖는 것인가에 대해, (ㄱ) 지하사용권을 민법상의 구분지상권과 동일하다는 견해, (ㄴ) 토지보상법상 사용은 소유권에 새로이 목적물을 사용할 권리가 설정되고 그 결과 소유권의 내용이 제한되는 공용제한의 일종으로 보는 견해가 있다. 생각건대, 토지보상법은 공익사업을 전제로 하고 재결에 의해 지하사용권이 설정된다는 점과 부동산등기법상의 등기의 대상이 되지 않는다는 점에서 이는 공법상의 권리로서 공용제한에 해당한다고 본다.

③ 재결의 효과

사용재결에 의해 사업시행자가 장기간 사용할 수 있는 지하사용권이 인정될 경우, 재결의 효과로서 사업시행자는 사용의 개시일에 사용권을 취득하게 되고 그 토지에 관한 다른 권리는 사용기간 중 이를 사용할 수 없다. 이 규정의 해석에 대하여 지상권적 지하사용설과 구분지상권적 지하사용설로 견해가 나뉘고 있는바, 민법에 구분지상권제도가 도입된 점을 고려할 때 후자가 타당하다고 사료된다.

4. 지하공간 사용에 대한 보상

(1) 보상의 대상

헌법 제23조 제3항에 따라 공공필요에 의한 토지의 사용시에 보상이 이루어져야 함은 당연하다. 대심도 지하공간의 보상 여부와 관련해서는 소유권이 미치긴 하나 토지소유자의 현실적인 이용이익이나 장래의 이용예측이 없는 지하공간이고, 이때 소유권은 관념적, 추상적인 것에 불과하다는 점에서 무보상이 제기되고 있다. 그러나 대심도라 하더라도 기대 불가능한 장래이익으로 단정하기는 곤란하므로 보상 여부의 판단은 토지이용에 대한 저해율이 높은 지표부분에서부터 토지이용률이 '0'에 달하는 심도까지 연속적으로 보상의 대상을 파악하는 것이 타당하다고 본다.

(2) 지하사용에 대한 보상제도

헌법 제23조 제3항은 손실보상의 법률유보를 명시하고 있고, 토지보상법 제71조 제2항은 "사용하는 토지와 그 지하 및 지상의 공간의 사용에 대한 구체적인 보상액 산정 및 평가방법은 투자비용·예상수익 및 거래가격 등을 고려하여 국토교통부령으로 정한다."고 규정하고 있다. 동법 시행규칙 제31조는 영구적 또는 일정기간 동안 사용하는 경우에 입체이용저해율을 고려하여 산정하도록 규정하고 있다.

┌─ 판례 ─

▶ 관련판례(대판 2017.3.22, 2016두940)

[1] 2개 이상의 토지 등에 대한 감정평가는 개별평가를 원칙으로 하되, 예외적으로 2개 이상의 토지 등에 거래상 일체성 또는 용도상 불가분의 관계가 인정되는 경우에 일괄평가가 인정된다. 여기에서 '용도상 불가분의 관계'에 있다는 것은 일단의 토지로 이용되고 있는 상황이 사회적·경제적·행정적 측면에서 합리적이고 토지의 가치 형성적 측면에서도 타당하다고 인정되는 관계에 있는 경우를 뜻한다.

[2] 공익사업을 위한 토지 등의 취득 및 보상에 관한 법률 제70조 제2항은 "토지에 대한 보상액은 가격시점에서의 현실적인 이용상황과 일반적인 이용방법에 의한 객관적 상황을 고려하여 산정하되, 일시적인 이용상황과 토지소유자나 관계인이 갖는 주관적 가치 및 특별한 용도에 사용할 것을 전제로 한 경우 등은 고려하지 아니한다."라고 정하고 있다. 그러므로 2개 이상의 토지가 용도상 불가분의 관계에 있는지 여부를 판단하는 데 일시적인 이용상황 등을 고려해서는 안 된다.

[3] 소유권 외의 권리에 속하는 구분지상권이 설정되어 있는 토지의 손실보상금을 산정하려면 '구분지상권이 설정되어 있지 않은 상태를 가정한 완전한 토지가격'과 '구분지상권의 가액'을 별도로 평가하여야 한다. 이때 '구분지상권이 설정되어 있지 않은 상태를 가정한 완전한 토지가격'을 평가할 때 인접한 여러 필지들이 용도상 불가분의 관계에 있는지를 고려하여야 한다.
그런데 감정대상인 토지의 지하 수십 m의 공간에 공작물을 설치하기 위한 구분지상권이 설정되어 있는 경우에 이것이 구분지상권이 설정되어 있는 토지와 그렇지 않은 인접 토지가 지표에 근접한 공간에서 용도상 불가분의 관계에 있는지를 판단하는 데 영향을 미치는지 문제된다. 지표에 근접한 공간을 활용하는 것이 통상적인 토지이용의 방식이다. 이와 같이 토지를 통상적인 방법으로 이용하는 경우에는 지표에 근접한 공간의 현실적인 이용상황을 기준으로 인접한 여러 필지들이 용도상 불가분의 관계에 있는지를 판단하여야 한다. 따라서 가령 상업지역으로 지정되어 있어 고층빌딩 건축을 위하여 깊은 굴착이 필요하다는 등의 특별한 사정이 없는 한, 지하 수십 m의 공간에 공작물을 설치하기 위한 구분지상권이 설정되어 있더라도 그러한 사정이 구분지상권이 설정되어 있는 토지와 그렇지 않은 인접 토지가 지표에 근접한 공간에서 용도상 불가분의 관계에 있는지를 판단하는 데 장애요소가 되지 않는다.

[4] 원래 1필지였던 토지가 지하 부분의 구분지상권 설정을 위해 여러 필지로 분할되었다고 하더라도, 지상 부분에서는 그러한 토지분할이나 지하 부분의 구분지상권 설정에 별다른 영향을 받지 않고 토지분할 전과 같이 마치 하나의 필지처럼 계속 관리·이용되었다면, 토지분할 전에는 1필지였으나 여러 필지로 분할된 토지들은 그 1필지 중 일부가 다른 용도로 사용되고 있었다는 등의 특별한 사정이 없는 한 용도상 불가분의 관계에 있다고 보는 것이 사회적·경제적·행정적·가치형성적 측면에서 타당하다.

5. 관련문제(대심도 지하공간 사용에 대한 보상문제)

대심도는 개인의 자유·처분·이용권이 미치지 않는 범위로 "무보상·무승낙"의 개념으로 이해되고 있는 문제가 있다. 또 새로이 시행된 토지보상법에서는 입체이용저해율에 의한 보상액 산정방법을 규정하고 있으나, 별표나 도시철도법령의 규정의 준용 등을 통한 구체적인 입체이용저해율 산정방법에 대해서는 언급이 없어 평가사의 주관이 개입될 우려가 있다. 따라서 지하공간의 사용에 따른 보상평가액은 깊이에 따른 입체이용저해율에 의해 산정하되 그 깊이와 토질의 종류, 지상 토지이용의 용도, 지하시설물의 구조 등을 감안한 보다 구체적인 기준이 신설되어야 할 것이다.

제2절	건축물 보상

⤳ **법 제75조(건축물 등 물건에 대한 보상)**
① 건축물·입목·공작물과 그 밖에 토지에 정착한 물건(이하 "건축물 등"이라 한다)에 대하여는 이전에 필요한 비용(이하 "이전비"라 한다)으로 보상하여야 한다. 다만, 다음 각 호의 어느 하나에 해당하는 경우에는 해당 물건의 가격으로 보상하여야 한다.
  1. 건축물 등을 이전하기 어렵거나 그 이전으로 인하여 건축물 등을 종래의 목적대로 사용할 수 없게 된 경우
  2. 건축물 등의 이전비가 그 물건의 가격을 넘는 경우
  3. 사업시행자가 공익사업에 직접 사용할 목적으로 취득하는 경우
② 농작물에 대한 손실은 그 종류와 성장의 정도 등을 종합적으로 고려하여 보상하여야 한다.
③ 토지에 속한 흙·돌·모래 또는 자갈(흙·돌·모래 또는 자갈이 해당 토지와 별도로 취득 또는 사용의 대상이 되는 경우만 해당한다)에 대하여는 거래가격 등을 고려하여 평가한 적정가격으로 보상하여야 한다.
④ 분묘에 대하여는 이장(移葬)에 드는 비용 등을 산정하여 보상하여야 한다.
⑤ 사업시행자는 사업예정지에 있는 건축물 등이 제1항 제1호 또는 제2호에 해당하는 경우에는 관할 토지수용위원회에 그 물건의 수용재결을 신청할 수 있다.
⑥ 제1항부터 제4항까지의 규정에 따른 물건 및 그 밖의 물건에 대한 보상액의 구체적인 산정 및 평가방법과 보상기준은 국토교통부령으로 정한다.

⤳ **법 제75조의2(잔여 건축물의 손실에 대한 보상 등)**
① 사업시행자는 동일한 소유자에게 속하는 일단의 건축물의 일부가 취득되거나 사용됨으로 인하여 잔여 건축물의 가격이 감소하거나 그 밖의 손실이 있을 때에는 국토교통부령으로 정하는 바에 따라 그 손실을 보상하여야 한다. 다만, 잔여 건축물의 가격 감소분과 보수비(건축물의 나머지 부분을 종래의 목적대로 사용할 수 있도록 그 유용성을 동일하게 유지하는 데에 일반적으로 필요하다고 볼 수 있는 공사에 사용되는 비용을 말한다. 다만, 「건축법」 등 관계 법령에 따라 요구되는 시설 개선에 필요한 비용은 포함하지 아니한다)를 합한 금액이 잔여 건축물의 가격보다 큰 경우에는 사업시행자는 그 잔여 건축물을 매수할 수 있다.
② 동일한 소유자에게 속하는 일단의 건축물의 일부가 협의에 의하여 매수되거나 수용됨으로 인하여 잔여 건축물을 종래의 목적에 사용하는 것이 현저히 곤란할 때에는 그 건축물소유자는 사업시행자

에게 잔여 건축물을 매수하여 줄 것을 청구할 수 있으며, 사업인정 이후에는 관할 토지수용위원회에 수용을 청구할 수 있다. 이 경우 수용 청구는 매수에 관한 협의가 성립되지 아니한 경우에만 하되, 사업완료일까지 하여야 한다. 〈개정 2021.8.10.〉

③ 제1항에 따른 보상 및 잔여 건축물의 취득에 관하여는 제9조 제6항 및 제7항을 준용한다.

④ 제1항 본문에 따른 보상에 관하여는 제73조 제2항을 준용하고, 제1항 단서 및 제2항에 따른 잔여 건축물의 취득에 관하여는 제73조 제3항을 준용한다.

⑤ 제1항 단서 및 제2항에 따라 취득하는 잔여 건축물에 대한 구체적인 보상액 산정 및 평가방법 등에 대하여는 제70조, 제75조, 제76조, 제77조, 제78조 제4항, 같은 조 제6항 및 제7항을 준용한다. 〈개정 2022.2.3.〉

[시행일 : 2022.8.4.]

시행규칙 제33조(건축물의 평가)

① 건축물(담장 및 우물 등의 부대시설을 포함한다)에 대하여는 그 구조·이용상태·면적·내구연한·유용성 및 이전가능성 그 밖에 가격형성에 관련되는 제요인을 종합적으로 고려하여 평가한다.

② 건축물의 가격은 원가법으로 평가한다. 다만, 주거용 건축물에 있어서는 거래사례비교법에 의하여 평가한 금액(공익사업의 시행에 따라 이주대책을 수립·실시하거나 주택입주권 등을 해당 건축물의 소유자에게 주는 경우 또는 개발제한구역 안에서 이전이 허용되는 경우에 있어서의 해당 사유로 인한 가격상승분은 제외하고 평가한 금액을 말한다)이 원가법에 의하여 평가한 금액보다 큰 경우와 「집합건물의 소유 및 관리에 관한 법률」에 의한 구분소유권의 대상이 되는 건물의 가격은 거래사례비교법으로 평가한다.

③ 건축물의 사용료는 임대사례비교법으로 평가한다. 다만, 임대사례비교법으로 평가하는 것이 적정하지 아니한 경우에는 적산법으로 평가할 수 있다.

④ 물건의 가격으로 보상한 건축물의 철거비용은 사업시행자가 부담한다. 다만, 건축물의 소유자가 해당 건축물의 구성부분을 사용 또는 처분할 목적으로 철거하는 경우에는 건축물의 소유자가 부담한다.

시행규칙 제34조(건축물에 관한 소유권 외의 권리 등의 평가)

제28조 및 제29조의 규정은 법 제75조 제1항 단서의 규정에 의하여 물건의 가격으로 보상하여야 하는 건축물에 관한 소유권 외의 권리의 평가 및 소유권 외의 권리의 목적이 되고 있는 건축물의 평가에 관하여 각각 이를 준용한다. 이 경우 제29조 중 "제22조 내지 제27조"는 "제33조 제1항·제2항 및 제4항"으로 본다.

시행규칙 제35조(잔여 건축물에 대한 평가)

① 동일한 건축물소유자에 속하는 일단의 건축물의 일부가 취득 또는 사용됨으로 인하여 잔여 건축물의 가격이 감소된 경우의 잔여 건축물의 손실은 공익사업시행지구에 편입되기 전의 잔여 건축물의 가격(해당 건축물이 공익사업시행지구에 편입됨으로 인하여 잔여 건축물의 가격이 변동된 경우에는 변동되기 전의 가격을 말한다)에서 공익사업시행지구에 편입된 후의 잔여 건축물의 가격을 뺀 금액으로 평가한다.

② 동일한 건축물소유자에 속하는 일단의 건축물의 일부가 취득 또는 사용됨으로 인하여 잔여 건축물에 보수가 필요한 경우의 보수비는 건축물의 잔여부분을 종래의 목적대로 사용할 수 있도록 그 유용성을 동일하게 유지하는데 통상 필요하다고 볼 수 있는 공사에 사용되는 비용(「건축법」 등 관계법령에 의하여 요구되는 시설의 개선에 필요한 비용은 포함하지 아니한다)으로 평가한다.

01 건축물에 대한 보상

1. 서

건축물이란 토지에 정착하는 공작물 중 지붕과 기둥 또는 벽이 있는 것을 말하며, 이의 부대설비 또는 건축설비 등도 건축물에 포함된다. 건축물의 보상문제는 재산권으로서의 정당한 손실보상과 생활보상의 차원에서 특별한 규정을 하는 생활보상 측면의 손실보상으로 구분할 수 있다. 즉 건축물의 보상평가는 건축물의 취득 또는 지장물로서의 보상문제와 주거용 건축물의 평가상의 특례, 무허가건축물의 평가문제, 건축물의 사용보상 및 건축물 관련 생활보상의 문제로 구분하여 검토할 수 있다.

2. 산정시기 및 평가방법

(1) 건축물에 대한 보상평가의 법적 근거

건축물에 대한 보상은 토지보상법 제75조 제1항에서 근거를 두고 있고, 동조 제5항의 구체적인 위임을 받아 건축물에 대한 보상액의 구체적인 산정 및 평가방법과 보상기준은 동법 시행규칙 제33조 내지 제35조에서 규정을 하고 있다.

(2) 산정시기

보상액의 산정은 협의에 의할 경우에는 협의성립 당시의 가격을, 재결에 의할 경우에는 수용 또는 사용의 재결 당시의 가격을 기준으로 한다. 보상액의 산정에 있어서 해당 공익사업으로 인하여 토지 등의 가격에 변동이 있는 때에는 이를 고려하지 아니한다.

(3) 평가방법

건축물에 대하여는 그 구조·이용상태·면적·내구연한·유용성 및 이전가능성 그 밖에 가격형성에 관련되는 제 요인을 종합적으로 고려하여 평가한다.

3. 구체적 보상의 기준

(1) 재산권 보상

① 수용

건축물의 가격은 원가법으로 평가한다. 물건의 가격으로 보상한 건축물의 철거비용은 사업시행자가 부담한다. 다만, 건축물의 소유자가 해당 건축물의 구성부분을 사용 또는 처분할 목적으로 철거하는 경우에는 건축물의 소유자가 부담한다.

> **판례**
>
> ▶ 관련판례(대판 2015.11.12, 2015두2963)
> 피수용자가 부가가치세법상의 납세의무자인 사업자로서 손실보상금으로 수용된 건축물 등을 다시 신축하는 것이 자기의 사업을 위하여 사용될 재화 또는 용역을 공급받는 경우에 해당하는 경우, 사업시행자에게 건축비 등에 포함된 부가가치세 상당을 손실보상으로 구할 수 있는지 여부(원칙적 소극)

피수용자가 부가가치세법상의 납세의무자인 사업자로서 손실보상금으로 수용된 건축물 등을 다시 신축하는 것이 자기의 사업을 위하여 사용될 재화 또는 용역을 공급받는 경우에 해당하면 건축비 등에 포함된 부가가치세는 부가가치세법 제38조 제1항 제1호에서 정한 매입세액에 해당하여 피수용자가 자기의 매출세액에서 공제받거나 환급받을 수 있으므로 위 부가가치세는 실질적으로는 피수용자가 부담하지 않게 된다. 따라서 이러한 경우에는 다른 특별한 사정이 없는 한 피수용자가 사업시행자에게 위 부가가치세 상당을 손실보상으로 구할 수는 없다.

② 사용

건축물의 사용료는 임대사례비교법으로 평가한다. 다만, 임대사례비교법으로 평가하는 것이 적정하지 아니한 경우에는 적산법으로 평가할 수 있다.

③ 지장물

건축물 등에 대하여는 이전비로 보상하여야 한다. 다만, 건축물 등의 이전이 어렵거나 그 이전으로 인하여 건축물 등을 종래의 목적으로 사용할 수 없게 된 경우, 건축물 등의 이전비가 그 물건의 가격을 넘는 경우, 사업시행자가 공익사업에 직접 사용할 목적으로 취득하는 경우 등에는 해당 물건의 가격으로 평가한다.

> 판례

▶ 관련판례(대판 2012.4.13, 2010다94960) [손해배상]

[1] (구)공익사업을 위한 토지 등의 취득 및 보상에 관한 법률(2007.10.17. 법률 제8665호로 개정되기 전의 것, 이하 '법'이라 한다) 제75조 제1항 제1호, 제2호, 제3호, 제5항, 공익사업을 위한 토지 등의 취득 및 보상에 관한 시행규칙(이하 '시행규칙'이라 한다) 제33조 제4항, 제36조 제1항 등 관계법령의 내용을 법에 따른 지장물에 대한 수용보상의 취지와 정당한 보상 또는 적정가격 보상의 원칙에 비추어 보면, 사업시행자가 사업시행에 방해가 되는 지장물에 관하여 법 제75조 제1항 단서 제2호에 따라 이전에 소요되는 실제 비용에 못 미치는 물건의 가격으로 보상한 경우, 사업시행자가 물건을 취득하는 제3호와 달리 수용절차를 거치지 아니한 이상 사업시행자가 보상만으로 물건의 소유권까지 취득한다고 보기는 어렵겠으나, 다른 한편으로 사업시행자는 지장물의 소유자가 시행규칙 제33조 제4항 단서에 따라 스스로의 비용으로 철거하겠다고 하는 등 특별한 사정이 없는 한 지장물의 소유자에 대하여 철거 및 토지의 인도를 요구할 수 없고 자신의 비용으로 직접 이를 제거할 수 있을 뿐이며, 이러한 경우 지장물의 소유자로서도 사업시행에 방해가 되지 않는 상당한 기한 내에 시행규칙 제33조 제4항 단서에 따라 스스로 지장물 또는 그 구성부분을 이전해 가지 않은 이상 사업시행자의 지장물 제거와 그 과정에서 발생하는 물건의 가치 상실을 수인하여야 할 지위에 있다고 보아야 한다.

[2] 택지개발사업인 갑 지방공사가 골재 등 지장물에 관한 보상협의가 이루어지지 않자 중앙토지수용위원회에 수용재결을 신청하여 (구)공익사업을 위한 토지 등의 취득 및 보상에 관한 법률(2007.10.17. 법률 제8665호로 개정되기 전의 것, 이하 '법'이라 한다) 제75조 제1항 단서 제2호에 따라 골재 가격을 손실보상금으로 하는 취지의 재결을 받고, 골재 소유자가 을 주식회사와 병 중 누구인지 불분명하다는 이유로 손실보상금을 공탁한 다음, 을 회사 및 병과 골재를 갑 공사비용으로 임시장소로 이전해 두기로 합의하였는데, 그 후 골재를 폐기하거나 사용하여 모

두 멸실시킨 사안에서, 골재 이전비가 골재가격인 취득가를 넘는다는 이유로 골재가격으로 보상금을 정하는 내용의 중앙토지수용위원회 재결이 내려져 그대로 확정된 이상, 갑 공사는 재결에 따른 보상금의 공탁으로 사업시행구역 내 골재를 자신의 비용으로 제거할 수 있는 권한과 부담을 동시에 갖게 되었고, 골재 소유자인 을 회사도 지장물 이전의무를 면하는 대신 갑 공사의 지장물 제거를 수인하여야 할 지위에 있으므로, 갑 공사가 위 합의 후 골재를 사업시행에 지장이 되지 않도록 제거하고 그 과정에서 골재가 산일되어 회복할 수 없게 되었다 하더라도 갑 공사의 지장물 제거행위를 합의에 위배되는 것이라거나 을 회사의 소유권을 침해하는 위법한 행위라고 평가할 수 없고, 골재에 대한 인도의무를 면하는 대신 위와 같은 갑 공사의 행위를 수인하여야 할 지위에 있게 된 을 회사에 대하여 골재 멸실로 인한 손해배상책임을 지게 된다고 볼 수 없는데도, 이와 달리 본 원심판결에 법상 지장물의 보상에 따른 효과에 관한 법리오해의 위법이 있다고 한 사례

▶ 관련판례(대판 2013.2.15, 2012두22096)
(구)공익사업을 위한 토지 등의 취득 및 보상에 관한 법률 제15조 제1항에 따른 사업시행자의 보상계획공고 등으로 공익사업의 시행과 보상대상토지의 범위 등이 객관적으로 확정된 후 해당 토지에 지장물을 설치하는 경우, 손실보상의 대상에 해당하는지 여부(한정 소극)

(구)공익사업법상 손실보상 및 사업인정고시 후 토지 등의 보전에 관한 위 각 규정의 내용에 비추어 보면, 사업인정고시 전에 공익사업시행지구 내 토지에 설치한 공작물 등 지장물은 원칙적으로 손실보상의 대상이 된다고 보아야 한다. 그러나 손실보상은 공공필요에 의한 행정작용에 의하여 사인에게 발생한 특별한 희생에 대한 전보라는 점을 고려할 때, (구)공익사업법 제15조 제1항에 따른 사업시행자의 보상계획공고 등으로 공익사업의 시행과 보상대상토지의 범위 등이 객관적으로 확정된 후 해당 토지에 지장물을 설치하는 경우에 그 공익사업의 내용, 해당 토지의 성질, 규모 및 보상계획공고 등 이전의 이용실태, 설치되는 지장물의 종류, 용도, 규모 및 그 설치시기 등에 비추어 그 지장물이 해당 토지의 통상의 이용과 관계없거나 이용범위를 벗어나는 것으로 손실보상만을 목적으로 설치되었음이 명백하다면, 그 지장물은 예외적으로 손실보상의 대상에 해당하지 아니한다고 보아야 한다.

▶ 관련판례(대판 1991.1.29, 90누3775)
감정평가기관이 평가기준을 이식비로 밝히고 있더라도 이식이 가능한 경우에 한하여 이식비를 그 보상액으로 결정하여야 하는 것이고, 과수목이 이전 가능한 것인지의 여부는 기술적인 문제가 아니라 경제적으로 판단하여야 할 문제인 것이므로 원심에서는 이 사건 포도나무가 위와 같은 기준에 비추어 이식이 가능한 것인지 여부가 먼저 심리 조사되어야 한다.

④ 소유권 이외의 권리의 목적이 되고 있는 건축물
해당 권리가 없는 것으로 평가한 금액에 해당 소유권 이외의 권리를 평가한 금액을 공제한 금액으로 평가한다.

(2) 생활보상

① 주거용 건축물에 대한 특례
주거용 건축물의 경우 평가액이 600만원 미만인 경우 보상액을 600만원으로 하고, 20년 이내에 재편입된 주거용 건물은 1,000만원 한도 내에서 평가한 금액의 30%를 가산하여 평가

한다. 또한 건물의 소유자에 대하여는 2개월분의 주거이전비를, 주거용 건물의 세입자에 대하여는 4개월분의 주거이전비를 보상한다.

② 간접보상

건축물만이 공익사업시행지구 밖에 남게 되는 경우로서 그 건축물의 매매가 불가능하고 이주가 부득이한 경우에는 그 소유자의 청구에 의하여 편입되는 것으로 보아 보상하여야 한다. 한편, 건축물의 일부가 편입되어 잔여부분을 종래의 목적으로 사용하기 어려운 경우 그 잔여부분을 원가법에 의하여 평가하여 보상하여야 하며, 잔여부분을 보수하여 사용할 수 있는 경우 그 잔존부분에 대하여는 보수비로 평가하여 보상하되 잔여부분의 가격을 초과하지 못한다.

(3) 무허가건물의 보상

무허가건물에 대하여도 재산권 보상의 차원에서 보상함이 원칙이다. 다만, 사업인정고시 후의 토지보전의무를 위반한 경우에는 무허가건축물에 대한 재산권 보상은 부인된다. 그리고 89.1.24. 이후 무허가건축물에 대해서는 주거용 건축물의 최저보상특례, 이주대책, 주거이전비 등의 보상은 제외된다.

(4) 잔여건축물의 손실에 대한 보상

① 잔여건축물 감가보상

사업시행자는 동일한 소유자에 속하는 일단의 건축물의 일부가 취득되거나 사용됨으로 인하여 잔여건축물의 가격이 감소되거나 그 밖의 손실이 있을 때에는 그 손실을 보상하여야 한다. 다만, 잔여건축물의 가격감소분과 보수비를 합한 금액이 잔여건축물의 가격보다 큰 경우에는 사업시행자는 그 잔여건축물을 매수할 수 있다.

② 잔여건축물의 매수 및 수용보상

동일한 소유자에 속하는 일단의 건축물의 일부가 협의에 의하여 매수되거나 수용됨으로 인하여 잔여건축물을 종래의 목적에 사용하는 것이 현저히 곤란할 때에는 그 건축물소유자는 사업시행자에게 잔여건축물을 매수하여 줄 것을 청구할 수 있으며, 사업인정 이후에는 관할 토지수용위원회에 수용을 청구할 수 있다. 이 경우 수용 청구는 매수에 관한 협의가 성립되지 아니한 경우에만 하되, 그 사업의 공사완료일까지 하여야 한다.

> **판례**
>
> ▶ 관련판례(대판 2015.11.12, 2015두2963)
> 건축물 소유자가 공익사업을 위한 토지 등의 취득 및 보상에 관한 법률 제34조, 제50조 등에 규정된 재결절차를 거치지 않은 채 곧바로 사업시행자를 상대로 같은 법 제75조의2 제1항에 따른 잔여건축물 가격감소 등으로 인한 손실보상을 청구할 수 있는지 여부(소극) 및 이는 수용대상 건축물에 대하여 재결절차를 거친 경우에도 마찬가지인지 여부(적극)
>
> 공익사업을 위한 토지 등의 취득 및 보상에 관한 법률(이하 '토지보상법'이라 한다) 제75조의2 제1항, 제34조, 제50조, 제61조, 제83조 내지 제85조의 내용 및 입법취지 등을 종합하면, 건축물 소유자

가 사업시행자로부터 토지보상법 제75조의2 제1항에 따른 잔여건축물 가격감소 등으로 인한 손실보상을 받기 위해서는 토지보상법 제34조, 제50조 등에 규정된 재결절차를 거친 다음 재결에 대하여 불복이 있는 때에 비로소 토지보상법 제83조 내지 제85조에 따라 권리구제를 받을 수 있을 뿐, 재결절차를 거치지 않은 채 곧바로 사업시행자를 상대로 손실보상을 청구하는 것은 허용되지 않고, 이는 수용대상 건축물에 대하여 재결절차를 거친 경우에도 마찬가지이다.

(5) 판례

> 판례

▶ 관련판례(대판 2012.9.13, 2011다83929) [부당이득금반환]

[1] 공익사업을 위한 토지 등의 취득 및 보상에 관한 법률(이하 '공익사업법'이라 한다) 제75조 제1항 제1호는 공작물에 대하여 이전에 필요한 비용으로 보상하되 이전이 어렵거나 그 이전으로 인하여 공작물을 종래의 목적으로 사용할 수 없게 된 경우에는 해당 물건의 가격으로 보상하도록 규정하고 있고, 같은 조 제6항의 위임에 따라 공작물에 대한 보상액의 구체적인 산정 및 평가방법과 보상기준을 정하고 있는 공익사업을 위한 토지 등의 취득 및 보상에 관한 법률 시행규칙 제36조 제2항 제3호는 '사업시행자가 공익사업에 편입되는 공작물 등에 대한 대체시설을 하는 경우'에는 이를 별도의 가치가 있는 것으로 평가하여서는 아니 된다고 규정하고 있다. 이처럼 대체시설을 하는 경우 별도의 손실보상을 하지 않도록 규정한 것은 그러한 대체시설로서 공작물 소유자에게 실질적으로 손실이 보상된 것으로 볼 수 있기 때문이므로, 대체시설로 인정되기 위해서는 기존 공작물과 기능적인 측면에서 대체가 가능한 시설이어야 할 뿐만 아니라, 특별한 사정이 없는 한 기존 공작물 소유자가 대체시설의 소유권을 취득하거나 소유권자에 준하는 관리처분권을 가지고 있어야 한다.

[2] 갑 주택재개발정비사업조합이, 주택재개발정비사업으로 철거된 한국전력공사의 배전설비에 대하여 대체시설을 제공하였음을 이유로 공사가 갑 조합으로부터 지급받은 철거시설 잔존가치 상당액의 손실보상금에 대하여 부당이득반환을 구한 사안에서, 갑 조합이 공사에 기존 배전설비의 철거보상금을 지급할 때 단순히 철거비용뿐 아니라 그 시설에 대한 손실보상금까지 포함하여 지급하였다는 등 다른 특별한 사정이 없는 이상 갑 조합은 공사에 철거시설에 대한 손실보상금을 별도로 지급할 의무가 있고, 당사자 사이에 새로 설치한 지중화된 전력설비에 대하여 소유권은 갑 조합이 가지지만 공사가 이를 그 소유처럼 제한 없이 무상으로 관리·사용할 수 있는 권리가 보장되어 있어서 철거된 종전 시설과 기능적으로뿐 아니라 권리 행사 측면에서도 실질적 차이가 없다고 볼 수 있는 관계가 설정되어 있다는 등 특별한 사정이 없는 이상 이는 공익사업을 위한 토지 등의 취득 및 보상에 관한 법률 시행규칙에서 말하는 대체시설에 해당한다고 볼 수 없으므로, 위 시행규칙의 대체시설에 해당하기 위한 요건의 충족 여부 등에 대하여 더 심리해 보지 않고는 공사가 지급받은 철거시설에 대한 손실보상금이 법률상 원인 없이 얻은 이득이라고 쉽사리 단정할 수 없음에도, 위와 같은 점에 대한 별다른 심리 없이 공사가 받은 손실보상금이 부당이득에 해당한다고 본 원심판결에 법리오해의 위법이 있다고 한 사례

4. 관련문제

(1) 건축물의 철거책임

물건의 가격으로 보상한 건축물의 철거비용은 사업시행자가 부담한다. 다만, 건축물의 소유자가 해당 건축물의 구성부분을 사용 또는 처분할 목적으로 철거하는 경우에는 건축물의 소유자가 부담한다. 따라서 건축물의 소유자가 그 물건의 가격으로 보상을 받고 그 건축물을 철거하지 않은 경우 철거책임과 그 비용의 부담은 원칙적으로 사업시행자가 지게 된다.

(2) 사업폐지 등에 대한 보상

공익사업의 시행으로 인하여 건축물의 건축을 위한 건축허가 등 관계법령에 의한 절차를 진행 중이던 사업 등이 폐지·변경 또는 중지된 경우 그 사업 등에 소요된 법정수수료 그 밖의 비용 등의 손실에 대하여는 이를 보상하여야 한다. 종전에는 이와 같은 보상은 인정되지 아니하였으나 토지보상법에서는 인정하고 있다.

(3) 기타 문제점

건축물의 평가에서 수익가격으로 평가할 수 있는 규정을 두고 있지 아니하다. 건축물의 이전비와 건축물의 잔여부분 보수비에서는 시설의 개선에 필요한 비용은 제외하고 있다. 그러나 건축물 소유자의 귀책사유 없이 해당 공익사업으로 인하여 새로운 비용의 지출이 필요하게 된 것이므로 보상하는 것이 타당할 것이다.

02 무허가건축물이 보상대상인지 여부

1. 서

무허가건축물이란 관계법령에서 허가 등을 필한 후 건축할 수 있는 건축물을 허가 없이 건축한 것을 말한다. 무허가건축물이 재산권의 대상이 되어 보상이 되는지가 문제되므로 관련 제 규정을 우선 검토하고 불명확한 부분이 있는 경우 손실보상의 요건을 검토하여 해결하도록 한다.

2. 관련규정의 검토

(1) 건물보상

토지보상법 제75조에서는 건축물 등의 보상을 규정하면서 구체적인 평가방법 및 보상기준은 국토교통부령에 위임하고 있다. 지장물에 대하여는 이전비 보상을 원칙으로 하고 건물가격은 원가법에 의하되 사용료는 임대사례비교법에 의한다.

(2) 무허가건물의 보상

토지보상법 제25조에서는 토지 등의 보전의무를 규정하면서 사업인정 후 건축물의 건축 등에 대하여 허가를 받아야 한다고 하고 사업인정 이후 무허가건축물에 대하여 손실보상을 청구할 수 없다고 규정하고 있다.

3. 사업인정 이전 무허가건축물이 보상대상인지 여부

(1) 개설

무허가건축물 중 특히 사업인정 이전 무허가건축물의 보상 대상 여부가 법률의 규정이 없어 해석의 문제가 발생한다. 손실보상의 요건과 관련하여 공공필요, 적법한 침해, 특별한 희생은 문제되지 않으나 재산권의 충족 여부가 문제된다.

(2) 헌법상 재산권

헌법 제23조 제1항 후단에서는 재산권의 내용과 한계는 법률로서 정한다고 규정하고 있다. 재산권의 범위를 법률에 의하여 구체화하고 있으므로 건축법상 제재적 실효성 확보수단과 관련하여 검토가 요구된다.

(3) 대집행 대상과 재산권

무허가건축물을 방지하기 위하여 건축법상 대집행규정에 따라 행정대집행법상의 대집행이 가능하다. 대집행 대상이 되므로 대집행을 실행할 경우 재산가치가 소멸하므로 보상대상에서 제외된다는 견해가 있으나 이는 근거 미약으로 수긍하기 곤란하다.

(4) 허가의 성질과 재산권

허가란 법령에 의하여 일반적 상대적·상대적 금지를 특정한 경우에 해제하여 적법하게 일정행위를 할 수 있게 하는 행위이다. 허가를 요하는 행위를 허가 없이 행한 경우 행정상 강제집행이나 처벌의 대상이 될 수 있는 것은 별론으로 하고 행위 자체의 효력이 부인되는 것은 아니다. 따라서 허가 유무에 따라 재산권의 범위가 달라질 수는 없다.

(5) 판례의 태도 및 검토

판례는 사업인정고시 전에 건축한 건축물은 그 건축물이 적법하게 허가를 받아 건축한 것인지, 허가를 받지 아니하고 건축한 무허가건축물인지 여부와 관계없이 손실보상의 대상이 된다고 판시하고 있다. 생각건대, 허가는 그 성질에 비추어 행위의 적법성 여부에만 관여하고 유효성 여부와는 무관하므로 재산권 요건을 충족하여 사업인정 이전 건축물에 대하여 허가 여부와 무관하게 보상의 대상이라고 판단된다.

 판례

▶ 관련판례(대판 2000.3.10, 99두10896)
관계법령을 종합하여 보면, 지장물인 건물은 그 건물이 적법한 건축허가를 받아 건축된 것인지 여부에 관계없이 토지수용법상의 사업인정의 고시 이전에 건축된 건물이기만 하면 손실보상의 대상이 됨이 명백하다.

4. 결

사업인정 이전 무허가건축물에 대하여는 적법한 건축물과 마찬가지로 손실보상을 시행하고 사업인정 이후 건축된 건축물에 대하여는 보상규정에서 제외함을 명시하고 있으므로 손실보상을 시행하지 않는다. 무허가건축물 부지에 대하여 건축물은 재산권을 인정함에 반하여 결과로서 발생하는 부지는 신축 당시의 이용상황을 상정하여 평가하는 점에서 문제점이 있다.

제3절 ｜ 부대적 손실보상

01 ｜ 서

행정상 손실보상이란 공공필요에 의한 적법한 공권력의 행사로 인하여 개인의 재산권에 가하여진 특별한 희생에 대하여 행정청이 행하는 조절적인 재산적 전보를 말한다. 이는 현대 복리국가의 복리증진의 의무가 국가의 책무로서 인정되면서 공익사업의 확대화에 의하여 손실보상의 대상이 확대되며, 면적수용과 재산권의 확대화에 따른 직접적인 손실에 대한 보상과 함께 부대적 손실에 대한 보상의 문제가 대두되고 있다. 이하에서 부대적 손실에 관한 보상을 설명하고 문제점과 개선방안에 관해 설명하기로 한다.

02 ｜ 법적 성격

부대적 손실보상이란 수용·사용의 직접적인 목적물은 되지 않으나 공익사업의 시행을 위하여 목적물의 취득에 따른 피수용자에게 미치는 손실을 말하며 이에 따른 손실을 보상하여 헌법상 정당한 보상을 실현함에 그 취지가 있다. 부대적 손실에 관한 보상은 침해의 대상은 재산권이며 보상이 수용의 대상보다 확대되는 측면에서 재산권 보상과 생활권 보상의 측면을 지니고 있다.

03 ｜ 보상기준

부대적 손실은 공용침해에 의하여 발생한 손실에 대하여 헌법상 정당한 보상이 되어야 하며, 이에 헌법재판소는 수용목적물의 객관적인 가치를 보상하며, 보상의 시기와 방법에 어떠한 제한이 없어야 한다는 완전보상의 견해를 표명한 바 있다. 부대적 손실의 평가는 수용의 목적물의 취득·사용할 수 있는 계약체결 당시를 기준으로 평가한다. 토지보상법은 헌법상 정당한 보상을 실현하기 위하여 사업시행자보상의 원칙, 사전보상의 원칙, 개별보상의 원칙, 일괄보상의 원칙, 사업시행이익과의 상계금지의 원칙을 규정하고 있다.

04 보상의 구체적 내용

1. 실비변상적 보상

실비변상적 보상이란 공익사업의 목적물의 취득이나 사용에 의하여 현재의 생활의 유지 및 종래의 재산권의 목적에 사용하기 위하여 적극적인 비용의 지출이 요구되는 경우에 이러한 손실에 대한 보상을 말한다. 내용으로서 건축물 등의 이전비 보상, 과수 등의 이전비 보상, 잔여지 공사비 보상 등이 있다.

2. 일실손실의 보상

일실손실의 보상이란 재산권의 수용·사용에 의하여 부수적·독립적으로 누리는 경제적 이익에 대한 손실의 보상을 말한다. 주로 사업의 기간에 현재의 영업상의 기대이익을 대상으로 하는데 특징이 있다. 이에 대한 예로서 영업의 폐지·휴업에 따른 보상, 영농손실에 대한 보상, 근로자의 휴직이나 실직에 대한 보상을 들 수 있다.

3. 간접보상과의 관계

간접보상이란 공익사업의 시행에 의하여 사업지의 밖에서 받은 손실에 대하여 보상을 하는 것을 말한다. 이는 공익사업에 직접적인 필요에 의하여 보상하는 것이 아니며 사업의 실행에 따른 부수적인 손실이라는 공통점이 있다. 어업의 간접보상과 잔여지의 가격하락 또는 공사비 보상은 부대적 손실에 대한 보상인 동시에 간접보상이다. 공익사업시행지구 밖의 건축물에 대한 보상 등의 간접보상은 사업시행자가 필요치 않은 재산권을 취득한다는 점에서 부대적 손실에 대한 보상과 차이가 있다.

05 문제점 및 개선방안

부대적 손실에 관한 보상은 공익사업의 직접 대상이 되지 아니하며, 토지소유자 등의 조속한 생활의 안정이라는 측면에서 생활보상의 성격을 강하게 지니나 획일적이지 못하고 체계적이지 못한 산발적인 규정으로 인하여 토지소유자에 대하여 형평성이 결여될 우려가 크므로 앞으로 구체적인 정비가 필요할 것으로 보인다.

| 제4절 | 영업손실보상 |

법 제77조(영업의 손실 등에 대한 보상)
① 영업을 폐지하거나 휴업함에 따른 영업손실에 대하여는 영업이익과 시설의 이전비용 등을 고려하여 보상하여야 한다.
② 〈이하 생략〉

시행규칙 제45조(영업손실의 보상대상인 영업)
법 제77조 제1항에 따라 영업손실을 보상하여야 하는 영업은 다음 각 호 모두에 해당하는 영업으로 한다.
1. 사업인정고시일 등 전부터 적법한 장소(무허가건축물 등, 불법형질변경토지, 그 밖에 다른 법령에서 물건을 쌓아놓는 행위가 금지되는 장소가 아닌 곳을 말한다)에서 인적·물적시설을 갖추고 계속적으로 행하고 있는 영업. 다만, 무허가건축물 등에서 임차인이 영업하는 경우에는 그 임차인이 사업인정고시일 등 1년 이진부터 「부가가치세법」 제8조에 따른 사업자등록을 하고 행하고 있는 영업을 말한다.
2. 영업을 행함에 있어서 관계법령에 의한 허가 등을 필요로 하는 경우에는 사업인정고시일 등 전에 허가 등을 받아 그 내용대로 행하고 있는 영업

시행규칙 제46조(영업의 폐지에 대한 손실의 평가 등)
① 공익사업의 시행으로 인하여 영업을 폐지하는 경우의 영업손실은 2년간의 영업이익(개인영업인 경우에는 소득을 말한다)에 영업용 고정자산·원재료·제품 및 상품 등의 매각손실액을 더한 금액으로 평가한다.
② 제1항에 따른 영업의 폐지는 다음 각 호의 어느 하나에 해당하는 경우로 한다.
   1. 영업장소 또는 배후지(해당 영업의 고객이 소재하는 지역을 말한다)의 특수성으로 인하여 해당 영업소가 소재하고 있는 시·군·구(자치구를 말한다) 또는 인접하고 있는 시·군·구의 지역 안의 다른 장소에 이전하여서는 해당 영업을 할 수 없는 경우
   2. 해당 영업소가 소재하고 있는 시·군·구 또는 인접하고 있는 시·군·구의 지역 안의 다른 장소에서는 해당 영업의 허가 등을 받을 수 없는 경우
   3. 도축장 등 악취 등이 심하여 인근 주민에게 혐오감을 주는 영업시설로서 해당 영업소가 소재하고 있는 시·군·구 또는 인접하고 있는 시·군·구의 지역안의 다른 장소로 이전하는 것이 현저히 곤란하다고 특별자치도지사·시장·군수 또는 구청장(자치구의 구청장을 말한다)이 객관적인 사실에 근거하여 인정하는 경우
③ 제1항에 따른 영업이익은 해당 영업의 최근 3년간(특별한 사정으로 인하여 정상적인 영업이 이루어지지 않은 연도를 제외한다)의 평균 영업이익을 기준으로 하여 이를 평가하되, 공익사업의 계획 또는 시행이 공고 또는 고시됨으로 인하여 영업이익이 감소된 경우에는 해당 공고 또는 고시일 전 3년간의 평균 영업이익을 기준으로 평가한다. 이 경우 개인영업으로서 최근 3년간의 평균 영업이익이 다음 산식에 의하여 산정한 연간 영업이익에 미달하는 경우에는 그 연간 영업이익을 최근 3년간의 평균 영업이익으로 본다.
연간 영업이익 = 「통계법」 제3조 제3호에 따른 통계작성기관이 같은 법 제18조에 따른 승인을 받아 작성·공표한 제조부문 보통인부의 임금단가 × 25(일) × 12(월)
④ 제2항에 불구하고 사업시행자는 영업자가 영업의 폐지 후 2년 이내에 해당 영업소가 소재하고 있는 시·군·구 또는 인접하고 있는 시·군·구의 지역 안에서 동일한 영업을 하는 경우에는 영업의 폐지에 대한 보상금을 환수하고 제47조에 따른 영업의 휴업 등에 대한 손실을 보상하여야 한다.

⑤ 제45조 제1호 단서에 따른 임차인의 영업에 대한 보상액 중 영업용 고정자산·원재료·제품 및 상품 등의 매각손실액을 제외한 금액은 제1항에 불구하고 1천만원을 초과하지 못한다.

☞ 시행규칙 제47조(영업의 휴업 등에 대한 손실의 평가)

① 공익사업의 시행으로 인하여 영업장소를 이전하여야 하는 경우의 영업손실은 휴업기간에 해당하는 영업이익과 영업장소 이전 후 발생하는 영업이익감소액에 다음 각호의 비용을 합한 금액으로 평가한다.

1. 휴업기간 중의 영업용 자산에 대한 감가상각비·유지관리비와 휴업기간 중에도 정상적으로 근무하여야 하는 최소인원에 대한 인건비 등 고정적 비용
2. 영업시설·원재료·제품 및 상품의 이전에 소요되는 비용 및 그 이전에 따른 감손상당액
3. 이전광고비 및 개업비 등 영업장소를 이전함으로 인하여 소요되는 부대비용

② 제1항의 규정에 의한 휴업기간은 4개월 이내로 한다. 다만, 다음 각 호의 어느 하나에 해당하는 경우에는 실제 휴업기간으로 하되, 그 휴업기간은 2년을 초과할 수 없다.

1. 해당 공익사업을 위한 영업의 금지 또는 제한으로 인하여 4개월 이상의 기간동안 영업을 할 수 없는 경우
2. 영업시설의 규모가 크거나 이전에 고도의 정밀성을 요구하는 등 해당 영업의 고유한 특수성으로 인하여 4개월 이내에 다른 장소로 이전하는 것이 어렵다고 객관적으로 인정되는 경우

③ 공익사업에 영업시설의 일부가 편입됨으로 인하여 잔여시설에 그 시설을 새로이 설치하거나 잔여시설을 보수하지 아니하고는 그 영업을 계속할 수 없는 경우의 영업손실 및 영업규모의 축소에 따른 영업손실은 다음 각 호에 해당하는 금액을 더한 금액으로 평가한다. 이 경우 보상액은 제1항에 따른 평가액을 초과하지 못한다.

1. 해당 시설의 설치 등에 소요되는 기간의 영업이익
2. 해당 시설의 설치 등에 통상 소요되는 비용
3. 영업규모의 축소에 따른 영업용 고정자산·원재료·제품 및 상품 등의 매각손실액

④ 영업을 휴업하지 아니하고 임시영업소를 설치하여 영업을 계속하는 경우의 영업손실은 임시영업소의 설치비용으로 평가한다. 이 경우 보상액은 제1항의 규정에 의한 평가액을 초과하지 못한다.

⑤ 제46조 제3항 전단은 이 조에 따른 영업이익의 평가에 관하여 이를 준용한다. 이 경우 개인영업으로서 휴업기간에 해당하는 영업이익이 「통계법」 제3조 제3호에 따른 통계작성기관이 조사·발표하는 가계조사통계의 도시근로자가구 월평균 가계지출비를 기준으로 산정한 3인 가구의 휴업기간 동안의 가계지출비(휴업기간이 4개월을 초과하는 경우에는 4개월분의 가계지출비를 기준으로 한다)에 미달하는 경우에는 그 가계지출비를 휴업기간에 해당하는 영업이익으로 본다.

⑥ 제45조 제1호 단서에 따른 임차인의 영업에 대한 보상액 중 제1항 제2호의 비용을 제외한 금액은 제1항에 불구하고 1천만원을 초과하지 못한다.

⑦ 제1항 각 호 외의 부분에서 영업장소 이전 후 발생하는 영업이익 감소액은 제1항 각 호 외의 부분의 휴업기간에 해당하는 영업이익(제5항 후단에 따른 개인영업의 경우에는 가계지출비를 말한다)의 100분의 20으로 하되, 그 금액은 1천만원을 초과하지 못한다.

01 서

헌법 제23조 제3항에서는 공용침해로 인한 재산권의 보상에 대하여 정당보상과 보상법률주의를 천명하고 있다. 정당보상이란 손실보상액의 결정에 있어 객관적인 가치를 완전하게 보상하는 것을 말한다. 따라서 공익사업의 시행으로 인하여 영업손실이 발생하는 경우에도 정당보상이 이루어져야 한다.

02 법적 근거

헌법 제23조 제3항에서는 보상은 법률로서 하도록 규정하고 있으므로 입법자는 재산권 수용에 따른 입법의무가 있다. 영업손실의 보상에 대해서는 과거 공특법 시행규칙에 규정하고 있었으나 토지보상법에서는 법률유보의 원칙을 반영하여 법률에 규정(법 제77조)을 두고 보상액의 구체적 산정에 대해서는 위임규정에 의하여 국토교통부령으로 정하고 있다.

03 영업손실의 보상

1. 의의 및 보상의 성격

영업손실의 보상이란 공익사업의 시행으로 인하여 영업을 폐지하거나 휴업함에 따른 영업손실에 대하여 영업이익과 시설의 이전비용 등에 대하여 보상하는 것을 말한다. 영업손실의 보상은 주로 재산권 보상 중에서 일실손실의 보상이며 구체적 내용에 따라 생활보상의 성격과 간접보상의 성격도 가지고 있다.

2. 영업손실의 보상대상인 영업

영업손실의 보상이 되기 위해서는 ① 사업인정고시일 등 전부터 적법한 장소에서 인적·물적시설을 갖추고 계속적으로 행하고 있는 영업(다만, 무허가건축물 등에서 임차인이 영업하는 경우에는 그 임차인이 사업인정고시일 등 1년 이전부터 사업자등록을 하고 행하고 있는 영업), ② 영업을 행함에 있어서 관계법령에 의한 허가 등을 필요로 하는 경우에는 사업인정고시일 등 전에 허가 등을 받아 그 내용대로 행하고 있는 영업이어야 한다.

> 판례
>
> ▶ 관련판례(대판 2010.9.9, 2010두11641)
> 공익사업을 위한 토지 등의 취득 및 보상에 관한 법률 제67조 제1항은 공익사업의 시행으로 인한 손실보상액의 산정은 협의에 의한 경우에는 협의성립 당시의 가격을, 재결에 의한 경우에는 수용 또는 사용의 재결 당시의 가격을 기준으로 한다고 규정하므로, 위 법 제77조 제4항의 위임에 따라 영업손실의 보상대상인 영업을 정한 같은 법 시행규칙 제45조 제1호에서 말하는 '적법한 장소(무허가건축물 등, 불법형질변경토지, 그 밖에 다른 법령에서 물건을 쌓아놓는 행위가 금지되는 장소가 아닌 곳을 말한다)에서 인적·물적시설을 갖추고 계속적으로 행하고 있는 영업'에 해당하는지 여부는 협의성립, 수용재결 또는 사용재결 당시를 기준으로 판단하여야 한다.

▶ 관련판례(대판 2012.12.13, 2010두12842)

[1] (구)공익사업법의 위임에 의한 그 시행규칙(2007.4.12. 건설교통부령 제556호로 개정되기 전의 것, 이하 '(구)공익사업법 시행규칙'이라 한다) 제45조는, 영업손실의 보상대상인 영업은 "관계법 령에 의한 허가·면허·신고 등을 필요로 하는 경우에는 허가 등을 받아 그 내용대로 행하고 있는 영업"에 해당하여야 한다고 규정하고 있다(제2호). 이는 위법한 영업은 보상대상에서 제외한다는 의미로서 그 자체로 헌법에서 보장한 '정당한 보상의 원칙'에 배치된다고 할 것은 아니다. 다만 영업의 종류에 따라서는 관련 행정법규에서 일정한 사항을 신고하도록 규정하고는 있지만 그러한 신고를 하도록 한 목적이나 관련 규정의 체제 및 내용 등에 비추어 볼 때 신고를 하지 않았다고 하여 영업 자체가 위법성을 가진다고 평가할 것은 아닌 경우도 적지 않고, 이러한 경우라면 신고 등을 하지 않았다고 하더라도 그 영업손실 등에 대해서는 보상을 하는 것이 헌법상 정당보상의 원칙에 합치하므로, 위 (구)공익사업법 시행규칙의 규정은 그러한 한도에서만 적용되는 것으로 제 한하여 새겨야 한다.

[2] (구)체육시설법 관련 법령을 두루 살펴보면 시설기준 등에 관해서는 상세한 규정을 두고 그 기준 에 맞는 시설을 갖추어서 체육시설업 신고를 하도록 하고 있지만, 체육시설의 운영주체에 관하여 자격기준 등을 따로 제한한 것은 보이지 않고, 신고절차에서도 운영주체에 관하여 심사할 수 있는 등의 근거규정은 전혀 없다. 오히려 기존 체육시설업자가 영업을 양도하거나 법인의 합병 등으로 운영주체가 변경되는 경우에도 그로 인한 체육시설업의 승계는 당연히 인정되는 전제에서 사업계 획이나 회원과의 약정사항을 승계하는 데 대한 규정만을 두고 있을 뿐이다((구)체육시설법 제30 조). 이러한 규정 형식과 내용 등으로 보면, 체육시설업의 영업주체가 영업시설의 양도나 임대 등 에 의하여 변경되었음에도 그에 관한 신고를 하지 않은 채 영업을 하던 중에 공익사업으로 영업을 폐지 또는 휴업하게 된 경우라 하더라도, 그 임차인 등의 영업을 보상대상에서 제외되는 위법한 영업이라고 할 것은 아니다. 따라서 그로 인한 영업손실에 대해서는 법령에 따른 정당한 보상이 이루어져야 마땅하다.

[3] (구)공익사업을 위한 토지 등의 취득 및 보상에 관한 법률 시행규칙(2007.4.12. 건설교통부령 제556호로 개정되기 전의 것) 제45조 제1호는 '사업인정고시일 등 전부터 일정한 장소에서 인적 ·물적시설을 갖추고 계속적으로 영리를 목적으로 행하고 있는 영업'을 영업손실보상의 대상으로 규정하고 있는데, 여기에는 매년 일정한 계절이나 일정한 기간 동안에만 인적·물적시설을 갖추 어 영리를 목적으로 영업을 하는 경우도 포함된다고 보는 것이 타당하다.

▶ 관련판례(대판 2012.3.15, 2010두26513)
국민임대주택단지조성사업 예정지구로 지정된 장터에서 토지를 임차하여 앵글과 천막구조의 가설물 을 설치하고 영업신고 없이 5일장이 서는 날에 정기적으로 국수와 순대국 등을 판매하는 음식업을 영위한 갑 등이 (구)공익사업을 위한 토지 등의 취득 및 보상에 관한 법률 시행규칙 제52조 제1항에 따른 영업손실보상의 대상이 되는지 문제된 사안에서, 영업의 계속성과 영업시설의 고정성을 인정할 수 있다는 이유로, 갑 등이 위 규정에서 정한 허가 등을 받지 아니한 영업손실보상대상자에 해당한다 고 본 원심판단을 정당하다고 한 사례

▶ 관련판례(대판 2012.12.27, 2011두27827)

[1] 일반지방산업단지 조성사업의 사업인정고시일 당시 사업지구 내에서 영업시설을 갖추고 제재목과 합판 등의 제조·판매업을 영위해 오다가 사업인정고시일 이후 사업지구 내 다른 곳으로 영업장 소를 이전하여 영업을 하던 갑이 영업보상 및 지장물 보상을 요구하면서 수용재결을 청구하였으 나 관할 토지수용위원회가 갑의 영업장은 임대기간이 종료되어 이전한 것으로 공익사업의 시행으

로 손실이 발생한 것이 아니라는 이유로 갑의 청구를 기각한 사안에서, 공익사업을 위한 토지 등의 취득 및 보상에 관한 법률 제75조 제1항, 제77조 제1항과 공익사업을 위한 토지 등의 취득 및 보상에 관한 법률 시행규칙 제45조 제1호 등 관련 규정에 따르면, 공익사업의 시행으로 인한 영업손실 및 지장물 보상의 대상 여부는 사업인정고시일을 기준으로 판단해야 하고, 사업인정고시일 당시 보상대상에 해당한다면 그 후 사업지구 내 다른 토지로 영업장소가 이전되었다고 하더라도 이전된 사유나 이전된 장소에서 별도의 허가 등을 받았는지를 따지지 않고 여전히 손실보상의 대상이 된다고 본 원심 판단을 정당하다고 한 사례

[2] 사업인정고시일 이후 영업장소 등이 이전되어 수용재결 당시에는 해당 토지 위에 영업시설 등이 존재하지 않게 된 경우 사업인정고시일 이전부터 그 토지 상에서 영업을 해 왔고 그 당시 영업을 위한 시설이나 지장물이 존재하고 있었다는 점은 이를 주장하는 자가 증명하여야 한다.

3. 영업의 폐지에 대한 보상

(1) 영업폐지의 요건

영업의 폐지는 ① 영업장소 또는 배후지의 특수성으로 인하여 다른 장소에 이전하여서는 해당 영업을 할 수 없는 경우, ② 다른 장소에서는 해당 영업의 허가 등을 받을 수 없는 경우, ③ 혐오감을 주는 영업시설로서 다른 장소로 이전하는 것이 현저히 곤란하다고 시장 등이 객관적인 사실에 근거하여 인정하는 경우이어야 한다.

> 판례
>
> ▶ 관련판례(대판 2002.10.8, 2002두5498)
> 영업의 폐지 및 휴업의 구분에 대하여 영업소 소재지나 인접지역의 이전가능 여부에 달려 있고 그것은 법령상의 이전장애사유 유무와 사실상의 이전장애사유 유무를 종합적으로 판단하여야 한다고 판시하였다.
>
> ▶ 관련판례(대판 2005.9.15, 2004두14649)
> 영업손실에 관한 보상의 경우 (구)공특법 시행규칙 제24조 제2항 제1호 내지 제3호에 의한 영업의 폐지로 볼 것인지 아니면 영업의 휴업으로 볼 것인지를 구별하는 기준은 해당 영업을 그 영업소 소재지나 인접 시·군 또는 구 지역 안의 다른 장소로 이전하는 것이 가능한지 여부에 달려 있고, 이러한 이전 가능성 여부는 법령상의 이전 장애사유 유무와 해당 영업의 종류와 특성, 영업시설의 규모, 인접지역의 현황과 특성, 그 이전을 위하여 당사자가 들인 노력 등과 인근 주민들의 이전 반대 등과 같은 사실상의 이전 장애사유 유무 등을 종합하여 판단하여야 한다(대판 2002.10.8, 2002두5498, 대판 2003.10.10, 2002두8992 등 참조).

(2) 보상의 기준

영업을 폐지하는 경우의 영업손실은 2년간의 영업이익과 고정자산 등의 매각손실액을 더한 금액으로 한다. 영업이익은 최근 3년간 평균 영업이익을 기준으로 하되 공익사업의 시행이 고시됨으로 인하여 영업이익이 감소된 경우에는 고시 전 3년간의 영업이익을 기준으로 한다. 한편, 개인영업인 경우에는 최저 영업이익을 보장하고 있으며 근로자에 대한 실직보상을 지급한다.

판례

▶ 관련판례(대판 2014.6.26, 2013두13457)

공익사업을 위한 토지 등의 취득 및 보상에 관한 법률 시행규칙 제46조 제1항에 의하면, 공익사업의 시행으로 인하여 영업을 폐지하는 경우에는 2년간의 영업이익에 영업용 고정자산·원재료·제품 및 상품 등의 매각손실액을 더한 금액을 평가하여 보상한다. 여기에서 제품 및 상품 등 재고자산의 매각손실액이란 영업의 폐지로 인하여 제품이나 상품 등을 정상적인 영업을 통하여 판매하지 못하고 일시에 매각해야 하거나 필요 없게 된 원재료 등을 매각해야 함으로써 발생하는 손실을 말한다. 그리고 위 영업이익에는 이윤이 이미 포함되어 있는 점 등에 비추어 보면 매각손실액 산정의 기초가 되는 재고자산의 가격에 해당 재고자산을 판매할 경우 거둘 수 있는 이윤은 포함되지 않는다.

4. 영업휴업에 대한 보상

영업이 일정기간 휴업하는 경우의 보상으로서 영업장소를 이전하거나 시설물이 일부 편입되거나 임시영업소를 설치하는 경우에 각각 일정액을 보상한다. 또한 근로자에 대해서는 휴직보상을 지급한다.

5. 허가 등을 받지 아니한 영업손실에 대한 보상

사업인정고시일 등 전부터 허가 등을 받아야 행할 수 있는 영업을 허가 등이 없이 행하여 온 자가 공익사업의 시행으로 인하여 적법한 장소에서 영업을 계속할 수 없게 된 경우에는 3인 가구기준 3개월분의 월평균 가계지출비와 영업시설 등의 이전비용을 보상하여야 한다.

6. 가설건축물에서 행하는 영업이 보상대상에 포함되는지 여부

(1) 문제점

철거의무를 부담하는 도시관리계획상의 가설건축물에서 행하는 소유자 등이 영업보상이 대상이 되는지 문제가 된다.

(2) 학설

① 도시관리계획에 저촉되는 가설건축물은 국토의 계획 및 이용에 관한 법률에 의하여 무상으로 철거해야 하지만 이는 가설건축물의 철거 등 원상회복만 무상으로 하는 것이고, 그 안에서 하는 영업에 대하여서까지 보상을 하지 아니할 수 있다는 것은 아니라고 한다.

② 이에 반하여 가설건축물은 국토의 계획 및 이용에 관한 법률에 의하여 도시관리계획에 저촉되는 것이나 무상철거를 조건으로 한시적으로 이용하기 위한 것이므로 가설건축물 안에서 행하던 영업도 보상대상이 될 수 없다고 한다.

(3) 판례

> **판례**
>
> ▶ **관련판례(대판 2001.8.24, 2001다7209)**
> 가설건축물의 철거에 따른 손실보상을 청구할 수 없고, 보상을 청구할 수 없는 손실에는 가설건축물 자체의 철거에 따른 손실뿐만 아니라 가설건축물의 철거에 따른 영업손실도 포함된다고 하였다.
>
> ▶ **관련판례(헌재 2012.3.29, 2010헌바470)**
> [1] 도시계획시설부지 내 가설건축물 임차인은 가설건축물의 한시적 이용 및 그에 따른 경제성 기타 이해득실을 형량하여 임대차계약 체결 여부를 결정한 것으로 볼 수 있고, 임차인의 권능은 그 소유자의 권능에 터잡은 것으로서 임대차기간이나 차임 등도 가설건축물에 대한 허가조건의 내용 등과 같은 특수한 사정을 기초로 한 것이다. 따라서 도시계획시설부지로 결정된 토지에 허가를 받아 건축된 가설건축물을 임차하였다면 그 목적물을 원상회복할 의무의 부담을 스스로 감수한 것으로 볼 수 있어서, 이러한 가설건축물 임차인의 영업손실에 대하여 보상하지 않는 것이 과도한 침해라거나 특별한 희생이라고 볼 수 없으므로 이 사건 법률조항이 재산권을 침해한 것이라고 할 수 없다.
> [2] 일반허가건축물의 임차인이나 무허가건축물 중 일정한 요건을 갖춘 임차인의 영업손실과 달리 가설건축물 임차인의 영업손실에 대하여 보상을 하지 아니하는 것은 도시계획시설부지 내에 이미 존치기간이 한정되어 있는 가설건축물을 임차하였다면 장차 도시계획시설사업이 시행될 때 소유자를 따라 원상회복하여야 하는 사정을 기초로 계약을 체결하고 이를 감수한 것으로 볼 수 있는 등 차별에 합리적 이유가 있으므로 이 사건 법률조항이 평등원칙에 위반된다고 할 수 없다.

(4) 검토

도시관리계획에 저촉되는 건축물은 사업의 원활한 수행을 위하여 건축할 수 없는 것이지만 그러한 우려가 없는 것은 사업시행 전까지 한시적으로 이용하게 하고 무상으로 원상회복할 수 있도록 하는 것이므로 그 안에서 하는 영업에 대하여도 보상할 수 없다고 보는 것이 타당하다.

7. 영업의 간접보상

공익사업시행지구 밖에서 영업손실의 보상대상이 되는 영업을 하고 있는 자가 공익사업의 시행으로 인하여 ① 배후지의 3분의 2 이상이 상실되어 그 장소에서 영업을 계속할 수 없게 되거나, ② 진출입로의 단절, 그 밖의 부득이한 사유로 인하여 일정한 기간 동안 휴업하는 것이 불가피한 경우에는 영업자의 청구에 의하여 해당 영업을 공익사업시행지구에 편입되는 것으로 보아 보상하여야 한다.

04 영업손실보상 권리구제

1. 영업손실보상의 불복절차

영업손실보상도 재결에서 결정되므로 재결의 불복절차를 거친다고 할 것이다.

> **판례**
> ▶ 관련판례(대판 2011.9.29, 2009두10963)
> (구)공익사업을 위한 토지 등의 취득 및 보상에 관한 법률 제77조 제1항, 제4항, (구)공익사업을 위한
> 토지 등의 취득 및 보상에 관한 법률 시행규칙 제45조, 제46조, 제47조와 (구)공익사업법 제26조,
> 제28조, 제30조, 제34조, 제50조, 제61조, 제83조 내지 제85조의 규정 내용 및 입법취지 등을 종합
> 하여 보면, 공익사업으로 인하여 영업을 폐지하거나 휴업하는 자가 사업시행자에게서 (구)공익사업법
> 제77조 제1항에 따라 영업손실에 대한 보상을 받기 위해서는 (구)공익사업법 제34조, 제50조 등에 규정된
> 재결절차를 거친 다음 재결에 대하여 불복이 있는 때에 비로소 (구)공익사업법 제83조 내지 제85조에 따라 권
> 리구제를 받을 수 있을 뿐, 이러한 재결절차를 거치지 않은 채 곧바로 사업시행자를 상대로 손실보상을 청구하
> 는 것은 허용되지 않는다고 보는 것이 타당하다.

2. 영업손실보상 청구와 생활대책 청구의 병합

대법원은 영업손실보상금 청구의 소가 재결절차를 거치지 않아 부적법하여 각하되는 이상, 이에
병합된 생활대책대상자 선정 관련청구소송 역시 소송요건을 흠결하여 부적법하므로 각하된다고
판시하였다.

> **판례**
> ▶ 관련판례(대판 2011.9.29, 2009두10963)
> 행정소송법 제44조, 제10조에 의한 관련청구소송 병합은 본래의 당사자소송이 적법할 것을 요건으로 하는
> 것이어서 본래의 당사자소송이 부적법하여 각하되면 그에 병합된 관련청구소송도 소송요건을 흠결하여 부적합
> 하므로 각하되어야 한다.
> 택지개발사업지구 내 비닐하우스에서 화훼소매업을 하던 甲과 乙이 재결절차를 거치지 않고 사업시행
> 자를 상대로 주된 청구인 영업손실보상금 청구에 생활대책대상자 선정 관련청구소송을 병합하여 제기
> 한 사안에서, 영업손실보상금 청구의 소가 재결절차를 거치지 않아 부적법하여 각하되는 이상, 이에 병합된
> 생활대책대상자 선정 관련청구소송 역시 소송요건을 흠결하여 부적법하므로 각하되어야 한다고 한 사례

05 관련문제

1. 무허가건축물 등에서 행하는 영업이 보상대상에 포함되는지 여부

무허가건축물에서 행하고 있는 영업의 보상 여부에 대하여, 보상대상이 되지 않는 영업은 영업
그 자체가 적법하지 않고 위법한 영업을 보상대상에서 제외하는 것이고 그 영업을 행하는 시설물
까지도 적법성을 요구하는 것이 아니라는 견해가 있다. 이에 반하여 무허가건축물 등에서의 영업
은 그 안에서 영업의 허가신청이나 신고를 할 경우 해당 건축물이 적법하지 아니하기 때문에 허가
또는 신고가 수리되지 아니할 것이므로 영업보상의 대상이 될 수 없다는 견해가 대립한다.

한편, 이 경우 국토교통부는 영업보상의 대상이 되지 않는다고 한다. 이는 무허가건축물에 대한
제재조치로 이해된다. 그러나 대법원은 무허가건축물에 대해서도 허가를 받고 건축한 건축물과

같이 보상하여야 한다고 하며, 생각건대 영업을 행하는 시설물까지의 적법성을 요구하는 것이 아니므로 무허가건축물에서 행하는 영업도 보상의 대상이 되어야 할 것이다. 이에 따라 최근 토지보상법은 시행규칙 개정을 통해 사업인정고시일 1년 이전부터 사업자등록을 하고 정상영업을 하는 무허가건축물 임차영업자에게 영업보상을 인정하였다.

2. 자유영업의 경우에 사업자등록이 영업의 적법요건인지 여부

영업을 하는 경우에 부가가치세법 제8조에 의하여 사업장마다 관할 세무서에 사업자등록을 하여야 하는바, 이 사업자등록도 적법요건에 해당하기 때문에 자유영업도 보상의 대상이 되기 위해서는 최소한 사업자등록은 되어 있어야 한다고 한다. 이에 반하여 사업자등록은 조세행정의 편의를 위한 것일 뿐 영업의 적법성과는 관련이 없다고 한다. 생각건대, 사업자등록은 납세의무와 관련이 있는 것이지 영업의 적법요건으로 볼 수는 없다고 할 것이다. 따라서 자유영업에 있어서는 사업자등록을 하지 아니하였다고 하여 영업보상의 대상에서 제외할 수 없다고 본다.

> **판례**
>
> ❏ 대판 2014.3.27, 2013두25863 [수용보상금증액]
>
> 토지상의 무허가건축물에서 축산업을 영위하는 갑에 대하여 토지보상법 제45조 제1호에 따라 영업손실을 인정하는 않는 내용의 수용재결 타당성
>
> **【판시사항】**
> 중앙토지수용위원회가 생태하천조성사업에 편입되는 토지 상의 무허가건축물에서 축산업을 영위하는 갑에 대하여 공익사업을 위한 토지 등의 취득 및 보상에 관한 법률 시행규칙 제45조 제1호에 따라 영업손실을 인정하지 않는 내용의 수용재결을 한 사안에서, 위 조항이 공익사업을 위한 토지 등의 취득 및 보상에 관한 법률의 위임 범위를 벗어나거나 정당한 보상의 원칙에 위배된다고 하기 어렵다고 본 원심판단을 정당하다고 한 사례
>
> **【판결요지】**
> 중앙토지수용위원회가 생태하천조성사업에 편입되는 토지 상의 무허가건축물에서 축산업을 영위하는 갑에 대하여 공익사업을 위한 토지 등의 취득 및 보상에 관한 법률 시행규칙 제45조 제1호(이하 '위 규칙 조항'이라 한다)에 따라 영업손실을 인정하지 않는 내용의 수용재결을 한 사안에서, ① 무허가건축물을 사업장으로 이용하는 경우 사업장을 통해 이익을 얻으면서도 영업과 관련하여 해당 사업장에 부과되는 행정규제의 탈피 또는 영업을 통하여 얻는 이익에 대한 조세 회피 등 여러 가지 불법행위를 저지를 가능성이 큰 점, ② 건축법상의 허가절차를 밟을 경우 관계 법령에 따라 불허되거나 규모가 축소되었을 건물에서 건축허가를 받지 않은 채 영업을 하여 법적 제한을 넘어선 규모의 영업을 하고도 그로 인한 손실 전부를 영업손실로 보상받는 것은 불합리한 점 등에 비추어 보면, 위 규칙 조항이 '영업'의 개념에 '적법한 장소에서 운영될 것'이라는 요소를 포함하고 있다고 하여 공익사업을 위한 토지 등의 취득 및 보상에 관한 법률의 위임 범위를 벗어났다거나 정당한 보상의 원칙에 위배된다고 하기 어렵다고 본 원심판단을 정당한 것으로 수긍한 사례
>
> **【참조조문】**
> 공익사업을 위한 토지 등의 취득 및 보상에 관한 법률 제77조 제1항, 제4항, 공익사업을 위한 토지 등의 취득 및 보상에 관한 법률 시행규칙 제45조 제1호, 헌법 제23조 제3항

【전 문】

【원고, 상고인】 원고 1 외 2인(소송대리인 변호사 김귀덕 외 4인)
【피고, 피상고인】 대한민국
【원심판결】 대전고법 2013.11.7, 2013누688

【주 문】
상고를 모두 기각한다. 상고비용은 원고들이 부담한다.

【이 유】
상고이유를 살펴본다.

1. 공익사업을 위한 토지 등의 취득 및 보상에 관한 법률(이하 '공익사업법'이라 한다) 시행규칙 제45
조 제1호는 공익사업법 제77조 제1항에 따라 영업손실을 보상하여야 하는 영업에 관하여 '사업인
정고시일 등 전부터 적법한 장소(무허가건축물 등, 불법형질변경토지, 그 밖에 다른 법령에서 물건
을 쌓아놓는 행위가 금지되는 장소가 아닌 곳을 말한다)에서 인적 · 물적 시설을 갖추고 계속적으
로 행하고 있는 영업. 다만 무허가건축물 등에서 임차인이 영업하는 경우에는 그 임차인이 사업인
정고시일 등 1년 이전부터 부가가치세법 제5조에 따른 사업자등록을 하고 행하고 있는 영업을 말
한다'라고 규정하고 있다(이하 위 제45조 제1호를 '이 사건 규칙 조항'이라 한다).

2. 가. 원심판결 이유에 의하면, 원심은, 원고들의 다음과 같은 주장, 즉 이 사건 재결은 이 사건 무허
가건축물을 소유하면서 그곳에서 축산업을 영위하여 온 원고들의 영업손실을 이 사건 규칙 조
항을 적용하여 보상대상에서 제외하였는바, 이 사건 규칙 조항은 공익사업법 제77조의 위임범
위를 벗어나 영업보상의 대상을 지나치게 제한하여 국민의 재산권을 침해하고 무허가건축물의
소유자와 임차인을 합리적 이유 없이 차별하여 형평의 원칙에 위배되므로 무효라는 주장을 아
래와 같은 이유로 배척하였다.

공익사업에 의하여 영업을 폐지하거나 휴업하는 경우 보상하도록 규정하고 있는 공익사업법 제
77조 제1항이 '영업'의 의미에 관하여는 구체적으로 정의하지 않는 대신, 같은 조 제4항에서
영업손실 보상액의 구체적인 산정 및 평가 방법과 보상기준에 관한 사항을 국토해양부령으로
정하도록 위임하고 있고, 이에 따라 이 사건 규칙 조항이 2007.4.12. 건설교통부령 제556호로
개정되면서 무허가건축물에서의 영업을 보상대상에서 제외하고 있는바, ① 무허가건축물을 사
업장으로 이용하는 경우 그 사업장을 통해 이익을 얻으면서도 영업과 관련하여 해당 사업장에
부과되는 행정규제의 탈피 또는 그 영업을 통하여 얻는 이익에 대한 조세 회피 등 여러 가지
불법행위를 저지를 가능성이 큰 점, ② 건축법상의 허가절차를 밟을 경우 관계 법령에 따라
불허되거나 규모가 축소되었을 건물에서 건축허가를 받지 않은 채 영업을 하여 법적 제한을
넘어선 규모의 영업을 하고도 그로 인한 손실 전부를 영업손실로 보상받는 것은 불합리한 점,
③ 손실보상이란 적법한 공권력 행사로 인해 국민의 재산권에 특별한 손해가 가해질 때 사회
전체적인 공평 부담의 견지에서 행하는 재산적 보상인데, 무허가건축물을 지어 위법행위를 통
한 영업이익을 누린 사람에 대하여까지 그 손실을 보상하는 것은 정당한 보상이라고 하기 어려
운 점 등에 비추어 보면, 이 사건 규칙 조항이 '영업'의 개념에 '적법한 장소에서 운영될 것'이라
는 요소를 포함하고 있다고 하여 공익사업법의 위임 범위를 벗어났다거나 정당한 보상의 원칙
에 위배된다고 하기 어렵다.

나아가 ① 무허가건축물을 임차하여 영업하는 사업자의 경우 일반적으로 자신 소유의 무허가건
축물에서 영업하는 사업자보다는 경제적 · 사회적으로 열악한 지위에 있는 점, ② 무허가건축물
의 임차인은 자신이 임차한 건축물이 무허가건축물이라는 사실을 알지 못한 채 임대차계약을 체

결할 가능성이 있는 점 등에 비추어 보면, 이 사건 규칙 조항이 무허가건축물의 소유자와 임차인을 차별하는 것은 합리적인 이유가 있고, 따라서 형평의 원칙에 어긋난다고 볼 수 없다.

나. 이 사건 규칙 조항의 구체적 내용, 개정 경위 및 관련 법리와 기록에 비추어 살펴보면 원심의 위와 같은 판단은 정당한 것으로 수긍할 수 있고, 거기에 이 사건 규칙 조항에 관한 법리를 오해한 잘못이 없다.

3. 그러므로 상고를 모두 기각하고, 상고비용은 패소자들이 부담하기로 하여, 관여 대법관의 일치된 의견으로 주문과 같이 판결한다.

제5절 │ 농업손실보상

> **시행규칙 제48조(농업의 손실에 대한 보상)**
>
> ① 공익사업시행지구에 편입되는 농지(「농지법」 제2조 제1호 가목 및 같은 법 시행령 제2조 제3항 제2호 가목에 해당하는 토지를 말한다)에 대하여는 그 면적에 「통계법」 제3조 제3호에 따른 통계작성기관이 매년 조사·발표하는 농가경제조사통계의 도별 농업총수입 중 농작물수입을 도별 표본농가 현황 중 경지면적으로 나누어 산정한 도별 연간 농가평균 단위경작면적당 농작물총수입(서울특별시·인천광역시는 경기도, 대전광역시는 충청남도, 광주광역시는 전라남도, 대구광역시는 경상북도, 부산광역시·울산광역시는 경상남도의 통계를 각각 적용한다)의 직전 3년간 평균의 2년분을 곱하여 산정한 금액을 영농손실액으로 보상한다.
>
> ② 국토교통부장관이 농림축산식품부장관과의 협의를 거쳐 관보에 고시하는 농작물실제소득인정기준(이하 "농작물실제소득인정기준"이라 한다)에서 정하는 바에 따라 실제소득을 입증하는 자가 경작하는 편입농지에 대해서는 제1항에도 불구하고 그 면적에 단위경작면적당 3년간 실제소득 평균의 2년분을 곱하여 산정한 금액을 영농손실액으로 보상한다. 다만, 다음 각 호의 어느 하나에 해당하는 경우에는 각 호의 구분에 따라 산정한 금액을 영농손실액으로 보상한다.
>
> 　1. 단위경작면적당 실제소득이 「통계법」 제3조 제3호에 따른 통계작성기관이 매년 조사·발표하는 농축산물소득자료집의 작목별 평균소득의 2배를 초과하는 경우 : 해당 작목별 단위경작면적당 평균생산량의 2배(단위경작면적당 실제소득이 현저히 높다고 농작물실제소득인정기준에서 따로 배수를 정하고 있는 경우에는 그에 따른다)를 판매한 금액을 단위경작면적당 실제소득으로 보아 이에 2년분을 곱하여 산정한 금액
>
> 　2. 농작물실제소득인정기준에서 직접 해당 농지의 지력(地力)을 이용하지 아니하고 재배 중인 작물을 이전하여 해당 영농을 계속하는 것이 가능하다고 인정하는 경우 : 단위경작면적당 실제소득(제1호의 요건에 해당하는 경우에는 제1호에 따라 결정된 단위경작면적당 실제소득을 말한다)의 4개월분을 곱하여 산정한 금액
>
> ③ 다음 각호의 어느 하나에 해당하는 토지는 이를 제1항 및 제2항의 규정에 의한 농지로 보지 아니한다.
>
> 　1. 사업인정고시일 등 이후부터 농지로 이용되고 있는 토지
>
> 　2. 토지이용계획·주위환경 등으로 보아 일시적으로 농지로 이용되고 있는 토지
>
> 　3. 타인소유의 토지를 불법으로 점유하여 경작하고 있는 토지
>
> 　4. 농민(「농지법」 제2조 제3호의 규정에 의한 농업법인 또는 「농지법 시행령」 제3조 제1호 및 동조

제2호의 규정에 의한 농업인을 말한다)이 아닌 자가 경작하고 있는 토지

   5. 토지의 취득에 대한 보상 이후에 사업시행자가 2년 이상 계속하여 경작하도록 허용하는 토지

④ 자경농지가 아닌 농지에 대한 영농손실액은 다음 각 호의 구분에 따라 보상한다.

   1. 농지의 소유자가 해당 지역(영 제26조 제1항 각 호의 어느 하나의 지역을 말한다)에 거주하는 농민인 경우

      가. 농지의 소유자와 제7항에 따른 실제 경작자(이하 "실제 경작자"라 한다)간에 협의가 성립된 경우 : 협의내용에 따라 보상

      나. 농지의 소유자와 실제 경작자 간에 협의가 성립되지 아니하는 경우에는 다음의 구분에 따라 보상

         1) 제1항에 따라 영농손실액이 결정된 경우 : 농지의 소유자와 실제 경작자에게 각각 영농손실액의 50퍼센트에 해당하는 금액을 보상

         2) 제2항에 따라 영농손실액이 결정된 경우 : 농지의 소유자에게는 제1항의 기준에 따라 결정된 영농손실액의 50퍼센트에 해당하는 금액을 보상하고, 실제 경작자에게는 제2항에 따라 결정된 영농손실액 중 농지의 소유자에게 지급한 금액을 제외한 나머지에 해당하는 금액을 보상

   2. 농지의 소유자가 해당 지역에 거주하는 농민이 아닌 경우 : 실제 경작자에게 보상

⑤ 실제 경작자가 자의로 이농하는 등의 사유로 보상협의일 또는 수용재결일 당시에 경작을 하고 있지 않는 경우의 영농손실액은 제4항에도 불구하고 농지의 소유자가 해당 지역에 거주하는 농민인 경우에 한정하여 농지의 소유자에게 보상한다.

⑥ 해당 지역에서 경작하고 있는 농지의 3분의 2 이상에 해당하는 면적이 공익사업시행지구에 편입됨으로 인하여 농기구를 이용하여 해당 지역에서 영농을 계속할 수 없게 된 경우(과수 등 특정한 작목의 영농에만 사용되는 특정한 농기구의 경우에는 공익사업시행지구에 편입되는 면적에 관계없이 해당 지역에서 해당 영농을 계속할 수 없게 된 경우를 말한다) 해당 농기구에 대해서는 매각손실액을 평가하여 보상하여야 한다. 다만, 매각손실액의 평가가 현실적으로 곤란한 경우에는 원가법에 의하여 산정한 가격의 60퍼센트 이내에서 매각손실액을 정할 수 있다.

⑦ 법 제77조 제2항에 따른 실제 경작자는 다음 각 호의 자료에 따라 사업인정고시일 등 당시 타인소유의 농지를 임대차 등 적법한 원인으로 점유하고 자기소유의 농작물을 경작하는 것으로 인정된 자를 말한다. 이 경우 실제 경작자로 인정받으려는 자가 제5호의 자료만 제출한 경우 사업시행자는 해당 농지의 소유자에게 그 사실을 서면으로 통지할 수 있으며, 농지소유자가 통지받은 날부터 30일 이내에 이의를 제기하지 않는 경우에는 제2호의 자료가 제출된 것으로 본다.

   1. 농지의 임대차계약서

   2. 농지소유자가 확인하는 경작사실확인서

   3. 「농업·농촌 공익기능 증진 직접지불제도 운영에 관한 법률」에 따른 직접지불금의 수령 확인 자료

   4. 「농어업경영체 육성 및 지원에 관한 법률」 제4조에 따른 농어업경영체 등록확인서

   5. 해당 공익사업시행지구의 이장·통장이 확인하는 경작사실확인서

   6. 그 밖에 실제 경작자임을 증명하는 객관적 자료

01 서

농업손실보상은 농경지가 공익사업에 편입되어 새로운 농지를 얻는 동안 농업을 못하게 되는 경우에 하는 보상이다. 농업손실보상의 취지는 공익사업시행 전의 상태로 생활유기체가 복원되는 데 필요한 생활재건조치의 실시, 대체농지의 구입에 소요되는 기간 동안의 일실손실의 지급, 영업보상과 균형유지를 위하여 상실된 기대이익의 전보라는 점도 있으나, 전업에 소요되는 비용의 지급이라는 점이 가장 크다 할 것이다.

02 농업손실보상의 성격

공익사업의 시행으로 인해 영농을 못하게 되는 경우로서 전업에 소요되는 시간을 고려해 합리적 기대이익의 상실에 대한 보상으로 부대적 손실보상 중 일실손실의 보상이며 다만 유기체적 생활을 종전상태로 회복하는 의미에서 생활보상의 성격도 있다.

03 보상의 대상

1. 물적 대상(물적 범위)

(1) 농지법 제2조 제1호 가목 및 동법 시행령 제2조 제3항 제2호 가목에 해당되는 토지

지목에 불구하고 실제 농작물을 경작하는 경우를 농경지로 보며 농지법 제2조 제1호 가목 및 동법 시행령 제2조 제3항 제2호 가목에 해당하는 토지(농지), 다만 다음의 토지는 보상대상토지로 보지 않는다(시행규칙 제48조 제3항).

> 판례
>
> ▶ 관련판례(대판 2013.12.12, 2011두11846)
> 농지법에서 말하는 농지에는 그 법 제2조 제1호 (가)목의 토지와 (나)목의 시설의 부지가 포함되나, (구)공익사업법 시행규칙은 영농손실보상의 대상이 되는 농지로 농지법 제2조 제1호 (가)목에 해당하는 토지로 규정하고 있고, 농지법 시행령 제2조 제3항은 '버섯재배사'를 농지법 제2조 제1호 (나)목의 시설로 정하고 있으므로, 원고의 버섯재배사는 영농손실보상의 대상이 되는 농지에 해당한다고 볼 수 없다.

(2) 토지보상법 시행규칙 제48조 제3항

> ③ 다음 각호의 어느 하나에 해당하는 토지는 이를 제1항 및 제2항의 규정에 의한 농지로 보지 아니한다.
> 1. 사업인정고시일 등 이후부터 농지로 이용되고 있는 토지
> 2. 토지이용계획·주위환경 등으로 보아 일시적으로 농지로 이용되고 있는 토지
> 3. 타인소유의 토지를 불법으로 점유하여 경작하고 있는 토지
> 4. 농민(「농지법」 제2조 제3호의 규정에 의한 농업법인 또는 「농지법 시행령」 제3조 제1호 및 동조 제2호의 규정에 의한 농업인을 말한다)이 아닌 자가 경작하고 있는 토지
> 5. 토지의 취득에 대한 보상 이후에 사업시행자가 2년 이상 계속하여 경작하도록 허용하는 토지

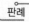
(3) 지목이 임야이나 농지로 이용중인 토지의 농업손실보상

지목이 임야이나 농지로 이용중인 토지의 농업손실보상의 경우에 해석상의 변경이 자주 일고 있다. 이에 대해서는 법제처 해석 등을 참고하기 바란다(후술 참조).

2. 인적대상(인적범위)

(1) 토지보상법 시행규칙 제48조의 태도

④ 자경농지가 아닌 농지에 대한 영농손실액은 다음 각 호의 구분에 따라 보상한다.
　1. 농지의 소유자가 해당 지역(영 제26조 제1항 각 호의 어느 하나의 지역을 말한다)에 거주하는 농민인 경우
　　가. 농지의 소유자와 제7항에 따른 실제 경작자(이하 "실제 경작자"라 한다)간에 협의가 성립된 경우 : 협의내용에 따라 보상
　　나. 농지의 소유자와 실제 경작자 간에 협의가 성립되지 아니하는 경우에는 다음의 구분에 따라 보상
　　　1) 제1항에 따라 영농손실액이 결정된 경우 : 농지의 소유자와 실제 경작자에게 각각 영농손실액의 50퍼센트에 해당하는 금액을 보상
　　　2) 제2항에 따라 영농손실액이 결정된 경우 : 농지의 소유자에게는 제1항의 기준에 따라 결정된 영농손실액의 50퍼센트에 해당하는 금액을 보상하고, 실제 경작자에게는 제2항에 따라 결정된 영농손실액 중 농지의 소유자에게 지급한 금액을 제외한 나머지에 해당하는 금액을 보상
　2. 농지의 소유자가 해당 지역에 거주하는 농민이 아닌 경우 : 실제 경작자에게 보상
⑤ 실제 경작자가 자의로 이농하는 등의 사유로 보상협의일 또는 수용재결일 당시에 경작을 하고 있지 않는 경우의 영농손실액은 제4항에도 불구하고 농지의 소유자가 해당 지역에 거주하는 농민인 경우에 한정하여 농지의 소유자에게 보상한다.
⑦ 법 제77조 제2항에 따른 실제 경작자는 다음 각 호의 자료에 따라 사업인정고시일 등 당시 타인소유의 농지를 임대차 등 적법한 원인으로 점유하고 자기소유의 농작물을 경작하는 것으로 인정된 자를 말한다. 이 경우 실제 경작자로 인정받으려는 자가 제5호의 자료만 제출한 경우 사업시행자는 해당 농지의 소유자에게 그 사실을 서면으로 통지할 수 있으며, 농지소유자가 통지받은 날부터 30일 이내에 이의를 제기하지 않는 경우에는 제2호의 자료가 제출된 것으로 본다.
　1. 농지의 임대차계약서
　2. 농지소유자가 확인하는 경작사실확인서
　3. 「농업·농촌 공익기능 증진 직접지불제도 운영에 관한 법률」에 따른 직접지불금의 수령 확인자료
　4. 「농어업경영체 육성 및 지원에 관한 법률」 제4조에 따른 농어업경영체 등록확인서
　5. 해당 공익사업시행지구의 이장·통장이 확인하는 경작사실확인서
　6. 그 밖에 실제 경작자임을 증명하는 객관적 자료

(2) 관련 판례

판례

▶ 관련판례(대판 2002.6.14. 2000두3450)
실제의 경작자는 해당 지역 안에 거주할 것을 요구하고 있지 않기 때문에 해당 지역 안에 거주하지 아니하여도 된다고 하여야 할 것이다.

04 보상방법 및 내용

1. 영농손실액(시행규칙 제48조 제1항, 제2항)

① 농지면적에 도별 연간 농가평균 단위경작 면적당 농작물총수입의 직전 3년간 평균의 2년분을 곱하여 산정하고, ② 국토교통부장관이 농림수산식품부장관과의 협의를 거쳐 관보에 고시하는 농작물 실제소득인정기준에서 정하는 바에 따라 실제소득을 입증하는 자가 경작하는 편입농지에 대해서는 농지면적에 단위경작면적당 3년간 실제소득 평균의 2년분을 곱하여 산정한 금액을 영농손실액으로 보상한다. ③ 단위경작면적당 실제소득이 농축산물소득자료집의 작목별 평균소득의 2배를 초과하는 경우는 해당 작목별 단위경작면적당 평균생산량의 2배를 판매한 금액을 단위경작면적당 실제소득으로 보아 이에 2년분을 곱하여 산정한 금액으로 한다. ④ 농작물실제소득인정기준에서 직접 해당 농지의 지력을 이용하지 아니하고 재배 중인 작물을 이전하여 해당 영농을 계속하는 것이 가능하다고 인정하는 경우에는 단위경작면적당 실제소득의 3개월분을 곱하여 산정한 금액으로 한다.

> **판례**
>
> ▶ 관련판례(대판 2012.6.14, 2011두26794)
> (구)공익사업을 위한 토지 등의 취득 및 보상에 관한 법률 제77조 등에서 정한 농업손실에 대한 보상과 관련하여 국토해양부장관이 고시한 농작물실제소득인정기준에서 규정한 서류 이외의 증명방법으로 농작물 총수입을 인정할 수 있는지 여부(적극)
>
> 위와 같은 관련 법령의 내용, 형식 및 취지 등과 헌법 제23조 제3항에 규정된 정당한 보상의 원칙에 비추어 보면, 공공필요에 의한 수용 등으로 인한 손실의 보상은 정당한 보상이어야 하고, 농업손실에 대한 정당한 보상은 수용되는 농지의 특성과 영농상황 등 고유의 사정이 반영된 실제소득을 기준으로 하는 것이 원칙이다. 따라서 이 사건 고시에서 농작물 총수입의 입증자료로 거래실적을 증명하는 서류 등을 규정한 것은 객관성과 합리성이 있는 증명방법을 예시한 데 지나지 아니하고, 거기에 열거된 서류 이외의 증명방법이라도 객관성과 합리성이 있다면 그에 의하여 농작물 총수입을 인정할 수 있다고 봄이 타당하다.
>
> 원심판결 이유에 의하면, 원심은 그 채택 증거들을 종합하여 그 판시와 같은 사실을 인정한 다음, 원고가 주장하는 농작물 총수입 중 대구 북구 칠성동 소재 ○○상회에 납품한 딸기의 판매액에 관한 거래실적증명신청서 및 계산서(이하 '이 사건 거래자료'라 한다)는 이 사건 고시 제4조에 열거된 증명방법에 해당하지 아니한다는 이유로 이를 제외한 채 원고에 대한 보상금을 35,089,200원으로 산정하고 위 보상금이 피고가 공탁한 수용재결에 기한 손실보상금 37,021,240원보다 적다는 이유를 들어, 결국 원고의 이 사건 청구는 이유 없다고 판단하였다.
>
> 그러나 원심의 이러한 판단은 위 법리와 기록에 비추어 그대로 수긍하기 어렵다. 이 사건 거래자료는 이 사건 고시 제4조에 규정된 입증자료에는 포함되어 있지 아니하나 그 신빙성을 의심할 만한 다른 특별한 사정이 없는 한 원고의 농작물 총수입을 인정할 수 있는 객관성과 합리성이 있다고 볼 여지가 많다. 그럼에도 원심은 이와 달리 그 판시와 같은 이유만을 들어 이 사건 거래자료를 농작물 총수입의 입증자료에서 제외한 채 원고에 대한 손실보상금을 산정하고 말았으니, 이러한 원심판결에는 이 사건 고시 제4조의 법적 성격 등에 관한 법리를 오해한 나머지 필요한 심리를 다하지 아니함으로써 판결에 영향을 미친 위법이 있다.

2. 농기구 매각손실액(시행규칙 제48조 제6항)

해당 지역에서 경작하고 있는 농지의 3분의 2 이상이 편입됨으로 인해 농기구를 이용하여 영농을 계속할 수 없게 된 경우[54] 농기구[55]에 대하여는 매각손실액을 평가해 보상해야 한다. 매각손실액 평가가 현실적으로 곤란한 경우에는 원가법에 의해 산정한 가격의 60% 이내에서 매각손실액을 정할 수 있다.

05 농업손실보상 불복

판례

▶ 관련판례(대판 2011.10.13, 2009다43461)
(구)공익사업을 위한 토지 등의 취득 및 보상에 관한 법률 제77조 제2항은 "농업의 손실에 대하여는 농지의 단위면적당 소득 등을 참작하여 보상하여야 한다."고 규정하고, 같은 조 제4항은 "제1항 내지 제3항의 규정에 의한 보상액의 구체적인 산정 및 평가방법과 보상기준은 건설교통부령으로 정한다." 고 규정하고 있으며, 이에 따라 (구)공익사업을 위한 토지 등의 취득 및 보상에 관한 법률 시행규칙(제 48조), 축산업의 손실에 대한 평가(제49조), 잠업의 손실에 대한 평가(제50조)에 관하여 규정하고 있다. 위 규정들에 따른 농업손실보상청구권은 공익사업의 시행 등 적법한 공권력의 행사에 의한 재산상의 특별한 희생에 대하여 전체적인 공평부담의 견지에서 공익사업의 주체가 그 손해를 보상하여 주는 손실보상의 일종으로 공법상의 권리임이 분명하므로 그에 관한 쟁송은 민사소송이 아닌 행정소송절차에 의하여야 할 것이고, 위 규정들과 (구)공익사업법 제26조, 제28조, 제30조, 제34조, 제50조, 제61조, 제83조 내지 제85조의 규정 내용 및 입법취지 등을 종합하여 보면, 공익사업으로 인하여 농업의 손실을 입게 된 자가 사업시행자로부터 (구)공익사업법 제77조 제2항에 따라 농업손실에 대한 보상을 받기 위해서는 (구)공익사업법 제34조, 제50조 등에 규정된 재결절차를 거친 다음 그 재결에 대하여 불복이 있는 때에 비로소 (구)공익사업법 제83조 내지 제85조에 따라 권리구제를 받을 수 있다.

▶ 관련판례(대판 2013.11.14, 2011다27103)
사업시행자가 보상금 지급이나 토지소유자 및 관계인의 승낙 없이 공익사업을 위한 공사에 착수하여 영농을 계속할 수 없게 한 경우, 2년분의 영농손실보상금 지급과 별도로 공사의 사전 착공으로 토지소유자나 관계인이 영농을 할 수 없게 된 때부터 수용개시일까지 입은 손해를 배상할 책임이 있는지 여부(적극)

(구)공익사업을 위한 토지 등의 취득 및 보상에 관한 법률(2011.8.4. 법률 제11017호로 개정되기 전의 것, 이하 '공익사업법'이라 한다) 제40조 제1항, 제62조, 제77조 제2항, (구)공익사업을 위한 토지 등의 취득 및 보상에 관한 법률 시행규칙(2013.4.25. 국토교통부령 제5호로 개정되기 전의 것) 제48 조 제1항, 제3항 제5호의 규정들을 종합하여 보면, 공익사업을 위한 공사는 손실보상금을 지급하거나 토지소유자 및 관계인의 승낙을 받지 않고는 미리 착공해서는 아니 되는 것으로, 이는 그 보상권리자가 수용대상에 대하여 가지는 법적 이익과 기존의 생활관계 등을 보호하고자 하는 것이고, 수용대상인

---

54) 영농을 계속할 수 없게 된 경우란 농업의 폐지의 경우뿐 아니라 종전의 농업경영형태를 계속하기 어려운 경우도 포함된다. 따라서 소유농지의 3분의 2 이상이 공익사업시행지구에 편입되더라도 농업을 계속할 수 있는 경우에는 농기구의 매각손실액을 별도로 보상하지 아니한다(토지취득보상법, 박평준·박창석 공저).

55) 농기구란 경운기·탈곡기·분무기·제초기 그 밖에 유사한 농업용 기계·기구를 말한다. 이와 유사한 것이란 리어카·제 승기·가마니제작기·양수기·우마차·잠구 등이 포함될 것이나, 단순한 호미·낫 등은 이에 포함되는지에 대하여서 의문이다.

농지의 경작자 등에 대한 2년분의 영농손실보상은 그 농지의 수용으로 인하여 장래에 영농을 계속하지 못하게 되어 생기는 이익 상실 등에 대한 보상을 하기 위한 것이다. 따라서 사업시행자가 토지소유자 및 관계인에게 보상금을 지급하지 아니하고 그 승낙도 받지 아니한 채 미리 공사에 착수하여 영농을 계속할 수 없게 하였다면 이는 공익사업법상 사전보상의 원칙을 위반한 것으로서 위법하다 할 것이므로, 이 경우 사업시행자는 2년분의 영농손실보상금을 지급하는 것과 별도로, 공사의 사전 착공으로 인하여 토지소유자나 관계인이 영농을 할 수 없게 된 때부터 수용개시일까지 입은 손해에 대하여 이를 배상할 책임이 있다.

06 지목이 '임야'이나 '농지'로 이용 중인 토지에 대한 보상기준

1. 산지관리법 개정[56]

(1) 배경

① 지목이 '임야'이나 '농지'로 이용 중인 토지에 대해, 「농지법」상 적법한 농지와 「산지관리법」상의 형질변경허가를 받지 않은 불법형질변경토지 중 어느 것으로 판단하여야 하는지 논란 발생

② 보상평가시 '농지'에 대한 적용기준이 기관별로 상이하여 혼란 초래
→ 「산지관리법」 개정(2010.5.31)에 따라 이에 따른 보상기준 변경 등 조치 필요

> ▌ 산지관리법 개정요지
> 불법전용산지에 대해 시장・군수・구청장의 심사를 거쳐 산지전용허가 등 지목변경처분이 가능한 임시특례(2010.12.1.부터 1년 이내) 규정 마련

(2) 보상기준

① 토지에 대한 평가

(ㄱ) 공부상 지목이 '임야'이나 '농지'로 이용 중인 토지는 「산지관리법」 부칙(제10331호, 2010.5.31.) 제2조 "불법전용산지에 관한 임시특례" 규정에서 정한 절차에 따라 불법전용산지 신고 및 심사를 거쳐 '농지'로 지목변경된 경우에 한하여 '농지'로 평가하고, (ㄴ) 계약체결일 또는 수용재결일까지 위 절차를 거치지 아니하여 공부상 지목이 '임야'인 경우에는 불법형질변경토지로 보아 공부상 지목대로 평가하여 보상한다.

② 영농손실보상

공부상 지목이 '임야'이나 농지(「농지법」 제2조 제1호 가목)로 이용 중인 토지는 위 규정에 의한 "불법전용산지에 관한 임시특례" 규정에서 정한 절차에 따라 불법전용산지 신고 및 심사를 거쳐 '농지'로 지목변경된 경우에 한하여 영농손실을 보상한다.

---

56) 국토교통부 토지정책과 질의회신(토지정책과-836, 2011.2.21)

③ 적용기간 : 2011.1.1.부터 적용

종 전	변 경

• 지목이 '임야'이나 농지법상 농지인 경우 농지로 평가하여 보상
  – 농지법상 농지인지 여부는 사업시행자가 관계 도서·지형·토지형태·이용상황 등을 조사·확인
※「실제이용상황에 따른 보상업무처리」시달(05.4.26.)
	• 산지관리법 부칙 제2조에 따라 불법전용산지신고 및 심사를 거쳐 '농지'로 지목변경된 경우에 한하여 '농지'로 평가 보상
	  – 농지법상 농지로 이용 중이더라도 공부상 지목이 '임야'인 경우는 불법전용산지로 보아 '임야로 평가

④ 기타

  (ㄱ) 특례기간(2010.12.1. ~ 2011.11.30.) 동안 불법전용산지에 대하여 필요한 조치를 할 수 있도록 적극적인 홍보 실시

  (ㄴ) 토지정책과－2178(2005.4.26.)호로 시달된 "실제이용상황에 따른 보상업무처리지침"은 폐지

> ❧ 산지관리법 부칙(제10331호, 2010.5.31.)
>
> 제2조(불법전용산지에 관한 임시특례)
>
> ① 이 법 시행 당시 적법한 절차를 거치지 아니하고 산지를 5년 이상 계속하여 다음 각 호의 어느 하나에 해당하는 용도로 이용 또는 관리하고 있는 자는 그 사실을 이 법 시행일부터 1년 이내에 농림수산식품부령으로 정하는 바에 따라 시장·군수·구청장에게 신고하여야 한다.
>
>   1. 국방·군사시설
>
>   2. 대통령령으로 정하는 공용·공공용 시설 또는 농림어업용 시설(농림어업인이 주된 주거용으로 사용하고 있는 시설을 포함한다)
>
> ② 시장·군수·구청장은 제1항에 따라 신고된 산지가 이 법 또는 다른 법률에 따른 산지전용의 행위제한 및 허가기준이나 대통령령으로 정하는 기준에 적합한 산지인 경우에는 심사를 거쳐 산지전용허가 등 지목 변경에 필요한 처분을 할 수 있다.
>
> ③ 제2항에 따른 처분을 하는 경우에는 이 법을 적용한다. 다만, 산지를 전용한 시점의 규정이 신고자에게 유리한 경우에는 산지전용 시점의 규정을 적용한다.
>
> ④ 시장·군수·구청장은 제2항에 따른 산지전용허가 등을 하고자 하는 산지가 산지전용이 제한되는 산지이거나 다른 법률에 따른 인가·허가·승인 등의 행정처분이 필요한 산지인 경우에는 미리 관계 행정기관의 장과 협의를 하여야 한다.
>
> ⑤ 제2항에 따른 심사의 방법 및 처분절차 등에 관한 사항은 대통령령으로 정한다.

2. 지목이 '임야'이나 '농지'로 이용 중인 토지에 대한 보상기준 변경

([법제처 11-0737, 2012.1.5, 민원인])

변경된 것	다시 유권해석이 변경된 것(2012년 현재 적용되는 것)
• 공부상 지목이 '임야'이나 '농지'로 이용중인 토지는 「산지관리법」 부칙(제10331호, 2010.5.31.) 제2조 "불법전용산지에 관한 임시특례" 규정에서 정한 절차에 따라 불법전용산지 신고 및 심사를 거쳐 '농지'로 지목변경된 경우(해당 공익사업을 위한 산지전용허가 의제협의를 사유로 임시특례규정 적용이 불가한 경우로서 시장·군수·구청장이 임시특례규정 적용대상 토지임을 확인하는 경우를 포함)에 한하여 '농지'로 평가하고, • 계약체결일 또는 수용재결일까지 위 절차를 거치지 아니하여 공부상 지목이 '임야'인 경우에는 불법형질변경 토지로 보아 공부상 지목대로 평가하여 보상	「산지관리법」(법률 제10331호, 2010.5.31.) 부칙 제2조에 따른 불법전용산지에 관한 임시특례규정의 적용을 받지 못하여 농지로 전용되지 못하는 토지에서 행한 경작이 농업손실보상 대상이 될 수 있는지 여부(「공익사업을 위한 토지 등의 취득 및 보상에 관한 법률 시행규칙」 제48조 등 관련) [법제처 11-0737, 2012.1.5, 민원인] [질의요지] 지목이 임야인 타인 소유 토지를 적법하게 점유하여 공익사업인정 고시일 이전부터 농작물 또는 다년생식물을 경작하여 왔으나, 해당 토지가 「산지관리법」(2010.5.31. 법률 제10331호로 개정된 것을 말함) 부칙 제2조에 따른 불법전용산지에 관한 임시특례규정의 적용을 받지 못하여 농지로 전용되지 못하는 경우 이러한 토지에서 행한 경작이 「공익사업을 위한 토지 등의 취득 및 보상에 관한 법률 시행규칙」 제48조에 따른 농업손실보상 대상이 될 수 있는지? [회답] 지목이 임야인 타인 소유 토지를 적법하게 점유하여 공익사업인정 고시일 이전부터 농작물 또는 다년생식물을 경작하여 왔으나, 해당 토지가 「산지관리법」(2010.5.31. 법률 제10331호로 개정된 것을 말함) 부칙 제2조에 따른 불법전용산지에 관한 임시특례규정의 적용을 받지 못하여 농지로 전용되지 못하는 경우 이러한 토지에서 행한 경작은 원칙적으로 「공익사업을 위한 토지 등의 취득 및 보상에 관한 법률 시행규칙」 제48조에 따른 손실보상 대상에 해당한다고 할 것이나, 예외적으로 산지로서의 관리 필요성 등 전반적인 사정을 고려할 때 손실보상을 하는 것이 사회적으로 용인될 수 없다고 인정되는 경우에는 손실보상 대상이 되지 않는다고 할 것입니다.

[유권 해석 이유]

「헌법」 제23조 제1항에서는 모든 국민의 재산권이 보장됨을, 같은 조 제3항에서는 공공필요에 의한 재산권의 수용·사용 또는 제한 및 그에 대한 보상은 법률로써 하되, 정당한 보상을 지급하여야 함을 원칙으로 명시하고 있고, 이에 따른 「공익사업을 위한 토지 등의 취득 및 보상에 관한 법률(이하 "공익사업법"이라 함)」 제77조 제1항에서는 영업을 폐지하거나 휴업함에 따른 영업 손실에 대하여는 영업이익과 시설의 이전비용 등을 고려하여 보상하도록 하였으며, 같은 조 제2항에서는 농업의 손실에 대하여는 농지의 단위면적당 소득 등을 고려하여 실제 경작자에게 보상하도록 하여 서로 다른 보상원칙을 규정하고 있는바, 이는 일반적인 영업에 대한 손실보상은 제1항에서 규정하면서, 농업의 특수성을 고려하여 제2항에서 농업에 대한 손실보상규정을 별도로 둔 것으로 보입니다.

이에 따라 농업손실보상의 구체적 내용에 대하여 규정한 같은 법 시행규칙 제48조를 살펴보면, 제1항에서는 공익사업시행지구에 편입되는 농지에 대하여는 그 면적에 「통계법」 제3조 제3호에 따른 통계작성기관이 매년 조사·발표하는 농가경제조사통계의 도별 농업총수입 중 농작물수입을 도별 표본농가현황 중 경지면적으로 나누어 산정한 도별 연간 농가평균 단위경작면적당 농작물총수입의 2년분을 곱하여 산정한 금액을 영농손실액으로 보상한다고 하면서, 공익사업시행지구에 편입되는 농지를 「농지법」 제2조 제1호 가목에 해당하는 토지로 정의하고 있고, 같은 조 제3항에서는 같은 조 제1항 등에 따른 농지로 보지 아니하는 경우로서 타인 소유의 토지를 불법으로 점유하여 경작하고 있는 토지(제3호), 농민이 아닌 자가 경작하고 있는 토지(제4호) 등을 명시하여 손실보상 대상에서 제외되는 농지의 범위를 구체적으로 적시하고 있습니다.

그런데, 농업손실보상 대상이 되는 농지에 대하여 규정한 「농지법」 제2조 제1호 가목에서는 "농지"란 "전·답, 과수원, 그 밖에 법적 지목(地目)을 불문하고 실제로 농작물 경작지 또는 다년생식물 재배지로 이용되는 토지"라고 하여 지목을 불문하고 실제 경작 여부를 중심으로 농지 해당 여부를 판단하도록 되어 있으므로, 비록 지목이 법상 임야로 되어 있다 하더라도 공익사업인정 고시일 이전부터 농작물 또는 다년생식물을 경작하여 왔다면 원칙적으로 농업손실보상과 관련하여서는 해당 토지가 공익사업법 시행규칙 제48조 제3항에서 정한 요건에 해당하지 않는 한 농업손실보상 대상이 되는 「농지법」 제2조 제1호 가목에 따른 농지가 아니라고 보기는 다소 어렵다고 할 것이고, 농업손실보상의 경우 같은 법 시행규칙 제45조에 따른 불법형질변경토지에서 이루어진 영업의 경우를 손실보상 대상에서 제외하도록 하는 규정 등을 준용하고 있지도 않다고 할 것입니다.

또한, 대상 토지가 「산지관리법」(2010.5.31. 법률 제10331호로 개정된 것을 말하며, 이하 같음) 부칙 제2조에 따른 불법전용산지에 관한 임시특례규정의 적용을 받지 못하여 농지로 전용되지 못하는 경우라 하여 이를 달리 보기도 어렵습니다.

다만, 공익사업법에 따른 손실보상이 공익사업의 시행 등 적법한 공권력의 행사에 의한 재산상의 특별한 희생에 대하여 사유재산권의 보장과 전체적인 공평부담의 견지에서 행하여지는 조절적인 재산적 보상이라는 점(대판 2004.4.27, 2002두8909 등 참조) 및 보안림의 해제와 관련하여서는 무단으로 산지를 전용하여 농작물 등을 재배하는 경우 「농지법」 제2조 제1호에 따른 농지로 보기 어렵다는 점(법제처 2006.4.21. 회신 06-0016 해석례 참조) 등 산지보존의 필요성 등을 고려할 때, 예외적으로 관계법령의 입법취지와 그 법령에 위반된 행위에 대한 비난가능성과 위법성의 정도, 합법화될 가능성, 사회통념상 거래객체가 되는지 여부 등 전반적인 사실관계를 종합하여 판단하여야 할 것이고(대판 2001.4.13, 2000두6411 참조), 구체적인 개별 사안별로 대상토지에 경작이 이루어지게 된 시기 및 경작이 이루어진 기간, 경작규모 및 이용현황, 산지로서의 관리 필요성 및 농지화된 정도, 사업인정 고시와의 관계 등 전반적인 사정을 고려할 때, 손실보상을 하는 것이 사회적으로 용인될 수 없는 경우라면 손실보상 대상에 해당하지 아니한다고 보아야 할 것입니다.

따라서, 지목이 임야인 타인 소유 토지를 적법하게 점유하여 공익사업인정 고시일 이전부터 농작물 또는 다년생식물을 경작하여 왔으나, 해당 토지가「산지관리법」부칙 제2조에 따른 불법전용산지에 관한 임시특례규정의 적용을 받지 못하여 농지로 전용되지 못하는 경우 이러한 토지에서 행한 경작은 원칙적으로 공익사업법 시행규칙 제48조에 따른 손실보상 대상에 해당한다고 할 것이나, 예외적으로 산지로서의 관리 필요성 등 전반적인 사정을 고려할 때 손실보상을 하는 것이 사회적으로 용인될 수 없다고 인정되는 경우에는 손실보상 대상이 되지 않는다고 할 것입니다.

07 기출문제

>> 기출문제(제1회 4번)
실농보상에 대해 약술하시오.

>> 기출문제(제5회 3번)
농업보상을 약술하시오. 20점

>> 기출문제(제7회 4번)
어업에 관련된 영업보상에 대하여 서술하시오. 10점

>> 기출문제(제9회 2번)
「공익사업을 위한 토지 등의 취득 및 보상에 관한 법률 시행규칙」제23조는 용도지역, 지구의 지정과 같은 공법상 제한을 받는 토지를 평가할 때에는 제한받는 상태대로 평가하도록 규정하고 있다. 이와 같은 기준에 의거하여 토지를 평가하도록 하는 이론적 근거에 대하여 설명하시오. 20점

>> 기출문제(제16회 4번)
휴업보상에 대해 약술하시오. 10점

>> 기출문제(제18회 3번)
공부상 지목이 과수원(果)으로 되어 있는 토지의 소유자 甲은 토지상에 식재되어 있던 사과나무가 이미 폐목이 되어 과수농사를 할 수 없는 상태에서 사과나무를 베어 내고 인삼밭(田)으로 사용하여 왔다. 또한 甲은 이 토지의 일부에 토지의 형질변경허가 및 건축허가를 받지 않고 2005년 8월 26일 임의로 지상 3층 건물을 건축하고, 영업허가 등의 절차 없이 식당을 운영하고 있다.
(1) 2007년 5월 25일 甲의 토지를 대상으로 하는 공익사업이 인정되어 사업시행자가 甲에게 토지의 협의매수를 요청하였지만 甲은 식당영업에 대한 손실보상을 추가로 요구하면서 이를 거부하고 있다. 甲의 식당영업손실 보상에 관한 주장이 타당한지에 대하여 논하시오. 15점
(2) 위 토지 및 지장물에 대한 보상평가기준에 대하여 설명하시오. 15점

감정평가 및 보상법규
기본서

PART

03

부동산
가격공시

Chapter 01   표준지공시지가

Chapter 02   개별공시지가

Chapter 03   주택가격공시제도

Chapter 04   비주거용 부동산가격의 공시

Chapter 05   부동산가격공시위원회

Chapter 06   부동산가격공시제도 보칙

표준지공시지가

01 감정평가제도의 연혁

1. 서

재산권 보장은 재산권 존속의 보장, 객관적인 가치의 보장과 함께 자유로운 이용권의 보장 등을 의미한다. 이러한 재산권 보장의 중요한 수단으로 헌법이 보장하는 재산권을 구체화하는 감정평가제도가 있다. 현행 감정평가제도의 특징을 이해하기 위해서는 현재의 제도로 변화하기 전의 제도 및 변화과정에 관한 이해가 필요하다.

감정평가법 및 부동산가격공시법의 연혁

감정평가에 관한 법률 <재무부>
└ 공인감정사제도 신설
└ 공인감정사

국유재산의 현물출자에 관한 법률 <재무부>
└ 한국감정원을 설립

토지의 공개념제도
82누 415판결

지가공시법의 제정
└ 1988년 6월 건설부

국토이용관리법 <건설부>
├ 1973.3.31시행
├ 기준지가 고시
  └ 기준지가평가를 위하여 토지평가사를 두도록 하였다.
    └ 토지평가사

부동산 가격공시 및 감정평가에 관한 법률
├ 2005년 1월 14일
└ 통합

감정평가 3법의 제개정과 한국감정원업무의 등장
| 감정평가 및 감정평가사에 관한 법률 |
| 부동산가격공시에 관한 법률 |
| 한국감정원법 |

2. 토지평가사 제도「국토이용관리법」

토지평가사는 표준지공시지가의 모태라 할 수 있는 기준지가를 조사·평가하는 전문 자격사를 말한다.

건설부는 1972.12.30.「국토이용관리법」을 제정(시행 1973.3.31 법률 제2408호)하면서, 대통령령으로 정하는 지역에 대하여는 기준지가를 고시하도록 하고, 지가평가를 위하여 토지평가사를 두도록 하였다 당시 건설부의 기준지가는 국토이용관리법에 근거하고 있었다. 토지평가사가 기준지가를 산정하며, 기준지가는 토지거래허가 및 신고에서 심사기준으로 이용되었다. 또한 토지수용보상의 산정기준이자 일반 토지거래의 지표로도 활용되었다.

3. 공인감정사제도 「감정평가에 관한 법률」

공인감정사란 동산·부동산 기타 대통령령이 정하는 재산의 감정평가를 하는 전문 자격사를 말한다. 국가기관 등이 감정의뢰하거나 금융기관 등이 대출 또는 재산재평가를 위하여 감정을 필요로 할 때에는 감정회사에 의뢰하는 것을 원칙으로 하였다.

토지평가사제도가 도입되고 1년 후 재무부는 재산의 감정평가에 관하여 필요한 사항을 규정하여 그 경제적 가치를 정확하게 평가하기 위하여 1973.12.31. 「감정평가에 관한 법률」을 제정(시행 1974.4.1. 법률 제2663호)하였다. 「감정평가에 관한 법률」의 제정목적은 감정평가 및 공인감정사제도에 관한 것을 규율하는 것이었다.

4. 한국부동산원 「국유재산의 현물출자에 관한 법률」

1960년대로 접어들면서 우리나라의 경제가 성장·발전됨에 따라 감정·평가에 대한 수요가 급증하였으며, 또한 감정평가업무가 여러 기관에서 각기 다양하고 상이한 원칙과 기준하에 처리되었고 아직 감정평가제도가 정비되지 않은 상태였다. 따라서 재무부는 1969년 4월 「국유재산의 현물출자에 관한 법률」에 근거하여 정부와 산업은행 및 5개 시중은행이 공동 출자하여 한국감정원을 설립하였다.

한국감정원은 토지시가를 조사하여 공시하였다. 이후 한국감정원은 1974년 「감정평가에 관한 법률」에 의거 감정회사로 인가받았다.

한국감정원의 감정시가는 감정평가에 관한 법률에 의하여 산정되었다. 즉, 한국감정원은 은행 등의 의뢰에 의하여 담보평가 및 국유재산의 평가 등을 수행하였다. 감정대상은 도시지역의 대지가 주를 이루었다. 한국감정원은 2020년 5월 국회를 통과하여 명칭이 2020년 12월 10일 한국부동산원[1]으로 개칭되었다.[2]

5. 토지 등 감정평가의 각 기관별 다양한 제도의 문제점 발생[3]

(1) 토지정책의 비효율성

건설부의 토지평가사제도와 재무부의 공인감정사제도 그리고 한국감정원의 공시·감정업무 등과 같이 각 기관별로 토지 등의 재산에 대한 감정평가가 다르게 운영된 결과 허다한 문제점이 발생하였다.

통일적인 평가기준의 부재로 인하여 토지정책을 효율적으로 수행할 수 있는 기반이 미비하였다.

---

1) 한국부동산원 홈페이지 http://www.reb.or.kr/kab/home/main
2) 채미옥, 공시지가의 적정성 제고를 위한 정책 방향, 국토정보, 1993/8, 67면.
3) 김광수, 감정평가제도와 헌법상 재산권 보장, 토지공법연구 제74집, 2016.

토지가격이 비교적 안정된 시절에는 별 문제가 없었으나 급격한 산업화의 진전으로 인하여 지가가 상승하고 또한 수용에 따른 보상의 수요가 급격히 증가하는 시점에서는 정책실현의 기준이 되는 토지가격의 부재가 큰 사회적 문제로 제기되었다. 그리고 위의 각 지가제도에도 그 운용과정에서 여러 문제가 노정되었다.

먼저 기준지가는 3년에 한 번 씩 산정되는 결과 토지가격의 변동이 급격한 지역에서는 실제 거래가격과 차이가 발생하였다. 그리고 도심지역보다는 도시외곽지역에 표준지가 많이 분포한 관계로 실제로 가격산정이 필요한 지역의 수요에 제대로 대응하지 못하였다. 그리고 표준지의 지가를 기준으로 그 이외의 지역의 토지가격을 산정하는 방법과 기준이 구체화되지 못하였기 때문에 활용도 또한 낮게 나타났다. 내무부의 과세시가 표준액은 시가의 20 ~ 50%를 반영하고 있어서 현실화율이 비교적 저조하였다. 그리고 지역 간 그 현실화율의 격차가 상당히 컸다. 도시와 농촌간, 용도지역과 지목 간 현실화율의 격차가 발생하였다. 또한 담당공무원들이 주관적으로 토지가격을 산정한 결과 국민들의 신뢰를 받을 수 없는 근본적인 문제점이 지적되었다.

감정시가는 의뢰인들의 요청에 의하여 산정하기 때문에 내부적인 자료이고, 법적인 구속력이 없는 한계가 있다. 이런 문제점으로 인하여 토지정책 수행에 차질을 빚게 되었다.

(2) 토지를 평가하는 전문가들 간의 갈등

토지를 평가하는 전문가들 간에도 갈등이 발생하였다. 특히 국토이용관리법 제29조의2에서 기준지가의 조사·평가와 기준지가가 고시된 지역에서의 매수 또는 수용할 토지 기타 권리를 평가하게 하기 위하여 토지평가사를 둔다고 규정하고 있었는데 이 규정의 해석을 놓고 갈등이 발생하였다.

재무부는 공인감정사의 주관부처로서 공인감정사는 감정에 관한 일반적인 자격이기 때문에 기준지가 고시지역 안에서의 감정업무도 당연히 할 수 있다고 해석하였다. 그러나 건설부는 기준지가를 고시한 지역 안에서는 토지평가사만이 감정업무를 행할 수 있다고 보았다.

이에 대하여 대법원은 기준지가 고시지역 내에서도 토지평가사 이외에 공인감정사가 토지가격을 평가할 수 있다고 하였다(대판 1984.1.24, 82누415). 즉, 대법원은 재무부의 유권해석에 가까운 판결을 내렸다. 그럼에도 불구하고 일반인들은 이런 혼란을 이해할 수 없었고, 무익한 것으로 보았다. 같은 토지에 대하여 국유재산으로서 평가할 때는 공인감정사의 업무에 해당하고, 공용수용에 따른 평가는 토지평가사가 담당한다는 것은 부처간의 이해관계에만 집착한다는 인상을 주었다.

뿐만 아니라 공인감정사와 토지평가사 자격을 모두 가진 사람도 적지 않아 하나의 토지에 대하여 그 자격에 의하여 다른 평가가 나오는 데 대해서도 설득하기 어려웠다.

위의 대법원 판결은 당시 토지평가사에 대한 일반인들의 불만을 반영하는 측면도 있었다. 즉, 토지평가사는 건설부의 입장만을 반영하여 평가하기 때문에 신뢰할 수 없다고 비판받았다.

이상의 논란을 해소하고 토지정책의 일관성과 효율성을 증진하기 위하여 제도의 개선이 필요하였다.

6. 1989년 「지가공시에 관한 법률」의 제정

(1) 토지의 공개념제도

1961년 제1차 경제개발 5개년 계획의 추진으로 경제가 성장하면서 부동산시장이 과열되었다. 1967년 「부동산투기억제에 관한 임시조치법」에 의한 부동산 투기억제세는 투기를 억제하는 반면 생산적용도에 이용되는 토지 및 실수요자를 보호한다는 명분 아래 시장에 개입하는 최초의 제도가 도입되었다.[4]

그러나 80년대 초반 제2차 오일쇼크, 정치 불안 등의 여파로 경기가 극도로 위축되기 전까지 지가상승과 투기는 계속되었다. 1983년 경기가 다시 활성화되면서 부동산시장이 과열기미를 보인다고 생각된 정부는 정책방향을 다시 지가안정과 투기억제 쪽으로 선회하였고 이런 가운데 1986년 토지과다보유세가 신설되었다.[5]

1987년 하반기부터 지가 및 주택가격이 다시 폭등하기 시작하였다. 지가폭등과 전셋값 폭등이 사회안정을 크게 위협하기에 이르자 이제는 종전과 같은 긴급조치만으로 지가앙등과 투기열풍을 잡기에는 역부족이라는 인식과 함께 장기적인 관점에서 토지문제의 근원적 해결을 위한 제도개혁의 필요성에 부응하여 정부는 1988년 「8·10부동산대책」에서 "토지공개념에 바탕을 둔 토지제도의 근본적 개선방침"을 발표한다.

토지의 공개념이란 토지의 개인적 소유권 그 자체는 인정하되, 그 이용을 공공복리에 적합하게 규제하여야 한다는 뜻이다. 토지의 공개념제도란 이러한 토지의 공개념에 입각하여 1989년 12월 정기국회에서 입법화된 제도로서 택지소유상한제, 개발부담금제, 토지초과이득세의 세가지를 골자로 한 제도를 말한다.[6]

(2) 「지가공시에 관한 법률」의 제정과 그 의의

토지공개념제도의 취지를 뒷받침하기 위하여 「지가공시에 관한 법률(이하 지가공시법)」을 제정하고 공적 지가의 기준을 하나로 통일하는 공시지가제도를 도입하였다. 이러한 일련의 제도의 도입시기는 우리나라 토지제도의 발전과정에서 큰 획을 긋는 시기였다고 할 수 있다.[7]

건설부의 지가공사에 관한 법률의 입법목적은 "현재의 지가조사·평가체계는 내무부·재무부·건설부·국세청 등 수요기관별로 다원화되어 있어 정부에서 조사·발표하는 지가에 대하여 국민의 신뢰도가 저하되고, 토지정책과 제도발전에 준거기준이 되는데 미흡한 실정이므로 정부가 매년 단일지가를 조사·공시하고 지가체계를 정비하여 관계기관이 이를 공동으로 활용할 수 있도록 공시지가 제도를 확립하고자 하며, 아울러 평가자격도 토지평가사와 공인감정사로 이원화되었던 것을 감정평가사로 일원화하기 위하여 입법하고자하는 것"이라 하였다.

---

4) 국토개발연구원(1996), 국토50년, 825쪽
5) 이정전, 토지경제학, 2015, 653쪽
6) 국토개발연구원(1996), 국토50년, 825쪽
7) 이정전, 토지경제학, 2015, 655쪽

(3) 지가공시법의 주요내용

지가공시법의 주요내용으로는 ① 건설부장관이 매년 토지이용상황·주위환경 기타 제조건이 유사한 토지 중에서 표준지를 선정하여 공사기준일 현재의 토지가격을 조사·평가하여 공시하도록 하였다. ② 감정평가업가 표준지 이외의 토지를 개별적으로 평가하는 경우에는 공시지가를 기준으로 평가하도록 하였다. ③ 국가, 지방자치단체 등이 특정 목적을 위하여 지가를 산정하는 경우에는 공시지가를 기준으로 하되, 조사·평가의 목적별로 이를 가감하여 적용할 수 있도록 하였다. ④ 표준지가격의 심의·조정·표준지의 선정·관리 등을 심의하기 위하여 건설부에 토지평가위원회를 두고, 건설부장관이 시행하는 시험에 합격하고 일정기간 실무수습을 거친 자에게 감정평가사의 자격을 인정하였다. ⑤ 공시지가의 조사·평가, 행정목적을 위한 토지 등의 평가, 금융기관이 담보로 받는 토지 등의 평가를 위하여 감정평가업자의 등록·법인 인가 등의 요건·절차를 규정하였다. ⑥ 부동산평가업자의 자질향상 및 평가제도의 발전을 위하여 부동산 평가사는 협회를 설립할 수 있도록 함 등을 주요 골자로 한다.

(4) 감정평가사 제도의 도입목적

감정평가사제도의 도입목적은 크게 두 가지이다. 첫째는 토지평가를 체계적으로 하기 위함이다. 즉, 매년 전국의 토지 가운데서 표준지를 선정하여 그에 대하여 적정한 가격을 조사·평가하여 공시함으로써 토지평가에 있어서 일원적인 기준을 마련해 주는 것을 목적으로 한다.

둘째는 토지평가체계의 효율화이다. 그 전에는 토지평가사와 공인감정사가 각각 토지 등 가격을 평가하고 있었는데 그로 인한 혼란이 적지 않았다. 감정평가사제도의 신설은 토지의 감정평가에 대한 전문자격제도를 도입함으로써 기존의 평가업무 담당자를 일원화하고, 전문가를 양성하며 아울러 감정평가업의 정상화를 이루려는 목적을 가지고 있었다.

7. 부동산 가격공시 및 감정평가에 관한 법률로 개정

1989년의 지가공사법은 2005년에 부동산 가격공사 및 감정평가에 관한 법률(부감법)로 개정되었다. 개정의 이유는 세부담의 형평성을 제고하기 위하여 주택에 대한 토지·건물 통합 과세를 내용으로 하는 부동산 보유세제 개편에 따라 현행 공시지가제도 외에 토지와 건물의 적정가격을 통합평가하여 공시하는 주택가격공시제도를 도입하고, 각 중앙행정기관별로 분산되어 있는 부동산가격의 평가체계를 일원화하려는 것이었다. 주요내용은 다음절인 제2절 공시제도의 주요변천에서 설명한다.

8. 감정평가 선진화 3법[8]

* 「감정평가 및 감정평가사에 관한 법률」(제정), 「부동산 가격공시에 관한 법률」(개정), 「한국부동산원법」

감정평가 선진화 3법은 ① 감정평가의 객관성·공정성 강화, ② 부동산 공시가격의 적정성·효율성 개선, ③ 공공기관(한국부동산원) 기능조정을 위해 제·개정된 법으로, 금번 공포(8.31.)되는 부

---

8) 국토교통부 홈페이지 참고 – 국토교통부 보도자료 2016.8.31

동산 3법 시행령·시행규칙에는 법 운영을 위한 기준·절차 등이 구체적으로 규정되었으며, 주요 내용은 다음과 같다.

(1) 감정평가의 객관성·공정성 강화(감정평가사법 시행령·시행규칙)

새로이 제정된 「감정평가 및 감정평가사에 관한 법률」에서는 감정평가의 객관성과 공정성을 강화하기 위한 제도적 장치들이 다수 도입되었으며, 동법 시행령·시행규칙에서 이를 운영하기 위한 기준·절차 등이 세부적으로 규정되었다.

① 감정평가법인등 추천제

한국감정평가사협회(이하 협회)가 추천을 요청받은 경우 전문성, 업무실적, 조직규모 등을 고려하여 7일 이내에 추천토록 하고, 세부적인 추천기준은 협회에서 마련하여 운영하기로 하였다.

수주경쟁이 심한 업계구조상 감정평가사들이 의뢰인의 고·저평가 요구에 영향받는 사례가 적지 않은 것이 사실이나, 추천제를 통해 감정평가사들이 중립적으로 대응할 수 있는 기반이 마련될 것으로 보인다.

국토교통부는 추천제가 향후 감정평가 공정성을 제고하는 핵심역할을 할 것으로 기대하고 있으며, 효과적으로 정착되기 위해서는 협회에서 감정평가 대상물건 특성에 따라 적합한 감정평가사들을 추천해주는 시스템을 확립하는 것이 중요하다며, 앞으로 정부에서도 다양한 감정평가분야에서 추천제가 활용될 수 있도록 적극 지원해 나간다고 한다.

② 감정평가 타당성 조사

국토교통부에서 감정평가업계 지도·점검, 감정평가 표본조사(무작위 추출방식의 개략조사) 등의 결과에 따라 직권으로 타당성 조사를 할 수 있도록 근거를 마련하였다. 종전에도 직권으로 타당성 조사를 할 수는 있었으나 직권조사 여부를 판단할 수 있는 근거가 부족하여, 실제로는 감정평가 의뢰인 등의 요청이 있는 경우에 한해서만 조사를 실시하였고 감정평가 전반에 대한 관리가 미흡하다는 지적이 있어왔다.

이번 법령 제정을 통해 감정평가서에 대한 모니터링을 강화할 수 있게 됨에 따라 감정평가 적정성을 제고하기 위한 정부의 관리·감독도 보다 더 내실화될 전망이다.

③ 실거래가 기준평가

일반적인 토지감정평가의 경우 도시지역은 3년 이내, 비도시 지역은 5년 이내에 거래된 신고가격 중 감정평가사가 적정하다고 판단하는 가격을 기준으로 감정평가할 수 있도록 구체화하였다.

종전에는 표준지공시지가만을 기준으로 평가하도록 하였으나, 향후 표준지공시지가에 더하여 실거래 신고가격도 기준으로 사용할 수 있도록 구체적 기준이 제시됨에 따라 평가의 정확성 확보에 기여할 것으로 보인다.

국토교통부는 다양한 실거래 신고가격 중 평가대상 물건과 유사한 토지의 적정한 가격을 적용하는 것이 중요한 만큼, 평가사들의 전문성과 판단력이 더 한층 요구된다. 이에 따라 평가기법 발전과 평가사 전문성 개발에도 도움이 될 것으로 보이며, 정부와 민간업계가 함께 실거래가 기준평가가 조기 안착될 수 있도록 협력해 나가고 있다.

④ 감정평가 정보체계

정보체계 등록범위를 종전 보상평가 등에 더해 소송·공매평가까지 확대하였다. 이를 통해, 공공이 의뢰하는 감정평가서를 체계적으로 관리하고, 감정평가사가 감정평가할 때 좀 더 효율적으로 활용할 수 있도록 지원함으로써 평가의 정확성 개선에도 도움이 될 것으로 기대된다.

(2) 공시가격의 적정성·효율성 개선(부동산 가격공시법 시행령·시행규칙)

① 단독주택가격 부동산원 수행

종전에 감정평가사들이 수행하던 표준주택·개별주택가격 조사·검증업무를 부동산원이 전담하게 됨에 따라 부동산원이 정확하고 효율적으로 수행할 수 있도록 관련 절차·기준 등을 구체화하였다.

② 비주거용 부동산 가격공시

비주거용 부동산 가격공시와 관련된 세부기준·절차 등을 신설하였다. 현재 국토교통부에서 가격산정방식, 적용범위 등 구체적 운영방안을 검토 중에 있으며, 도입근거가 마련된 만큼 관계부처와 협의하여 조속히 방안을 확정·도입할 수 있도록 하고 있다. 그 외, 부동산공시가격시스템에 공시예정가격 및 의견제출방법 등을 공지하여 소유자가 의견을 제출할 수 있도록 하는 등 공시가격 적정성 제고를 위한 규정들도 보완되었다.

(3) 공공기관 기능 조정(한국부동산원법 시행령)

법에서 부동산원은 감정평가업무에서는 철수하되, ① 부동산 가격공시, ② 부동산 조사·통계, ③ 부동산시장 적정성 조사·관리, ④ 부동산 관련정보의 제공·자문 등의 업무를 수행할 수 있도록 규정하였으며, 부동산시장 적정성 조사·관리를 위한 구체적 업무들은 시행령으로 위임하였다.

금번 마련된 시행령에서는 부동산시장 적정성 조사·관리 업무를 ① 부동산투자회사 등의 업무 검사, ② 감정평가 타당성 기초조사, ③ 보상평가서 검토, ④ 주택정비사업 관리처분계획의 타당성 검증, ⑤ 금융기관 등이 의뢰하는 담보평가서 검토로 구체화하였다.

부동산원은 그간 감정평가업무를 민간업계와 함께 수행함에 따라 공공기관이 민간업역을 침해한다는 논란이 지속되었다. 이번 법령 제정으로 부동산원이 감정평가업무에서 철수함에 따라 민간업계와의 업역 논란은 해소될 것으로 보이며, 앞으로 정부업무를 지원하는 공적 역할에 더욱 집중하여 정확한 부동산 통계를 생산하고, 국민경제발전 등에 기여할 것으로 기대된다.

9. 한국부동산원 「한국부동산원법」[9]

부동산 조사·통계 전문기관으로서의 성격이 분명히 드러날 수 있도록 '한국감정원'의 명칭을 '한국부동산원'으로 변경하고, 소비자 권익 보호를 위하여 부동산 관련 분쟁조정 등 부동산 시장 소비자 보호를 위한 업무를 한국부동산원의 업무에 추가하는 등 현행 제도의 운영상 나타난 일부 미비점을 개선·보완하는 것을 골자로 2020.6.9. 한국부동산원법으로 개정되었다.

한국부동산원을 설립하여 부동산 시장의 조사·관리 및 부동산의 가격 공시와 통계·정보관리 등의 업무를 수행하도록 함으로써 부동산 시장의 안정과 질서를 유지하고, 부동산 시장에서의 소비자 권익 보호와 부동산 산업발전에 이바지함을 목적으로 한다.

02 공시지가제도의 주요 변천

1. 공시지가의 정확성과 신뢰도 제고를 위한 제도보완(1990~1994년)

(1) 협회에 공시지가 협의기구 설치

공시지가는 지역 간·시계열 간 가격균형 유지가 중요하다고 여긴다. 조세부과의 민원 때문이다. 가격이 차이가 나면 균형이 맞지 않는다고 민원이 야기되기 때문에 정부는 이 가격균형이라는 말을 만들어 중시해왔다. 이 가격균형을 잡는 것은 감정평가법인등이므로 건설교통부는 1992년부터 한국감정평가사협회에 공시지가 협의기구를 설치하여 운용토록 권고한 바 있다. 이에 따라 동 협회는 지가공시위원회를 설치하고 동위원회는 감정평가법인에게 가격을 조사·평가할 때, 담당지역 내에서 가격균형을 유지하도록 권고하였고, 시·도 간 가격균형은 동 지가공시위원회에서 협의하도록 하고, 동일 시·도 내의 시·군·구 간 가격균형은 시·도별로 간사(현행 지역본부장)를 선임하여, 가격균형의 협의를 하도록 하여, 지가공시의 객관화와 공신력을 제고하고자 노력하였다.

(2) 표준지 소유자의 의견청취

감정평가법인등이 평가하는 것은 표준지 가격이다. 이 표준지 소유자는 가격에 불만이 있을 때 이의신청을 할 수 있다. 1991년까지는 지가공시 이후에 제기할 수 있었으나, 이로 인한 민원의 야기, 이의신청 처리에 소요되는 행정수요가 증가하는 문제점이 있어, 1992년부터 공시지가 조사·평가과정에서 표준지 소유자의 의견을 청취하도록 제도를 보완하였다. 의견청취는 감정평가법인이 조사·평가한 가격을 토지소유자에게 통보하여 이의가 있을 때, 평가를 담당한 법인에게 의견을 제출하도록 하였으며, 타당성이 인정되면, 평가가격을 조정하였다.

(3) 조사일정의 조정

1992년 이후 가격균형협의가 확대, 조정됨에 따라 표준지공시지가 조사·평가일정은 업무단계별로 일정을 조정하였다. 또한 1992년부터는 공시지가 조사·평가과정에서 표준지 소유자의

---

9) 법제처 국가법령정보센터 https://www.law.go.kr/

의견청취를 도입함에 따라, 평가일정에 토지소유자의 시·군·구 의견청취 등의 과정을 두도록 개선하였으며, 연도마다 주요업무 단계별로 지가공시위원회의 심의를 거쳐 일정을 합리적으로 조정하였다.

⑷ 공시지가 관련 제 규정 제정 및 정비

지가공시위원회는 공시지가의 적정성 제고는 물론 업무의 효율성을 증대시키기 위해 표준지 배정에서부터 지가공시에 이르는 단계까지 업무 전반을 검토하여 제반 문제점을 찾아내고 그 개선방안(세부적인 기준, 지침의 제정 및 정비)을 마련하여 시행하였다. 1990년 제4차 지가공시위원회에서(5.29.) '지가공시규정(안)'을 심의하고, 같은 해 7월 31일 제정하였으며, 이후 제30차 정기이사회(1992.6.25.)에서 동 규정이 현 '지가공시업무규정'으로 개정되었다.

지가공시업무규정은 지가공시업무를 효율적으로 적정하게 수행하기 위하여 필요한 사항을 규정하는 것을 목적으로 제정되었으며, 주요 조항은 업무배정의 제한(제5조), 표준지 선정·관리(제6조), 적정가격의 평가(제7조) 등 총 제12조, 부칙 제2조로 구성하였다. 1993년 건설교통부는 가격균형협의의 운영 강화, 지가정보체계 구축, 지가공시위원회의 상설운영을 협회에 요청하여, 동 협회는 부를 신설하고 지가공시위원회 제47차 정기이사회(1993.11.25.) 의결에 따라 '공시지가 조사·평가관리본부 운영규정'을 제정·시행하는 등 정부의 지가정책 시행 초기에 제기되는 미비점의 보완 및 제도개선, 업무의 효율적인 수행을 도모함으로써 공적지가제도 정착의 기틀을 마련하였다.

2. 개별공시지가의 적정성 제고(1995년)

⑴ 표준지 수의 확대와 표준지 분포의 개선

표준지는 개별공시지가를 산정하는 기준이므로 개별지가 산정에 효율적으로 활용될 수 있도록 그 활용 실적을 분석하여 활용도가 낮은 표준지를 지역별로 조정할 수 있도록 했다. 또한 종전 30만 필지이던 표준지의 규모를 1995년부터 45만 필지로 늘려 개별공시지가의 산정에 필요한 비교표준지 선택의 폭을 넓혀 주었으며, 선택의 기회가 많아지자 개별공시지가 산정의 정확성과 객관성을 제고할 수 있게 되었다.

⑵ 표준지공시지가 조사·평가기준 제정

1995년 9월, 지가공시위원회는 표준지공시지가 조사·평가기준을 제정하기로 하고, 송태영 위원장을 비롯한 제 위원의 연구를 거친 후, 김상윤 연구위원이 초안을 작성하여 같은 해 제69차 정기이사회(1995.9.29.)의 의결을 거쳐 상세한 표준지공시지가 조사·평가기준을 마련하여 공시지가 조사·평가업무의 적정성과 효율성을 제고할 수 있게 되었다. 동 기준은 정부가 발간하는 1996년 공시지가 조사·평가업무요령에 게재되었고, 1996년에 1차 개정을 거친 후 같은 해 12월 24일자로 건설교통부 훈령으로 승격되었으며, 이에 따라 협회의 동 기준은 폐지되었다. 동 기준은 보상평가지침과 함께 공적평가에서 감정평가법인등의 신뢰성을 제고하는 데 기여하였다.

(3) 개별공시지가 검증제도 도입

개별공시지가는 각종 국세, 지방세 및 부담금, 국·공유재산 대부 사용료의 부과기준이 되는 등 국민의 재산권에 중대한 영향을 미친다. 이것은 정부가 제공하는 비준표를 이용하여 시·군·구 행정공무원이 산정한다. 개별공시지가는 과세의 기준이 되기 때문에 소송대상이 된다. 1993년 1월 대법원은 이것이 행정소송의 대상이 된다고 판시하여 행정소송이 증가했다. 개별공시지가의 이의신청이 매년 증가해 1993년에는 219,000여건이나 되고, 1994년 7월 29일에는 헌법재판소 가 토지초과이득세 '헌법불합치'를 결정하면서, 개별공시지가의 조사·산정을 전문지식이 없는 행정기관의 공무원이 담당하는데 전문성의 보완이 필요하다고 지적하였다.

이러한 지적 등을 수용해서 1995년 12월 「지가공시법」을 개정하여 개별공시지가의 산정절차 ·방법·검증 등의 사항을 법에 담아 감정평가사가 개별공시지가의 적정 여부를 검증하도록 하였다. 검증제도를 도입하여 개별공시지가의 적정성을 확보할 수 있게 되었으며 논란이 그치 지 않았던 특수필지의 개별공시지가를 산정할 때 감정평가사의 전문적인 판단이 필요하다고 인 정되면 시장, 군수, 구청장이 감정평가를 의뢰할 수 있도록 하여, 특수필지의 산정업무가 개선 되었다.

3. 우수감정평가법인등(대형감정평가법인)제도 시행(2005년)

2005년 12월 29일, 건설교통부는 감정평가법인등 신뢰도 향상 방안의 일환으로 우수감정평가법 인등을 육성하고자 제도를 개선하였다. 즉, 「부동산가격 조사·평가를 위한 감정평가법인등 선정 기준」 훈령을 개정하고 고시하여, 부동산가격 조사·평가업무의 배정기준을 강화시켰다. 감정평가 법인등 선정기준의 주요 내용은 감정평가법인등의 조직규모, 소속 감정평가사의 실무경력 및 감정 평가업무실적 그 밖의 업무수행능력 등이며, 우수한 감정평가법인등에게는 부동산가격 조사·평가 업무를 배정할 때 인센티브를 부여할 수 있도록 하였다. 우수감정평가법인등의 요건은 다음과 같으 며, 동 훈령은 2007년 1월 1일부터 시행하였다.

① 일정 최소주재 감정평가사 및 최소잔류 감정평가사를 확보하고, 7개 이상의 분사무소를 설치하 여 전국적인 조직망을 확보한 감정평가법인등
② 「주식회사의 외부감사에 관한 법률」 제7조의2의 규정에 의한 감사보고서를 매 사업연도 종료 후 3월 이내에 건설교통부장관에게 제출하는 감정평가법인등
③ 10년 이상 감정평가업무에 종사한 감정평가사의 비율이 주사무소 및 모든 분사무소별로 20% 이상인 감정평가법인등
④ 주사무소에 감사부서를 독립적으로 설치·운영하고, 동 감사부서에서 모든 감정평가서의 심사 를 수행하는 감정평가법인등

4. 표준주택 가격공시로 확대(2005년)

「지가공시법」은 2005년 「부동산 가격공시 및 감정평가에 관한 법률」로 전면 개정하고 주택가격공 시제도를 도입하였다. 동 법률 제16조에 근거를 마련하여 국토해양부장관은 용도지역·건물구조

등이 일반적으로 유사하다고 인정되는 일단의 단독주택 중에서 선정한 표준주택의 적정가격을 조사·평가하고, 중앙부동산가격공시위원회의 심의를 거쳐 이를 공시하도록 하였으며, 공시기준일은 매년 1월 1일로 정했다.

표준주택가격은 매년 공시기준일 기준의 단독주택 적정가격이며, 이것을 평가·공시하여 국가·지방자치단체 등의 기관이 행정목적으로 개별주택가격을 산정할 때는 그 기준으로 적용하기 위하여 신설한 것이며, 지가공시제도와 별도의 가격공시제도이다. 주택은 공동주택과 단독주택 등으로 나누어 가격을 조사하며, 공동주택은 국세청 기준시가 고시대상의 약 542만호(APT 약 536만호, 연립 약 6만호)가 그 대상이며, 국세청 기준시가 미고시대상은 임대주택 약 90만호, 연립·다세대주택 약 226만호, 단독·다가구주택 약 450만호이다. 단독주택 등 가격조사, 평가대상은 단독·다가구주택 약 450만호 및 국세청 기준시가 미 고시 공동주택(연립·다세대) 약 226만호이다.

제2절 표준지공시지가

01 개설

제1절에서 살펴본 바와 같이 종래 다원화된 지가체계로 인한 혼란과 국민의 불신 및 토지정책의 비효율성 등으로 인한 문제점을 해결하고 토지공개념 관련제도의 실효성을 제고하기 위하여 지가공시법이 제정되었으며, 이에 근거를 둔 공시지가제도는 종전의 다원화된 지가체계를 일원화하여 적정한 가격형성 도모, 국토의 효율적 이용 및 국민경제 발전에 이바지하며, 각종 토지정책의 실효를 거두고 조세형평의 정도를 높이기 위한 제도이다. 법명의 명칭은 2005년도 주택가격공시제도를 도입하면서 지가공시법에서 부동산 가격공시 및 감정평가에 관한 법률로 법명 명칭되었다가 2016년 감정평가제도가 분리되면서 분법의 형태로 부동산 가격공시에 관한 법률과 감정평가 및 감정평가사에 관한 법률로 이원화되면서 부동산가격공시제도는 부동산 가격공시에 관한 법률(이하 부동산공시법)에서 규율하게 되었다.

02 표준지공시지가의 의의 및 법적 성질

1. 표준지공시지가의 의의 및 규정

표준지공시지가란 부동산공시법이 정한 절차에 따라 국토교통부장관이 조사·평가하여 공시한 표준지의 단위면적당 가격을 말한다. 이는 시장 등이 산정하는 개별공시지가와 산정절차, 효과 등의 면에서 구별된다.

> 🔖 **법 제3조(표준지공시지가의 조사·평가 및 공시)**
> ① 국토교통부장관은 토지이용상황이나 주변 환경, 그 밖의 자연적·사회적 조건이 일반적으로 유사하다고 인정되는 일단의 토지 중에서 선정한 표준지에 대하여 매년 공시기준일 현재의 단위면적당 적정가격(이하 "표준지공시지가"라 한다)을 조사·평가하고, 제24조에 따른 중앙부동산가격공시위원회의의 심의를 거쳐 이를 공시하여야 한다.

2. 논의 실익

표준지공시지가는 지가산정의 기준으로서 행정기관이나 감정평가법인등에 대한 구속력은 인정되나, 국민에 대한 구속력도 가지는지에 대하여는 견해의 대립이 있다. 이는 ① 공시지가 산정절차상 하자의 위법성 인정 여부, ② 행정소송의 제기가능성 여부에 그 논의 실익이 있다.

3. 학설[10]

(1) 행정입법(입법행위)설

표준지공시지가는 법률의 수권에 의해 정해지며 개별공시지가결정 등 행정처분의 구속력 있는 기준이 되고 표준지공시지가가 위법한 경우 당해 표준지공시지가를 기준으로 행해진 처분도 위법하다고 보아야 하므로 법규명령의 성질을 가지는 고시에 준하는 것으로 보아야 한다(행정규칙 형식의 법규명령).[11] 공시지가는 지가정책의 집행을 위한 활동기준으로서 그 활동기준은 일반적·추상적으로 정해지는 것으로 행정규칙의 성질을 가지는 것으로 보는 견해도 있다.[12] 이밖에도 법규명령인지 행정규칙인지 구별 없이 국민의 권리·의무를 발생시키는 것이 아니기 때문에 행정입법의 성질을 가진다는 견해도 있다.[13]

(2) 행정계획설

표준지공시지가를 내부적 효력만을 갖는 구속력 없는 행정계획으로 보는 견해이다. 이 견해의 논거는 다음과 같다. ① 표준지공시지가는 개별공시지가결정에 있어서 그대로 적용되는 것이 아니라 그 목적에 따라 가감하여 적용 가능한 것이므로 그 구속력을 인정할 수 없다. ② 표준지공시지가결정에 의해 바로 당사자의 권리·의무에 영향을 미치지 않는다.[14]

(3) 사실행위설

이 설은 공시지가(표준지공시지가)는 현실적으로 존재하는 정상지가를 조사하여 공시함으로써 지가정보를 제공하는 의사작용을 요소로 하는 사실행위로서 그 자체로서는 어떠한 법적 효과도 발생하지 아니한다고 본다.[15]

---

10) 배명호, 감정평가 및 부동산가격공시법론, 북랩, 2020, 171면.
11) 박균성, 행정법론(하), 박영사, 2017, 793면.
12) 석종현, 신토지공법론(제11판), 삼영사, 2016, 651면; 김남철, 행정법강론, 박영사, 2016, 1270면.
13) 홍정선, 행정법원론(하), 박영사, 2015, 716면.
14) 정하중, 행정법개론, 법문사, 2018, 1331면; 류지태·박종수, 행정법신론, 박영사, 2011, 1163면.
15) 이춘섭, "[判例評釋] 公示地價, 個別地價는 行政訴訟의 對象인가?(下)", 사법행정 제33권 제12호, 1992.12, 62면.

(4) 행정행위설

표준지공시지가를 행정행위로 보는 견해의 논거는 다음과 같다. ① 표준지공시지가는 개발부담금 등의 산정기준이 되므로 국민의 구체적인 권리·의무에 직접 영향을 미친다. ②「부동산가격공시법」이 표준지공시지가에 대하여 이의신청(행정심판)을 할 수 있다고 규정하고 있다.[16][17]

(5) 개별검토설

먼저 표준지의 소유자에게 표준지공시지가는 동시에 개별공시지가의 성질을 아울러 가지는 것이므로(부동산가격공시법 제10조 제2항 후문), 그것은 행정소송의 대상으로서의 처분성이 인정된다.[18] 표준지공시지가가 일반적인 토지거래의 지표로서의 의미를 가지는 한에서는 그 처분성을 인정할 여지가 없다.[19] 그리고 표준지공시지가가 개별공시지가의 기준이 되거나 토지수용 시 보상액산정의 기준이 되는 경우 등에는 처분성이 인정된다는 견해이다.[20]

4. 대법원 판례

대법원은 표준지공시지가에 대하여 불복하기 위해서는 소정의 이의절차를 거쳐 처분청을 상대로 그 공시지가결정의 취소를 구하는 행정소송을 제기하여야 하는 것이라고 하여 표준지공시지가의 처분성을 인정하고 있다.

> **판례**
>
> ▶ 관련판례(대판 1995.3.28, 94누12920)
> 표준지로 선정된 토지의 공시지가에 대하여 불복하기 위하여는 지가공시 및 토지 등의 평가에 관한 법률 제8조 제1항 소정의 이의절차를 거쳐 처분청을 상대로 그 공시지가결정의 취소를 구하는 행정소송을 제기하여야 하는 것이지, 그러한 절차를 밟지 아니한 채 개별토지가격결정을 다투는 소송에서 그 개별토지가격 산정의 기초가 된 표준지공시지가의 위법성을 다툴 수는 없다.
>
> ▶ 관련판례(대판 2008.8.21, 2007두13845)
> 표준지공시지가결정이 위법한 경우에는 그 자체를 행정소송의 대상이 되는 행정처분으로 보아 그 위법 여부를 다툴 수 있음은 물론, 수용보상금의 증액을 구하는 소송에서도 선행처분으로서 그 수용대상토지 가격 산정의 기초가 된 비교표준지공시지가결정의 위법을 독립한 사유로 주장할 수 있다.

---

16) 조용호 "개별토지가격결정의 행정처분성과 이에 관한 쟁송", 인권과 정의, 1993.11, 84면.
17) 이밖에도 처분이라고 보는 견해의 논거로 ① 굳이 후속처분인 과세처분 등을 기다릴 필요 없이 표준지공시지가결정에 처분성을 인정하여 다툴 수 있도록 함이 분쟁 또는 법률관계의 조기확정을 기함과 아울러 법적 안정성을 확보하는 데 이로우므로 이를 항고소송의 대상으로 인정할 필요가 있다는 점, ② 재판절차상의 번잡을 피하기 위하여 사법정책적 고려에서 당해 분쟁을 소송의 대상으로 하는 것이 가장 실효적인 해결수단이 될 수 있다면 이를 행정소송의 대상으로 인정하는 것이 타당하다는 점 등이 처분성을 인정하는 징표로 들어지고 있다(임영호, "비교표준지공시지가결정의 하자와 수용재결의 위법성", 대법원판례해설, 2008년 하반기(통권 제78호), 16면).
18) 박윤흔·정형근, 최신행정법강의(하), 박영사, 2009, 661면; 김남진·김연태, 행정법Ⅱ, 법문사, 2017, 548면; 김동희, 행정법 Ⅱ, 박영사, 2015, 490면.
19) 박윤흔·정형근, 최신행정법강의(하), 661면; 김남진·김연태, 행정법 Ⅱ, 548면; 김동희, 행정법Ⅱ, 490면.
20) 김동희, 행정법 Ⅱ, 491면.

5. 검토

생각건대, 공시지가는 보상액 산정 등에 있어 구속적 기능을 수행하고, 비록 가감조정이 행해지기는 하나 개별가격의 산정에 결정적인 기준이 된다는 점 및 공시지가 결정·공시단계에서는 그 자체로 외부적 구속력을 인정하기 어려우나 처분성을 인정하여 법률관계의 조기 확정을 가져오게 함이 법적안정성 측면에서 타당하다는 점 등을 고려할 때 처분성을 인정함이 타당하다고 생각된다.

행정계획설은 표준지공시지가는 행정활동을 위한 목표설정과 행정수단의 조정·통합화의 개념적 징표가 있다고 보기 어렵고, 행정행위설은 표준지공시지가가 개별성·구체성을 지녀야 하나 공시지가는 목적에 따라 가감조정되므로 구속적 효력이 없다는 점에서 받아들이기 어렵다. 따라서 표준지공시지가는 일반적·추상적 기준인 행정규칙으로서 처분성이 인정되기 어렵다고 본다(처분성 부정 시).

03 표준지공시지가의 공시절차

> ➲ 법 제3조(표준지공시지가의 조사·평가 및 공시 등)
> ① 국토교통부장관은 토지이용상황이나 주변 환경, 그 밖의 자연적·사회적 조건이 일반적으로 유사하다고 인정되는 일단의 토지 중에서 선정한 표준지에 대하여 매년 공시기준일 현재의 단위면적당 적정가격(이하 "표준지공시지가"라 한다)을 조사·평가하고, 제24조에 따른 중앙부동산가격공시위원회의 심의를 거쳐 이를 공시하여야 한다.
> ② 국토교통부장관은 표준지공시지가를 공시하기 위하여 표준지의 가격을 조사·평가할 때에는 대통령령으로 정하는 바에 따라 해당 토지소유자의 의견을 들어야 한다.
> ③ 제1항에 따른 표준지의 선정, 공시기준일, 공시의 시기, 조사·평가기준 및 공시절차 등에 필요한 사항은 대통령령으로 정한다.
> ④ 국토교통부장관이 제1항에 따라 표준지공시지가를 조사·평가하는 경우에는 인근 유사토지의 거래가격·임대료 및 해당 토지와 유사한 이용가치를 지닌다고 인정되는 토지의 조성에 필요한 비용추정액, 인근지역 및 다른 지역과의 형평성·특수성, 표준지공시지가 변동의 예측 가능성 등 제반사항을 종합적으로 참작하여야 한다.
> ⑤ 국토교통부장관이 제1항에 따라 표준지공시지가를 조사·평가할 때에는 업무실적, 신인도(信認度) 등을 고려하여 둘 이상의 「감정평가 및 감정평가사에 관한 법률」에 따른 감정평가법인등(이하 "감정평가법인등"이라 한다)에게 이를 의뢰하여야 한다. 다만, 지가변동이 작은 경우 등 대통령령으로 정하는 기준에 해당하는 표준지에 대해서는 하나의 감정평가법인등에게 의뢰할 수 있다.
> ⑥ 국토교통부장관은 제5항에 따라 표준지공시지가 조사·평가를 의뢰받은 감정평가법인등이 공정하고 객관적으로 해당 업무를 수행할 수 있도록 하여야 한다.
> ⑦ 제5항에 따른 감정평가법인등의 선정기준 및 업무범위는 대통령령으로 정한다.
> ⑧ 국토교통부장관은 제10조에 따른 개별공시지가의 산정을 위하여 필요하다고 인정하는 경우에는 표준지와 산정대상 개별 토지의 가격형성요인에 관한 표준적인 비교표(이하 "토지가격비준표"라 한다)를 작성하여 시장·군수 또는 구청장에게 제공하여야 한다.

➡ **시행령 제2조(표준지의 선정)**

① 국토교통부장관은 「부동산 가격공시에 관한 법률」(이하 "법"이라 한다) 제3조 제1항에 따라 표준지를 선정할 때에는 일단(一團)의 토지 중에서 해당 일단의 토지를 대표할 수 있는 필지의 토지를 선정하여야 한다.

② 법 제3조 제1항에 따른 표준지 선정 및 관리에 필요한 세부기준은 법 제24조에 따른 중앙부동산가격공시위원회(이하 "중앙부동산가격공시위원회"라 한다)의 심의를 거쳐 국토교통부장관이 정한다.

➡ **법 제4조(표준지공시지가의 조사협조)**

국토교통부장관은 표준지의 선정 또는 표준지공시지가의 조사·평가를 위하여 필요한 경우에는 관계 행정기관에 해당 토지의 인·허가 내용, 개별법에 따른 등록사항 등 대통령령으로 정하는 관련 자료의 열람 또는 제출을 요구할 수 있다. 이 경우 관계 행정기관은 정당한 사유가 없으면 그 요구를 따라야 한다.

➡ **법 제5조(표준지공시지가의 공시사항)**

제3조에 따른 공시에는 다음 각 호의 사항이 포함되어야 한다.

1. 표준지의 지번
2. 표준지의 단위면적당 가격
3. 표준지의 면적 및 형상
4. 표준지 및 주변토지의 이용상황
5. 그 밖에 대통령령으로 정하는 사항

➡ **시행령 제3조(표준지공시지가의 공시기준일)**

법 제3조 제1항에 따른 표준지공시지가(이하 "표준지공시지가"라 한다)의 공시기준일은 1월 1일로 한다. 다만, 국토교통부장관은 표준지공시지가 조사·평가인력 등을 고려하여 부득이하다고 인정하는 경우에는 일부 지역을 지정하여 해당 지역에 대한 공시기준일을 따로 정할 수 있다.

➡ **시행령 제4조(표준지공시지가의 공시방법)**

① 국토교통부장관은 법 제3조 제1항에 따라 표준지공시지가를 공시할 때에는 다음 각 호의 사항을 관보에 공고하고, 표준지공시지가를 국토교통부가 운영하는 부동산공시가격시스템(이하 "부동산공시가격시스템"이라 한다)에 게시하여야 한다.

 1. 법 제5조 각 호의 사항의 개요
 2. 표준지공시지가의 열람방법
 3. 이의신청의 기간·절차 및 방법

② 국토교통부장관은 필요하다고 인정하는 경우에는 표준지공시지가와 이의신청의 기간·절차 및 방법을 표준지 소유자(소유자가 여러 명인 경우에는 각 소유자를 말한다. 이하 같다)에게 개별 통지할 수 있다.

③ 국토교통부장관은 제2항에 따른 통지를 하지 아니하는 경우에는 제1항에 따른 공고 및 게시사실을 방송·신문 등을 통하여 알려 표준지 소유자가 표준지공시지가를 열람하고 필요한 경우에는 이의신청을 할 수 있도록 하여야 한다.

➡ **법 제6조(표준지공시지가의 열람 등)**

국토교통부장관은 제3조에 따라 표준지공시지가를 공시한 때에는 그 내용을 특별시장·광역시장 또는 도지사를 거쳐 시장·군수 또는 구청장(지방자치단체인 구의 구청장에 한한다)에게 송부하여 일반으로 하여금 열람하게 하고, 대통령령이 정하는 바에 따라 이를 도서·도표 등으로 작성하여 관계행정기관 등에 공급하여야 한다.

1. 표준지의 선정(법 제3조)

국토교통부장관은 토지이용상황이나 주변환경 그 밖의 자연적·사회적 조건이 일반적으로 유사하다고 인정되는 일단의 토지 중에서 표준지선정 및 관리지침에 부합되는 토지를 표준지로 선정하여야 하며, 특별한 사유가 없는 한 교체할 수 없다.

2. 표준지공시지가의 조사·평가(법 제3조)

국토교통부장관이 표준지의 적정가격을 조사·평가하는 경우에는 인근 유사토지의 거래가격·임대료 및 해당 토지와 유사한 이용가치를 지닌다고 인정되는 토지의 조성에 필요한 비용추정액, 인근 지역 및 다른 지역과의 형평성·특수성, 표준지공시지가 변동의 예측 가능성 등 제반사항을 종합적으로 참작하여야 하며, 표준지의 적정가격을 조사·평가하고자 할 때에는 둘 이상의 감정평가법인등에게 이를 의뢰하여야 한다.

3. 중앙부동산가격공시위원회의 심의

일련의 절차를 거쳐 조사·평가된 표준지의 가격을 공시지가의 공신력 제고와 공시지가의 적정성 확보 및 지역 간 균형 확보를 위해 중앙부동산가격공시위원회의 심의를 거쳐야 한다.

4. 표준지공시지가의 공시 및 열람(법 제6조)

국토교통부장관은 중앙부동산가격공시위원회의 심의를 거쳐 표준지의 지번, 표준지의 단위면적당 가격, 이의신청에 관한 사항 등을 공시하며, 내용을 특별시장·광역시장 또는 도지사를 거쳐 시장·군수 또는 구청장에게 송부하여 일반으로 하여금 열람하게 하고, 이를 도서·도표 등으로 작성하여 관계 행정기관 등에 공급하여야 한다.

■ 2020년 3월 6일 국회 본회의에 통과된 부동산 가격공시제도 개선

공시가격은 조세·부담금 등 다양한 행정목적에 활용되는 기초자료로서 공정하고 적정하게 산정될 필요가 있다. 그러나 그 간 공시가격에 적정한 가격을 반영하지 못하는 불합리한 관행으로 인하여 공시가격의 유형·지역 간의 불균형이 발생하였으며, 이는 공시가격을 활용하는 행정에 있어서의 형평성과 공정성을 저해하는 문제로 이어졌다.

이에 일관되게 공시가격을 적정가격으로 현실화할 수 있도록 국토교통부장관이 계획을 수립하여 이에 따라 추진하도록 하여 공시가격의 불균형을 해소할 수 있도록 하고(부동산공시법 제26조의2), 부동산 공시가격을 조사·평가 및 산정하는 경우 인근 지역 및 다른 지역과의 형평성·특수성, 예측가능성 등 제반사항을 종합적으로 고려하도록 하였다(부동산공시법 제3조 제9항, 제16조 제7항 및 제18조 제8항).

공시가격의 신뢰성과 투명성을 강화하기 위해 공시가격을 최종 심의하는 중앙부동산가격공시위원회 및 시·군·구부동산가격공시위원회의 회의록을 공개하는 등 근거를 마련하였다(부동산공시법 제27조의2 등).

부 칙 〈법률 제17233호, 2020.4.7.〉
이 법은 공포 후 6개월이 경과한 날부터 시행한다. 다만, 제3조, 제16조, 제18조 및 제28조 제1항 제3호의 개정규정은 공포한 날부터 시행한다.

---

04 표준지공시지가의 효력 및 적용

❥ 법 제9조(표준지공시지가의 효력)

표준지공시지가는 토지시장에 지가정보를 제공하고 일반적인 토지거래의 지표가 되며, 국가·지방자치단체 등이 그 업무와 관련하여 지가를 산정하거나 감정평가법인등이 개별적으로 토지를 감정평가하는 경우에 그 기준이 된다.

❥ 법 제8조(표준지공시지가의 적용)

제1호 각 목의 자가 제2호 각 목의 목적을 위하여 지가를 산정할 때에는 그 토지와 이용가치가 비슷하다고 인정되는 하나 또는 둘 이상의 표준지의 공시지가를 기준으로 토지가격비준표를 사용하여 지가를 직접 산정하거나 감정평가법인등에게 감정평가를 의뢰하여 산정할 수 있다. 다만, 필요하다고 인정할 때에는 산정된 지가를 제2호 각 목의 목적에 따라 가감(加減)조정하여 적용할 수 있다.

1. 지가산정의 주체

   가. 국가 또는 지방자치단체

   나. 「공공기관의 운영에 관한 법률」에 따른 공공기관

   다. 그 밖에 대통령령으로 정하는 공공단체

2. 지가산정의 목적

   가. 공공용지의 매수 및 토지의 수용·사용에 대한 보상

   나. 국유지·공유지의 취득 또는 처분

   다. 그 밖에 대통령령으로 정하는 지가의 산정

❥ 시행령 제13조(표준지공시지가의 적용)

① 법 제8조 제1호 다목에서 "대통령령으로 정하는 공공단체"란 다음 각 호의 기관 또는 단체를 말한다.

   1. 「산림조합법」에 따른 산림조합 및 산림조합중앙회

   2. 「농업협동조합법」에 따른 조합 및 농업협동조합중앙회

   3. 「수산업협동조합법」에 따른 수산업협동조합 및 수산업협동조합중앙회

   4. 「한국농어촌공사 및 농지관리기금법」에 따른 한국농어촌공사

   5. 「중소기업진흥에 관한 법률」에 따른 중소벤처기업진흥공단

   6. 「산업집적활성화 및 공장설립에 관한 법률」에 따른 산업단지관리공단

② 법 제8조 제2호 다목에서 "대통령령으로 정하는 지가의 산정"이란 다음 각 호의 목적을 위한 지가의 산정을 말한다.

   1. 「국토의 계획 및 이용에 관한 법률」 또는 그 밖의 법령에 따라 조성된 용지 등의 공급 또는 분양

   2. 다음 각 목의 어느 하나에 해당하는 사업을 위한 환지·체비지(替費地)의 매각 또는 환지신청

      가. 「도시개발법」 제2조 제1항 제2호에 따른 도시개발사업

      나. 「도시 및 주거환경정비법」 제2조 제2호에 따른 정비사업

      다. 「농어촌정비법」 제2조 제5호에 따른 농업생산기반 정비사업

   3. 토지의 관리·매입·매각·경매 또는 재평가

1. 표준지공시지가의 효력(법 제9조)

표준지공시지가는 토지시장에 지가정보를 제공하고 일반적인 토지거래의 지표가 되며, 국가·지방자치단체 등이 그 업무와 관련하여 지가를 산정하거나 감정평가법인등이 개별적으로 토지를 감정평가하는 경우에 기준이 된다.

2. 표준지공시지가의 적용

(1) 감정평가법인등의 토지의 감정평가시 기준

감정평가법인등이 타인의 의뢰에 의하여 토지를 개별적으로 감정평가하는 경우에는 해당 토지와 유사한 이용가치를 지닌다고 인정되는 표준지의 공시지가를 기준으로 하여야 한다. 다만, 담보권의 설정·경매 등 대통령령이 정하는 감정평가를 하는 경우에는 해당 토지의 임대료·조성비용 등을 고려하여 감정평가를 할 수 있다. 감정평가법인등은 평가대상토지의 가격과 표준지의 공시지가가 균형을 유지하도록 감정평가하여야 한다.

(2) 개별공시지가의 산정기준

시장·군수 또는 구청장이 개별공시지가를 결정·공시하는 경우에는 해당 토지와 유사한 이용가치를 지닌다고 인정되는 하나 또는 둘 이상의 표준지의 공시지가를 기준으로 토지가격비준표를 사용하여 지가를 산정하되, 해당 토지의 가격과 표준지공시지가가 균형을 유지하도록 하여야 한다.

(3) 기타 공시지가의 적용(법 제8조)

국가·지방자치단체 등이 다음의 목적을 위하여 토지의 가격을 산정하는 경우에 표준지공시지가를 적용하며, 행정목적에 따라 가감조정하여 적용할 수 있다.

> 1. 지가산정의 주체
>   가. 국가 또는 지방자치단체
>   나. 「공공기관의 운영에 관한 법률」에 따른 공공기관
>   다. 그 밖에 대통령령으로 정하는 공공단체
> 2. 지가산정의 목적
>   가. 공공용지의 매수 및 토지의 수용·사용에 대한 보상
>   나. 국유지·공유지의 취득 또는 처분
>   다. 그 밖에 대통령령으로 정하는 지가의 산정

| 제3절 | 표준지공시지가 불복 |

1. 표준지공시지가에 대한 이의신청

(1) 개설

표준지공시지가의 처분성 인정 여부에 따라 불복방법이 달라진다. 처분성을 긍정하는 입장에서는 이의신청을 거치고 그에도 불복이 있으면 행정심판 또는 행정소송을 제기할 수 있다. 그러나 처분성을 부정하는 입장에서는 행정심판 및 행정소송을 제기할 수 없고 이의신청만을 제기할 수 있다.

(2) 표준지공시지가의 위법성

판례

▶ 관련판례(대판 2009.12.10, 2007두20140)
표준지공시지가의 결정절차 및 그 효력과 기능 등에 비추어 보면, 표준지공시지가는 해당 토지뿐 아니라 인근 유사토지의 가격을 결정하는 데에 전제적·표준적 기능을 수행하는 것이어서 특히 그 가격의 적정성이 엄격하게 요구된다. 이를 위해서는 무엇보다도 적정가격 결정의 근거가 되는 감정평가업자의 평가액 산정이 적정하게 이루어졌음이 담보될 수 있어야 하므로, 그 감정평가서에는 평가원인을 구체적으로 특정하여 명시함과 아울러 각 요인별 참작 내용과 정도가 객관적으로 납득이 갈 수 있을 정도로 설명됨으로써, 그 평가액이 해당 토지의 적정가격을 평가한 것임을 인정할 수 있어야 한다. 건설교통부장관이 2개의 감정평가법인에 토지의 적정가격에 대한 평가를 의뢰하여 그 평가액을 산술평균한 금액을 그 토지의 적정가격으로 결정·공시하였으나, 감정평가서에 거래선례나 평가선례, 거래사례비교법, 원가법 및 수익환원법 등을 모두 공란으로 둔 채, 그 토지의 전년도 공시지가와 세평가격 및 인근 표준지의 감정가격만을 참고가격으로 삼으면서 그러한 참고가격이 평가액 산정에 어떻게 참작되었는지에 관한 별다른 설명 없이 평가의견을 추상적으로만 기재한 사안에서, 평가요인별 참작 내용과 정도가 평가액 산정의 적정성을 알아볼 수 있을 만큼 객관적으로 설명되어 있다고 보기 어려워, 이러한 감정평가액을 근거로 한 표준지공시지가 결정은 그 토지의 적정가격을 반영한 것이라고 인정하기 어려워 위법하다고 한 사례

(3) 이의신청

❯ 법 제7조(표준지공시지가에 대한 이의신청)
① 표준지공시지가에 이의가 있는 자는 그 공시일부터 30일 이내에 서면(전자문서를 포함한다)으로 국토교통부장관에게 이의를 신청할 수 있다.
② 국토교통부장관은 제1항에 따른 이의신청기간이 만료된 날부터 30일 이내에 이의신청을 심사하여 그 결과를 신청인에게 서면으로 통지하여야 한다. 이 경우 국토교통부장관은 이의신청의 내용이 타당하다고 인정될 때에는 제3조에 따라 해당 표준지공시지가를 조정하여 다시 공시하여야 한다.

③ 제1항 및 제2항에서 규정한 것 외에 이의신청 및 처리절차 등에 필요한 사항은 대통령령으로 정한다.

⤵ 시행령 제12조(표준지공시지가에 대한 이의신청)
법 제7조 제1항에 따라 표준지공시지가에 대한 이의신청을 하려는 자는 이의신청서에 이의신청 사유를 증명하는 서류를 첨부하여 국토교통부장관에게 제출하여야 한다.

⤵ 행정심판법 제4조(특별행정심판 등)
① 사안(事案)의 전문성과 특수성을 살리기 위하여 특히 필요한 경우 외에는 이 법에 따른 행정심판을 갈음하는 특별한 행정불복절차(이하 "특별행정심판"이라 한다)나 이 법에 따른 행정심판절차에 대한 특례를 다른 법률로 정할 수 없다.
② 다른 법률에서 특별행정심판이나 이 법에 따른 행정심판절차에 대한 특례를 정한 경우에도 그 법률에서 규정하지 아니한 사항에 관하여는 이 법에서 정하는 바에 따른다.
③ 〈이하 생략〉

① 의의

이의신청이란 행정청의 위법·부당한 행정작용으로 인하여 그 권리·이익이 침해된 자의 청구에 의하여 처분청 자신이 이를 재심사하는 것을 말한다. 부동산공시법상 이의신청이란 표준지공시지가에 대하여 이의가 있는 자가 표준지공시지가의 공시주체인 국토교통부장관에게 이의를 신청하고 국토교통부장관이 이를 심사하도록 하는 제도이다. 이는 이해관계인의 의견을 수렴하여 잘못된 조사·평가사항을 시정하여 적정한 지가공시가 이루어질 수 있도록 하기 위한 제도이며, 국민의 권익을 보호하기 위한 제도이다.

② 이의신청의 성격

(ㄱ) **문제점** : 부동산공시법상 표준지공시지가에 대한 이의신청에 대해서는 재결에 대한 이의신청처럼 행정소송과의 관계가 명확하지 않다. 이에 부동산공시법상 이의신청에 대하여 행정심판의 성격을 인정할 것인지 단순히 의견청취절차로 볼 것인지 문제되며, 논의실익은 이의신청과는 별개로 행정심판이 가능한지, 이의신청절차에 행정심판법의 적용이 가능한지 등에 있다.

(ㄴ) **학설** : 처분성이 인정되고 부동산가격공시위원회의 심의를 규정하고 있다는 점에 특별행정심판으로 보는 견해와 이의신청은 처분청인 국토교통부장관에게 하도록 되어 있다는 점에 본래의 이의신청으로 보는 견해가 있다.

(ㄷ) **재결례 변경** : 종전 대법원은 표준지공시지가 이의신청에 대해서는 특별행정심판으로 보고 있었으나 최근 중앙행정심판위원회에서 재결례를 변경하여 강학상 이의신청으로 보고 있다. 최근 대법원 판례는 개별공시지가 이의신청에 대해서는 본래의 강학상 이의신청으로 보고 있다.

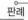

판례

▶ 관련판례(대판 2010.1.28, 2008두19987)
부동산 가격공시 및 감정평가에 관한 법률(이하 부동산공시법) 제12조, 행정소송법 제20조 제1항, 행정심판법 제3조 제1항의 규정 내용 및 취지와 아울러 부동산 가격공시 및 감정평가에 관한 법률에 행정심판의 제기를 배제하는 명시적인 규정이 없고 부동산 가격공시 및 감정평가에 관한 법률에 따른 이의신청과 행정심판은 그 절차 및 담당기관에 차이가 있는 점을 종합하면, 부동산 가격공시 및 감정평가에 관한 법률이 이의신청에 관하여 규정하고 있다고 하여 이를 행정심판법 제3조 제1항에서 행정심판의 제기를 배제하는 '다른 법률에 특별한 규정이 있는 경우'에 해당한다고 볼 수 없으므로, 개별공시지가에 대하여 이의가 있는 자는 곧바로 행정소송을 제기하거나 부동산 가격공시 및 감정평가에 관한 법률에 따른 이의신청과 행정심판법에 따른 행정심판청구 중 어느 하나만을 거쳐 행정소송을 제기할 수 있을 뿐 아니라, 이의신청을 하여 그 결과 통지를 받은 후 다시 행정심판을 거쳐 행정소송을 제기할 수도 있다고 보아야 하고, 이 경우 행정소송의 제소기간은 그 행정심판 재결서 정본을 송달받은 날부터 기산한다.

표준지공시지가 결정을 다투는 경우에도 행정심판의 대상(2012.4.27.)
(중앙행정심판위원회 재결례 변경 보도자료)

• 국토교통부장관의 표준지공시지가 결정에 대해서도 행정심판을 통해 다툴 수 있다는 결정이 나왔다.

• 국민권익위원회(위원장 김영란) 소속 중앙행정심판위원회는 지금까지 표준지공시지가를 다투는 행정심판에 대해「부동산 가격공시 및 감정평가에 관한 법률」에 규정된 이의신청을 통해 불복할 수 있으므로 행정심판의 대상이 아니라고 결정해 왔으나, 행정심판을 통해 다툴 수 있는 것으로 재결례를 변경했다고 밝혔다.

• 청구인 A씨는 2010년 9월에 B씨로부터 국토교통부장관이 표준지로 선정한 토지를 매수하였고, 위 토지의 공시지가가 실제 거래가격보다 높게 결정되자, 중앙행정심판위원회에 행정심판을 청구하였다.

• 이에 대해 중앙행정심판위원회는「행정심판법」제3조에는 '다른 법률에 특별한 불복절차가 있는 경우 행정심판의 대상이 아닌 것'으로 되어 있는데,「부동산 가격공시 및 감정평가에 관한 법률」에는 행정심판을 제기할 수 없다는 명시적인 규정이 없고, 표준지공시지가 결정에 대한 이의신청과 행정심판의 절차가 다르고 담당하는 기관도 다른 점 등을 종합적으로 고려할 때, 표준지공시지가 결정에 대한 이의신청은 특별한 불복절차가 아니므로 행정심판으로 다툴 수 있다고 결정하였다.

• 한편, 중앙행정심판위원회는 위 사건에서 국토교통부장관이 청구인 이모씨의 토지에 대해 결정한 표준지공시지가 처분의 내용은 위법·부당하지 않은 것으로 결정하였다.

(ㄹ) **검토** : 처분청인 국토교통부장관에게 신청하는 것이라는 점, 국민의 권리구제에 유리하다는 점 등을 이유로 강학상 이의신청으로 봄이 타당하다.

③ 이의신청의 제기

(ㄱ) **당사자** : 부동산공시법 제7조에서는 "표준지공시지가에 대하여 이의가 있는 자"로 규정하고 있고, 동법(개정 예정) 시행령 제11조에서는 "토지소유자, 토지의 이용자 그 밖에 법률상 이해관계를 가진 자"로 규정하고 있다. 따라서 토지소유자 외에 제3자라도 법률상 이

익이 있으면 이의신청을 할 수 있다. 이의신청의 상대방은 표준지공시지가의 공시주체인 국토교통부장관이다.

(ㄴ) **대상** : 부동산공시법 제7조에서는 "표준지공시지가에 대하여 이의가 있는 자"라고 규정하고 있는바, 표준지공시지가에 대한 이의이면 모두 가능한 것으로 볼 수 있다. 표준지공시지가의 가격의 적정성 문제, 공시절차 흠결 등의 문제가 그에 해당될 수 있다.

(ㄷ) **기간** : 표준지공시지가의 공시일부터 30일 이내에 이의신청서를 국토교통부장관에게 제출하여야 한다. 이의신청기간을 종전 지가공시법 제정 당시 60일에서 제1차 개정 이후 30일로 단축한 것은 지가를 조기에 확정시켜 각종 행정목적이나 일반토지거래 가격 등의 지표로 제공될 수 있도록 하기 위한 것이다. 헌법재판소는 이와 같이 이의신청기간을 짧게 정한 것이 헌법에 위배되는 것이 아니라고 판시한 바 있다.

> **판례**
>
> ▶ **관련판례(헌재 1996.10.4, 95헌바11)**
> (구)지가공시 및 토지 등의 평가에 관한 법률 제8조 제1항이 표준지공시지가에 관하여 그 이의신청 기간을 '공시일로부터 60일 이내'의 기간으로 규정하고 있는 것은 표준지공시지가의 특성상 이를 조속히 그리고 이해관계인 모두에 대하여 일률적으로 확정할 합리적인 필요에 기인하는 것으로서 헌법 제37조 제2항에 의하여 입법권자에게 허용된 입법재량의 범위 내에서의 공공복리 등을 위한 합리적인 제한이므로, 위 법률조항은 행정심판청구권이나 재판청구권 및 평등권을 침해하는 조항이라 할 수 없다.

(ㄹ) **관할 및 형식** : 이의신청은 처분청에 제기하는 것이므로 이의신청의 관할은 처분청인 국토교통부장관이 된다. 이의신청의 형식은 내용 및 사유를 적은 이의신청서와 이의신청의 사유를 증명하는 서류로써 한다.

④ **이의신청에 대한 심사 및 결과 통지**

이의신청이 제기된 경우 국토교통부장관은 이의신청기간이 만료된 날부터 30일 이내에 이의신청을 심사하여 그 결과를 신청인에게 서면으로 통지하여야 한다. 이 경우 국토교통부장관은 이의신청의 내용이 타당하다고 인정될 때에는 표준지공시지가를 조정하여 다시 공시하여야 한다.

2. 표준지공시지가에 대한 항고소송

(1) 개설

위법한 표준지공시지가의 결정·공시에 대해 취소 또는 변경을 구할 또는 효력의 존재 여부를 확인할 이익이 있는 자는 국토교통부장관을 피고로 관할 행정법원에 취소소송 및 무효등확인소송을 제기할 수 있다. 이 경우 부동산공시법에는 명문의 규정이 없으므로 행정소송법 제8조 제1항에 의거 행정소송법에 의한다.

(2) 소송요건

① 대상적격

표준지공시지가는 처분성이 인정되므로 항고소송의 대상적격이 인정된다.

② 원고적격

표준지공시지가의 소유자가 항고소송의 원고적격이 있음에 대하여는 의문이 없으나, 인근 주민에게 원고적격이 인정될 수 있는지 문제된다. 부동산공시법 시행령 제11조에서는 표준지공시지가에 대하여 이의신청을 제기할 수 있는 자를 표준지 소유자에 한정하지 않고, 표준지의 이용자, 그 밖에 법률상 이해관계를 가진 자도 포함시키고 있다. 이러한 부동산공시법의 입법취지 및 목적, 표준지공시지가의 영향범위 등을 고려할 때 인근 주민은 표준지공시지가에 대하여 항고소송을 제기할 법률상 이익이 있으므로 원고적격이 인정된다 하겠다.

③ 제소기간

이의신청을 거친 경우에는 이의신청에 대한 결과를 통지받은 날부터 90일 이내에 제기할 수 있으며, 이의신청을 거치지 않은 경우에는 처분이 있음을 안 날부터 90일 또는 처분이 있은 날부터 1년 이내에 제기할 수 있다. 무효등확인소송의 경우에는 제소기간의 제한을 받지 아니한다.

판례

▶ 관련판례(대판 2006.4.14, 2004두3847)

통상 고시 또는 공고에 의하여 행정처분을 하는 경우에는 그 처분의 상대방이 불특정 다수인이고, 그 처분의 효력이 불특정 다수인에게 일률적으로 적용되는 것이므로, 그 행정처분에 이해관계를 갖는 자는 고시 또는 공고가 있었다는 사실을 현실적으로 알았는지 여부에 관계없이 고시가 효력을 발생하는 날에 행정처분이 있음을 알았다고 보아야 하고, 따라서 그에 대한 취소소송은 그 날로부터 90일 이내에 제기하여야 한다.

---

④ 이의신청 전치 여부

(ㄱ) 문제점 : 현행 행정소송법 제18조는 행정심판을 임의주의로 규정하고 있는바, 부동산공시법 제8조의 이의신청이 임의주의인지 아니면 행정소송법 제8조 제1항에 의해 그 예외를 인정하여 필요적 전치주의를 규정한 것인지 문제된다.

(ㄴ) 학설 : 공시지가의 성격, 산정작업의 전문성, 오류발생 가능성, 공시지가의 신속한 안정이라는 요건에 비추어 일차적으로 행정청의 판단이 필요하다고 보아 행정심판전치로 이해하는 견해와 행정소송법 제18조 제1항 단서와 관련 부동산공시법에서는 명문에 행정심판을 전치로 하라는 표현이 없고, "할 수 있다"라는 규정형식을 고려할 때 행정소송법의 원칙에 따라 행정심판임의주의로 이해하는 견해가 있다.

(ㄷ) 판례 : 종전 행정소송법 하에서 공시지가에 대하여 이의신청 전치주의를 취한 판례가 있으나, 현행 행정소송법 하에서 판례는 없다.

    (ㄹ) **검토** : 생각건대, 부동산공시법에는 이의신청을 거치지 아니하면 행정소송을 제기할 수 없다는 규정이 없는 이상 현행 행정소송법의 원칙인 행정심판임의주의에 따라 곧바로 행정소송을 제기할 수 있고 이의신청을 거쳐서 행정소송을 제기할 수도 있다고 봄이 타당하다.

(3) 소송제기효과

표준지공시지가에 대한 항고소송이 제기되면 관할법원에 사건이 계속되며 법원은 이를 심리하고 판결할 의무가 발생하게 된다. 표준지공시지가에 대한 항고소송이 제기되었다 하더라도 해당 처분의 효력 등에 아무런 영향을 주지 않는다(집행부정지).

(4) 심리 및 판결

심리를 통하여 표준지공시지가의 위법성 유무와 위법성의 정도를 판단하게 되며, 원고의 청구가 이유 있으면 인용판결을 하게 되고, 이유 없으면 기각판결을 하게 된다.

3. 표준지공시지가와 하자승계의 문제

(1) 표준지공시지가와 개별공시지가(부정)

> **판례**
>
> ▶ **관련판례**(대판 1996.5.10, 95누9808)
> 표준지로 선정된 토지의 공시지가에 대하여 불복하기 위하여는 지가공시 및 토지 등의 평가에 관한 법률 제8조 제1항 소정의 이의절차를 거쳐 처분청을 상대로 공시지가결정의 취소를 구하는 행정소송을 제기하여야 하고, 그러한 절차를 밟지 아니한 채 개별토지가격 결정을 다투는 소송에서 개별토지가격 산정의 기초가 된 표준지공시지가의 위법성을 다툴 수는 없다.

(2) 표준지공시지가와 과세처분(부정)

> **판례**
>
> ▶ **관련판례**(대판 1997.9.26, 96누7649)
> 개별토지가격에 대한 불복방법과는 달리 표준지의 공시지가에 대한 불복방법을 지가공시 및 토지의 평가 등에 관한 법률 제8조 제1항 소정의 절차를 거쳐 처분청을 상대로 다툴 수 있을 뿐 그러한 절차를 밟지 아니한 채 조세소송에서 그 공시지가결정의 위법성을 다툴 수 없도록 제한하고 있는 것은 표준지의 공시지가와 개별토지가격은 그 목적·대상·결정기관·결정절차·금액 등 여러 가지 면에서 서로 다른 성질의 것이라는 점을 고려한 것이므로, 이러한 차이점에 근거하여 표준지의 공시지가에 대한 불복방법을 개별토지가격에 대한 불복방법과 달리 인정한다고 하여 그것이 헌법상 평등의 원칙, 재판권 보장의 원칙에 위반된다고 볼 수는 없다.

(3) 검토

이와 같은 판례의 태도에 대하여 개별공시지가와 과세처분 사이에서의 하자승계를 인정한 판례(대판 1994.1.25, 93누8542)와 비교하여 볼 때 형평의 원칙에 반한다는 지적을 할 수 있다. 현실적으로 표준지 소유자가 아닌 이상 표준지공시지가에 대하여 직접 다투기는 어렵다. 표준지 인근 토지소유자의 경우 개별공시지가 산정 전까지는 어떤 표준지가 자신의 개별공시지가 산정 시 또는 보상액 산정 시 비교표준지로 선정될지 알 수 없기 때문이다. 따라서 표준지공시지가만으로는 인근 토지소유자들에게 권익침해의 예측가능성이 매우 낮다고 할 수 있다. 하지만 판례는 표준지공시지가가 개별공시지가의 경우보다 훨씬 더 예측가능성이 없고 수인한도는 넘는다고 할 수 있음에도 개별공시지가와 과세처분 사이에는 하자승계를 인정하였고, 표준지공시지가에 대해서는 부정하고 있다. 이는 사실상 표준지공시지가에 권리구제가 불가능하게 하는 결과를 가져오므로 판례의 태도는 타당치 않으며 일정한 경우 표준지공시지가의 하자승계 또한 인정함이 타당하다 여겨진다.

(4) 표준지공시지가결정과 수용재결의 하자승계(인정)

> 판례
>
> ▶ 관련판례(대판 2008.8.21, 2007두13845)
> 표준지공시지가결정은 이를 기초로 한 수용재결 등과는 별개의 독립된 처분으로서 서로 독립하여 별개의 법률효과를 목적으로 하지만, 표준지공시지가는 이를 인근 토지의 소유자나 기타 이해관계인에게 개별적으로 고지하도록 되어 있는 것이 아니어서 인근 토지의 소유자 등이 표준지공시지가결정 내용을 알고 있었다고 전제하기가 곤란할 뿐만 아니라, 결정된 표준지공시지가가 공시될 당시 보상금 산정의 기준이 되는 표준지의 인근 토지를 함께 공시하는 것이 아니어서 인근 토지의 소유자는 보상금 산정의 기준이 되는 표준지가 어느 토지인지를 알 수 없으므로, 인근 토지의 소유자가 표준지의 공시지가가 확정되기 전에 이를 다투는 것은 불가능하다. 더욱이 장차 어떠한 수용재결 등 구체적인 불이익이 현실적으로 나타나게 되었을 경우에 비로소 권리구제의 길을 찾는 것이 우리 국민의 권리의식임을 감안하여 볼 때, 인근 토지의 소유자 등으로 하여금 결정된 표준지공시지가를 기초로 하여 장차 토지보상 등이 이루어질 것에 대비하여 항상 토지의 가격을 주시하고 표준지공시지가결정이 잘못된 경우 정해진 시정절차를 통하여 이를 시정하도록 요구하는 것은 부당하게 높은 주의의무를 지우는 것이고, 위법한 표준지공시지가결정에 대하여 그 정해진 시정절차를 통하여 시정하도록 요구하지 않았다는 이유로 위법한 표준지공시지가를 기초로 한 수용재결 등 후행 행정처분에서 표준지공시지가결정의 위법을 주장할 수 없도록 하는 것은 수인한도를 넘는 불이익을 강요하는 것으로서 국민의 재산권과 재판받을 권리를 보장한 헌법의 이념에도 부합하는 것이 아니다. 따라서 표준지공시지가결정이 위법한 경우에는 그 자체를 행정소송의 대상이 되는 행정처분으로 보아 그 위법 여부를 다툴 수 있음은 물론, 수용보상금의 증액을 구하는 소송에서도 선행처분으로서 그 수용대상토지 가격 산정의 기초가 된 비교표준지공시지가결정의 위법을 독립한 사유로 주장할 수 있다.

4. 기출문제

> ≫ 기출문제(제1회 2번)
>
> 공시지가는 어떻게 작성되며 지가의 고시는 어떠한 성질과 효력을 가지는가에 대하여 설명하시오.
> 30점

> ≫ 기출문제(제3회 3번)
>
> 공시지가의 적용에 대하여 약술하시오. 10점

> ≫ 기출문제(제8회 2번)
>
> 표준지공시지가와 개별공시지가를 비교하시오. 20점

> ≫ 기출문제(제9회 4번)
>
> 「감정평가 및 감정평가사에 관한 법률」상의 감정평가행위와 「부동산 가격공시에 관한 법률」상의
> 지가산정행위의 같은 점과 다른 점을 기술하시오. 20점

> ≫ 기출문제(제14회 1번)
>
> 서울시는 甲과 乙이 소유하고 있는 토지가 속한 동작구 일대에 공원을 조성하기 위하여 甲과 乙의
> 토지를 수용하려고 한다. 한편, 乙의 토지가 표준지로 선정되어 표준지공시지가가 공시되었는데, 乙의
> 토지 인근에 토지를 보유하고 있는 甲은 乙의 토지의 표준지공시지가 산정이 국토교통부 훈령인 「표
> 준지의 선정 및 관리지침」에 위배되었다는 것을 알게 되었다. 이를 이유로 甲이 법적으로 다툴 수
> 있는지 논하시오. 40점

> ≫ 기출문제(제24회 4번)
>
> 「공익사업을 위한 토지 등의 취득 및 보상에 관한 법률」상 보상금증액청구소송을 하면서 해당 재결에
> 대한 선행처분으로서 수용대상토지 가격산정의 기초가 된 표준지공시가격 결정이 위법함을 독립한
> 사유로 다툴 수 있는가에 관하여 논하시오. 10점

> ≫ 기출문제(제25회 2번)
>
> 甲은 A시의 시외로 나가는 일반도로에 접한 자신 소유의 X토지에 교통로를 개설하고 대형음식점을
> 운영하고 있다. A시에서는 X토지와 이에 접하여 연결된 Y·W토지의 소유권을 취득하여 혼잡한 교통
> 량을 분산할 목적으로 「국토의 계획 및 이용에 관한 법률」에 의거하여 우회도로를 설치한다는 방침을
> 결정하고, A시의 시장은 X·Y·W토지의 개별공시지가 및 이 개별공시지가 산정의 기초가 된 P토
> 지의 표준지공시지가와 생산자물가상승률 등을 반영하여 산정한 보상기준가격을 내부적으로 결정하
> 고 예산확보를 위해 중앙부처와 협의 중이다. 다음 물음에 답하시오. 30점
>
> (1) 甲은 보상이 있을 것을 예상하여 더 많은 보상금을 받기 위해 「부동산 가격공시에 관한 법률」에
>   의거하여 감정평가사를 통해 산정된 P토지의 표준지공시지가에 불복하여 취소소송을 제기하려고
>   한다. 이 경우 甲에게 법률상 이익이 있는지 여부를 검토하시오. 15점
>
> (2) 위 취소소송에 P토지의 소유자인 丙이 소송에 참가할 수 있는지 여부와 甲이 확정인용판결을 받았
>   다면 이 판결의 효력은 Y·W토지의 소유자인 乙에게도 미치는지에 대하여 설명하시오. 15점

>> 기출문제(제26회 4번)

감정평가사 甲은 토지소유자 乙로부터 그 소유의 토지(이하 '이 사건 토지'라고 한다)를 물류단지로 조성한 후에 형성될 이 사건 토지에 대한 추정시가를 평가하여 달라는 감정평가를 의뢰받아 1천억원으로 평가하였다(이하 '이 사건 감정평가'라고 한다). 甲은 그 근거로 단순히 인근 공업단지 시세라고 하며 공업용지 평당 3백만원 이상이라고만 감정평가서에 기재하였다. 그러나 얼마 후 이 사건 토지에 대한 경매절차에서 법원의 의뢰를 받은 감정평가사 丙은 이 사건 토지의 가격을 1백억원으로 평가하였다. 평가금액 간에 10배에 이르는 현저한 차이가 발생하자 사회적으로 문제가 되었다. 이에 국토교통부장관은 적법한 절차를 거쳐 甲에게 "부동산의 적정한 가격을 산정하기 위해서는 정확한 자료를 검토하고 이를 기반으로 가격형성요인을 분석하여야 함에도 그리하지 않은 잘못이 있다."는 이유로 징계를 통보하였다. 이에 대해 甲은 이 사건 감정평가는 미래가격 감정평가로서 비교표준지를 설정할 수 없어 부득이하게 인근 공업단지의 시세를 토대로 평가하였던 것이고, 미래가격 감정평가에는 구체적인 기준이 따로 없으므로 일반적인 평가방법을 따르지 않았다고 해서 자신이 잘못한 것은 아니라고 주장한다. 甲의 주장은 타당한가? **10점**

CHAPTER
02 개별공시지가

| 제1절 | **개별공시지가 일반** |

01 서

개별공시지가는 시장·군수·구청장이 부담금의 부과 등 일정한 행정목적에 활용하기 위하여 공시지가를 기준으로 일정한 절차에 따라 결정·공시한 개별토지의 단위면적당 가격을 말한다. 종래에는 국무총리 훈령인 "개별토지가격합동조사지침"에 근거를 두고 있어 법적 성격의 논란이 있었으나, 1995년 12월 29일 지가공시법의 제1차 개정으로 법적 근거가 마련되었다.

개별공시지가는 표준지공시지가를 기준으로 산정되며 그대로 과세기준이 된다. 따라서 개별공시지가의 적정성 여부가 국민의 재산권에 중대한 영향을 미치게 된다.

02 개별공시지가의 법적 성질

1. 문제점

개별공시지가의 처분성 인정 여부가 문제된다. 논의실익은 ① 개별공시지가가 산정절차상 하자의 위법성 인정 여부, ② 항고쟁송의 대상적격을 인정할 수 있는지 여부에 있다.

2. 학설[21]

(1) 행정입법(입법행위)설

개별공시지가는 개발부담금 등의 부과의 전제가 되는 법적인 것이지만, 개별공시지가의 결정·공시 그 자체는 사인의 권리·의무를 발생시키는 구체적 사실입법에 대한 법집행행위로 보기 어려운 바, 「행정소송법」상 처분개념으로 보기 곤란하여, 행정입법의 성질을 가진다는 견해가 있다.[22] 이 밖에도 법규명령의 성질을 갖는 고시에 준하는 성질을 갖는 것으로 보는 견해가 있는데 그 근거로 개별공시지가의 결정은 국민의 권리의무에 직접 영향이 미치지만 어떠한 구체적인 법적 효과(권리의무관계의 변동)가 발생하지 않기 때문이라고 한다.[23]

(2) 행정계획설

개별공시지가 공시는 대내적으로 행정주체에 대하여 법적 의무를 부과하는 구속적 행정계획이라는 설이다.[24]

---

21) 배명호, 감정평가 및 부동산가격공시법론, 북랩, 2020, 192면.
22) 홍정선, 행정법원론(하), 박영사, 2015, 719면.
23) 박균성, 행정법론(하), 박영사, 2017, 798면.

(3) 사실행위설

이 설은 개별공시지가는 현실적으로 존재하는 정상지가를 조사하여 공시함으로써 지가정보를 제공하는 의사작용을 요소로 하는 사실행위라고 본다.[25]

(4) 행정행위설

「부동산가격공시법」 제10조 제5항에 따른 토지소유자, 그 밖의 이해관계인의 의견청취 및 같은 법 제11조에 따른 이의신청 및 처리절차와 이의제기기간의 제한 등을 규정하고 있는 바, 이는 개별공시지가결정이 행정처분임을 전제로 한 것이라고 볼 수 있고, 더욱이 조세부과 등의 행정처분을 함에 있어서 통상적으로 개별공시지가에 기속된다는 점에서 국민의 권리·의무에 직접 영향을 미치는 행위라고 볼 수 있으므로 행정처분으로 보아야 할 것이다.[26] 그리고 개별공시지가는 개별토지의 단위면적당 가격을 공시하는 것으로 법령에서 토지가격의 산정을 개별공시지가에 의하도록 한 경우에는 후속행위(과세처분)에 대하여 개별공시지가는 법적 구속력을 가지며, 그 가격대로 과세표준 등을 정하여 후속 처분을 하게 된다. 이러한 경우에는 분쟁의 조기 확정 내지 법률관계의 조기 안정을 위하여 굳이 후속처분을 기다릴 필요 없이 개별공시지가 그 자체에 대하여 처분을 인정하여 행정소송으로 다툴 수 있게 하여야 한다.[27]

(5) 물적행정행위설

개별공시지가가 그 성질상 단순한 기준으로서 작용하는 것이므로 일반적이고 추상적인 규율을 의미하게 되고 이에 따라 개별성과 구체성을 결여한다는 논거에 대하여는, 행정행위 개념의 특징으로 인정되는 개별성과 구체성은 그 대상의 인적 범위의 특정성과 관련된 것이며, 개별 공시지가는 사람을 대상으로 하는 것이 아니라 개별토지의 성질이나 상태에 대한 규율의 성질을 띠고 있는 것이므로 이때에는 인적범위의 특정성 유무는 의미를 갖지 못하게 된다. 따라서 물적 행정행위는 직접적으로는 물건의 성질이나 상태에 관한 규율을 내용으로 하는 것이고 간접적으로는 이와 관련되는 당사자의 권리·의무관계 영향을 미치는 행위로서 그 체계상 일반처분에 속하는 것으로 개별공시지가는 물적 행정행위로서 일반처분이라는 견해이다.[28] 이에 대하여 개별공시지가는 개별토지에 대하여 결정되는 것이라는 점에서 물적 행정행위라는 점을 인정하면서도 그 법적 효과는 각 토지 및 그 소유자에 대하여 개별적으로 발생하는 것이라는 점에서 일반처분으로 보기 어렵다고 한다.[29]

---

24) 강교식·임호정, "공시지가 및 개별공시지가의 결정이 행정소송의 대상인지", 감정평가논집 제9호, 1999. 2, 15면.
25) 이춘섭, "[判例評釋] 公示地價, 個別地價는 行政訴訟의 對象인가?(下)", 사법행정 제33권 제12호, 1992.12, 62면.
26) 김연태, 행정법사례연습, 913면; 김남철, 행정법강론, 1273면.
27) 박윤흔·정형근, 최신행정법강의(하), 664면.
28) 류지태·박종수, 행정법신론, 1167면; 정하중 교수는 개별공시지가는 일정한 공과금의 납부의무 등 비록 직접적으로 개인에 대하여 의무를 부과하지는 않으나 개별토지의 단위면적당 가격으로서 부담금 등 공과금의 액수에 반영되어 간접적으로 개인의 재산권에 영향을 주는 이른바 물적 행정행위의 성격을 갖는다고 한다(정하중, 행정법개론, 1333면); 박윤흔 교수는 물적 행정행위라고 하면서도 개별공시지가결정행위의 효과가 미치는 범위가 불특정다수인인 경우이며, 다만, 각 개인의 권리·의무관계에 구체적인 영향을 미친다고 하여 그 효과가 구체적이다. 따라서 수범자는 개별적이 아닌 일반적이고 그 행위의 효과가 구체적이라는 점에서 일반처분으로 보고 있다(박윤흔·정형근, 최신행정법강의(하), 664면); 석종현, 신토지공법론(제11판), 삼영사, 2016, 667면.
29) 김동희, 행정법 Ⅱ, 박영사, 2015, 495면.

3. 판례

> **판례**
>
> ▶ **관련판례(대판 1993.1.15, 92누12407)**
> 대법원은 개별공시지가는 과세의 기준이 되어 국민의 권리·의무 내지 법률상 이익에 직접적으로 관계된다고 하여 행정소송법상 처분이라고 판시하였다.

4. 검토

개별공시지가는 세금 등에 있어서 직접적인 구속력을 가지므로 국민의 재산권에 대한 직접적인 법적 규율성을 가진다고 할 수 있고, 개별토지의 성질이나 상태에 대한 규율로서 물적행정행위에 해당하며, 가감조정 없이 조세부과의 기준이 되므로 법률관계를 조기에 확정하여 법적안정성을 기할 필요가 있다는 점에서 처분성을 인정함이 타당하다고 생각된다.

03 개별공시지가의 공시절차(산정 - 검증 - 의견청취 - 심의 - 공시)

> **법 제10조(개별공시지가의 결정·공시 등)**
> ① 시장·군수 또는 구청장은 국세·지방세 등 각종 세금의 부과, 그 밖의 다른 법령에서 정하는 목적을 위한 지가산정에 사용되도록 하기 위하여 제25조에 따른 시·군·구 부동산가격공시위원회의 심의를 거쳐 매년 공시지가의 공시기준일 현재 관할구역 안의 개별토지의 단위면적당 가격(이하 "개별공시지가"라 한다)을 결정·공시하고, 이를 관계 행정기관 등에 제공하여야 한다.
> ② 제1항에도 불구하고 표준지로 선정된 토지, 조세 또는 부담금 등의 부과대상이 아닌 토지, 그 밖에 대통령령으로 정하는 토지에 대하여는 개별공시지가를 결정·공시하지 아니할 수 있다. 이 경우 표준지로 선정된 토지에 대하여는 해당 토지의 표준지공시지가를 개별공시지가로 본다.
> ③ 시장·군수 또는 구청장은 공시기준일 이후에 분할·합병 등이 발생한 토지에 대하여는 대통령령으로 정하는 날을 기준으로 하여 개별공시지가를 결정·공시하여야 한다.
> ④ 시장·군수 또는 구청장이 개별공시지가를 결정·공시하는 경우에는 해당 토지와 유사한 이용가치를 지닌다고 인정되는 하나 또는 둘 이상의 표준지의 공시지가를 기준으로 토지가격비준표를 사용하여 지가를 산정하되, 해당 토지의 가격과 표준지공시지가가 균형을 유지하도록 하여야 한다.
> ⑤ 시장·군수 또는 구청장은 개별공시지가를 결정·공시하기 위하여 개별토지의 가격을 산정할 때에는 그 타당성에 대하여 감정평가법인등의 검증을 받고 토지소유자, 그 밖의 이해관계인의 의견을 들어야 한다. 다만, 시장·군수 또는 구청장은 감정평가법인등의 검증이 필요 없다고 인정되는 때에는 지가의 변동상황 등 대통령령으로 정하는 사항을 고려하여 감정평가법인등의 검증을 생략할 수 있다.
> ⑥ 시장·군수 또는 구청장이 제5항에 따른 검증을 받으려는 때에는 해당 지역의 표준지의 공시지가를 조사·평가한 감정평가법인등 또는 대통령령으로 정하는 감정평가실적 등이 우수한 감정평가법인등에게 의뢰하여야 한다.
> ⑦ 국토교통부장관은 지가공시 행정의 합리적인 발전을 도모하고 표준지공시지가와 개별공시지가와의 균형유지 등 적정한 지가형성을 위하여 필요하다고 인정하는 경우에는 개별공시지가의 결정·공시

등에 관하여 시장·군수 또는 구청장을 지도·감독할 수 있다.

⑧ 제1항부터 제7항까지에서 규정한 것 외에 개별공시지가의 산정, 검증 및 결정, 공시기준일, 공시의 시기, 조사·산정의 기준, 이해관계인의 의견청취, 감정평가법인등의 지정 및 공시절차 등에 필요한 사항은 대통령령으로 정한다.

↪ 시행령 제14조(개별공시지가의 단위면적)
법 제10조 제1항에 따른 단위면적은 1제곱미터로 한다.

↪ 시행령 제15조(개별공시지가를 공시하지 아니할 수 있는 토지)
① 시장·군수 또는 구청장은 법 제10조 제2항 전단에 따라 다음 각 호의 어느 하나에 해당하는 토지에 대해서는 법 제10조 제1항에 따른 개별공시지가(이하 "개별공시지가"라 한다)를 결정·공시하지 아니할 수 있다.
 1. 표준지로 선정된 토지
 2. 농지보전부담금 또는 개발부담금 등의 부과대상이 아닌 토지
 3. 국세 또는 지방세 부과대상이 아닌 토지(국공유지의 경우에는 공공용 토지만 해당한다)
② 제1항에도 불구하고 시장·군수 또는 구청장은 다음 각 목의 어느 하나에 해당하는 토지에 대해서는 개별공시지가를 결정·공시하여야 한다.
 1. 관계법령에 따라 지가 산정 등에 개별공시지가를 적용하도록 규정되어 있는 토지
 2. 시장·군수 또는 구청장이 관계 행정기관의 장과 협의하여 개별공시지가를 결정·공시하기로 한 토지

↪ 시행령 제16조(개별공시지가 공시기준일을 다르게 할 수 있는 토지)
① 법 제10조 제3항에 따라 개별공시지가 공시기준일을 다르게 할 수 있는 토지는 다음 각 호의 어느 하나에 해당하는 토지로 한다.
 1. 「공간정보의 구축 및 관리 등에 관한 법률」에 따라 분할 또는 합병된 토지
 2. 공유수면 매립 등으로 「공간정보의 구축 및 관리 등에 관한 법률」에 따른 신규등록이 된 토지
 3. 토지의 형질변경 또는 용도변경으로 「공간정보의 구축 및 관리 등에 관한 법률」에 따른 지목변경이 된 토지
 4. 국유·공유에서 매각 등에 따라 사유(私有)로 된 토지로서 개별공시지가가 없는 토지
② 법 제10조 제3항에서 "대통령령으로 정하는 날"이란 다음 각 호의 구분에 따른 날을 말한다.
 1. 1월 1일부터 6월 30일까지의 사이에 제1항 각 호의 사유가 발생한 토지 : 그 해 7월 1일
 2. 7월 1일부터 12월 31일까지의 사이에 제1항 각 호의 사유가 발생한 토지 : 다음 해 1월 1일

↪ 시행령 제17조(개별공시지가 조사·산정의 기준)
① 국토교통부장관은 법 제10조 제4항에 따른 개별공시지가 조사·산정의 기준을 정하여 시장·군수 또는 구청장에게 통보하여야 하며, 시장·군수 또는 구청장은 그 기준에 따라 개별공시지가를 조사·산정하여야 한다.
② 제1항에 따른 기준에는 다음 각 호의 사항이 포함되어야 한다.
 1. 지가형성에 영향을 미치는 토지 특성조사에 관한 사항
 2. 개별공시지가의 산정기준이 되는 표준지(이하 "비교표준지"라 한다)의 선정에 관한 사항
 3. 법 제3조 제8항에 따른 토지가격비준표(이하 "토지가격비준표"라 한다)의 사용에 관한 사항
 4. 그 밖에 개별공시지가의 조사·산정에 필요한 사항

시행령 제18조(개별공시지가의 검증)

① 시장·군수 또는 구청장은 법 제10조 제5항 본문에 따라 개별토지가격의 타당성에 대한 검증을 의뢰하는 경우에는 같은 조 제4항에 따라 산정한 전체 개별토지가격에 대한 지가현황도면 및 지가조사자료를 제공하여야 한다.

② 법 제10조 제5항 본문에 따라 검증을 의뢰받은 감정평가법인등은 다음 각 호의 사항을 검토·확인하고 의견을 제시해야 한다.

　1. 비교표준지 선정의 적정성에 관한 사항

　2. 개별토지가격 산정의 적정성에 관한 사항

　3. 산정한 개별토지가격과 표준지공시지가의 균형 유지에 관한 사항

　4. 산정한 개별토지가격과 인근토지의 지가와의 균형 유지에 관한 사항

　5. 표준주택가격, 개별주택가격, 비주거용 표준부동산가격 및 비주거용 개별부동산가격 산정 시 고려된 토지 특성과 일치하는지 여부

　6. 개별토지가격 산정 시 적용된 용도지역, 토지이용상황 등 주요 특성이 공부(公簿)와 일치하는지 여부

　7. 그 밖에 시장·군수 또는 구청장이 검토를 의뢰한 사항

③ 시장·군수 또는 구청장은 법 제10조제5항 단서에 따라 감정평가법인등의 검증을 생략할 때에는 개별토지의 지가변동률과 해당 토지가 있는 읍·면·동의 연평균 지가변동률(국토교통부장관이 조사·공표하는 연평균 지가변동률을 말한다) 간의 차이가 작은 순으로 대상 토지를 선정해야 한다. 다만, 개발사업이 시행되거나 용도지역·용도지구가 변경되는 등의 사유가 있는 토지는 검증 생략 대상 토지로 선정해서는 안 된다.

④ 제1항부터 제3항까지에서 규정한 사항 외에 개별토지가격의 검증에 필요한 세부적인 사항은 국토교통부장관이 정한다. 이 경우 검증의 생략에 대해서는 관계 중앙행정기관의 장과 미리 협의하여야 한다.

시행령 제19조(개별토지 소유자 등의 의견청취)

① 시장·군수 또는 구청장은 법 제10조 제5항에 따라 개별토지의 가격 산정에 관하여 토지소유자 및 그 밖의 이해관계인(이하 "개별토지소유자 등"이라 한다)의 의견을 들으려는 경우에는 개별토지가격 열람부를 갖추어 놓고 해당 시·군 또는 구(자치구를 말한다)의 게시판 또는 인터넷 홈페이지에 다음 각 호의 사항을 20일 이상 게시하여 개별토지소유자 등이 개별토지가격을 열람할 수 있도록 하여야 한다.

　1. 열람기간 및 열람장소

　2. 의견제출기간 및 의견제출방법

② 제1항에 따라 열람한 개별토지가격에 의견이 있는 개별토지소유자 등은 의견제출기간에 해당 시장·군수 또는 구청장에게 의견을 제출할 수 있다.

③ 시장·군수 또는 구청장은 제2항에 따라 의견을 제출받은 경우에는 의견제출기간 만료일부터 30일 이내에 심사하여 그 결과를 의견제출인에게 통지하여야 한다.

④ 시장·군수 또는 구청장은 제3항에 따라 심사를 할 때에는 현지조사와 검증을 할 수 있다.

시행령 제20조(검증을 실시하는 감정평가법인등)

법 제10조 제6항에서 "대통령령으로 정하는 감정평가실적 등이 우수한 감정평가법인등"이란 제7조 제1항 각 호의 요건을 모두 갖춘 감정평가법인등을 말한다.

시행령 제21조(개별공시지가의 결정 및 공시)

① 시장·군수 또는 구청장은 매년 5월 31일까지 개별공시지가를 결정·공시하여야 한다. 다만, 제16

> 조 제2항 제1호의 경우에는 그 해 10월 31일까지, 같은 항 제2호의 경우에는 다음 해 5월 31일까지 결정·공시하여야 한다.
> ② 시장·군수 또는 구청장은 제1항에 따라 개별공시지가를 공시할 때에는 다음 각 호의 사항을 해당 시·군 또는 구의 게시판 또는 인터넷 홈페이지에 게시하여야 한다.
>   1. 조사기준일, 공시필지의 수 및 개별공시지가의 열람방법 등 개별공시지가의 결정에 관한 사항
>   2. 이의신청의 기간·절차 및 방법
> ③ 개별공시지가 및 이의신청기간 등의 통지에 관하여는 제4조 제2항 및 제3항을 준용한다.

1. 개별공시지가의 산정

시장·군수 또는 구청장이 개별공시지가를 결정·공시하는 경우에는 해당 토지와 유사한 이용가치를 지닌다고 인정되는 하나 또는 둘 이상의 표준지의 공시지가를 기준으로 토지가격비준표를 사용하여 지가를 산정하되, 해당 토지의 가격과 표준지공시지가가 균형을 유지하도록 하여야 한다.

2. 검증 및 의견청취

시장·군수 또는 구청장은 개별공시지가를 결정·공시하기 위하여 개별토지의 가격을 산정한 때에는 그 타당성에 대하여 감정평가법인등의 검증을 받고 토지소유자 그 밖의 이해관계인의 의견을 들어야 한다. 다만, 시장·군수 또는 구청장은 감정평가법인등의 검증이 필요 없다고 인정되는 때에는 감정평가법인등의 검증을 생략할 수 있다.

3. 시·군·구 부동산가격공시위원회의 심의

시·군·구청장은 개별공시지가를 산정한 경우에는 시·군·구 부동산가격공시위원회의 심의를 거쳐야 한다.

4. 지가의 결정 및 공시

시·군·구청장은 상기의 제 절차를 거쳐 결정된 개별공시지가를 매년 5월 31일까지 공시하여야 하여야 하며, 해당 시·군 또는 구의 게시판에 ① 개별공시지가 결정에 관한 사항, ② 이의신청에 관한 사항을 게시하여야 한다. 이 경우 필요하다고 인정하는 때에는 토지소유자 등에게 개별통지할 수 있다(시행령 제20조).

04 개별공시지가의 효력 및 적용

개별공시지가는 토지 관련 국세, 지방세 및 각종 부담금의 부과를 위한 과세표준이 된다. 따라서 개별공시지가를 기준으로 일정세율을 곱하여 조세 및 부담금을 부과하게 된다. 다만, 개별공시지가를 기준으로 하여 행정목적에 활용하기 위해서는 다른 법률에 명시적으로 규정이 있어야 하므로 명시적인 규정이 없는 경우에는 표준지공시지가를 기준으로 개별적으로 토지가격을 산정하여야 할 것이다.

> **법 제10조(개별공시지가의 결정·공시 등)**
> ① 시장·군수 또는 구청장은 국세·지방세 등 각종 세금의 부과, 그 밖의 다른 법령에서 정하는 목적을 위한 지가산정에 사용되도록 하기 위하여 제25조에 따른 시·군·구 부동산가격공시위원회의 심의를 거쳐 매년 공시지가의 공시기준일 현재 관할 구역 안의 개별토지의 단위면적당 가격(이하 "개별공시지가"라 한다)을 결정·공시하고, 이를 관계 행정기관 등에 제공하여야 한다.
> ② 제1항에도 불구하고 표준지로 선정된 토지, 조세 또는 부담금 등의 부과대상이 아닌 토지, 그 밖에 대통령령으로 정하는 토지에 대하여는 개별공시지가를 결정·공시하지 아니할 수 있다. 이 경우 표준지로 선정된 토지에 대하여는 해당 토지의 표준지공시지가를 개별공시지가로 본다.
> ③ 〈이하 생략〉
>
> **소득세법 제99조(기준시가의 산정)**
> ① 제100조 및 제114조 제7항에 따른 기준시가는 다음 각 호에서 정하는 바에 따른다.
> 　1. 제94조 제1항 제1호에 따른 토지 또는 건물
> 　　가. 토지
> 　　　「부동산 가격공시에 관한 법률」에 따른 개별공시지가(이하 "개별공시지가"라 한다). 다만, 개별공시지가가 없는 토지의 가액은 납세지 관할 세무서장이 인근 유사토지의 개별공시지가를 고려하여 대통령령으로 정하는 방법에 따라 평가한 금액으로 하고, 지가(地價)가 급등하는 지역으로서 대통령령으로 정하는 지역의 경우에는 배율방법에 따라 평가한 가액으로 한다.
> 　　나. 건물
> 　　　건물(다목 및 라목에 해당하는 건물은 제외한다)의 신축가격, 구조, 용도, 위치, 신축연도 등을 고려하여 매년 1회 이상 국세청장이 산정·고시하는 가액

> **판례**
>
> ▶ **개별공시지가의 효력(대판 2010.7.22, 2010다13527)**
> 개별공시지가는 그 산정목적인 개발부담금의 부과, 토지 관련 조세부과 등 다른 법령이 정하는 목적을 위해 지가를 산정하는 경우에 그 산정기준이 되는 범위 내에서는 납세자인 국민 등의 재산상 권리·의무에 직접적인 영향을 미칠 수 있다.
>
> ▶ **개별공시지가 정정결정의 효력(대판 1994.6.14, 93누19566)**
> 당초의 개별공시지가결정시 그 표준지의 선정을 그르치거나 토지특성 조사의 착오 등을 이유로 개별공시지가를 경정결정하는 경우는 단순한 위산·오기 등에 의한 경정의 경우와는 달리 당초의 개별공시지가결정을 취소하고 새로이 개별공시지가를 결정하는 개별공시지가의 변경행위에 해당한다고 볼 것이고(따라서 경정결정되어 공고된 이상 당초의 결정공고된 개별공시지가는 그 효력을 상실하고 경정결정된 새로운 개별공시지가가 그 공시기준일에 소급하여 그 효력을 발생한다), 위와 같은 경정결정은 당초의 결정과 마찬가지로 공고의 방법으로 이를 고지하여야 비로소 그 효력이 발생한다.

05 개별공시지가에 대한 불복

1. 개설

개별공시지가의 법적 성질을 어떻게 보는가에 따라 불복절차의 내용이 달라진다. 개별공시지가의 처분성을 인정하는 견해에 의하면 항고소송을 제기할 수 있으나, 처분성을 부정하는 견해에 의하면 개별공시지가 자체에 대한 항고소송은 인정될 수 없고, 이후의 후행(과세)처분단계에서 개별공시지가의 위법을 간접적으로 다툴 수 있다. 이 경우 개별공시지가의 위법은 이를 기초로 한 처분의 위법사유가 된다. 이하에서는 처분성을 인정하는 견해에 따라 설명하기로 한다.

2. 개별공시지가의 위법성

(1) 위법사유

개별공시지가의 위법사유는 ① 주요절차를 위반한 하자가 있거나, ② 비교표준지의 선정 또는 토지가격비준표에 의한 표준지와 해당 토지의 토지특성의 조사, 비교 및 가격조정률의 적용이 잘못된 경우, ③ 기타 틀린 계산, 오기로 인하여 지가산정에 명백한 잘못이 있는 경우에 인정된다.

> 판례
>
> ▶ 관련판례(대판 1995.3.10, 94누12937)
> 어느 토지의 개별토지가격을 산정함에 있어서 비교표준지와 해당 토지의 토지특성을 비교한 결과는 토지가격비준표상의 가격배율로써 이를 모두 반영하여야 하고, 따라서 그 비교된 토지특성 중 임의로 일부 항목에 관한 가격배율만을 적용하여 산정한 지가를 기초로 하여 결정·공고된 개별토지가격결정은 위법하다.
>
> ▶ 관련판례(대판 1998.7.10, 97누1051)
> 건설교통부장관이 작성하여 관계 행정기관에 제공한 1995년도 지가형성요인에 관한 표준적인 비교표(토지가격비준표)의 활용지침에는 특수필지에 대하여는 감정평가사에 의뢰하여 개별토지가격을 결정할 수 있도록 규정되어 있으나, 위 활용지침 중 특수필지 가격결정방식에 대한 부분은 건설교통부장관이 관계 행정기관이나 지가조사공무원에 대하여 토지가격비준표를 사용한 지가산정업무처리의 기준을 정하여 주기 위한 지침일 뿐 대외적으로 법원이나 국민에 대하여 법적구속력을 가지는 것은 아니므로 토지이용상황이 특수필지에 해당된다고 하더라도 표준지공시지가에 토지가격비준표에 의한 가격조정률을 적용하는 방식에 따르지 아니한 개별토지가격결정은 (구)지가공시 및 토지 등의 평가에 관한 법률 및 개별토지가격합동조사지침에서 정하는 개별토지가격 산정방식에 어긋나는 것으로서 위법하다.
>
> ▶ 관련판례(대판 1998.12.22, 97누3125)
> (구)지가공시 및 토지 등의 평가에 관한 법률 제10조, 개별토지가격 합동조사지침 제7조에 의하면 개별토지가격은 토지가격비준표를 사용하여 표준지와 해당 토지의 특성의 차이로 인한 조정률을 결정한 후 이를 표준지의 공시지가에 곱하는 방법으로 산정함이 원칙이고(산정지가), 다만 같은 지침 제8조 등에 의하여 필요하다고 인정될 경우에는 위와 같은 방법으로 산출한 지가를 가감조정할 수 있을 뿐이며 이와 다른 방식에 의한 개별토지가격결정을 허용하는 규정은 두고 있지 아니하므로, 표준지공시지가에 토지가격비준표에 의한 가격조정률을 적용하는 방식에 따르지 아니한 개별토지가격결정은 같은 법 및 같은 지침에서 정하는 개별토지가격 산정방식에 어긋나는 것으로서 위법하다.

▶ 관련판례(대판 1996.12.6, 96누1832)

개별토지가격결정 과정에 있어 개별토지가격합동조사지침이 정하는 주요절차를 위반한 하자가 있거나 비교표준지의 선정 또는 토지가격비준표에 의한 표준지와 해당 토지의 토지특성의 조사·비교, 가격조정률의 적용이 잘못되었거나, 기타 위산·오기로 인하여 지가산정에 명백한 잘못이 있는 경우 그 개별토지가격결정의 위법 여부를 다툴 수 있음은 물론, 표준지의 공시지가에 가격조정률을 적용하여 산출된 산정지가를 처분청이 지방토지평가위원회 등의 심의를 거쳐 가감조정한 결과 그 결정된 개별토지가격이 현저하게 불합리한 경우에는 그 가격결정의 당부에 대하여도 다툴 수 있고, 이때 개별토지가격이 현저하게 불합리한 것인지 여부는 그 가격으로 결정되게 된 경위, 개별토지가격을 결정함에 있어서 토지특성이 동일 또는 유사한 인근 토지들에 대하여 적용된 가감조정비율, 표준지 및 토지특성이 동일 또는 유사한 인근 토지들의 지가상승률, 해당 토지에 대한 기준연도를 전후한 개별토지가격의 증감 등 여러 사정을 종합적으로 참작하여 판단하여야 한다.

(2) 시가와의 괴리문제

대법원은 개별공시지가는 시가와 괴리된다는 사유만으로 위법하다고 단정할 수 없고 그 위법성 여부는 부동산공시법의 산정방법과 절차에 따라 이루어진 것인지 여부로 결정될 일이라고 판시한 바 있다.

> 판례

▶ 관련판례(대판 1996.9.20, 95누11931)

개별토지가격은 해당 토지의 시가나 실제 거래가격과 직접적인 관련이 있는 것은 아니므로 단지 그 가격이 시가나 실제 거래가격을 초과하거나 미달한다는 사유만으로 그것이 현저하게 불합리한 가격이어서 그 가격결정이 위법하다고 단정할 것은 아니고 해당 토지의 실제 취득가격이 해당 연도에 이루어진 공매에 의한 가격이라고 해서 달리 볼 것은 아니다.

3. 개별공시지가의 하자와 하자치유

> 판례

▶ 관련판례(대판 2001.6.26, 99두11592)

하자 있는 행정행위에 있어서 하자의 치유는 행정행위의 성질이나 법치주의의 관점에서 원칙적으로 허용될 수 없고, 행정행위의 무용한 반복을 피하고 당사자의 법적안정성을 보호하기 위하여 국민의 권익을 침해하지 아니하는 범위 내에서 예외적으로만 허용된다. 선행처분인 개별공시지가결정이 위법하여 그에 기초한 개발부담금 부과처분도 위법하게 된 경우 그 하자의 치유를 인정하면 개발부담금 납부의무자로서는 위법한 처분에 대한 가산금 납부의무를 부담하게 되는 등 불이익이 있을 수 있으므로, 그 후 적법한 절차를 거쳐 공시된 개별공시지가결정이 종전의 위법한 공시지가결정과 그 내용이 동일하다는 사정만으로는 위법한 개별공시지가결정에 기초한 개발부담금 부과처분이 적법하게 된다고 볼 수 없다.

4. 개별공시지가의 하자와 국가배상책임

위법하고 과실있는 개별공시지가의 결정에 따라 국민에게 손해를 발생시킨 경우에는 지방자치단체의 국가배상책임이 인정된다.

> **판례**
>
> ▶ 관련판례(대판 2010.7.22, 2010다13527)
>
> [1] 개별공시지가는 개발부담금의 부과, 토지 관련 조세부과 등 다른 법령이 정하는 목적을 위해 지가를 산정하는 경우에 그 산정기준이 되는 관계로 납세자인 국민 등의 재산상 권리·의무에 직접적인 영향을 미치게 되므로, 개별공시지가 산정업무를 담당하는 공무원으로서는 해당 토지의 실제 이용상황 등 토지특성을 정확하게 조사하고 해당 토지와 토지이용상황이 유사한 비교표준지를 선정하여 그 특성을 비교하는 등 법령 및 '개별공시지가의 조사·산정지침'에서 정한 기준과 방법에 의하여 개별공시지가를 산정하고, 산정지가의 검증을 의뢰받은 감정평가업자나 시·군·구 부동산평가위원회로서는 위 산정지가 또는 검증지가가 위와 같은 기준과 방법에 의하여 제대로 산정된 것인지 여부를 검증, 심의함으로써 적정한 개별공시지가가 결정·공시되도록 조치할 직무상의 의무가 있고, 이러한 직무상 의무는 단순히 공공 일반의 이익을 위한 것이거나 행정기관 내부의 질서를 규율하기 위한 것이 아니고 전적으로 또는 부수적으로 국민 개개인의 재산권 보장을 목적으로 하여 규정된 것이라고 봄이 상당하다. 따라서 개별공시지가 산정업무 담당공무원 등이 그 직무상 의무에 위반하여 현저하게 불합리한 개별공시지가가 결정되도록 함으로써 국민 개개인의 재산권을 침해한 경우에는 그 손해에 대하여 상당인과관계 있는 범위 내에서 그 담당공무원 등이 소속된 지방자치단체가 배상책임을 지게 된다.
>
> [2] 시장(市長)이 토지의 이용상황을 실제 이용되고 있는 '자연림'으로 하여 개별공시지가를 산정한 다음 감정평가법인에 검증을 의뢰하였는데, 감정평가법인이 그 토지의 이용상황을 '공업용'으로 잘못 정정하여 검증지가를 산정하고, 시(市) 부동산평가위원회가 검증지가를 심의하면서 그 잘못을 발견하지 못함에 따라, 그 토지의 개별공시지가가 적정가격보다 훨씬 높은 가격으로 결정·공시된 사안에서, 이는 개별공시지가 산정업무 담당공무원 등이 개별공시지가의 산정 및 검증, 심의에 관한 직무상 의무를 위반한 것으로 불법행위에 해당한다고 한 사례
>
> [3] 개별공시지가는 그 산정목적인 개발부담금의 부과, 토지 관련 조세부과 등 다른 법령이 정하는 목적을 위해 지가를 산정하는 경우에 그 산정기준이 되는 범위 내에서는 납세자인 국민 등의 재산상 권리·의무에 직접적인 영향을 미칠 수 있지만, 이에 더 나아가 개별공시지가가 해당 토지의 거래 또는 담보제공을 받음에 있어 그 실제 거래가액 또는 담보가치를 보장한다거나 어떠한 구속력을 미친다고 할 수는 없다. 그럼에도 개개 토지에 관한 개별공시지가를 기준으로 거래하거나 담보제공을 받았다가 해당 토지의 실제 거래가액 또는 담보가치가 개별공시지가에 미치지 못함으로 인해 발생할 수 있는 손해에 대해서까지 그 개별공시지가를 결정·공시하는 지방자치단체에 손해배상책임을 부담시키게 된다면, 개개 거래당사자들 사이에 이루어지는 다양한 거래관계와 관련하여 발생한 손해에 대하여 무차별적으로 책임을 추궁당하게 되고, 그 거래관계를 둘러싼 분쟁에 끌려들어가 많은 노력과 비용을 지출하는 결과가 초래되게 된다. 이는 결과발생에 대한 예견가능성의 범위를 넘어서는 것은 물론이고, 행정기관이 사용하는 지가를 일원화하여 일정한 행정목적을 위한 기준으로 삼음으로써 국토의 효율적인 이용과 국민경제의 발전에 기여하려는 (구)부동산 가격공시 및 감정평가에 관한 법률의 목적과 기능, 그 보호법익의 보호범위를 넘어서는 것이다.

[4] 개별공시지가 산정업무 담당공무원 등이 잘못 산정·공시한 개별공시지가를 신뢰한 나머지 토지의 담보가
치가 충분하다고 믿고 그 토지에 관하여 근저당권설정등기를 경료한 후 물품을 추가로 공급함으로써 손해
를 입었음을 이유로 그 담당공무원이 속한 지방자치단체에 손해배상을 구한 사안에서, 그 담당공무원 등의
개별공시지가 산정에 관한 직무상 위반행위와 위 손해 사이에 상당인과관계가 있다고 보기 어렵다고 한
사례

5. 개별공시지가에 대한 이의신청

(1) 의의

이의신청이란 행정청의 위법·부당한 행정작용으로 인하여 권익이 침해된 자의 청구에 의하여
처분청 자신이 이를 재심사하는 것을 말한다. 부동산공시법상 개별공시지가에 대한 이의신청이
란 개별공시지가에 대하여 이의가 있는 자가 개별공시지가의 결정·공시주체인 시·군·구청장
에게 이의를 신청하고 시·군·구청장이 이를 심사하도록 하는 제도이다.

개별공시지가는 국민의 재산권과 밀접한 관련을 가지고 있어 이의 공신력이 낮을 경우 토지정책
의 효율적 집행이 어려움은 물론 토지관련 각종 조세의 저항이 발생하게 된다. 따라서 개별공시
지가의 적정성을 담보하기 위한 제도로서 이의신청제도의 의의는 매우 크다고 할 수 있다.

(2) 이의신청의 성격

> ➥ **법 제11조(개별공시지가에 대한 이의신청)**
> ① 개별공시지가에 이의가 있는 자는 그 결정·공시일부터 30일 이내에 서면으로 시장·군수 또는
> 구청장에게 이의를 신청할 수 있다.
> ② 시장·군수 또는 구청장은 제1항에 따라 이의신청 기간이 만료된 날부터 30일 이내에 이의신청
> 을 심사하여 그 결과를 신청인에게 서면으로 통지하여야 한다. 이 경우 시장·군수 또는 구청장
> 은 이의신청의 내용이 타당하다고 인정될 때에는 제10조에 따라 해당 개별공시지가를 조정하여
> 다시 결정·공시하여야 한다.
> ③ 제1항 및 제2항에서 규정한 것 외에 이의신청 및 처리절차 등에 필요한 사항은 대통령령으로 정
> 한다.
>
> ➥ **시행령 제22조(개별공시지가에 대한 이의신청)**
> ① 법 제11조 제1항에 따라 개별공시지가에 대하여 이의신청을 하려는 자는 이의신청서에 이의신청
> 사유를 증명하는 서류를 첨부하여 해당 시장·군수 또는 구청장에게 제출하여야 한다.
> ② 시장·군수 또는 구청장은 제1항에 따라 제출된 이의신청을 심사하기 위하여 필요할 때에는 감정
> 평가법인등에게 검증을 의뢰할 수 있다.

① 문제점

부동산공시법상 개별공시지가에 대한 이의신청에 대해서는 재결에 대한 이의신청처럼 행정
소송과의 관계가 명확하지 않다. 이에 부동산공시법상 이의신청에 대하여 행정심판의 성격을

인정할 것인지 단순히 의견청취절차로 볼 것인지가 문제되며, 논의실익은 이의신청과는 별개로 행정심판이 가능한지, 이의신청절차에 행정심판법의 적용이 가능한지 등에 있다.

② 학설

처분청인 지방자치단체에 대하여 제기한다는 점 등을 논거로 본래의 강학상 이의신청이라는 견해와 개별공시지가의 목적 등을 고려할 때 전문성과 특수성이 요구되며 행정심판법 제4조의 규정 취지를 감안할 때 특별행정심판으로 보아야 한다는 견해가 있다.

③ 판례

> **판례**
>
> ▶ 관련판례(대판 2010.1.28, 2008두19987)
> (구)부동산 가격공시 및 감정평가에 관한 법률 제12조, 행정소송법 제20조 제1항, 행정심판법 제3조 제1항의 규정 내용 및 취지와 아울러 부동산 가격공시 및 감정평가에 관한 법률에 행정심판의 제기를 배제하는 명시적인 규정이 없고 부동산 가격공시 및 감정평가에 관한 법률에 따른 이의신청과 행정심판은 그 절차 및 담당기관에 차이가 있는 점을 종합하면, 부동산 가격공시 및 감정평가에 관한 법률이 이의신청에 관하여 규정하고 있다고 하여 이를 행정심판법 제3조 제1항에서 행정심판의 제기를 배제하는 '다른 법률에 특별한 규정이 있는 경우'에 해당한다고 볼 수 없으므로, 개별공시지가에 대하여 이의가 있는 자는 곧바로 행정소송을 제기하거나 부동산 가격공시 및 감정평가에 관한 법률에 따른 이의신청과 행정심판법에 따른 행정심판청구 중 어느 하나만을 거쳐 행정소송을 제기할 수 있을 뿐 아니라, 이의신청을 하여 그 결과 통지를 받은 후 다시 행정심판을 거쳐 행정소송을 제기할 수도 있다고 보아야 하고, 이 경우 행정소송의 제소기간은 그 행정심판 재결서 정본을 송달받은 날부터 기산한다.

④ 검토

부동산공시법상의 이의신청은 처분청인 시·군·구청장에게 제기한다는 점과 국민의 권리구제를 위해 본래의 강학상 이의신청이라 봄이 타당하다.

(3) 이의신청의 제기

개별공시지가에 대하여 이의가 있는 자는 개별공시지가의 결정·공시일부터 30일 이내에 서면으로 시장·군수 또는 구청장에게 이의를 신청할 수 있다. 이의신청이 제기된 경우에는 시·군·구청장에게 심사의무, 심사결과 서면통지의무가 발생한다.

(4) 이의신청에 대한 심사 및 결과통지

시장·군수 또는 구청장은 이의신청기간이 만료된 날부터 30일 이내에 이의신청을 심사하여 그 결과를 신청인에게 서면으로 통지하여야 한다. 시장·군수·구청장은 이의신청을 심사하기 위하여 필요하다고 인정하는 경우에는 감정평가법인등에게 검증을 의뢰할 수 있으며, 심사결과 이의신청의 내용이 타당하다고 인정될 때에는 개별공시지가를 조정하여 다시 결정·공시하여야 한다.

6. 개별공시지가에 대한 항고소송

(1) 개설

위법한 개별공시지가에 대해 취소 및 무효등확인을 구할 법률상 이익이 있는 자는 시·군·구청장을 피고로 관할 행정법원에 취소소송 및 무효등확인소송을 제기할 수 있다. 이 경우 부동산공시법에서는 명문의 규정이 없으므로 행정소송법 제8조 제1항에 의거 행정소송법에 의한다.

(2) 소송요건

① 대상적격

개별공시지가는 처분성이 인정되므로 항고소송의 대상적격이 인정된다.

② 원고적격

개별공시지가의 토지소유자는 개별공시지가를 다툴 법률상 이익이 인정되므로 원고적격이 있으나 인근 주민에게 개별공시지가를 다툴 원고적격이 있는지 의문인데 개별공시지가는 해당 토지에 대한 과세기준이 될 뿐 인근 토지의 가격에 영향을 미치지 않으므로 인근 주민에게 원고적격은 없다고 본다.

③ 제소기간(행정소송법 제20조)

(ㄱ) 의의

처분의 상대방 등이 소송을 제기할 수 있는 시간적 간격(직권조사사항)

(ㄴ) 안 날로부터 90일

㉠ 행정심판을 거치지 않은 경우

(a) 특정인에게 대한 처분을 하는 경우(송달)

특정인에게 대한 처분을 하는 경우 '안 날'이란 현실적으로 안날을 의미한다.

(b) 불특정다수에 대한 처분을 하는 경우(고시 또는 공고)

불특정다수에 대한 처분을 하는 경우 '안 날'이란 고시의 효력이 발생한 날을 의미한다. 즉 고시 또는 공고가 있은 후 5일이 경과한 날이 된다.

(c) 개별공시지가의 경우

ⓐ 문제점

개별공시지가의 경우 공고와 필요한 경우 개별통지도 할 수 있다(시행령 제4조). 이와 관련하여 제소기간의 기산점을 공고가 효력을 발생한 시점으로 해야 하는지 또는 현실적으로 안날을 기준으로 해야 하는지 문제된다.

ⓑ 학설

고시 또는 공고가 효력을 발생하는 날에 일률적으로 처분이 있음을 알았다고 보아야 한다는 견해도 있으나, 고시 또는 공고의 처분을 하는 경우에도 처분의 효력발생시기와 제소기간의 기산점은 별개이기 때문에 처분이 있었다는 사실을 현실적으로 안 날로부터 기산하여야 한다는 견해가 다수설이며 타당하다.

ⓒ 판례 (대판 1993.12.24, 92누17204) 정리 ※ *표준지의 경우에는 명시적 판례가*
없다.

ⅰ) 별도의 고지절차를 거치지 않은 경우 : 고시 또는 공고일

즉, 실제로 처분이 있음을 안 날(=현실적으로 안 날)

• 행정심판 청구는 있었던 날로부터 180일 이내

• 행정소송의 경우에는 있은 날로부터 1년 이내

ⅱ) 별도의 고지절차를 거친 경우 : 현실적으로 안 날(송달=도달일)

ⓛ 행정심판을 거친 경우

'안 날'은 재결서정본을 받은 날이다.

ⓓ 있은 날로부터 1년

행정심판을 거친 경우에는 효력일 발생한 날(도달일)이 되며 행정심판을 거친 경우에는
재결서 정본을 받은 날이다.(90일 먼저 온다) 다만, 정당한 사유가 있다면 1년이 경화한
후에도 제소할 수 있다(행정소송법 제20조 제2항 단서).

ⓔ 안 날과 있은 날의 관계

처분이 있음을 안 날과 처분이 있은 날 중 어느 하나의 기간만이라도 경과하면 제소할 수 없다.

판례

▶ 관련판례(대판 1993.12.24, 92누17204)
개별토지가격결정에 있어서는 그 처분의 고지방법에 있어 개별토지가격합동조사지침의 규정에 의하여
행정편의상 일단의 각 개별토지에 대한 가격결정을 일괄하여 읍·면·동의 게시판에 공고하는 것일 뿐
그 처분의 효력은 각각의 토지 또는 각각의 소유자에 대하여 각별로 효력을 발생하는 것이므로 개별토지가
격결정의 공고는 공고일로부터 그 효력을 발생하지만 처분 상대방인 토지소유자 및 이해관계인이
공고일에 개별토지가격결정처분이 있었다고까지 의제할 수는 없어 결국 개별토지가격결정에 대한
재조사 또는 행정심판의 청구기간은 처분 상대방이 실제로 처분이 있음을 안 날로부터 기산하여야 할
것이나, 시장·군수 또는 구청장이 개별토지가격결정을 처분 상대방에 대하여 별도의 고지절차를 취하지
않는 이상 토지소유자 및 이해관계인이 위 처분이 있음을 알았다고 볼 경우는 그리 흔치 않을 것이므로
특별히 위 처분을 알았다고 볼만한 사정이 없는 한 개별토지가격결정에 대한 재조사청구 또는 행정심판청
구는 행정심판법 제18조 제3항 소정의 처분이 있은 날로부터 180일 이내에 이를 제기하면 된다.

▶ 관련판례(대판 2010.1.28, 2008두19987)
개별공시지가에 대하여 이의가 있는 자는 곧바로 행정소송을 제기하거나 부동산 가격공시 및 감정평가에 관
한 법률에 따른 이의신청과 행정심판법에 따른 행정심판청구 중 어느 하나만을 거쳐 행정소송을 제기할 수
있을 뿐 아니라, 이의신청을 하여 그 결과 통지를 받은 후 다시 행정심판을 거쳐 행정소송을 제기할 수도
있다고 보아야 하고, 이 경우 행정소송의 제소기간은 그 행정심판 재결서 정본을 송달받은 날부터 기산한다.

---

④ 이의신청 전치 여부

㉠ 문제점 : 현행 행정소송법 제18조는 행정심판을 임의주의로 규정하고 있는 바, 부동산공
시법 제11조의 이의신청이 임의주의인지 아니면 행정소송법 제8조 제1항에 의해 그 예외
를 인정하여 필요적 전치주의를 규정한 것인지 문제된다.

    (ㄴ) 학설 : 공시지가의 성격, 산정작업의 전문성, 오류발생 가능성, 공시지가의 신속한 안정이라는 요건에 비추어 일차적으로 행정청의 판단이 필요하다고 보아 행정심판전치로 이해하는 견해와 행정소송법 제18조 제1항 단서와 관련 부동산공시법에서는 명문에 행정심판을 전치로 하라는 표현이 없고, "할 수 있다"라는 규정형식을 고려할 때 행정소송법의 원칙에 따라 행정심판임의주의로 이해하는 견해가 있다.

    (ㄷ) 판례 : 대법원의 현재의 입장은 알 수 없으나 종전 개별공지시가에 대한 재조사청구와 행정심판법의 행정심판을 선택적으로 또는 중첩적으로 거칠 수 있다고 한 바 있다. 생각건대, 부동산공시법에는 이의신청을 거치지 아니하면 행정소송을 제기할 수 없다는 규정이 없는 이상 현행 행정소송법의 원칙인 행정심판임의주의에 따라 곧바로 행정소송을 제기할 수 있고 이의신청을 거쳐서 행정소송을 제기할 수도 있다고 봄이 타당하다.

    (ㄹ) 검토 : 생각건대, 부동산공시법에는 이의신청을 거치지 아니하면 행정소송을 제기할 수 없다는 규정이 없는 이상 현행 행정소송법의 원칙인 행정심판임의주의에 따라 곧바로 행정소송을 제기할 수 있고 이의신청을 거쳐서 행정소송을 제기할 수도 있다고 봄이 타당하다.

(3) 소송제기효과

개별공시지가에 대한 항고소송이 제기되면 관할 법원에 사건이 계속되며 법원은 이를 심리하고 판결할 의무가 발생하게 된다. 개별공시지가에 대한 항고소송이 제기되었다 하더라도 해당 처분의 효력 등에 아무런 영향을 주지 않는다(집행부정지).

(4) 심리 및 판결

심리를 통하여 표준지공시지가의 위법성 유무와 위법성의 정도를 판단하게 되며, 원고의 청구가 이유 있으면 인용판결을 하게 되고, 이유 없으면 기각판결을 하게 된다.

7. 개별공시지가와 과세처분의 하자승계

(1) 긍정한 판례(대판 1994.1.25, 93누8542)

판례

> 두 개 이상의 행정처분이 연속적으로 행하여지는 경우 선행처분과 후행처분이 서로 결합하여 1개의 법률효과를 완성하는 때에는 선행처분에 하자가 있으면 그 하자는 후행처분에 승계되므로 선행처분에 불가쟁력이 생겨 그 효력을 다툴 수 없게 된 경우에도 선행처분의 하자를 이유로 후행처분의 효력을 다툴 수 있는 반면 선행처분과 후행처분이 서로 독립하여 별개의 법률효과를 목적으로 하는 때에는 선행처분에 불가쟁력이 생겨 그 효력을 다툴 수 없게 된 경우에는 선행처분의 하자가 중대하고 명백하여 당연무효인 경우를 제외하고는 선행처분의 하자를 이유로 후행처분의 효력을 다툴 수 없는 것이 원칙이나 선행처분과 후행처분이 서로 독립하여 별개의 효과를 목적으로 하는 경우에도 선행처분의 불가쟁력이나 구속력이 그로 인하여 불이익을 입게 되는 자에게 수인한도를 넘는 가혹함을 가져오며, 그 결과가 당사자에게 예측가능한 것이 아닌 경우에는 국민의 재판받을 권리를 보장하고 있는 헌법의 이념에 비추어 선행처분의 후행처분에 대한 구속력은 인정될 수 없다.

(2) **부정한 판례**(대판 1998.3.13, 96누6059)

> **판례**
>
> 원고가 이 사건 토지를 매도한 이후에 그 양도소득세 산정의 기초가 되는 1993년도 개별공시지가 결정에 대하여 한 재조사청구에 따른 조정결정을 통지받고서도 더 이상 다투지 아니한 경우까지 선행처분인 개별공시지가 결정의 불가쟁력이나 구속력이 수인한도를 넘는 가혹한 것이거나 예측불가능하다고 볼 수 없어, 위 개별공시지가 결정의 위법을 이 사건 과세처분의 위법사유로 주장할 수 없다.

제2절 토지가격비준표

> **♂ 법 제8조(표준지공시지가의 적용)**
>
> 제1호 각 목의 자가 제2호 각 목의 목적을 위하여 지가를 산정할 때에는 그 토지와 이용가치가 비슷하다고 인정되는 하나 또는 둘 이상의 표준지의 공시지가를 기준으로 토지가격비준표를 사용하여 지가를 직접 산정하거나 감정평가법인등에게 감정평가를 의뢰하여 산정할 수 있다. 다만, 필요하다고 인정할 때에는 산정된 지가를 제2호 각 목의 목적에 따라 가감(加減)조정하여 적용할 수 있다.
> 1. 지가산정의 주체
>   가. 국가 또는 지방자치단체
>   나. 「공공기관의 운영에 관한 법률」에 따른 공공기관
>   다. 그 밖에 대통령령으로 정하는 공공단체
> 2. 지가산정의 목적
>   가. 공공용지의 매수 및 토지의 수용·사용에 대한 보상
>   나. 국유지·공유지의 취득 또는 처분
>   다. 그 밖에 대통령령으로 정하는 지가의 산정

01 서

토지가격비준표란 국토교통부장관이 행정목적상 지가산정을 위해 필요하다고 인정하는 경우에 작성하여 관계 행정기관에 제공하는 표준지와 개별토지의 지가형성요인에 관한 표준적 비교표를 말한다. 이는 표준지를 기준으로 개별토지의 대량평가를 위하여 작성된 객관적인 지가산정표이며, 평가전문가가 아니더라도 누구나 신속하게 지가를 산정할 수 있는 계량화된 평가 잣대이다. 부동산 공시법 제3조 제8항을 위임의 근거로 볼 수 있다.

이는 전국의 모든 토지를 평가하기 위하여 고안된 것이기 때문에 정밀평가를 하기 위한 자료와는 엄격히 구별된다. 그러나 이는 대량의 토지에 대한 지가산정 시 결여되기 쉬운 지가산정의 객관성과 합리성을 일정수준 이상으로 끌어올릴 수 있고, 신속히 지가를 산정할 수 있는 장점을 지닌다.

02 토지가격비준표의 법적 성질

1. 법령보충적 행정규칙

부동산공시법 제8조에서 국토교통부장관에게 토지가격비준표 작성 권한을 부여하고, 그 권한 행사의 절차나 방법을 특정하지 않은 관계로, 국토교통부장관은 "토지가격비준표"를 작성하고 훈령의 형식으로 "토지가격비준표활용지침"을 제정하여 법률의 내용을 구체화하고 있다. 이를 법령보충적 행정규칙이라 하며, 법규성을 가지는지에 대하여 견해의 대립이 있다.

2. 법령보충적 행정규칙의 법적 성질

(1) 학설

① 법치주의의 원리상 법규명령의 제정절차를 거치지 아니한 규범은 법규명령으로 볼 수 없다고 하는 행정규칙설, ② 법령의 위임에 따라 법령을 보충하는 실질을 중시하여 법규명령으로 보는 법규명령설, ③ 상위규범을 구체화하는 규범구체화 행정규칙으로 보는 견해, ④ 우리 헌법상 행정규칙 형식의 법규명령은 허용되지 않는다고 보는 위헌무효설, ⑤ 법규명령의 효력을 가지는 행정규칙으로 보는 견해 등이 있다.

(2) 판례

> **판례**
>
> ▶ 관련판례(대판 1998.5.26, 96누17103)
> 대법원은 국세청 훈령인 재산제세 사무처리규정에 대해 소득세법 시행령과 결합하여 대외적 효력을 갖는다고 하여 법규성을 인정한 바 있으며, 토지가격비준표는 동법 제10조의 시행을 위한 집행명령인 개별토지가격합동조사지침과 더불어 법령보충적인 구실을 하는 법규적 성질을 가지고 있는 것으로 보아야 한다.
>
> ▶ 관련판례(대판 1998.5.26, 96누17103) [개발부담금부과처분취소]
> (구)지가공시 및 토지 등의 평가에 관한 법률(1995.12.29. 법률 제5108호로 개정되기 전의 것) 제10조 제2항에 근거하여 건설부장관이 표준지와 지가산정대상 토지의 지가형성요인에 관한 표준적인 비교표로서 매년 관계 행정기관에 제공하는 토지가격비준표는 같은 법 제10조의 시행을 위한 집행명령인 개별토지가격합동조사지침과 더불어 법률보충적인 구실을 하는 법규적 성질을 가지고 있는 것으로 보아야 할 것인바, 개발이익 환수에 관한 법률(1993.6.11. 법률 제4563호로 개정된 것) 제10조 제1항에 의하면 개발부담금의 부과기준으로서 부과종료시점의 지가는 (구)지가공시 및 토지 등의 평가에 관한 법률(1995.12.29. 법률 제5108호로 개정되기 전의 것) 제10조 제2항의 규정에 의한 비교표에 의하여 산정하도록 규정하고 있으므로, 토지가격비준표에 의하여 부과종료시점의 지가를 산정한 것은 정당하고, 조세법률주의나 재산권 보장의 원칙을 위반한 잘못 등이 없다.
>
> ▶ 관련판례(대판 2013.5.9, 2011두30496) [개발부담금부과처분취소]
> 개발이익 환수에 관한 법률 제10조 제1항은, 개발부담금의 부과 기준을 정하기 위한 부과종료시점의 부과대상토지의 가액(이하 '종료시점지가'라 한다)은 그 당시의 부과대상토지와 이용상황이 가장

비슷한 표준지의 공시지가를 기준으로 부동산 가격공시 및 감정평가에 관한 법률(이하 '가격공시법' 이라 한다) 제9조 제2항에 따른 비교표에 따라 산정한 가액에 해당 연도 1월 1일부터 부과종료시점 까지의 정상지가상승분을 합한 가액으로 하도록 규정하고 있는데, 이때 종료시점지가를 산정하기 위한 표준지로는 부과대상토지와 이용상황이 가장 유사한 표준지, 즉 용도지역, 지목, 토지용도(실제 용도), 주위환경, 위치, 기타 자연적·사회적 조건이 가장 유사한 인근지역 소재 표준지를 선정하여 야 한다(대판 2009.11.12, 2009두13771 등 참조). 그리고 가격공시법 제9조 제2항은 '국토해양부 장관은 지가산정을 위하여 필요하다고 인정하는 경우에는 표준지와 지가산정 대상토지의 지가형성 요인에 관한 표준적인 비교표를 작성하여 관계 행정기관 등에 제공하여야 하고, 관계 행정기관 등은 이를 사용하여 지가를 산정하여야 한다'고 규정하고 있으므로, 국토해양부장관이 위 규정에 따라 작성하여 제공하는 토지가격비준표는 가격공시법 시행령 제16조 제1항에 따라 국토해양부장관이 정하는 '개별공시지가의 조사·산정지침'과 더불어 법률보충적인 역할을 하는 법규적 성질을 가진다 고 할 것이다(대판 1998.5.26, 96누17103 등 참조).

▶ 관련판례(대판 2013.11.14, 2012두15364) [개발부담금부과처분취소]
부동산 가격공시 및 감정평가에 관한 법률 제11조, 부동산 가격공시 및 감정평가에 관한 법률 시행령 제17조 제2항의 취지와 문언에 비추어 보면, 시장·군수 또는 구청장은 표준지공시지가에 토지가 격비준표를 사용하여 산정된 지가와 감정평가업자의 검증의견 및 토지소유자 등의 의견을 종합하여 해당 토지에 대하여 표준지공시지가와 균형을 유지한 개별공시지가를 결정할 수 있고, 그와 같이 결정된 개별공시지가가 표준지공시지가와 균형을 유지하지 못할 정도로 현저히 불합리하다는 등의 특별한 사정이 없는 한, 결과적으로 토지가격비준표를 사용하여 산정한 지가와 달리 결정되었거나 감정평가사의 검증의견에 따라 결정되었다는 이유만으로 그 개별공시지가 결정이 위법하다고 볼 수는 없다.

▶ 관련판례(대판 2014.4.10, 2013두25702)
소득세법 시행령 제164조 제1항은 개별공시지가가 없는 토지의 가액을 그와 지목·이용상황 등 지가형성요인이 유사한 인근토지를 표준지로 보고 부동산 가격공시 및 감정평가에 관한 법률 제9조 제2항에 따른 비교표(이하 '토지가격비준표'라 한다)에 따라 평가하도록 규정함으로써, 납세의무자 가 표준지 선정과 토지가격비준표 적용의 적정 여부, 평가된 가액이 인근 유사토지의 개별공시지가 와 균형을 유지하고 있는지 여부 등을 확인할 수 있도록 하고 있으므로, 표준지를 특정하여 선정하 지 않거나 토지가격비준표에 의하지 아니한 채 개별공시지가가 없는 토지의 가액을 평가하고 기준 시가를 정하는 것은 위법하다.

(3) 검토

법령을 보충하여 대외적 효력이 인정되는 이상 그 보충규정의 내용이 위임법령의 위임한계를 벗 어났다는 등 특별한 사정이 없는 한 법규명령으로 보아 재판규범으로 효력을 인정하는 것이 당사 자의 권리구제 측면에서 타당하다고 본다. 판례에 의하면 국토교통부장관이 위 규정에 따라 작 성하여 제공하는 토지가격비준표는 부동산공시법 시행령 제16조 제1항에 따라 국토교통부장관 이 정하는 '개별공시지가의 조사·산정지침'과 더불어 법률보충적인 역할을 하는 법규적 성 질을 가진다고 할 것이다고 판시하고 있다.

03 토지가격비준표의 작성 및 활용

1. 작성

토지가격비준표는 전국 시·군·구를 대상으로 하여 대도시·중소도시 등 도시지역은 용도지역별로, 군지역은 도시지역과 비도시지역으로 구분하여 작성하며, 공통비준표와 지역비준표로 구분된다. 토지가격비준표는 토지특성 정보를 토대로 이 가운데 토지의 가격형성요인에 중요한 영향을 미친다고 분석되는 항목을 설정하여 다중회귀분석법에 의해 산출된 기준으로 작성된다.

2. 활용

부동산공시법 제8조 공적목적을 위한 지가의 산정 및 개별공시지가의 산정시 토지가격비준표를 활용하여 지가를 산정하게 된다.

04 토지가격비준표의 하자와 권리구제

1. 작성상의 하자

(1) 행정쟁송가능성

토지가격비준표는 법령보충규칙으로서 행정청이 행하는 일반적·추상적 규율인 행정입법에 해당한다. 따라서 토지가격비준표 작성행위 자체는 소송의 대상이 되는 처분이라 할 수 없고, 이를 다툴 수 없다고 본다. 판례도 비준표상의 토지의 특성 및 평가요소 등의 추가 또는 제외됨으로 인하여 가격의 상승 또는 하락이 있게 되었다는 것만으로는 개별토지가격결정이 부당하다고 하여 이를 다툴 수 없다고 한 바 있다.

(2) 구체적 규범통제

토지가격비준표의 법적 성질을 법규명령으로 본다면 원칙적으로 처분성이 없으므로 이를 직접 다툴 수는 없으나, 개별공시지가를 다투면서 토지가격비준표의 위헌·위법 여부를 다툴 수 있다.

2. 활용상의 하자

토지가격비준표를 통한 가격배율 추출상의 하자와 같이 활용상의 하자는 개별공시지가 산정절차의 하자가 된다. 따라서 개별공시지가 공시의 처분성을 인정하는 견해에 따르면 이에 불복하여 행정쟁송을 제기할 수 있다. 이는 토지가격비준표를 통한 표준지와 해당 토지의 특성 조사·비교에 잘못이 있거나, 가격조정률을 잘못 추출한 경우를 말하며, 기타 틀린 계산·오기로 인하여 지가산정이 잘못된 경우도 포함한다.

05 토지가격비준표의 문제점 및 개선방안

비준표상의 토지특성항목의 적정성 여부를 검증할 수 있는 제도적 장치가 없으며, 비준표상의 가격배율은 통계처리 결과로 얻은 평균값이므로, 특이한 토지나 광대면적의 토지 등에 적용하기 어려운 점이 있다. 따라서 계속적으로 비준표를 세분화시키고, 가격배율을 수정·보완하는 노력을 하여야 하며, 토지의 개별성을 고려하여 특성조사에 다소 재량권을 부여하는 방안도 검토해 볼 수 있다.

제3절 │ 개별공시지가 검증제도

> 🔁 법 제10조(개별공시지가의 결정·공시 등)
>
> ① 시장·군수 또는 구청장은 국세·지방세 등 각종 세금의 부과, 그 밖의 다른 법령에서 정하는 목적을 위한 지가산정에 사용되도록 하기 위하여 제25조에 따른 시·군·구 부동산가격공시위원회의 심의를 거쳐 매년 공시지가의 공시기준일 현재 관할구역 안의 개별토지의 단위면적당 가격(이하 "개별공시지가"라 한다)을 결정·공시하고, 이를 관계 행정기관 등에 제공하여야 한다.
>
> ② 제1항에도 불구하고 표준지로 선정된 토지, 조세 또는 부담금 등의 부과대상이 아닌 토지, 그 밖에 대통령령으로 정하는 토지에 대하여는 개별공시지가를 결정·공시하지 아니할 수 있다. 이 경우 표준지로 선정된 토지에 대하여는 해당 토지의 표준지공시지가를 개별공시지가로 본다.
>
> ③ 시장·군수 또는 구청장은 공시기준일 이후에 분할·합병 등이 발생한 토지에 대하여는 대통령령으로 정하는 날을 기준으로 하여 개별공시지가를 결정·공시하여야 한다.
>
> ④ 시장·군수 또는 구청장이 개별공시지가를 결정·공시하는 경우에는 해당 토지와 유사한 이용가치를 지닌다고 인정되는 하나 또는 둘 이상의 표준지의 공시지가를 기준으로 토지가격비준표를 사용하여 지가를 산정하되, 해당 토지의 가격과 표준지공시지가가 균형을 유지하도록 하여야 한다.
>
> ⑤ 시장·군수 또는 구청장은 개별공시지가를 결정·공시하기 위하여 개별토지의 가격을 산정할 때에는 그 타당성에 대하여 감정평가법인등의 검증을 받고 토지소유자, 그 밖의 이해관계인의 의견을 들어야 한다. 다만, 시장·군수 또는 구청장은 감정평가법인등의 검증이 필요 없다고 인정되는 때에는 지가의 변동상황 등 대통령령으로 정하는 사항을 고려하여 감정평가법인등의 검증을 생략할 수 있다.
>
> ⑥ 시장·군수 또는 구청장이 제5항에 따른 검증을 받으려는 때에는 해당 지역의 표준지의 공시지가를 조사·평가한 감정평가법인등 또는 대통령령으로 정하는 감정평가실적 등이 우수한 감정평가법인등에게 의뢰하여야 한다.
>
> ⑦ 국토교통부장관은 지가공시 행정의 합리적인 발전을 도모하고 표준지공시지가와 개별공시지가와의 균형유지 등 적정한 지가형성을 위하여 필요하다고 인정하는 경우에는 개별공시지가의 결정·공시 등에 관하여 시장·군수 또는 구청장을 지도·감독할 수 있다.
>
> ⑧ 제1항부터 제7항까지에서 규정한 것 외에 개별공시지가의 산정, 검증 및 결정, 공시기준일, 공시의 시기, 조사·산정의 기준, 이해관계인의 의견청취, 감정평가법인등의 지정 및 공시절차 등에 필요한 사항은 대통령령으로 정한다.

01 서

개별공시지가 검증이란, 감정평가법인등이 시장·군수·구청장이 산정한 개별토지가격의 타당성에 대하여 전문가적 입장에서 검토하는 것으로 부동산공시법 제10조 제5항 및 제6항에 근거한다. 이는 담당공무원의 비전문성을 보완하고 개별공시지가의 객관성, 신뢰성을 확보하기 위한 것으로 개별공시지가가 국민의 재산권에 미치는 영향을 생각할 때 그 중요성이 크다.

02 개별공시지가 검증의 법적 성질

검증은 그 자체로는 외부적으로 어떤 법률효과가 발생하는 것이 아니라 감정평가법인등이 지가산정의 전문가로서 스스로 조사하거나 시장·군수·구청장이 제시한 자료 및 국토교통부장관이 공급한 비준표에 의하여 법령에서 정한 기준과 방법에 따라 개별공시지가를 제대로 산정하였는지 여부를 단순히 확인하고 의견을 제시하는 사실행위에 해당한다. 따라서 행정쟁송의 대상이 될 수 없다. 그리고 검증은 개별공시지가 결정·공시의 필수적인 절차로서 이 절차를 거치지 아니한 개별공시지가의 결정·공시는 하자 있는 행정처분으로 취소사유가 된다고 할 수 있다.

03 검증의 내용

1. 개별공시지가 검증의 주체 및 책임

개별공시지가 검증의 주체는 감정평가법인등이다. 시장·군수·구청장이 검증을 받으려는 때에는 해당 지역의 표준지공시지가를 조사·평가한 감정평가법인등 또는 감정평가실적 등이 우수한 감정평가법인등에게 의뢰하여야 한다. 개별공시지가 검증업무를 행하는 감정평가사는 뇌물수뢰죄 등의 적용에 있어서는 공무원으로 의제되어 무거운 책임을 진다.

2. 개별공시지가 검증의 종류

(1) 산정지가검증

산정지가검증이라 함은 시장·군수·구청장이 산정한 지가에 대하여 지가현황도면 및 지가조사 자료를 기준으로 법 제10조 제4항 및 시행령 제18조 제1항 내지 제2항의 규정에 의하여 실시하는 검증을 말한다. 산정지가검증은 전체필지를 대상으로 하는 필수절차로 도면상 검증이고, 지가열람 전에 실시하는 검증이다.

(2) 의견제출 지가검증

의견제출 지가검증이라 함은 시장·군수·구청장이 산정한 지가에 대하여 토지소유자 기타 이해관계인이 법 제10조 제4항 및 시행령 제19조의 규정에 의한 지가열람 및 의견제출기간 중에 의견을 제출한 경우 실시하는 검증을 말한다.

(3) 이의신청 지가검증

이의신청 지가검증이라 함은 시장·군수·구청장이 개별공시지가를 결정·공시한 후 토지소유자 등이 법 제11조 및 시행령 제22조의 규정에 의한 이의신청을 제기한 경우에 실시하는 검증을 말한다.

3. 검증의 실시 및 생략

시장·군수 또는 구청장은 감정평가법인등의 검증이 필요 없다고 인정되는 경우 검증을 생략할 수 있으며, 감정평가법인등의 검증을 생략하고자 하는 때에는 개별토지의 지가변동률과 국토교통부장관이 조사·공표하는 해당 토지가 소재하는 시·군 또는 구의 연평균 지가변동률의 차이가 작은 순으로 대상토지를 선정하여 검증을 생략한다. 다만, 개발사업이 시행되거나 용도지역·지구가 변경되는 등의 사유가 발생한 토지에 대하여는 검증을 실시하여야 한다.

4. 검증을 결한 개별공시지가의 효력

검증을 임의적으로 생략하거나 하자 있는 검증은 개별공시지가의 효력에 영향을 미치게 되며 그 하자의 정도에 따라 개별공시지가 결정을 무효 또는 취소로 만든다.

04 개별공시지가 검증의 문제점 및 개선방안

개별공시지가 검증기간의 부족, 자료의 부족, 검증수수료의 현실화 문제 등이 있다. 이에 대하여 충분한 검증기간의 부여, 공무원의 협조요청, 검증수수료의 현실화 등의 방안을 모색하여야 한다.

제4절	개별공시지가 정정제도

> **법 제12조(개별공시지가의 정정)**
> ① 시장·군수 또는 구청장은 개별공시지가에 틀린 계산, 오기, 표준지 선정의 착오, 그 밖에 대통령령으로 정하는 명백한 오류가 있음을 발견한 때에는 지체 없이 이를 정정하여야 한다.
>
> **시행령 제23조(개별공시지가의 정정사유)**
> ① 법 제12조에서 "대통령령으로 정하는 명백한 오류"란 다음 각 호의 어느 하나에 해당하는 경우를 말한다.
>   1. 법 제10조에 따른 공시절차를 완전하게 이행하지 아니한 경우
>   2. 용도지역·용도지구 등 토지가격에 영향을 미치는 주요 요인의 조사를 잘못한 경우
>   3. 토지가격비준표의 적용에 오류가 있는 경우
> ② 시장·군수 또는 구청장은 법 제12조에 따라 개별공시지가의 오류를 정정하려는 경우에는 시·군·구 부동산가격공시위원회의 심의를 거쳐 정정사항을 결정·공시하여야 한다. 다만, 틀린 계산 또는 오기(誤記)의 경우에는 시·군·구 부동산가격공시위원회의 심의를 거치지 아니할 수 있다.

01 서

개별공시지가는 각종 조세 등의 직접적 산정기준이 되어 국민의 권익에 구체적으로 영향을 미치는 행정행위로 그 성립상 하자가 있는 경우 법치행정의 원칙상 근거규정 없이 직권취소 및 정정이 가능하다. 그러나 부동산공시법은 직권으로 정정할 수 있는 명시적 규정을 두어 책임문제로 인한 정정회피문제를 해소하고 불필요한 행정쟁송을 방지함으로써 행정의 능률화를 도모하고 있다 할 것이다.

02 개별공시지가의 직권정정제도

1. 개별공시지가 직권정정제도의 의의 및 근거

직권정정제도란 개별공시지가에 틀린 계산·오기 등 명백한 오류가 있는 경우 이를 직권으로 정정할 수 있는 제도로 부동산공시법 제12조에 근거하며, 개별공시지가의 적정성을 담보하기 위한 수단이다.

2. 개별공시지가의 정정사유

개별공시지가에 틀린 계산, 오기, 표준지선정의 착오 및 대통령령으로 정하는 명백한 오류가 있음을 발견한 경우 정정할 수 있다. 대통령령으로 정하는 명백한 오류란 ① 토지소유자의 의견청취 또는 공시절차 등을 완전하게 이행하지 아니한 경우, ② 용도지역 등 토지가격에 영향을 미치는 주요요인의 조사를 잘못한 경우, ③ 토지가격비준표의 적용에 오류가 있는 경우 등이 있다.

3. 개별공시지가의 정정절차

시장·군수 또는 구청장이 오류를 정정하고자 하는 때에는 시·군·구 부동산가격공시위원회의 심의를 거쳐 정정사항을 결정·공시하여야 한다. 다만, 계산이 잘못되거나 기재에 오류가 있는 경우에는 시·군·구 부동산가격공시위원회의 심의를 거치지 아니하고 직권으로 정정하여 결정·공시할 수 있다.

4. 정정의 효과

개별공시지가가 정정된 경우에는 새로이 개별공시지가가 결정·공시된 것으로 본다. 다만, 그 효력발생시기에 대해 판례는 개별토지가격이 지가산정에 명백한 잘못이 있어 경정결정·공고되었다면 당초에 결정·공고된 개별토지가격은 그 효력을 상실하고 경정결정된 새로운 토지가격이 공시기준일에 소급하여 그 효력을 발생한다고 한다.

03 입법적 평가

행정청이 행정목적을 위한 처분에 오산, 오기 등 명백한 잘못이 있는 경우에는 직권 또는 신청에 의하여 이를 정정할 수 있다(행정절차법 제25조). 이는 국민의 권익구제는 물론 행정의 적법성 보장에도 필요하다고 본다.

그러나 개별공시지가의 정정사유에는 틀린 계산, 오기는 물론 개별공시지가의 결정절차를 결한 경우도 포함하고 있다. 이는 절차를 결한 개별공시지가의 위법성을 과세단계에서 다툴 수 있다는 판례의 태도로 인하여 소송단계에 이르지 않고 위법한 개별공시지가를 정정할 수 있도록 규정된 것으로 이해된다.

04 관련문제(정정신청에 대한 행정청의 거부행위에 대한 불복가능성)

이는 행정청의 거부행위가 항고소송의 대상적격이 되기 위한 신청인의 권리·의무에 직접 관계가 있는 공권력 행사의 거부일 것, 법규상·조리상 신청권이 있을 것을 충족하고 있는지와 관계된다. 특히 신청권의 존부와 관련해서 문제되는데 판례는 국민의 정정신청은 행정청의 직권발동을 촉구하는 것에 지나지 않는다고 하여 그 거부가 항고소송의 대상이 되는 처분이 아니라고 판시하고 있다. 따라서 판례에 의할 경우 신청권이 부정되어 소제기가 불가능하게 된다.

> 판례
>
> ▶ 관련판례(대판 2002.2.5, 2000두5043) [개별공시지가정정불가처분취소]
>
> [판시사항]
> 개별토지가격합동조사지침 제12조의3 소정의 개별공시지가 경정결정신청에 대한 행정청의 정정불가결정 통지가 항고소송의 대상이 되는 처분인지 여부(소극)

[판결요지]

개별토지가격합동조사지침(1991.3.29. 국무총리훈령 제248호로 개정된 것) 제12조의3은 행정청이 개별토지가격결정에 틀린 계산·오기 등 명백한 오류가 있음을 발견한 경우 직권으로 이를 경정하도록 한 규정으로서 토지소유자 등 이해관계인이 그 경정결정을 신청할 수 있는 권리를 인정하고 있지 아니하므로, 토지소유자 등의 토지에 대한 개별공시지가 조정신청을 재조사청구가 아닌 경정결정신청으로 본다고 할지라도, 이는 행정청에 대하여 직권발동을 촉구하는 의미밖에 없으므로, 행정청이 위 조정신청에 대하여 정정불가결정 통지를 한 것은 이른바 관념의 통지에 불과할 뿐 항고소송의 대상이 되는 처분이 아니다.

[참조조문]

개별토지가격합동조사지침(1991.3.29. 국무총리훈령 제248호로 개정된 것) 제12조의3, 행정소송법 제2조, 제19조

그러나 행정절차법 제25조의 규정상 신청권이 인정된다는 점을 볼 때 판례의 태도는 비판의 여지가 있다고 생각된다.

05 기출문제

≫ 기출문제(제4회 2번)

「부동산 가격공시에 관한 법률」(이하 '부동산공시법')에 근거하여 시장·군수·자치구청장이 행하는 개별공시지가 결정의 법적 성질에 대하여 설명하시오. 30점

≫ 기출문제(제5회 2번)

개별토지지가 결정절차상의 하자에 대한 불복방법을 설명하시오. 30점

≫ 기출문제(제7회 2번)

개별공시지가의 검증에 대하여 설명하시오. 20점

≫ 기출문제(제13회 3번)

甲시장은 개별공시지가를 乙에게 개별통지하였으나, 乙은 행정소송제기기간이 경과하도록 이를 다투지 않았다. 후속 행정행위를 발령받은 후에 개별공시지가의 위법성을 이유로 후속 행정행위를 다투고자 하는 경우, 이미 다툴 수 있다고 인정한 바 있는 대법원 1994.1.25. 93누8542 판결과 대비하여 그 가능성 여부를 설명하시오. 20점

≫ 기출문제(제19회 2번)

토지에 대한 개별공시지가 결정을 다투려고 하는 경우 다음 각각의 사안에 대하여 논술하시오. 40점

(1) 甲은 A시장이 자신의 소유토지에 대한 개별공시지가를 결정함에 있어서 「부동산 가격공시에 관한 법률」 제10조 제4항에 의하여 국토교통부장관이 작성한 토지가격비준표를 고려하지 않았다고 주장한다. 이에 A시장은 토지가격비준표를 고려하지 않은 것은 사실이나, 같은 법 제10조 제5항의 규정에 따른 산정지가검증이 적정하게 행해졌으므로 甲 소유의 토지에 대한 개별공시지가 결정은 적법하다고 주장한다. A시장 주장의 타당성에 대하여 검토하시오. 20점

(2) 乙은 A시장이 자신의 소유토지에 대한 개별공시지가를 결정함에 있어서 「부동산 가격공시에 관한 법률」 제10조 제5항에 의하여 받아야 하는 산정지가 검증을 거치지 않았다는 이유로 개별공시지가 결정이 위법하다고 주장하였다. A시장은 乙의 주장이 있자 산정지가 검증을 보완하였다. 乙이 검증절차의 위법을 이유로 개별공시지가 결정을 다투는 소송을 제기하려는 경우 그 방법 및 인용가능성은? 20점

≫ 기출문제(제21회 2번)

뉴타운(New Town) 개발이 한창인 A지역 인근에 주택을 소유한 P는 자신의 주택에 대하여 전년도 대비 현저히 상승한 개별공시지가를 확인하고 향후 부과될 관련 세금의 상승 등을 우려하여 「부동산 가격공시에 관한 법률」 제11조에 따른 이의신청을 하였으나 기각되었다. 이에 P는 확정된 개별공시지가에 대하여 다시 행정심판을 제기하였으나 행정심판위원회는 그 청구를 받아들이지 않았다. 그 후 P는 자신이 소유한 주택에 대하여 전년도보다 높은 재산세(부동산보유세)를 부과받게 되었다. 30점

(1) P가 이의신청과 행정심판을 모두 제기한 것은 적법한지에 대하여 설명하시오. 10점

(2) P가 소유한 주택에 대하여 확정된 개별공시지가가 위법함을 이유로, 그 개별공시지가를 기초로 부과된 재산세에 대한 취소청구소송을 제기할 수 있는지에 대하여 논술하시오. 20점

≫ 기출문제(제24회 2번)

S시에 임야 30,000㎡를 소유하고 있다. S시장은 甲소유의 토지에 대하여 토지의 이용상황을 실제 이용되고 있는 '자연림'으로 하여 개별공시지가를 산정한 다음 A감정평가법인에 검증을 의뢰하였는데, A감정평가법인이 그 토지의 이용상황을 '공업용'으로 잘못 정정하여 검증지가를 산정하고, 시(市)부동산가격공시위원회가 검증지가를 심의하면서 그 잘못을 발견하지 못하였다. 이에 따라 甲소유 토지의 개별공시지가가 적정가격보다 훨씬 높은 가격으로 결정·공시되었다. B은행은 S시의 공시지가를 신뢰하고, 甲에게 70억원을 대출하였는데, 甲이 파산함에 따라 채권회수에 실패하였다. 다음 물음에 답하시오. 30점

(1) B은행은 S시를 대상으로 국가배상을 청구하였다. S시의 개별공시지가 결정행위가 국가배상법 제2조상의 위법행위에 해당하는가에 관하여 논하시오. 20점

(2) S시장은 개별공시지가제도의 입법목적을 이유로 S시 담당공무원들의 개별공시지가 산정에 관한 직무상 행위와 B은행의 손해 사이에 상당인과관계가 없다고 항변한다. S시장의 항변의 타당성에 관하여 논하시오. 10점

≫ 기출문제(제29회 3번)

서울의 A구청장은 이 사건 B토지의 비교표준지로 A구의 C토지(2017.1.1. 기준공시지가는 1㎡당 810만원임)를 선정하고 이 사건 B토지와 비교표준지 C의 토지가격비준표상 토지특성을 조사한 결과 총 가격배율이 1.00으로 조사됨에 따라 이 사건 각 토지의 가격을 1㎡ 당 810만원으로 산정하였다. 감정평가사 D는 A구청장으로부터 이와 같이 산정된 가격의 검증을 의뢰받고 이 사건 각 토지가 비교표준지와 비교하여 환경조건, 획지조건 및 기타조건에서 열세에 있어 비교표준지의 공시지가를 약 83.9%의 비율로 감액한 1㎡당 680만원을 개별공시지가로 정함이 적정하다는 검증의견을 제시하였다. A구청장은 이 검증의견을 받아들여 2017.5.30.에 이 사건 각 토지의 개별공시지가를 1㎡당 680

만원으로 결정·공시하였다. B토지소유자는 1㎡ 당 680만원으로 결정·공시된 B토지의 개별공시지가에 대하여 1㎡ 당 810만원으로 증액되어야 한다는 취지로 이의신청을 제기하였다. B토지소유자의 이의신청에 따라 A구청장은 감정평가사 E에게 이 사건 토지의 가격에 대한 검증을 의뢰하였다. 검증을 담당한 감정평가사 E는 토지특성 적용 및 비교표준지 선정에는 오류가 없으나 인근 지가와의 균형을 고려하여 개별공시지가를 1㎡당 700만원으로 증액함이 상당하다는 의견을 제시하였다. (이 사건 토지가 비교표준지와 비교하여 환경조건 및 획지조건에서 열세에 있다고 보아 비교표준지의 공시지가에 대하여 약 86.5%의 비율로 감액) 이에 A구청장은 A구 부동산가격공시위원회의 심의를 거쳐 이 검증의견을 받아들여 B토지에 대하여 1㎡당 700만원으로 개별공시지가결정을 하였다. 이에 대하여 B토지소유자는 토지가격비준표와 달리 결정된 개별공시지가결정은 위법하다고 주장한다. 이 주장은 타당한가? **20점**

≫ 기출문제(제30회 1번)

관할 A시장은 「부동산 가격공시에 관한 법률」에 따라 甲소유의 토지에 대해 공시기준일을 2018.1.1.로 한 개별공시지가를 2018.6.28. 결정·공시하고('당초 공시지가') 甲에게 개별 통지하였으나, 이는 토지가격비준표의 적용에 오류가 있는 것이었다. 이후 甲소유의 토지를 포함한 지역 일대에 개발사업이 시행되면서 관련법에 의한 부담금 부과의 대상이 된 甲의 토지에 대해 A시장은 2018.8.3. 당초 공시지가에 근거하여 甲에게 부담금을 부과하였다. 한편 甲소유 토지에 대한 당초 공시지가에 이의가 있는 인근 주민 乙은 이의신청기간이 도과한 2018.8.10. A시장에게 이의를 신청하였고, A시장은 甲소유 토지에 대한 당초 공시지가를 결정할 때 토지가격비준표의 적용에 오류가 있었음을 이유로 「부동산 가격공시에 관한 법률」 제12조 및 같은 법 시행령 제23조 제1항에 따라 개별공시지가를 감액하는 정정을 하였고, 정정된 공시지가는 2018.9.7. 甲에게 통지되었다. 다음 물음에 답하시오. (아래 설문은 각각 별개의 독립된 상황임) **40점**

(1) 甲은 정정된 공시지가에 대해 2018.10.22. 취소소송을 제기하였다. 甲의 소송은 적법한가? **15점**

(2) 甲은 이의신청기간이 도과한 후에 이루어진 A시장의 개별공시지가 정정처분은 위법하다고 주장한다. 甲의 주장은 타당한가? **10점**

(3) 만약, A시장이 당초 공시지가에 근거하여 甲에게 부담금을 부과한 것이 위법한 것이더라도, 이후 A시장이 토지가격비준표를 제대로 적용하여 정정한 개별공시지가가 당초 공시지가와 동일하게 산정되었다면, 甲에 대한 부담금 부과의 하자는 치유되는가? **15점**

≫ 기출문제(제32회 2번)

甲은 A시에 토지를 소유하고 있다. A시장은 甲의 토지 등의 비교표준지로 A시 소재 일정 토지(2020.1.1. 기준 공시지가는 1㎡당 1,000만원이다)를 선정하고, 갑의 토지 등과 비교표준지의 토지가격비준표상 총 가격배율 1.00으로 조사함에 따라 甲의 토지의 가격을 1㎡당 1,000만원으로 산정하였다. A시장으로부터 산정된 가격의 검증을 의뢰받은 감정평가사 乙은 甲의 토지가 비교표준지와 비교하여 환경조건, 획지조건, 및 기타 조건에 열세에 있고, 특히 기타조건과 관련하여 비교표준지는 개발을 위한 거래가 이어지고 있으나, 甲의 토지등은 개발 움직임이 없다는 점을 '장래의 동향'으로 반영하여 91%의 비율로 열세에 있다고 보아, 비교표준지의 공시지가를 약 83.9%의 비율로 감액한 1㎡당 839만원을 개별공시지가로 정함이 적정하다는 검증의견을 제시하였다. A시장은 A시 부동산가격공시위원회의 심의를 거쳐 이 검증의견을 그대로 받아들여 2020.5.20. 甲의 토지의 개별공시지가를 1㎡ 당 839만원으로 결정·공시하고, 甲에게 개별통지 하였다. 甲은 토지가격비준표에 제시된 토지특성에 기초한 가격배율을 무시하고, 乙이 감정평가방식에 따라 독자적으로 지가를 산정하여 제시한 검증의견을 그대로 반영하여 개별공시지가를 결정한 것은 위법하다고 보아, 「부동산가격공시에 관한 법률」 제11조에 따라 2020.6.15. 이의신청을 제기하였고, 2020.7.10. 이의를 기각하는 내용의 이의신청 결과가 甲에게 통지되었다. 다음 물음에 답하시오. (아래의 물음은 각 별개의 상황임) **30점**

(1) 甲은 2020.9.10. 개별공시지가결정에 대해 취소소송을 제기하였다. 甲이 제기한 취소소송은 제소기간을 준수하였는가? **10점**

(2) 甲이 개별공시지가결정에 대해 다투지 않은 채 제소기간이 도과하였고, 이후 甲의 토지에 대해 수용재결이 있었다. 甲이 보상금의 증액을 구하는 소송에서 개별공시지가결정의 위법을 주장하는 경우, 甲의 주장은 인용될 수 있는가? **20점**

◑ **부동산 가격공시에 관한 법률**
제11조(개별공시지가에 대한 이의신청)
① 개별공시지가에 이의가 있는 자는 그 결정·공시일부터 30일 이내에 서면으로 시장·군수 또는 구청장에게 이의를 신청할 수 있다.
②~③ 생략

제12조(개별공시지가의 정정)
시장·군수 또는 구청장은 개별공시지가에 틀린 계산, 오기, 표준지 선정의 착오, 그 밖에 대통령령으로 정하는 명백한 오류가 있음을 발견한 때에는 지체 없이 이를 정정하여야 한다.

◑ **부동산 가격공시에 관한 법률 시행령**
제23조(개별공시지가의 정정사유)
① 법 제12조에서 "대통령령으로 정하는 명백한 오류"란 다음 각 호의 어느 하나에 해당하는 경우를 말한다.
  1. 법 제10조에 따른 공시절차를 완전하게 이행하지 아니한 경우
  2. 용도지역·용도지구 등 토지가격에 영향을 미치는 주요 요인의 조사를 잘못한 경우
  3. 토지가격비준표의 적용에 오류가 있는 경우
② 생략

06 기본문제

경기도 A시에 거주하는 甲은 부동산불패신화를 믿고 토지를 취득하였다가 양도하였는데, A시장은 이 토지의 양도 당시 기준시가를 이 토지의 개별공시지가로 결정하여 공고하였다. 그런데 A시장이 이 토지에 대한 개별공시지가를 결정함에 있어서 공부상 지목이 전(田)인 토지 중 일부에 주택이 건립되어 있으나 나머지 부분은 사실상 전(田)으로 이용되고 있는 부분에 대하여도 지목이 대지인 표준지를 선정하여 개별공시지가를 결정하였다. 그러나 甲은 이 개별공시지가 결정에 대하여 「부동산 가격공시에 관한 법률」 소정의 불복절차를 밟지 않은 채 행정쟁송 제기기간을 도과하였다. 이후 A시장은 이 토지에 대한 개별공시지가를 기초로 소득세법에 의거 甲에 대해 양도소득세부과처분을 하였다. 이에 甲은 개별공시지가결정에 하자가 있다는 이유로 양도소득세부과처분이 위법하다고 주장하면서 양도소득세부과처분 취소소송을 제기하였다. 甲의 청구는 인용될 수 있는지를 논술하시오. 단, 甲이 개별공시지가에 대해 개별통지를 받지 못한 경우와 받은 경우를 각각 검토해 보라. **40점**

I. 논점의 정리

(1) 甲의 양도소득세부과처분 취소소송의 인용가능성은 하자승계와 관련된 논의이다. 따라서 부동산 가격공시에 관한 법률(이하 부동산공시법)상 개별공시지가 결정과 양도소득세부과처분의 법적 성질 및 소제기 적법성을 살피고, 각 행위의 위법성 여부와 정도를 검토한다.

(2) 甲의 청구가 인용되기 위해서는 하자의 승계를 논의하고 甲이 개별공시지가에 대해 개별통지를 받은 경우와 받지 못한 경우에 있어서 '수인가능성과 예측가능성'이 인정되는가를 검토하여 인용가 능성을 검토하겠다.

II. 개별공시지가결정의 법적 성질

1. 개별공시지가의 의의 및 처분성 논의

개별공시지가는 매년 공시기준일 현재 시·군·구청장이 단위면적당 가격을 결정·공시하는 것을 말한다. 처분성이 인정되기 위해서는 행정소송법 제2조 제1항 제1호 「처분」이란 행정청이 행하는 구체적 사실에 관한 법집행으로서 공권력의 행사 및 그 밖에 이에 준하는 행정작용이어야 한다. 개별공시지가결정이 처분에 해당하는지와 관련하여 학설과 판례의 논의가 있다.

2. 학설

① 입법행위설은 개별공시지가는 후속 행정행위인 과세처분 등의 산정기준이 되는 것이므로 일반적·추상적인 규율이라고 본다.
② 사실행위설은 개별공시지가는 현실적으로 존재하는 정상지가를 조사하여 공시함으로써 지가정보를 제공하는 의사작용을 요소로 하는 사실행위라고 본다.
③ 행정행위설은 후속 행정행위는 개별공시지가 결정에 직접적으로 기속을 받는 것이므로, 개별공시지가 결정은 이미 그 자체로서 국민의 권리·의무에 영향을 미치게 된다고 보는 것이다.

3. 판례의 태도

시·군·구청장의 개별토지가격의 결정은 개발부담금 등 산정의 기준이 되어 국민의 권리나 의무 또는 법률상 이익에 직접적으로 관계되는 것으로서 행정청이 행하는 구체적 사실에 관한 법집행으로 공권력의 행사이므로, 항고소송의 대상이 되는 행정처분에 해당한다고 판시했다.

4. 검토

(1) 개별적·구체적 규율성의 문제

개별공시지가의 결정은 사람을 대상으로 하는 것이 아니라 개별토지의 성질이나 상태에 대한 규율의 성질을 띠므로, 이때는 인적 범위의 특정성은 의미를 지니지 못한다. 개별공시지가는 토지관련 세금에 있어 구속력을 가지고 적용된다는 점에서 국민의 권리·의무에 영향을 미치는 법적규율성이 인정된다고 보아야 할 것이다.

(2) 소결

위와 같이 검토한 결과 개별공시지가는 국민의 권리·의무에 영향을 미치는 행위로서 물건의 성질이나 상태에 관한 규율을 하여 이것이 당사자의 권리·의무에 영향을 미치는 행위로서 물적행정행위인바, 처분성이 인정된다 할 것이다.

III. 甲의 양도소득세부과처분 취소소송 제기 적법성

양도소득세 부과는 甲의 권리와 의무에 구체적이고 직접적인 영향을 미치는바 행정소송법상 처분으로 강학상 '하명'에 해당한다(대법원 판례). 기타 취소소송 제기요건으로 원고적격, 협의의 소익, 제소기간 준수 등이 있지만 해당 사안에서는 특별한 언급이 없으므로 소송요건은 충족했다고 보겠다.

IV. 양 행정행위의 위법성과 그 정도

1. 개별공시지가 결정의 위법성

(1) 위법성 사유

① 산정기준 : 부동산공시법 제10조 제4항은 시장·군수 또는 구청장이 개별공시지가를 결정·공시하는 경우에는 해당 토지와 유사한 이용가치를 지닌다고 인정되는 하나 또는 둘 이상의 표준지의 공시지가를 기준으로 토지가격비준표를 사용하여 지가를 산정하되, 해당 토지의 가격과 표준지공시지가가 균형을 유지하도록 하여야 한다고 규정하고 있다.

② 판례의 태도 : 개별토지가격은 기본적으로 대상토지와 같은 가격권 안에 있는 표준지 중에서 지가형성요인이 가장 유사한 표준지를 선택하여야 보다 합리적이고 객관적으로 산정할 수 있는 것이므로 그 비교표준지는 대상토지와 용도지역, 토지이용상황 기타 자연적·사회적 조건 등 토지특성이 같거나 가장 유사한 표준지 중에서 선택하여야 할 것이다. 토지특성이 유사한 비교표준지를 선정하지 하지 아니하고 결정한 개별공시지가 결정은 위법하다고 본다(대판 2000.6.9, 99두5542).

③ 사안의 경우 : 부동산공시법은 개별공시지가를 결정함에 있어 유사한 이용가치를 지닌다고 인정되는 표준지공시지가를 기준으로 개별공시지가를 결정하도록 되어 있음에도 불구하고, A시장은 개별공시지가를 결정함에 있어 공부상 지목이 전(田)인 토지 중 일부에 주택이 건립되어 있을 뿐 나머지 부분은 전(田)으로 이용되고 있음에도 불구하고 토지 전체가 대지로 이용되고 있다고 보아 지목이 대지인 표준지를 선정하여 개별공시지가를 결정하였으므로 이는 부동산공시법 제10조 제4항을 위반한 위법이 있다.

(2) 위법성 정도

무효의 위법사유가 있는 경우 하자승계가 문제되지 않는다는 점에서 위법성의 정도가 취소사유에 해당하는지 무효사유에 해당하는지 그 실익이 있다. 무효와 취소의 구별기준은 통설과 판례의 태도인 중대명백설에 의해 법 위반이 중대하고 외견상 명백한 경우 무효로 본다.

사안에서는 개별공시지가 결정의 하자는 부동산공시법의 중요사항을 위반한 것이므로 중대한 하자에 해당하지만 일반 제3자의 시각에서 관찰할 때 명백한 하자로 평가하기는 어려우므로 취소사유에 해당한다고 보아야 할 것이다.

2. 양도소득세부과처분의 위법성

(1) 문제의 소재

양도소득세부과처분의 근거가 되는 개별공시지가가 위법한바 소득세부과처분의 독립적 위법사유가 있는가의 검토가 요구된다.

(2) 사안의 경우

개별공시지가가 위법하다 하더라도 그 정도가 취소사유인바, 공정력으로 인해 유효하므로 이에 근거한 소득세부과처분도 유효하다. 또한 주체, 형식, 절차, 내용상의 독자적 위법사유가 발견되지 않으므로 양도소득세부과처분은 적법한 행정행위이다.

Ⅴ. 개별공시지가 결정의 하자가 과세처분에 승계되는지 여부

1. 문제의 소재

甲이 개별공시지가 결정단계에서 행정쟁송을 제기하지 않아 불가쟁력이 발생한바, 선행처분의 하자를 이유로 양도소득세부과처분을 다투어서 이를 취소소송을 제기하여 승소가 가능한지 검토한다.

2. 하자승계

(1) 하자승계의 의의 및 논의의 배경

하자승계란 선행 행정행위의 위법을 불가쟁력이 발생함을 이유로 후행 행정행위의 단계에서 다툼이 가능한가의 논의이다. 이는 불가쟁력에 따른 행정의 법적안정성과 행정의 법률적합성에 의한 국민의 권리구제의 조화의 문제이다. 개별공시지가가 위법함에도 불가쟁력이 발생한 경우 후행 과세·부담금처분단계에서 다툼이 가능한가의 논의이다.

(2) 하자승계 논의 전제요건

① 양 행정작용이 행정행위일 것, ② 선행정행위에 취소 정도의 위법성이 있을 것, ③ 후행정행위에 독자적 위법성이 없을 것, ④ 선행정행위에 불가쟁력이 발생하였어야 하자승계를 논의할 전제가 된다.

사안에서는 앞에서 보았듯이 ①, ②, ③ 요건은 충족하였고, 설문에서 개별공시지가 결정에 대해 행정쟁송 제기기간이 도과하였다고 서술하고 있는바 모든 전제는 충족되었다.

(3) 해결논의

① 전통적인 견해는 양 행정행위가 목적하는 법적 효과가 동일한가 여부로 판단한다.
② 새로운 견해(구속력론)는 선행처분에 불가쟁력이 발생하여 그 효력이나 법적 상태는 일정한 한계(대물적 한계, 대인적 한계, 시간적 한계, 예측가능성과 수인한도성의 추가적 한계) 내에서 후행처분을 구속하므로 후행행위의 단계에서는 다른 주장을 할 수 없다는 견해이다.

(4) 판례의 태도

〈판례〉의 주류적 태도는 전통적 견해의 입장에서 하자승계 여부를 판단한다. 그러나 개별공시지가와 양도소득세부과처분에서는 법률효과가 다르더라도 국민의 예측가능성과 수인가능성, 국민의 재판받을 권리 등을 근거로 하자승계를 인정한 바 있다.

(5) 소결

전통적 견해는 동일한 법적 효과라는 형식적 기준으로만 하자의 승계 여부를 판단하므로 국민의 권익을 소홀히 할 수 있다는 비판이 있다. 구속력론은 법원의 기판력을 차용했으며, 독일에서의 다단계 행정결정에 사용되는 개념을 하자의 승계 논의에 사용하는 것은 적절하지 않다는 비판이 있다.

따라서 〈판례〉의 입장에 따라 기본적으로 통설의 입장에 따르되 구체적 타당성을 위해 수인가능성과 예측가능성을 고려하는 것이 법적안정성과 국민의 재판청구권이라는 양자의 조화를 이루는 방법이다.

3. 구체적 적용

(1) 개별공시지가에 대해 상대방이 개별적으로 통지를 받지 못한 경우

① **전통적 견해에 따르면** : 전통적 견해인 하자승계론에 따르면 개별공시지가와 양도소득세부과처분은 각각 별개의 법적 효과를 목적으로 하기 때문에 甲이 개별공시지가 결정공시가 있었음을 전혀 알지 못하는 경우에도 하자승계는 인정할 수 없을 것이다.

② **구속력이론에 따르면** : '수인성의 원칙'이란 입법자나 행정기관의 작용은 그 효과가 사인이 수인할 수 있는 것이어야 한다는 원칙이다(판례). 구속력이론에 따르면 甲이 통지를 받지 못했기 때문에 위법한 개별공시지가를 다투지 못하고 불가쟁력이 발생한바 이는 수인가능성이 있었다고 볼 수 없다. 따라서 하자의 승계는 인정된다.

③ **판례의 태도** : 〈판례〉는 선행처분이 무효가 아닌 한 후행처분단계에서의 하자승계는 인정하지 않으나, 예외적으로 선행처분의 불가쟁력이나 구속력이 그로 인하여 불이익을 입게 되는 자에게 수인한도를 넘는 가혹함을 가져오고 그 결과가 당사자에게 예측가능한 것이 아닌 경우에는 국민의 재판받을 권리를 보장하고 있는 헌법의 이념에 비추어 하자승계가 가능하다고 본다. 따라서 甲은 개별공시지가 결정을 사전에 알고 그에 대해 취소소송을 제기해야 한다고 하는 것은 수인가능성을 넘는 것이 된다. 甲의 하자승계는 인정된다.

④ **사안의 경우** : 甲이 개별공시지가에 대해 알 수 없는 경우에도 하자의 승계를 인정하지 않으면 甲의 권익보호와 재판청구권을 과도하게 침해하는바, 하자의 승계를 인정하여 법원은 승소판결을 내리는 것이 바람직하다.

(2) 개별공시지가의 개별통지를 받은 경우

① **전통적 견해에 따를 경우** : 전통적 견해는 양 행정행위의 법적 효과가 동일할 경우에만 하자승계가 인정된다고 보는바, 개별통지를 받고 개별공시지가 결정단계에서 쟁송을 제기하지 않은 경우에는 하자승계는 인정되지 않는다.

② **구속력이론에 따를 경우** : 각 행정행위는 다른 법적 효과라 하여 구속력이 미치지 않는 것처럼 보이지만 甲이 개별공시지가 결정을 안 경우 수인가능성과 예측가능성이 있으므로 이 견해에 따르더라도 하자의 승계는 인정되지 않는다.

③ **판례의 태도** : 〈판례〉는 원고가 이 사건 토지를 매도한 이후에 그 양도소득세 산정의 기초가 되는 개별공시지가결정에 대하여 한 재조사청구에 따른 감액조정결정을 통지 받고서도 더 이상 다투지 아니한 경우까지 선행처분인 개별공시지가 결정의 불가쟁력이나 구속력이 수인한도를 넘는 가혹한 것이거나 예측 불가능하다고 볼 수 없어, 위 개별공시지가 결정의 위법을 이 사건 과세처분의 위법사유로 주장할 수 없다(대판 1998.3.13, 96누6059)고 판시하였다.

개별적으로 통지를 받은 경우에도 수인한도 및 예측가능성을 침해한 것이 아니고, 선행 개별공시지가결정과 후행 과세처분은 별개의 효과발생을 목적으로 하므로 하자는 승계되지 않는다. 따라서 과세처분에 대한 취소소송에서 甲의 청구는 기각될 것이다.

④ **사안의 경우** : 사안의 경우 통설, 구속력이론, 판례의 태도를 모두 검토하여도 甲이 개별공시지가결정의 위법성을 알 수 있었다면 불가쟁력이 발생한 후 하자승계를 주장할 수 없다.

Ⅵ. 사례의 해결

(1) 개별공시지가 결정은 판례와 행정행위성을 긍정하는 견해에 따를 경우 물적행정행위로서 개별성은 없으나 구체적 규율성이 인정된다고 보아 처분성의 징표에 해당되고, 양도소득세부과처분 역시 국민에게 과세부담을 지운다는 점에서 처분성이 인정된다.

(2) 개별공시지가 결정은 대상토지와 가격형성 측면에서 유사한 공시지가를 기준으로 하여야 한다는 것이 부동산공시법과 판례의 태도인바, A시장은 대상부동산과 유사한 이용상황의 공시지가를 기준으로 개별공시지가를 결정하지 않은 취소사유에 해당하는 위법이 있다. 그러나 양도소득세부과처분에는 독립적 위법사유가 없으며 선행처분을 다툴 쟁송제기기간은 도과하였으므로 하자승계논의를 위한 전제요건은 충족된다.

(3) 甲이 양도소득세 결정을 알 수 없었다면, 〈판례〉의 입장에 따라 원칙적으로 전통적 견해의 입장에서 예측가능성과 수인가능성 여부로 하자승계를 결정함이 타당할 것이다. 따라서 甲은 수인가능성을 넘은 것으로 하자의 승계를 인정하여 법원은 원고승소판결을 내려야 한다.

(4) 甲이 양도소득세 결정을 알 수 있었다면 전통적 견해는 양 행정행위의 법적 효과가 다름을 이유로, 구속력이론과 〈판례〉는 수인한도성과 예측가능성이 있다는 이유로 하자승계는 부정되고, 법원은 기각판결을 내려야 한다.

주택가격공시제도

제1절 표준주택가격의 공시와 개별주택가격의 공시

01 서

주택가격공시제도는 정부의 조세형평주의의 일환으로 종합부동산세를 부과하기 위한 기준을 마련하기 위하여 도입된 제도이다. 종전 지가공시법에는 표준지공시지가와 개별공시지가가 담겨 있었는데 주택가격공시제도를 포함하여 새롭게 입법이 되었으며 부동산 가격공시에 관한 법률이 탄생하게 되었다. 단독주택가격의 공시는 표준주택가격의 공시와 개별주택가격의 공시로 나뉘어진다.

02 표준주택가격의 공시

> ➔ 법 제16조(표준주택가격의 조사·산정 및 공시 등)
> ① 국토교통부장관은 용도지역, 건물구조 등이 일반적으로 유사하다고 인정되는 일단의 단독주택 중에서 선정한 표준주택에 대하여 매년 공시기준일 현재의 적정가격(이하 "표준주택가격"이라 한다)을 조사·산정하고, 제24조에 따른 중앙부동산가격공시위원회의 심의를 거쳐 이를 공시하여야 한다.
> ② 제1항에 따른 공시에는 다음 각 호의 사항이 포함되어야 한다.
>   1. 표준주택의 지번
>   2. 표준주택가격
>   3. 표준주택의 대지면적 및 형상
>   4. 표준주택의 용도, 연면적, 구조 및 사용승인일(임시사용승인일을 포함한다)
>   5. 그 밖에 대통령령으로 정하는 사항
> ③ 제1항에 따른 표준주택의 선정, 공시기준일, 공시의 시기, 조사·산정기준 및 공시절차 등에 필요한 사항은 대통령령으로 정한다.
> ④ 국토교통부장관은 제1항에 따라 표준주택가격을 조사·산정하고자 할 때에는 「한국부동산원법」에 따른 한국부동산원(이하 '부동산원'이라 한다)에 의뢰한다.
> ⑤ 국토교통부장관이 제1항에 따라 표준주택가격을 조사·산정하는 경우에는 인근 유사 단독주택의 거래가격·임대료 및 해당 단독주택과 유사한 이용가치를 지닌다고 인정되는 단독주택의 건설에 필요한 비용추정액, 인근 지역 및 다른 지역과의 형평성·특수성, 표준주택가격 변동의 예측 가능성 등 제반사항을 종합적으로 참작하여야 한다.
> ⑥ 국토교통부장관은 제17조에 따른 개별주택가격의 산정을 위하여 필요하다고 인정하는 경우에는 표준주택과 산정대상 개별주택의 가격형성요인에 관한 표준적인 비교표(이하 "주택가격비준표"라 한다)를 작성하여 시장·군수 또는 구청장에게 제공하여야 한다.

⑦ 제3조 제2항·제4조·제6조·제7조 및 제13조는 제1항에 따른 표준주택가격의 공시에 준용한다. 이 경우 제7조 제2항 후단 중 "제3조"는 "제16조"로 본다.

🔖 법 제19조(주택가격 공시의 효력)
① 표준주택가격은 국가·지방자치단체 등이 그 업무와 관련하여 개별주택가격을 산정하는 경우에 그 기준이 된다.
② 개별주택가격 및 공동주택가격은 주택시장의 가격정보를 제공하고, 국가·지방자치단체 등이 과세 등의 업무와 관련하여 주택의 가격을 산정하는 경우에 그 기준으로 활용될 수 있다.

1. 의의

표준주택가격이란 국토교통부장관이 용도지역, 건물의 구조 등이 일반적으로 유사하다고 인정되는 일단의 단독주택 중에서 선정한 표준주택에 대한 매년 공시기준일 현재의 적정가격을 말한다.

2. 법적 성질

표준주택공시가격의 법적 성질이 무엇인지에 대하여 아직 논의가 성숙되지 못하였다. 표준주택공시가격은 표준지공시지가와 매우 흡사한 부분이 있다. 그러나 표준지공시지가는 여러 가지 다양한 행정목적을 위하여 만들어진 공적지가이지만 표준주택가격은 과세의 기준으로만 활용된다. 따라서 표준주택가격의 법적 성질은 개별공시지가와 유사하게 국민의 권리·의무에 직접적인 영향이 있다고 보아야 한다. 따라서 처분성이 있다고 보여진다.

3. 산정

(1) 산정 및 공시절차(법 제16조 제1항)

국토교통부장관은 일단의 단독주택 중에서 해당 일단의 주택을 대표할 수 있는 주택을 선정하여야 하고, 국토교통부장관은 부동산공시법 제16조 제1항에 따라 표준주택가격을 조사·산정하고자 할 때에는 「한국부동산원법」에 따른 한국부동산원(이하 '부동산원'이라 한다)에 의뢰한다. 이후 중앙부동산가격공시위원회의 심의를 거쳐 표준주택가격을 공시하게 된다. 표준주택가격의 공시기준일은 원칙적으로 1월 1일로 한다.

(2) 공시사항(법 제16조 제2항)

표준주택가격을 공시할 때는 지번, 대지면적, 형상, 용도, 연면적, 구조, 사용승인일, 기타 대통령령으로 정하는 사항을 공시하여야 한다. 대통령령으로 정하는 사항에는 이의신청에 관한 사항이 포함되어야 한다.

4. 효력(법 제19조)

표준주택의 가격은 국가·지방자치단체 등의 기관이 그 업무와 관련하여 개별주택가격을 산정하는 경우에 그 기준이 된다.

5. 불복

표준주택가격에 대한 불복은 표준지공시지가 이의신청을 준용하도록 법 제16조 제7항에서 규정하고 있는바, 표준지공시지가의 이의신청을 준용하여 부동산공시법에서 정한 이의신청절차를 거치게 된다. 이후 표준주택가격의 처분성을 인정하게 되면 항고소송을 제기할 수 있다.

03 개별주택가격의 공시

> ➡ 법 제17조(개별주택가격의 결정 · 공시 등)
> ① 시장 · 군수 또는 구청장은 제25조에 따른 시 · 군 · 구 부동산가격공시위원회의 심의를 거쳐 매년 표준주택가격의 공시기준일 현재 관할구역 안의 개별주택의 가격(이하 "개별주택가격"이라 한다)을 결정 · 공시하고, 이를 관계 행정기관 등에 제공하여야 한다.
> ② 제1항에도 불구하고 표준주택으로 선정된 단독주택, 그 밖에 대통령령으로 정하는 단독주택에 대하여는 개별주택가격을 결정 · 공시하지 아니할 수 있다. 이 경우 표준주택으로 선정된 주택에 대하여는 해당 주택의 표준주택가격을 개별주택가격으로 본다.
> ③ 제1항에 따른 개별주택가격의 공시에는 다음 각 호의 사항이 포함되어야 한다.
>   1. 개별주택의 지번
>   2. 개별주택가격
>   3. 그 밖에 대통령령으로 정하는 사항
> ④ 시장 · 군수 또는 구청장은 공시기준일 이후에 토지의 분할 · 합병이나 건축물의 신축 등이 발생한 경우에는 대통령령으로 정하는 날을 기준으로 하여 개별주택가격을 결정 · 공시하여야 한다.
> ⑤ 시장 · 군수 또는 구청장이 개별주택가격을 결정 · 공시하는 경우에는 해당 주택과 유사한 이용가치를 지닌다고 인정되는 표준주택가격을 기준으로 주택가격비준표를 사용하여 가격을 산정하되, 해당 주택의 가격과 표준주택가격이 균형을 유지하도록 하여야 한다.
> ⑥ 시장 · 군수 또는 구청장은 개별주택가격을 결정 · 공시하기 위하여 개별주택의 가격을 산정할 때에는 표준주택가격과의 균형 등 그 타당성에 대하여 대통령령으로 정하는 바에 따라 부동산원의 검증을 받고 토지소유자, 그 밖의 이해관계인의 의견을 들어야 한다. 다만, 시장 · 군수 또는 구청장은 부동산원의 검증이 필요 없다고 인정되는 때에는 주택가격의 변동상황 등 대통령령으로 정하는 사항을 고려하여 부동산원의 검증을 생략할 수 있다.
> ⑦ 국토교통부장관은 공시행정의 합리적인 발전을 도모하고 표준주택가격과 개별주택가격과의 균형유지 등 적정한 가격형성을 위하여 필요하다고 인정하는 경우에는 개별주택가격의 결정 · 공시 등에 관하여 시장 · 군수 또는 구청장을 지도 · 감독할 수 있다.
> ⑧ 개별주택가격에 대한 이의신청 및 개별주택가격의 정정에 대하여는 제11조 및 제12조를 각각 준용한다. 이 경우 제11조 제2항 후단 중 "제10조"는 "제17조"로 본다.
> ⑨ 제1항부터 제8항까지에서 규정한 것 외에 개별주택가격의 산정, 검증 및 결정, 공시기준일, 공시의 시기, 조사 · 산정의 기준, 이해관계인의 의견청취 및 공시절차 등에 필요한 사항은 대통령령으로 정한다.

1. 의의

개별주택가격이란 시장·군수·구청장이 시·군·구 부동산가격공시위원회의 심의를 거쳐 결정·공시한 개별주택에 대한 매년 공시기준일 현재의 가격을 말한다.

2. 법적 성질

개별주택가격의 법적 성질이 무엇인지에 대해 의문이 있을 수 있는데 개별주택가격은 개별공시지가와 같이 과세의 기준이 된다는 점에서 법적 성질이 동일하다고 볼 수 있다. 따라서 개별주택가격은 국민의 권리·의무에 직접적인 영향을 미치는 처분에 해당한다고 하겠다.

3. 산정

(1) 산정절차 및 공시(법 제17조)

시장·군수·구청장은 국토교통부장관이 제정한 지침에 따라 원칙적으로 전국의 모든 개별주택가격을 조사·산정한다. 산정된 개별주택가격은 감정평가법인등이 검증을 하게 된다.

이후 시·군·구 부동산가격공시위원회의 심의를 거쳐서 공시한다. 개별주택가격의 공시기준일은 원칙적으로 1월 1일로 하되, 분할·합병 등의 사유가 발생하게 되면 6월 1일 등을 기준으로 정할 수 있다.

(2) 공시사항(법 제17조 제3항)

개별주택가격을 공시할 때에는 지번, 개별주택가격, 기타 대통령령으로 정하는 사항을 공시하여야 한다. 기타 대통령령으로 정한 사항에는 개별주택가격의 결정에 관한 사항 및 이의신청에 관한 사항이 포함된다.

(3) 개별주택가격을 공시하지 아니하는 단독주택

① 표준주택으로 선정된 단독주택, ② 국세 또는 지방세의 부과대상이 아닌 단독주택, ③ 그 밖에 국토교통부장관이 정하는 단독주택은 개별주택가격을 결정·공시하지 아니할 수 있다. 다만, 관계법령에 의하여 단독주택의 가격산정 등에 개별주택가격을 적용하도록 규정되어 있는 주택과 시장·군수 또는 구청장이 관계 행정기관의 장과 협의하여 개별주택가격을 결정·공시하기로 한 주택을 제외한다.

4. 효력(법 제19조 제2항)

개별주택가격은 주택시장의 가격정보를 제공하고, 국가·지방자치단체 등의 기관이 과세 등의 업무와 관련하여 주택의 가격을 산정하는 경우에 그 기준으로 활용될 수 있다.

5. 불복

개별주택가격에 대한 불복은 개별공시지가 이의신청을 준용하도록 법 제17조 제8항에서 규정하고 있는바, 개별공시지가의 이의신청을 준용하여 부동산공시법에서 정한 이의신청절차를 거치게 된다. 이후 개별주택가격의 처분성을 인정하게 되면 항고소송을 제기할 수 있다.

| 제2절 | **공동주택가격의 공시** |

01 공동주택가격의 공시

> 🔁 **법 제18조(공동주택가격의 조사·산정 및 공시 등)**
> ① 국토교통부장관은 공동주택에 대하여 매년 공시기준일 현재의 적정가격(이하 "공동주택가격"이라한다)을 조사·산정하여 제24조에 따른 중앙부동산가격공시위원회의 심의를 거쳐 공시하고, 이를관계 행정기관 등에 제공하여야 한다. 다만, 대통령령으로 정하는 바에 따라 국세청장이 국토교통부장관과 협의하여 공동주택가격을 별도로 결정·고시하는 경우를 제외한다.
> ② 국토교통부장관은 공동주택가격을 공시하기 위하여 그 가격을 산정할 때에는 대통령령으로 정하는바에 따라 공동주택소유자와 그 밖의 이해관계인의 의견을 들어야 한다.
> ③ 제1항에 따른 공동주택의 조사대상의 선정, 공시기준일, 공시의 시기, 공시사항, 조사·산정기준및 공시절차 등에 필요한 사항은 대통령령으로 정한다.
> ④ 국토교통부장관은 공시기준일 이후에 토지의 분할·합병이나 건축물의 신축 등이 발생한 경우에는대통령령으로 정하는 날을 기준으로 하여 공동주택가격을 결정·공시하여야 한다.
> ⑤ 국토교통부장관이 제1항에 따라 공동주택가격을 조사·산정하는 경우에는 인근 유사 공동주택의거래가격·임대료 및 해당 공동주택과 유사한 이용가치를 지닌다고 인정되는 공동주택의 건설에 필요한 비용추정액, 인근 지역 및 다른 지역과의 형평성·특수성, 공동주택가격 변동의 예측 가능성등 제반사항을 종합적으로 참작하여야 한다.
> ⑥ 국토교통부장관이 제1항에 따라 공동주택가격을 조사·산정하고자 할 때에는 부동산원에 의뢰한다.
> ⑦ 국토교통부장관은 제1항 또는 제4항에 따라 공시한 가격에 틀린 계산, 오기, 그 밖에 대통령령으로정하는 명백한 오류가 있음을 발견한 때에는 지체 없이 이를 정정하여야 한다.
> ⑧ 공동주택가격의 공시에 대하여는 제4조·제6조·제7조 및 제13조를 각각 준용한다. 이 경우 제7조제2항 후단 중 "제3조"는 "제18조"로 본다.
>
> 🔁 **법 제19조(주택가격 공시의 효력)**
> ① 표준주택가격은 국가·지방자치단체 등이 그 업무와 관련하여 개별주택가격을 산정하는 경우에 그기준이 된다.
> ② 개별주택가격 및 공동주택가격은 주택시장의 가격정보를 제공하고, 국가·지방자치단체 등이 과세등의 업무와 관련하여 주택의 가격을 산정하는 경우에 그 기준으로 활용될 수 있다.

1. 의의

공동주택가격이란 국토교통부장관이 조사·산정하여 중앙부동산가격공시위원회의 심의를 거쳐 공시한 공동주택에 대한 매년 공시기준일 현재의 적정가격을 말한다.

2. 법적 성질

공동주택가격의 법적 성질이 무엇인지에 대하여 의문이 있을 수 있는데, 개별공시지가 및 개별주택가격과 같이 과세의 기준이 된다는 점에 법적 성질이 동일하다고 볼 수 있다. 따라서 공동주택가격은 국민의 권리·의무에 직접적인 영향이 있다고 보아지므로 처분성이 있다고 본다.

3. 산정

(1) 산정절차 및 공시

① 국토교통부장관은 원칙적으로 전국의 모든 공동주택에 대하여 매년 공시기준일 현재의 적정 가격을 조사·산정한다. 이를 위해서 한국부동산원에게 감정평가의뢰를 한다. 이후 중앙부동 산가격공시위원회의 심의를 거쳐 공시하게 된다. 공시기준일은 원칙적으로 1월 1일로 한다.

② 국토교통부장관은 공동주택가격을 산정·공시하기 위하여 공동주택의 가격을 산정한 때에는 대통령령으로 정하는 바에 따라 토지소유자 기타 이해관계인의 의견을 들어야 한다.

(2) 공시사항

공동주택가격을 공시할 때에는 지번, 명칭, 동·호·수, 공동주택가격, 공동주택의 면적 및 이의 신청에 관한 사항 등을 공시하여야 한다.

02 공동주택가격의 효력 및 불복

1. 공동주택가격의 효력(법 제19조 제2항)

공동주택가격은 주택시장의 가격정보를 제공하고, 국가·지방자치단체 등의 기관이 과세 등의 업무와 관련하여 주택의 가격을 산정하는 경우에 그 기준으로 활용될 수 있다.

2. 공동주택가격의 불복

공동주택가격에 대한 불복은 표준지공시지가의 이의신청을 준용하도록 법 제18조 제8항에서 규정 하고 있는바, 표준지공시지가의 이의신청을 준용하여 부동산공시법에서 정한 이의신청절차를 거치 게 된다. 이후 공동주택가격의 처분성을 인정하게 되면 항고소송을 제기할 수 있다.

제3절 주택가격공시제도의 공시절차와 효과 등

토지에 비하여 주택에 대해서는 통일적인 기준이 없어 개별행정기관별로 업무수행의 필요에 의해 주택가격이 조사·산정되었고 이로 인해 토지와 주택에 대한 세 부담의 형평성에 대한 문제가 제기 되어 왔다. 이를 해결하기 위해 부동산가격의 평가체계를 일원화하고 조세부담의 형평성을 제고하 기 위한 제도로서 주택가격공시제도의 의의가 있다 할 것이다. 아래 부동산 가격평가체계와 보유세 제를 개편한 것과 주택가격공시제도의 공시절차 등을 살펴보고, 이러한 주택가격공시제도의 효과 에 대해 고찰해 보고자 한다.

01 부동산가격의 평가체계 및 보유세제 개편30)

02 주택가격공시절차(부동산공시가격 알리미 - 국토교통부)

30) 국토교통부 홈페이지 참고

03 공동주택 조사 · 산정절차(부동산공시가격 알리미 - 국토교통부)

공동주택의 적정가격을
· 조사 · 산정

열람 및 의견청취
공시 전에 20일 이상
공동주택소유자와 그 밖의
이해관계인의 의견청취

**중앙부동산가격
공시위원회 심의**
조사 · 산정가격에 대하여
중앙부동산가격공시위원회
심의를 받음

결정 · 공시
매년 4월 말경(1.1. 기준)
매년 9월 말경(6.1. 기준)

이의신청 접수
공시일로부터 30일 이내에
서면으로 제출

이의신청 통지
만료된 날로부터 30일 이내에
이의신청을 심사하여 그
결과를 신청인에게 서면 통지

**공동주택가격
조정 · 공시**
이의신청 결과를 반영하여
조정 · 공시

PART · 03

04 주택가격공시제도의 효과 및 문제점

1. 주택가격공시제도의 효과

(1) 부동산 과세기준의 공평성 제고

주택가격공시제도가 시행되지 않은 종전에는 과세의 불공평 문제가 있었다. 종전 과세시가표준액은 건축비를 1㎡당 23만원으로 일률적으로 적용하다 보니 시가보다 면적에 따라 세금 크기가 결정되었고, 이러한 제도는 서울 강북의 집이 평수가 넓다는 이유로 시가가 훨씬 비싼 강남의 소형아파트에 비해 세금을 더 많이 내게 되는 문제점을 야기하게 되었다. 하지만 주택가격공시가격은 강북이나 강남 모두 시가를 최대한 반영하여 일괄평가하므로 이러한 과세의 형평성 문제가 줄어들게 되었다.

(2) 부동산시장의 선진화 및 정보체계 구축의 편의성

주택가격공시제도는 아파트뿐만 아니라 단독주택 등 유형에 관계없이 모든 주택의 가격을 파악해 공개하는 것으로 부동산시장이 그만큼 선진화, 투명화되는 것을 의미한다고 볼 수 있다. 이미 부동산공시제도의 일환인 공시지가제도의 시행으로 공시정보체계가 잘 구축되었는데, 주택가격공시제도의 정립으로 이러한 정보체계 구축이 더욱 탄탄해졌다고 볼 수 있다.

2. 주택가격공시제도의 문제점

(1) 공시가격과 시세와의 차이 및 중대형주택 세부담의 과중

토지의 경우에도 일어나는 일이지만 공시가격과 시세와의 차이는 불가피한 일일 것이다. 하지만 토지에 비해 주택의 가격변동의 폭이 더 크다는 점을 감안한다면 이에 대한 문제도 있다고 보여진다. 아무리 요율을 조절한다고 해도 세금에 대한 부담이 늘어나는 것은 당연한 일이다. 단독주택에 비해 건물분의 가치가 큰 호화주택과 중대형아파트의 세금이 상대적으로 세부담이 큰 것이 현실이다.

(2) 전문가시스템의 부재 및 주택가격비준표의 신뢰성

감사원은 개별공시지가의 경우 지적공부(지적관련 내용을 표시·등록한 장부) 확인 및 현지조사를 통해 실제 공사에 착수한 시점을 기준으로 산정하도록 되어 있지만 담당공무원이 토지대장 등 지적공부 확인만으로 토지현황조사를 대신하는 경우가 많은 것으로 추정했다. 주택의 경우 토지에 비해 더 많은 변화요인을 가지고 있다. 기존의 국세청 시가의 경우 층, 향, 조망, 소음 등까지도 주택가격비준표에 포함되었다. 하지만 이러한 요인도 지역마다 정(+)의 요인이 될 수도 있고 부(−)의 요인이 될 수도 있다. 이러한 요인들을 비준표가 제대로 반영하고 있는지 여부에 대해서는 의문이기도 하다.

비주거용 부동산가격의 공시

01 의의

"비주거용 부동산"이란 주택을 제외한 건축물이나 건축물과 그 토지의 전부 또는 일부를 말하며 다음의 가목 비주거용 집합부동산: 「집합건물법」에 따라 구분소유되는 비주거용 부동산과 나목 비주거용 일반부동산: 가목을 제외한 비주거용 부동산으로 구분한다(법 제2조 제4호).

비주거용 일반부동산은 비주거용 표준부동산과 비주거용 개별부동산으로 나뉜다. 따라서 비 주거용 부동산가격의 공시는 비주거용 표준부동산가격의 공시, 비주거용 개별부동산가격의 공시, 비주거용 집합부동산가격의 공시로 나누어 설명한다. 비주거용 부동산의 공시는 공시권자가 공시할 수도 있다고 하여 임의규정으로 되어 있다(법 제20조 내지 제22조).[31]

02 비주거용 표준부동산가격의 조사·산정 및 공시 등[32]

> ⤵ 법 제20조(비주거용 표준부동산가격의 조사·산정 및 공시 등)
> ① 국토교통부장관은 용도지역, 이용상황, 건물구조 등이 일반적으로 유사하다고 인정되는 일단의 비주거용 일반부동산 중에서 선정한 비주거용 표준부동산에 대하여 매년 공시기준일 현재의 적정가격(이하 "비주거용 표준부동산가격"이라 한다)을 조사·산정하고, 제24조에 따른 중앙부동산가격공시위원회의 심의를 거쳐 이를 공시할 수 있다.
> ② 제1항에 따른 비주거용 표준부동산가격의 공시에는 다음 각 호의 사항이 포함되어야 한다.
> 1. 비주거용 표준부동산의 지번
> 2. 비주거용 표준부동산가격
> 3. 비주거용 표준부동산의 대지면적 및 형상
> 4. 비주거용 표준부동산의 용도, 연면적, 구조 및 사용승인일(임시사용승인일을 포함한다)
> 5. 그 밖에 대통령령으로 정하는 사항
> ③ 제1항에 따른 비주거용 표준부동산의 선정, 공시기준일, 공시의 시기, 조사·산정기준 및 공시절차 등에 필요한 사항은 대통령령으로 정한다.
> ④ 국토교통부장관은 제1항에 따라 비주거용 표준부동산가격을 조사·산정하려는 경우 감정평가법인 등 또는 대통령령으로 정하는 부동산 가격의 조사·산정에 관한 전문성이 있는 자에게 의뢰한다.
> ⑤ 국토교통부장관이 비주거용 표준부동산가격을 조사·산정하는 경우에는 인근 유사 비주거용 일반부동산의 거래가격·임대료 및 해당 비주거용 일반부동산과 유사한 이용가치를 지닌다고 인정되는 비주거용 일반부동산의 건설에 필요한 비용추정액 등을 종합적으로 참작하여야 한다.

---

31) 신봉기, 행정법개론, 삼영사, 2016, 918면.
32) 배명호, 감정평가 및 부동산가격공시법론, 북랩, 2020, 230면.

⑥ 국토교통부장관은 제21조에 따른 비주거용 개별부동산가격의 산정을 위하여 필요하다고 인정하는 경우에는 비주거용 표준부동산과 산정대상 비주거용 개별부동산의 가격형성요인에 관한 표준적인 비교표(이하 "비주거용 부동산가격비준표"라 한다)를 작성하여 시장·군수 또는 구청장에게 제공하여야 한다.

⑦ 비주거용 표준부동산가격의 공시에 대하여는 제3조 제2항·제4조·제6조·제7조 및 제13조를 각각 준용한다. 이 경우 제7조 제2항 후단 중 "제3조"는 "제20조"로 본다.

1. 비주거용 표준부동산가격의 공시의 의의

국토교통부장관은 용도지역, 이용상황, 건물구조 등이 일반적으로 유사하다고 인정되는 일단의 비주거용 일반부동산 중에서 선정한 비주거용 표준부동산에 대하여 매년 공시기준일 현재의 적정 가격을 조사·산정한 것을 비주거용 표준부동산가격이라 하고, 국토교통부장관은 법 제24조에 따른 중앙부동산가격공시위원회의 심의를 거쳐 이를 공시할 수 있다(법 제20조 제1항). 2020.1.1. 현재 공시기준일은 공시하고 있지 않다.

2. 비주거용 표준부동산가격의 조사·산정

비주거용 표준부동산의 선정, 공시기준일, 공시의 시기, 조사·산정 기준 및 공시절차 등에 필요한 사항은 대통령령으로 정한다(법 제20조 제3항). 위임의 대상인 공시의 시기와 공시절차 등의 의미가 명확하지 않다.

(1) 조사·산정의 의뢰

국토교통부장관은 제1항에 따라 비주거용 표준부동산가격을 조사·산정하려는 경우 감정평가법인등 또는 대통령령으로 정하는 부동산 가격의 조사·산정에 관한 전문성이 있는 자에게 의뢰한다(법 제20조 제4항). 법 제20조 제4항에서 "대통령령으로 정하는 부동산 가격의 조사·산정에 관한 전문성이 있는 자"란 부동산원을 말한다(영 제52조).

(2) 비주거용 표준부동산의 선정

비주거용 표준부동산의 선정 등에 필요한 사항은 대통령령으로 정한다(법 제20조 제3항). 국토교통부장관은 법 제20조 제1항에 따라 비주거용 표준부동산을 선정할 때에는 일단의 비주거용 일반 부동산 중에서 해당 일단의 비주거용 일반부동산을 대표할 수 있는 부동산을 선정하여야 한다. 이 경우 미리 해당 비주거용 표준부동산이 소재하는 시·도지사 및 시장·군수·구청장의 의견을 들어야 한다(영 제48조 제1항).

법 제20조 제1항에 따른 비주거용 표준부동산의 선정 및 관리에 필요한 세부기준은 중앙부동산가격공시위원회의 심의를 거쳐 국토교통부장관이 정한다(영 제48조 제2항). 아직 위임된 세부기준은 없다.

(3) 비주거용 표준부동산가격의 조사·산정

법 제20조 제4항에 따라 비주거용 표준부동산가격의 조사·산정을 의뢰받은 자(이하 "비주거용 표준부동산가격 조사·산정기관"이라 한다)는 비주거용 표준부동산가격 및 그 밖에 국토교통부령으로 정하는 사항을 조사·산정한 후 국토교통부령으로 정하는 바에 따라 비주거용 표준부동산가격 조사·산정보고서를 작성하여 국토교통부장관에게 제출하여야 한다(영 제53조 제1항). 비주거용 표준부동산가격 조사·산정기관은 제1항에 따라 조사·산정보고서를 작성하는 경우에는 미리 해당 부동산 소재지를 관할하는 시·도지사 및 시장·군수·구청장의 의견을 들어야 한다(영 제53조 제2항).

시·도지사 및 시장·군수·구청장은 제2항에 따라 의견 제시 요청을 받은 경우에는 요청받은 날부터 20일 이내에 의견을 제시하여야 한다. 이 경우 시장·군수 또는 구청장은 시·군·구부동산가격 공시위원회의 심의를 거쳐 의견을 제시하여야 한다(영 제53조 제3항).

제1항에 따른 비주거용 표준부동산가격 조사·산정보고서의 적정성 검토 및 보고서 시정에 관하여는 제30조 제4항 및 제5항을 준용한다(영 제53조 제4항).

(4) 비주거용 표준부동산가격의 조사·산정의 기준

국토교통부장관이 비주거용 표준부동산가격을 조사·산정하는 경우에는 인근 유사 비주거용 일반 부동산의 거래가격·임대료 및 해당 비주거용 일반부동산과 유사한 이용가치를 지닌다고 인정되는 비주거용 일반부동산의 건설에 필요한 비용추정액 등을 종합적으로 참작하여야 한다(법 제20조 제5항). 비주거용 표준부동산의 조사·산정 기준 등에 필요한 사항은 대통령령으로 정한다(법 제20조 제3항). 따라서 법 제20조 제5항에 따라 국토교통부장관이 비주거용 표준부동산가격을 조사·산정하는 경우 참작하여야 하는 사항의 기준은 다음 각 호 1. 인근 유사 비주거용 일반부동산의 거래가격 또는 임대료의 경우: 해당 거래 또는 임대차가 당사자의 특수한 사정에 의하여 이루어지거나 비주거용 일반부동산거래 또는 임대차에 대한 지식의 부족으로 인하여 이루어진 경우에는 그러한 사정이 없었을 때에 이루어졌을 거래가격 또는 임대료를 기준으로 할 것, 2. 해당 비주거용 일반부동산과 유사한 이용가치를 지닌다고 인정되는 비주거용 일반부동산의 건설에 필요한 비용추정액의 경우: 공시기준일 현재 해당 비주거용 일반부동산을 건설하기 위한 표준적인 건설비와 일반적인 부대비용으로 할 것과 같다(영 제54조 제1항). 비주거용 일반부동산에 전세권 또는 그 밖에 비주거용 일반부동산의 사용·수익을 제한하는 권리가 설정되어 있을 때에는 그 권리가 존재하지 아니하는 것으로 보고 적정가격을 조사·산정하여야 한다(영 제54조 제2항). 제1항 및 제2항에서 규정한 사항 외에 비주거용 표준부동산가격의 조사·산정에 필요한 세부기준은 국토교통부장관이 정한다(영 제54조 제3항).

3. 비주거용 표준부동산가격의 공시

(1) 공시권자 및 공시기준일

국토교통부장관이 조사·산정 및 공시권자이다. 비주거용 표준부동산의 공시기준일 등에 필요한 사항은 대통령령으로 정한다(법 제20조 제3항). 비주거용 표준부동산가격의 공시기준일은 1월 1일로 한다. 다만, 국토교통부장관은 비주거용 표준부동산가격 조사·산정인력 및 비주거용 표준부동산의 수 등을 고려하여 부득이하다고 인정하는 경우에는 일부 지역을 지정하여 해당 지역에 대한 공시기준일을 따로 정하여 고시할 수 있다(영 제49조).

(2) 공시사항

법 제20조 제1항에 따른 비주거용 표준부동산가격의 공시에는 다음 각 호 1. 비주거용 표준부동산의 지번, 2. 비주거용 표준부동산가격, 3. 비주거용 표준부동산의 대지면적 및 형상, 4. 비주거용 표준부동산의 용도, 연면적, 구조 및 사용승인일(임시사용승인일을 포함한다), 5. 그 밖에 대통령령으로 정하는 사항[1. 지목, 2. 용도지역, 3. 도로 상황, 4. 그 밖에 비주거용 표준부동산가격 공시에 필요한 사항(영 제51조)]이 포함되어야 한다(법 제20조 제2항).

(3) 비주거용 표준부동산가격의 공시방법

국토교통부장관은 법 제20조 제1항에 따라 비주거용 표준부동산가격을 공시할 때에는 다음 각 호 1. 법 제20조 제2항 각 호의 사항의 개요, 2. 비주거용 표준부동산가격의 열람방법, 3. 이의신청의 기간·절차 및 방법의 사항을 관보에 공고하고, 비주거용 표준부동산가격을 부동산공시가격시스템에 게시하여야 한다(영 제50조 제1항). 비주거용 표준부동산가격 및 이의신청기간 등의 통지에 관하여는 법 제4조 제2항 및 제3항을 준용한다(영 제50조 제2항).

(4) 비주거용 부동산가격비준표의 공급

국토교통부장관은 제21조에 따른 비주거용 개별부동산가격의 산정을 위하여 필요하다고 인정하는 경우에는 비주거용 표준부동산과 산정대상 비주거용 개별부동산의 가격형성요인에 관한 표준적인 비교표(이하 "비주거용 부동산가격비준표"라 한다)를 작성하여 시장·군수 또는 구청장에게 제공하여야 한다(법 제20조 제6항).

(5) 준용규정

법 제3조 제2항(토지소유자의 의견청취)·제4조(관계 행정기관의 조사협조)·제6조(열람 등)·제7조(이의신청) 및 제13조(타인토지에의 출입 등)는 제1항에 따른 표준주택가격의 공시에 준용한다. 국토교통부장관은 이의신청 기간이 만료된 날부터 30일 이내에 이의신청을 심사하여 그 결과를 신청인에게 서면으로 통지하여야 한다. 이 경우 국토교통부장관은 이의신청의 내용이 타당하다고 인정될 때에는 제20조에 따라 해당 비주거용 표준부동산의 가격을 조정하여 다시 공시하여야 한다(법 제20조 제7항).

4. 비주거용 표준부동산가격에 대한 권리구제

(1) 법적 성질

비 주거용 표준부동산가격의 법적 성질에 관해서는 표준지공시지가 및 표준주택가격과 유사하다.

(2) 비주거용 표준부동산가격의 공시에 대한 행정쟁송

① 이의신청

표준지공시지가의 공시에 대한 이의신청(법 제7조)은 비주거용 표준부동산가격의 공시에 준용한다(법 제20조 제7항). 비주거용 표준부동산가격의 공시에 이의가 있는 자는 그 공시일부터 30일 이내에 서면(전자문서를 포함한다)으로 국토교통부장관에게 이의를 신청할 수 있다(법 제20조 제7항 및 제7조 제1항). 국토교통부장관은 이의신청 기간이 만료된 날부터 30일 이내에 이의신청을 심사하여 그 결과를 신청인에게 서면으로 통지하여야 한다. 이 경우 국토교통부장관은 이의신청의 내용이 타당하다고 인정될 때에는 비주거용 표준부동산가격을 조정하여 다시 공시하여야 한다(법 제20조 제7항). 따라서 비주거용 표준부동산가격에 대해 이의가 있는 자는 비주거용 표준부동산가격을 공시한 날부터 30일 이내에 국토교통부장관에게 이의를 신청(이의신청서 또는 인터넷 제출)할 수 있다.[33]

② 행정소송

비주거용 표준부동산가격의 공시에 대한 행정소송에 관해서는 표준지공시지가와 유사하다.

03 비주거용 개별부동산가격의 결정 및 공시[34]

> 법 제21조(비주거용 개별부동산가격의 결정·공시 등)
> ① 시장·군수 또는 구청장은 제25조에 따른 시·군·구 부동산가격공시위원회의 심의를 거쳐 매년 비주거용 표준부동산가격의 공시기준일 현재 관할 구역 안의 비주거용 개별부동산의 가격(이하 "비주거용 개별부동산가격"이라 한다)을 결정·공시할 수 있다. 다만, 대통령령으로 정하는 바에 따라 행정안전부장관 또는 국세청장이 국토교통부장관과 협의하여 비주거용 개별부동산의 가격을 별도로 결정·고시하는 경우는 제외한다.
> ② 제1항에도 불구하고 비주거용 표준부동산으로 선정된 비주거용 일반부동산 등 대통령령으로 정하는 비주거용 일반부동산에 대하여는 비주거용 개별부동산가격을 결정·공시하지 아니할 수 있다. 이 경우 비주거용 표준부동산으로 선정된 비주거용 일반부동산에 대하여는 해당 비주거용 표준부동산가격을 비주거용 개별부동산가격으로 본다.
> ③ 제1항에 따른 비주거용 개별부동산가격의 공시에는 다음 각 호의 사항이 포함되어야 한다.
> 　1. 비주거용 부동산의 지번
> 　2. 비주거용 부동산가격
> 　3. 그 밖에 대통령령으로 정하는 사항
> ④ 시장·군수 또는 구청장은 공시기준일 이후에 토지의 분할·합병이나 건축물의 신축 등이 발생한 경우에는 대통령령으로 정하는 날을 기준으로 하여 비주거용 개별부동산가격을 결정·공시하여야 한다.

---

33) 비주거용 표준부동산가격을 공시하기 전에 공시예정가격이 결정된 때에는 이를 소유자에게 통지하고 소유자가 제출한 의견이 타당할 경우에는 공시예정가격을 조정하여 사전에 비주거용 표준부동산소유자 등의 권리의 구제를 위한 절차이다(법 제3조 제2항 및 제20조 제7항).
34) 배명호, 감정평가 및 부동산가격공시법론, 북랩, 2020, 237면.

⑤ 시장·군수 또는 구청장이 비주거용 개별부동산가격을 결정·공시하는 경우에는 해당 비주거용 일반부동산과 유사한 이용가치를 지닌다고 인정되는 비주거용 표준부동산가격을 기준으로 비주거용 부동산가격비준표를 사용하여 가격을 산정하되, 해당 비주거용 일반부동산의 가격과 비주거용 표준부동산가격이 균형을 유지하도록 하여야 한다.

⑥ 시장·군수 또는 구청장은 비주거용 개별부동산가격을 결정·공시하기 위하여 비주거용 일반부동산의 가격을 산정할 때에는 비주거용 표준부동산가격과의 균형 등 그 타당성에 대하여 제20조에 따른 비주거용 표준부동산가격의 조사·산정을 의뢰 받은 자 등 대통령령으로 정하는 자의 검증을 받고 비주거용 일반부동산의 소유자와 그 밖의 이해관계인의 의견을 들어야 한다. 다만, 시장·군수 또는 구청장은 비주거용 개별부동산가격에 대한 검증이 필요 없다고 인정하는 때에는 비주거용 부동산가격의 변동상황 등 대통령령으로 정하는 사항을 고려하여 검증을 생략할 수 있다.

⑦ 국토교통부장관은 공시행정의 합리적인 발전을 도모하고 비주거용 표준부동산가격과 비주거용 개별부동산가격과의 균형유지 등 적정한 가격형성을 위하여 필요하다고 인정하는 경우에는 비주거용 개별부동산가격의 결정·공시 등에 관하여 시장·군수 또는 구청장을 지도·감독할 수 있다.

⑧ 비주거용 개별부동산가격에 대한 이의신청 및 정정에 대하여는 제11조 및 제12조를 각각 준용한다. 이 경우 제11조 제2항 후단 중 "제10조"는 "제21조"로 본다.

⑨ 제1항부터 제8항까지에서 규정한 것 외에 비주거용 개별부동산가격의 산정, 검증 및 결정, 공시기준일, 공시의 시기, 조사·산정의 기준, 이해관계인의 의견청취 및 공시절차 등에 필요한 사항은 대통령령으로 정한다.

1. 비주거용 개별부동산가격의 공시의 의의

시장·군수 또는 구청장은 제25조에 따른 시·군·구부동산가격공시위원회의 심의를 거쳐 매년 비주거용 표준부동산가격의 공시기준일 현재 관할 구역 안의 비주거용 개별부동산의 가격을 결정·공시할 수 있다(법 제21조 제1항 본문). 따라서 공시권자가 공시하지 않을 수도 있어 임의 규정에 해당한다.

2. 비주거용 개별부동산가격의 조사·산정

비주거용 개별부동산가격의 산정, 검증 및 결정, 공시기준일, 공시의 시기, 조사·산정의 기준, 이해관계인의 의견청취 및 공시절차 등에 필요한 사항은 대통령령으로 정한다(법 제21조 제9항).

(1) 시장·군수 또는 구청장의 비주거용 개별부동산가격의 산정

시장·군수 또는 구청장이 비주거용 개별부동산가격을 결정·공시하는 경우에는 해당 비주거용 일반부동산과 유사한 이용가치를 지닌다고 인정되는 비주거용 표준부동산가격을 기준으로 비주거용 부동산가격비준표를 사용하여 가격을 산정하되, 해당 비주거용 일반부동산의 가격과 비주거용 표준부동산가격이 균형을 유지하도록 하여야 한다(법 제21조 제5항).

(2) 조사·산정의 절차 및 기준

국토교통부장관은 법 제21조 제5항에 따른 비주거용 개별부동산가격 조사·산정의 기준을 정하여 시장·군수 또는 구청장에게 통보하여야 하며, 시장·군수 또는 구청장은 그 기준에 따라 비주거용 개별부동산가격을 조사·산정하여야 한다(영 제59조 제1항).

조사·산정의 기준에는 다음 각 호 1. 비주거용 일반부동산가격의 형성에 영향을 미치는 비주거용 일반부동산 특성조사에 관한 사항, 2. 비주거용 개별부동산가격의 산정기준이 되는 비주거용 표준부동산(이하 "비주거용 비교표준부동산"이라 한다)의 선정에 관한 사항, 3. 법 제20조 제6항에 따른 비주거용 부동산가격비준표의 사용에 관한 사항, 4. 그 밖에 비주거용 개별부동산가격의 조사·산정에 필요한 사항의 사항이 포함되어야 한다(영 제59조 제2항).

(3) 산정된 비주거용 개별부동산가격의 검증 및 소유자 등의 의견청취

시장·군수 또는 구청장은 비주거용 개별부동산가격을 결정·공시하기 위하여 비주거용 일반부동산의 가격을 산정할 때에는 비주거용 표준부동산가격과의 균형 등 그 타당성에 대하여 제20조에 따른 비주거용 표준부동산가격의 조사·산정을 의뢰받은 자 등 대통령령으로 정하는 자의 검증을 받고 비주거용 일반부동산의 소유자와 그 밖의 이해관계인의 의견을 들어야 한다. 다만, 시장·군수 또는 구청장은 비주거용 개별부동산가격에 대한 검증이 필요 없다고 인정하는 때에는 비주거용 부동산가격의 변동상황 등 대통령령으로 정하는 사항을 고려하여 검증을 생략할 수 있다(법 제21조 제6항).

시장·군수 또는 구청장은 법 제21조 제6항 본문에 따라 비주거용 개별부동산가격에 대한 검증을 의뢰할 때에는 같은 조 제1항에 따라 산정한 전체 비주거용 개별부동산가격에 대한 가격현황도면 및 가격조사자료를 제공하여야 한다(영 제60조 제1항).

법 제21조 제6항 본문에서 "제20조에 따른 비주거용 표준부동산가격의 조사·산정을 의뢰받은 자 등 대통령령으로 정하는 자"란 다음 각 호 1. 감정평가법인등, 2. 부동산원의 어느 하나에 해당하는 자를 말한다(영 제60조 제2항).

법 제21조 제6항 본문에 따라 검증을 의뢰받은 자는 다음 각 호 1. 비주거용 비교표준부동산 선정의 적정성에 관한 사항, 2. 비주거용 개별부동산가격 산정의 적정성에 관한 사항, 3. 산정한 비주거용 개별부동산가격과 비주거용 표준부동산가격의 균형 유지에 관한 사항, 4. 산정한 비주거용 개별부동산가격과 인근 비주거용 일반부동산의 비주거용 개별부동산가격 및 전년도 비주거용 개별부동산가격과의 균형 유지에 관한 사항, 5. 그 밖에 시장·군수 또는 구청장이 검토를 의뢰한 사항을 검토·확인하고 의견을 제시하여야 한다(영 제60조 제3항).

시장·군수 또는 구청장은 법 제21조 제6항 단서에 따라 검증을 생략할 때에는 비주거용 개별부동산가격의 변동률과 해당 비주거용 일반부동산이 있는 시·군 또는 구의 연평균 비주거용 개별부동산가격변동률(국토교통부장관이 조사·공표하는 연평균 비주거용 개별부동산가격 변동률을 말한다)의 차이가 작은 순으로 대상 비주거용 일반부동산을 선정하여야 한다. 다만, 개발사업이 시행되거나 용도지역·용도지구가 변경되는 등의 사유가 있는 비주거용 일반부동산은 검증 생략 대상 부동산으로 선정해서는 아니 된다(영 제60조 제4항).

제1항부터 제4항까지에서 규정한 사항 외에 비주거용 개별부동산가격의 검증에 필요한 세부적

인 사항은 국토교통부장관이 정한다. 아직 세부적인 기준은 없다. 이 경우 검증의 생략에 대해서는 관계 중앙행정기관의 장과 미리 협의하여야 한다(영 제60조 제5항).

(4) 소유자 등의 의견청취

법 제21조 제6항 본문에 따른 의견청취에 관하여는 영 제19조(개별토지 소유자 등의 의견청취)를 준용한다(영 제61조).

3. 비주거용 개별부동산가격의 결정 및 공시

(1) 시장·군수 또는 구청장의 결정·공시

비주거용 개별부동산가격의 결정, 공시기준일, 공시의 시기 등에 필요한 사항은 대통령령으로 정한다(법 제21조 제9항). 시장·군수 또는 구청장은 비주거용 개별부동산가격을 결정·공시하려는 경우에는 매년 4월 30일까지 비주거용 개별부동산가격을 결정·공시하여야 한다. 다만, 제58조 제2항 제1호의 경우에는 그 해 9월 30일까지, 같은 항 제2호의 경우에는 다음 해 4월 30일까지 결정·공시하여야 한다(영 제62조 제1항).

비주거용 개별부동산가격을 공시하는 시장·군수 또는 구청장은 다음 각 호 1. 조사기준일, 비주거용 개별부동산의 수 및 비주거용 개별부동산가격의 열람방법 등 비주거용 개별부동산가격의 결정에 관한 사항, 2. 이의신청의 기간·절차 및 방법의 사항을 비주거용 개별부동산 소유자에게 개별 통지하여야 한다(영 제62조 제2항).

(2) 공시사항

비주거용 개별부동산가격의 공시에는 다음 각 호 1. 비주거용 부동산의 지번, 2. 비주거용 부동산가격, 3. 그 밖에 대통령령으로 정하는 사항이 포함되어야 한다(법 제21조 제3항).

(3) 비주거용 개별부동산가격 공시기준일을 다르게 할 수 있는 비주거용 일반부동산

시장·군수 또는 구청장은 공시기준일 이후에 토지의 분할·합병이나 건축물의 신축 등이 발생한 경우에는 대통령령으로 정하는 날을 기준으로 하여 비주거용 개별부동산가격을 결정·공시하여야 한다(법 제21조 제4항). 법 제21조 제4항에 따라 비주거용 개별부동산가격 공시기준일을 다르게 할 수 있는 비주거용 일반부동산은 다음 각 호 1. 「공간정보관리법」에 따라 그 대지가 분할 또는 합병된 비주거용 일반부동산, 2. 「건축법」에 따른 건축·대수선 또는 용도변경이 된 비주거용 일반 부동산, 3. 국유·공유에서 매각 등에 따라 사유로 된 비주거용 일반부동산으로서 비주거용 개별부동산가격이 없는 비주거용 일반부동산의 어느 하나에 해당하는 부동산으로 한다(영 제58조 제1항).

법 제21조 제4항에서 "대통령령으로 정하는 날"이란 다음 각 호 1. 1월 1일부터 5월 31일까지의 사이에 제1항 각 호의 사유가 발생한 비주거용 일반부동산: 그 해 6월 1일, 2. 6월 1일부터 12월 31일까지의 사이에 제1항 각 호의 사유가 발생한 비주거용 일반부동산: 다음 해 1월 1일의 구분에 따른 날을 말한다(영 제58조 제2항).

(4) 비주거용 개별부동산가격을 결정·고시하지 아니할 수 있는 경우

① 행정안전부장관·국세청장이 비주거용 개별부동산가격 결정·고시하는 경우

다만, 대통령령으로 정하는 바에 따라 행정안전부장관 또는 국세청장이 국토교통부장관과 협의하여 비주거용 개별부동산의 가격을 별도로 결정·고시하는 경우는 제외한다(법 제21조 제1항 단서). 영 제55조(행정안전부장관 또는 국세청장이 비주거용 개별부동산가격을 결정·고시하는 경우)는 법 제21조 제1항 단서에 따라 행정안전부장관 또는 국세청장이 같은 항 본문에 따른 비주거용 개별부동산가격(이하 "비주거용 개별부동산가격"이라 한다)을 별도로 결정·고시하는 경우는 행정안전부 장관 또는 국세청장이 그 대상·시기 등에 대하여 미리 국토교통부장관과 협의한 후 비주거용 개별부동산가격을 별도로 결정·고시하는 경우로 한다고 규정하고 있다.

② 비주거용 개별부동산가격을 공시하지 아니할 수 있는 비주거용 일반부동산

법 제21조 제1항에도 불구하고 비주거용 표준부동산으로 선정된 비주거용 일반부동산 등 대통령령으로 정하는 비주거용 일반부동산에 대하여는 비주거용 개별부동산가격을 결정·공시하지 아니할 수 있다. 이 경우 비주거용 표준부동산으로 선정된 비주거용 일반부동산에 대하여는 해당 비주거용 표준부동산가격을 비주거용 개별부동산가격으로 본다(법 제21조 제2항). 시장·군수 또는 구청장은 법 제21조 제2항 전단에 따라 다음 각 호 1. 비주거용 표준부동산으로 선정된 비주거용 일반부동산, 2. 국세 또는 지방세 부과대상이 아닌 비주거용 일반부동산, 3. 그 밖에 국토교통부장관이 정하는 비주거용 일반부동산의 어느 하나에 해당하는 비주거용 일반부동산에 대해서는 비주거용 개별 부동산가격을 결정·공시하지 아니할 수 있다(영 제56조 제1항).

영 제56조 제1항에도 불구하고 시장·군수 또는 구청장은 다음 각 호 1. 관계 법령에 따라 비주거용 일반부동산의 가격산정 등에 비주거용 개별부동산가격을 적용하도록 규정되어 있는 비주거용 일반부동산, 2. 시장·군수 또는 구청장이 관계 행정기관의 장과 협의하여 비주거용 개별부동산가격을 결정·공시하기로 한 비주거용 일반부동산의 어느 하나에 해당하는 비주거용 일반부동산에 대해서는 비주거용 개별부동산가격을 공시한다(영 제56조 제2항).

(5) 국토교통부장관의 지도·감독

국토교통부장관은 공시 행정의 합리적인 발전을 도모하고 비주거용 표준부동산가격과 비주거용 개별부동산가격과의 균형유지 등 적정한 가격형성을 위하여 필요하다고 인정하는 경우에는 비주거용 개별부동산가격의 결정·공시 등에 관하여 시장·군수 또는 구청장을 지도·감독할 수 있다(법 제21조 제7항).

(6) 비주거용 개별부동산가격의 정정결정·공시

비주거용 개별부동산가격에 대한 이의신청 및 비주거용 개별부동산가격의 정정에 대하여는 제11조(개별공시지가에 대한 이의신청) 및 제12조(개별공시지가의 정정)를 각각 준용한다. 이 경우 제11조 제2항 후단 중 "제10조"는 "제21조"로 본다(법 제21조 제8항).

4. 비주거용 개별부동산가격에 대한 권리구제

(1) 법적 성질

비주거용 개별부동산가격의 법적 성질에 관해서는 개별공시지가 및 개별주택가격과 유사한 성질을 갖는다.

(2) 비주거용 개별부동산가격에 대한 행정쟁송

① 이의신청

비주거용 개별부동산가격에 대한 이의신청은 개별공시지가에 대한 이의신청(법 제11조)을 준용한다. 비주거용 개별부동산가격에 대하여 이의가 있는 자는 비주거용 개별부동산가격이 결정·공시된 날로부터 30일 이내에 시장·군수·구청장에게 이의를 신청할 수 있으며(법 제21조 제9항), 시장·군수·구청장은 이의신청기간이 만료된 날부터 30일 이내에 이의신청을 심사하여 그 결과를 이의신청인에게 서면으로 통지하여야 한다.

이 경우 시장·군수·구청장은 이의신청의 내용이 타당하다고 인정될 때에는 당해 비주거용 개별 부동산가격을 조정하여 다시 결정·공시하여야 한다(법 제21조 제9항). 이의신청인은 이에 불복 시 행정심판 또는 행정소송 제기가 가능하다.

② 행정소송

비주거용 개별부동산가격의 결정에 대한 행정소송에 관해서는 개별공시지가 및 개별주택가격과 유사하다.

04 비주거용 집합부동산가격의 가격공시[35]

> ➲ 법 제22조(비주거용 집합부동산가격의 조사·산정 및 공시 등)
> ① 국토교통부장관은 비주거용 집합부동산에 대하여 매년 공시기준일 현재의 적정가격(이하 "비주거용 집합부동산가격"이라 한다)을 조사·산정하여 제24조에 따른 중앙부동산가격공시위원회의 심의를 거쳐 공시할 수 있다. 이 경우 시장·군수 또는 구청장은 비주거용 집합부동산가격을 결정·공시한 경우에는 이를 관계 행정기관 등에 제공하여야 한다.
> ② 제1항에도 불구하고 대통령령으로 정하는 바에 따라 행정안전부장관 또는 국세청장이 국토교통부장관과 협의하여 비주거용 집합부동산의 가격을 별도로 결정·고시하는 경우에는 해당 비주거용 집합부동산의 비주거용 개별부동산가격을 결정·공시하지 아니한다.
> ③ 국토교통부장관은 비주거용 집합부동산가격을 공시하기 위하여 비주거용 집합부동산의 가격을 산정할 때에는 대통령령으로 정하는 바에 따라 비주거용 집합부동산의 소유자와 그 밖의 이해관계인의 의견을 들어야 한다.
> ④ 제1항에 따른 비주거용 집합부동산의 조사대상의 선정, 공시기준일, 공시의 시기, 공시사항, 조사·산정기준 및 공시절차 등에 필요한 사항은 대통령령으로 정한다.

---

35) 배명호, 감정평가 및 부동산가격공시법론, 북랩, 2020, 240면.

⑤ 국토교통부장관은 공시기준일 이후에 토지의 분할·합병이나 건축물의 신축 등이 발생한 경우에는 대통령령으로 정하는 날을 기준으로 하여 비주거용 집합부동산가격을 결정·공시하여야 한다.

⑥ 국토교통부장관이 제1항에 따라 비주거용 집합부동산가격을 조사·산정하는 경우에는 인근 유사 비주거용 집합부동산의 거래가격·임대료 및 해당 비주거용 집합부동산과 유사한 이용가치를 지닌다고 인정되는 비주거용 집합부동산의 건설에 필요한 비용추정액 등을 종합적으로 참작하여야 한다.

⑦ 국토교통부장관은 제1항에 따라 비주거용 집합부동산가격을 조사·산정할 때에는 부동산원 또는 대통령령으로 정하는 부동산 가격의 조사·산정에 관한 전문성이 있는 자에게 의뢰한다.

⑧ 국토교통부장관은 제1항 또는 제4항에 따라 공시한 가격에 틀린 계산, 오기, 그 밖에 대통령령으로 정하는 명백한 오류가 있음을 발견한 때에는 지체 없이 이를 정정하여야 한다.

⑨ 비주거용 집합부동산가격의 공시에 대해서는 제4조·제6조·제7조 및 제13조를 각각 준용한다. 이 경우 제7조 제2항 후단 중 "제3조"는 "제22조"로 본다.

1. 비주거용 집합부동산가격의 공시의 의의

비주거용 집합부동산이라 「집합건물법」에 따라 구분소유되는 비주거용 부동산(법 제2조 제4호 가목)을 말하는데, 국토교통부장관은 비주거용 집합부동산에 대하여 매년 공시기준일 현재의 적정 가격을 조사·산정한 것을 비주거용 집합부동산가격이라 하고, 중앙부동산가격공시위원회의 심의를 거쳐 공시할 수 있다. 따라서 공시권자가 공시하지 않을 수도 있어 임의 규정에 해당한다. 이 경우 시장·군수 또는 구청장은 비주거용 집합부동산가격을 결정·공시한 경우에는 이를 관계 행정기관 등에 제공하여야 한다(법 제22조 제1항).

대통령령으로 정하는 바에 따라 행정안전부장관 또는 국세청장이 국토교통부장관과 협의하여 비주거용 집합부동산의 가격을 별도로 결정·고시하는 경우에는 해당 비주거용 집합부동산의 비주거용 개별부동산가격을 결정·공시하지 아니한다(법 제22조 제2항).

2. 비주거용 집합부동산가격의 조사·산정

(1) 집합부동산의 조사대상의 선정

비주거용 집합부동산의 조사대상의 선정 등에 필요한 사항은 대통령령으로 정한다(법 제22조 제4항). 아직 하위법령에 위임된 사항을 정하고 있지 않다.

(2) 조사·산정의 의뢰 및 절차

국토교통부장관은 법 제22조 제1항에 따라 비주거용 집합부동산가격을 조사·산정할 때에는 부동산원 또는 대통령령으로 정하는 부동산 가격의 조사·산정에 관한 전문성이 있는 자[감정평가법인등(영 제69조 제1항)]에게 의뢰한다(법 제22조 제7항).

법 제22조 제7항에 따라 비주거용 집합부동산가격 조사·산정을 의뢰받은 자(이하 "비주거용 집합부동산가격 조사·산정기관"이라 한다)는 비주거용 집합부동산가격 및 그 밖에 국토교통부령으로 정하는 사항을 조사·산정한 후 국토교통부령으로 정하는 바에 따라 비주거용 집합부동산

가격 조사·산정보고서를 작성하여 국토교통부장관에게 제출하여야 한다(영 제69조 제2항).[36] 국토교통부장관은 제2항에 따라 보고서를 제출받으면 다음 각 호의 자 1. 행정안전부장관, 2. 국세청장, 3. 시·도지사, 4. 시장·군수 또는 구청장에게 해당 보고서를 제공하여야 한다(영 제69조 제3항). 제3항에 따라 보고서를 제공받은 자는 국토교통부장관에게 보고서에 대한 적정성 검토를 요청할 수 있다(영 제69조 제4항). 국토교통부장관은 제2항에 따라 제출된 보고서에 대하여 실거래신고가격 및 감정평가 정보체계 등을 활용하여 그 적정성 여부를 검토할 수 있다(영 제69조 제5항).

국토교통부장관은 제5항에 따른 적정성 여부 검토를 위하여 필요하다고 인정하는 경우에는 해당 비주거용 집합부동산가격 조사·산정기관 외에 부동산 가격의 조사·산정에 관한 전문성이 있는 자를 별도로 지정하여 의견을 들을 수 있다(영 제69조 제6항).

국토교통부장관은 제5항에 따른 검토 결과 부적정하다고 판단되거나 비주거용 집합부동산가격 조사·산정이 관계 법령을 위반하여 수행되었다고 인정되는 경우에는 해당 비주거용 집합부동산가격 조사·산정기관에 보고서를 시정하여 다시 제출하게 할 수 있다(영 제69조 제7항).

(3) 조사·산정의 기준

국토교통부장관이 제1항에 따라 비주거용 집합부동산가격을 조사·산정하는 경우에는 인근 유사 비주거용 집합부동산의 거래가격·임대료 및 해당 비주거용 집합부동산과 유사한 이용가치를 지닌다고 인정되는 비주거용 집합부동산의 건설에 필요한 비용추정액 등을 종합적으로 참작하여야 한다(법 제22조 제6항). 국토교통부장관은 법 제22조 제6항에 따라 비주거용 집합부동산가격을 조사·산정할 때 그 비주거용 집합부동산에 전세권 또는 그 밖에 비주거용 집합부동산의 사용·수익을 제한하는 권리가 설정되어 있는 경우에는 그 권리가 존재하지 아니하는 것으로 보고 적정가격을 산정하여야 한다(영 제68조 제1항). 법 제22조에 따른 비주거용 집합부동산가격 조사 및 산정의 세부기준은 중앙부동산가격공시위원회의 심의를 거쳐 국토교통부장관이 정한다(영 제68조 제2항). 아직 국토교통부장관에 의한 세분기준은 없다.

(4) 비주거용 집합부동산소유자와 그 밖의 이해관계인의 의견청취

국토교통부장관은 비주거용 집합부동산가격을 공시하기 위하여 비주거용 집합부동산의 가격을 산정할 때에는 대통령령으로 정하는 바에 따라 비주거용 집합부동산의 소유자와 그 밖의 이해관계인의 의견을 들어야 한다(법 제22조 제3항).

---

36) 규칙 제30조(비주거용 집합부동산가격 조사·산정보고서) ① 영 제69조 제2항에서 "국토교통부령으로 정하는 사항"이란 다음 각 호 1. 비주거용 집합부동산의 소재지, 동명 및 호명, 2. 비주거용 집합부동산의 면적 및 공시가격, 3. 그 밖에 비주거용 집합부동산의 조사·산정에 필요한 사항을 말한다.
② 법 제22조 제7항에 따라 비주거용 집합부동산가격 조사·산정을 의뢰받은 자는 영 제69조 제2항에 따라 개별 비주거용 집합부동산가격 외에 다음 각 호 1. 비주거용 집합부동산 분포현황, 2. 비주거용 집합부동산가격 변동률, 3. 비주거용 집합부동산가격 총액 및 면적당 단가·평균가격, 4. 비주거용 집합부동산가격 상위·하위 현황, 5. 의견제출 및 이의신청 접수현황 및 처리현황, 6. 그 밖에 비주거용 집합부동산가격에 관한 사항의 사항이 포함된 조사·산정보고서를 책자 또는 전자정보의 형태로 국토교통부장관에게 제출하여야 한다.

3. 비주거용 집합부동산가격의 공시

(1) 공시권자 및 공시기준일

공시권자는 국토교통부장관이다. 국토교통부장관은 비주거용 집합부동산가격을 산정·공시하려는 경우에는 매년 4월 30일까지 비주거용 집합부동산가격을 산정·공시하여야 한다. 다만, 제67조 제2항 제1호의 경우에는 그 해 9월 30일까지, 같은 항 제2호의 경우에는 다음 해 4월 30일까지 산정·공시하여야 한다(영 제64조 제1항). 비주거용 집합부동산가격의 공시기준일은 1월 1일로 한다. 다만, 국토교통부장관은 비주거용 집합부동산가격 조사·산정인력 및 비주거용 집합부동산의 수 등을 고려하여 부득이하다고 인정하는 경우에는 일부 지역을 지정하여 해당 지역에 대한 공시기준일을 따로 정할 수 있다(영 제63조).

(2) 공동주택가격 공시기준일을 다르게 할 수 있는 비주거용 집합부동산

국토교통부장관은 공시기준일 이후에 토지의 분할·합병이나 건축물의 신축 등이 발생한 경우에는 대통령령으로 정하는 날을 기준으로 하여 비주거용 집합부동산가격을 결정·공시하여야 한다(법 제22조 제5항).

(3) 공시사항

법 제22조 제1항에 따른 비주거용 집합부동산가격의 공시에는 다음 각 호 1. 비주거용 집합부동산의 소재지·명칭·동·호수, 2. 비주거용 집합부동산가격, 3. 비주거용 집합부동산의 면적, 4. 그 밖에 비주거용 집합부동산가격 공시에 필요한 사항이 포함되어야 한다(영 제64조 제2항).

(4) 공시방법 및 통지

국토교통부장관은 법 제22조 제1항 전단에 따라 비주거용 집합부동산가격을 공시할 때에는 다음 각 호 1. 제2항 각 호의 사항의 개요 2. 비주거용 집합부동산가격의 열람방법, 3. 이의신청의 기간·절차 및 방법의 사항을 관보에 공고하고, 비주거용 집합부동산가격을 부동산공시가격시스템에 게시하여야 하며, 비주거용 집합부동산 소유자에게 개별 통지하여야 한다(영 제64조 제3항).

(5) 공동주택가격의 정정사유

국토교통부장관은 제1항 또는 제4항에 따라 공시한 가격에 틀린 계산, 오기, 그 밖에 대통령령으로 정하는 명백한 오류가 있음을 발견한 때에는 지체 없이 이를 정정하여야 한다(법 제22조 제8항).

(6) 비주거용 집합부동산가격의 공급

국토교통부장관은 법 제22조 제1항 후단에 따라 비주거용 집합부동산가격 공시사항을 제3항에 따른 공고일부터 10일 이내에 다음 각 호 1. 행정안전부장관, 2. 국세청장, 3. 시장·군수 또는 구청장의 자에게 제공하여야 한다(영 제64조 제4항).

(7) 준용규정

비주거용 집합부동산가격의 공시에 대해서는 제4조(표준지공시지가의 조사협조)·제6조(표준지공시지가의 열람 등)·제7조(표준지공시지가에 대한 이의신청) 및 제13조(타인토지에의 출입 등)를 각각 준용한다. 이 경우 국토교통부장관은 이의신청의 내용이 타당하다고 인정될 때에는 제22조에 따라 해당 표준지공시지가를 조정하여 다시 공시하여야 한다(법 제22조 제9항).

4. 비주거용 집합부동산가격에 대한 권리구제

(1) 법적 성질

비주거용 집합부동산가격의 법적 성질에 관해서는 개별주택가격 및 공동주택가격과 유사한 성질을 갖는다.

(2) 공동주택가격에 대한 행정쟁송

① 이의신청

개별공시지가에 대한 이의신청(법 제7조)은 비주거용 집합부동산가격의 공시에 준용한다(법 제22조 제9항). 이에 대한 이의신청은 비주거용 집합부동산가격의 공시 후 비주거용 집합부동산가격에 대해 의견을 듣는 절차로서, 국민의 사후적 권리 구제를 위한 절차이다. 비주거용 집합부동산가격에 이의가 있는 자는 그 공시일부터 30일 이내에 서면(전자문서를 포함한다)으로 국토교통부장관에게 이의를 신청할 수 있다(법 제22조 제9항 및 제7조 제1항).

국토교통부장관은 이의신청 기간이 만료된 날부터 30일 이내에 이의신청을 심사하여 그 결과를 신청인에게 서면으로 통지하여야 한다. 이 경우 국토교통부장관은 이의신청의 내용이 타당하다고 인정될 때에는 해당 비주거용 집합부동산가격을 조정하여 다시 공시하여야 한다(법 제18조 제8항 및 제7조 제2항). 이의신청 및 처리절차 등에 필요한 사항은 대통령령으로 정한다(법 제7조 제3항). 이의신청인은 이에 불복 시 행정심판 또는 행정소송 제기가 가능하다.

② 행정소송

비주거용 집합부동산가격의 공시에 대한 행정소송에 관해서는 개별공시지가 및 공동주택가격과 유사하다.

05 비주거용 부동산가격공시의 효력

> ❷ 법 제23조(비주거용 부동산가격공시의 효력)
> ① 제20조에 따른 비주거용 표준부동산가격은 국가·지방자치단체 등이 그 업무와 관련하여 비주거용 개별부동산가격을 산정하는 경우에 그 기준이 된다.
> ② 제21조 및 제22조에 따른 비주거용 개별부동산가격 및 비주거용 집합부동산가격은 비주거용 부동산시장에 가격정보를 제공하고, 국가·지방자치단체 등이 과세 등의 업무와 관련하여 비주거용 부동산의 가격을 산정하는 경우에 그 기준으로 활용될 수 있다.

06 비주거용 부동산가격공시의 불복

비주거용 부동산가격공시의 불복의 경우에도 지가공시체계와 주택가격공시체계가 동일하기 때문에 그 불복도 같은 논리로 이의신청 규정에 대하여 준용하는 체계를 가지고 있다(부동산공시법 준용 제20조 제7항 표공－비주거용 표준, 제21조 제8항 개공－비주거용 개별, 제22조 제9항 표공－비주거용 집합). 비주거용 부동산가격의 결정·공시에 대해서는 일반 행정심판법 및 행정소송법에 따라 행정심판의 제기도 가능하고, 행정소송의 제기도 물론 가능하다고 판단된다.

07 기출문제

> **기출문제(제29회 4번)**
> 부동산 가격공시에 관한 법령상 중앙부동산가격공시위원회에 관하여 설명하시오. **10점**

부동산가격공시위원회

01 중앙부동산가격공시위원회

> ➲ 법 제24조(중앙부동산가격공시위원회)
>
> ① 다음 각 호의 사항을 심의하기 위하여 국토교통부장관 소속으로 중앙부동산가격공시위원회(이하 이 조에서 "위원회"라 한다)를 둔다.
>
> 1. 부동산 가격공시 관계법령의 제정·개정에 관한 사항 중 국토교통부장관이 심의에 부치는 사항
> 2. 제3조에 따른 표준지의 선정 및 관리지침
> 3. 제3조에 따라 조사·평가된 표준지공시지가
> 4. 제7조에 따른 표준지공시지가에 대한 이의신청에 관한 사항
> 5. 제16조에 따른 표준주택의 선정 및 관리지침
> 6. 제16조에 따라 조사·산정된 표준주택가격
> 7. 제16조에 따른 표준주택가격에 대한 이의신청에 관한 사항
> 8. 제18조에 따른 공동주택의 조사 및 산정지침
> 9. 제18조에 따라 조사·산정된 공동주택가격
> 10. 제18조에 따른 공동주택가격에 대한 이의신청에 관한 사항
> 11. 제20조에 따른 비주거용 표준부동산의 선정 및 관리지침
> 12. 제20조에 따라 조사·산정된 비주거용 표준부동산가격
> 13. 제20조에 따른 비주거용 표준부동산가격에 대한 이의신청에 관한 사항
> 14. 제22조에 따른 비주거용 집합부동산의 조사 및 산정 지침
> 15. 제22조에 따라 조사·산정된 비주거용 집합부동산가격
> 16. 제22조에 따른 비주거용 집합부동산가격에 대한 이의신청에 관한 사항
> 17. 제26조의2에 따른 계획 수립에 관한 사항
> 18. 그 밖에 부동산정책에 관한 사항 등 국토교통부장관이 심의에 부치는 사항
>
> ② 위원회는 위원장을 포함한 20명 이내의 위원으로 구성한다.
>
> ③ 위원회의 위원장은 국토교통부 제1차관이 된다.
>
> ④ 위원회의 위원은 대통령령으로 정하는 중앙행정기관의 장이 지명하는 6명 이내의 공무원과 다음 각 호의 어느 하나에 해당하는 사람 중 국토교통부장관이 위촉하는 사람이 된다.
>
> 1. 「고등교육법」에 따른 대학에서 토지·주택 등에 관한 이론을 가르치는 조교수 이상으로 재직하고 있거나 재직하였던 사람
> 2. 판사, 검사, 변호사 또는 감정평가사의 자격이 있는 사람
> 3. 부동산가격공시 또는 감정평가 관련 분야에서 10년 이상 연구 또는 실무경험이 있는 사람
>
> ⑤ 공무원이 아닌 위원의 임기는 2년으로 하되, 한차례 연임할 수 있다.
>
> ⑥ 국토교통부장관은 필요하다고 인정하면 위원회의 심의에 부치기 전에 미리 관계 전문가의 의견을 듣거나 조사·연구를 의뢰할 수 있다.
>
> ⑦ 제1항부터 제6항까지에서 규정한 사항 외에 위원회의 조직 및 운영에 필요한 사항은 대통령령으로 정한다.

◑ 시행령 제71조(중앙부동산가격공시위원회)

① 법 제24조 제2항에 따라 중앙부동산가격공시위원회를 구성할 때에는 성별을 고려하여야 한다.

② 법 제24조 제4항 각 호 외의 부분에서 "대통령령으로 정하는 중앙행정기관"이란 다음 각 호의 중앙행정기관을 말한다.

  1. 기획재정부

  2. 행정안전부

  3. 농림축산식품부

  3의2. 보건복지부

  4. 국토교통부

③ 중앙부동산가격공시위원회의 위원장(이하 "위원장"이라 한다)은 중앙부동산가격공시위원회를 대표하고, 중앙부동산가격공시위원회의 업무를 총괄한다.

④ 위원장은 중앙부동산가격공시위원회의 회의를 소집하고 그 의장이 된다.

⑤ 중앙부동산가격공시위원회에 부위원장 1명을 두며, 부위원장은 위원 중 위원장이 지명하는 사람이 된다.

⑥ 부위원장은 위원장을 보좌하고 위원장이 부득이한 사유로 직무를 수행할 수 없을 때에 그 직무를 대행한다.

⑦ 위원장 및 부위원장이 모두 부득이한 사유로 직무를 수행할 수 없을 때에는 위원장이 미리 지명한 위원이 그 직무를 대행한다.

⑧ 위원장은 중앙부동산가격공시위원회의 회의를 소집할 때에는 개회 3일 전까지 의안을 첨부하여 위원에게 개별 통지하여야 한다.

⑨ 중앙부동산가격공시위원회의 회의는 재적위원 과반수의 출석으로 개의(開議)하고, 출석위원 과반수의 찬성으로 의결한다.

⑩ 중앙부동산가격공시위원회의 위원 중 공무원이 아닌 위원에게는 예산의 범위에서 수당과 여비를 지급할 수 있다.

⑪ 제1항부터 제10항까지에서 규정한 사항 외에 중앙부동산가격공시위원회의 운영에 필요한 세부적인 사항은 중앙부동산가격공시위원회의 의결을 거쳐 위원장이 정한다.

◑ 시행령 제72조(위원의 제척·기피·회피)

① 중앙부동산가격공시위원회 위원이 다음 각 호의 어느 하나에 해당하는 경우에는 중앙부동산가격공시위원회의 심의·의결에서 제척(除斥)된다.

  1. 위원 또는 그 배우자나 배우자였던 사람이 해당 안건의 당사자(당사자가 법인·단체 등인 경우에는 그 임원을 포함한다. 이하 이 호 및 제2호에서 같다)가 되거나 그 안건의 당사자와 공동권리자 또는 공동의무자인 경우

  2. 위원이 해당 안건의 당사자와 친족이거나 친족이었던 경우

  3. 위원이 해당 안건에 대하여 증언, 진술, 자문, 조사, 연구, 용역 또는 감정을 한 경우

  4. 위원이나 위원이 속한 법인·단체 등이 해당 안건의 당사자의 대리인이거나 대리인이었던 경우

  5. 위원이 해당 안건의 당사자와 같은 감정평가법인 또는 감정평가사무소에 소속된 경우

② 당사자는 위원에게 공정한 심의·의결을 기대하기 어려운 사정이 있는 경우에는 중앙부동산가격공시위원회에 기피 신청을 할 수 있고, 중앙부동산가격공시위원회는 의결로 이를 결정한다. 이 경우 기피 신청의 대상인 위원은 그 의결에 참여하지 못한다.

③ 위원이 제1항 각 호에 따른 제척사유에 해당하는 경우에는 스스로 해당 안건의 심의·의결에서 회피(回避)하여야 한다.

시행령 제73조(위원의 해촉 등)

① 국토교통부장관은 중앙부동산가격공시위원회의 위촉위원이 다음 각 호의 어느 하나에 해당하는 경우에는 그 위촉위원을 해촉(解囑)할 수 있다.

    1. 심신장애로 인하여 직무를 수행할 수 없게 된 경우

    2. 직무와 관련된 비위사실이 있는 경우

    3. 직무태만, 품위손상이나 그 밖의 사유로 인하여 위촉위원으로 적합하지 아니하다고 인정되는 경우

    4. 위원 스스로 직무를 수행하는 것이 곤란하다고 의사를 밝히는 경우

    5. 제72조 제1항 각 호의 어느 하나에 해당하는 데에도 불구하고 회피하지 아니한 경우

② 법 제24조 제4항에 따라 위원을 지명한 자는 해당 위원이 제1항 각 호의 어느 하나에 해당하는 경우에는 그 지명을 철회할 수 있다.

02 시·군·구 부동산가격공시위원회

법 제25조(시·군·구 부동산가격공시위원회)

① 다음 각 호의 사항을 심의하기 위하여 시장·군수 또는 구청장 소속으로 시·군·구 부동산가격공시위원회를 둔다.

    1. 제10조에 따른 개별공시지가의 결정에 관한 사항

    2. 제11조에 따른 개별공시지가에 대한 이의신청에 관한 사항

    3. 제17조에 따른 개별주택가격의 결정에 관한 사항

    4. 제17조에 따른 개별주택가격에 대한 이의신청에 관한 사항

    5. 제21조에 따른 비주거용 개별부동산가격의 결정에 관한 사항

    6. 제21조에 따른 비주거용 개별부동산가격에 대한 이의신청에 관한 사항

    7. 그 밖에 시장·군수 또는 구청장이 심의에 부치는 사항

② 제1항에 규정된 것 외에 시·군·구 부동산가격공시위원회의 조직 및 운영에 필요한 사항은 대통령령으로 정한다.

시행령 제74조(시·군·구 부동산가격공시위원회)

① 시·군·구 부동산가격공시위원회는 위원장 1명을 포함한 10명 이상 15명 이하의 위원으로 구성하며, 성별을 고려하여야 한다.

② 시·군·구 부동산가격공시위원회 위원장은 부시장·부군수 또는 부구청장이 된다. 이 경우 부시장·부군수 또는 부구청장이 2명 이상이면 시장·군수 또는 구청장이 지명하는 부시장·부군수 또는 부구청장이 된다.

③ 시·군·구 부동산가격공시위원회 위원은 시장·군수 또는 구청장이 지명하는 6명 이내의 공무원과 다음 각 호의 어느 하나에 해당하는 사람 중에서 시장·군수 또는 구청장이 위촉하는 사람이 된다.

    1. 부동산 가격공시 또는 감정평가에 관한 학식과 경험이 풍부하고 해당 지역의 사정에 정통한 사람

    2. 시민단체(「비영리민간단체 지원법」 제2조에 따른 비영리민간단체를 말한다)에서 추천한 사람

④ 시·군·구 부동산가격공시위원회 위원의 제척·기피·회피 및 해촉에 관하여는 제72조 및 제73조를 준용한다.

⑤ 제1항부터 제4항까지에서 규정한 사항 외에 시·군·구 부동산가격공시위원회의 구성·운영에 필요한 사항은 해당 시·군·구의 조례로 정한다.

부동산가격공시제도 보칙

🔁 **법 제26조(공시보고서의 제출 등)**

① 정부는 표준지공시지가, 표준주택가격 및 공동주택가격의 주요사항에 관한 보고서를 매년 정기국회의 개회 전까지 국회에 제출하여야 한다.

② 국토교통부장관은 제3조에 따른 표준지공시지가, 제16조에 따른 표준주택가격, 제18조에 따른 공동주택가격, 제20조에 따른 비주거용 표준부동산가격 및 제22조에 따른 비주거용 집합부동산가격을 공시하는 때에는 부동산의 시세 반영률, 조사·평가 및 산정 근거 등의 자료를 국토교통부령으로 정하는 바에 따라 인터넷 홈페이지 등에 공개하여야 한다.

🔁 **법 제26조의2(적정가격 반영을 위한 계획 수립 등)**

① 국토교통부장관은 부동산공시가격이 적정가격을 반영하고 부동산의 유형·지역 등에 따른 균형성을 확보하기 위하여 부동산의 시세 반영률의 목표치를 설정하고, 이를 달성하기 위하여 대통령령으로 정하는 바에 따라 계획을 수립하여야 한다.

② 제1항에 따른 계획을 수립하는 때에는 부동산 가격의 변동 상황, 지역 간의 형평성, 해당 부동산의 특수성 등 제반사항을 종합적으로 고려하여야 한다.

③ 국토교통부장관이 제1항에 따른 계획을 수립하는 때에는 관계 행정기관과의 협의를 거쳐 공청회를 실시하고, 제24조에 따른 중앙부동산가격공시위원회의 심의를 거쳐야 한다.

④ 국토교통부장관, 시장·군수 또는 구청장은 부동산공시가격을 결정·공시하는 경우 제1항에 따른 계획에 부합하도록 하여야 한다.

🔁 **법 제27조(공시가격정보체계의 구축 및 관리)**

① 국토교통부장관은 토지, 주택 및 비주거용 부동산의 공시가격과 관련된 정보를 효율적이고 체계적으로 관리하기 위하여 공시가격정보체계를 구축·운영할 수 있다.

② 국토교통부장관은 제1항에 따른 공시가격정보체계를 구축하기 위하여 필요한 경우 관계 기관에 자료를 요청할 수 있다. 이 경우 관계 기관은 정당한 사유가 없으면 그 요청을 따라야 한다.

③ 제1항 및 제2항에 따른 정보 및 자료의 종류, 공시가격정보체계의 구축·운영방법 등에 필요한 사항은 대통령령으로 정한다.

🔁 **법 제27조의2(회의록의 공개)**

제24조에 따른 중앙부동산가격공시위원회 및 제25조에 따른 시·군·구부동산가격공시위원회 심의의 일시·장소·안건·내용·결과 등이 기록된 회의록은 3개월의 범위에서 대통령령으로 정하는 기간이 지난 후에는 대통령령으로 정하는 바에 따라 인터넷 홈페이지 등에 공개하여야 한다. 다만, 공익을 현저히 해할 우려가 있거나 심의의 공정성을 침해할 우려가 있다고 인정되는 이름, 주민등록번호 등 대통령령으로 정하는 개인 식별 정보에 관한 부분의 경우에는 그러하지 아니하다.

🔁 **법 제28조(업무위탁)**

① 국토교통부장관은 다음 각 호의 업무를 부동산원 또는 국토교통부장관이 정하는 기관에 위탁할 수 있다.

1. 다음 각 목의 업무 수행에 필요한 부대업무
   가. 제3조에 따른 표준지공시지가의 조사·평가
   나. 제16조에 따른 표준주택가격의 조사·산정
   다. 제18조에 따른 공동주택가격의 조사·산정
   라. 제20조에 따른 비주거용 표준부동산가격의 조사·산정
   마. 제22조에 따른 비주거용 집합부동산가격의 조사·산정
2. 제6조에 따른 표준지공시지가, 제16조 제7항에 따른 표준주택가격, 제18조 제8항에 따른 공동주택가격, 제20조 제7항에 따른 비주거용 표준부동산가격 및 제22조 제9항에 따른 비주거용 집합부동산가격에 관한 도서·도표 등 작성·공급
3. 제3조 제8항, 제16조 제6항 및 제20조 제6항에 따른 토지가격비준표, 주택가격비준표 및 비주거용 부동산가격비준표의 작성·제공
4. 제15조에 따른 부동산 가격정보 등의 조사
5. 제27조에 따른 공시가격정보체계의 구축 및 관리
6. 제1호부터 제5호까지의 업무와 관련된 업무로서 대통령령으로 정하는 업무
② 국토교통부장관은 제1항에 따라 그 업무를 위탁할 때에는 예산의 범위에서 필요한 경비를 보조할 수 있다.

🔹 **법 제29조(수수료 등)**
① 부동산원 및 감정평가법인등은 이 법에 따른 표준지공시지가의 조사·평가, 개별공시지가의 검증, 부동산 가격정보·통계 등의 조사, 표준주택가격의 조사·산정, 개별주택가격의 검증, 공동주택가격의 조사·산정, 비주거용 표준부동산가격의 조사·산정, 비주거용 개별부동산가격의 검증 및 비주거용 집합부동산가격의 조사·산정 등의 업무수행을 위한 수수료와 출장 또는 사실 확인 등에 소요된 실비를 받을 수 있다.
② 제1항에 따른 수수료의 요율 및 실비의 범위는 국토교통부장관이 정하여 고시한다.

🔹 **법 제30조(벌칙 적용에서 공무원 의제)**
다음 각 호의 어느 하나에 해당하는 사람은 「형법」 제129조부터 제132조까지의 규정을 적용할 때에는 공무원으로 본다.
1. 제28조 제1항에 따라 업무를 위탁받은 기관의 임직원
2. 중앙부동산가격공시위원회의 위원 중 공무원이 아닌 위원

PART

04

감정평가 및 감정평가사

Chapter 01	감정평가
Chapter 02	감정평가사
Chapter 03	감정평가법인등
Chapter 04	감정평가관리 · 징계위원회
Chapter 05	과징금(변형된 과징금)

01 감정평가

> ⤵ 법 제1조(목적)
>
> 이 법은 감정평가 및 감정평가사에 관한 제도를 확립하여 공정한 감정평가를 도모함으로써 국민의 재산권을 보호하고 국가경제 발전에 기여함을 목적으로 한다.
>
> ⤵ 법 제2조(정의)
>
> 이 법에서 사용하는 용어의 뜻은 다음과 같다. 〈개정 2021.7.20.〉
> 1. "토지등"이란 토지 및 그 정착물, 동산, 그 밖에 대통령령으로 정하는 재산과 이들에 관한 소유권 외의 권리를 말한다.
> 2. "감정평가"란 토지등의 경제적 가치를 판정하여 그 결과를 가액(價額)으로 표시하는 것을 말한다.
> 3. "감정평가업"이란 타인의 의뢰에 따라 일정한 보수를 받고 토지등의 감정평가를 업(業)으로 행하는 것을 말한다.
> 4. "감정평가법인등"이란 제21조에 따라 사무소를 개설한 감정평가사와 제29조에 따라 인가를 받은 감정평가법인을 말한다.

01 총칙 및 정의

1. 목적

이 법은 감정평가 및 감정평가사에 관한 제도를 확립하여 공정한 감정평가를 도모함으로써 국민의 재산권을 보호하고 국가경제 발전에 기여함을 목적으로 한다.

2. 정의

① "토지 등"이란 토지 및 그 정착물, 동산, 그 밖에 대통령령으로 정하는 재산과 이들에 관한 소유권 외의 권리를 말한다.

② "감정평가"란 토지 등의 경제적 가치를 판정하여 그 결과를 가액(價額)으로 표시하는 것을 말한다.

③ "감정평가업"이란 타인의 의뢰에 따라 일정한 보수를 받고 토지 등의 감정평가를 업(業)으로 행하는 것을 말한다.

④ "감정평가법인등"이란 제21조에 따라 사무소를 개설한 감정평가사와 제29조에 따라 인가를 받은 감정평가법인을 말한다.

02 감정평가 기준, 직무, 감정평가 의뢰

> ⮕ **법 제3조(기준)**
> ① 감정평가법인등이 토지를 감정평가하는 경우에는 그 토지와 이용가치가 비슷하다고 인정되는 「부동산 가격공시에 관한 법률」에 따른 표준지공시지가를 기준으로 하여야 한다. 다만, 적정한 실거래가가 있는 경우에는 이를 기준으로 할 수 있다.
> ② 제1항에도 불구하고 감정평가법인등이 「주식회사 등의 외부감사에 관한 법률」에 따른 재무제표 작성 등 기업의 재무제표 작성에 필요한 감정평가와 담보권의 설정·경매 등 대통령령으로 정하는 감정평가를 할 때에는 해당 토지의 임대료, 조성비용 등을 고려하여 감정평가를 할 수 있다.
> ③ 감정평가의 공정성과 합리성을 보장하기 위하여 감정평가법인등(소속 감정평가사를 포함한다)이 준수하여야 할 원칙과 기준은 국토교통부령으로 정한다. 〈개정 2021.7.20.〉
> ④ 국토교통부장관은 감정평가법인등이 감정평가를 할 때 필요한 세부적인 기준(이하 "실무기준"이라 한다)의 제정 등에 관한 업무를 수행하기 위하여 대통령령으로 정하는 바에 따라 전문성을 갖춘 민간법인 또는 단체(이하 "기준제정기관"이라 한다)를 지정할 수 있다. 〈신설 2021.7.20.〉
> ⑤ 국토교통부장관은 필요하다고 인정되는 경우 제40조에 따른 감정평가관리·징계위원회의 심의를 거쳐 기준제정기관에 실무기준의 내용을 변경하도록 요구할 수 있다. 이 경우 기준제정기관은 정당한 사유가 없으면 이에 따라야 한다. 〈신설 2021.7.20.〉
> ⑥ 국가는 기준제정기관의 설립 및 운영에 필요한 비용의 일부 또는 전부를 지원할 수 있다. 〈신설 2021.7.20.〉
>
> ⮕ **법 제4조(직무)**
> ① 감정평가사는 타인의 의뢰를 받아 토지등을 감정평가하는 것을 그 직무로 한다. 〈개정 2021.7.20.〉
> ② 감정평가사는 공공성을 지닌 가치평가 전문직으로서 공정하고 객관적으로 그 직무를 수행한다. 〈신설 2021.7.20.〉
>
> ⮕ **법 제5조(감정평가의 의뢰)**
> ① 국가, 지방자치단체, 「공공기관의 운영에 관한 법률」에 따른 공공기관 또는 그 밖에 대통령령으로 정하는 공공단체(이하 "국가 등"이라 한다)가 토지 등의 관리·매입·매각·경매·재평가 등을 위하여 토지 등을 감정평가하려는 경우에는 감정평가법인등에 의뢰하여야 한다.
> ② 금융기관·보험회사·신탁회사 또는 그 밖에 대통령령으로 정하는 기관이 대출, 자산의 매입·매각·관리 또는 「주식회사 등의 외부감사에 관한 법률」에 따른 재무제표 작성을 포함한 기업의 재무제표 작성 등과 관련하여 토지 등의 감정평가를 하려는 경우에는 감정평가법인등에 의뢰하여야 한다.
> ③ 제1항 또는 제2항에 따라 감정평가를 의뢰하려는 자는 제33조에 따른 한국감정평가사협회에 요청하여 추천받은 감정평가법인등에 감정평가를 의뢰할 수 있다.
> ④ 제1항 및 제2항에 따른 의뢰의 절차와 방법 및 제3항에 따른 추천의 기준 등에 필요한 사항은 대통령령으로 정한다.

03 감정평가서, 감정평가서의 심사

↪ **법 제6조(감정평가서)**

① 감정평가법인등은 감정평가를 의뢰받은 때에는 지체 없이 감정평가를 실시한 후 국토교통부령으로 정하는 바에 따라 감정평가 의뢰인에게 감정평가서(「전자문서 및 전자거래기본법」 제2조에 따른 전자문서로 된 감정평가서를 포함한다)를 발급하여야 한다. 〈개정 2021.7.20.〉

② 감정평가서에는 감정평가법인등의 사무소 또는 법인의 명칭을 적고, 감정평가를 한 감정평가사가 그 자격을 표시한 후 서명과 날인을 하여야 한다. 이 경우 감정평가법인의 경우에는 그 대표사원 또는 대표이사도 서명이나 날인을 하여야 한다.

③ 감정평가법인등은 감정평가서의 원본과 그 관련 서류를 국토교통부령으로 정하는 기간 이상 보존하여야 하며, 해산하거나 폐업하는 경우에도 대통령령으로 정하는 바에 따라 보존하여야 한다. 이 경우 감정평가법인등은 감정평가서의 원본과 그 관련 서류를 이동식 저장장치 등 전자적 기록매체에 수록하여 보존할 수 있다. 〈개정 2021.7.20.〉

↪ **법 제7조(감정평가서의 심사 등)**

① 감정평가법인은 제6조에 따라 감정평가서를 의뢰인에게 발급하기 전에 감정평가를 한 소속 감정평가사가 작성한 감정평가서의 적정성을 같은 법인 소속의 다른 감정평가사에게 심사하게 하고, 그 적정성을 심사한 감정평가사로 하여금 감정평가서에 그 심사사실을 표시하고 서명과 날인을 하게 하여야 한다.

② 제1항에 따라 감정평가서의 적정성을 심사하는 감정평가사는 감정평가서가 제3조에 따른 원칙과 기준을 준수하여 작성되었는지 여부를 신의와 성실로써 공정하게 심사하여야 한다. 〈개정 2021.7.20.〉

③ 감정평가 의뢰인 및 관계 기관 등 대통령령으로 정하는 자는 발급된 감정평가서의 적정성에 대한 검토를 대통령령으로 정하는 기준을 충족하는 감정평가법인등(해당 감정평가서를 발급한 감정평가법인등은 제외한다)에게 의뢰할 수 있다. 〈신설 2021.7.20.〉

④ 제1항에 따른 심사대상·절차·기준 및 제3항에 따른 검토절차·기준 등에 관하여 필요한 사항은 대통령령으로 정한다. 〈신설 2021.7.20.〉

[제목개정 2021.7.20.]

04 감정평가 타당성조사

↪ **법 제8조(감정평가 타당성조사 등)**

① 국토교통부장관은 제6조에 따라 감정평가서가 발급된 후 해당 감정평가가 이 법 또는 다른 법률에서 정하는 절차와 방법 등에 따라 타당하게 이루어졌는지를 직권으로 또는 관계 기관 등의 요청에 따라 조사할 수 있다.

② 제1항에 따른 타당성조사를 할 경우에는 해당 감정평가법인등 및 대통령령으로 정하는 이해관계인에게 의견진술기회를 주어야 한다.

③ 제1항 및 제2항에 따른 타당성조사의 절차 등에 필요한 사항은 대통령령으로 정한다.

④ 국토교통부장관은 감정평가 제도를 개선하기 위하여 대통령령으로 정하는 바에 따라 제6조 제1항에 따라 발급된 감정평가서에 대한 표본조사를 실시할 수 있다. 〈신설 2021.7.20.〉

[제목개정 2021.7.20.]

05 감정평가 정보체계의 구축 · 운용 등

> **법 제9조(감정평가 정보체계의 구축 · 운용 등)**
> ① 국토교통부장관은 국가등이 의뢰하는 감정평가와 관련된 정보 및 자료를 효율적이고 체계적으로 관리하기 위하여 감정평가 정보체계(이하 "감정평가 정보체계"라 한다)를 구축 · 운영할 수 있다.
> ② 「공익사업을 위한 토지 등의 취득 및 보상에 관한 법률」에 따른 감정평가 등 국토교통부령으로 정하는 감정평가를 의뢰받은 감정평가법인등은 감정평가 결과를 감정평가 정보체계에 등록하여야 한다. 다만, 개인정보 보호 등 국토교통부장관이 정하는 정당한 사유가 있는 경우에는 그러하지 아니하다.
> ③ 감정평가법인등은 제2항에 따른 감정평가 정보체계 등록 대상인 감정평가에 대해서는 제6조 제1항에 따른 감정평가서를 발급할 때 해당 의뢰인에게 그 등록에 대한 사실을 알려야 한다. 〈신설 2021.7.20.〉
> ④ 국토교통부장관은 감정평가 정보체계의 운용을 위하여 필요한 경우 관계 기관에 자료제공을 요청할 수 있다. 이 경우 이를 요청받은 기관은 정당한 사유가 없으면 그 요청을 따라야 한다. 〈개정 2021.7.20.〉
> ⑤ 제1항 및 제2항에 따른 정보 및 자료의 종류, 감정평가 정보체계의 구축 · 운영방법 등에 필요한 사항은 국토교통부령으로 정한다. 〈개정 2021.7.20.〉

> **》 기출문제(제31회 4번)**
> 감정평가 및 감정평가사에 관한 법률 에 따른 감정평가의 기준 및 감정평가 타당성 조사에 관하여 각각 설명하시오. 10점

감정평가사

※ 감정평가 및 감정평가사에 관한 법률(이하 감정평가사법)로 통칭함

■ **2022년도 감정평가 및 감정평가에 관한 법률 개정 내용**

[시행 2022.7.21.] [법률 제18309호, 2021.7.20, 일부개정]

◇ **개정이유**

감정평가는 부동산, 동산, 산업재산권 등 자산에 대한 경제적 가치를 판정하는 업무로서 자산의 거래, 담보 설정, 경매 등 다양한 분야에서 활용되고 있으며, 공정하고 객관적인 가치평가가 필수적임.

그러나, 감정평가를 의뢰하면서 이해관계에 따라 고가 또는 저가평가를 종용하거나 감정평가에 대한 보수를 제대로 지급하지 않는 일부 의뢰인들의 행태로 인해 공정한 감정평가가 저해되거나 감정평가 시장질서가 훼손되는 문제가 나타나고 있음.

이에 감정평가 시장질서를 확립하고 공정하고 객관적인 감정평가가 이루어지도록 하기 위해 의뢰인의 불공정 행위를 제한하는 한편, 공정한 감정평가에 대한 감정평가사의 책무를 명시하고, 감정평가의 신뢰를 제고하기 위한 감정평가서 표본조사에 대한 법적 근거를 마련하면서 징계이력을 공개하도록 하는 등 감정평가사의 책임과 의무도 강화하려는 것임.

또한, 감정평가산업의 환경변화에 대응하여 감정평가의 구체적인 원칙과 기준을 연구·보급할 수 있는 기관 또는 단체의 운영근거를 마련하고, 전자적인 형태의 감정평가서 발급을 허용하는 등 감정평가분야의 낡은 규제도 개선하려는 것임.

◇ **주요내용**

가. 국토교통부장관이 감정평가 실무기준을 정하기 위해 전문성을 갖춘 기관 또는 단체를 기준제정기관으로 지정할 수 있도록 하고, 국토교통부장관은 감정평가의 공정성과 합리성을 보장하기 위해 필요한 경우에 실무기준의 내용을 변경하도록 요구할 수 있도록 함(제3조 제4항 및 제5항).

나. 감정평가사는 공공성을 지닌 가치평가 전문직으로서 공정하고 객관적으로 그 직무를 수행하도록 함(제4조 제2항).

다. 감정평가서를 「전자문서 및 전자거래기본법」에 따른 전자문서로 발급할 수 있도록 하고 감정평가서 원본과 관련 서류를 전자적 기록매체에 수록하여 보존할 수 있도록 함(제6조 제1항 및 제3항).

라. 감정평가 의뢰인 및 관계기관 등 대통령령으로 정하는 자로 하여금 발급된 감정평가서의 적정성에 대한 검토를 해당 감정평가서를 발급한 감정평가법인등이 아닌 감정평가법인등에게 의뢰할 수 있도록 함(제7조 제3항).

마. 미성년자 또는 피성년후견인·피한정후견인도 감정평가사 자격은 취득할 수 있도록 감정평가사 결격사유에서 제외하되, 등록의 거부사유에 규정함(제12조 제1항 및 제18조 제1항).

바. 의뢰인이나 선의의 제3자를 보호하기 위하여 감정평가법인등이 갖추어야 하는 손해배상능력 등을 국토교통부령으로 정할 수 있도록 함(제28조 제4항 신설).

사. 누구든지 감정평가법인등과 그 사무직원에게 토지 등에 대하여 특정한 가액으로의 감정평가를 유도 또는 요구할 수 없도록 함(제28조의2 신설).

아. 감정평가법인은 100분의 70을 넘는 범위에서 감정평가사인 사원 또는 이사를 두도록 하여 일정한 범위에서 감정평가사가 아닌 사원 또는 이사를 둘 수 있도록 함(제29조 제2항).

자. 국토교통부장관이 감정평가사에 대한 징계를 한 때에는 그 사유를 밝혀 해당 감정평가사, 감정평가
법인등, 한국감정평가사협회에 각각 통보하고 그 내용을 관보 또는 인터넷 홈페이지 등에 게시 또는
공고하도록 함(제39조의2 신설).

제1절 감정평가사 업무 및 자격

🔖 **법 제10조(감정평가법인등의 업무)**
감정평가법인등은 다음 각 호의 업무를 행한다.
1. 「부동산 가격공시에 관한 법률」에 따라 감정평가법인등이 수행하는 업무
2. 「부동산 가격공시에 관한 법률」 제8조 제2호에 따른 목적을 위한 토지 등의 감정평가
3. 「자산재평가법」에 따른 토지 등의 감정평가
4. 법원에 계속 중인 소송 또는 경매를 위한 토지 등의 감정평가
5. 금융기관·보험회사·신탁회사 등 타인의 의뢰에 따른 토지 등의 감정평가
6. 감정평가와 관련된 상담 및 자문
7. 토지 등의 이용 및 개발 등에 대한 조언이나 정보 등의 제공
8. 다른 법령에 따라 감정평가법인등이 할 수 있는 토지 등의 감정평가
9. 제1호부터 제8호까지의 업무에 부수되는 업무

🔖 **법 제11조(자격)**
제14조에 따른 감정평가사시험에 합격한 사람은 감정평가사의 자격이 있다.

🔖 **법 제12조(결격사유)**
① 다음 각 호의 어느 하나에 해당하는 사람은 감정평가사가 될 수 없다. 〈개정 2021.7.20.〉
   1. 삭제 〈2021.7.20.〉
   2. 파산선고를 받은 사람으로서 복권되지 아니한 사람
   3. 금고 이상의 실형을 선고받고 그 집행이 종료(집행이 종료된 것으로 보는 경우를 포함한다)되거
     나 그 집행이 면제된 날부터 3년이 지나지 아니한 사람
   4. 금고 이상의 형의 집행유예를 받고 그 유예기간이 만료된 날부터 1년이 지나지 아니한 사람
   5. 금고 이상의 형의 선고유예를 받고 그 선고유예기간 중에 있는 사람
   6. 제13조에 따라 감정평가사 자격이 취소된 후 3년이 지나지 아니한 사람
   7. 제39조 제1항 제11호 및 제12호에 따라 자격이 취소된 후 5년이 지나지 아니한 사람
② 국토교통부장관은 감정평가사가 제1항 제2호부터 제5호까지의 어느 하나에 해당하는지 여부를 확
인하기 위하여 관계 기관에 자료를 요청할 수 있다. 이 경우 관계 기관은 특별한 사정이 없으면 그
자료를 제공하여야 한다. 〈신설 2021.7.20.〉

🔖 **법 제13조(자격의 취소)**
① 국토교통부장관은 감정평가사가 다음 각 호의 어느 하나에 해당하는 경우에는 그 자격을 취소하여야
한다. 〈개정 2021.7.20.〉
   1. 부정한 방법으로 감정평가사의 자격을 받은 경우

2. 제39조 제2항 제1호에 해당하는 징계를 받은 경우
② 국토교통부장관은 제1항에 따라 감정평가사의 자격을 취소한 경우에는 국토교통부령으로 정하는 바에 따라 그 사실을 공고하여야 한다.
③ 제1항에 따라 감정평가사의 자격이 취소된 사람은 자격증(제17조에 따라 등록한 경우에는 등록증을 포함한다)을 국토교통부장관에게 반납하여야 한다.

01 감정평가사 자격제도

감정평가사제도는 종전에 국토이용관리법상의 토지평가사와 감정평가에 관한 법률에 의한 공인감정사제도로 이원화되어 전문가에 의한 부동산 평가의 일관성이 결여되고 업무중복 등의 문제로 인한 국민의 신뢰저하 등의 문제를 해결하고, 지가공시제도의 효율적 운영을 위해 1989년 제정된 지가공시법에 의해 시행된 제도이다. 이후 수차례 개정을 거쳐 제도가 운영되어 오다가 2015년 12월 「부동산 가격공시 및 감정평가에 관한 법률」에서 분법이 되어 2016년 9월 1자로 현재 「감정평가 및 감정평가사에 관한 법률」에 근거하고 있다.

02 감정평가법인등의 업무(법 제10조)

> 기출문제(제31회 3번)
> 甲과 乙은 감정평가사 자격이 없는 공인회계사로서, 甲은 A주식회사의 부사장 겸 본부장이고 乙은 A주식회사의 상무의 직에 있는 자이다. 甲과 乙은 A주식회사 대표 B로부터 서울 소재의 A주식회사 소유 빌딩의 부지를 비롯한 지방에 있는 같은 회사 전 사업장 물류센터 등 부지에 대한 자산 재평가를 의뢰받고, 회사의 회계처리를 목적으로 부지에 대한 감정평가등 자산재평가를 실시하여 그 결과 평가대상 토지(기존의 장부상 가액 3천억원)의 경제적 가치를 7천억원의 가액으로 표시하고, 그 대가로 1억 5,400만원을 받았다. 이러한 甲과 乙의 행위는 「감정평가 및 감정평가사에 관한 법률」상의 감정평가업자의 업무에 해당하는지 여부에 관하여 논하시오. **20점**

> ↪ 법 제10조(감정평가법인등의 업무)
> 1. 「부동산 가격공시에 관한 법률」에 따라 감정평가법인등이 수행하는 업무
> 2. 「부동산 가격공시에 관한 법률」 제8조 제2호에 따른 목적을 위한 토지 등의 감정평가
> 3. 「자산재평가법」에 따른 토지 등의 감정평가
> 4. 법원에 계속 중인 소송 또는 경매를 위한 토지 등의 감정평가
> 5. 금융기관·보험회사·신탁회사 등 타인의 의뢰에 따른 토지 등의 감정평가
> 6. 감정평가와 관련된 상담 및 자문
> 7. 토지 등의 이용 및 개발 등에 대한 조언이나 정보 등의 제공
> 8. 다른 법령에 따라 감정평가법인등이 할 수 있는 토지 등의 감정평가
> 9. 제1호부터 제8호까지의 업무에 부수되는 업무

03 감정평가사의 자격 및 결격사유, 시험

> **법 제11조(자격)**
> 제14조에 따른 감정평가사시험에 합격한 사람은 감정평가사의 자격이 있다.
>
> **법 제12조(결격사유)**
> ① 다음 각 호의 어느 하나에 해당하는 사람은 감정평가사가 될 수 없다. 〈개정 2021.7.20.〉
>   1. 삭제 〈2021.7.20.〉
>   2. 파산선고를 받은 사람으로서 복권되지 아니한 사람
>   3. 금고 이상의 실형을 선고받고 그 집행이 종료(집행이 종료된 것으로 보는 경우를 포함한다)되거나 그 집행이 면제된 날부터 3년이 지나지 아니한 사람
>   4. 금고 이상의 형의 집행유예를 받고 그 유예기간이 만료된 날부터 1년이 지나지 아니한 사람
>   5. 금고 이상의 형의 선고유예를 받고 그 선고유예기간 중에 있는 사람
>   6. 제13조에 따라 감정평가사 자격이 취소된 후 3년이 지나지 아니한 사람
>   7. 제39조 제1항 제11호 및 제12호에 따라 자격이 취소된 후 5년이 지나지 아니한 사람
> ② 국토교통부장관은 감정평가사가 제1항 제2호부터 제5호까지의 어느 하나에 해당하는지 여부를 확인하기 위하여 관계 기관에 자료를 요청할 수 있다. 이 경우 관계 기관은 특별한 사정이 없으면 그 자료를 제공하여야 한다. 〈신설 2021.7.20.〉
>
> **시행령 제9조(시험과목 및 방법)**
> ① 법 제14조에 따른 감정평가사시험(이하 "시험"이라 한다)의 시험과목은 별표 1과 같다.
> ② 제1차 시험은 선택형으로 한다.
> ③ 제2차 시험은 논문형으로 하되, 기입형을 병행할 수 있다.
> ④ 제1항에 따른 제1차 시험의 과목 중 영어 과목은 제1차 시험 응시원서 접수마감일부터 역산(逆算)하여 2년이 되는 날 이후에 실시된 다른 시험기관의 시험(이하 "영어시험"이라 한다)에서 취득한 성적으로 시험을 대체한다.
> ⑤ 제4항에 따른 영어시험의 종류 및 합격에 필요한 점수는 별표 2와 같다.
> ⑥ 시험에 응시하려는 사람은 응시원서를 제출할 때에 국토교통부장관이 별표 2에서 정한 영어시험의 합격에 필요한 기준점수를 확인할 수 있도록 하여야 한다.
>
> **시행령 제10조(합격기준)**
> ① 제1차 시험 과목 중 영어과목을 제외한 나머지 시험과목의 합격기준은 과목당 100점을 만점으로 하여 모든 과목 40점 이상, 전 과목 평균 60점 이상의 득점으로 한다.
> ② 국토교통부장관은 감정평가사의 수급 상황 등을 고려하여 제2차 시험의 최소합격인원을 정할 수 있다. 이 경우 감정평가관리·징계위원회의 심의를 거쳐야 한다. 〈개정 2022.1.21.〉
> ③ 제2차 시험과목의 합격기준은 과목당 100점을 만점으로 하여 모든 과목 40점 이상, 전 과목 평균 60점 이상의 득점으로 한다. 다만, 모든 과목 40점 이상, 전 과목 평균 60점 이상을 득점한 사람의 수가 제2항에 따른 최소합격인원에 미달하는 경우에는 모든 과목 40점 이상을 득점한 사람 중에서 전 과목 평균점수가 높은 순으로 최소합격인원의 범위에서 합격자를 결정한다.
> ④ 제3항 단서에 따라 합격자를 결정하는 경우 동점자로 인하여 최소합격인원을 초과하는 경우에는 그 동점자 모두를 합격자로 결정한다. 이 경우 동점자의 점수는 소수점 이하 둘째자리까지만 계산하며, 반올림은 하지 아니한다.

> **⭘ 시행령 제11조(시험시행공고)**
> 국토교통부장관은 시험을 시행하려는 경우에는 시험의 일시, 장소, 방법, 과목, 응시자격, 별표 2에서 정한 영어능력 검정시험의 합격에 필요한 기준점수의 확인방법, 제2차 시험의 최소합격인원, 응시절차 및 그 밖에 필요한 사항을 시험일 90일 전까지 인터넷 홈페이지 등에 공고하여야 한다.
>
> **⭘ 시행령 제12조(합격자의 공고 등)**
> ① 국토교통부장관은 시험합격자가 결정된 경우에는 모든 응시자가 알 수 있는 방법으로 합격자 결정에 관한 사항과 실무수습신청기간 및 실무수습기간 등 실무수습에 필요한 사항을 관보에 공고하고, 합격자에게는 최종 합격 확인서를 발급하여야 한다.
> ② 국토교통부장관은 법 제11조에 해당하는 사람이 감정평가사 자격증의 발급을 신청하는 경우 법 제12조에 따른 결격사유에 해당하는 경우를 제외하고는 감정평가사 자격증을 발급하여야 한다.

1. 감정평가사의 자격

감정평가사법 제11조는 자격취득을 위한 적극적 요건으로 동법 제14조에 의한 소정의 시험합격에 대해, 제12조는 소극적 요건으로 결격사유를 규정하고, 국토교통부장관은 감정평가사법 시행령 제12조 제2항에서 법 제11조에 해당하는 사람이 감정평가사 자격증의 발급을 신청하는 경우 법 제12조에 따른 결격사유에 해당하는 경우를 제외하고는 감정평가사 자격증을 발급하여야 한다고 규정하고 있다.

2. 감정평가사의 결격사유

(1) 결격사유(법 제12조)

다음에 해당하는 자는 감정평가사가 될 수 없다. ① 파산선고를 받은 사람으로서 복권되지 아니한 사람, ② 금고 이상의 실형을 선고받고 그 집행이 종료되거나 그 집행이 면제된 날부터 3년이 지나지 아니한 사람, ③ 금고 이상의 형의 집행유예를 받고 그 유예기간이 만료된 날부터 1년이 지나지 아니한 사람, ④ 금고 이상의 형의 선고유예를 받고 그 선고유예기간 중에 있는 사람, ⑤ 제13조에 따라 감정평가사 자격이 취소된 후 3년이 지나지 아니한 사람, ⑥ 제39조 제1항 제11호 및 제12호에 따라 자격이 취소된 후 5년이 지나지 아니한 사람

(2) 감정평가사 자격취득 전에 결격사유가 있는 경우

결격사유에 해당하는 자가 감정평가사 자격시험에 합격한 경우에는 그 합격처분은 무효사유가 된다. 따라서 국토교통부장관이 사후에 이러한 사정을 발견하고 합격을 취소한 경우에 그러한 합격취소는 행정행위로 볼 수 없고 관념의 통지에 불과하다. 이러한 합격취소는 법률규정상 발생한 무효사유를 확인하는 행위에 불과하기 때문에 행정행위로 볼 수 없기 때문이다. 따라서 당사자는 이러한 합격취소행위를 대상으로 행정소송을 제기할 수 없다.

(3) 감정평가사 자격취득 후에 결격사유가 발생한 경우

감정평가사 자격취득 후에 감정평가사법 제12조의 결격사유에 해당하게 된 경우에는 동법 제17조 및 제18조에 의하여 자격등록 및 갱신등록의 거부 및 자격등록의 취소처분을 받게 된다.

04 감정평가사 자격의 취소

> ⊃ 법 제13조(자격의 취소)
>
> ① 국토교통부장관은 감정평가사가 다음 각 호의 어느 하나에 해당하는 경우에는 그 자격을 취소하여야 한다. 〈개정 2021.7.20.〉
>
>   1. 부정한 방법으로 감정평가사의 자격을 받은 경우
>   2. 제39조 제2항 제1호에 해당하는 징계를 받은 경우
>
> ② 국토교통부장관은 제1항에 따라 감정평가사의 자격을 취소한 경우에는 국토교통부령으로 정하는 바에 따라 그 사실을 공고하여야 한다.
>
> ③ 제1항에 따라 감정평가사의 자격이 취소된 사람은 자격증(제17조에 따라 등록한 경우에는 등록증을 포함한다)을 국토교통부장관에게 반납하여야 한다.

※ 자격증 양도·대여규정은 개정 법률 본문에서는 삭제되었고, 감정평가사법 제27조에서 명의·대여 등의 금지규정으로 신설·규정하고 있다.

청문 [행정절차법 제22조][감정평가사법 제45조]

- 의의
  - 처분을 하기 전
  - 직접 듣고 증거를 조사
- 청문실시의 요건
  - ① 처분을 할 때
  - ② ⓐ 다른 법령에서 청문을 하도록 규정하고 있거나   ○ 행정규칙X
    - ⓑ 행정청이 필요하다고 인정하는 경우이거나
    - ⓒ 당사자의 신청
  - ③ 예외사유에 해당하지 않는다면 청문을 실시해야 한다.
- 청문의 기회를 주지 않을 수 있는 경우
  - 포기
    - 명백히 표시
  - 예외사유
    - 긴급히
    - 법원의 재판 등
    - 처분의 성질
      - 의견청취가 현저히 곤란하거나 명백히 불필요하다고 인정될 만한 상당한 이유가 있는 경우
      - <판례> 청문통지서가 반송, 처분의 상대방이 불출석
        - 의 이유로 청문을 실시하지 아니하고 한 침해적 행정처분은 위법하다.
        - ※ 청문 종결
- 청문 종결
  - 정당한 사유없이 청문기일에 출석X or 의견서 제출X
    - 이들에게 다시 의견진술 및 증거제출의 기회를 주지 아니하고 청문을 마칠 수 있다.
- 청문결여의 효과
  - 반드시 청문을 실시하여야 하며, 그러한 절차를 결여한 처분은 위법한 처분으로서 취소사유에 해당한다.

1. 개요

감정평가사란 전문자격인으로 권리와 의미를 가짐은 물론 그에 대한 책임도 부담하여야 한다. 따라서 감정평가사법은 제13조에 일정한 경우 자격의 취소를 규정하고 있다. 이는 감정평가사 개인에게는 침익적 처분으로 일정한 절차를 거쳐 이루어져야 한다. 감정평가사법은 제45조에서 청문을 하도록 규정하고 있으며, 그 밖의 절차는 일반법인 행정절차법에 의하여야 한다.

2. 자격취소의 사유 및 법적 성질

(1) 자격취소의 사유

감정평가사법 제13조 제1항에서 ① 부정한 방법으로 감정평가사의 자격을 받은 경우, ② 제39조 제2항 제1호에 해당하는 징계를 받은 경우 등의 규정을 두고 있다. 감정평가사법 제13조의 규정은 기속행위로 보이며, 동법 제27조 및 제39조의 두 가지 경우의 자격취소는 재량행위로 보여진다.

(2) 자격취소의 법적 성질

① **부정한 방법으로 감정평가사의 자격을 얻은 경우**(기속행위)

이는 자격증 발급행위(자격부여처분) 성립 당시에 흠이 있음을 이유로 그 효력을 소멸시키는 것이므로 강학상 직권취소에 해당하며, "취소하여야 한다."고 규정하고 있어 기속행위에 해당한다.

② **명의대여한 경우**(재량행위)(자격자 성명 또는 상호를 사용하게 하는 경우)

감정평가사법 제27조에서는 감정평가사 또는 감정평가법인등은 다른 사람에게 자기의 성명 또는 상호를 사용하여 제10조에 따른 업무를 수행하게 하거나 자격증·등록증 또는 인가증을 양도·대여하거나 이를 부당하게 행사하여서는 아니 된다는 규정이다.

유효하게 성립한 자격부여처분의 효력을 더 이상 존속시킬 수 없는 사유가 발생하였기 때문에 효력을 소멸시키는 강학상 철회에 해당하며, "취소할 수 있다."고 규정하고 있어 재량행위에 해당한다.

③ **금고 이상의 형을 2회 이상 선고 그 형이 확정된 경우**(재량행위)

감정평가사의 직무와 관련하여 금고 이상의 형을 2회 이상 선고받아(집행유예를 선고받은 경우를 포함한다) 그 형이 확정된 경우

④ **업무정지 1년 이상의 징계처분을 2회 이상으로 직무수행 현저히 부적당**(재량행위)

이 법에 따라 업무정지 1년 이상의 징계처분을 2회 이상 받은 후 다시 동법 제39조 제1항에 따른 징계사유가 있는 사람으로서 감정평가사의 직무를 수행하는 것이 현저히 부적당하다고 인정되는 경우의 규정

3. 자격취소의 법적 근거가 필요하지 여부(사업인정취소와 구별)

감정평가사법상 자격취소는 학문상 직권취소와 철회로 구분할 수 있다. 이는 침익적 처분으로 법률

의 유보가 반드시 있어야 한다고 볼 수 있으나, ① 직권취소는 행정행위에 흠이 있음을 전제로 이를 시정하는 것이므로 행정의 법률적합성 원칙의 관점에서 특별한 근거가 없어도 된다는 것이 다수설과 판례의 입장이다. ② 철회의 법적 근거가 필요한지 여부에 대해 견해의 대립이 있으나 판례는 법률의 근거가 없어도 된다는 입장이며, 법적 현실 및 행정의 탄력성 측면을 고려할 때 타당하다고 생각된다. ③ 감정평가사법은 자격취소에 관하여 명시적인 근거를 두고 있으므로 법률의 근거가 있는지 여부는 문제되지 않는다.

4. 자격취소의 절차

(1) 개요

감정평가사법에서는 자격취소의 경우 청문(법 제45조)만이 규정되어 있다. 그러나 침익적 처분인 자격취소는 일반법인 행정절차법이 적용되어, 처분의 사전통지(제21조), 청문(제22조 제1항), 처분의 이유제시(제23조), 고지(제26조) 등의 절차가 적용된다.

(2) 처분의 사전통지(행정절차법 제21조)

① 행정청은 당사자에게 의무를 부과하거나 권익을 제한하는 처분을 하는 경우에는 미리 다음의 사항을 당사자 등에게 통지하여야 한다.

> 1. 처분의 제목
> 2. 당사자의 성명 또는 명칭과 주소
> 3. 처분하려는 원인이 되는 사실과 처분의 내용 및 법적 근거
> 4. 제3호에 대하여 의견을 제출할 수 있다는 뜻과 의견을 제출하지 아니하는 경우의 처리방법
> 5. 의견제출기관의 명칭과 주소
> 6. 의견제출기한
> 7. 그 밖에 필요한 사항

② 행정청은 청문을 하려면 청문이 시작되는 날부터 10일 전까지 제1항 각호의 사항을 당사자 등에게 통지하여야 한다. 이 경우 위 제4호부터 제6호까지의 사항은 청문주재자의 소속·직위 및 성명, 청문의 일시 및 장소, 청문에 응하지 아니하는 경우의 처리방법 등 청문에 필요한 사항으로 갈음한다.

③ 의견제출기한은 의견제출에 필요한 기간을 10일 이상으로 고려하여 정하여야 한다.

④ 다음의 어느 하나에 해당하는 경우에는 통지를 하지 아니할 수 있다.

> 1. 공공의 안전 또는 복리를 위하여 긴급히 처분을 할 필요가 있는 경우
> 2. 법령 등에서 요구된 자격이 없거나 없어지게 되면 반드시 일정한 처분을 하여야 하는 경우에 그 자격이 없거나 없어지게 된 사실이 법원의 재판 등에 의하여 객관적으로 증명된 경우
> 3. 해당 처분의 성질상 의견청취가 현저히 곤란하거나 명백히 불필요하다고 인정될 만한 상당한 이유가 있는 경우

(3) **청문**(의견청취, 행정절차법 제22조)

① 행정청이 처분을 할 때 다음의 어느 하나에 해당하는 경우에는 청문을 한다.

> 1. 다른 법령등에서 청문을 하도록 규정하고 있는 경우
> 2. 행정청이 필요하다고 인정하는 경우
> 3. 다음 각 목의 처분을 하는 경우
>   가. 인허가 등의 취소
>   나. 신분·자격의 박탈
>   다. 법인이나 조합 등의 설립허가의 취소

② 감정평가사법 제45조에서는 감정평가사의 자격취소시 청문을 거치도록 규정하고 있다.

> ➲ **행정절차법 제22조(의견청취)**
> ① 행정청이 처분을 할 때 다음 각 호의 어느 하나에 해당하는 경우에는 청문을 한다. 〈개정 2022.1.11.〉
>   1. 다른 법령 등에서 청문을 하도록 규정하고 있는 경우
>   2. 행정청이 필요하다고 인정하는 경우
>   3. 다음 각 목의 처분을 하는 경우
>   가. 인허가 등의 취소
>   나. 신분·자격의 박탈
>   다. 법인이나 조합 등의 설립허가의 취소
> ② 행정청이 처분을 할 때 다음 각 호의 어느 하나에 해당하는 경우에는 공청회를 개최한다.
>   1. 다른 법령 등에서 공청회를 개최하도록 규정하고 있는 경우
>   2. 해당 처분의 영향이 광범위하여 널리 의견을 수렴할 필요가 있다고 행정청이 인정하는 경우
>   3. 국민생활에 큰 영향을 미치는 처분으로서 대통령령으로 정하는 처분에 대하여 대통령령으로
>   정하는 수 이상의 당사자 등이 공청회 개최를 요구하는 경우
> ③ 행정청이 당사자에게 의무를 부과하거나 권익을 제한하는 처분을 할 때 제1항 또는 제2항의 경우
>   외에는 당사자 등에게 의견제출의 기회를 주어야 한다.
> ④ 제1항부터 제3항까지의 규정에도 불구하고 제21조 제4항 각 호의 어느 하나에 해당하는 경우와
>   당사자가 의견진술의 기회를 포기한다는 뜻을 명백히 표시한 경우에는 의견청취를 하지 아니할
>   수 있다.
> ⑤ 행정청은 청문·공청회 또는 의견제출을 거쳤을 때에는 신속히 처분하여 해당 처분이 지연되지
>   아니하도록 하여야 한다.
> ⑥ 행정청은 처분 후 1년 이내에 당사자 등이 요청하는 경우에는 청문·공청회 또는 의견제출을 위
>   하여 제출받은 서류나 그 밖의 물건을 반환하여야 한다.

(4) **처분의 이유제시**(행정절차법 제23조)

행정청은 처분을 할 때에는 ① 신청 내용을 모두 그대로 인정하는 처분인 경우, ② 단순·반복적인 처분 또는 경미한 처분으로서 당사자가 그 이유를 명백히 알 수 있는 경우, ③ 긴급히 처분을 할 필요가 있는 경우를 제외하고는 당사자에게 그 근거와 이유를 제시하여야 한다.

(5) **고지**(행정절차법 제26조)

행정청이 처분을 하는 때에는 당사자에게 그 처분에 관하여 행정심판 및 행정소송을 제기할 수 있는지 여부, 그 밖에 불복을 할 수 있는지 여부, 청구절차 및 청구기간, 그 밖에 필요한 사항을 알려야 한다.

(6) **절차상 하자가 있는 자격취소의 효력**

자격취소를 하면서 청문을 결하거나 이유제시를 결한 하자는 절차상 하자로서 통설·판례에 의하면 독자적인 위법성을 지니며, 하자의 정도에 따라 취소 또는 무효로 구분할 수 있다. 단, 고지절차 흠결은 불고지, 오고지의 문제이다.

5. 자격취소의 효과 및 제한

(1) **자격취소의 효과**

자격취소의 효력은 행정행위의 성질에 따라 구분된다. 직권취소의 경우 일반적으로는 소급효이나 법적안정성, 신뢰보호 등의 이익형량 하에 장래효일 수도 있다. 즉, 취소처분을 받을 때까지 감정평가사로서 행한 법률행위의 모든 효력이 상실되는 것이 아니라, 상대방에게 귀책사유가 있는 경우를 제외하고는 법적안정성 차원에서 장래에 향해 효력을 소멸시켜야 할 것이다. 철회의 경우에는 원칙적으로는 장래효이나 별도의 효력시기를 정할 수도 있다고 본다.

(2) **자격취소의 제한**

수익적 행정행위의 직권취소나 철회는 그 제한법리인 신뢰보호의 원칙, 실권의 법리, 비례의 원칙 등에 의해 제한을 받는다.

6. 자격취소의 위법성

(1) **위법성의 의의**

행정행위가 적법, 유효하게 성립하기 위해서는 그 성립요건에 흠이 없어야 하며, 그 요건에 실체적·절차적 하자가 있는 경우 해당 행정처분은 무효 또는 취소사유가 된다 할 것이다. 자격취소처분의 위법성 역시 그 사유로서는 실체적 하자와 절차적 하자로 살펴볼 수 있으며, 위법성의 정도에 따라 무효 또는 취소사유가 된다.

(2) **위법성 사유**

① **실체적 하자**

자격취소는 수익적 행정행위에 대한 취소이므로, 취소권의 제한법리와 관련하여 신뢰보호의 원칙, 실권의 법리, 비례의 원칙 등에 의해 제한을 받는다. 따라서 이러한 제한법리에 위반한 자격취소는 실체적 하자를 구성하게 된다.

② **절차적 하자**

자격취소처분 시에는 법률에 규정된 일정한 청문절차를 거쳐야 하며 행정절차법에 규정된 이유제시를 하여야 한다. 이러한 처분절차에 흠이 있는 경우에 절차는 그 자체가 목적이 아니므로 이를 독자적 위법사유로 삼을 수 있는가에 대하여 견해의 대립이 있다. 그러나 다수설 및 판례는 절차하자가 독자적으로 위법성을 구성하는 사유가 됨을 인정하고 있다.

(3) 위법성의 정도

자격취소처분에 하자가 있는 경우 무효 또는 취소사유가 된다 할 것이며, 무효와 취소의 구별기준에 관한 통설·판례의 입장인 중대명백설에 의하면 중대한 법규 위반이고 객관적으로 명백한 하자가 있는 경우에는 무효가 되고, 이에 이르지 아니한 경미한 사유는 취소사유가 된다. 판례는 대체적으로 절차하자를 취소사유로 보고 있다.

7. 자격취소처분에 대한 권리구제

(1) 행정쟁송

① 행정심판

국토교통부장관의 위법 또는 부당한 자격취소처분에 대하여 취소 또는 변경을 구할 법률상 이익이 있는 자는 처분이 있음을 안 날부터 90일, 있은 날부터 180일 이내에 행정심판을 제기할 수 있다.

② 행정소송

국토교통부장관의 위법한 자격취소처분에 대하여 취소, 변경 또는 무효확인을 구할 법률상 이익이 있는 자는 처분이 있음을 안 날로부터 90일, 있은 날로부터 1년 이내에 관할 행정법원에 행정소송을 제기할 수 있다.

(2) 국가배상

국토교통부장관의 자격취소처분이 고의·과실에 의하여 법령에 위반하여 감정평가사에게 손해를 가한 경우에는 해당 감정평가사는 국가배상법 제2조에 의거 손해배상을 청구할 수 있다.

(3) 자격취소규정의 청문 입법의 불비

감정평가사법 제45조에서 국토교통부장관은 다음 각 호의 어느 하나에 해당하는 처분을 하려는 경우에는 청문을 실시하여야 한다고 규정하고 있다.

① 동법 제13조 제1항에 따른 감정평가사 자격의 취소
② 동법 제32조 제1항에 따른 감정평가법인의 설립인가 취소

감정평가사법에서 청문은 동법 제13조에 의한 자격취소, 동법 제32조에 의한 감정평가법인 설립인가 취소만 규정되어 있으므로, 동법 제27조 명의대여 등의 금지 자격취소, 동법 제39조 제1항의 제11호 금고 2회 이상, 제12호 업무정지 1년 이상 징계 2회 이상의 3가지 경우의 수는 고려하지 못하고 감정평가관리·징계위원회의 징계절차에 의해 징계가 행해지는바, 이는 입법의 불비로 판단되므로 조속히 개정이 요구된다.

05 자격등록 및 갱신등록

➲ **법 제17조(등록 및 갱신등록)**

① 제11조에 따른 감정평가사 자격이 있는 사람이 제10조에 따른 업무를 하려는 경우에는 대통령령으로 정하는 바에 따라 실무수습 또는 교육연수를 마치고 국토교통부장관에게 등록하여야 한다. 〈개정 2021.7.20.〉

② 제1항에 따라 등록한 감정평가사는 대통령령으로 정하는 바에 따라 등록을 갱신하여야 한다. 이 경우 갱신기간은 3년 이상으로 한다.

③ 제1항에 따른 실무수습 또는 교육연수는 제33조에 따른 한국감정평가사협회가 국토교통부장관의 승인을 받아 실시·관리한다. 〈개정 2021.7.20.〉

④ 제1항에 따른 실무수습·교육연수의 대상·방법·기간 등과 제1항에 따른 등록 및 제2항에 따른 갱신등록을 위하여 필요한 신청절차, 구비서류 및 그 밖에 필요한 사항은 대통령령으로 정한다. 〈개정 2021.7.20.〉

➲ **시행령 제16조(감정평가사 실무수습사항)**

① 법 제17조 제1항에 따른 실무수습(이하 "실무수습"이라 한다)을 받는 사람은 실무수습기간 중에 감정평가에 관한 이론·실무 및 그 밖에 감정평가사의 업무수행에 필요한 사항을 습득해야 한다. 〈개정 2022.1.21.〉

② 국토교통부장관은 실무수습에 필요한 지시를 협회에 할 수 있다.

③ 협회는 실무수습계획을 수립하여 국토교통부장관의 승인을 받아야 하며, 실무수습이 종료되면 실무수습 종료일부터 10일 이내에 그 결과를 국토교통부장관에게 보고하여야 한다.

④ 실무수습의 내용·방법·절차 및 그 밖에 필요한 사항은 국토교통부령으로 정한다.

➲ **시행령 제17조(등록)**

① 법 제17조 제1항에 따라 등록을 하려는 사람은 등록신청서(전자문서로 된 신청서를 포함한다)에 감정평가사 자격을 증명하는 서류와 실무수습 및 교육연수의 종료를 증명하는 서류를 첨부하여 국토교통부장관에게 제출해야 한다. 〈개정 2022.1.21.〉

② 국토교통부장관은 제1항에 따른 등록신청을 받았을 때에는 신청인이 법 제18조 제1항 각 호의 어느 하나에 해당하는 경우를 제외하고는 감정평가사 등록부에 등재하고, 신청인에게 등록증을 발급하여야 한다.

➲ **시행령 제18조(갱신등록)**

① 법 제17조 제1항에 따라 등록한 감정평가사는 같은 조 제2항에 따라 5년마다 그 등록을 갱신하여야 한다.

② 제1항에 따라 등록을 갱신하려는 감정평가사는 등록일부터 5년이 되는 날의 60일 전까지 갱신등록 신청서를 국토교통부장관에게 제출하여야 한다.

③ 국토교통부장관은 감정평가사 등록을 한 사람에게 감정평가사 등록을 갱신하려면 갱신등록 신청을 하여야 한다는 사실과 갱신등록신청절차를 등록일부터 5년이 되는 날의 120일 전까지 통지하여야 한다.

④ 제3항에 따른 통지는 문서, 팩스, 전자우편, 휴대전화에 의한 문자메시지 등의 방법으로 할 수 있다.

⑤ 국토교통부장관은 제2항에 따른 갱신등록 신청을 받은 경우 신청인이 법 제18조 제1항 각 호의 어느 하나에 해당하는 경우를 제외하고는 감정평가사 등록부에 등재하고, 신청인에게 등록증을 갱신하여 발급하여야 한다.

법 제18조(등록 및 갱신등록의 거부)

① 국토교통부장관은 제17조에 따른 등록 또는 갱신등록을 신청한 사람이 다음 각 호의 어느 하나에 해당하는 경우에는 그 등록을 거부하여야 한다. 〈개정 2021.7.20.〉

1. 제12조 각 호의 어느 하나에 해당하는 경우
2. 제17조 제1항에 따른 실무수습 또는 교육연수를 받지 아니한 경우
3. 제39조에 따라 등록이 취소된 후 3년이 지나지 아니한 경우
4. 제39조에 따라 업무가 정지된 감정평가사로서 그 업무정지 기간이 지나지 아니한 경우
5. 미성년자 또는 피성년후견인·피한정후견인

② 국토교통부장관은 제1항에 따라 등록 또는 갱신등록을 거부한 경우에는 그 사실을 관보에 공고하고, 정보통신망 등을 이용하여 일반인에게 알려야 한다.

③ 제2항에 따른 공고의 방법, 내용 및 그 밖에 필요한 사항은 국토교통부령으로 정한다.

④ 국토교통부장관은 감정평가사가 제1항 제1호 및 제5호에 해당하는지 여부를 확인하기 위하여 관계 기관에 관련 자료를 요청할 수 있다. 이 경우 관계 기관은 특별한 사정이 없으면 그 자료를 제공하여야 한다. 〈신설 2021.7.20.〉

시행규칙 제14조(등록 및 갱신등록 거부의 공고)

법 제18조에 따른 등록 또는 갱신등록 거부사실의 공고는 다음 각 호의 사항을 관보에 공고하고, 국토교통부의 인터넷 홈페이지에 게시하는 방법으로 한다.

1. 감정평가사의 소속, 성명 및 생년월일
2. 등록 또는 갱신등록의 거부사유

법 제19조(등록의 취소)

① 국토교통부장관은 제17조에 따라 등록한 감정평가사가 다음 각 호의 어느 하나에 해당하는 경우에는 그 등록을 취소하여야 한다. 〈개정 2021.7.20.〉

1. 제12조 각 호의 어느 하나에 해당하는 경우
2. 사망한 경우
3. 등록취소를 신청한 경우
4. 제39조 제2항 제2호에 해당하는 징계를 받은 경우

② 국토교통부장관은 제1항에 따라 등록을 취소한 경우에는 그 사실을 관보에 공고하고, 정보통신망 등을 이용하여 일반인에게 알려야 한다.

③ 제1항에 따라 등록이 취소된 사람은 등록증을 국토교통부장관에게 반납하여야 한다.

④ 제2항에 따른 공고의 방법, 내용 및 그 밖에 필요한 사항은 국토교통부령으로 정한다.

⑤ 국토교통부장관은 감정평가사가 제1항 제1호에 해당하는지 여부를 확인하기 위하여 관계 기관에 관련 자료를 요청할 수 있다. 이 경우 관계 기관은 특별한 사정이 없으면 그 자료를 제공하여야 한다. 〈신설 2021.7.20.〉

시행규칙 제15조(등록취소의 공고)

법 제19조에 따른 등록취소사실의 공고는 다음 각 호의 사항을 관보에 공고하고, 국토교통부의 인터넷 홈페이지에 게시하는 방법으로 한다.

1. 감정평가사의 소속, 성명 및 생년월일
2. 등록의 취소사유

1. 개요

감정평가사법 제11조에 따른 감정평가사 자격이 있는 사람이 제10조에 따른 업무를 하려는 경우에는 대통령령으로 정하는 기간 이상의 실무수습을 마치고 국토교통부장관에게 등록하여야 한다. 감정평가사 자격등록제도는 허위·부실 감정평가에 따른 문제를 해소하고 감정평가에 대한 신뢰를 제고하기 위하여 도입된 제도이다.

2. 법적 성질

(1) 자격등록신청의 법적 성질

감정평가사 자격이 있는 자가 행정청인 국토교통부장관에게 감정평가업의 영위를 위한 등록신청은 사인의 공법행위에 해당한다.

(2) 자격등록의 법적 성질

자격등록행위에 대해 국토교통부장관은 자격등록 요건사항을 검토하여 공적 증거력을 부여하는 것이므로 공증으로 보는 견해와 인감등록시 인감만 가지고 행정기관에 등록만 하는 공증과 달리 감정평가사 자격등록은 일정한 결격사유 등이 있는 경우에는 거부할 수 있는바, 완화된 허가로 보는 견해 등이 있다. 또한 감정평가사법 문언형식으로 볼 때 기속행위에 해당한다.

(3) 갱신등록의 법적 성질

등록갱신하는 경우에는 감정평가업을 지속적으로 할 수 있는 요건을 갖추었는지를 판단하여야만 하는 것으로, 자연적 자유를 회복하여 감정평가업을 하게 하는 완화된 허가의 성질을 지닌 것이라는 견해와 공적 증거력을 부여하는 공증으로 보는 견해 등이 있으며, 문언의 형식상 기속행위에 해당한다 하겠다.

3. 자격등록 및 갱신등록의 거부

(1) 거부사유 및 법적 성질

① 자격등록 및 갱신등록 거부사유

국토교통부장관은 자격등록 또는 갱신등록을 신청한 자가 (ㄱ) 제12조의 결격사유에 해당하는 경우, (ㄴ) 제17조 제1항에 따른 실무수습 또는 교육연수를 받지 아니한 경우 (ㄷ) 자격등록이 취소된 후 3년이 지나지 아니한 자, (ㄹ) 제32조에 따라 업무가 정지된 감정평가사로서 그 업무정지기간이 지나지 아니한 경우, (ㅁ) 미성년자 또는 피성년후견인·피한정후견인에 해당하는 경우에는 그 등록을 거부하여야 한다.

② 법적 성질

국토교통부장관의 감정평가사 자격등록행위 및 갱신등록행위는 행정행위의 성질을 가지며, 일정한 거부사유에 해당되는 경우에 감정평가사의 자격등록 및 갱신등록 신청에 대한 등록거부는 행정쟁송법상 처분에 해당한다고 볼 수 있다.

(2) 등록 및 갱신등록거부 등의 절차

감정평가사에게는 침익적 처분으로써 행정절차법상에 사전통지 및 의견제출 등을 거치고(견해대립 있음), 일정한 등록거부사유에 대한 이유제시를 하여야 한다. 등록거부 등을 한 경우에는 관보 등에 공고하고, 정보통신망 등을 이용하여 일반인에게 알려야 한다.

(3) 권리구제

국토교통부장관의 등록거부는 처분에 해당하므로, 행정심판 및 행정소송을 제기하여 등록거부행위의 위법성에 대하여 다툴 수 있을 것이다. 또한, 위법한 등록거부로 인해 손해가 발생한 경우 국가배상을 청구할 수 있을 것이다.

4. 자격등록의 취소

(1) 자격등록 취소사유

국토교통부장관은 제17조 따라 등록한 감정평가사가 ① 제12조 각 호의 결격사유에 해당하는 경우, ② 사망한 경우, ③ 등록취소를 신청을 한 경우, ④ 제39조 제2항 제2호에 해당하는 징계를 받은 경우에는 그 감정평가사의 등록을 취소하여야 한다.

(2) 자격등록취소의 법적 성질

자격등록 취소사유는 감정평가사 자격등록을 한 후에 새로운 사정이 발생되어 장래를 향하여 효력을 상실시키는 것이므로 강학상 철회에 해당한다. 또한, 감정평가사법상 법문을 고려할 때 "등록을 취소하여야 한다"라고 규정하고 있어 기속행위에 해당한다.

(3) 자격등록취소의 절차 및 권리구제

감정평가사에게 자격등록취소는 침익적 처분으로서 행정절차법상 사전통지 및 의견제출 등을 거쳐야 할 것이다. 감정평가사법 제40조 감정평가관리·징계위원회의 의결에 따라 징계하는 것을 자격등록취소를 하는 경우에 준용하게 된다. 따라서 자격등록취소처분의 경우에는 감정평가사법 제39조의 제 규정과 절차를 준용하여 징계할 수 있다. 이에 대한 권리구제는 자격등록취소행위가 행정쟁송법상 처분에 해당되는바 항고쟁송의 대상이 되며, 자격등록취소에 위법성이 존재한다면 항고쟁송으로 다툴 수 있다.

★ **고용인의 신고 조항 신설**

제21조의2(고용인의 신고)

감정평가법인등은 소속 감정평가사 또는 제24조에 따른 사무직원을 고용하거나 고용관계가 종료된 때에는 국토교통부령으로 정하는 바에 따라 국토교통부장관에게 신고하여야 한다.

| 제2절 | 감정평가사의 징계 |

> **법 제39조(징계)**
>
> ① 국토교통부장관은 감정평가사가 다음 각 호의 어느 하나에 해당하는 경우에는 제40조에 따른 감정평가관리・징계위원회의 의결에 따라 제2항 각 호의 어느 하나에 해당하는 징계를 할 수 있다. 다만, 제2항 제1호에 따른 징계는 제11호, 제12호를 위반한 경우 및 제27조를 위반하여 다른 사람에게 자격증・등록증 또는 인가증을 양도 또는 대여한 경우에만 할 수 있다. 〈개정 2021.7.20.〉
> 1. 제3조 제1항을 위반하여 감정평가를 한 경우
> 2. 제3조 제3항에 따른 원칙과 기준을 위반하여 감정평가를 한 경우
> 3. 제6조에 따른 감정평가서의 작성・발급 등에 관한 사항을 위반한 경우
> 3의2. 제7조 제2항을 위반하여 고의 또는 중대한 과실로 잘못 심사한 경우
> 4. 업무정지처분 기간에 제10조에 따른 업무를 하거나 업무정지처분을 받은 소속 감정평가사에게 업무정지처분 기간에 제10조에 따른 업무를 하게 한 경우
> 5. 제17조 제1항 또는 제2항에 따른 등록이나 갱신등록을 하지 아니하고 제10조에 따른 업무를 수행한 경우
> 6. 구비서류를 거짓으로 작성하는 등 부정한 방법으로 제17조 제1항 또는 제2항에 따른 등록이나 갱신등록을 한 경우
> 7. 제21조를 위반하여 감정평가업을 한 경우
> 8. 제23조 제3항을 위반하여 수수료의 요율 및 실비에 관한 기준을 지키지 아니한 경우
> 9. 제25조, 제26조 또는 제27조를 위반한 경우
> 10. 제47조에 따른 지도와 감독 등에 관하여 다음 각 목의 어느 하나에 해당하는 경우
>   가. 업무에 관한 사항의 보고 또는 자료의 제출을 하지 아니하거나 거짓으로 보고 또는 제출한 경우
>   나. 장부나 서류 등의 검사를 거부 또는 방해하거나 기피한 경우
> 11. 감정평가사의 직무와 관련하여 금고 이상의 형을 2회 이상 선고받아(집행유예를 선고받은 경우를 포함한다) 그 형이 확정된 경우. 다만, 과실범의 경우는 제외한다.
> 12. 이 법에 따라 업무정지 1년 이상의 징계처분을 2회 이상 받은 후 다시 제1항에 따른 징계사유가 있는 사람으로서 감정평가사의 직무를 수행하는 것이 현저히 부적당하다고 인정되는 경우
> ② 감정평가사에 대한 징계의 종류는 다음과 같다.
> 1. 자격의 취소
> 2. 등록의 취소
> 3. 2년 이하의 업무정지
> 4. 견책
> ③ 협회는 감정평가사에게 제1항 각 호의 어느 하나에 해당하는 징계사유가 있다고 인정하는 경우에는 그 증거서류를 첨부하여 국토교통부장관에게 징계를 요청할 수 있다.
> ④ 제1항과 제2항에 따라 자격이 취소된 사람은 자격증과 등록증을 국토교통부장관에게 반납하여야 하며, 등록이 취소되거나 업무가 정지된 사람은 등록증을 국토교통부장관에게 반납하여야 한다.
> ⑤ 제1항 및 제2항에 따라 업무가 정지된 자로서 등록증을 국토교통부장관에게 반납한 자 중 제17조에 따른 교육연수 대상에 해당하는 자가 등록갱신기간이 도래하기 전에 업무정지기간이 도과하여 등록증을 다시 교부받으려는 경우 제17조 제1항에 따른 교육연수를 이수하여야 한다. 〈신설 2021.7.20.〉

PART・04

⑥ 제19조 제2항·제4항은 제1항과 제2항에 따라 자격 취소 또는 등록 취소를 하는 경우에 준용한다. 〈개정 2021.7.20.〉

⑦ 제1항에 따른 징계의결은 국토교통부장관의 요구에 따라 하며, 징계의결의 요구는 위반사유가 발생한 날부터 5년이 지나면 할 수 없다. 〈개정 2021.7.20.〉

➲ 법 제39조의2(징계의 공고)

① 국토교통부장관은 제39조 제1항 및 제2항에 따라 징계를 한 때에는 지체 없이 그 구체적인 사유를 해당 감정평가사, 감정평가법인등 및 협회에 각각 알리고, 그 내용을 대통령령으로 정하는 바에 따라 관보 또는 인터넷 홈페이지 등에 게시 또는 공고하여야 한다.

② 협회는 제1항에 따라 통보받은 내용을 협회가 운영하는 인터넷홈페이지에 3개월 이상 게재하는 방법으로 공개하여야 한다.

③ 협회는 감정평가를 의뢰하려는 자가 해당 감정평가사에 대한 징계 사실을 확인하기 위하여 징계 정보의 열람을 신청하는 경우에는 그 정보를 제공하여야 한다.

④ 제1항부터 제3항까지에 따른 조치 또는 징계 정보의 공개 범위, 시행·열람의 방법 및 절차 등에 관하여 필요한 사항은 대통령령으로 정한다.

[본조신설 2021.7.20.]

➲ 법 제40조(감정평가관리·징계위원회)

① 다음 각 호의 사항을 심의 또는 의결하기 위하여 국토교통부에 감정평가관리·징계위원회(이하 "위원회"라 한다)를 둔다. 〈개정 2021.7.20.〉

　1. 감정평가 관계 법령의 제정·개정에 관한 사항 중 국토교통부장관이 회의에 부치는 사항

　1의2. 제3조 제5항에 따른 실무기준의 변경에 관한 사항

　2. 제14조에 따른 감정평가사시험에 관한 사항

　3. 제23조에 따른 수수료의 요율 및 실비의 범위에 관한 사항

　4. 제39조에 따른 징계에 관한 사항

　5. 그 밖에 감정평가와 관련하여 국토교통부장관이 회의에 부치는 사항

② 그 밖에 위원회의 구성과 운영 등에 필요한 사항은 대통령령으로 정한다.

01 서

국토교통부장관은 감정평가사가 일정한 사유에 해당하는 경우에는 감정평가관리·징계위원회의 의결에 따라 징계를 할 수 있다. 국토교통부장관은 감정평가사 자격등록권자 및 감정평가법인 인가권자이므로 등록된 감정평가사 및 인가받은 감정평가법인의 감정평가사에 대하여 징계를 명할 지위를 갖는다. 감정평가사법에서는 이에 대한 명확한 법적 근거를 두고 있다.

02 징계사유, 징계의 종류 및 징계의 공고

1. 징계사유

감정평가사법 제39조에서는 징계의 사유에 대해 다음과 같이 규정하고 있다.

① 제3조 제1항을 위반하여 감정평가를 한 경우

② 제3조 제3항에 따른 원칙과 기준을 위반하여 감정평가를 한 경우

③ 제6조에 따른 감정평가서의 작성·발급 등에 관한 사항을 위반한 경우

④ 제7조 제2항을 위반하여 고의 또는 중대한 과실로 잘못 심사한 경우

⑤ 업무정지처분 기간에 제10조에 따른 업무를 하거나 업무정지처분을 받은 소속 감정평가사에게 업무정지처분 기간에 제10조에 따른 업무를 하게 한 경우

⑥ 제17조 제1항 또는 제2항에 따른 등록이나 갱신등록을 하지 아니하고 제10조에 따른 업무를 수행한 경우

⑦ 구비서류를 거짓으로 작성하는 등 부정한 방법으로 제17조 제1항 또는 제2항에 따른 등록이나 갱신등록을 한 경우

⑧ 제21조를 위반하여 감정평가업을 한 경우

⑨ 제23조 제3항을 위반하여 수수료의 요율 및 실비에 관한 기준을 지키지 아니한 경우

⑩ 제25조, 제26조 또는 제27조를 위반한 경우

⑪ 제47조에 따른 지도와 감독 등에 관하여 다음 각 목의 어느 하나에 해당하는 경우

    ㉠ 업무에 관한 사항의 보고 또는 자료의 제출을 하지 아니하거나 거짓으로 보고 또는 제출한 경우

    ㉡ 장부나 서류 등의 검사를 거부 또는 방해하거나 기피한 경우

⑫ 감정평가사의 직무와 관련하여 금고 이상의 형을 2회 이상 선고받아(집행유예를 선고받은 경우를 포함한다) 그 형이 확정된 경우. 다만, 과실범의 경우는 제외한다.

⑬ 이 법에 따라 업무정지 1년 이상의 징계처분을 2회 이상 받은 후 다시 제1항에 따른 징계사유가 있는 사람으로서 감정평가사의 직무를 수행하는 것이 현저히 부적당하다고 인정되는 경우

2. 징계의 종류

감정평가사에 대한 징계의 종류는 다음과 같다.

① 자격의 취소

② 등록의 취소

③ 2년 이하의 업무정지

④ 견책

> **판례**
>
> ▶ **관련판례(대판 2013.10.31, 2013두11727)**
> 감정평가사가 자신의 감정평가경력을 부당하게 인정받는 한편, 소속 법인으로 하여금 설립과 존속에 필요한 감정평가사의 인원수만 형식적으로 갖추게 하거나 법원으로부터 감정평가 물량을 추가로 배정받을 수 있는 자격을 얻게 할 목적으로 자신의 등록증을 사용한 경우, 부동산 가격공시 및 감정평가에 관한 법률 제37조 제2항이 금지하는 자격증 등의 부당행사에 해당하는지 여부(적극)
> '자격증 등을 부당하게 행사한다는 것은 감정평가사 자격증 등을 본래의 용도가 아닌 다른 용도로 행사하거나, 본래의 행사목적을 벗어나 감정평가업자의 자격이나 업무범위에 관한 법의 규율을 피할 목적으로 이를 행사하는 경우도 포함한다. 따라서 감정평가사가 감정평가법인에 가입한다는 명목으

로 자신의 감정평가사 등록증 사본을 가입신고서와 함께 한국감정평가사협회에 제출하였으나, 실제로는 자신의 감정평가경력을 부당하게 인정받는 한편, 소속 감정평가법인으로 하여금 설립과 존속에 필요한 감정평가사의 인원수만 형식적으로 갖추게 하거나 법원으로부터 감정평가 물량을 추가로 배정받을 수 있는 자격을 얻게 할 목적으로 감정평가법인에 소속된 외관만을 작출하였을 뿐 해당 감정평가법인 소속 감정평가사로서의 평가업무나 이와 밀접한 관련이 있는 업무를 수행할 의사가 없었다면, 이는 감정평가사 등록증을 그 본래의 행사목적을 벗어나 감정평가업자의 자격이나 업무범위에 관한 법의 규율을 피할 목적으로 행사함으로써 자격증 등을 부당하게 행사한 것이라고 볼 수 있다.

3. 징계의 공고(법 제39조의2)

① 국토교통부장관은 징계를 한 때에는 지체 없이 그 구체적인 사유를 해당 감정평가사, 감정평가법인등 및 협회에 각각 알리고, 그 내용을 대통령령으로 정하는 바에 따라 관보 또는 인터넷홈페이지 등에 게시 또는 공고하여야 한다.

② 협회는 통보받은 내용을 협회가 운영하는 인터넷홈페이지에 3개월 이상 게재하는 방법으로 공개하여야 한다.

③ 협회는 감정평가를 의뢰하려는 자가 해당 감정평가사에 대한 징계사실을 확인하기 위하여 징계정보의 열람을 신청하는 경우에는 그 정보를 제공하여야 한다.

④ 조치 또는 징계정보의 공개범위, 시행·열람의 방법 및 절차 등에 관하여 필요한 사항은 대통령령으로 정한다.

4. 감정평가관리·징계위원회의 심의 또는 의결사항(법 제40조)

① 감정평가 관계 법령의 제정·개정에 관한 사항 중 국토교통부장관이 회의에 부치는 사항

② 제3조 제5항에 따른 실무기준의 변경에 관한 사항

③ 제14조에 따른 감정평가사시험에 관한 사항

④ 제23조에 따른 수수료의 요율 및 실비의 범위에 관한 사항

⑤ 제39조에 따른 징계에 관한 사항

⑥ 그 밖에 감정평가와 관련하여 국토교통부장관이 회의에 부치는 사항

03 법적 성질

1. 자격등록취소

(1) 직권취소인지 철회인지 여부

"구비서류를 거짓으로 작성하는 등 부정한 방법으로 자격등록이나 갱신등록을 한 경우"에 해당하여 자격등록취소를 하게 되면 성립 당시의 위법을 이유로 하여 자격등록의 효력을 소멸시키는 것이므로 강학상 직권취소에 해당한다. 그 외의 사유를 원인으로 하여 자격등록취소를 하게 되면 강학상 철회에 해당하게 된다.

(2) 재량행위

국토교통부장관이 등록취소를 할 것인지 여부는 감정평가사법 제19조의 규정형식을 고려할 때 재량행위에 해당한다. 다만, 국토교통부장관은 감정평가관리 · 징계위원회의 의결에 따라 자격 등록취소를 기속적으로 하여야 한다.

2. 업무정지

업무정지처분은 일정한 기간 동안 업무를 하지 못하도록 하는 의무를 부과하는 부작위 하명에 해당 하며, 감정평가사법의 규정취지상 재량행위에 해당한다. 다만, 국토교통부장관은 징계위원회의 의 결에서 정한 업무정지를 기속적으로 하여야 한다.

3. 견책

견책은 잘못에 대하여 꾸짖고 앞으로 그런 일이 없도록 주의의무를 주는 가장 가벼운 징계벌에 해 당한다. 감정평가사에 대한 견책이 처분성을 갖는지 의문이다. 생각건대, 견책은 감정평가사에게 주의의무를 발생시키고, 견책에 의해 감정평가업무가 제한될 개연성이 매우 높은 것으로 볼 때 처 분성을 인정하여 잘못된 견책에 대하여 다툴 수 있는 길이 인정되어야 할 것이다. 견책 역시 감정 평가사법의 규정취지상 재량행위에 해당한다.

04 징계절차 – 감정평가사법 시행령 제34조 내지 제42조 규정

➲ 시행령 제34조(징계의결의 요구 등)
① 국토교통부장관은 감정평가사에게 법 제39조 제1항 각 호의 어느 하나에 따른 징계사유가 있다고 인정하는 경우에는 증명서류를 갖추어 감정평가관리 · 징계위원회에 징계의결을 요구해야 한다. 〈개정 2022.1.21.〉
② 감정평가관리 · 징계위원회는 제1항에 따른 징계의결의 요구를 받으면 지체 없이 징계요구 내용과 징계심의기일을 해당 감정평가사(이하 "당사자"라 한다)에게 통지해야 한다. 〈개정 2022.1.21.〉

➲ 시행령 제35조(징계의결기한)
감정평가관리 · 징계위원회는 징계의결을 요구받은 날부터 60일 이내에 징계에 관한 의결을 해야 한다. 다만, 부득이한 사유가 있을 때에는 감정평가관리 · 징계위원회의 의결로 30일의 범위에서 그 기간을 한 차례만 연장할 수 있다. 〈개정 2022.1.21.〉

➲ 시행령 제36조(징계사실의 통보)
① 국토교통부장관은 법 제39조의2 제1항에 따라 구체적인 징계 사유를 알리는 경우에는 징계의 종류 와 사유를 명확히 기재하여 서면으로 알려야 한다.
② 국토교통부장관은 법 제39조의2 제1항에 따라 같은 항에 따른 징계사유 통보일부터 14일 이내에 다음 각 호의 사항을 관보에 공고해야 한다.
  1. 징계를 받은 감정평가사의 성명, 생년월일, 소속된 감정평가법인등의 명칭 및 사무소 주소
  2. 징계의 종류

3. 징계 사유(징계사유와 관련된 사실관계의 개요를 포함한다)

4. 징계의 효력발생일(징계의 종류가 업무정지인 경우에는 업무정지 시작일 및 종료일)

③ 국토교통부장관은 제2항 각 호의 사항을 법 제9조에 따른 감정평가 정보체계에도 게시해야 한다.

④ 제3항 및 법 제39조의2 제2항에 따른 징계내용 게시의 기간은 제2항에 따른 공고일부터 다음 각
호의 구분에 따른 기간까지로 한다.

1. 법 제39조 제2항 제1호 및 제2호의 자격의 취소 및 등록의 취소의 경우: 3년

2. 법 제39조 제2항 제3호의 업무정지의 경우: 업무정지 기간(업무정지 기간이 3개월 미만인 경우
에는 3개월)

3. 법 제39조 제2항 제4호의 견책의 경우: 3개월

[전문개정 2022.1.21.]

🔖 **시행령 제36조의2(징계 정보의 열람 신청)**

① 법 제39조의2 제3항에 따라 징계 정보의 열람을 신청하려는 자는 신청 취지를 적은 신청서에 다음
각 호의 서류를 첨부하여 협회에 제출해야 한다.

1. 주민등록증 사본 또는 법인 등기사항증명서 등 신청인의 신분을 확인할 수 있는 서류

2. 열람 대상 감정평가사에게 감정평가를 의뢰(감정평가사가 소속된 감정평가법인이나 감정평가사
사무소에 의뢰하는 것을 포함한다)하려는 의사와 징계 정보가 필요한 사유를 적은 서류

3. 대리인이 신청하는 경우에는 위임장 등 대리관계를 증명할 수 있는 서류

② 제1항에 따른 열람 신청은 신청인이 신청서 및 첨부서류를 협회에 직접 제출하거나 우편, 팩스 또는
전자우편 등 정보통신망을 이용한 방법으로 할 수 있다.

[본조신설 2022.1.21.]

🔖 **시행령 제36조의3(징계 정보의 제공 방법 등)**

① 협회는 제36조의2 제1항에 따른 신청을 받은 경우 10일 이내에 신청인이 징계 정보를 열람할 수
있게 해야 한다.

② 협회는 제1항에 따라 징계 정보를 열람하게 한 경우에는 지체 없이 해당 감정평가사에게 그 사실을
알려야 한다.

③ 법 제39조의2 제3항에 따른 제공 대상 정보는 제36조 제2항에 따라 관보에 공고하는 사항으로서
신청일부터 역산하여 다음 각 호의 구분에 따른 기간까지 공고된 정보로 한다.

1. 법 제39조 제2항 제1호 및 제2호의 자격의 취소 및 등록의 취소의 경우: 10년

2. 법 제39조 제2항 제3호의 업무정지의 경우: 5년

3. 법 제39조 제2항 제4호의 견책의 경우: 1년

④ 협회는 제36조의2 제1항에 따라 열람을 신청한 자에게 열람에 드는 비용을 부담하게 할 수 있다.

⑤ 제1항부터 제4항까지에서 규정한 사항 외에 징계 정보의 열람에 필요한 세부사항은 국토교통부장관
이 정하여 고시한다.

[본조신설 2022.1.21.]

🔖 **시행령 제37조(감정평가관리·징계위원회의 구성)**

① 위원회는 위원장 1명과 부위원장 1명을 포함하여 13명의 위원으로 구성하며, 성별을 고려하여야
한다.

② 위원회의 위원장은 제3항 제2호 또는 제3호의 위원 중에서, 부위원장은 같은 항 제1호의 위원 중에
서 국토교통부장관이 위촉하거나 지명하는 사람이 된다.

③ 위원회의 위원은 다음 각 호의 사람이 된다.
  1. 국토교통부의 4급 이상 공무원 중에서 국토교통부장관이 지명하는 사람 3명
  2. 변호사 중에서 국토교통부장관이 위촉하는 사람 2명
  3. 「고등교육법」에 따른 대학에서 토지·주택 등에 관한 이론을 가르치는 조교수 이상으로 재직하고 있거나 재직하였던 사람 중에서 국토교통부장관이 위촉하는 사람 4명
  4. 협회의 장이 소속 상임임원 중에서 추천하여 국토교통부장관이 위촉하는 사람 1명
  5. 한국부동산원장이 소속 상임이사 중에서 추천하여 국토교통부장관이 위촉하는 사람 1명
  6. 감정평가사 자격을 취득한 날부터 10년 이상 지난 감정평가사 중에서 국토교통부장관이 위촉하는 사람 2명
④ 제3항 제2호부터 제6호까지의 위원의 임기는 2년으로 하며, 한 차례만 연임할 수 있다.

🢂 시행령 제38조(위원의 제척·기피·회피)
① 감정평가관리·징계위원회 위원(이하 이 조에서 "위원"이라 한다)이 다음 각 호의 어느 하나에 해당하는 경우에는 위원회의 심의·의결에서 제척(除斥)된다. 〈개정 2022.1.21.〉
  1. 위원 또는 그 배우자나 배우자였던 사람이 해당 안건의 당사자가 되거나 그 안건의 당사자와 공동권리자 또는 공동의무자인 경우
  2. 위원이 해당 안건의 당사자와 친족이거나 친족이었던 경우
  3. 위원이 해당 안건에 대하여 증언, 진술, 자문, 연구, 용역 또는 감정을 한 경우
  4. 위원이나 위원이 속한 법인·단체 등이 해당 안건의 당사자의 대리인이거나 대리인이었던 경우
  5. 위원이 해당 안건의 당사자와 같은 감정평가법인 또는 감정평가사사무소에 소속된 경우
② 해당 안건의 당사자는 위원에게 공정한 심의·의결을 기대하기 어려운 사정이 있는 경우에는 감정평가관리·징계위원회에 기피 신청을 할 수 있고, 감정평가관리·징계위원회는 의결로 기피 여부를 결정한다. 이 경우 기피 신청의 대상인 위원은 그 의결에 참여할 수 없다. 〈개정 2022.1.21.〉
③ 위원이 제1항 각 호의 제척 사유에 해당하는 경우에는 스스로 해당 안건의 심의·의결에서 회피(回避)하여야 한다.

🢂 시행령 제39조(위원의 지명철회·해촉)
국토교통부장관은 제37조 각 호의 위원이 다음 각 호의 어느 하나에 해당하는 경우에는 해당 위원에 대한 지명을 철회하거나 해당 위원을 해촉(解囑)할 수 있다.
1. 심신장애로 인하여 직무를 수행할 수 없게 된 경우
2. 직무와 관련된 비위사실이 있는 경우
3. 직무태만, 품위손상이나 그 밖의 사유로 인하여 위원으로 적합하지 아니하다고 인정되는 경우
4. 제38조 제1항 각 호의 어느 하나에 해당하는 데에도 불구하고 회피하지 아니한 경우
5. 위원 스스로 직무를 수행하는 것이 곤란하다고 의사를 밝히는 경우

🢂 시행령 제40조(위원장의 직무)
① 감정평가관리·징계위원회의 위원장(이하 이 조에서 "위원장"이라 한다)은 위원회를 대표하고, 위원회의 업무를 총괄한다. 〈개정 2022.1.21.〉
② 위원장은 감정평가관리·징계위원회의 회의를 소집하고 그 의장이 된다. 〈개정 2022.1.21.〉
③ 위원장이 부득이한 사유로 직무를 수행할 수 없을 때에는 부위원장이 그 직무를 대행하며, 위원장 및 부위원장이 모두 부득이한 사유로 직무를 수행할 수 없는 때에는 위원장이 지명하는 위원이 그 직무를 대행한다. 다만, 불가피한 사유로 위원장이 직무를 대행할 위원을 지명하지 못할 경우에는 국토교통부장관이 지명하는 위원이 그 직무를 대행한다.

> **➲ 시행령 제40조의2(소위원회)**
> ① 제34조 제1항에 따른 징계의결 요구 내용을 검토하기 위해 감정평가관리・징계위원회에 소위원회를 둘 수 있다. 〈개정 2022.1.21.〉
> ② 소위원회의 설치・운영에 필요한 사항은 감정평가관리・징계위원회의 의결을 거쳐 위원회의 위원장이 정한다. 〈개정 2022.1.21.〉
>
> **➲ 시행령 제41조(당사자의 출석)**
> 당사자는 감정평가관리・징계위원회에 출석하여 구술 또는 서면으로 자기에게 유리한 사실을 진술하거나 필요한 증거를 제출할 수 있다. 〈개정 2022.1.21.〉
>
> **➲ 시행령 제42조(감정평가관리・징계위원회의 의결)**
> 감정평가관리・징계위원회의 회의는 재적위원 과반수의 출석으로 개의(開議)하고, 출석위원 과반수의 찬성으로 의결한다. 〈개정 2022.1.21.〉
> [제목개정 2022.1.21.]

1. 징계의결의 요구 등

국토교통부장관은 감정평가사에 대하여 징계사유가 있다고 인정하는 경우에는 그 증명서류를 갖추어 징계위원회에 징계의결을 요구한다. 이때 징계의결 요구는 위반사유가 발생한 날부터 5년이 지난 때에는 할 수 없다. 징계위원회는 징계의결의 요구가 있는 때에는 지체 없이 그 징계요구 내용과 징계심의기일을 징계의결이 요구된 감정평가사에게 통지하여야 한다. 협회는 감정평가사에게 징계사유가 있다고 인정하는 경우에는 그 증거서류를 첨부하여 국토교통부장관에게 감정평가사의 징계를 요청할 수 있다.

2. 의견진술

당사자는 징계위원회에 출석하여 구술 또는 서면으로 자기에게 유리한 사실을 진술하거나 필요한 증거를 제출할 수 있다.

3. 징계의결

징계위원회는 징계의결의 요구를 받은 날부터 60일 이내에 징계에 관한 의결을 하여야 한다. 다만, 부득이한 사유가 있는 때에는 징계위원회의 의결로 30일에 한하여 그 기간을 연장할 수 있다. 징계위원회의 회의는 재적위원 과반수의 출석으로 개의하고 출석위원 과반수의 찬성으로 의결한다.

4. 징계사실의 통보 및 공고

국토교통부장관은 징계위원회의 의결에 따라 징계를 한 때에는 지체 없이 징계사유를 명시한 서면으로 그 징계사실을 당사자 및 협회에 각각 통보하여야 한다. 국토교통부장관은 자격등록취소를 한 경우 그 사실을 관보에 공고하고, 정보통신망 등을 이용하여 일반인에게 알려야 한다.

05 징계의 효과

1. 징계의 유형에 따른 효과

징계의 종류에 따른 법적 효과가 발생한다. 즉, 자격등록취소는 자격등록의 효력이 소멸하게 되고, 업무정지는 업무정지기간 동안 감정평가업무를 수행할 수 없고, 견책은 주의의무가 발생한다.

2. 등록증 반환

자격등록이 취소되거나 업무가 정지된 자는 등록증을 국토교통부장관에게 반납하여야 한다.

06 위법성과 권리구제

1. 징계의 위법성

국토교통부장관의 징계처분이 내용상 하자 또는 절차상 하자가 있고, 그것이 성문법령과 행정법의 일반원칙을 위반하게 되면 위법성이 인정된다. 이때 위법성의 정도는 중대명백설에 따라 무효인지 취소사유인지 판단하게 된다.

2. 징계에 대한 권리구제

징계는 처분에 해당하므로 항고쟁송을 통해 다툴 수 있고, 위법한 징계처분에 의해 재산상 손해가 발생하게 되면 국가배상청구도 가능하다.

> **판례**
>
> ▶ 관련판례(대판 2012.4.26, 2011두14715) [징계처분취소]
> [1] 부동산 가격공시 및 감정평가에 관한 법률, 감정평가에 관한 규칙의 취지를 종합해 볼 때, 감정평가사가 대상물건의 평가액을 가격조사시점의 정상가격이 아닌 특수한 조건을 반영한 가격 또는 현재가 아닌 시점의 가격을 기준으로 정하는 경우에는, 반드시 그 조건 또는 시점을 분명히 하고, 특히 특수한 조건이 수반된 미래시점의 가격이라면 그 조건과 시점을 모두 밝힘으로써, 감정평가서를 열람하는 자가 제시된 감정가를 정상가격 또는 가격조사시점의 가격으로 오인하지 않도록 해야 한다.
> [2] 감정평가에 관한 규칙 제8조 제5호, 부동산 가격공시 및 감정평가에 관한 법률 제37조 제1항 및 관계법령의 취지를 종합해 보면, 감정평가사는 공정하고 합리적인 평가액의 산정을 위하여 성실하고 공정하게 자료검토 및 가격형성요인 분석을 해야 할 의무가 있고, 특히 특수한 조건을 반영하거나 현재가 아닌 시점의 가격을 기준으로 하는 경우에는 제시된 자료와 대상물건의 구체적인 비교·분석을 통하여 평가액의 산출근거를 논리적으로 밝히는 데 더욱 신중을 기하여야 한다. 만약 위와 같이 하는 것이 곤란한 경우라면 감정평가사로서는 자신의 능력에 의한 업무수행이 불가능하거나 극히 곤란한 경우로 보아 대상물건에 대한 평가를 하지 말아야 하지 구체적이고 논리적인 가격형성요인의 분석이 어렵다고 하여 자의적으로 평가액을 산정해서는 안 된다.
>
> ▶ 관련판례(서울고등법원 2011.6.17, 2010누44384)
> [전 문]
> [원고, 피항소인] 원고

[피고, 항소인] 국토교통부장관

[주 문]

1. 제1심 판결을 취소한다.

2. 원고의 청구를 기각한다.

3. 소송총비용은 원고가 부담한다.

[청구취지 및 항소취지]

1. 청구취지

   피고가 2010.5.4. 원고에 대하여 한 징계처분(업무정지 2개월 15일)을 취소한다.

2. 항소취지

   주문과 같다.

[이 유]

1. 기초사실

   가. 부산제주연료협동조합(이하 '이 사건 조합'이라 한다)은 「부산 강서구 봉림동 둔치도 연료단지 조성사업」을 위하여 1995.9.경 부산광역시 강서구청장으로부터 개발제한구역으로 지정되어 있던 부산 강서구 봉림동 763-38외 68필지 총 183,110㎡(이하 '이 사건 토지'라 한다)에 대한 부지조성과 이 사건 토지 위에 28개동 총 연면적 58,373.3㎡의 건물신축에 관한 개발행위허가를 받아 1997.10.경부터 이 사건 토지 위에 연료단지를 조성하기 위한 토지형질변경공사를 진행하여 왔다(당초 허가기간은 2001.12.31.까지였으나, 이후 수차례에 걸쳐 연장되어 2010. 12.31.까지로 되었다).

   나. 재정경제부장관은 2003.10.30. 부산 강서구, 경남 진해시 일원 총 5개 지역 합계 104.1km²(신항만지역 10.7km², 명지지역 10.9km², 지사지역 40.2km², 두동지역 20.6km², 웅동지역 21.7km²)를 부산·진해경제자유구역으로 지정·고시하였는데(재정경제부 고시 제2003-20호), 이 사건 토지는 신항만지역에 접해 있다.

   다. 이 사건 조합은 위와 같이 부산·진해경제자유구역 지정·고시가 있자 이 사건 토지를 연료단지로 조성하는 것은 그 필요성과 효율성이 상실되었다고 판단하고 대신에 화물자동차 공동차고지 및 부대시설 등 물류단지로 조성하기로 계획하고, 2005.11.11. 화물자동차 운송주선사업허가를 받았고, 부산광역시장은 2006.2.16. 이 사건 토지가 화물자동차 공동차고지 조성사업지로 선정되었음을 통보하였다.

   라. 이 사건 조합은 2006.4.경 감정평가사인 원고에게 이 사건 토지를 화물자동차 공동차고지로 조성하고 그 위에 하차창고 등 총 연면적 57,189㎡의 건물을 신축하는 등 물류단지로 조성한 후에 형성될 이 사건 토지 및 그 지상 건물에 대한 추정시가를 평가하여 달라는 취지의 감정평가를 의뢰하였고, 원고는 2006.4.11. 물류단지로 조성된 후의 이 사건 토지가격을 95,100,600,000원으로, 그 위에 신축될 지상건물 가격을 36,660,900,000원으로 평가하였다 (이하 '이 사건 감정평가'라 한다).

   마. 부산지방법원은 이 사건 조합에 대한 채권자 대한석탄공사의 신청에 의하여 2007.11.13. 개시된 이 사건 조합 소유의 이 사건 토지 중 일부인 부산 강서구 763-38 등 67 필지 158,070㎡에 대한 경매절차(위 법원 2007타경49808)에서 (주)가온감정평가법인에게 위 경매목적물에 대한 감정평가를 의뢰하였고, 위 감정평가법인 소속 감정평가사 전태일은 위 경매목적물이 2007.2.5.을 기준으로 13,119,893,000원이라고 평가(이하 '이 사건 비교대상 감정평가'라 한다)하였는데, 위 평가금액은 농경지만으로 사용이 극히 제한된 다른 개발제한구역 내의 전(田)을 비교표준지로 선정하여 산정된 것이다.

바. 국토교통부 소속 감정평가사징계위원회는 2010.4.28. 아래와 같은 사유로 원고에 대하여 업무정지 2개월 15일(2010.5.20.~2010.8.3.)을 징계의결하였고, 피고는 2010.5.4. 원고에게 위와 같이 징계의결되었음을 통보하였다(이하 '이 사건 징계처분'이라 한다).

[처분이유]
○ 감정평가사는 「부동산 가격공시 및 감정평가에 관한 법률」(이하 "부동산공시법"이라 함) 제29조에서 정한 감정평가업자의 업무를 행함에 있어서 같은 법 제31조의 감정평가준칙을 준수하여야 하고, 또한 같은 법 제37조 제1항에 따라 품위를 유지하여야 하고, 신의와 성실로써 공정하게 감정평가를 하여야 하며, 고의 또는 중대한 과실로 잘못된 평가를 하여서는 아니된다.
○ 우리부에서 운영하고 있는 감정평가사징계위원회에서 귀하가 부산제주연료공업협동조합으로부터 부산광역시 강서구 봉림동 763-38 등 68필지 158,501㎡ 및 그 지상 건물(이하 "이 사건 토지 등"이라 함)을 2006.4월 평가의뢰를 받고 2006.4.11.에 131,761,500,000원으로 조사평가한 것이 이 사건 토지 등을 가온감정평가법인에서 2007.12.5.에 조사평가한 경매감정금액과 비교하여 10배 정도 차이가 나게 감정평가한 것은 「감정평가에 관한 규칙」 제5조(정상가격주의), 제7조(가격시점), 제8조 제5호(자료검토 및 가격형성요인의 분석)의 규정에 따라 적법하게 평가한 것으로 볼 수 없다.
○ 또한 귀하께서 주장하는 바와 같이 본건 서류가 감정평가서가 아니라 용역컨설팅보고서라고 보더라도 보고서에 전제조건을 적시하지 않은 점, 의뢰인이 제시한 자료의 합리성과 물리적·경제적 타당성에 대한 검토가 불충분한 점 등은 통상적인 보고서로서도 미흡한 것으로 보여지며, 이러한 미흡한 수준의 보고서를 일반적으로 사용하는 감정평가서 서식으로 작성·제출한 것은 제3자로 하여금 감정평가서로 오인토록 하여 결국 감정평가의 공신력을 실추시키는 결과를 초래하고, 본 보고서는 의뢰인의 요구에 따라 과다평가한 사례로써 부동산평가시장의 질서를 저해하였다 하여 부동산공시법 제31조의 감정평가준칙 준수의무와 제37조 제1항에서 정한 성실의무를 위반하였다고 결정하였다.

[인정근거]
다툼 없는 사실, 갑 1 내지 5호증(가지번호 포함)을 1, 2, 3호증의 각 기재, 변론 전체의 취지

2. 이 사건 징계처분의 적법 여부
　가. 원고의 주장
　　이 사건 조합이 이 사건 토지에 대한 개발행위허가를 받아 토지형질변경공사를 진행하여 그 객관적 가치를 증대시켰음에도 불구하고, 이 사건 비교대상 감정평가는 다른 개발제한구역 내의 전(田)을 이 사건 토지에 대한 비교표준지로 선정하여 이 사건 토지를 평가하였는바, 이와 같이 잘못된 이 사건 비교대상 감정평가를 기초로 한 이 사건 처분은 위법하므로 취소되어야 한다.
　나. 피고의 주장
　　피고는 앞서 본 징계사유와 관련하여 다음과 같이 주장한다.
　　(1) 원고가 이 사건 토지를 정상가격이 아닌 특정가격으로 평가하기 위해서는 의뢰인이 제시한 조건이 물리적·경제적·법률적으로 타당하고 실현가능하여야 하는데 이 사건 감정평가 당시 이 사건 토지가 화물관련 물류단지로 개발될 가능성이 없었고 이에 대한 검토도 제대로 하지 않았으므로, 이 사건 감정평가는 감정평가에 관한 규칙(이하 '감정평가규칙'이라 한다) 제5조를 위반한 것이다.
　　(2) 원고가 감정평가규칙 제7조에 따라 가격시점을 명시하여야 함에도 이를 명시하지 않은 잘못이 있다.

(3) 원고가 감정평가규칙 제8조 제5호에 따라 평가대상 부동산의 적정한 가격을 산정하기 위해 실질적으로 필요한 자료를 검토하고 이를 기반으로 가격형성요인의 분석을 행하여야 함에 도 이를 제대로 이행하지 않은 잘못이 있다. 이는 감정평가규칙 제8조 제5호와 신의와 성실 로써 공정하게 감정평가를 하여야 한다는 부동산 가격공시 및 감정평가에 관한 법률(이하 '부동산공시법'이라 한다) 제37조 제1항을 위반한 것이다.

다. 판단

(1) **감정평가규칙 제5조 위반 여부**

감정평가규칙 제4조 제1호는 "정상가격이라 함은 평가대상토지 등이 통상적인 시장에서 충분한 기간 거래된 후 그 대상물건의 내용에 정통한 거래당사자 간에 통상 성립한다고 인정되는 적정가격을 말한다"라고 규정하고 있고, 감정평가규칙 제5조는 "대상물건에 대한 평가가액은 정상가격 또는 정상임료로 결정함을 원칙으로 한다. 다만, 평가목적·대상물건의 성격상 정상가격 또는 정상임료로 평가함이 적정하지 아니하거나 평가에 있어서 특수한 조건이 수반되는 경우에는 그 목적·성격이나 조건에 맞는 특정가격 또는 특정임료로 결정할 수 있다"라고 규정하고 있다.

앞서 본 바와 같이 이 사건 조합은 원고에게 물류단지로 조성한 후에 형성될 이 사건 토지가격 평가를 의뢰하였고, 원고는 이러한 의뢰를 받고 미래에 이 사건 토지가 물류단지로 조성될 것을 조건으로 가격을 평가하였는바, 이러한 조건하에서 평가한 가격은 감정평가규칙 제4조 제1호의 정상가격이 아니라 감정평가규칙 제5조 단서의 특정가격이라고 할 것이다. 다만, 특정가격을 산정함에 있어서는 그 특수한 조건이 물리적·경제적·법률적으로 타당하고 실현가능하여야 한다.

피고는, 이 사건 토지에 대한 미래가치를 특정가격으로 정할 수 있다고 하더라도, 이 사건 감정평가 당시 이 사건 토지가 물류단지로 개발될 가능성이 없었고 원고가 이에 대한 검토도 제대로 하지 않았다는 취지로 주장한다. 그러나 2003.10.30. 이 사건 토지를 포함한 토지 일대가 부산·진해경제자유구역으로 지정되었고 2005.11.11. 이 사건 조합이 화물자동차 운송주선사업허가를 받았으며 2006.2.16. 부산광역시장으로부터 이 사건 토지가 화물자동차 공동차고지 조성사업지로 선정되었음을 통보받은 사실은 앞서 본 바와 같고, 이 사건 토지가 2008.12.31.경 '부산신항배후 국제산업물류도시 조성예정지역'으로 지정된 사실은 당사자 사이에 다툼이 없는바, 이러한 사실에 비추어 보면, 비록 현재까지 이 사건 토지가 물류단지로 개발되지 않았다고 하더라도, 원고가 이 사건 감정평가를 한 2006.4.11. 당시 이 사건 토지의 물류단지로의 개발이 타당하지 않았고 개발될 가능성도 없었다거나 이 사건 감정평가서의 내용에 비추어 원고가 이에 대한 검토를 제대로 하지 않았다고 단정하기는 어렵다. 따라서 원고가 감정평가규칙 제5조를 위반하였다는 취지의 징계사유는 인정되지 아니한다.

(2) **감정평가규칙 제7조 위반 여부**

감정평가규칙 제7조는 "가격시점은 대상물건의 가격조사를 완료한 일자로 한다. 다만, 가격시점이 미리 정하여진 때에는 가격조사가 가능한 경우에 한하여 그 일자를 가격시점으로 정할 수 있다"라고 규정하고 있다. 위 규정에 비추어 보면, 미래가치와 같은 특정가격을 산출함에 있어서는 가격시점을 '대상물건의 가격조사를 완료한 일자'로 정할 수는 없지만, 위 규정 단서에서 규정한 '가격시점이 미리 정하여진 때'에 해당한다고 보아 미리 정하여진 미래의 가격시점 일자를 특정해야 할 것이다. 가격은 시간의 흐름에 따라 변동하는 것이고 구체적으로 미래가격을 산정하기로 한 이상 그 가격시점은 반드시 특정되어야 하기 때문이다.

원고는 이 사건 조합으로부터 2013년경에 형성될 이 사건 토지의 가격에 대한 감정평가를 의뢰받았고 이 사건 감정평가서는 2013년을 가격시점으로 하여 작성되었다고 주장한다. 그러나 이 사건 감정평가서에는 통상 가격시점이 기재되는 부분에 '조사시점 2006.4.11.'이라는 기재만이 있을 뿐 가격시점이 일자로서 특정되어 있지 않고, 원고의 주장처럼 2013년이 가격시점이라고 볼 만한 기재도 찾아볼 수 없다.

이에 대하여 원고는 이 사건 감정평가서 중 '자산가격의 조사 및 그 결정에 관한 의견' 제5항에 기재된 대출은행이 작성한 2006년~2013년의 현금흐름표의 최종년도인 2013년에 사업이 완성되어 수익이 발생하므로 2013년을 가격시점으로 하여 기재한 것으로 해석된다는 취지로 주장하지만, 위 제5항의 기재 내용을 볼 때 물류단지 사업과 관련한 2013년까지의 현금흐름을 예상하여 기재한 것에 불과하므로, 이를 이 사건 토지가격 산출에 있어 가격시점을 특정하여 기재한 것으로 보기는 어렵다.

따라서 원고는 이 사건 감정평가를 함에 있어 감정평가규칙 제7조를 위반하였다.

(3) 감정평가규칙 제8조 제5호와 부동산공시법 제37조 제1항 위반 여부

감정평가업자의 평가절차를 규정한 감정평가규칙 제8조는 제5호에서 감정평가업자는 '자료검토 및 가격형성요인의 분석'을 하여야 한다고 규정하고 있고, 부동산공시법 제37조 제1항은 감정평가업자는 신의와 성실로써 공정하게 감정평가를 하여야 한다고 규정하고 있다.

이 사건 감정평가서 중 '자산가격의 조사 및 그 결정에 관한 의견' 제6항 '토지에 대한 가격자료'의 기재를 보면, 원고는 이 사건 토지의 가격산정 자료로서 인근 공장용지 공시지가라고 하며 신호동 210-6, 봉림동 159-1, 녹산동 5-7의 공시지가를 기재하였고, 인근 공업단지 시세라고 하며 명지지구 공업용지 평당 300만원 이상, 신평·장림지구 공업용지 평당 200만원~300만원이라고 기재하였다(공시지가 및 시세는 이 사건 감정평가 당시를 기준으로 한 것으로 판단된다). 원고는 미래가격에 대한 평가에 있어 공시지가가 있는 비교표준지를 설정하는 것이 가능하지 않으므로 이러한 인근 공장용지 공시지가와 인근 공업단지의 시세를 검토한 후 40만원/㎡~90만원/㎡로 범위를 정하여 2013년경의 이 사건 토지의 단가가 최소한 60만원/㎡ 정도 될 것으로 평가하였다고 한다.

미래시점을 기준으로 한 토지가격 평가방법에 관하여 감정평가규칙에 구체적인 규정이 있지 않고, 현 공시지가를 기준으로 비교표준지를 선정하여 토지가격을 평가하는 방법과는 그 평가방법이 다를 수는 있다. 그러나 미래시점을 기준으로 한 토지가격을 평가한다고 하여 객관성, 구체성을 잃은 감정평가를 자의적으로 하는 것은 당연히 허용되지 않는다고 할 것인바, 이 사건 감정평가서를 보면, 가격자료라며 기재한 인근 공장용지라는 신호동 210-6, 봉림동 159-1, 녹산동 5-7 토지들과 인근 공업단지라는 명지지구 공업용지, 신평·장림지구 공업용지의 각각의 면적, 형상, 위치에 관한 기재가 없고, 이 사건 토지의 지리적, 행정적, 개별적 요인이라며 이 사건 토지의 위치와 물류단지로서의 개발가능성 등을 개략적, 반복적으로 기재하고 있을 뿐, 화물관련 물류단지로 개발예정인 이 사건 토지와 물류단지와는 용도가 다른 위각 공장용지와 공업단지가 어떠한 측면에서 가격평가상 비교가능하고 지리적, 행정적, 개별적측면에서 구체적으로 무엇이 같고 다른지를 판단할 만한 자료가 없고 이에 대한 적절한 분석도 없다. 물론 이 사건 토지가 미래에 어떻게 개발될지 확정되지 않아 일반 감정평가와 같이 개별요인분석 및 비교를 명확히 할 수는 없지만, 인근 토지 등의 공시지가 및 시세를 기준으로 구체적인 가격산정을 한 이상, 획지조건, 환경조건 등 가능한 개별요인분석 및 비교는 필요하다 할 것이고 그것이 가능하지 않다고 보이지 않는다.

이 사건 감정평가서의 이러한 기재 내용을 검토해 보면, 미래시점을 기준으로 한 토지가격 평가를 어떠한 방법으로 할 것인지는 별론으로 하더라도, 원고는 이 사건 토지에 대한 가격자료 검토 및 가격형성요인 분석을 제대로 하지 않은 상태에서 별다른 근거 없이 물류단지 개발 후의 이 사건 토지가격 단가를 40만원/㎡-90만원/㎡의 범위에서 60만원/㎡로 산정한 것으로 판단된다. 따라서 원고는 감정평가사로서 감정평가규칙 제8조 제5호에서 규정한 자료검토 및 가격형성요인 분석을 함에 있어 부동산공시법 제37조 제1항에서 규정한 성실의무를 위반하였다고 봄이 상당하다(원고가 자료검토 및 가격형성요인 분석을 하지 않은 것은 아니므로 감정평가규칙 제8조 제5호를 위반하였다고 볼 수는 없다).

(4) 소결

그렇다면, 원고가 감정평가규칙 제5조, 제8조 제5호를 위반하지 않았다고 하더라도, 원고는 감정평가규칙 제7조에 따라 감정평가를 하지 않고 부동산공시법 제37조 제1항에서 규정한 성실 의무를 위반하였으므로, 이를 이유로 한 이 사건 징계처분은 적법하다.

3. 결론

그렇다면, 원고의 이 사건 청구는 이유 없어 이를 기각할 것인바, 이와 결론을 달리한 제1심 판결은 부당하므로 이를 취소하고 원고의 청구를 기각하기로 하여, 주문과 같이 판결한다.

CHAPTER 03 감정평가법인등

제1절 감정평가법인등 일반

01 서

감정평가란 토지 등의 경제적 가치를 판정하여 그 결과를 가액으로 표시하는 것이고, 감정평가업이란 타인의 의뢰에 의하여 일정한 보수를 받고 토지 등의 감정평가를 업으로 행하는 것이다. 따라서 감정평가법인등이란 제21조에 따라 사무소를 개설한 감정평가사와 제29조에 따라 인가를 받은 감정평가법인을 말한다.

02 사무소 개설 등

➥ 법 제21조(사무소 개설신고 등)
① 제17조에 따라 등록을 한 감정평가사가 감정평가업을 하려는 경우에는 감정평가사사무소를 개설할 수 있다. 〈개정 2021.7.20.〉
② 다음 각 호의 어느 하나에 해당하는 사람은 제1항에 따른 개설을 할 수 없다. 〈개정 2021.7.20.〉
   1. 제18조 제1항 각 호의 어느 하나에 해당하는 사람
   2. 제32조 제1항(제1호, 제7호 및 제15호는 제외한다)에 따라 설립인가가 취소되거나 업무가 정지된 감정평가법인의 설립인가가 취소된 후 1년이 지나지 아니하였거나 업무정지 기간이 지나지 아니한 경우 그 감정평가법인의 사원 또는 이사였던 사람
   3. 제32조 제1항(제1호 및 제7호는 제외한다)에 따라 업무가 정지된 감정평가사로서 업무정지 기간이 지나지 아니한 사람
③ 감정평가사는 그 업무를 효율적으로 수행하고 공신력을 높이기 위하여 합동사무소를 대통령령으로 정하는 바에 따라 설치할 수 있다. 이 경우 합동사무소는 대통령령으로 정하는 수 이상의 감정평가사를 두어야 한다. 〈개정 2021.7.20.〉
④ 감정평가사는 감정평가업을 하기 위하여 1개의 사무소만을 설치할 수 있다.
⑤ 감정평가사사무소에는 소속 감정평가사를 둘 수 있다. 이 경우 소속 감정평가사는 제18조 제1항 각 호의 어느 하나에 해당하는 사람이 아니어야 하며, 감정평가사사무소를 개설한 감정평가사는 소속 감정평가사가 아닌 사람에게 제10조에 따른 업무를 하게 하여서는 아니 된다. 〈개정 2021.7.20.〉
⑥ 삭제 〈2021.7.20.〉
[제목개정 2021.7.20.]

➥ 법 제21조의2(고용인의 신고)
감정평가법인등은 소속 감정평가사 또는 제24조에 따른 사무직원을 고용하거나 고용관계가 종료된 때에는 국토교통부령으로 정하는 바에 따라 국토교통부장관에게 신고하여야 한다.

◑ 시행령 제21조(합동사무소의 개설)
① 법 제21조 제3항에 따라 감정평가사합동사무소를 개설한 감정평가사는 감정평가사합동사무소의 규약을 국토교통부장관에게 제출해야 한다. 〈개정 2022.1.21.〉
② 법 제21조 제3항 후단에서 "대통령령으로 정하는 수"란 2명을 말한다. 〈개정 2022.1.21.〉
③ 제1항에 따른 규약에 정하여야 할 사항과 그 밖에 감정평가사합동사무소 관리 등에 필요한 사항은 국토교통부령으로 정한다.
[제목개정 2022.1.21.]

◑ 시행규칙 제18조(합동사무소의 규약)
영 제21조 제1항에 따른 감정평가사합동사무소의 규약에는 다음 각 호의 사항이 포함되어야 한다.
1. 사무소의 명칭 및 소재지
2. 조직 및 운영에 관한 사항
3. 구성원의 가입 및 탈퇴에 관한 사항

◑ 시행규칙 제18조의2(감정평가법인등의 고용인 신고)
① 법 제21조의2에 따라 소속 감정평가사 또는 사무직원의 고용 신고를 하려는 감정평가법인등은 그 소속 감정평가사 또는 사무직원이 업무를 시작하기 전에 별지 제15호의2서식의 고용 신고서를 국토교통부장관에게 제출해야 한다. 〈개정 2022.1.21.〉
② 국토교통부장관은 제1항에 따라 신고서를 제출받은 경우 그 사무직원이 법 제24조 제1항 +에 따른 결격사유에 해당하는지 여부를 확인해야 한다.
③ 법 제21조의2에 따라 소속 감정평가사 또는 사무직원의 고용관계 종료 신고를 하려는 감정평가법인등은 별지 제15호의2서식의 고용관계 종료 신고서를 고용관계가 종료된 날부터 10일 이내에 국토교통부장관에게 제출해야 한다. 〈개정 2022.1.21.〉
[제목개정 2022.1.21.]

1. 사무소 개설의 의의(법 제21조)

법 제17조에 따라 등록을 한 감정평가사가 감정평가업을 하려는 경우에는 감정평가사무소를 개설할 수 있다.

2. 사무실 개설의 요건

다음 각 호의 어느 하나에 해당하는 사람은 제1항에 따른 개설을 할 수 없다.
① 제18조 제1항 각 호의 어느 하나에 해당하는 사람
② 제32조 제1항(제1호, 제7호 및 제15호는 제외한다)에 따라 설립인가가 취소되거나 업무가 정지된 감정평가법인의 설립인가가 취소된 후 1년이 지나지 아니하였거나 업무정지기간이 지나지 아니한 경우 그 감정평가법인의 사원 또는 이사였던 사람
③ 제32조 제1항(제1호 및 제7호는 제외한다)에 따라 업무가 정지된 감정평가사로서 업무정지기간이 지나지 아니한 사람

3. 사무소 설치 등

① 감정평가사는 그 업무를 효율적으로 수행하고 공신력을 높이기 위하여 합동사무소를 대통령령으로 정하는 바에 따라 설치할 수 있다. 이 경우 합동사무소는 대통령령으로 정하는 수 이상의 감정평가사를 두어야 한다.

② 감정평가사는 감정평가업을 하기 위하여 1개의 사무소만을 설치할 수 있다.

③ 감정평가사사무소에는 소속 감정평가사를 둘 수 있다. 이 경우 소속 감정평가사는 제18조 제1항 각 호의 어느 하나에 해당하는 사람이 아니어야 하며, 감정평가사사무소를 개설한 감정평가사는 소속 감정평가사가 아닌 사람에게 제10조에 따른 업무를 하게 하여서는 아니 된다.

03 감정평가법인 설립 등

> 법 제29조(설립 등)
>
> ① 감정평가사는 제10조에 따른 업무를 조직적으로 수행하기 위하여 감정평가법인을 설립할 수 있다.
>
> ② 감정평가법인은 전체 사원 또는 이사의 100분의 70이 넘는 범위에서 대통령령으로 정하는 비율 이상을 감정평가사로 두어야 한다. 이 경우 감정평가사가 아닌 사원 또는 이사는 토지등에 대한 전문성 등 대통령령으로 정하는 자격을 갖춘 자로서 제18조 제1항 제1호 또는 제5호에 해당하는 사람이 아니어야 한다. 〈개정 2021.7.20.〉
>
> ③ 감정평가법인의 대표사원 또는 대표이사는 감정평가사여야 한다. 〈신설 2021.7.20.〉
>
> ④ 감정평가법인과 그 주사무소(主事務所) 및 분사무소(分事務所)에는 대통령령으로 정하는 수 이상의 감정평가사를 두어야 한다. 이 경우 감정평가법인의 소속 감정평가사는 제18조 제1항 각 호의 어느 하나 및 제21조 제2항 제2호에 해당하는 사람이 아니어야 한다. 〈개정 2021.7.20.〉
>
> ⑤ 감정평가법인을 설립하려는 경우에는 사원이 될 사람 또는 감정평가사인 발기인이 공동으로 다음 각 호의 사항을 포함한 정관을 작성하여 대통령령으로 정하는 바에 따라 국토교통부장관의 인가를 받아야 하며, 정관을 변경할 때에도 또한 같다. 다만, 대통령령으로 정하는 경미한 사항의 변경은 신고할 수 있다. 〈개정 2021.7.20.〉
> 1. 목적
> 2. 명칭
> 3. 주사무소 및 분사무소의 소재지
> 4. 사원(주식회사의 경우에는 발기인)의 성명, 주민등록번호 및 주소
> 5. 사원의 출자(주식회사의 경우에는 주식의 발행)에 관한 사항
> 6. 업무에 관한 사항
>
> ⑥ 국토교통부장관은 제5항에 따른 인가의 신청을 받은 날부터 20일 이내에 인가 여부를 신청인에게 통지하여야 한다. 〈개정 2021.7.20.〉
>
> ⑦ 국토교통부장관이 제6항에 따른 기간 내에 인가 여부를 통지할 수 없을 때에는 그 기간이 끝나는 날의 다음 날부터 기산(起算)하여 20일의 범위에서 기간을 연장할 수 있다. 이 경우 국토교통부장관은 연장된 사실과 연장 사유를 신청인에게 지체 없이 문서(전자문서를 포함한다)로 통지하여야 한다. 〈개정 2021.7.20.〉
>
> ⑧ 감정평가법인은 사원 전원의 동의 또는 주주총회의 의결이 있는 때에는 국토교통부장관의 인가를 받아 다른 감정평가법인과 합병할 수 있다. 〈개정 2021.7.20.〉

⑨ 감정평가법인은 해당 법인의 소속 감정평가사 외의 사람에게 제10조에 따른 업무를 하게 하여서는 아니 된다. 〈개정 2021.7.20.〉

⑩ 감정평가법인은 「주식회사 등의 외부감사에 관한 법률」 제5조에 따른 회계처리 기준에 따라 회계처리를 하여야 한다. 〈개정 2021.7.20.〉

⑪ 감정평가법인은 「주식회사 등의 외부감사에 관한 법률」 제2조 제2호에 따른 재무제표를 작성하여 매 사업연도가 끝난 후 3개월 이내에 국토교통부장관이 정하는 바에 따라 국토교통부장관에게 제출하여야 한다. 〈개정 2021.7.20.〉

⑫ 국토교통부장관은 필요한 경우 제11항에 따른 재무제표가 적정하게 작성되었는지를 검사할 수 있다. 〈개정 2021.7.20.〉

⑬ 감정평가법인에 관하여 이 법에서 정한 사항을 제외하고는 「상법」 중 회사에 관한 규정을 준용한다. 〈개정 2021.7.20.〉

법 제30조(해산)

① 감정평가법인은 다음 각 호의 어느 하나에 해당하는 경우에는 해산한다.
1. 정관으로 정한 해산 사유의 발생
2. 사원총회 또는 주주총회의 결의
3. 합병
4. 설립인가의 취소
5. 파산
6. 법원의 명령 또는 판결

② 감정평가법인이 해산한 때에는 국토교통부령으로 정하는 바에 따라 이를 국토교통부장관에게 신고하여야 한다.

법 제31조(자본금 등)

① 감정평가법인의 자본금은 2억원 이상이어야 한다.

② 감정평가법인은 직전 사업연도 말 재무상태표의 자산총액에서 부채총액을 차감한 금액이 2억원에 미달하면 미달한 금액을 매 사업연도가 끝난 후 6개월 이내에 사원의 증여로 보전(補塡)하거나 증자(增資)하여야 한다.

③ 제2항에 따라 증여받은 금액은 특별이익으로 계상(計上)한다.

④ 삭제 〈2021.7.20.〉

시행령 제24조(감정평가법인의 구성)

① 법 제29조 제2항 전단에서 "대통령령으로 정하는 비율"이란 100분의 90을 말한다. 〈신설 2022.1.21.〉

② 법 제29조 제2항 후단에서 "토지등에 대한 전문성 등 대통령령으로 정하는 자격을 갖춘 자"란 다음 각 호의 사람을 말한다. 〈신설 2022.1.21.〉
1. 변호사·법무사·공인회계사·세무사·기술사·건축사 또는 변리사 자격이 있는 사람
2. 법학·회계학·세무학·건축학, 그 밖에 국토교통부장관이 정하여 고시하는 분야의 석사학위를 취득한 사람으로서 해당 분야에서 3년 이상 근무한 경력(석사학위를 취득하기 전의 근무 경력을 포함한다)이 있는 사람
3. 제2호에 따른 분야의 박사학위를 취득한 사람
4. 그 밖에 토지등 분야에 관한 학식과 업무경험이 풍부한 사람으로서 국토교통부장관이 정하여 고시하는 자격이나 경력이 있는 사람

③ 법 제29조 제4항 전단에서 "대통령령으로 정하는 수"란 5명을 말한다. 〈개정 2022.1.21.〉

④ 법 제29조 제4항에 따른 감정평가법인의 주사무소 및 분사무소에 주재하는 최소 감정평가사의 수는 다음 각 호와 같다. 〈개정 2022.1.21.〉

 1. 주사무소 : 2명
 2. 분사무소 : 2명

❯ 시행령 제25조(감정평가법인의 설립인가)

① 법 제29조 제5항 각 호 외의 부분 본문에 따라 감정평가법인 설립인가를 받으려는 자는 사원(社員)이 될 사람 또는 감정평가사인 발기인 전원이 서명하고 날인한 인가 신청서에 다음 각 호의 서류를 첨부하여 국토교통부장관에게 제출해야 한다. 〈개정 2022.1.21.〉

 1. 정관
 2. 사원 및 소속 감정평가사의 제17조 제2항 또는 제18조 제5항에 따른 등록증 사본(법 제20조에 따라 인가를 받은 외국감정평가사의 경우에는 인가서 사본을 말한다)
 3. 감정평가사가 아닌 사원 또는 이사가 제24조 제2항 각 호의 어느 하나에 해당함을 증명하는 서류
 4. 사무실 보유를 증명하는 서류
 5. 그 밖에 국토교통부령으로 정하는 서류

② 국토교통부장관은 법 제29조 제5항 각 호 외의 부분 본문에 따른 감정평가법인의 설립인가를 할 때에는 다음 각 호의 사항을 심사·확인해야 한다. 〈개정 2022.1.21.〉

 1. 설립하려는 감정평가법인이 법 제29조 제2항부터 제4항까지의 규정에 따른 요건을 갖추었는지 여부
 2. 정관의 내용이 법령에 적합한지 여부

❯ 시행령 제26조(감정평가법인의 등기사실 통보)

법 제29조에 따라 감정평가법인 설립인가를 받은 자는 설립일부터 1개월 이내에 등기사실을 국토교통부장관에게 통보하여야 한다. 이 경우 국토교통부장관은 「전자정부법」 제36조 제1항에 따른 행정정보의 공동이용을 통하여 해당 법인의 등기사항증명서를 확인하여야 한다.

❯ 시행령 제27조(합병 등의 인가신청)

법 제29조 제5항 각 호 외의 부분 본문 또는 같은 조 제8항에 따라 정관변경 또는 합병에 대한 인가를 받으려는 자는 사원 또는 이사 전원이 기명날인한 인가 신청서에 다음 각 호의 서류를 첨부하여 국토교통부장관에게 제출해야 한다. 〈개정 2022.1.21.〉

1. 이유서
2. 정관변경 또는 합병에 관한 사원총회 또는 주주총회의 의사록 사본
3. 신·구 정관

❯ 시행령 제28조(정관변경 등의 신고)

제29조 제5항 각 호 외의 부분 단서에서 "대통령령으로 정하는 경미한 사항의 변경"이란 법 제29조 제5항 제3호부터 제5호까지의 사항의 변경을 말한다. 〈개정 2022.1.21.〉

1. 감정평가법인 설립인가의 의의

인가는 타인의 법률적 행위를 보충하여 그 법적 효력을 완성시키는 행정행위를 말한다. 국토교통부장관이 감정평가법인의 설립행위를 보충하여 사인간의 법인설립행위의 효력을 완성시켜주는 행위이다. 감정평가법인은 감정평가사법에서 정한 것을 제외하고는 상법 중 회사에 관한 규정을 준용한다.

2. 법인설립인가의 법적 성질

국토교통부장관의 법인설립인가는 행정청이 감정평가법인의 법률행위를 보충하여 효력을 완성시켜주는 행정행위로서 강학상 인가에 해당한다. 인가는 새로운 권리설정행위가 아니고 공익판단의 규정이 없는 점을 고려할 때 인가요건을 구비했다면 인가를 거부할 수 없는 기속행위로 봄이 타당하다.

3. 법인설립인가에 대한 권리구제

법인설립인가는 항고쟁송의 대상인 처분에 해당한다. 따라서 국토교통부장관의 인가거부행위 등에 대해 항고쟁송에 의해 권리구제가 가능하다.

04 감정평가법인등의 법적 지위

1. 개요

법적 지위는 법률관계에서 주체 또는 객체로서의 지위를 말하는 것으로 이는 권리와 의무로 나타난다. 감정평가법인등은 주로 부동산의 감정평가와 관련하여 권리·의무·책임의 주체 또는 객체가 된다. 감정평가사법에서는 일정한 자격과 요건을 갖춘 감정평가법인등만이 감정평가를 할 수 있도록 규정하고 있고, 그에 따른 의무와 책임을 법정하고 있다.

감정평가법인등에게는 부동산 감정평가의 권리로서 감정평가권이 부여되어 있고, 감정평가권을 적절히 수행할 수 있도록 하기 위하여 그와 관련된 일정한 권리를 인정하고 있으며, 감정평가권을 유효하게 담보하기 위한 보호제도가 인정되고 있다. 그리고 부동산 감정평가는 그 사회성·공공성으로 인하여 사회일반에 미치는 영향이 크기 때문에 감정평가법인등에게는 각종 의무가 부과되어 있으며, 감정평가법인등이 그러한 의무를 이행하지 아니한 경우에는 그에 따른 책임을 지거나 처벌을 받아야 한다.

2. 감정평가법인등의 권리

> ❧ 부동산 가격공시법 제13조(타인토지에의 출입 등)
> ① 관계공무원 또는 부동산가격공시업무를 의뢰받은 자(이하 "관계공무원 등"이라 한다)는 제3조 제4항에 따른 표준지가격의 조사·평가 또는 제10조 제4항에 따른 토지가격의 산정을 위하여 필요한 때에는 타인의 토지에 출입할 수 있다.
> ② 관계공무원 등이 제1항에 따라 택지 또는 담장이나 울타리로 둘러싸인 타인의 토지에 출입하고자 할 때에는 시장·군수 또는 구청장의 허가(부동산가격공시업무를 의뢰받은 자에 한정한다)를 받아 출입할 날의 3일 전에 그 점유자에게 일시와 장소를 통지하여야 한다. 다만, 점유자를 알 수 없거나 부득이한 사유가 있는 경우에는 그러하지 아니하다.
> ③ 일출 전·일몰 후에는 그 토지의 점유자의 승인 없이 택지 또는 담장이나 울타리로 둘러싸인 타인의 토지에 출입할 수 없다.
> ④ 제2항에 따라 출입을 하고자 하는 자는 그 권한을 표시하는 증표와 허가증을 지니고 이를 관계인에게 내보여야 한다.
> ⑤ 제4항에 따른 증표와 허가증에 필요한 사항은 국토교통부령으로 정한다.

> **감정평가사법 제22조(사무소의 명칭 등)**
> ① 제21조에 따라 사무소를 개설한 감정평가법인등은 그 사무소의 명칭에 "감정평가사사무소"라는 용어를 사용하여야 하며, 제29조에 따른 법인은 그 명칭에 "감정평가법인"이라는 용어를 사용하여야 한다. 〈개정 2021.7.20.〉
> ② 이 법에 따른 감정평가사가 아닌 사람은 "감정평가사" 또는 이와 비슷한 명칭을 사용할 수 없으며, 이 법에 따른 감정평가법인등이 아닌 자는 "감정평가사사무소", "감정평가법인" 또는 이와 비슷한 명칭을 사용할 수 없다.

> **감정평가사법 제23조(수수료 등)**
> ① 감정평가법인등은 의뢰인으로부터 업무수행에 따른 수수료와 그에 필요한 실비를 받을 수 있다.
> ② 제1항에 따른 수수료의 요율 및 실비의 범위는 국토교통부장관이 제40조에 따른 감정평가관리·징계위원회의 심의를 거쳐 결정한다.
> ③ 감정평가법인등과 의뢰인은 제2항에 따른 수수료의 요율 및 실비에 관한 기준을 준수하여야 한다. 〈개정 2021.7.20.〉

> **감정평가사법 제45조(청문)**
> 국토교통부장관은 다음 각 호의 어느 하나에 해당하는 처분을 하려는 경우에는 청문을 실시하여야 한다. 〈개정 2021.7.20〉
> 1. 제13조 제1항 제1호에 따른 감정평가사 자격의 취소
> 2. 제32조 제1항에 따른 감정평가법인의 설립인가 취소

감정평가사법상 제4절 권리와 의무(제21조 내지 제28조)

제21조(사무소 개설 등)
① 제17조에 따라 등록을 한 감정평가사가 감정평가업을 하려는 경우에는 감정평가사사무소를 개설할 수 있다. 〈개정 2021.7.20.〉
② 다음 각 호의 어느 하나에 해당하는 사람은 제1항에 따른 개설을 할 수 없다. 〈개정 2021.7.20.〉
 1. 제18조 제1항 각 호의 어느 하나에 해당하는 사람
 2. 제32조 제1항(제1호, 제7호 및 제15호는 제외한다)에 따라 설립인가가 취소되거나 업무가 정지된 감정평가법인의 설립인가가 취소된 후 1년이 지나지 아니하였거나 업무정지 기간이 지나지 아니한 경우 그 감정평가법인의 사원 또는 이사였던 사람
 3. 제32조 제1항(제1호 및 제7호는 제외한다)에 따라 업무가 정지된 감정평가사로서 업무정지 기간이 지나지 아니한 사람
③ 감정평가사는 그 업무를 효율적으로 수행하고 공신력을 높이기 위하여 합동사무소를 대통령령으로 정하는 바에 따라 설치할 수 있다. 이 경우 합동사무소는 대통령령으로 정하는 수 이상의 감정평가사를 두어야 한다. 〈개정 2021.7.20.〉
④ 감정평가사는 감정평가업을 하기 위하여 1개의 사무소만을 설치할 수 있다.
⑤ 감정평가사사무소에는 소속 감정평가사를 둘 수 있다. 이 경우 소속 감정평가사는 제18조 제1항 각 호의 어느 하나에 해당하는 사람이 아니어야 하며, 감정평가사사무소를 개설한 감정평가사는 소속 감정평가사가 아닌 사람에게 제10조에 따른 업무를 하게 하여서는 아니 된다. 〈개정 2021.7.20.〉
⑥ 삭제 〈2021.7.20.〉
[제목개정 2021.7.20.]

제21조의2(고용인의 신고)

감정평가법인등은 소속 감정평가사 또는 제24조에 따른 사무직원을 고용하거나 고용관계가 종료된 때에는 국토교통부령으로 정하는 바에 따라 국토교통부장관에게 신고하여야 한다. 〈개정 2020.4.7.〉

제22조(사무소의 명칭 등)

① 제21조에 따라 사무소를 개설한 감정평가법인등은 그 사무소의 명칭에 "감정평가사사무소"라는 용어를 사용하여야 하며, 제29조에 따른 법인은 그 명칭에 "감정평가법인"이라는 용어를 사용하여야 한다. 〈개정 2021.7.20.〉

② 이 법에 따른 감정평가사가 아닌 사람은 "감정평가사" 또는 이와 비슷한 명칭을 사용할 수 없으며, 이 법에 따른 감정평가법인등이 아닌 자는 "감정평가사사무소", "감정평가법인" 또는 이와 비슷한 명칭을 사용할 수 없다.

제23조(수수료 등)

① 감정평가법인등은 의뢰인으로부터 업무수행에 따른 수수료와 그에 필요한 실비를 받을 수 있다.

② 제1항에 따른 수수료의 요율 및 실비의 범위는 국토교통부장관이 제40조에 따른 감정평가관리·징계위원회의 심의를 거쳐 결정한다.

③ 감정평가법인등과 의뢰인은 제2항에 따른 수수료의 요율 및 실비에 관한 기준을 준수하여야 한다. 〈개정 2021.7.20〉

제24조(사무직원)

① 감정평가법인등은 그 직무의 수행을 보조하기 위하여 사무직원을 둘 수 있다. 다만, 다음 각 호의 어느 하나에 해당하는 사람은 사무직원이 될 수 없다.

　1. 미성년자 또는 피성년후견인·피한정후견인

　2. 이 법 또는 「형법」 제129조부터 제132조까지, 「특정범죄 가중처벌 등에 관한 법률」 제2조 또는 제3조, 그 밖에 대통령령으로 정하는 법률에 따라 유죄 판결을 받은 사람으로서 다음 각 목의 어느 하나에 해당하는 사람

　　가. 징역 이상의 형을 선고받고 그 집행이 끝나거나 그 집행을 받지 아니하기로 확정된 후 3년이 지나지 아니한 사람

　　나. 징역형의 집행유예를 선고받고 그 유예기간이 지난 후 1년이 지나지 아니한 사람

　　다. 징역형의 선고유예를 받고 그 유예기간 중에 있는 사람

　3. 제13조에 따라 감정평가사 자격이 취소된 후 1년이 경과되지 아니한 사람

　4. 제39조 제1항 제11호 및 제12호에 따라 자격이 취소된 후 3년이 경과되지 아니한 사람

② 감정평가법인등은 사무직원을 지도·감독할 책임이 있다.

③ 국토교통부장관은 사무직원이 제1항 제1호부터 제4호까지의 어느 하나에 해당하는지 여부를 확인하기 위하여 관계 기관에 관련 자료를 요청할 수 있다. 이 경우 관계 기관은 특별한 사정이 없으면 그 자료를 제공하여야 한다. 〈신설 2021.7.20.〉

제25조(성실의무 등)

① 감정평가법인등(감정평가법인 또는 감정평가사사무소의 소속 감정평가사를 포함한다. 이하 이 조에서 같다)은 제10조에 따른 업무를 하는 경우 품위를 유지하여야 하고, 신의와 성실로써 공정하게 하여야 하며, 고의 또는 중대한 과실로 업무를 잘못하여서는 아니 된다. 〈개정 2021.7.20.〉

② 감정평가법인등은 자기 또는 친족 소유, 그 밖에 불공정하게 제10조에 따른 업무를 수행할 우려가 있다고 인정되는 토지등에 대해서는 그 업무를 수행하여서는 아니 된다. 〈개정 2021.7.20.〉

③ 감정평가법인등은 토지등의 매매업을 직접 하여서는 아니 된다.

④ 감정평가법인등이나 그 사무직원은 제23조에 따른 수수료와 실비 외에는 어떠한 명목으로도 그 업무와 관련된 대가를 받아서는 아니 되며, 감정평가 수주의 대가로 금품 또는 재산상의 이익을 제공하거나 제공하기로 약속하여서는 아니 된다.

⑤ 감정평가사, 감정평가사가 아닌 사원 또는 이사 및 사무직원은 둘 이상의 감정평가법인(같은 법인의 주·분사무소를 포함한다) 또는 감정평가사사무소에 소속될 수 없으며, 소속된 감정평가법인 이외의 다른 감정평가법인의 주식을 소유할 수 없다. 〈개정 2021.7.20.〉

⑥ 감정평가법인등이나 사무직원은 제28조의2에서 정하는 유도 또는 요구에 따라서는 아니 된다. 〈신설 2021.7.20.〉

[시행일 : 2022.7.21.] 제25조 제5항

제26조(비밀엄수)
감정평가법인등(감정평가법인 또는 감정평가사사무소의 소속 감정평가사를 포함한다. 이하 이 조에서 같다)이나 그 사무직원 또는 감정평가법인등이었거나 그 사무직원이었던 사람은 업무상 알게 된 비밀을 누설하여서는 아니 된다. 다만, 다른 법령에 특별한 규정이 있는 경우에는 그러하지 아니하다.

제27조(명의대여 등의 금지)
① 감정평가사 또는 감정평가법인등은 다른 사람에게 자기의 성명 또는 상호를 사용하여 제10조에 따른 업무를 수행하게 하거나 자격증·등록증 또는 인가증을 양도·대여하거나 이를 부당하게 행사하여서는 아니 된다.

② 누구든지 제1항의 행위를 알선해서는 아니 된다.

제28조(손해배상책임)
① 감정평가법인등이 감정평가를 하면서 고의 또는 과실로 감정평가 당시의 적정가격과 현저한 차이가 있게 감정평가를 하거나 감정평가 서류에 거짓을 기록함으로써 감정평가 의뢰인이나 선의의 제3자에게 손해를 발생하게 하였을 때에는 감정평가법인등은 그 손해를 배상할 책임이 있다.

② 감정평가법인등은 제1항에 따른 손해배상책임을 보장하기 위하여 대통령령으로 정하는 바에 따라 보험에 가입하거나 제33조에 따른 한국감정평가사협회가 운영하는 공제사업에 가입하는 등 필요한 조치를 하여야 한다.

③ 감정평가법인등은 제1항에 따라 감정평가 의뢰인이나 선의의 제3자에게 법원의 확정판결을 통한 손해배상이 결정된 경우에는 국토교통부령으로 정하는 바에 따라 그 사실을 국토교통부장관에게 알려야 한다. 〈신설 2021.7.20.〉

④ 국토교통부장관은 감정평가 의뢰인이나 선의의 제3자를 보호하기 위하여 감정평가법인등이 갖추어야 하는 손해배상능력 등에 대한 기준을 국토교통부령으로 정할 수 있다. 〈신설 2021.7.20.〉

제28조의2(감정평가 유도·요구 금지)
누구든지 감정평가법인등(감정평가법인 또는 감정평가사사무소의 소속 감정평가사를 포함한다)과 그 사무직원에게 토지등에 대하여 특정한 가액으로 감정평가를 유도 또는 요구하는 행위를 하여서는 아니 된다.

[본조신설 2021.7.20.]

(1) 감정평가권

감정평가는 전문적 지식을 요하는 일로써, 감정평가사법은 일정한 요건을 갖추어 등록한 감정평가사와 인가 받은 감정평가법인, 즉 감정평가법인등에게만 토지 등의 감정평가권을 부여하고 있다.

> • 권리능력 : 감정평가사가 자격수첩을 교부받은 때부터 감정평가상 권리능력이 발생한다. 권리능력은 자격이 취소되지 않는 한 취득한 때로부터 생존하는 동안 존속한다.
> • 행위능력 : 감정평가사사무소 개설등록 또는 법인설립인가를 받거나 그에 소속한 때로부터 행위능력이 발생한다. 행위능력은 등록 및 설립인가의 취소, 업무정지로 영원히 또는 일정기간 동안 상실한다. 주의할 점은 감정평가상 행위능력자, 즉 평가주체는 어디까지나 감정평가사이고 감정평가법인등이 아니라는 점이다.

(2) 감정평가업권

감정평가사사무소 개설등록 또는 감정평가법인 설립인가를 받은 경우 감정평가법인등으로서의 지위를 획득한다. 단, 소속평가사는 감정평가법인등이 아닌바 감정평가업권이 없다. 즉, 법인에 소속하는 감정평가사는 평가상 행위능력자의 지위가 있을 뿐 감정평가법인등의 지위는 없고, 이와 반대로 그 법인은 감정평가법인등으로서의 지위는 있으나 평가상 행위능력자의 지위는 갖지 않는다.

(3) 타인토지출입권

감정평가법인등은 표준지가격의 조사·평가 또는 개별공시지가 검증업무를 위해 타인토지에 출입하여 조사할 필요가 있는 경우 이를 행할 수 있는 권한을 갖는다. 이는 지가공시제도의 적정성 확보를 위해 인정된 것이며 토지소유자 등은 명문의 규정이 없으나 이를 인용할 의무를 갖는다고 본다.

(4) 명칭사용권

감정평가법인등은 그 사무소의 명칭에 "감정평가사사무소"라는 용어를, 법인은 그 명칭에 "감정평가법인"이라는 용어를 사용하여야 한다. 감정평가사가 아닌 자는 "감정평가사" 또는 이와 유사한 명칭을, 이 법에 의한 감정평가법인등이 아닌 자는 "감정평가사사무소", "감정평가법인" 또는 이와 유사한 명칭을 사용할 수 없다.

(5) 보수청구권

감정평가법인등은 근로의 대가로 보수청구권을 갖는다. 즉, 감정평가법인등은 그 업무수행에 관하여 의뢰인으로부터 소정의 수수료와 직무수행에 따른 출장 또는 사실 확인에 소요된 실비를 받을 수 있다.

(6) 청문권

국토교통부장관은 감정평가사의 자격취소, 감정평가법인등의 설립인가의 취소를 하고자 하는 경우에는 청문을 실시하여야 한다. 따라서 감정평가법인등의 신분은 법에 의해 보장되며 감정평가법인등은 청문을 하도록 요청할 수 있는 권리를 가진다.

(7) 쟁송제기권

이는 실체적 권리구제수단으로 위법한 설립인가취소, 업무정지에 대하여 항고쟁송을 제기할 수 있고, 위법한 행위로 인하여 손해가 발생한 경우 손해배상을 청구할 수 있다.

3. 감정평가법인등의 의무

법 제1조(목적)

이 법은 감정평가 및 감정평가사에 관한 제도를 확립하여 공정한 감정평가를 도모함으로써 국민의 재산권을 보호하고 국가경제 발전에 기여함을 목적으로 한다.

법 제6조(감정평가서)

① 감정평가법인등은 감정평가를 의뢰받은 때에는 지체 없이 감정평가를 실시한 후 국토교통부령으로 정하는 바에 따라 감정평가 의뢰인에게 감정평가서(「전자문서 및 전자거래기본법」 제2조에 따른 전자문서로 된 감정평가서를 포함한다)를 발급하여야 한다. 〈개정 2021.7.20.〉

② 감정평가서에는 감정평가법인등의 사무소 또는 법인의 명칭을 적고, 감정평가를 한 감정평가사가 그 자격을 표시한 후 서명과 날인을 하여야 한다. 이 경우 감정평가법인의 경우에는 그 대표사원 또는 대표이사도 서명이나 날인을 하여야 한다.

③ 감정평가법인등은 감정평가서의 원본과 그 관련 서류를 국토교통부령으로 정하는 기간 이상 보존하여야 하며, 해산하거나 폐업하는 경우에도 대통령령으로 정하는 바에 따라 보존하여야 한다. 이 경우 감정평가법인등은 감정평가서의 원본과 그 관련 서류를 이동식 저장장치 등 전자적 기록매체에 수록하여 보존할 수 있다. 〈개정 2021.7.20.〉

법 제25조(성실의무 등)

① 감정평가법인등(감정평가법인 또는 감정평가사사무소의 소속 감정평가사를 포함한다. 이하 이 조에서 같다)은 제10조에 따른 업무를 하는 경우 품위를 유지하여야 하고, 신의와 성실로써 공정하게 하여야 하며, 고의 또는 중대한 과실로 업무를 잘못하여서는 아니 된다. 〈개정 2021.7.20.〉

② 감정평가법인등은 자기 또는 친족 소유, 그 밖에 불공정하게 제10조에 따른 업무를 수행할 우려가 있다고 인정되는 토지등에 대해서는 그 업무를 수행하여서는 아니 된다. 〈개정 2021.7.20.〉

③ 감정평가법인등은 토지등의 매매업을 직접 하여서는 아니 된다.

④ 감정평가법인등이나 그 사무직원은 제23조에 따른 수수료와 실비 외에는 어떠한 명목으로도 그 업무와 관련된 대가를 받아서는 아니 되며, 감정평가 수주의 대가로 금품 또는 재산상의 이익을 제공하거나 제공하기로 약속하여서는 아니 된다.

⑤ 감정평가사, 감정평가사가 아닌 사원 또는 이사 및 사무직원은 둘 이상의 감정평가법인(같은 법인의 주·분사무소를 포함한다) 또는 감정평가사사무소에 소속될 수 없으며, 소속된 감정평가법인 이외의 다른 감정평가법인의 주식을 소유할 수 없다. 〈개정 2021.7.20.〉

⑥ 감정평가법인등이나 사무직원은 제28조의2에서 정하는 유도 또는 요구에 따라서는 아니 된다. 〈신설 2021.7.20.〉

[시행일 : 2022.7.21.] 제25조 제5항

법 제47조(지도·감독)

① 국토교통부장관은 감정평가법인등 및 협회를 감독하기 위하여 필요할 때에는 그 업무에 관한 보고 또는 자료의 제출 그 밖의 필요한 명령을 할 수 있으며, 소속 공무원으로 하여금 그 사무소에 출입하

여 장부·서류 등을 검사하게 할 수 있다.
② 제1항에 따라 출입·검사를 하는 공무원은 그 권한을 표시하는 증표를 지니고 이를 관계인에게 내보여야 한다.

(1) 적정가격 평가의무

토지 등의 적정한 가격형성을 통하여 국토의 효율적인 이용과 국민경제의 발전을 위해서는 토지의 적정가격 평가·공시가 선행되어야 한다. 따라서 감정평가법인등은 토지 등의 평가권을 가짐과 동시에 토지 등의 적정가격을 평가할 의무를 부담한다.

(2) 성실의무 등

감정평가법인등은 감정평가업무를 행함에 있어 품위를 유지하여야 하고, 신의와 성실로써 공정하게 감정평가를 하여야 하며, 고의 또는 중대한 과실로 잘못된 평가를 하여서는 아니 되는 등의 의무를 부담한다.

(3) 감정평가서 교부 및 보존의무

감정평가법인등이 감정평가를 의뢰받은 때에는 지체 없이 감정평가를 실시하여 감정평가서를 교부하여야 하며, 그 원본은 5년, 관련서류는 2년 이상 보존하여야 한다.

(4) 국토교통부장관의 지도·감독에 따를 의무

국토교통부장관은 감정평가법인등 및 협회에 대하여 감독상 필요한 때에는 그 업무에 관한 사항을 보고하게 하거나 자료의 제출 그 밖의 필요한 명령을 할 수 있으며, 소속 공무원으로 하여금 그 사무소에 출입하여 장부·서류 등을 검사하게 할 수 있다.

4. 감정평가법인등의 책임

> **◑ 법 제28조(손해배상책임)**
> ① 감정평가법인등이 감정평가를 하면서 고의 또는 과실로 감정평가 당시의 적정가격과 현저한 차이가 있게 감정평가를 하거나 감정평가 서류에 거짓을 기록함으로써 감정평가 의뢰인이나 선의의 제3자에게 손해를 발생하게 하였을 때에는 감정평가법인등은 그 손해를 배상할 책임이 있다.
> ② 감정평가법인등은 제1항에 따른 손해배상책임을 보장하기 위하여 대통령령으로 정하는 바에 따라 보험에 가입하거나 제33조에 따른 한국감정평가사협회가 운영하는 공제사업에 가입하는 등 필요한 조치를 하여야 한다.
> ③ 감정평가법인등은 제1항에 따라 감정평가 의뢰인이나 선의의 제3자에게 법원의 확정판결을 통한 손해배상이 결정된 경우에는 국토교통부령으로 정하는 바에 따라 그 사실을 국토교통부장관에게 알려야 한다. 〈신설 2021.7.20.〉
> ④ 국토교통부장관은 감정평가 의뢰인이나 선의의 제3자를 보호하기 위하여 감정평가법인등이 갖추어야 하는 손해배상능력 등에 대한 기준을 국토교통부령으로 정할 수 있다. 〈신설 2021.7.20.〉

법 제32조(인가취소 등)

① 국토교통부장관은 감정평가법인등이 다음 각 호의 어느 하나에 해당하는 경우에는 그 설립인가를 취소(제29조에 따른 감정평가법인에 한정한다)하거나 2년 이내의 범위에서 기간을 정하여 업무의 정지를 명할 수 있다. 다만, 제2호 또는 제7호에 해당하는 경우에는 그 설립인가를 취소하여야 한다. 〈개정 2021.7.20.〉

1. 감정평가법인이 설립인가의 취소를 신청한 경우
2. 감정평가법인등이 업무정지처분 기간 중에 제10조에 따른 업무를 한 경우
3. 감정평가법인등이 업무정지처분을 받은 소속 감정평가사에게 업무정지처분 기간 중에 제10조에 따른 업무를 하게 한 경우
4. 제3조 제1항을 위반하여 감정평가를 한 경우
5. 제3조 제3항에 따른 원칙과 기준을 위반하여 감정평가를 한 경우
6. 제6조에 따른 감정평가서의 작성·발급 등에 관한 사항을 위반한 경우
7. 감정평가법인등이 제21조 제3항이나 제29조 제4항에 따른 감정평가사의 수에 미달한 날부터 3개월 이내에 감정평가사를 보충하지 아니한 경우
8. 제21조 제4항을 위반하여 둘 이상의 감정평가사사무소를 설치한 경우
9. 제21조 제5항이나 제29조 제9항을 위반하여 해당 감정평가사 외의 사람에게 제10조에 따른 업무를 하게 한 경우
10. 제23조 제3항을 위반하여 수수료의 요율 및 실비에 관한 기준을 지키지 아니한 경우
11. 제25조, 제26조 또는 제27조를 위반한 경우. 다만, 소속 감정평가사나 그 사무직원이 제25조 제4항을 위반한 경우로서 그 위반행위를 방지하기 위하여 해당 업무에 관하여 상당한 주의와 감독을 게을리하지 아니한 경우는 제외한다.
12. 제28조 제2항을 위반하여 보험 또는 한국감정평가사협회가 운영하는 공제사업에 가입하지 아니한 경우
13. 정관을 거짓으로 작성하는 등 부정한 방법으로 제29조에 따른 인가를 받은 경우
14. 제29조 제10항에 따른 회계처리를 하지 아니하거나 같은 조 제11항에 따른 재무제표를 작성하여 제출하지 아니한 경우
15. 제31조 제2항에 따라 기간 내에 미달한 금액을 보전하거나 증자하지 아니한 경우
16. 제47조에 따른 지도와 감독 등에 관하여 다음 각 목의 어느 하나에 해당하는 경우
    가. 업무에 관한 사항의 보고 또는 자료의 제출을 하지 아니하거나 거짓으로 보고 또는 제출한 경우
    나. 장부나 서류 등의 검사를 거부, 방해 또는 기피한 경우
17. 제29조 제5항 각 호의 사항을 인가받은 정관에 따라 운영하지 아니하는 경우

② 제33조에 따른 한국감정평가사협회는 감정평가법인등에 제1항 각 호의 어느 하나에 해당하는 사유가 있다고 인정하는 경우에는 그 증거서류를 첨부하여 국토교통부장관에게 그 설립인가를 취소하거나 업무정지처분을 하여 줄 것을 요청할 수 있다.

③ 국토교통부장관은 제1항에 따라 설립인가를 취소하거나 업무정지를 한 경우에는 그 사실을 관보에 공고하고, 정보통신망 등을 이용하여 일반인에게 알려야 한다.

④ 제1항에 따른 설립인가의 취소 및 업무정지처분은 위반 사유가 발생한 날부터 5년이 지나면 할 수 없다.

⑤ 제1항에 따른 설립인가의 취소와 업무정지에 관한 기준은 대통령령으로 정하고, 제3항에 따른 공고의 방법, 내용 및 그 밖에 필요한 사항은 국토교통부령으로 정한다.

> ❂ 시행령 제29조(인가취소 등의 기준)
>
> 법 제32조 제1항에 따른 감정평가법인등의 설립인가 취소와 업무정지의 기준은 별표 3과 같다.
>
> ❂ 법 제48조(벌칙 적용에서 공무원 의제)
>
> 다음 각 호의 어느 하나에 해당하는 사람은 「형법」 제129조부터 제132조까지의 규정을 적용할 때에는 공무원으로 본다.
> 1. 제10조 제1호 및 제2호의 업무를 수행하는 감정평가사
> 2. 제40조에 따른 위원회의 위원 중 공무원이 아닌 위원
> 3. 제46조에 따른 위탁업무에 종사하는 협회의 임직원
>
> ❂ 법 제51조(양벌규정)
>
> 법인의 대표자나 법인 또는 개인의 대리인, 사용인, 그 밖의 종업원이 그 법인 또는 개인의 업무에 관하여 제49조 또는 제50조의 위반행위를 하면 그 행위자를 벌하는 외에 그 법인 또는 개인에게도 해당 조문의 벌금형을 부과한다. 다만, 법인 또는 개인이 그 위반행위를 방지하기 위하여 해당 업무에 상당한 주의와 감독을 게을리하지 아니한 경우에는 그러하지 아니하다.

(1) 민사상 책임(법 제28조)

감정평가사법은 성실한 평가를 유도하고, 불법행위로 인한 평가의뢰인 및 선의의 제3자를 보호하기 위하여 감정평가법인등에게 손해배상책임을 인정하고 있다.

(2) 행정상 책임

감정평가법인등이 각종 의무규정에 위반하였을 경우의 제제수단으로서 등록취소 또는 업무정지와 행정질서벌로 500만원 이하의 과태료 등이 부과될 수 있다.

※ 감정평가사법 시행령 제29조(인가취소 등의 기준) 법 제32조 제1항에 따른 감정평가법인등의 설립인가 취소와 업무정지의 기준은 [별표 3]과 같다.

[별표 3] 감정평가법인등의 설립인가 취소와 업무정지의 기준(제29조 관련) 〈개정 2022.1.21.〉

1. 일반기준

가. 위반행위의 횟수에 따른 행정처분의 기준은 최근 1년간(제2호 하목의 경우에는 최근 3년간을 말한다) 같은 위반행위(근거 법조문 내에서 위반행위가 구분되어 있는 경우에는 그 구분된 위반행위를 말한다)로 행정처분을 받은 경우에 적용한다. 이 경우 위반횟수는 같은 위반행위에 대하여 행정처분을 받은 날과 그 처분 후에 다시 같은 위반행위를 하여 적발된 날을 각각 기준으로 하여 계산한다.

나. 위반행위가 둘 이상인 경우에는 각 처분기준을 합산한 기간을 넘지 않는 범위에서 가장 무거운 처분기준의 2분의 1 범위에서 그 기간을 늘릴 수 있다. 다만, 늘리는 경우에도 총 업무정지기간은 2년을 넘을 수 없다.

다. 국토교통부장관은 위반행위의 동기·내용 및 위반의 정도 등을 고려하여 처분기준의 2분의 1 범위에서 그 기간을 늘릴 수 있다. 다만, 늘리는 경우에도 총 업무정지기간은 2년을 넘을 수 없다.

라. 국토교통부장관은 위반행위의 동기·내용 및 위반의 정도 등 다음의 사유를 고려하여 처분기준의 2분의 1 범위에서 그 처분기간을 줄일 수 있다. 이 경우 법을 위반한 자가 천재지변 등 부득이한 사유로 법에 따른 의무를 이행할 수 없었음을 입증한 경우에는 업무정지처분을 하지 않을 수 있다.

　1) 위반행위가 고의나 중대한 과실이 아닌 사소한 부주의나 오류로 인한 것으로 인정되는 경우

2) 위반의 내용·정도가 경미하여 감정평가 의뢰인 등에게 미치는 피해가 적다고 인정되는 경우

3) 위반행위자가 처음 위반행위를 한 경우로서 3년 이상 해당 사업을 모범적으로 해 온 사실이 인정된 경우

4) 위반행위자가 해당 위반행위로 인하여 검사로부터 기소유예 처분을 받거나 법원으로부터 선고유예의 판결을 받은 경우

5) 위반행위자가 부동산 가격공시 업무 등에 특히 이바지한 사실이 인정된 경우

2. 개별기준

위반행위	근거 법조문	행정처분기준		
		1차 위반	2차 위반	3차 이상 위반
가. 감정평가법인이 설립인가의 취소를 신청한 경우	법 제32조 제1항 제1호	설립인가 취소		
나. 감정평가법인등이 업무정지처분 기간 중에 법 제10조에 따른 업무를 한 경우	법 제32조 제1항 제2호	설립인가 취소		
다. 감정평가법인등이 업무정지처분을 받은 소속 감정평가사에게 업무정지처분 기간 중에 법 제10조에 따른 업무를 하게 한 경우	법 제32조 제1항 제3호	업무정지 1개월	설립인가 취소	
라. 법 제3조 제1항을 위반하여 감정평가를 한 경우	법 제32조 제1항 제4호	업무정지 1개월	업무정지 3개월	업무정지 6개월
마. 법 제3조 제3항에 따른 원칙과 기준을 위반하여 감정평가를 한 경우	법 제32조 제1항 제5호	업무정지 1개월	업무정지 2개월	업무정지 4개월
바. 법 제6조에 따른 감정평가서의 작성·발급 등에 관한 사항을 위반한 경우	법 제32조 제1항 제6호			
1) 정당한 이유 없이 타인이 의뢰하는 감정평가업무를 거부하거나 기피한 경우		업무정지 15일	업무정지 1개월	업무정지 2개월
2) 감정평가서의 발급을 정당한 이유 없이 지연한 경우		업무정지 15일	업무정지 1개월	업무정지 2개월
3) 타인이 작성한 감정평가서에 서명·날인한 경우		업무정지 6개월	업무정지 1년	업무정지 2년
4) 감정평가서의 기재사항에 중대한 하자가 있는 경우		업무정지 1개월	업무정지 2개월	업무정지 4개월
5) 감정평가서의 원본과 그 관련 서류를 보존기간 동안 보존하지 않은 경우		업무정지 1개월	업무정지 3개월	업무정지 6개월
사. 감정평가법인등이 법 제21조 제3항이나 법 제29조 제4항에 따른 감정평가사의 수에 미달한 날부터 3개월 이내에 감정평가사를 보충하지 않은 경우	법 제32조 제1항 제7호	설립인가 취소		
아. 법 제21조 제4항을 위반하여 둘 이상의 감정평가사사무소를 설치한 경우	법 제32조 제1항 제8호	업무정지 6개월	업무정지 1년	업무정지 2년
자. 법 제21조 제5항이나 법 제29조 제9항을 위반하여 해당 감정평가사 외의 사람에게 법 제10조에 따른 업무를 하게 한 경우	법 제32조 제1항 제9호	업무정지 3개월	업무정지 6개월	업무정지 1년

PART · 04

차. 법 제23조 제3항을 위반하여 수수료 요율 및 실 비에 관한 기준을 지키지 않은 경우	법 제32조 제1항 제10호	업무정지 1개월	업무정지 2개월	업무정지 4개월
카. 법 제25조, 제26조 또는 제27조를 위반한 경우	법 제32조 제1항 제11호			
1) 법 제10조에 따른 업무를 하면서 고의로 잘못된 평가를 한 경우		업무정지 6개월	업무정지 1년	업무정지 2년
2) 법 제10조에 따른 업무를 하면서 중대한 과실로 잘못된 평가를 한 경우		업무정지 3개월	업무정지 6개월	업무정지 1년
3) 법 제10조에 따른 업무를 하면서 신의와 성실로 써 공정하게 감정평가를 하지 않은 경우		업무정지 15일	업무정지 1개월	업무정지 2개월
4) 다른 사람에게 자격증·등록증 또는 인가증을 양도 또는 대여하거나 이를 부당하게 행사한 경우		업무정지 1년	업무정지 2년	설립인가 취소
5) 본인 또는 친족의 소유토지나 그 밖에 불공정한 감정평가를 할 우려가 있다고 인정되는 토지 등 에 대해 감정평가를 한 경우		업무정지 1개월	업무정지 3개월	업무정지 6개월
6) 토지 등의 매매업을 직접 경영한 경우		업무정지 3개월	업무정지 6개월	업무정지 1년
7) 법 제23조에 따른 수수료 및 실비 외에 그 업무와 관련된 대가를 받은 경우		업무정지 6개월	업무정지 1년	업무정지 2년
8) 정당한 사유 없이 업무상 알게 된 비밀을 누설한 경우		업무정지 3개월	업무정지 6개월	업무정지 1년
타. 법 제28조 제2항을 위반하여 보험 또는 한국감정 평가사협회가 운영하는 공제사업에 가입하지 않 은 경우	법 제32조 제1항 제12호	설립인가 취소		
파. 정관을 거짓으로 작성하는 등 부정한 방법으로 법 제29조에 따른 인가를 받은 경우	법 제32조 제1항 제13호	설립인가 취소		
하. 법 제29조 제10항에 따른 회계처리를 하지 않거 나 같은 조 제11항에 따른 재무제표를 작성하여 제출하지 않은 경우	법 제32조 제1항 제14호	업무정지 1개월	업무정지 2개월	업무정지 4개월
거. 법 제31조 제2항에 따라 기간 내에 미달한 금액 을 보전하거나 증자하지 않은 경우	법 제32조 제1항 제15호	업무정지 15일	업무정지 1개월	업무정지 2개월
너. 법 제47조에 따른 지도와 감독 등에 관해 다음의 어느 하나에 해당하는 경우				
1) 업무에 관한 사항을 보고 또는 자료의 제출을 하지 않거나 거짓으로 보고 또는 제출한 경우	법 제32조 제1항 제16호 가목	업무정지 1개월	업무정지 3개월	업무정지 6개월
2) 장부나 서류 등의 검사를 거부, 방해 또는 기피 한 경우	법 제32조 제1항 제16호 나목	업무정지 1개월	업무정지 3개월	업무정지 6개월

> **판례**
>
> ▶ 징계 관련 대법원 판례(대판 2003.06.27, 2002도4727)
>
> **[판시사항]**
>
> [1] 감정평가업자의 사용인 기타 종업원이 감정평가업자를 보조하여 실지조사를 함에 있어서 진실에 반하거나 객관적으로 신뢰할 수 없는 자료를 수집·제공함으로써 감정평가업자로 하여금 허위의 감정평가를 하게 한 경우, 그 사용인 기타 종업원이 허위의 감정평가를 한 것으로 볼 수 있는지 여부(한정 적극)
>
> [2] 제1항의 경우에 (구)지가공시 및 토지 등의 평가에 관한 법률 제35조 소정의 양벌규정에 의하여 감정평가업자를 처벌할 수 있는지 여부(한정 적극)
>
> **[판결요지]**
>
> [1] (구)지가공시 및 토지 등의 평가에 관한 법률(1999.3.31 법률 제5954호로 개정되기 전의 것) 제2조 제4호, 제27조 제1항, 제33조 제4호의 각 규정을 종합하면, 감정평가업자의 사용인 기타의 종업원이 감정평가업자를 보조하여 실지조사에 의하여 감정대상인 물건을 확인하고 감정에 필요한 관계자료를 수집함에 있어서 진실에 반하는 내용의 자료나 객관적으로 신뢰할 수 없는 자료를 수집하여 감정평가업자에게 제공하였다 하더라도, 그 사용인 기타의 종업원이 허위감정에 대한 고의를 가지고 감정평가업자와 공모하였거나, 그 정을 모르는 감정평가업자에게 수집한 자료가 마치 진실하거나 객관적으로 신뢰할 수 있는 자료인 것처럼 가장하여 제출함으로써 이를 토대로 결과적으로 허위의 감정평가를 하게 한 경우가 아닌 한, 이로써 그 사용인 기타의 종업원이 허위의 감정평가를 한 것으로 볼 수는 없다.
>
> [2] 사용인 기타의 종업원이 감정평가업자를 보조하여 감정에 필요한 자료를 수집하였을 뿐 감정평가업자와의 공모 등에 의하여 감정평가를 한 것으로 볼 수 있는 경우에 해당하지 않는다면 (구)지가공시 및 토지 등의 평가에 관한 법률(1999.3.31. 법률 제5954호로 개정되기 전의 것) 제35조 소정의 양벌규정에 의하더라도 그 사용인 기타의 종업원은 물론이고 법인 또는 개인도 처벌할 수 없다.

(3) 형사상 책임

이는 형법이 적용되는 책임으로서 행정형벌로 법 제48조, 제49조와 제50조에 규정을 두고 있다. 또한 감정평가법인등이 공적평가업무를 수행하는 경우에는 공무원으로 의제하여 알선수뢰죄 등 가중처벌을 받도록 규정하고 있다. 그리고 형사상 책임은 법인의 대표자, 법인 또는 개인의 대리인이나 사용인 기타의 종업원이 위반행위를 한 경우에 그 행위자를 벌하는 외에 그 법인이나 개인에 대하여도 벌금에 처하도록 하여 양벌규정(법 제51조)을 두고 있다.

05 감정평가법인등의 업무

> ↩ 법 제10조(감정평가법인등의 업무)
> 감정평가법인등은 다음 각 호의 업무를 행한다.
> 1. 「부동산 가격공시에 관한 법률」에 따라 감정평가법인등이 수행하는 업무
> 2. 「부동산 가격공시에 관한 법률」 제8조 제2호에 따른 목적을 위한 토지 등의 감정평가
> 3. 「자산재평가법」에 따른 토지 등의 감정평가
> 4. 법원에 계속 중인 소송 또는 경매를 위한 토지 등의 감정평가
> 5. 금융기관·보험회사·신탁회사 등 타인의 의뢰에 따른 토지 등의 감정평가
> 6. 감정평가와 관련된 상담 및 자문
> 7. 토지 등의 이용 및 개발 등에 대한 조언이나 정보 등의 제공
> 8. 다른 법령에 따라 감정평가법인등이 할 수 있는 토지 등의 감정평가
> 9. 제1호부터 제8호까지의 업무에 부수되는 업무
>
> ↩ 법 제5조(감정평가의 의뢰)
> ① 국가, 지방자치단체, 「공공기관의 운영에 관한 법률」에 따른 공공기관 또는 그 밖에 대통령령으로 정하는 공공단체(이하 "국가 등"이라 한다)가 토지 등의 관리·매입·매각·경매·재평가 등을 위하여 토지 등을 감정평가하려는 경우에는 감정평가법인등에 의뢰하여야 한다.
> ② 금융기관·보험회사·신탁회사 또는 그 밖에 대통령령으로 정하는 기관이 대출, 자산의 매입·매각·관리 또는 「주식회사 등의 외부감사에 관한 법률」에 따른 재무제표 작성을 포함한 기업의 재무제표 작성 등과 관련하여 토지 등의 감정평가를 하려는 경우에는 감정평가법인등에 의뢰하여야 한다.
> ③ 제1항 또는 제2항에 따라 감정평가를 의뢰하려는 자는 제33조에 따른 한국감정평가사협회에 요청하여 추천받은 감정평가법인등에 감정평가를 의뢰할 수 있다.
> ④ 제1항 및 제2항에 따른 의뢰의 절차와 방법 및 제3항에 따른 추천의 기준 등에 필요한 사항은 대통령령으로 정한다.

1. 감정평가법인등의 업무

감정평가사법 제10조에서는 감정평가법인등의 업무를 다음과 같이 규정하고 있다.

① 「부동산 가격공시에 관한 법률」에 따라 감정평가법인등이 수행하는 업무

② 「부동산 가격공시에 관한 법률」 제8조 제2호에 따른 목적을 위한 토지 등의 감정평가

③ 「자산재평가법」에 따른 토지 등의 감정평가

④ 법원에 계속 중인 소송 또는 경매를 위한 토지 등의 감정평가

⑤ 금융기관·보험회사·신탁회사 등 타인의 의뢰에 따른 토지 등의 감정평가

⑥ 감정평가와 관련된 상담 및 자문

⑦ 토지 등의 이용 및 개발 등에 대한 조언이나 정보 등의 제공

⑧ 다른 법령에 따라 감정평가법인등이 할 수 있는 토지 등의 감정평가

⑨ 제1호부터 제8호까지의 업무에 부수되는 업무

2. 감정평가법인등에 따른 업무범위 제한

감정평가법인등의 업무범위에 관하여는 종전까지 감정평가법인등 별로 업무범위를 규정하였던 것을 폐지하고, 다만 표준지 및 표준주택의 적정가격 조사·평가업무는 해당 업무의 공공성·책임성 확보를 위하여 감정평가법인등 중에서 평가실적·조사인력 및 조직을 고려하여 차등 배정하도록 하였다. 따라서 현재는 표준지 및 표준주택의 적정가격 조사·평가업무 이외에는 감정평가법인등의 종별 및 규모 등에 따른 제한은 없다.

3. 공공기관 등의 감정평가 의뢰

국가·지방자치단체, 「공공기관의 운영에 관한 법률」에 따른 공공기관 또는 그 밖에 대통령령으로 정하는 공공단체가 토지 등의 관리·매입·매각·경매·재평가 등을 위하여 토지 등의 감정평가를 의뢰하고자 하는 경우에는 감정평가법인등에게 의뢰하여야 하며, 금융기관·보험회사·신탁회사 또는 그 밖에 대통령령으로 정하는 기관이 대출, 자산의 매입·매각·관리 또는 재평가 등과 관련하여 토지 등의 감정평가를 하려는 경우에는 감정평가법인등에게 의뢰하여야 한다.

토지 등의 감정평가는 국민의 재산권과 관련하여 그 영향이 매우 크므로 일정한 자격을 갖춘 자만이 그 업무를 수행할 수 있도록 평가자격제도를 두고 있다. 이와 같은 제도의 취지를 담보할 수 있도록 공공기관 등이 감정평가를 하는 경우에는 감정평가사법에 의한 감정평가법인등에게 의뢰하도록 의무규정을 두고 있다.

또한 준공영제 형태의 근거 규정을 두고 있는데 감정평가를 의뢰하려는 자는 제33조에 따른 한국감정평가사협회에 요청하여 추천받은 감정평가법인등에게 감정평가를 의뢰할 수 있다.

> ┌─ 판례 ─

> ▶ **관련판례(대판 2015.11.27, 2014도191)**
>
> 공인회계사법의 입법 취지와 목적, 회계정보의 정확성과 적정성을 담보하기 위하여 공인회계사의 직무범위를 정하고 있는 공인회계사법 제2조의 취지와 내용 등에 비추어 볼 때, 위 규정이 정한 '회계에 관한 감정'이란 기업이 작성한 재무상태표, 손익계산서 등 회계서류에 대한 전문적 회계지식과 경험에 기초한 분석과 판단을 보고하는 업무를 의미하고, 여기에는 기업의 경제활동을 측정하여 기록한 회계서류가 회계처리기준에 따라 정확하고 적정하게 작성되었는지에 대한 판정뿐만 아니라 자산의 장부가액이 신뢰할 수 있는 자료에 근거한 것인지에 대한 의견제시 등도 포함된다. 그러나 타인의 의뢰를 받아 부동산 가격공시 및 감정평가에 관한 법률(이하 '부동산공시법'이라 한다)이 정한 토지에 대한 감정평가를 행하는 것은 회계서류에 대한 전문적 지식이나 경험과는 관계가 없어 '회계에 관한 감정' 또는 '그에 부대되는 업무'에 해당한다고 볼 수 없고, 그 밖에 공인회계사가 행하는 다른 직무의 범위에 포함된다고 볼 수도 없다. 따라서 감정평가업자가 아닌 공인회계사가 타인의 의뢰에 의하여 일정한 보수를 받고 부동산공시법이 정한 토지에 대한 감정평가를 업으로 행하는 것은 부동산공시법 제43조 제2호에 의하여 처벌되는 행위에 해당하고, 특별한 사정이 없는 한 형법 제20조가 정한 '법령에 의한 행위'로서 정당행위에 해당한다고 볼 수는 없다.

| 제2절 | 감정평가법인등의 손해배상책임 |

> **◎ 법 제28조(손해배상책임)**
> ① 감정평가법인등이 감정평가를 하면서 고의 또는 과실로 감정평가 당시의 적정가격과 현저한 차이가 있게 감정평가를 하거나 감정평가 서류에 거짓을 기록함으로써 감정평가 의뢰인이나 선의의 제3자에게 손해를 발생하게 하였을 때에는 감정평가법인등은 그 손해를 배상할 책임이 있다.
> ② 감정평가법인등은 제1항에 따른 손해배상책임을 보장하기 위하여 대통령령으로 정하는 바에 따라 보험에 가입하거나 제33조에 따른 한국감정평가사협회가 운영하는 공제사업에 가입하는 등 필요한 조치를 하여야 한다.
> ③ 감정평가법인등은 제1항에 따라 감정평가 의뢰인이나 선의의 제3자에게 법원의 확정판결을 통한 손해배상이 결정된 경우에는 국토교통부령으로 정하는 바에 따라 그 사실을 국토교통부장관에게 알려야 한다. 〈신설 2021.7.20.〉
> ④ 국토교통부장관은 감정평가 의뢰인이나 선의의 제3자를 보호하기 위하여 감정평가법인등이 갖추어야 하는 손해배상능력 등에 대한 기준을 국토교통부령으로 정할 수 있다. 〈신설 2021.7.20.〉
>
> **◎ 민법 제750조(불법행위의 내용)**
> 고의 또는 과실로 인한 위법행위로 타인에게 손해를 가한 자는 그 손해를 배상할 책임이 있다.

01 서

감정평가법인등이란 타인의 의뢰에 의하여 일정한 보수를 받고 토지 등의 감정평가를 업으로 행하는 자로서 사무소를 개설한 감정평가사와 인가를 받은 감정평가법인을 말한다. 감정평가법인등이 평가하는 적정가격은 국가 토지정책의 근간이 되는 공시지가의 조사·평가 및 지가공시제도의 효율적인 운영주체로서 업무수행상 높은 윤리성·공공성이 요구되는바, 각종 권리 및 의무를 감정평가사법에서 규정하고 있고, 이에 위반할 경우 민사상·행정상·형사상 책임을 지게 된다. 감정평가사법 제28조에서는 민사상 책임으로 감정평가법인등의 손해배상책임을 규정하고 있다.

02 감정평가 법률관계의 법적 성질

1. 개요

감정평가 의뢰인(사인인 경우)과 감정평가법인등 사이의 감정평가 의뢰관계는 상호 대등관계로서 사법상의 계약관계라고 할 수 있다. 감정평가업무를 의뢰하게 되면 감정평가법인등에게는 성실한 감정평가와 적정가격 평가의무, 감정평가서 교부 및 보존의무 등이 발생하고, 의뢰인에게는 수수료의 지급의무가 발생한다. 이러한 법률관계에 대하여 도급계약이라는 견해와 위임계약이라는 견해가 있다.

2. 도급계약이라고 보는 견해

도급이란 당사자 일방이 어느 일을 완성할 것을 약정하고 상대방의 일의 결과에 대하여 보수를 지급할 것을 약정함으로써 성립하는 계약을 말한다. 따라서 감정평가는 일의 완성을 목적으로 수수료라는 보수를 지급하는 것으로 도급계약의 성질이 있다고 보는 견해이다. 도급계약으로 보는 경우 수급인(감정평가법인등)은 보수지급청구권, 일의 완성의무 등이 발생한다.

3. 특수한 위임계약이라고 보는 견해

위임계약이란 당사자 일방이 상대방에 대하여 사무의 처리를 위탁하고 상대방이 이를 승낙함으로써 성립하는 계약을 말한다. 위임계약은 특별한 약정이 없으면 보수를 청구할 수 없는 무상계약이 원칙이며, 일정한 사무의 처리를 목적으로 한다.

감정평가는 의뢰인의 의뢰와 업자의 승낙으로 성립한다는 점, 일정한 사무를 처리하기 위하여 지식, 경험 등의 통일적 노무를 제공한다는 점을 들어 특수한 위임계약으로 보는 견해이다. 이러한 경우 수임인(감정평가법인등)은 보수청구권, 선량한 관리자의 주의의무로써 특수한 위임사무를 처리할 의무를 부담한다.

4. 검토

① 감정평가법인등은 업무를 수행함에 있어 의뢰인의 지시나 감독을 받지 않는 재량성이 있는 점, ② 적정가격 산정을 위한 일의 처리를 목적으로 한다는 점, ③ 적정가격의 평가는 대상물건의 특정한 가격을 결정하는 것이 아니고 의뢰인이 참고할 수 있는 정보의 제공에 해당한다는 점, ④ 업무를 중도에 중단하더라도 수행부분에 대하여 보수를 받는 점 등을 보아 위임계약으로 보는 견해가 타당하다. 따라서 감정평가법인등은 의뢰인에 대하여 위임의 취지에 따라 사무를 처리할 채무를 부담하게 된다. 그런데 감정평가법인등이 채무를 이행하였으나, 감정평가 결과가 부당하고, 감정평가 의뢰인이 그 감정평가 결과를 믿고 거래를 하여 손해를 본 경우에는 채무불이행의 여러 가지 유형 중 불완전이행의 법리에 따라 의뢰인에게 손해배상책임을 진다. 그리고 제3자가 부당한 감정평가 결과를 믿고 거래행위를 하여 손해를 입은 경우에는 계약에 따라 이행하여야 할 채무가 존재하지 않기 때문에 감정평가법인등이 일반 불법행위 법리에 의하여 손해배상책임을 진다고 할 수 있다.

03 감정평가사법 제28조와 민법 제750조와의 관계

1. 개요

상기와 같이 감정평가 의뢰로 인하여 성립한 법률관계는 사법상의 유상의 특수한 위임계약에 해당하기 때문에 감정평가사법 제28조 제1항의 규정이 없어도 감정평가법인등은 의뢰인에 대하여 채무불이행 중 불완전이행의 법리에 따라 손해배상책임을 지고, 선의의 제3자에 대하여는 일반 불법행위의 법리에 따라 손해배상책임을 부담하면 된다. 그렇다면 감정평가사법이 새로이 제28조 제1항의 규정을 둔 이유가 무엇인지에 대하여 논란이 있으며, 이를 민법에 대한 특칙으로 보는 견해와 특칙이 아니라는 견해가 대립하고 있다.

2. 특칙이라는 견해(면책설)

감정평가사법 제28조는 감정평가법인등을 보호하기 위한 규정으로 보는 견해로 일반 채무불이행, 불법행위이론에 의해 손해배상을 져야 할 경우에도 감정평가사법 제28조 제1항에 해당하지 않는다면 책임을 지지 않는다는 견해이다. ① 객관적인 적정가격을 찾아내는 것은 현실적으로 어렵다는 점, ② 평가수수료에 비해 막중한 책임을 부여한다는 점 등을 근거로 한다.

3. 특칙이 아니라는 견해(보험관계설)

감정평가사법 제28조 제1항은 동조 제2항의 보험이나 공제사업과 관련된 규정으로, 보험금과 공제금의 지급대상이 되는 감정평가법인등의 손해배상책임의 범위를 한정하는 것으로 민법의 특칙이 아니라고 본다. 따라서 민법 제750조에 의해 손해배상책임의 범위가 정해진다는 견해이다. ① 감정평가사법 제28조는 감정평가법인등의 손해배상책임을 담보하기 위하여 보험가입 등의 조치를 유도하기 위한 것, ② 고의 또는 과실로 부당감정평가를 한 경우까지 보호할 필요가 없다는 점 등을 근거로 한다.

4. 판례

> **판례**
>
> ▶ 관련판례(대판 1998.9.22, 97다36293)
> 감정평가업자의 부실감정으로 인하여 손해를 입게 된 감정평가의뢰인이나 선의의 제3자는 지가공시 및 토지 등의 평가에 관한 법률상의 손해배상책임과 민법상의 불법행위로 인한 손해배상책임을 함께 물을 수 있다.

5. 검토

① 적정가격이란 현실적으로 찾기가 어렵고 그러함에도 손해배상책임을 널리 인정하여서는 감정평가제도가 위태로울 수 있다는 점을 고려한 정책적 배려에서 마련된 규정으로 보아야 한다는 점, ② 특칙이 아니라는 견해에 따를 경우 감정평가사법 제28조 제1항의 규정은 무의미한 규정이 된다는 점 등을 고려할 때, 논리적으로 특칙으로 보는 견해가 타당하다고 본다.

생각건대, 대법원의 견해에 따르면 감정평가사법 제28조 제1항의 규정이 무의미하게 되므로 이의 존재 의의를 고려하여 특칙으로 이해하는 입장이 있으나, ① 면책설에 의하면 중과실 심지어 고의가 있는 경우에도 현저한 차이가 있거나 허위의 기재가 있는 경우에만 책임이 있는데 이는 손해배상청구권을 부당하게 제한하는 것으로 위헌의 소지가 있다는 점, ② 요건에서 약간의 차이가 있지만 "주식회사의 외부감사에 관한 법률"에 의한 회계법인의 손해배상책임에 대하여도 해당 법률 이외에 일반적인 채무불이행 또는 불법행위로도 책임추궁이 가능하다고 한 판례 등을 고려할 때 특칙이 아니라고 보는 것이 타당하다고 본다. 법률상의 요건을 만족하는 경우 감정평가사법 제28조와 민법 제750조의 손해배상을 선택적으로 청구할 수 있다고 본다.

04 손해배상책임의 성립요건

1. 감정평가법인등이 감정평가를 하면서

감정평가란 물건의 경제적 가치를 판정하여 그 결과를 가액으로 표시하는 것을 말한다. 따라서 감정평가사법 제28조의 손해배상책임이 성립하기 위해서는 감정평가법인등이 감정평가를 하면서 감정평가로 발생한 손해에 해당하여야 하고, 가치판단작용이 아닌 순수한 사실조사 잘못으로 인한 손해에 대하여는 적용이 없다. 그러나 판례는 임대차관계에 대한 사실조사에 잘못이 있는 경우에 그러한 사실조사는 감정평가의 내용은 아니라고 하면서도 감정평가사법 제28조에 의한 감정평가법인등의 손해배상책임을 인정하였다.

> **판례**
>
> ▶ **관련판례(대판 2000.4.21, 99다66618)**
> 임대상황의 조사가 지가공시 및 토지 등의 평가에 관한 법률 제26조 제1항 소정의 '감정평가' 그 자체에 포함되지는 않지만 감정평가업자가 담보물로 제공할 아파트에 대한 감정평가를 함에 있어 부수적으로 감정평가업자들의 소위 '아파트 감정요항표'에 따라 그 기재사항으로 되어 있는 임대상황란에 고의 또는 과실로 사실과 다른 기재를 하고 이를 감정평가서의 일부로 첨부하여 교부함으로써 감정평가 의뢰인 등으로 하여금 부동산의 담보가치를 잘못 평가하게 함으로 말미암아 그에게 손해를 가하게 되었다면 임대상황의 조사가 같은 항 소정의 '감정평가'에 포함되는지 여부와 관계없이 감정평가업자는 특별한 사정이 없는 한 같은 항에 따라 이로 인한 **상당인과관계에 있는 손해를 배상할 책임**이 있다고 보아야 하고, 감정평가의뢰계약 체결 당시 그 임대상황에 관한 조사를 특별히 의뢰받지 않았다고 하여 그 결론이 달라지는 것은 아니다.

2. 고의 또는 과실이 있을 것(과실책임주의)

감정평가법인등이 손해배상책임을 지기 위해서는 주관적인 책임요건으로서 그 손해가 감정평가법인등의 귀책사유인 고의·과실로 발생한 것이어야 한다. 이러한 고의·과실의 입증책임은 손해배상을 주장하는 평가의뢰인 또는 선의의 제3자가 진다.

고의란 자기 행위가 일정한 결과를 낳을 것을 인식하고 그 결과를 용인하는 것을 말한다. 감정평가법인등이 자신의 부당한 감정평가로 인하여 평가의뢰인이나 선의의 제3자에게 손해가 발생할 것을 인식하고도 부당한 감정평가를 용인하는 것이다. 대법원은 부동산공시법과 감정평가에 관한 규칙의 기준을 무시하고 자의적인 방법에 의하여 토지를 감정평가한 것은 고의·중과실에 의한 부당한 감정평가로 볼 수 있다고 하였다.

과실이란 일정한 사실을 인식할 수 있음에도 불구하고 부주의로 이를 인식하지 못한 것을 말한다. 감정평가업무에 종사하는 평균인을 기준으로 부주의 여부를 판정한다. 대법원은 과실로 인정되는 부주의에 대하여 사전자료준비 부주의, 평가절차의 부주의, 윤리규정에 대한 부주의, 관계법령 및 규칙에 규정된 평가방식 적용에 대한 부주의를 그 예로 들고 있다.

> 판례

▶ 관련판례(대판 1997.5.7, 96다52427)
감정평가업자가 지가공시 및 토지 등의 평가에 관한 법률과 감정평가규칙의 기준을 무시하고 자의적 방법에 의하여 대상토지를 감정평가한 경우, 감정평가업자의 고의·중과실에 의한 부당감정을 근거로 하여 같은 법 제26조 제1항의 '현저한 차이'를 인정한 사례

3. 부당한 감정평가를 하였을 것

(1) 개요

감정평가법인등이 부당한 감정평가를 한 경우에 손해배상책임이 성립한다. 감정평가사법 제28조 제1항에서는 부당한 감정평가에 해당하는 것으로 ① 감정평가 당시의 적정가격과 현저한 차이가 있게 감정평가를 하거나 ② 감정평가서류에 거짓을 기록함으로써 손해가 발생한 경우를 규정하고 있다.

(2) 감정평가 당시의 적정가격과 현저한 차이가 있는 감정평가

① 현저한 차이의 의의 : 현저한 차이란 일반적으로 달라질 수 있다고 인정할 수 있는 범위를 초과하여 발생한 차이를 의미하는 것이다. 감정평가는 가치의 판단이며 의견이기 때문에 평가주체에 따라 달라질 수밖에 없다는 점이 고려되어야 한다. 따라서 적정가격과 현저한 차이가 아니고 일반적 차이가 있게 감정평가한 경우까지 책임을 물을 수 없다고 보아야 한다.

② 현저한 차이의 판단기준 : 판례는 감정평가사법령 및 토지보상법 시행규칙에 제시된 1.3배(현재는 1.1배)가 현저한 차이에 대한 유일한 판단기준이 될 수 없다고 하면서, 부당감정에 이르게 된 감정평가법인등의 귀책사유를 고려하여 사회통념에 따라 탄력적으로 판단하여야 한다고 하였다. 그리고 현저한 차이는 고의에 의한 경우와 과실에 의한 경우에 다르게 보아야 한다고 판시하였다.

> 판례

▶ 관련판례(대판 1997.5.7, 96다52427)
지가공시 및 토지 등의 평가에 관한 법률 제5조 제2항, 같은 법 시행령 제7조 제4항, 공공용지의 취득 및 손실보상에 관한 특례법 시행규칙 제5조의4 제1항, 제4항의 각 규정들은 표준지공시지가를 정하거나 공익사업에 필요한 토지의 보상가를 산정함에 있어서 2인 이상의 감정평가업자에 평가를 의뢰하였는데 평가액 중 최고평가액이 최저평가액의 1.3배를 초과하는 경우에는 건설교통부장관이나 사업시행자가 다른 2인의 감정평가업자에게 대상물건의 평가를 다시 의뢰할 수 있다는 것뿐으로써 여기서 정하고 있는 1.3배의 격차율이 바로 지가공시 및 토지 등의 평가에 관한 법률 제26조 제1항이 정하는 평가액과 적정가격 사이에 '현저한 차이'가 있는가의 유일한 판단기준이 될 수 없다.

▶ 관련판례(대판 1987.7.21, 87도853)
감정평가에 관한 법률 제16조는 제26조에 의하면 감정업에 종사하는 자는 그 직무를 수행함에 있어서 고의로 진실을 숨기거나 허위의 감정을 하였을 때 처벌하도록 규정하고 있으므로 위 법조에 따른

허위감정죄는 고의범에 한한다 할 것이고 여기서 말하는 허위감정이라 함은 신빙성이 있는 감정자료에 의한 합리적인 감정결과에 현저히 반하는 근거가 시인되지 아니하는 자의적 방법에 의한 감정을 일컫는 것이어서 위 범죄는 정당하게 조사수집하지 아니하여 사실에 맞지 아니하는 감정자료임을 알면서 그것을 기초로 감정함으로써 허무한 가격으로 평가하거나 정당한 감정자료에 의하여 평가함에 있어서도 합리적인 평가방법에 의하지 아니하고 고의로 그 평가액을 그르치는 경우에 성립된다.

(3) 감정평가서류에 거짓을 기록한 경우

감정평가서상의 기재사항에 대하여 물건의 내용, 산출근거, 평가가액 등의 거짓을 기록함으로써 가격에 변화를 일으키는 요인을 고의·과실로 허위로 기록하는 것을 말한다.

4. 감정평가의뢰인 또는 선의의 제3자에게 손해가 발생하였을 것

감정평가의뢰인 또는 선의의 제3자에게 손해가 발생하여야 한다. 선의의 제3자라 함은 감정내용이 허위 또는 감정평가 당시의 적정가격과 현저한 차이가 있음을 인식하지 못한 것뿐만 아니라, 감정평가서 자체에 그 감정평가서를 감정의뢰 목적 이외에 사용하거나 감정의뢰인 이외의 타인이 사용할 수 없음이 명시되어 있는 경우에는 그러한 사용사실까지 인식하지 못한 제3자를 의미한다. 따라서 부당한 감정평가임을 알지 못한 경우라도 타인이 사용할 수 없음을 인식한 경우에는 선의의 제3자에 해당하지 아니한다.

손해라 함은 일반적으로 법익(주로 재산권)에 관하여 받은 불이익을 말한다. 따라서 감정평가의뢰인 또는 선의의 제3자가 가지고 있는 법적인 이익에 침해가 발생하여야 한다.

판례

▶ **관련판례(대판 2009.9.10, 2006다64627)**
부당감정에 따른 감정평가업자의 손해배상책임에 관하여 정한 (구)지가공시 및 토지 등의 평가에 관한 법률 제26조 제1항의 '선의의 제3자'의 의미
(구)지가공시 및 토지 등의 평가에 관한 법률(2005.1.14. 법률 제7335호 부동산 가격공시 및 감정평가에 관한 법률로 전부 개정되기 전의 것) 제26조 제1항은 감정평가업자가 타인의 의뢰에 의하여 감정평가를 함에 있어서 고의 또는 과실로 감정평가 당시의 적정가격과 현저한 차이가 있게 감정평가하거나 감정평가서류에 허위의 기재를 함으로써 감정평가 의뢰인이나 선의의 제3자에게 손해를 발생하게 한 때에는 그 손해를 배상할 책임이 있다고 규정하고 있는데, 여기에서 '선의의 제3자'라 함은 감정 내용이 허위 또는 감정평가 당시의 적정가격과 현저한 차이가 있음을 인식하지 못한 것뿐만 아니라 감정평가서 자체에 그 감정평가서를 감정의뢰 목적 이외에 사용하거나 감정의뢰인 이외의 타인이 사용할 수 없음이 명시되어 있는 경우에는 그러한 사용사실까지 인식하지 못한 제3자를 의미한다.

▶ **관련판례(대판 1999.9.7, 99다28661)**
지가공시 및 토지 등의 평가에 관한 법률 제26조 제1항은 감정평가업자가 타인의 의뢰에 의하여 감정평가를 함에 있어서 고의 또는 과실로 감정평가 당시의 적정가격과 현저한 차이가 있게 감정평가하거나 감정평가서류에 허위의 기재를 함으로써 감정평가의뢰인이나 선의의 제3자에게 손해를 발생하게

한 때에는 그 손해를 배상할 책임이 있다고 규정하고 있는데, 여기에서 '선의의 제3자'라 함은 감정내용이 허위 또는 감정평가 당시의 적정가격과 현저한 차이가 있음을 인식하지 못한 것뿐만 아니라 감정평가서 자체에 그 감정평가서를 감정의뢰 목적 이외에 사용하거나 감정의뢰인 이외의 타인이 사용할 수 없음이 명시되어 있는 경우에는 그러한 사용사실까지 인식하지 못한 제3자를 의미한다.

5. 상당한 인과관계가 있을 것

적정가격과 현저한 차이가 있게 한 감정평가와 손해의 발생과의 사이에는 인과관계가 있어야 한다.

> 판례

> ▶ 관련판례(대판 2009.9.10. 2006다64627)
> 감정평가업자의 부당한 감정과 그 감정을 믿고 초과대출을 한 금융기관의 손해 사이에 인과관계가 있는지 여부(적극) 및 그 손해의 발생에 금융기관의 과실이 있는 경우 위 인과관계가 단절되는지 여부(소극)
> 감정평가업자가 담보목적물에 대하여 부당한 감정을 함으로 인하여 금융기관이 그 감정을 믿고 정당한 감정가격을 초과한 대출을 함으로써 재산상 손해를 입게 되리라는 것은 쉽사리 예견할 수 있으므로, 다른 특별한 사정이 없는 한 감정평가업자의 위법행위와 금융기관의 손해 사이에는 상당인과관계가 있다 할 것이고, 그 손해의 발생에 금융기관의 과실이 있다면 과실상계의 법리에 따라 그 과실의 정도를 비교교량하여 감정평가업자의 책임을 면하게 하거나 감경하는 것은 별론으로 하고 그로 인하여 감정평가업자의 부당감정과 손해 사이에 존재하는 인과관계가 단절된다고는 할 수 없다.

6. 위법성의 요건이 필요한지 여부

감정평가사법은 감정평가법인등의 손해배상책임 성립요건에 위법성을 요구하고 있지 아니한다. 따라서 위법성을 손해배상책임의 성립요건으로 보아야 하는지 의문이 있다.

이에 대하여 ① 민법상 채무불이행의 경우에도 위법성이 민법의 규정에 없으나 위법성을 별도의 요건으로 본다는 점을 들어 감정평가법인등의 손해배상책임이 성립하기 위해서는 별도의 요건으로 필요하다는 견해와 ② 별도의 요건으로 필요하지 않다는 견해가 있다. 후자는 다시 고의 또는 과실 속에 위법성의 요소가 포함되어 있다고 보는 견해와, 위법성의 요소는 부당한 감정평가의 개념 속에 포함되어 있다는 견해로 구분된다.

감정평가사법 제28조는 민법에 대한 특칙으로 보는 것이 타당하다는 점에서 명시적 규정이 없는 위법성의 요건은 필요하지 않다고 보는 것이 타당하다고 할 것이다. 그리고 필요 없다는 견해 중에서 고의 또는 과실 속에 포함되어 있다고 보는 견해는 주관적 책임요건과 객관적 책임요건을 분명하게 하지 못하는 문제점이 있다고 할 수 있다. 따라서 부당한 감정평가의 개념 속에 위법성의 요건이 포함되어 있는 것으로 보는 것이 타당할 것이다.

05 손해배상책임의 내용

1. 손해배상액

손해배상책임의 성립요건이 모두 충족된 경우 감정평가법인등은 손해배상책임을 지게 된다. 따라서 해당 부당한 감정평가와 상당인과관계가 있는 모든 손해를 배상하여야 한다. 감정평가의뢰인이 부당한 감정평가 성립에 원인을 제공하였거나, 용인을 한 경우에는 이를 참작하여 배상액을 정하여야 한다(과실상계의 원칙). 판례에 따르면 감정평가법인등이 현장확인의무를 이행함이 없이 평가한 것을 알면서 이를 용인한 경우에 의뢰인의 과실을 인정하였다.

> **판례**
>
> ▶ 관련판례(대판 2009.9.10, 2006다64627)
> 담보목적물에 대하여 감정평가업자가 부당한 감정을 함으로써 감정의뢰인이 그 감정을 믿고 정당한 감정가격을 초과한 대출을 한 경우에는 부당한 감정가격에 근거하여 산출된 담보가치와 정당한 감정가격에 근거하여 산출된 담보가치의 차액을 한도로 하여 대출금 중 정당한 감정가격에 근거하여 산출된 담보가치를 초과한 부분이 손해액이 된다.
> 불법행위로 인한 손해배상청구소송에서 재산적 손해의 발생사실은 인정되나 구체적인 손해의 액수를 증명하는 것이 사안의 성질상 곤란한 경우, 법원은 증거조사의 결과와 변론 전체의 취지에 의하여 밝혀진 당사자들 사이의 관계, 불법행위와 그로 인한 재산적 손해가 발생하게 된 경위, 손해의 성격, 손해가 발생한 이후의 여러 정황 등 관련된 모든 간접사실들을 종합하여 손해의 액수를 판단할 수 있고, 이러한 법리는 자유심증주의하에서 손해의 발생사실은 입증되었으나 사안의 성질상 손해액에 대한 입증이 곤란한 경우 증명도·심증도를 경감함으로써 손해의 공평·타당한 분담을 지도원리로 하는 손해배상제도의 이상과 기능을 실현하고자 함에 그 취지가 있는 것이지, 법관에게 손해액의 산정에 관한 자유재량을 부여한 것은 아니므로, 법원이 위와 같은 방법으로 구체적 손해액을 판단함에 있어서는, 손해액 산정의 근거가 되는 간접사실들의 탐색에 최선의 노력을 다해야 하고, 그와 같이 탐색해 낸 간접사실들을 합리적으로 평가하여 객관적으로 수긍할 수 있는 손해액을 산정해야 한다.

2. 특약으로 부과되어 있는 임대차조사가 감정평가의 내용에 해당하는지 여부

판례는 이 경우 담보목적의 감정평가시에 임대차관계에 대한 사실조사에 잘못이 있는 경우에 그러한 사실조사는 감정평가의 내용은 아니라고 하면서도 감정평가사법 제28조에 의한 감정평가법인등의 손해배상책임을 인정하였다. 이에 대하여 임대차조사는 감정평가의 내용이 아님에도 불구하고, 감정평가를 함에 있어서 발생한 손해배상책임을 규정하고 있는 감정평가사법 제28조의 배상책임을 인정한 것은 타당하지 못하다는 주장이 있다.

> **판례**
>
> ▶ 관련판례(대판 1997.9.12, 97다7400)
> 금융기관이 담보물에 관한 감정평가를 감정평가업자에게 의뢰하면서 감정업무협약에 따라 감정목적

PART · 04

물에 관한 대항력 있는 임대차계약의 존부와 그 임차보증금의 액수에 대한 사실조사를 함께 의뢰한 경우에 그 감정평가의 직접적 대상은 그 담보물 자체의 경제적 가치에 있는 것이고, 임대차관계에 대한 사실조사는 그에 부수되는 업무로서 당연히 담보물에 대한 감정평가의 내용이 되는 것은 아니지만, 감정평가업자는 금융기관의 의뢰에 의한 토지 및 건물의 감정평가도 그 업무로 하고 있으므로 감정평가업자가 그 담보물에 대한 감정평가를 함에 있어서 고의 또는 과실로 감정평가서류에 그 담보물의 임대차관계에 관한 허위의 기재를 하여 결과적으로 감정평가의뢰인으로 하여금 부동산의 담보가치를 잘못 평가하게 함으로써 그에게 손해를 가하게 되었다면 감정평가업자는 이로 인한 손해를 배상할 책임이 있다. 감정평가업자가 금융기관의 신속한 감정평가 요구에 따라 그의 양해 아래 임차인이 아닌 건물 소유자를 통하여 담보물의 임대차관계를 조사하였으나 그것이 허위로 밝혀진 경우, 감정평가업자에게는 과실이 없으므로 손해배상책임이 인정되지 않는다.

▶ 관련판례(대판 1997.12.12, 97다41196)
감정평가업자가 금융기관과 감정평가업무협약을 체결하면서 감정목적물인 주택에 관한 임대차사항을 상세히 조사할 것을 약정한 경우, 이는 금융기관이 감정평가업자에게 그 주택에 관한 대항력 있는 임차인의 존부 및 그 임차보증금의 액수에 대한 사실조사를 의뢰한 취지라 할 것이니, 감정평가업자로서는 협약에 따라 성실하고 공정하게 주택에 대한 위와 같은 임대차관계를 조사하여 금융기관에게 알림으로써 금융기관이 그 주택의 담보가치를 적정하게 평가하여 불측의 손해를 입지 않도록 협력하여야 할 의무가 있고, 1991.6.30.까지는 누구나 타인의 주민등록관계를 확인할 수 있었으나, 주민등록법 및 같은 법 시행령이 개정됨에 따라 1991.7.1.부터는 금융기관은 담보물의 취득을 위한 경우에 타인의 주민등록관계를 확인할 수 있되 일개 사설감정인에 불과한 감정평가업자로서는 법령상 이를 확인할 방법이 없게 되었으므로, 감정평가업자로서는 그 이후로는 주택의 현황조사와 주택의 소유자, 거주자 및 인근의 주민들에 대한 탐문의 방법에 의해서 임대차의 유무 및 그 내용을 확인하여 그 확인 결과를 금융기관에게 알릴 의무가 있다.

3. 손해배상책임의 보장

감정평가법인등은 보증보험에 가입하거나 협회가 운영하는 공제사업에 가입해야 하고, 의제감정평가법인은 수수료의 100분의 2 이상을 손해배상충당금으로 적립해야 한다. 이 경우 적립된 손해배상충당금은 국토교통부장관의 승인 없이는 이를 다른 용도로 사용할 수 없다.

06 관련문제

감정평가사법 제28조에 의한 감정평가법인등의 손해배상책임에 대하여도 민법상 불법행위로 인한 손해배상청구권의 소멸시효규정의 적용을 받는다고 본다. 따라서 민법 제766조의 규정에 의하여 감정평가법인등에 대한 손해배상청구권은 감정평가의뢰인 또는 선의의 제3자가 손해를 안 날부터 3년, 부당한 감정평가가 있은 날부터 10년 이내에 행사하여야 할 것이다. 감정평가법인등이 법인인 경우에는 법인은 사용자 책임(선임감독상 책임)을 지며, 해당 감정평가를 수행한 감정평가사에 대하여 구상권을 행사할 수 있다.

| 제3절 | 한국감정평가사협회 |

01 법정단체화

1. 한국감정평가사협회 법정단체의 취지 등

감정평가사법은 한국감정평가사협회를 법정단체화하고 감정평가법인등 및 그 소속 감정평가사의 협회 가입을 의무화하려는 것이다. 종전 한국감정평가사협회가 설립·운영 중에 있으나, 협회의 설립이 임의규정[37]으로 되어 있어 복수단체 설립이 가능하며, 회원가입의무도 없어 실질적인 권한이 미흡한 실정이다.

따라서 협회의 공익적 기능 및 자율적 규제 강화 필요성 및 타 자격사제도(변호사, 공인회계사, 세무사 등)를 규정한 입법례를 고려할 때, 협회를 법정단체화하고 가입을 의무화하려는 개정안은 바람직한 것[38]으로 판단되어 2015년 12월 국회에서 통과하기에 이르렀다.

2. 한국감정평가사협회의 목적 및 설립

> ❏ 법 제33조(목적 및 설립)
> ① 감정평가사의 품위 유지와 직무의 개선·발전을 도모하고, 회원의 관리 및 지도에 관한 사무를 하도록 하기 위하여 한국감정평가사협회(이하 "협회"라 한다)를 둔다.
> ② 협회는 법인으로 한다.
> ③ 협회는 국토교통부장관의 인가를 받아 주된 사무소의 소재지에서 설립등기를 함으로써 성립한다.
> ④ 협회는 회칙으로 정하는 바에 따라 공제사업을 운영할 수 있다.
> ⑤ 협회의 조직 및 그 밖에 필요한 사항은 대통령령으로 정한다.
> ⑥ 협회에 관하여 이 법에 규정된 것 외에는 「민법」 중 사단법인에 관한 규정을 준용한다.

02 감정평가사 회원의 관리 및 교육·연수 등

1. 한국감정평가사협회의 회칙 및 회원 의무가입 등

> ❏ 법 제34조(회칙)
> ① 협회는 회칙을 정하여 국토교통부장관의 인가를 받아야 한다. 회칙을 변경할 때에도 또한 같다.
> ② 제1항에 따른 회칙에는 다음 각 호의 사항이 포함되어야 한다.
>   1. 명칭과 사무소 소재지

---

37) 감정평가협회와 관련하여 1989년 「지가공시 및 토지 등의 평가에 관한 법률」의 최초 제정 당시 법률에서는 감정평가협회를 법정단체로 하고, 감정평가사의 협회 회원가입을 의무화하였으나, 제3차 개정을 통해 협회설립을 임의규정으로 하고 감정평가사의 의무회원 가입조항을 삭제한 바 있다.
38) 감정평가사법 국회 검토보고서, 국토교통위원회 수석전문위원 김수홍, 2015.12

  2. 회원가입 및 탈퇴에 관한 사항

  3. 임원 구성에 관한 사항

  4. 회원의 권리 및 의무에 관한 사항

  5. 회원의 지도 및 관리에 관한 사항

  6. 자산과 회계에 관한 사항

  7. 그 밖에 필요한 사항

🔁 법 제35조(회원가입 의무 등)

① 감정평가법인등과 그 소속 감정평가사는 협회에 회원으로 가입하여야 하며, 그 밖의 감정평가사는 협회의 회원으로 가입할 수 있다.

② 협회에 회원으로 가입한 감정평가법인등과 감정평가사는 제34조에 따른 회칙을 준수하여야 한다.

2. 윤리규정 및 자문 등

🔁 법 제36조(윤리규정)

① 협회는 회원이 직무를 수행할 때 지켜야 할 직업윤리에 관한 규정을 제정하여야 한다.

② 회원은 제1항에 따른 직업윤리에 관한 규정을 준수하여야 한다.

🔁 법 제37조(자문 등)

① 국가등은 제4조에 따른 감정평가사의 직무에 관한 사항에 대하여 협회에 업무의 자문을 요청하거나 협회의 임원·회원 또는 직원을 전문분야에 위촉하기 위하여 추천을 요청할 수 있다. 〈개정 2021.7.20.〉

② 협회는 제1항에 따라 자문 또는 추천을 요청받은 경우 그 회원으로 하여금 요청받은 업무를 수행하게 할 수 있다. 〈개정 2021.7.20.〉

③ 협회는 국가등에 대하여 필요한 경우 감정평가의 관리·감독·의뢰 등과 관련한 업무의 개선을 건의할 수 있다.

3. 회원에 대한 교육·연수 등

🔁 법 제38조(회원에 대한 교육·연수 등)

① 협회는 다음 각 호의 사람에 대하여 교육·연수를 실시하고 회원의 자체적인 교육·연수활동을 지도·관리한다.

  1. 회원

  2. 제17조에 따라 등록을 하려는 감정평가사

  3. 제24조에 따른 사무직원

② 제1항에 따른 교육·연수를 실시하기 위하여 협회에 연수원을 둘 수 있다.

③ 제1항에 따른 교육·연수 및 지도·관리에 필요한 사항은 협회가 국토교통부장관의 승인을 얻어 정한다.

CHAPTER 04 감정평가관리 · 징계위원회

제1절 감정평가관리 · 징계위원회의 구성과 운영

01 서

감정평가사 징계제도는 감정평가사의 결격사유를 강화하고, 그 자격을 등록하게 하는 등 감정평가사의 적격성에 대한 기준이 강화됨에 따라 감정평가사가 위법한 행위를 한 경우 엄정한 절차에 따라 징계처분이 이루어지도록 할 필요가 있어 새로이 도입된 제도이다.

감정평가관리 · 징계위원회는 감정평가사에 대한 징계를 의결하기 위해 국토교통부에 설치하는 의결기관에 해당한다.

02 감정평가관리 · 징계위원회의 성격

1. 필수기관의 성격

감정평가관리 · 징계위원회는 다수의 위원으로 구성되어서 감정평가사의 징계에 관한 사항을 의결하는 합의제 행정기관이다. 징계위원회는 감정평가사를 징계하도록 하기 위해서는 반드시 설치하여야 하는 필수기관이다.

2. 의결기관의 성격

징계권자는 국토교통부장관이지만 징계내용에 관한 의결은 감정평가관리 · 징계위원회에 맡겨져 있다. 따라서 감정평가관리 · 징계위원회는 의결권을 갖는 의결기관이다.

03 감정평가관리 · 징계위원회의 구성

> 🕭 시행령 제37조(감정평가관리 · 징계위원회의 구성)
> ① 위원회는 위원장 1명과 부위원장 1명을 포함하여 13명의 위원으로 구성하며, 성별을 고려하여야 한다.
> ② 위원회의 위원장은 제3항 제2호 또는 제3호의 위원 중에서, 부위원장은 같은 항 제1호의 위원 중에서 국토교통부장관이 위촉하거나 지명하는 사람이 된다.
> ③ 위원회의 위원은 다음 각 호의 사람이 된다.
>   1. 국토교통부의 4급 이상 공무원 중에서 국토교통부장관이 지명하는 사람 3명
>   2. 변호사 중에서 국토교통부장관이 위촉하는 사람 2명

3. 「고등교육법」에 따른 대학에서 토지·주택 등에 관한 이론을 가르치는 조교수 이상으로 재직하고 있거나 재직하였던 사람 중에서 국토교통부장관이 위촉하는 사람 4명

4. 협회의 장이 소속 상임임원 중에서 추천하여 국토교통부장관이 위촉하는 사람 1명

5. 한국부동산원장이 소속 상임이사 중에서 추천하여 국토교통부장관이 위촉하는 사람 1명

6. 감정평가사 자격을 취득한 날부터 10년 이상 지난 감정평가사 중에서 국토교통부장관이 위촉하는 사람 2명

④ 제3항 제2호부터 제6호까지의 위원의 임기는 2년으로 하며, 한 차례만 연임할 수 있다.

> **시행령 제40조(위원장의 직무)**
> ① 감정평가관리·징계위원회의 위원장(이하 이 조에서 "위원장"이라 한다)은 위원회를 대표하고, 위원회의 업무를 총괄한다. 〈개정 2022.1.21.〉
> ② 위원장은 감정평가관리·징계위원회의 회의를 소집하고 그 의장이 된다. 〈개정 2022.1.21.〉
> ③ 위원장이 부득이한 사유로 직무를 수행할 수 없을 때에는 부위원장이 그 직무를 대행하며, 위원장 및 부위원장이 모두 부득이한 사유로 직무를 수행할 수 없는 때에는 위원장이 지명하는 위원이 그 직무를 대행한다. 다만, 불가피한 사유로 위원장이 직무를 대행할 위원을 지명하지 못할 경우에는 국토교통부장관이 지명하는 위원이 그 직무를 대행한다.

1. 감정평가관리·징계위원회 구성

감정평가관리·징계위원회(이하 징계위원회)는 위원장 1명과 부위원장 1명을 포함한 13명의 위원으로 구성한다. 징계위원회의 위원장은 변호사 중에서 국토교통부장관이 위촉하는 사람 2명 또는 「고등교육법」에 따른 대학에서 토지·주택 등에 관한 이론을 가르치는 조교수 이상으로 재직하고 있거나 재직하였던 사람 중에서 국토교통부장관이 위촉하는 사람 4명의 위원 중에서 국토교통부장관이 위촉하거나 지명하는 사람이 되고, 부위원장은 국토교통부의 4급 이상 공무원 중에서 국토교통부장관이 지명하는 사람 3명의 위원 중에서 국토교통부장관이 위촉하거나 지명하는 사람이 된다.

2. 감정평가관리·징계위원회의 위원 및 임기

징계위원회의 위원은 ① 국토교통부의 4급 이상 공무원 중에서 국토교통부장관이 지명하는 사람 3명, ② 변호사 중에서 국토교통부장관이 위촉하는 사람 2명, ③ 「고등교육법」에 따른 대학에서 토지·주택 등에 관한 이론을 가르치는 조교수 이상으로 재직하고 있거나 재직하였던 사람 중에서 국토교통부장관이 위촉하는 사람 4명, ④ 협회의 장이 소속 상임임원 중에서 추천하여 국토교통부장관이 위촉하는 사람 1명, ⑤ 한국부동산원장이 소속 상임이사 중에서 추천하여 국토교통부장관이 위촉하는 사람 1명, ⑥ 감정평가사 자격을 취득한 날부터 10년 이상 지난 감정평가사 중에서 국토교통부장관이 위촉하는 사람 2명으로 한다.

②~⑥의 위원의 임기는 2년으로 하며, 한 차례만 연임할 수 있다.

3. 감정평가관리·징계위원회 위원의 제척 및 기피

> 📌 **시행령 제38조(위원의 제척·기피·회피)**
> ① 감정평가관리·징계위원회 위원(이하 이 조에서 "위원"이라 한다)이 다음 각 호의 어느 하나에 해당하는 경우에는 위원회의 심의·의결에서 제척(除斥)된다. 〈개정 2022.1.21.〉
>   1. 위원 또는 그 배우자나 배우자였던 사람이 해당 안건의 당사자가 되거나 그 안건의 당사자와 공동권리자 또는 공동의무자인 경우
>   2. 위원이 해당 안건의 당사자와 친족이거나 친족이었던 경우
>   3. 위원이 해당 안건에 대하여 증언, 진술, 자문, 연구, 용역 또는 감정을 한 경우
>   4. 위원이나 위원이 속한 법인·단체 등이 해당 안건의 당사자의 대리인이거나 대리인이었던 경우
>   5. 위원이 해당 안건의 당사자와 같은 감정평가법인 또는 감정평가사사무소에 소속된 경우
> ② 해당 안건의 당사자는 위원에게 공정한 심의·의결을 기대하기 어려운 사정이 있는 경우에는 감정평가관리·징계위원회에 기피 신청을 할 수 있고, 감정평가관리·징계위원회는 의결로 기피 여부를 결정한다. 이 경우 기피 신청의 대상인 위원은 그 의결에 참여할 수 없다. 〈개정 2022.1.21.〉
> ③ 위원이 제1항 각 호의 제척 사유에 해당하는 경우에는 스스로 해당 안건의 심의·의결에서 회피(回避)하여야 한다.

(1) 제척

징계위원회의 위원 중 당사자와 친족이거나 당사자와 같은 감정평가법인 또는 감정평가사사무소에 소속된 감정평가사 또는 그 징계사유와 관계가 있는 자는 그 징계사건의 심의에 관여하지 못한다.

(2) 기피

당사자는 징계위원회의 위원 중 불공정한 의결을 할 염려가 있다고 의심할 만한 상당한 사유가 있는 위원이 있을 때에는 그 사유를 서면으로 소명하고 기피를 신청할 수 있다. 기피신청이 있을 때에는 징계위원회의 의결로 해당 위원의 기피 여부를 결정한다. 이 경우 기피신청을 받은 위원은 그 의결에 참여하지 못한다.

4. 징계위원회 소위원회 구성

감정평가법인등의 징계의 공정성과 합리성을 위하여 징계위원회에 소위원회를 구성하도록 규정을 신설하였다. 그동안 징계의 부당성에 대한 논의가 많았으나 소위원회의 구성을 통해 합리적인 징계로 평가될 수 있다.

> 📌 **시행령 제40조의2(소위원회)**
> ① 제34조 제1항에 따른 징계의결 요구 내용을 검토하기 위해 감정평가관리·징계위원회에 소위원회를 둘 수 있다. 〈개정 2022.1.21.〉
> ② 소위원회의 설치·운영에 필요한 사항은 감정평가관리·징계위원회의 의결을 거쳐 위원회의 위원장이 정한다. 〈개정 2022.1.21.〉

| 제2절 | 징계절차 및 징계의 종류 등 |

01 징계절차

> 🔖 **시행령 제34조(징계의결의 요구 등)**
> ① 국토교통부장관은 감정평가사에게 법 제39조 제1항 각 호의 어느 하나에 따른 징계사유가 있다고
> 인정하는 경우에는 증명서류를 갖추어 감정평가관리·징계위원회에 징계의결을 요구해야 한다.
> 〈개정 2022.1.21.〉
> ② 감정평가관리·징계위원회는 제1항에 따른 징계의결의 요구를 받으면 지체 없이 징계요구 내용과
> 징계심의기일을 해당 감정평가사(이하 "당사자"라 한다)에게 통지해야 한다. 〈개정 2022.1.21.〉
>
> 🔖 **시행령 제35조(징계의결기한)**
> 감정평가관리·징계위원회는 징계의결을 요구받은 날부터 60일 이내에 징계에 관한 의결을 해야 한다.
> 다만, 부득이한 사유가 있을 때에는 감정평가관리·징계위원회의 의결로 30일의 범위에서 그 기간을
> 한 차례만 연장할 수 있다. 〈개정 2022.1.21.〉
>
> 🔖 **시행령 제36조(징계사실의 통보 등)**
> ① 국토교통부장관은 법 제39조의2 제1항에 따라 구체적인 징계 사유를 알리는 경우에는 징계의 종류와
> 사유를 명확히 기재하여 서면으로 알려야 한다.
> ② 국토교통부장관은 법 제39조의2 제1항에 따라 같은 항에 따른 징계사유 통보일부터 14일 이내에
> 다음 각 호의 사항을 관보에 공고해야 한다.
>   1. 징계를 받은 감정평가사의 성명, 생년월일, 소속된 감정평가법인등의 명칭 및 사무소 주소
>   2. 징계의 종류
>   3. 징계 사유(징계사유와 관련된 사실관계의 개요를 포함한다)
>   4. 징계의 효력발생일(징계의 종류가 업무정지인 경우에는 업무정지 시작일 및 종료일)
> ③ 국토교통부장관은 제2항 각 호의 사항을 법 제9조에 따른 감정평가 정보체계에도 게시해야 한다.
> ④ 제3항 및 법 제39조의2 제2항에 따른 징계내용 게시의 기간은 제2항에 따른 공고일부터 다음 각
> 호의 구분에 따른 기간까지로 한다.
>   1. 법 제39조 제2항 제1호 및 제2호의 자격의 취소 및 등록의 취소의 경우 : 3년
>   2. 법 제39조 제2항 제3호의 업무정지의 경우 : 업무정지 기간(업무정지 기간이 3개월 미만인 경우
>   에는 3개월)
>   3. 법 제39조 제2항 제4호의 견책의 경우 : 3개월
> [전문개정 2022.1.21.]
>
> 🔖 **시행령 제41조(당사자의 출석)**
> 당사자는 감정평가관리·징계위원회에 출석하여 구술 또는 서면으로 자기에게 유리한 사실을 진술하거나
> 필요한 증거를 제출할 수 있다. 〈개정 2022.1.21.〉
>
> 🔖 **시행령 제42조(감정평가관리·징계위원회의 의결)**
> 감정평가관리·징계위원회의 회의는 재적위원 과반수의 출석으로 개의(開議)하고, 출석위원 과반수의
> 찬성으로 의결한다. 〈개정 2022.1.21.〉
> [제목개정 2022.1.21.]

1. 징계의결 요구

국토교통부장관은 감정평가사에게 징계사유가 있다고 인정하는 경우에는 증명서류를 갖추어 징계위원회에 징계의결을 요구해야 한다. 이때 징계의결의 요구는 위반사유가 발생한 날부터 5년이 지난 때에는 할 수 없다. 징계위원회는 징계의결의 요구를 받으면 지체 없이 징계요구 내용과 징계심의기일을 해당 징계의결이 요구된 감정평가사에게 통지해야 한다. 협회는 감정평가사에게 징계사유가 있다고 인정하는 경우에는 그 증거서류를 첨부하여 국토교통부장관에게 징계를 요청할 수 있다.

2. 의견진술

당사자는 징계위원회에 출석하여 구술 또는 서면으로 자기에게 유리한 사실을 진술하거나 필요한 증거를 제출할 수 있다.

3. 징계의결

징계위원회는 징계의결을 요구받은 날부터 60일 이내에 징계에 관한 의결을 해야 한다. 다만, 부득이한 사유가 있을 때에는 징계위원회의 의결로 30일의 범위에서 그 기간을 한 차례만 연장할 수 있다. 징계위원회의 회의는 재적위원 과반수의 출석으로 개의하고, 출석위원 과반수의 찬성으로 의결한다.

02 징계의 종류

징계위원회는 일정한 절차를 거쳐 자격의 취소, 등록의 취소, 2년 이하의 업무정지, 견책 등을 징계할 수 있다.

> **↪ 법 제39조(징계)**
> ① 국토교통부장관은 감정평가사가 다음 각 호의 어느 하나에 해당하는 경우에는 제40조에 따른 감정평가관리 · 징계위원회의 의결에 따라 제2항 각 호의 어느 하나에 해당하는 징계를 할 수 있다. 다만, 제2항 제1호에 따른 징계는 제11호, 제12호를 위반한 경우 및 제27조를 위반하여 다른 사람에게 자격증 · 등록증 또는 인가증을 양도 또는 대여한 경우에만 할 수 있다. 〈개정 2021.7.20.〉
> 1. 제3조 제1항을 위반하여 감정평가를 한 경우
> 2. 제3조 제3항에 따른 원칙과 기준을 위반하여 감정평가를 한 경우
> 3. 제6조에 따른 감정평가서의 작성 · 발급 등에 관한 사항을 위반한 경우
> 3의2. 제7조 제2항을 위반하여 고의 또는 중대한 과실로 잘못 심사한 경우
> 4. 업무정지처분 기간에 제10조에 따른 업무를 하거나 업무정지처분을 받은 소속 감정평가사에게 업무정지처분 기간에 제10조에 따른 업무를 하게 한 경우
> 5. 제17조 제1항 또는 제2항에 따른 등록이나 갱신등록을 하지 아니하고 제10조에 따른 업무를 수행한 경우
> 6. 구비서류를 거짓으로 작성하는 등 부정한 방법으로 제17조 제1항 또는 제2항에 따른 등록이나 갱신등록을 한 경우

7. 제21조를 위반하여 감정평가업을 한 경우

8. 제23조 제3항을 위반하여 수수료의 요율 및 실비에 관한 기준을 지키지 아니한 경우

9. 제25조, 제26조 또는 제27조를 위반한 경우

10. 제47조에 따른 지도와 감독 등에 관하여 다음 각 목의 어느 하나에 해당하는 경우

    가. 업무에 관한 사항의 보고 또는 자료의 제출을 하지 아니하거나 거짓으로 보고 또는 제출한 경우

    나. 장부나 서류 등의 검사를 거부 또는 방해하거나 기피한 경우

11. 감정평가사의 직무와 관련하여 금고 이상의 형을 2회 이상 선고받아(집행유예를 선고받은 경우를 포함한다) 그 형이 확정된 경우. 다만, 과실범의 경우는 제외한다.

12. 이 법에 따라 업무정지 1년 이상의 징계처분을 2회 이상 받은 후 다시 제1항에 따른 징계사유가 있는 사람으로서 감정평가사의 직무를 수행하는 것이 현저히 부적당하다고 인정되는 경우

② 감정평가사에 대한 징계의 종류는 다음과 같다.

1. 자격의 취소

2. 등록의 취소

3. 2년 이하의 업무정지

4. 견책

③ 협회는 감정평가사에게 제1항 각 호의 어느 하나에 해당하는 징계사유가 있다고 인정하는 경우에는 그 증거서류를 첨부하여 국토교통부장관에게 징계를 요청할 수 있다.

④ 제1항과 제2항에 따라 자격이 취소된 사람은 자격증과 등록증을 국토교통부장관에게 반납하여야 하며, 등록이 취소되거나 업무가 정지된 사람은 등록증을 국토교통부장관에게 반납하여야 한다.

⑤ 제1항 및 제2항에 따라 업무가 정지된 자로서 등록증을 국토교통부장관에게 반납한 자 중 제17조에 따른 교육연수 대상에 해당하는 자가 등록갱신기간이 도래하기 전에 업무정지기간이 도과하여 등록증을 다시 교부받으려는 경우 제17조 제1항에 따른 교육연수를 이수하여야 한다. 〈신설 2021.7.20.〉

⑥ 제19조 제2항·제4항은 제1항과 제2항에 따라 자격 취소 또는 등록 취소를 하는 경우에 준용한다. 〈개정 2021.7.20.〉

⑦ 제1항에 따른 징계의결은 국토교통부장관의 요구에 따라 하며, 징계의결의 요구는 위반사유가 발생한 날부터 5년이 지나면 할 수 없다. 〈개정 2021.7.20.〉

제39조의2(징계의 공고)

① 국토교통부장관은 제39조 제1항 및 제2항에 따라 징계를 한 때에는 지체 없이 그 구체적인 사유를 해당 감정평가사, 감정평가법인등 및 협회에 각각 알리고, 그 내용을 대통령령으로 정하는 바에 따라 관보 또는 인터넷 홈페이지 등에 게시 또는 공고하여야 한다.

② 협회는 제1항에 따라 통보받은 내용을 협회가 운영하는 인터넷홈페이지에 3개월 이상 게재하는 방법으로 공개하여야 한다.

③ 협회는 감정평가를 의뢰하려는 자가 해당 감정평가사에 대한 징계 사실을 확인하기 위하여 징계 정보의 열람을 신청하는 경우에는 그 정보를 제공하여야 한다.

④ 제1항부터 제3항까지에 따른 조치 또는 징계 정보의 공개 범위, 시행·열람의 방법 및 절차 등에 관하여 필요한 사항은 대통령령으로 정한다.

[본조신설 2021.7.20.]

> **판례**

▶ 관련판례(대판 2012.4.26, 2011두14715) [징계처분취소]

[1] 부동산 가격공시 및 감정평가에 관한 법률, 감정평가에 관한 규칙의 취지를 종합해 볼 때, 감정평가사가 대상물건의 평가액을 가격조사시점의 정상가격이 아닌 특수한 조건을 반영한 가격 또는 현재가 아닌 시점의 가격을 기준으로 정하는 경우에는, 반드시 그 조건 또는 시점을 분명히 하고, 특히 특수한 조건이 수반된 미래시점의 가격이라면 그 조건과 시점을 모두 밝힘으로써, 감정평가서를 열람하는 자가 제시된 감정가를 정상가격 또는 가격조사시점의 가격으로 오인하지 않도록 해야 한다.

[2] 감정평가에 관한 규칙 제8조 제5호, 부동산 가격공시 및 감정평가에 관한 법률 제37조 제1항 및 관계법령의 취지를 종합해 보면, 감정평가사는 공정하고 합리적인 평가액의 산정을 위하여 성실하고 공정하게 자료검토 및 가격형성요인 분석을 해야 할 의무가 있고, 특히 특수한 조건을 반영하거나 현재가 아닌 시점의 가격을 기준으로 하는 경우에는 제시된 자료와 대상물건의 구체적인 비교·분석을 통하여 평가액의 산출근거를 논리적으로 밝히는 데 더욱 신중을 기하여야 한다. 만약 위와 같이 하는 것이 곤란한 경우라면 감정평가사로서는 자신의 능력에 의한 업무수행이 불가능하거나 극히 곤란한 경우로 보아 대상물건에 대한 평가를 하지 말아야 하지 구체적이고 논리적인 가격형성요인의 분석이 어렵다고 하여 자의적으로 평가액을 산정해서는 안 된다.

03 징계의결의 하자

1. 의결에 반하는 처분

징계위원회는 의결기관이므로 징계위원회의 의결은 국토교통부장관을 구속하게 된다. 따라서 징계위원회의 의결에 반하는 처분은 무효가 된다.

2. 의결을 거치지 않은 처분

국토교통부장관은 징계위원회의 의결에 구속되기 때문에 징계위원회의 의결을 거치지 않고 처분을 한 경우 권한 없는 징계처분이 되어 무효가 될 수 있다.

04 여론(조사위원회의 필요성)

징계위원회제도는 대외적으로 공정성 확보에 기여한다고 볼 수 있다. 징계위원회가 사실관계의 명확한 파악과 공정하며 객관적인 징계를 하기 위해서는 별도의 조사위원회를 신설하여 개별적이고 구체적인 사실관계를 확정할 필요가 있다. 따라서 조사위원회를 설치하여 내부적인 감사를 진행하는 것이 보다 공정성과 신뢰성을 확보할 수 있을 것이다.

CHAPTER 05 과징금(변형된 과징금)

> **법 제41조(과징금의 부과)**
> ① 국토교통부장관은 감정평가법인등이 제32조 제1항 각 호의 어느 하나에 해당하게 되어 업무정지처분을 하여야 하는 경우로서 그 업무정지처분이 「부동산 가격공시에 관한 법률」 제3조에 따른 표준지공시지가의 공시 등의 업무를 정상적으로 수행하는 데에 지장을 초래하는 등 공익을 해칠 우려가 있는 경우에는 업무정지처분에 갈음하여 5천만원(감정평가법인인 경우는 5억원) 이하의 과징금을 부과할 수 있다.
> ② 국토교통부장관은 제1항에 따른 과징금을 부과하는 경우에는 다음 각 호의 사항을 고려하여야 한다.
> 　1. 위반행위의 내용과 정도
> 　2. 위반행위의 기간과 위반횟수
> 　3. 위반행위로 취득한 이익의 규모
> ③ 국토교통부장관은 이 법의 규정을 위반한 감정평가법인이 합병을 하는 경우 그 감정평가법인이 행한 위반행위는 합병 후 존속하거나 합병으로 신설된 감정평가법인이 행한 행위로 보아 과징금을 부과·징수할 수 있다.
> ④ 제1항 내지 제3항에 따른 과징금의 부과기준 등에 관하여 필요한 사항은 대통령령으로 정한다.

> **시행령 제43조(과징금의 부과기준 등)**
> ① 법 제41조에 따른 과징금의 부과기준은 다음 각 호와 같다.
> 　1. 위반행위로 인한 별표 3 제2호의 개별기준에 따른 업무정지기간이 1년 이상인 경우 : 법 제41조 제1항에 따른 과징금최고액(이하 이 조에서 "과징금최고액"이라 한다)의 100분의 70 이상을 과징금으로 부과
> 　2. 위반행위로 인한 별표 3 제2호의 개별기준에 따른 업무정지기간이 6개월 이상 1년 미만인 경우 : 과징금최고액의 100분의 50 이상 100분의 70 미만을 과징금으로 부과
> 　3. 위반행위로 인한 별표 3 제2호의 개별기준에 따른 업무정지기간이 6개월 미만인 경우 : 과징금최고액의 100분의 20 이상 100분의 50 미만을 과징금으로 부과
> ② 제1항에 따라 산정한 과징금의 금액은 법 제41조 제2항 각 호의 사항을 고려하여 그 금액의 2분의 1 범위에서 늘리거나 줄일 수 있다. 다만, 늘리는 경우에도 과징금의 총액은 과징금최고액을 초과할 수 없다.
> ③ 국토교통부장관은 법 제41조에 따라 과징금을 부과하는 경우에는 위반행위의 종류와 과징금의 금액을 명시하여 서면으로 통지하여야 한다.
> ④ 제3항에 따라 통지를 받은 자는 통지가 있은 날부터 60일 이내에 국토교통부장관이 정하는 수납기관에 과징금을 납부하여야 한다.

> **법 제42조(이의신청)**
> ① 제41조에 따른 과징금의 부과처분에 이의가 있는 자는 이를 통보받은 날부터 30일 이내에 사유를 갖추어 국토교통부장관에게 이의를 신청할 수 있다.
> ② 국토교통부장관은 제1항에 따른 이의신청에 대하여 30일 이내에 결정을 하여야 한다. 다만, 부득이한 사정으로 그 기간 이내에 결정을 할 수 없을 때에는 30일의 범위에서 기간을 연장할 수 있다.
> ③ 제2항에 따른 결정에 이의가 있는 자는 행정심판을 청구할 수 있다.

⤵ 법 제43조(과징금 납부기한의 연장과 분할납부)

① 국토교통부장관은 과징금을 부과받은 자(이하 "과징금 납부의무자"라 한다)가 다음 각 호의 어느 하나에 해당하는 사유로 과징금의 전액을 일시에 납부하기 어렵다고 인정될 때에는 그 납부기한을 연장하거나 분할납부하게 할 수 있다. 이 경우 필요하다고 인정할 때에는 담보를 제공하게 할 수 있다.

 1. 재해 등으로 재산에 큰 손실을 입은 경우

 2. 과징금을 일시에 납부할 경우 자금사정에 큰 어려움이 예상되는 경우

 3. 그 밖에 제1호나 제2호에 준하는 사유가 있는 경우

② 과징금 납부의무자가 제1항에 따라 과징금 납부기한을 연장받거나 분할납부를 하려는 경우에는 납부기한 10일 전까지 국토교통부장관에게 신청하여야 한다.

③ 국토교통부장관은 제1항에 따라 납부기한이 연장되거나 분할납부가 허용된 과징금납부의무자가 다음 각 호의 어느 하나에 해당할 때에는 납부기한 연장이나 분할납부 결정을 취소하고 과징금을 일시에 징수할 수 있다.

 1. 분할납부가 결정된 과징금을 그 납부기한까지 납부하지 아니하였을 때

 2. 담보의 변경이나 담보 보전에 필요한 국토교통부장관의 명령을 이행하지 아니하였을 때

 3. 강제집행, 경매의 개시, 파산선고, 법인의 해산, 국세나 지방세의 체납처분을 받는 등 과징금의 전부나 잔여분을 징수할 수 없다고 인정될 때

 4. 그 밖에 제1호부터 제3호까지에 준하는 사유가 있을 때

④ 제1항부터 제3항까지에 따른 과징금납부기한의 연장, 분할납부, 담보의 제공 등에 관하여 필요한 사항은 대통령령으로 정한다.

⤵ 시행령 제44조(납부기한 연장 등)

① 법 제43조 제1항에 따른 납부기한 연장은 납부기한의 다음 날부터 1년을 초과할 수 없다.

② 법 제43조 제1항에 따라 분할납부를 하게 하는 경우 각 분할된 납부기한 간의 간격은 6개월 이내로 하며, 분할 횟수는 3회 이내로 한다.

⤵ 법 제44조(과징금의 징수와 체납처분)

① 국토교통부장관은 과징금 납부의무자가 납부기한까지 과징금을 납부하지 아니한 경우에는 납부기한의 다음 날부터 납부한 날의 전날까지의 기간에 대하여 대통령령으로 정하는 가산금을 징수할 수 있다.

② 국토교통부장관은 과징금 납부의무자가 납부기한까지 과징금을 납부하지 아니하였을 때에는 기간을 정하여 독촉을 하고, 그 지정한 기간 내에 과징금이나 제1항에 따른 가산금을 납부하지 아니하였을 때에는 국세 체납처분의 예에 따라 징수할 수 있다.

③ 제1항 및 제2항에 따른 과징금의 징수와 체납처분에 관한 절차 등에 필요한 사항은 대통령령으로 정한다.

⤵ 시행령 제45조(가산금)

법 제44조 제1항에서 "대통령령으로 정하는 가산금"이란 체납된 과징금액에 연 100분의 6을 곱하여 계산한 금액을 말한다. 이 경우 가산금을 징수하는 기간은 60개월을 초과할 수 없다.

⤵ 시행령 제46조(독촉)

① 법 제44조 제2항에 따른 독촉은 납부기한이 지난 후 15일 이내에 서면으로 하여야 한다.

② 제1항에 따라 독촉장을 발부하는 경우 체납된 과징금의 납부기한은 독촉장 발부일부터 10일 이내로 한다.

01 서

과징금이란 행정법규의 위반으로 경제적 이익을 얻게 되는 경우 해당 위반으로 인한 경제적 이익을 박탈하기 위하여 그 이익액에 따라 행정기관이 과하는 행정상 제재금을 말한다. 감정평가법인등에게 부과되는 과징금은 국토교통부장관이 업무정지처분을 하여야 하는 경우로서 그 업무정지처분이 공적업무의 정상적인 수행에 지장을 초래하는 등 공익을 해칠 우려가 있는 경우에 업무정지처분에 갈음하여 과징금을 부과할 수 있도록 한 것이므로 변형된 과징금에 해당한다.

02 법적 성질

1. 급부하명

과징금 부과행위는 과징금 납부의무를 명하는 행위이므로 급부하명에 해당한다.

2. 재량행위

감정평가사법 제41조에서는 "과징금을 부과할 수 있다"고 규정하고 있으므로 법문언의 규정형식상 재량행위에 해당한다.

03 절차 및 내용

1. 과징금의 부과

국토교통부장관은 업무정지처분이 표준지공시지가의 공지 등의 업무를 정상적으로 수행하는 데에 지장을 초래하는 등 공익을 해칠 우려가 있는 경우에는 업무정지처분에 갈음하여 5천만원(감정평가법인인 경우는 5억원) 이하의 과징금을 부과할 수 있다.

2. 과징금의 부과기준

과징금은 ① 위반행위의 내용과 정도, ② 위반행위의 기간과 위반횟수, ③ 위반행위로 취득한 이익의 규모 등을 고려하여 부과하여야 하며, 과징금의 금액은 위반행위의 내용과 정도 등을 고려하여 그 금액의 2분의 1 범위에서 늘리거나 줄일 수 있다. 다만, 늘리는 경우에도 과징금 총액은 과징금 최고액을 초과할 수 없다.

3. 과징금의 통지 및 납부의무

국토교통부장관은 과징금을 부과하는 경우에는 위반행위의 종류와 과징금의 금액을 명시하여 서면으로 통지하여야 한다. 통지를 받은 자는 통지가 있은 날부터 60일 이내에 국토교통부장관이 정하는 수납기관에 과징금을 납부하여야 한다.

4. 납부기한의 연장과 분할납부

국토교통부장관은 과징금 납부의무자가 ① 재해 등으로 재산에 큰 손실을 입은 경우, ② 과징금을 일시에 납부할 경우 자금사정에 큰 어려움이 예상되는 경우 등의 사유로 과징금의 전액을 일시에 납부하기 어렵다고 인정될 때에는 그 납부기한을 연장하거나 분할납부하게 할 수 있다. 이 경우 필요하다고 인정할 때에는 담보를 제공하게 할 수 있다. 과징금 납부의무자가 과징금 납부기한을 연장받거나 분할납부를 하려는 경우에는 납부기한 10일 전까지 국토교통부장관에게 신청하여야 한다.

5. 가산금 징수

국토교통부장관은 과징금 납부의무자가 납부기한까지 과징금을 납부하지 아니한 경우에는 납부기한의 다음 날부터 납부한 날의 전날까지의 기간에 대하여 과징금액에 연 100분의 6을 곱하여 계산한 가산금을 징수할 수 있다.

6. 체납처분

국토교통부장관은 과징금 납부의무자가 납부기한까지 과징금을 납부하지 아니하였을 때에는 기간을 정하여 독촉을 하고, 그 지정한 기간 내에 과징금이나 가산금을 납부하지 아니하였을 때에는 국세 체납처분의 예에 따라 징수할 수 있다.

04 권리구제

1. 이의신청

과징금의 부과처분에 이의가 있는 자는 그 처분을 통보받은 날부터 30일 이내에 사유서를 갖추어 국토교통부장관에게 이의를 신청할 수 있다. 국토교통부장관은 이의신청에 대하여 30일 이내에 결정을 하여야 한다. 다만, 부득이한 사정으로 그 기간에 결정을 할 수 없을 때에는 30일의 범위에서 기간을 연장할 수 있다. 과징금의 이의신청의 경우에는 법리상 강학상 이의신청으로 볼 수 있다.

2. 행정심판

국토교통부장관의 이의신청에 대한 결정에 이의가 있는 자는 「행정심판법」에 따라 행정심판을 청구할 수 있다.

3. 행정소송

과징금 부과행위는 처분에 해당하므로 항고소송의 대상이 된다. 과징금 부과처분은 재량행위이므로 비례원칙 등의 행정법의 일반원칙에 위반하는 경우에는 위법하게 된다.

05 기출문제

> **기출문제(제2회 2번)**
> 「감정평가 및 감정평가사에 관한 법률」상 감정평가법인등의 성실의무와 책임을 설명하시오. 30점

> **기출문제(제6회 3번)**
> 「부동산 가격공시에 관한 법률」이 규정하고 있는 부동산가격공시위원회의 구성과 권한을 설명하시오. 30점

> **기출문제(제10회 2번)**
> 토지수용위원회, 부동산가격공시위원회, 보상협의회를 비교 논술하시오. 20점

> **기출문제(제9회 3번)**
> 토지소유자 A는 감정평가법인 B에게 소유부동산의 감정평가를 의뢰하고, B는 이를 접수하여 소속 감정평가사인 C로 하여금 감정평가업무에 착수하게 하였다. 이 경우 다음 사항을 설명하시오. 20점
> (1) A와 B의 법률관계의 성질 및 내용은?
> (2) A가 국토교통부장관이고 C의 업무 내용이 표준지공시지가의 조사·평가라면 A와 B의 법률관계와 C의 법적 지위는?

> **기출문제(제11회 2번)**
> 감정의뢰인 甲은 감정평가사 乙이 고의로 자신의 토지를 잘못 평가하였음을 주장하여 국토교통부장관에게 乙에 대한 제재조치를 요구하였다. 이에 따라 국토교통부장관은 「감정평가 및 감정평가사에 관한 법률」상의 권한을 행사하여 일정한 제재조치를 취하고자 한다. 이 경우에 국토교통부장관이 취할 수 있는 절차와 구체적 제재조치 내용을 설명하시오. 30점

> **기출문제(제12회 4번)**
> 「감정평가 및 감정평가사에 관한 법률」 제28조의 규정에 의한 감정평가법인등의 손해배상책임에 대하여 설명하시오. 10점

> **기출문제(제14회 4번)**
> 감정평가사 A가 그 자격증을 자격이 없는 사람에게 양도 또는 대여한 것에 대하여 국토교통부장관은 「감정평가 및 감정평가사에 관한 법률」 제27조를 위반한 이유로 그 자격을 취소하였다. 그에 대하여 구제받을 수 있는지를 설명하시오. 20점

> **기출문제(제15회 2번)**
> 국토교통부장관이 「감정평가 및 감정평가사에 관한 법률」을 위반한 감정평가법인에게 업무정지 3개월의 처분을 행하였다. 이에 대응하여 해당 법인은 위 처분에는 이유가 제시되어 있지 않아 위법하다고 하면서 업무정지처분취소소송을 제기하였다. 그러나 국토교통부장관은 (1) 감정평가사법에 청문규정만 있을 뿐 이유제시에 관한 규정이 없고, (2) 취소소송 심리도중에 이유를 제시한 바 있으므로 그 흠은 치유 내지 보완되었다고 주장한다. 이 경우 국토교통부장관의 주장에 관하여 검토하시오. 30점

≫ 기출문제(제16회 2번)

감정평가사 甲은 감정평가를 함에 있어 감정평가준칙을 준수하지 아니하였음을 이유로 국토교통부장관으로부터 2개월의 업무정지처분을 받았다. 이에 甲은 처분의 효력발생일로부터 2개월이 경과한 후 제소기간 내에 국토교통부장관을 상대로 업무정지처분취소소송을 제기하였다. 甲에게 소의 이익이 있는지의 여부를 판례의 태도에 비추어 설명하시오(「감정평가 및 감정평가사에 관한 법률 시행령」 제29조 [별표 3]은 업무정지처분을 받은 감정평가사가 1년 이내에 다시 업무정지의 사유에 해당하는 위반행위를 한 때에는 가중하여 제재처분을 할 수 있도록 규정하고 있다). **30점**

≫ 기출문제(제17회 2번)

감정평가법인등 甲은 「감정평가 및 감정평가사에 관한 법률」 제25조 성실의무 위반을 이유로 같은 법 제32조 제1항 제11호에 의하여 2006년 2월 1일 국토교통부장관으로부터 등록취소처분을 통보받았다. 이에 甲은 국토교통부장관이 등록취소 시 같은 법 제45조에 의한 청문을 실시하지 않은 것을 이유로 2006년 8월 1일 등록취소처분에 대한 무효확인소송을 제기하였다. 甲의 소송은 인용될 수 있는가? **30점**

≫ 기출문제(제18회 2번)

감정평가법인등의 성실의무와 그 의무이행확보수단을 기술한 후 이들 각 수단의 법적 성질을 비교·검토하시오. **30점**

≫ 기출문제(제20회 3번)

「감정평가 및 감정평가사에 관한 법률 시행령」 제29조 [별표 3](감정평가법인등의 설립인가의 취소와 업무의 정지에 관한 기준)은 재판규범성이 인정되는지의 여부를 설명하시오. **25점**

≫ 기출문제(제21회 3번)

감정평가법인등 P와 건설업자 Q는 토지를 평가함에 있어 친분관계를 고려하여 Q에게 유리하게 평가하였다. 국토교통부장관은 P의 행위가 「감정평가 및 감정평가사에 관한 법률」을 위반하였다고 판단하여 과징금, 벌금, 또는 과태료의 부과를 검토하고 있다. **30점**

(1) 과징금, 벌금, 과태료의 법적 성질을 비교하여 설명하시오. **20점**

(2) 국토교통부장관은 과징금과 벌금을 중복하여 부과하고자 한다. 중복부과처분의 적법성에 관하여 판단하시오. **10점**

≫ 기출문제(제22회 2번)

다음 각각의 사례에 대하여 답하시오. **30점**

(1) 국토교통부장관은 감정평가법인등 갑에 대하여 법령상 의무위반을 이유로 6개월의 업무정지처분을 하였다. 갑은 업무정지처분취소소송을 제기하였으나, 기각되었고 동 기각판결은 확정되었다. 이에 갑은 위 처분의 위법을 계속 주장하면서 이로 인한 재산상 손해에 대해 국가배상청구소송을 제기하였다. 이 경우 업무정지처분취소소송의 위법성 판단과 국가배상청구소송의 위법성 판단의 관계를 설명하시오. **20점**

(2) 감정평가법인등 을은 국토교통부장관에게 감정평가사 갱신등록을 신청하였으나, 거부당하였다. 그런데 을은 갱신등록거부처분에 앞서 거부사유와 법적 근거, 의견제출의 가능성 등을 통지받지 못하였다. 위 갱신등록거부처분의 위법성 여부를 검토하시오. 10점

》 기출문제(제23회 3번)

20년 이상 감정평가업에 종사하고 있는 감정평가사 甲은 2년 전에 국토교통부장관 乙의 인가를 받아 50명 이상의 종업원을 고용하는 감정평가법인을 설립하였다. 그 후 乙은 甲이 정관을 거짓으로 작성하는 등 부정한 방법으로 감정평가법인의 설립인가를 받았다는 이유로, 「감정평가 및 감정평가사에 관한 법률」 제32조 제1항 제13호에 따라 설립인가를 취소하였다. 甲은 乙의 인가취소가 잘못된 사실관계에 기초한 위법한 처분이라는 이유로 취소소송을 제기하면서 집행정지신청을 하였다. 甲의 집행정지신청의 인용 여부를 논하시오. 20점

》 기출문제(제24회 3번)

乙은 감정평가사 甲이 감정평가업무를 행하면서 고의로 잘못된 평가를 하였다는 것을 이유로, 「감정평가 및 감정평가사에 관한 법률」 제32조 제1항 제11호 및 동법 시행령 제29조 [별표 3]에 따라 6개월의 업무정지처분을 하였고, 乙은 이에 불복하여 취소소송을 제기하였다. 소송의 계속 중에 6개월의 업무정지기간이 만료하였다. 甲은 위 취소소송을 계속할 이익이 인정되는가? 20점

》 기출문제(제25회 3번)

법원으로부터 근저당권에 근거한 경매를 위한 감정평가를 의뢰받은 감정평가사 乙이 감정평가 대상 토지의 착오로 실제 대상토지의 가치보다 지나치게 낮게 감정평가액을 산정하였다. 토지소유자인 甲이 이에 대해 이의를 제기하였음에도 경매담당 법관 K는 乙의 감정평가액을 최저입찰가격으로 정하여 경매절차를 진행하였으며, 대상토지는 원래의 가치보다 결국 낮게 丙에게 낙찰되어 甲은 손해를 입게 되었다. 甲이 법관의 과실을 이유로 국가배상을 청구할 경우 이 청구의 인용가능성을 검토하시오. 20점

》 기출문제(제27회 4번)

국토교통부장관은 감정평가법인등 甲이 「감정평가 및 감정평가사에 관한 법률」(이하 '감정평가사법'이라 함) 제10조에 따른 업무범위를 위반하여 업무를 행하였다는 이유로 甲에게 3개월 업무정지처분을 하였다. 甲은 이러한 처분에 불복하여 취소소송을 제기하였으나 소송계속 중 3개월의 정지기간이 경과되었다. 감정평가사법 제32조 제5항에 근거하여 제정된 감정평가사법 시행령 제29조 [별표 3] '감정평가법인등의 설립인가의 취소와 업무의 정지에 관한 기준'에 따르면, 위 위반행위의 경우 위반 횟수에 따라 가중처분을 하도록 규정하고 있다(1차 위반시 업무정지 3개월, 2차 위반시 업무정지 6개월, 3차 위반시 업무정지 1년). 甲은 업무정지처분의 취소를 구할 법률상 이익이 있는가? 10점

》 기출문제(제29회 2번)

甲은 2014.3.경 감정평가사 자격을 취득한 후, 2015.9.2.부터 2017.8.3.까지 '乙 감정평가법인'의 소속 감정평가사였다. 또한 甲은 2015.7.7.부터 2017.4.30.까지 '수산업협동조합 중앙회(이하 '수협'이라 함)에서 상근계약직으로 근무하였다. 관할 행정청인 국토교통부장관 A는 甲이 위와 같이 수협에 근무

하면서 일정기간 동안 동시에 乙 감정평가법인에 등록하여 소속을 유지하는 방법으로 감정평가사 자격증을 대여하거나 부당하게 행사했다고 봄이 상당하여, 「감정평가 및 감정평가사에 관한 법률」(이하 '감정평가법'이라 함) 제27조가 규정하는 명의대여 등의 금지 또는 자격증 부당행사 금지에 위반하였다는 것을 이유로 징계처분을 내리고자 한다. 다음 물음에 답하시오. 30점

(1) 국토교통부장관 A가 甲에 대하여 위와 같은 사유로 감정평가법령상의 징계를 하고자 하는 경우, 징계절차에 관하여 설명하시오. 20점

(2) 위 징계절차를 거쳐 국토교통부장관 A는 甲에 대하여 3개월간의 업무정지 징계처분을 하였고, 甲은 해당 처분이 위법하다고 보고 관할법원에 취소소송을 제기하였다. 이 취소소송의 계속 중 국토교통부장관 A는 해당 징계처분의 사유로 감정평가법 제27조의 위반사유 이외에, 징계처분 당시 甲이 국토교통부장관에게 등록을 하지 아니하고 감정평가업무를 수행하였다는 동법 제17조의 위반사유를 추가하는 것이 허용되는가? 10점

≫ 기출문제(제32회 3번)

감정평가사 甲과 乙은 「감정평가 및 감정평가사에 관한 법률」에 따른 감정평가준칙을 위반하여 감정평가를 하였음을 이유로 업무정지처분을 받게 되었으나, 국토교통부장관은 그 업무정지처분이 「부동산 가격공시에 관한 법률」에 따른 표준지공시지가 공시 등의 업무를 정상적으로 수행하는 데에 지장을 초래할 우려가 있음을 들어, 2021.4.1. 甲과 乙에게 업무정지처분을 갈음하여 각 3천만원의 과징금을 부과하였다. 다음 물음에 답하시오. 20점

(1) 甲은 부과된 과징금이 지나치게 과중하다는 이유로 국토교통부장관에게 이의신청을 하였고, 이에 대해서 국토교통부장관은 2021.4.30. 甲에 대하여 과징금을 2천만원으로 감액하는 결정을 하였다. 甲은 감액된 2천만원의 과징금도 과중하다고 생각하여 과징금부과처분의 취소를 구하는 소를 제기하고자 한다. 이 경우 甲이 취소를 구하여야 하는 대상은 무엇인지 검토하시오. 10점

(2) 乙은 2021.6.1. 자신에 대한 3천만원의 과징금부과처분의 취소를 구하는 소를 제기하였다. 이에 대한 심리 결과 법원이 적정한 과징금의 액수는 1천 5백만원이라고 판단하였을 때, 법원이 내릴 수 있는 판결의 내용에 관하여 검토하시오. 10점

≫ 기출문제(제32회 4번)

「감정평가 및 감정평가사에 관한 법률」 제25조에 따른 감정평가법인등의 '성실의무 등'의 내용을 서술하시오. 10점

06 기본문제

1 최근 택지의 부족으로 부동산가격이 폭등할 것을 우려한 정부에서는 새로운 택지개발을 위하여 마곡지구 일대에 택지를 조성하기로 부동산정책을 결정하였다. 이에 한국토지주택공사 주도로 대규모 택지개발을 시행하기로 하여, 한국토지주택공사는 택지개발사업이 시행될 지역의 토지에 대한 보상평가를 한석봉감정평가법인 감정평가사 甲에게 의뢰하였다. 甲은 평소 친분관계가 있는 乙소유의 토지에 대해 인근 유사토지에 비해 약 30% 높게 평가하였고, 이는 다른 감정평가사의 평가액에 비해서도 약 30% 높은 것이었다. 주변 토지소유자들은 평가가 잘못 이루어졌다는 불만을 토로하면서 재평가를 요구하고, 한국토지주택공사의 협의에 불응하였다. 이 사안과 관련하여 다음 쟁점사항에 대하여 논술하시오. [30점]

(1) 감정평가사 甲의 보상평가가 타당하게 이루어진 것인가에 대하여 논하시오. [15점]

(2) 사안과 관련하여 사업시행자인 한국토지주택공사가 취하여야 할 조치에 대하여 설명하시오. [15점]

Ⅰ. 논점의 정리

본 사안은 친분관계에 있는 乙소유지에 대해 감정평가사 甲이 인근 유사토지에 대해 30% 고가로 평가한 것뿐 아니라 다른 감정평가사에 의한 평가금액보다도 30% 높은 금액으로 보상액을 평가함으로써 주변 토지소유자들이 한국토지주택공사의 협의에 불응한 사안으로, 설문 (1)과 관련하여서는 감정평가사와 친분관계에 있는 자의 토지를 평가할 수 있는지, 인근 유사토지에 비해 30% 높은 평가가 인정될 수 있는지, 다른 감정평가사보다 높게 평가한 보상평가가 정당성을 가질 수 있는지가 문제되며, 설문 (2)와 관련하여서는 한국토지주택공사가 취해야 할 조치로서 재평가를 의뢰하여야 하는지, 아니면 협의에 불응한 주변 토지소유자의 토지에 대해 재결을 신청하여야 하는지가 문제된다.

> **🔹 토지보상법 시행규칙 제17조(재평가 등)**
> ① 사업시행자는 제16조 제4항의 규정에 의하여 제출된 보상평가서를 검토한 결과 그 평가가 관계법령에 위반하여 평가되었거나 합리적 근거 없이 비교 대상이 되는 표준지의 공시지가와 현저하게 차이가 나는 등 부당하게 평가되었다고 인정하는 경우에는 해당 감정평가법인등에게 그 사유를 명시하여 다시 평가할 것을 요구하여야 한다. 이 경우 사업시행자는 필요하면 국토교통부장관이 보상평가에 관한 전문성이 있는 것으로 인정하여 고시하는 기관에 해당 평가가 위법 또는 부당하게 이루어졌는지에 대한 검토를 의뢰할 수 있다. 〈개정 2022.1.21.〉
> ② 사업시행자는 다음 각 호의 어느 하나에 해당하는 경우에는 다른 2인 이상의 감정평가법인 등에게 대상물건의 평가를 다시 의뢰하여야 한다. 〈개정 2022.1.21.〉
> 1. 제1항 전단의 사유에 해당하는 경우로서 해당 감정평가법인등에게 평가를 요구할 수 없는 특별한 사유가 있는 경우
> 2. 대상물건의 평가액 중 최고평가액이 최저평가액의 110퍼센트를 초과하는 경우. 대상물건이 지장물인 경우 최고평가액과 최저평가액의 비교는 소유자별로 지장물 전체 평가액의 합계액을 기준으로 한다.
> 3. 평가를 한 후 1년이 경과할 때까지 보상계약이 체결되지 아니한 경우

③ 사업시행자는 제2항에 따른 재평가를 하여야 하는 경우로서 종전의 평가가 영 제28조에 따라 시·도지사와 토지소유자가 추천한 감정평가법인등을 선정하여 행하여진 경우에는 시·도지사와 토지소유자(보상계약을 체결하지 아니한 토지소유자를 말한다. 이하 이 항에서 같다)에게 영 제28조에 따라 다른 감정평가법인등을 추천하여 줄 것을 통지하여야 한다. 이 경우 시·도지사와 토지소유자가 통지를 받은 날부터 30일 이내에 추천하지 아니한 경우에는 추천이 없는 것으로 본다. 〈개정 2022.1.21.〉

④ 제1항 및 제2항의 규정에 의하여 평가를 행한 경우 보상액의 산정은 각 감정평가법인등이 다시 평가한 평가액의 산술평균치를 기준으로 한다. 〈개정 2022.1.21.〉

⑤ 제2항 제2호에 해당하는 경우 사업시행자는 평가내역 및 해당 감정평가법인등을 국토교통부장관에게 통지하여야 하며, 국토교통부장관은 해당 감정평가가 관계법령이 정하는 바에 따라 적법하게 행하여졌는지 여부를 조사하여야 한다. 〈개정 2022.1.21.〉

II. 설문(1) 보상평가의 타당성

1. 논의의 쟁점

감정평가사 甲의 평가의 타당성 여부를 검토하기 위해서는 ① 친분관계에 있는 자의 토지를 평가할 수 있는지를 검토하고, ② 인근 유사토지에 비해 30% 높은 평가가 인정될 수 있는지를 검토해야 한다.

2. 친분관계가 있는 사람의 토지를 평가할 수 있는지 여부

(1) 관련법률의 검토

감정평가 및 감정평가사에 관한 법률(이하 감정평가사법) 제25조 제2항은 "감정평가법인등은 자기 또는 친족의 소유토지 기타 불공정한 감정평가를 할 우려가 있다고 인정되는 토지 등에 대하여는 이를 감정평가하여서는 아니 된다."라고 규정하고 있다.

(2) 설문의 검토

감정평가사 甲과 토지소유자 乙은 평소의 친분관계가 있는바, 이는 감정평가사법 제25조 제2항의 불공정한 감정평가의 우려가 있는바, 감정평가사 甲은 비록 평가의뢰를 받았다고 하여도 이를 반려함이 타당했다고 볼 수 있어, 乙의 토지를 평가한 것은 정당성이 결여되었다고 판단된다.

3. 인근 유사토지에 비해 30% 높은 평가가 인정될 수 있는지의 여부

(1) 판례의 검토

판례는 감정평가사의 손해배상책임의 요건과 관련하여 1.3배의 격차율이 적정가격과 현저한 차이가 있는가의 유일한 판단기준이 될 수 없고 부당감정에 이르게 된 감정평가법인등의 귀책사유가 무엇인가 하는 점을 고려하여 사회통념에 따라 탄력적으로 판단해야 한다고 판시한 바 있다.

(2) 설문의 검토

감정평가사 甲이 30% 고가로 평가한 것에 대해서는 앞서의 친분관계에 의한 불공정한 감정평가의 개연성으로 고가 평가를 의심할 수 있을 것이나, 평가금액 자체로서 부당하다고 확언할 수는 없으나 친분관계에 있는 자 소유의 토지를 평가한 것이라는 점을 고려하여 사회통념에 따라 판단해 본다면 친분관계에 의한 고가평가의 개연성을 인정할 수 있을 것이라고 판단된다.

III. 설문 (2) 한국토지주택공사가 취해야 할 조치

1. 논의의 쟁점

주변 토지소유자들의 재평가요구와 협의불응에 대하여 한국토지주택공사가 취해야 할 조치에는 어떠한 것이 있는가를 검토하기 위해서는 먼저 본 건이 공익사업을 위한 토지 등의 취득 및 보상에 관한 법률(이하 토지보상법)상의 재평가 요건에 해당하는지 여부를 검토하고, 그렇지 않을 경우 한국토지주택공사가 취할 조치에 어떤 것이 있는지에 대해 검토하기로 한다.

2. 재평가 여부

(1) 토지보상법상의 관련규정의 검토

동법에서는 대상물건의 평가액 중 최고평가액이 최저평가액의 110퍼센트를 초과하는 경우 등을 규정하고 있다.

(2) 재평가 여부의 검토

위 토지보상법 시행규칙 조항을 검토하면 우선 ① 동법 시행규칙 제17조 제2항에 따른 "을" 소유의 토지평가액이 최저평가액과 최고평가액이 차이가 110퍼센트를 초과하고 있으며, ② 동 규칙 제17조 제1항과 관련하여 동 평가는 감정평가사법 제25조 제2항에 위반한 사유가 있는 것으로 보인다. 따라서 설문에서의 주변 토지소유자들의 재평가 요구는 정당한 것으로 한국토지주택공사는 재평가를 실시하여야 할 것으로 보여진다.

3. 한국토지주택공사가 취할 조치

한국토지주택공사는 재평가를 실시하여야 하되, 다만 甲 감정평가사의 보상평가가 감정평가사법 제25조 제2항에 위반한 것인지에 대해 부정적인 판단을 한다면 재평가의 대상이 될 수 없으며, 한국토지주택공사는 주변 토지소유자의 토지 등을 취득하기 위하여 토지수용위원회에 재결을 신청할 수 있을 것이다. 또한 부당한 감정평가를 한 감정평가사에 대하여 국토교통부에 징계의뢰조치를 하여 감정평가 질서 확립을 도모할 수도 있을 것이다.

IV. 사례의 해결

1. 설문(1)과 관련하여 친분관계에 있는 자의 토지를 보상평가한 것은 감정평가사법 제25조 제2항에 위반소지가 있으며, 30% 고가평가한 것은 판례의 태도에 의할 때 명확하지는 않으나 다른 특별한 사유가 없다면 친분관계에 있는 자의 토지라는 점에서 정황상 고가평가의 개연성을 인정할 수 있을 것이다. 따라서 감정평가사 甲의 보상평가는 정당성을 결여하였다고 봄이 타당하다.

2. 설문(2)와 관련하여 토지보상법 시행규칙 제17조 제2항에 의해 재평가 여부를 판단할 때 재평가 사유에 해당한다고 보이므로 한국토지주택공사는 재평가를 하여야 하며, 다만 재평가 사유에 해당되지 않는다고 판단할 때는 한국토지주택공사는 재결을 통해 관련 토지의 수용을 하여야 할 것이다. 또한 부당한 감정평가를 한 자에 대해서는 국토교통부에 징계의뢰조치를 의뢰할 수도 있을 것이다.

> **2** 甲은 20년 전 감정평가사 시험에 합격하여 감정평가사 자격을 취득하였다. 그 후 국토교통부에 자격등록을 한 후 감정평가사사무소 개설신고를 하고 성실하게 감정평가업을 영위하던 중 미국 하버드대학교 객원교수로 3년간 근무하게 되면서 사무소 직원인 乙에게 자격증을 명의 대여하여 평가를 계속하게 하였다. 그러나 2018년도 광교신도시 사건으로 감정평가업계가 대대적인 공안정국으로 들어서면서 2019년 상반기 국토교통부는 일제 감사점검을 하게 되었고, 甲의 자격증 대여사실을 알게 되었으나, 乙에 대하여만 일정한 형사고발조치만을 하여 형벌을 부과하였다. 그런데 이후 동아일보 양현선 기자의 대서특필로 국토교통부장관은 양도행위가 있은 지 3년 후(2022년)에「감정평가 및 감정평가사에 관한 법률」(이하 감정평가사) 및 행정절차법의 청문 등 적법절차를 거쳐 甲의 감정평가사 자격을 취소하였다. 甲은 어떠한 이유로 자격취소처분을 다툴 수 있는지를 검토하시오. **30점**

I. 논점의 정리

사안에서 감정평가사 甲은 미국 하버드대학교 객원교수로 근무하게 되면서 乙에게 자격증을 양도대여하여「감정평가 및 감정평가사에 관한 법률」(이하 감정평가사법)상 자격증 명의대여행위를 이유로 국토교통부장관의 감정평가사 자격취소처분을 받았다. 이에 감정평가사 甲이 자격취소처분에 대해 다투고자 하는 것으로 자격취소처분의 위법성에 대한 문제이다.

문제를 해결하기 위해서는 먼저 자격취소의 요건과 법적 성질을 검토한 후에 사안에서는 절차상 하자는 없는 것으로 보여 실체적 하자와 관련하여 자격취소요건에 해당하여 감정평가사의 자격을 취소한 것이 법률우위 취소권 제한법리에 위반되는지를 검토해야 할 것이다.

II. 자격취소의 법적 성질

1. 강학상 철회

행정행위의 철회란 행정행위가 하자 없이 유효하게 성립하였으나 사후에 공익상 그 효력을 더 이상 존속시킬 수 없는 사정이 발생하였기 때문에 장래를 향하여 그 효력을 소멸시키는 별개의 독립된 행정행위이다.

감정평가사법 제27조 명의대여에 의한 동법 제39조에 의한 자격취소의 경우는 행정행위의 성립 후에 새로운 사유의 발생을 이유로 하는 것으로 행정행위의 철회에 해당한다. 또한 자격취소는 상대방에게 의무를 부과하거나 그 권리이익을 제한하는 행정행위로서 침익적 성격을 가진다.

2. 재량행위성 여부

재량행위란 법규가 행정행위의 요건이나 효과에 대해 행정청에게 일정한 독자적 판단권을 인정하는 행위이다. 감정평가사법 제39조 제1항에서의 자격취소는 "취소할 수 있다"라고 규정하여 문언상 재량행위에 해당된다.

III. 자격취소 처분의 위법성 검토

1. 문제의 소재

행정행위가 적법하기 위해서는 주체·내용·절차·형식상의 하자가 없어야 한다. 사안의 경우 주체나 절차, 형식상의 하자는 없는 것으로 보인다. 따라서 내용상 위법성과 관련하여 법률유보원칙상 자격취소사유에 해당되는지와 이러한 요건에 해당되더라도 수익적 행정행위의 직권취소인 자격취소처분은 법률적합성 원칙과 국민의 신뢰보호 원칙 사이의 이익형량이 문제된다.

2. 철회의 법적 근거와 철회사유 존재 여부(법률유보)

감정평가사법 제27조를 위반하여 동법 제39조상에서는 감정평가사의 자격증을 다른 사람에게 명의대여한 경우에는 그 자격을 취소할 수 있다고 규정하고 있어 자격취소의 법적 근거가 있고, 사안에서 甲은 자격증을 명의대여한 사실이 인정되므로 철회사유에도 해당된다. 따라서 법률유보원칙은 충족된 것으로 보인다.

3. 철회권 제한법리 위반 여부

(1) 신뢰보호원칙의 위반 여부

① 신뢰보호원칙의 의의 및 근거 : 신뢰보호원칙이란 행정기관의 적극적 또는 소극적 행위의 정당성 또는 존속성에 대한 개인의 보호가치 있는 신뢰를 보호해 주는 원칙을 말한다. 그 인정근거에 대해서는 당사자의 법적 생활의 안정성과 필요성을 근거로 하여 신뢰보호의 요청을 도출하려는 견해가 타당하며 지배적인 견해이다.

② 신뢰보호원칙의 요건 : 신회보호원칙의 성립요건으로는 (ㄱ) 행정기관의 일정한 선행행위의 존재, (ㄴ) 이에 근거한 상대방의 처분행위의 존재, (ㄷ) 선행행위에 대한 신뢰와 처분행위 사이의 인과관계의 존재, (ㄹ) 상대방의 행정기관에 대한 신뢰가 보호할 만한 가치가 있을 것, (ㅁ) 선행조치에 반하는 행정작용의 존재를 든다.

③ 신뢰보호원칙의 한계(법률적합성의 원칙과 이익형량) : 신뢰보호원칙은 이를 일관하는 경우에는 행정의 법률적합성의 원칙과 충돌하게 된다. 특히 이는 위법한 행정작용을 신뢰한 경우에 문제가 된다.

이때의 해결방법에 대해서는 법률적합성의 원칙과 신뢰보호원칙은 헌법상 같은 지위를 가지는 것으로 구체적인 사안에 따라서 적법상태의 실현에 의하여 달성되는 공익과 행정작용의 존속에 대한 개인의 신뢰보호라는 사익을 비교형량하여 결정하여야 한다는 점에서 이익형량설이 타당하다고 볼 수 있다.

④ 사안의 경우 : 사안에서 국토교통부장관의 감정평가사 자격증 부여 및 개설등록이 있었고 이에 따라 甲은 감정평가업을 하였고 행정청이 자격취득의 위법을 이유로 선행처분에 반하는 취소를 한 사실관계는 인정된다. 이 경우 甲의 신뢰가 보호가치 있는지와 관련하여 甲은 자격증 명의대여행위가 자격취소사유에 해당함을 알았다고 보여지므로 보호가치가 없다고 판단된다.

또한 신뢰보호원칙의 한계인 법률적합성과의 비교형량을 통해서도 적법한 행정작용을 통해 달성되는 공익이 당사자의 신뢰보호인 사익보다 크다 할 것인바, 신뢰보호원칙에 위반되지 않아 위법성을 주장할 수 없을 것이다.

(2) 실권의 법리

① 의의 : 실권의 법리란 신의성실의 원칙에서 파생된 원칙으로서 권리자가 그의 권리를 장기간 행사하지 않아 상대방이 그 권리를 행사하지 않을 것으로 믿을 만한 정당한 사유가 있게 된 경우 권리를 행사하는 것이 허용되지 않는다는 원칙이다.

② 요건 : 실권의 법리가 적용되기 위하여는 (ㄱ) 행정청이 취소사유나 철회사유 등을 앎으로써 권리행사가능성을 알았어야 하며, (ㄴ) 행정권 행사가 가능함에도 불구하고 행정청이 장기간 권리행사를 하지 않았어야 하고, (ㄷ) 상대방인 국민이 행정청이 이제는 권리를 행사하지 않을 것으로 신뢰하였고 그에 정당한 사유가 있어야 한다고 한다.

③ **사안의 경우** : 사안에서 국토교통부장관은 일체 점검감사과정에서 甲의 자격증 명의대여행위를 알았고 그럼에도 불구하고 자격취소는 명의대여가 있은 지 3년 이후(2022년)에 행하여졌으며 그동안 甲은 자격취소를 행하지 않을 거라는 신뢰관계를 형성하였다고 보여지므로 실권의 법리가 적용될 가능성이 크다고 판단된다.

(3) **비례의 원칙**

① **의의 및 근거** : 비례의 원칙이란 행정청이 달성하고자 하는 목적과 수단 사이에는 정당한 비례관계가 존재하여야 한다는 것으로, 실질적 법치주의의 원칙으로 파악되며, 헌법 제37조 제2항의 기본권 제한의 원리를 그 근거로 볼 수 있다.

② **비례의 원칙 내용** : 비례의 원칙은 적합성·필요성·상당성의 원칙을 그 내용으로 하며, 각 내용은 서로 단계적 심사과정을 거치게 된다.

(ㄱ) 적합성의 원칙은 선택된 수단이 행정의 목적달성에 적합해야 한다는 것, (ㄴ) 필요성의 원칙은 적합한 수단이 여러 가지인 경우에 국민의 권리를 최소한으로 침해하는 수단을 선택해야 한다는 원칙, (ㄷ) 상당성의 원칙은 적합성, 필요성이 충족되더라도 침해되는 사익과 달성되는 공익에는 적절한 비례관계가 있어야 한다는 것이다.

③ **사안의 경우** : 사안에서 甲은 자격증의 명의대여행위를 하였고 이에 대한 제재수단으로 자격취소는 적합한 수단으로 적합성 원칙은 충족한 것으로 보인다.

다만, 필요성 원칙과 관련하여 감정평가사법 제39조상의 동법 제27조 명의대여 금지행위 위반 자격취소는 재량행위로 취소권자는 침해가 적은 다른 수단으로 자격정지 등의 수단을 검토할 수도 있을 것인바 최소침해원칙에 반한다는 주장을 할 수는 있을 것이다.

4. **사안의 적용**(위법성의 정도)

상기 논의한 바와 같이 甲은 자격취소에 대하여 실권의 법리위반이나 비례성 원칙위반을 이유로 위법성을 주장할 수 있을 것이다.

이때 위법성의 정도는 중대명백설에 의할 때 중대한 법규위반이나 외견상 객관적으로 명백한 하자로 보기 어려워 취소사유에 해당된다고 판단된다.

Ⅳ. **사례의 해결**

甲에 대한 자격취소처분은 명의대여행위가 있은 지 3년이 지난 시점에서 행해진 것이므로 甲은 실권의 법리를 주장할 수 있고, 비례의 원칙에 비추어 좀 더 권익침해가 적은 자격정지와 같은 다른 수단이 있음에도 가장 강력한 자격취소처분을 행한 점에서 필요성 원칙에 반한다는 주장이 가능할 것이다. 위법성의 정도는 취소사유로 보여 甲은 취소심판을 제기하거나 취소소송을 제기하여 존속보장을 강구할 수 있고 손해배상을 청구할 수도 있을 것이다.

3 30기로 감정평가사시험에 수석 합격하여 국토교통부장관으로부터 감정평가사 자격증을 발급받고 자격등록 후에 고향마을에 감정평가사사무소를 개설한 감정평가법인등인 甲은 금융기관으로부터 주택에 대한 담보평가를 의뢰받고 乙의 아파트를 평가하기 위하여 현장에 도착하였다. 乙의 처로부터 甲은 임대차가 없다는 확인을 받고 감정평가서에 "임대차 없음"이라 기재하였다. 그러나 사실은 甲이 모르는 임대차 관계가 존재하였으며, 이후 乙의 아파트가 경매로 넘어가자 금융기관에서는 감정평가서의 부실기재를 이유로 甲에게 손해배상을 청구하였다. 甲은 손해배상책임을 지는지를 논술하시오. (甲과 금융기관의 업무협약에는 임대차사항에 대한 조사약정이 포함되어 있다) **30점**

Ⅰ. 논점의 정리

설문은 감정평가법인등인 甲의 금융기관으로부터의 감정평가의뢰에 대하여 현장조사 시 임대차 없음이라는 확인을 받았으나, 이 후 경매과정에서 의뢰물건에 대하여 임대차 관계가 있음이 밝혀진 경우 과연 금융기관이 甲에 대하여 손해배상을 청구할 수 있는지 문제된다.

감정평가업무의 사회성, 공공성에 비추어 「감정평가 및 감정평가사에 관한 법률」(이하 감정평가사법) 제25조에서는 성실의무 등을 규정하고 있으며, 이를 강제하기 위하여 동법 제28조에서는 손해배상책임을 규정하고 있다. 따라서 사안의 해결을 위해 ① 甲과 금융기관의 법률관계를 검토하고, ② 감정평가사법 제28조의 적용범위, 즉 민법 제750조와의 관계를 검토한 후, ③ 감정평가사법 제28조상의 손해배상의 요건 및 판례의 태도를 종합 검토하여 사안을 해결한다.

Ⅱ. 甲과 금융기관의 법률관계 검토

1. 논의의 실익

甲과 금융기관의 법률관계의 성격에 따라 적용법률, 민법 제750조와 감정평가사법 제28조 규정과의 관계를 파악할 수 있으며, 법체계상 소송절차의 선택 및 적용법규 등에 있어서 차이가 있을 수 있다.

2. 감정평가의뢰의 성격

법률관계는 공법관계와 사법관계로 구분할 수 있는바, 감정평가의 의뢰는 상호 대등한 관계로서 사법관계의 성질을 갖는다고 볼 수 있다. 그러나 감정평가업무가 단순한 사인상호 간의 업무와는 다른 사회성, 공공성에 따른 공법적 성질을 갖는다는 점에서 공법적 성질의 관계로 볼 수도 있을 것이다.

3. 도급인지 위임인지

감정평가의뢰의 성격을 사법관계로 보는 경우, 이를 도급계약으로 보는 견해와 위임계약으로 보는 견해로 나뉜다. 그러나 판례 및 다수의 견해는 "사법상의 특수한 위임계약"으로 보며 위임으로 보는 경우 감정평가법인등은 의뢰인에 대하여 위임의 취지에 따라 선관의무에 따라 사무처리할 채무를 지게 된다. 따라서 감정평가 결과가 부당하고 의뢰인이 그 결과 손해를 본 경우, 의뢰인에 대하여는 채무불이행 중 불완전이행의 법리에 따라 손해배상책임을 지고, 선의의 제3자에게는 민법 제750조의 불법행위책임을 지게 된다.

Ⅲ. 손해배상책임의 법정이유(법 제28조의 특칙 여부)

1. 문제의 소재

감정평가의뢰인과 감정평가법인등의 법률관계를 사법상 특수한 위임계약으로 볼 때 감정평가사법 제28조의 규정이 일반채무불이행이나 불법행위에 대하여 특칙을 인정한 것인가의 문제가 발생한다.

2. 학설

(1) 특칙이 아니라는 견해(보험관련설)

대법원은 감정평가사법상 손해배상책임 규정이 감정평가법인등의 일반 채무불이행이나 불법행위에 대하여 특칙을 정한 규정이 아니라고 보는 입장으로 동 규정(감정평가사법 제28조)이 감정평가법인등의 책임을 제한하거나 경감하여 주기 위한 것이 아니라, 오히려 감정평가법인등의 손해배상책임을 부과하여 이를 위한 보험가입 등의 조치를 취하도록 하기 위한 규정으로 본다. 이 견해에 의하면 감정평가사법 제28조는 감정평가업에 종사하는 자의 배상책임을 부과하며 이를 위한 보험가입의 조치를 취하도록 함에 입법의 취지가 있는 것이고, 그 논거로 감정평가법인등의 고의, 과실이 드러났는데도 다른 요건을 추가로 요구하여 감정평가법인등을 보호하는 것은 문제가 있다는 점을 든다. 이 견해에 의하게 되면 감정평가사법 제28조 규정을 무의미한 규정으로 볼 수 있다.

(2) 특칙으로 보는 견해(면책설)

이 견해에 의하면 ① 감정평가사법 제28조 문언의 반대해석상 감정평가법인등에게 고의, 과실이 있더라도 감정평가결과가 적정가격과 현저한 차이가 없는 한 손해배상책임을 지지 않도록 하는 것이 이 법의 입법취지라는 점, ② 감정평가법인등의 주관적 견해에 따라 감정평가액에 어느 정도의 차이가 발생하는 것이 불가피(객관적으로 적정가격을 알아내기 어렵다는 점)하므로 현저한 차이가 있을 경우에만 위법성이 있다고 보는 것이 상당한 점, ③ 소액의 감정수수료를 받는 감정평가법인등이 손쉽게 막대한 손해배상책임을 진다거나 빈번한 배상책임을 추궁 당하도록 하면 감정평가제도의 존속 자체가 위태로울 수 있다는 점, ④ 감정평가업의 사회성·공공성 측면에서 위법성을 인정하기 곤란한바, 감정평가법인등을 보호하기 위한 규정으로 감정평가법인등의 책임을 경감하는 취지로 이해한다. 따라서 감정평가사법 제28조는 민법 제750조 및 제390조의 특칙으로 감정평가사법 제28조가 적용되는 범위 내에서는 민법 제750조가 적용되지 않고 감정평가사법 제28조 규정 외에는 민법 제750조가 보충 적용된다. 즉, 감정평가사법은 "현저한 차이가 있는 경우와 허위기재"의 경우에 손해배상책임을 규정하고 있으므로 동법 제28조에 의한 배상책임이 성립되지 않는 경우에는 민법 제750조에 의한 손해배상책임도 인정되지 않는다고 보는 입장이다.

3. 판례

"감정평가법인등의 부실감정으로 인하여 손해를 입게 된 감정평가 의뢰인이나 선의의 제3자는 지가공시 및 토지 등의 평가에 관한 법률상의 손해배상책임과 민법상의 불법행위로 인한 손해배상책임을 함께 물을 수 있다."고 판시하여 특칙이 아니라고 보고 있다(대판 1998.9.22, 97다36293).

4. 검토

대법원의 견해에 따르면 감정평가사법 제28조 제1항의 규정이 무의미하게 되므로 이는 올바른 법해석(논리적)으로 보기 어려운 바 특칙으로 이해하는 입장이 타당하다고 사료된다. 따라서 감정평가사법 제28조 제1항 규정은 객관적으로 적정가격이 존재하고, 감정평가법인등이 고의 또는 과실에 의하여 그 적정가격과 다른 감정평가를 하였다 하더라도 그 차이가 현저하지 아니하다면 감정의뢰인이나 그로 인하여 손해를 본 제3자는 채무불이행이나 불법행위를 이유로 하여 감정평가법인등에 대하여 손해배상을 청구할 수 없고, 감정평가법인등의 고의 또는 과실에 의하여 감정평가 당시의 적정가격과 현저한 차이가 있게 감정평가하여 그로 인하여 제3자가 손해를 보았다 하더라도 그 감정평가서가 감정평가의뢰인의 감정평가목적을 위하여만 사용할 수 있고 그 외는 사용할 수 없다는 것을 알고 있었다(악의 제3자)면 제3자는 선의의 제3자가 되지 않기 때문에 불법행위를 이유로 손해배상을 청구할 수 없다.

Ⅳ. 손해배상책임의 성립요건

1. 손해배상의 요건

감정평가사법 제28조 감정평가법인등이 감정평가를 하면서 고의 또는 과실로 감정평가 당시의 적정가격과 현저한 차이가 있게 감정평가하거나, 감정평가서류에 허위의 기재를 함으로서 감정평가의뢰인이나 선의의 제3자에게 손해를 발생하게 한 때에는 감정평가법인등은 그 손해를 배상할 책임이 있다고 규정하고 있다. 해당 사안에서는 특히 고의, 과실의 판단과 부당한 감정평가 여부, 부당한 감정평가와 금융기관의 손해발생 사이에 인과관계가 문제된다.

2. 고의 또는 과실

감정평가법인등이 손해배상책임을 지기 위해서는 주관적인 책임요건으로서 그 손해가 감정평가법인등의 귀책사유인 고의·과실로 발생한 것이어야 한다. 이러한 고의·과실의 입증책임은 손해배상을 주장하는 자인 평가의뢰인 또는 선의의 제3자가 진다.

'고의'란 자기 행위가 일정한 결과를 낳을 것을 인식하고 그 결과를 용인하는 것을 말한다. 감정평가법인등이 자신의 부당한 감정평가로 인하여 평가의뢰인이나 선의의 제3자에게 손해가 발생할 것을 인식하고도 부당한 감정평가를 용인하는 것이다. 대법원은 감정평가사법과 감정평가에 관한 규칙의 기준을 무시하고 자의적인 방법에 의하여 토지를 감정평가한 것은 고의·중과실에 의한 부당한 감정평가로 볼 수 있다고 하였다(대판 1997.5.7, 96다52427).

'과실'이란 일정한 사실을 인식할 수 있음에도 불구하고 부주의로 이를 인식하지 못한 것을 말한다. 감정평가업무에 종사하는 평균인을 기준으로 부주의 여부를 판정한다. 대법원은 과실로 인정되는 부주의에 대하여 사전자료준비 부주의, 평가절차의 부주의, 윤리규정에 대한 부주의, 관계법령 및 규칙에 규정된 평가방식 적용에 대한 부주의를 그 예로 들고 있다. 한편, 판례는 고의 또는 과실에 대하여 감정평가법인등의 통상적인 추상적 경과실로 보고 있다.

3. 부당한 감정평가

(1) 적정가격과 현저한 차이가 있는 감정평가

감정평가 당시의 적정가격과 현저한 차이가 있게 감정평가하여야 하는바, 현저한 차이에 대한 명문의 규정은 없으나 대법원은 현저한 차이에 대하여 "1.3배가 유일한 판단기준이 될 수 없고 부당감정에 이르게 된 감정평가법인등의 귀책사유를 고려하여 사회통념에 따라 탄력적으로 판단하여야 하므로 현저한 차이는 고의에 의한 경우와 과실에 의한 경우와 다르게 보아야 한다."고 판시하였다. 이러한 대법원의 입장에 대한 비판적 입장(① 현저한 차이의 기준과 ② 현저한 차이란 고의에 의한 경우와 과실에 의한 경우가 같은지 다른지)이 있다. 즉, 제28조 규정은 주관적 책임요건(고의 또는 과실)과 객관적 책임요건(적정가격과 현저한 차이)이 모두 충족되었을 때 성립되는 것으로 규정하고 있는바, 고의 또는 과실에 의하여 객관적 책임요건인 현저한 차이를 달리 봄은 옳지 않으며, 객관적 책임요건으로써 적정가격과 차이는 평가주체에 따라 달라질 수 있는 것인바(판단기준 : 부동산 가격공시법 시행령 제8조 제6항) 1.3배를 초과하지 않는 한 고의의 경우라 하더라도 현저한 차이가 있다고 할 수 없다고 보아야 한다.

> **▌ 1.3배를 초과하는 것이 현저한 차이의 기준이 될 수 있는지**
>
> 1. 지가공시 및 토지 등의 평가에 관한 법률 제5조 제2항 같은 법 시행령 제7조 제4항, 공공용지의 취득 및 손실보상에 관한 특례법 시행규칙 제5조의4 제1항, 제4항의 각 규정들은 표준지공시지가를 정하거나 공익사업에 필요한 토지의 보상가를 산정함에 있어서 2인 이상의 감정평가업자에 평가를 의뢰하였는데 평가액 중 최고평가액이 최저평가액의 1.3배를 초과하는 경우에는 건설교통부장관이나 사업시행자가 다른 2인의 감정평가업자에게 대상물건의 평가를 다시 의뢰할 수 있다는 것뿐으로서 여기서 정하고 있는 1.3배의 격차율이 바로 지가공시 및 토지 등의 평가에 관한 법률 제26조 제1항이 정하는 평가액과 적정가격 사이에 '현저한 차이'가 있는가의 유일한 판단기준이 될 수 없다.
>
> 2. 지가공시 및 토지 등의 평가에 관한 법률 제26조 제1항은 고의에 의한 부당감정과 과실에 의한 부당감정의 경우를 한데 묶어서 그 평가액이 적정가격과 '현저한 차이'가 날 때에는 감정평가업자는 감정의뢰인이나 선의의 제3자에게 손해배상책임을 지도록 정하고 있는 바, 고의에 의한 부당감정의 경우와 과실에 의한 부당감정의 경우를 가리지 아니하고 획일적으로 감정평가액과 적정가격 사이에 일정한 비율 이상의 격차가 날 때에만 '현저한 차이'가 있다고 보아 감정평가업자의 손해배상책임을 인정한다면 오히려 정의의 관념에 반할 수도 있으므로, 결국 감정평가액과 적정가격 사이에 '현저한 차이'가 있는지 여부는 부당감정에 이르게 된 감정평가업자의 귀책사유가 무엇인가 하는 점을 고려하여 사회통념에 따라 탄력적으로 판단하여야 한다.
>
> 3. 감정평가업자가 지가공시 및 토지 등의 평가에 관한 법률과 감정평가규칙의 기준을 무시하고 자의적 방법에 의하여 대상토지를 감정평가한 경우, 감정평가업자의 고의·중과실에 의한 부당감정을 근거로 하여 같은 법 제26조 제1항의 '현저한 차이'를 인정한 사례

(2) 감정평가서류에 거짓의 기재를 한 경우

감정평가서상의 기재사항에 대하여 물건의 내용, 산출의 근거, 평가가액의 거짓의 기재로서 가격에 변화를 일으키는 요인을 고의·과실로 거짓으로 기재하는 것을 말한다.

(3) 위법성의 문제

감정평가사법은 감정평가법인등의 손해배상책임 성립요건에 위법성을 요구하고 있지 아니하다. 따라서 위법성을 손해배상책임의 성립요건으로 보아야 하는지 의문이 있다.

이에 대하여 ① 민법상 채무불이행의 경우에도 위법성이 민법의 규정은 없으나 위법성을 별도의 요건으로 본다는 점을 들어 감정평가법인등의 손해배상책임이 성립하기 위해서는 별도의 요건으로 필요하다는 견해가 있다. 그리고 별도의 요건으로 필요하지 않다는 견해는 다시 두 가지로 구분된다. ② 고의 또는 과실 속에 위법성의 요소가 포함되어 있다고 보는 견해와 ③ 위법성의 요소는 부당한 감정평가의 개념 속에 포함되어있다는 견해로 구분된다.

감정평가사법 제28조는 민법에 대한 특칙으로 보는 것이 타당하다는 점에서 명시적 규정이 없는 위법성의 요건은 필요하지 않다고 보는 것이 타당하다고 할 것이다. 그리고 필요 없다는 견해 중에서 고의 또는 과실 속에 포함되어 있다고 보는 견해는 주관적 책임요건과 객관적 책임요건을 분명하게 하지 못하는 문제점이 있다고 할 수 있다. 따라서 부당한 감정평가의 개념 속에 위법성의 요건이 포함되어 있는 것으로 보는 것이 타당할 것이다.

4. 인과관계

부당한 감정평가행위와 손해발생 사이에는 상당인과관계가 성립해야 한다. 이때 상당인과관계는 법 일반원칙인 신의성실의 원칙, 신뢰보호의 원칙 등이 그 기준이 된다. 한편 판례는 사용주체가 다르더 라도, 동일목적에 사용된 경우에는 상당인과관계가 성립하는 것으로 보고 있다.

> **▌경매평가에 있어 인과관계의 판단(대판 1998.9.22, 97다36293)**
>
> 1. 민사소송법 제615조가 법원은 감정인이 한 평가액을 참작하여 최저경매가격을 정하여야 한다 고 하고 있지만, 특별한 사정이 없는 한 감정인의 평가액이 최저경매가격이 되는 것이므로, 감정평가의 잘못과 낙찰자의 손해 사이에는 상당인과관계가 있는 것으로 보아야 한다.
> 2. 감정평가업자의 부실감정으로 인하여 손해를 입게 된 감정평가의뢰인이나 선의의 제3자는 지 가공시 및 토지 등의 평가에 관한 법률상의 손해배상책임과 민법상의 불법행위로 인한 손해배 상책임을 함께 물을 수 있다.
> 3. 불법행위로 인한 재산상 손해는 위법한 가해행위로 인하여 발생한 재산상 불이익, 즉 위법행 위가 없었더라면 존재하였을 재산 상태와 위법행위가 가해진 현재의 재산상태와의 차이이므 로, 낙찰자가 감정평가업자의 불법행위로 인하여 입은 손해도 감정평가업자의 위법한 감정이 없었더라면 존재하였을 재산 상태와 위법한 감정으로 인한 재산 상태와의 차이가 되고, 이는 결국 위법한 감정이 없었다면 낙찰자가 낙찰 받을 수 있었던 낙찰대금과 실제 지급한 낙찰대 금과의 차액이 된다(다만, 위법한 감정에도 불구하고 시가보다 더 낮은 가격으로 낙찰 받은 경우, 위법한 감정이 없었다면 실제 지급한 낙찰대금보다 더 낮은 가격으로 낙찰 받을 수 있었 다는 사정은 이를 주장하는 자가 입증하여야 한다).

5. 사안의 경우

甲은 아파트 소유자의 처로부터 "임대차 없음"이라는 확인을 받았다. 이때 甲은 임대관계 여부를 알지 못했으므로 고의는 없다고 보여지나 과실의 인정 여부가 문제된다. 甲은 행정기관 등에서 임대차 여부 를 확인하지 않고 단순히 소유자의 처에게만 임대차 여부를 문의하였는바 이는 충분한 자료의 수집이 미흡했다고 보여지며, 현저한 차이의 판단에 있어 1.3배의 차이가 유일한 기준이 될 수 없고, 부당 평가에 이르게 된 사유가 중요하다는 판례의 태도와, 甲과 금융기관의 협약체결내용에 임대차사항의 조사의무가 포함되어 있는바, 이는 임대차사항에 대하여 성실히 조사할 것을 기대한 금융기관의 신뢰 와 관련하여 판단할 때, 손해와 甲의 부실평가 사이에는 상당인과관계가 인정되며, 甲은 감정평가사법 제28조에 의거 손해배상책임을 진다고 볼 수 있다.

> **▌인과관계를 긍정한 판례(대판 2004.5.27, 2003다24840)**
>
> 1. 감정평가업자가 금융기관과 감정평가업무협약을 체결하면서 감정목적물인 주택에 관한 임대 차 사항을 상세히 조사할 것을 약정한 경우, 이는 금융기관이 감정평가업자에게 그 주택에 관 한 대항력 있는 임차인의 존부 및 그 임차보증금의 액수에 대한 사실조사를 의뢰한 취지라 할 것이니, 감정평가업자로서는 협약에 따라 성실하고 공정하게 주택에 대한 위와 같은 임대차관 계를 조사하여 금융기관에게 알림으로써 금융기관이 그 주택의 담보가치를 적정하게 평가하여 불측의 손해를 입지 않도록 협력하여야 할 의무가 있고, 1991.6.30.까지는 누구나 타인의 주

민등록관계를 확인할 수 있었으나, 주민등록법 및 같은 법 시행령이 개정됨에 따라 1991.7.1. 부터는 금융기관은 담보물의 취득을 위한 경우에 타인의 주민등록관계를 확인할 수 있되 일개 사설감정인에 불과한 감정평가업자로서는 법령상 이를 확인할 방법이 없게 되었으므로, 감정 평가업자로서는 그 이후로는 주택의 현황조사와 주택의 소유자, 거주자 및 인근의 주민들에 대한 탐문의 방법에 의해서 임대차의 유무 및 그 내용을 확인하여 그 확인 결과를 금융기관에게 알릴 의무가 있다.

2. 감정평가업자가 현장조사 당시 감정대상 주택소유자의 처로부터 임대차가 없다는 확인을 받고 감정평가서에 "임대차 없음"이라고 기재하였으나 이후에 임차인의 존재가 밝혀진 경우, 감정평가업 자는 감정평가서를 근거로 부실 대출을 한 금융기관의 손해를 배상할 책임이 있다고 한 사례

3. 담보목적물에 대하여 감정평가업자가 부당한 감정을 함으로써 감정의뢰인이 그 감정을 믿고 정당한 감정가격을 초과한 대출을 한 경우에는 부당한 감정가격에 근거하여 산출된 담보가치 와 정당한 감정가격에 근거하여 산출된 담보가치의 차액을 한도로 하여 대출금 중 정당한 감정 가격에 근거하여 산출된 담보가치를 초과한 부분이 손해액이 된다.

4. 담보목적물에 주택임대차보호법에서 정한 대항력을 갖춘 임차인이 있는 경우, 정당한 감정가 격에 근거한 담보가치는 주택의 감정평가액에서 임차보증금을 공제한 금액에 담보평가요율을 곱하는 방법에 따라 계산한 금액이라고 한 사례

▌ 인과관계를 부정한 판례(대판 1997.9.12, 97다7400)

1. 지가공시 및 토지 등의 평가에 관한 법률 제26조 제1항은 "감정평가업자가 타인의 의뢰에 의하 여 감정평가를 함에 있어서 고의 또는 과실로 감정평가 당시의 적정가격과 현저한 차이가 있게 감정평가하거나 감정평가서류에 허위의 기재를 함으로써 감정평가의뢰인이나 선의의 제3자에 게 손해를 발생하게 한 때에는 감정평가업자는 그 손해를 배상할 책임이 있다."고 규정하고 있 고, 여기에서 '감정평가라 함은 '토지 및 그 정착물 등 재산의 경제적 가치를 판정하여 그 결과 를 가액으로 표시하는 것'을 말하는바, 금융기관이 담보물에 관한 감정평가를 감정평가업자에 게 의뢰하면서 감정업무협약에 따라 감정목적물에 관한 대항력 있는 임대차계약의 존부와 그 임차보증금의 액수에 대한 사실조사를 함께 의뢰한 경우에 그 감정평가의 직접적 대상은 그 담보물 자체의 경제적 가치에 있는 것이고, 임대차관계에 대한 사실조사는 그에 부수되는 업무 로서 당연히 담보물에 대한 감정평가의 내용이 되는 것은 아니지만, 감정평가업자는 금융기관 의 의뢰에 의한 토지 및 건물의 감정평가도 그 업무로 하고 있으므로 감정평가업자가 그 담보물 에 대한 감정평가를 함에 있어서 고의 또는 과실로 감정평가서류에 그 담보물의 임대차관계에 관한 허위의 기재를 하여 결과적으로 감정평가의뢰인으로 하여금 부동산의 담보가치를 잘못 평 가하게 함으로써 그에게 손해를 가하게 되었다면 감정평가업자는 이로 인한 손해를 배상할 책 임이 있다.

2. 감정평가업자가 금융기관의 신속한 감정평가 요구에 따라 그의 양해 아래 임차인이 아닌 건물 소유자를 통하여 담보물의 임대차관계를 조사하였으나 그것이 허위로 밝혀진 경우, 감정평가업 자에게는 과실이 없으므로 손해배상책임이 인정되지 않는다고 본 사례

V. 사례의 해결

금융기관의 감정평가의뢰로 인한 甲과의 법률관계는 사법상의 특수한 위임으로 볼 수 있고, 감정평가 사법 제28조의 규정은 일반법이라 할 수 있는 민법 제750조에 대한 특례라고 보여진다. 따라서 손해 배상의 성립요건으로서 감정평가사법 제28조의 해석을 통하여 현저한 차이, 인과관계를 판단해야 한 다. 사안의 경우, 甲은 임대차관계를 충실히 조사하지 않은 과실이 인정되며, 적정가격과 현저한 차이 로서 1.3배의 기준이 아닌 부실감정에 이르게 된 감정평가법인등의 귀책사유가 문제되므로, 고의·과 실여부, 인과관계의 인정 여부 등을 종합적으로 고찰하여야 한다. 甲과 금융기관의 협약사항에 임대차 사항 조사내용이 포함되어 있는바 이는 신의성실의 원칙이나 신뢰보호의 원칙과 관련하여 부실 감정 평가와 손해 사이에 인과관계가 성립된다고 볼 수 있는바 甲은 손해배상책임을 지게 된다. 그러한 손 해배상액은 담보목적의 감정평가에 있어 부당한 감정가격에 근거하여 산출된 담보가치와 정당한 감정 가격에 근거하여 산출된 담보가치의 차액을 한도로 하여 대출금 중 정당한 감정가격에 근거하여 산출 된 담보가치를 초과한 부분이 손해액이 된다(판례).

---

4 감정평가법인등 甲은 토지 등의 매매업을 직접 영위한 사실이 적발되어, 국토교통부장관인 乙로부터 「감정평가 및 감정평가사에 관한 법률」(이하 감정평가사법) 제32조 및 동법 시행령 제29조에 의거 6개월의 업무정지처분을 받았다. 이에 甲은 그러한 위반사실은 인정하지만, 구체적으로 5년간 성실 하게 아무런 위반사실 없이 감정평가업을 수행하여 오고 있었음에도 이러한 사실을 고려하지 않은 6개월의 업무정지처분은 위법하다고 주장한다. 甲은 업무정지처분에 대하여 어떠한 방법으로 불복 할 수 있는지를 논술하시오. **30점** (처분기준인 감정평가사법 시행령 제29조 별표 3의 법적 성질을 나누어 검토하시오)

I. 논점의 정리

사안은 감정평가법인등 甲이 국토교통부장관의 6개월의 업무정지처분이 과도하다는 사유로 그 위법 을 다툴 수 있는지의 여부로서,

(1) 사안의 해결을 위해 감정평가 및 감정평가사에 관한 법률(이하 감정평가사법) 제32조에 의한 동법 시행령 제29조 [별표 3]의 법적 성질을 검토하여, 해당 업무정지처분의 법적 성질을 규명하고,

(2) 그 위법성의 판단을 위해 해당 별표규정을 행정규칙으로 보는 경우와 법규명령으로 보는 경우로 나누어 검토하며,

(3) 그 위법에 따른 실제적 구제수단인 취소쟁송 및 집행정지, 국가배상청구소송 등에 대하여 검토한다.

II. 업무정지처분기준(별표 2)의 법적 성질

1. 문제점

해당 감정평가사법 시행령 제29조에 근거한 [별표 3] 규정은, 그 형식은 상위법의 위임에 터잡아 규정 된 법규명령의 형식으로 규정되나, 그 실질은 제재처분의 내부적 기준인 재량준칙의 내용인바, 이러한 법규명령형식의 재량준칙의 법적 성질에 따라 해당 처분의 재량행위성의 판단기준과 위법성의 심사구 조 등에 있어 논의의 실익이 있다.

2. 학설

(1) 법규명령설(형식설, 다수설)

법규명령의 형식으로 규정된 이상 해당 재량준칙은 법규로 되어 국민과 법원을 구속한다는 견해이다. 법규명령은 일반 공권력에 근거하여 제정되는 것으로 개인의 자유·재산에 직접 관계없는 사항이라도 국가와 일반국민을 구속하는 점을 논거로 한다.

(2) 행정규칙설(실질설)

행정규칙은 법규의 형식으로 제정되어도 행정규칙으로서의 성질이 변하지 않는다는 견해이다. 법률과 법규명령이 언제나 국민 일반을 구속하는 것은 아니라는 것을 논거로 한다.

(3) 수권 여부에 따라 구분하는 견해

내용과 형식에 관계없이 법률의 위임 여부에 따라 구분하는 견해이다. 법률의 위임 없이 제정된 것은 부령형식을 취하였다 하여도 행정규칙의 효력만 인정할 수 있고, 법률의 위임에 의해 제정된 것은 법규명령으로서의 효력을 인정할 수 있다고 한다.

3. 판례

종전 대법원은 일관되게 이를 국민이나 법원을 구속하지 못하는 행정규칙에 불과하다고 판시하였으나 최근 주택건설촉진법 시행령 관련사건(대판 1997.12.26, 97누15418)에서 해당 처분의 기준이 된 주택건설촉진법 시행령 제10조의3 제1항 [별표 1]은 주택건설촉진법 제7조 제2항의 위임규정에 터잡은 규정형식상 대통령령이므로 그 성질이 부령인 시행규칙이나 또는 지방자치단체의 규칙과 같이 통상적으로 행정조직 내부에 있어서의 행정명령에 지나지 않는 것이 아니라 대외적으로 국민이나 법원을 구속하는 힘이 있는 법규명령에 해당한다고 판시하였다.

최근에는 대판 2006.6.22, 2003두1684 ��合(협의의 소익)에서는 "제재적 행정처분의 가중사유나 전제요건에 관한 규정이 법령이 아니라 규칙의 형식으로 되어 있다고 하더라도, 그러한 규칙이 법령에 근거를 두고 있는 이상 그 법적 성질이 대외적, 일반적 구속력을 갖는 법규명령인지 여부와는 상관없이 관할 행정청이나 담당공무원은 이를 준수할 의무가 있으므로 이들이 그 규칙에 정해진 바에 따라 행정작용을 할 것이 당연히 예견되고, 그 결과 행정작용의 상대방인 국민으로서는 그 규칙에 영향을 받을 수밖에 없다."라고 판시, 구체적인 사안별로 권리보호의 필요성을 적시하고 있다.

4. 검토

판례가 법규명령형식의 재량준칙의 재판규범성을 일관되게 부인한 것은 이의 법규성을 인정하게 되면 처분청이 재량준칙에 따라 기계적으로 집행하게 되어 구체적인 사안에 있어서 형평을 기하기 어렵게 된다는 점을 고려한 것으로 볼 수 있었다. 그러나 최근 대통령령 형식의 재량준칙에 대하여는 법규성을 인정하였는바, 합리적 근거를 찾기 어렵다고 본다. 대판 2006.6.22, 2003두1684 ��合(협의의 소익)이 시사하는 바가 매우 크지만 여기서는 감정평가사법 시행령 제29조 [별표 3]에 대한 논의로써 법적 성질에 국한하여 검토가 필요하다고 할 것이다.

학설과 판례 등을 검토컨대, 법치주의에 근거한 형식의 엄격성, 절차적 정당성 및 법규명령에 대한 국민의 예측가능성을 부여하는 점에 비추어 법규명령으로 봄이 타당하다고 보여진다.

III. 업무정지처분의 법적 성질

1. 침익적 행정행위로서의 하명

업무정지처분은 부작위의무를 부과하는 행정행위로서 강학상 하명에 해당하는바 해당 처분에 대하여 행정쟁송을 통하여 다툴 수 있다.

2. 재량행위성

(1) 기속·재량의 구별기준

종래 요건재량설, 효과재량설이 논의되었으나, 현재의 통설과 판례는 해당 법규의 문언, 목적 및 취지, 기본권과의 관련성을 합리적으로 고려하여 판단하여야 한다고 본다.

(2) 업무정지처분의 재량행위성 여부

① [별표 3] 규정을 행정규칙으로 보는 경우 처분의 근거가 되는 법규범의 범위는 모법인 감정평가사법 제32조 제1항이 되며, 동 조항의 문언에 비추어 "~할 수 있다"고 규정된 바 재량행위로 볼 수 있다.

② [별표 3] 규정을 법규명령으로 보는 경우 별표규정은 법규성이 인정되어 대외적 구속력이 인정되는바, 처분의 근거는 별표규정이 되어 기속행위로 볼 여지가 있다. 그러나 동법 시행령 제29조 일반기준과 개별기준에서 가중규정 및 감경규정은 그 형식, 체제, 문언상 재량의 여지를 부여하는바 형식설에 의하더라도 업무정지처분은 여전히 재량행위로 판단된다.

IV. 업무정지처분의 위법성

1. 문제점

해당 업무정지처분의 경우, 주체·형식·절차의 측면상 위법성이 없다고 판단되며, 내용상 하자와 관련하여 법규성 여부에 따른 재판규범으로서 위법성 심사구조를 검토한다.

2. [별표 3]을 행정규칙으로 보는 경우

(1) 위법성 판단기준

위법성 여부는 별표가 아닌 감정평가사법 제32조 제1항에 의해 재량의 일탈·남용 여부에 따라 판단하여야 하는바, 사안에서는 비례의 원칙 위반 여부가 문제된다.

(2) 비례의 원칙

비례의 원칙이란 행정의 목적달성을 위해 수단을 동원함에 있어 달성하고자 하는 목적과 수단 사이에 합리적 균형관계가 유지되어야 한다는 것으로 헌법 제37조 제2항에 근거한다. 이는 적합성, 필요성, 상당성을 그 내용으로 하여 단계적 심사를 통해 위법성을 판단하게 된다.

(3) 사안의 적용

업무정지처분의 취지는 감정평가사의 의무를 담보하는 목적달성에 적합한 수단이나, 6개월의 업무정지는 목적달성의 필요최소한도의 침해수단으로 필요성이 인정된다고 보기 어렵고, 장기간 성실히 감정평가업을 영위해온 사정에 비추어 처분으로 인해 침해되는 사익과 달성되는 공익 사이에 상당성이 있다고 보기 어렵다. 따라서 해당 업무정지처분은 비례원칙에 위배된 위법한 처분이며 그 위법성의 정도는 취소사유라고 볼 수 있다.

3. [별표 3]을 법규명령으로 보는 경우

(1) 감정평가사법 시행령 제29조 [별표 3]의 위헌·위법 여부

위임입법의 한계로 ① 법률상 수권규정이 있어야 하고, ② 구체적 범위를 정하여 수권하여야 하며, ③ 모법을 부당하게 제한하여 모법의 취지에 어긋나지 않아야 한다. 사안의 경우, 2년의 범위 내에서 감정평가사법 제32조에서 동법 시행령에 그 기준을 위임하고 있어, [별표 3]이 모법의 재량권을 과도하게 제한하는지는 문제되나, 행정청의 의사는 가능한 존중되어야 하며, 시행령 제29조 일반기준에 감경규정을 두고 있는 등으로 볼 때 위헌위법의 여지는 없다고 판단된다.

(2) 업무정지처분의 위법성

비록 [별표 3]이 기속적으로 처분기준을 일의적으로 규정하나, 시행령 제29조 일반기준의 감경규정에 따라, "정상참작의 사유존재" 시 구체적 사안에 따라 재량권을 행사하여야 한다. 사안의 경우, 일응 처분기준에 따른 적법성이 인정되나, 구체적 사정의 고려 없이 별표규정에 따른 일의적 처분으로 재량의 불행사 또는 비례의 원칙을 위반한 위법한 처분이라 할 수 있다.

Ⅴ. 사례의 해결

(1) 업무정지처분은 침익적 처분으로서 하명에 해당하며, 근거규정인 [별표 3]을 행정규칙으로 보는 경우뿐만 아니라 법규명령으로 보는 경우도 감경규정 등의 취지에 따라 재량행위로 판단된다.

(2) [별표 3]을 행정규칙으로 보는 경우 업무정지처분은 비례의 원칙 위반으로 재량의 일탈, 남용이 있는 바 위법하며, 법규명령으로 보더라도 정상참작의 사유가 있는지를 판단하여야 함에도 재량권의 불행사로서 위법성이 인정된다.

(3) 따라서 甲은 업무정지처분에 대하여 그 법규성 여부와 관계없이 구체적 사실의 고려가 없는 비례원칙 위반사유를 주장하여 그 위법성을 주장할 수 있다.

(4) 나아가, 甲은 회복하기 어려운 손해의 발생 시 집행정지를 신청할 수 있으며, 위법한 업무정지로 손해가 발생 시 손해배상청구도 가능하나, 고의·과실 여부의 입증은 어려울 것으로 판단된다.

---

5 감정평가사 甲은 乙의 재산에 대한 감정평가를 허위로 하였다는 이유로 감정평가관리·징계위원회(이하 징계위원회)에 회부되어 국토교통부장관으로부터 2개월의 업무정지처분을 받았다. 甲은 의견 제출을 통하여 자기는 위와 같은 감정평가를 허위로 한 사실이 없다고 주장하고 있으나, 국토교통부장관은 乙이 제시한 증거에 의하여 甲의 허위평가사실을 인정하고 甲의 주장을 받아들이지 않았다. 甲은 1개월 후 취소소송을 제기하였으나, 서울행정법원은 심리를 진행하다가 이미 업무정지기간이 만료되었음을 이유로 소를 기각하였다. **40점**

(1) 가중처벌의 가능성을 규정한 관련법규로 감정평가 및 감정평가사에 관한 법률 시행령 제29조 [별표 3]의 법적 성질을 논하시오. **15점**

(2) 행정소송법 제12조 제2문의 법률상 이익과 관련하여 협의의 소익이 있는지를 논하시오. **25점** (변경된 전원합의체 판결을 구체적으로 검토하시오)

Ⅰ. 논점의 정리

(1) 사안은 甲에게 발하여진 처분의 취소를 구하는 소송이 계속되는 도중 기간의 경과로 처분의 효과가 소멸되었음에도 甲에게 소의 이익이 인정되는지가 문제된다.

(2) 먼저 해당 가중처분기준을 규정하고 있는 감정평가사법 시행령 제29조 [별표 3]의 법적 성질이 법규성을 갖는지를 검토하고,

(3) 법규성의 인정에 따라 행정소송법 제12조 제2문의 권리보호의 필요가 甲에게 인정되는지를 검토하여 소의 이익 여부를 해결하도록 한다.

Ⅱ. 가중처벌의 가능성을 규정한 관련법규의 법적 성질

1. 문제의 소재

감정평가사법 제32조는 업무정지를 규정하면서 제5항에서는 업무정지 등의 기준은 대통령령으로 위임하여 동법 시행령 제29조 [별표 3]의 일반기준에서는 처분의 기준과 가중감경처분의 가능성을 규정하고 있다. 또한 [별표 3]에서 처분의 한도 등을 규정하고 있는바, 형식은 법규법령이나 실질이 행정규칙으로 법규성 인정 여부와 권리보호의 필요의 인정 논의와 연계된다고 할 것이다.

2. 법규명령의 형식을 가지는 행정규칙의 법적 성질

(1) 학설

① **법규명령설**(형식설) : 형식을 강조하여 법규명령의 형식으로 규정되어 있는 이상 법규명령으로 보아야 한다는 견해이다. 다수의 견해이다.

② **행정규칙설**(실질설) : 해당 규범의 실질내용을 강조하여 내용이 행정사무의 내부처리기준에 불과하므로 행정규칙으로 보아야 한다는 견해이다.

③ **수권여부기준설** : 형식면을 강조하면서도 법률의 위임수권 여부를 기준으로, 위임의 근거가 있다는 경우에는 법규명령, 위임의 근거가 없는 경우에는 행정규칙으로 보아야 한다는 견해이다.

(2) 판례

판례는 문제된 규범의 형식에 따라, 다른 입장을 보이고 있다. 즉, 총리령이나 부령형식을 갖는 경우에는 법규명령으로 이해한다.

(3) 소결

이러한 문제는 궁극적으로 형식과 내용이 일치되는 행정입법의 제정을 통해 시정되어야 할 것이지만, 해석론으로는 실질적인 내용을 중심으로 검토되는 것이 바람직하다고 생각한다. 따라서 그 내용이 행정기관만을 내부적으로 구속하는 것이라면 행정규칙으로서의 성질은 변하지 않는다고 보는 것이 타당하다고 할 것이다.

3. 사안의 적용

위의 검토입장에 따를 경우에는 감정평가사법령상의 내용 및 [별표 3] 기준은 행정규칙으로서의 성격을 가지게 될 것이다. 그러나 학설의 다수견해 및 판례의 입장에 따른다면 법규명령으로 보게 될 것이다.

III. 행정소송법 제12조 제2문의 법률상 이익의 인정 여부

1. 문제의 소재

처분의 취소소송의 계속 중 처분기간이 경과하면 소의 이익이 소멸한다. 그러나 감정평가사법령에서 업무정지를 받은 전력으로 인하여 가중처분의 가능성이 존재하기 때문에 예외적 소의 이익이 존재하는지 문제된다.

2. 협의의 소익(권리보호의 필요)

(1) 의의 및 취지

구체적 사안에서 본안판단을 행할 현실적 필요성을 말하며, 권리보호의 필요라고도 한다. 협의의 소의 이익을 비롯한 소송요건의 취지는 남소방지와 재판청구권 보장 사이의 이익형량을 위한 것이다.

(2) 소송요건

대상적격, 원고적격 등과 함께 소송요건의 하나이다. 따라서 직권조사사항이며, 흠결 시 각하판결을 하게 된다.

3. 원고적격과의 구별 여부

행정소송법 제12조 제2문에서는 원고적격이라는 표제로 하여 제12조 제1문과 동일하게 법률상 이익이라는 동일한 용어를 사용하고 있는바, 그 의미에 대하여 비구별설과 구별설로 나뉜다.

(1) 비구별설(입법상 비과오설 = 원고적격설)

행정소송법 제12조 제2문의 법률상 이익도 제12조 제1문과 동일하게 원고적격을 의미하며 소의 이익은 판례와 학설에 의해 인정되는 것으로 보는 견해가 있다.

(2) 구별설(입법상과오설 = 권리보호필요설)

① 처분의 효력이 소멸되어 침해된 권리 내지 법적 지위가 회복될 수 없는 경우에도 회복될 수 있는 법률상 이익이 있는 경우에는 권리보호의 필요가 있다는 것이 동조의 입법취지라는 점, ② 비구별설에 의하면 협의의 소의 이익에 관한 규정이 없게 된다는 문제가 있다는 점을 논거로 협의의 소의 이익으로 보는 견해가 타당하며 다수의 입장이다. 개정안에서도 협의의 소의 이익에 대하여 별도로 규정을 신설하고 있다.

4. 법률상 이익의 범위

(1) 학설

구별설에 의할 때에도 법률상 이익의 범위에 대하여 ① 법 제12조 제1문보다 넓게 부수적 이익도 포함하지만 법적으로 보호할 만한 가치가 있는 이익에 한정하는 견해, ② 경제적 이익, 명예·신용 등의 인격적 이익, 사회적 이익까지 포함된다는 견해, ③ 문화적 이익까지 포함된다는 견해가 있다.

(2) 판례

처분의 근거 법률에 의하여 보호되는 직접적이고 구체적인 이익을 말하며, 간접적이거나 사실적·경제적인 이해관계를 가지는 데 불과한 경우는 해당되지 않는다고 하는바, ①설의 입장으로 보인다.

(3) 검토 및 개정안

본 소송은 형식은 취소소송이지만 실질은 처분의 효력이 소멸된 경우 등에서 처분의 위법성을 확인하는 확인소송이라고 이해되므로, 원고가 위법확인을 받아야 할 이익이 경제적·사회적·문화적 이익인지 여부보다는 제정처분의 효력이 소멸되었음에도 취소소송을 통하여 보호를 해주어야 할 현실적인 필요성이 있는지 여부에 의해 결정되어야 할 것이다. 따라서 명예나 신용과 같은 이익도 경우에 따라서는 소의 이익이 인정될 수 있을 것이다.

개정안에서도 명예·신용의 이익, 위법한 행정행위에 의한 권리침해의 방지, 국가배상청구를 대비한 소의 이익이 앞으로 판례에 의하여 인정될 수 있도록 협의의 소의 이익을 원고적격과는 별도로 규정하고 있다.

5. 제재적 처분이 가중처분의 요건인 경우의 협의의 소의 이익

(1) 처분의 효력이 소멸한 경우

① 원칙 : 처분의 효력이 소멸한 경우에는 원칙적으로 해당 처분의 취소를 통하여 회복할 법률상 이익이 없다.

② 예외 : 그러나 이 경우에도 처분이 외형상 잔존함으로 인하여 어떠한 법률상 이익이 침해되고 있다고 볼 만한 특별한 사정이 있는 경우에는 예외적으로 소의 이익이 있다.

예를 들면 영업정지처분에 대한 집행정지결정이 있는 경우에는 예외적으로 집행정지된 기간만큼 제재기간이 연기되고 정지처분의 효력이 소멸된 것은 아니므로 정지기간이 경과하였어도 소의 이익이 있다.

(2) 제재적 처분이 가중처분의 요건인 경우

제재적 처분이 가중처분의 요건인 경우에 가중처분을 받을 위험을 피하기 위하여 소의 이익이 있는지 문제된다.

① 종전의 판례 태도 - 가중처분규정의 법적 성질에 따라 소의 이익 유무를 판단하는 견해

(ㄱ) 종전의 판례 태도 : 판례는 가중처분규정의 법적 성질에 따라 소의 이익 여부를 판단한다. 즉, 가중처분규정의 성질이 법규명령인 경우에는 소의 이익을 인정하지만, 행정규칙인 경우에는 소의 이익을 부정한다.

(ㄴ) 가중처분 규정이 법규명령형식의 행정규칙인 경우의 가중규범의 법적 성질과 소의 이익

㉠ 부령(시행규칙) 형식의 행정규칙에 가중처분 규정이 있는 경우 : 판례는 해당 규범의 법적 성질을 부령형식(시행규칙)인 경우에는 실질을 중시하여 행정규칙이라고 본다. 따라서 운수사업면허정지처분의 가중처분의 요건을 정한 자동차운수사업면허취소 등의 처분에 관한 시행규칙(국토교통부령)은 행정부 내부의 처분기준을 정한 행정규칙이어서 대외적 구속력이 없으므로 가중적인 제재처분을 받을 불이익은 직접적·구체적·현실적인 것이 아닌바, 소의 이익이 없다고 판시하였다.

㉡ 대통령령(시행령) 형식의 행정규칙에 가중처분규정이 있는 경우 : 한편, 판례는 대통령령 형식(시행령)인 경우에는 부령형식인 경우와는 달리 가중규범의 법적 성질을 법규명령이라고 보고 있다. 따라서 이 경우에는 가중처분의 규정이 대외적인 구속력이 있어, 가중처분을 받을 불이익은 직접적·구체적·현실적인 것이므로 소의 이익이 있다고 한다.

② 변경된 전원합의체 판결의 태도(대판 2006.6.22, 2003두1684)

  (ㄱ) 다수의견 - 구체적인 사안별로 판단하는 견해

    변경된 판례의 다수견해는 협의의 소의 이익 유무를 가중규범의 법적 성질이 법규명령이냐 행정규칙이냐라는 형식적 기준에 의하여 판단하지 않고, 구체적인 사안별로 관계법령의 취지를 살펴서 현실적으로 권리보호의 필요성이 있느냐를 기준으로 판단하고 있다. 이와 같은 태도는 종래의 학설의 다수견해를 받아들인 것으로 보인다.

    그 논거로는 ㉠ 제재적 행정처분의 가중사유나 전제요건에 관한 규정이 법령이 아니라 규칙의 형식으로 되어 있다고 하더라도 그러한 규칙이 법령에 근거를 두고 있는 이상 그 법적 성질이 대외적·일반적 구속력을 갖는 법규명령인지 여부와는 상관없이 관할 행정청이나 담당공무원은 이를 준수할 의무가 있으므로 이들이 그 규칙에 정해진 바에 따라 행정작용을 할 것이 당연히 예견되고 그 결과 행정작용의 상대방인 국민으로서는 그 규칙의 영향을 받을 수밖에 없다는 점, ㉡ 나중에 후행처분에 대한 취소소송에서 선행처분의 사실관계나 위법 등을 다툴 수 있는 여지가 남아 있다고 하더라도, ⓐ 상대방으로서는 그 처분의 존재로 인하여 관련 업무나 자격 등에 관하여 장래에 확실히 받을 것으로 예상되는 불이익을 제때에 해소하지 못하는 불안정한 처지에 놓이게 되어 이에 대한 불안 때문에 해당 업무 등과 관련하여 상당한 어려움을 겪을 수 있고, ⓑ 선행처분 자체의 위법을 다투기 위하여 취소소송을 제기하였더라도 소송계속 중에 그 제재기간이 경과한 때에는 충분한 심리가 된 경우에도 선행처분의 위법 여부에 대한 판단을 받지 못한 채 소송이 종결될 것인데 나중에 다시 동일한 쟁점인 선행처분의 위법을 다투기 위하여 후행처분에 대한 취소소송을 제기하여 이중으로 노력과 비용을 들이는 불편과 부담을 감수할 수밖에 없으며, ⓒ 선행처분과 후행처분 사이에 상당한 기간이 경과한 경우에는 선행처분의 위법 여부와 관련되는 증거자료의 일실로 선행처분의 사실관계 등에 관한 심리가 어려워질 수도 있는 등 여러 가지 불합리한 결과를 초래하여 권리구제의 실효성을 저해할 수 있다는 점 등이다.

  (ㄴ) 별개의견 - 부령형식의 제재처분기준의 법적 성질을 법규명령으로 보면서 가중처분규정의 법적 성질에 따라 소의 이익 유무를 판단하는 견해

    가중처분규정의 법적 성질에 따라서 소의 이익 유무를 판단해야 한다고 하여 소의 이익에 대한 논리전개는 종전의 판례와 같이하는 견해이다. 다만, 제재처분기준은 대외적인 구속력이 있으므로 총리령·부령(시행규칙)형식의 행정규칙이더라도 법적 성질은 법규명령으로 보아야 한다는 점에서 법적 성질에 대하여는 판례의 입장인 행정규칙과 다르다.

    그 논거로는 ㉠ 대통령령과 부령은 모두 헌법 제75조와 제95조에서 정하고 있는 위임명령이고 다만 대통령령은 그 제정절차에 있어서 국무회의의 심의를 거친다는 점에서 차이가 있을 뿐인데 이 점을 가지고 그 법적 효력을 달리 볼만한 근거로 삼기는 부족하다. 따라서 대통령령형식의 제재적 처분기준을 법규명령으로 본다면 부령으로 정한 처분기준도 법규명령으로 보는 것이 논리적 일관성이 있다는 점, ㉡ 제재적 처분기준은 국민의 권리의무에 직접 영향을 미치는 것이기 때문에 이를 단순히 행정청 내부의 사무처리기준에 불과하다고 볼 수 없다는 점 등을 들고 있다.

(3) 검토 - 구체적인 사안별로 판단하는 견해

① 담당공무원은 부령형식의 행정규칙도 준수하여야 하므로 장래에 그 시행규칙이 정한 바에 따라 가중처분을 할 것이 당연히 예견된다는 점에서 가중처벌을 받을 위험을 제거할 이익은 법률상 이익이라는 점, ② 시간의 경과로 인한 증거자료 등이 일실의 문제가 있다는 점에서, 협의의 소의 이익 유무를 가중규범의 법적 성질이 법규명령이냐 행정규칙이냐라는 형식적 기준에 의하여 판단하는 종전 판례의 다수의견이나 변경된 판례의 별개의견은 타당하지 않고 구체적인 사안별로 관계법령의 취지를 살펴서 현실적으로 권리보호의 필요성이 있느냐를 기준으로 판단해야 한다는 학설의 다수견해와 변경된 판례의 다수의견의 입장이 타당하다.

6. 사안의 적용(甲의 소의 이익 여부)

판례의 다수견해에 따를 때, 甲이 입은 불이익은 구체적인 것이지 간접적, 사실적이거나 경제적 이해관계에 불과한 것이 아닌 만큼 甲으로서는 해당 업무정지처분의 취소를 구할 소의 이익이 있다고 할 것이다.

Ⅳ. 사례해결

(1) 감정평가사법 시행령 제29조 [별표 3]은 이른바 법규명령형식의 행정규칙으로서 실질적으로 행정청 내부의 사무처리기준으로써 행정규칙으로 볼 수 있다고 할 수 있다. 다만 판례 및 형식설에 의하면 법규명령이라 할 수 있을 것이다.

(2) 구체적 사안별로 판단하는 경우, 즉 판례의 다수견해에 의하면 가중제재처분의 기준의 법적 성질과 무관하게 장래에 제재처분기준이 정하는 바에 따라 가중처분을 할 것이 당연히 예견되어 甲이 장래에 받을 불이익은 구체적 직접적인 것이므로 甲은 소의 이익을 갖는다고 보여진다.

(3) 가중처분의 근거 규정의 법적 성질에 따라 판단하는 견해(판례의 소수견해)에 의하면 해당 처분기준은 법규명령으로서 甲은 장래에 가중처분을 받을 위험이 있는바 권리보호의 필요가 인정된다고 생각된다.

감정평가 및 보상법규
기본서

부록

Chapter 01   공익사업을 위한 토지 등의 취득 및
　　　　　　 보상에 관한 법령 주요내용 해설

Chapter 02   감정평가 및 보상법규 기출문제 자료집
　　　　　　 [제32회~제1회]

Chapter 03   감정평가 및 보상법규 기출문제분석표
　　　　　　 [제1회~제32회]

CHAPTER 01

공익사업을 위한 토지 등의 취득 및 보상에 관한 법령 주요내용 해설 [1]

▌ 종전의 공공용지의 취득 및 손실보상에 관한 특례법(이하 "공특법"이라 한다)과 토지수용법을 통합한 「공익사업을 위한 토지 등의 취득 및 보상에 관한 법률(이하 "토지보상법"이라 한다)」 및 동법 시행령·시행규칙이 제정·공포되어 2003.1.1.부터 시행되며, 공특법령 및 토지수용법령은 2003.1.1. 폐지되었다.

　－ 토지보상법(법률 제6656호) : 2002.2.4. 공포
　－ 동법 시행령(대통령령 제17854호) : 2002.12.30. 공포
　－ 동법 시행규칙(건설교통부령 제344호) : 2002.12.31. 공포
　　※ 토지보상법령의 전문은 건설교통부 홈페이지의 법령정보에서 찾아볼 수 있음.
　　　* http://www.moct.go.kr(법률 : 2002.2.8. 등록, 영·규칙 : 2003.1.3. 등록)

▌ 본 해설서는 새로 제정·시행되는 토지보상법령이 종전의 공특법령 및 토지수용법령과 비교할 때 달라진 주요내용을 설명함으로써 일반국민들의 이해를 돕고, 보상담당 직원들이 업무를 수행함에 있어 참고자료로 활용할 수 있도록 하기 위하여 작성한 것이다.

목 차

제 목	관련법령 조문	페이지
Ⅰ. 보상절차의 체계화·일원화	법 제14조 내지 제16조	558
Ⅱ. 공익사업 범위의 합리적 조정	법 제4조	560
Ⅲ. 개발이익배제의 원칙	법 제67조, 규칙 제23조	561
Ⅳ. 보상액의 산정절차	법 제68조, 영 제28조 등	563
Ⅴ. 보상전문기관 지정 및 위탁수수료	법 제81조, 영 제43조	563
Ⅵ. 보상협의회의 설치 및 구성	법 제82조, 영 제44조	564
Ⅶ. 이의재결 임의주의 채택	법 제83조·제85조	565
Ⅷ. 환매제도의 일원화	법 제91조	566
Ⅸ. 행정대집행 및 벌칙 규정의 정비	법 제89조·제93조 등	567
Ⅹ. 보상기준 및 평가방법의 개선 (도로·어업권 평가, 영농손실보상)	규칙 제26조·제44조·제48조·제63조 등	568
Ⅺ. 기타 개선사항	영 제8조, 규칙 제53조 등	571
Ⅻ. 시행령·규칙의 적용례 및 경과조치	영·규칙의 부칙 규정	572
※ 손실보상액의 평가·보상기준	규칙 제22조·제45조 등	

---

1) 국토교통부 통합법안에 대한 주요내용 해설(2003.1.1. 토지보상법 시행)

01 보상절차의 체계화·일원화(법 제14조 내지 제16조·제26조)

토지취득 및 보상절차의 비교

≫ 제정이유 : 이원적인 보상절차를 일원화하여 효율성 제고

- 종전의 공특법에 의한 협의가 성립되지 않아 토지수용법에 의한 수용재결을 신청하는 경우에는 사업인정 이후에 협의절차를 다시 반복해야 하기 때문에 결과적으로 「토지·물건조서 작성 ⋯ 보상계획 공고·열람 ⋯ 보상액 산정 ⋯ 협의 ⋯ 사업인정 ⋯ 토지·물건조서 작성 ⋯ 재협의 ⋯ 수용재결」의 절차를 거치게 되어 있었다.

- 토지보상법에서는 이러한 문제점을 해소하여 보상절차를 「토지·물건조서작성 ⋯ 보상계획 공고·열람 ⋯ 보상액 산정 ⋯ 협의 ⋯ 사업인정 ⋯ 수용재결」로 일원화하여 사업인정 후에 토지·물건조서 내용에 변동이 없을 경우에는 재협의 절차를 생략할 수 있도록 하였다.

물론 조서의 내용에 변동이 없을 때에도 토지소유자와 사업시행자 중 일방이 재협의를 요구할 경우에는 재협의를 하도록 하여, 피보상자의 권익보호와 원활한 공익사업 추진에 만전을 기하도록 하였다.

≫ 경과조치(법 부칙 제5조 · 제6조)

> **제5조(사업인정 전의 보상절차에 관한 적용례 및 경과조치)**
> 제14조 내지 제16조의 규정은 이 법 시행 후 공고 · 고시되거나 시행되는 공익사업부터 적용하되, 이 법 시행 당시 이미 공고 · 고시되거나 시행되고 있는 공익사업에 관하여는 종전의 공공용지의 취득 및 손실보상에 관한 특례법령의 규정에 의한다.

- 경과조치가 적용되는 기존 사업에 대하여는 공특법 시행규칙 제5조의2(토지조서 및 물건조서의 작성) · 제5조의3(보상계획의 열람 등) · 제5조의6(협의 등)의 규정에 의한다.
- 종전의 공특법 시행규칙에서는 토지조서 및 물건조서의 서식을 토지보상법령과 다르게 규정하고 있고, 토지소유자 등의 서명 또는 날인을 요구하고 있지 않았다.
- 이와 같은 경과조치는 법령이 개정되는 경우 진행 중인 사안에 개정규정을 바로 적용할 경우 이미 이행한 종전의 절차는 무효가 되고 다시 새로운 법령의 규정에 의한 절차를 이행하여야 하는 등의 혼란이 야기되는 것을 방지하기 위하여 규정하는 것이다.

> **제6조(사업인정 후의 보상절차에 관한 적용례 및 경과조치)**
> 제26조 내지 제29조의 규정은 이 법 시행 후 사업인정을 받은 사업부터 적용하되, 이 법 시행 당시 이미 사업인정을 받은 사업은 종전의 토지수용법령의 규정에 의한다.

- 경과조치가 적용되는 기존 사업에 대하여는 토지수용법 제22조(토지물건조사권) · 제23조(토지조서 및 물건조서의 작성) · 제24조(토지조서 및 물건조서의 효력) · 제25조(협의와 재결의 신청) · 제25조의2(협의성립 확인)의 규정에 의한다.
- 종전의 토지수용법에 의할 경우 새로 제정된 토지보상법 제26조(협의 등 절차의 준용)는 적용되지 않으므로, 토지수용법 제23조의 규정에 의하여 토지조서 및 물건조서를 작성(토지소유자 등이 조서에 서명날인을 거부하는 경우 입회공무원의 서명날인을 받아야 함)하여야 하며, 공특법령에 의한 협의와는 별도로 사업인정고시 후에 토지수용법 제25조의 규정에 의한 협의절차를 다시 이행하여야 한다.

02 공익사업 범위의 합리적 조정(법 제4조)

〈토지수용법〉	〈토지보상법〉
• 법률 또는 법률의 위임에 의한 명령으로 시행하는 도로·철도 등의 사업 • 국가 또는 지방공공단체가 설치하는 공공용시설 • 사회교육·학예에 관한 사업 • 제철·비료 등 대통령령으로 정하는 사업	• 관계법률에 의하여 허가 등을 받아 공익을 목적으로 시행하는 사업 • 국가 또는 지방자치단체가 설치하는 공공용시설 • 학교·도서관·박물관 및 미술관의 건립에 관한 사업 〈삭 제〉

» 제정이유
  • 공익을 위하여 반드시 필요한 사업만 국민의 재산권을 침해할 수 있는 공익사업으로 규정하여 수용권이 남발되지 않도록 제도를 개선하였다.

03 개발이익배제의 원칙(법 제67조, 규칙 제23조)

〈공특법령〉	〈토지보상법령〉
• 개발이익배제에 관한 명문의 규정은 없음 • 공법상 제한을 받는 토지(공특법 시행규칙 제6조 제4항) - 공법상 제한을 받는 토지는 그 공법상 제한이 해당 공공사업의 시행을 직접 목적으로 하여 가하여진 경우를 제외하고는 제한받는 상태대로 평가하되 제한의 정도를 감안하여 적정하게 감가하여 평가함	• 개발이익배제의 원칙 명문화(법 제67조 제2항) - 보상액의 산정에 있어서 해당 공익사업으로 인하여 토지 등의 가격에 변동이 있는 때에는 이를 고려하지 아니함 • 용도지역이 변경된 경우(규칙 제23조) - 해당 공익사업의 시행을 직접 목적으로 하여 용도지역 등이 변경된 경우에는 변경 전의 용도지역 등을 기준으로 평가함 • 공법상 제한을 받는 토지(규칙 제23조) - 규정내용은 종전의 법령과 같음 - 공법상 제한을 받는 토지에 대하여는 제한받는 상태대로 평가함 - 다만, 그 공법상 제한이 해당 공익사업의 시행을 직접 목적으로 하여 가하여진 경우에는 제한이 없는 상태를 기준으로 평가함

》 제정이유

- 개발이익은 형평의 관념에 비추어 볼 때 토지소유자에게 당연히 귀속되어야 할 성질의 것은 아니고, 오히려 투자인인 사업시행자 또는 궁극적으로는 국민 모두에게 귀속되어야 한다(헌재 결 1990.6.25, 헌마107).
- 해당 공익사업을 직접 목적으로 하여 용도지역이 변경된 경우에는 대법원 판례(대판 1995.11.7, 94누13725)를 참작하여 명확하게 법령에 규정하였다.

04 보상액의 산정절차(법 제68조, 영 제28조, 규칙 제16조 · 제17조)

〈공특법령〉	〈토지보상법령〉

• 감정평가법인등 선정
   – 사업시행자가 2명을 선정하여 평가의뢰
   – 토지소유자 추천제도 : 없음
	• 감정평가법인등 선정(법 제68조)
	   – 사업시행자가 3인 선정
	   – 감정평가법인등을 추천하지 아니하는 경우에는 2인
	 • 토지소유자 추천요건(영 제28조)
	   – 요건 : 보상대상 토지면적의 2분의 1 이상에 해당하는 토지소유자와 토지소유자 총수의 과반수의 동의
	   – 기한 : 열람기간 만료 후 30일

• 감정평가서 심사제도
   – 서식에서 심사란을 둠(명문의 규정은 없음)
	• 감정평가서 심사제도(규칙 제16조)
	   – 감정평가사 1인 이상의 심사를 받도록 하고, 심사자에게 성실한 심사의무를 부여(평가의 적정성 제고)
	   – 심사자는 평가서의 틀린 계산 · 오기, 평가액의 타당성 등을 심사

• 평가 후 1년 경과시 재평가
   – 재평가액이 당초 평가액보다 낮을 때에는 당초 평가액으로 보상
	• 평가 후 1년 경과시 재평가(규칙 제17조)
	   – 재평가액의 산술평균치를 기준으로 보상(재평가액이 낮을 수도 있음)

• 평가액 중 최고평가액이 최저평가액의 1.3배를 초과하는 경우
   – 다른 평가업자가 재평가
   – 건설교통부장관에게 통지하는 규정은 없음
	• 평가액 중 최고평가액이 최저평가액의 1.1배를 초과하는 경우
	   – 다른 평가업자가 재평가
	   – 평가내역 및 해당 감정평가법인등을 국토교통부장관에게 통보(국토교통부장관은 적법 여부 조사)

》 제정이유

- 토지소유자의 감정평가법인등 추천제도 : 사업시행자가 일방적으로 평가업자를 선정하는 경우에는 토지소유자의 권익이 부당하게 침해될 소지가 있으므로 토지소유자도 일정한 요건을 갖추어 평가업자를 추천할 수 있도록 하기 위한 것이다.

※ 추천요건 : 토지면적의 1/2 이상 및 소유자 과반수의 동의

1개의 사업구역 내에서는 동일한 평가업자에게 평가를 의뢰하여야 한다. 공익사업에는 많은 토지가 편입되고 그에 따라 토지소유자가 많기 때문에 각자가 요구하여 개별 토지별로 다른 평가업자에게 평가를 의뢰할 경우 평가의 형평성을 유지할 수 없으므로 1인의 감정평가법인등만이 선정될 수 있도록 하기 위한 규정이다.

※ 추천기한 : 보상계획 열람기간 만료일부터 30일 이내

보상협의 일정 지연 등으로 인하여 사업추진에 지장을 초래하지 않도록 보상계획 공고일부터 44일(열람기간 14일, 열람기간 만료 후 30일) 이내에 추천하도록 적정한 기한을 정한 것이다.

• 평가 후 1년이 경과하여 재평가하는 경우 보상액 산정방법 : 법 제67조 제1항에서 보상액의 산정은 협의에 의한 경우에는 협의성립 당시의 가격을 기준으로 하도록 규정되어 있으므로, 법률의 규정에 따라 계약 당시의 가격으로 보상하도록 하는 것이다.

≫ **적용례**(시행령 부칙 제3조)

> ☑ **제3조(토지소유자의 감정평가업자 선정요청방법에 관한 적용례)**
> 제28조의 규정은 이 영 시행 후 법 제15조 제1항의 규정에 의하여 보상계획을 공고하거나 통지하는 공익사업부터 적용한다.

• 토지소유자의 감정평가법인등 추천제도는 2003.1.1. 이후에 보상계획을 공고하거나 통지하는 사업부터 적용한다. 즉, 2002.12.31. 이전에 이미 보상계획이 공고된 기존의 사업에 대하여는 시행령 제28조의 규정을 적용하지 않는다는 것이다. 이는 사업추진의 지연 등 혼란을 방지하기 위한 것이다.

05 보상전문기관 지정 및 위탁수수료(법 제81조, 영 제43조)

〈토지수용법〉	〈토지보상법〉

• 이주대책 관련업무를
   – 지방자치단체에 위탁 가능
    * 보상업무 위탁규정은 없음
 	
• 위탁수수료
   – 83.10.5. 개정 이후 변동 없음
    * 4단계 요율 : 2% ~ 1%
     (76.6 제정 당시 : 3% 단일요율)
	• 보상·이주대책 관련업무를
	   – 지방자치단체 또는
	   – 보상전문기관에 위탁 가능
	
	• 위탁수수료
	   – 요율의 상·하한선은 현행과 같이 2% ~ 1%로 하되,
	   – 구간별 기준금액의 범위를 현실에 맞게 조정함

≫ **제정이유**

• **제도의 취지** : 보상에 대한 지식과 경험 또는 전담직원이 부족한 사업시행자의 경우, 전문성과 효율성을 가진 보상전문기관에 보상업무 및 이주대책에 관한 업무를 위탁할 수 있도록 하여 원활한 업무추진과 보상대상자의 권익을 적정하게 보호할 수 있도록 제도를 도입한 것이다.

- **보상전문기관 지정** : 보상실적이 있거나 전문성이 있는 기관

  정부투자기관(5) : 토지·주택·수자원·도로·농업기반공사

  ※ 연간 보상실적이 800억원 이상이고, 전국적인 조직을 가진 기관

  정부출자기관(1) : 한국부동산원(전문성 및 전국적인 조직을 가진 기관)
- **위탁수수료의 요율**(영 별표) : 5단계 요율체계

≫ 적용례 및 경과조치(시행령 부칙 제4조)

> 🡆 **제4조(보상·이주대책업무의 위탁수수료에 관한 적용례 및 경과조치)**
> 제43조 제4항 및 제5항의 규정은 이 영 시행 후 보상 또는 이주대책에 관한 업무를 위탁하는 분부터 적용하되, 이 영 시행 당시 이미 이주대책에 관한 업무를 위탁한 경우에는 종전의 공공용지의 취득 및 손실보상에 관한 특례법 시행령의 규정에 의한다.

- 시행령 별표의 규정에 의한 위탁수수료의 요율은 2003.1.1. 이후에 보상 또는 이주대책에 관한 업무를 위탁하는 사업부터 적용한다.

06 보상협의회의 설치 및 구성(법 제82조, 영 제44조)

〈토지수용법〉	〈토지보상법〉
• **명칭** : 보상심의위원회 (일정규모 이상 필수적인 심의기관)	• **명칭** : 보상협의회(임의적인 자문기관)
• **설치 및 운영** – 설치기관 : 시·군·구 또는 시·도 – 설치기한 : 없음 – 운영 : 별도규정 없음	• **설치 및 운영** – 설치기관 : 시·군·구 – 설치기한 : 보상계획 열람기간 만료 후 30일 이내 – 운영 : 사업추진에 지장 금지
• **구성** : 15인 ~ 23인(토지소유자 3할 이상 포함)	• **구성** : 8인 ~ 16인(토지소유자 3분의 1 이상 포함)
• **의결정족수** : 출석위원 과반수	• **의결정족수** : 정족수 규정 삭제

≫ 제정이유

- 법 제82조 제1항 각 호의 사항을 협의하기 위하여 시·군·구에 보상협의회를 설치할 수 있도록 하였다(임의적인 자문기관의 성격).
- 시장·군수·구청장이 보상협의회를 설치할 필요가 있다고 인정하는 경우에도 보상계획 열람기간 만료 후 30일 이내에 설치하도록 하고, 공익사업의 추진에 지장이 없도록 협의회를 운영하도록 함으로써 보상협의회로 인하여 사업추진이 지연되지 않도록 하였다.

- 보상협의회의 위원장(부시장·부군수·부구청장)은 회의에서 협의된 사항을 사업시행자에게 통보하도록 하고, 사업시행자는 정당하다고 인정되는 사항에 대하여는 이를 반영하여 사업을 수행하도록 함으로써 토지소유자 등의 권익을 적정하게 보호할 수 있도록 하였다.
- 현행 위원의 수가 과다하여 효율적인 회의운영이 어려우므로 그 수를 축소 조정하고, 자문기관의 특성상 의결정족수 규정은 두지 않는다.

07 행정소송에 있어 이의재결 임의주의 채택(법 제83조·제85조)

〈토지수용법〉	〈토지보상법〉
• 이의재결 전치주의 　- 토지수용의 재결에 대하여 불복이 있을 때에는 1월 이내에 중앙토지수용위원회에 이의신청을 하고, 　- 이의신청의 재결에 대하여 불복이 있을 때에는 이의신청에 대한 재결서가 송달된 날부터 1월 이내에 행정소송을 제기할 수 있음 　* 행정소송을 제기하기 위하여는 반드시 이의신청을 거쳐야 함 • 보상금의 증감에 관한 소송의 피고 　- 소송제기인이 토지소유자인 경우 　　• 중토위와 사업시행자(공동피고) 　- 소송제기인이 사업시행자인 경우 　　• 중토위와 토지소유자(공동피고)	• 이의재결 임의주의 　- 토지수용의 재결에 대하여 불복이 있을 때에는 30일 이내에 중앙토지수용위원회에 이의신청 가능 　- 토지수용의 재결에 대하여 행정소송을 제기할 경우 　　• 이의신청을 거치지 않은 경우 → 재결서 수령일부터 90일 이내 　　• 이의신청을 거친 경우 → 이의신청에 대한 재결서 수령일부터 60일 이내에 소송 가능 • 보상금의 증감에 관한 소송의 피고 　- 소송제기인이 토지소유자인 경우 　　• 사업시행자(단독피고) 　- 소송제기인이 사업시행자인 경우 　　• 토지소유자(단독피고)

≫ 제정이유

- 종전의 이의신청 전치주의에 의하면 토지소유자는 신속한 권리구제를 받지 못하고 법원의 최종판단을 받기까지 시간과 행정력 낭비를 감수할 수밖에 없는 문제점이 있었으므로 토지보상법에서는 행정소송법에서 행정심판 전치주의를 폐지한 것과 마찬가지로 수용재결에 대한 이의재결 전치주의를 폐지하였다.
- 이의재결절차를 선택적으로 존속시킨 이유는 행정소송 수행에 따른 경제적 부담이 큰 점을 감안하여 토지소유자가 원하는 경우에는 소송을 제기하지 않고도 권리구제를 받을 수 있도록 하기 위한 것이다.

≫ 경과조치(법 부칙 제7조·제8조)

> ↪ **제7조(종전의 재결에 관한 경과조치)**
> 이 법 시행 당시 소송이 제기되지 아니한 재결로서 이미 종전의 규정에 의한 이의신청기간이 지난 재결에 대하여는 제85조의 규정에 의한 소송을 제기할 수 없다.

• 기존 재결로서 이의신청기간(토지수용에 관한 재결서가 송달된 날부터 1월)이 지난 재결에 대하여는 토지보상법 제85조의 규정에 의한 행정소송을 제기할 수 없다.

종전의 토지수용법 제75조의2의 규정에 의하면 이의재결 전치주의를 채택하고 있어 반드시 이의신청을 거쳐야만 행정소송을 제기할 수 있었으므로, 이미 이의신청기간이 지난 경우(이의신청기간이 지난 때에 불가쟁력이 발생하였음)에 소급하여 소송을 제기할 수 있도록 허용하는 것은 불가하기 때문이다.

> ↪ **제8조(계속 중인 소송의 피고적격에 관한 경과조치)**
> 이 법 시행 당시 법원에 계속 중인 보상금 증감에 관한 소송사건의 피고적격에 있어서는 제85조 제2항의 규정에 불구하고 종전의 토지수용법의 규정에 의한다.

• 2002.12.31.까지 이미 소송이 제기된 경우 피고적격에 있어서는 종전의 토지수용법 제75조의2 제2항의 규정을 적용한다. 즉, 소송제기인이 토지소유자인 경우에는 중앙토지수용위원회와 사업시행자가 각각 피고가 되고, 소송제기인이 사업시행자인 경우에는 중앙토지수용위원회와 토지소유자가 각각 피고가 된다.

08 환매제도의 일원화(법 제91조)

〈토지수용법〉

• 공특법
 - 환매대상 : 토지·물건 및 권리
 - 환매금액 협의 여부 : 협의 필요
 - 쟁송기관 : 토지수용위원회
• 토지수용법
 - 환매대상 : 토지
 - 환매금액 협의 여부 : 규정 없음
 - 쟁송기관 : 법원

→

〈토지보상법〉

• 토지보상법
 - 환매대상 : 토지
 - 환매금액 협의 여부 : 협의 필요
 - 쟁송기관 : 법원

>> 제정이유

- 환매권이라 함은 협의취득일 또는 수용의 개시일부터 10년 이내에 사업의 폐지·변경 기타의 사유로 인하여 수용 또는 취득한 토지의 전부나 일부가 필요 없게 된 때 또는 취득일부터 5년 이내에 취득한 토지의 전부를 해당 사업에 이용하지 아니한 때에, 취득일 당시의 토지소유자나 그 포괄승계인(환매권자)이 해당 토지에 대하여 지급받은 보상금에 상당한 금액을 사업시행자에게 지급하고 그 토지를 다시 취득할 수 있는 권리를 말한다.

- 제정법에서는 공특법과 토지수용법의 불일치에 따른 혼란을 해소하기 위하여 환매대상을 토지로 한정하고, 토지의 가격이 취득일 당시에 비하여 현저히 변동된 경우 사업시행자 및 환매권자는 환매금액에 대하여 서로 협의하도록 하되 다툼이 있을 경우 최종적으로 그 금액의 증감을 법원에 청구할 수 있도록 제도를 일원화하였다.

※ 환매대상을 토지로 한정한 이유

토지외의 건물이나 수목 등 정착물에 대하여는 환매권이 발생할 여지가 없는바, 이는 수용이나 협의취득시에 이전비나 취득비를 보상받는 조건으로 모두 철거되었어야 하므로 환매권의 목적물 자체가 존재하지 않기 때문이다.

>> 경과조치(법 부칙 제9조)

> 🍂 제9조(환매에 관한 경과조치)
>
> 이 법 시행 당시 환매금액에 대한 협의가 성립되지 아니하여 관할 토지수용위원회에 재결을 신청한 경우에는 종전의 공공용지의 취득 및 손실보상에 관한 특례법의 규정에 의한다.

- 2002.12.31.까지 관할 토지수용위원회에 환매금액에 대한 재결을 신청한 경우에는 종전의 공특법 제9조 제3항 및 공특법 시행령 제7조의 규정이 적용된다.

09 행정대집행 제도개선 및 벌칙 규정의 정비(법 제89조·제93조 등)

1. 행정대집행 제도개선(법 제89조)

- 사업시행자는 시·도지사나 시장·군수·구청장에게 행정대집행법이 정하는 바에 따라 대집행을 신청할 수 있도록 하고, 신청을 받은 시·도지사나 시장·군수·구청장은 정당한 사유가 없는 한 이에 응하도록 의무규정을 두었다.

- 또한, 사업시행자가 국가 또는 지방자치단체인 경우에는 직접 대집행을 할 수 있도록 함으로써 공익사업이 원활하게 추진될 수 있도록 하였다.

2. 벌칙규정의 정비

(1) 벌칙규정의 신설(법 제93조 및 제94조)

- 사위 기타 부정한 방법으로 보상금을 받은 자와 그 사실을 알면서 보상금을 지급한 자에 대하여는 5년 이하의 징역 또는 3천만원 이하의 벌금에 처하도록 하였다.
- 보존등기 등이 되어 있지 않은 토지에 대하여 정당한 권리자가 아닌 자가 확인서를 발급받은 경우 3년 이하의 징역 또는 2천만원 이하의 벌금에 처하도록 하였다.

(2) 벌칙규정의 강화(법 제95조)

토지수용위원회에서 감정평가를 의뢰받은 감정평가법인등 그 밖의 감정인이 사위 등의 부정한 방법으로 감정평가를 한 경우 벌금을 상향조정(2년 이하의 징역 또는 5백만원 이하의 벌금 → ②년 이하의 징역 또는 1천만원 이하의 벌금)하여 감정평가의 공정성과 객관성을 기할 수 있도록 하였다.

10 보상기준 및 평가방법의 개선(시행규칙)

1. 도로 및 구거부지의 평가(규칙 제26조)

〈토지수용법〉

- 도로부지의 평가
  - 사도부지 : 인근 토지 1/5 이내
  - 기타도로 : 인근 토지 1/3 이내

- 구거부지의 평가
  - 일반구거 : 인근 토지 1/3 이내
  - 도수로부지 : 정상평가

→

〈토지보상법〉

- 도로부지의 평가
  - 사도부지 : 인근 토지 1/5 이내
  - 사실상 사도의 부지 : 1/3 이내
  - 기타도로 : 정상평가

- 구거부지의 평가
  - 일반구거 : 인근 토지 1/3 이내
  - 도수로부지 : 정상평가

≫ 제정이유

- 종전의 공특법 시행규칙 제6조의2의 규정은 사도법에 의한 사도 외의 도로의 부지는 전부 인근 토지 가격의 1/3 이내로 평가하도록 되어 있었으나, 대법원 판례의 취지에 부합되도록 평가기준을 개선함으로써 토지소유자의 권익을 적정하게 보호하도록 하였다.
- 사실상의 사도의 부지(규칙 제26조 제2항) : 인근 토지의 1/3 이내로 평가
  1. 토지소유자가 자기 토지의 편익을 위하여 스스로 설치한 도로
  2. 토지소유자가 그 의사에 의하여 타인의 통행을 제한할 수 없는 도로
  3. 건축법에 의하여 건축허가권자가 그 위치를 지정·공고한 도로
  4. 토지소유자가 대지 또는 공장용지 등을 조성하기 위하여 설치한 도로

※ 대법원 판례(1997.4.25, 96누13651)

도로의 개설경위, 목적, 주위환경, 인접 토지의 획지면적, 소유관계, 이용상태 등의 제반사정에 비추어 해당 토지소유자가 자기 토지의 편익을 위하여 스스로 공중의 통행에 제공하는 등 인근 토지에 비하여 낮은 가격으로 보상하여 주어도 될 만한 객관적인 사유가 인정되는 경우에만 인근 토지의 3분의 1 이내에서 평가하여야 한다.

2. 어업권의 평가 등(규칙 제44조 · 제63조)

〈토지수용법〉	〈토지보상법〉
• 공익사업의 시행으로 어업권이 취소 · 제한 · 정지된 경우 : 수산업법 시행령 별표 4에 따라 보상	• 공익사업의 시행으로 어업권이 취소 · 제한 · 정지된 경우 : 수산업법 시행령 별표 4에 따라 보상 – 다른 어장에 이전하여 어업이 가능한 경우 : 어업권이 정지된 경우의 손실액 산출방법에 의함 – 사업인정고시 후의 면허 · 허가어업 : 보상 대상에서 제외 – 내수면어업법 제11조 제2항의 규정에 의한 신고어업 → 영업보상
• 공공사업의 시행으로 인근에 있는 어업에 피해가 발생하는 경우 : 사업시행 전에 피해를 예측하여 피해 정도에 따라 보상	• 공익사업의 시행으로 인근에 있는 어업에 피해가 발생한 경우 : 실제 피해액을 확인할 수 있는 때에 그 피해에 대하여 보상

≫ 제정이유

• 대체어장이 제공되는 등 계속적으로 어업이 가능한 경우에 폐업보상을 하는 것은 불합리하므로, 이 경우에는 수산업법 시행령 [별표 4] 중 어업권이 정지된 경우의 손실액 산출방법 및 기준에 의하도록 하였다.

• 사업인정고시일 이후에 새로운 어업면허 · 허가를 받거나 신고를 한 경우에는 일반영업의 경우와 동일하게 보상대상에서 제외하였다.

  * 공유수면매립법 제21조 : 매립면허고시일 이후 어업권은 보상에서 제외

• 공익사업지구 인근에 있는 어업에 피해가 발생한 경우 실제 피해액을 확인할 수 있는 때에 그 피해에 대하여 보상하도록 하였다.

  * 종전과 같이 피해액을 예측하여 피해발생 전에 보상하는 것은 불가함

• 내수면어업법 제11조 제2항의 규정에 의한 신고어업(사유수면)은 어업보상의 방법에 의하지 아니하고, 영업보상의 방법에 의하도록 하였다.

3. 영농손실액 보상(규칙 제48조·제65조)

〈토지수용법〉	〈토지보상법〉

• 보상기준
 – 실제 재배작물의 종류에 따라 농촌진흥청의 농축산물 표준소득에 의하여 산정한 금액을 보상
 – 실제소득 인정제도는 없음
 	
• 보상기간
 – 연간 1기작 : 3년
 – 연간 다기작 : 3기작
 – 다년 1기작 : 2년
 	
• 보상대상에서 제외되는 토지
 – 주위환경 등으로 보아 일시적으로 농지로 이용되는 토지
 	
• 자경농지가 아닌 농지의 보상
 – 농지의 소유자가 해당 지역에 거주하는 농민인 경우
  * 농지의 소유자와 실제의 경작자가 협의하는 바에 따라 보상
  * 협의불성립 시 해결방안 없음
 – 농지의 소유자가 농민이 아닌 경우에는 실제경작자에게 보상
	• 보상기준
	 – 통계청의 농가경제통계에 의하여 산정한 도별평균 농작물조수입을 기준으로 보상
	 – 건교부장관이 고시하는 방법에 따라 실제소득을 입증하는 경우에는 실제소득을 기준으로 보상
	
	• 보상기간
	 – 재배작물을 구분하지 않고 2년으로 통일
	
	• 보상대상에서 제외되는 토지
	 – 주위환경 등으로 보아 일시적으로 농지로 이용되는 토지
	 – 불법형질변경토지
	 – 타인소유의 토지를 불법 점유하여 경작하고 있는 토지
	 – 농민이 아닌 자가 경작하는 토지
	 – 토지의 취득에 대한 보상 이후에 2년 이상 경작을 허용하는 토지
	
	• 자경농지가 아닌 농지의 보상
	 – 농지의 소유자가 해당 지역에 거주하는 농민인 경우
	  * 소유자와 실제의 경작자 간 협의성립 시 : 협의내용대로 보상
	  * 소유자와 실제의 경작자 간 협의불성립 시 : 각각 50%를 보상
	 – 농지의 소유자가 농민이 아닌 경우에는 실제경작자에게 보상

≫ 제정이유 : 보상투기 방지 및 일반 영업보상과의 형평성 제고

- 종전의 실농보상의 경우 재배작물 간 소득편차가 심하고, 공청회 등의 절차를 거치는 과정에서 사업계획이 노출되어 계획확정 전에 부당하게 재배작물을 고소득작물로 변경하는 보상투기가 과다하게 발생하여 예산이 낭비되는 사례가 많았다. 이러한 문제점을 해소하고, 일반 영업보상(대부분의 경우 3개월 간의 휴업보상에 의하고, 특수한 경우에만 2년 간의 폐업보상)과의 형평을 유지하기 위하여 재배작물을 구분하지 않고 도별 농가평균 단위경작면적당 농작물 수입을 기준으로 영농손실액을 산정하여 보상하도록 하였다.

- 영농손실보상금 수령권자를 법령에서 명확하게 규정하였다.

경작자	소유자 : 해당 지역 농민(협의·수용 당시)	소유자 : 해당 지역 농민이 아닌 경우
임차인 A (사업인정 전 ~ 보상시점)	임차인 A · 소유자 협의	임차인 A
사업인정 시 : 임차인 A 협의수용 시 : 임차인 B	임차인 A · 소유자 협의 (예외적 : 소유자)	임차인 A (예외적 : 대상자 없음)
사업인정 시 : 임차인 A 협의수용 시 : 소유자	임차인 A · 소유자 협의 (예외적 : 소유자)	―
사업인정 시 : 소유자 협의수용 시 : 임차인 B	소유자	대상자 없음

(주) 1. 기본적으로 보상대상자는 사업인정고시 당시의 경작자이나, 토지소유자가 해당 지역 농민인 경우 또는 경작자에게
보상하는 것이 적정하지 않은 경우의 처리방안을 구체적으로 규정하였다.
2. 사업인정 또는 보상계획공고 당시 경작자가 아닌 임차인 B는 어느 경우에도 실농보상 대상자가 되지 않는다.
3. 소유자가 해당 지역에 거주하는 농민인가의 판단시점은 보상협의 또는 수용재결 당시를 기준으로 한다.

11 기타 개선사항

1. 용어의 정비(법령 전반)

- 사업시행자(공특법) · 기업자(토지수용법) → 사업시행자로 통일
- 공공사업(공특법) · 공익사업(토지수용법) → 공익사업으로 통일

2. 토지조서 · 물건조서 및 협의경위서 입회공무원 날인제도 폐지(법 제14조 제1항 및 영 제8조 제5항)

- 토지조서 · 물건조서 및 협의경위서에 소유자가 서명 또는 날인을 거부하는 경우에는 해당 토지
조서 등에 그 사유를 기재하도록 하고,
- 종전의 입회공무원 날인제도는 폐지하였다.

3. 재결신청서 열람내용에 대한 의견서 제출(영 제15조 제5항)

- 종전에는 재결신청서에 대하여 의견이 있는 토지소유자 또는 관계인은 토지수용위원회에 그 의견
을 제출하도록 되어 있었으나,
- 토지소유자의 편의를 위하여 해당 시장 · 군수 또는 구청장에게 그 의견을 제출할 수 있도록 제도
를 개선하였다.

4. 건축물의 잔여부분의 보수비를 명확하게 규정(규칙 제35조 제2항)

- 보수비란 건축물의 잔여부분을 종래의 목적대로 사용할 수 있도록 그 유용성을 동일하게 유지하
는 데 통상 필요하다고 볼 수 있는 공사에 소요되는 비용을 말한다.

5. 보상대상에서 제외되는 영업을 명시(규칙 제45조)

- 무허가 영업 및 사업인정고시일 이후의 영업에 대하여는 보상대상에서 제외하여 불법행위를 방지하도록 하였다.

6. 폐업보상 및 휴업보상의 기준을 정비(규칙 제46조·제47조)

- 폐업보상기간을 2년으로 통일하고, 휴업보상기간은 일반적인 경우 3월 이내로 하되, 3개월 이상 보상할 수 있는 경우를 명시하였다.

7. 이주정착금 상향조정(규칙 제53조 제2항)

- 이주대책을 수립하지 않는 경우에 지급하는 이주정착금을 종전에는 3백만원 이상 5백만원 이하의 범위에서 지급하던 것을, 앞으로는 1천2백만원 이상 2천4백만원 이하의 범위 안에서 지급하도록 합리적으로 개정하였다.

12 시행령·시행규칙의 적용례 및 경과조치

1. 무허가건축물 등의 소유자에 대한 이주대책 경과조치(영 부칙 제6조)

> ➲ 제6조(무허가건축물 등의 소유자에 대한 경과조치)
> 1989년 1월 24일 현재 허가를 받거나 신고를 하고 건축하여야 하는 건축물을 허가를 받지 아니하거나 신고를 하지 아니하고 건축한 건축물의 소유자에 대하여는 제40조 제3항 제1호의 규정에 불구하고 이주대책대상자에 포함한다.

- 무허가건축물 등의 소유자는 원칙적으로 이주대책대상자에서 제외되나, 1989.1.24. 당시 이미 건축되어 있던 무허가건축물 등에 대하여는 이주 대책대상자에 포함하도록 하여 종전의 공특법령의 경과조치를 인정하였다.

2. 재결신청 등의 수수료에 관한 적용례(규칙 부칙 제3조)

> ➲ 제3조(재결신청 등 수수료에 관한 적용례)
> 제9조의 규정은 이 규칙 시행일 이후 사업인정, 수용 또는 사용의 재결 및 협의성립 확인을 신청하는 분부터 적용한다.

- 시행규칙 [별표 1]의 사업인정신청·재결신청 또는 협의성립의 확인신청에 대한 수수료는 2003. 1.1. 이후에 신청하는 것부터 적용한다.

3. 무허가건축물 등의 보상에 관한 경과조치(규칙 부칙 제5조)

> ❷ 제5조(무허가건축물 등에 관한 경과조치)
> ① 1989년 1월 24일 당시의 무허가건축물 등에 대하여는 제24조·제54조 제1항 단서·제54조 제2항 단서·제58조 제1항 단서 및 제58조 제2항 단서의 규정에 불구하고 이 규칙에서 정한 보상을 함에 있어 이를 적법한 건축물로 본다.
> ② 제1항에 따라 적법한 건축물로 보는 무허가건축물 등에 대한 보상을 하는 경우 해당 무허가건축물 등의 부지면적은 「국토의 계획 및 이용에 관한 법률」 제77조에 따른 건폐율을 적용하여 산정한 면적을 초과할 수 없다.

- 1989.1.24. 당시에 이미 건축되어 있던 무허가건축물 등에 대하여는 건축물의 부지에 대한 평가, 주거이전비(종전의 주거비·주거대책비) 보상, 주거용 건축물의 최저보상(3백만원), 주거용 건축물의 재편입 가산금 보상에 있어 이를 적법한 건축물로 보아 보상을 하도록 하여 종전의 공특법령의 경과조치를 인정하였다.

4. 불법형질변경토지 등에 관한 경과조치(규칙 부칙 제6조)

> ❷ 제6조(불법형질변경토지 등에 관한 경과조치)
> 1995년 1월 7일 당시 공익사업시행지구에 편입된 불법형질변경토지 또는 무허가개간토지(관계법령에 의하여 허가·인가 등을 받고 개간을 하여야 하는 토지를 허가·인가 등을 받지 아니하고 개간한 토지를 말한다)에 대하여는 제24조 또는 제27조 제1항의 규정에 불구하고 이를 현실적인 이용상황에 따라 보상하거나 개간비를 보상하여야 한다.

- 1995.1.7. 당시 공익사업시행지구에 편입된 불법형질변경토지는 적법하게 형질변경이 된 것으로 보아 현실적인 이용상황에 따라 보상하고, 무허가개간토지는 적법하게 개간된 것으로 보아 개간비를 보상하도록 하여 종전의 공특법령의 경과조치를 인정하였다.
- 1995.1.7. 당시 공익사업시행지구에 편입되었다는 의미는 1995.1.7. 이전에 형질변경 또는 개간이 이루어진 것을 뜻하는 것이 아니라, 그 이전에 형질변경 등이 이루어지고 또한 공익사업시행지구에 편입된 것을 의미함을 유의하여야 한다.

5. 보상금의 산정에 관한 경과조치(규칙 부칙 제7조)

> ❷ 제7조(보상금의 산정에 관한 경과조치)
> 이 규칙 시행 당시 법 제15조 제1항의 규정에 의하여 보상계획을 공고·통지하였거나 법 제22조의 규정에 의한 사업인정의 고시 또는 공익사업을 위한 관계법령에 의한 고시 등이 있은 공익사업시행지구에 편입된 토지 등 중 보상이 완료되지 아니한 것으로서 이 규칙에 의한 보상금이 종전의 공공용지의 취득 및 손실보상에 관한 특례법령의 규정에 의한 보상금보다 적은 경우의 보상금의 산정은 종전의 공공용지의 취득 및 손실보상에 관한 특례법령의 규정에 의한다.

- 2002.12.31. 이전에 공익사업을 위한 관계법령에 의한 고시 등이 있은 공익사업시행지구에 편입된 토지 등으로 보상이 완료되지 아니한 것에 대하여는 종전의 법령과 제정법령을 비교하여 토지소유자 등에게 유리하게 보상액을 산정하도록 함으로써 기존 보상대상자에게 불이익이 발생하지 않도록 하였다.

※ 손실보상액의 평가·보상기준

종류별	공특법령	토지보상법 시행규칙
토지 (제22조~ 제32조)	〈표준지공시지가 기준평가〉 • 미불용지 : 편입 당시 기준 • 잔 여 지 : 정상평가 • 불법형질변경 : 불인정 • 도로부지 사도 : 1/5 이내 기타도로 : 1/3 이내	〈표준지공시지가 기준평가〉 • 미지급용지 : 종전과 같음 • " • " • 도로부지 사도 : 1/5 이내 사실상 사도 : 1/3 이내 기타도로 : 정상평가
건축물 (제33조)	• 가격 : 원가법(주거용 건축물은 거래사례비교법에 의할 수 있음) • 지장물 : 이전비 • 사용료 : 적산법	• 종전과 같음 • " • 사용료 : 임대사례비교법
수목·작물 (제37조~제41조)	• 취득 : 원가·거래가격·수익성 등을 고려 • 지장물 : 이전비	• 종전과 같음 • "
분묘이전 보조비(제42조)	• 한도액 : 50만원 (법인묘지의 사용료 기준)	• 한도액 : 100만원 (법인묘지의 사용료 기준)
광업권(제43조)	• 폐업 : 광업법 시행규칙 제16조의2에 의함 • 휴업 : 휴업기간 영업이익 • 매장량 부재·소량 : 보상 안함	• 광업법 시행규칙 제19조에 의함 • " • "
어업보상 (제44조· 제63조)	• 어업권 제한·정지 또는 취소 : 수산업법 시행령 별표 4 • 내수면(사유수면) 신고어업 : 명문의 규정 없음 • 인근 어업에 피해가 발생하는 경우 : 피해를 예측하여 보상	• 어업권 취소 등(수산업법 시행령 별표 4) 이전가능 : 정지로 보아 보상 사업인정 후 : 보상제외 • 내수면(사유수면) 신고어업 : 영업보상의 방법에 의함 • 인근 어업에 피해가 발생한 경우 : 실제 피해액을 확인하여 보상
영업보상 (제45조~ 제47조)	• 휴업 : 3개월(그 이상도 가능) • 폐업 : 2년 또는 3년(주류)	• 사업인정 후 영업 : 보상제외 • 휴업 : 4개월 이내 • 폐지 : 2년(모든 업종 동일)
영농손실액 보상(제48조)	• 실제 재배작물기준 • 보상기간 : 2년 또는 3년	• 도별 평균 농작물수입 기준(재배작물 구분 없음) • 보상기간 : 2년(폐업과 동일)
이주정착금 (제53조)	• 주거용 건축물 평가액의 30% • 범위 : 3백만원 ~ 5백만원	• 종전과 같음 • 범위 : 1천2백만원 ~ 2천4백만원

종류별	공특법령	토지보상법 시행규칙
주거이전비 (제54조)	• 건축물 소유자 : 2개월분(주거비) 　– 근로자가구 가계지출비 기준 • 세입자 : 3개월분(주거대책비)	• 건축물 소유자 : 2개월분의 주거이전비 　* 명칭만 주거이전비로 변경 • 세입자 : 4개월분(주거이전비)
동산의 이전비 보상 등 (제55조)	• 동산 : 이전비 보상규정 없음 • 이사비 : 가재도구 등 운반비용 　– 차량운임 : 4톤트럭 기준	• 동산 : 이전비를 보상 • 종전과 같음 　– 차량운임 : 최대적재량 5톤인 화물자동차 기준
이농비・이어비 (제56조)	• 대상 : 다른 지역으로 이주하는 농민 또는 어민 • 금액 : 8월분 평균생계비 　– 지급받을 보상금 총액	• 종전과 같음 • 금액 : 1년분의 평균생계비
사업폐지 등에 대한 보상 (제57조)	• 공익사업으로 건축 등 중지시 : 법정수수료 등 비용 보상(법령에 명문의 규정 없음)	• 공익사업으로 건축 등 중지시 : 법정수수료 등 비용 보상(법령에 명문으로 규정)
주거용 건축물 보상의 특례 (제58조)	• 주거용 건축물의 최저보상액 : 3백만원(무허 가건축물 제외) • 주거용 건축물 재편입 가산보상 : 보상액의 30% 가산(한도금액 : 1천만원)	• 주거용 건축물의 최저보상액 : 6백만원(무허 가건축물 제외) • 　　〃

감정평가 및 보상법규 기출문제 자료집
(제32회~제1회)

▶ **제32회 [2021]**

1 국토교통부장관은 2013.11.18 사업시행자를 'A공사'로, 사업시행지를 'X시' 일대 8,958,000㎡로, 사업시행기간을 '2013.11.부터 2017.12.까지'로 하는 'OO공구사업'에 대해서 「공익사업을 위한 토지 등의 취득 및 보상에 관한 법률」에 따른 사업인정을 고시하였고, 사업시행기간은 이후 '2020.12.까지'로 연장되었다. 甲은 ㉮토지 78,373㎡와 ㉯토지 2,334㎡를 소유하고 있는데, ㉮토지의 전부와 ㉯토지의 일부가 사업시행지에 포함되어 있다. 종래 甲은 ㉮토지에서 하우스 딸기농사를 지어 왔고, ㉯토지에서는 농작물직거래판매장을 운영하여 왔다. 甲과 A공사는 사업시행지내의 토지에 대해 「공익사업을 위한 토지 등의 취득 및 보상에 관한 법률」에 따른 협의매수를 하기 위한 협의를 시작하였다. 다음 물음에 답하시오. (아래의 물음은 각 별개의 상황임) **40점**

(1) 협의 과정에서 일부 지장물에 관하여 협의가 이루어지지 않아 甲이 A공사에게 재결신청을 청구했으나 A공사가 재결신청을 하지 않는 경우, 甲측의 불복방법에 관하여 검토하시오. **15점**

(2) ㉮토지에 대하여 협의가 성립되지 않았고, A공사의 수용재결신청에 의하여 ㉮토지가 수용되었다. 甲은 ㉮토지가 수용되었음을 이유로 A공사를 상대로 「공익사업을 위한 토지 등의 취득 및 보상에 관한 법률」에 따른 재결절차를 거치지 않은 채 곧바로 농업손실보상을 청구할 수 있는지를 검토하시오. **10점**

(3) 협의가 성립되지 않아 사업시행지 내의 ㉯토지가 수용되었다. 그 후 甲은 ㉯토지의 잔여지에 대해서 2020.11.12. 잔여지수용청구를 하였다. 잔여지수용청구권의 법적 성질과 甲의 잔여지수용청구가 인정될 수 있는지를 검토하시오. **15점**

🔖 **공익사업을 위한 토지 등의 취득 및 보상에 관한 법률**

제28조(재결의 신청)
① 제26조에 따른 협의가 성립되지 아니하거나 협의를 할 수 없을 때(제26조 제2항 단서에 따른 협의 요구가 없을 때를 포함한다)에는 사업시행자는 사업인정고시가 된 날부터 1년 이내에 대통령령으로 정하는 바에 따라 관할 토지수용위원회에 재결을 신청할 수 있다.
② 〈이하 생략〉

제30조(재결 신청의 청구)
① 사업인정고시가 된 후 협의가 성립되지 아니하였을 때에는 토지소유자와 관계인은 대통령령으로 정하는 바에 따라 서면으로 사업시행자에게 재결을 신청할 것을 청구할 수 있다.
② 〈이하 생략〉

제77조(영업의 손실 등에 대한 보상)

① 영업을 폐업하거나 휴업함에 따른 영업손실에 대하여는 영업이익과 시설의 이전비용 등을 고려하여 보상하여야 한다.

② 농업의 손실에 대하여는 농지의 단위면적당 소득 등을 고려하여 실제 경작자에게 보상하여야 한다. 다만, 농지소유자가 해당 지역에 거주하는 농민인 경우에는 농지소유자와 실제 경작자가 협의하는 바에 따라 보상할 수 있다.

③ 〈이하 생략〉

---

2 甲은 A시에 토지를 소유하고 있다. A시장은 甲의 토지 등의 비교표준지로 A시 소재 일정 토지(2020.1.1. 기준 공시지가는 1㎡당 1,000만원이다)를 선정하고, 갑의 토지 등과 비교표준지의 토지가격비준표상 총 가격배율 1.00으로 조사함에 따라 甲의 토지의 가격을 1㎡당 1,000만원으로 산정하였다. A시장으로부터 산정된 가격의 검증을 의뢰받은 감정평가사 乙은 甲의 토지가 비교표준지와 비교하여 환경조건, 획지조건, 및 기타 조건에 열세에 있고, 특히 기타조건과 관련하여 비교표준지는 개발을 위한 거래가 이어지고 있으나, 甲의 토지 등은 개발 움직임이 없다는 점을 '장래의 동향'으로 반영하여 91%의 비율로 열세에 있다고 보아, 비교표준지의 공시지가를 약 83.9%의 비율로 감액한 1㎡당 839만원을 개별공시지가로 정함이 적정하다는 검증의견을 제시하였다. A시장은 A시 부동산가격공시위원회의 심의를 거쳐 이 검증의견을 그대로 받아들여 2020.5.20. 甲의 토지의 개별공시지가를 1㎡당 839만원으로 결정·공시하고, 甲에게 개별통지 하였다. 甲은 토지가격비준표에 제시된 토지특성에 기초한 가격배율을 무시하고, 乙이 감정평가방식에 따라 독자적으로 지가를 산정하여 제시한 검증의견을 그대로 반영하여 개별공시지가를 결정한 것은 위법하다고 보아, 「부동산가격공시에 관한 법률」 제11조에 따라 2020.6.15. 이의신청을 제기하였고, 2020.7.10. 이의를 기각하는 내용의 이의신청결과가 甲에게 통지되었다. 다음 물음에 답하시오. (아래의 물음은 각 별개의 상황임) **30점**

(1) 甲은 2020.9.10. 개별공시지가결정에 대해 취소소송을 제기하였다. 甲이 제기한 취소소송은 제소기간을 준수하였는가? **10점**

(2) 甲이 개별공시지가결정에 대해 다투지 않은 채 제소기간이 도과하였고, 이후 甲의 토지에 대해 수용재결이 있었다. 甲이 보상금의 증액을 구하는 소송에서 개별공시지가결정의 위법을 주장하는 경우, 甲의 주장은 인용될 수 있는가? **20점**

🔎 **부동산 가격공시에 관한 법률**

제11조(개별공시지가에 대한 이의신청)

① 개별공시지가에 이의가 있는 자는 그 결정·공시일부터 30일 이내에 서면으로 시장·군수 또는 구청장에게 이의를 신청할 수 있다.

② 시장·군수 또는 구청장은 제1항에 따라 이의신청 기간이 만료된 날부터 30일 이내에 이의신청을 심사하여 그 결과를 신청인에게 서면으로 통지하여야 한다. 이 경우 시장·군수 또는 구청장은 이의신청의 내용이 타당하다고 인정될 때에는 제10조에 따라 해당 개별공시지가를 조정하여 다시 결정·공시하여야 한다.

❥ 부동산 가격공시에 관한 법률 시행령
제18조(개별공시지가의 검증)
① 〈생략〉
② 법 제10조 제5항 본문에 따라 검증을 의뢰받은 감정평가법인등은 다음 각 호의 사항을 검토 · 확인하고 의견을 제시해야 한다.
   1. 비교표준지 선정의 적정성에 관한 사항
   2. 개별토지 가격 산정의 적정성에 관한 사항
   3. 산정한 개별토지가격과 표준지공시지가의 균형 유지에 관한 사항
   4. 산정한 개별토지가격과 인근토지의 지가와의 균형 유지에 관한 사항
   5. 표준주택가격, 개별주택가격, 비주거용 표준부동산가격 및 비주거용 개별부동산가격 산정 시 고려된 토지 특성과 일치하는지 여부
   6. 개별토지가격 산정 시 적용된 용도지역, 토지이용상황 등 주요 특성이 공부(公簿)와 일치하는지 여부
   7. 그 밖에 시장 · 군수 또는 구청장이 검토를 의뢰한 사항

❥ 행정심판법
제3조(행정심판의 대상)
① 행정청의 처분 또는 부작위에 대하여 다른 법률에 특별한 규정이 있는 경우를 제외하고는 이 법에 의하여 행정심판을 제기할 수 있다.

---

3 감정평가사 甲과 乙은 「감정평가 및 감정평가사에 관한 법률」에 따른 감정평가준칙을 위반하여 감정평가를 하였음을 이유로 업무정지처분을 받게 되었으나, 국토교통부장관은 그 업무정지처분이 「부동산 가격공시에 관한 법률」에 따른 표준지공시지가 공시 등의 업무를 정상적으로 수행하는 데에 지장을 초래할 우려가 있음을 들어, 2021.4.1. 甲과 乙에게 업무정지처분을 갈음하여 각 3천만원의 과징금을 부과하였다. 다음 물음에 답하시오. 20점

(1) 甲은 부과된 과징금이 지나치게 과중하다는 이유로 국토교통부장관에게 이의신청을 하였고, 이에 대해서 국토교통부장관은 2021.4.30. 甲에 대하여 과징금을 2천만원으로 감액하는 결정을 하였다. 甲은 감액된 2천만원의 과징금도 과중하다고 생각하여 과징금부과처분의 취소를 구하는 소를 제기하고자 한다. 이 경우 甲이 취소를 구하여야 하는 대상은 무엇인지 검토하시오. 10점

(2) 乙은 2021.6.1. 자신에 대한 3천만원의 과징금부과처분의 취소를 구하는 소를 제기하였다. 이에 대한 심리 결과 법원이 적정한 과징금의 액수는 1천 5백만원이라고 판단하였을 때, 법원이 내릴 수 있는 판결의 내용에 관하여 검토하시오. 10점

---

4 「감정평가 및 감정평가사에 관한 법률」 제25조에 따른 감정평가법인 등의 '성실의무 등'의 내용을 서술하시오. 10점

▶ 제31회 [2020]

1 A시 시장 甲은 1990년에 자연공원법에 의하여 A시내 산지 일대 5㎢를 'X시립공원'으로 지정·고시한 다음, 1992년에 X시립공원 구역을 구분하여 용도지구를 지정하는 내용의 'X시립공원 기본계획'을 결정·공고하였다. 甲은 2017년에 X시립공원 구역 내 10,000㎡ 부분에 다목적광장 및 휴양관 (이하 '이 사건 시설'이라 한다)을 설치하는 내용의 'X시립공원 공원계획'을 결정·고시한 다음, 2018년에 甲이 사업시행자가 되어 이 사건 시설에 잔디광장, 휴양관, 도로, 주차장을 설치하는 내용의 'X시립공원 공원사업'(이하 '이 사건 시설 조성사업'이라 한다) 시행계획을 결정·고시하였다. 甲은 이 사건 시설 조성사업의 시행을 위하여 그 사업구역 내에 위치한 토지(이하 '이 사건 B토지'라 한다)를 소유한 乙과 손실보상에 관한 협의를 진행하였으나 협의가 성립하지 않자 수용재결을 신청하였다. 관할 지방토지수용위원회의 수용재결 및 중앙토지수용위원회의 이의재결에서 모두 이 사건 B토지의 손실보상금은 1990년의 X시립공원 지정 및 1992년의 X시립공원 용도지구 지정에 따른 계획제한을 받는 상태대로 감정평가한 금액을 기초로 산정되었다. 다음 물음에 답하시오. **40점**

(1) 乙은 위 중앙토지수용위원회의 이의재결이 감정평가에 관한 법리를 오해함으로써 잘못된 내용의 재결을 한 경우에 해당한다고 판단하고 있다. 乙이 공익사업을 위한 토지 등의 취득 및 보상에 관한 법률에 따라 제기 할 수 있는 소송의 의의와 그 특수성을 설명하시오. **15점**

(2) 乙이 물음 1)에서 제기한 소송에서 이 사건 B토지에 대한 보상평가는 1990년의 X시립공원 지정·고시 이전을 기준으로 하여야 한다고 주장한다. 乙의 주장은 타당한가? **10점**

(3) 한편, 丙이 소유하고 있는 토지(이하 '이 사건 C토지'라 한다)는 문화재보호법 상 보호구역으로 지정된 토지로서 이 사건 시설 조성사업의 시행을 위한 사업구역 내에 위치하고 있다. 甲은 공물인 이 사건 C토지를 이 사건 시설 조성사업의 시행을 위하여 수용할 수 있는가? **15점**

⤷ **공익사업을 위한 토지 등의 취득 및 보상에 관한 법률**
제19조(토지 등의 수용 또는 사용)
① 〈생략〉
② 공익사업에 수용되거나 사용되고 있는 토지 등은 특별히 필요한 경우가 아니면 다른 공익사업을 위하여 수용하거나 사용할 수 없다.

⤷ **공익사업을 위한 토지 등의 취득 및 보상에 관한 법률 시행규칙**
제23조(공법상 제한을 받는 토지의 평가)
① 공법상 제한을 받는 토지에 대하여는 제한받는 상태대로 평가한다. 다만, 그 공법상 제한이 당해 공익사업의 시행을 직접 목적으로 하여 가하여진 경우에는 제한이 없는 상태를 상정하여 평가한다.
② 당해 공익사업의 시행을 직접 목적으로 하여 용도지역 또는 용도지구 등이 변경된 토지에 대하여는 변경되기 전의 용도지역 또는 용도지구 등을 기준으로 평가한다.

↪ **자연공원법**

제19조(공원사업의 시행 및 공원시설의 관리)

① 〈생략〉

② 공원관리청은 공원사업을 하려는 경우에는 환경부령으로 정하는 기준에 따라 공원사업 시행계획을 결정하고 고시하여야 한다.

제22조(토지 등의 수용)

① 공원관리청은 공원사업을 하기 위하여 필요한 경우에는 공원사업에 포함되는 토지와 그 토지에 정착된 물건에 대한 소유권 또는 그 밖의 권리를 수용하거나 사용할 수 있다.

② 제19조 제2항에 따라 공원사업 시행계획을 결정·고시한 때에는 「공익사업을 위한 토지 등의 취득 및 보상에 관한 법률」 제20조 제1항 및 제22조에 따른 사업인정 및 사업인정의 고시를 한 것으로 보며, 재결신청은 같은 법 제23조 제1항 및 제28조 제1항에도 불구하고 공원사업 시행계획에서 정하는 사업기간 내에 할 수 있다.

③ 〈생략〉

④ 제1항에 따른 수용 또는 사용에 관하여는 이 법에 특별한 규정이 있는 경우를 제외하고는 「공익사업을 위한 토지 등의 취득 및 보상에 관한 법률」을 준용한다.

↪ **문화재보호법**

제83조(토지의 수용 또는 사용)

① 문화재청장이나 지방자치단체의 장은 문화재의 보존·관리를 위하여 필요하면 지정문화재나 그 보호구역에 있는 토지, 건물, 입목(立木), 죽(竹), 그 밖의 공작물을 「공익사업을 위한 토지 등의 취득 및 보상에 관한 법률」에 따라 수용(收用)하거나 사용할 수 있다.

---

2 A시의 시장 甲은 2018.5.31. 乙·丙공동소유의 토지 5,729 ㎡(이하 '이 사건 토지'라고 한다)에 대하여 2018.1.1. 기준 개별공시지가를 ㎡당 2,780,000원으로 결정·고시하였다. 乙은 2018.6.19. 甲에게 부동산 가격공시에 관한 법률 제11조에 따라 이 사건 토지의 개별공시지가를 ㎡당 1,126,850원으로 하향 조정해 줄 것을 내용으로 하는 이의신청을 하였다. 이에 대하여 甲은 이 사건 토지의 개별공시지가결정 시 표준지 선정에 문제가 있음을 발견하고, A시 부동산가격공시위원회의 심의를 거쳐 2018.7.1. 위 개별공시지가를 ㎡당 2,380,000원으로 정정하여 결정·고시하였고, 동 결정서는 당일 乙에게 송달되었다. 丙은 2018.6.20. 위 이의신청과는 별개로 이 사건 토지의 개별공시지가를 ㎡당 1,790,316원으로 수정해 달라는 취지의 행정심판을 청구하였고, B행정심판위원회는 2018.8.27. 이 사건 토지의 개별공시지가를 ㎡당 2,000,000원으로 하는 변경재결을 하였고, 동 재결서 정본은 2018.8.30. 丙에게 송달되었다. 다음 물음에 답하시오. **30점**

(1) 부동산 가격공시에 관한 법령상 개별공시지가의 정정사유에 관하여 설명하시오. **5점**

(2) 위 사례에서 乙과 丙이 취소소송을 제기하려고 할 때, 소의 대상과 제소기간의 기산일에 관하여 각각 설명하시오. **10점**

(3) 한편, 丁은 A시의 개별공시지가 산정업무를 담당하고 있는 공무원이다. 丁은 개발예정지구인 C지역의 개별공시지가를 산정함에 있어 토지의 이용 상황을 잘못 파악하여 지가를 적정가격보다 훨씬 높은 가격으로 산정하였다. 이를 신뢰한 乙은 C지역의 담보가치가 충분하다고 믿고 그 토지에 근저당설정등기를 마치고 수백억원의 투자를 하였지만, 결국 수십억원에 해당하는 큰 손해를 보았다. 이에 乙은 丁의 위법한 개별공시지가 산정으로 인하여 위 손해를 입었다고 주장하며, 국가배상소송을 제기하고자 한다. 동 소송에서 乙은 丁의 직무상 행위와 자신의 손해사이의 인과관계를 주장한다. 乙의 주장의 타당성에 관하여 개별공시지가제도의 입법목적을 중심으로 설명하시오. **15점**

> **부동산 가격공시에 관한 법률**
>
> **제12조(개별공시지가의 정정)**
> 시장·군수 또는 구청장은 개별공시지가에 틀린 계산, 오기, 표준지 선정의 착오, 그 밖에 대통령령으로 정하는 명백한 오류가 있음을 발견한 때에는 지체 없이 이를 정정하여야 한다.
>
> **행정소송법**
>
> **제19조(취소소송의 대상)**
> 취소소송은 처분 등을 대상으로 한다. 다만, 재결취소소송의 경우에는 재결 자체에 고유한 위법이 있음을 이유로 하는 경우에 한한다.
>
> **제20조(제소기간)**
> ① 취소소송은 처분 등이 있음을 안 날부터 90일 이내에 제기하여야 한다. 다만, 제18조 제1항 단서에 규정한 경우와 그 밖에 행정심판청구를 할 수 있는 경우 또는 행정청이 행정심판청구를 할 수 있다고 잘못 알린 경우에 행정심판청구가 있은 때의 기간은 재결서의 정본을 송달받은 날부터 기산한다.
> ②~③ 〈생략〉

---

3 甲과 乙은 감정평가사 자격이 없는 공인회계사로서, 甲은 A주식회사의 부사장 겸 본부장이고 乙은 A주식회사의 상무의 직에 있는 자이다. 甲과 乙은 A주식회사 대표 B로부터 서울 소재의 A주식회사 소유 빌딩의 부지를 비롯한 지방에 있는 같은 회사 전 사업장 물류센터 등 부지에 대한 자산 재평가를 의뢰받고, 회사의 회계처리를 목적으로 부지에 대한 감정평가등 자산재평가를 실시하여 그 결과 평가대상 토지(기존의 장부상 가액 3천억원)의 경제적 가치를 7천억원의 가액으로 표시하고, 그 대가로 1억 5,400만원을 받았다. 이러한 甲과 乙의 행위는「감정평가 및 감정평가사에 관한 법률」상의 감정평가법인등의 업무에 해당하는지 여부에 관하여 논하시오. **20점**

---

4 감정평가 및 감정평가사에 관한 법률 에 따른 감정평가의 기준 및 감정평가 타당성 조사에 관하여 각각 설명하시오. **10점**

▶ 제30회 [2019]

1 관할 A시장은 「부동산 가격공시에 관한 법률」에 따라 甲소유의 토지에 대해 공시기준일을 2018.1.1.로 한 개별공시지가를 2018.6.28. 결정·공시하고('당초 공시지가') 甲에게 개별 통지하였으나, 이는 토지가격비준표의 적용에 오류가 있는 것이었다. 이후 甲소유의 토지를 포함한 지역 일대에 개발사업이 시행되면서 관련법에 의한 부담금 부과의 대상이 된 甲의 토지에 대해 A시장은 2018.8.3. 당초 공시지가에 근거하여 甲에게 부담금을 부과하였다. 한편 甲소유 토지에 대한 당초 공시지가에 이의가 있는 인근 주민 乙은 이의신청기간이 도과한 2018.8.10. A시장에게 이의를 신청하였고, A시장은 甲소유 토지에 대한 당초 공시지가를 결정할 때 토지가격비준표의 적용에 오류가 있었음을 이유로 「부동산 가격공시에 관한 법률」 제12조 및 같은 법 시행령 제23조 제1항에 따라 개별공시지가를 감액하는 정정을 하였고, 정정된 공시지가는 2018.9.7. 甲에게 통지되었다. 다음 물음에 답하시오. (아래 설문은 각각 별개의 독립된 상황임) **40점**

(1) 甲은 정정된 공시지가에 대해 2018.10.22. 취소소송을 제기하였다. 甲의 소송은 적법한가? **15점**

(2) 甲은 이의신청기간이 도과한 후에 이루어진 A시장의 개별공시지가 정정처분은 위법하다고 주장한다. 甲의 주장은 타당한가? **10점**

(3) 만약, A시장이 당초 공시지가에 근거하여 甲에게 부담금을 부과한 것이 위법한 것이더라도, 이후 A시장이 토지가격비준표를 제대로 적용하여 정정한 개별공시지가가 당초 공시지가와 동일하게 산정되었다면, 甲에 대한 부담금 부과의 하자는 치유되는가? **15점**

🔖 **부동산 가격공시에 관한 법률**

제11조(개별공시지가에 대한 이의신청)
① 개별공시지가에 이의가 있는 자는 그 결정·공시일부터 30일 이내에 서면으로 시장·군수 또는 구청장에게 이의를 신청할 수 있다.
②~③ 생략

제12조(개별공시지가의 정정)
시장·군수 또는 구청장은 개별공시지가에 틀린 계산, 오기, 표준지 선정의 착오, 그 밖에 대통령령으로 정하는 명백한 오류가 있음을 발견한 때에는 지체 없이 이를 정정하여야 한다.

🔖 **부동산 가격공시에 관한 법률 시행령**

제23조(개별공시지가의 정정사유)
① 법 제12조에서 "대통령령으로 정하는 명백한 오류"란 다음 각 호의 어느 하나에 해당하는 경우를 말한다.
  1. 법 제10조에 따른 공시절차를 완전하게 이행하지 아니한 경우
  2. 용도지역·용도지구 등 토지가격에 영향을 미치는 주요 요인의 조사를 잘못한 경우
  3. 토지가격비준표의 적용에 오류가 있는 경우
② 생략

2 甲은 골프장을 보유·운영해왔는데, 그 전체 부지 1,000,000㎡ 중 100,000㎡가 도로건설사업부지로 편입되었고, 골프장은 계속 운영되고 있다. 위 사업부지로 편입된 부지 위에는 오수처리시설이 있었는데, 수용재결에서는 그 이전에 필요한 비용으로 1억원의 보상금을 산정하였다. 다음 물음에 답하시오. 30점

(1) 甲은 골프장 잔여시설이 종전과 동일하게 운영되려면 위 오수처리시설을 대체하는 새로운 시설의 설치가 필요하다고 보아 그 설치에 드는 비용 1억 5천만원을 보상받아야 한다고 주장한다. 甲의 주장은 법적으로 타당한가? 10점

(2) 甲은 골프장 잔여시설의 지가 및 건물가격 하락분에 대하여 보상을 청구하려고 한다. 이때 甲이 제기할 수 있는 소송에 관하여 설명하시오. 20점

🔖 **공익사업을 위한 토지 등의 취득 및 보상에 관한 법률**

제73조(잔여지의 손실과 공사비 보상)
① 사업시행자는 동일한 소유자에게 속하는 일단의 토지의 일부가 취득되거나 사용됨으로 인하여 잔여지의 가격이 감소하거나 그 밖의 손실이 있을 때 또는 잔여지에 통로·도랑·담장 등의 신설이나 그 밖의 공사가 필요할 때에는 국토교통부령으로 정하는 바에 따라 그 손실이나 공사의 비용을 보상하여야 한다. 다만, 잔여지의 가격 감소분과 잔여지에 대한 공사의 비용을 합한 금액이 잔여지의 가격보다 큰 경우에는 사업시행자는 그 잔여지를 매수할 수 있다.
②~⑤ 생략

제75조의2(잔여 건축물의 손실에 대한 보상 등)
① 사업시행자는 동일한 소유자에게 속하는 일단의 건축물의 일부가 취득되거나 사용됨으로 인하여 잔여 건축물의 가격이 감소하거나 그 밖의 손실이 있을 때에는 국토교통부령으로 정하는 바에 따라 그 손실을 보상하여야 한다. 다만, 잔여 건축물의 가격 감소분과 보수비(건축물의 나머지 부분을 종래의 목적대로 사용할 수 있도록 그 유용성을 동일하게 유지하는 데에 일반적으로 필요하다고 볼 수 있는 공사에 사용되는 비용을 말한다. 다만, 「건축법」 등 관계법령에 따라 요구되는 시설 개선에 필요한 비용은 포함하지 아니한다)를 합한 금액이 잔여 건축물의 가격보다 큰 경우에는 사업시행자는 그 잔여 건축물을 매수할 수 있다.
②~⑤ 생략

3 X군에 거주하는 어업인들을 조합원으로 하는 A수산업협동조합(이하 'A조합'이라 함)은 조합원들이 포획·채취한 수산물의 판매를 위탁받아 판매하는 B수산물위탁판매장(이하 'B위탁판매장'이라 함)을 운영하여 왔다. 한편, B위탁판매장 운영에 대해서는 관계법령에 따라 관할지역에 대한 독점적 지위가 부여되어 있었으며, A조합은 B위탁판매장 판매액 중 일정비율의 수수료를 지급받아 왔다. 그런데, 한국농어촌공사는 「공유수면 관리 및 매립에 관한 법률」에 따라 X군 일대에 대한 공유수면매립면허를 받아 공유수면매립사업을 시행하였고, 해당 매립사업의 시행으로 인하여 사업대상지역에서 어업활동을 하던 A조합의 조합원들은 더 이상 조업을 할 수 없게 되었다. A조합은 위 공유수면매립사업지역 밖에서 운영하던 B위탁판매장에서의 위탁판매사업의 대부분을 중단하였고, 결국에는 B위탁판매장을 폐쇄하기에 이르렀다. 이에 따라 A조합은 공유수면매립사업으로 인한 위탁판매수수료 수입의 감소에 따른 영업손실의 보상을 청구하였으나, 한국농어촌공사는 B위탁판매장이 사업시행지 밖에서 운영되던 시설이었고 「공유수면 관리 및 매립에 관한 법률」상 직접적인 보상규정이 없음을 이유로 보상의 대상이 아니라고 주장한다. 한국농어촌공사의 주장은 타당한가? 20점

4 「공익사업을 위한 토지 등의 취득 및 보상에 관한 법률」 제26조는 수용재결신청 전에 사업시행자로 하여금 수용대상토지에 관하여 권리를 취득하거나 소멸시키기 위하여 토지소유자 및 관계인과 교섭하도록 하는 협의제도를 규정하고 있다. 이에 따른 협의가 수용재결신청 전의 필요적 전치절차인지 여부와 관할 토지수용위원회에 의한 협의성립의 확인의 법적 효과를 설명하시오. 10점

▶ 제29회 [2018]

1 A도 도지사 甲은 도내의 심각한 주차난을 해결하기 위하여 A도 내 B시 일대 40,000㎡(이하 '이 사건 공익사업구역'이라 함)를 공영주차장으로 사용하고자 사업계획을 수립하고 「공익사업을 위한 토지 등의 취득 및 보상에 관한 법률」(이하 '토지보상법'이라 함)에 따른 절차를 거쳐, 국토교통부장관의 사업인정을 받고 이를 고시하였다. 이후 甲은 이 사건 공익사업구역 내 주택세입자 乙등이 이사건 공익사업이 시행되는 동안 임시로 거주할 수 있도록 B시에 임대아파트를 건립하여 세입자에게 제공하는 등 이주대책을 수립·시행하였다. 한편, 乙은 「공익사업을 위한 토지 등의 취득 및 보상에 관한 법률」(이하 '토지보상법'이라 함) 제54조 제2항에 해당하는 세입자이다. 다음 물음에 답하시오. 40점

(1) 乙은 토지보상법 시행규칙에 따른 주거이전비를 받을 수 있는 권리를 포기한다는 취지의 '임대아파트 입주에 따른 주거이전비 포기각서'를 甲에게 제출하고 위 임대아파트에 입주하였지만, 이후 관련 법령이 임대아파트와 같은 임시수용시설 등을 제공받는 자를 주거이전비 지급대상에서 배제하지 않고 있는 점을 알게 되었다. 이에 乙은 포기각서를 무시하고 토지보상법 시행규칙상의 주거이전비를 청구하였다. 乙의 주거이전비 청구의 인용 여부에 관하여 논하시오. 30점

(2) 한편, 丙은 이 사건 공익사업구역 밖에서 음식점을 경영하고 있었는데, 이 사건 공익사업으로 인하여 자신의 음식점의 주출입로가 단절되어 일정기간 휴업을 할 수 밖에 없게 되었다. 이때, 丙은 토지보상법령상 보상을 받을 수 있는가? 10점

> **공익사업을 위한 토지 등의 취득 및 보상에 관한 법률 시행규칙**
> **제54조(주거이전비의 보상)**
> ① 공익사업시행지구에 편입되는 주거용 건축물의 소유자에 대하여는 해당 건축물에 대한 보상을 하는 때에 가구원수에 따라 2개월분의 주거이전비를 보상하여야 한다. 다만, 건축물의 소유자가 해당 건축물 또는 공익사업시행지구 내 타인의 건축물에 실제 거주하고 있지 아니하거나 해당 건축물이 무허가건축물 등인 경우에는 그러하지 아니하다.
> ② 공익사업의 시행으로 인하여 이주하게 되는 주거용 건축물의 세입자(법 제78조 제1항에 따른 이주대책 대상자인 세입자는 제외한다)로서 사업인정고시일 등 당시 또는 공익사업을 위한 관계 법령에 따른 고시 등이 있은 당시 해당 공익사업시행지구 안에서 3개월 이상 거주한 자에 대하여는 가구원수에 따라 4개월분의 주거이전비를 보상해야 한다. 다만, 무허가건축물 등에 입주한 세입자로서 사업인정고시일 등 당시 또는 공익사업을 위한 관계 법령에 따른 고시 등이 있은 당시 그 공익사업지구 안에서 1년 이상 거주한 세입자에 대하여는 본문에 따라 주거이전비를 보상해야 한다. 〈개정 2020.12.11.〉

2 甲은 2014.3.경 감정평가사 자격을 취득한 후, 2015.9.2.부터 2017.8.3.까지 '乙 감정평가법인'의 소속 감정평가사였다. 또한 甲은 2015.7.7.부터 2017.4.30.까지 '수산업협동조합 중앙회(이하 '수협'이라 함)에서 상근계약직으로 근무하였다. 관할 행정청인 국토교통부장관 A는 甲이 위와 같이 수협에 근무하면서 일정기간 동안 동시에 乙감정평가법인에 등록하여 소속을 유지하는 방법으로 감정평가사 자격증을 대여하거나 부당하게 행사했다고 봄이 상당하여, 「감정평가 및 감정평가사에 관한 법률」(이하 '감정평가법'이라 함) 제27조가 규정하는 명의대여 등의 금지 또는 자격증 부당행사 금지에 위반하였다는 것을 이유로 징계처분을 내리고자 한다. 다음 물음에 답하시오. 30점

(1) 국토교통부장관 A가 甲에게 대하여 위와 같은 사유로 감정평가법령상의 징계를 하고자 하는 경우, 징계절차에 관하여 설명하시오. 20점

(2) 위 징계절차를 거쳐 국토교통부장관 A는 甲에 대하여 3개월간의 업무정지 징계처분을 하였고, 甲은 해당 처분이 위법하다고 보고 관할법원에 취소소송을 제기하였다. 이 취소소송의 계속 중 국토교통부장관 A는 해당 징계처분의 사유로 감정평가법 제27조의 위반사유 이외에, 징계처분 당시 甲이 국토교통부장관에게 등록을 하지 아니하고 감정평가업무를 수행하였다는 동법 제17조의 위반사유를 추가하는 것이 허용되는가? 10점

> **감정평가 및 감정평가사에 관한 법률**
> **제17조(등록 및 갱신등록)**
> ① 제11조에 따른 감정평가사 자격이 있는 사람이 제10조에 따른 업무를 하려는 경우에는 대통령령으로 정하는 바에 따라 실무수습 또는 교육연수를 마치고 국토교통부장관에게 등록하여야 한다. 〈개정 2021.7.20.〉
> ②~④ 생략
>
> **제27조(명의대여 등의 금지)**
> ① 감정평가사 또는 감정평가법인등은 다른 사람에게 자기의 성명 또는 상호를 사용하여 제10조에 따른 업무를 수행하게 하거나 자격증·등록증 또는 인가증을 양도·대여하거나 이를 부당하게 행사하여서는 아니 된다.
> ② 누구든지 제1항의 행위를 알선해서는 아니 된다.

3 서울의 A구청장은 이 사건 B토지의 비교표준지로 A구의 C토지(2017.1.1. 기준공시지가는 1㎡당 810만 원임)를 선정하고 이 사건 B토지와 비교표준지 C의 토지가격비준표상 토지특성을 조사한 결과 총 가격배율이 1.00으로 조사됨에 따라 이 사건 각 토지의 가격을 1㎡당 810만원으로 산정하였다. 감정평가사 D는 A구청장으로부터 이와 같이 산정된 가격의 검증을 의뢰받고 이 사건 각 토지가 비교표준지와 비교하여 환경조건 획지조건 및 기타조건에서 열세에 있어 비교표준지의 공시지가를 약 83.9%의 비율로 감액한 1㎡당 680만원을 개별공시지가로 정함이 적정하다는 검증의견을 제시하였다. A구청장은 이 검증의견을 받아들여 2017.5.30.에 이 사건 각 토지의 개별공시지가를 1㎡당 680만원으로 결정·공시하였다. B토지 소유자는 1㎡당 680만원으로 결정·공시된 B토지의 개별공시지가에 대하여 1㎡당 810만원으로 증액되어야 한다는 취지로 이의신청을 제기하였다. B토지소유자의 이의신청에 따라 A구청장은 감정평가사 E에게 이 사건 토지의 가격에 대한 검증을 의뢰하였다. 검증을 담당한 감정평가사 E는 토지특성 적용 및 비교표준지 선정에는 오류가 없으나 인근 지가와의 균형을 고려하여 개별공시지가를 1㎡당 700만원으로 증액함이 상당하다는 의견을 제시하였다. (이 사건 토지가 비교표준지와 비교하여 환경조건 및 획지조건에서 열세에 있다고 보아 비교표준지의 공시지가에 대하여 약 86.5%의 비율로 감액) 이에 A구청장은 A구 부동산가격공시위원회의 심의를 거쳐 이 검증의견을 받아들여 B토지에 대하여 1㎡ 당 700만원으로 개별공시지가결정을 하였다. 이에 대하여 B토지소유자는 토지가격비준표와 달리 결정된 개별공시지가결정은 위법하다고 주장한다. 이 주장은 타당한가? **20점**

🔹 **부동산 가격공시에 관한 법률**

제10조(개별공시지가의 결정·공시 등)

① 시장·군수 또는 구청장은 국세·지방세 등 각종 세금의 부과, 그 밖의 다른 법령에서 정하는 목적을 위한 지가산정에 사용되도록 하기 위하여 제25조에 따른 시·군·구부동산가격공시위원회의 심의를 거쳐 매년 공시지가의 공시기준일 현재 관할 구역 안의 개별토지의 단위면적당 가격(이하 "개별공시지가" 라 한다)을 결정·공시하고, 이를 관계 행정기관 등에 제공하여야 한다.

②~③ 생략

④ 시장·군수 또는 구청장이 개별공시지가를 결정·공시하는 경우에는 해당 토지와 유사한 이용가치를 지닌다고 인정되는 하나 또는 둘 이상의 표준지의 공시지가를 기준으로 토지가격비준표를 사용하여 지가를 산정하되, 해당 토지의 가격과 표준지공시지가가 균형을 유지하도록 하여야 한다.

⑤ 〈이하 생략〉

🔹 **부동산 가격공시에 관한 법률 시행령**

제18조(개별공시지가의 검증)

① 생략

② 법 제10조 제5항 본문에 따라 검증을 의뢰받은 감정평가법인등은 다음 각 호의 사항을 검토·확인하고 의견을 제시해야 한다. 〈개정 2020.10.8.〉

  1. 비교표준지 선정의 적정성에 관한 사항
  2. 개별토지 가격 산정의 적정성에 관한 사항
  3. 산정한 개별토지가격과 표준지공시지가의 균형 유지에 관한 사항
  4. 산정한 개별토지가격과 인근토지의 지가와의 균형 유지에 관한 사항
  5. 표준주택가격, 개별주택가격, 비주거용 표준부동산가격 및 비주거용 개별부동산가격 산정 시 고려된 토지 특성과 일치하는지 여부
  6. 개별토지가격 산정 시 적용된 용도지역, 토지이용상황 등 주요 특성이 공부(公簿)와 일치하는지 여부
  7. 그 밖에 시장·군수 또는 구청장이 검토를 의뢰한 사항

4 부동산 가격공시에 관한 법령상 중앙부동산가격공시위원회에 관하여 설명하시오. **10점**

▶ 제28회 [2017]

1 甲은 A시의 관할구역 내 X토지를 소유하고 있다. A시는 그동안 조선업의 지속적인 발전으로 다수의 인구가 거주하였으나 최근 세계적인 불황으로 인구가 급격하게 감소하고 있다. 국토교통부장관은 A시를 국제관광특구로 발전시킬 목적으로 「기업도시개발 특별법」이 정하는 바에 따라 X토지가 포함된 일단의 토지를 기업도시개발구역으로 지정하고, 개발사업시행자인 乙이 작성한 기업도시개발계획(동법 제14조 제2항에 따른 X토지 그밖의 수용대상이 되는 토지의 세부목록 포함, 이하 같다)을 승인·고시하였다. 乙은 협의 취득에 관한 제반 절차를 준수하여 X토지에 대한 협의취득절차를 시도하였으나 甲이 응하지 않았다. 이에 乙은 X토지에 대하여 수용재결을 신청하였고 중앙토지수용위원회는 그 신청에 따른 수용재결을 하였다. 다음 물음에 답하시오. **40점**

(1) 甲은 기업도시개발계획승인에 대한 취소소송의 제소기간이 도과한 상태에서 「공익사업을 위한 토지 등의 취득 및 보상에 관한 법률」 제21조 제2항에 따른 중앙토지수용위원회 및 이해관계자의 의견청취절차를 전혀 시행하지 않은 채 기업도시개발계획승인이 발급된 것이 위법함을 이유로 수용재결취소소송을 제기 하려고 한다. 갑의 소송상 청구가 인용될 수 있는 가능성에 관하여 설명하시오. (단 소송요건은 충족된 것으로 본다.) **20점**

(2) 갑은 수용재결취소소송을 제기하면서, 을이 기업도시개발계획승인 이후에 재정상황이 악화되어 수용재결 당시에 이르러 기업도시개발사업을 수행할 능력을 상실한 상태가 되었음에도 불구하고 수용재결을 한 위법이 있다고 주장한다. 갑의 소송상 청구가 인용될 수 있는 가능성에 관하여 설명하시오. (단, 소송요건은 충족된 것으로 본다.) **10점**

(3) 중앙토지수용위원회는 보상금을 산정하면서, X토지는 그 용도지역이 제1종 일반주거지역이기는 하지만 기업도시개발사업의 시행을 위해서 제3종 일반주거지역으로 변경되지 않은 사정이 인정되므로 제3종 일반주거지역으로 변경이 이루어진 상태를 상정하여 토지가격을 평가한다고 설시하였다. 이에 대해 을은 X토지를 제1종 일반주거지역이 아닌 제3종 일반주거지역으로 평가한 것은 공법상 제한을 받는 토지에 대한 보상금 산정에 위법이 있다고 주장하면서 보상금감액청구소송을 제기하고자 한다. 을의 소송상 청구가 인용될 수 있는 가능성에 관하여 설명하시오. (단, 소송요건은 충족된 것으로 본다.) **10점**

▷ 부동산 가격공시에 관한 법률
제10조(개별공시지가의 결정·공시 등)
① 시장·군수 또는 구청장은 국세·지방세 등 각종 세금의 부과, 그 밖의 다른 법령에서 정하는 목적을 위한 지가산정에 사용되도록 하기 위하여 제25조에 따른 시·군·구부동산가격공시위원회의 심의를 거쳐 매년 공시지가의 공시기준일 현재 관할 구역 안의 개별토지의 단위면적당 가격(이하 "개별공시지가"라 한다)을 결정·공시하고, 이를 관계 행정기관 등에 제공하여야 한다.
②~③ 생략

④ 시장·군수 또는 구청장이 개별공시지가를 결정·공시하는 경우에는 해당 토지와 유사한 이용가치를 지닌다고 인정되는 하나 또는 둘 이상의 표준지의 공시지가를 기준으로 토지가격비준표를 사용하여 지가를 산정하되, 해당 토지의 가격과 표준지공시지가가 균형을 유지하도록 하여야 한다.

⑤ 〈이하 생략〉

❯ 부동산 가격공시에 관한 법률 시행령
제18조(개별공시지가의 검증)

① 생략

② 법 제10조 제5항 본문에 따라 검증을 의뢰받은 감정평가법인등은 다음 각 호의 사항을 검토·확인하고 의견을 제시해야 한다. 〈개정 2020.10.8.〉

1. 비교표준지 선정의 적정성에 관한 사항
2. 개별토지 가격 산정의 적정성에 관한 사항
3. 산정한 개별토지가격과 표준지공시지가의 균형 유지에 관한 사항
4. 산정한 개별토지가격과 인근토지의 지가와의 균형 유지에 관한 사항
5. 표준주택가격, 개별주택가격, 비주거용 표준부동산가격 및 비주거용 개별부동산가격 산정 시 고려된 토지 특성과 일치하는지 여부
6. 개별토지가격 산정 시 적용된 용도지역, 토지이용상황 등 주요 특성이 공부(公簿)와 일치하는지 여부
7. 그 밖에 시장·군수 또는 구청장이 검토를 의뢰한 사항

❯ 공익사업을 위한 토지 등의 취득 및 보상에 관한 법률
제21조(협의 및 의견청취 등)

① 국토교통부장관은 사업인정을 하려면 관계 중앙행정기관의 장 및 특별시장·광역시장·도지사·특별자치도지사(이하 "시·도지사"라 한다) 및 제49조에 따른 중앙토지수용위원회와 협의하여야 하며, 대통령령으로 정하는 바에 따라 미리 사업인정에 이해관계가 있는 자의 의견을 들어야 한다.

② 별표에 규정된 법률에 따라 사업인정이 있는 것으로 의제되는 공익사업의 허가·인가·승인권자 등은 사업인정이 의제되는 지구지정·사업계획승인 등을 하려는 경우 제1항에 따라 제49조에 따른 중앙토지수용위원회와 협의하여야 하며, 대통령령으로 정하는 바에 따라 사업인정에 이해관계가 있는 자의 의견을 들어야 한다.

③ 생략

❯ 공익사업을 위한 토지 등의 취득 및 보상에 관한 법률 시행규칙
제23조(공법상 제한을 받는 토지의 평가)

① 공법상 제한을 받는 토지에 대하여는 제한받는 상태대로 평가한다. 다만, 그 공법상 제한이 당해 공익사업의 시행을 직접 목적으로 하여 가하여진 경우에는 제한이 없는 상태를 상정하여 평가한다.

② 당해 공익사업의 시행을 직접 목적으로 하여 용도지역 또는 용도지구 등이 변경된 토지에 대하여는 변경되기 전의 용도지역 또는 용도지구 등을 기준으로 평가한다.

❯ 기업도시개발 특별법
제11조(개발계획의 승인 등)

① 제4조에 따라 개발구역의 지정을 제안하는 자는 지정 제안 시 기업도시개발계획(이하 "개발계획"이라 한다)을 작성하여 국토교통부장관의 승인을 받아야 한다. 승인된 개발계획을 변경(대통령령으로 정하는 경미한 사항의 변경은 제외한다)하려는 경우에도 같다.

② ~ ⑤항 생략

⑥ 국토교통부장관은 제1항에 따라 개발계획을 승인하였을 때에는 대통령령으로 정하는 바에 따라 그 사실을 관보에 고시하여야 한다. 다만, 제2항 각 호 외의 부분 단서에 해당하는 경우에는 개발계획의 승인

후 따로 관보에 고시하여야 한다.

〈이하 생략〉

제14조(토지 등의 수용·사용)

① 시행자는 개발구역에서 개발사업을 시행하기 위하여 필요할 때에는 「공익사업을 위한 토지 등의 취득 및 보상에 관한 법률」 제3조에 따른 토지·물건 또는 권리(이하 "토지 등"이라 한다)를 수용 또는 사용(이하 "수용 등"이라 한다)할 수 있다.

② 제1항을 적용하는 경우에 수용 등의 대상이 되는 토지 등의 세부 목록을 제11조 제4항에 따라 고시한 때에는 「공익사업을 위한 토지 등의 취득 및 보상에 관한 법률」 제20조 제1항 및 제22조에 따른 사업인정 및 사업인정의 고시가 있은 것으로 본다.

③~⑨항 생략

⑩ 제1항에 따른 토지 등의 수용 등에 관하여 이 법에 특별한 규정이 있는 경우를 제외하고는 「공익사업을 위한 토지 등의 취득 및 보상에 관한 법률」을 준용한다.

2 도지사 A시는 "X국가산업단지 내 국도 대체우회도로개설사업"(이하 이 사건 개발사업이라 함)의 실시계획을 승인·고시하고, 사업시행자로 B시의 시장을 지정하였다. B시의 시장은 이 사건 개발사업을 시행함에 있어 사업시행으로 인하여 건물이 철거되는 이주대책대상자를 위한 이주대책을 수립하면서 훈령의 형식으로 "B시 이주민지원규정"을 마련하였다.

위 지원규정에서는 ① 이주대책대상자 선정과 관련하여, 「공익사업을 위한 토지 등의 취득 및 보상에 관한 법률」 및 그 시행령이 정하고 있는 이주대책대상자 요건 외에 '전세대원이 사업구역 내 주택 외 무주택'이라는 요건을 추가적으로 규정하는 한편, ② B시의 이주대책 지급대상에 관하여, 과거 건축물양성화기준일 이전 건물의 거주자의 경우 소지가(조성되지 아니한 상태에서의 토지가격) 분양대상자로, 기준일 이후 건물의 거주자의 경우 1세대당 사업용지 3평을 일반분양가로 추가 분양하도록 하고, 일반 우선 분양대상자의 경우 1세대 1필지 이주택지를 일반분양가로 우선 분양할 수 있도록 하고 있다. B시의 시장은 이주대책을 실시하면서 이 사건 개발사업구역 내에 거주하는 갑과 을에 대하여, 甲은 공익사업을 위한 토지 등의 취득 및 보상에 관한 법령이 정한 이주대책대상자에 해당됨에도 위 ①에서 정하는 요건을 이유로 이주대책대상자에서 배제하는 부적격 통보를 하였고, 소지가 분양대상자로 신청한 乙에 대해서는 위 지원규정을 적용하여 소지가 분양대상이 아닌 일반 우선 분양대상자로 선정하고, 이를 공고하였다. 다음 물음에 답하시오. **30점**

(1) 갑은 'B시 이주민지원규정'에서 정한 추가적 요건을 이유로 자신을 이주대책대상자에서 배제한 것은 위법하다고 주장한다. 갑의 주장이 타당한지에 관하여 설명하시오. **15점**

(2) 을은 자신의 소지가 분양대상자가 아닌 일반 우선 분양대상자로 선정한 것은 위법하다고 보아 이를 소송으로 다투려고 한다. 을이 제기하는 소송의 형식을 설명하시오. **15점**

3 지목은 대(垈)이지만 그 현황이 인근 주민의 통행에 제공된 사실상 도로인 토지를 대상으로 「도시 및 주거환경정비법」에 따른 매도청구권을 행사하는 경우와 「공익사업을 위한 토지 등의 취득 및 보상에 관한 법률」에 따른 수용재결이 행하여지는 경우에 관하여 다음 물음에 답하시오. **20점**

(1) 매도청구권 행사에 따른 쟁송절차와 수용재결에 따른 보상금을 다투는 쟁송절차의 차이점을 설명하시오. **10점**

(2) 토지의 감정평가방법과 그 기준에 있어 매도청구권이 행사되는 경우와 수용재결이 행하여지는 경우의 차이점을 설명하시오. **10점**

4 갑소유 토지를 포함하는 일단의 토지가 「공공퇴의 비축에 관한 법률」에 따라 X읍−Y읍간 도로사업용지 비축사업(이하 '이 사건 비축사업'이라 함) 지역으로 지정되었고, 한국토지주택공사를 사업시행자로 하여 2014.3.31. 이 사건 비축사업에 대하여 「공익사업을 위한 토지 등의 취득 및 보상에 관한 법률」에 따른 사업인정고시가 있었다. 한편, 관할 도지사는 X읍−Y읍간 도로확포장공사와 관련하여 2016.5.1. 도로구역을 결정·고시하였는데, 갑의 토지는 도로확포장공사가 시행되는 도로구역 인근에 위치하고 있다. 이후 이 사건 비축사업을 위하여 갑소유 토지에 대해서 2016.7.5. 관할 토지수용위원회의 수용재결이 있었는바, 위 도로확포장공사로 인하여 상승된 토지가격이 반영되지 않은 감정평가가격으로 보상금이 결정되었다. 이에 갑은 도로확포장공사로 인한 개발이익이 배제된 보상금 결정은 위법하다고 주장하는 바, 갑의 주장이 타당한지에 관하여 설명하시오. **10점**

▶ 제27회 [2016]

1 「공익사업을 위한 토지 등의 취득 및 보상에 관한 법률」(이하 '토지보상법'이라 함)의 적용을 받는 공익사업으로 인하여 甲은 사업시행자인 한국철도시설공단 乙에게 협의절차를 통해 자신이 거주하고 있던 주거용 건축물을 제공하여 생활의 근거를 상실하게 되었다고 주장하면서 토지보상법 제78조 제1항에 따른 이주대책의 수립을 신청하였다. 이에 대해 乙은 "위 공익사업은 선형사업으로서 철도건설에 꼭 필요한 최소한의 토지만 보상하므로 사실상 이주택지공급이 불가능하고 이주대책대상자 중 이주정착지에 이주를 희망하는 자의 가구수가 7호(戶)에 그치는 등 위 공익사업은 토지 보상법 시행령 제40조 제2항에서 규정하고 있는 이주대책을 수립하여야 하는 사유에 해당되지 아니한다"는 이유를 들어 甲의 신청을 거부하였다. 다음 물음에 답하시오. **40점**

(1) 乙이 甲에 대한 거부처분을 하기에 앞서 행정절차법상 사전통지와 이유제시를 하지 아니한 경우 그 거부처분은 위법한가? **20점**

(2) 만약 甲이 거부처분취소소송을 제기하였다면, 乙은 그 소송계속 중에 처분의 적법성을 유지하기 위해 "甲은 주거용 건축물에 계약체결일까지 계속하여 거주하고 있지 아니하였을 뿐만 아니라 이주정착지로의 이주를 포기하고 이주정착금을 받은 자에 해당하므로 토지보상법 시행령 제40조 제2항에 따라 이주대책을 수립할 필요가 없다"는 사유를 추가·변경할 수 있는가? **20점**

2 甲은 2015.3.16. 乙로부터 A광역시 B구 소재 도로로 사용되고 있는 토지 200㎡(이하 '이 사건 토지'라 함)를 매수한 후 자신의 명의로 소유권이전등기를 하였다. 한편, 甲은 A광역시지방토지수용위원회에 "사업시행자인 B구청장이 도로개설공사를 시행하면서 사업인정고시가 된 2010.4.6. 이후 3년 이상 이 사건 토지를 사용하였다"고 주장하면서 「공익사업을 위한 토지 등의 취득 및 보상에 관한 법률」(이하 '토지보상법' 이라 함) 제72조 제1호를 근거로 이 사건 토지의 수용을 청구하였다. 이에 대해 A광역시지방토지수용위원회는 "사업인정고시가 된 날부터 1년 이내에 B구청장이 재결신청을 하지 아니하여 사업인정은 그효력을 상실하였으므로 甲은 토지수용법 제72조 제1호를 근거로 이 사건 토지의 수용을 청구할 수 없다"며 甲의 수용청구를 각하하는 재결을 하였다. 다음 물음에 답하시오. **30점**

(1) A광역시지방토지수용위원회의 각하재결에 대하여 행정소송을 제기하기 전에 강구할 수 있는 甲의 권리구제수단에 관하여 설명하시오. **10점**

(2) 甲이 A광역시지방토지수용위원회의 각하재결에 대하여 행정소송을 제기할 경우 그 소송의 형태와 피고적격에 관하여 설명하시오. **20점**

3 국방부장관은 국방·군사에 관한 사업을 위하여 국토교통부장관으로부터 甲 소유의 토지를 포함한 200필지의 토지 600,000㎡에 관하여 「공익사업을 위한 토지 등의 취득 및 보상에 관한 법률」 제20조에 따른 사업인정을 받았다. 그러나 국토교통부장관은 사업인정을 하면서 동법 제21조에 규정된 이해관계인의 의견을 청취하는 절차를 거치지 않았다. 한편, 국방부장관은 甲과 손실보상 등에 관하여 협의하였으나 협의가 성립되지 않았다. 국방부장관은 재결을 신청하였고 중앙토지수용위원회는 수용재결을 하였다. 甲은 수용재결에 대한 취소소송에서 사업인정의 절차상 하자를 이유로 수용재결의 위법성을 주장할 수 있는가? (단, 국토교통부장관의 사업인정에 대한 취소소송의 제소기간은 도과하였음) **20점**

4 국토교통부장관은 감정평가법인등 甲이 「감정평가 및 감정평가사에 관한 법률」(이하 '감정평가사법'이라 함) 제10조에 따른 업무범위를 위반하여 업무를 행하였다는 이유로 甲에게 3개월 업무정지처분을 하였다. 甲은 이러한 처분에 불복하여 취소소송을 제기하였으나 소송계속 중 3개월의 정지기간이 경과되었다. 감정평가사법 제32조 제5항에 근거하여 제정된 감정평가사법 시행령 제29조 [별표 3] '감정평가법인등의 설립인가의 취소와 업무의 정지에 관한 기준'에 따르면, 위 위반행위의 경우 위반횟수에 따라 가중처분을 하도록 규정하고 있다(1차 위반 시 업무정지 3개월, 2차 위반 시 업무정지 6개월, 3차 위반 시 업무정지 1년). 甲은 업무정지처분의 취소를 구할 법률상 이익이 있는가? **10점**

▶ 제26회 [2015]

1 「공익사업을 위한 토지 등의 취득 및 보상에 관한 법률」(이하 '공익사업법'이라 한다)에 따라 도로확장건설을 위해 사업인정을 받은 A는 해당 지역에 위치한 甲의 토지를 수용하고자 甲과 협의를 시도하였다. A는 甲과 보상액에 관한 협의가 이루어지지 않자 공익사업법상의 절차에 따라 관할 토지수용위원회에 재결을 신청하였다. 그런데 관할 토지수용위원회는 「감정평가에 관한 규칙(국토교통부령)」에 따른 '감정평가실무기준(국토교통부 고시)'과는 다르게 용도지역별 지가변동률이 아닌 이용상황별 지가변동률을 적용한 감정평가사의 감정결과를 채택하여 보상액을 결정하였다. 그 이유로 해당 토지는 이용상황이 지가변동률에 더 큰 영향을 미친다는 것을 들었다. 다음 물음에 답하시오. **40점**

(1) 甲은 보상액 결정이 '감정평가실무기준(국토교통부 고시)'을 따르지 않았으므로 위법이라고 주장한다. 甲의 주장은 타당한가? **20점**

(2) 甲은 위 토지수용위원회의 재결에 불복하여 공익사업법에 따라 보상금의 증액을 구하는 소송을 제기하고자 한다. 이 소송의 의의와 그 특수성을 설명하시오. **20점**

2 B시에 거주하는 甲은 2005년 5월 자신의 토지 위에 주거용 건축물을 신축하였다. 그런데 甲은 건축허가 요건을 충족하지 못하여 행정기관의 허가 없이 건축하였다. 甲은 위 건축물에 입주하지 않았으나, 친척인 乙이 자신에게 임대해 달라고 요청하여 이를 허락하였다. 乙은 필요시 언제든 건물을 비워주겠으며, 공익사업시행으로 보상의 문제가 발생할 때에는 어떠한 보상도 받지 않겠다는 내용의 각서를 작성하여 임대차 계약서에 첨부하였다. 乙은 2006년 2월 위 건축물에 입주하였는데, 당시부터 건축물의 일부를 임의로 용도변경하여 일반음식점으로 사용하여 왔다. 甲의 위 토지와 건축물은 2015년 5월 14일 국토교통부장관이 한 사업인정고시에 따라서 공익사업시행지구에 편입되었다. 甲은 이 사실을 알고 동년 6월에 위 건축물을 증축하여 방의 개수를 2개 더 늘려 자신의 가족과 함께 입주하였다. 다음 물음에 답하시오. **30점**

(1) 위 甲의 건축물은 「공익사업을 위한 토지 등의 취득 및 보상에 관한 법률」에 따른 손실보상의 대상이 되는지, 만일 된다면 어느 범위에서 보상이 이루어져야 하는지 설명하시오. **10점**

(2) 甲과 乙은 주거이전비 지급대상자에 포함되는지 여부를 지급요건에 따라서 각각 설명하시오. **20점**

3 甲은 C시 소재 전(田) 700㎡(이하 '이 사건 토지'라고 한다)의 소유자로서, 여관 신축을 위하여 부지를 조성하였는데, 진입로 개설비용 3억원, 옹벽공사비용 9천만원, 토목설계비용 2천만원, 토지형질변경비용 1천만원을 각 지출하였다. 그런데 건축허가를 받기 전에 국토교통부장관이 시행하는 고속도로건설공사에 대한 사업인정이 2014년 7월 15일 고시되어 이 사건 토지 중 500㎡(이하 '이 사건 수용대상토지'라고 한다)가 공익사업시행지구에 편입되었고, 2015년 7월 17일 관할 토지수용위원회에서 수용재결이 있었다. 그 결과 이 사건 토지에서 이 사건 수용대상토지를 제외한 나머지 200㎡(이하 '이 사건 나머지 토지'라고 한다)는 더 이상 여관 신축의 용도로는 사용할 수 없게 되어 그 부지조성비용은 이 사건 나머지 토지의 정상적인 용도에 비추어 보았을 때에는 쓸모없는 지출이 되고 말았다. 이에 甲은 이 사건 나머지 토지에 들인 부지조성비용에 관하여 손실보상의 지급을 청구하고자 한다. 다음 물음에 답하시오. 20점

(1) 위 청구권의 법적 근거에 관하여 설명하시오. 10점

(2) 甲은 다른 절차를 거치지 않고 바로 국가를 상대로 손실보상을 청구하는 소송을 제기할 수 있는가? 10점

4 감정평가사 甲은 토지소유자 乙로부터 그 소유의 토지(이하 '이 사건 토지'라고 한다)를 물류단지로 조성한 후에 형성될 이 사건 토지에 대한 추정시가를 평가하여 달라는 감정평가를 의뢰받아 1천억원으로 평가하였다(이하 '이 사건 감정평가'라고 한다). 甲은 그 근거로 단순히 인근 공업단지 시세라고 하며 공업용지 평당 3백만원 이상이라고만 감정평가서에 기재하였다. 그러나 얼마 후 이 사건 토지에 대한 경매절차에서 법원의 의뢰를 받은 감정평가사 丙은 이 사건 토지의 가격을 1백억원으로 평가하였다. 평가금액 간에 10배에 이르는 현저한 차이가 발생하자 사회적으로 문제가 되었다. 이에 국토교통부장관은 적법한 절차를 거쳐 甲에게 "부동산의 적정한 가격을 산정하기 위해서는 정확한 자료를 검토하고 이를 기반으로 가격형성 요인을 분석하여야 함에도 그리하지 않은 잘못이 있다."는 이유로 징계를 통보하였다. 이에 대해 甲은 이 사건 감정평가는 미래가격 감정평가로서 비교표준지를 설정할 수 없어 부득이하게 인근 공업단지의 시세를 토대로 평가하였던 것이고, 미래가격 감정평가에는 구체적인 기준이 따로 없으므로 일반적인 평가방법을 따르지 않았다고 해서 자신이 잘못한 것은 아니라고 주장한다. 甲의 주장은 타당한가? 10점

▶ 제25회 [2014]

1 S시의 시장 A는 K구의 D지역(주거지역)을 「도시 및 주거환경정비법」(이하 "도정법"이라 함)상 정비구역으로 지정·고시하였다. 그러자 이 지역의 주민들은 조합을 설립하여 주택재개발사업을 추진하기 위해 도정법에서 정한 절차에 따라 조합설립추진위원회를 구성하였고, 동 추진위원회는 도정법 제16조의 규정에 의거하여 D지역의 일정한 토지 등 소유자의 동의, 정관, 공사비 등 정비사업에 드는 비용과 관련된 자료 등을 첨부하여 A로부터 X조합설립인가를 받아 등기하였다. X조합은 조합총회를 개최하고 법 소정의 소유자 동의 등을 얻어 지정개발자로서 Y를 사업시행자로 지정하였다. 다음 물음에 답하시오. **40점**

(1) D지역의 토지소유자 중 甲이 "추진위원회가 주민의 동의를 얻어 X조합을 설립하는 과정에서 '건설되는 건축물의 설계의 개요' 등에 관한 항목 내용의 기재가 누락되었음에도 이를 유효한 동의로 처리하여 조합설립행위에 하자가 있다."고 주장하며 행정소송으로 다투려고 한다. 이 경우 조합설립인가의 법적 성질을 검토한 다음, 이에 기초하여 쟁송의 형태에 대해 설명하시오. **20점**

(2) Y는 정비사업을 실시함에 있어 이 사업에 반대하는 토지 등소유자 乙등의 토지와 주택을 취득하기 위하여 「공익사업을 위한 토지 등의 취득 및 보상에 관한 법률」에 의거한 乙 등과 협의가 성립되지 않아 지방토지수용위원회의 수용재결을 거쳤는데, 이 수용재결에 불복하여 Y가 중앙토지수용위원회에 이의재결을 신청하여 인용재결을 받았다. 이 경우 乙 등이 이 재결에 대해 항고소송을 제기한다면 소송의 대상은 무엇인가? **20점**

2 甲은 A시의 시외로 나가는 일반도로에 접한 자신 소유의 X토지에 교통로를 개설하고 대형음식점을 운영하고 있다. A시에서는 X토지와 이에 접하여 연결된 Y·W토지의 소유권을 취득하여 혼잡한 교통량을 분산할 목적으로 「국토의 계획 및 이용에 관한 법률」에 의거하여 우회도로를 설치한다는 방침을 결정하고, A시의 시장은 X·Y·W토지의 개별공시지가 및 이 개별공시지가 산정의 기초가 된 P토지의 표준지공시지가와 도매물가상승률 등을 반영하여 산정한 보상기준가격을 내부적으로 결정하고 예산확보를 위해 중앙부처와 협의 중이다. 다음 물음에 답하시오. **30점**

(1) 甲은 보상이 있을 것을 예상하여 더 많은 보상금을 받기 위해 「부동산 가격공시에 관한 법률」에 의거하여 감정평가사를 통해 산정된 P토지의 표준지공시지가에 불복하여 취소소송을 제기하려고 한다. 이 경우 甲에게 법률상 이익이 있는지 여부를 검토하시오. **15점**

(2) 위 취소소송에 P토지의 소유자인 丙이 소송에 참가할 수 있는지 여부와 甲이 확정인용판결을 받았다면 이 판결의 효력은 Y·W토지의 소유자인 乙에게도 미치는지에 대하여 설명하시오. **15점**

3 법원으로부터 근저당권에 근거한 경매를 위한 감정평가를 의뢰받은 감정평가사 乙이 감정평가 대상토지의 착오로 실제 대상토지의 가치보다 지나치게 낮게 감정평가액을 산정하였다. 토지소유자인 甲이 이에 대해 이의를 제기하였음에도 경매담당 법관 K는 乙의 감정평가액을 최저입찰가격으로 정하여 경매절차를 진행하였으며, 대상토지는 원래의 가치보다 결국 낮게 丙에게 낙찰되어 甲은 손해를 입게 되었다. 甲이 법관의 과실을 이유로 국가배상을 청구할 경우 이 청구의 인용가능성을 검토하시오. **20점**

4 「공익사업을 위한 토지 등의 취득 및 보상에 관한 법률」상 사업인정 전 협의와 사업인정 후 협의의 차이점에 대하여 설명하시오. 10점

▶ 제24회 [2013]

1 甲은 S시에 600㎡의 토지를 소유하고 있다. S시장 乙은 2002년 5월 「국토의 계획 및 이용에 관한 법률」에 의거하여 수립한 도시관리계획으로 甲의 토지가 포함된 일대에 대하여 공원구역으로 지정하였다가 2006년 5월 민원에 따라 甲의 토지를 주거지역으로 변경지정하였다. 乙은 2010년 3월 정부의 녹색도시조성 시책에 부응하여 도시근린공원을 조성하고자 甲의 토지에 대하여 녹지지역으로 재지정하였다. 다음 물음에 답하시오. 40점

(1) 甲은 乙이 2010년 3월 그의 토지에 대하여 녹지지역으로 재지정한 것은 신뢰보호의 원칙에 위배될 뿐만 아니라 해당 토지 일대의 이용상황을 고려하지 아니한 결정이었다고 주장하며, 녹지지역 지정을 해제할 것을 요구하고자 한다. 甲의 주장이 법적으로 관철될 수 있는가에 대하여 논하시오. 20점

(2) 乙은 공원조성사업을 추진하기 위하여 甲의 토지를 수용하였는데, 보상금산정 시 녹지지역을 기준으로 감정평가한 금액을 적용하였다. 그 적법성 여부를 논하시오. 20점

2 S시에 임야 30,000㎡를 소유하고 있다. S시장은 甲소유의 토지에 대하여 토지의 이용상황을 실제 이용되고 있는 '자연림'으로 하여 개별공시지가를 산정한 다음 A감정평가법인에 검증을 의뢰하였는데, A감정평가법인이 그 토지의 이용상황을 '공업용'으로 잘못 정정하여 검증지가를 산정하고, 시(市) 부동산가격공시위원회가 검증지가를 심의하면서 그 잘못을 발견하지 못하였다. 이에 따라 甲소유 토지의 개별공시지가가 적정가격보다 훨씬 높은 가격으로 결정·공시되었다. B은행은 S시의 공시지가를 신뢰하고, 甲에게 70억 원을 대출하였는데, 甲이 파산함에 따라 채권회수에 실패하였다. 다음 물음에 답하시오. 30점

(1) B은행은 S시를 대상으로 국가배상을 청구하였다. S시의 개별공시지가 결정행위가 국가배상법 제2조상의 위법행위에 해당하는가에 관하여 논하시오. 20점

(2) S시장은 개별공시지가제도의 입법목적을 이유로 S시 담당공무원들의 개별공시지가 산정에 관한 직무상 행위와 B은행의 손해 사이에 상당인과관계가 없다고 항변한다. S시장의 항변의 타당성에 관하여 논하시오. 10점

3 乙은 감정평가사 甲이 감정평가업무를 행하면서 고의로 잘못된 평가를 하였다는 것을 이유로, 「감정평가 및 감정평가사에 관한 법률」 제32조 제1항 제11호 및 동법 시행령 제29조 [별표 3]에 따라 6개월의 업무정지처분을 하였고, 乙은 이에 불복하여 취소소송을 제기하였다. 소송의 계속 중에 6개월의 업무정지기간이 만료하였다. 甲은 위 취소소송을 계속할 이익이 인정되는가? 20점

4 「공익사업을 위한 토지 등의 취득 및 보상에 관한 법률」상 보상금증액청구소송을 하면서 해당 재결에 대한 선행처분으로서 수용대상토지 가격산정의 기초가 된 표준지공시가격 결정이 위법함을 독립한 사유로 다툴 수 있는가에 관하여 논하시오. 10점

▶ 제23회 [2012]

1 A도는 2008년 5월경 국토교통부장관으로부터 관계법령에 따라 甲의 농지 4,000㎡를 포함한 B시와 C시에 걸쳐있는 토지 131,000㎡에 '2009 세계엑스포' 행사를 위한 문화시설을 설치할 수 있도록 하는 공공시설입지승인을 받았다. 그 후 A도는 편입토지의 소유자들에게 보상협의를 요청하여 甲으로부터 2008년 12월 5일 「공익사업을 위한 토지 등의 취득 및 보상에 관한 법률」에 의하여 위 甲의 농지를 협의취득하였다. A도는 취득한 甲의 토지 중 1,600㎡를 2009년 5월 31일부터 2011년 4월 30일까지 위 세계엑스포 행사 및 기타 행사를 위한 임시주차장으로 이용하다가 2012년 3월 31일 농지로 원상복구하였다. 그 후 1,600㎡의 토지는 인근에서 청소년수련원을 운영하는 제3자에게 임대되어 청소년들을 위한 영농체험 경작지로 이용되고 있다. 40점

(1) 甲은 농지로 원상복구된 토지 1,600㎡에 대한 환매권을 행사하려고 한다. 甲의 권리구제방법에 대하여 설명하시오. 25점

(2) A도는 환매권 행사 대상토지의 가격이 현저히 상승된 것을 이유로 증액된 환매대금과 보상금상당액의 차액을 선이행하거나 동시이행할 것을 주장하려 한다. 환매대금 증액을 이유로 한 A도의 대응수단에 대하여 설명하시오. 15점

2 한국수자원공사는 「한국수자원공사법」 제9조 및 제10조에 근거하여 수도권(首都圈) 광역상수도사업 실시계획을 수립하여 국토교통부장관의 승인을 얻은 후, 1필지인 甲의 토지 8,000㎡ 중 6,530㎡를 협의취득하였다. 협의취득 후 甲의 잔여지는 A지역 495㎡, B지역 490㎡, 그리고 C지역 485㎡로 산재(散在)하고 있다. 30점

(1) 甲은 위 잔여지의 토지가격의 감소를 이유로 손실보상을 청구하려고 한다. 이 경우 잔여지의 가격감소에 대한 甲의 권리구제방법을 설명하시오. 15점

(2) 호텔을 건립하기 위해 부지를 조성하고 있던 甲은 자신의 잔여지를 더 이상 종래의 사용목적대로 사용할 수 없게 되자 사업시행자와 매수에 관한 협의를 하였으나, 협의가 성립되지 아니하였다. 이에 甲은 관할 토지수용위원회에 잔여지의 수용을 청구하였지만, 관할 토지수용위원회는 이를 받아들이지 않았다. 이 경우 잔여지수용청구의 요건과 甲이 제기할 수 있는 행정소송의 형식을 설명하시오. 15점

3 20년 이상 감정평가업에 종사하고 있는 감정평가사 甲은 2년 전에 국토교통부장관 乙의 인가를 받아 50명 이상의 종업원을 고용하는 감정평가법인을 설립하였다. 그 후 乙은 甲이 정관을 거짓으로 작성하는 등 부정한 방법으로 감정평가법인의 설립인가를 받았다는 이유로, 「감정평가 및 감정평가사에 관한 법률」 제32조 제1항 제13호에 따라 설립인가를 취소하였다. 甲은 乙의 인가취소가 잘못된 사실관계에 기초한 위법한 처분이라는 이유로 취소소송을 제기하면서 집행정지신청을 하였다. 甲의 집행정지신청의 인용 여부를 논하시오. 20점

4 「공익사업을 위한 토지 등의 취득 및 보상에 관한 법률」상 사업인정고시의 효과에 대하여 설명하시오. 10점

▶ 제22회 [2011]

1 A군에 사는 甲은 「국토의 계획 및 이용에 관한 법률」에 따라 지정된 개발제한구역 내에 과수원을 경영하고 있다. 甲은 영농의 편의를 위해 동 과수원 토지 내에 작은 소로(小路)를 개설하고, 종중 이웃주민의 통행에 도 제공해 왔다. A군은 甲의 과수원부지가 속한 일단의 토지에 폐기물처리장을 건설하고자 하는 乙을 「폐기물관리법」에 따라 폐기물처리장 건설사업자로 지정하면서 동 처리장 건설사업실시계획을 승인하였 다. 甲과 乙 간에 甲토지에 대한 협의매수가 성립되지 않아 乙은 甲토지에 대한 수용재결을 신청하고, 관할 지방토지수용위원회의 수용재결을 받았다. 동 수용재결에서는 "사실상 사도(私道)의 부지는 인근 토지에 대한 평가액의 3분의 1 이내로 평가한다."고 규정하고 있는 토지 등의 취득 및 보상에 관한 법률 시행규칙(이하 '토지보상법 시행규칙') 제26조 제1항 2호의 규정에 따라, 甲의 토지를 인근 토지가에 비하여 3분의 1의 가격으로 평가하였다. 이 수용재결에 대하여 이의가 있는 甲은 적절한 권리구제수단을 강구하고자 한다. 다음의 물음에 답하시오. 50점

(1) 토지보상액에 대해 불복하고자 하는 甲의 행정쟁송상 권리구제수단을 설명하시오. 20점

(2) 甲이 제기한 쟁송에서 피고 측은 甲의 토지에 대한 보상액이 낮게 평가된 것은 토지보상법 시행규칙 제26조 제1항 제2호의 규정에 의한 것으로서 적법하다고 주장한다. 피고의 주장에 대해 법적으로 판단하시오. 15점

(3) 甲은 토지보상법 시행규칙 제26조 제1항 제2호의 규정은 헌법 제23조상의 재산권 보장 및 정당보상을 원칙을 위배하여 위헌적인 것이라고 주장한다. 甲의 주장을 관철할 수 있는 법적 수단을 설명하시오. 15점

2 다음 각각의 사례에 대하여 답하시오. 30점

(1) 국토교통부장관은 감정평가법인등 甲에 대하여 법령상 의무위반을 이유로 6개월의 업무정지처분을 하였다. 甲은 업무정지처분취소소송을 제기하였으나 기각되었고 동 기각판결은 확정되었다. 이에 甲은 위 처분의 위법을 계속 주장하면서 이로 인한 재산상 손해에 대해 국가배상청구소송을 제기하였다. 이 경우 업무정지처분취소소송의 위법성 판단과 국가배상청구소송의 위법성 판단의 관계를 설명하시오. 20점

(2) 감정평가법인등 乙은 국토교통부장관에게 감정평가사 갱신등록을 신청하였으나 거부당하였다. 그런데 乙은 갱신등록거부처분에 앞서 거부사유와 법적 근거, 의견제출의 가능성 등을 통지받지 못하였다. 위 갱신등록거부처분의 위법성 여부를 검토하시오. 10점

3 A시는 시가지 철도이설사업을 시행하기 위하여 「공익사업을 위한 토지 등의 취득 및 보상에 관한 법률」 제16조에 따라 주택용지를 협의취득하면서 그에 따른 일체의 보상금을 B에게 지급하였고, B는 해당 주택을 자진철거하겠다고 약정하였다. B가 자진철거를 하지 않을 경우 B의 주택에 대하여 대집행을 할 수 있는지를 판단하시오. 20점

▶ 제21회 [2010]

1 국토교통부장관은 전국을 철도로 90분 이내에 연결하기 위한 기본계획을 수립하였다. 이 계획에 기초하여 C공단 C이사장은 A지역과 B지역을 연결하는 철도건설사업에 대하여 「공익사업을 위한 토지 등의 취득 및 보상에 관한 법률」(이하 "토지보상법") 제20조에 따른 국토교통부장관의 사업인정을 받았다. P는 B-3공구지역에 임야 3,000제곱미터를 소유하고 장뇌삼을 경작하고 있으며, 터널은 P소유 임야의 한 가운데를 통과한다. C공단의 C이사장은 국토교통부장관이 제정한 K지침에 따라 P에 대하여 "구분지상권"에 해당하는 보상으로 900만원(제곱미터당 3,000원 기준)의 보상금을 책정하고 협의를 요구하였다. P는 장뇌삼 경작임야에 터널이 건설되고 기차가 지나다닐 경우 농사가 불가능하다고 판단하여 C이사장의 협의를 거부하였다. 40점

(1) P는 본인 소유 토지의 전체를 C이사장이 수용하여야 한다고 주장한다. 보상에 관한 C이사장의 결정과 P의 주장 내용의 정당성을 판단하시오. 20점

(2) 토지보상법상 P가 주장할 수 있는 권리와 이를 관철시키기 위한 토지보상법상의 권리구제수단에 관하여 논술하시오. 20점

2 뉴타운(New Town) 개발이 한창인 A지역 인근에 주택을 소유한 P는 자신의 주택에 대하여 전년도 대비 현저히 상승한 개별공시지가를 확인하고 향후 부과될 관련 세금의 상승 등을 우려하여 「부동산 가격공시에 관한 법률」 제11조에 따른 이의신청을 하였으나 기각되었다. 이에 P는 확정된 개별공시지가에 대하여 다시 행정심판을 제기하였으나 행정심판위원회는 그 청구를 받아들이지 않았으나, 그 후 P는 자신이 소유한 주택에 대하여 전년도보다 높은 재산세(부동산보유세)를 부과받게 되었다. **30점**

(1) P가 이의신청과 행정심판을 모두 제기한 것은 적법한지에 대하여 설명하시오. **10점**

(2) P가 소유한 주택에 대하여 확정된 개별공시지가가 위법함을 이유로, 그 개별공시지가를 기초로 부과된 재산세에 대한 취소청구소송을 제기할 수 있는지에 대하여 논술하시오. **20점**

3 감정평가법인등 P와 건설업자 Q는 평소에 친밀한 관계를 유지하고 있다. P는 Q의 토지를 평가함에 있어 친분관계를 고려하여 Q에게 유리하게 평가하였다. 국토교통부장관은 P의 행위가 「감정평가 및 감정평가사에 관한 법률」을 위반하였다고 판단하여 과징금, 벌금 또는 과태료의 부과를 검토하고 있다. **30점**

(1) 과징금, 벌금, 과태료의 법적 성질을 비교하여 설명하시오. **20점**

(2) 국토교통부장관은 과징금과 벌금을 중복하여 부과하고자 한다. 중복부과처분의 적법성에 관하여 판단하시오. **10점**

▶ 제20회 [2009]

1 A시는 도시개발사업을 하면서 주거를 상실하는 거주자에 대한 이주대책을 수립하였다. 이주대책의 주요내용은 다음과 같다. 이를 근거로 다음 물음에 답하시오. **45점**

- 기준일 이전부터 사업구역 내 자기 토지상 주택을 소유하고 협의계약 체결일까지 해당 주택에 계속 거주한 자가 보상에 합의하고 자진 이주한 경우 사업구역 내 분양아파트를 공급한다.
- 분양아파트를 공급받지 않은 이주자에게는 이주정착금을 지급한다.
- 무허가건축물대장에 등록된 건축물 소유자는 이주대책에서 제외한다.

(1) 이주대책의 이론적 및 헌법적 근거를 설명하시오. **5점**

(2) 주택소유자 甲이 보상에 합의하고 자진 이주하지 아니한 경우에도 이주대책에 의한 분양아파트의 공급 혹은 이주정착금의 지급을 요구할 수 있는지의 여부를 검토하시오. **20점**

(3) 무허가건축물대장에 등록되지 않은 건축물 소유자 乙이 해당 건축물이 무허가건축물이라는 이유로 이주대책에서 제외된 경우에 권리구제를 위하여 다툴 수 있는 근거와 소송방법에 관하여 검토하시오. **20점**

2 甲은 하천부지에 임시창고를 설치하기 위하여 관할청에 하천점용허가를 신청하였다. 이에 관할청은 허가기간 만료 시에 위 창고건물을 철거하여 원상복구할 것을 조건으로 이를 허가하였다. 다음 물음에 답하시오. 30점

(1) 甲은 위 조건에 대하여 취소소송으로 다툴 수 있는지 검토하시오. 20점

(2) 甲은 창고건물 철거에 따른 손실보상을 청구할 수 있는지 검토하시오. 10점

3 「감정평가 및 감정평가사에 관한 법률 시행령」 제29조 [별표 3](감정평가법인등의 설립인가의 취소와 업무의 정지에 관한 기준)은 재판규범성이 인정되는지의 여부를 설명하시오. 25점

▶ 제19회 [2008]

1 서울특별시장은 도시관리계획결정에서 정해진 바에 따라 근린공원을 조성하기 위하여 그 사업에 필요한 토지들을 「공익사업을 위한 토지 등의 취득 및 보상에 관한 법률」의 규정에 의거하여 협의를 거쳐 취득하고자 하였으나 협의가 성립되지 않아 중앙토지수용위원회에 재결을 신청하였다. 중앙토지수용위원회의 수용재결(수용의 개시일 : 2005.6.30.)에 따라 서울특별시장은 보상금을 지급하고 필요한 토지를 취득한 후, 6개월간의 공사 끝에 공원을 조성하였다. 공원조성공사가 완료된 후 2년이 지난 뒤 위 토지를 포함한 일대의 토지들이 택지개발예정지구로 지정되었다(고시일 : 2008.6.30.). 국토교통부장관에 의하여 택지개발사업의 시행자로 지정된 한국토지주택공사는 택지개발사업실시계획의 승인을 얻어 공원시설을 철거하고, 그 지상에 임대주택을 건설하는 공사를 시행하고 있다. 이에 공원조성사업을 위해 수용된 토지의 소유자 甲은 2008.8.30. 서울특별시에 환매의 의사표시를 하였으나, 서울특별시는 甲에게 환매권이 없다고 하여 수용된 토지를 되돌려 주지 않았다. 이러한 경우에 甲이 소유권 회복을 위해 제기할 수 있는 소송수단 및 그 인용가능성에 대하여 검토하시오. 40점

> ↪ **공익사업을 위한 토지 등의 취득 및 보상에 관한 법률**
> **제4조(공익사업)**
> 이 법에 따라 토지 등을 취득하거나 사용할 수 있는 사업은 다음 각 호의 어느 하나에 해당하는 사업이어야 한다.
> 1. (생략) 2. (생략)
> 3. 국가나 지방자치단체가 설치하는 청사·공장·연구소·시험소·보건시설·문화시설·공원·수목원·광장·운동장·시장·묘지·화장장·도축장 또는 그 밖의 공공용 시설에 관한 사업
> 4. (생략)
> 5. 국가, 지방자치단체, 「공공기관의 운영에 관한 법률」 제4조에 따른 공공기관, 「지방공기업법」에 따른 지방공기업 또는 국가나 지방자치단체가 지정한 자가 임대나 양도의 목적으로 시행하는 주택 건설 또는 택지 및 산업단지 조성에 관한 사업
> 6. (생략) 7. (생략) 8. (생략)

2 토지에 대한 개별공시지가 결정을 다투려고 하는 경우 다음 각각의 사안에 대하여 논술하시오. 40점

(1) 甲은 A시장이 자신의 소유토지에 대한 개별공시지가를 결정함에 있어서 「부동산 가격공시에 관한 법률」 제10조 제4항에 의하여 국토교통부장관이 작성한 토지가격비준표를 고려하지 않았다고 주장한다. 이에 A시장은 토지가격비준표를 고려하지 않은 것은 사실이나, 같은 법 제10조 제5항의 규정에 따른 산정지가 검증이 적정하게 행해졌으므로, 甲소유의 토지에 대한 개별공시지가 결정은 적법하다고 주장한다. A시장 주장의 타당성을 검토하시오. 20점

(2) 乙은 A시장이 자신의 소유 토지에 대한 개별공시지가를 결정함에 있어서 「부동산 가격공시에 관한 법률」 제10조 제5항에 의하여 받아야 하는 산정지가 검증을 거치지 않았다는 이유로 개별공시지가 결정이 위법하다고 주장하였다. A시장은 乙의 주장이 있자 산정지가 검증을 보완하였다. 乙이 검증절차의 위법을 이유로 개별공시지가 결정을 다투는 소송을 제기하려는 경우 그 방법 및 인용가능성은? 20점

3 사적(私的) 공용수용의 의의 및 요건에 대하여 설명하시오. 20점

▶ 제18회 [2007]

1 甲은 A道의 일정지역에서 20년 이상 제조업을 운영하여 왔다. A도지사는 「(가칭)청정자연보호구역의 지정 및 관리에 관한 법률」을 근거로 甲의 공장이 포함되는 B지역 일대를 청정자연보호구역으로 지정하였다. 그 결과 B지역 내의 모든 제조업자들은 법령상 강화된 폐수배출허용기준을 준수하여야 한다. 이에 대하여 甲은 변경된 기준을 준수하는 것이 기술적으로 어려울 뿐만 아니라 수질정화시설을 갖추는 데 과도한 비용이 소요되므로 이는 재산권의 수용에 해당하는 것으로 손실보상이 주어져야 한다고 주장한다.

(1) 사례와 같은 甲 재산권의 규제에 대한 보상규정이 위 법률에 결여되어 있는 경우 甲 주장의 타당성을 검토하시오. 20점

(2) 사례와 같은 재산권 침해 논란을 입법적으로 해결할 필요가 있는 경우 도입할 수 있는 '현금보상이나 채권보상 이외의 보상방법' 및 '기타 손실을 완화할 수 있는 제도'에 관하여 검토하시오. 20점

2 감정평가법인등의 성실의무와 그 의무이행확보수단을 기술한 후 이들 각 수단의 법적 성질을 비교·검토하시오. 30점

3 공부상 지목이 과수원(果)으로 되어 있는 토지의 소유자 甲은 토지상에 식재되어 있던 사과나무가 이미 폐목이 되어 과수농사를 할 수 없는 상태에서 사과나무를 베어내고 인삼밭(田)으로 사용하여 왔다. 또한 甲은 이 토지의 일부에 토지의 형질변경허가 및 건축허가를 받지 않고 2005년 8월 26일 임의로 지상 3층 건물을 건축하고, 영업허가 등의 절차 없이 식당을 운영하고 있다.

(1) 2007년 5월 25일 甲의 토지를 대상으로 하는 공익사업이 인정되어 사업시행자가 甲에게 토지의 협의매수를 요청하였지만 甲은 식당영업에 대한 손실보상을 추가로 요구하면서 이를 거부하고 있다. 甲의 식당영업손실보상에 관한 주장이 타당한 지에 대하여 논하시오. 15점

(2) 위 토지 및 지장물에 대한 보상평가기준에 대하여 설명하시오. 15점

▶ 제17회 [2006]

1 甲은 세계풍물 야외전시장을 포함하는 미술품 전시시설을 건립하고자 한다. 甲은 자신이 계획하고 있는 시설이 「공익사업을 위한 토지 등의 취득 및 보상에 관한 법률」(이하 "토지보상법"이라 한다) 제4조 제4호의 "미술관"에 해당하는지에 관하여 국토교통부장관에게 서면으로 질의하였다. 이에 대하여 국토교통부장관은 甲의 시설이 토지보상법 제4조 제4호에 열거된 "미술관"에 속한다고 서면으로 통보하였다. 그 후 甲은 국토교통부장관에게 사업인정을 신청하였다.

(1) 이 경우 국토교통부장관은 사업인정을 해주어야 하는가? 20점

(2) 국토교통부장관은 甲에게 사업인정을 해준 후 2006년 2월 1일 사업시행지 내의 토지소유자인 乙 등에게 이를 통지하고 고시하였다. 이후 甲은 乙 등과 협의가 되지 않자 관할 토지수용위원회에 수용재결을 신청하였고, 2006년 8월 1일 관할 토지수용위원회는 乙 등 소유의 토지를 수용한다는 내용의 수용재결을 하였다. 관할 토지수용위원회의 재결서를 받은 乙은 상기 미술관의 건립으로 인하여 문화재적 가치가 있는 乙 등 조상 산소의 석물·사당의 상실이 예견됨에도 불구하고 이러한 고려가 전혀 없이 이루어진 위법한 사업인정이라고 주장하면서 위 수용재결에 대한 취소소송을 제기하였다. 乙은 권리구제를 받을 수 있는가? 20점

2 감정평가법인등 甲은 「감정평가 및 감정평가사에 관한 법률」 제25조의 성실의무 위반을 이유로 같은 법 제32조 제1항 제11호에 의하여 2006년 2월 1일 국토교통부장관으로부터 등록취소처분을 통보받았다. 이에 甲은 국토교통부장관이 등록취소 시 같은 법 제45조에 의한 청문을 실시하지 않은 것을 이유로 2006년 8월 1일 등록취소처분에 대한 무효확인소송을 제기하였다. 甲의 소송은 인용될 수 있는가? 30점

3 「공익사업을 위한 토지 등의 취득 및 보상에 관한 법률」상 공시지가를 기초로 한 보상액 산정에 있어서 개발이익의 배제 및 포함을 논하시오. 15점

4 재산권의 가치보장과 존속보장에 관하여 서술하시오. 15점

▶ 제16회 [2005]

1 사업시행자인 甲은 사업인정을 받은 후에 토지소유자 乙과 협의절차를 거쳤으나 협의가 성립되지 아니하여 중앙토지수용위원회에 재결을 신청하였다. 그러나 丙이 乙명의의 토지에 대한 명의신탁을 이유로 재결신청에 대해 이의를 제기하자, 중앙토지수용위원회는 상당한 기간이 경과한 후에도 재결처분을 하지 않고 있다. 甲이 취할 수 있는 행정쟁송수단에 대해 설명하시오. 40점

2 감정평가사 甲은 감정평가를 함에 있어 감정평가준칙을 준수하지 아니하였음을 이유로 국토교통부장관으로부터 2개월의 업무정지처분을 받았다. 이에 甲은 처분의 효력발생일로부터 2개월이 경과한 후 제소기간 내에 국토교통부장관을 상대로 업무정지처분취소소송을 제기하였다. 甲에게 소의 이익이 있는지의 여부를 판례의 태도에 비추어 설명하시오(감정평가 및 감정평가사에 관한 법률 시행령 제29조 [별표 3]은 업무정지처분을 받은 감정평가사가 1년 이내에 다시 업무정지의 사유에 해당하는 위반행위를 한 때에는 가중하여 제재처분을 할 수 있도록 규정하고 있다). 30점

3 토지·물건의 인도·이전의무에 대한 실효성 확보수단에 대해 설명하시오. 20점

4 휴업보상에 대해 약술하시오. 10점

▶ 제15회 [2004]

1 공익사업시행자 X는 A시 지역에 공익사업을 시행하기 위하여 사업인정을 신청하였고, 이에 국토교통부장관으로부터 사업인정을 받았다. 한편, 이 공익사업의 시행에 부정적이었던 토지소유자 Y는 국토교통부장관이 사업인정 시 「공익사업을 위한 토지 등의 취득 및 보상에 관한 법률」 제21조에 의거 관계 도지사와 협의를 거쳐야 함에도 이를 거치지 않은 사실을 알게 되었다. Y는 이러한 협의를 결한 사업인정의 위법성을 이유로 관할법원에 사업인정의 취소소송을 제기하였다. Y의 주장은 인용가능한가? 40점

2 국토교통부장관이 「감정평가 및 감정평가사에 관한 법률」(이하 '감정평가사법')을 위반한 감정평가법인에게 업무정지 3개월의 처분을 행하였다. 이에 대응하여 해당 법인은 위 처분에는 이유가 제시되어 있지 않아 위법하다고 하면서 업무정지처분취소소송을 제기하였다. 그러나 국토교통부장관은 (1) 감정평가사법에 청문규정만 있을 뿐 이유제시에 관한 규정이 없고, (2) 취소소송 심리도중에 이유를 제시한 바 있으므로 그 흠은 치유 내지 보완되었다고 주장한다. 이 경우 국토교통부장관의 주장에 관하여 검토하시오. 30점

3 생활보상에 관하여 약술하시오. 20점

4 「공익사업을 위한 토지 등의 취득 및 보상에 관한 법률」에 규정되어 있는 손실보상의 원칙을 약술하시오. 10점

▶ 제14회 [2003]

1 서울시는 甲과 乙이 소유하고 있는 토지가 속한 동작구 일대에 공원을 조성하기 위하여 甲과 乙의 토지를 수용하려고 한다. 한편 乙의 토지가 표준지로 선정되어 표준지공시지가가 공시되었는데, 乙의 토지 인근에 토지를 보유하고 있는 甲은 乙의 토지의 표준지공시지가 산정이 국토교통부 훈령인 「표준지의 선정 및 관리지침」에 위배되었다는 것을 알게 되었다. 이를 이유로 甲이 법적으로 다툴 수 있는지 논하시오. 40점

2 손실보상에 있어서 사회적 제약과 특별한 희생의 구별기준에 관하여 경계이론과 분리이론의 입장을 설명하시오. 20점

3 공익사업으로 인한 소음·진동·먼지 등에 의한 간접침해의 구제수단을 설명하시오. 20점

4 감정평가사 A가 그 자격증을 자격이 없는 사람에게 양도 또는 대여한 것에 대하여 국토교통부장관은 「감정평가 및 감정평가사에 관한 법률」 제27조를 위반한 이유로 그 자격을 취소하였다. 그에 대하여 구제받을 수 있는지를 설명하시오. 20점

▶ 제13회 [2002]

1 택지조성사업을 하고자 하는 사업시행자 甲은 국토교통부장관에게 사업인정을 신청하였다. 甲의 사업인정 신청에 대해 국토교통부장관은 택지조성사업 면적의 50%를 택지 이외의 다른 목적을 가진 공익사업용지로 조성하여 기부채납할 것을 조건으로 사업인정을 하였다. 甲은 해당 부관의 내용이 너무 과다하여 수익성을 도저히 맞출 수 없다고 판단하고 취소소송을 제기하려 한다. 어떠한 해결가능성이 존재하는지 검토하시오. 40점

2 「공익사업을 위한 토지 등의 취득 및 보상에 관한 법률」상 환매권의 목적물과 그 행사요건을 설명하시오. 20점

3 甲시장은 개별공시지가를 乙에게 개별통지하였으나, 乙은 행정소송제기기간이 경과하도록 이를 다투지 않았다. 후속 행정행위를 발령받은 후에 개별공시지가의 위법성을 이유로 후속 행정행위를 다투고자 하는 경우, 이미 다툴 수 있다고 인정한 바 있는 대판 1994.1.25, 93누8542와 대비하여 그 가능성 여부를 설명하시오. 20점

4 공익사업 시행 시 잔여지 및 잔여건물 보상에 관하여 설명하시오. 20점

▶ 제12회 [2001]

1 「공익사업을 위한 토지 등의 취득 및 보상에 관한 법률」(이하 '토지보상법') 제67조 및 동법 제70조는 다음과 같이 규정하고 있다. 이 규정과 관련하여 아래의 물음에 답하시오. **30점**

> **공익사업을 위한 토지 등의 취득 및 보상에 관한 법률**
>
> **제67조(보상액의 가격시점 등)**
> ① 보상액의 산정은 협의에 의한 경우에는 협의 성립 당시의 가격을, 재결에 의한 경우에는 수용 또는 사용의 재결 당시의 가격을 기준으로 한다.
> ② 보상액을 산정할 경우에 해당 공익사업으로 인하여 토지 등의 가격이 변동되었을 때에는 이를 고려하지 아니한다.
>
> **제70조(취득하는 토지의 보상)**
> ① 협의나 재결에 의하여 취득하는 토지에 대하여는 「부동산 가격공시에 관한 법률」에 따른 공시지가를 기준으로 하여 보상하되, 그 공시기준일부터 가격시점까지의 관계 법령에 따른 그 토지의 이용계획, 해당 공익사업으로 인한 지가의 영향을 받지 아니하는 지역의 대통령령으로 정하는 지가변동률, 생산자물가상승률(「한국은행법」 제86조에 따라 한국은행이 조사·발표하는 생산자물가지수에 따라 산정된 비율을 말한다)과 그 밖에 그 토지의 위치·형상·환경·이용상황 등을 고려하여 평가한 적정가격으로 보상하여야 한다.
> ② 토지에 대한 보상액은 가격시점에서의 현실적인 이용상황과 일반적인 이용방법에 의한 객관적 상황을 고려하여 산정하되, 일시적인 이용상황과 토지소유자나 관계인이 갖는 주관적 가치 및 특별한 용도에 사용할 것을 전제로 한 경우 등은 고려하지 아니한다.
> ③ 사업인정 전 협의에 의한 취득의 경우에 제1항에 따른 공시지가는 해당 토지의 가격시점 당시 공시된 공시지가 중 가격시점과 가장 가까운 시점에 공시된 공시지가로 한다.
> ④ 사업인정 후의 취득의 경우에 제1항에 따른 공시지가는 사업인정고시일 전의 시점을 공시기준일로 하는 공시지가로서, 해당 토지에 관한 협의의 성립 또는 재결 당시 공시된 공시지가 중 그 사업인정고시일과 가장 가까운 시점에 공시된 공시지가로 한다.
> ⑤ 제3항 및 제4항에도 불구하고 공익사업의 계획 또는 시행이 공고되거나 고시됨으로 인하여 취득하여야 할 토지의 가격이 변동되었다고 인정되는 경우에는 제1항에 따른 공시지가는 해당 공고일 또는 고시일 전의 시점을 공시기준일로 하는 공시지가로서 그 토지의 가격시점 당시 공시된 공시지가 중 그 공익사업의 공고일 또는 고시일과 가장 가까운 시점에 공시된 공시지가로 한다.
> ⑥ 취득하는 토지와 이에 관한 소유권 외의 권리에 대한 구체적인 보상액 산정 및 평가방법은 투자비용, 예상수익 및 거래가격 등을 고려하여 국토교통부령으로 정한다.

(1) 토지보상법 제70조 제1항 및 동조 제3항과 제4항의 입법취지에 대하여 설명하시오. **10점**

(2) 토지보상법 제70조 제1항이나 「부동산 가격공시에 관한 법률」 등에 의하여 손실보상액을 산정함에 있어, 보상선례를 참작할 수 있는가에 대하여 설명하시오. **10점**

(3) 토지보상법 제67조 및 동법 제70조에서 규정하는 산정방법에 의하여 보상액을 산정하는 것이 정당보상에 합치되는지 논하시오. **10점**

2 사업시행자 甲이 산업단지를 조성하기 위해 매립·간척사업을 시행하게 됨에 따라 해당 지역에서 「수산업법」 제44조의 규정에 의한 신고를 하고 어업에 종사해 온 乙은 더 이상 신고한 어업에 종사하지 못하게 되었다. 그러나 甲은 乙에게 「수산업법」 제81조 제1항 제1호의 규정에 의한 손실보상을 하지 아니하고 공유수면매립사업을 시행하였다. 이 경우 乙의 권리구제방법은? 30점

3 「공익사업을 위한 토지 등의 취득 및 보상에 관한 법률」상 사업인정의 법적 성질과 권리구제에 대하여 논하시오. 30점

4 「감정평가 및 감정평가사에 관한 법률」 제28조 규정에 의한 감정평가법인등의 손해배상책임에 대하여 설명하시오. 10점

▶ **제11회 [2000]**

1 토지소유자인 甲은 중앙토지수용위원회의 수용재결에 불복하여 이의신청을 제기하였으나 기각되었다. 이에 따라 甲은 행정소송으로서 취소소송을 제기하고자 한다.
   (1) 이때 甲은 무엇을 대상으로 행정소송을 제기할 수 있는가와 관련하여 판례의 태도를 설명하고 이를 논평하시오. 30점
   (2) 甲이 행정소송을 제기하는 경우에 이것이 토지에 대한 수용효력에 영향을 미치는가를 설명하시오. 10점

2 감정의뢰인 甲은 감정평가사 乙이 고의로 자신의 토지를 잘못 평가하였음을 주장하여 국토교통부장관에게 乙에 대한 제재조치를 요구하였다. 이에 따라 국토교통부장관은 「감정평가 및 감정평가사에 관한 법률」상의 권한을 행사하여 일정한 제재조치를 취하고자 한다. 이 경우에 국토교통부장관이 취할 수 있는 절차와 구체적인 제재조치 내용을 설명하시오. 30점

3 공익사업의 시행으로 인하여 공익사업시행지구 밖에서 발생한 피해에 대한 보상의 이론적 근거, 실제 유형과 보상의 한계에 대하여 논술하시오. 20점

4 공익사업 시행시 사업인정을 받은 토지상의 지상권자가 지상권의 손실보상을 청구하는 경우 그 지상권의 소멸절차를 설명하시오. 10점

▶ 제10회 [1999]

1 식량자원화시대에 즈음하여, A회사는 비료공장을 건설하고자 공장부지를 매입하려고 하였으나, 여의치 않아 국토교통부장관에게 신청하여 사업인정을 받았다. 그 후 「공익사업을 위한 토지 등의 취득 및 보상에 관한 법률」상의 협의가 성립되지 못하였고, 중앙토지수용위원회의 재결에 의하여 수용이 행하여졌다. 피수용자인 甲은 사기업을 위한 해당 토지의 수용은 위법하다고 주장하고, 비록 적법하다고 하더라도 보상금이 충분하지 못하다는 이유로 이의신청을 하였지만, 중앙토지수용위원회는 기각재결을 하였다. 이에 甲은 행정소송을 제기하고자 한다. 40점

(1) 사기업인 A회사의 비료공장건설사업에 대한 사업인정의 적법 여부 및 위법하다고 인정되는 경우의 권익구제방법을 논술하시오. 10점

(2) 甲이 보상금 증액을 청구하는 소송을 제기하는 경우, 그 소송의 형태와 성질 등의 내용을 논술하시오. 30점

2 토지수용위원회, 부동산가격공시위원회, 보상협의회를 비교 논술하시오. 20점

3 「공익사업을 위한 토지 등의 취득 및 보상에 관한 법률」상의 확대보상을 설명하고, 확장수용 청구가 거부된 경우 그 불복방법을 논급하시오. 20점

4 공익사업용지의 취득과 손실보상에 관한 중요한 법으로 (구)토지수용법과 (구)공공용지의 취득 및 손실보 상에 관한 특례법이 있다. 이 두 법령의 상호관계를 설명하고, 두 법령의 통합설을 논평하시오. 20점

(공익사업을 위한 토지의 취득 및 보상에 관한 법률, 2003.1.1. 통합시행됨)

▶ 제9회 [1998]

1 택지개발사업이 시행되는 지역에 농지 4,000㎡를 소유하고 있던 甲은 보상금으로 사업주변지역에서 같은 면적의 농지를 대토하고자 하였다. 이 지역의 농지가격수준은 사업이 시행되기 이전만 하더라도 주변지역과 같게 형성되고 있었다. 그러나 해당 사업으로 인해 주변지역의 지가가 상승하여 甲은 보상금으로 3,000㎡ 밖에 매입할 수 없었다. 40점

   (1) 甲이 받은 보상은 정당보상에 해당한다고 볼 수 있는가?

   (2) 甲과 사업주변지역 토지소유자와의 불공평관계에서 나타나는 문제점과 개선대책은?

2 「공익사업을 위한 토지 등의 취득 및 보상에 관한 법률 시행규칙」 제23조는 용도지역, 지구의 지정과 같은 공법상 제한을 받는 토지를 평가할 때에는, 제한받는 상태대로 평가하도록 규정하고 있다. 이와 같은 기준에 의거하여 토지를 평가하도록 하는 이론적 근거에 대하여 설명하시오. 20점

3 토지소유자 A는 감정평가법인 B에게 소유부동산의 감정평가를 의뢰하고, B는 이를 접수하여 소속 감정평가사인 C로 하여금 감정평가업무에 착수하게 하였다. 이 경우 다음 사항을 설명하시오. 20점

   (1) A와 B의 법률관계의 성질 및 내용은?

   (2) A가 국토교통부장관이고 C의 업무 내용이 표준지공시지가의 조사·평가라면 A와 B의 법률관계와 C의 법적 지위는?

4 「감정평가 및 감정평가사에 관한 법률」상의 감정평가행위와 「부동산 가격공시에 관한 법률」상의 지가 산정행위의 같은 점과 다른 점을 약술하시오. 20점

▶ 제8회 [1997]

1 법률이 공익목적을 위하여 재산권의 수용·사용 또는 제한을 규정하고 있으면서도 그에 따른 보상규정을 두고 있지 않은 경우, 재산권을 침해당한 자가 보상을 청구할 수 있는지 여부가 헌법 제23조 제3항의 정당한 보상과의 관련하에 문제된다. 이 문제에 관한 해결방법을 논하시오. 50점

2 표준지공시지가와 개별공시지가를 비교하시오. 20점

3 (구)토지수용법상의 협의와 (구)공공용지의 취득 및 손실보상에 관한 특례법상의 협의를 비교하시오. 20점 – 개정법 수정 : 「공익사업을 위한 토지 등의 취득 및 보상에 관한 법률」상 사업인정 전 협의와 사업인정 후 협의를 비교하시오. 20점

4 「공익사업을 위한 토지 등의 취득 및 보상에 관한 법률」상의 토지사용기간 만료 시의 법률관계를 설명하시오. 10점

▶ 제7회 [1996]

1 무효인 재결과 취소할 수 있는 재결을 예시하여 설명하고, 양자의 구별실익을 논급하시오. 50점

2 개별공시지가의 검증에 대하여 설명하시오. 20점

3 수몰민의 보상에 대하여 서술하시오. 20점

4 어업에 관련된 영업보상에 대하여 서술하시오. 10점

▶ 제6회 [1995]

1 「공익사업을 위한 토지 등의 취득 및 보상에 관한 법률」 제23조에 의한 사업인정의 실효가 있는 경우 이로 인하여 불이익을 받게 되는 피수용자에게 손실보상청구권이 있는지 여부를 논하시오. 40점

2 (구)공공용지의 취득 및 손실보상에 관한 특례법에서 「보존등기가 되어 있지 아니한 토지에 대한 보상절차와 내용」을 설명하시오. 30점 – 2007.10.17. 법률개정으로 관련 내용이 삭제됨

3 「부동산 가격공시에 관한 법률」이 규정하고 있는 부동산가격공시위원회의 구성과 권한을 설명하시오. 30점

▶ 제5회 [1994]

1 토지수용의 효과를 논하시오. 50점

2 개별공시지가 결정절차상의 하자에 대한 불복절차를 설명하시오. 30점

3 농업보상을 약술하시오. 20점

▶ 제4회 [1993]

1 A시는 도로건설용지로 사용하기 위하여 甲소유 토지 1,000㎡를 수용하기 위해 재결을 신청하였다. 이에 관할 지방토지수용위원회는 1993년 8월 20일자로 수용재결을 하려고 한다. 이 경우 토지수용위원회가 재결을 함에 있어서 적용할 현행법상의 보상기준에 대하여 논하고, 그 보상기준과 정당보상과의 관계를 언급하시오. 50점

2 「부동산 가격공시에 관한 법률」에 근거하여 시장·군수·구청장이 행하는 개별공시지가 결정의 법적 성질에 대하여 설명하시오. 30점

3 「공익사업을 위한 토지 등의 취득 및 보상에 관한 법률」이 규정하고 있는 생활보상적 성격을 지닌 보상에 관하여 설명하시오. 20점

≫ 제3회 [1992]

1 토지수용의 재결에 대한 불복을 논하시오. 50점

2 「공익사업을 위한 토지 등의 취득 및 보상에 관한 법률」(이하 '토지보상법')상 개발이익의 배제에 대하여 논하시오. 20점

3 다음 문제를 약술하시오.
(1) 채권보상 10점
(2) 이주대책 10점
(3) 공시지가의 적용 10점

▶ 제2회 [1991]

1 피수용자의 법적 지위에 관하여 설명하시오. 50점

2 「감정평가 및 감정평가사에 관한 법률」상 감정평가법인등의 의무와 책임을 설명하시오. 30점

3 다음 문제를 약술하시오.
(1) 보상액의 산정시기 10점
(2) 간접보상의 대상사업과 보상기준 10점

▶ **제1회 [1990]**

1 「공익사업을 위한 토지 등의 취득 및 보상에 관한 법률」상의 사업인정을 설명하고 권리구제에 대하여 논급하시오.　50점

2 공시지가는 어떻게 작성되며 지가의 고시는 어떠한 성질과 효력을 가지는가에 대하여 설명하시오.　30점

3 환매요건을 약술하시오.　10점

4 실농보상을 약술하시오.　10점

감정평가 및 보상법규 기출문제분석표
[제1회~제32회]

회	공익사업 토지 등의 취득	공익사업 토지 등의 보상	부동산 가격공시 및 감정평가	출제위원
1	사업인정 및 권리규제(50) **환매요건(10)**	실농보상(10)	공시지가의 작성과 지가고시의 성질·효력(30)	김남진 김철용 이동과
2	피수용자의 법적 지위(50)	보상액의 산정시기(10) 간접보상의 대상사업과 보상기준(10)	감정평가법인등의 의무와 책임(30)	김남진 김철용 이진호
3	재결의 불복(50)	개발이익배제(20) 채권보상(10) **이주대책(10)**	공시지가의 적용(10)	서원우 이동과 류해웅
4	–	현행법상 보상기준 및 정당보상의 관계사례(50) **생활보상적 성격의 보상(20)**	**개별공시지가 결정의 법적 성질(30)**	석종현 박윤흔 류해웅
5	공용수용의 효과(50)	농업보상(20)	**개별공시지가 산정의 절차상 하자에 대한 불복방법(30)**	류지태 강희중
6	보존등기가 되어 있지 아니한 토지에 대한 보상절차와 내용(30)	사업인정 실효시 손실보상청구권 인정 여부(40)	부동산가격공시위원회의 구성과 권한(30)	박수혁 홍정선 김해룡
7	무효인 재결과 취소할 수 있는 재결예시와 양자의 구별 실익(50)	수몰민에 대한 보상(20) 어업에 관련된 영업보상(10)	**개별공시지가의 검증(20)**	김철용 석종현 손성태
8	토지수용법과 공특법의 협의 비교(20) 토지사용기간 만료시 법률관계(10)	**헌법 제23조 제3항의 효력 논의(50)**	표준지공시지가와 개별공시지가를 비교(20)	강구철 홍준형 이동과
9	–	**개발이익 배제의 정당보상 및 개발이익 환수와의 관계사례(40)** 사회적 제약과 특별한 희생(20)	감정평가법률관계의 성질, 내용, 법적 지위(사례 20) 감정평가행위와 지가산정행위의 이동(20)	류해웅 박수혁 이선영
10	**사업시행자의 사업인정 가능성(10)** 보상금증감청구소송의 형태, 성질(사례 30)/확장수용(20)/토지수용법과 공특법 상호관계, 통합설(20)	토지수용위원회, 부동산가격공시위원회, 보상협의회를 비교 논술(20)	–	박수혁 박균성 이동과

11	원처분 및 재결주의(사례 30) 집행정지(10) 지상권 소멸절차(10)	간접보상의 이론적 근거, 실제 유형과 보상의 한계(20)	감정평가사의 고의에 의한 평가에 국토교통부장관이 취할 수 있는 절차와 내용(사례 30)	류지태 이선영 김원태
12	토지수용법 제46조(사례 30) 사업인정의 법적 성질과 권리규제(30)	손실보상 없이 공유수면매립사업을 시행시 권리구제(사례 30)	감정평가법인등의 손해배상책임(10)	류해웅 홍준형 강구철
13	사업인정과 부관(사례 40) 환매권의 목적물과 행사요건(20)	잔여지 및 잔여건물의 보상방법(20)	개별공시지가의 하자승계 여부(20)	류지태 강구철 이선영
14	–	경계, 분리이론에서 특별한 희생의 구별기준(20) 간접침해에 대한 구제수단(20)	인근 토지소유자가 훈령에 위배된 표준지공시지가를 다툴 수 있는지(사례 40) 자격이 취소된 감정평가사의 권리구제(사례 20)	석종현 강구철 이동과
15	협의를 결한 사업인정의 절차상 하자(사례 40)	생활보상(20) 손실보상원칙(20)	이유제시의 절차하자와 치유(사례 30)	박수혁 송희성
16	재결의 부작위시 행정쟁송방법(40)(사례) / 토지 물건인도 거부시 실효성 확보수단(20)	휴업보상(10)	가중처벌위험을 규정한 시행령별표의 법적 성질과 협의의 소익(사례 30)	류지태 김민호 송시헌
17	사업인정에 대한 사전결정, 사업인정과 재결의 하자승계(사례 40)	존속보장과 가치보장(15) 개발이익의 배제(15)	감정평가법인등의 등록취소처분– 무효와 취소의 구별과 청문절차의 하자(사례 30)	강구철 김연태 박균성
18	–	보상규정 결여(사례 20) 현금, 채권보상 이외 기타 손실보상, 완화제도(20) 영업보상(사례 30)	감정평가법인등의 성실의무와 의무이행 확보수단 비교(30)	경북대 한남대 로스쿨
19	환매권의 소송수단 및 인용가능성(사례 40) 사적 공용수용(20)	–	개공결정시 토지가격비준표(사례 20) 개공결정시 산정지가검증(사례 20)	산업 인력 공단
20	–	이주대책의 사례(45점) 임시창고건물 철거조건 취소소송과 임시창고건물 철거에 따른 손실보상(30)	감정평가법인등의 인가취소 등 감정평가사법 시행령 제29조 [별표 3]의 재판규범성(25점)	산업 인력 공단
21	토지보상법상 사업인정 이후의 피수용자의 권리 및 권리구제수단(사례 20)	토지보상법상 보상평가액 책정과 피수용자의 수용주장 정당성(사례 20)	개별공시기가 결정의 이의신청과 하자의 승계(사례 30) 성실의무 위반에 따른 과징금, 벌금, 과태료의 법적 성질과 중복부과의 적법성(30)	산업 인력 공단
22	철도이설사업을 위한 협의취득에 따른 대집행 가능성(사례 20)	사실상 사도 토지보상액 불복과 정당보상에 위배되는지 여부에 대한 법적 주장 관철수단(사례 50)	업무정지처분취소소송의 위법성 판단과 국가배상청구소송에서 위법성 판단관계(사례 20), 갱신등록거부처분의 절차하자 위법성(사례 10)	산업 인력 공단

23	환매권 행사 권리구제방법 및 환매대금 증액 대응수단(40) 사업인정고시의 효과(10)	잔여지 가격감소에 대한 권리구제방법과 잔여지 수용청구의 요건 및 행정소송의 형식(30)	감정평가법인 설립인가취소처분 취소소송에서 집행정지신청인용 여부(20)	산업 인력 공단
24	도시관리계획의 위법성과 신뢰보호의 원칙(20)	특별한 희생에 대한 판단(20)	개별공시지가의 위법성과 손해배상책임(30) 감정평가사법 시행령 제29조 [별표 3]와 협의의 소익(20)	산업 인력 공단
25	조합설립인가의 법적 성질 및 하자의 정도, 쟁송의 형태(20) 사업인정 전후의 협의의 차이(10)	수용재결 및 이의재결에 대한 소송대상의 문제(20)	표준지공시지가의 법률상 이익과 판결의 효력 등(30) 경매평가에서 국가배상의 요건(20)	산업 인력 공단
26	보상금증감청구소송의 의의 및 특수성(20) 잔여지 감가보상(20)	무허가건축물의 보상대상 여부(10) 주거이전비의 지급 가능성(20)	감정평가실무기준의 법적 성질(20) 감정평가기준(10)	산업 인력 공단
27	사업인정과 수용재결의 하자의 승계(20) 토지보상법 제72조 완전수용에 대한 불복으로 이의신청 및 보증소(30)	이주대책 거부처분의 사전통지 및 이유제시(20) 이주대책 거부사유 소송도중 처분사유의 추가·변경(20)	감정평가사법 시행령 제29조 [별표 3]의 법적 성질 및 협의의 소익(10)	산업 인력 공단
28 (2017)	토지보상법 제21조 개정취지, 절차의 하자, 하자의 승계, 사업인정의 의제 및 사업인정의 요건, 수용권 남용	보상금증감청구소송, 공법상 제한받는 토지의 평가, 이주민지원규정의 법적 성질, 이주대책의 강행규정, 이주대책의 행정쟁송방법 사실상 사도에 대하여 도정법상 매도청구권 행사에 의한 평가와 토지보상법상 수용재결 평가의 차이, 해당 사업과 무관한 개발이익의 반영 여부	한 문제도 출제되지 않음	산업 인력 공단
29 (2018)	토지보상법 시행규칙 제54조 제2항 주거이전비 규정의 강행규정 여부(30)	공익사업시행지구 밖 영업손실의 간접손실보상(10)	자격증 명의대여 또는 자격증 부당행사 감정평가사법령상 징계절차(20) 징계처분취소소송 계속 중 처분사유 추가·변경(10) 개별공시지가 검증과 토지가격비준표 적용의 위법성(20) 중앙부동산가격공시위원회 설명(10)	산업 인력 공단
30 (2019)	협의가 수용재결 신청 전 필요적 절차인지 여부와 협의성립 확인의 법적 효과를 설명(10)	골프장 잔여시설에 대한 대체시설의 설치비용 보상 여부(10) 골프장 잔여시설의 지가 및 건물가격 하락분에 대한 보상청구의 소송방법(20) 수산업협동조합의 간접손실보상 가능성과 보상규정 결여(20)	개별공시지가 정정처분의 취소소송의 적법성(15) 이의신청 도과시에도 개별공시지가 정정 가능한지 여부(10점) 개별공시지가에 기초한 부담금부과시 내용상 하자의 치유가능성(15)	산업 인력 공단

회차				
31 (2020)	(1-3) 광평대군 및 풍납토성 판례: 공물의 수용가능성(15)	(1-1) 보상금증감청구소송의 의의와 특수성(15) (1-2) 공법상 제한 받는 토지의 평가(공원구역의 지정)(10)	(2-1) 개별공시지가의 정정사유(5) (2-2) 개별공시지가의 이의신청에 대한 소의 대상과 제소기간(10) (2-3) 개별공시지가 산정업무의 위법에 대한 국가배상과 개별공시지가제도의 입법목적(15) (3) 공인회계사의 자산재평가 행위가 감정평가법인등의 업무에 해당하는지 여부(20) (4) 감정평가사법상 감정평가의 기준과 감정평가 타당성조사 설명(10)	산업인력공단
32 (2021)	(1-1) 재결신청청구 거부의 불복방법(15) (1-3) 잔여지수용청구권의 법적성질 및 잔여지수용청구 인정 여부(15)	(1-2) 재결절차를 거치지 않은 채 농업손실보상을 청구할 수 있는지(10)	(2-1) 개별공시지가 취소소소송의 제소기간(10) (2-2) 개별공시지가와 수용재결의 하자승계(20) (3) 과징금부과처분 취소소송 시 소의 대상(20) (4) 감정평가사법 제25조의 성실의무(10)	산업인력공단

≫ 참고문헌

- 박균성, 행정법 강의, 박영사, 2022
- 정남철, 한국행정법론, 법문사, 2022
- 김철용, 행정법, 고시계사, 2022
- 홍정선, 기본행정법, 박영사, 2022
- 강정훈 · 박혜준, 감평행정법, 박문각, 2022
- 강정훈 · 박혜준, 감정평가 및 보상법규 기본강의, 박문각, 2022
- 강정훈 · 박혜준, 감정평가 및 보상법규 종합문제, 박문각, 2022
- 강정훈 · 박혜준, 감정평가 및 보상법규 기출문제분석정리, 박문각, 2022
- 강정훈 · 박혜준, 감정평가 및 보상법규 판례분석정리, 박문각, 2022
- 홍정선, 행정법 특강, 박영사, 2013
- 류해웅, 토지법제론, 부연사, 2012
- 류해웅, 신수용보상법론, 부연사, 2012
- 김성수 · 이정희, 행정법연구, 법우사, 2013
- 박균성, 신경향행정법연습, 삼조사, 2012
- 박정훈, 행정법사례연습, 법문사, 2012
- 김연태, 행정법사례연습, 홍문사, 2012
- 홍정선, 행정법연습, 신조사, 2011
- 김남진 · 김연태, 행정법Ⅰ, 법문사, 2007
- 김성수, 일반행정법, 법문사, 2005
- 김철용, 행정법Ⅰ, 박영사, 2004
- 류지태, 행정법신론, 신영사, 2008
- 박균성, 행정법론(상), 박영사, 2008
- 박윤흔, 최신행정법강의(상), 박영사, 2004
- 정하중, 행정법총론, 법문사, 2004
- 홍정선, 행정법원론(상), 박영사, 2008
- 노병철, 감정평가 및 보상법규, 회경사, 2008
- 강구철, 국토계획법, 2006, 국민대 출판부
- 강구철, 도시정비법, 2006, 국민대 출판부
- 佐久間 晟, 用地買收, 2004, 株式會社 プログレス

- 日本 エネルギー 研究所, 損失補償と事業損失, 1994, 日本 エネルギー 研究所
- 西埜 章·田邊愛壹, 損失補償の要否と內容, 1991, 一粒社
- 西埜 章·田邊愛壹, 損失補償法, 2000, 一粒社
- 한국토지공법학회, 토지공법연구 제40집(한국학술진흥재단등재), 2008.5
- 한국토지보상법 연구회, 토지보상법연구 제8집, 2008.2
- 월간감정평가사 편집부, 감정평가사 기출문제, 부연사, 2008
- 임호정·강교식, 부동산가격공시 및 감정평가, 부연사, 2007
- 가람동국평가연구원, 감정평가 및 보상판례요지, 부연사, 2007
- 김동희, 행정법(Ⅰ)(Ⅱ), 박영사, 2009
- 박균성, 행정법 강의, 박영사, 2011
- 홍정선, 행정법 특강, 박영사, 2011
- 강구철·강정훈, 감정평가사를 위한 쟁점행정법, 부연사, 2009
- 류해웅, 신수용보상법론, 부연사, 2009
- 한국감정평가협회, 감정평가 관련 판례 및 질의회신(제1,2집), 2009년
- 임호정, 보상법전, 부연사, 2007
- 강정훈, 감정평가 및 보상법규 강의, 리북스, 2010
- 강정훈, 감정평가 및 보상법규 판례정리, 리북스, 2010
- 한국토지공법학회, 토지공법연구(제51집), 2010
- 국토연구원, 국토연구 논문집(국토연구원 연구전집), 2011
- 감정평가 및 보상법전, 리북스, 2019
- 강구철·강정훈, 新 감정평가 및 보상법규, 2013
- 감정평가 관련 판례 및 질의 회신 Ⅰ.Ⅱ(한국감정평가사협회/2016년)
- 한국토지보상법연구회 발표집 제1집-제19집(한국토지보상법연구회/2019년)
- 한국토지보상법연구회 발표집 제1집-제20집(한국토지보상법연구회/2020년)
- 토지보상법 해설(가람감정평가법인, 김원보, 2022년)
- 국가법령정보센터(2022년)
- 대법원종합법률정보서비스(2022년)
- 국토교통부 정보마당(2022년)

제**5**판

합격기준 **박문각**

감정평가사 2차 기본서
감정평가 및 보상법규

제5판인쇄 : 2022. 5. 15.
제5판발행 : 2022. 5. 20.
공 편 저 : 강정훈 · 박혜준
발 행 인 : 박 용
발 행 처 : (주)박문각출판
등   록 : 2015. 04. 29. 제2015-000104호
주   소 : 06654 서울시 서초구 효령로 283 서경B/D 4층
전   화 : (02) 723-6869
팩   스 : (02) 723-6870

저자와의
협의하에
인지 생략

정가 47,000원

ISBN 979-11-6704-706-9